한림일본학자료총서
아사히신문 외지판 18

아사히신문
외지판(조선판)

기사명 색인 _ 제13권

This publication has been executed with grant from
the Japan Foundation(Support Program for Japanese Studies Organizations),
National Research Foundation of Korea grant funded
by the Korean Government(2017S1A6A3A01079517)
and the fund of the Institute of Japanese Studies, Hallym University.

한림대학교 일본학연구소는 이 책을 간행함에 있어
출판비용의 일부를 일본국제교류기금과 한국연구재단으로부터 지원받았고,
한림대학교 일본학연구소 발전기금을 사용하였습니다.

한림일본학자료총서
아사히신문 외지판 18

아사히신문 외지판(조선판)

기사명 색인_제13권

1934.01. ~ 1934.12.

한림대학교 일본학연구소
서정완 외 24인

서문: 『아사히신문 외지판(조선판) 기사명 색인 제13권』을 간행하며
1934.01~1934.12 / 06

범례 / 18

1934년

1934년 1월 (조선아사히) / 23
1934년 2월 (조선아사히) / 57
1934년 3월 (조선아사히) / 97
1934년 4월 (조선아사히) / 145
1934년 5월 (조선아사히) / 185
1934년 6월 (조선아사히) / 227
1934년 7월 (조선아사히) / 271
1934년 8월 (조선아사히) / 303
1934년 9월 (조선아사히) / 335
1934년 10월 (조선아사히) / 375
1934년 11월 (조선아사히) / 415
1934년 12월 (조선아사히) / 461

색인 / 497

한림대 일본학연구소 일본학도서관 소장_아사히신문 외지판 세분화 그래프 / 633

〈아사히신문 외지판(조선판) 기사명 색인 -1934.1~12-〉을 간행하며

한림대학교 일본학연구소 소장

서 정 완

1. 「기사명 색인」 제18권(「조선판」 제13권)을 간행하며

한림대학교 일본학연구소는 한국과 일본은 이웃하고 있기에 서로가 불가분의 관계일 수밖에 없고, 일제강점기라는 아픈 기억이 있는 우리로서는 일본을 세대로 분석하고 알아야만 공존도 협력도 가능하다는 '일본연구'의 필요성에 의해서 1994년에 설립되었다. 한림대학교 설립자이신 故 윤덕선 박사의 뜻이었는데, 그로부터 연구소도 故 지명관 초대 소장, 공로명 2대 소장을 거쳐 3대 현 소장에 이르는 30년이라는 적지 않은 세월이 흘렀다.

2024년 올해 30주년을 맞이하는 한림대학교 일본학연구소가 그 역사의 약 반인 15년 동안 끊임없이 지속한 사업 중 하나가 이『아사히신문외지판』에 대한 <기사명색인> 작업이다. 남선판 제1권을 세상에 내놓은 것이 2012년 3월 31일이니 지금으로부터 12년 전이며, 실제로 작업을 시작한 것은 그로부터 약 3년 전이었던 것으로 기억하니, 자그마치 연구소 역사의 반을 이어온 것이다.

지난 15년 동안『아사히신문외지판』에 대한 <기사명색인> 작업을 계속할 수 있었던 배경에는 <제국일본의 문화권력: 학지(學知)와 문화매체>라는 아젠다로 2008년부터 9년간 수행한 한국연구재단 중점연구소 사업과 2017년부터 2024년까지 <포스트제국의 문화권력과 동아시아>라는 아젠다로 7년 동안 수행하게 되는 HK+사업 연구아젠다가 있었다. 한림대라는 작은 대학의 일개 연구소가 총 16년 동안 '문화권력' 연구를 이어올 수 있었던 것은 연구소가 16년 동안 구체적인 연구 목적을 가지고 연구소를 운영했다는 것을 증명하며, 구체적으로는 동아시아의 화해와 협력, 공존을 위해서 인문학이 무엇을 할 수 있으며, 한림대학교 일본학연구소는 무엇을 할 것인가에 대한 자문(自問)에서 시작되었다. '동아시아의 근대사'를 되돌아보면, 동아시아의 변방에 등장한 대일본제국과 그들의 팽창주의와 군국주의가 파시즘으로 전개되는 양상이 낳은 비극의 시간이라 할 수 있는데, 이는 단순히 한·일간의 과거사 문제가 아니라, 온 아시아에 아픔과 상처를 입혔다는 역사적 사실에서 우리가 함께 손을 잡고 동아시아의 미래를 그릴 수 있는 방법을 모색하려는 시도이기도 하다.

한편, 우리는 '동아시아공동체'와 같은 말을 쉽게 사용하지는 않을 것이다. 그 이유는 '동아시아'라는 말이 정치적인 선전 용어로 전락하는 것은 동아시아에 진정한 화해와 협력, 공존을 바라볼 수 있는 길을 스스로 막아버리는 일이 될 수 있기 때문이다. 우리는 '동아시아'라는 용어에 대해서 더 진지하게 접근할 필요가 있다는 점을 지적하고자 한다. 여기에는 '동아시아'라는 말은 결국 대서양을 세계지도 한가운데에 두는 서구의 시점에서 바라본 명칭인데, 우리가 언제부터 스스로를 '동아시아'라고 인식했는가라는 문제부터 생각해야 할 것이다. 실제로 일본만 보더라도 '북동아시아', '동북아시아'라는 용어를 더 많이 쓴다. 일본 외무성도 '동북아시아과'이다. 여기에는 일본이 주장하는 이른바 '북방영토'를 수복해야 한다는 '북쪽'을 향한 외교적 시선이 살아있기 때문일지도 모른다. 그러나 더 근본적인 문제는 동아시아의 경계를 어떻게 설정하든, 어느 지역, 어느 나라의 그 누구도 스스로를 '동아시아인'이라고 인식하지 않고 있는 현실을 간과해서는 안 된다. 유럽 사람들이 갖는 '유럽인'이라는 공통인식과 지위를 획득하지 못한 '동아시아인'의 현실을 우리는 무시할 수도 없다. '동아시아인'보다는 '한국인', '일본인', '중국인'처럼, 국민국가 체제에 기반을 둔 믿음으로 국가와 민족이라는 개념으로 결합한 의식 세계가 더 강한 결속력을 가지고 있다. 이는 '동아시아'만큼 내셔널리즘이 강한 지역이 없다는 말이기도 하다. 어쨌든 이러한 현실 앞에서 다양한 분야에서 드러나는 갈등과 증오 또는 적대감을 극복해서 서로가 공유할 수 있는 가치나 목표를 위해서 인문학이라는 학문은 과연 무엇을 할 수 있으며, 근대의 암울한 역사에서 가해자가 아닌 피해자이며, 지배자가 아닌 피지배자였던 한국이기에 그 누구보다 화해의 손길과 그 필요성을 더 당당하게 밝힐 수 있다는 입장에서 인문학은, 한림대학교 일본학연구소는 현재와 미래를 어떻게 바라보고 무엇을 할 것인가가 본 연구소가 걸어온 30년이다.

이러한 목표하에 구체적으로 실천한 첫 번째가 한국도서관협회에 정식으로 등록된 국내 유일의 일본학 전문도서관인 '일본학도서관'의 설치와 운영이다. 일본학도서관이 보유한 6만 5천 점이 넘는 일본 관련 전문 서적의 전문성은 국내에서 비교할 대상이 없다고 자부한다. 여기에 지명관(池明觀) 초대 소장, 세키구치 에이치(関口榮一) 교수가 일본학도서관에 기증한 서적, 그리고 본 연구소가 주도해서 한림대학교 일송도서관에 유치한 故 오에 시노부(大江志乃夫) 교수, 故 아베 타카시(阿部猛) 교수의 기증 서적 약 3만 점을 합치면 한림대학교는 10만 점이 넘는 일본학 전문 서적을 보유한 국내에서 유일의 기관이다. 문헌 자료와 디지털 자료의 규모와 질에서 한국의 일본 연구를 대표할 수 있는 인프라를 갖추고 있으며, 이들 압도적인 자산을 공공재로서 학계와 사회에 발신하고 공헌하려고 노력하고 있다.

구체적으로 예시하자면, 아래에서 보는 바와 같이 일본학도서관의 질적 제고를 꾀하는 근대기 일본 관련 신문 자료와 주로 '제국일본'과 '근대'라는 시대를 조사하기 위한 문헌자료이다.

본 연구소 일본학도서관이 현재 소장하는 신문자료와 도서류는 대략 다음과 같다.

【주요신문자료】

『京城日報』,『京城新報』,『한성신보(漢城申報)』,『読売新聞』,『朝日新聞』,『朝日新聞外地版』,『毎日新聞外地版』,『横浜毎日新聞』,『仮名読新聞』,『台湾日日新報』,『台湾民報』,『大連新聞』,『大陸新報』,『上海新報』,『帝国大学新聞』,『占領期琉球諸島新聞集成』,『占領期新興新聞集成』,『近代沖縄新聞集成』,『時局新聞』,『愛国新聞』,『図書新聞』,『日本労働新聞』,『日本新聞』, 등

【주요문헌자료】

『十五年戦争極秘資料集』,『十五年戦争重要文献シリーズ』,『特高警察関係資料集成』,『出版警察資料』,『出版警察概観』,『出版警察報』,『外事警察資料』,『外事警察報』,『外事警察概況』,『外事月報』,『外務省警察史』,『文部省思想統制関連資料集成』,『情報局関連極秘資料』,『教化運動』,『朝鮮公論』,『言論報國』,『満蒙』,『優生学』,『南洋庁公報』,『南洋庁統計年鑑』,『南洋群島』,『植民地社会事業関係資料集(朝鮮編 · 台湾編 · 満洲満州国編)』,『雑誌朝鮮社会事業』,『朝鮮治安関係資料集成』,『朝鮮総督府帝国議会説明資料』,『満洲開拓関係雑誌集成』,『特審月報』,『占領期雑誌資料大系(大衆文化編 · 文学編)』,『田健治郎日記』,『新亜細亜』,『日本植民地文学精選集(朝鮮編 · 南洋群島編 · 樺太編)』,『映画検閲時報』,『映画公社旧蔵戦時統制下映画資料集成』,『伊藤博文文書』,『木戸孝允関係文書』,『木戸幸一日記』,『朝鮮憲兵隊歴史』,『植民地帝国人物叢書(朝鮮編 · 満洲編 · 台湾編 · 解題)』,『朝鮮総督府及所属官署職員録』,『靖国神社忠魂史』,『在日朝鮮人関係資料集成(戦前編 · 戦後編)』,『内閣調査室海外関係史料「焦点」』,『学園評論』,『守礼の光』,『今日の琉球』,『朝鮮戦争下公安関係資料』,『文教時報』,『文教の朝鮮』,『沖縄教育』,『文化生活 文化普及会版』,『占領下の奄美 · 琉球における教員団体関係史料集成』,『戦後初期沖縄開放運動資料集』,『旅行満洲』,『コレクション · モダン都市文化』,『会館芸術』,『戦後博覧会資料集成』,『買売春問題資料集成戦(前編戦)』,『同時代史』,『新異國叢書』,『植民地朝鮮下におけるハンセン病資料集成』,『植民地教育史研究年報』,『地域のなかの軍隊』,『北海道立文書館所蔵 戦後千島関係資料』,『満洲総合文化雑誌 藝文 第1期(全22巻)』,『外務省茗荷谷研修所旧蔵記録 戦中期植民地行政史料 教育 · 文化 · 宗教篇』,『社史で見る日本経済史』,『近世日本国民史』,『日本人』,『日本及日本人』,『亞細亞』,『帝國青年』,『公文別録』,『戦後日本共産黨關係資料』,『外務省茗荷谷研修所旧蔵記録戦中期植民地行政史料 教育 · 文化 · 宗教篇』 외 다수.

(전근대 관련으로는 『新訂増補 国史大系』,『平安遺文』,『鎌倉遺文』,『新訂増補故実叢書』,『増補続史料大成』 등도있다)

이들 자료는 모두 일본학도서관에서 채택한 일본십진분류법(Nippon Decimal Classification; NDC)과 본교 일송도서관이 채택한 한국십진분류법(Korean Decimal Classification; KDC) 시스템 두 가지 서지를 등록해서 2중 시스템이 구축되어 있다. 이를 이용자 입장에서 간단하게 설명하면, 본 연구소 홈페이지를 경유하는 NDC 검색시스템은 물론이고 일송도서관 홈페이지를 경유하는 KDC 검색시스템 어느 쪽으로도 도서 검색이 가능하다는 뜻이다. 그리고 신문 자료 중『京城日報』하고『京城新報』는 일송도서관 전산망을 통해서 본교 모든 교직원에게 원문이 공개되고 있으며, 교외에서도 지면(紙面) 열람이 가능하다. 반면에 저작권의 엄격한 제약에 의해서『요미우리신문(読売新聞)』,『아사히신문(朝日新聞)』,『近代沖縄新聞集成』은 연구소 내 전용 단말기를 통해서만 이용이 가능하다. 참고로『요미우리신문』은 1874년 창간호부터 1980년대까지 모든 지면에 대해서 자유롭게 문자열 검색을 할 수 있으며,『아사히신문』은 전체에 대해서 검색과 열람을 할 수 있다. 이외에 메이지시대부터 현재까지 일본 국내의 모든 재판 판례에 대한 검색을 할 수 있는 TKC 데이터베이스도 현재 이용 가능하다.

이상의 일본학도서관 소장 자료는 새로운 도서 입고로 지속해서 확충될 것이며, 매년 늘어나는 도서로 인해 발생하는 공간 문제 등의 현안이 없는 것은 아니나, 연구소와 도서관을 결합한 연구소의 새 발전모델을 계속 유지, 발전시킬 것이다.

이상에서 본 일본학도서관 운영은, 연구소는 단순히 논문 생산에만 주력할 것이 아니라, 사회와 학계에 知(지)를 발신해서 지적 인프라 구축에 적극적으로 역할을 담당해야 한다는 생각에 의한 것이다. 일본학도서관이 첫 번째 기둥이었다면, 두 번째 기둥이 일본학 데이터베이스 구축이다. 위에서 언급한『京城日報』하고『京城新報』,『요미우리신문(読売新聞)』,『近代沖縄新聞集成』, TKC 판례 데이터베이스 등은 외부 데이터베이스라 할 수 있는데, 연구소가 직접 생성하는 일본학 데이터베이스가『아사히신문 외지판 기사명 색인』DB이다.『아사히신문 외지판 기사명 색인』이 1935년까지 완간되면, 1915년부터 1945년까지 일제강점기 30년에 대한『아사히신문 외지판』중 남선판·조선판 데이터를 가공해서 연구소 홈페이지에 자유문자열로 검색이 가능한 시스템을 구축해서 제공할 계획이다. 2008년부터 시작한 이 작업이 15년 동안 지속되어, 30년 동안 식민지 조선 내 일본인 사회에 공급된 신문의 기사명 색인을 모두 검색할 수 있게 되는 것이다.『아사히신문외지판』을 모두 갖춘 곳도 국내에서 본 연구소 일본학도서관이 유일한 것으로 안다. 연구소 일본학도서관에서 많은 연구자가 필요한 기사 본문을 검색하는 날을 상상해 본다.

이러한 본 연구소의 학계는 물론 사회에 대한 기여 활동이 국내 일본연구, 일본학의 기초를 튼튼하게 하는 데 미력하나마 일익을 담당할 수 있기를 기대한다.

2. 「조선판」 제13권의 구성·내용과 제작 일지

1) 1934년이라는 해

1931년에 일어난 '만주사변'(중국명: 九一八事變)은 단순한 중·일 간에 일어난 무력 충돌이 아니라, 동아시아가 대일본제국에 의해서 전쟁과 침략의 시대로 접어드는 기폭제가 된 사건이었으며, 암울한 전쟁이라는 광기의 역사가 시작되는 시점이 1931년이었다. 그로부터 3년이 지난 1934년은 3월 1일에 대일본제국의 괴뢰정부였던 만주국 황제에 우리에게는 영화『마지막 황제(The Last Emperor)』(1987)를 통해서 대중에도 많이 알려진, 청나라 제12대 마지막 황제(재위기간: 1908.12.2.~1912.2.12.) 아이신기오로 푸이(愛新覺羅 溥儀)가 황제가 된 해이고, 1945년 8월 18일까지 만주국 황제로 재위한다. 결국 일본이 그토록 요망하던 중국 대륙 한가운데에 그들의 괴뢰정권 수립이라는 형태로 목표를 달성한 것에서 볼 수 있듯이, 이후 1937년 중일전쟁을 향해서 동아시아의 역사는 흘러간다.

이하, 1934년에 일어난 주요 사건을 게시하면 다음과 같다.

01.26. 독일-폴란드 불가침조약 체결. (10년 기한)

01.29. 일본 관영 야하타(八幡)제철소하고 가마이시(釜石), 미쓰비시(三菱), 후지(富士) 등 5개 제철회사를 합병해서 일본제철주식회사 설립. 2월 1일부터 영업 개시.

02.16. 독일, 영화법 성립. 검열 강화.

03.01. 관동군이 집정이었던 푸이를 만주국 황제로 취임시키고 제정(帝政)을 실시. 식민지 지배의 강화를 꾀한 전략이었으나, 반대로 항일 세력의 저항도 활발해졌다.

03.22. 일본 문부성 국어조사회, 국호를 '닛뽄'으로 하는 안을 정부에 제출. 정식결정에는 이르지 못함.

03.24. 미국 의회, 필리핀 독립을 승인. 기지문제는 보류.

04.02. 일본 해군항해학교 개교(요코스카)

04.10. 중국 공산당, 『전국민에 고하는 서』를 발표, 반일통일전선을 제시함.

05.02. 일본, 출판법 개정 공포. 천황가에 대한 존엄모독, 안녕질서의 방해에 대한 단속 강화.

06.01. 일본 문부성, 학생부를 확충해서 사상국(思想局)을 신설함.

06.03. 대만, 르웨탄(日月潭) 수력발전소 준공.

06.14. 히틀러, 무솔리니하고 베네치아에서 첫 회담.

06.20. 도쿄-타이베이 사이에 무선전화 개통

07.03. 일본, 데이진(帝人) 사건으로 사이토 내각이 총사회 후, 7월 8일 오카다 내각 발족.

08.19. 독일, 국민투표에 의해서 히틀러에게 총통이라는 지위가 승인됨.

08.29. 일본 마쓰다 겐지(松田源治) 문부대신, '파파', '마마'라는 호칭이 유행하고 있는 사태를 비난하면서 '일본정신'의 작흥(作興)을 강조.

09.15. 일본이 만주국을 정식으로 승인(일·만의정서). 군부 주도로 만주의 식민지지배 강화.

09.18. 소련이 국제연맹 가입.

10.01. 일본 육군성이 『国防の本義と其強化の提唱(국방의 본의와 그 강화의 제창)』를 배포. 전쟁 준비를 위한 국방국가 건설을 주장한 것임.

10.06. 카탈루냐, 독립선언. 얼마 후 진압됨.

10.30. 대일본국방부인회(大日本國防婦人會) 결성.

11.01 남만주철도주식회사, 다롄(大連)과 신징(新京, 지금의 창춘시) 사이에 특급 '아시아호' 운전 개시. 일본의 철도기술력의 진보와 만주국의 이미지 향상을 목적으로 함.

11.02. 베이브 루스, 루 게릭 등 미국의 메이저리거 17명이 일본 방문.

11.11. 일본 육군 특별대연습 실시 (북관동지방)

12.02. 일본 문부성에 국어심의회 설치

12.08. 미국과 일본 사이에 국제무선전화 개통

12.29. 일본 정부, 미국에 워싱턴해군군축조약의 단독 파기를 통고.

　　1934년 일본은 11월에 도호쿠(東北) 지역 대흉작으로 딸을 인신매매하고 자살, 객사 등이 속출하는 한편으로 베이브 루스 등 미국 메이저리거가 일본을 방문하는 등 야구가 성행한 한해였다고 할 수 있다. 그러나 그와 동시에 일본제철주식회사 설립하고, 만주에서는 남만주철도회사를 통한 다롄-신징 노선에 '아시아호'라는 특급을 운영하는 등, 부국강병을 위한 준비와 실천을 하고 있었던 한해였다. 이는 푸이를 황제로 하는 대일본제국의 괴뢰정부인 만주국을 정식으로 건국한 데서 일련의 흐름을 파악할 수 있다. 어떻게 보면 1931년에 일어난 만주사변 이후, 제국일본이 원하는 방향으로 동아시아에 대한 팽창정책이 진행되고 있다는 것을 확인할 수 있는 대목이기도 하다. 당시 식민지 대만에서 르웨탄(日月潭) 수력발전소를 준공한 것도 마찬가지이다. 또한 간과할 수 없는 것은 5월 2일, 일본 정부가 출판법을 개정하고 여기에 천황가에 대한 존엄 모독에 대한 강화를 명시한 점, 6월 1일, 문부성 학생부를 확충해서 사상국을 신설한 점, 8월 29일에 문부대신 마쓰다 겐지가 '파파', '마마' 등의 용어 사용을 비판하면서 일본정신 작흥을 강조한 점, 12월 2일, 문부성에 국어심의회를 설치하는 등의 일련의 조치는 팽창주의와 군국주의를 내세우면서 사상에 대한 검열

과 교화를 강화하고 있다는 사실을 말해준다. 대일본국방부인회(大日本國防婦人會) 결성과 같은 조직을 운영하는 것도 마찬가지이다. 그런데 이런 조치는 궁극적으로는 10월 1일, 일본 육군성이 『国防の本義と其強化の提唱(국방의 본의와 그 강화의 제창)』를 배포하면서 본격적인 전쟁 준비를 염두에 둔 '국방국가' 건설을 주창한 것으로서 주목하지 않을 수 없다. 4월 2일에 요코스카(橫須賀)에서 있었던 일본 해군항해학교 개교라든지, 11월 11일에 실시한 일본 육군의 특별대연습 등도 연계해서 살펴봐야 하는 부분이다.

2) 「조선판」이 보도하는 1933년: '만주국' 건설

1934년은 소설가 김동리의 시 『백로』가 『조선일보』 신춘문예에 입선했고, 아태준의 첫 단편집 『달밤』이 출간된 해이기도 하다. 또한 조선총독부가 '조선 보물 고적 명승 천연기념물 보존령'를 관보에 고시하고 지정문화재에 대한 번호를 자의적으로 부여한 해이기도 하다. 아래 5월 3일 기사가 바로 이에 관련된 내용이다. 이 1934년 일년 동안 『아사히신문 외지판(조선판)』에 실린 주요 기사가 위 목록이다.

01.12. 조선인 참정권 획득 운동, 의회 개회를 앞두고 건백서(建白書) 작성.

01.13. 조선인에게 징병제도 시행을 요망.

01.21. 1읍 8면 68리로 된 대경성(大京城)을 건설했다고 총독부 선전.

02.01. 내선인 공학 춘천고등여학교 4월부터 개교하기로 결정 완료.

02.17. 조선 전역에서 무장봉기를 기획한 청진의 '적색 테러사건' 예심 종결. 2명을 불기소, 11명 유죄.

04.01. 인텔리를 망라, 반제운동(反帝運動)에 광분, 경성에 붉은 마수 뻗은 10명에 예심종결 유죄.

04.11. 조선농지령(朝鮮農地令)이 공포되다.

04.25. 비행기 묘기와 전몰자 위령제 등 여흥 행사가 많은 평양항공제 다가오다.

04.26. 민심 작흥(作興)의 모체를 일환으로, 조선교화단체연합회 다음달 초, 경성에서 발회식 거행. 전통유구한 여러 의례를 근본적으로 개혁, 의례준칙을 드디어 성안(成案)해서 중추원회의에 상정.

05.01. 춘천 농고생 소란 피우다, 상하급생 간의 알력으로,

05.03. 반도의 자랑, 영원히 찬란한다 보물, 고적(古跡) 명승, 천년기념물 먼저 200여 점을 지정.

05.10. 채플린 영화 <City Lights> 경성 상영 확정. 경성의 덕영상회(德永商會)가 채플린 측

과 직접 계약 체결. 경성에서는 동아클럽, 조선극장의 두 군데, 부산의 보래관에서 상영.

05.20. 내년은 한일병합 25주년, 기념관의 건설, 자료 진열 등 각종 기념사업을 계획

05.29. 공군의 경이적 발달, 우리나라는 지형상 불리, 방공사상의 보급이 긴요

05.30. 朝鮮で、土地改良事業が中止となる。

06.29. 북선방공연습 다음달 26일부터 5일 동안, 국경 여섯 지구에 걸쳐서

07.02. 전국중등학교 조선예선대회 ~8월17일까지 각종 후일담 포함, 球戦の跡を語る

07.02. 하늘을 종횡무진, 야간비행의 쾌거, 제6비행 최초의 대폭격진 (평양비행제6연대)

07.17. 중등야구야말로 무사도의 정화

07.21. 노가쿠계(能樂界)의 명가, 노가쿠의 해외 진출

08.10. 본사 후원, 노가쿠(能樂)의 정화(精華), 경성에서 첫 공연, 와키 호쇼류(宝生流) 이에
모토(家元)인 호쇼 아라타(宝生新) 씨도 동행. 일세일대의 명조(明調).

08.11. 노가쿠보국(能樂報国)을 하는 일행, 화려하게 경성 입성. 먼저 조선신궁 참배.

08.20. 국민정신 작흥에 일단의 박차, 평양교화단체연합회.

08.21. 야구대회 영화 경성에서 일제 개봉

08.28. 국가총동원에 대비해서 반도의 자원 조사, 각 성(省)의 위원들 조선을 방문.

09.10. 황국신민화가 널리 침투해서 반도의 산하에 한층 더 빛을 발하다, (우카키 총독)

09.29. <찬란하게 빛나는 시정 25주년> 내선융화를 토양으로 찬란하게 핀 청춘의 꼭, 대
축전(大祝典)에 환희 마음을 담고 "신구 반도의 모습"을 보다. 10월 3일까지.

10.04. 천황의 성지(聖旨)에 따라 대중 교화에 노력하다, 근정전에 대표 400여명 모이다, 교
화단체 연합 결성

11.08. 조선인 참배자 많은 것이 눈에 띈다. 조선싱궁과 경성신사에서 奉告祭

11.17. 신사에 대한 참배 거부, 앞으로는 단호하게 처분. 지사, 결의를 밝히다

11.22. 빈도의 총인구 약 2,300만 명,

11.26. 신사를 부정하는 것은 국가를 부정하는 일이다

11.27. 참배 거부 문제를 본부(本府)도 중대시, '신사는 종교가 아니다'

12.10. 조선소작조정령이 시행

12.20. 조선에서 산미증식계획이 중지됨.

먼저 1월 12일자 '조선인 참정권 획득 운동'에 주목하고 싶다. 이 기사는 경성발이며, 아래와 같은 기사 내용이다.

조선인참정권획득운동은 10수년래 선내 각 단체에 의해서 계속되고 있는데, 이 운동의 주류를 이루는 경성의 국민협회에서는 비상시국에서 반도의 사명과 가치를 크게 강조해서 목적 달성을 꾀하기 위해서 의회의 개회를 앞두고 이번에 건백서를 작성, 선내 각 도회 의원의 서명 날인을 구하고 있는데 한반도 각 방면의 발전은 작금 눈부신 발전을 이루고 있는 이때, 이 문제에 대처하는 정부 요로의 태도는 주목된다.

이 운동은 3.1운동 이후, 일제가 조선인에게 부분적으로나마 정치활동을 허용했는데, 이를 받아서 일제에 의한 식민 통치를 인정하는 범위 내에서 일본 의회에 참여할 수 있는 참정권을 달리는 운동이다. 국민협회(1920년에 조직됨)라는 단체가 1924년에 청원했을 때는 서명한 사람이 2만 명을 넘기도 했으나, 일제는 당연히 이를 수용할 생각이 없었다. 결국 이 참정권 획득 운동은 일제의 동화정책에 순종하는 친일 행위라는 비판을 받게 되었고, 회장이었던 민원식이 일본을 방문했을 때 조선인 학생에게 피살되었다. 그러나 이러한 보도는 결국에는 조선총독부가 조선인에게 참정권을 인정할 수도 있다는 뉘앙스를 퍼뜨릴 뿐, 실제로는 다음날 기사 <조선인에게 징병제도 시행을 요망>에서 볼 수 있듯이, 참정을 할 수 있는 권리가 아니라 징병에 응하라는 의무를 부과하고 강요하고 있는 것이 현실이라고 보아야 할 것이다. 4월 11일자 <조선농지령(朝鮮農地令)이 공포되다>나 <조선인에게 징병제도 시행을 요망>하고, '조선인 참정권 획득 운동'을 어떻게 보아야 할지는 자명하다.

1월 21일자에서 "대경성(大京城)을 건설"이라고 조선총독부의 25주년을 맞이하는 그들의 식민지배를 자화자찬하고 미화하고 있는 것과도 같은 맥락이라 할 수 있다. 2월 1일자에서 지금의 춘천여고인 춘천고등여학교 개교 보도도, 총독부가 조선인의 교육에 헌신하는 것처럼 꾸미고 있으나, 결국은 '신민 만들기'를 위한 '교화'라는 기본골격이 그 한가운데에 있다고 보아야 할 것이다. 실제로 2월 17일, 4월 1일 기사는 반제운동 즉 반제국운동=항일운동에 대한 분명한 입장을 보여주고 있으며, 4월 26일자 <민심 작흥(作興)의 모체를 일환으로, 조선교화단체연합회 다음달 초, 경성에서 발회식 거행>이라는 기사에서 볼 수 있듯이 '교화단체'를 조직해서 조선인의 사상을 통제하려는 움직임을 노골적으로 보이고 있다. 모두에서 언급한 것처럼, 1934년에 베이브 루스 일본을 방문하는 등, 이전보다 야구가 일본에서 크게 성행하는데, 이는 식민지에서도 마찬가지였고, 식민지 조선도 예외는 아니었다. 실제로 7월 2일 <전국중등학교 조선예선대회> 기사에서 시작하는 야구 이야기는 각종 후일담까지 포함해서 약 한 달 반 동안 8월 17일까지 이어진다. 8월 21일자 <야구대회 영화 경성에서 일제 개봉>도 같은 맥락에서 이해하면 될 것이다. 그런데 여기서 우리가 주목해야 할 점은 7월 17일 <중등야구야말로 무사도의 정화>처럼, 야구를 순수한 스포츠로 보는 것이 아니라 야구는 '무사도(武士道)'의 정화(精華)이며, 즉 야구를 즐기고 열성적으로 응원함으로써 '일본정신'을 배양할 수 있다는 발상이다. 스포츠 또한 제국의 국민통화, 총화를 위해서 필요한 문화장치로 사용되고 있음을 알 수 있다. 내지의 상황이 그대로 식민지에서도 반복되고 있는 것이다. 베를린 올림픽에서 일장기를 달고 달린 손기정 선수가 떠오른다.

【그림1】 호쇼 시게후사 일행 관동군 위문공연(『宝生』1935.11)

그런데 이러한 움직임은 스포츠만 대상이 되는 것이 아니다. 바로 이어서 7월 21일, 8월 10일, 8월 11일에 오늘날 일본을 대표하는 전통예능인 노(能)·노가쿠(能樂) 관련 기사가 있는데, 여기서 주목해야 할 것은 8월 11일자의 노로 국가에 보답한다는 '노가쿠보국(能樂報国)'이라는 말이다. 여기에는 일본의 모든 예능에 종사하는 예능인은 각자가 가진 기량으로 국가를 위해 봉사해야 한다는 기본방향이 강하게 내재되어 있음을 알 수 있다. 실제로 8월 11일자 기사 본문에는 "신징(新京)에서는 만주에 주둔하고 있는 황군(皇軍)에 대한 위문과 함께 만주국 요인도 초청해서 공연을 하고 싶습니다. (중략) 이번 기획이 황군 위문과 일본-만주-지나의 친선에 미력하나마 효과가 있으면 합니다."라고 호쇼류의 종가인 호쇼 시게후사(宝生重英)가 말하고 있다. 여기에는 제국의 본체인 일본이 자랑하는 "근세 음악·연극의 원류이며, 동양문화의 정수가 넘쳐나는 일본의 국수·고전예술의 왕좌에 있는 노가쿠"(7월 21일자 기사 본문 중에서)에 대한 높은 자부심이 대일본제국이라는 국민국가의 국민통합을 이루고, 이는 일본을 넘어서 동양을 대표하는 문화예술이라는 자부심과 함께 '보국(報國)'이라는 책무가 강조되고 있는 기사라 할 수 있다.

이와 함께 1934년 기사를 통해서 알 수 있는 것은, 황국의 신민화, 천황의 성지, 조선신궁 참배와 이를 거부하는 자에 대한 엄격한 대응, 신사 부정자는 국가를 부정하는 자 등의 기사 내용을 통해서 3.1운동 이후 문화정치로 전화했다고는 하나, 매우 철두철미하게 교화를 강력하게 추진하고 있으며, 그 중심에는 천황과 신사(신궁) 즉 천황제국가임을 전제로 하고 있다는 점이다. 8월 20일자 <국민정신 작흥에 일단의 박차, 평양교화단체연합회.>는 권력이 앞장서서 식민지에서 교화작업을 수행할 단체를 조직한다는 것은 교화정책을 조직적으로 진행하겠다는 뜻으로 보아야 한다.

마지막으로 지적하지 않을 수 없는 것이, 1934년에 이미 다음 전쟁(결과적으로는 중일전쟁)을 준비하고 있다고 해도 이상하지 않을 인상을 받는 기사가 보인다는 점이다. 1월 13일 <조선인에게 징병제도 시행을 요망>은 말할 것도 없이 병력 충원을 위한 것이고, 7월 2일 <하늘을 종횡무진, 야간비행의 쾌거, 제6비행 최초의 대폭격진>은 평양에 있는 비행제6연대를 대상으로 폭격 능력을 향상하기 위한 야간훈련을 하고 있다는 것을 보도하고 있는데, 만주사변 전부터 평양에 주둔한 항공대에 대한 훈련을 빈번하게 하고 있었다는 점과 연계되지 않을 수 없다. 더욱이 8월 28일 <국가총동원에 대비해서 반도의 자원 조사>는 이미 이 시점에서 '국가총동원'을 준비하고 있다는 것을 말해주고 있으며, 4년 후인 1938년 4월에 중일전쟁 발발 후에 실제로 국가총동원법이 제정되고 있다는 점을 잊어서는 안 된다.

3) 제작 일지

한림대학교 일본학연구소 일본학DB 사업의 일환으로 〈한림일본학자료총서〉로서 간행되는 『아사히신문 외지판(조선판) 기사명 색인』 조선판 제13권(1934.1~1934.12)은 서정완 연구소장이 총괄기획과 전체 조율과 기획을 담당하고, 심재현 연구원/사서가 기획하고 관리하였다(2023.8까지). 색인 추출작업은 연구보조원 중에서 12명이 맡아주었다.

그리고 본교 학부생으로 구성된 연구보조원이 데이터 입력과 신뢰성 확보를 위한 총 네 차례에 걸친 검증작업을 통해서 오타와 기사 누락을 최소화하기 위해 노력하였다.

작업 참가자는 다음과 같다.

〈아사히신문 외지판(조선판) 기사명 색인 −1934.1~12−〉 작업자 명단		
1차 입력, 1, 2차 검수자	3차 , 4차 검수자	색인어 일련번호 추출
김은경(18) 김주영(20) 김채연(17) 김혜진(18) 문희찬(16) 설수현(19) 안덕희(16) 안소현(17) 유혜연(18) 이하림(17) 장덕진(13) 조성석(16) 조지혜(19)	김선균(18) 김은경(18) 김채연(17) 김혜진(18) 박종후(21) 설수현(19) 안덕희(16) 이하림(17) 조지혜(19)	고성준(18) 김지연(19) 김혜진(18) 박종후(21) 박철웅(18) 백지훈(22) 신현주(20) 여현정(19) 윤석희(18) 이상민(19) 이영석(18) 이하림(17)

연구보조원 명단 ( )은 입학년도

마지막으로 이 책을 간행함에 있어서 일본국제교류기금(JapanFoundation)이 함께 해주었다. 깊이 감사드린다.

3. 데이터 현황

『아사히신문 외지판 (조선판) 기사명 색인』은 데이터 검색을 쉽게 할 수 있도록 모든 기사에 일련번호를 부여하고 있으며, 이번 권에서는 244626~257197을 수록하였다. 색인어는 일본어 한자음을 가나다순으로 정리하였으며, 총 2,596개이다.

朝日新聞 外地版(조선판) 기사명 색인 제13권 1934.01.~1934.12.

범 례

1. 본 DB는 『朝日新聞 外地版 朝鮮朝日』 중 1934.01.~1934.12.의 기사를 대상으로 하였다.

2. 본 DB는 일련번호, 판명, 간행일, 면수, 단수, 기사명 순으로 게재하였다. 이때 면수는 제자 (題字)유무를 기준으로 하였으며 제자가 있는 페이지를 1면으로 작성하였다.

3. 신문이 휴간, 결호, 발행불명인 경우 해당날짜와 함께 休刊, 缺號, 發行不明이라 표기하였다.

4. 기사명 입력은 원문의 줄 바꿈을 별도로 표시하지 않고 이어서 입력하였다.

    예) 關東廳移置問題

    　　旅順より大連へとの議

    　　第一困難なるは廳舍舍宅の設備 (이하 기사 본문)

    　　→ 關東廳移置問題旅順より大連へとの議第一困難なるは廳舍舍宅の設備

6. 광고 및 訂正, 取消, 正誤 등 신문내용의 수정을 알리는 기사, 라디오 방송 기사는 생략하였다.

7. 연재물기사(번호와 저자명이 기입된 기사)는 '제목(편수)/저자명'의 형태로 입력하였다. 이때 이어지는 부제목은 생략하였다.

    예) 朝鮮道中記(57) 貴妃の靈に遭ふ 顔が四角で腕が達者 これが大邱一番の歌ひ女 大阪にて瓢齊 (이하 기사 본문)

    　　→ 朝鮮道中記(57)/大阪にて瓢齊

8. 연관기사(연계기사)는 '기사명1/기사명2/기사명3'의 형태로 표시한다. 또한, 기사명 전체를 이탤릭체(기울임꼴)로 변환하였다.

    예) 朝鮮の土を踏むのは今度が最初 家內に教はる積り机上の學問は駄目

    　　何の事業も無く慚愧の至りです (이하 기사 본문)

    　　→ *朝鮮の土を踏むのは今度が最初家內に教はる積り机上の學問は駄目/何の事業も無く慚愧の至りです*

9. 기사명의 내용과 문맥이 이어지는 기사는 '상위 기사명(하위 기사명/하위 기사명)' 형태로 입력하였다.

10. 괄호로 묶어서 입력한 하위 기사명은 '슬래시(/)'로 구분하였다.

    예) 米穀收用と影響 朝鮮の各地方に於ける 大邱地方 釜山地方 金泉地方 浦項地方 (이하 기사 본문)

    　　→ 米穀收用と影響朝鮮の各地方に於ける(大邱地方/釜山地方/金泉地方/浦項地方)

11. 신문기사에 있는 숫자, !, ?, ' ', " ", 「」 등의 기호는 모두 전각으로 입력하였다. 단, 소괄호와 슬래시(/)는 반각으로 입력하였다.

12. 촉음과 요음은 현행 표기법에 맞게 고쳐서 입력하였다.

　예) ちょつと → ちょっと, ニュース → ニュース, 2ヶ月 → 2ヶ月

13. 기사명에 사용된 '◆', '……', '='와 같은 기호들은 생략하고 중점은 한글 아래아(·)로 입력하였다.

14. 한자는 원문에 약자로 표기되어 있어도 모두 정자로 통일해서 입력할 것을 원칙으로 했다. 단 오늘날 일본에서 쓰이는 이체자(異體字)는 원문대로 입력하였다.

15. 이체자(異體字) 중 PC에서 입력이 불가능한 경우 현대에서 통용되는 한자로 표기, 범례에 표기하는 형태를 취하였다.

16. 색인어 중 한자로 시작하는 단어는 기역부터 히읗까지 초성 별로 구분해 한국어 음독을 기준 삼아 나열하였고 이외에 영어 알파벳, 히라가나 및 가타카나로 시작하는 단어는 기타로 구분하였다.

아사히신문 외지판(조선판) 기사명 색인

1934년

1934년 1월 (조선아사히)

일련번호	판명		간행일	면	단수	기사명
244626	朝鮮朝日	西北版	1934-01-06	1		缺號
244627	朝鮮朝日	南鮮版	1934-01-06	1	01단	躍る朝鮮の回顧と展望
244628	朝鮮朝日	南鮮版	1934-01-06	1	02단	億兆一心もって難局を打開せよ朝鮮總督宇垣一成/東洋平和の國是を貫徹に朝鮮軍司令官川島義之/朝鮮の財界と滿洲朝鮮銀行總裁加藤敬三郎
244629	朝鮮朝日	南鮮版	1934-01-06	1	02단	全鮮を風靡の軍用犬飼育優良犬を集める釜山
244630	朝鮮朝日	南鮮版	1934-01-06	1	06단	大京城へ！三千萬坪の市街地に近く行政區域擴張を審議
244631	朝鮮朝日	南鮮版	1934-01-06	1	07단	初立會は幾分閑散朝鮮取引所
244632	朝鮮朝日	南鮮版	1934-01-06	1	07단	到る處好景氣輝く釜山地方
244633	朝鮮朝日	南鮮版	1934-01-06	1	07단	釜山消防出初式
244634	朝鮮朝日	南鮮版	1934-01-06	1	08단	ラヂオで朝鮮紹介
244635	朝鮮朝日	南鮮版	1934-01-06	1	08단	日滿運輸統制へ國運愈よ北朝乘出し
244636	朝鮮朝日	南鮮版	1934-01-06	1	09단	府民病院
244637	朝鮮朝日	南鮮版	1934-01-06	1	10단	釜山に案內所
244638	朝鮮朝日	南鮮版	1934-01-06	1	10단	大作揃ひ釜山の各館
244639	朝鮮朝日	南鮮版	1934-01-06	1	10단	四名が入亂れて
244640	朝鮮朝日	南鮮版	1934-01-06	1	10단	嬰兒扼殺
244641	朝鮮朝日	南鮮版	1934-01-06	1	10단	人(池田淸氏(總督府警務局長)/佐野吾作氏(警務局保安課屬))
244642	朝鮮朝日	西北版	1934-01-07	1		缺號
244643	朝鮮朝日	南鮮版	1934-01-07	1	01단	躍る朝鮮の回顧と展望
244644	朝鮮朝日	南鮮版	1934-01-07	1	01단	陽光に輝く土の英雄・下金梧里！農村更生の生手本一貧農者にこの尊き報告書
244645	朝鮮朝日	南鮮版	1934-01-07	1	02단	農村振興の實行運動を擴大關係者を本府に招集
244646	朝鮮朝日	南鮮版	1934-01-07	1	02단	蹴球を統制ちかく發表
244647	朝鮮朝日	南鮮版	1934-01-07	1	02단	警務局の新事業主なるものは
244648	朝鮮朝日	南鮮版	1934-01-07	1	03단	せつめい((上)京城消防出初式の梯子乘り(下)平壤消防出初式で表彰された人々)
244649	朝鮮朝日	南鮮版	1934-01-07	1	04단	平壤の新計劃暖房裝置の府營先づ歐米都市を調査期待さる産業、衛生上の效果
244650	朝鮮朝日	南鮮版	1934-01-07	1	05단	百貨店への對策を協議大邱小賣商人
244651	朝鮮朝日	南鮮版	1934-01-07	1	05단	白龍天に上る勇壯な消防出初式(京城/平壤/釜山)
244652	朝鮮朝日	南鮮版	1934-01-07	1	06단	寒さを衝いて大元氣の初乘會集る者五百四十九名まづ朝鮮神宮へ
244653	朝鮮朝日	南鮮版	1934-01-07	1	06단	鰤鱈の盛漁期に盛んに密漁船出沒慶南で徹底的掃蕩を計劃
244654	朝鮮朝日	南鮮版	1934-01-07	1	07단	平壤でも空の備へを防空大演習と雁行して
244655	朝鮮朝日	南鮮版	1934-01-07	1	07단	常習賭博の六名を逮捕

일련번호	판명		간행일	면	단수	기사명
244656	朝鮮朝日	南鮮版	1934-01-07	1	08단	世界最新の平壤公會堂敷地を民有地に物色
244657	朝鮮朝日	南鮮版	1934-01-07	1	08단	新春明朖曲平壤光頭會花やかに發會
244658	朝鮮朝日	南鮮版	1934-01-07	1	08단	小頭卽死
244659	朝鮮朝日	南鮮版	1934-01-07	1	09단	更に敷地の買收を計る平壤飛行場擴張計劃
244660	朝鮮朝日	南鮮版	1934-01-07	1	09단	新春の戰慄放火魔の出現！平壤で一夜に數ヶ所軒先の幔幕を燒く
244661	朝鮮朝日	南鮮版	1934-01-07	1	09단	襦袢を盜む
244662	朝鮮朝日	南鮮版	1934-01-07	1	10단	新嘗祭獻穀田
244663	朝鮮朝日	南鮮版	1934-01-07	1	10단	機關車脫線上下線一時不通に陷る
244664	朝鮮朝日	南鮮版	1934-01-07	1	10단	貴族界の裏面暴露訴訟沙汰起る
244665	朝鮮朝日	南鮮版	1934-01-07	1	10단	人(林財務局長/境高等法院檢事長)
244666	朝鮮朝日	西北版	1934-01-09	1		缺號
244667	朝鮮朝日	南鮮版	1934-01-09	1	01단	*稅務監督局設置五ヶ所の候補地中部は京城、西鮮の平壤は確實南鮮は大邱、北鮮は咸興、湖南は光州か/明年度から實施の新設稅內容*
244668	朝鮮朝日	南鮮版	1934-01-09	1	01단	殿下の台臨を仰ぎ愛國赤十字婦人會總會十月七日昌德宮祕苑で
244669	朝鮮朝日	南鮮版	1934-01-09	1	01단	電報を電話で送達する電報のスピード化
244670	朝鮮朝日	南鮮版	1934-01-09	1	01단	釜山府議補缺選
244671	朝鮮朝日	南鮮版	1934-01-09	1	02단	京城府內銀行總會日割
244672	朝鮮朝日	南鮮版	1934-01-09	1	03단	慶北地稅徵收好成績收む
244673	朝鮮朝日	南鮮版	1934-01-09	1	04단	總督夫人病氣重體
244674	朝鮮朝日	南鮮版	1934-01-09	1	04단	籾貯藏の施設費總額八百萬圓
244675	朝鮮朝日	南鮮版	1934-01-09	1	04단	愈よ新選手を迎へ今夏對岸に遠征北鐵野球部の計劃
244676	朝鮮朝日	南鮮版	1934-01-09	1	05단	三百年前の平壤の繪姿京城より來る
244677	朝鮮朝日	南鮮版	1934-01-09	1	05단	理想的國際都市へ羅津にも都計施行京城以下の五大都市と共に來月までには發令
244678	朝鮮朝日	南鮮版	1934-01-09	1	06단	三橋川架橋實現決定す待望久しき地元民の歡び
244679	朝鮮朝日	南鮮版	1934-01-09	1	06단	美しい話
244680	朝鮮朝日	南鮮版	1934-01-09	1	06단	娼妓虐待を摘發
244681	朝鮮朝日	南鮮版	1934-01-09	1	07단	武道寒稽古日割
244682	朝鮮朝日	南鮮版	1934-01-09	1	07단	車中持逃男遊廓で捕る
244683	朝鮮朝日	南鮮版	1934-01-09	1	07단	『用心が屆いて火事は影を消し』防火宣傳の川柳や標語
244684	朝鮮朝日	南鮮版	1934-01-09	1	08단	自動車糞くらへ！人力車夫の鼻息憚り乍ら一月の收入百圓時代に逆ふ者の勝鬨
244685	朝鮮朝日	南鮮版	1934-01-09	1	08단	電車から飛降りて死ぬ
244686	朝鮮朝日	南鮮版	1934-01-09	1	08단	郵便所爲替係公金を費消
244687	朝鮮朝日	南鮮版	1934-01-09	1	08단	倉洞敎會の紛糾解決す

일련번호	판명		간행일	면	단수	기사명
244688	朝鮮朝日	南鮮版	1934-01-09	1	09단	危機一髮で捕まふ
244689	朝鮮朝日	南鮮版	1934-01-09	1	09단	朝鮮鋏で三人を刺す
244690	朝鮮朝日	南鮮版	1934-01-09	1	09단	談合の二十九名に早田檢事が控訴
244691	朝鮮朝日	南鮮版	1934-01-09	1	10단	映畫館の醉人二階から墜つ
244692	朝鮮朝日	南鮮版	1934-01-09	1	10단	釜山觀光協會內容を刷新
244693	朝鮮朝日	南鮮版	1934-01-09	1	10단	昨年度南浦着無煙炭數量
244694	朝鮮朝日	南鮮版	1934-01-09	1	10단	人(有賀殖銀頭取/堂本貞一氏(總督府新京出張所主任)/白石慶南警察部長/湯川水原農事試驗場長)
244695	朝鮮朝日	南鮮版	1934-01-09	1	10단	漢陽手帳
244696	朝鮮朝日	西北版	1934-01-10	1		缺號
244697	朝鮮朝日	南鮮版	1934-01-10	1	01단	內地商線の尖兵續々北鮮へ進出中繼貿易ぢやまだるいとて根城移して對滿飛躍を計る/高岡市の物産が北鮮の主要都市へ愈よちかく販賣隊が出動
244698	朝鮮朝日	南鮮版	1934-01-10	1	01단	白盤上の跳躍
244699	朝鮮朝日	南鮮版	1934-01-10	1	04단	請願郵便所
244700	朝鮮朝日	南鮮版	1934-01-10	1	04단	新年度より農業補習校を改善斷然全鮮に魁けて更生運動に拍車づける平南
244701	朝鮮朝日	南鮮版	1934-01-10	1	04단	京城府豫算
244702	朝鮮朝日	南鮮版	1934-01-10	1	04단	釜山府決算
244703	朝鮮朝日	南鮮版	1934-01-10	1	05단	釜山初府會
244704	朝鮮朝日	南鮮版	1934-01-10	1	05단	安奉線運賃引下實現か
244705	朝鮮朝日	南鮮版	1934-01-10	1	05단	平壤栗の移出檢査出來秋より實施か聲價、向上を計って天津栗と內地市場で爭ふ
244706	朝鮮朝日	南鮮版	1934-01-10	1	06단	平壤充實の當局案大體原案を承認近く府會で正式可決
244707	朝鮮朝日	南鮮版	1934-01-10	1	06단	粗食者は長命(鎭海邑の高齢者調べなる)
244708	朝鮮朝日	南鮮版	1934-01-10	1	07단	朝鮮總督府の公債を僞造被害數萬圓に上る主犯ら福岡で逮捕
244709	朝鮮朝日	南鮮版	1934-01-10	1	07단	城大病院盜難頻々
244710	朝鮮朝日	南鮮版	1934-01-10	1	07단	犬の展覽會
244711	朝鮮朝日	南鮮版	1934-01-10	1	08단	學齡兒童の保護者に注意
244712	朝鮮朝日	南鮮版	1934-01-10	1	08단	酷寒の襲來から感冒が蔓延する外出の時は必ずマスクをつかひませう！
244713	朝鮮朝日	南鮮版	1934-01-10	1	08단	釜山教育會で功績者表彰
244714	朝鮮朝日	南鮮版	1934-01-10	1	08단	新春早々から物凄い強盜三つ
244715	朝鮮朝日	南鮮版	1934-01-10	1	09단	河豚の卵は食ひ給ふな夫婦とも死亡し子供三人泣き叫ふ
244716	朝鮮朝日	南鮮版	1934-01-10	1	09단	盜んでは金に僞學生豪遊
244717	朝鮮朝日	南鮮版	1934-01-10	1	10단	人(松田正之男(專賣局長)/吉田光州地方法院長/信原專賣局製造課長/柳生全南警察部長/松本藤太郎氏(貴族院

일련번호	판명		간행일	면	단수	기사명
						議員)/富樫十郞氏(前警務局警務課長)/長谷川八二郞氏 (高等法院長谷川判事嚴父))
244718	朝鮮朝日	南鮮版	1934-01-10	1	10단	漢陽手帳
244719	朝鮮朝日	西北版	1934-01-11	1		缺號
244720	朝鮮朝日	南鮮版	1934-01-11	1	01단	春巷・亂る、危險線！印鑑を僞造して反古の公債で資金を引出す昔日の博多株界の飛將軍元山府公債僞造事件の全貌/幼兒二名無殘燒死江東面の火事/剃刀で自殺/妻子五名袋叩き精神異狀の夫が己は自殺未遂/郞らかすぎて四十男大火傷死亡/雀一羽から罰金二十圓/少年の泥棒團一味遂に捕る/無殘卽死/大同江下流流氷で危險船舶に警報を發す/拳銃所持者を一齊に檢査(釜山署管內で)/元蓬萊館の女中が證人として出廷興味をひくマリア公判十七日から開かる/二棟を燒く/酷寒から二名凍死
244721	朝鮮朝日	南鮮版	1934-01-11	1	01단	指導者を集めて農村振興運動を强調總督訓示「一段の奮鬪望む」と二日間にわたり種々協議
244722	朝鮮朝日	南鮮版	1934-01-11	1	01단	綜合美展陣列替へ
244723	朝鮮朝日	南鮮版	1934-01-11	1	03단	釜山府會二日目
244724	朝鮮朝日	南鮮版	1934-01-11	1	03단	新春第一課獨身の矛盾者よ『由緣のヒュッテ』へさうしてダンゼン郞らかになれ
244725	朝鮮朝日	南鮮版	1934-01-11	1	04단	鐵道局の改良豫算五百四十萬圓
244726	朝鮮朝日	南鮮版	1934-01-11	1	05단	平壤府の救濟土木自力で實施に
244727	朝鮮朝日	南鮮版	1934-01-11	1	06단	雪
244728	朝鮮朝日	南鮮版	1934-01-11	1	06단	鎭南浦府の水源地擴張明年度も駄目
244729	朝鮮朝日	南鮮版	1934-01-11	1	06단	文盲者退治慶南道內に十歲以上廿歲未滿約卅萬人に上る農閑期に學院を開設して徹底的に敎育する
244730	朝鮮朝日	南鮮版	1934-01-11	1	07단	載寧支廳沙里院移轉實現の模樣
244731	朝鮮朝日	南鮮版	1934-01-11	1	07단	三ケ所に職紹所新設の計劃
244732	朝鮮朝日	南鮮版	1934-01-11	1	08단	第二回の米買上げ斷行
244733	朝鮮朝日	南鮮版	1934-01-11	1	08단	貯炭場の操炭機故障
244734	朝鮮朝日	南鮮版	1934-01-11	1	09단	催し物の豪華版二大祝賀會や大會品評會と應接に暇ない平壤の３４年
244735	朝鮮朝日	南鮮版	1934-01-11	1	10단	幼稚すぎた苦心の發明笑ひきれぬナンセンス
244736	朝鮮朝日	南鮮版	1934-01-11	1	10단	憲兵隊のスケート
244737	朝鮮朝日	南鮮版	1934-01-11	1	10단	正月早々この景氣貨物は激增
244738	朝鮮朝日	南鮮版	1934-01-11	1	10단	人(下村進氏(警務局圖書課事務官)/松田專賣局長/柳原全州地方法院檢事正)
244739	朝鮮朝日	西北版	1934-01-12	1	01단	棉花增殖計劃擴大四億二千萬斤に愈よ明年度から近く實施協議

일련번호	판명		간행일	면	단수	기사명
244740	朝鮮朝日	西北版	1934-01-12	1	01단	朝鮮人の參政權獲得運動議會開會を前に建白書作成要路の態度注目さる
244741	朝鮮朝日	西北版	1934-01-12	1	01단	稅制整理により教育費の負擔輕減半島多年の懸案やうやく解決
244742	朝鮮朝日	西北版	1934-01-12	1	01단	十年度から本格的に地方稅を整理整理要項大體決定
244743	朝鮮朝日	西北版	1934-01-12	1	01단	地方法院支廳三ケ所復活
244744	朝鮮朝日	西北版	1934-01-12	1	02단	嚴冬の職場に眞ッ裸で働く春と共に生れ出た新興産業朝鮮最初の油房
244745	朝鮮朝日	西北版	1934-01-12	1	03단	鐵道局の建設豫算明年度建設は專ら滿浦線に
244746	朝鮮朝日	西北版	1934-01-12	1	04단	相つぐ獻金
244747	朝鮮朝日	西北版	1934-01-12	1	04단	四十萬圓から一躍四百萬圓にゴールド・ラッシュ時代を描く平南産金額の奔騰
244748	朝鮮朝日	西北版	1934-01-12	1	04단	滿浦線延長は決定ホテル直營は斷行？佐藤營業課長の談
244749	朝鮮朝日	西北版	1934-01-12	1	05단	淸、敦航路月六航海に天草丸淸津に寄港
244750	朝鮮朝日	西北版	1934-01-12	1	06단	スポーツ(全鮮スキー選手權大會/神宮奉讚氷上競技/アイスホッケー城大６－２京師)
244751	朝鮮朝日	西北版	1934-01-12	1	06단	西鮮合電創立總會廿五日平壤で(新重役內定)
244752	朝鮮朝日	西北版	1934-01-12	1	06단	靈場の守護札を驛員に
244753	朝鮮朝日	西北版	1934-01-12	1	07단	道內百四十七面に共同染色所を新設先づ面職員に教へて大衆へ！平南の色服獎勵計劃
244754	朝鮮朝日	西北版	1934-01-12	1	07단	水産會社の陳情を道當局、一蹴す南浦魚市場の經營斷然・漁業組合に
244755	朝鮮朝日	西北版	1934-01-12	1	08단	貨客列車十二輛脫線轉覆す六乘客中二名死傷
244756	朝鮮朝日	西北版	1934-01-12	1	08단	拳銃を紛失
244757	朝鮮朝日	西北版	1934-01-12	1	09단	遭難船の船體のみ漂着乘組員十四名は絶望か
244758	朝鮮朝日	西北版	1934-01-12	1	09단	貨物自動車崖から落つ運轉手重傷
244759	朝鮮朝日	西北版	1934-01-12	1	09단	證人が續々出廷注目されるマリヤ續公判
244760	朝鮮朝日	西北版	1934-01-12	1	10단	檢擧數減大同署の年末年始警戒
244761	朝鮮朝日	西北版	1934-01-12	1	10단	柳京日記
244762	朝鮮朝日	南鮮版	1934-01-12	1	01단	棉花增殖計劃擴大四億二千萬斤に愈よ明年度から近く實施協議
244763	朝鮮朝日	南鮮版	1934-01-12	1	01단	朝鮮人の參政權獲得運動議會開會を前に建白書作成要路の態度注目さる
244764	朝鮮朝日	南鮮版	1934-01-12	1	01단	稅制整理により教育費の負擔輕減半島多年の懸案やうやく解決
244765	朝鮮朝日	南鮮版	1934-01-12	1	01단	十年度から本格的に地方稅を整理整理要項大體決定
244766	朝鮮朝日	南鮮版	1934-01-12	1	01단	地方法院支廳三ケ所復活
244767	朝鮮朝日	南鮮版	1934-01-12	1	02단	昔の錦繪を見るやう！

일련번호	판명		간행일	면	단수	기사명
244768	朝鮮朝日	南鮮版	1934-01-12	1	03단	鐵道局の建設豫算明年度建設は專ら滿浦線に
244769	朝鮮朝日	南鮮版	1934-01-12	1	04단	衛生試驗室增築
244770	朝鮮朝日	南鮮版	1934-01-12	1	04단	納稅優良面に優勝旗授與慶南で一郡一面づつ
244771	朝鮮朝日	南鮮版	1934-01-12	1	04단	朝鮮、昭和のビール工場事業を開始
244772	朝鮮朝日	南鮮版	1934-01-12	1	04단	南鮮は嚴寒だが暖かくなる
244773	朝鮮朝日	南鮮版	1934-01-12	1	05단	釜山府會第三日目
244774	朝鮮朝日	南鮮版	1934-01-12	1	05단	西鮮合電創立總會廿五日平壤で(新重役內定)
244775	朝鮮朝日	南鮮版	1934-01-12	1	05단	釜山西部公益質屋四月から開業
244776	朝鮮朝日	南鮮版	1934-01-12	1	06단	スポーツ(全鮮スキー選手權大會/神宮奉讚氷上競技/アイスホッケー城大6-2京師)
244777	朝鮮朝日	南鮮版	1934-01-12	1	06단	表彰された釜山商工從業員
244778	朝鮮朝日	南鮮版	1934-01-12	1	06단	炭素瓦斯の中毒で枕竝べて八名が窒死悲劇慘ただ眠れるが如くに京城元町小學校での珍事/中毒死亡者すでに十一名！季節柄注意が大切
244779	朝鮮朝日	南鮮版	1934-01-12	1	07단	獨特の移動警察全線に布く
244780	朝鮮朝日	南鮮版	1934-01-12	1	08단	釜山の火事六棟を全燒(全燒/半燒)
244781	朝鮮朝日	南鮮版	1934-01-12	1	08단	縣信聯專務理事ら取調ますます進展する公債不正行使事件/淸原氏令狀執行
244782	朝鮮朝日	南鮮版	1934-01-12	1	09단	失業靑年自殺未遂
244783	朝鮮朝日	南鮮版	1934-01-12	1	09단	順天郡に山火事
244784	朝鮮朝日	南鮮版	1934-01-12	1	10단	京城荒し捕まる
244785	朝鮮朝日	南鮮版	1934-01-12	1	10단	自動車墜落乘客九名負傷
244786	朝鮮朝日	南鮮版	1934-01-12	1	10단	證人が續々出廷注目されるマリヤ續公判
244787	朝鮮朝日	南鮮版	1934-01-12	1	10단	拳銃を紛失
244788	朝鮮朝日	南鮮版	1934-01-12	1	10단	人(淺川眞沙氏(元第一銀行支店長))
244789	朝鮮朝日	南鮮版	1934-01-12	1	10단	漢陽手帳
244790	朝鮮朝日	西北版	1934-01-13	1	01단	新春・ナンとこの快報外國商人から續々鮮産品注文裁縫絲、綿布、織物等等京城商議所大喜び
244791	朝鮮朝日	西北版	1934-01-13	1	01단	海苔の本場へ愈よ朝鮮海苔が進出東京灣の養殖地域縮小を機に全國制覇も近い將來/生産者の移住には當局で考慮
244792	朝鮮朝日	西北版	1934-01-13	1	01단	雪の進軍
244793	朝鮮朝日	西北版	1934-01-13	1	03단	大ホクホク全鮮の鰯漁業者豊漁の上に値段昂騰で
244794	朝鮮朝日	西北版	1934-01-13	1	03단	無煙炭合同問題
244795	朝鮮朝日	西北版	1934-01-13	1	03단	實現目指して本府に猛運動危機線上の平元線延長と南串面運河築造
244796	朝鮮朝日	西北版	1934-01-13	1	04단	人(松岡修氏(咸北警務課長)/小林寬美氏(京電電車課長))
244797	朝鮮朝日	西北版	1934-01-13	1	04단	朝鮮人に徵兵制度旅行を要望
244798	朝鮮朝日	西北版	1934-01-13	1	05단	高等警察用語辭典近く各道へ

일련번호	판명		간행일	면	단수	기사명
244799	朝鮮朝日	西北版	1934-01-13	1	05단	十萬噸の物資拉賓線開通で北鮮へ悩みは依然埠頭料と船運賃高
244800	朝鮮朝日	西北版	1934-01-13	1	06단	平壤の道路鋪裝九、十年度施工箇所決る驛前廣場もお化粧
244801	朝鮮朝日	西北版	1934-01-13	1	06단	滿鐵北鮮線と局鐵の聯絡いよいよ開始
244802	朝鮮朝日	西北版	1934-01-13	1	06단	ワンサと獵れたも今は夢メッキリ減った北鮮の雉北鐵の旅客誘致も當はづれ
244803	朝鮮朝日	西北版	1934-01-13	1	06단	平壤商議所豫算
244804	朝鮮朝日	西北版	1934-01-13	1	07단	城津靑年團總會
244805	朝鮮朝日	西北版	1934-01-13	1	07단	花街の紛爭
244806	朝鮮朝日	西北版	1934-01-13	1	07단	ギャング化す密輸團水も漏らさぬ稅關の守備國境・結氷上の對陣
244807	朝鮮朝日	西北版	1934-01-13	1	08단	スケートクラブ初心者指導を目的に生る
244808	朝鮮朝日	西北版	1934-01-13	1	08단	簡易學校を全鮮に建設する初等教育普及の爲め
244809	朝鮮朝日	西北版	1934-01-13	1	08단	各務原飛行隊耐寒飛行二十日から平壤地方で/偵察機不時着搭乘者無事
244810	朝鮮朝日	西北版	1934-01-13	1	08단	年賀郵便の引受け二千百四萬通！前年より一割四分增
244811	朝鮮朝日	西北版	1934-01-13	1	09단	小切手を盜み四百圓詐る
244812	朝鮮朝日	西北版	1934-01-13	1	09단	警察部長の車を兵士拔刀・傷く憲兵隊長の斡旋で圓滿に梟
244813	朝鮮朝日	西北版	1934-01-13	1	09단	匪賊を掃蕩
244814	朝鮮朝日	西北版	1934-01-13	1	10단	相當の大物妻に仇を討たれた黨員
244815	朝鮮朝日	西北版	1934-01-13	1	10단	僞電で千圓詐取を計る
244816	朝鮮朝日	西北版	1934-01-13	1	10단	柳京日記
244817	朝鮮朝日	南鮮版	1934-01-13	1	01단	新春・ナンとこの快報外國商人から續々鮮産品注文裁縫絲、綿布、織物等等京城商議所大喜び
244818	朝鮮朝日	南鮮版	1934-01-13	1	01단	海苔の本場へ愈よ朝鮮海苔が進出東京灣の養殖地域縮小を機に全國制霸も近い將來(生產者の移住には當局で考慮)
244819	朝鮮朝日	南鮮版	1934-01-13	1	01단	十萬町步に沙防工事を行ふ第二期計劃に一億圓を投ず
244820	朝鮮朝日	南鮮版	1934-01-13	1	02단	稅監局誘致裡里でも運動
244821	朝鮮朝日	南鮮版	1934-01-13	1	03단	大ホクホク全鮮の鰯漁業者豊漁の上に値段昂騰で
244822	朝鮮朝日	南鮮版	1934-01-13	1	03단	大京城を綠の街に明年度植樹/寒さのレコード/朝鮮特有の恐水病調查聯盟保健部で
244823	朝鮮朝日	南鮮版	1934-01-13	1	04단	人(松岡修氏(咸北警務課長)/小林寬美氏(京電電車課長))
244824	朝鮮朝日	南鮮版	1934-01-13	1	04단	朝鮮人に徵兵制度旅行を要望
244825	朝鮮朝日	南鮮版	1934-01-13	1	04단	西面と沙下面行政區域に釜山府會決定
244826	朝鮮朝日	南鮮版	1934-01-13	1	05단	ドルの國から櫻咲く京城へ！觀光船がやってくる

일련번호	판명		간행일	면	단수	기사명
244827	朝鮮朝日	南鮮版	1934-01-13	1	05단	高等警察用語辭典近く各道へ
244828	朝鮮朝日	南鮮版	1934-01-13	1	05단	春郎らか・國境警官　功勞記章授與新制度を設ける/匪賊一掃の日も近く國境は平和の村に
244829	朝鮮朝日	南鮮版	1934-01-13	1	05단	大田大隊耐寒行軍
244830	朝鮮朝日	南鮮版	1934-01-13	1	06단	京城東京間無電好成績
244831	朝鮮朝日	南鮮版	1934-01-13	1	06단	直營製炭所を設け木炭の自給自足着々と進む慶北道
244832	朝鮮朝日	南鮮版	1934-01-13	1	07단	堅實なる養豚奬勵伊藤忠南技師談
244833	朝鮮朝日	南鮮版	1934-01-13	1	07단	十七人組の大竊盜團捕る畫は乞食に夜は泥棒に隱れ家を襲って一味を逮捕
244834	朝鮮朝日	南鮮版	1934-01-13	1	08단	年賀郵便二千百四萬通一割四分增
244835	朝鮮朝日	南鮮版	1934-01-13	1	08단	季節の危険火事ひんぴん用心に勝る放火なし大邱では五棟全燒
244836	朝鮮朝日	南鮮版	1934-01-13	1	08단	獵銃盜難
244837	朝鮮朝日	南鮮版	1934-01-13	1	09단	滿鐵北鮮線と局鐵の聯絡いよいよ開始
244838	朝鮮朝日	南鮮版	1934-01-13	1	09단	簡易學校を全鮮に建設する初等教育普及の爲め
244839	朝鮮朝日	南鮮版	1934-01-13	1	10단	口の中へ長煙管突込んで殺す
244840	朝鮮朝日	南鮮版	1934-01-13	1	10단	肌身につけた一千圓盜難犯人は遊廓に
244841	朝鮮朝日	南鮮版	1934-01-13	1	10단	漢陽手帳
244842	朝鮮朝日	西北版	1934-01-14	1	01단	本府豫算と賢明なる策/明年度豫算各主任會議/生絲輸出制限一律に反對/滿洲ベストにホッと一息/智能犯激增に科學的設備
244843	朝鮮朝日	西北版	1934-01-14	1	02단	全鮮に埋れてる地下の寶を捜す三班の調査隊が出動特殊鑛物の開發をめざして
244844	朝鮮朝日	西北版	1934-01-14	1	02단	窮民救濟に十漁港を修築明年度二百三萬圓で實施
244845	朝鮮朝日	西北版	1934-01-14	1	02단	釜山、奉天間スピードアップ今秋には實現の計劃
244846	朝鮮朝日	西北版	1934-01-14	1	03단	二千の駐在所へ溫かい天使を派遣救急藥を本月末から發送
244847	朝鮮朝日	西北版	1934-01-14	1	04단	法院支廳復活城津と仁川まづ確定的だ
244848	朝鮮朝日	西北版	1934-01-14	1	04단	大同江の採氷始まる氷質は良好
244849	朝鮮朝日	西北版	1934-01-14	1	05단	咸南水産界に新事業の放列道當局と水産界、水試場のトリオが奏づる躍進譜(道水産界新事業/水産試驗場新事業/水産會新事業)
244850	朝鮮朝日	西北版	1934-01-14	1	06단	淸津港に沿岸貿易埠頭を築造二十萬圓を投じて
244851	朝鮮朝日	西北版	1934-01-14	1	06단	京都驛慘事の平壤追悼會盛大に執行
244852	朝鮮朝日	西北版	1934-01-14	1	06단	平壤に酷寒零下十九度六
244853	朝鮮朝日	西北版	1934-01-14	1	06단	中等校の學級增加試驗地獄に要望しきり
244854	朝鮮朝日	西北版	1934-01-14	1	07단	救貧と國防に寄附
244855	朝鮮朝日	西北版	1934-01-14	1	07단	國境地方酷寒襲來
244856	朝鮮朝日	西北版	1934-01-14	1	07단	西鮮産の毛皮がヤンキーガールの頸に外國商人の買占

일련번호	판명		간행일	면	단수	기사명
						で價格も釣りあがる
244857	朝鮮朝日	西北版	1934-01-14	1	07단	平壤、鎮南浦間に産業道路の要望兩地今後の發展を見越して
244858	朝鮮朝日	西北版	1934-01-14	1	08단	咸南道章の圖案を公募
244859	朝鮮朝日	西北版	1934-01-14	1	08단	西鮮にも緬羊！つひに達した兩道の希望河野平南內務部長談
244860	朝鮮朝日	西北版	1934-01-14	1	08단	天然痘發生
244861	朝鮮朝日	西北版	1934-01-14	1	08단	鷄疫流行す
244862	朝鮮朝日	西北版	1934-01-14	1	08단	列車と牛車の衝突二名死傷す
244863	朝鮮朝日	西北版	1934-01-14	1	09단	火事頻々！
244864	朝鮮朝日	西北版	1934-01-14	1	09단	寒空に消えた四つの生命
244865	朝鮮朝日	西北版	1934-01-14	1	10단	不良食料品一千數百點平壤署の檢査
244866	朝鮮朝日	西北版	1934-01-14	1	10단	人(上內彥策氏(總督府警務課長)/渡邊學務局長/杉村逸樓氏(釜山辯護士)/池田與志子氏(警務局長夫人)/小硲ゆきえ孃(本社總營通信員小硲常宏氏長女))
244867	朝鮮朝日	西北版	1934-01-14	1	10단	柳京日記
244868	朝鮮朝日	南鮮版	1934-01-14	1	01단	本府豫算と賢明なる策/明年度豫算各主任會議/生絲輸出制限一律に反對/滿洲ベストにホッと一息/知能犯激增に科學的設備
244869	朝鮮朝日	南鮮版	1934-01-14	1	02단	全鮮に埋れてる地下の寶を捜す三班の調査隊が出動特殊鑛物の開發をめざして
244870	朝鮮朝日	南鮮版	1934-01-14	1	02단	窮民救濟に十漁港を修築明年度二百三萬圓で實施
244871	朝鮮朝日	南鮮版	1934-01-14	1	02단	釜山、奉天間スピードアップ今秋には實現の計劃
244872	朝鮮朝日	南鮮版	1934-01-14	1	03단	釜山府記念事業
244873	朝鮮朝日	南鮮版	1934-01-14	1	03단	釜山教育會表彰規定なる
244874	朝鮮朝日	南鮮版	1934-01-14	1	04단	特科隊入營兵
244875	朝鮮朝日	南鮮版	1934-01-14	1	04단	稻作增收實施計劃慶南道の試み
244876	朝鮮朝日	南鮮版	1934-01-14	1	04단	漁村の副業振興目覺しい慶北道內
244877	朝鮮朝日	南鮮版	1934-01-14	1	05단	シヨ・マンセイ內地へ內地へ活躍このすばらしい發展振を見よ
244878	朝鮮朝日	南鮮版	1934-01-14	1	05단	慶南道の農事改良打合會を開く
244879	朝鮮朝日	南鮮版	1934-01-14	1	06단	お目出たい赤ちゃん達
244880	朝鮮朝日	南鮮版	1934-01-14	1	06단	二千の駐在所へ溫かい天使を派遣救急藥を本月末から發送
244881	朝鮮朝日	南鮮版	1934-01-14	1	06단	法院支廳復活城津と仁川まづ確定的だ
244882	朝鮮朝日	南鮮版	1934-01-14	1	07단	寒風なんのその妙妓に觀衆熱狂全鮮氷上競技大會
244883	朝鮮朝日	南鮮版	1934-01-14	1	07단	肥料講習會好成績で終る
244884	朝鮮朝日	南鮮版	1934-01-14	1	07단	京城組合銀行預金貸出尻

일련번호	판명		간행일	면	단수	기사명
244885	朝鮮朝日	南鮮版	1934-01-14	1	07단	綠肥指導品評會紀元節に表彰
244886	朝鮮朝日	南鮮版	1934-01-14	1	07단	慶南道內の寶物調査
244887	朝鮮朝日	南鮮版	1934-01-14	1	08단	百人乘電車
244888	朝鮮朝日	南鮮版	1934-01-14	1	08단	慶北にも黃金時代來る！探鑛者續々押寄す
244889	朝鮮朝日	南鮮版	1934-01-14	1	09단	感心な看護婦
244890	朝鮮朝日	南鮮版	1934-01-14	1	09단	道路上に怪死體が横はる
244891	朝鮮朝日	南鮮版	1934-01-14	1	09단	生活難から病院荒し
244892	朝鮮朝日	南鮮版	1934-01-14	1	10단	呪はれた家
244893	朝鮮朝日	南鮮版	1934-01-14	1	10단	美はしの國防獻金
244894	朝鮮朝日	南鮮版	1934-01-14	1	10단	人(上內彦策氏(總督府警務課長)/渡邊學務局長/杉村逸樓氏(釜山辯護士)/池田與志子氏(警務局長夫人)/小硲ゆきえ孃(本社總營通信員小硲常宏氏長女))
244895	朝鮮朝日	西北版	1934-01-16	1	01단	反對の烽火あがる昭和水利事業に一部地主から『負擔に堪へず』とて總督府でも成り行き憂慮
244896	朝鮮朝日	西北版	1934-01-16	1	01단	有栖川宮記念厚生資金下賜光榮に浴した人々(重松韻修/妻二淵/川西淸吉/造永洞部落/關東明德會/鷄龍豐德院)
244897	朝鮮朝日	西北版	1934-01-16	1	01단	醫師開業試驗廢止昭和十六年度限りで
244898	朝鮮朝日	西北版	1934-01-16	1	01단	本府の方針に基き平南も棉花增産十年後は五千六百萬斤に近く計劃案を作成/棉花補償は當分實現難だが西鮮は惡影響なし
244899	朝鮮朝日	西北版	1934-01-16	1	03단	雄基電增資
244900	朝鮮朝日	西北版	1934-01-16	1	04단	元山鄕軍海軍部の獻金
244901	朝鮮朝日	西北版	1934-01-16	1	04단	簡保貸付金平南の割當
244902	朝鮮朝日	西北版	1934-01-16	1	05단	一ヶ年打切りで百六十萬圓通過咸南の窮救事業費
244903	朝鮮朝日	西北版	1934-01-16	1	05단	全無煙炭界を一大統制下に三陟保留炭田問題に關し平壤商議所要望書を發す
244904	朝鮮朝日	西北版	1934-01-16	1	06단	平壤商議役員會
244905	朝鮮朝日	西北版	1934-01-16	1	07단	生活を脅さる精米從業員米價の下落で
244906	朝鮮朝日	西北版	1934-01-16	1	07단	咸興商議所初議員選擧陽春執行か
244907	朝鮮朝日	西北版	1934-01-16	1	07단	二十年振りに嬉し・父と子邂逅警察の溫い手により
244908	朝鮮朝日	西北版	1934-01-16	1	07단	鎭南浦港の入港船杜絶例の損害保險回避で平壤繁榮會、對策を考慮
244909	朝鮮朝日	西北版	1934-01-16	1	08단	開城府會
244910	朝鮮朝日	西北版	1934-01-16	1	08단	拂込金を遊興に費消大昌ゴム工場理事ら平壤署で取調べらる
244911	朝鮮朝日	西北版	1934-01-16	1	08단	建艦費獻納
244912	朝鮮朝日	西北版	1934-01-16	1	08단	切手代三百圓忽然と消ゆ平壤局內で
244913	朝鮮朝日	西北版	1934-01-16	1	08단	齒は入れて治療代詐取
244914	朝鮮朝日	西北版	1934-01-16	1	09단	水銀中毒で三名死亡惡性梅毒男の自己療法から隣家の

일련번호	판명		간행일	면	단수	기사명
						飛んだ傍杖
244915	朝鮮朝日	西北版	1934-01-16	1	09단	妻女の度胸賊を走らす
244916	朝鮮朝日	西北版	1934-01-16	1	09단	トラックに突當り怪死
244917	朝鮮朝日	西北版	1934-01-16	1	10단	娘を抱いて身投した妻六年の求刑
244918	朝鮮朝日	西北版	1934-01-16	1	10단	平鐵昨年の不正乘車數
244919	朝鮮朝日	西北版	1934-01-16	1	10단	柳京日記
244920	朝鮮朝日	南鮮版	1934-01-16	1	01단	反對の烽火あがる昭和水利事業に一部地主から『負擔に堪へず』とて總督府でも成り行き憂慮
244921	朝鮮朝日	南鮮版	1934-01-16	1	01단	有栖川宮記念厚生資金下賜光榮に浴した人々(重松韻修/妻二淵/川西淸吉/造永洞部落/關東明德會/鷄龍豊德院)
244922	朝鮮朝日	南鮮版	1934-01-16	1	01단	醫師開業試驗廢止昭和十六年度限りで
244923	朝鮮朝日	南鮮版	1934-01-16	1	01단	西面十五ヶ里は將來工業地帶に巖南里は住宅地帶に大釜山建設の第一步
244924	朝鮮朝日	南鮮版	1934-01-16	1	03단	林財務局長議會出席の爲上京
244925	朝鮮朝日	南鮮版	1934-01-16	1	03단	氷上競技二日目成績
244926	朝鮮朝日	南鮮版	1934-01-16	1	04단	元山鄉軍海軍部の獻金
244927	朝鮮朝日	南鮮版	1934-01-16	1	04단	金剛山を國立公園に朝鮮旅館協會から鐵道局へ計劃具體化を要望
244928	朝鮮朝日	南鮮版	1934-01-16	1	05단	寫眞は
244929	朝鮮朝日	南鮮版	1934-01-16	1	05단	稅監局誘致に釜山も運動香推會頭第上城
244930	朝鮮朝日	南鮮版	1934-01-16	1	05단	釜山商議所豫算
244931	朝鮮朝日	南鮮版	1934-01-16	1	06단	江原道地方土木豫算
244932	朝鮮朝日	南鮮版	1934-01-16	1	06단	多數の證人からナ二が飛び出すか十七日から怪奇マリヤ殺し公判成り行きを注目さる(疑問の人大橋夫人/被告井上隱雄)
244933	朝鮮朝日	南鮮版	1934-01-16	1	06단	二十年振りに嬉し・父と子邂逅警察の溫い手により
244934	朝鮮朝日	南鮮版	1934-01-16	1	07단	株式取引所大邱設置運動
244935	朝鮮朝日	南鮮版	1934-01-16	1	07단	京畿道內の文盲者退治各地で講習會
244936	朝鮮朝日	南鮮版	1934-01-16	1	08단	釜山取引所總會
244937	朝鮮朝日	南鮮版	1934-01-16	1	08단	慶南道警官補缺緩和
244938	朝鮮朝日	南鮮版	1934-01-16	1	08단	水銀中毒で三名死亡惡性梅毒男の自己療法から隣家の飛んだ傍杖
244939	朝鮮朝日	南鮮版	1934-01-16	1	08단	脅迫男をマンマと捕ふ
244940	朝鮮朝日	南鮮版	1934-01-16	1	09단	慶北道の沙防工事施行地決定
244941	朝鮮朝日	南鮮版	1934-01-16	1	09단	農試場の郡司好麿氏隼丸から身投す
244942	朝鮮朝日	南鮮版	1934-01-16	1	09단	學生と娼妓心中未遂
244943	朝鮮朝日	南鮮版	1934-01-16	1	10단	貨車脫線轉覆す
244944	朝鮮朝日	南鮮版	1934-01-16	1	10단	八白圓拐帶し給仕家出
244945	朝鮮朝日	南鮮版	1934-01-16	1	10단	大邱の火事

일련번호	판명		간행일	면	단수	기사명
244946	朝鮮朝日	南鮮版	1934-01-16	1	10단	捨て子を官費で養育
244947	朝鮮朝日	南鮮版	1934-01-16	1	10단	群山で博覽會今秋催さる
244948	朝鮮朝日	南鮮版	1934-01-16	1	10단	大雄殿を修築する
244949	朝鮮朝日	南鮮版	1934-01-16	1	10단	人(W・U・R・ロングドン氏(京城駐在英國總領事))
244950	朝鮮朝日	西北版	1934-01-17	1	01단	稅務機關新設で半島空前の異動總人員一千名にも上る稅監局長には內務部長級から
244951	朝鮮朝日	西北版	1934-01-17	1	01단	鮮內勞働者を續々と滿洲へ救濟事業打切後の失業救濟に廿九日から土木出張所長會議
244952	朝鮮朝日	西北版	1934-01-17	1	04단	幼年學校入學試驗
244953	朝鮮朝日	西北版	1934-01-17	1	04단	總督府辭令
244954	朝鮮朝日	西北版	1934-01-17	1	04단	春朗らか・國境警官　功勞記章授與新制度を設ける/匪賊一掃の日も近く國境は平和の村に
244955	朝鮮朝日	西北版	1934-01-17	1	04단	藤原知事ら急遽上城す一部反對の優勢に暗雲漂ふ昭和水利
244956	朝鮮朝日	西北版	1934-01-17	1	05단	平壤神社改築府でも盡力
244957	朝鮮朝日	西北版	1934-01-17	1	05단	タクシー業者に經營委任の說一部有力者間に濃厚平壤の府營バス案/府營バスの府會提案は愈よ確定的
244958	朝鮮朝日	西北版	1934-01-17	1	06단	江東鐵道は二月に着工
244959	朝鮮朝日	西北版	1934-01-17	1	06단	平壤府內中等學校入試日割
244960	朝鮮朝日	西北版	1934-01-17	1	07단	無料宿泊所設置の計劃
244961	朝鮮朝日	西北版	1934-01-17	1	07단	未曾有の鰯景氣も漁民にはお預け自然の惡戱か・時代の惱みか餘りに偏る『海の幸』
244962	朝鮮朝日	西北版	1934-01-17	1	08단	受益稅條令可決平壤府會
244963	朝鮮朝日	西北版	1934-01-17	1	08단	咸南奧地に亞麻の製織工場軍需工業熱の潮に乘って明年度に設立される
244964	朝鮮朝日	西北版	1934-01-17	1	09단	廿人以上の集團商行爲今後は市場規則で取締
244965	朝鮮朝日	西北版	1934-01-17	1	10단	早大慘敗す對抗氷上競技
244966	朝鮮朝日	西北版	1934-01-17	1	10단	昨年より一割を增石平南の燒酒
244967	朝鮮朝日	西北版	1934-01-17	1	10단	驛構內で奇禍增田平南社會係主任
244968	朝鮮朝日	西北版	1934-01-17	1	10단	柳京日記
244969	朝鮮朝日	南鮮版	1934-01-17	1	01단	稅務機關新設で半島空前の異動總人員一千名にも上る稅監局長には內務部長級から
244970	朝鮮朝日	南鮮版	1934-01-17	1	01단	鮮內勞働者を續々と滿洲へ救濟事業打切後の失業救濟に廿九日から土木出張所長會議
244971	朝鮮朝日	南鮮版	1934-01-17	1	01단	釜山府議補缺選愈よこの廿一日から政戰の火蓋は切らる
244972	朝鮮朝日	南鮮版	1934-01-17	1	03단	總督府辭令
244973	朝鮮朝日	南鮮版	1934-01-17	1	03단	各道農試場主任官會議
244974	朝鮮朝日	南鮮版	1934-01-17	1	03단	中央への直接陳情運動かかる流行は本府無視も同然對

일련번호	판명		간행일	면	단수	기사명
						策について鎭重に考究
244975	朝鮮朝日	南鮮版	1934-01-17	1	04단	人(森浦藤郎氏(高等法院檢事)/野村薰氏(京畿道刑事課長))
244976	朝鮮朝日	南鮮版	1934-01-17	1	04단	慶南の災害復舊施工地及び工費決定
244977	朝鮮朝日	南鮮版	1934-01-17	1	04단	琿春○隊討匪行五十名を倒す
244978	朝鮮朝日	南鮮版	1934-01-17	1	05단	總督府局長會議
244979	朝鮮朝日	南鮮版	1934-01-17	1	05단	群山を商業都市にまづ職業獎勵館を新築して家庭工業を普及する
244980	朝鮮朝日	南鮮版	1934-01-17	1	06단	本紙に連載の女人曼陀羅十八日から京城で上映
244981	朝鮮朝日	南鮮版	1934-01-17	1	06단	十ヶ所に下水工事八十一萬圓で
244982	朝鮮朝日	南鮮版	1934-01-17	1	06단	舞踊發表會
244983	朝鮮朝日	南鮮版	1934-01-17	1	06단	氷上競技
244984	朝鮮朝日	南鮮版	1934-01-17	1	06단	牡丹台の寫眞屋さん嚴重に制限
244985	朝鮮朝日	南鮮版	1934-01-17	1	07단	少年の竊盜團五名を檢擧す
244986	朝鮮朝日	南鮮版	1934-01-17	1	07단	藥草栽培の農民に綿作を强制的獎勵當局の方針に惱みぬく地方民成り行きを注目さる
244987	朝鮮朝日	南鮮版	1934-01-17	1	07단	嬰兒殺しに懲役二年求刑
244988	朝鮮朝日	南鮮版	1934-01-17	1	07단	二百五十萬圓で漢江人道橋架替明年度から三ヶ年計劃で
244989	朝鮮朝日	南鮮版	1934-01-17	1	08단	マイト犯人の四名を搜査
244990	朝鮮朝日	南鮮版	1934-01-17	1	08단	專賣局館村收納所六棟を全燒
244991	朝鮮朝日	南鮮版	1934-01-17	1	09단	精米倉庫全燒損害七萬圓
244992	朝鮮朝日	南鮮版	1934-01-17	1	10단	理髮屋の愛慾悲劇二軒に放火
244993	朝鮮朝日	南鮮版	1934-01-17	1	10단	金鎖二個を驚摑みにして
244994	朝鮮朝日	南鮮版	1934-01-17	1	10단	驛構內で奇禍增田平南社會係主任
244995	朝鮮朝日	南鮮版	1934-01-17	1	10단	京城府の物價(騰貴品(八品)/低落品(十五品)/保合品(七品))
244996	朝鮮朝日	西北版	1934-01-18	1	01단	『キャツ』といふ聲たしかに聞きました各證人に鋭く突込んで訊問謎は解かれるマリヤ殺し公判四日目(被告の妻も人目を避けて/自分は熟睡してた夜十一時以後のこと知らぬ潔い態度で語る被告の妻/大橋家出入當時につき廣井氏を訊問/重要點を否定する本重の答辯/キャツといふ聲十一時頃と思ひます隣家の林部氏答辯/九十七點の證據品に『一切の覺えがあるません』投書も否認の被告井上)
244997	朝鮮朝日	西北版	1934-01-18	1	04단	貯金の勤め
244998	朝鮮朝日	西北版	1934-01-18	1	05단	昭和水利事業既定方針で進む豫算確定次第に認可
244999	朝鮮朝日	西北版	1934-01-18	1	06단	土地改良總會
245000	朝鮮朝日	西北版	1934-01-18	1	06단	有力團體が小作令の促進運動一部地主の猛烈な反對を

일련번호	판명		간행일	면	단수	기사명
						排して近く期成會を設置
245001	朝鮮朝日	西北版	1934-01-18	1	07단	南浦林檎が布く必死の防禦陣捲土重來の二强敵に備へ非常時對策に腐心
245002	朝鮮朝日	西北版	1934-01-18	1	08단	保險協會側船齡損失補塡案を撤回商議所は依然料率引下要求南浦港船舶保險問題
245003	朝鮮朝日	西北版	1934-01-18	1	08단	上水道擴張當局は九年度斷行の腹
245004	朝鮮朝日	西北版	1934-01-18	1	08단	僞造額、實に百卅滿圓に上る公債僞造團の一味元山署で銳意取調中
245005	朝鮮朝日	西北版	1934-01-18	1	09단	北滿特産の尖兵ハルビンより來る！
245006	朝鮮朝日	西北版	1934-01-18	1	10단	郵便局內の盜難事件小使の所爲と判る
245007	朝鮮朝日	西北版	1934-01-18	1	10단	平壤實費醫院愈よ診療開始
245008	朝鮮朝日	西北版	1934-01-18	1	10단	進行中の貨車河中へ轉落
245009	朝鮮朝日	南鮮版	1934-01-18	1	01단	『キャツ』といふ聲たしかに聞きました各證人に銳く突込んで訊問謎は解かれるマリヤ殺し公判四日目(被告の妻も人目を避けて/自分は熟睡してた夜十一時以後のこと知らぬ潔い態度で語る被告の妻/大橋家出入當時につき廣井氏を訊問/重要點を否定する本重の答辯/キャツといふ聲十一時頃と思ひます隣家の林部氏答辯/九十七點の證據品に『一切の覺えがあるません』投書も否認の被告井上)
245010	朝鮮朝日	南鮮版	1934-01-18	1	04단	貯金の勤め
245011	朝鮮朝日	南鮮版	1934-01-18	1	06단	鎭海要港司令官更迭
245012	朝鮮朝日	南鮮版	1934-01-18	1	06단	鎭海要港部觀兵式擧行
245013	朝鮮朝日	南鮮版	1934-01-18	1	06단	有力團體が小作令の促進運動一部地主の猛烈な反對を排して近く期成會を設置
245014	朝鮮朝日	南鮮版	1934-01-18	1	07단	京畿道の沙防計劃五十七萬圓
245015	朝鮮朝日	南鮮版	1934-01-18	1	07단	放任されてゐた『海の幸』を開拓する全北當局大意氣込みで計劃
245016	朝鮮朝日	南鮮版	1934-01-18	1	08단	世界觀光船廿日朝釜山へ
245017	朝鮮朝日	南鮮版	1934-01-18	1	08단	窮民の懷に黃金の雨を注ぐ明年度二次救濟事業
245018	朝鮮朝日	南鮮版	1934-01-18	1	08단	土地改良總會
245019	朝鮮朝日	南鮮版	1934-01-18	1	08단	忠北發展座談會
245020	朝鮮朝日	南鮮版	1934-01-18	1	09단	全鮮的な賭博團大邱で檢擧
245021	朝鮮朝日	南鮮版	1934-01-18	1	09단	金貸しの家に三人組强盜鶴嘴で金庫を破壞し二百餘圓强奪逃走
245022	朝鮮朝日	南鮮版	1934-01-18	1	09단	鮮女の黑焦死體
245023	朝鮮朝日	南鮮版	1934-01-18	1	10단	朝鮮農會通常總會
245024	朝鮮朝日	南鮮版	1934-01-18	1	10단	神經衰弱から覺悟の自殺農試場郡司好麿氏
245025	朝鮮朝日	西北版	1934-01-19	1	01단	二人連れの男女はたして何者か鍵を握る證人調に傍聽

일련번호	판명		간행일	면	단수	기사명
						者殺到謎は解かれるマリヤ殺し公判五日目大橋夫人（『奥さん奥さん貴女も殺されますよ』夢の聲はマリヤのやうだった/夫人が自白せば自分はある程度まで/運輸事務所長の奥さんが見えた元蓬萊館の女將等語る/男は井上でない女は大橋夫人/夫人『塚本を知らぬ』塚本『夫人を見た』/證人訊問が終ったので/井上の筆跡再鑑定を申請）
245026	朝鮮朝日	西北版	1934-01-19	1	04단	優良店員を表彰
245027	朝鮮朝日	西北版	1934-01-19	1	05단	本宮飛行場陽春を期し着工軍部の手で先づ第一次工作
245028	朝鮮朝日	西北版	1934-01-19	1	05단	二、三年後にはミッションスクールが影を絶つ本國の不況と布教專念のため學校經營を見切る
245029	朝鮮朝日	西北版	1934-01-19	1	05단	お手々つないで
245030	朝鮮朝日	西北版	1934-01-19	1	07단	東拓の大異動支店長その他
245031	朝鮮朝日	西北版	1934-01-19	1	07단	平南の流感死亡者七百名羅病者四萬に上る
245032	朝鮮朝日	西北版	1934-01-19	1	07단	注目される無煙炭鑛總會三陟炭田はどうなる/合同を條件に炭田開放か
245033	朝鮮朝日	西北版	1934-01-19	1	08단	平壤鄕軍を聯合分會に
245034	朝鮮朝日	西北版	1934-01-19	1	08단	銀翼連ねて西鮮の空へ內地部隊の飛行便り
245035	朝鮮朝日	西北版	1934-01-19	1	08단	大同江改修增額を要望松山所長より
245036	朝鮮朝日	西北版	1934-01-19	1	09단	貨物自動車列車に衝突二名死傷す
245037	朝鮮朝日	西北版	1934-01-19	1	09단	視察團・中京より商議百名近く北鮮へ
245038	朝鮮朝日	西北版	1934-01-19	1	10단	物騷な盜人盜んだマイトを振廻す
245039	朝鮮朝日	西北版	1934-01-19	1	10단	柳京日記
245040	朝鮮朝日	南鮮版	1934-01-19	1	01단	二人連れの男女はたして何者か鍵を握る證人調に傍聽者殺到謎は解かれるマリヤ殺し公判五日目大橋夫人（『奥さん奥さん貴女も殺されますよ』夢の聲はマリヤのやうだった/夫人が自白せば自分はある程度まで/運輸事務所長の奥さんが見えた元蓬萊館の女將等語る/男は井上でない女は大橋夫人/夫人『塚本を知らぬ』塚本『夫人を見た』/證人訊問が終ったので/井上の筆跡再鑑定を申請）
245041	朝鮮朝日	南鮮版	1934-01-19	1	04단	群山商議所總會
245042	朝鮮朝日	南鮮版	1934-01-19	1	05단	小賣商人の振興に力を注ぐ京城商議所豫算
245043	朝鮮朝日	南鮮版	1934-01-19	1	05단	關釜連絡は卅人乘飛行機で夢ではない近く具體化
245044	朝鮮朝日	南鮮版	1934-01-19	1	05단	注目される無煙炭鑛總會三陟炭田はどうなる/合同を條件に炭田開放か
245045	朝鮮朝日	南鮮版	1934-01-19	1	06단	東拓の大異動支店長その他
245046	朝鮮朝日	南鮮版	1934-01-19	1	06단	失業勞働者は北鮮地方へ當局で考究
245047	朝鮮朝日	南鮮版	1934-01-19	1	07단	稅監局誘致光州でも運動
245048	朝鮮朝日	南鮮版	1934-01-19	1	07단	京畿道の窮民救濟土木工事九年度から總工費百二萬圓で

일련번호	판명		간행일	면	단수	기사명
245049	朝鮮朝日	南鮮版	1934-01-19	1	08단	特科隊初年兵
245050	朝鮮朝日	南鮮版	1934-01-19	1	08단	釜山で奉祝大會種々計劃さる
245051	朝鮮朝日	南鮮版	1934-01-19	1	08단	城乾里六棟全燒
245052	朝鮮朝日	南鮮版	1934-01-19	1	09단	大人氣の沈丁花京城で上映
245053	朝鮮朝日	南鮮版	1934-01-19	1	09단	遠南駐在所燒失
245054	朝鮮朝日	南鮮版	1934-01-19	1	09단	三防スキー場二十一日ジャンツェ開き
245055	朝鮮朝日	南鮮版	1934-01-19	1	10단	十年前の惡事暴露近く裁きの廷へ
245056	朝鮮朝日	南鮮版	1934-01-19	1	10단	舊臘の强盜捕る
245057	朝鮮朝日	南鮮版	1934-01-19	1	10단	自動車が崖下へ三名が重傷
245058	朝鮮朝日	西北版	1934-01-20	1	01단	多數の小作人を農地に安住させ農事改良に精勵させたい小作令實施の主旨
245059	朝鮮朝日	西北版	1934-01-20	1	01단	關釜連絡は卅人乘飛行機で夢ではない近く具體化
245060	朝鮮朝日	西北版	1934-01-20	1	01단	名實共に國際幹線京圖線の乘客百萬開通三ヶ月の收入四百萬圓
245061	朝鮮朝日	西北版	1934-01-20	1	01단	壞滅に瀕す史の都を護る平壤官民が擧って保存會を再び組織
245062	朝鮮朝日	西北版	1934-01-20	1	03단	名勝日付印
245063	朝鮮朝日	西北版	1934-01-20	1	04단	醫事硏究會
245064	朝鮮朝日	西北版	1934-01-20	1	04단	祖國愛の熱情獻金すでに廿五萬圓
245065	朝鮮朝日	西北版	1934-01-20	1	05단	江界の上水道愈よ着工す
245066	朝鮮朝日	西北版	1934-01-20	1	05단	スケート大會
245067	朝鮮朝日	西北版	1934-01-20	1	06단	主旨がわかれば反對氣分は解消せん宇垣總督語る
245068	朝鮮朝日	西北版	1934-01-20	1	06단	稅務機關の獨立で異動費が十萬圓捻出に頭痛の當局
245069	朝鮮朝日	西北版	1934-01-20	1	07단	南浦林檎に開く新生面屑林檎に加工してペパミントジャムなど大々的に製造する
245070	朝鮮朝日	西北版	1934-01-20	1	07단	新スキー場
245071	朝鮮朝日	西北版	1934-01-20	1	07단	氷滑中の三兒伐木で重傷
245072	朝鮮朝日	西北版	1934-01-20	1	08단	將士警官慰問使國境地方へ參議を派遣
245073	朝鮮朝日	西北版	1934-01-20	1	08단	鋤を捨てゝ獸狩に狂奔毛皮暴騰で
245074	朝鮮朝日	西北版	1934-01-20	1	08단	沙川事件首魁滿洲で捕はる突發後十五年目に思ひ新たな過ぎし日の殘虐
245075	朝鮮朝日	西北版	1934-01-20	1	09단	新線開通により二百名を新採用
245076	朝鮮朝日	西北版	1934-01-20	1	09단	哀話を彩る美談憂ひの遺族にこの情
245077	朝鮮朝日	西北版	1934-01-20	1	09단	在滿皇軍へ
245078	朝鮮朝日	西北版	1934-01-20	1	10단	小火二つ
245079	朝鮮朝日	西北版	1934-01-20	1	10단	柳京日記
245080	朝鮮朝日	南鮮版	1934-01-20	1	01단	多數の小作人を農地に安住させ農事改良に精勵させたい小作令實施の主旨
245081	朝鮮朝日	南鮮版	1934-01-20	1	01단	祖國愛の熱情獻金すでに廿五萬圓

일련번호	판명		간행일	면	단수	기사명
245082	朝鮮朝日	南鮮版	1934-01-20	1	01단	自力更生運動好成績の京畿道內
245083	朝鮮朝日	南鮮版	1934-01-20	1	03단	斷然朗らか利川郡民六萬人が斷髮！新時代に生きるこの決意
245084	朝鮮朝日	南鮮版	1934-01-20	1	04단	教員講習會
245085	朝鮮朝日	南鮮版	1934-01-20	1	04단	特科兵勇躍北行
245086	朝鮮朝日	南鮮版	1934-01-20	1	04단	名勝日付印
245087	朝鮮朝日	南鮮版	1934-01-20	1	05단	地主側の希望通り到底できぬ相談受益稅問題委員會近くさらに協議
245088	朝鮮朝日	南鮮版	1934-01-20	1	06단	主旨がわからば反對氣分は解消せん宇垣總督語る
245089	朝鮮朝日	南鮮版	1934-01-20	1	06단	拳鬪聯盟
245090	朝鮮朝日	南鮮版	1934-01-20	1	07단	感冒が流行マスクの使用を獎勵
245091	朝鮮朝日	南鮮版	1934-01-20	1	07단	刺し殺す
245092	朝鮮朝日	南鮮版	1934-01-20	1	08단	將士警官慰問使國境地方へ參議を派遣
245093	朝鮮朝日	南鮮版	1934-01-20	1	08단	選米女工罷業す
245094	朝鮮朝日	南鮮版	1934-01-20	1	08단	尼寺へ三人組強盜
245095	朝鮮朝日	南鮮版	1934-01-20	1	08단	少年竊盜團入質から發覺
245096	朝鮮朝日	南鮮版	1934-01-20	1	09단	稅務機關の獨立で異動費が十萬圓捻出に頭痛の當局
245097	朝鮮朝日	南鮮版	1934-01-20	1	09단	辯護士側の申請を却下マリヤ殺し公判
245098	朝鮮朝日	南鮮版	1934-01-20	1	09단	新線開通により二百名を新採用
245099	朝鮮朝日	南鮮版	1934-01-20	1	10단	火藥庫の破壞犯人二名を捜査
245100	朝鮮朝日	南鮮版	1934-01-20	1	10단	人(大竹慶北內務部長)
245101	朝鮮朝日	西北版	1934-01-21	1	01단	井上單獨の犯行無期懲役を求刑怪奇的犯罪として騷がせたマリヤ殺し事件大詰へ(妻が婦人病からマリヤに暴行拒絶されて遂に絞殺投書も被告が出したもの/何を思ってか冷やかに微笑浮べて被告井上退場す/あくまで無罪主張長野辯護士/判決は來る二十七日)
245102	朝鮮朝日	西北版	1934-01-21	1	04단	今井田總監
245103	朝鮮朝日	西北版	1934-01-21	1	04단	廣梁灣の鹽田擴張本年度は五百町步人夫三千名募集
245104	朝鮮朝日	西北版	1934-01-21	1	04단	恩賜救療事業の成果を映畫化し畏き邊りに獻上する
245105	朝鮮朝日	西北版	1934-01-21	1	05단	無煙炭百萬噸突破の祝賀會に暫く本年度出炭量は九十五萬噸空宣傳は業者に不利
245106	朝鮮朝日	西北版	1934-01-21	1	06단	非常時點景內鮮人連署で減刑を嘆願時局に感じ飜然轉向した一朝鮮青年のため
245107	朝鮮朝日	西北版	1934-01-21	1	06단	科學搜査陣に新威力を加へる內鮮緊密の聯絡をとって本府と關係當局協議
245108	朝鮮朝日	西北版	1934-01-21	1	07단	卵山事件の首魁ら送局罪名は殺人(四件)放火(三件)三百餘件の強盜は既に時效
245109	朝鮮朝日	西北版	1934-01-21	1	08단	妻は泣いてる學費まで貢いだに夫は仇し女と愛の巢堪りかねて遂に法廷へ！

일련번호	판명		간행일	면	단수	기사명
245110	朝鮮朝日	西北版	1934-01-21	1	09단	沙防工事費七萬五千圓平南の割當
245111	朝鮮朝日	西北版	1934-01-21	1	09단	捕繩が絡んでピストル發射警官、犯人を誤殺す
245112	朝鮮朝日	西北版	1934-01-21	1	09단	鬼畜の女愛兒を捨つ夫の愛を繋ぐため前夫となした子を
245113	朝鮮朝日	西北版	1934-01-21	1	10단	平壤各部隊初年兵入營
245114	朝鮮朝日	西北版	1934-01-21	1	10단	列車に投石
245115	朝鮮朝日	西北版	1934-01-21	1	10단	五棟を燒く
245116	朝鮮朝日	西北版	1934-01-21	1	10단	人(古川貞吉氏(平壤署長))
245117	朝鮮朝日	南鮮版	1934-01-21	1	01단	井上單獨の犯行無期懲役を求刑怪奇的犯罪として騷がせたマリヤ殺し事件大詰へ(妻が婦人病からマリヤに暴行拒絶されて遂に絞殺投書も被告が出したもの/元橋檢事論告/あくまで無罪主張長野辯護士/判決は來る二十七日)
245118	朝鮮朝日	南鮮版	1934-01-21	1	02단	何を思ってか冷やかに微笑浮べて被告井上退場す
245119	朝鮮朝日	南鮮版	1934-01-21	1	04단	今井田總監
245120	朝鮮朝日	南鮮版	1934-01-21	1	04단	廣梁灣の鹽田擴張本年度は五百町步人夫三千名募集
245121	朝鮮朝日	南鮮版	1934-01-21	1	05단	大京城を建設一邑八面六十八里を編入して現在の三倍の都市に
245122	朝鮮朝日	南鮮版	1934-01-21	1	05단	慶南敎育總會釜山の行事
245123	朝鮮朝日	南鮮版	1934-01-21	1	05단	恩賜救療事業の成果を映畫化し畏き邊りに獻上する
245124	朝鮮朝日	南鮮版	1934-01-21	1	06단	警官の福社增進に一大刷新を加へる兒童の獎學補助金を供與する等朝鮮警察協會で計劃
245125	朝鮮朝日	南鮮版	1934-01-21	1	07단	鎭海司令官
245126	朝鮮朝日	南鮮版	1934-01-21	1	08단	昭和キリン重役決定す
245127	朝鮮朝日	南鮮版	1934-01-21	1	08단	極寒にも大元氣特科隊初年兵
245128	朝鮮朝日	南鮮版	1934-01-21	1	08단	小作令實施昭和十年の一月頃か
245129	朝鮮朝日	南鮮版	1934-01-21	1	09단	釜山府民あげて奉祝大會を催す二月十日から三日間
245130	朝鮮朝日	南鮮版	1934-01-21	1	09단	科學搜査陣に新威力を加へる內鮮緊密の聯絡をとって本府と關係當局協議
245131	朝鮮朝日	南鮮版	1934-01-21	1	10단	載寧法院支國移轉に反對
245132	朝鮮朝日	南鮮版	1934-01-21	1	10단	司法講習會
245133	朝鮮朝日	南鮮版	1934-01-21	1	10단	人(金大羽氏(前慶南道産業課長)/宋文憲氏(新任慶南道産業課長))
245134	朝鮮朝日	南鮮版	1934-01-21	1	10단	DK釜山の夕
245135	朝鮮朝日	西北版	1934-01-23	1	01단	汽車といふものは線路の上を走るものそれだのに！遺憾妨害が多い今後嚴重に取締る當局
245136	朝鮮朝日	西北版	1934-01-23	1	01단	時を同じうして羅津海・陸の明粧築港と驛の一部、雄羅鐵道何れも明秋までに
245137	朝鮮朝日	西北版	1934-01-23	1	01단	防空演習は六月に延期打合會席上で決る

일련번호	판명		간행일	면	단수	기사명
245138	朝鮮朝日	西北版	1934-01-23	1	01단	取調べ進行につれ更に擴大の模樣國際共産黨の一味
245139	朝鮮朝日	西北版	1934-01-23	1	03단	業務横領に三年の求刑一人は一年半
245140	朝鮮朝日	西北版	1934-01-23	1	03단	飽くなき暴虐半島を戰慄せしめた卵山事件の犯罪內容平南警察部の發表
245141	朝鮮朝日	西北版	1934-01-23	1	04단	羅南野砲耐寒行軍
245142	朝鮮朝日	西北版	1934-01-23	1	04단	自動車追突四名負傷す
245143	朝鮮朝日	西北版	1934-01-23	1	04단	夫婦喧嘩が昂じて女房・我家を燒く
245144	朝鮮朝日	西北版	1934-01-23	1	04단	合電社員剃刀自殺沙里院の宿で
245145	朝鮮朝日	西北版	1934-01-23	1	04단	逐年減少する元山牡蠣の回生策新年度早々組合を結成し年産百萬圓を目指す
245146	朝鮮朝日	西北版	1934-01-23	1	05단	『沈丁花』と『女人曼陀羅』相ついで平壤でお目見得
245147	朝鮮朝日	西北版	1934-01-23	?	06단	大同江上・謎の獵奇事件場錢のトリック暴露から一大亂鬪に？衆寡敵せず慘殺の憂目か當局、解決に努む(船が難破か永島檢事正談/死體に疑問林檢事は語る)
245148	朝鮮朝日	西北版	1934-01-23	1	08단	焦った同情金で窮民に粟を分配
245149	朝鮮朝日	西北版	1934-01-23	1	09단	不埒な醫生過失致死の發見を恐れて死者の肉片を切取る
245150	朝鮮朝日	西北版	1934-01-23	1	10단	ツキリしたことはいへぬ斷定できぬ和氣教授談
245151	朝鮮朝日	西北版	1934-01-23	1	10단	柳京日記
245152	朝鮮朝日	西北版	1934-01-23	1	10단	詐欺賭博で金を捲上ぐ
245153	朝鮮朝日	南鮮版	1934-01-23	1	01단	銀盤に躍る
245154	朝鮮朝日	南鮮版	1934-01-23	1	01단	汽車といふものは線路の上を走るものそれだのに！遺憾妨害が多い今後嚴重に取締る當局
245155	朝鮮朝日	南鮮版	1934-01-23	1	01단	手腕識見ともに申分ない新陸相林大將に就て川島司令官談
245156	朝鮮朝日	南鮮版	1934-01-23	1	02단	産米增殖計劃飽迄既定方針で議會へ今井田總監上京
245157	朝鮮朝日	南鮮版	1934-01-23	1	04단	高女入試日割決定
245158	朝鮮朝日	南鮮版	1934-01-23	1	04단	京城府第二部特別經濟豫算
245159	朝鮮朝日	南鮮版	1934-01-23	1	04단	國旗の取付裝置小學校兒童が發明
245160	朝鮮朝日	南鮮版	1934-01-23	1	05단	朝鮮沿岸や日本海の守護役市村中將着任『專心皇國のために御奉公』
245161	朝鮮朝日	南鮮版	1934-01-23	1	06단	結婚費で兵器獻納奇特な渡部氏
245162	朝鮮朝日	南鮮版	1934-01-23	1	06단	讀者を優待映畫「沈丁花」釜山で上映！
245163	朝鮮朝日	南鮮版	1934-01-23	1	06단	朝鮮國有鐵道の滿鐵還元に猛反對注目される甲子倶樂部總會
245164	朝鮮朝日	南鮮版	1934-01-23	1	07단	各團體を一丸とした仁川聯合婦人會永井府尹の肝煎りで生る
245165	朝鮮朝日	南鮮版	1934-01-23	1	07단	盛澤山の新事業京城商議所
245166	朝鮮朝日	南鮮版	1934-01-23	1	07단	各學校の空氣打診淨化する爲め

일련번호	판명		간행일	면	단수	기사명
245167	朝鮮朝日	南鮮版	1934-01-23	1	08단	仁川商議所豫算
245168	朝鮮朝日	南鮮版	1934-01-23	1	09단	女兒生不動
245169	朝鮮朝日	南鮮版	1934-01-23	1	09단	小作令促進決議
245170	朝鮮朝日	南鮮版	1934-01-23	1	09단	元山府僞造債券の嫌疑は全く晴る淸原福岡縣信組理事
245171	朝鮮朝日	南鮮版	1934-01-23	1	09단	大邱で三戸全燒
245172	朝鮮朝日	南鮮版	1934-01-23	1	10단	海東銀總會
245173	朝鮮朝日	南鮮版	1934-01-23	1	10단	二人組の覆面强盗大池里に出現
245174	朝鮮朝日	南鮮版	1934-01-23	1	10단	父は生きてゐる捜して下さい
245175	朝鮮朝日	南鮮版	1934-01-23	1	10단	空巢狙ひ
245176	朝鮮朝日	南鮮版	1934-01-23	1	10단	人(松下慶南道內務部長)
245177	朝鮮朝日	西北版	1934-01-24	1	01단	鮮米移出制限は全くもっての外だ！鮮內の統制を知らぬ者の杞憂本府當局が斷平聲明
245178	朝鮮朝日	西北版	1934-01-24	1	01단	漸やく實現敎育費負擔輕減九年度の下半期から割當も決定
245179	朝鮮朝日	西北版	1934-01-24	1	01단	無煙炭大合同愈よ表面化す各炭坑の資本評價の暗礁も本府の强腰で解消か
245180	朝鮮朝日	西北版	1934-01-24	1	01단	五百萬圓突破か咸南明年度豫算
245181	朝鮮朝日	西北版	1934-01-24	1	03단	平壤の市區改正
245182	朝鮮朝日	西北版	1934-01-24	1	03단	平壤更生園愈よ來月から孤兒收容
245183	朝鮮朝日	西北版	1934-01-24	1	04단	交通課新設
245184	朝鮮朝日	西北版	1934-01-24	1	04단	普校の新設と整備を計る
245185	朝鮮朝日	西北版	1934-01-24	1	04단	咸南沿岸諸港に初めて出超の記錄具體化す北鮮景氣
245186	朝鮮朝日	西北版	1934-01-24	1	04단	脂粉を剝ぐ歡樂の夜にをどる女給連の身許調査
245187	朝鮮朝日	西北版	1934-01-24	1	05단	普通江改修を繞る土地熱當局の計劃變更に上ったり下ったり
245188	朝鮮朝日	西北版	1934-01-24	1	05단	平南の棉花增産計劃共同作圃を設けて婦人を勤勞の一線に
245189	朝鮮朝日	西北版	1934-01-24	1	05단	零下四十度國境最前線
245190	朝鮮朝日	西北版	1934-01-24	1	06단	及川醫專校長招電で上城
245191	朝鮮朝日	西北版	1934-01-24	1	07단	斃死牛を食べ九名中毒騒ぎ二名死亡、七名瀕死
245192	朝鮮朝日	西北版	1934-01-24	1	07단	九年度施行の平壤鋪裝路細目決定す
245193	朝鮮朝日	西北版	1934-01-24	1	07단	練兵場解放は時期の問題普通江船溜新設の惱みも軍部との諒解なる？
245194	朝鮮朝日	西北版	1934-01-24	1	08단	耐寒行軍中兵士脱走す
245195	朝鮮朝日	西北版	1934-01-24	1	08단	江西三墓里古墳本年限り閉鎖模型を博物館に
245196	朝鮮朝日	西北版	1934-01-24	1	08단	列車投石頻々
245197	朝鮮朝日	西北版	1934-01-24	1	09단	佳日に生れた幸運の男の兒へ奉祝記念純銀メダル贈呈申込期日迫る來る三十日限り大阪朝日新聞社
245198	朝鮮朝日	西北版	1934-01-24	1	09단	鎭南浦支廳復活を陳情

일련번호	판명		간행일	면	단수	기사명
245199	朝鮮朝日	西北版	1934-01-24	1	10단	加害者組は海州の漁夫/大同江上四人殺しに當局の追及愈よ急
245200	朝鮮朝日	西北版	1934-01-24	1	10단	理髮屋異變
245201	朝鮮朝日	西北版	1934-01-24	1	10단	柳京日記
245202	朝鮮朝日	南鮮版	1934-01-24	1	01단	鮮米移出制限は全くもっての外だ！鮮內の統制を知らぬ者の杞憂本府當局が斷平聲明
245203	朝鮮朝日	南鮮版	1934-01-24	1	01단	漸やく實現教育費負擔輕減九年度の下半期から割當も決定
245204	朝鮮朝日	南鮮版	1934-01-24	1	01단	法鼓をたたいて
245205	朝鮮朝日	南鮮版	1934-01-24	1	03단	釜山補議戰三月三日頃に
245206	朝鮮朝日	南鮮版	1934-01-24	1	03단	徵兵事務は警察で執る
245207	朝鮮朝日	南鮮版	1934-01-24	1	03단	成り行を靜觀する米穀研究會
245208	朝鮮朝日	南鮮版	1934-01-24	1	04단	交通課新設
245209	朝鮮朝日	南鮮版	1934-01-24	1	04단	八、九年度卒業生に短期講習を實施文部當局の強硬な意向から四月から大邱醫專で
245210	朝鮮朝日	南鮮版	1934-01-24	1	04단	仁川府豫算と明年度事業
245211	朝鮮朝日	南鮮版	1934-01-24	1	05단	兩中將の歡迎送
245212	朝鮮朝日	南鮮版	1934-01-24	1	05단	硫安飢饉から鮮內は完全に救はれる本府と朝窒との交渉成立
245213	朝鮮朝日	南鮮版	1934-01-24	1	06단	京城大田間に豪華な新展望車まづ廿七日に試運轉
245214	朝鮮朝日	南鮮版	1934-01-24	1	06단	農村振興講演會
245215	朝鮮朝日	南鮮版	1934-01-24	1	06단	滿洲國謳歌時代に笑へぬ卅男の話
245216	朝鮮朝日	南鮮版	1934-01-24	1	07단	京畿道各郡林業打合會
245217	朝鮮朝日	南鮮版	1934-01-24	1	07단	京畿道面治講習
245218	朝鮮朝日	南鮮版	1934-01-24	1	07단	寒さは續く
245219	朝鮮朝日	南鮮版	1934-01-24	1	07단	覆面強盜
245220	朝鮮朝日	南鮮版	1934-01-24	1	08단	昭和水組解散陳情一部地主から
245221	朝鮮朝日	南鮮版	1934-01-24	1	08단	僞造紙貨幣續々と現はる
245222	朝鮮朝日	南鮮版	1934-01-24	1	08단	キッスの場面を發見されて自殺
245223	朝鮮朝日	南鮮版	1934-01-24	1	08단	珍裁判二つ(その一/その二)
245224	朝鮮朝日	南鮮版	1934-01-24	1	08단	爆藥を菓子となし勇敢な男無殘の死
245225	朝鮮朝日	南鮮版	1934-01-24	1	09단	佳日に生れた幸運の男の兒へ奉祝記念純銀メダル贈呈申込期日迫る來る三十日限り大阪朝日新聞社
245226	朝鮮朝日	南鮮版	1934-01-24	1	09단	蒼白い花に溫い手を差し延ばす慶南道保安課で調査
245227	朝鮮朝日	南鮮版	1934-01-24	1	09단	人(金大羽氏(新任中樞院通譯官)/西本計三氏(本府水産課長)/山本犀藏(南鮮電氣社長)/芥川浩氏(釜山日報社長)/吳曾澤氏(滿洲國外交部總務局密書課長)/左藤禮子氏)
245228	朝鮮朝日	南鮮版	1934-01-24	1	10단	恐ろしき放火狂つひに捕まる
245229	朝鮮朝日	西北版	1934-01-25	1	01단	全鮮に四百四十の初等學校を建設―郡島平均二校の割

일련번호	판명		간행일	면	단수	기사명
						合で教育普及につとめる當局
245230	朝鮮朝日	西北版	1934-01-25	1	01단	悲しいかな關釜飛行に難點軍部と遞信局でウンといはねば
245231	朝鮮朝日	西北版	1934-01-25	1	01단	土城襲擊の賊團を急追森林地帶に逃込み搜査に困難を極む
245232	朝鮮朝日	西北版	1934-01-25	1	03단	競馬の日割
245233	朝鮮朝日	西北版	1934-01-25	1	03단	滿洲國々有鐵道の旅客運賃を統一きたる四月から實施の模樣
245234	朝鮮朝日	西北版	1934-01-25	1	04단	製絲協會役員會
245235	朝鮮朝日	西北版	1934-01-25	1	04단	豫算審議の平南道會來月廿日頃
245236	朝鮮朝日	西北版	1934-01-25	1	04단	無煙炭百萬噸祝賀會は決行些々たる數量は問題でない府、商議所側の意見
245237	朝鮮朝日	西北版	1934-01-25	1	05단	平壤配屬の最新輕爆機
245238	朝鮮朝日	西北版	1934-01-25	1	05단	解決した兩醫專の開業免許證問題講習は母校でなく最寄の學校でよい
245239	朝鮮朝日	西北版	1934-01-25	1	05단	平南線の分雜運轉とスピード化四月より愈よ實現？
245240	朝鮮朝日	西北版	1934-01-25	1	06단	共同任入の組合を組織小賣商店の窮境打開に
245241	朝鮮朝日	西北版	1934-01-25	1	06단	北鮮に集ふ移住者の波昨年の來往者八千沸る景氣に躍る人
245242	朝鮮朝日	西北版	1934-01-25	1	06단	開城商業武道納會
245243	朝鮮朝日	西北版	1934-01-25	1	06단	鎭南浦の火事
245244	朝鮮朝日	西北版	1934-01-25	1	07단	耐寒演習の太刀洗四機平壤に不時着
245245	朝鮮朝日	西北版	1934-01-25	1	07단	平壤一流の紳商八名檢擧さる麻雀賭博を開帳中
245246	朝鮮朝日	西北版	1934-01-25	1	07단	東洋製絲と提携し養鷄普及を計る財源難の平南當局
245247	朝鮮朝日	西北版	1934-01-25	1	07단	茂山の細農救濟策生產品の共販を實施
245248	朝鮮朝日	西北版	1934-01-25	1	08단	海州邑の水飢饉
245249	朝鮮朝日	西北版	1934-01-25	1	08단	學資に窮した兄弟を助く阿部府尹の美談
245250	朝鮮朝日	西北版	1934-01-25	1	09단	四人組強盜の首魁捕はる春川面に潛伏中を引續き共犯搜査中
245251	朝鮮朝日	西北版	1934-01-25	1	10단	持凶器強盜捕る
245252	朝鮮朝日	西北版	1934-01-25	1	10단	柳京日記
245253	朝鮮朝日	西北版	1934-01-25	1	10단	人(牛島貞雄氏(十九師團長)/橫山中佐(十九師團附參謀)/梅崎第二十師團長)
245254	朝鮮朝日	南鮮版	1934-01-25	1	01단	全鮮に四百四十の初等學校を建設―郡島平均二校の割合で教育普及につとめる當局
245255	朝鮮朝日	南鮮版	1934-01-25	1	01단	悲しいかな關釜飛行に難點軍部と遞信局でウンといはねば
245256	朝鮮朝日	南鮮版	1934-01-25	1	01단	*下關市は長府に飛行場建設計劃を航空審議會へ/松井市長談*

일련번호	판명		간행일	면	단수	기사명
245257	朝鮮朝日	南鮮版	1934-01-25	1	02단	實現はまづ四五年先だ下關で今井田總監語る
245258	朝鮮朝日	南鮮版	1934-01-25	1	04단	耐寒作業
245259	朝鮮朝日	南鮮版	1934-01-25	1	04단	釜山府會
245260	朝鮮朝日	南鮮版	1934-01-25	1	04단	熱心に討議した忠北發展座談會
245261	朝鮮朝日	南鮮版	1934-01-25	1	04단	京城敎化委員會
245262	朝鮮朝日	南鮮版	1934-01-25	1	05단	教員試驗合格者
245263	朝鮮朝日	南鮮版	1934-01-25	1	05단	半島多年の懸案無煙炭合同具體化來月東京で開催の總會を機會に三陟炭は合同會社へ
245264	朝鮮朝日	南鮮版	1934-01-25	1	05단	慶南道漁聯議員
245265	朝鮮朝日	南鮮版	1934-01-25	1	05단	尊い遺跡をあたら競賣に附さる
245266	朝鮮朝日	南鮮版	1934-01-25	1	06단	天安邑長新宅漂三郎氏に
245267	朝鮮朝日	南鮮版	1934-01-25	1	06단	化石層
245268	朝鮮朝日	南鮮版	1934-01-25	1	07단	釜山地方は三十年來の寒さ少しは暖かにならう
245269	朝鮮朝日	南鮮版	1934-01-25	1	07단	忠南救濟事業費
245270	朝鮮朝日	南鮮版	1934-01-25	1	07단	大興電擴張
245271	朝鮮朝日	南鮮版	1934-01-25	1	07단	鮮內第二の都市に釜山の行政區域を擴張ちかく總督府に許可を申請
245272	朝鮮朝日	南鮮版	1934-01-25	1	07단	忠南道路の審査成績
245273	朝鮮朝日	南鮮版	1934-01-25	1	08단	慶南道武道大會
245274	朝鮮朝日	南鮮版	1934-01-25	1	08단	水道栓の凍結から十三戸五棟全燒京城府苑南洞の火事/培花女學校の火事騷ぎ/光州で三棟全燒
245275	朝鮮朝日	南鮮版	1934-01-25	1	08단	驛見送り特に警戒當局で考究/武道寒稽古
245276	朝鮮朝日	南鮮版	1934-01-25	1	09단	持兇器强盜捕る
245277	朝鮮朝日	南鮮版	1934-01-25	1	10단	債券で詐欺
245278	朝鮮朝日	南鮮版	1934-01-25	1	10단	密陽に覆面强盜
245279	朝鮮朝日	南鮮版	1934-01-25	1	10단	競馬の日割
245280	朝鮮朝日	南鮮版	1934-01-25	1	10단	人(池遞信局庶務課長/後藤浩平氏(警務局警務課屬)/梅崎二十師團長/北本松次郎氏(谷口釜山署長岳父))
245281	朝鮮朝日	西北版	1934-01-26	1	01단	氣溫の激變から各地に感冒流行惡性ではないが豫防方法は/感冒や胃腸の漢藥を特に追加す救急藥を窮乏の農漁山村へ
245282	朝鮮朝日	西北版	1934-01-26	1	01단	無煙炭合同會議は總會とは別個にまづ五社合同を先に
245283	朝鮮朝日	西北版	1934-01-26	1	01단	貨車脫線でダイヤ大混亂各列車何れも遲延
245284	朝鮮朝日	西北版	1934-01-26	1	03단	果菜耀市場出願の許可來月早々決る
245285	朝鮮朝日	西北版	1934-01-26	1	03단	滿洲國から警官の注文
245286	朝鮮朝日	西北版	1934-01-26	1	04단	高射砲隊耐寒演習
245287	朝鮮朝日	西北版	1934-01-26	1	04단	平南交通の癌渡船場架橋問題殘る十六ヶ所の解決に當局、全力を注ぐ
245288	朝鮮朝日	西北版	1934-01-26	1	04단	宣川に獸疫發生平安兩道防疫に努む

일련번호	판명		간행일	면	단수	기사명
245289	朝鮮朝日	西北版	1934-01-26	1	05단	波乘越えて平南の毛皮と牛がアメリカへ・アフリカへ
245290	朝鮮朝日	西北版	1934-01-26	1	05단	平壤の氣溫零下廿度一
245291	朝鮮朝日	西北版	1934-01-26	1	05단	合電株主總會
245292	朝鮮朝日	西北版	1934-01-26	1	05단	世界一周徒步旅行青年きのふ久留米へ
245293	朝鮮朝日	西北版	1934-01-26	1	06단	西鮮球界に驕る平中・春の陣容
245294	朝鮮朝日	西北版	1934-01-26	1	06단	牡丹台一帶の景勝地を擴大國立公園指定に備へ大聖山まで觀光路延長を計劃
245295	朝鮮朝日	西北版	1934-01-26	1	07단	平壤府內各所に小公園を設く人家櫛比による火災其他の萬一の危險を防ぐ
245296	朝鮮朝日	西北版	1934-01-26	1	08단	沙河事件首魁身柄平壤へ
245297	朝鮮朝日	西北版	1934-01-26	1	08단	國際共産黨事件起訴は二名呂運亨は起訴留保
245298	朝鮮朝日	西北版	1934-01-26	1	08단	石を載せて嬰兒を壓殺
245299	朝鮮朝日	西北版	1934-01-26	1	08단	開城署寒稽古納會
245300	朝鮮朝日	西北版	1934-01-26	1	08단	賭博三人男
245301	朝鮮朝日	西北版	1934-01-26	1	08단	迷信・牛を殺す
245302	朝鮮朝日	西北版	1934-01-26	1	09단	寒さから火災頻々氣をつけよ
245303	朝鮮朝日	西北版	1934-01-26	1	09단	依然解けぬ謎確たる證據なく搜査困難大同江上慘殺事件
245304	朝鮮朝日	西北版	1934-01-26	1	10단	二人組强盜家人を縛し五百圓奪ふ
245305	朝鮮朝日	西北版	1934-01-26	1	10단	柳京日記
245306	朝鮮朝日	南鮮版	1934-01-26	1	01단	氣溫の激變から各地に感冒流行惡性ではないが豫防方法は/慶南道狷獗特に兒童に多い/感冒や胃腸の漢藥を特に追加す救急藥を窮乏の農漁山村へ/寒さは續く
245307	朝鮮朝日	南鮮版	1934-01-26	1	03단	紀元節を奉祝する釜山で盛大に
245308	朝鮮朝日	南鮮版	1934-01-26	1	04단	人(白石慶南道警察部長)
245309	朝鮮朝日	南鮮版	1934-01-26	1	04단	僻陬地警官子弟への獎學補助金內定一萬二千圓五百名に
245310	朝鮮朝日	南鮮版	1934-01-26	1	04단	各道の知事會議四月上旬招集
245311	朝鮮朝日	南鮮版	1934-01-26	1	04단	慶南中等校長會
245312	朝鮮朝日	南鮮版	1934-01-26	1	04단	總監東京着
245313	朝鮮朝日	南鮮版	1934-01-26	1	05단	慶南道內井水良否近く分析調査
245314	朝鮮朝日	南鮮版	1934-01-26	1	05단	湯村農産課長急遞東上す(鮮米移出問題で)
245315	朝鮮朝日	南鮮版	1934-01-26	1	05단	朝鮮神宮に一入の莊嚴を增す神域約八十町步に神社林設置全鮮から植栽木選定
245316	朝鮮朝日	南鮮版	1934-01-26	1	05단	財源難から平凡な慶南豫算
245317	朝鮮朝日	南鮮版	1934-01-26	1	06단	中等生、青訓生、青年團聯合の攻防演習光州で盛大に擧行
245318	朝鮮朝日	南鮮版	1934-01-26	1	06단	講堂や溫室學校も新築京城府新事業
245319	朝鮮朝日	南鮮版	1934-01-26	1	06단	東一銀總會/東一銀支店

일련번호	판명		간행일	면	단수	기사명
245320	朝鮮朝日	南鮮版	1934-01-26	1	07단	兒島內務部長
245321	朝鮮朝日	南鮮版	1934-01-26	1	07단	夫井上の歸ってくる日を！何よりの樂しみにしてる二十七日の判決を前に環さんの話/無罪となるか求刑通り無期懲役か注目されるマリヤ殺しの判決
245322	朝鮮朝日	南鮮版	1934-01-26	1	07단	京城商議總會
245323	朝鮮朝日	南鮮版	1934-01-26	1	08단	モヒとコカインの密移入團發覺釜山で一名を逮捕/紅蔘の密賣團一味を逮捕
245324	朝鮮朝日	南鮮版	1934-01-26	1	10단	爆藥密造で重傷
245325	朝鮮朝日	南鮮版	1934-01-26	1	10단	寒さから火災頻々氣をつけよ
245326	朝鮮朝日	西北版	1934-01-27	1	01단	鮮米移出制限の總督府反對要旨應戰準備も着々進捗總監の補佐に農産課長東上/劃一的の米穀政策を樹てよ鮮米移出制限問題に對する關係團體の意見
245327	朝鮮朝日	西北版	1934-01-27	1	01단	全鮮の傳染病禍尙數年は危險當局近く對策具體化
245328	朝鮮朝日	西北版	1934-01-27	1	01단	滿洲建國功勞者に記念章授與國境警官が最多數正式通牒を待ち調査
245329	朝鮮朝日	西北版	1934-01-27	1	03단	勤續無缺勤警官を表彰
245330	朝鮮朝日	西北版	1934-01-27	1	03단	咸興商議所創立委員會
245331	朝鮮朝日	西北版	1934-01-27	1	04단	消防協會評議員會
245332	朝鮮朝日	西北版	1934-01-27	1	04단	太刀洗機歸還の途に
245333	朝鮮朝日	西北版	1934-01-27	1	04단	觀光宣傳のため全鮮の名所を調査鐵道局の旅客誘致策
245334	朝鮮朝日	西北版	1934-01-27	1	04단	昭和水利漸く中央の問題化す既設組合か、新設組合か成行樂觀を許さず
245335	朝鮮朝日	西北版	1934-01-27	1	04단	簡易初等校平南の實施案
245336	朝鮮朝日	西北版	1934-01-27	1	05단	船舶職員令改正きまる
245337	朝鮮朝日	西北版	1934-01-27	1	05단	在滿皇軍へ
245338	朝鮮朝日	西北版	1934-01-27	1	05단	各道の知事會議四月上旬招集
245339	朝鮮朝日	西北版	1934-01-27	1	05단	美しい師弟愛
245340	朝鮮朝日	西北版	1934-01-27	1	05단	朝鮮神宮に一入の莊嚴を增す神域約八十町步に神社林設置全鮮から植栽木選定
245341	朝鮮朝日	西北版	1934-01-27	1	06단	咸南道內各所に食糧が不足經濟調査で判明す
245342	朝鮮朝日	西北版	1934-01-27	1	06단	氷上大會
245343	朝鮮朝日	西北版	1934-01-27	1	06단	ミッションスクールは何處へ各宣教會、廢校說揉消に努むしかも維持費は減少の一途
245344	朝鮮朝日	西北版	1934-01-27	1	06단	滿洲側と聯絡し匪賊に備ふ土城襲擊事件に鑑み警務局對策に腐心/越境侵入を匪賊目論む國境一線緊張/匪賊を追擊八名を倒す
245345	朝鮮朝日	西北版	1934-01-27	1	07단	鎭南浦支廳復活は絶望
245346	朝鮮朝日	西北版	1934-01-27	1	07단	驛手採用試驗
245347	朝鮮朝日	西北版	1934-01-27	1	08단	平壤商議豫算總會

일련번호	판명		간행일	면	단수	기사명
245348	朝鮮朝日	西北版	1934-01-27	1	08단	羅津の都市計劃は四月早々着手同時に邑制を施行警察、郵便局も新設
245349	朝鮮朝日	西北版	1934-01-27	1	08단	沙川事件首魁檢事局送り
245350	朝鮮朝日	西北版	1934-01-27	1	09단	チフテリヤ
245351	朝鮮朝日	西北版	1934-01-27	1	09단	僞刑事捕る
245352	朝鮮朝日	西北版	1934-01-27	1	09단	紳士賭博更に擴大す
245353	朝鮮朝日	西北版	1934-01-27	1	09단	西浦から大平へ産業鐵道敷設案平鐵で目下考究中
245354	朝鮮朝日	西北版	1934-01-27	1	10단	平壤の火事
245355	朝鮮朝日	西北版	1934-01-27	1	10단	人(福島莊平氏(平壤商工會議所會頭)/馬場政義氏(平南道警務課長)/吉永武楊氏(平壤鐵道事務所長)/井上遞信局長/兪萬兼氏(平南道參與官))
245356	朝鮮朝日	西北版	1934-01-27	1	10단	柳京日記
245357	朝鮮朝日	南鮮版	1934-01-27	1	01단	*鮮米移出制限の總督府反對要旨應戰準備も着々進捗總監の補佐に農産課長東上/劃一的の米穀政策を樹てよ鮮米移出制限問題に對する關係團體の意見*
245358	朝鮮朝日	南鮮版	1934-01-27	1	01단	全鮮の傳染病禍尚數年は危險當局近く對策具體化
245359	朝鮮朝日	南鮮版	1934-01-27	1	01단	滿洲建國功勞者に記念章授與國境警官が最多數正式通牒を待ち調査
245360	朝鮮朝日	南鮮版	1934-01-27	1	03단	衛生試驗室の試驗所昇格明年度から
245361	朝鮮朝日	南鮮版	1934-01-27	1	03단	慶南社會業協會農村讀本を刊行
245362	朝鮮朝日	南鮮版	1934-01-27	1	03단	群山商議役員會
245363	朝鮮朝日	南鮮版	1934-01-27	1	04단	消防協會評議員會
245364	朝鮮朝日	南鮮版	1934-01-27	1	04단	觀光宣傳のため全鮮の名所を調査鐵道局の旅客誘致策
245365	朝鮮朝日	南鮮版	1934-01-27	1	04단	春眼ら就職戰線本府の書堂改善に惠まれ大邱農村申込殺到
245366	朝鮮朝日	南鮮版	1934-01-27	1	04단	缺食兒童の給食を廢す
245367	朝鮮朝日	南鮮版	1934-01-27	1	05단	師團誘致期成會大田でも設置
245368	朝鮮朝日	南鮮版	1934-01-27	1	05단	水道事放の頻發
245369	朝鮮朝日	南鮮版	1934-01-27	1	05단	忠南中等校入試の日割
245370	朝鮮朝日	南鮮版	1934-01-27	1	05단	鬱陵島の雪害積雪一丈餘、交通全く杜絕食糧、燃料刻々缺乏
245371	朝鮮朝日	南鮮版	1934-01-27	1	05단	狩獵家連が乘車賃割引を要望スキー竝に扱へとだがどうも空彈に終る模樣
245372	朝鮮朝日	南鮮版	1934-01-27	1	06단	京城府營のプール開き世界的選手を招き來る六月早々盛大に
245373	朝鮮朝日	南鮮版	1934-01-27	1	06단	ミッションスクールは何處へ各宣教會、廢校說揉消に努むしかも維持費は減少の一途
245374	朝鮮朝日	南鮮版	1934-01-27	1	07단	慶北の窮救縮小で關係職員を整理卅名は解雇の運命
245375	朝鮮朝日	南鮮版	1934-01-27	1	07단	商銀株主總會

일련번호	판명		간행일	면	단수	기사명
245376	朝鮮朝日	南鮮版	1934-01-27	1	08단	船舶職員令改正きまる
245377	朝鮮朝日	南鮮版	1934-01-27	1	08단	朝鮮貯蓄株主總會
245378	朝鮮朝日	南鮮版	1934-01-27	1	08단	太刀洗機歸還の途に
245379	朝鮮朝日	南鮮版	1934-01-27	1	08단	滿洲側と聯絡し匪賊に備ふ土城襲擊事件に鑑み警務局對策に腐心
245380	朝鮮朝日	南鮮版	1934-01-27	1	09단	南海前衛同盟首謀者送局
245381	朝鮮朝日	南鮮版	1934-01-27	1	09단	女子商業の同盟休校二年生百十名
245382	朝鮮朝日	南鮮版	1934-01-27	1	09단	列車內に籠詰の嬰兒死體他殺のあと歷然！京釜線の獵奇事件
245383	朝鮮朝日	南鮮版	1934-01-27	1	10단	發動船坐礁
245384	朝鮮朝日	南鮮版	1934-01-27	1	10단	旅館の火事
245385	朝鮮朝日	南鮮版	1934-01-27	1	10단	小作料拐帶
245386	朝鮮朝日	南鮮版	1934-01-27	1	10단	不敵の少年警察を荒す
245387	朝鮮朝日	南鮮版	1934-01-27	1	10단	人(加藤敬三郎氏(鮮銀總裁)/色郡實氏(鮮銀理事))
245388	朝鮮朝日	西北版	1934-01-28	1	01단	マリヤ殺しの井上に無期懲役求刑同樣の判決を言渡されサスガにシホシホと退延/私が共犯だって全然覺えないことです平然だる態度で大橋夫人談/やっと打ち寶いだ鏡裁判長/大橋夫人はサゾ驚くであらう鏡裁判長は語る/依然・謎を殘す井上の犯行時間檢事、豫審判事、裁判長共に認定に食ひ違ひ/關係者はやっと安堵朴保安課長談/感慨無量三年搜查に從事した井上部長談/鐵道局は白紙だ
245389	朝鮮朝日	西北版	1934-01-28	1	04단	人(井上遞信局長)
245390	朝鮮朝日	西北版	1934-01-28	1	05단	共犯と斷定された主なる理由は
245391	朝鮮朝日	西北版	1934-01-28	1	08단	遂に暴露京城の桃色御殿寡婦や出戻り女十數名を使用し愛慾料十圓を徵收
245392	朝鮮朝日	西北版	1934-01-28	1	08단	映畫『沈丁花』に優待券配布
245393	朝鮮朝日	西北版	1934-01-28	1	09단	外、內燈切替九年度斷行燈火管制に備へる軍都平壤の新試み
245394	朝鮮朝日	西北版	1934-01-28	1	09단	將校異動
245395	朝鮮朝日	西北版	1934-01-28	1	09단	漢城銀總會
245396	朝鮮朝日	西北版	1934-01-28	1	10단	總督府辭令
245397	朝鮮朝日	西北版	1934-01-28	1	10단	不都合な男二名引致取調ぶ
245398	朝鮮朝日	南鮮版	1934-01-28	1		缺號
245399	朝鮮朝日	西北版	1934-01-30	1	01단	戰慄の匪禍を絶ち邊照の樂土を謳歌事變以來三年振りの大收穫咸北警察部の國境警備陣/繪本や玩具を可憐な兒童達へ國境警官の慰問に上內警務課長巡視
245400	朝鮮朝日	西北版	1934-01-30	1	01단	旣に數十萬圓投じ今更中止は大問題だ拓相の言明を詳細にした上で善處昭和水利と總督府/平壤府民結束し實

일련번호	판명		간행일	면	단수	기사명
						現猛運動起す/拓相と總監へ善處方電報
245401	朝鮮朝日	西北版	1934-01-30	1	03단	十一年間も無缺勤の警察官ちかく表彰される平壤署の江草巡査
245402	朝鮮朝日	西北版	1934-01-30	1	04단	優良從業員九名を表彰紀元節を卜し
245403	朝鮮朝日	西北版	1934-01-30	1	04단	薄倖兒に救ひの手無料で診斷施藥を行ふ平南道で新年度から
245404	朝鮮朝日	西北版	1934-01-30	1	05단	朴茂山郡守着任
245405	朝鮮朝日	西北版	1934-01-30	1	06단	國防熱は愈よ高まる
245406	朝鮮朝日	西北版	1934-01-30	1	06단	元山スポーツ界の苦境を救濟する後援の同好會組織
245407	朝鮮朝日	西北版	1934-01-30	1	07단	東京ハルビン間直通旅行の運賃と時間の調べ
245408	朝鮮朝日	西北版	1934-01-30	1	07단	寒稽古入賞者
245409	朝鮮朝日	西北版	1934-01-30	1	08단	安奉線運賃引下げ要望製糖支店から
245410	朝鮮朝日	西北版	1934-01-30	1	08단	水道延長を府に要望す箕林里地方民
245411	朝鮮朝日	西北版	1934-01-30	1	09단	谷山演習場移轉するか
245412	朝鮮朝日	西北版	1934-01-30	1	09단	井上隆雄控訴す大邱覆審法院へ
245413	朝鮮朝日	西北版	1934-01-30	1	09단	煉炭界の紛糾解決やっと三年目に
245414	朝鮮朝日	西北版	1934-01-30	1	10단	列車內に怪盜出現金錢二千圓が盜難にかかる
245415	朝鮮朝日	西北版	1934-01-30	1	10단	馬賊卅名放火掠奪林江街に出現
245416	朝鮮朝日	西北版	1934-01-30	1	10단	感冒が流行開城地方に
245417	朝鮮朝日	西北版	1934-01-30	1	10단	列車投石少年捕る
245418	朝鮮朝日	西北版	1934-01-30	1	10단	デパート專門賊
245419	朝鮮朝日	西北版	1934-01-30	1	10단	人(山形信廣中佐(平壤憲兵隊長))
245420	朝鮮朝日	南鮮版	1934-01-30	1	01단	*戰慄の匪禍を絶ち邊照の樂土を謳歌事變以來三年振りの大收穫咸北警察部の國境警備陣/繪本や玩具を可憐な兒童達へ國境警官の慰問に上內警務課長巡視*
245421	朝鮮朝日	南鮮版	1934-01-30	1	01단	*既に數十萬圓投じ今更中止は大問題だ拓相の言明を詳細にした上で善處昭和水利と總督府/平壤府民結束し實現猛運動起す/拓相と總監へ善處方電報*
245422	朝鮮朝日	南鮮版	1934-01-30	1	03단	京城工業學校に鑛山科を新設す新設費三萬五千圓崔昌學氏寄附
245423	朝鮮朝日	南鮮版	1934-01-30	1	03단	近代式三階建の警察參考館總督府構內に建設
245424	朝鮮朝日	南鮮版	1934-01-30	1	05단	慶北道の愛婦總會總裁宮殿下の御臨場を仰ぐ
245425	朝鮮朝日	南鮮版	1934-01-30	1	05단	釜山補議選三月三日に
245426	朝鮮朝日	南鮮版	1934-01-30	1	05단	全北土木所長會議
245427	朝鮮朝日	南鮮版	1934-01-30	1	05단	鮮米保護に强硬な態度をとる對策を樹てる總督府當局
245428	朝鮮朝日	南鮮版	1934-01-30	1	06단	模範兒童
245429	朝鮮朝日	南鮮版	1934-01-30	1	06단	練景氣に躍る慶北東海岸の漁民
245430	朝鮮朝日	南鮮版	1934-01-30	1	07단	春川郡に水鉛鑛有望視さる
245431	朝鮮朝日	南鮮版	1934-01-30	1	07단	田中玄黃氏

일련번호	판명		긴행일	면	단수	기사명
245432	朝鮮朝日	南鮮版	1934-01-30	1	07단	漂流して居たビール瓶の中に奇怪な紙片濟州道に監禁された二十名の女近く支那の奥地へ賣られる至急に助けに來てください
245433	朝鮮朝日	南鮮版	1934-01-30	1	07단	水道配水管が結氷や破裂大邱市民大弱り
245434	朝鮮朝日	南鮮版	1934-01-30	1	08단	牧ノ島を一周して『ここが內地だ』と無智な七十名から三圓や五圓を徵收
245435	朝鮮朝日	南鮮版	1934-01-30	1	08단	京城女商校平穩に復す
245436	朝鮮朝日	南鮮版	1934-01-30	1	08단	死者二十九名鬱陵島の降雪被害
245437	朝鮮朝日	南鮮版	1934-01-30	1	08단	列車が正面衝突重輕傷八名を出す(禮成江驛構內の珍事)
245438	朝鮮朝日	南鮮版	1934-01-30	1	08단	不穩計劃團の卅餘名檢擧
245439	朝鮮朝日	南鮮版	1934-01-30	1	09단	全半燒十二棟龍明里の火事
245440	朝鮮朝日	南鮮版	1934-01-30	1	10단	井上隆雄控訴す大邱覆審法院へ
245441	朝鮮朝日	南鮮版	1934-01-30	1	10단	大邱の火事
245442	朝鮮朝日	南鮮版	1934-01-30	1	10단	人を瞞す神の憤り
245443	朝鮮朝日	南鮮版	1934-01-30	1	10단	木浦聯合靑年團本年度行事
245444	朝鮮朝日	南鮮版	1934-01-30	1	10단	人(石田喜熊氏(慶南密陽警察署長)/池田淸氏(警務局長)/中野金次郎氏(國際通運社長)/寺島密陽邑長)
245445	朝鮮朝日	西北版	1934-01-31	1	01단	京城・雄基間に直通急行列車を運轉春四月頃から實現か實際計劃に着手
245446	朝鮮朝日	西北版	1934-01-31	1	01단	北鮮開拓いよいよ明年度から第一線の首腦部集めて協議
245447	朝鮮朝日	西北版	1934-01-31	1	01단	平南山林課の火田防止策農村の疲弊につれますます增加の傾向
245448	朝鮮朝日	西北版	1934-01-31	1	02단	平壤觀光協會組織に決定
245449	朝鮮朝日	西北版	1934-01-31	1	02단	平南牛の福音道內數十ヶ所に病院を設け獸醫さんが病牛往診
245450	朝鮮朝日	西北版	1934-01-31	1	03단	碎氷船の回航を要望結氷に惱む鎭南浦港
245451	朝鮮朝日	西北版	1934-01-31	1	03단	七八萬の匪賊蟠居對岸密林地に
245452	朝鮮朝日	西北版	1934-01-31	1	04단	人(成富文吾氏(平南道高等課長)/井上遞信局長)
245453	朝鮮朝日	西北版	1934-01-31	1	04단	昭和水利問題の府民大會中止この際騷ぐは本府に不利と盛行靜觀に決す
245454	朝鮮朝日	西北版	1934-01-31	1	04단	各務原飛行隊耐寒演習風凍る國境に
245455	朝鮮朝日	西北版	1934-01-31	1	05단	平壤工場槪況
245456	朝鮮朝日	西北版	1934-01-31	1	05단	平壤公會堂愈よ實現す目下敷地を物色中
245457	朝鮮朝日	西北版	1934-01-31	1	05단	原木輸出禁止反對の陳情鴨綠江上流の業者より
245458	朝鮮朝日	西北版	1934-01-31	1	05단	茂山における野砲の實彈演習(二十五日)
245459	朝鮮朝日	西北版	1934-01-31	1	06단	愈よ迫った全日本氷上大會選手ファン續々乘込む
245460	朝鮮朝日	西北版	1934-01-31	1	07단	小島を飼って松毛蟲を驅除牡丹台公園の新設備

일련번호	판명		간행일	면	단수	기사명
245461	朝鮮朝日	西北版	1934-01-31	1	07단	離婚の手段に我が家に放火妻(朝鮮人)を持餘す支那人が國際結婚の一悲劇
245462	朝鮮朝日	西北版	1934-01-31	1	07단	珍訴訟審判を相手取り慰藉料の請求不公平を鳴らし敗けた蹴球團から
245463	朝鮮朝日	西北版	1934-01-31	1	07단	京城に本據を置く全密輸團發覺す首魁池龍朱を逮捕
245464	朝鮮朝日	西北版	1934-01-31	1	08단	掏模團の一味三名を檢擧
245465	朝鮮朝日	西北版	1934-01-31	1	08단	業務橫領の判決言渡し
245466	朝鮮朝日	西北版	1934-01-31	1	08단	子供遊園地充實の計劃
245467	朝鮮朝日	西北版	1934-01-31	1	09단	酒ゆゑに愛兒を殺す置去りにして飮步き歸ってみれば哀れ凍死
245468	朝鮮朝日	西北版	1934-01-31	1	09단	保釋で出した男が腸チフス！狼狽した刑務所監房內を大消毒
245469	朝鮮朝日	西北版	1934-01-31	1	09단	引つゞく放火騷ぎ平壤府民戰く
245470	朝鮮朝日	西北版	1934-01-31	1	10단	柳京日記
245471	朝鮮朝日	西北版	1934-01-31	1	10단	號外發行(三十日、今護會提出の二重要法案の全文を揭げた不再錄號外を發行しました)
245472	朝鮮朝日	南鮮版	1934-01-31	1	01단	京城・雄基間に直通急行列車を運轉春四月頃から實現か實際計劃に着手
245473	朝鮮朝日	南鮮版	1934-01-31	1	01단	四方ガラス張りの輕快車を運轉淸津朱乙溫泉間に
245474	朝鮮朝日	南鮮版	1934-01-31	1	01단	小作令の制定漸やく目鼻がついた歸任して鹽田林政課長語る
245475	朝鮮朝日	南鮮版	1934-01-31	1	01단	差別的取扱ひには斷乎として反對外地米の統制に對して當業者の對策なる
245476	朝鮮朝日	南鮮版	1934-01-31	1	03단	鄕軍湖南支部分會長會議四ヶ所で開く
245477	朝鮮朝日	南鮮版	1934-01-31	1	03단	忠南道の校長會議一日まで開催
245478	朝鮮朝日	南鮮版	1934-01-31	1	04단	人(稻葉彦藏氏(新任江原道江陵郵便局長))
245479	朝鮮朝日	南鮮版	1934-01-31	1	04단	鎭海邑の奉祝行事種々計劃さる
245480	朝鮮朝日	南鮮版	1934-01-31	1	05단	學齡兒童の就學を極力獎勵貧困者は授業料を出してやる力を注ぐ全北當局
245481	朝鮮朝日	南鮮版	1934-01-31	1	05단	無煙炭合同漸次具體化年採炭百萬噸を目標資本金は一千萬圓に
245482	朝鮮朝日	南鮮版	1934-01-31	1	05단	納稅成績優良の團體や篤行者表彰紀元節に慶南道當局が
245483	朝鮮朝日	南鮮版	1934-01-31	1	06단	ラヂオの聽取者
245484	朝鮮朝日	南鮮版	1934-01-31	1	06단	北鮮開拓いよいよ明年度から第一線の首腦部集めて協議
245485	朝鮮朝日	南鮮版	1934-01-31	1	06단	京城に本據を置く全密輸團發覺す首魁池龍朱を逮捕
245486	朝鮮朝日	南鮮版	1934-01-31	1	07단	愛讀者を優待釜山で「女人曼陀羅」上映
245487	朝鮮朝日	南鮮版	1934-01-31	1	07단	獻金

일련번호	판명		간행일	면	단수	기사명
245488	朝鮮朝日	南鮮版	1934-01-31	1	08단	船舶に注意
245489	朝鮮朝日	南鮮版	1934-01-31	1	08단	口の中で火藥爆發子供に注意
245490	朝鮮朝日	南鮮版	1934-01-31	1	08단	滿洲行警官
245491	朝鮮朝日	南鮮版	1934-01-31	1	09단	釜山を荒し廻った七人組の竊盜團巢窟を襲って一網打盡
245492	朝鮮朝日	南鮮版	1934-01-31	1	09단	ホッケー
245493	朝鮮朝日	南鮮版	1934-01-31	1	10단	京城府內年末警戒
245494	朝鮮朝日	南鮮版	1934-01-31	1	10단	海印寺元住持一萬八千圓橫領遂に行方をくらます
245495	朝鮮朝日	南鮮版	1934-01-31	1	10단	女の淺墓さ
245496	朝鮮朝日	南鮮版	1934-01-31	1	10단	號外發行(三十日、今護會提出の二重要法案の全文を掲げた不再錄號外を發行しました)

1934년 2월 (조선아사히)

일련번호	판명		간행일	면	단수	기사명
245497	朝鮮朝日	西北版	1934-02-01	1	01단	昭和水利の認可當分延期に決定投資約七十萬圓は國庫補償で總督府當局の態度決定/愈よ創立事務所解散青木氏等六名悲壯な面持で辭職
245498	朝鮮朝日	西北版	1934-02-01	1	01단	必勝を期す鎭南浦林檎秋の商戰對策なる
245499	朝鮮朝日	西北版	1934-02-01	1	01단	朝鮮運送臨時總會
245500	朝鮮朝日	西北版	1934-02-01	1	03단	沙里院邑長任免
245501	朝鮮朝日	西北版	1934-02-01	1	03단	平南警察部滿洲轉出者
245502	朝鮮朝日	西北版	1934-02-01	1	03단	羅南騎兵隊耐寒行軍雪嶺の嶮踏破
245503	朝鮮朝日	西北版	1934-02-01	1	04단	台灣音樂舞踊の夕
245504	朝鮮朝日	西北版	1934-02-01	1	04단	南鮮の失業者を北鮮地方へ向ける期待される當局の需給調節
245505	朝鮮朝日	西北版	1934-02-01	1	04단	農村に漂ふ生色籾貯藏による金融で
245506	朝鮮朝日	西北版	1934-02-01	1	04단	賑ふ西鮮の空引きもきらぬ軍用機の訪れ
245507	朝鮮朝日	西北版	1934-02-01	1	04단	ひよどり丸坐洲す人命異狀なし
245508	朝鮮朝日	西北版	1934-02-01	1	05단	金塊密輸出漸く杜絶ゆ
245509	朝鮮朝日	西北版	1934-02-01	1	05단	四方ガラス張りの輕快車を運轉清津朱乙溫泉間に
245510	朝鮮朝日	西北版	1934-02-01	1	05단	卵山事件首魁豫審へ回付
245511	朝鮮朝日	西北版	1934-02-01	1	06단	獄中から國防獻金
245512	朝鮮朝日	西北版	1934-02-01	1	06단	醉っ拂ってなぐり殺す
245513	朝鮮朝日	西北版	1934-02-01	1	06단	名實ともに半島第二の都平壤の人口十五萬突破
245514	朝鮮朝日	西北版	1934-02-01	1	06단	平壤に方面委員いよいよ九年度より
245515	朝鮮朝日	西北版	1934-02-01	1	07단	逃げた妻へ恨みの出刃愛兒の冷い骸を抱いて彷徨ふ夫の兇行
245516	朝鮮朝日	西北版	1934-02-01	1	07단	蘇へる江邊情緒モーター付の畫舫を平壤府で新造する
245517	朝鮮朝日	西北版	1934-02-01	1	07단	內鮮人共學の春川高等女學校四月から開校に決定
245518	朝鮮朝日	西北版	1934-02-01	1	07단	死刑の判決
245519	朝鮮朝日	西北版	1934-02-01	1	08단	食刀で脅かし現金を强奪
245520	朝鮮朝日	西北版	1934-02-01	1	08단	道立醫院に年齡鑑定を依賴裁判所をなやます無籍者の少年竊盜
245521	朝鮮朝日	西北版	1934-02-01	1	09단	盜んだ自轉車百三十七台國境に運び賣り捌く
245522	朝鮮朝日	西北版	1934-02-01	1	09단	鬱陵島愁眉開いたが雪崩を警戒
245523	朝鮮朝日	西北版	1934-02-01	1	09단	斧を揮って二名に重傷泥醉坑夫暴る
245524	朝鮮朝日	西北版	1934-02-01	1	10단	遞信局長を相手に訴訟
245525	朝鮮朝日	西北版	1934-02-01	1	10단	人肉地獄は私嫌やだ
245526	朝鮮朝日	西北版	1934-02-01	1	10단	池錫湧の前判決下却新に取調開始
245527	朝鮮朝日	西北版	1934-02-01	1	10단	スキー講習
245528	朝鮮朝日	南鮮版	1934-02-01	1	01단	昭和水利の認可當分延期に決定投資約七十萬圓は國庫補償で總督府當局の態度決定/愈よ創立事務所解散青木氏等六名悲壯な面持で辭職

일련번호	판명		간행일	면	단수	기사명
245529	朝鮮朝日	南鮮版	1934-02-01	1	01단	鬱陵島愁眉開いたが雪崩を警戒
245530	朝鮮朝日	南鮮版	1934-02-01	1	04단	台灣音樂舞踊の夕
245531	朝鮮朝日	南鮮版	1934-02-01	1	04단	商議營業總會
245532	朝鮮朝日	南鮮版	1934-02-01	1	05단	忠北無盡株主總會/朝鮮運送臨時總會
245533	朝鮮朝日	南鮮版	1934-02-01	1	05단	京城府の豫算四百十六萬圓伊達府尹査定に着手
245534	朝鮮朝日	南鮮版	1934-02-01	1	05단	木浦での奉祝行事大體決定す
245535	朝鮮朝日	南鮮版	1934-02-01	1	06단	漁船百五十七隻を修理し三百卅四隻新造愁眉を開いた三漁業組合
245536	朝鮮朝日	南鮮版	1934-02-01	1	06단	スキー講習/卓球大會
245537	朝鮮朝日	南鮮版	1934-02-01	1	07단	軍隊慰問金
245538	朝鮮朝日	南鮮版	1934-02-01	1	07단	白米一升入り一千袋寄附タオル千枚と共に(大久保氏の美擧)
245539	朝鮮朝日	南鮮版	1934-02-01	1	07단	SOSの馬山花柳界カフエの爲に
245540	朝鮮朝日	南鮮版	1934-02-01	1	07단	南鮮の失業者を北鮮地方へ向ける期待される當局の需給調節
245541	朝鮮朝日	南鮮版	1934-02-01	1	08단	內鮮人共學の春川高等女學校四月から開校に決定/生徒募集
245542	朝鮮朝日	南鮮版	1934-02-01	1	08단	染色織物共同購入慶南で好成績
245543	朝鮮朝日	南鮮版	1934-02-01	1	08단	金鑛囮りに千五百圓詐取
245544	朝鮮朝日	南鮮版	1934-02-01	1	09단	京仁バス營業權京電い引繼さる
245545	朝鮮朝日	南鮮版	1934-02-01	1	09단	京城の桃色御殿事件
245546	朝鮮朝日	南鮮版	1934-02-01	1	09단	監査係主任身柄を拘留公金費消から
245547	朝鮮朝日	南鮮版	1934-02-01	1	10단	種苗組合總會
245548	朝鮮朝日	南鮮版	1934-02-01	1	10단	怪しの祈禱僞僧に注意
245549	朝鮮朝日	南鮮版	1934-02-01	1	10단	京城五棟全半燒
245550	朝鮮朝日	南鮮版	1934-02-01	1	10단	人肉地獄は私嫌やだ
245551	朝鮮朝日	西北版	1934-02-02	1	01단	アリナレの流れに消えてゆく國境情緒鐵橋開閉は三月限り廢止
245552	朝鮮朝日	西北版	1934-02-02	1	01단	南アフリカでは鮮産林檎輸入禁止『害蟲』が附着して來るとの理由で海外進出に大痛手
245553	朝鮮朝日	西北版	1934-02-02	1	01단	滿洲各地に護謨工業勃興半島斯界の一脅威生産費切下と高率關稅解決が緊要
245554	朝鮮朝日	西北版	1934-02-02	1	01단	外國郵便交換局二ケ所新設密接を加へる對滿關係に明年度より北鮮へ
245555	朝鮮朝日	西北版	1934-02-02	1	02단	總督府辭令
245556	朝鮮朝日	西北版	1934-02-02	1	02단	國境郵便局慰問に向ふ
245557	朝鮮朝日	西北版	1934-02-02	1	03단	中樞院參謀朴、元兩氏の茂山警察署慰問實況(二十九日)
245558	朝鮮朝日	西北版	1934-02-02	1	04단	治水工事協議の要項

일련번호	판명		간행일	면	단수	기사명
245559	朝鮮朝日	西北版	1934-02-02	1	04단	御降誕記念に神社を造營
245560	朝鮮朝日	西北版	1934-02-02	1	04단	解氷期より工事に着手飛行場擴張
245561	朝鮮朝日	西北版	1934-02-02	1	04단	平北木炭の滿洲市場進出無盡藏の資料を生かして大々的に生産獎勵
245562	朝鮮朝日	西北版	1934-02-02	1	05단	平壤鄉軍新役員
245563	朝鮮朝日	西北版	1934-02-02	1	05단	豆滿江上流に一大水力電氣茂山鐵鑛の開發を目指す三菱合資の新計劃
245564	朝鮮朝日	西北版	1934-02-02	1	06단	母校に捧ぐる汗と愛の結晶安州農校全生徒が三ヶ年間の勤勞所得を寄附
245565	朝鮮朝日	西北版	1934-02-02	1	06단	沙里院邑長松本氏就任
245566	朝鮮朝日	西北版	1934-02-02	1	06단	創立委員會存廢は廳議確定の上で差向中止は半永久的中止昭和水利をめぐる地元の觀測
245567	朝鮮朝日	西北版	1934-02-02	1	07단	所澤からも十數機飛來ますます賑ふ軍都の空
245568	朝鮮朝日	西北版	1934-02-02	1	07단	平壤府廳舍に加へる新威容綺麗な廣場を設ける
245569	朝鮮朝日	西北版	1934-02-02	1	08단	進行列車に空氣銃發射
245570	朝鮮朝日	西北版	1934-02-02	1	08단	治維法違反の求刑
245571	朝鮮朝日	西北版	1934-02-02	1	08단	また覆面の二人組强盜非常警戒網を潛り悠々平南を橫行す
245572	朝鮮朝日	西北版	1934-02-02	1	09단	暴動犯人ら控訴取下げ
245573	朝鮮朝日	西北版	1934-02-02	1	09단	給料の一部を割き貧しき戰友の家庭へ兵營に咲く一美談
245574	朝鮮朝日	西北版	1934-02-02	1	09단	柳京日記
245575	朝鮮朝日	西北版	1934-02-02	1	10단	船橋里に伸ぶ赤い手嚴戒
245576	朝鮮朝日	西北版	1934-02-02	1	10단	人(朴榮喆氏(中樞院參謀)/元德常氏(中樞院參謀)/中江修吾氏(三中井平壤支店長)/山形信廣中佐(平壤憲兵隊長)/小堀泰一郎氏(平壤郵便局郵便課長)/平石忠次氏(平壤郵便局會計課長)/井上淸氏(遞信局長)/開城支廳判事山中忠太氏夫人)
245577	朝鮮朝日	南鮮版	1934-02-02	1	01단	アリナレの流れに消えてゆく國境情緒鐵橋開閉は三月限り廢止
245578	朝鮮朝日	南鮮版	1934-02-02	1	01단	南アフリカでは鮮産林檎輸入禁止『害蟲』が附着して來るとの理由で海外進出に大痛手
245579	朝鮮朝日	南鮮版	1934-02-02	1	01단	入試準備と精神訓練をも行ふ京畿道內の四中等校に補習科新設
245580	朝鮮朝日	南鮮版	1934-02-02	1	01단	地久節奉祝行事
245581	朝鮮朝日	南鮮版	1934-02-02	1	02단	慶北警察部異動
245582	朝鮮朝日	南鮮版	1934-02-02	1	02단	少年四百名の爲めに就職口は無いか釜山府職紹所大童
245583	朝鮮朝日	南鮮版	1934-02-02	1	03단	沙防技術者廿五名整理
245584	朝鮮朝日	南鮮版	1934-02-02	1	04단	治水工事協議の要項

일련번호	판명		간행일	면	단수	기사명
245585	朝鮮朝日	南鮮版	1934-02-02	1	04단	池田氏立候補釜山補議選に
245586	朝鮮朝日	南鮮版	1934-02-02	1	04단	大邱商議副會頭
245587	朝鮮朝日	南鮮版	1934-02-02	1	04단	靑い灯赤い灯も今は悲しい唄よ今後のカフエの更生は/營業稅を安くして下さい
245588	朝鮮朝日	南鮮版	1934-02-02	1	05단	京城府第一部の特別經濟豫算
245589	朝鮮朝日	南鮮版	1934-02-02	1	05단	軍犬談話會
245590	朝鮮朝日	南鮮版	1934-02-02	1	05단	犯罪搜査に科學のメスを揮ふ十萬圓で理化學研究室を設け鮮內の刑事警察を刷新する
245591	朝鮮朝日	南鮮版	1934-02-02	1	06단	小鹿島の慈愛院を國立に移管するレプラ患者根絶の爲
245592	朝鮮朝日	南鮮版	1934-02-02	1	06단	總督府辭令
245593	朝鮮朝日	南鮮版	1934-02-02	1	06단	釜山府議選擧名簿
245594	朝鮮朝日	南鮮版	1934-02-02	1	07단	京城の火事
245595	朝鮮朝日	南鮮版	1934-02-02	1	07단	扶助驛の手前でガソリンカー轉覆裂傷者二名、擦過傷十名/負傷者は/轉覆現場/急カーブにスピード出し過たか/轉覆は全く不思議
245596	朝鮮朝日	南鮮版	1934-02-02	1	08단	大邱の火事
245597	朝鮮朝日	南鮮版	1934-02-02	1	09단	木浦商議所豫算
245598	朝鮮朝日	南鮮版	1934-02-02	1	09단	咸安邑內から溫泉が湧き出る思ひもよらぬ眼話
245599	朝鮮朝日	南鮮版	1934-02-02	1	10단	密漁船二隻無等山丸が逮捕
245600	朝鮮朝日	南鮮版	1934-02-02	1	10단	無我夢中で遭難者の話
245601	朝鮮朝日	南鮮版	1934-02-02	1	10단	人(山口正賢氏(東拓京城支店長))
245602	朝鮮朝日	南鮮版	1934-02-02	1	10단	外務員を募集
245603	朝鮮朝日	西北版	1934-02-03	1	01단	傍觀を許さぬ迄に最早・事態は窮迫す鮮米移入統制の實施有力で鮮米擁護期成會重要協議
245604	朝鮮朝日	西北版	1934-02-03	1	01단	豊作で困るは物が多過ぎてである久し振りに宇垣總督談
245605	朝鮮朝日	西北版	1934-02-03	1	01단	特殊地帶の權益を確保滿洲國の帝制實施と共に地方行政に大改革
245606	朝鮮朝日	西北版	1934-02-03	1	02단	總督府辭令
245607	朝鮮朝日	西北版	1934-02-03	1	02단	平南警察部異動
245608	朝鮮朝日	西北版	1934-02-03	1	03단	藤原知事談平南の新規事業各方面に均霑させるが何しろ財源難
245609	朝鮮朝日	西北版	1934-02-03	1	04단	人(樹本朝光氏(平南産業課長)/馬場政義氏(平南警務課長)/兪萬兼氏(新任平南道參與官))
245610	朝鮮朝日	西北版	1934-02-03	1	04단	學生の風紀取締に努む校外保導會
245611	朝鮮朝日	西北版	1934-02-03	1	04단	滿鮮商議所聯合會陽春四月平壤で開く
245612	朝鮮朝日	西北版	1934-02-03	1	05단	西川面に普通校新設
245613	朝鮮朝日	西北版	1934-02-03	1	05단	鄕約を足場に立直る咸北の農村三百年の傳統を持つ獨自の振興運動に生きる

일련번호	판명		간행일	면	단수	기사명
245614	朝鮮朝日	西北版	1934-02-03	1	06단	羅津港に稅關出張所新設開港指定は十一年度
245615	朝鮮朝日	西北版	1934-02-03	1	06단	引張凧の先生書堂改善策にめぐまれて各地師範ホクホク
245616	朝鮮朝日	西北版	1934-02-03	1	06단	三十餘の書堂を簡易初等學校に咸南學務課の計劃
245617	朝鮮朝日	西北版	1934-02-03	1	07단	伸びゆく西平壤着々市街化
245618	朝鮮朝日	西北版	1934-02-03	1	07단	碎氷船配置を强硬に陳情
245619	朝鮮朝日	西北版	1934-02-03	1	08단	平壤の火事六戸を燒く
245620	朝鮮朝日	西北版	1934-02-03	1	08단	咸南道下に傳染病猖獗昨年に比し二倍增
245621	朝鮮朝日	西北版	1934-02-03	1	08단	賭博御用
245622	朝鮮朝日	西北版	1934-02-03	1	09단	鄕軍海軍部發會式
245623	朝鮮朝日	西北版	1934-02-03	1	09단	捜査方針を一變し謎の解決へ依然・迷宮の大同江事件
245624	朝鮮朝日	西北版	1934-02-03	1	10단	城津の人口激增
245625	朝鮮朝日	西北版	1934-02-03	1	10단	病人の怪死
245626	朝鮮朝日	西北版	1934-02-03	1	10단	怪童生る
245627	朝鮮朝日	西北版	1934-02-03	1	10단	柳京日記
245628	朝鮮朝日	南鮮版	1934-02-03	1	01단	傍觀を許さぬ迄に最早・事態は窮迫す鮮米移入統制の實施有力で鮮米擁護期成會重要協議
245629	朝鮮朝日	南鮮版	1934-02-03	1	01단	豊作で困るは物が多過ぎてである久し振りに宇垣總督談
245630	朝鮮朝日	南鮮版	1934-02-03	1	01단	特殊地帶の權益を確保滿洲國の帝制實施と共に地方行政に大改革
245631	朝鮮朝日	南鮮版	1934-02-03	1	02단	總督府辭令
245632	朝鮮朝日	南鮮版	1934-02-03	1	02단	慶北警察部異動を發表
245633	朝鮮朝日	南鮮版	1934-02-03	1	03단	內地出稼の朝鮮人に救濟の手を伸ばす本府で近く對策を考究
245634	朝鮮朝日	南鮮版	1934-02-03	1	04단	慶北第二期地稅
245635	朝鮮朝日	南鮮版	1934-02-03	1	04단	朝商銀職制改正異動も行はる
245636	朝鮮朝日	南鮮版	1934-02-03	1	04단	滿鮮商議所聯合會陽春四月平壤で開く
245637	朝鮮朝日	南鮮版	1934-02-03	1	05단	國防義會を統制
245638	朝鮮朝日	南鮮版	1934-02-03	1	05단	晉州國防義會會員を募集
245639	朝鮮朝日	南鮮版	1934-02-03	1	05단	春窮期に喘ぐ細農者を救ふ社還米制度は好成績本年も行ふ京畿道
245640	朝鮮朝日	南鮮版	1934-02-03	1	05단	鳥の巣の中に五百七十圓貯金ダガ大變行方不明に
245641	朝鮮朝日	南鮮版	1934-02-03	1	06단	東海中部線扶助驛手前でガソリンカーの脫線轉覆した現場
245642	朝鮮朝日	南鮮版	1934-02-03	1	06단	羅津港に稅關出張所新設開港指定は十一年度
245643	朝鮮朝日	南鮮版	1934-02-03	1	06단	三越裏日出校間幹線道新設
245644	朝鮮朝日	南鮮版	1934-02-03	1	07단	モダンな廳舍に中央電話局新築
245645	朝鮮朝日	南鮮版	1934-02-03	1	07단	流感ますます猖獗一月中に罹患者二萬四千八白人京城

일련번호	판명		간행일	면	단수	기사명
						府當局善後策を講す
245646	朝鮮朝日	南鮮版	1934-02-03	1	07단	火藥竊盜團一味十六名逮捕爆藥は密漁船に密賣
245647	朝鮮朝日	南鮮版	1934-02-03	1	07단	大邱で火事頻々
245648	朝鮮朝日	南鮮版	1934-02-03	1	08단	色服獎勵から不正染料商横行一般にお注意下さい
245649	朝鮮朝日	南鮮版	1934-02-03	1	08단	最高記録を審査
245650	朝鮮朝日	南鮮版	1934-02-03	1	08단	元監査係の公金費消額七千百八十圓
245651	朝鮮朝日	南鮮版	1934-02-03	1	09단	謝近火御見舞大阪朝日新聞京城支局
245652	朝鮮朝日	南鮮版	1934-02-03	1	09단	密航朝鮮人悲惨な目に仲介人の爲め
245653	朝鮮朝日	南鮮版	1934-02-03	1	09단	一年目に眞犯人出現し校長の冤罪雪がる
245654	朝鮮朝日	南鮮版	1934-02-03	1	09단	マイト爆發し六名重輕傷
245655	朝鮮朝日	南鮮版	1934-02-03	1	10단	豪農の家に覆面の怪漢十二圓強奪逃走
245656	朝鮮朝日	南鮮版	1934-02-03	1	10단	怪童生る
245657	朝鮮朝日	西北版	1934-02-04	1	01단	鮮內の各地に感冒が稀有の流行死亡率も増加の傾向近く全鮮的豫防の大評定
245658	朝鮮朝日	西北版	1934-02-04	1	01단	鮮米對策には絶對反對を決議中央要路に打電陳情委員上京全半島に反對氣勢を昂む/應急對策を講じ内地同一の施設を行へ/差別的統制に斷じて應じない渡邊農林局長語る
245659	朝鮮朝日	西北版	1934-02-04	1	01단	鮮米移輸出
245660	朝鮮朝日	西北版	1934-02-04	1	04단	高射砲隊行軍演習
245661	朝鮮朝日	西北版	1934-02-04	1	04단	揭げる新題目負債整理と副業獎勵咸南九年度の農村振興策
245662	朝鮮朝日	西北版	1934-02-04	1	05단	專門校以上入學者に嚴重な思想調査目下當局で具體案考究
245663	朝鮮朝日	西北版	1934-02-04	1	05단	沙防令の施行細則ちかく實施
245664	朝鮮朝日	西北版	1934-02-04	1	05단	持餘される商品陣列所
245665	朝鮮朝日	西北版	1934-02-04	1	05단	御降誕を記念する平南道の新事業
245666	朝鮮朝日	西北版	1934-02-04	1	05단	改修區域の地價昂勝す
245667	朝鮮朝日	西北版	1934-02-04	1	06단	猛火を冒して三名を救出す勇敢な三巡査の行爲署長より知事に表彰を申請
245668	朝鮮朝日	西北版	1934-02-04	1	06단	豆滿江の鮭卵を失乙溫泉で人工孵化咸北の新水産事業
245669	朝鮮朝日	西北版	1934-02-04	1	07단	沙防工事地區決定
245670	朝鮮朝日	西北版	1934-02-04	1	07단	中滿橫斷線敷設を要望
245671	朝鮮朝日	西北版	1934-02-04	1	07단	龍巖浦魚市場また揉める設備賣渡し價格から
245672	朝鮮朝日	西北版	1934-02-04	1	07단	朝鮮製機械内地へ進出
245673	朝鮮朝日	西北版	1934-02-04	1	08단	漁業期間中短波長無電延平島に取付
245674	朝鮮朝日	西北版	1934-02-04	1	08단	咸南道のチフス撲滅策警戒部落設定
245675	朝鮮朝日	西北版	1934-02-04	1	08단	退職金要求輕鐵に職奪はれる船夫らが
245676	朝鮮朝日	西北版	1934-02-04	1	08단	ストーブの焚過ぎから五山高普の火因判明す

일련번호	판명		간행일	면	단수	기사명
245677	朝鮮朝日	西北版	1934-02-04	1	09단	行方不明の漁船暴風のため難破か乘組員九名の生事氣遺はる
245678	朝鮮朝日	西北版	1934-02-04	1	09단	死刑の求刑
245679	朝鮮朝日	西北版	1934-02-04	1	09단	國旗奪取事件の背後に赤い手羅南署で續々檢擧
245680	朝鮮朝日	西北版	1934-02-04	1	09단	闇に躍る少年犯罪
245681	朝鮮朝日	西北版	1934-02-04	1	10단	柳京日記
245682	朝鮮朝日	西北版	1934-02-04	1	10단	人(莊司巽少佐(三十九旅團副官))
245683	朝鮮朝日	南鮮版	1934-02-04	1	01단	鮮內の各地に感冒が稀有の流行死亡率も增加の傾向近く全鮮的豫防の大評定
245684	朝鮮朝日	南鮮版	1934-02-04	1	01단	鮮米對策には絕對反對を決議中央要路に打電陳情委員上京全半島に反對氣勢を昂む/應急對策を講じ內地同一の施設を行へ/差別的統制に斷じて應じない渡邊農林局長語る
245685	朝鮮朝日	南鮮版	1934-02-04	1	01단	鮮米移輸出
245686	朝鮮朝日	南鮮版	1934-02-04	1	04단	高射砲隊行軍演習
245687	朝鮮朝日	南鮮版	1934-02-04	1	04단	陸軍記念日に際し大々的に國防宣傳十萬の會員募集の京城義會
245688	朝鮮朝日	南鮮版	1934-02-04	1	04단	警察參考館解氷期を待って愈よ着工す
245689	朝鮮朝日	南鮮版	1934-02-04	1	04단	光榮に浴した保豐公立普通校長川岸淸吉氏
245690	朝鮮朝日	南鮮版	1934-02-04	1	05단	專門校以上入學者に嚴重な思想調査目下當局で具體案考究
245691	朝鮮朝日	南鮮版	1934-02-04	1	05단	沙防令の施行細則ちかく實施
245692	朝鮮朝日	南鮮版	1934-02-04	1	05단	大田の建國祭行事きまる
245693	朝鮮朝日	南鮮版	1934-02-04	1	06단	平易な問題で眞の兒童の力を試めす近づいた中等學校の入學試驗(試驗期日、課目、募集人員調べ)
245694	朝鮮朝日	南鮮版	1934-02-04	1	06단	全南署長の異動
245695	朝鮮朝日	南鮮版	1934-02-04	1	07단	思想取締に新規定設く本府で研究
245696	朝鮮朝日	南鮮版	1934-02-04	1	07단	馬鹿にならぬバカ貝を養殖漁村振興に仁川沖一帶へ
245697	朝鮮朝日	南鮮版	1934-02-04	1	07단	本府編纂の教科書使用
245698	朝鮮朝日	南鮮版	1934-02-04	1	07단	六無盡社とも減配を斷行
245699	朝鮮朝日	南鮮版	1934-02-04	1	08단	長崎觀光博に朝鮮館建設大いに宣傳
245700	朝鮮朝日	南鮮版	1934-02-04	1	08단	平北、京畿、黃海道に痘瘡患者蔓延慶南道では臨時種痘
245701	朝鮮朝日	南鮮版	1934-02-04	1	08단	低資回收好成績
245702	朝鮮朝日	南鮮版	1934-02-04	1	09단	叛きし妻にも斷ち切れぬ男心捜しあぐねて自殺
245703	朝鮮朝日	南鮮版	1934-02-04	1	09단	有畜農業の經營共進會農家經濟の更生に
245704	朝鮮朝日	南鮮版	1934-02-04	1	10단	井上の一件書類大邱法院へ
245705	朝鮮朝日	南鮮版	1934-02-04	1	10단	防火宣傳に火事が頻々
245706	朝鮮朝日	南鮮版	1934-02-04	1	10단	刑事の宅に怪漢

일련번호	판명		간행일	면	단수	기사명
245707	朝鮮朝日	南鮮版	1934-02-04	1	10단	人(高橋金明氏(新任釜山署長)/近藤大佐(步兵七九聯隊長)/松本大佐(步兵七八聯隊長))
245708	朝鮮朝日	西北版	1934-02-06	1	01단	熱誠溢る、半島民衆の國防獻金目だって多い少年小女の寄托
245709	朝鮮朝日	西北版	1934-02-06	1	01단	鮮米統制反對全鮮に火の手擧がる商議所も穀商聯合も起つ/台鮮協力して熾烈な運動を起す
245710	朝鮮朝日	西北版	1934-02-06	1	01단	紀元節に建國祭を盛大に
245711	朝鮮朝日	西北版	1934-02-06	1	01단	平壤に海軍部會發會式行はる
245712	朝鮮朝日	西北版	1934-02-06	1	02단	春溫むとともに斷然『躍る北鮮』漁港改築に都市計劃等々に活氣づく土木業界
245713	朝鮮朝日	西北版	1934-02-06	1	03단	西鮮三道土木工事二百廿萬圓で明年度に行ふ
245714	朝鮮朝日	西北版	1934-02-06	1	04단	人(國行健輔氏(清津木材商組合長)/飯田大尉(三長守備隊長)/永島平壤地方法院檢事正)
245715	朝鮮朝日	西北版	1934-02-06	1	04단	平南工業試驗所國營移管は尙早柳本産業課長歸來談
245716	朝鮮朝日	西北版	1934-02-06	1	05단	自力更生基礎的工作へ三十五項の目標をしめして全面的躍進の平南道
245717	朝鮮朝日	西北版	1934-02-06	1	06단	豪華の展望車特急列車に連結愈よ十二三日頃から
245718	朝鮮朝日	西北版	1934-02-06	1	06단	大同江約十里は素晴しい金床だ一噸當り廿三圓の金が探れる
245719	朝鮮朝日	西北版	1934-02-06	1	06단	徹底的に自力更生平壤府の計劃
245720	朝鮮朝日	西北版	1934-02-06	1	07단	無煙炭內地移出割當本年は五十萬噸に無煙炭經濟總會で協定さる
245721	朝鮮朝日	西北版	1934-02-06	1	08단	中堅青年講習會
245722	朝鮮朝日	西北版	1934-02-06	1	08단	化倉檜倉間に産金道敷設
245723	朝鮮朝日	西北版	1934-02-06	1	08단	十三町里に下水道新設
245724	朝鮮朝日	西北版	1934-02-06	1	08단	膨れる咸興市街人口增加す
245725	朝鮮朝日	西北版	1934-02-06	1	09단	貧しい人々へ同情金給與/新義州でも/慈善音樂會
245726	朝鮮朝日	西北版	1934-02-06	1	09단	平壤機の耐空飛行八九の兩日
245727	朝鮮朝日	西北版	1934-02-06	1	10단	平壤商議役員會
245728	朝鮮朝日	西北版	1934-02-06	1	10단	一審通り死刑判決殺人犯人に
245729	朝鮮朝日	西北版	1934-02-06	1	10단	感心な警官
245730	朝鮮朝日	西北版	1934-02-06	1	10단	金塊五貫勻密輸山林課臨時雇員が
245731	朝鮮朝日	西北版	1934-02-06	1	10단	選擧違反
245732	朝鮮朝日	南鮮版	1934-02-06	1	01단	熱誠溢る、半島民衆の國防獻金目だって多い少年小女の寄托
245733	朝鮮朝日	南鮮版	1934-02-06	1	01단	鮮米統制反對全鮮に火の手擧がる商議所も穀商聯合も起つ/台鮮協力して熾烈な運動を起す/鮮米統制絶對反對釜山商議所/忠南道でも/激勵されて上京委員出發す
245734	朝鮮朝日	南鮮版	1934-02-06	1	02단	朝鮮神宮大前で紀元節の奉祝式特に盛大に行はる

일련번호	판명		간행일	면	단수	기사명
245735	朝鮮朝日	南鮮版	1934-02-06	1	04단	人(ヘナリー・ダブリュー・マック氏(世界救世軍募集長イギリス國救世軍司令官))
245736	朝鮮朝日	南鮮版	1934-02-06	1	04단	華寧殿修築
245737	朝鮮朝日	南鮮版	1934-02-06	1	04단	無煙炭內地移出割當本年は五十萬噸に無煙炭經濟總會で協定さる
245738	朝鮮朝日	南鮮版	1934-02-06	1	04단	普通學校長の暖かい心に甦る遊蕩兒の迷夢
245739	朝鮮朝日	南鮮版	1934-02-06	1	05단	心強いこの勇姿
245740	朝鮮朝日	南鮮版	1934-02-06	1	05단	大同江約十里は素晴しい金床だ一噸當り廿三圓の金が探れる
245741	朝鮮朝日	南鮮版	1934-02-06	1	05단	豪華の展望車特急列車に連結愈よ十二三日頃から
245742	朝鮮朝日	南鮮版	1934-02-06	1	07단	三機不時着
245743	朝鮮朝日	南鮮版	1934-02-06	1	07단	洛東海苔未曾有の大不作去年の景氣は一朝の夢窮迫する業者二千
245744	朝鮮朝日	南鮮版	1934-02-06	1	07단	楡川に架橋運動密陽と淸道側が
245745	朝鮮朝日	南鮮版	1934-02-06	1	08단	釜山府議補缺選全くの氣乘り薄立候補者僅かに一名
245746	朝鮮朝日	南鮮版	1934-02-06	1	08단	入學難緩和のため簡易初等校開設忠南道の二十四校に
245747	朝鮮朝日	南鮮版	1934-02-06	1	08단	滿洲の童謠
245748	朝鮮朝日	南鮮版	1934-02-06	1	09단	舊正月を控へて出稼者が續々と歸鮮
245749	朝鮮朝日	南鮮版	1934-02-06	1	10단	生活難からの殺害と判明
245750	朝鮮朝日	南鮮版	1934-02-06	1	10단	新賣り男は殺されたか西大門署活動
245751	朝鮮朝日	南鮮版	1934-02-06	1	10단	大邱通信所移轉
245752	朝鮮朝日	西北版	1934-02-07	1	01단	朝鮮國防義會聯合會を設置する！全鮮二百の義會を一丸として花の咲く頃發會式を盛大に
245753	朝鮮朝日	西北版	1934-02-07	1	01단	鮮米差別制度に斷然反對する京城に各地商議所代表參集し猛運動を種々協議/鮮米統制に反對の全鮮大會上京委員の報告を待って近く京城で開催する
245754	朝鮮朝日	西北版	1934-02-07	1	01단	平南道の高利債整理
245755	朝鮮朝日	西北版	1934-02-07	1	02단	模範林增設
245756	朝鮮朝日	西北版	1934-02-07	1	02단	船溜り自體は必要な施設待山所長談
245757	朝鮮朝日	西北版	1934-02-07	1	02단	感冒猛烈死亡者がすでに七百名氣をつけて下さい
245758	朝鮮朝日	西北版	1934-02-07	1	03단	輝く銀翼
245759	朝鮮朝日	西北版	1934-02-07	1	04단	署長異動
245760	朝鮮朝日	西北版	1934-02-07	1	04단	皇太子殿下御降誕奉祝日に花電車を運轉イルミネーションも施す平壤府電の計劃
245761	朝鮮朝日	西北版	1934-02-07	1	04단	火災豫防策
245762	朝鮮朝日	西北版	1934-02-07	1	05단	苦松校の記念事業
245763	朝鮮朝日	西北版	1934-02-07	1	05단	穀産供電の契約改訂か
245764	朝鮮朝日	西北版	1934-02-07	1	05단	咸北の産馬熱千里の駿馬、野に滿てよ！と品種の改良に力瘤

일련번호	판명		간행일	면	단수	기사명
245765	朝鮮朝日	西北版	1934-02-07	1	05단	櫻の名所に船橋里側江岸一帶を
245766	朝鮮朝日	西北版	1934-02-07	1	06단	六億噸に上る世界的の茂山鐵鑛三菱で萬全の稼行準備に着手
245767	朝鮮朝日	西北版	1934-02-07	1	06단	合同に贊成す朝無煙炭總會
245768	朝鮮朝日	西北版	1934-02-07	1	06단	歡呼の嵐裡に勇躍朔北へ派遣部隊の淸津入日滿航路初の壯擧
245769	朝鮮朝日	西北版	1934-02-07	1	07단	理髮講習會
245770	朝鮮朝日	西北版	1934-02-07	1	07단	酒が生んだ悲劇二重奏酒に溺れる長男に老父・淚の一擊！この衝擊に次男は悲觀・劇藥自殺
245771	朝鮮朝日	西北版	1934-02-07	1	07단	今秋までに移轉を完了平南の原蠶種製造所
245772	朝鮮朝日	西北版	1934-02-07	1	08단	平壤九年度市街地計劃
245773	朝鮮朝日	西北版	1934-02-07	1	08단	半島選擧史上に新判例つくるか面長五名の違反事件公判
245774	朝鮮朝日	西北版	1934-02-07	1	09단	屋根の下の怪奇如何はしい構造の料亭を平壤署斷平取締る
245775	朝鮮朝日	西北版	1934-02-07	1	09단	牛檢疫所に藥草園設置
245776	朝鮮朝日	西北版	1934-02-07	1	10단	嫉妬の兇刃女房に重傷
245777	朝鮮朝日	西北版	1934-02-07	1	10단	女給に失戀自殺を計る
245778	朝鮮朝日	西北版	1934-02-07	1	10단	柳京日記
245779	朝鮮朝日	南鮮版	1934-02-07	1	01단	朝鮮國防義會聯合會を設置する！全鮮二百の義會を一丸として花の咲く頃發會式を盛大に
245780	朝鮮朝日	南鮮版	1934-02-07	1	01단	鮮米差別制度に斷然反對する京城に各地商議所代表參集し猛運動を種々協議/鮮米統制に反對の全鮮大會上京委員の報告を待って近く京城で開催する/大邱で道民大會一千名參集
245781	朝鮮朝日	南鮮版	1934-02-07	1	02단	海底線全部復舊
245782	朝鮮朝日	南鮮版	1934-02-07	1	02단	學校を中心に眼らかな模範部落が續出喜ばしい忠南の職業教育狀況
245783	朝鮮朝日	南鮮版	1934-02-07	1	03단	卓球大會
245784	朝鮮朝日	南鮮版	1934-02-07	1	03단	統營支廳復活に三萬圓要す
245785	朝鮮朝日	南鮮版	1934-02-07	1	03단	改修河川の監理が大切防水組合設置
245786	朝鮮朝日	南鮮版	1934-02-07	1	04단	人(谷口慶弘氏(前釜山署長)/市村海軍中將(鎭海要港部司令官)/草間秀雄氏(元總督府財務局長現長崎市長))
245787	朝鮮朝日	南鮮版	1934-02-07	1	04단	合同に贊成す朝無煙炭總會
245788	朝鮮朝日	南鮮版	1934-02-07	1	04단	六六號機解體輸送
245789	朝鮮朝日	南鮮版	1934-02-07	1	05단	龍山騎兵耐寒行軍壯烈に行はる
245790	朝鮮朝日	南鮮版	1934-02-07	1	05단	六億噸に上る世界的の茂山鐵鑛三菱で萬全の稼行準備に着手
245791	朝鮮朝日	南鮮版	1934-02-07	1	05단	半島選擧史上に新判例つくるか面長五名の違反事件公

일련번호	판명		간행일	면	단수	기사명
						判
245792	朝鮮朝日	南鮮版	1934-02-07	1	06단	綿作傳習所生徒を募集
245793	朝鮮朝日	南鮮版	1934-02-07	1	07단	すばらしく盛んな藥令市十二月來開市の全州大邱
245794	朝鮮朝日	南鮮版	1934-02-07	1	08단	小作人廿五名の數年來の借金を棒引にその上旱害見舞として籾百石供與
245795	朝鮮朝日	南鮮版	1934-02-07	1	08단	主人を藥で眠らせ金庫から五百圓を竊取二少年が東萊で豪遊
245796	朝鮮朝日	南鮮版	1934-02-07	1	08단	京城組合銀行一月末帳尻
245797	朝鮮朝日	南鮮版	1934-02-07	1	08단	獎忠谿流での洗濯を禁止する
245798	朝鮮朝日	南鮮版	1934-02-07	1	09단	氣の毒な人に無診と施藥
245799	朝鮮朝日	南鮮版	1934-02-07	1	09단	嫉妬の兇刃女房に重傷
245800	朝鮮朝日	南鮮版	1934-02-07	1	10단	不親切な檢疫醫非難の聲起る
245801	朝鮮朝日	南鮮版	1934-02-07	1	10단	牧ノ島五戸全燒
245802	朝鮮朝日	南鮮版	1934-02-07	1	10단	女給に失戀自殺を計る
245803	朝鮮朝日	西北版	1934-02-08	1	01단	*萬歲聲裡に雪深き滿洲へ壯途に上った我が杉原本部隊/各地官民の熱誠を謝す目的地進發を前に感激の谷將軍語る*
245804	朝鮮朝日	西北版	1934-02-08	1	01단	八年の鮮米實收千八百十九萬二千七百二十石前年に比して一割一分三釐增
245805	朝鮮朝日	西北版	1934-02-08	1	01단	長津江水電關係の鐵道工事進捗す
245806	朝鮮朝日	西北版	1934-02-08	1	01단	鮮米統制の阻止運動に農友會起つ
245807	朝鮮朝日	西北版	1934-02-08	1	02단	蕾の春を求めて(A)/硝子戸の中に咲き誇る百花匂ひ出ては都大路の景物詩
245808	朝鮮朝日	西北版	1934-02-08	1	03단	*鮮米擁護大會/鎭南浦でも*
245809	朝鮮朝日	西北版	1934-02-08	1	04단	血染めの日章旗渡滿兵を激勵
245810	朝鮮朝日	西北版	1934-02-08	1	04단	平北の簡易學校三十八校設立
245811	朝鮮朝日	西北版	1934-02-08	1	05단	健康優良兒選獎咸南衛生會の新事業
245812	朝鮮朝日	西北版	1934-02-08	1	05단	高射機關銃獻納式紀元節當日
245813	朝鮮朝日	西北版	1934-02-08	1	05단	城電鮮電合倂問題
245814	朝鮮朝日	西北版	1934-02-08	1	05단	玉蜀黍に蘇る窮乏農村の春高率關稅に惱む日本穀産が鮮産品買上に轉換
245815	朝鮮朝日	西北版	1934-02-08	1	06단	防空演習打合會
245816	朝鮮朝日	西北版	1934-02-08	1	06단	稅務署誘致の猛運動各地に起る
245817	朝鮮朝日	西北版	1934-02-08	1	06단	全鮮に魁くる婚式服の獎勵平南の新試み古典儀式の復活による民風改善と節約徹底策
245818	朝鮮朝日	西北版	1934-02-08	1	07단	平壤醫專の設備を充實
245819	朝鮮朝日	西北版	1934-02-08	1	08단	內鮮融和美談平壤聯隊の耐寒演習に朝鮮同胞の溫い心盡し
245820	朝鮮朝日	西北版	1934-02-08	1	08단	簡保會議

일련번호	판명		간행일	면	단수	기사명
245821	朝鮮朝日	西北版	1934-02-08	1	08단	一切を自白賭博に負けて四人を殺す大同江の慘殺事件
245822	朝鮮朝日	西北版	1934-02-08	1	09단	可憐な同情
245823	朝鮮朝日	西北版	1934-02-08	1	09단	平北で檢擧の金密輸數量
245824	朝鮮朝日	西北版	1934-02-08	1	09단	恩給受給者よ御注意
245825	朝鮮朝日	西北版	1934-02-08	1	09단	厭世の老婆家もろとも燒死我家に火を放って
245826	朝鮮朝日	西北版	1934-02-08	1	10단	發動機船沈沒乘組員は無事
245827	朝鮮朝日	西北版	1934-02-08	1	10단	竊盜捕る
245828	朝鮮朝日	西北版	1934-02-08	1	10단	人(福島莊平氏(平壤商工會議所會頭)/山形信廣中佐(平壤憲兵隊長))
245829	朝鮮朝日	西北版	1934-02-08	1	10단	柳京日記
245830	朝鮮朝日	南鮮版	1934-02-08	1	01단	二千餘名參集し鮮米擁護を絶叫氣勢を擧げた慶北農民大會(差別案の撤回運動に五代表が上京)/鮮米差別案に絶對反對を決議中央に打電委員十二名上京朝穀商聯合會緊急幹事會/八年の鮮米實收千八百十九萬二千七百二十石前年に比して一割一分三釐增
245831	朝鮮朝日	南鮮版	1934-02-08	1	01단	皇太子殿下御誕生奉祝式本府で種々計劃さる
245832	朝鮮朝日	南鮮版	1934-02-08	1	01단	優良吏員や篤農家表彰紀元節忠北で
245833	朝鮮朝日	南鮮版	1934-02-08	1	02단	淸州邑と建國祭
245834	朝鮮朝日	南鮮版	1934-02-08	1	03단	京城府一般豫算
245835	朝鮮朝日	南鮮版	1934-02-08	1	03단	大田邑人口
245836	朝鮮朝日	南鮮版	1934-02-08	1	04단	殉職
245837	朝鮮朝日	南鮮版	1934-02-08	1	04단	群山局移轉改築
245838	朝鮮朝日	南鮮版	1934-02-08	1	04단	化學兵器實施指導
245839	朝鮮朝日	南鮮版	1934-02-08	1	04단	漁村中堅の人物を養成講習會を開く
245840	朝鮮朝日	南鮮版	1934-02-08	1	04단	せつめい(春川へ騎兵聯隊が來るので殖銀前に市民の熱誠振りを表徹した大歡迎門を建てた)
245841	朝鮮朝日	南鮮版	1934-02-08	1	04단	國境警官ヘカランコロンの寂びの音で慰問『木鐸』二百五十攜へて上内禪道人唯一のお土産/感激の手紙や慰問金續々池田局長の放送から一般に感激して
245842	朝鮮朝日	南鮮版	1934-02-08	1	05단	歡送迎者の統制方法を決定京都驛の珍事に鑑みて釜鐵管內各驛に通牒
245843	朝鮮朝日	南鮮版	1934-02-08	1	06단	産婆看護婦募集
245844	朝鮮朝日	南鮮版	1934-02-08	1	06단	夫が十六名を引きつれて妻の兩親を散々に毆打す逃げ歸った妻を奪はんとして遂に部落民と大亂鬪の騷ぎ
245845	朝鮮朝日	南鮮版	1934-02-08	1	07단	手形交換高
245846	朝鮮朝日	南鮮版	1934-02-08	1	07단	大邱でも流感猖獗一萬二千名
245847	朝鮮朝日	南鮮版	1934-02-08	1	08단	東後面に天然痘四名も發生
245848	朝鮮朝日	南鮮版	1934-02-08	1	08단	非道な虐待で姑が苦妻を殺害病死を裝って埋葬す
245849	朝鮮朝日	南鮮版	1934-02-08	1	08단	貨車三輛脱線轉覆京元線で

일련번호	판명		간행일	면	단수	기사명
245850	朝鮮朝日	南鮮版	1934-02-08	1	09단	消防殉職者招魂祭消防協會初めの試み
245851	朝鮮朝日	南鮮版	1934-02-08	1	09단	食堂會議
245852	朝鮮朝日	南鮮版	1934-02-08	1	10단	宿泊客が自殺を企つ
245853	朝鮮朝日	南鮮版	1934-02-08	1	10단	人(上內彦策氏(總督府警務課長))
245854	朝鮮朝日	南鮮版	1934-02-08	1	10단	草染病院
245855	朝鮮朝日	南鮮版	1934-02-08	1	10단	五十九件の竊盜を働くモヒ患者が
245856	朝鮮朝日	西北版	1934-02-09	1	01단	國境警官へカランコロンの寂びの音で慰問『木鐸』二百五十携へて上內禪道人唯一のお土産/感激の手紙や慰問金續々
245857	朝鮮朝日	西北版	1934-02-09	1	01단	鮮米擁護全鮮大會十日京城に半島代表參集
245858	朝鮮朝日	西北版	1934-02-09	1	01단	期成會代表拓務省に陳情/鮮米問題で政務總監答辯
245859	朝鮮朝日	西北版	1934-02-09	1	01단	五百の警官子弟が獎學補助金の恩典に愈よこの新學期から實施され山間地警官の悩み解消さる
245860	朝鮮朝日	西北版	1934-02-09	1	01단	簡易初等校各郡の割當
245861	朝鮮朝日	西北版	1934-02-09	1	02단	蕾の春を求めて(B)/制服を擲って巢立ゆく乙女胸裡に描く希望の丘は
245862	朝鮮朝日	西北版	1934-02-09	1	04단	御降誕記念平壤校施設
245863	朝鮮朝日	西北版	1934-02-09	1	04단	道內特産の生産販賣を統制主として栗、林檎、織物平南で新年度より
245864	朝鮮朝日	西北版	1934-02-09	1	05단	紙撚工藝品歐米へ進出傳統を語る西鮮の鄉土藝術
245865	朝鮮朝日	西北版	1934-02-09	1	06단	小作人廿五名の數年來の借金を棒引にその上旱害見舞として籾百石供與
245866	朝鮮朝日	西北版	1934-02-09	1	06단	簡易驛開業
245867	朝鮮朝日	西北版	1934-02-09	1	07단	拔荷發覺
245868	朝鮮朝日	西北版	1934-02-09	1	07단	消防殉職者招魂祭消防協會初めの試み
245869	朝鮮朝日	西北版	1934-02-09	1	08단	強盜の氣焰端金はいらぬと叩きつく
245870	朝鮮朝日	西北版	1934-02-09	1	08단	各道農務課長會議籾倉庫建築材の購入協議
245871	朝鮮朝日	西北版	1934-02-09	1	08단	四月一日から府營バス實現
245872	朝鮮朝日	西北版	1934-02-09	1	09단	不良少年團
245873	朝鮮朝日	西北版	1934-02-09	1	09단	首魁鄭ほか百名の判決言渡し赤色農民組合事件
245874	朝鮮朝日	西北版	1934-02-09	1	09단	偽造證書で騙り步く男
245875	朝鮮朝日	西北版	1934-02-09	1	10단	沙金と欺す
245876	朝鮮朝日	西北版	1934-02-09	1	10단	人(管原幸氏(平壤署警務主任))
245877	朝鮮朝日	西北版	1934-02-09	1	10단	柳京日記
245878	朝鮮朝日	南鮮版	1934-02-09	1	01단	體育に重點を置き在學中の成績を考慮受驗勉強の弊害一掃のため中等校入學考查方針なる
245879	朝鮮朝日	南鮮版	1934-02-09	1	01단	十日から三日間建國祭を壽ぐ奉祝式、演藝大會、花火三百發等釜山の奉祝行事なる
245880	朝鮮朝日	南鮮版	1934-02-09	1	02단	忠南警察部異動

일련번호	판명		간행일	면	단수	기사명
245881	朝鮮朝日	南鮮版	1934-02-09	1	03단	仁川府の明年度豫算
245882	朝鮮朝日	南鮮版	1934-02-09	1	03단	鮮米擁護全鮮大會十日京城に半島代表參集/內地側の認識不足が鮮米に禍してる騷ぐは一部の政治家や農會來城して山崎延吉翁語る/期成會代表拓務省に陳情/鮮米問題で政務總監答辯/米倉會社の入庫高調べ
245883	朝鮮朝日	南鮮版	1934-02-09	1	04단	人(山根德氏(朝鮮金融組合聯合會理事)/宮島大佐(新任嚴島電信第二聯隊長)/加藤大佐(新任工共第二十六聯隊長))
245884	朝鮮朝日	南鮮版	1934-02-09	1	04단	忠北道會
245885	朝鮮朝日	南鮮版	1934-02-09	1	04단	釜山補議選候補は唯一人
245886	朝鮮朝日	南鮮版	1934-02-09	1	04단	冠婚葬祭の惡風を改善
245887	朝鮮朝日	南鮮版	1934-02-09	1	05단	十七國防義會聯合會組織慶南道でも計劃
245888	朝鮮朝日	南鮮版	1934-02-09	1	05단	これは京城丁子屋で製作した滿洲國の陸軍軍樂隊の制服
245889	朝鮮朝日	南鮮版	1934-02-09	1	05단	五百の警官子弟が獎學補助金の恩典に愈よこの新學期から實施され山間地警官の悩み解消さる
245890	朝鮮朝日	南鮮版	1934-02-09	1	06단	驚異的の大增收鐵道局の收入
245891	朝鮮朝日	南鮮版	1934-02-09	1	06단	各道農務課長會議籾倉庫建築材の購入協議
245892	朝鮮朝日	南鮮版	1934-02-09	1	06단	スラム兒童の教化に後援在京の綠故達が
245893	朝鮮朝日	南鮮版	1934-02-09	1	07단	教育の監督刷新に視學廿二名增加京畿道の各府郡に一名宛半島最初の新施設
245894	朝鮮朝日	南鮮版	1934-02-09	1	08단	新任釜山警長高橋氏着任す
245895	朝鮮朝日	南鮮版	1934-02-09	1	08단	仁川沖海戰の記念祭擧行
245896	朝鮮朝日	南鮮版	1934-02-09	1	08단	鬱陵島の雪害調査
245897	朝鮮朝日	南鮮版	1934-02-09	1	08단	公金橫領
245898	朝鮮朝日	南鮮版	1934-02-09	1	09단	狂人の殺人
245899	朝鮮朝日	南鮮版	1934-02-09	1	09단	オーバ專門の怪賊未だに捕らぬ
245900	朝鮮朝日	南鮮版	1934-02-09	1	09단	未だに行方不明慘殺されたか薪賣りの男
245901	朝鮮朝日	南鮮版	1934-02-09	1	10단	恩赦令による出所者保護各署で準備
245902	朝鮮朝日	南鮮版	1934-02-09	1	10단	偽造證書で騙り歩く男
245903	朝鮮朝日	南鮮版	1934-02-09	1	10단	强盗の氣焰端金はいらぬと叩きつく
245904	朝鮮朝日	西北版	1934-02-10	1	01단	體育に重點を置き在學中の成績を考慮受驗勉强の弊害一掃のため中等校入學考查方針なる
245905	朝鮮朝日	西北版	1934-02-10	1	01단	鮮米問題は形勢頗る惡化上京委員から情報來る
245906	朝鮮朝日	西北版	1934-02-10	1	01단	總監が議會で聲明『滿洲粟關稅引上げ』鮮內の細農階級者には大打擊早くも反對機運起る
245907	朝鮮朝日	西北版	1934-02-10	1	01단	步武堂々清津上陸
245908	朝鮮朝日	西北版	1934-02-10	1	04단	人(上內彥策氏(總督府警務課長))
245909	朝鮮朝日	西北版	1934-02-10	1	04단	不振の農補校を根本的に改組その名も中堅農民校と改

일련번호	판명		간행일	면	단수	기사명
						稱平南の新農民養成策
245910	朝鮮朝日	西北版	1934-02-10	1	05단	蕾の春を求めて(C)/額に汗して大地愛に生く實を結ぶ平農生の蔬菜栽培
245911	朝鮮朝日	西北版	1934-02-10	1	06단	螢雪の功成り見事專檢パス好學、力行の一給仕をめぐる內鮮師弟愛祕話
245912	朝鮮朝日	西北版	1934-02-10	1	07단	咸興府の新年度豫算
245913	朝鮮朝日	西北版	1934-02-10	1	08단	小學生の旗行列や假裝提燈行列御降誕奉祝祭平壤の催し
245914	朝鮮朝日	西北版	1934-02-10	1	09단	兇賊の片割三名十餘年目に逮捕さる
245915	朝鮮朝日	西北版	1934-02-10	1	10단	柳京日記
245916	朝鮮朝日	南鮮版	1934-02-10	1	01단	皇太子殿下半島を擧げて御降誕を奉祝する三日間賑ひ拔く各地の準備
245917	朝鮮朝日	南鮮版	1934-02-10	1	01단	鮮米問題は形勢頗る惡化上京委員から情報來る
245918	朝鮮朝日	南鮮版	1934-02-10	1	01단	總監が議會で聲明『滿洲粟關稅引上げ』鮮內の細農階級者には大打擊早くも反對機運起る/差別案反對要路に打電慶南穀協委員會から/鮮米擁護の全南大會
245919	朝鮮朝日	南鮮版	1934-02-10	1	04단	修身敎科書授與
245920	朝鮮朝日	南鮮版	1934-02-10	1	04단	華麗な新展望車
245921	朝鮮朝日	南鮮版	1934-02-10	1	05단	仁川で府民大會
245922	朝鮮朝日	南鮮版	1934-02-10	1	05단	紀元節に納稅表彰式/紀元節に表彰す/奉祝講演會
245923	朝鮮朝日	南鮮版	1934-02-10	1	05단	內地の人々に「朝鮮」を認識させることごとに不利な立場に置かれるので近く啓蒙運動を起す
245924	朝鮮朝日	南鮮版	1934-02-10	1	06단	南山一帶や淸凉里を住宅地帶となし永登浦を工業地帶に京城府の都市計劃
245925	朝鮮朝日	南鮮版	1934-02-10	1	06단	巢立つ兒童は何處へ行く
245926	朝鮮朝日	南鮮版	1934-02-10	1	06단	慶南の極貧者六萬人行け北鮮地方へ仕事は山程勞働者を歡迎
245927	朝鮮朝日	南鮮版	1934-02-10	1	07단	光州邑人口
245928	朝鮮朝日	南鮮版	1934-02-10	1	07단	農村の副業に藥草栽培を獎勵藥草は實費で一般農家に提供
245929	朝鮮朝日	南鮮版	1934-02-10	1	08단	內鮮滿交通聯絡關係者が改善策協議
245930	朝鮮朝日	南鮮版	1934-02-10	1	08단	恩赦令に浴する者一萬一千名超ゆ極祕裡に萬全の準備
245931	朝鮮朝日	南鮮版	1934-02-10	1	09단	三人組强盜
245932	朝鮮朝日	南鮮版	1934-02-10	1	09단	天主敎會長を斧でたたき殺す突然發狂した三十男
245933	朝鮮朝日	南鮮版	1934-02-10	1	10단	京城仁川間驛傳競走
245934	朝鮮朝日	南鮮版	1934-02-10	1	10단	公益質屋利用成績
245935	朝鮮朝日	南鮮版	1934-02-10	1	10단	籠詰め死體迷宮入りか
245936	朝鮮朝日	南鮮版	1934-02-10	1	10단	井上隆雄大邱へ
245937	朝鮮朝日	南鮮版	1934-02-10	1	10단	鐵道の電線盜難

일련번호	판명		간행일	면	단수	기사명
245938	朝鮮朝日	西北版	1934-02-11	1	01단	梅薫る紀元節・建國祭 社會事業御奬勵の爲め六十九團體に御下賜金を傳達『聖慮深遠洵に恐懼感激に堪へませぬ』謹んで宇垣總督語る/地方行政や教育功績者を選奬この佳き日に總督府から
245939	朝鮮朝日	西北版	1934-02-11	1	04단	平南道會
245940	朝鮮朝日	西北版	1934-02-11	1	05단	二千萬民衆を死地に墜すものだ鮮米差別に絶對反對全鮮大會決議/差別扱ひに憤慨重大決意の總督ちかく急遽東上し政治的折衝/危機に直面總督よりの急電に本府首腦部對策會議/平北に滿つ反對の叫び/咸興からも委員を派す
245941	朝鮮朝日	西北版	1934-02-11	1	06단	平南で表彰する優良團體竝に篤行者
245942	朝鮮朝日	西北版	1934-02-11	1	06단	南浦港設備充實に國庫支出の福音十月までには實現
245943	朝鮮朝日	西北版	1934-02-11	1	08단	外地米の大綱決定閣僚會議で
245944	朝鮮朝日	西北版	1934-02-11	1	09단	恩赦に浴する平壤刑務所服役者
245945	朝鮮朝日	西北版	1934-02-11	1	09단	平壤府豫算
245946	朝鮮朝日	西北版	1934-02-11	1	09단	地主を殺す小作料の縺れ
245947	朝鮮朝日	西北版	1934-02-11	1	10단	海苔の移植平北でも可能
245948	朝鮮朝日	西北版	1934-02-11	1	10단	腸チフス豫防注射
245949	朝鮮朝日	西北版	1934-02-11	1	10단	柳京日記
245950	朝鮮朝日	南鮮版	1934-02-11	1	01단	梅薫る紀元節・建國祭 社會事業御奬勵の爲め六十九團體に御下賜金を傳達『聖慮深遠洵に恐懼感激に堪へませぬ』謹んで宇垣總督語る/地方行政や教育功績者を選奬この佳き日に總督府から/朝鮮神宮で奉祝祭儀行はる/公共功績者や篤行者表彰/税務功績者/新日本の興隆を祈願/奉祝催して釜山大賑ひ/勤續者表彰教員や傭人
245951	朝鮮朝日	南鮮版	1934-02-11	1	04단	警部務部補の口述試驗
245952	朝鮮朝日	南鮮版	1934-02-11	1	04단	二千萬民衆を死地に墜すものだ鮮米差別に絶對反對全鮮大會決議/差別扱ひに憤慨重大決意の總督ちかく急遽東上し政治的折衝/危機に直面總督よりの急電に本府首腦部對策會議
245953	朝鮮朝日	南鮮版	1934-02-11	1	06단	素晴しい一日平均五百圓山間部からも獻金續々/慶南の道民代表
245954	朝鮮朝日	南鮮版	1934-02-11	1	06단	大田邑に公會堂愈よ建設する
245955	朝鮮朝日	南鮮版	1934-02-11	1	06단	全鮮菓子品評會食糧品展覽會も開く
245956	朝鮮朝日	南鮮版	1934-02-11	1	06단	師團設置期成會
245957	朝鮮朝日	南鮮版	1934-02-11	1	07단	七千五百圓橫領
245958	朝鮮朝日	南鮮版	1934-02-11	1	07단	外地米の大綱決定閣僚會議で
245959	朝鮮朝日	南鮮版	1934-02-11	1	08단	慶北道農會總會
245960	朝鮮朝日	南鮮版	1934-02-11	1	08단	映畫と演劇(選拔音樂會/千葉萬樂一座)
245961	朝鮮朝日	南鮮版	1934-02-11	1	08단	大邱刑務所に收容されたマリヤ殺しの井上監督

일련번호	판명		간행일	면	단수	기사명
245962	朝鮮朝日	南鮮版	1934-02-11	1	08단	漁船轉覆し三名溺死
245963	朝鮮朝日	南鮮版	1934-02-11	1	09단	*都泉面に覆面強盜七十七圓強奪/釜山にも*
245964	朝鮮朝日	南鮮版	1934-02-11	1	09단	感冒豫防にはこれだけの心掛けを
245965	朝鮮朝日	南鮮版	1934-02-11	1	10단	十八圓強奪さる
245966	朝鮮朝日	南鮮版	1934-02-11	1	10단	映畵を見て自殺を企つ
245967	朝鮮朝日	南鮮版	1934-02-11	1	10단	地主を殺す小作料の縺れ
245968	朝鮮朝日	南鮮版	1934-02-11	1	10단	僞形事横行
245969	朝鮮朝日	南鮮版	1934-02-11	1	10단	人(高橋金明氏(新任釜山署長))
245970	朝鮮朝日	西北版	1934-02-13	1	01단	鮮米差別反對に五萬通の電報が飛ぶ全鮮から首相や要路の人々に非常時風景を現出
245971	朝鮮朝日	西北版	1934-02-13	1	01단	*鮮內の東上委員運動方法を協議す/總督府に米穀課新設 過剩米の買上を始め米穀事務を處理する*
245972	朝鮮朝日	西北版	1934-02-13	1	01단	西北鮮六道に羊十萬頭增殖まづ咸北に國立種羊場を新設明年度から愈よ實施
245973	朝鮮朝日	西北版	1934-02-13	1	02단	小作令は本極りにちかく公布
245974	朝鮮朝日	西北版	1934-02-13	1	03단	道又は公共團體で沙防事業を保管農村にとっては好都合事業令規則を公布
245975	朝鮮朝日	西北版	1934-02-13	1	04단	北鮮スケート大會
245976	朝鮮朝日	西北版	1934-02-13	1	04단	慶福會から助成金交付
245977	朝鮮朝日	西北版	1934-02-13	1	04단	八十五萬圓の開畓も稻作は全然無收穫窮迫の一千六十戶救濟陳情の豆滿江水利組合
245978	朝鮮朝日	西北版	1934-02-13	1	04단	光栄に輝く
245979	朝鮮朝日	西北版	1934-02-13	1	05단	恩典に浴した人々
245980	朝鮮朝日	西北版	1934-02-13	1	05단	郵便所新設
245981	朝鮮朝日	西北版	1934-02-13	1	06단	百三十萬圓を一躍增加す平北道明年度豫算
245982	朝鮮朝日	西北版	1934-02-13	1	06단	老江鎭漁港設備を充實十一萬圓で
245983	朝鮮朝日	西北版	1934-02-13	1	06단	年每に滅びゆく朝鮮牛の更生策平南より要望の牡牛去勢令試驗の上で立案實施と決る
245984	朝鮮朝日	西北版	1934-02-13	1	07단	食刀で脅し現金を強奪また平南に二人組強盜
245985	朝鮮朝日	西北版	1934-02-13	1	07단	ピストルを擬して家人を縛り上ぐ咸北にも覆面強盜
245986	朝鮮朝日	西北版	1934-02-13	1	07단	國庫補助に造船熱擡頭
245987	朝鮮朝日	西北版	1934-02-13	1	07단	平壤驛前の鐵道所有地借地繼續を府より交涉
245988	朝鮮朝日	西北版	1934-02-13	1	08단	大阪朝日新聞縮刷版
245989	朝鮮朝日	西北版	1934-02-13	1	08단	陸士合格者
245990	朝鮮朝日	西北版	1934-02-13	1	08단	平北國防義會各地支部發會
245991	朝鮮朝日	西北版	1934-02-13	1	08단	博徒と搭鬪警官重傷を負ふ屈せず四名を引捕ふ
245992	朝鮮朝日	西北版	1934-02-13	1	08단	普通校生の飛込み自殺
245993	朝鮮朝日	西北版	1934-02-13	1	09단	深夜の警官に救ひを求める少女非道な養母の手から脱れて

일련번호	판명		간행일	면	단수	기사명
245994	朝鮮朝日	西北版	1934-02-13	1	09단	パラチフス異變隱蔽患者を見舞ひ十五名一齊に罹患
245995	朝鮮朝日	西北版	1934-02-13	1	09단	柳京日記
245996	朝鮮朝日	西北版	1934-02-13	1	10단	洗濯棒で兄嫁を撲殺
245997	朝鮮朝日	西北版	1934-02-13	1	10단	流氷のため住吉丸沈沒人命別條なし
245998	朝鮮朝日	南鮮版	1934-02-13	1	01단	鮮米差別反對に五萬通の電報が飛ぶ全鮮から首相や要路の人々に非常時風景を現出
245999	朝鮮朝日	南鮮版	1934-02-13	1	01단	鮮内の東上委員運動方法を協議す/總督府に米穀課新設過剩米の買上を始め米穀事務を處理する/忠南道民大會
246000	朝鮮朝日	南鮮版	1934-02-13	1	01단	漲る慶祝氣分
246001	朝鮮朝日	南鮮版	1934-02-13	1	01단	優良面長區長等や納稅團體を表彰/舞踊や演藝大會釜山の奉祝/慶福會から助成金交付/社會事業團に助成金交付/國旗揭揚を徹底的に獎勵/恩典に浴した人々
246002	朝鮮朝日	南鮮版	1934-02-13	1	04단	金永在氏出馬す
246003	朝鮮朝日	南鮮版	1934-02-13	1	06단	慶南道豫算七百二、三十萬圓位に
246004	朝鮮朝日	南鮮版	1934-02-13	1	06단	恩賜救急箱に全北の貧窮者感激
246005	朝鮮朝日	南鮮版	1934-02-13	1	07단	道又は公共團體で沙防事業を保管農村にとっては好都合事業令規則を公布
246006	朝鮮朝日	南鮮版	1934-02-13	1	07단	大邱醫卒補習教育
246007	朝鮮朝日	南鮮版	1934-02-13	1	07단	舊正月を暖かに哀れな細民者に同情/貧困者に小瓶配布
246008	朝鮮朝日	南鮮版	1934-02-13	1	07단	小作令は本極りにちかく公布
246009	朝鮮朝日	南鮮版	1934-02-13	1	08단	浦頂に國防議會
246010	朝鮮朝日	南鮮版	1934-02-13	1	08단	全鮮的に生計費調査
246011	朝鮮朝日	南鮮版	1934-02-13	1	08단	競射大會
246012	朝鮮朝日	南鮮版	1934-02-13	1	08단	胴體を眞二つ殘雪を血に染む
246013	朝鮮朝日	南鮮版	1934-02-13	1	09단	大阪朝日新聞縮刷版
246014	朝鮮朝日	南鮮版	1934-02-13	1	09단	洗濯棒で兄嫁を撲殺
246015	朝鮮朝日	南鮮版	1934-02-13	1	09단	深夜の警官に救ひを求む
246016	朝鮮朝日	南鮮版	1934-02-13	1	10단	選擧違反新判例
246017	朝鮮朝日	南鮮版	1934-02-13	1	10단	無免許運轉手十字街頭に大暴れ
246018	朝鮮朝日	南鮮版	1934-02-13	1	10단	人(武者鍊三氏(金剛山鐵道重役)/高松順茂氏(遞信局海事課長))
246019	朝鮮朝日	西北版	1934-02-14	1	01단	自治移出制限は朝鮮の利益破壞五相會議案に東上委員反對首相や拓相等に陳情
246020	朝鮮朝日	西北版	1934-02-14	1	01단	大防空演習の日取愈よ確定六月九日から甘日間に互り官民ともに總動員
246021	朝鮮朝日	西北版	1934-02-14	1	02단	咸南大會
246022	朝鮮朝日	西北版	1934-02-14	1	02단	平壤消防の消防署昇格知事會議に持ち出す
246023	朝鮮朝日	西北版	1934-02-14	1	02단	蕾の春を求めて(D)/溫情で接し勤勞で導く少年犯罪者を抱く愛の手

일련번호	판명		간행일	면	단수	기사명
246024	朝鮮朝日	西北版	1934-02-14	1	03단	北鮮を搖がす豪勢な土木景氣咸南道內一ヶ年の諸工事費一千萬圓を突破す
246025	朝鮮朝日	西北版	1934-02-14	1	04단	人(伊達京城府尹)
246026	朝鮮朝日	西北版	1934-02-14	1	04단	鄕軍聯合分會の發會式
246027	朝鮮朝日	西北版	1934-02-14	1	04단	大膨脹の平壤府豫算
246028	朝鮮朝日	西北版	1934-02-14	1	05단	無煙炭出炭は百萬噸を越す五十萬噸說は誤報片倉殖産小口源一氏の歸壤談
246029	朝鮮朝日	西北版	1934-02-14	1	06단	窯業の平南建設の根本方針確立す一路基礎工作に邁進
246030	朝鮮朝日	西北版	1934-02-14	1	06단	鮮米差別反對の鎭南浦府民大會
246031	朝鮮朝日	西北版	1934-02-14	1	06단	十九師團の武術競技會
246032	朝鮮朝日	西北版	1934-02-14	1	06단	愛婦分會救貧事業
246033	朝鮮朝日	西北版	1934-02-14	1	07단	汗の結晶を國防に獻ず大寶炭坑の坑夫七十名
246034	朝鮮朝日	西北版	1934-02-14	1	07단	感冒猖獗全鮮各地に死者旣に千五百名豫防にまさる良藥なし
246035	朝鮮朝日	西北版	1934-02-14	1	08단	扶養料請求の訴訟
246036	朝鮮朝日	西北版	1934-02-14	1	08단	棉花增産の平南割當決る一萬五千町步を擴張
246037	朝鮮朝日	西北版	1934-02-14	1	08단	平南白衣大衆の七十％は文盲叫ばれる初等敎育の充實
246038	朝鮮朝日	西北版	1934-02-14	1	08단	スクスクと育つ咸北の朝鮮人靑年團道當局の統制下に誓ひは固し團員二千
246039	朝鮮朝日	西北版	1934-02-14	1	09단	運送店燒く
246040	朝鮮朝日	西北版	1934-02-14	1	09단	內地貿易槪算額
246041	朝鮮朝日	西北版	1934-02-14	1	10단	六鐵道事務所工務主任會
246042	朝鮮朝日	西北版	1934-02-14	1	10단	取調べ中の犯人死亡す
246043	朝鮮朝日	西北版	1934-02-14	1	10단	柳京日記
246044	朝鮮朝日	南鮮版	1934-02-14	1	01단	自治移出制限は朝鮮の利益破壞五相會議案に東上委員反對首相や拓相等に陳情
246045	朝鮮朝日	南鮮版	1934-02-14	1	01단	麥の間に棉を栽培する農林局御自慢の一石二鳥の名案試作の結果は好成績
246046	朝鮮朝日	南鮮版	1934-02-14	1	01단	西北鮮六道に羊十萬頭增殖まづ咸北に國立種羊場明年度から實施
246047	朝鮮朝日	南鮮版	1934-02-14	1	01단	紀元節奉祝
246048	朝鮮朝日	南鮮版	1934-02-14	1	03단	道農會以上の會長は民間から明年度から實施方針
246049	朝鮮朝日	南鮮版	1934-02-14	1	04단	人(伊達京城府尹)
246050	朝鮮朝日	南鮮版	1934-02-14	1	04단	美しい就金
246051	朝鮮朝日	南鮮版	1934-02-14	1	05단	*優良面長等表彰/節婦として表彰*
246052	朝鮮朝日	南鮮版	1934-02-14	1	05단	負債を整理した上貯金までできた丹村面の郎らかな更生物語
246053	朝鮮朝日	南鮮版	1934-02-14	1	05단	老人も交って夜學會で勉强京畿道の文盲退治
246054	朝鮮朝日	南鮮版	1934-02-14	1	06단	鎭海小學校講當落講成式

일련번호	판명		간행일	면	단수	기사명
246055	朝鮮朝日	南鮮版	1934-02-14	1	06단	慶南道に圖書館
246056	朝鮮朝日	南鮮版	1934-02-14	1	06단	滿洲國の日系軍官非常の好成績
246057	朝鮮朝日	南鮮版	1934-02-14	1	07단	感冒猖獗全鮮各地に死者既に千五百名豫防にまさる良藥なし
246058	朝鮮朝日	南鮮版	1934-02-14	1	07단	感謝の涙！釜山の貧困者
246059	朝鮮朝日	南鮮版	1934-02-14	1	08단	釜山港則制定が急近く道令施行
246060	朝鮮朝日	南鮮版	1934-02-14	1	08단	泥棒工作十ヶ年太々しい志を立てた芦德里の卅男捕る
246061	朝鮮朝日	南鮮版	1934-02-14	1	08단	上通三巨間客貨營業
246062	朝鮮朝日	南鮮版	1934-02-14	1	08단	京城府監査係長愼重に詮考
246063	朝鮮朝日	南鮮版	1934-02-14	1	09단	內地貿易概算額
246064	朝鮮朝日	南鮮版	1934-02-14	1	10단	六鐵道事務所工務主任會
246065	朝鮮朝日	南鮮版	1934-02-14	1	10단	山中に强盜市場婦りの二名から五圓餘を强奪
246066	朝鮮朝日	南鮮版	1934-02-14	1	10단	如何に酔っても油斷はならない
246067	朝鮮朝日	南鮮版	1934-02-14	1	10단	妻殺しに懲役十年
246068	朝鮮朝日	西北版	1934-02-15	1	01단	棉作の農家には實に大きな福音棉莖利用の製紙工業化
246069	朝鮮朝日	西北版	1934-02-15	1	01단	我國最初の試み海底プールによる蛤の棲息試驗平南水産會で成功波弊の漁村に更生の黎明
246070	朝鮮朝日	西北版	1934-02-15	1	01단	蕾の春を求めて(E)/色もとりどり匂ふ解語の花妓生學校を巢立つスター連
246071	朝鮮朝日	西北版	1934-02-15	1	02단	軍民一致の攻防大演習平壤で陸軍記念日に
246072	朝鮮朝日	西北版	1934-02-15	1	02단	毒瓦斯防護演習
246073	朝鮮朝日	西北版	1934-02-15	1	03단	鮮米擁護の鎮南浦府民大會
246074	朝鮮朝日	西北版	1934-02-15	1	04단	人(米澤喜久松氏(新東拓平壤支店長)/大橋恒藏氏(平壤毎日新聞社長)/山地靖之氏(平南財務部長))
246075	朝鮮朝日	西北版	1934-02-15	1	04단	火災頻發に防火の宣傳
246076	朝鮮朝日	西北版	1934-02-15	1	04단	借地人組合平壤で組織
246077	朝鮮朝日	西北版	1934-02-15	1	04단	朗春のお正月
246078	朝鮮朝日	西北版	1934-02-15	1	05단	軍隊通過で清津局繁忙
246079	朝鮮朝日	西北版	1934-02-15	1	05단	平南の叭增産計劃鮮米統制で頓挫農家副業に致命的な打擊/後任頭取は渡邊彌幸氏か
246080	朝鮮朝日	西北版	1934-02-15	1	05단	森悟一氏告別式十六日執行
246081	朝鮮朝日	西北版	1934-02-15	1	06단	豪華視察團五月・北鮮來訪
246082	朝鮮朝日	西北版	1934-02-15	1	06단	前途遼遠の平壤驛改築商工會議所の陳情に具體案なしの回答
246083	朝鮮朝日	西北版	1934-02-15	1	06단	棍棒で毆り所持金强奪
246084	朝鮮朝日	西北版	1934-02-15	1	06단	鎌で滅多斬り借金督促を很み
246085	朝鮮朝日	西北版	1934-02-15	1	07단	密輸の錯覺から日滿官憲對峙形勢一時險惡化す不法處置に我が稅關長抗議
246086	朝鮮朝日	西北版	1934-02-15	1	07단	短期現役徵兵檢查

일련번호	판명		간행일	면	단수	기사명
246087	朝鮮朝日	西北版	1934-02-15	1	08단	日滿を結ぶ貨客の連帶輸送各鐵道が打って一丸となり四月一日より實施
246088	朝鮮朝日	西北版	1934-02-15	1	08단	酷寒に慄ふ父朗を救ふ隱れた警官の溫情感謝の手紙から判明
246089	朝鮮朝日	西北版	1934-02-15	1	08단	四戶全半燒
246090	朝鮮朝日	西北版	1934-02-15	1	09단	蝀龍窟の大宣傳
246091	朝鮮朝日	西北版	1934-02-15	1	10단	掏摸捕る
246092	朝鮮朝日	西北版	1934-02-15	1	10단	奪った金は酒色に費消捕った韓玉信
246093	朝鮮朝日	西北版	1934-02-15	1	10단	柳京日記
246094	朝鮮朝日	南鮮版	1934-02-15	1	01단	花の咲くころ朝鮮へ！朝鮮へ視察團の洪水ドルの周遊船も來る
246095	朝鮮朝日	南鮮版	1934-02-15	1	01단	棉作の農家には實に大きな福音棉莖利用の製紙工業化
246096	朝鮮朝日	南鮮版	1934-02-15	1	01단	中等學校入試の願書締切は迫る釜山各學校別の受驗者調べ
246097	朝鮮朝日	南鮮版	1934-02-15	1	02단	期日の切迫と共に數名が出馬か釜山府議補缺選擧/釜山各町洞の有權者調べ
246098	朝鮮朝日	南鮮版	1934-02-15	1	04단	人(米澤喜久松氏(新東拓平壤支店長)/大橋恒藏氏(平壤每日新聞社長)/山地靖之氏(平南財務部長))
246099	朝鮮朝日	南鮮版	1934-02-15	1	04단	晉州靑年團總會
246100	朝鮮朝日	南鮮版	1934-02-15	1	04단	全州公會堂新策
246101	朝鮮朝日	南鮮版	1934-02-15	1	05단	朝鮮神宮に鮮米擁護祈願祭神力で好轉を計る/事務的の折衝に渡邊局長上京
246102	朝鮮朝日	南鮮版	1934-02-15	1	05단	京城の奉祝情景謹作映畵獻納
246103	朝鮮朝日	南鮮版	1934-02-15	1	06단	森悟一氏告別式十六日執行/後任頭取は渡邊彌幸氏か
246104	朝鮮朝日	南鮮版	1934-02-15	1	06단	朝鮮人家族の方が健康狀態は惡い綠旗聯盟婦人部の尊い調査
246105	朝鮮朝日	南鮮版	1934-02-15	1	06단	朗春のお正月
246106	朝鮮朝日	南鮮版	1934-02-15	1	07단	慶北の各面に記念林を造成公私各學校でも實施
246107	朝鮮朝日	南鮮版	1934-02-15	1	08단	泛魚洞に移轉か慶北農試場
246108	朝鮮朝日	南鮮版	1934-02-15	1	08단	全州邑下水淸八萬圓で着手
246109	朝鮮朝日	南鮮版	1934-02-15	1	08단	金齒二本を拔いて埋葬して下さい東京生まれの靑年毒藥自殺
246110	朝鮮朝日	南鮮版	1934-02-15	1	09단	學校再建に二萬圓寄附
246111	朝鮮朝日	南鮮版	1934-02-15	1	09단	慶北道の自作農創設は順調に進む
246112	朝鮮朝日	南鮮版	1934-02-15	1	09단	三人組强盜漢城里に出現
246113	朝鮮朝日	南鮮版	1934-02-15	1	10단	四戶全半燒
246114	朝鮮朝日	南鮮版	1934-02-15	1	10단	マリヤ事件判檢事
246115	朝鮮朝日	南鮮版	1934-02-15	1	10단	酒の上から蹴り殺す
246116	朝鮮朝日	南鮮版	1934-02-15	1	10단	朝鮮鍬で毆り殺す

일련번호	판명		간행일	면	단수	기사명
246117	朝鮮朝日	南鮮版	1934-02-15	1	10단	巧妙な僞造貨幣
246118	朝鮮朝日	西北版	1934-02-16	1		缺號
246119	朝鮮朝日	南鮮版	1934-02-16	1	01단	零下二十度の寒さも何處かへヤガテくる桃のお節句華やかなお雛さん早くも登場
246120	朝鮮朝日	南鮮版	1934-02-16	1	01단	新學期を控へ半島教育界に大異動校長と首席訓導の配材に重點を置き飽まで適材適所主義で行ふ
246121	朝鮮朝日	南鮮版	1934-02-16	1	01단	九名の補充を機に中樞院の空氣刷新目下、人材本位で後任を詮考
246122	朝鮮朝日	南鮮版	1934-02-16	1	01단	屋台を繰出し變裝で踊りぬく皇儲御降誕を壽ぐ平壤府の準備進む/鎭海邑の奉祝行事全市大脹ひに/統營でも/慶南道各地に記念樹植栽
246123	朝鮮朝日	南鮮版	1934-02-16	1	02단	平南初等校教員の異動三月末行ふ
246124	朝鮮朝日	南鮮版	1934-02-16	1	04단	釜山第二小學校に兒童博物館常識養成と學習助成のため成果を期待さる
246125	朝鮮朝日	南鮮版	1934-02-16	1	05단	慶北道會/豫算附議の平南道會二十四日から
246126	朝鮮朝日	南鮮版	1934-02-16	1	05단	再び平元線全通の猛運動五月、陽德に關係者が集り聯合速成會を組織
246127	朝鮮朝日	南鮮版	1934-02-16	1	05단	殖産銀總會
246128	朝鮮朝日	南鮮版	1934-02-16	1	06단	營林署長會二十二日まで行ふ
246129	朝鮮朝日	南鮮版	1934-02-16	1	06단	犯人を電力で捕まへる『電力應用輕便犯人逮捕器』本府で採用如何を研究
246130	朝鮮朝日	南鮮版	1934-02-16	1	07단	漁業者は生命保險に加入を勸獎
246131	朝鮮朝日	南鮮版	1934-02-16	1	07단	哀れな一家寒空に貧と病に泣く
246132	朝鮮朝日	南鮮版	1934-02-16	1	07단	職業教育の徹底を期す
246133	朝鮮朝日	南鮮版	1934-02-16	1	08단	踏切番を振離して飛込み自殺六度目に漸く本望
246134	朝鮮朝日	南鮮版	1934-02-16	1	08단	大同江上の一部通行禁止
246135	朝鮮朝日	南鮮版	1934-02-16	1	08단	トンダことからマイゴーを連發
246136	朝鮮朝日	南鮮版	1934-02-16	1	08단	上京委員より運動の經過電報が來た
246137	朝鮮朝日	南鮮版	1934-02-16	1	09단	事故防止座談會
246138	朝鮮朝日	南鮮版	1934-02-16	1	09단	鮮米擁護の馬山大會
246139	朝鮮朝日	南鮮版	1934-02-16	1	10단	貨物輸送打合會各關係者集合
246140	朝鮮朝日	南鮮版	1934-02-16	1	10단	揮發油爆發上等兵重傷
246141	朝鮮朝日	南鮮版	1934-02-16	1	10단	檢事からスリ取る
246142	朝鮮朝日	南鮮版	1934-02-16	1	10단	人(堀透氏(大日本製糖平壤支店長)/德島範太郎氏(同庶務課長)/岡本正夫氏(平壤覆審法院長))
246143	朝鮮朝日	西北版	1934-02-17	1	01단	花の咲くころ朝鮮へ！朝鮮へ！視察團の洪水ドルの周遊船も來る
246144	朝鮮朝日	西北版	1934-02-17	1	01단	樂觀許さずも有利に展開か鮮米問題具體策を協議/形式にも實質的にも差別扱ひはせぬ永井拓相から言明す/要

일련번호	판명		간행일	면	단수	기사명
						路に陳情
246145	朝鮮朝日	西北版	1934-02-17	1	01단	全鮮的に武裝蜂起を企てた淸津の赤色テロ事件豫審終結二名は不起訴十一名を有罪に
246146	朝鮮朝日	西北版	1934-02-17	1	04단	巡廻映畫會
246147	朝鮮朝日	西北版	1934-02-17	1	05단	北鮮話題(各視察團/同情集る/曖を嘆く/新靑年團)
246148	朝鮮朝日	西北版	1934-02-17	1	05단	朝鮮土地改良會社代行事業の一段落とともにいよいよ解散に決定
246149	朝鮮朝日	西北版	1934-02-17	1	05단	平壤府會調査班に非難の聲あがる大名旅行に不謹愼の譏り注目される豫算府會の態度
246150	朝鮮朝日	西北版	1934-02-17	1	06단	兵器獻納と獻金
246151	朝鮮朝日	西北版	1934-02-17	1	07단	平壤府內の流感
246152	朝鮮朝日	西北版	1934-02-17	1	07단	最初の保存令指定寶物十件古蹟二百件記念物五十件當局で保存物調査
246153	朝鮮朝日	西北版	1934-02-17	1	08단	抗底に咲く美談窮迫せる亡き同僚の遺族に坑夫十五名が同情金
246154	朝鮮朝日	南鮮版	1934-02-17	1	08단	總督府辭令
246155	朝鮮朝日	西北版	1934-02-17	1	08단	鐵道用地の取上げ問題府側高飛車の態度に出る
246156	朝鮮朝日	西北版	1934-02-17	1	08단	柳京日記
246157	朝鮮朝日	西北版	1934-02-17	1	09단	無煙炭合同新朝無煙を中心とし實現は確實となる
246158	朝鮮朝日	西北版	1934-02-17	1	10단	自分が盜んで强盜の訴へ
246159	朝鮮朝日	西北版	1934-02-17	1	10단	人(橋都芳樹氏(在鄕軍人平壤聯合分會長))
246160	朝鮮朝日	南鮮版	1934-02-17	1	01단	漫然渡航はおん身の爲にならぬ將來に見込みがなければ絶對に禁止强硬な取締に出る當局
246161	朝鮮朝日	南鮮版	1934-02-17	1	01단	春朗らかな師範の卒業生引張り凧の景氣四百名からの大不足
246162	朝鮮朝日	南鮮版	1934-02-17	1	01단	工業試驗所釜山に誘致を計劃
246163	朝鮮朝日	南鮮版	1934-02-17	1	01단	晉州邑も盛大に奉祝行事決定
246164	朝鮮朝日	南鮮版	1934-02-17	1	02단	總督府辭令
246165	朝鮮朝日	南鮮版	1934-02-17	1	03단	警官異動
246166	朝鮮朝日	南鮮版	1934-02-17	1	03단	各道に衛生主事設置を計劃
246167	朝鮮朝日	南鮮版	1934-02-17	1	04단	人(李恒九男爵(李王職次官)/山下登氏(全北保安課長))
246168	朝鮮朝日	南鮮版	1934-02-17	1	04단	珠算大會
246169	朝鮮朝日	南鮮版	1934-02-17	1	04단	朝鮮農民幸福發展祈願祭
246170	朝鮮朝日	南鮮版	1934-02-17	1	04단	*樂觀許さずも有利に展開か鮮米問題具體策を協議/形式にも實質的にも差別扱ひはせぬ永井拓相から言明す/要路に陳情/朝鮮土地改良會社代行事業の一段落とともにいよいよ解散に決定*
246171	朝鮮朝日	南鮮版	1934-02-17	1	05단	救急箱二百三個慶南に配置
246172	朝鮮朝日	南鮮版	1934-02-17	1	05단	最初の保存令指定寶物十件古蹟二百件記念物五十件當

일련번호	판명		간행일	면	단수	기사명
						局で保存物調査
246173	朝鮮朝日	南鮮版	1934-02-17	1	06단	堀、李南氏
246174	朝鮮朝日	南鮮版	1934-02-17	1	06단	無煙炭合同新朝無煙を中心とし實現は確實となる
246175	朝鮮朝日	南鮮版	1934-02-17	1	07단	全鮮的に武裝蜂起を企てた清津の赤色テロ事件豫審終結二名は不起訴十一名を有罪に
246176	朝鮮朝日	南鮮版	1934-02-17	1	08단	慶北道の色服獎勵好成績を擧ぐ
246177	朝鮮朝日	南鮮版	1934-02-17	1	08단	舊正月に街の三勇士暴る
246178	朝鮮朝日	南鮮版	1934-02-17	1	09단	公金で遊興
246179	朝鮮朝日	南鮮版	1934-02-17	1	10단	自轉車の盜難二千八百台
246180	朝鮮朝日	南鮮版	1934-02-17	1	10단	不良酒を嚴重に取締る
246181	朝鮮朝日	南鮮版	1934-02-17	1	10단	パラチフス流行
246182	朝鮮朝日	南鮮版	1934-02-17	1	10단	大邱に火事頻々
246183	朝鮮朝日	西北版	1934-02-18	1	01단	近代都市への愈よスタートを切る京城、平壤、釜山、大邱、羅津に市街地計劃令を施行
246184	朝鮮朝日	西北版	1934-02-18	1	01단	過剩米を酒に米穀問題を有利に朝鮮酒造協會設立認可さる
246185	朝鮮朝日	西北版	1934-02-18	1	01단	平壤醫專に志願者殺到內地開業問題解決で未曾有の試驗地獄
246186	朝鮮朝日	西北版	1934-02-18	1	01단	平壤醫專生結束し講堂新策を要望
246187	朝鮮朝日	西北版	1934-02-18	1	01단	將校夫人連滿州國視察
246188	朝鮮朝日	西北版	1934-02-18	1	02단	平南九年度豫算四百八十萬圓昨年より四十五萬圓の增內務部長苦心編成の跡を語る
246189	朝鮮朝日	西北版	1934-02-18	1	03단	下碣邑に愛國團體
246190	朝鮮朝日	西北版	1934-02-18	1	03단	咸南の僻地に公醫五十名配置醫療難多少緩和せん
246191	朝鮮朝日	西北版	1934-02-18	1	04단	平北道會
246192	朝鮮朝日	西北版	1934-02-18	1	04단	都會病患者が多い
246193	朝鮮朝日	西北版	1934-02-18	1	04단	國境官憲の縺れ解決す
246194	朝鮮朝日	西北版	1934-02-18	1	05단	北鮮話題(議長失態/大和撫子/南廻り線/非難の聲)
246195	朝鮮朝日	西北版	1934-02-18	1	05단	各警察署に寫眞機配備
246196	朝鮮朝日	西北版	1934-02-18	1	05단	近代人の求むる理想的な飲料水『五味子』で製造さる
246197	朝鮮朝日	西北版	1934-02-18	1	05단	貧農階級に粟は必需品關稅引上てもドシドシ輸入さる
246198	朝鮮朝日	西北版	1934-02-18	1	06단	嚴戒尻目に强盜の跳梁またも平讓に現れ棍棒で亂打脅迫す
246199	朝鮮朝日	西北版	1934-02-18	1	07단	繭値崩落で手數料引下
246200	朝鮮朝日	西北版	1934-02-18	1	07단	官廳荒し
246201	朝鮮朝日	西北版	1934-02-18	1	07단	生き悩む燒酎の統制
246202	朝鮮朝日	西北版	1934-02-18	1	08단	ユーモア泥猫かと怒鳴るとニャンといふ
246203	朝鮮朝日	西北版	1934-02-18	1	08단	少女の行方不明
246204	朝鮮朝日	西北版	1934-02-18	1	08단	競技場新設明年に延期

일련번호	판명		간행일	면	단수	기사명
246205	朝鮮朝日	西北版	1934-02-18	1	08단	女房・食刀を揮って睡れる夫を斬る夫婦喧嘩の餘憤から
246206	朝鮮朝日	西北版	1934-02-18	1	09단	咸南定平署の容疑者怪死事件拷問致死と判明し警官二名收容さる
246207	朝鮮朝日	西北版	1934-02-18	1	09단	一萬三千圓で和解成立つ百萬長者相手の請求訴訟
246208	朝鮮朝日	西北版	1934-02-18	1	10단	横行する自轉車泥平壤署對策に腐心
246209	朝鮮朝日	西北版	1934-02-18	1	10단	依然拂底の勞動者南鮮から補充
246210	朝鮮朝日	西北版	1934-02-18	1	10단	柳京日記
246211	朝鮮朝日	南鮮版	1934-02-18	1	01단	近代都市への愈よスタートを切る京城、平壤、釜山、大邱、羅津に市街地計劃令を施行
246212	朝鮮朝日	南鮮版	1934-02-18	1	01단	過剰米を酒に米穀問題を有利に朝鮮酒造協會設立認可さる
246213	朝鮮朝日	南鮮版	1934-02-18	1	01단	祝へや祝へ全州あげての大賑ひ主なる行事決定す
246214	朝鮮朝日	南鮮版	1934-02-18	1	01단	記念貯金奬勵
246215	朝鮮朝日	南鮮版	1934-02-18	1	02단	京城府の特經豫算百三十一萬圓
246216	朝鮮朝日	南鮮版	1934-02-18	1	02단	京畿道警官異動
246217	朝鮮朝日	南鮮版	1934-02-18	1	03단	全北道豫算
246218	朝鮮朝日	南鮮版	1934-02-18	1	03단	繭値崩落で手數料引下
246219	朝鮮朝日	南鮮版	1934-02-18	1	03단	貧農階級に粟は必需品關稅引上てもドシドシ輸入さる
246220	朝鮮朝日	南鮮版	1934-02-18	1	04단	人(中津川源吉氏(前慶南道小作官)/永谷量次氏(産業組合京城第一購買會理事))
246221	朝鮮朝日	南鮮版	1934-02-18	1	04단	慶南各中等學校入學試驗日決定/釜山高女志願者數
246222	朝鮮朝日	南鮮版	1934-02-18	1	04단	近代人の求むる理想的な飲料水『五味子』で製造さる
246223	朝鮮朝日	南鮮版	1934-02-18	1	05단	低利借替のいきさつ稍明かとなる！釜山府會議員協議會
246224	朝鮮朝日	南鮮版	1934-02-18	1	05단	國有林台帳作成を計劃
246225	朝鮮朝日	南鮮版	1934-02-18	1	06단	農村に低資融通金融組合聯合會で金利を引下ぐ
246226	朝鮮朝日	南鮮版	1934-02-18	1	06단	南鮮に師團誘致ちかく協議
246227	朝鮮朝日	南鮮版	1934-02-18	1	07단	京東鐵總會
246228	朝鮮朝日	南鮮版	1934-02-18	1	07단	京城普校に二萬圓寄附
246229	朝鮮朝日	南鮮版	1934-02-18	1	07단	謎の行方不明の男死體となって現はる京城飛行場の窪地に無殘な姿犯人は廿七、八歳の怪しい青年？/小刀を手がかりに
246230	朝鮮朝日	南鮮版	1934-02-18	1	07단	釜山職紹所に就職志願五百名各方面で斡旋の基本調査
246231	朝鮮朝日	南鮮版	1934-02-18	1	08단	東上委員から入電
246232	朝鮮朝日	南鮮版	1934-02-18	1	08단	奧地警官のために購買組合を設置生活の合理化を計る
246233	朝鮮朝日	南鮮版	1934-02-18	1	08단	京城組合銀行證券二億四百萬圓
246234	朝鮮朝日	南鮮版	1934-02-18	1	08단	我國に初めて出來た沙金採取船安城丸全燒
246235	朝鮮朝日	南鮮版	1934-02-18	1	10단	またも桃色の家京城で發見

일련번호	판명		간행일	면	단수	기사명
246236	朝鮮朝日	南鮮版	1934-02-18	1	10단	暢氣な男
246237	朝鮮朝日	西北版	1934-02-20	1	01단	京城、雄基始發の國際列車を新設新京、北鮮の聯絡愈よ緊密鐵路綾なす日滿情緒
246238	朝鮮朝日	西北版	1934-02-20	1	01단	平南特産品が試みる新飛躍靜的經營から積極的施設へまづ輸出組合組織
246239	朝鮮朝日	西北版	1934-02-20	1	01단	更に呑吐能力十萬噸增加整備を急ぐ淸津港
246240	朝鮮朝日	西北版	1934-02-20	1	01단	米の處分を中心に新用途を研究する！廿萬圓投じて化學研究所を新設/優秀技術員がまづ必要だ/台・鮮兩總督府に米穀特別會計設定外地側の主張通りになる/拓相から有利な言質
246241	朝鮮朝日	西北版	1934-02-20	1	03단	咸北道會
246242	朝鮮朝日	西北版	1934-02-20	1	04단	鐵原驛出火
246243	朝鮮朝日	西北版	1934-02-20	1	04단	國境警備陣に防彈鎧の贈り物二警官のたつとき犧牲に忽ち集った寄附金
246244	朝鮮朝日	西北版	1934-02-20	1	05단	北鮮話題(澱粉工場新設/似たもの夫婦/柳眉を逆立つ/木下投手返咲く)
246245	朝鮮朝日	西北版	1934-02-20	1	05단	府營バス起債認可は月末
246246	朝鮮朝日	西北版	1934-02-20	1	05단	職工五百名亂鬪を演ず解雇組の毆込みから靴下工場にあはや血の雨
246247	朝鮮朝日	西北版	1934-02-20	1	06단	咸興商議所創立總會
246248	朝鮮朝日	西北版	1934-02-20	1	07단	學生旗行列と假裝提灯行列
246249	朝鮮朝日	西北版	1934-02-20	1	07단	平南の養蠣奬勵過去七ヶ年の經驗を生かし新年度より本格的に乘出す
246250	朝鮮朝日	西北版	1934-02-20	1	07단	狂へる男實父を殺す返す刃で牛も二頭咸州郡下の血塗れ騷ぎ
246251	朝鮮朝日	西北版	1934-02-20	1	07단	保險金欲しさから隣家に火を放つ
246252	朝鮮朝日	西北版	1934-02-20	1	08단	娼妓にのぼせ公金を橫領取調中の元平壤府廳雇員いよいよ身柄送局
246253	朝鮮朝日	西北版	1934-02-20	1	09단	僞造證券で八萬圓騙取
246254	朝鮮朝日	西北版	1934-02-20	1	09단	井戶水凍結で遂に二十戶全燒羅南郊外興德の火事
246255	朝鮮朝日	西北版	1934-02-20	1	09단	防空演習
246256	朝鮮朝日	西北版	1934-02-20	1	10단	無罪から有罪へ
246257	朝鮮朝日	西北版	1934-02-20	1	10단	强盜と殺人
246258	朝鮮朝日	西北版	1934-02-20	1	10단	柳京日記
246259	朝鮮朝日	南鮮版	1934-02-20	1	01단	京城、雄基始發の國際列車を新設新京、北鮮の聯絡愈よ緊密鐵路綾なす日滿情緒
246260	朝鮮朝日	南鮮版	1934-02-20	1	01단	米の處分を中心に新用途を研究する！廿萬圓投じて化學研究所を新設/優秀技術員がまづ必要だ/台・鮮兩總督府に米穀特別會計設定外地側の主張通りになる

일련번호	판명		간행일	면	단수	기사명
246261	朝鮮朝日	南鮮版	1934-02-20	1	01단	釜山靑訓生の演習
246262	朝鮮朝日	南鮮版	1934-02-20	1	03단	內地資本の誘致はすこぶる有望無煙炭合同目鼻つく石田鑛山課長歸來談
246263	朝鮮朝日	南鮮版	1934-02-20	1	04단	林業視察
246264	朝鮮朝日	南鮮版	1934-02-20	1	05단	慶北道教育會記念事業を協議/蔚山邑の奉祝行事
246265	朝鮮朝日	南鮮版	1934-02-20	1	05단	春を封切る草花の樂園溫室だより
246266	朝鮮朝日	南鮮版	1934-02-20	1	05단	京城府の人口調べ三十八萬二千人女より男が七人多い/鎭海邑の戸數人口
246267	朝鮮朝日	南鮮版	1934-02-20	1	06단	『無差別公平の統制策研究中だ』拓相から有利な言質
246268	朝鮮朝日	南鮮版	1934-02-20	1	06단	搜査機構整備充實當局で研究
246269	朝鮮朝日	南鮮版	1934-02-20	1	07단	被害者は力自慢の男共犯者があるらしい怪奇的な薪賣り男の慘殺事件/ナイフは犯行に關係なし
246270	朝鮮朝日	南鮮版	1934-02-20	1	08단	卓球大會
246271	朝鮮朝日	南鮮版	1934-02-20	1	09단	漁業調査に鷄林丸活動
246272	朝鮮朝日	南鮮版	1934-02-20	1	09단	鹽販賣高
246273	朝鮮朝日	南鮮版	1934-02-20	1	09단	知能的の犯罪が增加
246274	朝鮮朝日	南鮮版	1934-02-20	1	09단	鐵原驛出火
246275	朝鮮朝日	南鮮版	1934-02-20	1	10단	大學出の男が三千圓詐取
246276	朝鮮朝日	南鮮版	1934-02-20	1	10단	暢氣な泥棒
246277	朝鮮朝日	南鮮版	1934-02-20	1	10단	僞刑事捕る
246278	朝鮮朝日	南鮮版	1934-02-20	1	10단	人(後藤一郎氏(滿洲國觀象台長))
246279	朝鮮朝日	西北版	1934-02-21	1	01단	中央政界意外の波紋に總督の身邊多忙東京方面刻々の情勢を乘せて官邸に飛電しきり
246280	朝鮮朝日	西北版	1934-02-21	1	01단	鮮內の痘禍漸く蔓延の兆咸北、平北、慶北三道を中心に傳染徑路は滿洲國
246281	朝鮮朝日	西北版	1934-02-21	1	01단	超膨脹の咸南九年度豫算總額五百八十萬圓前年より一躍百萬圓を增す
246282	朝鮮朝日	西北版	1934-02-21	1	01단	米の新用途問題研究所設立の具體案關係者協議會で大綱決定す/目鼻つき次第一大助成會社總督府補助で設立/朝鮮農會に集った回答米の新用途の名案募集
246283	朝鮮朝日	西北版	1934-02-21	1	04단	人(趙欣伯氏(滿洲國立法院長)/三輪和三郎氏(新任忠南高等課長))
246284	朝鮮朝日	西北版	1934-02-21	1	04단	染色講習
246285	朝鮮朝日	西北版	1934-02-21	1	04단	平南の流感益々猖獗を極む死亡者總數既に一千三百餘終熄の見込たゝず
246286	朝鮮朝日	西北版	1934-02-21	1	05단	訓導を養成
246287	朝鮮朝日	西北版	1934-02-21	1	05단	桑苗の元山港陸揚げ禁止で咸南の蠶業大痛手農家副業の死活問題として道當局、本府に陳情
246288	朝鮮朝日	西北版	1934-02-21	1	06단	寒空を壓し大村機平壤着翼を連ねて十六機未曾有の好

일련번호	판명		간행일	면	단수	기사명
						記錄
246289	朝鮮朝日	西北版	1934-02-21	1	06단	平壤三小學校の新設備
246290	朝鮮朝日	西北版	1934-02-21	1	06단	貯蓄を勸誘
246291	朝鮮朝日	西北版	1934-02-21	1	06단	平北警察部國境を嚴戒
246292	朝鮮朝日	西北版	1934-02-21	1	07단	叫ばれる農試場統制分散的研究は不利場長會議でも議論沸騰す
246293	朝鮮朝日	西北版	1934-02-21	1	07단	漫然渡航者を嚴重に取締る將來の見込なき者も絶對禁止當局、強硬策に出る
246294	朝鮮朝日	西北版	1934-02-21	1	08단	婚式服の共同使用
246295	朝鮮朝日	西北版	1934-02-21	1	08단	合電社長を相手に供給權違反の告發東拓鑛業への供電は違法と藤井平壤府議より
246296	朝鮮朝日	西北版	1934-02-21	1	08단	小爲替改竄
246297	朝鮮朝日	西北版	1934-02-21	1	09단	俳優の自殺
246298	朝鮮朝日	西北版	1934-02-21	1	10단	一網打盡
246299	朝鮮朝日	西北版	1934-02-21	1	10단	治維法違反の控訴公判
246300	朝鮮朝日	西北版	1934-02-21	1	10단	柳京日記
246301	朝鮮朝日	南鮮版	1934-02-21	1	01단	中央政界意外の波紋に總督の身邊多忙東京方面刻々の情勢を乘せて官邸に飛電しきり
246302	朝鮮朝日	南鮮版	1934-02-21	1	01단	鮮內の痘禍漸く蔓延の兆咸北、平北、慶北三道を中心に傳染徑路は滿洲國
246303	朝鮮朝日	南鮮版	1934-02-21	1	01단	鐵道局採用試驗
246304	朝鮮朝日	南鮮版	1934-02-21	1	01단	慶南道會の附議事項
246305	朝鮮朝日	南鮮版	1934-02-21	1	02단	京城府第一敎育部會
246306	朝鮮朝日	南鮮版	1934-02-21	1	02단	釜山・陽春の銀幕競映陣ファンに呼びかく特作オン・パレード
246307	朝鮮朝日	南鮮版	1934-02-21	1	03단	宋伯追悼會
246308	朝鮮朝日	南鮮版	1934-02-21	1	04단	人(趙欣伯氏(滿洲國立法院長)/三輪和三郎氏(新任忠南高等課長))
246309	朝鮮朝日	南鮮版	1934-02-21	1	04단	漁家更生打合會
246310	朝鮮朝日	南鮮版	1934-02-21	1	04단	*米の新用途問題研究所設立の具體案關係者協議會で大綱決定す/目鼻つき次第一大助成會社研究成果の工業化を目指し總督府補助で設立/朝鮮農會に集った回答米の新用途の名案募集*
246311	朝鮮朝日	南鮮版	1934-02-21	1	05단	南海國防義會機關銃獻納
246312	朝鮮朝日	南鮮版	1934-02-21	1	05단	釜山九年度敎育部豫算
246313	朝鮮朝日	南鮮版	1934-02-21	1	06단	好成績に鑑み更に十五校增設慶南の職業指導學校
246314	朝鮮朝日	南鮮版	1934-02-21	1	06단	新たに警察協會の支部後援會を組織地方的な福利施設を目指す慶南警察部の計劃
246315	朝鮮朝日	南鮮版	1934-02-21	1	07단	釜山府內の各校卒業式

일련번호	판명		간행일	면	단수	기사명
246316	朝鮮朝日	南鮮版	1934-02-21	1	07단	刑事を八方に配し捜査に不眠不休薪賣り男の慘殺事件
246317	朝鮮朝日	南鮮版	1934-02-21	1	08단	南鮮卓球大會
246318	朝鮮朝日	南鮮版	1934-02-21	1	08단	自動車のスピード・アップ現行取締り規則の改正案五月から實施に內定
246319	朝鮮朝日	南鮮版	1934-02-21	1	09단	父は生別、母は死別頼みの伯父には置去らる大邱驛でさめざめと泣き頹れる兄と妹
246320	朝鮮朝日	南鮮版	1934-02-21	1	10단	無殘の壓死
246321	朝鮮朝日	南鮮版	1934-02-21	1	10단	愛婦支部委員會
246322	朝鮮朝日	南鮮版	1934-02-21	1	10단	列車から飛降りて卽死
246323	朝鮮朝日	南鮮版	1934-02-21	1	10단	治維法違反の控訴公判
246324	朝鮮朝日	西北版	1934-02-22	1	01단	皇太子殿下御降誕奉祝半島の民草擧げて 奉祝祭に旗行列に赤誠こめて壽ぐ廿三日から湧き返る賑ひ/朝鮮新宮で御安泰祈願祭執行/思ひ思ひの趣向に千姿萬態の假裝平壤その日の賑ひ
246325	朝鮮朝日	西北版	1934-02-22	1	01단	愈よ家內工業として棉莖利用製紙を奬勵棉作地帶の農家に不用になった楮は續々內地へ
246326	朝鮮朝日	西北版	1934-02-22	1	01단	大連航路運賃の二割引き實施や連帶輸送客車增結等鮮滿視察團輸送協議
246327	朝鮮朝日	西北版	1934-02-22	1	02단	直通電話實施請願
246328	朝鮮朝日	西北版	1934-02-22	1	03단	新設飛行場誘致の運動
246329	朝鮮朝日	西北版	1934-02-22	1	03단	平壤商議所の商圈擴張案西部國境に調査員を派し進出の基礎を築く
246330	朝鮮朝日	西北版	1934-02-22	1	04단	人(小田島嘉吉氏(平南地方課長)/北條智勇氏(平南農務課長)/狩野謙重氏(平南道高等課員)/淸水賢一氏(平南學務課長))
246331	朝鮮朝日	西北版	1934-02-22	1	04단	平壤明年豫算未曾有の膨脹
246332	朝鮮朝日	西北版	1934-02-22	1	05단	道路鋪裝の決定案なる
246333	朝鮮朝日	西北版	1934-02-22	1	05단	歸還飛行の途慘・大村二機遭難瑞興郡の山中に墜落、燒失　搭乘の五將兵殉職/雲の中から光と大音響そのまゝ姿を沒す山崎一等航空兵の目擊談/空中衝突か天谷捜査班長の報告/遭難搭乘者氏名と出身地
246334	朝鮮朝日	西北版	1934-02-22	1	06단	貴重品列車增發
246335	朝鮮朝日	西北版	1934-02-22	1	07단	開市數を減じ敎化施設を行ふ市場制度改善に關する平南當局の答申案
246336	朝鮮朝日	西北版	1934-02-22	1	08단	平北米の滿洲乘出しまづ林穀物協會理事らが實地の調査に向ふ
246337	朝鮮朝日	西北版	1934-02-22	1	09단	龍水湖上に一大貯木場木材輸出港雄基の完城を目ざして
246338	朝鮮朝日	西北版	1934-02-22	1	10단	アメリカ少年謎の失踪
246339	朝鮮朝日	西北版	1934-02-22	1	10단	柳京日記

일련번호	판명		간행일	면	단수	기사명
246340	朝鮮朝日	南鮮版	1934-02-22	1	01단	皇太子殿下御降誕奉祝半島の民草擧げて 奉祝祭に旗行列に赤誠こめて壽ぐ廿三日から湧き返る賑ひ/朝鮮新宮で御安泰祈願祭執行/假裝行列趣向こらして續々と現はる/千五百枚の國旗を寄贈
246341	朝鮮朝日	南鮮版	1934-02-22	1	01단	愈よ家內工業として棉莖利用製紙を奬勵棉作地帯の農家に不用になった楮は續々內地へ
246342	朝鮮朝日	南鮮版	1934-02-22	1	01단	大連航路運賃の二割引き實施や連帯輸送客車增結等鮮滿視察團輸送協議
246343	朝鮮朝日	南鮮版	1934-02-22	1	02단	篤志寄附
246344	朝鮮朝日	南鮮版	1934-02-22	1	03단	大邱府營ガス問題專門家が調査
246345	朝鮮朝日	南鮮版	1934-02-22	1	03단	産米から畑作への轉向機運を促進畑作改良指導圍の成績良好から
246346	朝鮮朝日	南鮮版	1934-02-22	1	04단	兒童圖書展
246347	朝鮮朝日	南鮮版	1934-02-22	1	04단	學校改築議論沸騰釜山府第一敎育部懇談會
246348	朝鮮朝日	南鮮版	1934-02-22	1	04단	京城の藝娼妓六百名が愛國婦人會に入會
246349	朝鮮朝日	南鮮版	1934-02-22	1	05단	在京委員より入電
246350	朝鮮朝日	南鮮版	1934-02-22	1	06단	滿洲國帝制實施奉祝行事の提燈釜山で製作の上發送
246351	朝鮮朝日	南鮮版	1934-02-22	1	06단	豫算審議通常道會各道で開かる
246352	朝鮮朝日	南鮮版	1934-02-22	1	06단	釜山に假痘
246353	朝鮮朝日	南鮮版	1934-02-22	1	07단	刺身庖丁を振りかざし一夜に五ヶ所を襲ふ山狩りして兇惡な强盗を逮捕
246354	朝鮮朝日	南鮮版	1934-02-22	1	08단	公益質屋仁川に開設
246355	朝鮮朝日	南鮮版	1934-02-22	1	09단	交通道德の普及徹底が急務年と共に事故が增加
246356	朝鮮朝日	南鮮版	1934-02-22	1	10단	選擧人心得宣傳ビラ三萬餘を釜山府民に配布
246357	朝鮮朝日	南鮮版	1934-02-22	1	10단	美しい話
246358	朝鮮朝日	南鮮版	1934-02-22	1	10단	製絲協會臨時總會
246359	朝鮮朝日	南鮮版	1934-02-22	1	10단	電線專門賊橫行
246360	朝鮮朝日	南鮮版	1934-02-22	1	10단	人(五井ヤス子刀自(高等法院五井節藏氏母堂))
246361	朝鮮朝日	西北版	1934-02-23	1	01단	又デマが飛出しいつもながら困るよだがまんざらでもない宇垣さん至極迷惑がる宇垣さん
246362	朝鮮朝日	西北版	1934-02-23	1	01단	ありし日の氣焰や壯烈な軍人精神！救援搜査隊の苦心大村機遭難を繞る揷話の數々/五氏の遺骸寺洞に到着/宇垣總督から弔電を發す
246363	朝鮮朝日	西北版	1934-02-23	1	04단	人(丹下郁太郎氏(平北井警察部長)/植野勳氏/中津川源吉氏(慶南道より轉任の新任京畿道小作官)/佐藤應次郎氏(滿鐵建設局長)/大橋正己氏(滿鐵北鮮鐵道管理局運輸課長))
246364	朝鮮朝日	西北版	1934-02-23	1	05단	一躍百四十萬圓增未曾有の膨脹振りを見せた平北の九年度豫算

일련번호	판명		간행일	면	단수	기사명
246365	朝鮮朝日	西北版	1934-02-23	1	06단	北鮮話題(羅津の戰慄/ド口を吐く/電話非常時/本紙を贈る/日滿の聯絡)
246366	朝鮮朝日	西北版	1934-02-23	1	06단	更生園開園
246367	朝鮮朝日	西北版	1934-02-23	1	06단	面書記らが謀り給與規定の改正を運動背後に動く強い力？
246368	朝鮮朝日	西北版	1934-02-23	1	06단	第一教育部會豫算
246369	朝鮮朝日	西北版	1934-02-23	1	07단	ポストに御注意平壤府內で今年に入って投入書留百廿白紙の端書八十七郵便局も持て餘す
246370	朝鮮朝日	西北版	1934-02-23	1	07단	叺の密輸
246371	朝鮮朝日	西北版	1934-02-23	1	08단	咸興府會
246372	朝鮮朝日	西北版	1934-02-23	1	08단	卵山事件の共犯また吉林で一名捕る
246373	朝鮮朝日	西北版	1934-02-23	1	08단	公醫往診料引下を考慮
246374	朝鮮朝日	西北版	1934-02-23	1	08단	龍巖浦の魚市場問題圓滿解決へ
246375	朝鮮朝日	西北版	1934-02-23	1	09단	全鮮、鮮滿商議理事會四月平壤で
246376	朝鮮朝日	西北版	1934-02-23	1	09단	斷崖上から自動車轉落奇蹟的に木に掛り乘客一同命を取止む
246377	朝鮮朝日	西北版	1934-02-23	1	10단	柳京日記
246378	朝鮮朝日	南鮮版	1934-02-23	1	01단	又デマが飛出しいつもながら困るよだがまんざらでもない宇垣さん至極迷惑がる宇垣さん
246379	朝鮮朝日	南鮮版	1934-02-23	1	01단	朝鮮人工夫さんが飛行機一台獻納まづ結束して貯金共勵會を組織
246380	朝鮮朝日	南鮮版	1934-02-23	1	01단	府民の健康增進のため五ヶ所に小公園を新設京城府一般會計豫算案の內容/京城府の新事業/學級を增加
246381	朝鮮朝日	南鮮版	1934-02-23	1	02단	統營、三千浦、方魚津三港の復舊工事十四萬九千圓を投じて
246382	朝鮮朝日	南鮮版	1934-02-23	1	03단	忠北道會議
246383	朝鮮朝日	南鮮版	1934-02-23	1	04단	人(山田俊夫氏(新任慶南道小作官)/植野動氏/中津川源吉氏(慶南道より轉任の新任京畿道小作官)/佐藤應次郎氏(滿鐵建設局長)/大橋正己氏(滿鐵北鮮鐵道管理局運輸課長))
246384	朝鮮朝日	南鮮版	1934-02-23	1	04단	『奉祝子供の夕』
246385	朝鮮朝日	南鮮版	1934-02-23	1	04단	支柱によってやっと倒壞免る危險な牧の島四小校
246386	朝鮮朝日	南鮮版	1934-02-23	1	05단	赤十字社へ一萬圓寄附京城の間島梅吉氏
246387	朝鮮朝日	南鮮版	1934-02-23	1	05단	空家があっても朝鮮人には貸し手がない大いに考慮を要する內地在住勞働者
246388	朝鮮朝日	南鮮版	1934-02-23	1	06단	求職者は多いが求人はなかなかない悩みはます釜山職紹所
246389	朝鮮朝日	南鮮版	1934-02-23	1	06단	北鮮への勞働者輸送打ち合せなる
246390	朝鮮朝日	南鮮版	1934-02-23	1	06단	剝皮工賃を如何にして廉くするか棉莖製紙に殘る研究

일련번호	판명		간행일	면	단수	기사명
						問題
246391	朝鮮朝日	南鮮版	1934-02-23	1	07단	不正染料商人嚴重取締る
246392	朝鮮朝日	南鮮版	1934-02-23	1	07단	活氣づいて來た釜山の府議補缺選擧
246393	朝鮮朝日	南鮮版	1934-02-23	1	08단	草萌え出る頃二つの散歩道が出現する京城府民への贈物
246394	朝鮮朝日	南鮮版	1934-02-23	1	08단	筋違ひの仇討ち
246395	朝鮮朝日	南鮮版	1934-02-23	1	09단	鉞を揮って娘婿を斬る
246396	朝鮮朝日	南鮮版	1934-02-23	1	09단	感冒猖獗す全南に二萬三千百名死者旣に百六十一名
246397	朝鮮朝日	南鮮版	1934-02-23	1	09단	失戀青年
246398	朝鮮朝日	南鮮版	1934-02-23	1	10단	朝鮮岸荒しの密漁船檢擧
246399	朝鮮朝日	南鮮版	1934-02-23	1	10단	嬰兒の死體遺棄
246400	朝鮮朝日	南鮮版	1934-02-23	1	10단	ヂフテリア治療の血淸製造に成功
246401	朝鮮朝日	南鮮版	1934-02-23	1	10단	京畿道警官異動
246402	朝鮮朝日	西北版	1934-02-24	1	01단	御降誕奉祝半島全土に歡喜漲る(平壤/江界/淸津)
246403	朝鮮朝日	西北版	1934-02-24	1	01단	仕事の多い北鮮へ南鮮の勞働者を輸送第一回は家族を合せて一萬人失業者には大福音
246404	朝鮮朝日	西北版	1934-02-24	1	01단	打續く不況の嵐に咸北農村轉落の一途道當局百方苦心の救濟策も日暮れて道遠し！
246405	朝鮮朝日	西北版	1934-02-24	1	01단	預金貸出し共に金利三釐引下げ三月から金組聯合會が
246406	朝鮮朝日	西北版	1934-02-24	1	03단	産業組合を孟山に新設
246407	朝鮮朝日	西北版	1934-02-24	1	03단	北鮮話題(稅關吏殺害/本望成就？/强チーム出現/大汽の進出/滿洲移民熱)
246408	朝鮮朝日	西北版	1934-02-24	1	04단	特産業者打合會
246409	朝鮮朝日	西北版	1934-02-24	1	04단	景氣に煽られ志願者增加近づく中等校入學試驗
246410	朝鮮朝日	西北版	1934-02-24	1	05단	平北の緬羊飼育
246411	朝鮮朝日	西北版	1934-02-24	1	05단	寫眞(寺洞海軍鑛業部へ到着した遭難者の遺骸)
246412	朝鮮朝日	西北版	1934-02-24	1	06단	空家があっても朝鮮人には貸さぬ考慮を要する內地在住勞働者
246413	朝鮮朝日	西北版	1934-02-24	1	06단	青年の思想善導に社會主事を置く咸南九年度の新施設
246414	朝鮮朝日	西北版	1934-02-24	1	07단	朝鮮人工夫さんが飛行機一台獻納まづ結束して貯金共勵會を組織
246415	朝鮮朝日	西北版	1934-02-24	1	07단	賭場に踏み込み警官射殺さる對岸巡廻中の災厄犯人三名惠山署員に捕る
246416	朝鮮朝日	西北版	1934-02-24	1	08단	遙々關東州へ平南牛の婿入
246417	朝鮮朝日	西北版	1934-02-24	1	08단	萬榮丸いづこ？遭難以來すでに四晝夜必死の搜査も空し
246418	朝鮮朝日	西北版	1934-02-24	1	08단	平壤商議役員會
246419	朝鮮朝日	西北版	1934-02-24	1	09단	平壤醫專軍敎實施
246420	朝鮮朝日	西北版	1934-02-24	1	09단	平壤女高普の藥草栽培

일련번호	판명		간행일	면	단수	기사명
246421	朝鮮朝日	西北版	1934-02-24	1	09단	匪賊越境して一名を拉致碧潼署奪還に努む
246422	朝鮮朝日	西北版	1934-02-24	1	10단	名ばかりの金肥營業者百名を整理
246423	朝鮮朝日	西北版	1934-02-24	1	10단	茂山郵便局長行方を晦す本局の事務檢査の最中
246424	朝鮮朝日	西北版	1934-02-24	1	10단	柳京日記
246425	朝鮮朝日	南鮮版	1934-02-24	1	01단	御降誕奉祝半島全土に歡喜漲る/「宮內省に」賀表奉呈朝鮮兒童一行/忠南全農村に國旗は飜る/地久節奉祝婦人報國祭
246426	朝鮮朝日	南鮮版	1934-02-24	1	01단	仕事の多い北鮮へ南鮮の勞働者を輸送第一回は家族を合せて一萬人失業者には大福音
246427	朝鮮朝日	南鮮版	1934-02-24	1	01단	教育慶南の誇りに學級增加や學年延長を計り全面的の教育充實に努める
246428	朝鮮朝日	南鮮版	1934-02-24	1	01단	預金貸出し共に金利三釐引下げ三月から金組聯合會が
246429	朝鮮朝日	南鮮版	1934-02-24	1	02단	釜山補議選に荒木氏出馬
246430	朝鮮朝日	南鮮版	1934-02-24	1	03단	兵器に新考案一兵士が完成
246431	朝鮮朝日	南鮮版	1934-02-24	1	04단	御卽位式の模樣鮮內に中繼放送する
246432	朝鮮朝日	南鮮版	1934-02-24	1	04단	愛婦會員大募集
246433	朝鮮朝日	南鮮版	1934-02-24	1	04단	南鮮地方にはもう春が訪れてきました
246434	朝鮮朝日	南鮮版	1934-02-24	1	05단	學生陸競聯行事
246435	朝鮮朝日	南鮮版	1934-02-24	1	05단	農業經營に一大革命をもたらす小作令は今月中發布
246436	朝鮮朝日	南鮮版	1934-02-24	1	06단	御眞影を下賜さる赤十字社朝鮮本部に
246437	朝鮮朝日	南鮮版	1934-02-24	1	06단	滿洲國へ空の使節を派遣帝制實施御卽位式の大典に總督のメッセーヂ奉呈
246438	朝鮮朝日	南鮮版	1934-02-24	1	07단	色服獎勵好成績慶北道內で
246439	朝鮮朝日	南鮮版	1934-02-24	1	07단	善行を表彰
246440	朝鮮朝日	南鮮版	1934-02-24	1	07단	感心な小學兒童働いて得たお金十圓皇軍慰問金として寄贈
246441	朝鮮朝日	南鮮版	1934-02-24	1	08단	教員養成短期講習三師範學校で
246442	朝鮮朝日	南鮮版	1934-02-24	1	08단	半農半漁により漁村の窮狀を打開する共同耕作圃購入資金を貸付く
246443	朝鮮朝日	南鮮版	1934-02-24	1	08단	朝鮮神宮のお護りを非常に欲しがる國境警備の一線を視察して上內警務課長歸來談
246444	朝鮮朝日	南鮮版	1934-02-24	1	08단	慘殺犯人何處へ持久的に捜査
246445	朝鮮朝日	南鮮版	1934-02-24	1	10단	犯人護送中奇禍
246446	朝鮮朝日	南鮮版	1934-02-24	1	10단	常習的に麻雀賭博紳士五名を檢擧
246447	朝鮮朝日	南鮮版	1934-02-24	1	10단	大量の阿片密輸支那人數名を手下に使って
246448	朝鮮朝日	南鮮版	1934-02-24	1	10단	清源に強盜
246449	朝鮮朝日	西北版	1934-02-25	1	01단	米穀政策を確立總督府に米穀部新設七ヶ所に米穀事務所部長には湯村農務課長任命/農林局の課廢合課長級に異動

일련번호	판명		간행일	면	단수	기사명
246450	朝鮮朝日	西北版	1934-02-25	1	01단	栗檢査規則決る品質改良と相まち內地飛躍の基礎づけ成る
246451	朝鮮朝日	西北版	1934-02-25	1	01단	夜を徹して踊り抜く前日に引つゞき大賑ひ平壤の奉祝第二日(新義州)
246452	朝鮮朝日	西北版	1934-02-25	1	04단	黃海道々會
246453	朝鮮朝日	西北版	1934-02-25	1	04단	軍事功勞者を陸軍大臣が表彰光榮に浴した三氏
246454	朝鮮朝日	西北版	1934-02-25	1	05단	咸興の新規事業社會衛生施設を改善
246455	朝鮮朝日	西北版	1934-02-25	1	05단	助興稅設定
246456	朝鮮朝日	西北版	1934-02-25	1	05단	怪飛機飛來に雄基では燈火管制實際に行つたのは我國で最初
246457	朝鮮朝日	西北版	1934-02-25	1	05단	豫算審議の平南道會第一日
246458	朝鮮朝日	西北版	1934-02-25	1	06단	牧師排斥を叫び信徒ら摑み合ふ平壤淸契教會の騷ぎ
246459	朝鮮朝日	西北版	1934-02-25	1	06단	滿鐵、前例を破つて朝鮮人を採用新設の産業鐵道に見習從事員として二千名
246460	朝鮮朝日	西北版	1934-02-25	1	06단	北鮮話題
246461	朝鮮朝日	西北版	1934-02-25	1	07단	平南でも國防義會
246462	朝鮮朝日	西北版	1934-02-25	1	08단	萬榮丸の附屬品發見
246463	朝鮮朝日	西北版	1934-02-25	1	08단	無煙炭百萬噸の大祝賀會は延期確實な來年に催す
246464	朝鮮朝日	西北版	1934-02-25	1	08단	狗峴嶺の難を控へ滿浦線工事に拍車近く滿浦鎭側からも着工
246465	朝鮮朝日	西北版	1934-02-25	1	09단	赤色ギャング何れも送局
246466	朝鮮朝日	西北版	1934-02-25	1	10단	山中に強盜出現
246467	朝鮮朝日	西北版	1934-02-25	1	10단	三百圓詐取
246468	朝鮮朝日	西北版	1934-02-25	1	10단	柳京日記
246469	朝鮮朝日	南鮮版	1934-02-25	1	01단	米穀政策を確立總督府に米穀部新設七ヶ所に米穀事務所部長には湯村農務課長任命/農林局の課廢合課長級に異動
246470	朝鮮朝日	南鮮版	1934-02-25	1	01단	俄然混戰狀態に內地人四名、朝鮮人一名出馬釜山府議補缺選/選擧の告示
246471	朝鮮朝日	南鮮版	1934-02-25	1	01단	京城府民の皇太子殿下御安泰祈願祭(京城神社ニテ)
246472	朝鮮朝日	南鮮版	1934-02-25	1	03단	忠淸南道會/全北道會
246473	朝鮮朝日	南鮮版	1934-02-25	1	04단	人(三輪和三郎氏(忠南高等課長)/大和田臨之助氏(全北高等課長))
246474	朝鮮朝日	南鮮版	1934-02-25	1	04단	農村更生戰の中堅鬪士を養成京畿道農事訓練所いよいよ三月一日から開所
246475	朝鮮朝日	南鮮版	1934-02-25	1	04단	軍事功勞者を陸軍大臣が表彰光榮に浴した三氏
246476	朝鮮朝日	南鮮版	1934-02-25	1	05단	花町地先埋築可決仁川府會で
246477	朝鮮朝日	南鮮版	1934-02-25	1	05단	丹村面の婦人四十五名見事に經濟更生好成績に驚く慶北道當局

일련번호	판명		간행일	면	단수	기사명
246478	朝鮮朝日	南鮮版	1934-02-25	1	05단	許信氏醫博に
246479	朝鮮朝日	南鮮版	1934-02-25	1	06단	釜山府第二部教育部會懇談會
246480	朝鮮朝日	南鮮版	1934-02-25	1	06단	迷惑千萬斷然阻止本省の出版法案に本府の意向
246481	朝鮮朝日	南鮮版	1934-02-25	1	07단	怪飛機飛來に雄基では燈火管制實際に行ったのは我國で最初
246482	朝鮮朝日	南鮮版	1934-02-25	1	07단	仁川發展策種々協議さる
246483	朝鮮朝日	南鮮版	1934-02-25	1	07단	漁業指導發動機船慶南で建造
246484	朝鮮朝日	南鮮版	1934-02-25	1	07단	感冒漸やく下火死亡者三千人に上る
246485	朝鮮朝日	南鮮版	1934-02-25	1	07단	慰藉料五千圓請求貞操蹂躪の侮辱から
246486	朝鮮朝日	南鮮版	1934-02-25	1	08단	稅監局誘致に大童の大邱期成會建設資金三萬圓寄附
246487	朝鮮朝日	南鮮版	1934-02-25	1	08단	*東洋紡と朝鮮紡愈よ合同實現か/無煙炭合同打合せを行ふ*
246488	朝鮮朝日	南鮮版	1934-02-25	1	09단	篤行婦人を表彰
246489	朝鮮朝日	南鮮版	1934-02-25	1	09단	記念貯金は好評
246490	朝鮮朝日	南鮮版	1934-02-25	1	10단	咸北地方痘瘡流行無料で種痘
246491	朝鮮朝日	南鮮版	1934-02-25	1	10단	賢興に火事
246492	朝鮮朝日	南鮮版	1934-02-25	1	10단	巫女や占師を嚴重取締る
246493	朝鮮朝日	南鮮版	1934-02-25	1	10단	山中に强盗出現
246494	朝鮮朝日	南鮮版	1934-02-25	1	10단	三百圓詐取
246495	朝鮮朝日	南鮮版	1934-02-25	1	10단	オーバ專門賊捕る
246496	朝鮮朝日	西北版	1934-02-27	1	01단	稅務機關獨立の時期は大體六月半島空前の大異動を前に早くも官界に衝動
246497	朝鮮朝日	西北版	1934-02-27	1	01단	京圖線經由の輸送範圍を確立日滿經濟に商圈分野を劃す滿鐵の新運輸政策
246498	朝鮮朝日	西北版	1934-02-27	1	01단	平南の一面一校は十一年度に完成一時前途を憂慮されたが更生機運で豫定通りに
246499	朝鮮朝日	西北版	1934-02-27	1	02단	土木管區事務所を四ヶ所に新設す平南の道路保全策
246500	朝鮮朝日	西北版	1934-02-27	1	03단	軍教實施
246501	朝鮮朝日	西北版	1934-02-27	1	04단	辭令(東京電話)
246502	朝鮮朝日	西北版	1934-02-27	1	04단	五山高普の復舊策なる
246503	朝鮮朝日	西北版	1934-02-27	1	04단	教員大拂底に當局窮餘の策短期講習の補充策でも足らず退職教員まで總動員
246504	朝鮮朝日	西北版	1934-02-27	1	04단	麥田架橋案に反對論湧く結局纏らずに散會平南道會第二日
246505	朝鮮朝日	西北版	1934-02-27	1	05단	寫眞は寺洞海軍鑛業部將校集會所で執行された大村海軍機遭難五勇士の盛大な假告別式
246506	朝鮮朝日	西北版	1934-02-27	1	05단	愈よ農林省案の米穀統制案上程期成會では半島あげての大反對運動の準備
246507	朝鮮朝日	西北版	1934-02-27	1	06단	*咸北道會/咸南道會*

일련번호	판명		간행일	면	단수	기사명
246508	朝鮮朝日	西北版	1934-02-27	1	06단	相次ぐ怪飛行機に軍部も警察も緊張外務省からも眞相の問合せ
246509	朝鮮朝日	西北版	1934-02-27	1	07단	北鮮話題
246510	朝鮮朝日	西北版	1934-02-27	1	07단	各國人を網羅した訪日團來淸埠頭を彩る國際色
246511	朝鮮朝日	西北版	1934-02-27	1	08단	平壤公會堂敷地きまる四月早々工事に着手
246512	朝鮮朝日	西北版	1934-02-27	1	08단	躍る北鮮の爆藥使用量
246513	朝鮮朝日	西北版	1934-02-27	1	08단	マイト爆發トンネル工事の工夫四名死傷
246514	朝鮮朝日	西北版	1934-02-27	1	09단	平南道の面廢合四ヶ面を廢す
246515	朝鮮朝日	西北版	1934-02-27	1	10단	假裝行列の入賞者決る
246516	朝鮮朝日	西北版	1934-02-27	1	10단	店頭陳列競技會
246517	朝鮮朝日	西北版	1934-02-27	1	10단	人(田中總督府外事課長)
246518	朝鮮朝日	西北版	1934-02-27	1	10단	柳京日記
246519	朝鮮朝日	南鮮版	1934-02-27	1	01단	税務機關獨立の時期は大體六月半島空前の大異動を前に早くも官界に衝動
246520	朝鮮朝日	南鮮版	1934-02-27	1	01단	教員大拂底に當局窮餘の策短期講習の補充策でも足らず退職教員まで總動員
246521	朝鮮朝日	南鮮版	1934-02-27	1	01단	滿洲國の大典に際し獻上品や賀表奉呈に就いて大使館より手續きの知らせ
246522	朝鮮朝日	南鮮版	1934-02-27	1	01단	釜山鄕軍將校團
246523	朝鮮朝日	南鮮版	1934-02-27	1	02단	舟田新判事
246524	朝鮮朝日	南鮮版	1934-02-27	1	02단	入學試驗始る道內のトップを切って釜山公立高女
246525	朝鮮朝日	南鮮版	1934-02-27	1	03단	朝鮮で初めての豫備判事制度司法官の負擔過重緩和に明年度から設ける
246526	朝鮮朝日	南鮮版	1934-02-27	1	04단	辭令(東京電話)
246527	朝鮮朝日	南鮮版	1934-02-27	1	04단	大田記者同志會
246528	朝鮮朝日	南鮮版	1934-02-27	1	04단	運動界(ラグビー戰/春季ラグビースケジュール)
246529	朝鮮朝日	南鮮版	1934-02-27	1	05단	北鮮話題
246530	朝鮮朝日	南鮮版	1934-02-27	1	05단	相次ぐ怪飛行機に軍部も警察も緊張外務省からも眞相の問合せ
246531	朝鮮朝日	南鮮版	1934-02-27	1	05단	結局無競爭か釜山府議補缺選/府議補選の運動取締り
246532	朝鮮朝日	南鮮版	1934-02-27	1	06단	香奠返しを廢し社會事業費に釜山社事協會で運動
246533	朝鮮朝日	南鮮版	1934-02-27	1	06단	農村のサンタクロース昔忘れぬ篤行地主己れが貧苦の體驗から貧しき人々に救ひの手
246534	朝鮮朝日	南鮮版	1934-02-27	1	06단	大邱府內に火災が頻々既に五十三回に上る
246535	朝鮮朝日	南鮮版	1934-02-27	1	08단	愈よ農林省案の米穀統制案上程期成會では半島あげての大反對運動の準備/いまだ必ずしも樂觀を許さず鮮米擁護のため東上した賀田朝鮮商議會頭歸る
246536	朝鮮朝日	南鮮版	1934-02-27	1	08단	乘せた客が忽ち強盜に
246537	朝鮮朝日	南鮮版	1934-02-27	1	09단	車中に轉る五連發拳銃

일련번호	판명		간행일	면	단수	기사명
246538	朝鮮朝日	南鮮版	1934-02-27	1	09단	マイト爆發トンネル工事の工夫四名死傷
246539	朝鮮朝日	南鮮版	1934-02-27	1	10단	內鮮滿間客荷規定ちかく改正
246540	朝鮮朝日	南鮮版	1934-02-27	1	10단	郵便物遞送專用車運行
246541	朝鮮朝日	南鮮版	1934-02-27	1	10단	覆面の強盜
246542	朝鮮朝日	南鮮版	1934-02-27	1	10단	人(田中總督府外事課長/多田公州地方法院長)
246543	朝鮮朝日	西北版	1934-02-28	1	01단	燦たるこの天業爛たる新帝國出現善隣滿洲國の盛典に當って宇垣總督謹話/空の使節愼機出發す
246544	朝鮮朝日	西北版	1934-02-28	1	01단	一千三百萬圓が全鮮的に窮民の懷を潤す第二次救濟事業費決定
246545	朝鮮朝日	西北版	1934-02-28	1	01단	意見續出す平南道會第三日
246546	朝鮮朝日	西北版	1934-02-28	1	02단	開商學級增加運動
246547	朝鮮朝日	西北版	1934-02-28	1	02단	春淺き果樹園の慘劇父娘二人を殺害す強盜の所爲か痴情關係か/現場に近く引續き強盜同一犯人と見込み必死の捜査陣を布く/死體を解剖/唯一の關係者つね女を繞り取調べの步を進む/庭さきに白毛の首卷/現れた匕首に血糊のあと
246548	朝鮮朝日	西北版	1934-02-28	1	04단	本社の新銳機新京に雄姿を輝かす
246549	朝鮮朝日	西北版	1934-02-28	1	05단	師範學校の入試始まる
246550	朝鮮朝日	西北版	1934-02-28	1	06단	北鮮話題
246551	朝鮮朝日	西北版	1934-02-28	1	06단	意外な展開に再び猛運動起す注目される米穀問題
246552	朝鮮朝日	西北版	1934-02-28	1	06단	荒める魂に純情の目醒春日の下にはしゃぐ平壤更生園の一日
246553	朝鮮朝日	西北版	1934-02-28	1	07단	特別閱覽室新設
246554	朝鮮朝日	西北版	1934-02-28	1	07단	國境稅關吏の態度を監督旅客に不快の念を與ふな宇垣總督より嚴命
246555	朝鮮朝日	西北版	1934-02-28	1	09단	郵便物遞送專用車運行
246556	朝鮮朝日	西北版	1934-02-28	1	09단	詐欺漢捕る
246557	朝鮮朝日	西北版	1934-02-28	1	10단	茂山郵便局長入水自殺か
246558	朝鮮朝日	西北版	1934-02-28	1	10단	柳京日記
246559	朝鮮朝日	南鮮版	1934-02-28	1	01단	燦たるこの天業爛たる新帝國出現善隣滿洲國の盛典に當って宇垣總督謹話/空の使節愼機出發す
246560	朝鮮朝日	南鮮版	1934-02-28	1	01단	一千三百萬圓が全鮮的に窮民の懷を潤す第二次救濟事業費決定
246561	朝鮮朝日	南鮮版	1934-02-28	1	01단	全南道會
246562	朝鮮朝日	南鮮版	1934-02-28	1	01단	京畿道會
246563	朝鮮朝日	南鮮版	1934-02-28	1	02단	奉祝各地とも大賑ひ(１２は鎭海邑３４は馬山の餘興隊)
246564	朝鮮朝日	南鮮版	1934-02-28	1	04단	本社の新銳機新京に雄姿を輝かす
246565	朝鮮朝日	南鮮版	1934-02-28	1	05단	京城大亞細亞協會

일련번호	판명		간행일	면	단수	기사명
246566	朝鮮朝日	南鮮版	1934-02-28	1	05단	皇吾里古墳ちかく發掘
246567	朝鮮朝日	南鮮版	1934-02-28	1	06단	慶北道農會豫算
246568	朝鮮朝日	南鮮版	1934-02-28	1	06단	廿餘名が組織的に渡航證明書を僞造一枚十圓や十五圓で賣りつく被害者二百餘名に上る/ここにも惡ブローカー
246569	朝鮮朝日	南鮮版	1934-02-28	1	06단	京城府民病院三月二日落成式擧行
246570	朝鮮朝日	南鮮版	1934-02-28	1	07단	高等小學校の移轉改築お流れ釜山府第一教育部會豫算/副議長改選
246571	朝鮮朝日	南鮮版	1934-02-28	1	07단	京城の電話九千九十九個
246572	朝鮮朝日	南鮮版	1934-02-28	1	07단	意外な展開に再び猛運動起す注目される米穀問題
246573	朝鮮朝日	南鮮版	1934-02-28	1	08단	新入學兒童六千人に上る
246574	朝鮮朝日	南鮮版	1934-02-28	1	08단	高義敬伯逝去
246575	朝鮮朝日	南鮮版	1934-02-28	1	08단	釜山府議補缺選內地人候補定員超過
246576	朝鮮朝日	南鮮版	1934-02-28	1	08단	詐欺漢捕る
246577	朝鮮朝日	南鮮版	1934-02-28	1	09단	男女三名が家出
246578	朝鮮朝日	南鮮版	1934-02-28	1	09단	怪盜は十七の少年
246579	朝鮮朝日	南鮮版	1934-02-28	1	09단	賭場に乗り込み場錢百圓を強奪二名とも捕まったが賭場の十五名は行方不明
246580	朝鮮朝日	南鮮版	1934-02-28	1	10단	御下賜金横領男捕る
246581	朝鮮朝日	南鮮版	1934-02-28	1	10단	僞強盜
246582	朝鮮朝日	南鮮版	1934-02-28	1	10단	人(篠田李王職長官/齋藤まつ氏(慶南道山淸署長齋藤朝好氏母堂))

1934년 3월 (조선아사히)

일련번호	판명		간행일	면	단수	기사명
246583	朝鮮朝日	西北版	1934-03-01	1	01단	西北鮮地方は野も山も緬羊で埋むまづ十萬頭を目標にして增殖の獎勵方策決定す
246584	朝鮮朝日	西北版	1934-03-01	1	01단	龍巖浦市場問題再び蒸し返す鮮滿市場協會より補償費要求道側では斷然一蹴
246585	朝鮮朝日	西北版	1934-03-01	1	01단	外地米統制の對策を協議
246586	朝鮮朝日	西北版	1934-03-01	1	02단	産業技手會議
246587	朝鮮朝日	西北版	1934-03-01	1	02단	農家經濟の振興に重點單一農業から多角農業へ本府の經營改善策
246588	朝鮮朝日	西北版	1934-03-01	1	02단	咸南農試場設備を擴張
246589	朝鮮朝日	西北版	1934-03-01	1	03단	平壤でカフェの營業稅を引上ぐさらぬだに不況に喘ぐ業者死活問題とばかり對策協議
246590	朝鮮朝日	西北版	1934-03-01	1	04단	警部試驗合格者
246591	朝鮮朝日	西北版	1934-03-01	1	04단	警務課長咸北視察
246592	朝鮮朝日	西北版	1934-03-01	1	04단	朝鮮生絲の內地殺到を統制取締規定の要項なる
246593	朝鮮朝日	西北版	1934-03-01	1	04단	品評會を前に酒釀造指導
246594	朝鮮朝日	西北版	1934-03-01	1	04단	齲齒を一掃
246595	朝鮮朝日	西北版	1934-03-01	1	05단	北鮮話題
246596	朝鮮朝日	西北版	1934-03-01	1	05단	學童表彰
246597	朝鮮朝日	西北版	1934-03-01	1	05단	滿洲國へ大典の祝電平南道會第四日
246598	朝鮮朝日	西北版	1934-03-01	1	05단	父娘殺しの犯人縛に就く賭博の元手稼ぎに押入り遂に兇刃を揮ふ
246599	朝鮮朝日	西北版	1934-03-01	1	06단	試驗地獄の新義州商業五十名の採用に志願者が六百！
246600	朝鮮朝日	西北版	1934-03-01	1	06단	學校組合議員選擧
246601	朝鮮朝日	西北版	1934-03-01	1	06단	平高女の鷄卵孵化
246602	朝鮮朝日	西北版	1934-03-01	1	07단	危い窓の鐵格子平壤署で取り締る
246603	朝鮮朝日	西北版	1934-03-01	1	08단	金塊密輸
246604	朝鮮朝日	西北版	1934-03-01	1	08단	自動車暴る
246605	朝鮮朝日	西北版	1934-03-01	1	08단	舊惡を自白
246606	朝鮮朝日	西北版	1934-03-01	1	09단	西鮮合電の電氣事業令違反平壤府より供電切替慫慂損害の賠償も求む
246607	朝鮮朝日	西北版	1934-03-01	1	09단	賭博が好きで仕事も怠る雇主の話
246608	朝鮮朝日	西北版	1934-03-01	1	10단	羅南邑に天然痘續發
246609	朝鮮朝日	西北版	1934-03-01	1	10단	麻雀賭博
246610	朝鮮朝日	西北版	1934-03-01	1	10단	柳京日記
246611	朝鮮朝日	南鮮版	1934-03-01	1	01단	西北鮮地方は野も山緬羊で埋むまづ十萬頭を目標にして增殖の獎勵方策決定す
246612	朝鮮朝日	南鮮版	1934-03-01	1	01단	候補者連名の立看板も街頭に釜山府議補缺選せまる
246613	朝鮮朝日	南鮮版	1934-03-01	1	01단	選擧立會人
246614	朝鮮朝日	南鮮版	1934-03-01	1	01단	慶南道豫算前年より廿七萬圓增

일련번호	판명		간행일	면	단수	기사명
246615	朝鮮朝日	南鮮版	1934-03-01	1	03단	慶南道農會明年度豫算
246616	朝鮮朝日	南鮮版	1934-03-01	1	03단	隱れて禁斷の味に醉ふ京城に描かれる時代相/世はまさにデス音頭の氾濫時代踊り狂ふマダム、娘、女給等々
246617	朝鮮朝日	南鮮版	1934-03-01	1	04단	飛行往來
246618	朝鮮朝日	南鮮版	1934-03-01	1	04단	師團設置忠南期成會發會式行はる
246619	朝鮮朝日	南鮮版	1934-03-01	1	04단	群山府尹から祝電を發す
246620	朝鮮朝日	南鮮版	1934-03-01	1	04단	朝鮮生絲の內地殺到を統制取締規定の要項なる
246621	朝鮮朝日	南鮮版	1934-03-01	1	05단	釜山府教育部會
246622	朝鮮朝日	南鮮版	1934-03-01	1	05단	カップを御下賜今井田總監等のゴルフ競技に
246623	朝鮮朝日	南鮮版	1934-03-01	1	05단	自力更生にはまづ人の和が第一全北で農村中心人物を養成明朖農村建設の第一步へ
246624	朝鮮朝日	南鮮版	1934-03-01	1	06단	農家經濟の振興に重點單一農業から多角農業へ本府の經營改善策
246625	朝鮮朝日	南鮮版	1934-03-01	1	06단	長津江水電第一期工事
246626	朝鮮朝日	南鮮版	1934-03-01	1	07단	外地米統制の對策を協議
246627	朝鮮朝日	南鮮版	1934-03-01	1	07단	半島の警視廳として京畿道刑事課科學搜査陣を充實
246628	朝鮮朝日	南鮮版	1934-03-01	1	08단	工業試驗場誘致を協議
246629	朝鮮朝日	南鮮版	1934-03-01	1	08단	棉作技術者五十八名を增員增産に一段の拍車
246630	朝鮮朝日	南鮮版	1934-03-01	1	08단	電話の相場暴騰
246631	朝鮮朝日	南鮮版	1934-03-01	1	09단	農繁期に五託兒所
246632	朝鮮朝日	南鮮版	1934-03-01	1	10단	兒童に情操教育力を注ぐ金氏
246633	朝鮮朝日	南鮮版	1934-03-01	1	10단	女教員も射擊練習近く高遠見で
246634	朝鮮朝日	南鮮版	1934-03-01	1	10단	面事務所全燒す書類等灰燼に
246635	朝鮮朝日	南鮮版	1934-03-01	1	10단	春日長閑
246636	朝鮮朝日	西北版	1934-03-02	1	01단	明るい農村建設に警官の偉大な活動農事の改善に平和出現の努力に美談は隨所に現はる
246637	朝鮮朝日	西北版	1934-03-02	1	01단	特殊の事情を含めた朝鮮市街地計劃令四月早々から實施の豫定
246638	朝鮮朝日	西北版	1934-03-02	1	01단	例年よりは十五萬圓の增加平壤府第二教育部豫算主なる新規事業は！
246639	朝鮮朝日	西北版	1934-03-02	1	01단	平南道會第六日教育費を繞り意見囂々
246640	朝鮮朝日	西北版	1934-03-02	1	02단	日本精神を發揮國防の完璧を期す怪飛行機の飛來に緊張した雄基市民大會で決議
246641	朝鮮朝日	西北版	1934-03-02	1	03단	兇器は三百年前の名刀强盜を捕へんとしてこの災厄に鎭南浦の父娘殺し事件後報
246642	朝鮮朝日	西北版	1934-03-02	1	04단	信川で野外演習
246643	朝鮮朝日	西北版	1934-03-02	1	04단	小作令を農地令に名稱を變更
246644	朝鮮朝日	西北版	1934-03-02	1	04단	出荷助成費名道割當決定
246645	朝鮮朝日	西北版	1934-03-02	1	05단	平鐵荷主懇談會

일련번호	판명		간행일	면	단수	기사명
246646	朝鮮朝日	西北版	1934-03-02	1	05단	朝無炭總會
246647	朝鮮朝日	西北版	1934-03-02	1	05단	軍人學生一萬名の大分列式講演、映畫會も催す平壤の陸軍記念日/畜産の平南確立を目標して産業技手會議を開く
246648	朝鮮朝日	西北版	1934-03-02	1	06단	北鮮話題(スポーツ熱/繁榮の祕策/天狗の鼻柱)
246649	朝鮮朝日	西北版	1934-03-02	1	06단	吉松吉樹翁を中心に平壤に水莖會組織有志三十餘名が八十の手習ひ
246650	朝鮮朝日	西北版	1934-03-02	1	07단	平壤商工業部會
246651	朝鮮朝日	西北版	1934-03-02	1	08단	行方不明の茂山郵便局長永井春生氏(二十八日本紙參照)
246652	朝鮮朝日	西北版	1934-03-02	1	08단	平壤公會堂設計案なる異色ある能舞台や斬新奇拔のプール
246653	朝鮮朝日	西北版	1934-03-02	1	10단	大典を迎へ歡喜に沸く安東の賑ひ
246654	朝鮮朝日	西北版	1934-03-02	1	10단	獵銃で射殺
246655	朝鮮朝日	西北版	1934-03-02	1	10단	偽造の十圓紙幣
246656	朝鮮朝日	西北版	1934-03-02	1	10단	柳京日記
246657	朝鮮朝日	南鮮版	1934-03-02	1	01단	明るい農村建設に警官の偉大な活動農事の改善に平和出現の努力に美談は隨所に現はる
246658	朝鮮朝日	南鮮版	1934-03-02	1	01단	特殊の事情を含めた朝鮮市街地計劃令四月早々から實施の豫定
246659	朝鮮朝日	南鮮版	1934-03-02	1	01단	慶北道明年度の豫算八百九十萬圓に上る
246660	朝鮮朝日	南鮮版	1934-03-02	1	01단	全北道會
246661	朝鮮朝日	南鮮版	1934-03-02	1	02단	忠北道會終了
246662	朝鮮朝日	南鮮版	1934-03-02	1	03단	慶南道明年度豫算窮民救濟と新規事業の内容
246663	朝鮮朝日	南鮮版	1934-03-02	1	04단	信川で野外演習
246664	朝鮮朝日	南鮮版	1934-03-02	1	04단	辭令(東京電話)
246665	朝鮮朝日	南鮮版	1934-03-02	1	04단	來る十日防空演習蔚山で催す/軍人警官慰靈祭京城で行ふ
246666	朝鮮朝日	南鮮版	1934-03-02	1	05단	小作令を農地令に名稱を變更
246667	朝鮮朝日	南鮮版	1934-03-02	1	05단	愈よ三日釜山府議補缺選擧光榮の當選者は果して誰々か(候補者の氏名 釜山府辨天町三丁目金融業 池田祿次郎(六十三)/釜山府草梁町四六ノ二會社員 石原喬(四十三)/釜山府瀧仙町一九九七造船鐵工業 中村高次(四十二)/釜山府大廳町三丁目九藥種商 由岐潔治(三十七)/釜山府瀧州町五七五代書業 許鎭(四十六)/釜山府瀧仙町三一五鑛業 金永在(四十)/釜山府瀧洲町五九二醫師 李璜鎔(四十)/當落決定は夜十二時頃)
246668	朝鮮朝日	南鮮版	1934-03-02	1	06단	京城府會九日から開かる相當紛糾豫想さる
246669	朝鮮朝日	南鮮版	1934-03-02	1	06단	出荷助成費名道割當決定

일련번호	판명		간행일	면	단수	기사명
246670	朝鮮朝日	南鮮版	1934-03-02	1	06단	園藝と綠化展釜山での新しい試み
246671	朝鮮朝日	南鮮版	1934-03-02	1	06단	雛祭りと音樂會
246672	朝鮮朝日	南鮮版	1934-03-02	1	07단	朝無炭總會
246673	朝鮮朝日	南鮮版	1934-03-02	1	07단	洛東江の水災防禦慶南北道協議
246674	朝鮮朝日	南鮮版	1934-03-02	1	08단	慶北道農會主事
246675	朝鮮朝日	南鮮版	1934-03-02	1	08단	日滿經濟統制促進方京城から協會に要望
246676	朝鮮朝日	南鮮版	1934-03-02	1	08단	反對運動一時休止米穀統制に
246677	朝鮮朝日	南鮮版	1934-03-02	1	08단	大田商議所議員總改選現在二氏出馬
246678	朝鮮朝日	南鮮版	1934-03-02	1	09단	忠南道畜産會議
246679	朝鮮朝日	南鮮版	1934-03-02	1	09단	勤續就業員表彰
246680	朝鮮朝日	南鮮版	1934-03-02	1	09단	二萬五百圓寄附
246681	朝鮮朝日	南鮮版	1934-03-02	1	09단	至急電話
246682	朝鮮朝日	南鮮版	1934-03-02	1	09단	鷄七百羽が燒死鷄舍一棟の全燒から
246683	朝鮮朝日	南鮮版	1934-03-02	1	10단	五十二團體に賞品
246684	朝鮮朝日	南鮮版	1934-03-02	1	10단	娼妓自殺を計る
246685	朝鮮朝日	南鮮版	1934-03-02	1	10단	業務橫領で起訴
246686	朝鮮朝日	南鮮版	1934-03-02	1	10단	時速違反十一名
246687	朝鮮朝日	南鮮版	1934-03-02	1	10단	不穩ビラ
246688	朝鮮朝日	西北版	1934-03-03	1	01단	大地を打診して特殊鑛物を捜す技術者百五十名を總動員して一般から非常に期待さる
246689	朝鮮朝日	西北版	1934-03-03	1	01단	多木氏寄附になる愈よ農林博物館建設今秋九月頃までには完成
246690	朝鮮朝日	西北版	1934-03-03	1	01단	學校費取扱規定を根本的に改む咸北で公金費消頻發に鑑み
246691	朝鮮朝日	西北版	1934-03-03	1	01단	再び紛糾す平南道會第七日
246692	朝鮮朝日	西北版	1934-03-03	1	02단	咸南國防義會聯合會結成を急ぐ
246693	朝鮮朝日	西北版	1934-03-03	1	02단	天然藥草採取を學童へ積極的に獎勵農村普校の月謝滯納に惱む平南學務課の對策
246694	朝鮮朝日	西北版	1934-03-03	1	03단	咸南救療施設實績
246695	朝鮮朝日	西北版	1934-03-03	1	03단	屑林檎から酒が出來る瓦斯を加ふれば優良な三鞭酒に
246696	朝鮮朝日	西北版	1934-03-03	1	04단	人(松本京畿道知事/村上恥己氏(新義州府尹))
246697	朝鮮朝日	西北版	1934-03-03	1	04단	地主達が集り整地組合を組織西平壤の濕地を埋立てゝ土地の發展に資す
246698	朝鮮朝日	西北版	1934-03-03	1	05단	養蠶講習會
246699	朝鮮朝日	西北版	1934-03-03	1	05단	勇躍越境し匪賊と交戰す見事・人質奪還に成功して碧潼署に凱歌揚る
246700	朝鮮朝日	西北版	1934-03-03	1	05단	國防の費に
246701	朝鮮朝日	西北版	1934-03-03	1	05단	長谷川中將視察
246702	朝鮮朝日	西北版	1934-03-03	1	06단	北鮮話題

일련번호	판명		간행일	면	단수	기사명
246703	朝鮮朝日	西北版	1934-03-03	1	06단	會社の立行くやう道で代案を考究鎮南浦魚市場經營移管問題
246704	朝鮮朝日	西北版	1934-03-03	1	06단	大典を壽ぐ間島の賑ひ
246705	朝鮮朝日	西北版	1934-03-03	1	06단	南京方面から內地語の怪放送滿洲國の大典當夜
246706	朝鮮朝日	西北版	1934-03-03	1	06단	愈よ平南線のスピードアップ
246707	朝鮮朝日	西北版	1934-03-03	1	07단	鄕軍聯合發會式
246708	朝鮮朝日	西北版	1934-03-03	1	07단	平壤驛前に商陳所新築
246709	朝鮮朝日	西北版	1934-03-03	1	07단	寫眞(鎮南浦の父娘殺し犯人表淳鳳と兇行に使用された匕首)
246710	朝鮮朝日	西北版	1934-03-03	1	08단	飯が喰へないそれは金がないからだ
246711	朝鮮朝日	西北版	1934-03-03	1	08단	職を求める學童のため關係者が寄って協議會
246712	朝鮮朝日	西北版	1934-03-03	1	09단	救急箱充實
246713	朝鮮朝日	西北版	1934-03-03	1	09단	新電車運轉
246714	朝鮮朝日	西北版	1934-03-03	1	09단	蝀龍窟に點燈計劃
246715	朝鮮朝日	西北版	1934-03-03	1	09단	羅南、羅津に天然痘續發當局防疫に狂奔す
246716	朝鮮朝日	西北版	1934-03-03	1	10단	平壤中學卒業式
246717	朝鮮朝日	西北版	1934-03-03	1	10단	放火男捕る
246718	朝鮮朝日	西北版	1934-03-03	1	10단	寡婦を襲ふ
246719	朝鮮朝日	西北版	1934-03-03	1	10단	落磐で二名死傷
246720	朝鮮朝日	西北版	1934-03-03	1	10단	柳京日記
246721	朝鮮朝日	南鮮版	1934-03-03	1	01단	大地を打診して特殊鑛物を捜す技術者百五十名を總動員して一齊から非常に期待さる/埋藏量一億噸の素晴しい硫化鐵鑛江原道の伊川郡で發見
246722	朝鮮朝日	南鮮版	1934-03-03	1	01단	陸軍記念日に各道で國防聯合會を組織四月には朝鮮國防義會聯合會結成
246723	朝鮮朝日	南鮮版	1934-03-03	1	01단	各道の知事會議四月上旬招集
246724	朝鮮朝日	南鮮版	1934-03-03	1	02단	慶北道會
246725	朝鮮朝日	南鮮版	1934-03-03	1	02단	李瑾鎔候補
246726	朝鮮朝日	南鮮版	1934-03-03	1	02단	學校だより(慶南卒業式日割/大邱府內中等校/京城府內各學校/二校入學試驗日/釜山水晶町に普通校設置)
246727	朝鮮朝日	南鮮版	1934-03-03	1	03단	釜山第二教育部會
246728	朝鮮朝日	南鮮版	1934-03-03	1	03단	仁川府議六名の補缺選擧卅一日だが氣乘薄
246729	朝鮮朝日	南鮮版	1934-03-03	1	04단	人(松本京畿道知事/村上恥己氏(新義州府尹))
246730	朝鮮朝日	南鮮版	1934-03-03	1	04단	候補續出俄然混亂大田商議選擧
246731	朝鮮朝日	南鮮版	1934-03-03	1	04단	奉祝記念郵便貯金
246732	朝鮮朝日	南鮮版	1934-03-03	1	05단	內地へ朝鮮へ團體客が續々
246733	朝鮮朝日	南鮮版	1934-03-03	1	05단	多木氏寄附になる愈よ農林博物館建設今秋九月頃までには完成
246734	朝鮮朝日	南鮮版	1934-03-03	1	05단	故高伯の告別式三日東京で

일련번호	판명		간행일	면	단수	기사명
246735	朝鮮朝日	南鮮版	1934-03-03	1	05단	施惠不忘碑建設
246736	朝鮮朝日	南鮮版	1934-03-03	1	06단	米穀問題の情報がまちまちで困る本府から東上委員に照電
246737	朝鮮朝日	南鮮版	1934-03-03	1	06단	正直者に神宿る
246738	朝鮮朝日	南鮮版	1934-03-03	1	06단	農村更生戰の挺身隊四十名『一年間土への力强き精進』京畿道農事訓練所開設さる
246739	朝鮮朝日	南鮮版	1934-03-03	1	08단	長谷川中將視察
246740	朝鮮朝日	南鮮版	1934-03-03	1	08단	大邱と金泉にモヒ患者治療所慶北から撲滅を計劃
246741	朝鮮朝日	南鮮版	1934-03-03	1	08단	護送中の卅四名京城驛で騒ぐ
246742	朝鮮朝日	南鮮版	1934-03-03	1	09단	飯が喰へないそれは金がないからだ
246743	朝鮮朝日	南鮮版	1934-03-03	1	09단	當局を欺く牛主殺し怪投書二名を鐘路署に檢擧
246744	朝鮮朝日	南鮮版	1934-03-03	1	10단	五戸全燒釜山府中島町
246745	朝鮮朝日	南鮮版	1934-03-03	1	10단	春日長閑
246746	朝鮮朝日	西北版	1934-03-04	1	01단	健康美を基礎にレントゲン結婚提唱『春の淡雪の如き外形美結婚棄てよ』人性一歩の革命城大醫學部教授篠崎哲四郎氏/花嫁を從姉と取違へたそそっかしいお壻さん！
246747	朝鮮朝日	西北版	1934-03-04	1	01단	政府も意外とする朝鮮の米殺生産費內地の調査よりは遙かに正確注目される外地米の統制
246748	朝鮮朝日	西北版	1934-03-04	1	01단	平北教育界に革正のメス崇德校まづ槍玉に
246749	朝鮮朝日	西北版	1934-03-04	1	01단	平北道會
246750	朝鮮朝日	西北版	1934-03-04	1	02단	養貝盗難防止に沿岸監視員設置難破に備へラヂオ補助金平南水産會の新事業
246751	朝鮮朝日	西北版	1934-03-04	1	03단	西鮮合電增資の內容産金熱に伴ふ送電增加
246752	朝鮮朝日	西北版	1934-03-04	1	03단	渡滿部隊日程
246753	朝鮮朝日	西北版	1934-03-04	1	04단	憶台通過船舶數
246754	朝鮮朝日	西北版	1934-03-04	1	04단	女學生の教育資料に女性犯罪調査
246755	朝鮮朝日	西北版	1934-03-04	1	04단	大衆の動向を語る義務教育の要求議員十名の連署をもって平南道會に建議案
246756	朝鮮朝日	西北版	1934-03-04	1	05단	大名旅行案を斥け窮救事業の實情を視察質實味を見せた平南道會
246757	朝鮮朝日	西北版	1934-03-04	1	06단	北鮮話題
246758	朝鮮朝日	西北版	1934-03-04	1	06단	內地に劣る免囚保護事業京城、大邱、平壤三覆審法院に保護事業研究會設置
246759	朝鮮朝日	西北版	1934-03-04	1	06단	薄倖の女・二題欺されて花嫁毒死危く誘拐の魔手を脱して十年目に實父と對面の娘
246760	朝鮮朝日	西北版	1934-03-04	1	07단	驛名標示板白地に黑で漢字と諺文年內に改正を行ふ
246761	朝鮮朝日	西北版	1934-03-04	1	07단	鐵道本局に直接買收を交渉平壤驛前の用地返還には府側は飽く迄反對

일련번호	판명		간행일	면	단수	기사명
246762	朝鮮朝日	西北版	1934-03-04	1	08단	平壌府豫算總額二百七十七萬圓前年度より五十萬圓の増加
246763	朝鮮朝日	西北版	1934-03-04	1	08단	父娘殺しで慄へ上った住民護身用拳銃の問合せ八十件さらに派出所の増設を要望
246764	朝鮮朝日	西北版	1934-03-04	1	09단	本名と通稱の間違ひから選擧に一問題
246765	朝鮮朝日	西北版	1934-03-04	1	10단	自動車寄附
246766	朝鮮朝日	西北版	1934-03-04	1	10단	強盗放火の犯人捕はる
246767	朝鮮朝日	西北版	1934-03-04	1	10단	柳京日記
246768	朝鮮朝日	南鮮版	1934-03-04	1	01단	健康美を基礎にレントゲン結婚提唱『春の淡雪の如き外形美結婚を棄てよ』人性一歩の革命者城大醫學部教授篠崎哲四郎氏/花稼を從姉と取違へたそそっかしいお婿さん！
246769	朝鮮朝日	南鮮版	1934-03-04	1	01단	政府も意外とする朝鮮の米穀生産費内地の調査よりは遙かに正確注目される外地米の統制
246770	朝鮮朝日	南鮮版	1934-03-04	1	01단	京畿道會
246771	朝鮮朝日	南鮮版	1934-03-04	1	02단	釜山府議補缺選擧當選者決定(石原豁氏(四三)/田岐潔治氏(三七)/中村高次氏(四二)/金永在氏(四〇)/李瑾鎔氏(四〇)/池田裕次郎氏(六三)/許鎭氏(四六))
246772	朝鮮朝日	南鮮版	1934-03-04	1	04단	燈台通過船舶數
246773	朝鮮朝日	南鮮版	1934-03-04	1	04단	激戰を豫想さる大田商議所議員選擧
246774	朝鮮朝日	南鮮版	1934-03-04	1	04단	慶南地稅好成績/忠南道でも
246775	朝鮮朝日	南鮮版	1934-03-04	1	04단	文盲の世界に射し込む知識の光全北の『村の學校』は好成績
246776	朝鮮朝日	南鮮版	1934-03-04	1	05단	内地に劣る免囚保護事業京城、大邱、平壌三覆審法院に保護事業研究會設置
246777	朝鮮朝日	南鮮版	1934-03-04	1	06단	龍頭山を綠化各種樹木三千本植栽釜山府民から寄贈を得て
246778	朝鮮朝日	南鮮版	1934-03-04	1	06단	地稅を拐帶し面書記逃走
246779	朝鮮朝日	南鮮版	1934-03-04	1	06단	賭博紳士を續々と檢擧
246780	朝鮮朝日	南鮮版	1934-03-04	1	07단	實母を思ふ孝心に凱歌卅年目に叔父の居所判る大里の一婦人に喜び
246781	朝鮮朝日	南鮮版	1934-03-04	1	08단	有閑マダムに盛んにエロ行爲不良ダンス教師撲滅
246782	朝鮮朝日	南鮮版	1934-03-04	1	10단	大京城の地獄圖繪紙上に再上映
246783	朝鮮朝日	南鮮版	1934-03-04	1	10단	統營で二戸全燒
246784	朝鮮朝日	南鮮版	1934-03-04	1	10단	人(鑑田浩大慰(鎮海憲兵分隊長))
246785	朝鮮朝日	西北版	1934-03-06	1	01단	外地米統制問題俄然有利に展開大局的見地より農林省讓歩移出制限の法律化は撤廢
246786	朝鮮朝日	西北版	1934-03-06	1	01단	北鮮を賑はす視察團の訪れ東ゆ西ゆ雪崩を打って年内

일련번호	판명		간행일	면	단수	기사명
						に四千名殺到
246787	朝鮮朝日	西北版	1934-03-06	1	01단	近く郡守異動
246788	朝鮮朝日	西北版	1934-03-06	1	02단	演習に講演に軍國意識を強調羅南の陸軍記念日/軍民一致の攻防演習茂山の催し
246789	朝鮮朝日	西北版	1934-03-06	1	02단	故郷に齎す涙の獄中記スパイの嫌疑で捕まり五年目に漸く釋放
246790	朝鮮朝日	西北版	1934-03-06	1	04단	人(萩原咸南道知事/山本犀藏氏(西鮮電氣社長))
246791	朝鮮朝日	西北版	1934-03-06	1	04단	高野山參拜旅行團募集
246792	朝鮮朝日	西北版	1934-03-06	1	05단	北鮮話題
246793	朝鮮朝日	西北版	1934-03-06	1	05단	平壤在鄕軍人聯合分會發會式瑞氣山上で盛大に
246794	朝鮮朝日	西北版	1934-03-06	1	05단	例の美妓張連紅上海でさんざん桃色爭議の鬪士も男は鬼門金は捲上げられた上に告訴
246795	朝鮮朝日	西北版	1934-03-06	1	07단	警察を悩ます僞造貨の横行本據は滿洲、間島の奥地か鮮滿に互り捜査中
246796	朝鮮朝日	西北版	1934-03-06	1	08단	一夜に火災六件惡日にかぎって頻發する平壤の火事さわぎ
246797	朝鮮朝日	西北版	1934-03-06	1	09단	平北道會
246798	朝鮮朝日	西北版	1934-03-06	1	09단	花街の景氣
246799	朝鮮朝日	西北版	1934-03-06	1	09단	零落の資産家妾と無理心中秋風を吹かされて
246800	朝鮮朝日	西北版	1934-03-06	1	10단	新興勞働組合公判
246801	朝鮮朝日	西北版	1934-03-06	1	10단	柳京日記
246802	朝鮮朝日	西北版	1934-03-06	1	10단	雨傘に匿した現金を盗む
246803	朝鮮朝日	西北版	1934-03-06	1	10단	人(今井賴次郎氏(遞信局電氣課長)/栗原産三郎氏(代議士))
246804	朝鮮朝日	南鮮版	1934-03-06	1	01단	外地米統制問題俄然有利に展開大局的見地より農林省讓歩移出制限の法律化は撤廢
246805	朝鮮朝日	南鮮版	1934-03-06	1	01단	釜山測候所構内を一大植物園化す府民の遊園地に産業上の數々の調査も計劃
246806	朝鮮朝日	南鮮版	1934-03-06	1	01단	治維法改正案は朝鮮にも適用思想犯の豫防、監察、保護に成果を期待される
246807	朝鮮朝日	南鮮版	1934-03-06	1	01단	大邱府豫算
246808	朝鮮朝日	南鮮版	1934-03-06	1	02단	廻る運命の輪舊期成會の凋落と協和會の擡頭新陣容なれる釜山府會の展望
246809	朝鮮朝日	南鮮版	1934-03-06	1	03단	慶南道會
246810	朝鮮朝日	南鮮版	1934-03-06	1	03단	龍山轉任とは嬉しい越川軍醫部長語る
246811	朝鮮朝日	南鮮版	1934-03-06	1	04단	人(今井賴次郎氏(遞信局電氣課長)/栗原産三郎氏(代議士)/山本犀藏氏(西鮮電氣社長))
246812	朝鮮朝日	南鮮版	1934-03-06	1	04단	增田新聯隊長
246813	朝鮮朝日	南鮮版	1934-03-06	1	04단	小鹿島癩療養所の國立移管と共に職員七名增員す

일련번호	판명		간행일	면	단수	기사명
246814	朝鮮朝日	南鮮版	1934-03-06	1	04단	防波堤着工
246815	朝鮮朝日	南鮮版	1934-03-06	1	05단	チョーク持つ手に鐵砲のお稽古釜山府初等教員の射撃會
246816	朝鮮朝日	南鮮版	1934-03-06	1	05단	江原道會より鮮米問題の陳情
246817	朝鮮朝日	南鮮版	1934-03-06	1	06단	大田商議戰漸く白熱化
246818	朝鮮朝日	南鮮版	1934-03-06	1	06단	送電統制は長津江水電を中心とする一大送電會社の手で
246819	朝鮮朝日	南鮮版	1934-03-06	1	07단	福岡の女學校が
246820	朝鮮朝日	南鮮版	1934-03-06	1	07단	イルズ孃京城着陽燒けの顔を輝かせつゝ飛行場に降り立つ
246821	朝鮮朝日	南鮮版	1934-03-06	1	07단	面食はせた氣象の逆轉
246822	朝鮮朝日	南鮮版	1934-03-06	1	07단	警察を惱ます僞造貨の橫行本據は滿洲、間島の奧地か鮮滿に亙り捜査中
246823	朝鮮朝日	南鮮版	1934-03-06	1	08단	零落の資産家妾と無理心中秋風を吹かされて
246824	朝鮮朝日	南鮮版	1934-03-06	1	08단	京城府內に僞靑年團員火災豫防の札を賣歩く
246825	朝鮮朝日	南鮮版	1934-03-06	1	08단	スポーツ精神を汚すラグビー選手の暴行運轉手を散々毆打
246826	朝鮮朝日	南鮮版	1934-03-06	1	09단	二ヶ所に公普校
246827	朝鮮朝日	南鮮版	1934-03-06	1	10단	信川藝妓演藝會
246828	朝鮮朝日	南鮮版	1934-03-06	1	10단	嬰兒殺しの 犯人捕はる
246829	朝鮮朝日	南鮮版	1934-03-06	1	10단	マリヤ事件の公判は四月
246830	朝鮮朝日	南鮮版	1934-03-06	1	10단	電車衝突す乘客は無事
246831	朝鮮朝日	西北版	1934-03-07	1	01단	北鮮開拓事業愈よ本格的に第一線の陣容なり先づ森林保護と火田民整理
246832	朝鮮朝日	西北版	1934-03-07	1	01단	鮮內の教育界徹底的に刷新內地の疑獄事件續發に鑑みて極祕に調査中の當局
246833	朝鮮朝日	西北版	1934-03-07	1	01단	行政區劃の變更を要望咸南橫川面の里民二千名が大擧して
246834	朝鮮朝日	西北版	1934-03-07	1	01단	北鮮に飛行聯隊設置が急務
246835	朝鮮朝日	西北版	1934-03-07	1	02단	各地協會が相寄り司法保護研究會釋放者保護の徹底を期す
246836	朝鮮朝日	西北版	1934-03-07	1	03단	辭令(東京電話)
246837	朝鮮朝日	西北版	1934-03-07	1	03단	府營バス起債認可さる
246838	朝鮮朝日	西北版	1934-03-07	1	04단	人(八田滿鐵副總裁)
246839	朝鮮朝日	西北版	1934-03-07	1	04단	*榮轉の武人　懷しい七十四聯隊吉野大佐語る/國境勤務は嬉しい櫻井新聯隊長/國境守備兵の衛生研究を大塚新軍部長談*
246840	朝鮮朝日	西北版	1934-03-07	1	05단	北鮮話題
246841	朝鮮朝日	西北版	1934-03-07	1	05단	春の軍都に繰展ぐ豪華版軍旗、航空、海軍祭に新たに

일련번호	판명		간행일	면	단수	기사명
						射ち出す高射砲祭
246842	朝鮮朝日	西北版	1934-03-07	1	06단	上内營務課長一行
246843	朝鮮朝日	西北版	1934-03-07	1	07단	稅務署誘致の猛運動各地に起る
246844	朝鮮朝日	西北版	1934-03-07	1	07단	脫走犯捕る下水管内で大挌鬪遂に淸津署員の手に
246845	朝鮮朝日	西北版	1934-03-07	1	08단	平鐵の手で大同江に畫舫水の都に一名物/これも名物黑船うごく
246846	朝鮮朝日	西北版	1934-03-07	1	08단	滿洲鐵道敷設促進の第一聲
246847	朝鮮朝日	西北版	1934-03-07	1	08단	僞刑事
246848	朝鮮朝日	西北版	1934-03-07	1	09단	興南署の麻雀賭博檢擧旣に有力者ら百廿名檢擧更に擴大の見込み
246849	朝鮮朝日	西北版	1934-03-07	1	09단	柳京日記
246850	朝鮮朝日	西北版	1934-03-07	1	10단	城津法院支廳復活を運動
246851	朝鮮朝日	西北版	1934-03-07	1	10단	就職難から猫自殺「あたら金のために」と呪ひの遺書
246852	朝鮮朝日	西北版	1934-03-07	1	10단	退學處分
246853	朝鮮朝日	西北版	1934-03-07	1	10단	人(永島平壤地方法院檢事正/桂朝鮮陸軍倉庫長)
246854	朝鮮朝日	南鮮版	1934-03-07	1	01단	軍國の春を謳歌陸軍記念日を盛大に演習、映畫、講演、祝賀會等/慶北國防聯合會十日創立總會を開く
246855	朝鮮朝日	南鮮版	1934-03-07	1	01단	鮮內の敎育界徹底的に刷新內地の疑獄事件續發に鑑みて極祕に調査中の當局
246856	朝鮮朝日	南鮮版	1934-03-07	1	01단	京城府豫算四百七萬六千五百圓明年度の新規事業は
246857	朝鮮朝日	南鮮版	1934-03-07	1	01단	京城汝矣島飛行場着のイルズ孃
246858	朝鮮朝日	南鮮版	1934-03-07	1	03단	慶北道會
246859	朝鮮朝日	南鮮版	1934-03-07	1	03단	北鮮に飛行聯隊設置が急務
246860	朝鮮朝日	南鮮版	1934-03-07	1	04단	人(安井總督府祕書課長)
246861	朝鮮朝日	南鮮版	1934-03-07	1	04단	慶南道會
246862	朝鮮朝日	南鮮版	1934-03-07	1	04단	貧困水害罹災者を徹底的に救濟ウンと副業獎勵して
246863	朝鮮朝日	南鮮版	1934-03-07	1	05단	生活改善や色服を獎勵卒業式に講演
246864	朝鮮朝日	南鮮版	1934-03-07	1	05단	「貧乏人」故に病兒の入院を拒絶つひに死に至らしむ非難の聲高いセブランス病院
246865	朝鮮朝日	南鮮版	1934-03-07	1	06단	渡滿部隊京城發着時刻
246866	朝鮮朝日	南鮮版	1934-03-07	1	06단	『萬歲』が取り持つ緣で親子が四年目に對面
246867	朝鮮朝日	南鮮版	1934-03-07	1	07단	本府東京出張所卅五萬圓で改築鐵筋混凝土五階建て
246868	朝鮮朝日	南鮮版	1934-03-07	1	07단	素晴しい珍品寄附森悟一氏未亡人が博物館等に
246869	朝鮮朝日	南鮮版	1934-03-07	1	07단	怪！强盜事件に犯人二名が出現果してどちらが眞犯人か？成り行きを注目さる
246870	朝鮮朝日	南鮮版	1934-03-07	1	08단	東上委員から米問題情報
246871	朝鮮朝日	南鮮版	1934-03-07	1	08단	上海の爆彈犯人京城生れの男
246872	朝鮮朝日	南鮮版	1934-03-07	1	09단	辭令(東京電話)
246873	朝鮮朝日	南鮮版	1934-03-07	1	09단	火事から全身火傷

일련번호	판명		간행일	면	단수	기사명
246874	朝鮮朝日	南鮮版	1934-03-07	1	10단	春さむし工口懺悔年增の尼さん
246875	朝鮮朝日	南鮮版	1934-03-07	1	10단	京城府に宵強盜
246876	朝鮮朝日	南鮮版	1934-03-07	1	10단	流行性腦脊隨膜炎
246877	朝鮮朝日	南鮮版	1934-03-07	1	10단	鰯油脂の販賣協定圓滿解決困難か
246878	朝鮮朝日	西北版	1934-03-08	1	01단	鮮米差別待遇絕對に反對す事態の惡化に辛酉會起つ/懇請電報を發す
246879	朝鮮朝日	西北版	1934-03-08	1	01단	道民保健の萬全を期す咸南衛生課の新施設
246880	朝鮮朝日	西北版	1934-03-08	1	03단	平南道の蠶繭改良施設費未曾有の膨脹振り
246881	朝鮮朝日	西北版	1934-03-08	1	03단	生絲出荷制限除外の取扱規定要項なる愈よこの四月一日から實施
246882	朝鮮朝日	西北版	1934-03-08	1	04단	仁川、城津、統營支廳復活有望
246883	朝鮮朝日	西北版	1934-03-08	1	04단	蠶絲業の統制計る製絲業令をちかく實施
246884	朝鮮朝日	西北版	1934-03-08	1	05단	三和公園の鳳凰樓修理を加へ移轉
246885	朝鮮朝日	西北版	1934-03-08	1	05단	稅關出張所設置を運動
246886	朝鮮朝日	西北版	1934-03-08	1	05단	上野內務課長歸壤談
246887	朝鮮朝日	西北版	1934-03-08	1	06단	永島檢事正辭任
246888	朝鮮朝日	西北版	1934-03-08	1	06단	五千圓寄附
246889	朝鮮朝日	西北版	1934-03-08	1	06단	朝鮮にも防空線を設定法案を今議會に提案する
246890	朝鮮朝日	西北版	1934-03-08	1	07단	北鮮話題
246891	朝鮮朝日	西北版	1934-03-08	1	07단	この父を見よ相つぐ兄妹の死を祕して息子の士氣を鼓舞
246892	朝鮮朝日	西北版	1934-03-08	1	07단	平北定州郡の各面に不正の噂旣に數ヶ面は確證擧がる定州署大活動を起す
246893	朝鮮朝日	西北版	1934-03-08	1	07단	天圖鐵道殆ど完成す
246894	朝鮮朝日	西北版	1934-03-08	1	07단	棉作試場設置
246895	朝鮮朝日	西北版	1934-03-08	1	08단	樂浪古墳發掘
246896	朝鮮朝日	西北版	1934-03-08	1	08단	高野詣り
246897	朝鮮朝日	西北版	1934-03-08	1	09단	卓球戰
246898	朝鮮朝日	西北版	1934-03-08	1	09단	會寧偕行社燒失經理部も延燒
246899	朝鮮朝日	西北版	1934-03-08	1	09단	次々と拐しては娼妓に叩き賣る毒牙に泣く娘七人
246900	朝鮮朝日	西北版	1934-03-08	1	10단	二人組強盜捕る
246901	朝鮮朝日	西北版	1934-03-08	1	10단	人(江草大尉(平壤憲兵分隊長)/河野節夫氏(平南內務部長)/上野彥八氏(平壤府務課長)/岡本正夫氏(平壤覆審法院長))
246902	朝鮮朝日	西北版	1934-03-08	1	10단	柳京日記
246903	朝鮮朝日	南鮮版	1934-03-08	1	01단	明日の農村は靑年よ！君達のものだ全北の農村振興運動にエポックを劃する地方改良訓練所を設置
246904	朝鮮朝日	南鮮版	1934-03-08	1	01단	鮮米差別待遇絕對に反對す事態の惡化に辛酉會起つ
246905	朝鮮朝日	南鮮版	1934-03-08	1	01단	棉作問題で緊張(賑はった慶北道會)

일련번호	판명		간행일	면	단수	기사명
246906	朝鮮朝日	南鮮版	1934-03-08	1	01단	惱みの大試練入學試驗始まる
246907	朝鮮朝日	南鮮版	1934-03-08	1	02단	交換孃物語(1)/女子職業戰線の花形だが目もまはる忙しい仕事です加入者へお願『怒らないてネ』
246908	朝鮮朝日	南鮮版	1934-03-08	1	03단	故高義敬伯に旭日大綬章加授
246909	朝鮮朝日	南鮮版	1934-03-08	1	03단	社會敎化講師李貞圭女史總督府で魂託す
246910	朝鮮朝日	南鮮版	1934-03-08	1	04단	樂浪古墳發掘
246911	朝鮮朝日	南鮮版	1934-03-08	1	04단	寫眞は
246912	朝鮮朝日	南鮮版	1934-03-08	1	04단	慶南道で文盲を徹底的退治簡易學校や振興學院などを二百四十六ヶ所開設する
246913	朝鮮朝日	南鮮版	1934-03-08	1	05단	敬神標語募集
246914	朝鮮朝日	南鮮版	1934-03-08	1	05단	俄然！緊張す大田商議選擧
246915	朝鮮朝日	南鮮版	1934-03-08	1	05단	朝鮮にも防空線を設定法案を今議會に提案する
246916	朝鮮朝日	南鮮版	1934-03-08	1	07단	愼機無事に歸還
246917	朝鮮朝日	南鮮版	1934-03-08	1	07단	京城府の市區改正六ヶ年繼續二百六十八萬圓投じて
246918	朝鮮朝日	南鮮版	1934-03-08	1	07단	機關車に衝突しトラック轉覆す運轉手や妓生は重傷
246919	朝鮮朝日	南鮮版	1934-03-08	1	08단	生絲出荷制限除外の取扱規定要項なる愈よこの四月一日から實施/蠶絲業の統制計る製絲業令をちかく蔘疏
246920	朝鮮朝日	南鮮版	1934-03-08	1	08단	光州の一大飛躍大紡績工場建設
246921	朝鮮朝日	南鮮版	1934-03-08	1	08단	廿餘名同盟罷業
246922	朝鮮朝日	南鮮版	1934-03-08	1	09단	十八名が有罪に
246923	朝鮮朝日	南鮮版	1934-03-08	1	09단	上海の爆彈犯人
246924	朝鮮朝日	南鮮版	1934-03-08	1	10단	映寫室から發火
246925	朝鮮朝日	南鮮版	1934-03-08	1	10단	食刀で刺し殺す
246926	朝鮮朝日	南鮮版	1934-03-08	1	10단	四名が死傷
246927	朝鮮朝日	南鮮版	1934-03-08	1	10단	春日長閑
246928	朝鮮朝日	西北版	1934-03-09	1	01단	朝鮮神宮一帶を莊嚴な神祕境に半島全土から獻木を募って
246929	朝鮮朝日	西北版	1934-03-09	1	01단	鮮米生産費を非難するは當らぬ認識不足から來た想像論だ本府當局で調査正確を力說
246930	朝鮮朝日	西北版	1934-03-09	1	02단	平北道會
246931	朝鮮朝日	西北版	1934-03-09	1	02단	敷地構造に議論百出す公會堂建設に關する平壤府議懇談會
246932	朝鮮朝日	西北版	1934-03-09	1	03단	非常時に躍る咸南鑛産物超增産に活況を示す
246933	朝鮮朝日	西北版	1934-03-09	1	04단	人(吉野榮一郎大佐(新朝鮮咸興步兵第七十四聯隊長)/中江修吾氏(三中井平壤支店長))
246934	朝鮮朝日	西北版	1934-03-09	1	04단	陸軍記念日の催し
246935	朝鮮朝日	西北版	1934-03-09	1	05단	內地を夢む渡航勞働者平南、北兩道から昨年中に四百四十名
246936	朝鮮朝日	西北版	1934-03-09	1	05단	解氷間近し水溫む鴨綠江

일련번호	판명		간행일	면	단수	기사명
246937	朝鮮朝日	西北版	1934-03-09	1	05단	寫眞(北鮮巡視中の上內鑛務課長一行(茂山にて))
246938	朝鮮朝日	西北版	1934-03-09	1	06단	細農を虐む借金苦の重壓惱みの種は高利債咸南地方課の實情調査なる
246939	朝鮮朝日	西北版	1934-03-09	1	06단	工場街に赤い手容疑者三名を引致
246940	朝鮮朝日	西北版	1934-03-09	1	06단	平壤府會
246941	朝鮮朝日	西北版	1934-03-09	1	07단	北鮮話題
246942	朝鮮朝日	西北版	1934-03-09	1	07단	遞信局長敗る平壤郵便局窓口のもつれ被害者側に凱歌
246943	朝鮮朝日	西北版	1934-03-09	1	08단	また平壤で一夜に火事四つ依然消えぬ火の恐怖
246944	朝鮮朝日	西北版	1934-03-09	1	08단	新電車動く
246945	朝鮮朝日	西北版	1934-03-09	1	08단	初等敎員異動
246946	朝鮮朝日	西北版	1934-03-09	1	09단	危ない惡戲拾ったマイトを火に投じ少年、瀕死の重傷
246947	朝鮮朝日	西北版	1934-03-09	1	09단	平南各郡に國防義會設置を慫慂
246948	朝鮮朝日	西北版	1934-03-09	1	10단	柳京日記
246949	朝鮮朝日	西北版	1934-03-09	1	10단	人(吉永平壤鐵道事務所長/大久保平鐵運轉主任/森井平鐵營業主任)
246950	朝鮮朝日	南鮮版	1934-03-09	1	01단	朝鮮神宮一帶を莊嚴な神祕境に半島全土から獻木を募って
246951	朝鮮朝日	南鮮版	1934-03-09	1	01단	*鮮米生産費を非難するは當らぬ認識不足から來た想像論だ本府當局で調査正確を力說/外地米問題で農相に電報朝鮮商議所から*
246952	朝鮮朝日	南鮮版	1934-03-09	1	02단	*陸軍記念日各地とも盛大に行ふ/盈德國防義會發會/浦項でも*
246953	朝鮮朝日	南鮮版	1934-03-09	1	03단	當局に迫ったが實現は一寸困難全北の二中等校設置
246954	朝鮮朝日	南鮮版	1934-03-09	1	04단	人(矢島杉造氏(全南道知事)/山田三良氏(城大總長)/福田有造氏(釜山實業家))
246955	朝鮮朝日	南鮮版	1934-03-09	1	05단	部長は舶來品慶北道會賑ふ
246956	朝鮮朝日	南鮮版	1934-03-09	1	05단	忠淸南道會
246957	朝鮮朝日	南鮮版	1934-03-09	1	05단	密陽邑長
246958	朝鮮朝日	南鮮版	1934-03-09	1	05단	京城・東京間ハッキリと話が出來る短波長無電に成功
246959	朝鮮朝日	南鮮版	1934-03-09	1	06단	漁村の疲弊甚し更生を講ずる(慶北道當局)
246960	朝鮮朝日	南鮮版	1934-03-09	1	06단	二十二萬圓の慶南自動車會社各地の會社が合同して組織賃金も二割五分値下
246961	朝鮮朝日	南鮮版	1934-03-09	1	07단	鮮內に痘瘡流行旣に九十二名を出す
246962	朝鮮朝日	南鮮版	1934-03-09	1	07단	*極東オリンピック拳鬪朝鮮豫選/武道試合*
246963	朝鮮朝日	南鮮版	1934-03-09	1	07단	鐘紡工場設置話は順調に矢島知事語る
246964	朝鮮朝日	南鮮版	1934-03-09	1	08단	鯖巾着總會
246965	朝鮮朝日	南鮮版	1934-03-09	1	08단	感冒退治の迷信から女房連六名が放火
246966	朝鮮朝日	南鮮版	1934-03-09	1	08단	高等官を夢見てた男
246967	朝鮮朝日	南鮮版	1934-03-09	1	09단	*淸州高等普通校/晉州高普校/淸州農業校/浦項小學校*

일련번호	판명		간행일	면	단수	기사명
246968	朝鮮朝日	南鮮版	1934-03-09	1	09단	慶南道內楮苗增植千六十圓補助
246969	朝鮮朝日	南鮮版	1934-03-09	1	09단	食に窮した母子河豚を食って悶死す
246970	朝鮮朝日	南鮮版	1934-03-09	1	10단	少年の泥棒
246971	朝鮮朝日	南鮮版	1934-03-09	1	10단	春日長閑
246972	朝鮮朝日	西北版	1934-03-10	1	01단	鮮米差別問題は完全に解消した朝鮮側の主張通りに/まだ樂觀はできぬ議會でどうなる？
246973	朝鮮朝日	西北版	1934-03-10	1	01단	榮轉の喜びを語る
246974	朝鮮朝日	西北版	1934-03-10	1	02단	御降誕記念事業
246975	朝鮮朝日	西北版	1934-03-10	1	02단	樂浪博物館盛況
246976	朝鮮朝日	西北版	1934-03-10	1	02단	平壤府の新規事業府勢の發展に應じその數三十を超ゆ
246977	朝鮮朝日	西北版	1934-03-10	1	03단	簡保健康相談所
246978	朝鮮朝日	西北版	1934-03-10	1	03단	平壤栗の本場に天津栗を移植遙々と甘栗太郎本鋪が乗込み大々的生産を企つ
246979	朝鮮朝日	西北版	1934-03-10	1	04단	人(渡邊總督府學務局長)
246980	朝鮮朝日	西北版	1934-03-10	1	04단	海州邑の上水道擴張
246981	朝鮮朝日	西北版	1934-03-10	1	05단	北鮮話題
246982	朝鮮朝日	西北版	1934-03-10	1	05단	咸南道の貯蓄運動
246983	朝鮮朝日	西北版	1934-03-10	1	05단	ハテ面妖な！町內を脅かす怪しの物音元山街上異變二つ
246984	朝鮮朝日	西北版	1934-03-10	1	05단	篤志寄附
246985	朝鮮朝日	西北版	1934-03-10	1	06단	北靑職業學校開校
246986	朝鮮朝日	西北版	1934-03-10	1	07단	世智辛い世に贈るこの腴話二十萬圓の債權を債務者の面前でアッサリ燒く
246987	朝鮮朝日	西北版	1934-03-10	1	07단	卒業式
246988	朝鮮朝日	西北版	1934-03-10	1	07단	朝鮮鎌で二人を滅多斬り女房をからはれて
246989	朝鮮朝日	西北版	1934-03-10	1	08단	納税好成績
246990	朝鮮朝日	西北版	1934-03-10	1	08단	運炭船夫と雇主の縺れ成行注目さる
246991	朝鮮朝日	西北版	1934-03-10	1	09단	春畵を密賣
246992	朝鮮朝日	西北版	1934-03-10	1	09단	楚山對岸に匪賊現はる一名を拉去
246993	朝鮮朝日	西北版	1934-03-10	1	09단	モヒ密輸
246994	朝鮮朝日	西北版	1934-03-10	1	09단	十數軒を荒したピストル強盗四年目に漸く逮捕
246995	朝鮮朝日	西北版	1934-03-10	1	10단	春雪素晴しき魅惑
246996	朝鮮朝日	西北版	1934-03-10	1	10단	柳京日記
246997	朝鮮朝日	南鮮版	1934-03-10	1	01단	鮮米差別問題は完全に解消した朝鮮側の主張通りに/まだ樂觀はできぬ議會でどうなる？
246998	朝鮮朝日	南鮮版	1934-03-10	1	01단	綱紀肅正で議場騒然となる豫算審議京城府會
246999	朝鮮朝日	南鮮版	1934-03-10	1	01단	簡易學校で教育を普及慶北の對策
247000	朝鮮朝日	南鮮版	1934-03-10	1	02단	交換孃物語(２)/唯一の目的は結婚費用稼ぎそれだけ勤務も眞剣に

일련번호	판명		간행일	면	단수	기사명
247001	朝鮮朝日	南鮮版	1934-03-10	1	03단	總督官邸を孝子洞の高地に局長官舍をも移轉總督官邸は永久保存に
247002	朝鮮朝日	南鮮版	1934-03-10	1	04단	人(牛島內務局長)
247003	朝鮮朝日	南鮮版	1934-03-10	1	04단	問題のサ油需給成行注目さる
247004	朝鮮朝日	南鮮版	1934-03-10	1	05단	南洋貿易品陳列會當業者の奮起を保すために釜山商議所で準備
247005	朝鮮朝日	南鮮版	1934-03-10	1	05단	春雪素晴しき魅惑
247006	朝鮮朝日	南鮮版	1934-03-10	1	06단	十五戸を全燒烈風に煽られた畓谷里/裕谷里で九棟全燒子供の弄火から
247007	朝鮮朝日	南鮮版	1934-03-10	1	07단	竹細工講習會
247008	朝鮮朝日	南鮮版	1934-03-10	1	07단	騎手講習會
247009	朝鮮朝日	南鮮版	1934-03-10	1	07단	慶北副業品展內地からも多數出品
247010	朝鮮朝日	南鮮版	1934-03-10	1	08단	盆栽植物續々移入さる
247011	朝鮮朝日	南鮮版	1934-03-10	1	08단	勞働者を大量移送北鮮地方へ
247012	朝鮮朝日	南鮮版	1934-03-10	1	08단	鐵橋通行は危險
247013	朝鮮朝日	南鮮版	1934-03-10	1	08단	六千圓招帶逃走
247014	朝鮮朝日	南鮮版	1934-03-10	1	08단	珍らしい桑田爭議成行注目さる
247015	朝鮮朝日	南鮮版	1934-03-10	1	09단	女房を賣飛ばす恐ろしい夫に離婚訴訟
247016	朝鮮朝日	南鮮版	1934-03-10	1	10단	天晴れな少年名探偵
247017	朝鮮朝日	南鮮版	1934-03-10	1	10단	朝鮮酒の密造漸增取締を嚴に
247018	朝鮮朝日	西北版	1934-03-11	1	01단	朝鮮稅制整理案の大要(上)
247019	朝鮮朝日	西北版	1934-03-11	1	01단	早春の天地に明朖・輝く軍國風景官民擧って記念日を祝福
247020	朝鮮朝日	西北版	1934-03-11	1	01단	春の光に浴する奧地の在滿朝鮮人再び診療班が出發
247021	朝鮮朝日	西北版	1934-03-11	1	02단	十萬の火田民を北鮮開拓に動員指導强化を計って
247022	朝鮮朝日	西北版	1934-03-11	1	04단	細民救濟と勤勞精神の扶植百三十八萬圓をバラ撒く咸南明年度窮救事業
247023	朝鮮朝日	西北版	1934-03-11	1	04단	「花の日會」の收益を獻金
247024	朝鮮朝日	西北版	1934-03-11	1	05단	平鐵の警備演習十九、廿兩日
247025	朝鮮朝日	西北版	1934-03-11	1	05단	劇『警察官』
247026	朝鮮朝日	西北版	1934-03-11	1	05단	許された受驗の喜びも束の間戸籍抄本で父の前科を知り哀れ少年の毒死未遂
247027	朝鮮朝日	西北版	1934-03-11	1	06단	社會敎化主事農村振興の徹底を期し平南で七郡に新設
247028	朝鮮朝日	西北版	1934-03-11	1	06단	新義州荒しの强盜捕はる
247029	朝鮮朝日	西北版	1934-03-11	1	07단	共犯二名の所在も判明江上慘劇事件
247030	朝鮮朝日	西北版	1934-03-11	1	07단	咸北道に近く草競馬復活本府の方針一變に道當局準備を進む
247031	朝鮮朝日	西北版	1934-03-11	1	08단	平壤にまた火事一夜に三件
247032	朝鮮朝日	西北版	1934-03-11	1	08단	人質奪還に警官隊越境

일련번호	판명		간행일	면	단수	기사명
247033	朝鮮朝日	西北版	1934-03-11	1	09단	大掛りの阿片密輸團平壤署で檢擧
247034	朝鮮朝日	西北版	1934-03-11	1	09단	小屋に轉る首無し死體順安金鑛の怪事件平原署活動を開始
247035	朝鮮朝日	西北版	1934-03-11	1	10단	平壤普通校依然收容難
247036	朝鮮朝日	西北版	1934-03-11	1	10단	柳京日記
247037	朝鮮朝日	南鮮版	1934-03-11	1	01단	朝鮮稅制整理案の大要(一)
247038	朝鮮朝日	南鮮版	1934-03-11	1	01단	早春の大空に明朖・輝く軍國風景演習、講演、映畫、祝宴等に官民擧げて記念日の祝典
247039	朝鮮朝日	南鮮版	1934-03-11	1	02단	山を愛せよ全北に愛林楔を組織
247040	朝鮮朝日	南鮮版	1934-03-11	1	02단	せつめい((上)步兵第七十八職隊の神宮參拜/(下)京城南大門通りの市街行進)
247041	朝鮮朝日	南鮮版	1934-03-11	1	04단	二名の定員超過大商議員選擧
247042	朝鮮朝日	南鮮版	1934-03-11	1	04단	稅監局を釜山に誘致意見書を本府に提出す
247043	朝鮮朝日	南鮮版	1934-03-11	1	05단	春の光に浴する奧地の在滿朝鮮人再び診療班が出發
247044	朝鮮朝日	南鮮版	1934-03-11	1	06단	大邱でも猛運動
247045	朝鮮朝日	南鮮版	1934-03-11	1	06단	南鮮勞働者まづ五百名移送羅津の滿鐵工事場へ
247046	朝鮮朝日	南鮮版	1934-03-11	1	07단	棉作傳習生試驗
247047	朝鮮朝日	南鮮版	1934-03-11	1	07단	傳書鳩を活躍させて警察能率を擧げる慶南道警察部での新しい試み/警察專用電話充實慶南で計劃
247048	朝鮮朝日	南鮮版	1934-03-11	1	08단	京畿道の面廢合四月から實施
247049	朝鮮朝日	南鮮版	1934-03-11	1	08단	流行性腦脊炎特に子供に羅り易い(京城地方に蔓延)/流感大邱に猖獗
247050	朝鮮朝日	南鮮版	1934-03-11	1	08단	總督府辭令
247051	朝鮮朝日	南鮮版	1934-03-11	1	08단	五百名の職員整理當局悩みの種
247052	朝鮮朝日	南鮮版	1934-03-11	1	10단	記念祭
247053	朝鮮朝日	南鮮版	1934-03-11	1	10단	文盲退治速修學校
247054	朝鮮朝日	南鮮版	1934-03-11	1	10단	仁川の火事
247055	朝鮮朝日	南鮮版	1934-03-11	1	10단	發作的に精神異狀
247056	朝鮮朝日	南鮮版	1934-03-11	1	10단	老婆の厭世自殺
247057	朝鮮朝日	南鮮版	1934-03-11	1	10단	武藤山治氏つひに逝去
247058	朝鮮朝日	南鮮版	1934-03-11	1	10단	人(岸川於菟松氏(道警視仁川署長)/伊東忠太氏(工學博士)/南たか子氏(音樂家)/富山修氏(警務局事務官)/西村眞太郎氏(總督府圖書課通譯官))
247059	朝鮮朝日	西北版	1934-03-13	1	01단	朝鮮稅制整理案の大要(中)
247060	朝鮮朝日	西北版	1934-03-13	1	01단	春に叛いて東朝鮮一帶は猛烈な大風雪三防附近は積雪四尺に上り咸興行き列車遂に立往生
247061	朝鮮朝日	西北版	1934-03-13	1	01단	北鮮一帶に大雪の訪れ春色萌ゆる野も山も花と紛ふ銀世界
247062	朝鮮朝日	西北版	1934-03-13	1	01단	天圖鐵道愈よ完成す廿二日盛大な竣工式

일련번호	판명		간행일	면	단수	기사명
247063	朝鮮朝日	西北版	1934-03-13	1	03단	林檎二百萬貫突破祝賀會
247064	朝鮮朝日	西北版	1934-03-13	1	03단	娛樂を提供し街頭から農民教育全鮮的に「市日」の大改革を斷行
247065	朝鮮朝日	西北版	1934-03-13	1	04단	船橋里の上水道竣工
247066	朝鮮朝日	西北版	1934-03-13	1	04단	咸北國防義會聯合會結成國境の護りを固め皇道精神を宣揚す
247067	朝鮮朝日	西北版	1934-03-13	1	05단	沙里院豫算
247068	朝鮮朝日	西北版	1934-03-13	1	05단	樂浪古墳の盜掘を嚴戒
247069	朝鮮朝日	西北版	1934-03-13	1	05단	二氏邑議を辭す
247070	朝鮮朝日	西北版	1934-03-13	1	06단	法の裏を搔く巧妙な新戰術會員組織で黨再建に狂奔咸北道下に赤跳梁
247071	朝鮮朝日	西北版	1934-03-13	1	06단	北鮮話題
247072	朝鮮朝日	西北版	1934-03-13	1	07단	共匪突如越境して我が警官を狙擊追擊隊現場に急行す
247073	朝鮮朝日	西北版	1934-03-13	1	07단	電氣器具使用料値下げ
247074	朝鮮朝日	西北版	1934-03-13	1	07단	小賣商人の窮狀を調査商業組合制度の參考に
247075	朝鮮朝日	西北版	1934-03-13	1	07단	轟然・路上でピストル心中戀と義理との板ばさみに遂げ得ぬ戀を悲み
247076	朝鮮朝日	西北版	1934-03-13	1	08단	二人斬捕る
247077	朝鮮朝日	西北版	1934-03-13	1	09단	開城の火事三戸八棟燒く
247078	朝鮮朝日	西北版	1934-03-13	1	09단	また平壤に放火連日連夜の火事さわぎに十六萬府民おびゆ
247079	朝鮮朝日	西北版	1934-03-13	1	09단	給仕三名の大それた罪共謀して忍び入り金庫を壞して盜む
247080	朝鮮朝日	西北版	1934-03-13	1	09단	柳京日記
247081	朝鮮朝日	西北版	1934-03-13	1	10단	捨てた男に一萬圓請求
247082	朝鮮朝日	南鮮版	1934-03-13	1	01단	朝鮮稅制整理案の大要(二)
247083	朝鮮朝日	南鮮版	1934-03-13	1	01단	春に叛いて東朝鮮一帶は猛烈な大風雪三防附近は積雪四尺に上り咸興行き列車遂に立往生
247084	朝鮮朝日	南鮮版	1934-03-13	1	01단	北鮮一帶に大雪の訪れ春色萌ゆる野も山も花と紛ふ銀世界
247085	朝鮮朝日	南鮮版	1934-03-13	1	01단	遞信局豫算明年度新規事業東京から歸って井上局長談
247086	朝鮮朝日	南鮮版	1934-03-13	1	03단	江原道會豫算案可決/全南道會
247087	朝鮮朝日	南鮮版	1934-03-13	1	04단	牧納課長會
247088	朝鮮朝日	南鮮版	1934-03-13	1	04단	愛婦總會
247089	朝鮮朝日	南鮮版	1934-03-13	1	04단	愛婦大邱支部充實
247090	朝鮮朝日	南鮮版	1934-03-13	1	04단	娛樂を提供し街頭から農民教育全鮮的に「市日」の大改革を斷行
247091	朝鮮朝日	南鮮版	1934-03-13	1	05단	卅八名の警官增員能率增進の爲
247092	朝鮮朝日	南鮮版	1934-03-13	1	05단	慶南沿岸の漁村にラヂオ網を完備暴風警報信號所をも

일련번호	판명		간행일	면	단수	기사명
						新設し漁船の災禍を未然に防ぐ
247093	朝鮮朝日	南鮮版	1934-03-13	1	06단	朝鮮取引所員の米株兼營を許可多年の懸案を漸やく解決
247094	朝鮮朝日	南鮮版	1934-03-13	1	07단	不潔な部落が一躍衛生模範地に當局が激賞の忠南道鳥致院邑九百戶まで井戶設備を改善
247095	朝鮮朝日	南鮮版	1934-03-13	1	07단	麗水から八幡濱へ朝鮮人を二十三名誘拐三日間も絶食でへとへとに
247096	朝鮮朝日	南鮮版	1934-03-13	1	07단	兒童博物館
247097	朝鮮朝日	南鮮版	1934-03-13	1	08단	蔚山の防空演習好成績を收む
247098	朝鮮朝日	南鮮版	1934-03-13	1	08단	軌道を敷設東纛島漢江江岸間
247099	朝鮮朝日	南鮮版	1934-03-13	1	08단	裡里學校組合議員
247100	朝鮮朝日	南鮮版	1934-03-13	1	09단	六名に求刑
247101	朝鮮朝日	南鮮版	1934-03-13	1	09단	忽ち强盜に戀ず『金を持って居る』と喋った爲
247102	朝鮮朝日	南鮮版	1934-03-13	1	09단	火焰に包まれて親子とも大火傷
247103	朝鮮朝日	南鮮版	1934-03-13	1	10단	經學院釋貧
247104	朝鮮朝日	南鮮版	1934-03-13	1	10단	不利な點は片端に否認毒殺事件公判
247105	朝鮮朝日	南鮮版	1934-03-13	1	10단	物凄い暴風被害(大田地方)
247106	朝鮮朝日	南鮮版	1934-03-13	1	10단	入院料を踏倒す
247107	朝鮮朝日	西北版	1934-03-14	1	01단	朝鮮稅制整理案の大要(下)
247108	朝鮮朝日	西北版	1934-03-14	1	01단	恐らく全國一京城に警察參考館建設全鮮の警察官が醵金して內外の警察資料網羅
247109	朝鮮朝日	西北版	1934-03-14	1	01단	普通江改修十年度以降窮救事業打切の場合は繼續の猛運動を開始練兵場問題は解決
247110	朝鮮朝日	西北版	1934-03-14	1	01단	新年度から市街地令實施東京でスピード審議
247111	朝鮮朝日	西北版	1934-03-14	1	03단	春のさきがけショールとパラソルサテ今年の流行は？
247112	朝鮮朝日	西北版	1934-03-14	1	04단	光榮に浴する平南小學敎員
247113	朝鮮朝日	西北版	1934-03-14	1	04단	羅津警察署今秋十月新設
247114	朝鮮朝日	西北版	1934-03-14	1	05단	中等學校で簿記を敎へよ敎育の實際化を叫んで平壤府議より道當局に要望
247115	朝鮮朝日	西北版	1934-03-14	1	05단	大邱米穀取引所立會を停止す受渡し米の倉庫難の不安から
247116	朝鮮朝日	西北版	1934-03-14	1	06단	府電、東拓間供電契約締結
247117	朝鮮朝日	西北版	1934-03-14	1	07단	平壤專賣支局箕林里移轉豫算通過確實
247118	朝鮮朝日	西北版	1934-03-14	1	07단	國境同胞間に向學熱の勃興勞働力と勤勉性に於て勝る滿洲人への對抗策に
247119	朝鮮朝日	西北版	1934-03-14	1	08단	紛糾する平壤公會堂敷地意見は多いが何れも不適當結局・府原案通りか
247120	朝鮮朝日	西北版	1934-03-14	1	09단	業英百八十發を盜んで捨つ
247121	朝鮮朝日	西北版	1934-03-14	1	09단	慾の世界でも貧民窟は嫌はれる地價奔騰の箕林里です

일련번호	판명		간행일	면	단수	기사명
						らいくら安くも買手がない
247122	朝鮮朝日	西北版	1934-03-14	1	10단	僞刑事眞物の刑事を取調べて御用
247123	朝鮮朝日	西北版	1934-03-14	1	10단	柳京日記
247124	朝鮮朝日	西北版	1934-03-14	1	10단	人(弘岡道明氏(前朝鮮軍醫總監)/豊島大佐(歩兵第二十三聯隊長))
247125	朝鮮朝日	南鮮版	1934-03-14	1	01단	朝鮮稅制整理案の大要(三)
247126	朝鮮朝日	南鮮版	1934-03-14	1	01단	恐らく全國一京城に警察參考館建設全鮮の警察官が醵金して內外の警察資料網羅
247127	朝鮮朝日	南鮮版	1934-03-14	1	01단	大邱米穀取引所立會を停止す受渡し米の倉庫難の不安から
247128	朝鮮朝日	南鮮版	1934-03-14	1	01단	內地貿易移出超過千五十五萬圓
247129	朝鮮朝日	南鮮版	1934-03-14	1	01단	慶南道會原案通りに可決/京畿道會
247130	朝鮮朝日	南鮮版	1934-03-14	1	02단	交換孃物語(３)/妻君難の彼氏よ悲觀はよし給へこの花嫁候補を御存じか
247131	朝鮮朝日	南鮮版	1934-03-14	1	04단	西尾中將
247132	朝鮮朝日	南鮮版	1934-03-14	1	04단	國防聯合發會式盛大に行はる
247133	朝鮮朝日	南鮮版	1934-03-14	1	05단	運動界(全鮮學生卓球聯盟/拳鬪選手/ラグビー)
247134	朝鮮朝日	南鮮版	1934-03-14	1	06단	新年度から市街地令實施東京でスピード審議
247135	朝鮮朝日	南鮮版	1934-03-14	1	07단	鰯搾粕運賃前年より高値
247136	朝鮮朝日	南鮮版	1934-03-14	1	07단	洛東江沿岸の水禍を永遠に防げ根本的の治山治水工事施行方慶南道會から慶北道會へ打電/慶北道會でも洛東江の林野復舊可決
247137	朝鮮朝日	南鮮版	1934-03-14	1	08단	滋雨に農村大喜び
247138	朝鮮朝日	南鮮版	1934-03-14	1	08단	自動車道杜絶す電信も不通に雪と暴風雨で
247139	朝鮮朝日	南鮮版	1934-03-14	1	09단	列車運轉復舊す
247140	朝鮮朝日	南鮮版	1934-03-14	1	09단	商店家屋に狂ひ
247141	朝鮮朝日	南鮮版	1934-03-14	1	10단	老婆殺し遂に死刑上告案却さる
247142	朝鮮朝日	南鮮版	1934-03-14	1	10단	死刑から無罪に姑殺し容疑者
247143	朝鮮朝日	南鮮版	1934-03-14	1	10단	人(齊藤砍二氏(京城中學校長)/池邊宏氏(元內務省社會局長官法學博士)/弘岡道明氏(前朝鮮軍軍醫總監)/豊島大佐(歩兵第二十三聯隊長))
247144	朝鮮朝日	南鮮版	1934-03-14	1	10단	崔(十八日)
247145	朝鮮朝日	南鮮版	1934-03-14	1	10단	春日長閑
247146	朝鮮朝日	西北版	1934-03-15	1	01단	平南の鑛業界はナンと未曾有の活況無煙炭景氣と産金熱に煽られて本年産金は六百萬圓を突破か
247147	朝鮮朝日	西北版	1934-03-15	1	01단	一萬圓の基金で雄基に防護團結成花々しく防護演習行はる
247148	朝鮮朝日	西北版	1934-03-15	1	01단	防護國の活躍
247149	朝鮮朝日	西北版	1934-03-15	1	02단	平北道會

일련번호	판명		간행일	면	단수	기사명
247150	朝鮮朝日	西北版	1934-03-15	1	02단	新穀實收高一般に不作であった
247151	朝鮮朝日	西北版	1934-03-15	1	04단	寫眞號外
247152	朝鮮朝日	西北版	1934-03-15	1	04단	全鮮一の畜産道に家畜衛生の向上と輸入防止で一段の力を注ぐ咸北
247153	朝鮮朝日	西北版	1934-03-15	1	04단	地價の暴騰に喜ぶ平壤一帶の地主だが喜ばぬ借地人達成り行きを注目さる
247154	朝鮮朝日	西北版	1934-03-15	1	05단	司法官異動
247155	朝鮮朝日	西北版	1934-03-15	1	05단	平南道異動
247156	朝鮮朝日	西北版	1934-03-15	1	05단	城電の旣得權朝電が引き繼ぐ正式に調印を終了す
247157	朝鮮朝日	西北版	1934-03-15	1	05단	笠井法務局長談
247158	朝鮮朝日	西北版	1934-03-15	1	06단	北鮮話題
247159	朝鮮朝日	西北版	1934-03-15	1	06단	近く平南中等校長異動
247160	朝鮮朝日	西北版	1934-03-15	1	06단	早春の味覺シジミ貝が登場する大同江ではトテモ豊富ですぞ
247161	朝鮮朝日	西北版	1934-03-15	1	06단	二十餘名中毒六名は生命危篤法事の豚肉が祟って
247162	朝鮮朝日	西北版	1934-03-15	1	06단	流感猖獗
247163	朝鮮朝日	西北版	1934-03-15	1	07단	辭令(東京電話)
247164	朝鮮朝日	西北版	1934-03-15	1	07단	特別閱覽制度平壤圖書館に設く
247165	朝鮮朝日	西北版	1934-03-15	1	07단	城津は大雪
247166	朝鮮朝日	西北版	1934-03-15	1	08단	城津木材特定運賃
247167	朝鮮朝日	西北版	1934-03-15	1	08단	通學乘車券濫用の弊害平南道では認められぬ
247168	朝鮮朝日	西北版	1934-03-15	1	08단	二名を人質に分署員一名射殺林安平河に馬賊來襲
247169	朝鮮朝日	西北版	1934-03-15	1	08단	私立校に財務規定平南道で計劃
247170	朝鮮朝日	西北版	1934-03-15	1	09단	滿浦鎭鐵道從業員保護
247171	朝鮮朝日	西北版	1934-03-15	1	09단	流石は妓生の都花代四十三萬圓
247172	朝鮮朝日	西北版	1934-03-15	1	09단	鎭南浦に記念圖書館
247173	朝鮮朝日	西北版	1934-03-15	1	10단	賭博四名殺害三名自白す
247174	朝鮮朝日	西北版	1934-03-15	1	10단	五人心中救はる
247175	朝鮮朝日	西北版	1934-03-15	1	10단	人(中江修吾氏(三中井平壤支店長)/向江犬吾氏(平每編輯局長)/森井平鐵營業主任)
247176	朝鮮朝日	西北版	1934-03-15	1	10단	柳京日記
247177	朝鮮朝日	南鮮版	1934-03-15	1	01단	朝鮮稅制整理案の大要(四)
247178	朝鮮朝日	南鮮版	1934-03-15	1	01단	鮮農者の金字塔を築く移住者が團結し生活の永久的安定へ東邊道三ケ所に農務楔を組織
247179	朝鮮朝日	南鮮版	1934-03-15	1	01단	釜山國防義會から空中觀測器三台獻納四月中旬頃に晴の命名式擧行
247180	朝鮮朝日	南鮮版	1934-03-15	1	01단	模範邑面吏員養成講習會を開く
247181	朝鮮朝日	南鮮版	1934-03-15	1	02단	凱旋部隊釜山へ
247182	朝鮮朝日	南鮮版	1934-03-15	1	02단	局長會議

일련번호	판명		간행일	면	단수	기사명
247183	朝鮮朝日	南鮮版	1934-03-15	1	03단	大田商議選十五日執行
247184	朝鮮朝日	南鮮版	1934-03-15	1	03단	卒業式日割
247185	朝鮮朝日	南鮮版	1934-03-15	1	03단	採算はとれるが紙質は十分でないさらに科學的の研究を要する桑の皮利用の『紙』製造
247186	朝鮮朝日	南鮮版	1934-03-15	1	04단	東拓殖銀で金利引下
247187	朝鮮朝日	南鮮版	1934-03-15	1	04단	新穀實收高一般に不作であった
247188	朝鮮朝日	南鮮版	1934-03-15	1	05단	寄附金募集神宮奉祝の為
247189	朝鮮朝日	南鮮版	1934-03-15	1	05단	不便な晉州から農試場移轉せよ漸次具體化せん
247190	朝鮮朝日	南鮮版	1934-03-15	1	06단	素晴しい米出廻り
247191	朝鮮朝日	南鮮版	1934-03-15	1	06단	若きマダムへ！ご存じですか物價は上向き步調/滿洲行き木材著しい增加
247192	朝鮮朝日	南鮮版	1934-03-15	1	06단	鮮内原木輸出制限禁止ではない
247193	朝鮮朝日	南鮮版	1934-03-15	1	07단	辭令(東京電話)
247194	朝鮮朝日	南鮮版	1934-03-15	1	07단	水稻多收穫褒賞授與式
247195	朝鮮朝日	南鮮版	1934-03-15	1	07단	人家五戶を埋沒一名は無殘の壓死鬱陸島の雪崩被害
247196	朝鮮朝日	南鮮版	1934-03-15	1	08단	江口港に航路標識
247197	朝鮮朝日	南鮮版	1934-03-15	1	08단	流行性腦脊髓膜炎大邱地方猖獗を極む
247198	朝鮮朝日	南鮮版	1934-03-15	1	08단	全南珍島郡內に天然痘益々猖獗
247199	朝鮮朝日	南鮮版	1934-03-15	1	08단	痴話から自殺へ
247200	朝鮮朝日	南鮮版	1934-03-15	1	08단	各地の暴風雪害
247201	朝鮮朝日	南鮮版	1934-03-15	1	09단	實物取引復活す朝鮮取引所
247202	朝鮮朝日	南鮮版	1934-03-15	1	09단	鳳仙閣全燒
247203	朝鮮朝日	南鮮版	1934-03-15	1	09단	妻と姉を慘殺石積面の四十男
247204	朝鮮朝日	南鮮版	1934-03-15	1	09단	胴體と兩足轢斷
247205	朝鮮朝日	南鮮版	1934-03-15	1	10단	寫眞號外
247206	朝鮮朝日	南鮮版	1934-03-15	1	10단	嬰兒を殺す
247207	朝鮮朝日	南鮮版	1934-03-15	1	10단	廿三名同盟罷業
247208	朝鮮朝日	南鮮版	1934-03-15	1	10단	春日長閑
247209	朝鮮朝日	西北版	1934-03-16	1	01단	積年の不況をドッと吹き飛ばす！各道が農村振興を目ざして藥草栽培に大意氣込み/穀儉所員約六百名增員籾生產檢查の實施で
247210	朝鮮朝日	西北版	1934-03-16	1	01단	無煙炭合同新朝無と東拓の鯨解なり贊成の機運濃厚化
247211	朝鮮朝日	西北版	1934-03-16	1	01단	時ならぬ大雪
247212	朝鮮朝日	西北版	1934-03-16	1	02단	平壤普通校男女共學に
247213	朝鮮朝日	西北版	1934-03-16	1	03단	新設初等校の敷地に惱む
247214	朝鮮朝日	西北版	1934-03-16	1	03단	來壤の渡邊學務局長談
247215	朝鮮朝日	西北版	1934-03-16	1	04단	寫眞號外發行
247216	朝鮮朝日	西北版	1934-03-16	1	04단	江東炭坑に新埋藏鑛の出現鑛量四百三十萬噸無煙炭界垂涎の的

일련번호	판명		간행일	면	단수	기사명
247217	朝鮮朝日	西北版	1934-03-16	1	04단	建武中興六百年祭
247218	朝鮮朝日	西北版	1934-03-16	1	04단	問題化した邑長退職金
247219	朝鮮朝日	西北版	1934-03-16	1	04단	彼氏の趣味を探る(1)/かたい頭をダンスでほぐす/平壤法院司法官試補菅生謙三氏
247220	朝鮮朝日	西北版	1934-03-16	1	05단	北鮮話題
247221	朝鮮朝日	西北版	1934-03-16	1	05단	共同仕入組合組織
247222	朝鮮朝日	西北版	1934-03-16	1	05단	愈よ十年度に國立製錬所設置か目下具體案作成中西鮮では平壤、鎭南浦が有力
247223	朝鮮朝日	西北版	1934-03-16	1	06단	平壤府廳舍解氷を待って工事を續行落成式は六月七日
247224	朝鮮朝日	西北版	1934-03-16	1	06단	咸南道章の常選者決る
247225	朝鮮朝日	西北版	1934-03-16	1	07단	殺到する新文化をとうこなす？躍進する咸北の悩み道當局は漸進主義ですゝむ
247226	朝鮮朝日	西北版	1934-03-16	1	08단	學童就職頓幹旋打合會
247227	朝鮮朝日	西北版	1934-03-16	1	08단	越境追擊に努む警官狙擊匪賊團を追うて吹雪の中を大搜査
247228	朝鮮朝日	西北版	1934-03-16	1	08단	靖國神社に殉職者合祀候補者申請
247229	朝鮮朝日	西北版	1934-03-16	1	09단	押し寄せる志願者の波平壤府內六中等校宛ら試驗地獄展開
247230	朝鮮朝日	西北版	1934-03-16	1	09단	人(年見平南道山林課長/今井安太郎氏(平南道保安課員)/演崎平鐵庶務主任)
247231	朝鮮朝日	西北版	1934-03-16	1	10단	普校名統一
247232	朝鮮朝日	西北版	1934-03-16	1	10단	平壤府內の窮民を賑す
247233	朝鮮朝日	西北版	1934-03-16	1	10단	柳京日記
247234	朝鮮朝日	南鮮版	1934-03-16	1	01단	春は朓らかに 『さくら音頭』競映戰/『花の咲くころ朝鮮へやってお出』長崎の全國産業博で大宣傳/酒だ酒の釀造が增加した農村景氣の上向きから/公衆便所/無價値だったアベマキがお金に/新設に增資に工業界活況/八十名の教員を增加昇給もする
247235	朝鮮朝日	南鮮版	1934-03-16	1	01단	積年の不況をドッと吹き飛ばす！各道が農村振興を目ざして藥草栽培に大意氣込み
247236	朝鮮朝日	南鮮版	1934-03-16	1	01단	穀儉所員約六百名增員籾生産檢査の實施で
247237	朝鮮朝日	南鮮版	1934-03-16	1	01단	京畿道の國防義會聯合會十八日發會式を盛大に
247238	朝鮮朝日	南鮮版	1934-03-16	1	01단	神社資料展
247239	朝鮮朝日	南鮮版	1934-03-16	1	03단	仁川府會
247240	朝鮮朝日	南鮮版	1934-03-16	1	04단	靖國神社に殉職者合祀候補者申請
247241	朝鮮朝日	南鮮版	1934-03-16	1	04단	運動界(全鮮スキー競技/卓球大會/武道大會)
247242	朝鮮朝日	南鮮版	1934-03-16	1	05단	李貞圭女史講演會
247243	朝鮮朝日	南鮮版	1934-03-16	1	05단	滿洲國に販路擴張慶南水産物
247244	朝鮮朝日	南鮮版	1934-03-16	1	05단	忠南道農會總會

일련번호	판명		간행일	면	단수	기사명
247245	朝鮮朝日	南鮮版	1934-03-16	1	05단	久々に時局談(宇垣總督)/五月に上京
247246	朝鮮朝日	南鮮版	1934-03-16	1	06단	慶南淸酒品評會釜山で開かる
247247	朝鮮朝日	南鮮版	1934-03-16	1	06단	朝鮮同胞の光
247248	朝鮮朝日	南鮮版	1934-03-16	1	07단	犯罪搜査機關充實慶南道當局
247249	朝鮮朝日	南鮮版	1934-03-16	1	07단	朝鮮色を多分に盛り上げた本年度の小學校教科書
247250	朝鮮朝日	南鮮版	1934-03-16	1	08단	錬瓦防火壁突如崩潰す家屋を半壊
247251	朝鮮朝日	南鮮版	1934-03-16	1	09단	家出女捕る
247252	朝鮮朝日	南鮮版	1934-03-16	1	09단	慶北道費財政の堅實化を計るまづ國有林拂下げ
247253	朝鮮朝日	南鮮版	1934-03-16	1	09단	娘を絞殺す
247254	朝鮮朝日	南鮮版	1934-03-16	1	10단	大邱地方に腦脊髓膜炎いよいよ猛烈
247255	朝鮮朝日	南鮮版	1934-03-16	1	10단	三十女自殺未遂
247256	朝鮮朝日	南鮮版	1934-03-16	1	10단	人(萩原慶南道高等課長/福田慶北道高等課長/西崎鶴司氏(總督府財務局理財課長)/河野正直氏)
247257	朝鮮朝日	南鮮版	1934-03-16	1	10단	春日長閑
247258	朝鮮朝日	南鮮版	1934-03-16	1	10단	寫眞號外發行
247259	朝鮮朝日	西北版	1934-03-17	1	01단	卅五萬圓寄附(農林博物館建設費)突如無期延期に多木代議士が總督府に對し成行如何では訴訟問題に
247260	朝鮮朝日	西北版	1934-03-17	1	01단	總督府辭令
247261	朝鮮朝日	西北版	1934-03-17	1	01단	財務部を廢止し學務部新設か稅務機關の獨立で
247262	朝鮮朝日	西北版	1934-03-17	1	01단	平川里一帶を工場地帶に農試場も早晩移轉道當局の準備進む
247263	朝鮮朝日	西北版	1934-03-17	1	02단	稅制整理實施期及び課稅方法
247264	朝鮮朝日	西北版	1934-03-17	1	03단	もつれる公會堂敷地投票で決定
247265	朝鮮朝日	西北版	1934-03-17	1	03단	彼氏の趣味を探る(２)/骨董の鑑別にも鋭い眼力の持主/平壤刑務所長養田長平氏
247266	朝鮮朝日	西北版	1934-03-17	1	04단	卓球試合
247267	朝鮮朝日	西北版	1934-03-17	1	04단	商陳所賣却費の使途
247268	朝鮮朝日	西北版	1934-03-17	1	04단	朝鮮酒が內地へ海外へ飛躍過剰米でウンと增産し本府で具體的計劃を樹てる
247269	朝鮮朝日	西北版	1934-03-17	1	04단	西湖津築港いよいよ近く着工窮救事業費の一部で
247270	朝鮮朝日	西北版	1934-03-17	1	05단	北鮮話題
247271	朝鮮朝日	西北版	1934-03-17	1	05단	歸還部隊員消火に努む
247272	朝鮮朝日	西北版	1934-03-17	1	06단	名も優し春紗織咸南新興産業組合の新製品婦人の副業に絶好
247273	朝鮮朝日	西北版	1934-03-17	1	06단	近づいた嬉しい入學日靴や帽子のお支度は？
247274	朝鮮朝日	西北版	1934-03-17	1	07단	火の用心
247275	朝鮮朝日	西北版	1934-03-17	1	07단	路上で強奪
247276	朝鮮朝日	西北版	1934-03-17	1	08단	漁組の手で近く店開き紛糾收った龍巖浦魚市場
247277	朝鮮朝日	西北版	1934-03-17	1	08단	追擊功を奏す遂に三名を斃し不穩文書押收巡査狙擊の

일련번호	판명		간행일	면	단수	기사명
						匪賊團潰ゆ
247278	朝鮮朝日	西北版	1934-03-17	1	09단	驅落ち男女劇藥で心中
247279	朝鮮朝日	西北版	1934-03-17	1	09단	大風雪の跡新昌港で漁船三十隻破損被害なほ多數の見込
247280	朝鮮朝日	西北版	1934-03-17	1	09단	少年掏模團
247281	朝鮮朝日	西北版	1934-03-17	1	10단	柳京日記
247282	朝鮮朝日	西北版	1934-03-17	1	10단	人(內田錄雄氏(平壤府會議員)/總富文五氏(平南道高等課長)
247283	朝鮮朝日	南鮮版	1934-03-17	1	01단	春は脹らかに 雄基を起點に日本一周航路開始まづ十八日に新京丸が就航/開通する天圖鐵道二十二日から/賑やかに移民行進曲滿洲國へ滿洲國へ/宇垣さん地方行脚に/豚・五百頭注文滿洲國から朝鮮へ/賑はふ辨天市廿五日から/記念のスタンプ
247284	朝鮮朝日	南鮮版	1934-03-17	1	01단	卅五萬圓寄附(農林博物館建設費)突如無期延期に多木代議士が總督府に對し成行如何では訴訟問題に
247285	朝鮮朝日	南鮮版	1934-03-17	1	01단	財務部を廢止し學務部新設か稅務機關の獨立で/稅制整理實施期 及び課稅方法
247286	朝鮮朝日	南鮮版	1934-03-17	1	03단	總督府辭令
247287	朝鮮朝日	南鮮版	1934-03-17	1	04단	大田商議當選者
247288	朝鮮朝日	南鮮版	1934-03-17	1	05단	農業補習校內容を刷新實習訓練を主とし
247289	朝鮮朝日	南鮮版	1934-03-17	1	06단	農村は漸次更生へだが都會地は駄目積極的に更生運動を起す
247290	朝鮮朝日	南鮮版	1934-03-17	1	06단	大興電氣事業擴張五百萬圓に增資
247291	朝鮮朝日	南鮮版	1934-03-17	1	06단	商港釜山の認識を深める釜山高小校に博物館
247292	朝鮮朝日	南鮮版	1934-03-17	1	07단	投票成績
247293	朝鮮朝日	南鮮版	1934-03-17	1	07단	釜山府內交通宣傳
247294	朝鮮朝日	南鮮版	1934-03-17	1	07단	慶南道の二次窮民救濟事業使役勞働者八十萬人に上る
247295	朝鮮朝日	南鮮版	1934-03-17	1	08단	圓滿に議了す(京畿道會)
247296	朝鮮朝日	南鮮版	1934-03-17	1	08단	議論沸騰し利益稅輕減を本府へ要望土地坪數割條令利益稅審議釜山府會
247297	朝鮮朝日	南鮮版	1934-03-17	1	08단	德壽丸で赤ン坊出産
247298	朝鮮朝日	南鮮版	1934-03-17	1	09단	米屋街一帶ただならぬ雲行大邱の米穀立會停止問題で當局も成行き憂慮
247299	朝鮮朝日	南鮮版	1934-03-17	1	10단	齊藤欽三氏校葬
247300	朝鮮朝日	南鮮版	1934-03-17	1	10단	春日長閑
247301	朝鮮朝日	南鮮版	1934-03-17	1	10단	人(堀正一氏(朝鮮商銀專務)/伊藤奉吉氏(忠北道警察部長)/增田久猛大佐(新任步兵七十九聯隊長)/越川彰一氏(一等軍醫正、新任二十師團軍醫部長))
247302	朝鮮朝日	南鮮版	1934-03-17	1	10단	給仕募集

일련번호	판명		간행일	면	단수	기사명
247303	朝鮮朝日	西北版	1934-03-18	1	01단	滿洲空輸航路北鮮まで延長着陸場は清津か羅津/日本空輸のダイヤグラム改正從來よりも非常に便利に
247304	朝鮮朝日	西北版	1934-03-18	1	01단	窮民を潤す勞銀六十三萬圓平南新年度土木事業
247305	朝鮮朝日	西北版	1934-03-18	1	01단	辭令(東京電話)
247306	朝鮮朝日	西北版	1934-03-18	1	01단	羅津小學校落成式を擧ぐ
247307	朝鮮朝日	西北版	1934-03-18	1	02단	通話區編入
247308	朝鮮朝日	西北版	1934-03-18	1	02단	箕林里整地組合
247309	朝鮮朝日	西北版	1934-03-18	1	02단	彼氏の趣味を探る(３)/論告は冷徹馬には熱愛/平壤地方法院橋本檢事
247310	朝鮮朝日	西北版	1934-03-18	1	03단	朝鮮事業公債二百五十萬圓增額滿場一致で衆議院を通過
247311	朝鮮朝日	西北版	1934-03-18	1	03단	蹴球統制案なる愈よ四月一日から實施
247312	朝鮮朝日	西北版	1934-03-18	1	04단	北鮮話題
247313	朝鮮朝日	西北版	1934-03-18	1	04단	古都を彩る大同江岸の柳折角の府の努力も少年達の惡戲で根こそぎ
247314	朝鮮朝日	西北版	1934-03-18	1	04단	警察購組の解散を陳情商人側から
247315	朝鮮朝日	西北版	1934-03-18	1	05단	平南中堅農民校全鮮に魁くる新試み愈よ成案を得て準備に着手
247316	朝鮮朝日	西北版	1934-03-18	1	06단	新義州豫算
247317	朝鮮朝日	西北版	1934-03-18	1	06단	振興團體の統制擴大を計る平南の農漁村更生策
247318	朝鮮朝日	西北版	1934-03-18	1	07단	國旗會支部發會式
247319	朝鮮朝日	西北版	1934-03-18	1	07단	平壤中學で商業薄記を教授生徒間にも至極好評
247320	朝鮮朝日	西北版	1934-03-18	1	07단	早くも十年度豫算を目指し平南期成會動く四、五兩月に互り猛運動展開
247321	朝鮮朝日	西北版	1934-03-18	1	08단	共匪の手に消ゆ
247322	朝鮮朝日	西北版	1934-03-18	1	08단	主金拐帶
247323	朝鮮朝日	西北版	1934-03-18	1	08단	平南の等級道路九年度で略完成十年度以降は小道路を普及
247324	朝鮮朝日	西北版	1934-03-18	1	09단	平北の天然痘現患四十七名に達す
247325	朝鮮朝日	西北版	1934-03-18	1	09단	部落で申合せ惡人を一掃竊盜賭博の微罪でも容赦なく追放處分
247326	朝鮮朝日	西北版	1934-03-18	1	09단	寫眞號外發行
247327	朝鮮朝日	西北版	1934-03-18	1	10단	志願者殺到府營バスの女車掌さん
247328	朝鮮朝日	西北版	1934-03-18	1	10단	柳京日記
247329	朝鮮朝日	南鮮版	1934-03-18	1	01단	春は服らかに 旅客洪水に臨時列車を運轉着々と準備進める鐵道局/アナタハアマリニノンキデスネ/松毛蟲から肥料を調製する金肥よりも效果十分/空腹にたへかねて留置場入り志望/就職者慰安會

일련번호	판명		간행일	면	단수	기사명
247330	朝鮮朝日	南鮮版	1934-03-18	1	01단	滿洲空輸航路北鮮まで延長着陸場は淸津か羅津/日本空輸のダイヤグラム改正從來よりも非常に便利に
247331	朝鮮朝日	南鮮版	1934-03-18	1	01단	國防博に半島大地圖出品この機に朝鮮を宣傳
247332	朝鮮朝日	南鮮版	1934-03-18	1	03단	辭令(東京電話)
247333	朝鮮朝日	南鮮版	1934-03-18	1	03단	忠南道會
247334	朝鮮朝日	南鮮版	1934-03-18	1	03단	釜山受益稅修正案槪要
247335	朝鮮朝日	南鮮版	1934-03-18	1	04단	信託合倂促進に本府乘り出す
247336	朝鮮朝日	南鮮版	1934-03-18	1	04단	蹴球統制案なる愈よ四月一日から實施/京城プールらかく竣工/武道大會
247337	朝鮮朝日	南鮮版	1934-03-18	1	05단	大邱府教育部會
247338	朝鮮朝日	南鮮版	1934-03-18	1	05단	朝鮮事業公債二百五十萬圓增額滿場一致で衆議院を通過
247339	朝鮮朝日	南鮮版	1934-03-18	1	06단	映畫檢閱の陣容を整ふ總督府當局
247340	朝鮮朝日	南鮮版	1934-03-18	1	07단	入學志願者
247341	朝鮮朝日	南鮮版	1934-03-18	1	07단	弔慰金百五十圓/愛婦からも
247342	朝鮮朝日	南鮮版	1934-03-18	1	07단	地方農村の中堅人物を養成普通學校卒業生指導校を增設慶南道內の十一ヶ所に
247343	朝鮮朝日	南鮮版	1934-03-18	1	07단	忠北道農會總會
247344	朝鮮朝日	南鮮版	1934-03-18	1	08단	東上委員慰勞會
247345	朝鮮朝日	南鮮版	1934-03-18	1	08단	金融座談會
247346	朝鮮朝日	南鮮版	1934-03-18	1	08단	記念貯金/四十五萬四千口百七十萬圓非常の好成績を收む
247347	朝鮮朝日	南鮮版	1934-03-18	1	08단	漏電說有力
247348	朝鮮朝日	南鮮版	1934-03-18	1	09단	赤の十一名に判決言渡す
247349	朝鮮朝日	南鮮版	1934-03-18	1	09단	盜んでは見たが物騷なもので棄てたか
247350	朝鮮朝日	南鮮版	1934-03-18	1	09단	京城に狂犬病相當に流行
247351	朝鮮朝日	南鮮版	1934-03-18	1	10단	法網を潛る密輸者退治
247352	朝鮮朝日	南鮮版	1934-03-18	1	10단	厭世自殺
247353	朝鮮朝日	南鮮版	1934-03-18	1	10단	春日長閑
247354	朝鮮朝日	南鮮版	1934-03-18	1	10단	人(李恒九男翁(李王職次官)/小池晃氏(新任朝鮮軍軍醫部長))
247355	朝鮮朝日	南鮮版	1934-03-18	1	10단	寫眞號外發行
247356	朝鮮朝日	西北版	1934-03-20	1	01단	春を芽ぐむ
247357	朝鮮朝日	西北版	1934-03-20	1	01단	鮮米危機はムシロこれからだ米穀調査會設置本府に要望す鮮米擁護期成會を强力に/朝鮮獨自の米穀對策が必要農會を强力な獨立機關にせよ(三井不二興業專務歸來談)/滿洲國視察員決定/女性も二人
247358	朝鮮朝日	西北版	1934-03-20	1	01단	忠南道會全原案可決
247359	朝鮮朝日	西北版	1934-03-20	1	02단	大邱取引所の立會停止問題に取引所令を發動か

일련번호	판명		간행일	면	단수	기사명
247360	朝鮮朝日	西北版	1934-03-20	1	02단	鎭海學校組合豫算
247361	朝鮮朝日	西北版	1934-03-20	1	03단	新設普校は西部に決る平壤第二部教育部會
247362	朝鮮朝日	西北版	1934-03-20	1	04단	警官異動
247363	朝鮮朝日	西北版	1934-03-20	1	04단	光榮の代表者
247364	朝鮮朝日	西北版	1934-03-20	1	05단	人(河村翼步兵大佐(新任朝鮮軍高級參謀))
247365	朝鮮朝日	西北版	1934-03-20	1	05단	府營細民街設定『太陽のない街』を取除く咸興の新社會施設
247366	朝鮮朝日	西北版	1934-03-20	1	05단	氣候の不順から腦炎は愈よ猛烈大邱地方民お注意
247367	朝鮮朝日	西北版	1934-03-20	1	05단	平鐵の警備演習軍隊も協力
247368	朝鮮朝日	西北版	1934-03-20	1	06단	五十ヶ所に衛生模範部落慶南道に設置する
247369	朝鮮朝日	西北版	1934-03-20	1	06단	川島司令官
247370	朝鮮朝日	西北版	1934-03-20	1	06단	平壤醫專卒業式
247371	朝鮮朝日	西北版	1934-03-20	1	06단	陸競選手
247372	朝鮮朝日	西北版	1934-03-20	1	06단	人妻と若い書記が早春の抱合心中だが二人とも助かる
247373	朝鮮朝日	西北版	1934-03-20	1	07단	肥料資金に惱む農民の苦患緩和平南の低資融通増額さる
247374	朝鮮朝日	西北版	1934-03-20	1	07단	賭博に大鐵槌二十名檢擧
247375	朝鮮朝日	西北版	1934-03-20	1	08단	忠南の暴風被害
247376	朝鮮朝日	西北版	1934-03-20	1	08단	ユガンダ春三百圓もって女家出娼妓浮れ出て科料に
247377	朝鮮朝日	西北版	1934-03-20	1	08단	家屋明渡し請求の訴訟
247378	朝鮮朝日	西北版	1934-03-20	1	09단	製繩會社の女工罷業す
247379	朝鮮朝日	西北版	1934-03-20	1	09단	鎭海に流感
247380	朝鮮朝日	西北版	1934-03-20	1	09단	國防獻金
247381	朝鮮朝日	西北版	1934-03-20	1	09단	志士金玉均の僞孫捕まる
247382	朝鮮朝日	西北版	1934-03-20	1	09단	五年前の殺人犯人遂に捕はる間島領事警察の手に
247383	朝鮮朝日	西北版	1934-03-20	1	10단	三名を起訴朝運社員らの横領被疑事件
247384	朝鮮朝日	西北版	1934-03-20	1	10단	沸る釜中に少年工墜死
247385	朝鮮朝日	西北版	1934-03-20	1	10단	神罰たちどころ
247386	朝鮮朝日	西北版	1934-03-20	1	10단	デパート賊捕る
247387	朝鮮朝日	南鮮版	1934-03-20	1	01단	春を芽ぐむ
247388	朝鮮朝日	南鮮版	1934-03-20	1	01단	鮮米危機はムシロこれからだ米穀調査會設置本府に要望す鮮米擁護期成會を强力に/朝鮮獨自の米穀對策が必要農會を强力な獨立機關にせよ(三井不二興業專務歸來談)/滿洲國視察員決定/女性も二人
247389	朝鮮朝日	南鮮版	1934-03-20	1	01단	忠南道會全原案可決
247390	朝鮮朝日	南鮮版	1934-03-20	1	02단	大邱取引所の立會停止問題に取引所令を發動か
247391	朝鮮朝日	南鮮版	1934-03-20	1	02단	鎭海學校組合豫算
247392	朝鮮朝日	南鮮版	1934-03-20	1	03단	新設普校は西部に決る平壤第二部教育部會
247393	朝鮮朝日	南鮮版	1934-03-20	1	04단	警官異動

일련번호	판명		간행일	면	단수	기사명
247394	朝鮮朝日	南鮮版	1934-03-20	1	04단	光榮の代表者
247395	朝鮮朝日	南鮮版	1934-03-20	1	05단	人(河村驚歩兵大佐(新任朝鮮軍高級參謀))
247396	朝鮮朝日	南鮮版	1934-03-20	1	05단	府營細民街設定『太陽のない街』を取除く咸興の新社會施設
247397	朝鮮朝日	南鮮版	1934-03-20	1	05단	氣候の不順から腦炎は愈よ猛烈大邱地方民お注意
247398	朝鮮朝日	南鮮版	1934-03-20	1	05단	平鐵の警備演習軍隊も協力
247399	朝鮮朝日	南鮮版	1934-03-20	1	06단	五十ヶ所に衛生模範部落慶南道に設置する
247400	朝鮮朝日	南鮮版	1934-03-20	1	06단	川島司令官
247401	朝鮮朝日	南鮮版	1934-03-20	1	06단	平壤醫專卒業式
247402	朝鮮朝日	南鮮版	1934-03-20	1	06단	陸競選手
247403	朝鮮朝日	南鮮版	1934-03-20	1	06단	人妻と若い書記が早春の抱合心中だが二人とも助かる
247404	朝鮮朝日	南鮮版	1934-03-20	1	07단	肥料資金に惱む農民の苦患緩和平南の低資融通增額さる
247405	朝鮮朝日	南鮮版	1934-03-20	1	07단	賭博に大鐵槌二十名檢擧
247406	朝鮮朝日	南鮮版	1934-03-20	1	08단	忠南の暴風被害
247407	朝鮮朝日	南鮮版	1934-03-20	1	08단	ユガンダ春三百圓もって女家出娼妓浮れ出て科料に
247408	朝鮮朝日	南鮮版	1934-03-20	1	08단	家屋明渡し請求の訴訟
247409	朝鮮朝日	南鮮版	1934-03-20	1	09단	製繩會社の女工罷業す
247410	朝鮮朝日	南鮮版	1934-03-20	1	09단	鎮海に流感
247411	朝鮮朝日	南鮮版	1934-03-20	1	09단	國防獻金
247412	朝鮮朝日	南鮮版	1934-03-20	1	09단	志士金玉均の僞孫捕まる
247413	朝鮮朝日	南鮮版	1934-03-20	1	09단	五年前の殺人犯人遂に捕はる間島領事警察の手に
247414	朝鮮朝日	南鮮版	1934-03-20	1	10단	三名を起訴朝運社員らの橫領被疑事件
247415	朝鮮朝日	南鮮版	1934-03-20	1	10단	沸る釜中に少年工墜死
247416	朝鮮朝日	南鮮版	1934-03-20	1	10단	神罰たちどころ
247417	朝鮮朝日	南鮮版	1934-03-20	1	10단	デパート賊捕る
247418	朝鮮朝日	西北版	1934-03-21	1	01단	彼氏の趣味を探る(4)/祕訣は犬にあり得意の獵を語る/平壤地方法院越尾判事
247419	朝鮮朝日	西北版	1934-03-21	1	01단	半島の空に愈よゴーストップ實現五十二條からなる飛行規定ちかく府令を發布
247420	朝鮮朝日	西北版	1934-03-21	1	01단	六百五十の籾貯藏庫建設二百卅萬圓投じて
247421	朝鮮朝日	西北版	1934-03-21	1	01단	咸興市街の近代都市化衆智を集めて二年間研究漸く成案の運びに
247422	朝鮮朝日	西北版	1934-03-21	1	04단	咸南橫川面の行政區變更平南に移牒し來る
247423	朝鮮朝日	西北版	1934-03-21	1	04단	米穀消費量人口增加と反對に段々減少の傾向農民の窮迫を如實に示す
247424	朝鮮朝日	西北版	1934-03-21	1	04단	鴨綠江採木公司日滿新協定成立し更に二十五年間營業織續
247425	朝鮮朝日	西北版	1934-03-21	1	05단	北鮮萩間航路月一回宛となる滿洲行き電報引下に

일련번호	판명		간행일	면	단수	기사명
247426	朝鮮朝日	西北版	1934-03-21	1	05단	植物檢査所の設置を要望す釜山經由で林檎輸出振はず鎭南浦二組合起つ
247427	朝鮮朝日	西北版	1934-03-21	1	05단	獎學資金受賞者
247428	朝鮮朝日	西北版	1934-03-21	1	06단	平壤豫算府會開く
247429	朝鮮朝日	西北版	1934-03-21	1	06단	イルズ機不時着江原道振追呈に二十一日出發
247430	朝鮮朝日	西北版	1934-03-21	1	07단	花のお江戶で朝鮮の豐年踊鄕土舞踊民謠全國大會に臨む登村里の有志が猛練習
247431	朝鮮朝日	西北版	1934-03-21	1	07단	平壤醫專は志望者八倍强中等校も押すな押すなの盛況入學試驗近づく
247432	朝鮮朝日	西北版	1934-03-21	1	07단	麥田橋架橋年內に竣工
247433	朝鮮朝日	西北版	1934-03-21	1	08단	古都平壤の新粧柳、櫻をこきまぜて大同江岸を花で埋む
247434	朝鮮朝日	西北版	1934-03-21	1	08단	植樹記念日
247435	朝鮮朝日	西北版	1934-03-21	1	08단	平南道內に僞造紙幣橫行朝鮮銀行の十圓券素人目には見分けがつかぬ
247436	朝鮮朝日	西北版	1934-03-21	1	09단	柳京の春を賑す觀光團
247437	朝鮮朝日	西北版	1934-03-21	1	09단	百萬長者飛込自殺を計る通行人が發見、危く救助心痛からの發作
247438	朝鮮朝日	西北版	1934-03-21	1	09단	書籍を萬引く
247439	朝鮮朝日	西北版	1934-03-21	1	10단	柳京日記
247440	朝鮮朝日	南鮮版	1934-03-21	1	01단	半島の空に愈よゴーストップ實現五十二條からなる飛行規定ちかく府令を發布
247441	朝鮮朝日	南鮮版	1934-03-21	1	01단	六百五十の籾貯藏庫建設二百卅萬圓投じて
247442	朝鮮朝日	南鮮版	1934-03-21	1	01단	監督權の發動を要求買方客筋が道當局へ大邱米取引の紛糾
247443	朝鮮朝日	南鮮版	1934-03-21	1	01단	全南道豫算
247444	朝鮮朝日	南鮮版	1934-03-21	1	01단	大邱府會
247445	朝鮮朝日	南鮮版	1934-03-21	1	02단	またも議論沸騰受益稅堅減問題で府會懇談會
247446	朝鮮朝日	南鮮版	1934-03-21	1	03단	京畿道の國防役員
247447	朝鮮朝日	南鮮版	1934-03-21	1	03단	南洋行き貨物船運賃內地積みと同樣に釜山の輸出當業者が要望す
247448	朝鮮朝日	南鮮版	1934-03-21	1	04단	驅逐隊三艦
247449	朝鮮朝日	南鮮版	1934-03-21	1	04단	弔慰金千圓故朴敬元孃に
247450	朝鮮朝日	南鮮版	1934-03-21	1	04단	イルズ機不時着江原道振追呈に二十一日出發
247451	朝鮮朝日	南鮮版	1934-03-21	1	04단	殖産銀異動
247452	朝鮮朝日	南鮮版	1934-03-21	1	05단	大田商工特別議員
247453	朝鮮朝日	南鮮版	1934-03-21	1	05단	鳩もお國のために
247454	朝鮮朝日	南鮮版	1934-03-21	1	05단	十二回に互る放火狂捕る
247455	朝鮮朝日	南鮮版	1934-03-21	1	06단	警察官武道大會/滿洲軍勝つ

일련번호	판명		간행일	면	단수	기사명
247456	朝鮮朝日	南鮮版	1934-03-21	1	06단	休日勞働者の勞銀で材料を購入する雁里の衛生施設改善に部落民の努力を激賞
247457	朝鮮朝日	南鮮版	1934-03-21	1	07단	警官二十名自轉車行軍二十四里を走破す
247458	朝鮮朝日	南鮮版	1934-03-21	1	07단	米穀消費量人口增加と反對に段々減少の傾向農民の窮迫を如實に示す/二日目
247459	朝鮮朝日	南鮮版	1934-03-21	1	07단	人妻女給等十名との桃色遊戲が暴露ダンス教師檢事局へ
247460	朝鮮朝日	南鮮版	1934-03-21	1	07단	被告等は轉向言明赤化事件公判
247461	朝鮮朝日	南鮮版	1934-03-21	1	08단	大邱市街綠化するちかく補植
247462	朝鮮朝日	南鮮版	1934-03-21	1	08단	仙谷里に五人組强盜五十八圓强奪
247463	朝鮮朝日	南鮮版	1934-03-21	1	08단	覆面の强盜
247464	朝鮮朝日	南鮮版	1934-03-21	1	09단	馬山に重大事件
247465	朝鮮朝日	南鮮版	1934-03-21	1	09단	判事の名で反物を詐欺(二十八點千百圓)
247466	朝鮮朝日	南鮮版	1934-03-21	1	10단	崇島洞五棟全燒
247467	朝鮮朝日	南鮮版	1934-03-21	1	10단	四十女の萬引
247468	朝鮮朝日	南鮮版	1934-03-21	1	10단	試驗地獄から靑年割腹す
247469	朝鮮朝日	南鮮版	1934-03-21	1	10단	人(有賀光豊氏(殖銀頭取))
247470	朝鮮朝日	南鮮版	1934-03-21	1	10단	春日長閑
247471	朝鮮朝日	西北版	1934-03-22	1	01단	陽春の鮮滿へ繰り展ぐ！觀光繪卷內地から大口團體が押し寄す準備を急ぐ當局
247472	朝鮮朝日	西北版	1934-03-22	1	01단	關釜聯絡船の改造が叫ばる六時間で千名以上の收容船に旅行季節に當局惱みの種
247473	朝鮮朝日	西北版	1934-03-22	1	01단	帽兒山の勇士平壤部隊忠魂碑全鮮に寄附を仰ぎ中江鎭に建立する
247474	朝鮮朝日	西北版	1934-03-22	1	01단	總督府辭令
247475	朝鮮朝日	西北版	1934-03-22	1	01단	朝鮮銀異動
247476	朝鮮朝日	西北版	1934-03-22	1	02단	彼氏の趣味を探る(5)/腕ならござれ間口も廣い平壤地方法院小林判事
247477	朝鮮朝日	西北版	1934-03-22	1	04단	人(大林福夫氏(慶南道昌原郡守)/吉永平壤鐵道專務所長)
247478	朝鮮朝日	西北版	1934-03-22	1	05단	愈よ大同江に筏流しの景觀上流二郡の國有林を伐採平壤を材木の都に
247479	朝鮮朝日	西北版	1934-03-22	1	06단	引く手數多の稅務署設置平南では六ヶ所有力
247480	朝鮮朝日	西北版	1934-03-22	1	06단	隔離病舍移管
247481	朝鮮朝日	西北版	1934-03-22	1	06단	父を求めて遙々北鮮へ遠い九州の果から健氣な少年の一人旅
247482	朝鮮朝日	西北版	1934-03-22	1	07단	平壤驛內に機關庫建設
247483	朝鮮朝日	西北版	1934-03-22	1	08단	千五百萬圓で民營送電會社創立長電と平壤京城送電建設の爲近く設立の準備に

일련번호	판명		간행일	면	단수	기사명
247484	朝鮮朝日	西北版	1934-03-22	1	08단	對商船、朝郵運賃協定値上げは免れぬか平安商會頻りに折衝
247485	朝鮮朝日	西北版	1934-03-22	1	08단	平壤府の公設市場網三ヶ所增設で略完成
247486	朝鮮朝日	西北版	1934-03-22	1	09단	鴨綠江岸の船舶寄港問題國境通運の陳情に當局、對策を考究
247487	朝鮮朝日	西北版	1934-03-22	1	10단	嬰兒壓殺
247488	朝鮮朝日	西北版	1934-03-22	1	10단	柳京日記
247489	朝鮮朝日	南鮮版	1934-03-22	1	01단	陽春の鮮滿へ繰り展ぐ！觀光繪卷內地から大口團體が押し寄す準備を急ぐ當局
247490	朝鮮朝日	南鮮版	1934-03-22	1	01단	關釜聯絡船の改造が叫ばる六時間で千名以上の收容船に旅行季節に當局惱みの種
247491	朝鮮朝日	南鮮版	1934-03-22	1	01단	東部慶南交通協會道路の完備に努む
247492	朝鮮朝日	南鮮版	1934-03-22	1	01단	馬山府會二十二日から招集豫算を審議
247493	朝鮮朝日	南鮮版	1934-03-22	1	02단	花のお江戸で朝鮮の豊年踊鄕土舞踊民謠全國大會に臨む登村里の有志が猛練習
247494	朝鮮朝日	南鮮版	1934-03-22	1	03단	商議理事會議案決定す
247495	朝鮮朝日	南鮮版	1934-03-22	1	04단	人(大林福夫氏(慶南道昌原郡守)/吉永平壤鐵道專務所長)
247496	朝鮮朝日	南鮮版	1934-03-22	1	04단	千五百萬圓で民營送電會社創立長電と平壤京城送電建設の爲近く設立の準備に
247497	朝鮮朝日	南鮮版	1934-03-22	1	05단	總督府辭令
247498	朝鮮朝日	南鮮版	1934-03-22	1	05단	朝鮮銀異動
247499	朝鮮朝日	南鮮版	1934-03-22	1	05단	鎭海邑豫算
247500	朝鮮朝日	南鮮版	1934-03-22	1	05단	景氣が好い早くもビールの山本年の消費二萬箱に上るか
247501	朝鮮朝日	南鮮版	1934-03-22	1	05단	官紀肅正を各郡に通牒
247502	朝鮮朝日	南鮮版	1934-03-22	1	06단	忠南武德殿廿四日落成式
247503	朝鮮朝日	南鮮版	1934-03-22	1	06단	産業ニュース放送
247504	朝鮮朝日	南鮮版	1934-03-22	1	06단	女子蠶業講習所
247505	朝鮮朝日	南鮮版	1934-03-22	1	07단	大網人盛況
247506	朝鮮朝日	南鮮版	1934-03-22	1	07단	辛夷峠はおいらが峠一輪咲いても春便り農民の自力更生と情操敎育に新作田植歌をレコードで宣傳
247507	朝鮮朝日	南鮮版	1934-03-22	1	07단	南濱埋立地に中央卸賣市場設置近く工事に着手する
247508	朝鮮朝日	南鮮版	1934-03-22	1	08단	熟睡中の夫を妻が食刀で刺す不滿に堪へかねて
247509	朝鮮朝日	南鮮版	1934-03-22	1	08단	木浦高女
247510	朝鮮朝日	南鮮版	1934-03-22	1	10단	大邱の竊盜團十一名逮捕
247511	朝鮮朝日	南鮮版	1934-03-22	1	10단	漁船四隻行方不明暴風雨に遭ひ
247512	朝鮮朝日	南鮮版	1934-03-22	1	10단	痘瘡が流行一齊に戶別的調査
247513	朝鮮朝日	南鮮版	1934-03-22	1	10단	哀れな兄弟校長に救はる

일련번호	판명		긴행일	면	단수	기사명
247514	朝鮮朝日	南鮮版	1934-03-22	1	10단	春日長閑
247515	朝鮮朝日	西北版	1934-03-23	1	01단	春陽愈よ榮えて愛國熱は昂まる防空獻金廿七萬二千圓獻金の裏にこの美しい企て
247516	朝鮮朝日	西北版	1934-03-23	1	01단	鮮米統制の雲行再び惡化松井、有賀兩委員滯京して運動成り行き注目さる/内地側の疑念一掃の爲鮮米生産費再調査經費二十二萬四千圓を投じて指定農家五百戶に及ぶ
247517	朝鮮朝日	西北版	1934-03-23	1	01단	檢事の異動
247518	朝鮮朝日	西北版	1934-03-23	1	02단	平壤府會第二日
247519	朝鮮朝日	西北版	1934-03-23	1	02단	彼氏の趣味を探る(6)/俳句の世界から人生を打診する平壤道立醫院中村博士
247520	朝鮮朝日	西北版	1934-03-23	1	04단	靑訓生募集
247521	朝鮮朝日	西北版	1934-03-23	1	04단	開城府會
247522	朝鮮朝日	西北版	1934-03-23	1	04단	平壤飛機大邱へ
247523	朝鮮朝日	西北版	1934-03-23	1	04단	朝鮮私鐵補助法改正案可決貴族院へ回付
247524	朝鮮朝日	西北版	1934-03-23	1	04단	朝鮮から東京へその日に手紙が着きます
247525	朝鮮朝日	西北版	1934-03-23	1	05단	氷に阻まれた兵器支廠の新築解氷期を迎へ愈よ本格的に九月一杯には完成
247526	朝鮮朝日	西北版	1934-03-23	1	05단	清津郵便局舊態に復す
247527	朝鮮朝日	西北版	1934-03-23	1	05단	飛躍する平南蛤大阪近海に海底プール新設需要期に賣出して京阪神市場の獲得を目論む
247528	朝鮮朝日	西北版	1934-03-23	1	06단	珍客歡迎
247529	朝鮮朝日	西北版	1934-03-23	1	06단	春の商戰はまづ燒酒から早くも統制派と反對派が平壤で鎬をけづる
247530	朝鮮朝日	西北版	1934-03-23	1	06단	辛夷峠はおいらが峠一輪咲いても春便り農民の自力更生と情操教育に新作田植歌をレコードで宣傳
247531	朝鮮朝日	西北版	1934-03-23	1	07단	箕城の三美妓が蠟盤に朝鮮民謠ちかく吹込みに東上する
247532	朝鮮朝日	西北版	1934-03-23	1	07단	平鐵古川監督辭任
247533	朝鮮朝日	西北版	1934-03-23	1	08단	生首發見
247534	朝鮮朝日	西北版	1934-03-23	1	08단	女教員の成れの果貯金通帳を盗む共産黨事件にも關係の嫌疑
247535	朝鮮朝日	西北版	1934-03-23	1	08단	樂浪博物館に賊
247536	朝鮮朝日	西北版	1934-03-23	1	08단	四月一日からデヴューする平壤府營バス
247537	朝鮮朝日	西北版	1934-03-23	1	09단	二十戶全燒平南慈城金鑛の火事
247538	朝鮮朝日	西北版	1934-03-23	1	10단	坑夫風の遺棄死體畑の溝に轉る
247539	朝鮮朝日	西北版	1934-03-23	1	10단	放火男捕る
247540	朝鮮朝日	西北版	1934-03-23	1	10단	轢いた幼女を病院に送りタクシー逃ぐ
247541	朝鮮朝日	西北版	1934-03-23	1	10단	柳京日記

일련번호	판명		간행일	면	단수	기사명
247542	朝鮮朝日	南鮮版	1934-03-23	1	01단	春陽愈よ榮えて愛國熱は昂まる防空獻金廿七萬二千圓獻金の裏にこの美しい企て
247543	朝鮮朝日	南鮮版	1934-03-23	1	01단	鮮米統制の雲行再び惡化松井、有賀兩委員滯京して運動成り行き注目さる/內地側の疑念一掃の爲鮮米生産費再調査經費二十二萬四千圓を投じて指定農家五百戶に及ぶ
247544	朝鮮朝日	南鮮版	1934-03-23	1	01단	檢事の異動
247545	朝鮮朝日	南鮮版	1934-03-23	1	02단	碓井課長歸來談
247546	朝鮮朝日	南鮮版	1934-03-23	1	03단	警官功績規定なる
247547	朝鮮朝日	南鮮版	1934-03-23	1	03단	二十八日から園藝と綠化展覽會釜山府民に優雅な趣味を普及する
247548	朝鮮朝日	南鮮版	1934-03-23	1	04단	靑訓生募集
247549	朝鮮朝日	南鮮版	1934-03-23	1	04단	金庫稅新設
247550	朝鮮朝日	南鮮版	1934-03-23	1	04단	大島府尹一應受理坪數割條令案/府の考究案疑問視さる
247551	朝鮮朝日	南鮮版	1934-03-23	1	04단	國華日四月一日から五日まで造花「櫻の花」を賣って愛國助成金をつくる
247552	朝鮮朝日	南鮮版	1934-03-23	1	05단	ラグビー戰/鐵道軍勝つ/釜山軍全敗
247553	朝鮮朝日	南鮮版	1934-03-23	1	05단	朝鮮私鐵補助法改正案可決貴族院へ回付
247554	朝鮮朝日	南鮮版	1934-03-23	1	06단	寄附は絶對せぬ農地令の施行を中止せぬ限り多木粂次郎代議士語る
247555	朝鮮朝日	南鮮版	1934-03-23	1	06단	密陽邑豫算會議
247556	朝鮮朝日	南鮮版	1934-03-23	1	06단	赤の公判(三日目)
247557	朝鮮朝日	南鮮版	1934-03-23	1	07단	農山漁村の婦人覺醒運動任淑宰女史巡廻講演
247558	朝鮮朝日	南鮮版	1934-03-23	1	07단	春の休暇中はこの心得を兒童の家庭にお注意
247559	朝鮮朝日	南鮮版	1934-03-23	1	08단	慶南淸酒品評會入賞者に褒賞狀授與
247560	朝鮮朝日	南鮮版	1934-03-23	1	09단	珍客歡迎
247561	朝鮮朝日	南鮮版	1934-03-23	1	10단	生首發見
247562	朝鮮朝日	南鮮版	1934-03-23	1	10단	爆發で四名重傷
247563	朝鮮朝日	南鮮版	1934-03-23	1	10단	人(加藤昇夫氏(高等法院判事))
247564	朝鮮朝日	西北版	1934-03-24	1	01단	全鮮に互って不良水組を救濟低利借替の徹底や改良施設で土地改良課の方針を變更/事業本位に補助規定を改正
247565	朝鮮朝日	西北版	1934-03-24	1	01단	これをごらん
247566	朝鮮朝日	西北版	1934-03-24	1	02단	新義州九年豫算
247567	朝鮮朝日	西北版	1934-03-24	1	03단	營々、土を耕す在滿同胞の心强さ悲觀說は認識不足滿洲視察の田中外事課長談
247568	朝鮮朝日	西北版	1934-03-24	1	04단	開城小學校長
247569	朝鮮朝日	西北版	1934-03-24	1	04단	咸興公會堂設計概略圖完成す地階とも三階建の扇形式
247570	朝鮮朝日	西北版	1934-03-24	1	04단	彼氏の趣味を探る(7)/忙中閑あり朝顔作りの名人大同

일련번호	판명		간행일	면	단수	기사명
						署長藤沼善次郎氏
247571	朝鮮朝日	西北版	1934-03-24	1	05단	流筏期迫る氷弛む鴨綠江
247572	朝鮮朝日	西北版	1934-03-24	1	06단	埠頭にバラ撒く豪華な色彩美來朝の途、淸津に寄港した西歐の舞姫一行
247573	朝鮮朝日	西北版	1934-03-24	1	06단	跳ね上る西平壤專賣支局工場をはじめ大小工場續々新設
247574	朝鮮朝日	西北版	1934-03-24	1	06단	懲罰で紛糾平壤府會第三日
247575	朝鮮朝日	西北版	1934-03-24	1	07단	五月限りで各道財務部廢止稅務機關の獨立から異動は廣範圍に
247576	朝鮮朝日	西北版	1934-03-24	1	08단	晴れの代表
247577	朝鮮朝日	西北版	1934-03-24	1	08단	『流す筏』の向ふを張って大同江筏節を募る
247578	朝鮮朝日	西北版	1934-03-24	1	09단	女中でかした！賊八名を追跡して大格鬪遂に一名を手捕り
247579	朝鮮朝日	西北版	1934-03-24	1	09단	情夫と逃げた妻を親子で毆り殺す
247580	朝鮮朝日	西北版	1934-03-24	1	09단	保險目當の放火
247581	朝鮮朝日	西北版	1934-03-24	1	09단	柳京日記
247582	朝鮮朝日	西北版	1934-03-24	1	10단	全茂山卓球大會
247583	朝鮮朝日	西北版	1934-03-24	1	10단	平壤署の赤狩り
247584	朝鮮朝日	西北版	1934-03-24	1	10단	人(齋藤美夫少佐(新任咸興憲兵隊長)/藤本總督府稅務課長)
247585	朝鮮朝日	南鮮版	1934-03-24	1	01단	誘惑の魔の手はかうして差し伸ばさる春に贈る二戒/花見時の戶締りは嚴重にコソ泥が橫行します
247586	朝鮮朝日	南鮮版	1934-03-24	1	01단	全鮮に互って不良水組を救濟低利借替の徹底や改良施設で土地改良課の方針を變更/事業本位に補助規定を改正
247587	朝鮮朝日	南鮮版	1934-03-24	1	01단	國防聯合會發會式在鄕軍人全鮮大會四月十五日京城で擧行さる
247588	朝鮮朝日	南鮮版	1934-03-24	1	01단	星州に國防義會發會式行はる
247589	朝鮮朝日	南鮮版	1934-03-24	1	01단	教科書到着
247590	朝鮮朝日	南鮮版	1934-03-24	1	03단	學位授與
247591	朝鮮朝日	南鮮版	1934-03-24	1	03단	全南道學校增設
247592	朝鮮朝日	南鮮版	1934-03-24	1	03단	破傷風の正體を突きとむ至難の硏究を完成した靑年篤學者福田文海氏
247593	朝鮮朝日	南鮮版	1934-03-24	1	04단	カメラにのぞく春(A)
247594	朝鮮朝日	南鮮版	1934-03-24	1	05단	モヒ密輸團一味六名檢擧
247595	朝鮮朝日	南鮮版	1934-03-24	1	05단	山櫻七百本南山に植樹
247596	朝鮮朝日	南鮮版	1934-03-24	1	05단	義捐金募集
247597	朝鮮朝日	南鮮版	1934-03-24	1	06단	大邱の火事
247598	朝鮮朝日	南鮮版	1934-03-24	1	06단	五月限りで各道財務部廢止稅務機關の獨立から異動は

일련번호	판명		간행일	면	단수	기사명
						廣範圍に
247599	朝鮮朝日	南鮮版	1934-03-24	1	06단	二人組强盜捕る
247600	朝鮮朝日	南鮮版	1934-03-24	1	06단	大邱米穀取引所紛糾急轉直下的に解決二十四日から立會を開始する
247601	朝鮮朝日	南鮮版	1934-03-24	1	07단	婿殺し原審通り
247602	朝鮮朝日	南鮮版	1934-03-24	1	07단	京城荒し少年捕る
247603	朝鮮朝日	南鮮版	1934-03-24	1	08단	これをごらん
247604	朝鮮朝日	南鮮版	1934-03-24	1	08단	淺春の三幕寺心中若い銀行員と女給とが合意で
247605	朝鮮朝日	南鮮版	1934-03-24	1	08단	アサハカな妻が夫の毒殺を計る
247606	朝鮮朝日	南鮮版	1934-03-24	1	10단	死體が網に他殺の疑あり
247607	朝鮮朝日	南鮮版	1934-03-24	1	10단	四名共謀で契約金騙取
247608	朝鮮朝日	南鮮版	1934-03-24	1	10단	人(福江鹿好氏(警務局圖書課理事官)/田淵勳氏(東拓理事))
247609	朝鮮朝日	南鮮版	1934-03-24	1	10단	春日長閑
247610	朝鮮朝日	南鮮版	1934-03-24	1	10단	三人組の强盜出現三百圓强奪
247611	朝鮮朝日	西北版	1934-03-25	1	01단	*農村の借金が驚く勿れ五億圓全農家の八割汔が借金持ち(農村救濟對策の基本資料として調査)/滿洲開拓の戰士移民百戶を送る避難鮮農の貧困者を第一に十ヶ道から選定する*
247612	朝鮮朝日	西北版	1934-03-25	1	01단	全鮮に亙り府政大刷新事務檢閱を嚴重にまづ鎭南浦府から
247613	朝鮮朝日	西北版	1934-03-25	1	01단	總督府辭令
247614	朝鮮朝日	西北版	1934-03-25	1	02단	平壤、奧地間電話開通
247615	朝鮮朝日	西北版	1934-03-25	1	02단	彼氏の趣味を探る(８)/投げる瞬間！夜網打ちの快味平壤專賣支局長門脇默一氏
247616	朝鮮朝日	西北版	1934-03-25	1	03단	滿鮮相互の貨物運輸を圓滑に特別の調査機關を新設して
247617	朝鮮朝日	西北版	1934-03-25	1	04단	平壤府會
247618	朝鮮朝日	西北版	1934-03-25	1	04단	平壤神社地鎭祭來月二日執行
247619	朝鮮朝日	西北版	1934-03-25	1	04단	早くも活況を呈す新義州木材界籾貯藏倉庫建築材引受で
247620	朝鮮朝日	西北版	1934-03-25	1	05단	女子靑年團
247621	朝鮮朝日	西北版	1934-03-25	1	05단	國華櫻の日
247622	朝鮮朝日	西北版	1934-03-25	1	05단	當はづれの國有林野保護徹底を期して道へ移管したが看視屆かず火田民跳梁
247623	朝鮮朝日	西北版	1934-03-25	1	06단	咸南の目からの農村振興運動平易簡明のパンプレットで大衆層を啓蒙する
247624	朝鮮朝日	西北版	1934-03-25	1	06단	窮救事業の徹底に警察が一肌脫ぐ賃銀傳票割引賣買の弊に各署に對策の通牒

일련번호	판명		간행일	면	단수	기사명
247625	朝鮮朝日	西北版	1934-03-25	1	06단	材木、洋灰殺到に鐵道きりきり舞愈よ建築シーズン！
247626	朝鮮朝日	西北版	1934-03-25	1	07단	大同江殺人事件遂に迷宮入り折角意氣込んだ三容疑者も證據不十分で釋放
247627	朝鮮朝日	西北版	1934-03-25	1	08단	遊蕩繪卷を逐一自白す元雇員の公金費消
247628	朝鮮朝日	西北版	1934-03-25	1	08단	足りぬ人手平南廣梁灣の鹽田工事に二千五百の人夫不足
247629	朝鮮朝日	西北版	1934-03-25	1	08단	ふとい男
247630	朝鮮朝日	西北版	1934-03-25	1	08단	上海に飛ぶ
247631	朝鮮朝日	西北版	1934-03-25	1	08단	農學校生が造林の指導
247632	朝鮮朝日	西北版	1934-03-25	1	08단	滿洲警官の視察
247633	朝鮮朝日	西北版	1934-03-25	1	09단	嬰兒を殺す
247634	朝鮮朝日	西北版	1934-03-25	1	09단	五名に重傷自動車運轉を誤り人混みの中に突入る
247635	朝鮮朝日	西北版	1934-03-25	1	10단	姦婦を滅多斬り
247636	朝鮮朝日	西北版	1934-03-25	1	10단	本社門司支局寄託
247637	朝鮮朝日	西北版	1934-03-25	1	10단	人(米澤喜久松氏(東拓平壤支店長)/山本犀藏氏(西鮮合電社長)/小山信次氏(平壤署司法主任)/森幸次郎氏(平毎主幹)/多賀榮二氏(三長警察署長)/井上忠吉氏(井上咸南衛生課長嚴父))
247638	朝鮮朝日	西北版	1934-03-25	1	10단	柳京日記
247639	朝鮮朝日	南鮮版	1934-03-25	1	01단	*農村の借金が驚く勿れ五億圓全農家の八割�‍迄が借金持ち(農村救濟對策の基本資料として調査)/滿洲開拓の戰士移民百戶を送る避難鮮農の貧困者を第一に十ヶ道から選定する*
247640	朝鮮朝日	南鮮版	1934-03-25	1	01단	全鮮に亘り府政大刷新事務檢閲を嚴重にまづ鎭南浦府から
247641	朝鮮朝日	南鮮版	1934-03-25	1	01단	總督府辭令
247642	朝鮮朝日	南鮮版	1934-03-25	1	02단	晉州邑豫算
247643	朝鮮朝日	南鮮版	1934-03-25	1	02단	東拓殖銀金利引下
247644	朝鮮朝日	南鮮版	1934-03-25	1	02단	統營邑會
247645	朝鮮朝日	南鮮版	1934-03-25	1	03단	カメラにのぞく春(B)
247646	朝鮮朝日	南鮮版	1934-03-25	1	04단	大田商議所總會
247647	朝鮮朝日	南鮮版	1934-03-25	1	04단	城大卒業式
247648	朝鮮朝日	南鮮版	1934-03-25	1	04단	二百十三萬千圓廿七日から釜山豫算府會
247649	朝鮮朝日	南鮮版	1934-03-25	1	04단	二千圓寄附
247650	朝鮮朝日	南鮮版	1934-03-25	1	04단	職業經營品評會入賞校決定
247651	朝鮮朝日	南鮮版	1934-03-25	1	05단	網紀肅正で大邱府會緊張す
247652	朝鮮朝日	南鮮版	1934-03-25	1	06단	觀光客に見せる妓生の舞踊十名以上には無料で案内京城觀光協會活動

일련번호	판명		간행일	면	단수	기사명
247653	朝鮮朝日	南鮮版	1934-03-25	1	06단	地方色豊かな出品がどっさり蓋明けの副業品展
247654	朝鮮朝日	南鮮版	1934-03-25	1	06단	廿六日の前場から大邱米取開始
247655	朝鮮朝日	南鮮版	1934-03-25	1	06단	四十二名の赤に求刑
247656	朝鮮朝日	南鮮版	1934-03-25	1	06단	滿鮮相互の貨物運輸を圓滑に特別の調査機關を新設して
247657	朝鮮朝日	南鮮版	1934-03-25	1	07단	外務省最初の朝鮮出身外交官花の巴里へ京城の張徹壽君
247658	朝鮮朝日	南鮮版	1934-03-25	1	08단	堂々十年間も無免許で婦人科醫多數の婦人を弄ぶ遂に化の皮を剝がれた五十男
247659	朝鮮朝日	南鮮版	1934-03-25	1	09단	埋島住民飢餓狀態救助を求む
247660	朝鮮朝日	南鮮版	1934-03-25	1	09단	石と棍棒で慘殺痴情からこの始末に
247661	朝鮮朝日	南鮮版	1934-03-25	1	10단	土工七名に散々の暴行干拓場の騷ぎ
247662	朝鮮朝日	南鮮版	1934-03-25	1	10단	春日長閑
247663	朝鮮朝日	南鮮版	1934-03-25	1	10단	本社門司支局寄託
247664	朝鮮朝日	西北版	1934-03-27	1	01단	火田民の巢を大農村と化する十萬町に亙る北鮮開拓地篤農家本位に拂ひ下げる
247665	朝鮮朝日	西北版	1934-03-27	1	01단	全鮮の窮民總動員解氷期を待って救濟事業開始勞銀が九百四萬圓
247666	朝鮮朝日	西北版	1934-03-27	1	01단	平壤府民待望の軍旗祭を盛大に準備着々と進む
247667	朝鮮朝日	西北版	1934-03-27	1	01단	北鮮名所記念スタンプ
247668	朝鮮朝日	西北版	1934-03-27	1	02단	道府郡屬異動
247669	朝鮮朝日	西北版	1934-03-27	1	03단	淳朴な農村兒童が取り交はした純情兩學校の先生達も感激
247670	朝鮮朝日	西北版	1934-03-27	1	04단	平南の教員補充
247671	朝鮮朝日	西北版	1934-03-27	1	04단	咸興聯隊長吉野氏着任
247672	朝鮮朝日	西北版	1934-03-27	1	04단	彼氏の趣味を探る(9)/無味乾燥な頭の轉換が必要平壤覆審法院長岡本正夫氏
247673	朝鮮朝日	西北版	1934-03-27	1	05단	平南線客貨列車分離運轉する四月一日から實施
247674	朝鮮朝日	西北版	1934-03-27	1	05단	路面修理工作時代平南道內に四土木管區を新設し交通の刷新を計る
247675	朝鮮朝日	西北版	1934-03-27	1	05단	チフスが十一名龍井里に發生
247676	朝鮮朝日	西北版	1934-03-27	1	06단	異議なく原案可決平壤府豫算
247677	朝鮮朝日	西北版	1934-03-27	1	07단	大規模に採掘するマグネサイト鑛
247678	朝鮮朝日	西北版	1934-03-27	1	07단	各道の知事會議四月十七日招集
247679	朝鮮朝日	西北版	1934-03-27	1	07단	高利に惱む農民の負擔を緩和自力更生に低資を融通する
247680	朝鮮朝日	西北版	1934-03-27	1	07단	羅津と惠山に四月から邑制を施行す
247681	朝鮮朝日	西北版	1934-03-27	1	08단	入試ナンセンス
247682	朝鮮朝日	西北版	1934-03-27	1	08단	大ヌクテ三名を咬む

일련번호	판명		간행일	면	단수	기사명
247683	朝鮮朝日	西北版	1934-03-27	1	09단	平壤栗の輸送改善懇談會關係者が平鐵クラブで
247684	朝鮮朝日	西北版	1934-03-27	1	09단	車掌奇禍
247685	朝鮮朝日	西北版	1934-03-27	1	09단	ラヂオ新義州の夕
247686	朝鮮朝日	西北版	1934-03-27	1	09단	遺棄死體を野鼠が食ふ犯人二名捕る
247687	朝鮮朝日	西北版	1934-03-27	1	10단	仲裁人を滅多斬り
247688	朝鮮朝日	西北版	1934-03-27	1	10단	元巡査が金を盜む
247689	朝鮮朝日	西北版	1934-03-27	1	10단	柳京日記
247690	朝鮮朝日	西北版	1934-03-27	1	10단	函館大火義捐金本社門司支局寄託の分
247691	朝鮮朝日	南鮮版	1934-03-27	1	01단	火田民の巣を大農村と化する十萬町に亙る北鮮開拓地篤農家本位に拂ひ下げる
247692	朝鮮朝日	南鮮版	1934-03-27	1	01단	全鮮の窮民總動員解氷期を待って救濟事業開始勞銀が九百四萬圓
247693	朝鮮朝日	南鮮版	1934-03-27	1	01단	金庫稅と船舶稅釜山府で新設の計劃
247694	朝鮮朝日	南鮮版	1934-03-27	1	01단	大邱府會又も混亂權限問題で
247695	朝鮮朝日	南鮮版	1934-03-27	1	02단	群山府會雲行惡化
247696	朝鮮朝日	南鮮版	1934-03-27	1	02단	全鮮一の武德殿落成式行はる/武道大會
247697	朝鮮朝日	南鮮版	1934-03-27	1	03단	有賀頭取歸來談
247698	朝鮮朝日	南鮮版	1934-03-27	1	04단	腹部を斬って殺す
247699	朝鮮朝日	南鮮版	1934-03-27	1	04단	道府郡屬異動
247700	朝鮮朝日	南鮮版	1934-03-27	1	04단	部分的ながら地方的に便利に各線の列車時刻改正
247701	朝鮮朝日	南鮮版	1934-03-27	1	05단	仁川府議七名補選いよいよ切迫
247702	朝鮮朝日	南鮮版	1934-03-27	1	05단	遞信分掌局長會
247703	朝鮮朝日	南鮮版	1934-03-27	1	05단	七十名募集に五百名應募大邱醫專試驗
247704	朝鮮朝日	南鮮版	1934-03-27	1	05단	仁川阪神間運賃冬場より五圓高に穀聯と鮮航會の交涉注目さる
247705	朝鮮朝日	南鮮版	1934-03-27	1	05단	三木弘畫伯個展
247706	朝鮮朝日	南鮮版	1934-03-27	1	06단	花やかに辯天市はじまる春の踊と映畫會に招待
247707	朝鮮朝日	南鮮版	1934-03-27	1	06단	農業短期實地指導
247708	朝鮮朝日	南鮮版	1934-03-27	1	06단	函館大火の映畫を上映逸早く京城で
247709	朝鮮朝日	南鮮版	1934-03-27	1	07단	仁川喇酒會入賞者
247710	朝鮮朝日	南鮮版	1934-03-27	1	07단	棉作の改良に婦人の勤勞促す改良楔に助成金
247711	朝鮮朝日	南鮮版	1934-03-27	1	08단	農村振興に一萬圓寄附田在禧氏
247712	朝鮮朝日	南鮮版	1934-03-27	1	08단	各道の知事會議四月十七日招集
247713	朝鮮朝日	南鮮版	1934-03-27	1	08단	二百卅圓スラル
247714	朝鮮朝日	南鮮版	1934-03-27	1	08단	三人組の覆面强盜加山面に出現
247715	朝鮮朝日	南鮮版	1934-03-27	1	09단	大規模に採掘するマグネサイト鑛
247716	朝鮮朝日	南鮮版	1934-03-27	1	09단	遺棄死體を野鼠が食ふ犯人二名捕る
247717	朝鮮朝日	南鮮版	1934-03-27	1	10단	船が衝突し二名は重傷
247718	朝鮮朝日	南鮮版	1934-03-27	1	10단	自動車轉覆二名が重輕傷

일련번호	판명		간행일	면	단수	기사명
247719	朝鮮朝日	南鮮版	1934-03-27	1	10단	流行腦膜炎今度は郡部へ
247720	朝鮮朝日	南鮮版	1934-03-27	1	10단	春日長閑
247721	朝鮮朝日	南鮮版	1934-03-27	1	10단	函館大火義捐金本社門司支局寄託の分
247722	朝鮮朝日	西北版	1934-03-28	1	01단	愈よ明年度から西北鮮中心に緬羊増殖の一步へ種羊二千六百頭が着き次第技術員養成講習會も開く/購入の種羊代約二十萬圓に上る慶源から陸路現場へ徒步輸送
247723	朝鮮朝日	西北版	1934-03-28	1	01단	出張先では饗宴を絶對禁止道廳員や郡面職員に對し平南道知事から通牒
247724	朝鮮朝日	西北版	1934-03-28	1	01단	彼氏の趣味を探る(１０)/將棋は初段酒も又初段以上海軍鑛業部江坂德藏少將
247725	朝鮮朝日	西北版	1934-03-28	1	02단	總督府辭令
247726	朝鮮朝日	西北版	1934-03-28	1	02단	政府で買上ぐ鮮米五十萬石三十日を申し込み期日として
247727	朝鮮朝日	西北版	1934-03-28	1	03단	鐵道局辭令(廿五日)
247728	朝鮮朝日	西北版	1934-03-28	1	04단	張警部補死亡す
247729	朝鮮朝日	西北版	1934-03-28	1	04단	五十萬圓で畜産會社組織平壤當業者が
247730	朝鮮朝日	西北版	1934-03-28	1	04단	今井田總監が會長辭任し民間から專任有力候補者は有賀殖銀頭取朝鮮農會の組織改善
247731	朝鮮朝日	西北版	1934-03-28	1	05단	二十四日茂山普通校で發會式を擧げた茂山女子靑年團前列左より七人目が山本會長
247732	朝鮮朝日	西北版	1934-03-28	1	06단	渦卷く平壤の燒酎戰共販と友共販とが血眼になり成り行き注目さる
247733	朝鮮朝日	西北版	1934-03-28	1	06단	平壤をして窯業の本場に愈よ共同作業場新設食器製造に力を注ぐ
247734	朝鮮朝日	西北版	1934-03-28	1	06단	平壤府內に防火事件頻々警戒中又も二ヶ所に十六萬府民は怯えあがる/全鮮的に防火宣傳主意を喚超
247735	朝鮮朝日	西北版	1934-03-28	1	07단	讀者優待大福引中村新聞鋪が
247736	朝鮮朝日	西北版	1934-03-28	1	08단	平壤圖書館
247737	朝鮮朝日	西北版	1934-03-28	1	08단	『柳京の都』として街路樹を愛せよ町里を單位として愛樹組合を組織さす
247738	朝鮮朝日	西北版	1934-03-28	1	08단	二百五十圓寄附
247739	朝鮮朝日	西北版	1934-03-28	1	09단	慰問金品無賃輸送鮮內各鐵道が
247740	朝鮮朝日	西北版	1934-03-28	1	09단	情夫と共謀し夫の毒殺を計る
247741	朝鮮朝日	西北版	1934-03-28	1	09단	雄基驛スタンプ
247742	朝鮮朝日	西北版	1934-03-28	1	09단	金槌で頭部亂打自分は自殺
247743	朝鮮朝日	西北版	1934-03-28	1	10단	商談の隙に自殺を計る/遂に死亡
247744	朝鮮朝日	西北版	1934-03-28	1	10단	人(橋本恒五郎氏(新任淸津地方法院檢事正)/大沼惟隆氏(新任平壤地方法院檢事正)/巖城平壤地方法院次席檢事/有馬純義氏(新任漢銀大和町支店支配人)/藤田平南道技師)

일련번호	판명		간행일	면	단수	기사명
247745	朝鮮朝日	西北版	1934-03-28	1	10단	春日長閑
247746	朝鮮朝日	南鮮版	1934-03-28	1	01단	櫻春譜京城昌慶苑の前奏曲紅唇をほころばして
247747	朝鮮朝日	南鮮版	1934-03-28	1	01단	愈よ明年度から西北鮮中心に緬羊增殖の一步へ種羊二千六百頭が着き次第技術員養成講習會も開く/購入の種羊代約二十萬圓に上る慶源から陸路現場へ徒步輸送
247748	朝鮮朝日	南鮮版	1934-03-28	1	01단	慶南國防聯合會會長始め各役員決定
247749	朝鮮朝日	南鮮版	1934-03-28	1	01단	簡保事業諮問委員會
247750	朝鮮朝日	南鮮版	1934-03-28	1	02단	釜山府會
247751	朝鮮朝日	南鮮版	1934-03-28	1	03단	政府で買上ぐ鮮米五十萬石三十日を申し込み期日として
247752	朝鮮朝日	南鮮版	1934-03-28	1	04단	優等受賞者
247753	朝鮮朝日	南鮮版	1934-03-28	1	04단	總督府辭令
247754	朝鮮朝日	南鮮版	1934-03-28	1	04단	鐵道局辭令(廿五日)
247755	朝鮮朝日	南鮮版	1934-03-28	1	05단	慶南體育理事會
247756	朝鮮朝日	南鮮版	1934-03-28	1	05단	釜山府の市場敷地北濱に決定
247757	朝鮮朝日	南鮮版	1934-03-28	1	05단	今井田總監が會長辭任し民間から專任有力候補者は有賀殖銀頭取朝鮮農會の組織改善
247758	朝鮮朝日	南鮮版	1934-03-28	1	06단	朝鮮豚三百餘頭滿鐵沿線農家で飼育
247759	朝鮮朝日	南鮮版	1934-03-28	1	06단	南山の綠化作業統一を計る
247760	朝鮮朝日	南鮮版	1934-03-28	1	06단	釜山と記念植樹
247761	朝鮮朝日	南鮮版	1934-03-28	1	06단	段當收量の增收に獎勵方針を更改力を入れる慶北棉作
247762	朝鮮朝日	南鮮版	1934-03-28	1	07단	慰問金品無賃輸送鮮內各鐵道が/衣類六百點函館罹災民へ/義捐金募集映畫の夕
247763	朝鮮朝日	南鮮版	1934-03-28	1	07단	釜山から新京へ朝晩二回の特急車この十月から實施
247764	朝鮮朝日	南鮮版	1934-03-28	1	08단	餘りにも慘酷だ妻の鼻を切り落す
247765	朝鮮朝日	南鮮版	1934-03-28	1	08단	全鮮的に放火宣傳注意を喚超
247766	朝鮮朝日	南鮮版	1934-03-28	1	09단	京電軌道移設工事
247767	朝鮮朝日	南鮮版	1934-03-28	1	09단	陽氣につれて變態癡漢が出てくる
247768	朝鮮朝日	南鮮版	1934-03-28	1	10단	五十萬圓で畜産會社組織平壤當業者が
247769	朝鮮朝日	南鮮版	1934-03-28	1	10단	釜山春の行事
247770	朝鮮朝日	南鮮版	1934-03-28	1	10단	刑事部長を增員
247771	朝鮮朝日	西北版	1934-03-29	1	01단	道民一致して非常時局防に善處平南道國防義會聯合會を組織四月五日發會式を盛大に
247772	朝鮮朝日	西北版	1934-03-29	1	01단	百餘を數へる奉祝記念の事業總額六十餘萬圓に上る平壤府
247773	朝鮮朝日	西北版	1934-03-29	1	01단	設備改善の急務上からホテル直營に
247774	朝鮮朝日	西北版	1934-03-29	1	01단	彼氏の趣味を探る(１１)/ゴルフは唯一の健康術だ平壤專賣支局橋本廣氏

일련번호	판명		간행일	면	단수	기사명
247775	朝鮮朝日	西北版	1934-03-29	1	02단	元山に國旗揭揚塔
247776	朝鮮朝日	西北版	1934-03-29	1	02단	內地營農法を修得させる六靑年を二年間派遣
247777	朝鮮朝日	西北版	1934-03-29	1	02단	羅新と原州に殖産銀支店
247778	朝鮮朝日	西北版	1934-03-29	1	03단	平壤府の助興稅實施法打合す
247779	朝鮮朝日	西北版	1934-03-29	1	04단	人(小田島平南地方課長/小林德四郎氏(平壤署保安主任))
247780	朝鮮朝日	西北版	1934-03-29	1	04단	全茂山卓球大會一等は似內氏
247781	朝鮮朝日	西北版	1934-03-29	1	04단	總督府博物館に帝展特選『祝天祥光』を寄贈日本畵壇の中堅大木豊平氏から
247782	朝鮮朝日	西北版	1934-03-29	1	05단	春の風物詩/淸津スケッチ
247783	朝鮮朝日	西北版	1934-03-29	1	06단	一圓を十圓に改竄
247784	朝鮮朝日	西北版	1934-03-29	1	06단	平南の配合肥料本年は五萬叺
247785	朝鮮朝日	西北版	1934-03-29	1	07단	娛樂から遂には賭博へ忌はしい麻雀行爲を全鮮的に嚴重取締る
247786	朝鮮朝日	西北版	1934-03-29	1	07단	普通校を中心に社會敎化を徹底一段の力を注ぐ平南道當局
247787	朝鮮朝日	西北版	1934-03-29	1	07단	貧乏な夫を嫌ひ夫の家に放火燒殺さんとして捕る
247788	朝鮮朝日	西北版	1934-03-29	1	08단	蛛龍驛設置
247789	朝鮮朝日	西北版	1934-03-29	1	08단	坪八錢を三十錢に地價を釣り上ぐ西平壤の借地人脅威
247790	朝鮮朝日	西北版	1934-03-29	1	09단	平壤驛の客待獨占タクシーに對し他當業者反對
247791	朝鮮朝日	西北版	1934-03-29	1	10단	一家族がチフス
247792	朝鮮朝日	西北版	1934-03-29	1	10단	家屋明渡し訴訟
247793	朝鮮朝日	西北版	1934-03-29	1	10단	柳京日記
247794	朝鮮朝日	南鮮版	1934-03-29	1	01단	小作權の移動は農村振興を阻止する慶北道內ではナンと三千餘件當局では積極的に移動防止
247795	朝鮮朝日	南鮮版	1934-03-29	1	01단	獨自の立場から米穀恒久策を樹立各道で資料を調査/權威者を網羅して大米穀調査會組織鮮米問題考究の爲め/各方面に感謝電報
247796	朝鮮朝日	南鮮版	1934-03-29	1	01단	仁川豫算原案通り無事可決さる
247797	朝鮮朝日	南鮮版	1934-03-29	1	02단	總督府博物館に帝展特選『祝天祥光』を寄贈日本畵壇の中堅大木豊平氏から
247798	朝鮮朝日	南鮮版	1934-03-29	1	04단	大邱米取臨時總會
247799	朝鮮朝日	南鮮版	1934-03-29	1	04단	羅新と原州に殖産銀支店
247800	朝鮮朝日	南鮮版	1934-03-29	1	04단	總督さんの念願産金一億圓も近い將來に鮮內の産金獎勵は異常の成績
247801	朝鮮朝日	南鮮版	1934-03-29	1	05단	慶北道異動
247802	朝鮮朝日	南鮮版	1934-03-29	1	05단	京城市街を綠化明年度に二萬圓計上
247803	朝鮮朝日	南鮮版	1934-03-29	1	05단	中樞院會議
247804	朝鮮朝日	南鮮版	1934-03-29	1	05단	京畿道の社會敎化明年度新事業

일련번호	판명		간행일	면	단수	기사명
247805	朝鮮朝日	南鮮版	1934-03-29	1	05단	宇垣總督時局談
247806	朝鮮朝日	南鮮版	1934-03-29	1	06단	綠の芝生の快味
247807	朝鮮朝日	南鮮版	1934-03-29	1	06단	大田商議初代會頭
247808	朝鮮朝日	南鮮版	1934-03-29	1	06단	寧安鐵道工事に勞働者二千名募集先發隊七十五名が勇躍出發
247809	朝鮮朝日	南鮮版	1934-03-29	1	07단	無盡會社金利引下
247810	朝鮮朝日	南鮮版	1934-03-29	1	07단	洛東江の河川改修着々と進む
247811	朝鮮朝日	南鮮版	1934-03-29	1	07단	南洋行き貨物運賃內地と同樣に釜山の當業者へ回答
247812	朝鮮朝日	南鮮版	1934-03-29	1	07단	嬰兒殺し發覺す
247813	朝鮮朝日	南鮮版	1934-03-29	1	08단	公金八千圓拐帶統營金組書記逃走す
247814	朝鮮朝日	南鮮版	1934-03-29	1	08단	マリヤ殺し公判
247815	朝鮮朝日	南鮮版	1934-03-29	1	09단	暢氣な强盜
247816	朝鮮朝日	南鮮版	1934-03-29	1	09단	娛樂から遂には賭博へ忌はしい麻雀行爲を全鮮的に嚴重取締る/紳士連が麻雀賭博三名を逮捕
247817	朝鮮朝日	南鮮版	1934-03-29	1	09단	兄弟の銳い探偵眼泥棒を遂に逮捕
247818	朝鮮朝日	南鮮版	1934-03-29	1	10단	人(柴平四郎少將(新任鎮海要塞司令官)/安井誠一郎氏(本府文書課長))
247819	朝鮮朝日	西北版	1934-03-30	1	01단	軍旗祭をトップに各部隊の記念祭大同江で模型軍艦を爆破する等春を誇る軍都『平壤』の催し
247820	朝鮮朝日	西北版	1934-03-30	1	01단	愈よ四月一日から淸涼飲料稅實施手持品に對しても課稅する收入總額は十一萬圓の見込み
247821	朝鮮朝日	西北版	1934-03-30	1	01단	豆滿江夜間警備の國境新選組解隊
247822	朝鮮朝日	西北版	1934-03-30	1	02단	咸興商議所ちかく認可に
247823	朝鮮朝日	西北版	1934-03-30	1	03단	滿洲側から重要案提出商議聯合會に
247824	朝鮮朝日	西北版	1934-03-30	1	03단	平南の簡易學校九年度に廿九校開設
247825	朝鮮朝日	西北版	1934-03-30	1	03단	農業學校長異動
247826	朝鮮朝日	西北版	1934-03-30	1	03단	西鮮一帶で諸兵聯合演習
247827	朝鮮朝日	西北版	1934-03-30	1	04단	咸南金組利子引下
247828	朝鮮朝日	西北版	1934-03-30	1	04단	客貨物の輸送改善營業主任會議
247829	朝鮮朝日	西北版	1934-03-30	1	04단	咸興府高利債低利に借替
247830	朝鮮朝日	西北版	1934-03-30	1	04단	彼氏の趣味を探る(１２)/浪花節で自力更生の行脚産業主事柳本朝光氏
247831	朝鮮朝日	西北版	1934-03-30	1	05단	低利に金を融通し薄給者を救ふ平壤南金組で計劃
247832	朝鮮朝日	西北版	1934-03-30	1	05단	土屋忠次氏の石碑を建設同窓會の手で
247833	朝鮮朝日	西北版	1934-03-30	1	06단	平北の指紋取扱好成績收む
247834	朝鮮朝日	西北版	1934-03-30	1	06단	專門案內人平壤に設置
247835	朝鮮朝日	西北版	1934-03-30	1	06단	傳票制度を廢止し中間搾取を除去登錄制度を各府面で實施救濟土木事業の勞働者保護

일련번호	판명		간행일	면	단수	기사명
247836	朝鮮朝日	西北版	1934-03-30	1	07단	北鮮では最初咸興に藥令市開設
247837	朝鮮朝日	西北版	1934-03-30	1	07단	大同郡農會直營販賣店平壤に設ける
247838	朝鮮朝日	西北版	1934-03-30	1	07단	雪解けのため郵便遞送不能に平南北奧地に續出
247839	朝鮮朝日	西北版	1934-03-30	1	08단	簡保貸付額決定(百萬四百四十二圓)
247840	朝鮮朝日	西北版	1934-03-30	1	09단	新惠山邑の人口
247841	朝鮮朝日	西北版	1934-03-30	1	09단	平壤府營バス運轉四月一日から
247842	朝鮮朝日	西北版	1934-03-30	1	09단	阿部府尹に慰藉料請求
247843	朝鮮朝日	西北版	1934-03-30	1	09단	警察近い目拔街に三人組の强盜百圓を强奪して逃走
247844	朝鮮朝日	西北版	1934-03-30	1	10단	松江藝妓がはるばる元山へ
247845	朝鮮朝日	西北版	1934-03-30	1	10단	小爲替改竄被害が頻々
247846	朝鮮朝日	西北版	1934-03-30	1	10단	一等兵鐵道自殺
247847	朝鮮朝日	西北版	1934-03-30	1	10단	人(畑中大佐(平壤步兵七十七聯隊長))
247848	朝鮮朝日	南鮮版	1934-03-30	1	01단	半島の風物に憬れて內地から觀光客の洪水今年は特に京圖線廻りが多い道路改善、旅館設備に大量
247849	朝鮮朝日	南鮮版	1934-03-30	1	01단	愈よ四月一日から淸凉飮料稅實施手持品に對しても課稅する收入總額は十一萬圓の見込み
247850	朝鮮朝日	南鮮版	1934-03-30	1	01단	簡保貸付額決定(百萬四百四十二圓)
247851	朝鮮朝日	南鮮版	1934-03-30	1	01단	平田參謀長着任
247852	朝鮮朝日	南鮮版	1934-03-30	1	02단	時候は少し變調ですが春はもう來ました都大路を彩る貴方の色彩は
247853	朝鮮朝日	南鮮版	1934-03-30	1	03단	農業學校長異動
247854	朝鮮朝日	南鮮版	1934-03-30	1	03단	金利引下げ
247855	朝鮮朝日	南鮮版	1934-03-30	1	04단	京城から一千圓
247856	朝鮮朝日	南鮮版	1934-03-30	1	04단	銃砲火藥取締改正簡易平明に
247857	朝鮮朝日	南鮮版	1934-03-30	1	05단	春にふさはしい綠化展覽會四月三日まで釜山で開催
247858	朝鮮朝日	南鮮版	1934-03-30	1	05단	棉作技術員異動
247859	朝鮮朝日	南鮮版	1934-03-30	1	05단	衛生講演會
247860	朝鮮朝日	南鮮版	1934-03-30	1	05단	十七工場を一丸とし南鮮ゴム會社組織生産統制と斯業發達のため
247861	朝鮮朝日	南鮮版	1934-03-30	1	06단	京城府明年度豫算四百八萬五千餘圓一部修正のみで可決さる
247862	朝鮮朝日	南鮮版	1934-03-30	1	07단	大邱通水式
247863	朝鮮朝日	南鮮版	1934-03-30	1	07단	南鮮から北鮮へ勞働者の大行進!四月四日までにまづ六百名が勞働調節の劃期的試み
247864	朝鮮朝日	南鮮版	1934-03-30	1	08단	運動界(京城陸聯春季練習會記錄/釜山中等野球試合)
247865	朝鮮朝日	南鮮版	1934-03-30	1	08단	睦丸から船客の身投
247866	朝鮮朝日	南鮮版	1934-03-30	1	09단	鎭海で祝賀會工作部記念に
247867	朝鮮朝日	南鮮版	1934-03-30	1	09단	客貨物の輸送改善營業主任會議
247868	朝鮮朝日	南鮮版	1934-03-30	1	09단	農村振興機關として産組を擴充强化農林局に移管の計劃

일련번호	판명		간행일	면	단수	기사명
247869	朝鮮朝日	南鮮版	1934-03-30	1	10단	邑事務所全燒す蔚山の騷ぎ
247870	朝鮮朝日	南鮮版	1934-03-30	1	10단	五名有罪に
247871	朝鮮朝日	南鮮版	1934-03-30	1	10단	息を訪ねて來て朝鮮人墜落死
247872	朝鮮朝日	南鮮版	1934-03-30	1	10단	人(柴鎭海要塞司令官)
247873	朝鮮朝日	西北版	1934-03-31	1	01단	總督府辭令
247874	朝鮮朝日	西北版	1934-03-31	1	01단	全府民擧げて祝賀の渦卷き開港こゝに二十七年記念日を迎へる淸津府
247875	朝鮮朝日	西北版	1934-03-31	1	01단	自作農創定本年度は五十戶一戶當に六百六十圓貸與
247876	朝鮮朝日	西北版	1934-03-31	1	03단	高橋常務急遽上京す
247877	朝鮮朝日	西北版	1934-03-31	1	03단	非常時に立つ全鮮鄕軍大會李王殿下の台臨を仰ぎ四月十五日京城で花々しく開催
247878	朝鮮朝日	西北版	1934-03-31	1	04단	行き惱みの平壤公會堂
247879	朝鮮朝日	西北版	1934-03-31	1	04단	地料値上反對運動五百名糾合組合を組織
247880	朝鮮朝日	西北版	1934-03-31	1	04단	積極的に漁村を更生咸南水産會の新事業
247881	朝鮮朝日	西北版	1934-03-31	1	05단	春に描く平壤の新風景二つ
247882	朝鮮朝日	西北版	1934-03-31	1	06단	一部地主に土地收用令長津江水電の工事支障から
247883	朝鮮朝日	西北版	1934-03-31	1	06단	滿洲粟輸入關稅現行百斤一圓通りになほ一ヶ年延長する
247884	朝鮮朝日	西北版	1934-03-31	1	07단	崩潰に濱してゐる名建築物を修理平壤に古蹟保存會組織
247885	朝鮮朝日	西北版	1934-03-31	1	07단	沿線住民大喜び南部線開通で
247886	朝鮮朝日	西北版	1934-03-31	1	08단	面職員共濟組合全鮮各道に設置か平南の提出案を基礎として本府當局で種々調査
247887	朝鮮朝日	西北版	1934-03-31	1	08단	尋二の國語讀本卷三未だに倒着せず新學期を前に當局大狼狽
247888	朝鮮朝日	西北版	1934-03-31	1	08단	半島最初の高レコード酒釀造見込高
247889	朝鮮朝日	西北版	1934-03-31	1	09단	明年度の鐵道局豫算
247890	朝鮮朝日	西北版	1934-03-31	1	10단	自動車墜落七名重輕傷
247891	朝鮮朝日	西北版	1934-03-31	1	10단	亂打して死亡さす
247892	朝鮮朝日	西北版	1934-03-31	1	10단	人(吉川貞吉氏(平壤署長)/吉永平壤鐵道事務所長)
247893	朝鮮朝日	西北版	1934-03-31	1	10단	春日長閑
247894	朝鮮朝日	西北版	1934-03-31	1	10단	乙密台の夜櫻
247895	朝鮮朝日	南鮮版	1934-03-31	1	01단	總督府辭令
247896	朝鮮朝日	南鮮版	1934-03-31	1	01단	非常時に立つ全鮮鄕軍大會李王殿下の台臨を仰ぎ四月十五日京城で花々しく開催
247897	朝鮮朝日	南鮮版	1934-03-31	1	01단	滿洲粟輸入關稅現行百斤一圓通りになほ一ヶ年延長する
247898	朝鮮朝日	南鮮版	1934-03-31	1	01단	朝鮮人議員九名が辭表提出職責上甚だ遺憾として混亂に陷った釜山府會/大島府尹は語る

일련번호	판명		간행일	면	단수	기사명
247899	朝鮮朝日	南鮮版	1934-03-31	1	03단	四月の幕は脱からに櫻は咲き始めた花見のお用意は如何
247900	朝鮮朝日	南鮮版	1934-03-31	1	04단	全鮮商議所の豫算は膨脹
247901	朝鮮朝日	南鮮版	1934-03-31	1	04단	大邱府會愈よ紛糾道路問題で
247902	朝鮮朝日	南鮮版	1934-03-31	1	04단	光州邑會
247903	朝鮮朝日	南鮮版	1934-03-31	1	05단	大田商議所役員
247904	朝鮮朝日	南鮮版	1934-03-31	1	05단	各地に漲ってる自力更生の機運靑年團を中心に非常の好成績渡邊學務局長視察談
247905	朝鮮朝日	南鮮版	1934-03-31	1	05단	台灣貿易促進に釜山から視察團派遣
247906	朝鮮朝日	南鮮版	1934-03-31	1	06단	鮮米擁護上京委員歡迎報告會
247907	朝鮮朝日	南鮮版	1934-03-31	1	06단	光州學校組合會
247908	朝鮮朝日	南鮮版	1934-03-31	1	06단	教育映畫の夕
247909	朝鮮朝日	南鮮版	1934-03-31	1	07단	慶北副業品展好成績で終了
247910	朝鮮朝日	南鮮版	1934-03-31	1	07단	朝鮮神宮勸學祭二日午前十一時から
247911	朝鮮朝日	南鮮版	1934-03-31	1	07단	本社特派員撮影函館大火實況上映
247912	朝鮮朝日	南鮮版	1934-03-31	1	07단	九十四ヶ所に籾貯藏倉庫を建設慶南當局が二十萬圓投じて
247913	朝鮮朝日	南鮮版	1934-03-31	1	07단	全鮮食料品卽賣展覽會五月木浦で開く
247914	朝鮮朝日	南鮮版	1934-03-31	1	08단	苗木市
247915	朝鮮朝日	南鮮版	1934-03-31	1	08단	慶南選手猛練習
247916	朝鮮朝日	南鮮版	1934-03-31	1	08단	尋二の國語讀本卷三未だに倒着せず新學期を前に當局大狼狽
247917	朝鮮朝日	南鮮版	1934-03-31	1	08단	慶南では教員不足
247918	朝鮮朝日	南鮮版	1934-03-31	1	09단	心中の一步前で二つの命を救ふ運轉手の第六感から
247919	朝鮮朝日	南鮮版	1934-03-31	1	09단	京城の火事
247920	朝鮮朝日	南鮮版	1934-03-31	1	09단	臭い泥棒
247921	朝鮮朝日	南鮮版	1934-03-31	1	10단	盈德穀物組合五百圓盜難
247922	朝鮮朝日	南鮮版	1934-03-31	1	10단	本社京城支局新築の爲移轉
247923	朝鮮朝日	南鮮版	1934-03-31	1	10단	半島最初の高レコード酒釀造見込高
247924	朝鮮朝日	南鮮版	1934-03-31	1	10단	春日長閑

1934년 4월 (조선아사히)

일련번호	판명		간행일	면	단수	기사명
247925	朝鮮朝日	西北版	1934-04-01	1	01단	內地市場の氾濫遂に朝鮮へ目をつける帝農の新販路開拓調査懸念される農産市場
247926	朝鮮朝日	西北版	1934-04-01	1	01단	初等教育費負擔輕減方法決る普通校授業料、賦課金ともに愈よ一日から實施
247927	朝鮮朝日	西北版	1934-04-01	1	01단	節約もほどほどに危ない講堂？天井の帶梁からあらぬ疑惑平壤高女異聞
247928	朝鮮朝日	西北版	1934-04-01	1	01단	インテリを網羅反帝運動に狂奔京城に赤の魔手伸ばす十名豫審終結有罪と決る/主なる被告の略歷
247929	朝鮮朝日	西北版	1934-04-01	1	03단	總督府辭令
247930	朝鮮朝日	西北版	1934-04-01	1	04단	編隊無着陸飛行
247931	朝鮮朝日	西北版	1934-04-01	1	04단	靖國神社に合祀される朝鮮出身者
247932	朝鮮朝日	西北版	1934-04-01	1	04단	林檎特定運賃制非常な好成績朝運は早くも再契約を交涉一段の飛躍に備ふ
247933	朝鮮朝日	西北版	1934-04-01	1	05단	彼氏の趣味を探る(１３)/一塊の土に古代文化を偲ぶ/平壤中學教論笠原烏丸氏
247934	朝鮮朝日	西北版	1934-04-01	1	05단	平南初等校教員異動
247935	朝鮮朝日	西北版	1934-04-01	1	05단	平北の簡易普通校設立認可さる
247936	朝鮮朝日	西北版	1934-04-01	1	06단	北鮮景氣に躍る桃色陣當局の取締徹底にやうやく下火模樣
247937	朝鮮朝日	西北版	1934-04-01	1	07단	平壤の道路鋪裝
247938	朝鮮朝日	西北版	1934-04-01	1	07단	栗にも特定運賃制移出檢査の實施期を控へ關係者が集り懇談
247939	朝鮮朝日	西北版	1934-04-01	1	07단	勞働者の北漸着々と實現す集團移動に伴ふ社會問題を當局は大いに警戒
247940	朝鮮朝日	西北版	1934-04-01	1	08단	天然痘續發
247941	朝鮮朝日	西北版	1934-04-01	1	09단	マイト爆發三名死傷す平壤府外大文山炭坑
247942	朝鮮朝日	西北版	1934-04-01	1	09단	またも强盜食刀で脅し現金を强奪
247943	朝鮮朝日	西北版	1934-04-01	1	10단	滿洲警官隊一行
247944	朝鮮朝日	西北版	1934-04-01	1	10단	柳京日記
247945	朝鮮朝日	南鮮版	1934-04-01	1	01단	花の二世を育む馬山に櫻苗一千本を移植嬉しい明粧工作
247946	朝鮮朝日	南鮮版	1934-04-01	1	01단	內地市場の氾濫遂に朝鮮へ目をつける帝農の新販路開拓調査懸念される農産市場
247947	朝鮮朝日	南鮮版	1934-04-01	1	01단	初等教育費負擔輕減方法決る普通校授業料、賦課金ともに愈よ一日から實施
247948	朝鮮朝日	南鮮版	1934-04-01	1	01단	仁川府議補選きのふ開票
247949	朝鮮朝日	南鮮版	1934-04-01	1	02단	インテリを網羅反帝運動に狂奔京城に赤の魔手伸ばす十名豫審終結有罪と決る/主なる被告の略歷
247950	朝鮮朝日	南鮮版	1934-04-01	1	03단	北滿訪日視察團

일련번호	판명		간행일	면	단수	기사명
247951	朝鮮朝日	南鮮版	1934-04-01	1	04단	人(秋山氏母堂(東拓金融課長秋山三夫氏母堂))
247952	朝鮮朝日	南鮮版	1934-04-01	1	04단	教員精神作興大會に六氏出席
247953	朝鮮朝日	南鮮版	1934-04-01	1	04단	京城中心街にお上りさん激增で交通安全デー
247954	朝鮮朝日	南鮮版	1934-04-01	1	05단	總督府辭令
247955	朝鮮朝日	南鮮版	1934-04-01	1	05단	百方奔走にも意を飜さず釜山朝鮮人議員の辭職問題府會終了後に善處
247956	朝鮮朝日	南鮮版	1934-04-01	1	05단	黑字の横線半島の鐵道史上に燦然五百五十萬圓を突破した凄い昨年度の增收
247957	朝鮮朝日	南鮮版	1934-04-01	1	06단	辭令(東京電話)
247958	朝鮮朝日	南鮮版	1934-04-01	1	06단	釜山豫算府會最終日
247959	朝鮮朝日	南鮮版	1934-04-01	1	07단	米穀事務所長異動
247960	朝鮮朝日	南鮮版	1934-04-01	1	07단	書堂四十を簡易學校に昇格京畿道で初等教育の徹底に在勤訓導も任命
247961	朝鮮朝日	南鮮版	1934-04-01	1	07단	龍谷高女跡に幼稚園設置
247962	朝鮮朝日	南鮮版	1934-04-01	1	08단	この親にこの子息が萬引して來た贓品を親父が捌く
247963	朝鮮朝日	南鮮版	1934-04-01	1	08단	飛んだ煙突掃除
247964	朝鮮朝日	南鮮版	1934-04-01	1	08단	慶南體協のスケヂウル大體決まる
247965	朝鮮朝日	南鮮版	1934-04-01	1	08단	歡びの除隊十日に二十四團から內地歸還者の列車決る
247966	朝鮮朝日	南鮮版	1934-04-01	1	08단	靖國神社に合祀される朝鮮出身者
247967	朝鮮朝日	南鮮版	1934-04-01	1	09단	伴奏華かに春の散兵線不況挽回に奔命する大京城力フェ陣
247968	朝鮮朝日	南鮮版	1934-04-01	1	09단	モヒを密賣
247969	朝鮮朝日	南鮮版	1934-04-01	1	10단	流行性腦炎大邱で續發
247970	朝鮮朝日	南鮮版	1934-04-01	1	10단	危いッ鐵橋通行また女負傷
247971	朝鮮朝日	南鮮版	1934-04-01	1	10단	火災に頻發で郵便局の嚴戒
247972	朝鮮朝日	南鮮版	1934-04-01	1	10단	賭博檢擧
247973	朝鮮朝日	南鮮版	1934-04-01	1	10단	マリヤ事件覆審公判來月に延期
247974	朝鮮朝日	西北版	1934-04-03	1	01단	黑潮吼ゆる沿海州に豪壯・海の國際戰內、鮮、露の漁船百餘隻が入亂れて鎬を削る
247975	朝鮮朝日	西北版	1934-04-03	1	02단	棉花增殖計劃愈よ本舞台に先づ原種圃の擴大强化を計り優良品種を奬勵
247976	朝鮮朝日	西北版	1934-04-03	1	02단	鮮內露油の配給權を獲得有力業者や消費組合を株主に新會社創立
247977	朝鮮朝日	西北版	1934-04-03	1	02단	平北初等教員異動
247978	朝鮮朝日	西北版	1934-04-03	1	03단	腸チフス豫防注射
247979	朝鮮朝日	西北版	1934-04-03	1	04단	人(古川貞吉氏(平壤署長)/中江修吾氏(三中井平壤支店長)/森井平鐵營業主任/演崎平鐵庶務主任)
247980	朝鮮朝日	西北版	1934-04-03	1	04단	大好評の授産場製品豚毛ブラッシは注文殺到
247981	朝鮮朝日	西北版	1934-04-03	1	04단	趣味探訪(１４)/醉うて興至れば唄ひ且つ舞ふ麻雀は自

일련번호	판명		간행일	면	단수	기사명
						稱五段平壤郵便局監督課長小川要次氏
247982	朝鮮朝日	西北版	1934-04-03	1	05단	防空演習豫報先づ宣傳班の催し物決る
247983	朝鮮朝日	西北版	1934-04-03	1	05단	愛林精神涵養に平壤女高普學校林設定女子では全鮮最初の試み
247984	朝鮮朝日	西北版	1934-04-03	1	05단	全鮮鑛業者大會廿七、八兩日平壤で開催
247985	朝鮮朝日	西北版	1934-04-03	1	05단	鮮米買上げは卅萬叺と決る價格も想外に低い？
247986	朝鮮朝日	西北版	1934-04-03	1	06단	放火頻發に超過保險取締り平南警察部の防止策
247987	朝鮮朝日	西北版	1934-04-03	1	06단	平壤府電增燈を勸誘
247988	朝鮮朝日	西北版	1934-04-03	1	06단	輸出林檎の悩み解消す差當り鎭南浦で燻蒸を行ひ正式檢査に代ふ
247989	朝鮮朝日	西北版	1934-04-03	1	07단	大判小判ヤーイ傳説の寺に黃金の夢を掘る話
247990	朝鮮朝日	西北版	1934-04-03	1	08단	森井營業主任歸壤
247991	朝鮮朝日	西北版	1934-04-03	1	08단	聖壇を血で汚す平壤章台峴敎會の亂鬪
247992	朝鮮朝日	西北版	1934-04-03	1	08단	鐵路に消えた息子の命日に老父嘆きの自殺未遂
247993	朝鮮朝日	西北版	1934-04-03	1	08단	猪狩に行って虎に咬まる
247994	朝鮮朝日	西北版	1934-04-03	1	09단	花の平壤に遊子を待つ觀光協會の陣容なる
247995	朝鮮朝日	西北版	1934-04-03	1	09단	花も待たで哀れ親子心中子供二人は遂に絶命
247996	朝鮮朝日	西北版	1934-04-03	1	10단	柳京日記
247997	朝鮮朝日	南鮮版	1934-04-03	1	01단	黑潮吼ゆる沿海州に豪壯・海の國際戰內、鮮、露の漁船百餘隻が入亂れて鎬を削る
247998	朝鮮朝日	南鮮版	1934-04-03	1	01단	新鮮な異動慶南道の初等敎員二百十三名大搖れ/慶北でも三百名空前の異動/全南の異動/慶北警察部異動を發表/京畿道に府郡視學新たに任命
247999	朝鮮朝日	南鮮版	1934-04-03	1	01단	陸軍辭令(東京電話)
248000	朝鮮朝日	南鮮版	1934-04-03	1	02단	鮮米買上げは卅萬叺と決る價格も想外に低い？
248001	朝鮮朝日	南鮮版	1934-04-03	1	02단	鮮內露油の配給權を獲得有力業者や消費組合を株主に新會社創立
248002	朝鮮朝日	南鮮版	1934-04-03	1	04단	人(宮川肇氏(新任平壤鐵道ホテル主任)/戶田謙吾氏(新任釜山鐵道會館主任))
248003	朝鮮朝日	南鮮版	1934-04-03	1	04단	大邱米取役員改選木村氏理事長に
248004	朝鮮朝日	南鮮版	1934-04-03	1	05단	野外劍道
248005	朝鮮朝日	南鮮版	1934-04-03	1	05단	本町署に構內電話設置の運び
248006	朝鮮朝日	南鮮版	1934-04-03	1	05단	辭表撤回には應じられぬ釜山朝鮮人側府議の拒絶で委員連の調停空し
248007	朝鮮朝日	南鮮版	1934-04-03	1	05단	わが春を讚へて押出した行樂群
248008	朝鮮朝日	南鮮版	1934-04-03	1	06단	棉花增殖計劃愈よ本舞台に先づ原種圃の擴大强化を計り優良品種を獎勵
248009	朝鮮朝日	南鮮版	1934-04-03	1	06단	達城農會學校新豫算決る
248010	朝鮮朝日	南鮮版	1934-04-03	1	08단	義金募集に托鉢

일련번호	판명		간행일	면	단수	기사명
248011	朝鮮朝日	南鮮版	1934-04-03	1	08단	防疫に手を燒く大邱の腦炎なほ散發す
248012	朝鮮朝日	南鮮版	1934-04-03	1	08단	拐帶金組書記上海で捕る
248013	朝鮮朝日	南鮮版	1934-04-03	1	08단	宿直室を弄ぶ泛川公職者九名の常習賭博バれる
248014	朝鮮朝日	南鮮版	1934-04-03	1	08단	農村婦人へ柔道着の手刺しを獎勵勤勞精神涵養と經濟更生の一助に
248015	朝鮮朝日	南鮮版	1934-04-03	1	09단	猫自殺
248016	朝鮮朝日	南鮮版	1934-04-03	1	09단	マリヤ事件の餘波釜山の籠拔詐欺犯人京城で入質中捕る
248017	朝鮮朝日	南鮮版	1934-04-03	1	09단	葬儀人夫が醉うて燒死オンドルの火が燃え移り
248018	朝鮮朝日	南鮮版	1934-04-03	1	09단	モヒの金に窮し剃刀で自殺
248019	朝鮮朝日	南鮮版	1934-04-03	1	10단	大邱の火事損害千五百圓
248020	朝鮮朝日	南鮮版	1934-04-03	1	10단	忠北に大旋風溫突や屋糧を吹飛ばす
248021	朝鮮朝日	西北版	1934-04-04	1		缺號
248022	朝鮮朝日	南鮮版	1934-04-04	1		缺號
248023	朝鮮朝日	西北版	1934-04-05	1	01단	眠れる寶庫に眼かな開扉の春マグネサイトニッケル鑛等續々採掘着手され城津奧地に揚る歡聲
248024	朝鮮朝日	西北版	1934-04-05	1	01단	本年度の命令航路は十七線補助金八十五萬圓/航海日數など相當の改善
248025	朝鮮朝日	西北版	1934-04-05	1	01단	趣味探訪(１５)/祕中の祕技はお得意の浪花節合の手まで器用な離れわざ東洋製絲工場長大村勇藏氏
248026	朝鮮朝日	西北版	1934-04-05	1	02단	三陟の炭田を新會社に拂下げ無煙炭合同成立の曉に
248027	朝鮮朝日	西北版	1934-04-05	1	03단	平壤の記念植樹盛大に行ふ
248028	朝鮮朝日	西北版	1934-04-05	1	04단	平壤神社の改築地鎭祭
248029	朝鮮朝日	西北版	1934-04-05	1	04단	社會的に大衆を指導釋尊降誕祭當日に
248030	朝鮮朝日	西北版	1934-04-05	1	04단	鮮滿の女學生が結ぶ固い握手互に友情籠る手紙を交換し力强く勵まし合ふ
248031	朝鮮朝日	西北版	1934-04-05	1	05단	清津二十七周年開港記念日の春の踊り
248032	朝鮮朝日	西北版	1934-04-05	1	05단	市日歸りの乘客廿數名溺死の慘忠南錦江で扶餘面經營の渡船、風波に轉覆す
248033	朝鮮朝日	西北版	1934-04-05	1	06단	清津沿岸貿易埠頭愈よ着工一年間に完成さす
248034	朝鮮朝日	西北版	1934-04-05	1	07단	一キロ放送所北鮮が有力奉天及び九州に設置する强電力放送所の關係で
248035	朝鮮朝日	西北版	1934-04-05	1	07단	全鮮プロ拳鬪選手權大會
248036	朝鮮朝日	西北版	1934-04-05	1	07단	樂浪古墳の模型を作る風化による潰滅を憂へて觀覽封鎖の下準備か
248037	朝鮮朝日	西北版	1934-04-05	1	08단	牡丹台に杏を植栽
248038	朝鮮朝日	西北版	1934-04-05	1	08단	咸興教育界稀な大異動描き出す明暗二相
248039	朝鮮朝日	西北版	1934-04-05	1	09단	果して放火ゴム靴商の怪火事件
248040	朝鮮朝日	西北版	1934-04-05	1	09단	二百餘の匪賊八道溝に襲來滿洲人二名を拉し去る

일련번호	판명		간행일	면	단수	기사명
248041	朝鮮朝日	西北版	1934-04-05	1	09단	信用をかさに惡事を働く
248042	朝鮮朝日	西北版	1934-04-05	1	09단	少年スリ團
248043	朝鮮朝日	西北版	1934-04-05	1	10단	平南知事を相手に土地返還の訴訟
248044	朝鮮朝日	西北版	1934-04-05	1	10단	柳京日記
248045	朝鮮朝日	南鮮版	1934-04-05	1	01단	眠れる寶庫に眼かな開扉の春マグネサイトニッケル鑛等續々採掘着手され城津奧地に揚る歡聲
248046	朝鮮朝日	南鮮版	1934-04-05	1	01단	本年度の命令航路は十七線補助金八十五萬圓/航海日數など相當の改善
248047	朝鮮朝日	南鮮版	1934-04-05	1	01단	記念植樹デー各地とも盛大に行ふ/龍頭山の綠化計劃第一步を踏出す
248048	朝鮮朝日	南鮮版	1934-04-05	1	03단	釜山の中央卸賣市場設置場所決る
248049	朝鮮朝日	南鮮版	1934-04-05	1	04단	もよほし(新任披露宴)
248050	朝鮮朝日	南鮮版	1934-04-05	1	04단	三陟の炭田を新會社に拂下げ無煙炭合同成立の曉に
248051	朝鮮朝日	南鮮版	1934-04-05	1	04단	鎭海要港工作部二十周年記念式
248052	朝鮮朝日	南鮮版	1934-04-05	1	05단	全北國防義會聯合會發會式
248053	朝鮮朝日	南鮮版	1934-04-05	1	05단	巨文島燈台閃白光に變更
248054	朝鮮朝日	南鮮版	1934-04-05	1	05단	關西大相撲鮮滿を巡業
248055	朝鮮朝日	南鮮版	1934-04-05	1	05단	市日歸りの乘客廿數名溺死の慘忠南錦江で扶餘面經營の渡船、風波に轉覆す
248056	朝鮮朝日	南鮮版	1934-04-05	1	06단	一キロ放送所北鮮が有力奉天及び九州に設置する强電力放送所の關係で/新味を盛るDK本年事業
248057	朝鮮朝日	南鮮版	1934-04-05	1	07단	櫻の開花は二十日すぎ變態氣候に縮み上り五日以上遲れるデス
248058	朝鮮朝日	南鮮版	1934-04-05	1	07단	全鮮プロ拳鬪選手權大會
248059	朝鮮朝日	南鮮版	1934-04-05	1	08단	義捐金募集の活寫會盛況
248060	朝鮮朝日	南鮮版	1934-04-05	1	08단	流行性腦膜炎猖獗を極む三月末發生累計百一名死者は卅名に上る
248061	朝鮮朝日	南鮮版	1934-04-05	1	09단	娼妓と馴染男心中を企つまゝならぬを悲觀し
248062	朝鮮朝日	南鮮版	1934-04-05	1	09단	前審どほり死刑を求刑異常な緊張裡に開かれた義父殺人事件の公判
248063	朝鮮朝日	南鮮版	1934-04-05	1	10단	メートル法實行の論文を懸賞募集
248064	朝鮮朝日	南鮮版	1934-04-05	1	10단	凧場大會
248065	朝鮮朝日	南鮮版	1934-04-05	1	10단	をかしな少年
248066	朝鮮朝日	南鮮版	1934-04-05	1	10단	叱られて身投げ
248067	朝鮮朝日	西北版	1934-04-06	1	01단	愈よ來月から稅務機關獨立す九十九ケ所に稅務署と五つの監督局を新設/自給自足で營れる會計保障された稅收增加
248068	朝鮮朝日	西北版	1934-04-06	1	01단	掘るは掘るは凄い金の氾濫羅津街道に軒を竝べた八鐵山織出す豪華な風景

일련번호	판명		간행일	면	단수	기사명
248069	朝鮮朝日	西北版	1934-04-06	1	01단	拙速主義で實施を急ぐ朝鮮市街地計劃令鶴首待佗びる羅津
248070	朝鮮朝日	西北版	1934-04-06	1	03단	春怨・紅淚祕錄浮かれ男女が描く悲喜劇 兄の不身持に狂ふ純情の娘兩親や妹の心盡しも仇に擧成って放蕩三昧/鐵窓の悲戀遙々上海から來てみれば信ずる夫は妻帶者/敢然戀に生く支那娘不倫の戀に死ぬ中年女
248071	朝鮮朝日	西北版	1934-04-06	1	04단	人(稻垣征夫氏(拓務省交通課長兼朝鮮部第二課長)/大場一等軍醫正(十九師團軍醫部長))
248072	朝鮮朝日	西北版	1934-04-06	1	04단	平南國防義會發會式盛大に擧行
248073	朝鮮朝日	西北版	1934-04-06	1	04단	主演の地金商十萬圓の罰金他七名にそれぞれ懲役求刑密輸事件續行公判
248074	朝鮮朝日	西北版	1934-04-06	1	05단	趣味探訪(１６)/伊勢で鍛へた河童の本領商賣やめたら水泳教師でも丁子屋支配人內山一郎氏
248075	朝鮮朝日	西北版	1934-04-06	1	05단	咸興競馬俱樂部設立運動具體化す
248076	朝鮮朝日	西北版	1934-04-06	1	06단	觀光協會打合會
248077	朝鮮朝日	西北版	1934-04-06	1	06단	鎭南浦海事出張所廳舍新築決る
248078	朝鮮朝日	西北版	1934-04-06	1	07단	日淸戰爭當時の不發砲彈を發見大同江護岸工事で得難き參考品として保存
248079	朝鮮朝日	西北版	1934-04-06	1	08단	バス轉落二名重傷す
248080	朝鮮朝日	西北版	1934-04-06	1	08단	移動警察の組織更改か五刑事の密輸事件暴露し當局徹底的に糾明
248081	朝鮮朝日	西北版	1934-04-06	1	10단	二棟を燒く
248082	朝鮮朝日	西北版	1934-04-06	1	10단	柳京日記
248083	朝鮮朝日	南鮮版	1934-04-06	1	01단	愈よ來月から稅務機關獨立す九十九ケ所に稅務署と五つの監督局を新設/自給自足で營れる會計保證された稅收增加
248084	朝鮮朝日	南鮮版	1934-04-06	1	01단	商港釜山に大博覽會を幹線道路等の完成記念に來秋開催を計劃
248085	朝鮮朝日	南鮮版	1934-04-06	1	01단	拙速主義で實施を急ぐ朝鮮市街地計劃令鶴首待佗びる羅津
248086	朝鮮朝日	南鮮版	1934-04-06	1	01단	綠の心盡し各地の記念植樹デー
248087	朝鮮朝日	南鮮版	1934-04-06	1	04단	もよほし(全鮮消防手講習會)
248088	朝鮮朝日	南鮮版	1934-04-06	1	04단	鐵道從業員剩餘金獻納
248089	朝鮮朝日	南鮮版	1934-04-06	1	04단	釜山五靑年團聯靑へ加盟
248090	朝鮮朝日	南鮮版	1934-04-06	1	04단	主演の地金商十萬圓の罰金他七名にそれぞれ懲役求刑密輸事件續行公判
248091	朝鮮朝日	南鮮版	1934-04-06	1	05단	荒波に重心失ひ俄然凄慘の巷なほ四五名行方不明渡船轉覆事件詳報
248092	朝鮮朝日	南鮮版	1934-04-06	1	05단	大島府尹乘出す朝鮮人議員辭職問題解決へ

일련번호	판명		간행일	면	단수	기사명
248093	朝鮮朝日	南鮮版	1934-04-06	1	06단	嬉しい一年生入學式も濟みました
248094	朝鮮朝日	南鮮版	1934-04-06	1	06단	浦項の國華日
248095	朝鮮朝日	南鮮版	1934-04-06	1	06단	忠北の異動
248096	朝鮮朝日	南鮮版	1934-04-06	1	07단	京仁間にトラックを京電で運轉
248097	朝鮮朝日	南鮮版	1934-04-06	1	07단	移動警察の組織更改か五刑事の密輸事件暴露し當局徹底的に糾明
248098	朝鮮朝日	南鮮版	1934-04-06	1	08단	植物檢査異變燻蒸室に飛び込んだ係員靑酸ガスに當てらる
248099	朝鮮朝日	南鮮版	1934-04-06	1	09단	覆面の強盜は意外！遠緣の女借金返濟に窮しての淺智惠まんまと失敗
248100	朝鮮朝日	南鮮版	1934-04-06	1	09단	釜山に腦炎
248101	朝鮮朝日	南鮮版	1934-04-06	1	10단	凄文句の脅迫
248102	朝鮮朝日	南鮮版	1934-04-06	1	10단	鐵工所少年職工の怠業日給引上を要求し
248103	朝鮮朝日	南鮮版	1934-04-06	1	10단	狂犬にかまる
248104	朝鮮朝日	南鮮版	1934-04-06	1	10단	困った迷信
248105	朝鮮朝日	西北版	1934-04-07	1	01단	窮乏小作民の福利增進を計り地主の利益をも考慮朝鮮農地令の內容
248106	朝鮮朝日	西北版	1934-04-07	1	01단	官界未曾有の大異動を斷行近く稅務機關獨立に伴ひ沈滯氣分をも刷新
248107	朝鮮朝日	西北版	1934-04-07	1	01단	北鮮鐵車扱ひ直營反對の渦卷新計算會社設立を非合同派で目論む
248108	朝鮮朝日	西北版	1934-04-07	1	02단	趣味探訪(１７)/さすがは武弁眞影流の達人刀劍の鑑定にも一隻眼平壤憲兵院長山形信廣氏
248109	朝鮮朝日	西北版	1934-04-07	1	03단	第二窮救事業九年度打切確實視さる
248110	朝鮮朝日	西北版	1934-04-07	1	03단	小水利に制限を加ふ平南の新方針
248111	朝鮮朝日	西北版	1934-04-07	1	04단	白頭節募集
248112	朝鮮朝日	西北版	1934-04-07	1	04단	平北道の産業主任會議
248113	朝鮮朝日	西北版	1934-04-07	1	04단	絶勝牡丹台を花で塗り潰す電飾に映ゆる夜櫻艶を競ふライラックと連翹
248114	朝鮮朝日	西北版	1934-04-07	1	05단	咸興聯隊の軍旗祭凱旋後最初を飾り特に盛大に行ふ
248115	朝鮮朝日	西北版	1934-04-07	1	05단	近き將來に百萬圓の取引は易々主催者として漢藥組合結成咸興藥令市準備進む
248116	朝鮮朝日	西北版	1934-04-07	1	07단	故鄕を見限り北鮮の新天地へ內地から移住者殺到函館罹災民も大擧渡鮮の情報
248117	朝鮮朝日	西北版	1934-04-07	1	07단	設立者と敎員の紛爭から遂に校舍取り毀し父兄と人夫あはや血の雨
248118	朝鮮朝日	西北版	1934-04-07	1	08단	スポーツの春西鮮球界の花平壤三チーム新陣容
248119	朝鮮朝日	西北版	1934-04-07	1	08단	臨時刑事を任命機能停止に備ふ更に留守宅一齊捜査平北警察官瀆職事件續報

일련번호	판명		간행일	면	단수	기사명
248120	朝鮮朝日	西北版	1934-04-07	1	08단	『國華日』
248121	朝鮮朝日	西北版	1934-04-07	1	09단	女學校講堂落札の談合暴露す請負業者七名檢擧
248122	朝鮮朝日	西北版	1934-04-07	1	09단	辭令(東京電話)
248123	朝鮮朝日	西北版	1934-04-07	1	10단	揉め抜く平壤公會堂原案浮ぶか
248124	朝鮮朝日	西北版	1934-04-07	1	10단	平北の記念植樹
248125	朝鮮朝日	西北版	1934-04-07	1	10단	柳京日記
248126	朝鮮朝日	南鮮版	1934-04-07	1	01단	窮乏小作民の福利增進を計り地主の利益をも考慮朝鮮農地令の內容
248127	朝鮮朝日	南鮮版	1934-04-07	1	01단	官界未曾有の大異動を斷行近く稅務機關獨立に伴ひ沈滯氣分をも刷新
248128	朝鮮朝日	南鮮版	1934-04-07	1	01단	北鮮鐵車扱ひ直營反對の渦卷新計算會社設立を非合同派で目論む
248129	朝鮮朝日	南鮮版	1934-04-07	1	02단	京城人へ贈る春の設計圖行樂には絶好のチャンス快味滿喫はいかゞ？
248130	朝鮮朝日	南鮮版	1934-04-07	1	03단	商品券稅金庫稅京城で新設
248131	朝鮮朝日	南鮮版	1934-04-07	1	03단	朝鮮信託ビル新策に決る
248132	朝鮮朝日	南鮮版	1934-04-07	1	04단	光州驛竣工
248133	朝鮮朝日	南鮮版	1934-04-07	1	04단	本町署構內電話開通
248134	朝鮮朝日	南鮮版	1934-04-07	1	04단	慶北國防義會聯合會發會式/義捐金寄託
248135	朝鮮朝日	南鮮版	1934-04-07	1	04단	關釜聯絡にさらに二船就航觀光シーズンに入り輻湊する旅客を緩和
248136	朝鮮朝日	南鮮版	1934-04-07	1	05단	國防獻金募集活寫
248137	朝鮮朝日	南鮮版	1934-04-07	1	05단	天覽武道の京畿道選手
248138	朝鮮朝日	南鮮版	1934-04-07	1	05단	警官競點射擊
248139	朝鮮朝日	南鮮版	1934-04-07	1	05단	蠟盤に躍るミス朝鮮聲の選手ご自慢の流行唄、古謠等吹込みに遙々上京
248140	朝鮮朝日	南鮮版	1934-04-07	1	06단	宙に迷ふ三死體悲しい美談まで繰り込んだ魔の淵渡船轉覆事件
248141	朝鮮朝日	南鮮版	1934-04-07	1	06단	京城の記念植樹
248142	朝鮮朝日	南鮮版	1934-04-07	1	07단	朝鮮煙具の逸品煙草展へ出品
248143	朝鮮朝日	南鮮版	1934-04-07	1	07단	金鑛を囮りに數萬圓の詐欺京城のお歷々取調べ
248144	朝鮮朝日	南鮮版	1934-04-07	1	08단	飲めるぞ芳醇なビール兩會社愈よ賣出し
248145	朝鮮朝日	南鮮版	1934-04-07	1	08단	恩赦も忘れ惡事を重ぬ
248146	朝鮮朝日	南鮮版	1934-04-07	1	08단	お互ひに注意しませう流行性腦脊炎の猖獗甚しく家庭へ豫防の宣傳/釜山にまた發生/京城でも豫防注意
248147	朝鮮朝日	南鮮版	1934-04-07	1	09단	少年職工の怠業解決す
248148	朝鮮朝日	南鮮版	1934-04-07	1	10단	桃色の舞踊教師に十ヶ月を求刑
248149	朝鮮朝日	南鮮版	1934-04-07	1	10단	四千餘圓の行方が不明拐帶金組書記取調べ
248150	朝鮮朝日	南鮮版	1934-04-07	1	10단	人(梅崎第二十師團長/川鳥軍司令官/陸軍士官學校生一

일련번호	판명		간행일	면	단수	기사명
						行/佐藤憲三郎氏(專賣局技師)/三木義之氏(總督府農林局事務官)/出石猷産氏)
248151	朝鮮朝日	南鮮版	1934-04-07	1	10단	輕氣球
248152	朝鮮朝日	西北版	1934-04-08	1	01단	漁村更生運動も明朖なる一色に個々團體を打って一丸とし獨自の振興計劃樹立
248153	朝鮮朝日	西北版	1934-04-08	1	01단	ひらけ！無盡の寶庫地下に唸る鑛産物刮目される北鮮鑛業界
248154	朝鮮朝日	西北版	1934-04-08	1	02단	綱紀肅正をとくに强調廿三日から警察部長會議
248155	朝鮮朝日	西北版	1934-04-08	1	02단	趣味探訪(１８)/硏鑽二十年端唄なら来い粹と張りとの情緒に生く平壤庶務主任濱崎改次郎氏
248156	朝鮮朝日	西北版	1934-04-08	1	04단	人(尾崎俊甫氏/井上遞信局長)
248157	朝鮮朝日	西北版	1934-04-08	1	04단	聖恩鴻大
248158	朝鮮朝日	西北版	1934-04-08	1	04단	農會副會長朴侯辭職す
248159	朝鮮朝日	西北版	1934-04-08	1	04단	蠟盤に躍るミス朝鮮聲の選手ご自慢の流行唄、古謠等吹込みに遙々上京
248160	朝鮮朝日	西北版	1934-04-08	1	05단	春の味覺宵の徒然を慰める海の珍味とりどり
248161	朝鮮朝日	西北版	1934-04-08	1	05단	また二十機半島の空へ立川から長驅飛來
248162	朝鮮朝日	西北版	1934-04-08	1	06단	殉職警官招魂祭十四名新合祀
248163	朝鮮朝日	西北版	1934-04-08	1	06단	謳ふ乙女の靑春就職率超百％引っ張り凧の淸進高女
248164	朝鮮朝日	西北版	1934-04-08	1	07단	朝鮮婦人をして內房より解放せよ婦人會組織を奬勵平南當局、社會教化に乘出す
248165	朝鮮朝日	西北版	1934-04-08	1	07단	撤水自動車
248166	朝鮮朝日	西北版	1934-04-08	1	08단	咸興府會
248167	朝鮮朝日	西北版	1934-04-08	1	08단	平壤飛行場擴張また擴張で廣袤百二十萬坪
248168	朝鮮朝日	西北版	1934-04-08	1	08단	南浦、阪神間直通航路まづ一部實現
248169	朝鮮朝日	西北版	1934-04-08	1	08단	淸津鄕軍紛糾す一役員の失言から
248170	朝鮮朝日	西北版	1934-04-08	1	09단	淸津の火事四戶全半燒
248171	朝鮮朝日	西北版	1934-04-08	1	09단	取調べ進行につれ更に醜事實發覺餘波、安東署に及ぶ擴大する警察官疑獄事件
248172	朝鮮朝日	西北版	1934-04-08	1	10단	トラックとガソリンカー衝突一名死亡す
248173	朝鮮朝日	西北版	1934-04-08	1	10단	柳京日記
248174	朝鮮朝日	南鮮版	1934-04-08	1	01단	漁村更生運動も明朖なる一色に個々團體を打って一丸とし獨自の振興計劃樹立
248175	朝鮮朝日	南鮮版	1934-04-08	1	01단	靑年十字軍振興運動の最前線へ送る全北誇りの地方改良訓練所近く花々しく開く
248176	朝鮮朝日	南鮮版	1934-04-08	1	01단	朝鮮神宮獻納木根廻しに着手
248177	朝鮮朝日	南鮮版	1934-04-08	1	02단	麗春第二樂章
248178	朝鮮朝日	南鮮版	1934-04-08	1	03단	洛東江沙防工事實現に邁進
248179	朝鮮朝日	南鮮版	1934-04-08	1	04단	龍山部隊の催し

일련번호	판명		간행일	면	단수	기사명
248180	朝鮮朝日	南鮮版	1934-04-08	1	04단	農會副會長朴侯辭職す
248181	朝鮮朝日	南鮮版	1934-04-08	1	04단	綱紀肅正をとくに强調廿三日から警察部長會議
248182	朝鮮朝日	南鮮版	1934-04-08	1	05단	殉職警官招魂祭十四名新合祀
248183	朝鮮朝日	南鮮版	1934-04-08	1	05단	食刀を揮って馬賊式の强盗二夜に農家數軒を荒す
248184	朝鮮朝日	南鮮版	1934-04-08	1	05단	消防施設費にポンと數千金昌原の奇特な父子/奇特な滿期兵/友鶴殉職者へ弔慰金/群山でも
248185	朝鮮朝日	南鮮版	1934-04-08	1	06단	京城公設市場白米値上げ
248186	朝鮮朝日	南鮮版	1934-04-08	1	06단	互に怪我の無いやうに各地の交通安全デー雜踏時を控へ大宣傳
248187	朝鮮朝日	南鮮版	1934-04-08	1	06단	京城中等校內地へ旅行
248188	朝鮮朝日	南鮮版	1934-04-08	1	06단	慶北面議總改選來月廿一日に
248189	朝鮮朝日	南鮮版	1934-04-08	1	06단	慶南篤農家內地を視察
248190	朝鮮朝日	南鮮版	1934-04-08	1	07단	釜山中等學校野球リーグ戰
248191	朝鮮朝日	南鮮版	1934-04-08	1	07단	狡い蟲廻しで知名士から四萬圓捲上ぐ金鑛を囮りの詐欺團
248192	朝鮮朝日	南鮮版	1934-04-08	1	08단	本社活寫會梁山で大盛況
248193	朝鮮朝日	南鮮版	1934-04-08	1	08단	春を憂鬱に暮す人びと慶南では八萬六千戶
248194	朝鮮朝日	南鮮版	1934-04-08	1	08단	金の買上げ新價格實施
248195	朝鮮朝日	南鮮版	1934-04-08	1	09단	全北國防義會聯合會役員
248196	朝鮮朝日	南鮮版	1934-04-08	1	09단	白髮染を飮み女給自殺す
248197	朝鮮朝日	南鮮版	1934-04-08	1	09단	渡船遭難者義捐金を募るなほ二、三名溺死か
248198	朝鮮朝日	南鮮版	1934-04-08	1	10단	巡査の制服や佩劍を盗む駐在所に怪盗
248199	朝鮮朝日	南鮮版	1934-04-08	1	10단	人(奈良坂性依氏(京畿道高等課特高係主任警部)/巖下雄三氏(新任本府視學官)/永井際行君(京城日報裡里支局長永井穗六氏長男))
248200	朝鮮朝日	南鮮版	1934-04-08	1	10단	輕氣球
248201	朝鮮朝日	西北版	1934-04-10	1	01단	李王同妃兩殿下御歸省遊ばす十一日東京を御發
248202	朝鮮朝日	西北版	1934-04-10	1	01단	平壤、鎭南浦へ戰鬪機を下付!陸軍省から航空思想普及に十三日盛大な受納式
248203	朝鮮朝日	西北版	1934-04-10	1	01단	半島製絲業を免許制度に劃期的の制令實施
248204	朝鮮朝日	西北版	1934-04-10	1	01단	鑛業博物館建設具體化し資金募集に着手
248205	朝鮮朝日	西北版	1934-04-10	1	02단	平鐵列車に案內人
248206	朝鮮朝日	西北版	1934-04-10	1	02단	趣味探訪(１９)/軍犬を引連れて颯爽たる朝の姿腹かに暮せるのが何より日石支店支配人田中末吉氏
248207	朝鮮朝日	西北版	1934-04-10	1	03단	九大へ見事パス朝鮮の女性
248208	朝鮮朝日	西北版	1934-04-10	1	03단	台所の革新愈よ平壤にガス事業が實現工費三十一萬圓を投じて先づ新市街から
248209	朝鮮朝日	西北版	1934-04-10	1	04단	觀櫻御會に御召の光榮に浴す平南の大橋氏
248210	朝鮮朝日	西北版	1934-04-10	1	04단	平壤の野菜糴市場設置許可されん

일련번호	판명		간행일	면	단수	기사명
248211	朝鮮朝日	西北版	1934-04-10	1	05단	美談の主は誰か平壤憲兵隊官舍郵便受に月々かくれた獻金/花の妓生が美し義捐金函館大火災へ/ポンと一萬圓公會堂新策に寄附
248212	朝鮮朝日	西北版	1934-04-10	1	05단	淸津鄕軍粉糾圓滿に解決
248213	朝鮮朝日	西北版	1934-04-10	1	05단	沸返る靈域にむせぶ有難の涙御遠忌の高野を巡拜した京城の信徒たち
248214	朝鮮朝日	西北版	1934-04-10	1	06단	古典情緒ゆたかな畫舫大同江淸流へ浮ぶ
248215	朝鮮朝日	西北版	1934-04-10	1	06단	二十三年を獄舍に暮す札付の竊盜
248216	朝鮮朝日	西北版	1934-04-10	1	07단	炭坑爆發續出に防止策を確立十五名慘死した三神炭坑へ原因調査に技師派遣
248217	朝鮮朝日	西北版	1934-04-10	1	07단	金剛山紹介に拍車をかく觀光の中心地と定め種々目新しい施設
248218	朝鮮朝日	西北版	1934-04-10	1	08단	またも兵匪賊百草溝移住朝鮮人集團部落を襲ふ
248219	朝鮮朝日	西北版	1934-04-10	1	08단	大金を拐帶し滿洲へ走る
248220	朝鮮朝日	西北版	1934-04-10	1	09단	金塊密輸を繞る惡のシーソーゲーム折角買入れた金塊を僞刑事にシテやらる
248221	朝鮮朝日	西北版	1934-04-10	1	10단	平南の集團自作農設定
248222	朝鮮朝日	西北版	1934-04-10	1	10단	鐵道局長へ反對を陳情車扱直營問題
248223	朝鮮朝日	西北版	1934-04-10	1	10단	柳京日記
248224	朝鮮朝日	南鮮版	1934-04-10	1	01단	李王同妃兩殿下御歸省遊ばす十一日東京を御發
248225	朝鮮朝日	南鮮版	1934-04-10	1	01단	半島製絲業を免許制度に劃期的の制令實施
248226	朝鮮朝日	南鮮版	1934-04-10	1	01단	平壤、鎭南浦に戰鬪機を下附陸軍省から航空思想普及に十三日盛大な受納式
248227	朝鮮朝日	南鮮版	1934-04-10	1	01단	鑛業博物館建設具體化し資金募集に着手
248228	朝鮮朝日	南鮮版	1934-04-10	1	01단	さくら・さくら氣早連押し出し奏でる讚頌譜釜山から馬山、鎭海へ觀櫻列車も動く/裝ひ凝らし待構へる馬山
248229	朝鮮朝日	南鮮版	1934-04-10	1	03단	退職警官の優遇を計る
248230	朝鮮朝日	南鮮版	1934-04-10	1	04단	解決にはなほ曲折朝鮮人議員辭職問題
248231	朝鮮朝日	南鮮版	1934-04-10	1	04단	九大へ見事パス朝鮮の女性
248232	朝鮮朝日	南鮮版	1934-04-10	1	04단	京城憲兵分隊長更送
248233	朝鮮朝日	南鮮版	1934-04-10	1	04단	沸返る靈域にむせぶ有難の涙御遠忌の高野を巡拜した京城の信徒たち/釜山金剛寺の御遠忌法要賑かに行ふ
248234	朝鮮朝日	南鮮版	1934-04-10	1	05단	金剛山紹介に拍車をかく觀光の中心地と定め種々の目新しい施設
248235	朝鮮朝日	南鮮版	1934-04-10	1	05단	賑かな花祭
248236	朝鮮朝日	南鮮版	1934-04-10	1	05단	鎭海憲兵分隊異動
248237	朝鮮朝日	南鮮版	1934-04-10	1	06단	慶州を中心に回遊切符發賣か閑却される南鮮へ旅客の關心を誘ふ
248238	朝鮮朝日	南鮮版	1934-04-10	1	07단	廿名から成る別動隊も發覺金鑛病患者から十萬圓を捲

일련번호	판명		간행일	면	단수	기사명
						上ぐ詐欺團への追及急
248239	朝鮮朝日	南鮮版	1934-04-10	1	07단	金塊密輸を繞る惡のシーソーゲーム折角買入れた金塊を偽刑事にシテやらる
248240	朝鮮朝日	南鮮版	1934-04-10	1	08단	釜山軟式野球
248241	朝鮮朝日	南鮮版	1934-04-10	1	08단	*流行性腦炎に張る防疫陣數年來の猖獗ぶりに/大田に一名發生*
248242	朝鮮朝日	南鮮版	1934-04-10	1	09단	鮮米擁護期成同盟委員慰勞
248243	朝鮮朝日	南鮮版	1934-04-10	1	09단	本紙讀者慰安活寫
248244	朝鮮朝日	南鮮版	1934-04-10	1	09단	桃色舞踊教師猶豫の恩典に
248245	朝鮮朝日	南鮮版	1934-04-10	1	10단	鐵道局長へ反對を陳情車扱直營問題
248246	朝鮮朝日	南鮮版	1934-04-10	1	10단	廿戸を全燒す往十里の火事
248247	朝鮮朝日	南鮮版	1934-04-10	1	10단	命をかけて泥棒
248248	朝鮮朝日	南鮮版	1934-04-10	1	10단	もよほし(講演會/宮川氏送別會)
248249	朝鮮朝日	南鮮版	1934-04-10	1	10단	輕氣球
248250	朝鮮朝日	西北版	1934-04-11	1	01단	李王殿下の御視閱を仰ぐ各地から千五百名參加し光輝滿つ鄕軍大會
248251	朝鮮朝日	西北版	1934-04-11	1	01단	北鮮開拓に移民の大進軍十ケ年位の年次計劃で明年度から實行
248252	朝鮮朝日	西北版	1934-04-11	1	01단	産米懇談會
248253	朝鮮朝日	西北版	1934-04-11	1	02단	西湖津築港六月から着手
248254	朝鮮朝日	西北版	1934-04-11	1	03단	豪華な白熱試合天覽全國武道大會の晴れの朝鮮代表決る
248255	朝鮮朝日	西北版	1934-04-11	1	03단	好成績の平壤府營バス
248256	朝鮮朝日	西北版	1934-04-11	1	03단	趣味探訪(２０)/府會の異彩吾らの民謠詩人牡丹台を賑す『平壤音頭』平壤府會議員原田貞輔氏
248257	朝鮮朝日	西北版	1934-04-11	1	04단	李朝末期の代表建築腐朽の『豊沛樓』盤龍山上に移して保存咸興の新名所に
248258	朝鮮朝日	西北版	1934-04-11	1	04단	記念バザー
248259	朝鮮朝日	西北版	1934-04-11	1	04단	第二人道橋敷設を陳情平壤府議から
248260	朝鮮朝日	西北版	1934-04-11	1	05단	筏流しはこの秋から大同江材の伐出しいよいよ始まる
248261	朝鮮朝日	西北版	1934-04-11	1	05단	東拓、殖銀の貸付金利下げ五釐乃至一分二釐の大はゞ一日に遡って實施
248262	朝鮮朝日	西北版	1934-04-11	1	07단	平壤驛一部模樣替
248263	朝鮮朝日	西北版	1934-04-11	1	07단	移動放送咸興紹介デー
248264	朝鮮朝日	西北版	1934-04-11	1	07단	西鮮最初のあざらし漁業黃海道椒島附近で
248265	朝鮮朝日	西北版	1934-04-11	1	07단	四百萬圓を投じ客車機關車新造北鮮鐵道の大英斷
248266	朝鮮朝日	西北版	1934-04-11	1	08단	北鮮飛行場設置明年度は有望放送局は前途遼遠北鮮視察の井上遞信局長談
248267	朝鮮朝日	西北版	1934-04-11	1	08단	トラック禍通行人瀕死

일련번호	판명		간행일	면	단수	기사명
248268	朝鮮朝日	西北版	1934-04-11	1	08단	鑛業大會に地元の力瘤早くも準備に忙殺牡丹台の花も滿喫させる
248269	朝鮮朝日	西北版	1934-04-11	1	08단	三驛を表彰
248270	朝鮮朝日	西北版	1934-04-11	1	09단	撒水設備充實
248271	朝鮮朝日	西北版	1934-04-11	1	09단	性懲もなき匪賊また百草溝移民部落を襲ふ日滿警官隊擊退す
248272	朝鮮朝日	西北版	1934-04-11	1	10단	暗夜基地から死體を發掘迷信からの犯行
248273	朝鮮朝日	西北版	1934-04-11	1	10단	柳京日記
248274	朝鮮朝日	南鮮版	1934-04-11	1	01단	李王殿下の御視閲を仰ぐ各地から千五百名參加し光輝滿つ鄕軍大會
248275	朝鮮朝日	南鮮版	1934-04-11	1	01단	北鮮開拓に移民の大進軍十ヶ年位の年次計劃で明年度から實行
248276	朝鮮朝日	南鮮版	1934-04-11	1	01단	東拓、殖銀の貸付金利下げ五釐乃至一分二釐の大はゞ一日に遡って實施
248277	朝鮮朝日	南鮮版	1934-04-11	1	01단	朝鮮農民舞踊全國へ紹介
248278	朝鮮朝日	南鮮版	1934-04-11	1	02단	京城は思出の地だ新憲兵分隊長五十嵐氏語る
248279	朝鮮朝日	南鮮版	1934-04-11	1	02단	新稅の增收は敎育費と地租輕減に産金事業は愈よ好望歸任途上の今井田總監談
248280	朝鮮朝日	南鮮版	1934-04-11	1	03단	國難打開に邁進慶北國防義會聯合會創立總會で宣言決議可決
248281	朝鮮朝日	南鮮版	1934-04-11	1	04단	微笑む春宵暗の海中に轉落した美靑年これぞ市村提督の若き日懷し受難の思出
248282	朝鮮朝日	南鮮版	1934-04-11	1	04단	渡滿部隊釜山へ十五、廿一日上陸一泊
248283	朝鮮朝日	南鮮版	1934-04-11	1	05단	花の京城へばら撒くドル世界觀光船レゾリュート號で豪勢な紅毛の客來
248284	朝鮮朝日	南鮮版	1934-04-11	1	05단	性懲もなき匪賊また百草溝移民部落を襲ふ日滿警官隊擊退す
248285	朝鮮朝日	南鮮版	1934-04-11	1	06단	國際賓客が金剛の絶勝へ熙洽滿洲國財政大臣一行歸滿の途を立寄る
248286	朝鮮朝日	南鮮版	1934-04-11	1	06단	京城初等校敎員精神作興大會朝鮮神宮前で開催
248287	朝鮮朝日	南鮮版	1934-04-11	1	07단	京城基敎靑年會新策移轉
248288	朝鮮朝日	南鮮版	1934-04-11	1	07단	ホテルに巢食ふ怪紳士數名を檢擧金鑛詐欺事件擴大
248289	朝鮮朝日	南鮮版	1934-04-11	1	08단	圓滿解決の曙光見ゆ朝鮮人議員辭職問題
248290	朝鮮朝日	南鮮版	1934-04-11	1	08단	豪華な白熱試合天覽全國武道大會の晴れの朝鮮代表決る
248291	朝鮮朝日	南鮮版	1934-04-11	1	08단	三千圓の貴金屬が束の間に消える馬山時計商へ怪賊有力な容疑者引致
248292	朝鮮朝日	南鮮版	1934-04-11	1	08단	暗夜基地から死體を發掘迷信からの犯行
248293	朝鮮朝日	南鮮版	1934-04-11	1	08단	釜山の流行性腦炎依然猖獗す

일련번호	판명		간행일	면	단수	기사명
248294	朝鮮朝日	南鮮版	1934-04-11	1	09단	華寧殿へ忍び寶刀を盜む不敵の二名捕まる
248295	朝鮮朝日	南鮮版	1934-04-11	1	10단	晉州にも腦炎
248296	朝鮮朝日	南鮮版	1934-04-11	1	10단	密閉した室で奇怪な治療病妻命を落す
248297	朝鮮朝日	南鮮版	1934-04-11	1	10단	もよほし(京城內地人辯護士會)
248298	朝鮮朝日	南鮮版	1934-04-11	1	10단	輕氣球
248299	朝鮮朝日	南鮮版	1934-04-11	1	10단	人(木藤重德氏(新任釜山女子高普校長)/大井利助氏(前晉州高普校長)/大平うめの氏(慶南道警察部高等課大平善次氏夫人))
248300	朝鮮朝日	西北版	1934-04-12	1	01단	李王同妃兩殿下御歸鮮御日程發表さる/宇垣總督から聖旨を傳達道官公私立學校へ
248301	朝鮮朝日	西北版	1934-04-12	1	01단	稅務監督局設置有力候補地は各地から猛烈な引込み運動數日中に決定せん
248302	朝鮮朝日	西北版	1934-04-12	1	01단	軍事知識普及に壯烈な市街戰近代兵器を總動員して咸興聯隊の催し
248303	朝鮮朝日	西北版	1934-04-12	1	01단	櫻花マーク賣上
248304	朝鮮朝日	西北版	1934-04-12	1	01단	春の特産は今が出盛りだ
248305	朝鮮朝日	西北版	1934-04-12	1	02단	家族移民團滿洲に向ふ
248306	朝鮮朝日	西北版	1934-04-12	1	03단	稼働者の福音爆發豫防令頻發する鑛山事故に鑑み愈よ實施と決る
248307	朝鮮朝日	西北版	1934-04-12	1	04단	趣味探訪(２１)/足跡歐米に普き寫眞巡禮病院擧って服かな山登り平壤道立醫院長及川邦治氏
248308	朝鮮朝日	西北版	1934-04-12	1	04단	賴もしき國境第一線齋藤憲兵隊長視察談
248309	朝鮮朝日	西北版	1934-04-12	1	04단	北鮮海陸の交通機關統制滿鐵の理想實現し北鐵の手で自動車、汽船經營
248310	朝鮮朝日	西北版	1934-04-12	1	05단	壯途の蒲本部隊主要驛通過時刻決る盛んな歡迎送を望む
248311	朝鮮朝日	西北版	1934-04-12	1	05단	國境地帶の春豆滿江早くも解氷各地で渡船始まる
248312	朝鮮朝日	西北版	1934-04-12	1	07단	蕾膨らむ櫻滿開は廿日すぎ/櫻樹植栽
248313	朝鮮朝日	西北版	1934-04-12	1	07단	平壤の談合事件地方面に新展開土木業界に大衝擊
248314	朝鮮朝日	西北版	1934-04-12	1	07단	人(筒井竹雄氏(警務局事務官)/今井田政務總監)
248315	朝鮮朝日	西北版	1934-04-12	1	08단	軍隊迎送の入場者制限
248316	朝鮮朝日	西北版	1934-04-12	1	08단	春を亂す暴風雨各所に被害
248317	朝鮮朝日	西北版	1934-04-12	1	08단	強盜に押入り母娘に瀕死の重傷犯跡を晦すためさらに放火犯人は隣家の雇人
248318	朝鮮朝日	西北版	1934-04-12	1	09단	時勢は移る憂鬱な女給群花見時を前に意外の不振藝妓、妓生組は連日箱止め
248319	朝鮮朝日	西北版	1934-04-12	1	10단	柳京日記
248320	朝鮮朝日	南鮮版	1934-04-12	1	01단	李王同妃兩殿下御歸鮮御日程發表さる/宇垣總督から聖旨を傳達官公私立學校へ

일련번호	판명		간행일	면	단수	기사명
248321	朝鮮朝日	南鮮版	1934-04-12	1	01단	税務監督局設置有力候補地は各地から猛烈な引込み運動數日中に決定せん/釜山でも陳情
248322	朝鮮朝日	南鮮版	1934-04-12	1	01단	朝鮮人議員潔く辭表を撤回大島府尹の誠意に信賴し釜山府會の暗雲晴る(誠に喜ばし兩者は語る)
248323	朝鮮朝日	南鮮版	1934-04-12	1	02단	華麗花報告/これは御用心
248324	朝鮮朝日	南鮮版	1934-04-12	1	03단	築城本部釜山出張所復活に決る
248325	朝鮮朝日	南鮮版	1934-04-12	1	03단	慶州邑の水道竣工盛大な通水式
248326	朝鮮朝日	南鮮版	1934-04-12	1	03단	壯途の蒲本部隊主要驛通過時刻決る盛んな歡迎送を望む
248327	朝鮮朝日	南鮮版	1934-04-12	1	04단	立川朝鮮間長距離飛行天候惡く中止
248328	朝鮮朝日	南鮮版	1934-04-12	1	04단	辭令(東京電話)
248329	朝鮮朝日	南鮮版	1934-04-12	1	04단	慶南道警察部異動
248330	朝鮮朝日	南鮮版	1934-04-12	1	04단	釜山の道路鋪裝を行ふ來年から三年計劃で
248331	朝鮮朝日	南鮮版	1934-04-12	1	05단	人(筒井竹雄氏(警務局事務官)/今井田政務總監)
248332	朝鮮朝日	南鮮版	1934-04-12	1	05단	在滿同胞保護に活動する氣銳の朝鮮靑年奉天を中心に新民團を結成巖佐憲兵司令官も痛く感激
248333	朝鮮朝日	南鮮版	1934-04-12	1	06단	非道極まる男妻と娘二人を贄に鍾路署で祖母と涙の邂逅
248334	朝鮮朝日	南鮮版	1934-04-12	1	06단	鐵道局長言明を避く車扱直營反對の陳情に
248335	朝鮮朝日	南鮮版	1934-04-12	1	07단	危いッ弄火哀れ二兒火傷して悶死
248336	朝鮮朝日	南鮮版	1934-04-12	1	07단	漢銀預金係が六千餘圓を詐取天津へ逃亡して病死三年ぶりに漸く判る
248337	朝鮮朝日	南鮮版	1934-04-12	1	08단	夏場運賃交渉打合に鮮航同盟會員來る
248338	朝鮮朝日	南鮮版	1934-04-12	1	08단	細枝小學校烈風中に全燒す勅語謄本も灰燼に
248339	朝鮮朝日	南鮮版	1934-04-12	1	08단	强盜の共犯自殺を企つ
248340	朝鮮朝日	南鮮版	1934-04-12	1	09단	貴金屬の怪盜は白鼠三名の仕業釜山で遊興中捕る
248341	朝鮮朝日	南鮮版	1934-04-12	1	09단	馬山に流行性腦炎二名發生す/釜山にまた發生
248342	朝鮮朝日	南鮮版	1934-04-12	1	10단	警察署舞台に籠拔け詐欺不敵の男捕る
248343	朝鮮朝日	南鮮版	1934-04-12	1	10단	弱い賭博警官の大喝に縮み上る
248344	朝鮮朝日	南鮮版	1934-04-12	1	10단	人(上田耕一郎氏(釜山商工會議所理事))
248345	朝鮮朝日	南鮮版	1934-04-12	1	10단	輕氣球
248346	朝鮮朝日	西北版	1934-04-13	1	01단	李王同妃兩殿下春雨煙る下關に御着海峽の絶景を御賞覽尊攘堂へも御成り
248347	朝鮮朝日	西北版	1934-04-13	1	01단	税制整理に蘇る四十萬人の細農年額十錢未滿の地税は免除引下率、免税點決る
248348	朝鮮朝日	西北版	1934-04-13	1	01단	平壤府當面の重要問題を語る京城から歸った阿部府尹(附屬校問題/學級增加問題/文廟移轉問題/人道橋問題/市區改正/府廳舍補助/助興税實施)
248349	朝鮮朝日	西北版	1934-04-13	1	02단	總監から感謝狀癩豫防協會百圓未滿の寄附者に

일련번호	판명		간행일	면	단수	기사명
248350	朝鮮朝日	西北版	1934-04-13	1	03단	(上)御用船宇品丸乘込み(中)埠頭で手荷物の檢查(下)思ひ出の營門をあとに
248351	朝鮮朝日	西北版	1934-04-13	1	04단	趣味探訪(２２)/愛犬を繞る涙含しい插話趣味を殺して社員の要求を容る西鮮日報社長長谷川照雄氏
248352	朝鮮朝日	西北版	1934-04-13	1	04단	小學校改稱
248353	朝鮮朝日	西北版	1934-04-13	1	04단	辭令
248354	朝鮮朝日	西北版	1934-04-13	1	05단	短距離の旅はちょいと輕快車で平南線及び京城、大田間にシックな列車が走る
248355	朝鮮朝日	西北版	1934-04-13	1	06단	全鮮商議理事會
248356	朝鮮朝日	西北版	1934-04-13	1	06단	重任を果して懷しの鄕里へ十九師團滿期除隊兵
248357	朝鮮朝日	西北版	1934-04-13	1	06단	期待される無煙炭合同首腦部ちかく會同具體化は五月上旬？
248358	朝鮮朝日	西北版	1934-04-13	1	07단	少女を敎唆し十數回放火さす流行らぬ巫女が飛んだ一計多額の謝禮を捲上ぐ
248359	朝鮮朝日	西北版	1934-04-13	1	07단	僞婚法延に富豪相手の慰藉料請求
248360	朝鮮朝日	西北版	1934-04-13	1	08단	人情署長に凱歌三少女引渡し請求訴訟原告側の敗訴に
248361	朝鮮朝日	西北版	1934-04-13	1	09단	國境線で暴れる怪漢猛然、二步哨に抵抗
248362	朝鮮朝日	西北版	1934-04-13	1	09단	平壤公會堂設計再吟味
248363	朝鮮朝日	西北版	1934-04-13	1	10단	『春日』來る
248364	朝鮮朝日	西北版	1934-04-13	1	10단	花の牡丹台の風紀取締り
248365	朝鮮朝日	西北版	1934-04-13	1	10단	柳京日記
248366	朝鮮朝日	南鮮版	1934-04-13	1	01단	李王同妃兩殿下春雨煙る下關に御安着海峽の絶景を御賞覽尊攘堂へも御成り
248367	朝鮮朝日	南鮮版	1934-04-13	1	01단	稅制整理に蘇る四十萬人の細農年額十錢未滿の地稅は免除引下率、免稅點決る
248368	朝鮮朝日	南鮮版	1934-04-13	1	01단	慶南北では釜山に內定稅務監督局の設置早くも假事務所準備
248369	朝鮮朝日	南鮮版	1934-04-13	1	01단	總監から感謝狀癩豫防協會百圓未滿の寄附者に
248370	朝鮮朝日	南鮮版	1934-04-13	1	02단	非常な盛況京城敎員精神作興大會
248371	朝鮮朝日	南鮮版	1934-04-13	1	03단	「多摩」釜山へ
248372	朝鮮朝日	南鮮版	1934-04-13	1	03단	咲いたぞ櫻春雨にテンポ早む/馬山重砲隊も營內を開放兵隊さんがお茶の接待/花へ運ぶ渡船を嚴重取締る
248373	朝鮮朝日	南鮮版	1934-04-13	1	04단	國防義會各地に續々と創立(大田/忠北/光州)
248374	朝鮮朝日	南鮮版	1934-04-13	1	04단	短距離の旅はちょいと輕快車で平南線及び京城、大田間にシックな列車が走る
248375	朝鮮朝日	南鮮版	1934-04-13	1	04단	京城都計調査委員會
248376	朝鮮朝日	南鮮版	1934-04-13	1	05단	具體交涉に夏場運賃問題
248377	朝鮮朝日	南鮮版	1934-04-13	1	05단	立川、朝鮮間飛行十二日も中止
248378	朝鮮朝日	南鮮版	1934-04-13	1	05단	昌慶苑も春の粧ひ

일련번호	판명		간행일	면	단수	기사명
248379	朝鮮朝日	南鮮版	1934-04-13	1	06단	農村振興會を蝕む赤の魔手全南で強力な地下組織暴露し二百餘名檢擧さる
248380	朝鮮朝日	南鮮版	1934-04-13	1	07단	少女を教唆し十數回放火さす流行らぬ巫女が飛んだ一計多額の謝禮を捲上ぐ
248381	朝鮮朝日	南鮮版	1934-04-13	1	07단	初等教員が著しく拂底簡易校建設や勇退者續出で內地から移入補充
248382	朝鮮朝日	南鮮版	1934-04-13	1	08단	觀光旅行趣味の展覽會
248383	朝鮮朝日	南鮮版	1934-04-13	1	09단	神宮奉贊殿地鎭祭執行
248384	朝鮮朝日	南鮮版	1934-04-13	1	09단	流行性腦炎ますます猖獗釜山は一日一名づゝ
248385	朝鮮朝日	南鮮版	1934-04-13	1	10단	河豚を食って死亡
248386	朝鮮朝日	南鮮版	1934-04-13	1	10단	猛火潜って消し止む勇敢な洗濯屋店員
248387	朝鮮朝日	南鮮版	1934-04-13	1	10단	人(八木信雄氏(警務局事務官)/鏡一以氏(新任大邱地方法院刑事部長)/美根慶南道財務部長)
248388	朝鮮朝日	南鮮版	1934-04-13	1	10단	麻雀賭博檢擧
248389	朝鮮朝日	南鮮版	1934-04-13	1	10단	善隣商內地へ修學旅行
248390	朝鮮朝日	南鮮版	1934-04-13	1	10단	輕氣球
248391	朝鮮朝日	西北版	1934-04-14	1	01단	愈よ決定した五の稅務監督局九十九ヶ所の稅務署と共に位置、區域發表さる(稅務監督局/稅務署)
248392	朝鮮朝日	西北版	1934-04-14	1	01단	請負業界廓淸に斷然許可制を有力者のみで更生團體組織先づ必要道に實施
248393	朝鮮朝日	西北版	1934-04-14	1	01단	李王同妃兩殿下御歸鮮遊ばす
248394	朝鮮朝日	西北版	1934-04-14	1	02단	僻地警官の子弟に福音獎學資金給與
248395	朝鮮朝日	西北版	1934-04-14	1	03단	低利債發行
248396	朝鮮朝日	西北版	1934-04-14	1	03단	注目すべき佛教の擡頭基督教に凋落の色平南の宗教界情勢
248397	朝鮮朝日	西北版	1934-04-14	1	03단	全朝鮮、滿洲の暴動化を企つ淸津再建共産黨百數十名檢擧恐るべき陰謀暴露
248398	朝鮮朝日	西北版	1934-04-14	1	04단	集配開始
248399	朝鮮朝日	西北版	1934-04-14	1	04단	平壤聯隊の軍旗祭軍國の春を讚へて十八日盛大に執行
248400	朝鮮朝日	西北版	1934-04-14	1	04단	平壤春競馬
248401	朝鮮朝日	西北版	1934-04-14	1	05단	素的な話題黃海道で氷晶石鑛發見世界中でたった二ヶ所
248402	朝鮮朝日	西北版	1934-04-14	1	05단	淸津新京間國際列車に娛樂機關設置數々の新設備を取揃へて單調な旅情を慰む
248403	朝鮮朝日	西北版	1934-04-14	1	06단	幼兒愛護週間平南の企て
248404	朝鮮朝日	西北版	1934-04-14	1	06단	億兩機里地先埋立
248405	朝鮮朝日	西北版	1934-04-14	1	07단	追はれた强盜警官に斬つく重傷に屈せず引捕ふ犯人は放火容疑で手配中の男
248406	朝鮮朝日	西北版	1934-04-14	1	07단	老江鎭修築工事

일련번호	판명		간행일	면	단수	기사명
248407	朝鮮朝日	西北版	1934-04-14	1	08단	新義州中學に愈よ戰鬪機下付格納庫は生徒の手で建設
248408	朝鮮朝日	西北版	1934-04-14	1	08단	驛入場制限
248409	朝鮮朝日	西北版	1934-04-14	1	08단	府電、東拓の供電解決す既往は答めず
248410	朝鮮朝日	西北版	1934-04-14	1	08단	平北の火事十七戸全半燒
248411	朝鮮朝日	西北版	1934-04-14	1	09단	驛長會議
248412	朝鮮朝日	西北版	1934-04-14	1	09단	國華日賣上
248413	朝鮮朝日	西北版	1934-04-14	1	09단	山火事
248414	朝鮮朝日	西北版	1934-04-14	1	09단	平壤驛改築設計案なる近く最後案を決定三ヶ年繼續で施工
248415	朝鮮朝日	西北版	1934-04-14	1	10단	警官不正事件取調べ續く
248416	朝鮮朝日	西北版	1934-04-14	1	10단	落磐で二名死傷
248417	朝鮮朝日	西北版	1934-04-14	1	10단	柳京日記
248418	朝鮮朝日	南鮮版	1934-04-14	1	01단	李王同妃兩殿下御歸鮮遊ばす/京城は鄕軍デー十五日千六百名參加し頗ぶる盛況を豫想
248419	朝鮮朝日	南鮮版	1934-04-14	1	01단	愈よ決定した五の稅務監督局九十九ヶ所の稅務署と共に位置、區域發表さる(稅務監督局/稅務署)
248420	朝鮮朝日	南鮮版	1934-04-14	1	01단	請負業界廓淸に斷然許可制を有力者のみで更生團體組織先づ必要道に實施
248421	朝鮮朝日	南鮮版	1934-04-14	1	03단	乃木神社建設地鎭祭
248422	朝鮮朝日	南鮮版	1934-04-14	1	03단	花の日曜は先づ上々天候のお醫者も嬉しい診斷です
248423	朝鮮朝日	南鮮版	1934-04-14	1	04단	人(鈴木莊六大將(在鄕軍人會長)/岡崎忠南知事)
248424	朝鮮朝日	南鮮版	1934-04-14	1	04단	總督府辭令
248425	朝鮮朝日	南鮮版	1934-04-14	1	05단	觀櫻御會に御召の光榮鮮內から五氏
248426	朝鮮朝日	南鮮版	1934-04-14	1	05단	京城の花祭り
248427	朝鮮朝日	南鮮版	1934-04-14	1	05단	鮮米擁護東上委員歡迎慰勞會
248428	朝鮮朝日	南鮮版	1934-04-14	1	05단	全朝鮮、滿洲の暴動化を企つ淸津再建共産黨百數十名檢擧恐るべき陰謀暴露
248429	朝鮮朝日	南鮮版	1934-04-14	1	06단	崇惠殿修理
248430	朝鮮朝日	南鮮版	1934-04-14	1	06단	父兄の春は若き太陽を美しく守れ新入生達の健全な成長にこんな御注意を
248431	朝鮮朝日	南鮮版	1934-04-14	1	06단	唯一の內鮮共學誇らかな春川高女歡びの開校式を擧ぐ
248432	朝鮮朝日	南鮮版	1934-04-14	1	06단	鎭海要港も一般に開放
248433	朝鮮朝日	南鮮版	1934-04-14	1	07단	京城工學院へ二萬餘圓を寄附土木建築界有志から
248434	朝鮮朝日	南鮮版	1934-04-14	1	07단	暗黑の支那人街に暴かれる阿片窟釜山の警官隊雨中を突擊しまたも十名を檢擧
248435	朝鮮朝日	南鮮版	1934-04-14	1	08단	連行中の怪漢巡査に咬みつく突如捕繩を斷ち切り泥濘の路上で大搭鬪
248436	朝鮮朝日	南鮮版	1934-04-14	1	08단	大田高女上棟式
248437	朝鮮朝日	南鮮版	1934-04-14	1	08단	惡い傳書鳩大童集込みで訓練中九羽が逃亡

일련번호	판명		간행일	면	단수	기사명
248438	朝鮮朝日	南鮮版	1934-04-14	1	09단	京城聯靑役員
248439	朝鮮朝日	南鮮版	1934-04-14	1	10단	大邱の春競馬來月廿一日から
248440	朝鮮朝日	南鮮版	1934-04-14	1	10단	十四棟燒く慶北首比面で/林谷の火事
248441	朝鮮朝日	南鮮版	1934-04-14	1	10단	桃色舞踊教師檢事から控訴
248442	朝鮮朝日	南鮮版	1934-04-14	1	10단	もよほし(京城劇藝術研究會第六回公演/人蔘優良耕作者褒賞授與式)
248443	朝鮮朝日	南鮮版	1934-04-14	1	10단	人(渡邊學務局長/吉田常盛氏(警視廳特別高等警察部內鮮課警部補))
248444	朝鮮朝日	南鮮版	1934-04-14	1	10단	輕氣球
248445	朝鮮朝日	西北版	1934-04-15	1	01단	李王、同妃兩殿下御歸鮮を御奉告宗廟、朝鮮神宮御參拜
248446	朝鮮朝日	西北版	1934-04-15	1	01단	九機銀翼列ねて千二百キ口を見事に翔破立川京城間飛行の壯擧/遠州灘で一機墜落す搭乘者は無事救はる/不時着の二機無事平壤へ
248447	朝鮮朝日	西北版	1934-04-15	1	01단	西鮮合同電氣資本を增額設備擴充で
248448	朝鮮朝日	西北版	1934-04-15	1	02단	咸興軍旗祭の催物/平壤は女學生のダンス
248449	朝鮮朝日	西北版	1934-04-15	1	02단	雙方頗る腰强く早くも決裂に瀕す鮮米夏場運賃交涉
248450	朝鮮朝日	西北版	1934-04-15	1	04단	人(新任開城女公普校長加治木卯彥氏、同第三公普校長增山三亥氏)
248451	朝鮮朝日	西北版	1934-04-15	1	04단	平壤府議の內地視察班組織きまる
248452	朝鮮朝日	西北版	1934-04-15	1	04단	爆發事故防止豫防令公布差當り七無煙炭坑へ强制的に施設命令
248453	朝鮮朝日	西北版	1934-04-15	1	05단	趣味探訪(２３)/山の靈感を語るアルピニストの氣焰だが本領は『朝鮮近代史』平南參與官兪萬兼氏
248454	朝鮮朝日	西北版	1934-04-15	1	05단	第二國民の保健に無料育兒相談所平南で三十六ヶ所に設置
248455	朝鮮朝日	西北版	1934-04-15	1	05단	幹部演習
248456	朝鮮朝日	西北版	1934-04-15	1	05단	赤ちゃんの寫眞募集
248457	朝鮮朝日	西北版	1934-04-15	1	05단	平壤短信(定額燈値下/電話番號簿/賑ふ運動場/建築物の春/火事に備ふ/貨車吹飛ぶ)
248458	朝鮮朝日	西北版	1934-04-15	1	06단	桃色遊戲の果夫を犧牲に若い燕と恐しい企み
248459	朝鮮朝日	西北版	1934-04-15	1	06단	本府の蹴球統制に關西體協蹶起す全鮮體協に檄を飛ばして反對の猛運動開始
248460	朝鮮朝日	西北版	1934-04-15	1	07단	麻藥中毒者に救ひの手
248461	朝鮮朝日	西北版	1934-04-15	1	07단	更生戰線に輝く婦人指導者好績に意氣込む咸南
248462	朝鮮朝日	西北版	1934-04-15	1	08단	合電株主會
248463	朝鮮朝日	西北版	1934-04-15	1	09단	待望久しき北靑南大川改修愈よ起工の運びに
248464	朝鮮朝日	西北版	1934-04-15	1	10단	土木談合事件大體一段落
248465	朝鮮朝日	西北版	1934-04-15	1	10단	柳京日記

일련번호	판명		간행일	면	단수	기사명
248466	朝鮮朝日	西北版	1934-04-15	1	10단	酔った申譯に僞強盜申告
248467	朝鮮朝日	南鮮版	1934-04-15	1	01단	李王、同妃兩殿下御歸鮮を御奉告宗廟、朝鮮神宮御參拜
248468	朝鮮朝日	南鮮版	1934-04-15	1	01단	九機銀翼列ねて千二百キロを見事に翔破立川京城間飛行の壯擧/遠州灘で一機墜落す搭乗者は無事救はる
248469	朝鮮朝日	南鮮版	1934-04-15	1	01단	雙方頗る腰強く早くも決裂に瀕す鮮米夏場運賃交涉
248470	朝鮮朝日	南鮮版	1934-04-15	1	01단	爆發事故防止豫防令公布差當り七無煙炭坑へ强制的に施設命令
248471	朝鮮朝日	南鮮版	1934-04-15	1	03단	京畿道陸競協會生まる二團體合同し
248472	朝鮮朝日	南鮮版	1934-04-15	1	04단	帶勳者調査
248473	朝鮮朝日	南鮮版	1934-04-15	1	04단	釜山靑年團對抗訪問リレー若き快速調春風を切る白熱的の興味を呼んで來月六日擧行さる
248474	朝鮮朝日	南鮮版	1934-04-15	1	04단	花の京城は摩く
248475	朝鮮朝日	南鮮版	1934-04-15	1	05단	大邱聯隊軍旗祭十八日盛大に
248476	朝鮮朝日	南鮮版	1934-04-15	1	05단	陸軍省辭令(東京電話)
248477	朝鮮朝日	南鮮版	1934-04-15	1	05단	冴え返る春いつしか雪に珍しく不連續線の氣紛れ大邱連山は薄化粧
248478	朝鮮朝日	南鮮版	1934-04-15	1	06단	火保詐欺劇に念の入った脚色五千圓夢と消えて一味六名送局さる
248479	朝鮮朝日	南鮮版	1934-04-15	1	06단	古式に則る神宮奉贊殿奉告地鎭祭
248480	朝鮮朝日	南鮮版	1934-04-15	1	07단	流行性腦脊炎猖獗に大恐慌釜山では豫防評定/さらに三名釜山に發生
248481	朝鮮朝日	南鮮版	1934-04-15	1	07단	桃色遊戲の果夫を犧牲に若い燕と恐しい企み
248482	朝鮮朝日	南鮮版	1934-04-15	1	08단	佛誕記念奉讚會京城に設立
248483	朝鮮朝日	南鮮版	1934-04-15	1	08단	釜山局電話架設受付け本年は卅個
248484	朝鮮朝日	南鮮版	1934-04-15	1	08단	釜博聯絡船から身投げ
248485	朝鮮朝日	南鮮版	1934-04-15	1	08단	亡父の資金をさらりと奉引き感激する債務者たち
248486	朝鮮朝日	南鮮版	1934-04-15	1	09단	山のギャングヌクテ現る二少女を咬み殺し十數名へ重輕傷
248487	朝鮮朝日	南鮮版	1934-04-15	1	09단	捕った腹癒せ巡査宅の賊二名御用
248488	朝鮮朝日	南鮮版	1934-04-15	1	10단	麥酒賣出し二十日から
248489	朝鮮朝日	南鮮版	1934-04-15	1	10단	もよほし(家畜防疫講習會/朝鮮證券金融會社重役會)
248490	朝鮮朝日	南鮮版	1934-04-15	1	10단	輕氣球
248491	朝鮮朝日	西北版	1934-04-17	1	01단	李王同妃兩殿下咸興へ御成り本宮、定和陵御親祭/李王殿下から金一封下賜鄕軍分會、國防義會へ
248492	朝鮮朝日	西北版	1934-04-17	1	01단	蒲本部隊勇躍壯途へ十六日京城に倒着し朝鮮神宮へ參拜
248493	朝鮮朝日	西北版	1934-04-17	1	01단	損失補償制で統制案成る對滿、海産物の出荷
248494	朝鮮朝日	西北版	1934-04-17	1	01단	平壤府營暖房裝置愈よ本格に遙々米國にも照會近く各

일련번호	판명		간행일	면	단수	기사명
						地に調査員を派す
248495	朝鮮朝日	西北版	1934-04-17	1	03단	牡丹台公園の設計圖を返せ借りっ放しの上原博士に平壤府から嚴談(法に訴へても返還を迫る阿部府尹語る)
248496	朝鮮朝日	西北版	1934-04-17	1	04단	趣味探訪(２４)/諄々と說く家相の神祕友人の不幸をピタリと豫言平壤女高普教諭石井達也氏
248497	朝鮮朝日	西北版	1934-04-17	1	04단	咸南簡易校開設準備進む
248498	朝鮮朝日	西北版	1934-04-17	1	05단	農會正副會長に朴侯松井氏就任と決る
248499	朝鮮朝日	西北版	1934-04-17	1	06단	平高女講堂の疑雲を一掃せよ府民間に要望昂る府會側は改善の意向
248500	朝鮮朝日	西北版	1934-04-17	1	07단	儒教復興平壤で文廟改築東洋思想を宣揚
248501	朝鮮朝日	西北版	1934-04-17	1	07단	人肉をひさぐ無智と迷信が生んだグロテスクな墓地發掘犯人
248502	朝鮮朝日	西北版	1934-04-17	1	07단	白熱化した燒酎濫賣戰
248503	朝鮮朝日	西北版	1934-04-17	1	08단	防空演習豫報防護班委員打合會
248504	朝鮮朝日	西北版	1934-04-17	1	08단	女囚收容所移轉きまる
248505	朝鮮朝日	西北版	1934-04-17	1	09단	密輸額實に百八十萬圓贈賄饗應一萬七千圓瀆職警官の訊問始る
248506	朝鮮朝日	西北版	1934-04-17	1	09단	家庭の脅威麻疹流行死亡率一割
248507	朝鮮朝日	西北版	1934-04-17	1	10단	殺人未遂の姦夫捕はる二年ぶりに
248508	朝鮮朝日	西北版	1934-04-17	1	10단	人(勝尾小將(第三十九旅團長)/小野大尉(同副官)/門脇默一氏(平壤專賣支局長)/矢本正平氏(新任平壤覆審法院部長判事))
248509	朝鮮朝日	西北版	1934-04-17	1	10단	柳京日記
248510	朝鮮朝日	南鮮版	1934-04-17	1	01단	李王、同妃兩殿下咸興へ御成り本宮、定和陵御親祭/李王殿下から一千圓下賜京城府內保育團體へ/李王殿下から金一封下賜鄕軍分會、國防義會へ
248511	朝鮮朝日	南鮮版	1934-04-17	1	01단	蒲本部隊勇躍壯途へ十六日京城に到着し朝鮮神宮へ參拜
248512	朝鮮朝日	南鮮版	1934-04-17	1	01단	損失補償制で統制案成る對滿、海産物の出荷
248513	朝鮮朝日	南鮮版	1934-04-17	1	01단	神宮奉贊殿鎭地祭莊嚴に執行
248514	朝鮮朝日	南鮮版	1934-04-17	1	02단	各道知事會議日程決まる米穀策も具體化せん
248515	朝鮮朝日	南鮮版	1934-04-17	1	03단	龍山兩聯隊軍旗祭十八日擧行
248516	朝鮮朝日	南鮮版	1934-04-17	1	04단	パッと咲いた花の饗宴さくら音頭賑かに押し出した人の渦
248517	朝鮮朝日	南鮮版	1934-04-17	1	04단	農會正副會長に朴侯松井氏就任と決る/專心努力す松井副會長談
248518	朝鮮朝日	南鮮版	1934-04-17	1	04단	接吻供養倉庫に淚する挑色映畫三萬米
248519	朝鮮朝日	南鮮版	1934-04-17	1	05단	暫定的提案もなほ纏らず鮮米夏場運賃の交涉
248520	朝鮮朝日	南鮮版	1934-04-17	1	06단	京中校長に江頭氏就任

일련번호	판명		간행일	면	단수	기사명
248521	朝鮮朝日	南鮮版	1934-04-17	1	06단	熙治氏一行金剛探勝取止め
248522	朝鮮朝日	南鮮版	1934-04-17	1	07단	前審どほり死刑の判決被告は上告の模様阿片の殺人事件
248523	朝鮮朝日	南鮮版	1934-04-17	1	07단	機舟の故障修理に暗夜濁流に飛込む勇敢な工兵を表彰
248524	朝鮮朝日	南鮮版	1934-04-17	1	09단	仁川花町地先埋築に着手
248525	朝鮮朝日	南鮮版	1934-04-17	1	09단	マダムへ警報雇人達を口汚く罵り妻女遂に殺さる
248526	朝鮮朝日	南鮮版	1934-04-17	1	09단	妻女家出し鐵路に散る
248527	朝鮮朝日	南鮮版	1934-04-17	1	10단	簡易校設置に虎の子寄附奇特な老婆
248528	朝鮮朝日	南鮮版	1934-04-17	1	10단	楠公父子釜山で上映
248529	朝鮮朝日	西北版	1934-04-18	1	01단	重要懸案山積に早くも緊張の色半島首腦を一堂に集めて各道知事會議開く(總督訓示要旨)
248530	朝鮮朝日	西北版	1934-04-18	1	01단	この擧道的赤誠平南道下の御慶事記念事業七十餘の多きに達す(安州郡/大同郡/順川郡/孟山郡/陽德郡/成川郡/中和郡/龍岡郡/江西郡/平原郡/价川郡)
248531	朝鮮朝日	西北版	1934-04-18	1	02단	祖國を後に勇躍壯途へ周山部隊進發
248532	朝鮮朝日	西北版	1934-04-18	1	04단	眞性天然痘
248533	朝鮮朝日	西北版	1934-04-18	1	04단	李王兩殿下御親祭の儀嚴かに御執行
248534	朝鮮朝日	西北版	1934-04-18	1	05단	趣味探訪(２５)/長棍春空に唸り熱球沙を嚙む朝鮮球界育ての親平壤鐵道事務所長吉永武揚氏
248535	朝鮮朝日	西北版	1934-04-18	1	06단	平南産業課製紙に一肌在來の楮を植栽し一躍增産を目論む
248536	朝鮮朝日	西北版	1934-04-18	1	06단	當局を惱ます米穀恒久對策目下銳意名案を考究農務課長會議で具體案決定
248537	朝鮮朝日	西北版	1934-04-18	1	06단	小賣業者三井に押かく燒酎合戰餘波
248538	朝鮮朝日	西北版	1934-04-18	1	07단	平壤專賣支局新工場建築來月上旬着工
248539	朝鮮朝日	西北版	1934-04-18	1	07단	小學兒童に軍事教育を施す防空演習にも參加させる寺洞小學校の試み
248540	朝鮮朝日	西北版	1934-04-18	1	08단	鮮滿を結ぶ明朖の就職風景矢田滿洲國參議の言質に警務局が斡旋役
248541	朝鮮朝日	西北版	1934-04-18	1	08단	軍國の父！入營中の愛兒に悲壯な遺言
248542	朝鮮朝日	西北版	1934-04-18	1	10단	自動車墜つ松の木に掛り奇蹟的命拾ひ
248543	朝鮮朝日	西北版	1934-04-18	1	10단	柳京日記
248544	朝鮮朝日	南鮮版	1934-04-18	1	01단	重要懸案山積に早くも緊張の色半島首腦を一堂に集めて各道知事會議開く(總督訓示要旨)
248545	朝鮮朝日	南鮮版	1934-04-18	1	01단	當局を惱ます米穀恒久對策目下銳意名案を考究農務課長會議で具體案決定
248546	朝鮮朝日	南鮮版	1934-04-18	1	01단	總督府辭令
248547	朝鮮朝日	南鮮版	1934-04-18	1	01단	一路北行す蒲後續部隊
248548	朝鮮朝日	南鮮版	1934-04-18	1	02단	歸任途上の熙治氏一行釜山着北上

일련번호	판명		간행일	면	단수	기사명
248549	朝鮮朝日	南鮮版	1934-04-18	1	02단	當世道樂境細見(１)/飜牌の魅惑に描く花やかな無言劇だが、倶樂部の經營は中々ホネです麻雀の卷
248550	朝鮮朝日	南鮮版	1934-04-18	1	03단	鮮滿を結ぶ明眼の就職風景矢田滿洲國參議の言質に警務局が斡旋役
248551	朝鮮朝日	南鮮版	1934-04-18	1	04단	電話開通
248552	朝鮮朝日	南鮮版	1934-04-18	1	04단	花の泉都に黃金の雨東萊溫泉の櫻景氣/ものすごい觀櫻客の渦鎭海の賑ひ
248553	朝鮮朝日	南鮮版	1934-04-18	1	06단	渡滿の途宇垣總督と會見の蒲本部隊長(十六日)
248554	朝鮮朝日	南鮮版	1934-04-18	1	08단	松毛蟲を防ぐ綠の萬里長城五十萬本の櫟で不落の堅壘慶北舞乙面に完成
248555	朝鮮朝日	南鮮版	1934-04-18	1	08단	間一髮取押へた密航者百名赤崎半島から內地へ
248556	朝鮮朝日	南鮮版	1934-04-18	1	09단	老婆の奇禍異境に孫娘を殘して
248557	朝鮮朝日	南鮮版	1934-04-18	1	10단	電車內で亂鬪を演ず花見歸りの客
248558	朝鮮朝日	南鮮版	1934-04-18	1	10단	輕氣球
248559	朝鮮朝日	西北版	1934-04-19	1	01단	李王同妃兩殿下京城へ御歸還
248560	朝鮮朝日	西北版	1934-04-19	1	01단	水產界の謎平南の養貝試驗で蛤の移動狀態判明大谷博士が世界的發見の折紙近く學界に報告
248561	朝鮮朝日	西北版	1934-04-19	1	01단	軍、府當局の隔意なき懇談米穀對策は最終日に持込す各道知事會議第二日
248562	朝鮮朝日	西北版	1934-04-19	1	01단	新しい葉卷マボラスノーコー近く賣出す
248563	朝鮮朝日	西北版	1934-04-19	1	02단	稅務署設置準備すゝむ
248564	朝鮮朝日	西北版	1934-04-19	1	03단	財界人と懇談歸滿の途を京城へ立寄った熙洽財政部大臣一行
248565	朝鮮朝日	西北版	1934-04-19	1	03단	驛舍改築
248566	朝鮮朝日	西北版	1934-04-19	1	03단	朝鮮送電會社創立事務所設置
248567	朝鮮朝日	西北版	1934-04-19	1	03단	國立癩療養所の建設工事狂ふ硅沙鑛區所有者が敷地內をどしどし掘り返す(困った問題當局者語る)
248568	朝鮮朝日	西北版	1934-04-19	1	04단	趣味探訪(２６)/敵四名を薙倒す劍劇もどきの腕の冴え最近は專ら書に親しむ平壤警察署長古川貞吉氏
248569	朝鮮朝日	西北版	1934-04-19	1	04단	江界名物初筏祭二十二日擧行
248570	朝鮮朝日	西北版	1934-04-19	1	04단	乘るか反るか一大冒險工事滿浦線延長工事の架橋に我國最初の連結架設法
248571	朝鮮朝日	西北版	1934-04-19	1	05단	健康相談所移轉
248572	朝鮮朝日	西北版	1934-04-19	1	05단	春光麗かに晴の平壤軍旗祭壯烈な大分列式に、餘興に賑った軍都の一日/江界軍旗祭
248573	朝鮮朝日	西北版	1934-04-19	1	06단	咸興高女の敷地行惱む
248574	朝鮮朝日	西北版	1934-04-19	1	07단	人命救助で表彰を申請
248575	朝鮮朝日	西北版	1934-04-19	1	07단	足に覺え三百里を一走り四十一才の老童氏が富山へ訪鄕マラソン

일련번호	판명		간행일	면	단수	기사명
248576	朝鮮朝日	西北版	1934-04-19	1	08단	益々拗れる燒酎濫賣戦三井の値下は市場攪亂と販賣業者敦圍く
248577	朝鮮朝日	西北版	1934-04-19	1	08단	平安商會契約改訂/無理な要求三井側の話
248578	朝鮮朝日	西北版	1934-04-19	1	09단	轉轍手殉職
248579	朝鮮朝日	西北版	1934-04-19	1	09단	蛤の密漁
248580	朝鮮朝日	西北版	1934-04-19	1	10단	輪禍頻々！
248581	朝鮮朝日	西北版	1934-04-19	1	10단	柳京日記
248582	朝鮮朝日	南鮮版	1934-04-19	1	01단	特輯・春色版 いま、爛漫たる花の都の艷姿府民が待望の昌慶苑夜櫻も美粧凝らして麿く/櫻にも劣らぬ動物園の春河馬さん、獅子君のお産や嬉しい鴻鳥の飛來/觀櫻デー淸州で計劃/街に創作する奇拔な歡樂境花街、カフェが不況解脫に獨特のサービス陣
248583	朝鮮朝日	南鮮版	1934-04-19	1	01단	學院を獨力經營し細民の子弟を育む床しい杉京城府議の擧に部落民感激の贈物
248584	朝鮮朝日	南鮮版	1934-04-19	1	01단	李王同妃兩殿下京城へ御歸還
248585	朝鮮朝日	南鮮版	1934-04-19	1	02단	京城府會
248586	朝鮮朝日	南鮮版	1934-04-19	1	03단	財界人と懇談歸滿の途を京城へ立寄った熙洽財政部大臣一行
248587	朝鮮朝日	南鮮版	1934-04-19	1	03단	軍、府兩當局が意見を交換米穀對策は最終日に持込す各道知事會議第二日
248588	朝鮮朝日	南鮮版	1934-04-19	1	04단	もよほし(鮮米期成報告會)
248589	朝鮮朝日	南鮮版	1934-04-19	1	04단	朝鮮送電會社創立事務所設置
248590	朝鮮朝日	南鮮版	1934-04-19	1	04단	足に覺え三百里を一走り四十一才の老童氏が富山へ訪鄕マラソン
248591	朝鮮朝日	南鮮版	1934-04-19	1	05단	中等校陸競學聯の手に主催の聲明書發表
248592	朝鮮朝日	南鮮版	1934-04-19	1	05단	國立癩療養所の建設工事狂ふ硅沙鑛區所有者が敷地內をどしどし掘り返す(困った問題當局者語る)
248593	朝鮮朝日	南鮮版	1934-04-19	1	07단	跡を斷たぬ渡航證明僞造
248594	朝鮮朝日	南鮮版	1934-04-19	1	08단	新しい葉卷マボラスノーコー近く賣出す
248595	朝鮮朝日	南鮮版	1934-04-19	1	08단	可憐な兒童へ魔手は伸ぶ馬山普通校に流行性腦脊炎同級生は通學禁止/釜山にも新患者
248596	朝鮮朝日	南鮮版	1934-04-19	1	09단	精銳を網羅す全鮮プロ拳鬪選手權試合
248597	朝鮮朝日	南鮮版	1934-04-19	1	10단	街の與太者大邱で手入れ
248598	朝鮮朝日	南鮮版	1934-04-19	1	10단	指名手配の重大犯捕る
248599	朝鮮朝日	南鮮版	1934-04-19	1	10단	モヒ密買の四人組浦る
248600	朝鮮朝日	南鮮版	1934-04-19	1	10단	人(宮野正則氏(慶南道警部補)/杉山中將(航空本部長)/祁答院規矩雄氏(遞信局電氣課技師)/李康爀氏(京城府東部方面委員))
248601	朝鮮朝日	西北版	1934-04-20	1	01단	産組改革案など熱烈の叫び揚る愈よ本格的討議に入っ

일련번호	판명		간행일	면	단수	기사명
						た各道知事會議第三日
248602	朝鮮朝日	西北版	1934-04-20	1	01단	內地出稼人を憂鬱から救ふ地方分散で生活安定を計り漫然渡航は一切嚴禁
248603	朝鮮朝日	西北版	1934-04-20	1	01단	李王同妃兩殿下
248604	朝鮮朝日	西北版	1934-04-20	1	02단	觀光協會愈よ創立
248605	朝鮮朝日	西北版	1934-04-20	1	02단	當局も目を睜る幸先よい黑字鐵道の懷ろへ僅か十五日間になんと二百萬圓
248606	朝鮮朝日	西北版	1934-04-20	1	03단	大流行の新生活運動
248607	朝鮮朝日	西北版	1934-04-20	1	04단	人(吉永平鐵事務所長/菊地一德氏(殖銀平壤支店長))
248608	朝鮮朝日	西北版	1934-04-20	1	04단	駘蕩の春に齎す耳寄りの朖報茂山鐵鑛の採掘事業開始と淸津製鐵所の新設
248609	朝鮮朝日	西北版	1934-04-20	1	05단	趣味探訪(２７)/ホテル住ひの老ボヘミアン人生は航海の處世哲學平壤商議會頭福島莊平氏
248610	朝鮮朝日	西北版	1934-04-20	1	05단	自動車遞送
248611	朝鮮朝日	西北版	1934-04-20	1	05단	元山楚山間道路陳情
248612	朝鮮朝日	西北版	1934-04-20	1	05단	國立製鍊所設置要望の叫び新義州で公職者大會開催總督ほか要路に電請
248613	朝鮮朝日	西北版	1934-04-20	1	05단	平壤體協新役員
248614	朝鮮朝日	西北版	1934-04-20	1	05단	愛煙家へ新な兩切煙草七錢程度の中級品を十月までに發賣
248615	朝鮮朝日	西北版	1934-04-20	1	06단	腦膜炎流行
248616	朝鮮朝日	西北版	1934-04-20	1	07단	俄然口蹄疫平南に續發防疫に必死
248617	朝鮮朝日	西北版	1934-04-20	1	07단	高鳴る鑛山音頭半島全土の九分の一に當る鑛區出願の殺到
248618	朝鮮朝日	西北版	1934-04-20	1	07단	中樞院參議を相手に訴訟小作人から
248619	朝鮮朝日	西北版	1934-04-20	1	07단	西海岸一帶に大規模の漁撈試驗試驗船總出動の獲物搜し西鮮漁業に黎明
248620	朝鮮朝日	西北版	1934-04-20	1	08단	路頭に迷ふ職工二千五百名護謨工業の不振に各工場相つぎ閉鎖
248621	朝鮮朝日	西北版	1934-04-20	1	08단	狂人の兇行鎌で慘殺す
248622	朝鮮朝日	西北版	1934-04-20	1	09단	强盜就縛
248623	朝鮮朝日	西北版	1934-04-20	1	10단	怪火に燒く
248624	朝鮮朝日	西北版	1934-04-20	1	10단	糖蜜流しの三名慘死すタンク築造中の珍事
248625	朝鮮朝日	西北版	1934-04-20	1	10단	柳京日記
248626	朝鮮朝日	南鮮版	1934-04-20	1	01단	産組改革案など熱烈の叫び揚る愈よ本格的の討議に入った各道知事會議第三日
248627	朝鮮朝日	南鮮版	1934-04-20	1	01단	內地出稼人を憂鬱から救ふ地方分散で生活安定を計り漫然渡航は一切嚴禁
248628	朝鮮朝日	南鮮版	1934-04-20	1	01단	李王同妃兩殿下/李王殿下の下賜金傳達保育各團體へ

일련번호	판명		간행일	면	단수	기사명
248629	朝鮮朝日	南鮮版	1934-04-20	1	02단	當世道樂境細見（２）/開けてびっくり凄い繁昌ぶり中年以上の極樂島碁席の卷
248630	朝鮮朝日	南鮮版	1934-04-20	1	03단	忠南の異動
248631	朝鮮朝日	南鮮版	1934-04-20	1	04단	天長節奉祝會
248632	朝鮮朝日	南鮮版	1934-04-20	1	04단	慶南の警備船新造を計劃
248633	朝鮮朝日	南鮮版	1934-04-20	1	04단	當局も目を眸る幸先よい黑字鐵道の懷ろへ僅か十五日間になんと二百萬圓
248634	朝鮮朝日	南鮮版	1934-04-20	1	04단	聖旨を奉體し教育精神作興大會釜山で擧行の計劃
248635	朝鮮朝日	南鮮版	1934-04-20	1	05단	軍都の春絢爛
248636	朝鮮朝日	南鮮版	1934-04-20	1	05단	警察官武道釜山選士出發
248637	朝鮮朝日	南鮮版	1934-04-20	1	06단	「靑島」鎭海へ
248638	朝鮮朝日	南鮮版	1934-04-20	1	06단	光中の驛傳競走
248639	朝鮮朝日	南鮮版	1934-04-20	1	07단	花嫁學の教育釜山の有光氏が明德女塾を開設
248640	朝鮮朝日	南鮮版	1934-04-20	1	07단	愛煙家へ新な兩切煙草七錢程度の中級品を十月までに發賣
248641	朝鮮朝日	南鮮版	1934-04-20	1	07단	本社映畫會盛況
248642	朝鮮朝日	南鮮版	1934-04-20	1	07단	高鳴る鑛山音頭半島全土の九分の一に當る鑛區出願の殺到
248643	朝鮮朝日	南鮮版	1934-04-20	1	08단	流行性腦脊炎馬山に續發
248644	朝鮮朝日	南鮮版	1934-04-20	1	08단	共産黨事件公判近く續開
248645	朝鮮朝日	南鮮版	1934-04-20	1	09단	道路の診察慶南中部で品評會を開催
248646	朝鮮朝日	南鮮版	1934-04-20	1	09단	花に賣出す熱誠の力餅國防義會員の活動
248647	朝鮮朝日	南鮮版	1934-04-20	1	09단	密航首謀者海中に姿を晦す寸前警官隊に追はれ密航料を握ったま〉
248648	朝鮮朝日	南鮮版	1934-04-20	1	10단	ゴム工場の罷業
248649	朝鮮朝日	南鮮版	1934-04-20	1	10단	サイドカーと電車衝突一名慘死す
248650	朝鮮朝日	南鮮版	1934-04-20	1	10단	輕氣球
248651	朝鮮朝日	西北版	1934-04-21	1	01단	處女空を拓く圖們北鮮間に軍用航空路設定飛行場は羅南か雄基
248652	朝鮮朝日	西北版	1934-04-21	1	01단	立枯の昭和水利に今一度、陽の目を先づ靑木氏の後釜から昨日の敵安州側起つ
248653	朝鮮朝日	西北版	1934-04-21	1	01단	李王兩殿下福壽宮御成り
248654	朝鮮朝日	西北版	1934-04-21	1	01단	稅制問題で議論沸騰す知事會議第四日
248655	朝鮮朝日	西北版	1934-04-21	1	01단	祭粢料下賜
248656	朝鮮朝日	西北版	1934-04-21	1	02단	麥田橋工事入札
248657	朝鮮朝日	西北版	1934-04-21	1	03단	營庭、人で埋まる盛況新義州軍旗祭
248658	朝鮮朝日	西北版	1934-04-21	1	03단	茂山守備隊軍旗祭賑ふ
248659	朝鮮朝日	西北版	1934-04-21	1	03단	黨幹部が屢々洞窟で會合謀議幾多の獵奇怪聞を祕むる北鮮赤化事件續報

일련번호	판명		간행일	면	단수	기사명
248660	朝鮮朝日	西北版	1934-04-21	1	04단	人(本社の一行)
248661	朝鮮朝日	西北版	1934-04-21	1	04단	防空演習豫報毒瓦斯爆彈の慘禍を防ぐ防護委員會の協議
248662	朝鮮朝日	西北版	1934-04-21	1	04단	新たに九道に産業部新設か消える財務部に代り
248663	朝鮮朝日	西北版	1934-04-21	1	05단	趣味探訪(２８)/滔々數萬言該博な世界知識お得意は「噴火口上の歐洲」平南道知事藤原喜藏氏
248664	朝鮮朝日	西北版	1934-04-21	1	05단	平壤稅監局は商陳所跡に稅務署も併置
248665	朝鮮朝日	西北版	1934-04-21	1	05단	府廳舍前の廣場を擴張
248666	朝鮮朝日	西北版	1934-04-21	1	06단	鮮米夏場運賃の協定遂に成立最終的折衝の結果
248667	朝鮮朝日	西北版	1934-04-21	1	06단	この頃流行るもの家出・道行・自殺春は惱まし！柳に浮かれて
248668	朝鮮朝日	西北版	1934-04-21	1	07단	陽氣に狂うて春宵を血塗る兇行二つ
248669	朝鮮朝日	西北版	1934-04-21	1	08단	首魁鄭達憲に六年の求刑半島最初の赤色勞組公判
248670	朝鮮朝日	西北版	1934-04-21	1	09단	燒酎戰に調停役現る
248671	朝鮮朝日	西北版	1934-04-21	1	09단	頻々たる結婚解消の訴へ過去の壓迫の反動か女性から叩付ける三下り半
248672	朝鮮朝日	西北版	1934-04-21	1	09단	なほ歇まぬ平壤の怪火巧みに捜査網を潜る
248673	朝鮮朝日	西北版	1934-04-21	1	10단	柳京日記
248674	朝鮮朝日	西北版	1934-04-21	1	10단	人(古市忠南警察部長/鈴木忠南警務課長/莊田忠南農務課長/杉山忠南土木課長/福島莊平氏(平壤商工會議所會頭))
248675	朝鮮朝日	南鮮版	1934-04-21	1	01단	李王兩殿下福壽宮御成り
248676	朝鮮朝日	南鮮版	1934-04-21	1	01단	祭粢料下賜
248677	朝鮮朝日	南鮮版	1934-04-21	1	01단	處女空を拓く圖們北鮮間に軍用航空路設定飛行場は羅南か雄基
248678	朝鮮朝日	南鮮版	1934-04-21	1	01단	新たに九道に産業部新設か消える財務部に代り
248679	朝鮮朝日	南鮮版	1934-04-21	1	01단	稅制問題で議論沸騰す知事會議第四日
248680	朝鮮朝日	南鮮版	1934-04-21	1	03단	當世道樂境細見(３)/淸風を切って水面を滑る快適さ尻に帆かける乘逃げもある
248681	朝鮮朝日	南鮮版	1934-04-21	1	04단	龍山兩聯隊晴の軍旗祭盛大に擧行
248682	朝鮮朝日	南鮮版	1934-04-21	1	04단	鮮米夏場運賃の協定遂に成立最後的折衝の結果
248683	朝鮮朝日	南鮮版	1934-04-21	1	04단	衛生協議會
248684	朝鮮朝日	南鮮版	1934-04-21	1	04단	木浦上水道近く起工式
248685	朝鮮朝日	南鮮版	1934-04-21	1	05단	頌春の鍵盤に朖かな麗櫻曲夜ひらく昌慶苑に押し寄せた人の波
248686	朝鮮朝日	南鮮版	1934-04-21	1	06단	釜山馬山間快速船就航
248687	朝鮮朝日	南鮮版	1934-04-21	1	06단	腦膜炎續發
248688	朝鮮朝日	南鮮版	1934-04-21	1	06단	着々進む朝鮮神宮の造苑計劃府の內外に大木捜しちかく莊嚴無比の神社林に

일련번호	판명		간행일	면	단수	기사명
248689	朝鮮朝日	南鮮版	1934-04-21	1	07단	寡婦を裸にして飛び立つ若い燕
248690	朝鮮朝日	南鮮版	1934-04-21	1	07단	自宅間近の山中で慘殺さる牛買に行っての歸途
248691	朝鮮朝日	南鮮版	1934-04-21	1	07단	マリヤ事件の控訴公判來る三十日
248692	朝鮮朝日	南鮮版	1934-04-21	1	08단	假死漂流中五日目に救はる玄海で沈沒の機船々長ら二名船員二名は行方不明
248693	朝鮮朝日	南鮮版	1934-04-21	1	09단	春の行樂にハイキング鐵道で宣傳の望月寺
248694	朝鮮朝日	南鮮版	1934-04-21	1	09단	不正漁業を摘發
248695	朝鮮朝日	南鮮版	1934-04-21	1	10단	待避線に突入列車追突す
248696	朝鮮朝日	南鮮版	1934-04-21	1	10단	掘った金で妓生がよひ
248697	朝鮮朝日	南鮮版	1934-04-21	1	10단	精米所燒く
248698	朝鮮朝日	南鮮版	1934-04-21	1	10단	人(本社の一行/堀田正恒伯(海軍政務次官)/榎本三郎氏(警視廳內鮮課長)/中田周一君(警務局保安課中田豊氏長男))
248699	朝鮮朝日	南鮮版	1934-04-21	1	10단	輕氣球
248700	朝鮮朝日	西北版	1934-04-22	1	01단	棉莖利用製紙を急ぎ實用化せよ市日改善は漸進主義で臨む知事會議をはる
248701	朝鮮朝日	西北版	1934-04-22	1	01단	李王同妃兩殿下御歸東遊ばさる
248702	朝鮮朝日	西北版	1934-04-22	1	02단	趣味探訪(２９)/物慾を離れた詩と禪の境地贗物を摑んで大悟一番平南道地方課長小田島嘉吉氏
248703	朝鮮朝日	西北版	1934-04-22	1	03단	天長節當日觀兵式擧行三十九旅團
248704	朝鮮朝日	西北版	1934-04-22	1	04단	國防義會發會式
248705	朝鮮朝日	西北版	1934-04-22	1	04단	亞麻增殖計劃咸南を中心に今年から十ヶ年計劃で愈よ着手やがては北鮮の一大特産に
248706	朝鮮朝日	西北版	1934-04-22	1	04단	愈よ寶物名勝の正式指定を行ふ第一回の保存會委員總會來月一、二兩日開く
248707	朝鮮朝日	西北版	1934-04-22	1	04단	平南簡易校四校開設
248708	朝鮮朝日	西北版	1934-04-22	1	05단	平壤體協庭球部行事
248709	朝鮮朝日	西北版	1934-04-22	1	05단	要望さるゝ癩療養所の設置西北鮮の衛生保全に
248710	朝鮮朝日	西北版	1934-04-22	1	06단	齒醫合格者
248711	朝鮮朝日	西北版	1934-04-22	1	06단	若山本部隊勇躍北上す/後續部隊も
248712	朝鮮朝日	西北版	1934-04-22	1	06단	逬る愛國の熱誠獻金實に七十萬圓僅か一年餘でこの好成績
248713	朝鮮朝日	西北版	1934-04-22	1	07단	寶庫獻納
248714	朝鮮朝日	西北版	1934-04-22	1	07단	小鹿島の硅沙鑛區問題療養所の被害意外に甚大當局は鑛區を取消し別に採掘權附與の腹
248715	朝鮮朝日	西北版	1934-04-22	1	07단	豆滿江岸に春の訪づれ堅氷くづる
248716	朝鮮朝日	西北版	1934-04-22	1	07단	金塊密輸事件更に進展か再び活動開始/新人物登場
248717	朝鮮朝日	西北版	1934-04-22	1	08단	邪推から妻を滅多斬り嫉妬に狂うた夫が
248718	朝鮮朝日	西北版	1934-04-22	1	08단	畸型兒分娩

일련번호	판명		간행일	면	단수	기사명
248719	朝鮮朝日	西北版	1934-04-22	1	08단	貯金帳を改竄詐取を計る大それた普校生二名
248720	朝鮮朝日	西北版	1934-04-22	1	09단	新海水浴場
248721	朝鮮朝日	西北版	1934-04-22	1	09단	全鮮海員に伸す赤の手港灣赤化事件豫審終る
248722	朝鮮朝日	西北版	1934-04-22	1	09단	春に狂うて
248723	朝鮮朝日	西北版	1934-04-22	1	10단	地主の横暴に小作人憤起
248724	朝鮮朝日	西北版	1934-04-22	1	10단	救恤金横領
248725	朝鮮朝日	西北版	1934-04-22	1	10단	柳京日記
248726	朝鮮朝日	西北版	1934-04-22	1	10단	人(今關茂山警察署長)
248727	朝鮮朝日	南鮮版	1934-04-22	1	01단	朝鮮色溢る豊年踊本府前庭で
248728	朝鮮朝日	南鮮版	1934-04-22	1	01단	棉莖利用製紙を急ぎ實用化せよ市日改善は漸進主義で臨む知事會議をはる
248729	朝鮮朝日	南鮮版	1934-04-22	1	01단	李王同妃兩殿下御歸東遊ばさる/花合を獻上
248730	朝鮮朝日	南鮮版	1934-04-22	1	02단	有罪と決り全部公判に赤色勞組の豫審終る
248731	朝鮮朝日	南鮮版	1934-04-22	1	03단	迸る愛國の熱誠獻金實に七十萬圓僅か一年餘でこの好成績
248732	朝鮮朝日	南鮮版	1934-04-22	1	03단	武道大會と武德祭盛大を極む
248733	朝鮮朝日	南鮮版	1934-04-22	1	03단	齒醫合格者
248734	朝鮮朝日	南鮮版	1934-04-22	1	04단	金剛山に聯絡電話
248735	朝鮮朝日	南鮮版	1934-04-22	1	04단	亞麻增殖計劃咸南を中心に今年から十ヶ年計劃で愈よ着手やがては北鮮の一大特産に
248736	朝鮮朝日	南鮮版	1934-04-22	1	05단	天滿宮大祭
248737	朝鮮朝日	南鮮版	1934-04-22	1	05단	大田軍旗祭
248738	朝鮮朝日	南鮮版	1934-04-22	1	05단	總督府辭令
248739	朝鮮朝日	南鮮版	1934-04-22	1	05단	釜山初等校教員精神作興大會二十七日擧行と決る
248740	朝鮮朝日	南鮮版	1934-04-22	1	06단	愈よ寶物名勝の正式指定を行ふ第一回の保存會委員總會來月一、二兩日開く
248741	朝鮮朝日	南鮮版	1934-04-22	1	06단	道路品評會
248742	朝鮮朝日	南鮮版	1934-04-22	1	07단	小鹿島の硅沙鑛區問題療養所の被害意外に甚大當局は鑛區を取消し別に採掘權附與の腹
248743	朝鮮朝日	南鮮版	1934-04-22	1	07단	ナチスの鼻柱半島でペシャンコ例の獨逸映畵『ヒトラ靑年』遂に檢閲で不許可
248744	朝鮮朝日	南鮮版	1934-04-22	1	08단	無事に歸った千六百圓
248745	朝鮮朝日	南鮮版	1934-04-22	1	08단	母が涙の兇行生活難から實子を壓殺して死體を池中に沈む
248746	朝鮮朝日	南鮮版	1934-04-22	1	09단	夫よいづこ
248747	朝鮮朝日	南鮮版	1934-04-22	1	09단	持兇器强盗全州を荒す一夜に二件の慘劇
248748	朝鮮朝日	南鮮版	1934-04-22	1	10단	放火と決る
248749	朝鮮朝日	南鮮版	1934-04-22	1	10단	不正氷醋酸
248750	朝鮮朝日	南鮮版	1934-04-22	1	10단	人(朝鮮人女教員內地視察團一行二十二名/白石慶南道

일련번호	판명		간행일	면	단수	기사명
						警察部長/萩原慶南道高等課長/沖津主税氏(前大邱日報編輯局長)/川島軍司令官)
248751	朝鮮朝日	南鮮版	1934-04-22	1	10단	輕氣球
248752	朝鮮朝日	西北版	1934-04-24	1	01단	都會地にも翳す自力更生の大旆農村同樣民心作興の大運動敎化團體を總動員
248753	朝鮮朝日	西北版	1934-04-24	1	01단	懸案米穀對策の決定案目指して農務課長會議招集/恒久對策は代作に重點農業經營にも改革多角形農業を獎勵
248754	朝鮮朝日	西北版	1934-04-24	1	01단	警官表彰
248755	朝鮮朝日	西北版	1934-04-24	1	02단	神宮競技に武道を加ふ
248756	朝鮮朝日	西北版	1934-04-24	1	02단	綱紀問題や赤化根絶を議す警察部長會議開く/宇垣總督訓示大要
248757	朝鮮朝日	西北版	1934-04-24	1	03단	南浦修養團
248758	朝鮮朝日	西北版	1934-04-24	1	03단	盜電防止にアンペア制
248759	朝鮮朝日	西北版	1934-04-24	1	04단	局長會議
248760	朝鮮朝日	西北版	1934-04-24	1	04단	大同江の春江畔の柳芽ぐみて遊船も裝ひ新たに
248761	朝鮮朝日	西北版	1934-04-24	1	05단	平壤の春は櫻の咲くを待つばかり乙密台の雪洞も揃ひました眩ゆい程に電飾も
248762	朝鮮朝日	西北版	1934-04-24	1	06단	咸南明太魚卵に今秋から利出檢査內地市場の聲價發揚に努め北海道物に對抗
248763	朝鮮朝日	西北版	1934-04-24	1	07단	交通安全デー
248764	朝鮮朝日	西北版	1934-04-24	1	07단	鎭南浦林檎三菱と結び歐洲市場へアメリカ林檎と一騎打ち期待される進出/林檎研究所設置を陳情
248765	朝鮮朝日	西北版	1934-04-24	1	08단	人(鎌田福市氏(陸軍中尉)/小池花子夫人)
248766	朝鮮朝日	西北版	1934-04-24	1	08단	不義者眞二つ!怒れる兄弟協力し妻と情夫を慘殺す
248767	朝鮮朝日	西北版	1934-04-24	1	08단	空中分解は最初の珍事落下傘降下は二人目射擊演習中に平壤機墜つ(全く天佑だ郡司軍曹談)
248768	朝鮮朝日	西北版	1934-04-24	1	09단	全鮮警官武道大會
248769	朝鮮朝日	西北版	1934-04-24	1	10단	土木管區新設
248770	朝鮮朝日	西北版	1934-04-24	1	10단	列車の脫線を企む
248771	朝鮮朝日	西北版	1934-04-24	1	10단	柳京日記
248772	朝鮮朝日	南鮮版	1934-04-24	1	01단	都會地にも翳す自力更生の大旆農村同樣民心作興の大運動敎化團體を總動員
248773	朝鮮朝日	南鮮版	1934-04-24	1	01단	綱紀問題や赤化根絶を議す警察部長會議開く/宇垣總督訓示大要
248774	朝鮮朝日	南鮮版	1934-04-24	1	01단	寫眞說明((上から)勤政殿で盛大に營まれた殉職警察官の招魂祭/全鮮武道大會に優勝した全羅南道(劍道)/同上京畿道(柔道)/本社京城支局新築地鎭祭(何れも廿二日))
248775	朝鮮朝日	南鮮版	1934-04-24	1	03단	懸案米穀對策の決定案目指して農務課長會議招集/恒久對策は代作に重點農業經營にも改革多角形農業を獎勵

일련번호	판명		간행일	면	단수	기사명
248776	朝鮮朝日	南鮮版	1934-04-24	1	04단	人(鎌田福市氏(陸軍中尉))
248777	朝鮮朝日	南鮮版	1934-04-24	1	04단	賑はった大田軍旗祭
248778	朝鮮朝日	南鮮版	1934-04-24	1	05단	當世道樂境細見(４)/ポン！と狙ってクラブを振れば飛ぶはボールか彼女の胸かベビーゴルフの卷
248779	朝鮮朝日	南鮮版	1934-04-24	1	06단	癩患者取締
248780	朝鮮朝日	南鮮版	1934-04-24	1	06단	*待望實現の快報に喜ぶ釜山關釜間大型優秀船就航は各方面年來の主張/新船建造に本省より問合せ近く局長以下關係者集り具體的協議を行ふ*
248781	朝鮮朝日	南鮮版	1934-04-24	1	07단	姑を殺害し火を放って逃ぐ妻の家出に絡む邪推から
248782	朝鮮朝日	南鮮版	1934-04-24	1	08단	伊艦仁川へ
248783	朝鮮朝日	南鮮版	1934-04-24	1	08단	全鮮警官武道大會
248784	朝鮮朝日	南鮮版	1934-04-24	1	09단	軟式野球
248785	朝鮮朝日	南鮮版	1934-04-24	1	09단	ラグビー戰
248786	朝鮮朝日	南鮮版	1934-04-24	1	09단	窓に御注意電車の乘客瀕死の重傷
248787	朝鮮朝日	南鮮版	1934-04-24	1	09단	巡査看守講義錄朝鮮警務學會
248788	朝鮮朝日	南鮮版	1934-04-24	1	10단	口論の揚句相手を殺す
248789	朝鮮朝日	南鮮版	1934-04-24	1	10단	朱に染った老爺の死體怨恨關係の兇行か
248790	朝鮮朝日	南鮮版	1934-04-24	1	10단	覆面の强盜
248791	朝鮮朝日	南鮮版	1934-04-24	1	10단	三戸を燒く
248792	朝鮮朝日	西北版	1934-04-25	1		缺號
248793	朝鮮朝日	南鮮版	1934-04-25	1	01단	自力更生は指導者側から役人萬能の弊を淸算せよ總督府對策を練る
248794	朝鮮朝日	南鮮版	1934-04-25	1	01단	滿洲國及び滿鐵も滿腔の贊意每年交互に開催の計劃具體化す鮮滿競技
248795	朝鮮朝日	南鮮版	1934-04-25	1	02단	所管內の狀況を報告警察部長會議第二日
248796	朝鮮朝日	南鮮版	1934-04-25	1	03단	鮮滿鐵道技術會議權威を集めて
248797	朝鮮朝日	南鮮版	1934-04-25	1	03단	春の脅威腦膜炎の暴威累計二百名、死者八十四名猖獗の手弛まず
248798	朝鮮朝日	南鮮版	1934-04-25	1	04단	總督府辭令
248799	朝鮮朝日	南鮮版	1934-04-25	1	04단	京城府會
248800	朝鮮朝日	南鮮版	1934-04-25	1	04단	保護會改稱
248801	朝鮮朝日	南鮮版	1934-04-25	1	04단	山火消防隊新站に生る
248802	朝鮮朝日	南鮮版	1934-04-25	1	04단	小兒を襲ふ奇病流行病原不明
248803	朝鮮朝日	南鮮版	1934-04-25	1	05단	寫眞說明(平壤飛行隊戰鬪機墜落の現場とパラシュートで降下した郡司軍曹(中央))
248804	朝鮮朝日	南鮮版	1934-04-25	1	05단	稅監局廳舍
248805	朝鮮朝日	南鮮版	1934-04-25	1	05단	可決はしたが參加を回避平壤府會の內地視察團
248806	朝鮮朝日	南鮮版	1934-04-25	1	05단	百草溝にまたも共匪
248807	朝鮮朝日	南鮮版	1934-04-25	1	05단	査察の目を潛り暗躍する赤の觸手巧みに農村靑年に食

일련번호	판명		간행일	면	단수	기사명
						入る當局、蠢動を嚴戒
248808	朝鮮朝日	南鮮版	1934-04-25	1	06단	大師讚仰の學童書道展作品を募集
248809	朝鮮朝日	南鮮版	1934-04-25	1	06단	赤いボタンは火災の報知靑はギャングの發生に朝鮮のシカゴ平壤に備へ付ける報知機百個
248810	朝鮮朝日	南鮮版	1934-04-25	1	07단	飛行機の妙技や戰歿者慰靈祭盛り澤山の餘興に賑ふ近づく平壤航空祭
248811	朝鮮朝日	南鮮版	1934-04-25	1	08단	暴虐の跡殺人、放火のほか强盜百餘件安希範檢事局送り
248812	朝鮮朝日	南鮮版	1934-04-25	1	08단	夏の夜に聽く河鹿の美聲陽德溫泉の新情緒
248813	朝鮮朝日	南鮮版	1934-04-25	1	08단	線路內に轢死體
248814	朝鮮朝日	南鮮版	1934-04-25	1	08단	少年の盜み
248815	朝鮮朝日	南鮮版	1934-04-25	1	08단	夫が厭さに自宅に放火
248816	朝鮮朝日	南鮮版	1934-04-25	1	08단	僞造手形で欺された男
248817	朝鮮朝日	南鮮版	1934-04-25	1	09단	危い無免許運轉自動車、店先に暴れ込み幼兒ほか二名重傷
248818	朝鮮朝日	南鮮版	1934-04-25	1	09단	群山放送デー來月十二・三兩日
248819	朝鮮朝日	南鮮版	1934-04-25	1	09단	火遊びから幼兒無殘の黑焦げ
248820	朝鮮朝日	南鮮版	1934-04-25	1	10단	集金を橫領
248821	朝鮮朝日	南鮮版	1934-04-25	1	10단	人(近藤知善氏(平南道劍道敎師)/吉永平鐵事務所長/片倉日義氏(新任慶南道産業主事))
248822	朝鮮朝日	南鮮版	1934-04-25	1	10단	輕氣球
248823	朝鮮朝日	西北版	1934-04-26	1		缺號
248824	朝鮮朝日	南鮮版	1934-04-26	1	01단	民心作興の母體を一丸に朝鮮敎化團體聯合會來月早々京城で發會式擧行
248825	朝鮮朝日	南鮮版	1934-04-26	1	01단	綱紀肅正は饗應廢止から平壤當局、各地方廳へ嚴重な警告を發す
248826	朝鮮朝日	南鮮版	1934-04-26	1	01단	警察部長會議終る
248827	朝鮮朝日	南鮮版	1934-04-26	1	02단	土師平北知事宮中に參賀
248828	朝鮮朝日	南鮮版	1934-04-26	1	02단	皇太子さま初の端午節壽ぎまつる京城の催し奉祝式に旗行列
248829	朝鮮朝日	南鮮版	1934-04-26	1	03단	平壤府起債近く認可申請
248830	朝鮮朝日	南鮮版	1934-04-26	1	03단	傳統久しき諸儀禮を根本的に改革儀禮準則愈よ成案を得て中樞院會議に上る
248831	朝鮮朝日	南鮮版	1934-04-26	1	04단	相つぐ獻金に處分方協議平壤國防義會
248832	朝鮮朝日	南鮮版	1934-04-26	1	04단	國境各警察への直通警備電話平北警察部で計劃
248833	朝鮮朝日	南鮮版	1934-04-26	1	04단	咸南體協懇談會
248834	朝鮮朝日	南鮮版	1934-04-26	1	05단	健康優良兒平壤は三名
248835	朝鮮朝日	南鮮版	1934-04-26	1	05단	世界屈指の南串面運河愈よ七月から着工實現後は大同江航運の面目一新

일련번호	판명		간행일	면	단수	기사명
248836	朝鮮朝日	南鮮版	1934-04-26	1	06단	問題視される陸士の入試問題鮮內使用の中等教科書に載ってゐないナルバー戰
248837	朝鮮朝日	南鮮版	1934-04-26	1	06단	結局、鑛山課で鑛區權取消しか衛生解課より決方を委囑小鹿島硅沙鑛區問題
248838	朝鮮朝日	南鮮版	1934-04-26	1	06단	龍頭山綠化いよいよ着手
248839	朝鮮朝日	南鮮版	1934-04-26	1	07단	凱旋の日程
248840	朝鮮朝日	南鮮版	1934-04-26	1	07단	結婚はしたけれど民事部の窓口に綴られた女性憂悶篇三つ
248841	朝鮮朝日	南鮮版	1934-04-26	1	08단	慶南道議滿洲視察
248842	朝鮮朝日	南鮮版	1934-04-26	1	08단	來月一日金剛山開き探勝團殺到
248843	朝鮮朝日	南鮮版	1934-04-26	1	08단	景品沒收
248844	朝鮮朝日	南鮮版	1934-04-26	1	09단	天滿宮春祭
248845	朝鮮朝日	南鮮版	1934-04-26	1	09단	三選士東上
248846	朝鮮朝日	南鮮版	1934-04-26	1	09단	前茂山局長の死體あがる
248847	朝鮮朝日	南鮮版	1934-04-26	1	09단	居直って現金を强奪
248848	朝鮮朝日	南鮮版	1934-04-26	1	09단	死刑を求む漢江河畔の行商殺し
248849	朝鮮朝日	南鮮版	1934-04-26	1	10단	妻を瀕死に情夫は毆殺不義を怒って
248850	朝鮮朝日	南鮮版	1934-04-26	1	10단	少年の奸智賣溜を持出し僞强盜の訴へ
248851	朝鮮朝日	南鮮版	1934-04-26	1	10단	鍍金の延棒
248852	朝鮮朝日	南鮮版	1934-04-26	1	10단	嬰兒の死體下水に二個
248853	朝鮮朝日	南鮮版	1934-04-26	1	10단	人(北條平南道農務課長/祁答院規矩雄氏(西鮮合電工務課長)/趙箕行氏(新任京畿道漣川郡守)/和歌山縣議滿鮮視察團一行十七名)
248854	朝鮮朝日	西北版	1934-04-27	1	01단	酣春・罪に泣く 死んだ男が奉天にゐたまんまと欺した保險金三萬圓知人に出遭って惡事暴露/勇敢な女房からかった若い線路工夫を洗濯棒で毆り殺す/妻に言ひ寄る男を蹴殺す/豫備工兵曹長が七回に互り放火主金橫領を誤魔化すためと保險詐欺を目的に/歸らぬ嫁
248855	朝鮮朝日	西北版	1934-04-27	1	01단	病禍撲滅に保菌者を一掃蒐められた戰慄すべき統計衛生課の傳染病對策
248856	朝鮮朝日	西北版	1934-04-27	1	01단	米穀對策を徹底的に檢討具體案の報告を待ち最後案農務課長會議終る/討議された統制の對策
248857	朝鮮朝日	西北版	1934-04-27	1	01단	天長節祭/遙拜式執行
248858	朝鮮朝日	西北版	1934-04-27	1	02단	更生最初で緊張を呈す中樞院會議始まる
248859	朝鮮朝日	西北版	1934-04-27	1	03단	所得調査委員會設置
248860	朝鮮朝日	西北版	1934-04-27	1	04단	昌慶苑の櫻
248861	朝鮮朝日	西北版	1934-04-27	1	04단	在外者取締で議論續出す派遣員會議
248862	朝鮮朝日	西北版	1934-04-27	1	04단	輕爆機の滯空記錄を破る平壤飛行聯隊の阿蘇曹長九時間二十四分の新記錄

일련번호	판명		간행일	면	단수	기사명
248863	朝鮮朝日	西北版	1934-04-27	1	04단	釜山鐵道事務所移轉
248864	朝鮮朝日	西北版	1934-04-27	1	04단	朝鮮軍觀兵式天長節當日
248865	朝鮮朝日	西北版	1934-04-27	1	05단	行く者・還る者凱旋と渡滿の兩部隊交錯京城驛萬歲に埋る
248866	朝鮮朝日	西北版	1934-04-27	1	05단	鮮米調査に民政黨から工藤氏來鮮
248867	朝鮮朝日	西北版	1934-04-27	1	05단	女囚監移轉に反對を唱ふ刑務所も移して欲しい平壤巖町住民の陳情
248868	朝鮮朝日	西北版	1934-04-27	1	06단	秋まで延期平元線全通期成會組織
248869	朝鮮朝日	西北版	1934-04-27	1	07단	檢索の目を掠めて 未檢閱映畫が堂々地方廻り計劃的に後から一部を挿入「肉體の神祕」問題化/潛入する赤い出版物遞信局と協力して今後どしどし摘發
248870	朝鮮朝日	西北版	1934-04-27	1	08단	一日に四名益々猖獗す釜山の腦膜炎
248871	朝鮮朝日	西北版	1934-04-27	1	09단	製錬所設置は平壤か鎭南浦に新義州は遍在し過ぎると平南でも運動開始
248872	朝鮮朝日	西北版	1934-04-27	1	09단	また怪飛行機國境の上空を飛ぶ
248873	朝鮮朝日	西北版	1934-04-27	1	09단	雪解け水に一部落浸る一名溺死す
248874	朝鮮朝日	西北版	1934-04-27	1	10단	奇特の獻金
248875	朝鮮朝日	西北版	1934-04-27	1	10단	下付の兩機は瑞氣山下に格納す
248876	朝鮮朝日	西北版	1934-04-27	1	10단	人(陸軍士官學校生徒)
248877	朝鮮朝日	西北版	1934-04-27	1	10단	武道大會
248878	朝鮮朝日	西北版	1934-04-27	1	10단	通話開始
248879	朝鮮朝日	南鮮版	1934-04-27	1		缺號
248880	朝鮮朝日	西北版	1934-04-28	1		缺號
248881	朝鮮朝日	南鮮版	1934-04-28	1	01단	政府の調査會は全く外地側侮辱朝鮮米の生産費は絶對正確俄然非難の聲揚る
248882	朝鮮朝日	南鮮版	1934-04-28	1	01단	半島の醫療機關漸く面目を改む都會地では既に飽和狀態お醫者萬能は夢
248883	朝鮮朝日	南鮮版	1934-04-28	1	01단	朖らかな顔、顔先着凱旋部隊を迎へて釜山市中の賑はひ/渡滿と凱旋北と南へ
248884	朝鮮朝日	南鮮版	1934-04-28	1	02단	櫻花のもと春を醉ひ痴る旗日にどっと繰り出した京城府民の和樂風景/花見酒に醉っ拂って/花見を種に籠拔け詐欺/春川の櫻/愈よ動くゾお花見列車花の牡丹台さして六日の第一日曜に
248885	朝鮮朝日	南鮮版	1934-04-28	1	03단	實彈演習
248886	朝鮮朝日	南鮮版	1934-04-28	1	03단	複々線運轉
248887	朝鮮朝日	南鮮版	1934-04-28	1	04단	優勝祝賀會
248888	朝鮮朝日	南鮮版	1934-04-28	1	04단	總督府東京出張所愈よ改築着手
248889	朝鮮朝日	南鮮版	1934-04-28	1	04단	簡易初等校の劃一的補助は不當裕福な南鮮と一律では困る西北鮮各道の希望

일련번호	판명		간행일	면	단수	기사명
248890	朝鮮朝日	南鮮版	1934-04-28	1	05단	電話線の地下引込
248891	朝鮮朝日	南鮮版	1934-04-28	1	05단	盛大に擧行釜山初等校精神作興大會
248892	朝鮮朝日	南鮮版	1934-04-28	1	06단	道知事より感謝狀
248893	朝鮮朝日	南鮮版	1934-04-28	1	06단	大師を偲ぶ講演會と文化展覽會
248894	朝鮮朝日	南鮮版	1934-04-28	1	07단	交通取締と事故防止宣傳
248895	朝鮮朝日	南鮮版	1934-04-28	1	07단	一網打盡金塊密輸團上前を刎ねた地金商方に毆込んで亂鬪中を
248896	朝鮮朝日	南鮮版	1934-04-28	1	07단	普校長異動
248897	朝鮮朝日	南鮮版	1934-04-28	1	07단	消防手採用
248898	朝鮮朝日	南鮮版	1934-04-28	1	07단	漁港設備改善
248899	朝鮮朝日	南鮮版	1934-04-28	1	08단	裡里高女祝賀會
248900	朝鮮朝日	南鮮版	1934-04-28	1	08단	三人組強盜旅館を襲ふ客と主人を縛上げ現金百餘圓を強奪
248901	朝鮮朝日	南鮮版	1934-04-28	1	08단	土沙崩潰し線路を埋む
248902	朝鮮朝日	南鮮版	1934-04-28	1	08단	鳳凰丸坐礁
248903	朝鮮朝日	南鮮版	1934-04-28	1	09단	電話開通
248904	朝鮮朝日	南鮮版	1934-04-28	1	09단	重大犯人未然に捕る平壤署の殊勳
248905	朝鮮朝日	南鮮版	1934-04-28	1	09단	無警察の炭坑地暴虐に怯えた支那人夫婦平壤署に救ひを求む
248906	朝鮮朝日	南鮮版	1934-04-28	1	09단	太陽のない街の悲慘事
248907	朝鮮朝日	南鮮版	1934-04-28	1	10단	學生層の赤化を計る平壤署活動
248908	朝鮮朝日	南鮮版	1934-04-28	1	10단	電話申込殺到
248909	朝鮮朝日	南鮮版	1934-04-28	1	10단	厭世の自殺
248910	朝鮮朝日	南鮮版	1934-04-28	1	10단	バスで重傷
248911	朝鮮朝日	南鮮版	1934-04-28	1	10단	瀕死の重傷
248912	朝鮮朝日	西北版	1934-04-29	1	01단	二千名を超える官界空前の異動稅監局長以下內定し來月一日愈よ發令
248913	朝鮮朝日	西北版	1934-04-29	1	01단	通信事業も著るしく躍進明年度に三百名增員
248914	朝鮮朝日	西北版	1934-04-29	1	01단	免囚保護事業協會明春に設立三ヶ所の研究會は來月から活動に移る
248915	朝鮮朝日	西北版	1934-04-29	1	04단	人(北條平南農務課長/石田千太郎氏(總督府鑛山課長)/西垣孝一氏(郡是製絲淸州工場長))
248916	朝鮮朝日	西北版	1934-04-29	1	04단	船舶の安全令秋までに發布
248917	朝鮮朝日	西北版	1934-04-29	1	04단	産業組合理事會議
248918	朝鮮朝日	西北版	1934-04-29	1	04단	懸念される濃霧は問題ない北鮮の新航空路をかたる航空本部附技師關根中佐
248919	朝鮮朝日	西北版	1934-04-29	1	04단	防空演習の具體案決まる全委員を集めて協議
248920	朝鮮朝日	西北版	1934-04-29	1	05단	平壤神社春祭り花の盛りを賑ひ拔く
248921	朝鮮朝日	西北版	1934-04-29	1	05단	鰮油統制政策の一角遂に綻ぶ朝鮮油脂を繞る紛糾決裂

일련번호	판명		간행일	면	단수	기사명
						し自由販賣に委ぬ？
248922	朝鮮朝日	西北版	1934-04-29	1	06단	救急箱設置
248923	朝鮮朝日	西北版	1934-04-29	1	06단	珍・鶴の大量巢籠り二本の落葉樹に六十の巢數百羽亂れ飛ぶ黃昏の奇觀
248924	朝鮮朝日	西北版	1934-04-29	1	06단	平壤機關庫愈よ着工來月末から
248925	朝鮮朝日	西北版	1934-04-29	1	07단	知名の士を操り銀行乘取りを企む不敵・昭和の天一坊一年二ヶ月振りに豫審終結
248926	朝鮮朝日	西北版	1934-04-29	1	08단	鴨綠江口でおっとせい捕る迷ひ込んだ珍客六頭
248927	朝鮮朝日	西北版	1934-04-29	1	08단	齒科醫師試驗第二部合格者
248928	朝鮮朝日	西北版	1934-04-29	1	08단	命あっての物種三神洞炭鑛の事故頻發に坑夫百名遂に罷業
248929	朝鮮朝日	西北版	1934-04-29	1	08단	搜査物々し金塊密輸事件
248930	朝鮮朝日	西北版	1934-04-29	1	09단	平壤署の赤狩り續々檢擧す
248931	朝鮮朝日	西北版	1934-04-29	1	10단	全村の犬が中毒で瀕死畑の落花生を漁って
248932	朝鮮朝日	西北版	1934-04-29	1	10단	柳京日記
248933	朝鮮朝日	南鮮版	1934-04-29	1	01단	二千名を超える官界空前の異動稅監局長以下內定し來月一日愈よ發令/京城稅務署廳舍決まる
248934	朝鮮朝日	南鮮版	1934-04-29	1	01단	通信事業も著るしく躍進明年度に三百名增員
248935	朝鮮朝日	南鮮版	1934-04-29	1	01단	免囚保護事業協會明春に設立三ヶ所の研究會は來月から活動に移る
248936	朝鮮朝日	南鮮版	1934-04-29	1	01단	船舶の安全令秋までに發布
248937	朝鮮朝日	南鮮版	1934-04-29	1	02단	當世道樂境細見(5)/爭ひは君子的に縉紳の高級娛樂柳腰楚々たる妓生の名手射亭の卷
248938	朝鮮朝日	南鮮版	1934-04-29	1	03단	五座の御模型を謹製して記念に精神作興大會に參列した井上釜山第四校々長/精神作興敎員大會晉州で擧行
248939	朝鮮朝日	南鮮版	1934-04-29	1	04단	凧揚大會
248940	朝鮮朝日	南鮮版	1934-04-29	1	04단	齒科醫師試驗第二部合格者
248941	朝鮮朝日	南鮮版	1934-04-29	1	04단	來月十一日から航空郵便週間空からも大宣傳
248942	朝鮮朝日	南鮮版	1934-04-29	1	05단	消えた大金は電工の惡心
248943	朝鮮朝日	南鮮版	1934-04-29	1	05단	鰯油統制政策の一角遂に綻ぶ朝鮮油脂を繞る紛糾決裂し自由販賣に委ぬ？
248944	朝鮮朝日	南鮮版	1934-04-29	1	06단	宇部宮師團本部釜山に凱旋船中一泊の上原隊へ
248945	朝鮮朝日	南鮮版	1934-04-29	1	06단	戰歿者慰靈祭
248946	朝鮮朝日	南鮮版	1934-04-29	1	07단	ゴム靴女工罷業解決す
248947	朝鮮朝日	南鮮版	1934-04-29	1	07단	春風を孕んで躍る若人・潑剌の意氣近づく待望の一戰第四回釜山靑年團訪問リレー
248948	朝鮮朝日	南鮮版	1934-04-29	1	08단	竊盜被疑者押送中逃ぐ列車便所から飛降り追跡の警官は重傷
248949	朝鮮朝日	南鮮版	1934-04-29	1	09단	醉うて亂鬪

일련번호	판명		간행일	면	단수	기사명
248950	朝鮮朝日	南鮮版	1934-04-29	1	09단	前鎮海要塞司令官令息慘死すトラックに轢倒され嘆きの父西村少將
248951	朝鮮朝日	南鮮版	1934-04-29	1	09단	漁業家へ腺報慶南統營欲知島間無電一日から開始
248952	朝鮮朝日	南鮮版	1934-04-29	1	10단	輕氣球

1934년 5월 (조선아사히)

일련번호	판명		간행일	면	단수	기사명
248953	朝鮮朝日	西北版	1934-05-01	1	01단	獵奇と戦慄マリヤ殺しの控訴公判開く被告井上は飽くまで否認裁判長の追及急(取調べ核心へ裁判長急所を突く問題の大橋夫人との關係を被告キッパリ否定/投書は知らない自白は拷問ゆゑ/大橋夫妻に關する問答/犯行の動機は夫人の嫉妬から犯人は內部と認める證人三好警部補の陳述)
248954	朝鮮朝日	西北版	1934-05-01	1	01단	税制整理に伴ふ諸法令公布さる租税體系初めて確立/一般所得税の納税義務者/税務官署職員
248955	朝鮮朝日	西北版	1934-05-01	1	04단	人(石川參謀(十九師團參謀部)/根岸莞爾氏(十九師團經理部長)/山川善雄氏(十九師團兵器部長))
248956	朝鮮朝日	西北版	1934-05-01	1	04단	旗日だ、祭だ櫻だ、踊りだごった返す牡丹台樹間を彩るイルミネーション
248957	朝鮮朝日	西北版	1934-05-01	1	06단	內鮮滿國際列車の大スピードアップ意見對立して遂に持越す決定迄はなほ曲折
248958	朝鮮朝日	西北版	1934-05-01	1	07단	永興學校のさくら滿開
248959	朝鮮朝日	西北版	1934-05-01	1	08단	平壤新名所大鯉釣場池の周りに櫻を植ゑて實利兼備の遊覽地
248960	朝鮮朝日	西北版	1934-05-01	1	08단	さらに三名檢擧平壤の祕密結社事件
248961	朝鮮朝日	西北版	1934-05-01	1	08단	土木談合事件七名起訴さる
248962	朝鮮朝日	西北版	1934-05-01	1	09단	赤色勞組の判決言渡し主犯は六年
248963	朝鮮朝日	西北版	1934-05-01	1	10단	不穩ビラを撒く
248964	朝鮮朝日	西北版	1934-05-01	1	10단	柳京日記
248965	朝鮮朝日	西北版	1934-05-01	1	10단	本社門司支局長更迭
248966	朝鮮朝日	南鮮版	1934-05-01	1	01단	獵奇と戦慄マリヤ殺しの控訴公判開く被告井上は飽くまで否認裁判長の追及急(取調べ核心へ裁判長急所を突く問題の大橋夫人との關係を被告キッパリ否定/投書は知らない自白は拷問ゆゑ/大橋夫妻に關する問答/犯行の動機は夫人の嫉妬から犯人は內部と認める證人三好警部補の陳述)
248967	朝鮮朝日	南鮮版	1934-05-01	1	01단	税制整理に伴ふ諸法令公布さる租税體系初めて確立/一般所得税の納税義務者/税務官署職員
248968	朝鮮朝日	南鮮版	1934-05-01	1	04단	釜山軟式野球大會
248969	朝鮮朝日	南鮮版	1934-05-01	1	05단	內鮮滿國際列車の大スピードアップ意見對立して遂に持越す決定迄はなほ曲折
248970	朝鮮朝日	南鮮版	1934-05-01	1	06단	官民合同で米穀對策を協議最後案を決定する
248971	朝鮮朝日	南鮮版	1934-05-01	1	06단	思想犯人の保護監察に努む明年度より保護課を新設少年の防犯も研究
248972	朝鮮朝日	南鮮版	1934-05-01	1	06단	玩具の拳銃で脅し六百餘圓を奪ふ米屋を襲った二人組強盜
248973	朝鮮朝日	南鮮版	1934-05-01	1	08단	春川農校生騒ぐ上、下級生間の軋轢から生徒百名行方

일련번호	판명		간행일	면	단수	기사명
						晦す
248974	朝鮮朝日	南鮮版	1934-05-01	1	08단	京城招魂祭莊嚴に執行
248975	朝鮮朝日	南鮮版	1934-05-01	1	08단	凱旋部隊
248976	朝鮮朝日	南鮮版	1934-05-01	1	08단	大邱米取常任理事再選
248977	朝鮮朝日	南鮮版	1934-05-01	1	08단	最後の歸還部隊萬歳聲裡に京城通過
248978	朝鮮朝日	南鮮版	1934-05-01	1	09단	幼兒愛護週間鎭海行事
248979	朝鮮朝日	南鮮版	1934-05-01	1	09단	木浦荒しの六人組怪盜捕る主犯は消防の元組頭
248980	朝鮮朝日	南鮮版	1934-05-01	1	09단	メーデー來に鮮內を嚴戒
248981	朝鮮朝日	南鮮版	1934-05-01	1	10단	金組理事異動
248982	朝鮮朝日	南鮮版	1934-05-01	1	10단	脱走犯人釜山で捕る
248983	朝鮮朝日	南鮮版	1934-05-01	1	10단	人(篠田治策氏(李王職長官))
248984	朝鮮朝日	南鮮版	1934-05-01	1	10단	本社門司支局長更迭
248985	朝鮮朝日	南鮮版	1934-05-01	1	10단	輕氣球
248986	朝鮮朝日	西北版	1934-05-02	1	01단	税監局長、署長ら顔觸れ愈よ決る税務機關獨立に伴ふ大異動發表さる(京城税務監督局/光州税務監督局/大邱税務監督局/平壤税務監督局/咸興税務監督局)
248987	朝鮮朝日	西北版	1934-05-02	1	01단	大橋夫人登場審理は最高潮にマリヤ事件控訴公判(急所を突かれ夫人もたじたじ訊問核心に觸る/慘劇を偲ばす證據を前に五時間にわたる訊問/カーテン問答夫人も興奮)
248988	朝鮮朝日	西北版	1934-05-02	1	04단	昌慶苑博物館入場料を徵收
248989	朝鮮朝日	西北版	1934-05-02	1	05단	鎭南浦高女佐藤校長の光榮
248990	朝鮮朝日	西北版	1934-05-02	1	05단	微笑みの春(1)/強者どもが夢の跡今爛漫・花の浮島半島に誇る我らが牡丹台
248991	朝鮮朝日	西北版	1934-05-02	1	06단	年功順の盥廻し平凡だが無難北叟笑む榮轉組
248992	朝鮮朝日	西北版	1934-05-02	1	07단	朝鮮送電會社設立認可さる十六日創立總會を開く
248993	朝鮮朝日	西北版	1934-05-02	1	09단	メーデーの前夜を亂す
248994	朝鮮朝日	西北版	1934-05-02	1	10단	留置者騒ぐ
248995	朝鮮朝日	西北版	1934-05-02	1	10단	柳京日記
248996	朝鮮朝日	西北版	1934-05-02	1	10단	獨占監視に調査會平壤商議所の對策
248997	朝鮮朝日	南鮮版	1934-05-02	1	01단	税監局長、署長ら顔觸れ愈よ決る税務機關獨立に伴ふ大異動發表さる/期待される鋭い切れ味多賀光州税監局長/事業半ばに去るは殘念新京畿道内務部長大島氏語る
248998	朝鮮朝日	南鮮版	1934-05-02	1	02단	大橋夫人登場審理は最高潮にマリヤ事件控訴公判(急所を突かれ夫人もたじたじ訊問核心に觸る/慘劇を偲ばす證據を前に五時間にわたる訊問/カーテン問答夫人も興奮)
248999	朝鮮朝日	南鮮版	1934-05-02	1	04단	昌慶苑博物館入場料を徵收
249000	朝鮮朝日	南鮮版	1934-05-02	1	06단	平凡だが無難年功順の盥廻し

일련번호	판명		간행일	면	단수	기사명
249001	朝鮮朝日	南鮮版	1934-05-02	1	07단	日滿實業協會懇談會開催
249002	朝鮮朝日	南鮮版	1934-05-02	1	07단	朝鮮送電會社設立認可さる十六日創立總會を開く
249003	朝鮮朝日	南鮮版	1934-05-02	1	07단	エロ地獄の影繪不敵の二名へ斷罪
249004	朝鮮朝日	南鮮版	1934-05-02	1	09단	妓生舞踊の觀賞會
249005	朝鮮朝日	南鮮版	1934-05-02	1	10단	城大豫科運動會
249006	朝鮮朝日	南鮮版	1934-05-02	1	10단	凱旋部隊釜山へ續々と到着
249007	朝鮮朝日	南鮮版	1934-05-02	1	10단	勇敢な巡査へ見舞金を贈る
249008	朝鮮朝日	南鮮版	1934-05-02	1	10단	恩を仇で惡の二店員
249009	朝鮮朝日	南鮮版	1934-05-02	1	10단	人(近藤保利氏(新任釜山稅務署長)/岡部甲子雄氏(新任光州稅務署長)/大西勵治氏(新任木浦稅務署長)/辻董重氏(新任慶南道視學官)/山口重政氏(殖産銀行産業金融課長))
249010	朝鮮朝日	南鮮版	1934-05-02	1	10단	輕氣球
249011	朝鮮朝日	西北版	1934-05-03	1	01단	半島の誇り永へに燦やく寶物古蹟名勝天然記念物先づ二百餘點を指定
249012	朝鮮朝日	西北版	1934-05-03	1	01단	十字路に起つ平壤府電西鮮合電との利害背馳に合併問題持ち上る
249013	朝鮮朝日	西北版	1934-05-03	1	04단	人(甘熊義那氏(平壤稅務監督局長)/佐藤弘氏(安洲稅務署長)/稻田正雄氏(宜川稅務署長))
249014	朝鮮朝日	西北版	1934-05-03	1	04단	全鮮憲兵隊長會議
249015	朝鮮朝日	西北版	1934-05-03	1	04단	總督府辭令
249016	朝鮮朝日	西北版	1934-05-03	1	04단	アリバイを裏書井上に二樣の證言マリヤ事件續行公判
249017	朝鮮朝日	西北版	1934-05-03	1	05단	微笑みの春(２)/麗春の歡びこめて輝かし新生の一步斷然殖えた簡便な神前結婚
249018	朝鮮朝日	西北版	1934-05-03	1	05단	實彈射擊
249019	朝鮮朝日	西北版	1934-05-03	1	05단	*臨時郵便所新設/電報取扱ひ*
249020	朝鮮朝日	西北版	1934-05-03	1	05단	靈地妙香山を天下に顯揚新線開通を待ち平鐵で宣傳計劃
249021	朝鮮朝日	西北版	1934-05-03	1	06단	通行人の記憶に轢逃げ尻尾現す無免許のタクシー運轉手自轉車少年に重傷
249022	朝鮮朝日	西北版	1934-05-03	1	06단	測量隊派遣
249023	朝鮮朝日	西北版	1934-05-03	1	07단	各郡に內務係新たに設置
249024	朝鮮朝日	西北版	1934-05-03	1	07단	「メーデー」に不穩平壤、咸興方面に暗躍する赤の數十名を檢擧
249025	朝鮮朝日	西北版	1934-05-03	1	07단	東邊道地方匪賊の蹂躪下に治安全く混亂して鴨綠江の航行杜絶
249026	朝鮮朝日	西北版	1934-05-03	1	08단	地主、借地人紛糾擴大す値上を繞って
249027	朝鮮朝日	西北版	1934-05-03	1	08단	初の調停に小作人勝つ
249028	朝鮮朝日	西北版	1934-05-03	1	09단	富豪宅を襲った二人組覆面强盜家人を縛し現金貴金屬

일련번호	판명		간행일	면	단수	기사명
						强奪
249029	朝鮮朝日	西北版	1934-05-03	1	09단	掏摸團檢擧
249030	朝鮮朝日	西北版	1934-05-03	1	10단	柳京日記
249031	朝鮮朝日	南鮮版	1934-05-03	1	01단	*皇太子殿下お初節句を奉祝四萬の兒童が旗行列/尚武祭*
249032	朝鮮朝日	南鮮版	1934-05-03	1	01단	半島の誇り永へに燦やく寶物古蹟名勝天然記念物先づ二百餘點を指定
249033	朝鮮朝日	南鮮版	1934-05-03	1	01단	面目一新の大釜山を紹介三十五萬圓の巨費を投じ明秋開く大博覽會
249034	朝鮮朝日	南鮮版	1934-05-03	1	02단	當世道樂境細見(６)/古くして新しき赤白交錯の世界階級と年齡を越えた法悅境撞球の卷
249035	朝鮮朝日	南鮮版	1934-05-03	1	04단	釜山稅務署廳舍
249036	朝鮮朝日	南鮮版	1934-05-03	1	04단	各郡に內務係新たに設置
249037	朝鮮朝日	南鮮版	1934-05-03	1	05단	アリバイを裏書井上に二樣の證言マリヤ事件續行公判
249038	朝鮮朝日	南鮮版	1934-05-03	1	05단	全鮮憲兵隊長會議
249039	朝鮮朝日	南鮮版	1934-05-03	1	05단	總督府辭令
249040	朝鮮朝日	南鮮版	1934-05-03	1	05단	海軍戰病歿者招魂祭
249041	朝鮮朝日	南鮮版	1934-05-03	1	05단	白米値上げ
249042	朝鮮朝日	南鮮版	1934-05-03	1	06단	實彈射擊
249043	朝鮮朝日	南鮮版	1934-05-03	1	06단	八年間不明の倅に涙の消息西宮市で絞殺された運轉手本紙の記事で判る(せめて骨を犯人の心當りはない涙の父親語る)
249044	朝鮮朝日	南鮮版	1934-05-03	1	06단	德壽宮石造殿料金を引下げ
249045	朝鮮朝日	南鮮版	1934-05-03	1	07단	勤儉力行資金三千圓寄附樋口氏の奇特
249046	朝鮮朝日	南鮮版	1934-05-03	1	07단	弘法大師遠忌記念展覽會三越で開催
249047	朝鮮朝日	南鮮版	1934-05-03	1	07단	「メーデー」に不穩平壤、咸興方面に暗躍する赤の數十名を檢擧
249048	朝鮮朝日	南鮮版	1934-05-03	1	08단	米穀策懇談會
249049	朝鮮朝日	南鮮版	1934-05-03	1	09단	市丸を落籍し豪遊實は詐欺犯
249050	朝鮮朝日	南鮮版	1934-05-03	1	09단	死の遊興花見酒を名殘りに會社員心臟麻痺
249051	朝鮮朝日	南鮮版	1934-05-03	1	09단	戀の女給身投げ
249052	朝鮮朝日	南鮮版	1934-05-03	1	10단	紳士の麻雀賭博一味檢擧さる
249053	朝鮮朝日	南鮮版	1934-05-03	1	10단	大田に腦脊炎
249054	朝鮮朝日	南鮮版	1934-05-03	1	10단	人(應振復中將(滿洲國中央陸軍訓練處附)/佐藤實氏(東拓釜山支店長)/稻田米子孃(警務局附屬監稻田壽生氏令妹))
249055	朝鮮朝日	南鮮版	1934-05-03	1	10단	輕氣球
249056	朝鮮朝日	西北版	1934-05-04	1	01단	指定された寶物古蹟天然記念物
249057	朝鮮朝日	西北版	1934-05-04	1	01단	北鮮へ航空路新京圖們間を羅南まで延長郊外松坪に飛

일련번호	판명		간행일	면	단수	기사명
						行場を新設軍用とし七月から實施
249058	朝鮮朝日	西北版	1934-05-04	1	01단	釜山新京間十時間を短縮鐵道省より一ケ月お先きに鮮滿列車時刻改正/二つの國際急行釜山、新京間を結び南廻線直通を計劃
249059	朝鮮朝日	西北版	1934-05-04	1	01단	微笑みの春(3)/春の若草のごと童心は伸びゆく一番好きなは乃木大將
249060	朝鮮朝日	西北版	1934-05-04	1	05단	初等教員精神作興大會(咸興/元山)
249061	朝鮮朝日	西北版	1934-05-04	1	05단	今を盛りの牡丹台の櫻氾濫する花見客に汽車も電車も汗ダク
249062	朝鮮朝日	西北版	1934-05-04	1	07단	網がプッツリ切れる珍らしい大豊漁鰈攻めの沿海州漁場だが相場はガタ落ちの慘めさ
249063	朝鮮朝日	西北版	1934-05-04	1	08단	長崎名物凧揚げ大會瑞氣山で
249064	朝鮮朝日	西北版	1934-05-04	1	09단	公金一萬五千圓を共謀で橫領す咸南豊山郵便所員五名の數年に互る犯行暴露
249065	朝鮮朝日	西北版	1934-05-04	1	09단	防空演習豫報平鐵防空委員會
249066	朝鮮朝日	西北版	1934-05-04	1	10단	國境を護れ
249067	朝鮮朝日	西北版	1934-05-04	1	10단	父娘殺し公判迫る
249068	朝鮮朝日	西北版	1934-05-04	1	10단	人(賴母木桂吉氏(民政黨總務)/工藤鐵男氏(同代議士)/龜田市平氏(新任開城稅務署長))
249069	朝鮮朝日	西北版	1934-05-04	1	10단	柳京日記
249070	朝鮮朝日	南鮮版	1934-05-04	1	01단	指定された寶物古蹟天然記念物
249071	朝鮮朝日	南鮮版	1934-05-04	1	01단	北鮮へ航空路新京圖們間を羅南まで延長郊外松坪に飛行場を新設軍用とし七月から實施
249072	朝鮮朝日	南鮮版	1934-05-04	1	01단	釜山新京間十時間を短縮鐵道省より一ケ月お先きに鮮滿列車時刻改正/二つの國際急行釜山、新京間を結び南廻線直通を計劃
249073	朝鮮朝日	南鮮版	1934-05-04	1	03단	京畿道警察部幹部級の異動
249074	朝鮮朝日	南鮮版	1934-05-04	1	03단	弘法大師遺記念展京城三越にて昨紙參照
249075	朝鮮朝日	南鮮版	1934-05-04	1	05단	鎭海邑會
249076	朝鮮朝日	南鮮版	1934-05-04	1	05단	總督府東京出張所改築
249077	朝鮮朝日	南鮮版	1934-05-04	1	05단	運動は不必要と飜然轉向す國內工作委員會の大立者連續々極左意識を解消
249078	朝鮮朝日	南鮮版	1934-05-04	1	05단	三十五名參加す釜山青年團對抗訪問リレー競技規定發表さる
249079	朝鮮朝日	南鮮版	1934-05-04	1	06단	遞信局兩課新廳舍移轉
249080	朝鮮朝日	南鮮版	1934-05-04	1	06단	惡の課長橫領して豪遊
249081	朝鮮朝日	南鮮版	1934-05-04	1	07단	京城府稅務課賦課係を新設
249082	朝鮮朝日	南鮮版	1934-05-04	1	07단	龍谷高女落成式
249083	朝鮮朝日	南鮮版	1934-05-04	1	07단	刑務所入りに替へ玉を使ふ悠々と竊盜を働く不敵少年

일련번호	판명		간행일	면	단수	기사명
						再び捕まってバる
249084	朝鮮朝日	南鮮版	1934-05-04	1	08단	籾の賣買契約種に三萬五千圓を騙取犯人風を食って逃走
249085	朝鮮朝日	南鮮版	1934-05-04	1	08단	大島氏送別會
249086	朝鮮朝日	南鮮版	1934-05-04	1	09단	漢江に一名物人道橋架替へ中央には庭園をも設け現在の橋梁も存置
249087	朝鮮朝日	南鮮版	1934-05-04	1	09단	ボート漕出し歸らぬ男女心中したか
249088	朝鮮朝日	南鮮版	1934-05-04	1	10단	人(小原東京控訴院長、八竝司法政務次官、齋藤司法省祕書課長一行/佐藤實氏(新任東拓釜山支店長)/望月伸氏(新任東拓大連支店長)/福岡縣警察部高等科講習生六十餘名)
249089	朝鮮朝日	南鮮版	1934-05-04	1	10단	月明の玄海へ身投を企つ破鏡の美人
249090	朝鮮朝日	西北版	1934-05-05	1	01단	約三百萬石の生産制限が重點米穀統制審議會に備へて官民合同の大評定(代作獎勵に必要な差損補償大藏省が出し澁れば對策樹立もオジャン)
249091	朝鮮朝日	西北版	1934-05-05	1	01단	二急行發着時刻決る鮮滿間のスピードアップ兩當局詳細打合せ
249092	朝鮮朝日	西北版	1934-05-05	1	01단	府尹郡守の經驗を道政に反映さす藤原平南知事の創案で會議に新味を盛る
249093	朝鮮朝日	西北版	1934-05-05	1	02단	新義州防空演習
249094	朝鮮朝日	西北版	1934-05-05	1	03단	原木輸出取締り
249095	朝鮮朝日	西北版	1934-05-05	1	03단	微笑みの春(4)/娘盛りの平壤はお化粧に夢中です！道路の丸帶、お顔はペーブ晴の衣裳は柳とさくら
249096	朝鮮朝日	西北版	1934-05-05	1	04단	平壤醫專運動會
249097	朝鮮朝日	西北版	1934-05-05	1	04단	極東オリンピックお土産は何？柳、劉兩選手晴れの凱旋後映畫、講演の行脚
249098	朝鮮朝日	西北版	1934-05-05	1	04단	聯合演習
249099	朝鮮朝日	西北版	1934-05-05	1	04단	滿鐵の自動車經營今夏迄には實現新興の羅津、雄基兩港には新たに市內バス運轉
249100	朝鮮朝日	西北版	1934-05-05	1	05단	岐路に立つ平壤府電府議も起つ府電擁護を叫んで電氣調查會を設く
249101	朝鮮朝日	西北版	1934-05-05	1	05단	平壤神社改築寄附
249102	朝鮮朝日	西北版	1934-05-05	1	06단	子寶欲しさに臨月の人妻を妻に迎へたが賣られた女がをさまらず誘拐罪で告訴す
249103	朝鮮朝日	西北版	1934-05-05	1	08단	第八回全鮮蹴球大會
249104	朝鮮朝日	西北版	1934-05-05	1	08단	獲れたゾぐちチンと三十八萬尾延坪島に揚る歡聲
249105	朝鮮朝日	西北版	1934-05-05	1	09단	柳京日記
249106	朝鮮朝日	西北版	1934-05-05	1	09단	遂げ得ぬ戀にはるばる熱海で散る元三中井の女店員情人と毒藥を呷る

일련번호	판명		간행일	면	단수	기사명
249107	朝鮮朝日	西北版	1934-05-05	1	09단	人(瀬戸道一氏(新任新義州稅關長))
249108	朝鮮朝日	西北版	1934-05-05	1	10단	もよほし(朝鮮無盡協會十一回總會)
249109	朝鮮朝日	南鮮版	1934-05-05	1	01단	約三百萬石の生産制限が重點米穀統制審議會に備へて官民合同の大評定(代作獎勵に必要な差損補償大藏省が出し澁れば對策樹立もオジャン)
249110	朝鮮朝日	南鮮版	1934-05-05	1	01단	二急行發着時刻決る鮮滿間のスピードアップ兩當局詳細打合せ
249111	朝鮮朝日	南鮮版	1934-05-05	1	01단	鮮展搬入終るさびしい第三部鑑査は十二日から
249112	朝鮮朝日	南鮮版	1934-05-05	1	02단	國旗揭揚塔仁川神社に建設
249113	朝鮮朝日	南鮮版	1934-05-05	1	03단	群山開港記念日盛大な祝賀
249114	朝鮮朝日	南鮮版	1934-05-05	1	04단	もよほし(店員慰勞運動會/朝鮮無盡協會十一回總會)
249115	朝鮮朝日	南鮮版	1934-05-05	1	04단	群山の恩人胸像を建つ
249116	朝鮮朝日	南鮮版	1934-05-05	1	04단	氷は安いゾ!京城兩會社の合同決裂し今夏は亂賣戰に?
249117	朝鮮朝日	南鮮版	1934-05-05	1	04단	前例ない慰勞金前釜山府尹大島氏へ「五千圓」を贈呈か
249118	朝鮮朝日	南鮮版	1934-05-05	1	04단	釜山軟式野球
249119	朝鮮朝日	南鮮版	1934-05-05	1	04단	關西大相撲釜山へ
249120	朝鮮朝日	南鮮版	1934-05-05	1	04단	千七百圓掛金橫領集金人捕る
249121	朝鮮朝日	南鮮版	1934-05-05	1	05단	山喜多氏洋畫展十七日から京城三越で
249122	朝鮮朝日	南鮮版	1934-05-05	1	05단	聖德太子奉讚會生る
249123	朝鮮朝日	南鮮版	1934-05-05	1	05단	西大門市場新敷地決る
249124	朝鮮朝日	南鮮版	1934-05-05	1	05단	德頭靑年會館竣工
249125	朝鮮朝日	南鮮版	1934-05-05	1	05단	極東オリンピックお土産は何?柳、劉兩選手晴れの凱旋後映畫、講演の行脚
249126	朝鮮朝日	南鮮版	1934-05-05	1	06단	二十五名を處分春川農業の盟休生大部分は下山す
249127	朝鮮朝日	南鮮版	1934-05-05	1	07단	第八回全鮮蹴球大會
249128	朝鮮朝日	南鮮版	1934-05-05	1	07단	小使さんの殊勳赤十字病院に忍び込んだ不敵の怪漢を取押ふ
249129	朝鮮朝日	南鮮版	1934-05-05	1	07단	棺前結婚養父の骸に捧ぐ悲喜の杯晴れの衣裳忽まち喪服に湧き出る新たな淚
249130	朝鮮朝日	南鮮版	1934-05-05	1	09단	京釜線股に少年のスリ運盡きて御用
249131	朝鮮朝日	南鮮版	1934-05-05	1	09단	猶豫の恩典に籠拔詐欺の元署長
249132	朝鮮朝日	南鮮版	1934-05-05	1	09단	命をかけて辻强盜や搔拂ひ怠惰な徽文高普生
249133	朝鮮朝日	南鮮版	1934-05-05	1	10단	ヌクテあばる
249134	朝鮮朝日	南鮮版	1934-05-05	1	10단	人(瀬戸道一氏(新任新義州稅關長))
249135	朝鮮朝日	南鮮版	1934-05-05	1	10단	輕氣球
249136	朝鮮朝日	南鮮版	1934-05-05	1	10단	賣却賴まれた沙金を紛失仲買人失踪
249137	朝鮮朝日	西北版	1934-05-06	1	01단	本社社會事業團から優良六託兒所へ榮光の慈愛旗を表

일련번호	판명		간행일	면	단수	기사명
						彰狀助成金と共に贈る目覺しいその發達(表彰された託兒所の內容)
249138	朝鮮朝日	西北版	1934-05-06	1	02단	微笑みの春(5)/古典情緖豊かに江上に浮ぶ畵舫花かざす大宮人の昔偲びて
249139	朝鮮朝日	西北版	1934-05-06	1	03단	鐵橋保全に防空監視所樞要地に設く
249140	朝鮮朝日	西北版	1934-05-06	1	03단	洪水禍を一掃して理想的工場地へ船橋里の防水、排水兩工事いよいよ近く完成
249141	朝鮮朝日	西北版	1934-05-06	1	04단	平北郵便所長會議
249142	朝鮮朝日	西北版	1934-05-06	1	05단	憲兵記念日
249143	朝鮮朝日	西北版	1934-05-06	1	05단	簡易校認可
249144	朝鮮朝日	西北版	1934-05-06	1	05단	寄生蟲驅除
249145	朝鮮朝日	西北版	1934-05-06	1	05단	愛國熱は上昇瞬く間に廿八萬圓を突破した防空器材の獻金
249146	朝鮮朝日	西北版	1934-05-06	1	06단	敷地難の平壤公會堂いよいよ道廳前に
249147	朝鮮朝日	西北版	1934-05-06	1	06단	また天然痘平壤に發生
249148	朝鮮朝日	西北版	1934-05-06	1	06단	第二工場地帶の建設目指して普通江改修に着手
249149	朝鮮朝日	西北版	1934-05-06	1	06단	幼女を壓殺
249150	朝鮮朝日	西北版	1934-05-06	1	07단	小學校長の勳章を盗む
249151	朝鮮朝日	西北版	1934-05-06	1	07단	全鮮最初のステーション・ホテル乘降客の便宜をはかって新改築の平壤驛に
249152	朝鮮朝日	西北版	1934-05-06	1	07단	謎の兄弟心中荷を積んで下江の途中朝鮮船から飛込む
249153	朝鮮朝日	西北版	1934-05-06	1	08단	農會倉庫燒く
249154	朝鮮朝日	西北版	1934-05-06	1	08단	原審に誤認ありと事實審理を行ふ咸興談合事件上告審
249155	朝鮮朝日	西北版	1934-05-06	1	08단	浮べぬ醫生生活難から都會へ平壤署では斷然擊退
249156	朝鮮朝日	西北版	1934-05-06	1	09단	人(小池正晁男(朝鮮軍軍醫部長)/黃道鍊氏(新茂山稅務署長)/松岡榮氏(新鏡城稅務署長))
249157	朝鮮朝日	西北版	1934-05-06	1	09단	サイダー盗んで花見の露店少年二人の開業計劃第一步につまづく
249158	朝鮮朝日	西北版	1934-05-06	1	10단	梯子自動車
249159	朝鮮朝日	西北版	1934-05-06	1	10단	死刑囚・縊死を企つ
249160	朝鮮朝日	西北版	1934-05-06	1	10단	柳京日記
249161	朝鮮朝日	南鮮版	1934-05-06	1	01단	本社社會事業團から優良六託兒所へ榮光の慈愛旗を表彰狀助成金と共に贈る目覺しいその發達(表彰された託兒所の內容)
249162	朝鮮朝日	南鮮版	1934-05-06	1	02단	萬歲!
249163	朝鮮朝日	南鮮版	1934-05-06	1	03단	愛國熱は上昇瞬く間に廿八萬圓を突破した防空器材の獻金
249164	朝鮮朝日	南鮮版	1934-05-06	1	04단	もよほし(京城町洞總代懇談會/第二十師團管下團隊長會談)

일련번호	판명		간행일	면	단수	기사명
249165	朝鮮朝日	南鮮版	1934-05-06	1	04단	釜山中等野球リーグ戰始る
249166	朝鮮朝日	南鮮版	1934-05-06	1	05단	步兵聯隊野營演習
249167	朝鮮朝日	南鮮版	1934-05-06	1	05단	米穀生産費四氏の實調
249168	朝鮮朝日	南鮮版	1934-05-06	1	05단	小林氏の奔走で和かに握手京城實業野球聯盟と記者團の紛擾解決す
249169	朝鮮朝日	南鮮版	1934-05-06	1	05단	人(滿洲國各省代表實業團一行十八名)
249170	朝鮮朝日	南鮮版	1934-05-06	1	06단	奬忠壇櫻ヶ丘に新しい住宅地都市經營會社が建設し郊外バスも運行
249171	朝鮮朝日	南鮮版	1934-05-06	1	06단	模範巡查殉職
249172	朝鮮朝日	南鮮版	1934-05-06	1	06단	自動車に嵐し意外に多い違反者
249173	朝鮮朝日	南鮮版	1934-05-06	1	06단	談合有罪は不動內地の無罪判例に深澤高等法院長語る
249174	朝鮮朝日	南鮮版	1934-05-06	1	07단	少年を扼殺す盜んだ分け前をくれぬと
249175	朝鮮朝日	南鮮版	1934-05-06	1	07단	密航團と農民月下に亂鬪
249176	朝鮮朝日	南鮮版	1934-05-06	1	07단	黃金狂時代の皮肉沙金採取で荒される耕地金堤群下で農民と金鑛が深刻な抗爭を現出
249177	朝鮮朝日	南鮮版	1934-05-06	1	08단	山中の荒療治中風男を瀕死に色と慾の二道かけた僞鍼師御用となる
249178	朝鮮朝日	南鮮版	1934-05-06	1	08단	棉作指導員ご難
249179	朝鮮朝日	南鮮版	1934-05-06	1	09단	明大生の實家を片っ端から騙る福山で一稼ぎ中捕る
249180	朝鮮朝日	南鮮版	1934-05-06	1	09단	春窮農村の悲劇
249181	朝鮮朝日	南鮮版	1934-05-06	1	10단	少年竊盜團六十軒を荒す
249182	朝鮮朝日	南鮮版	1934-05-06	1	10단	元敎員の竊盜
249183	朝鮮朝日	南鮮版	1934-05-06	1	10단	人(大島良士氏(新任京畿道內務部長)/美座流石氏(新任京城稅務監督局長)/美根五郎氏(新任大邱稅務監督局稅務部長)/津田信吾氏(鐘ヶ淵紡績社長))
249184	朝鮮朝日	南鮮版	1934-05-06	1	10단	輕氣球
249185	朝鮮朝日	西北版	1934-05-08	1	01단	總督府明年豫算久しぶりに明服歲入狀態の好調に乘って新規事業も盛澤山？
249186	朝鮮朝日	西北版	1934-05-08	1	01단	中堅人物の養成に力を注ぐ先づ卅名の模範靑年へ講習農村振興指導方針決る
249187	朝鮮朝日	西北版	1934-05-08	1	02단	平壤府議一行本社視察
249188	朝鮮朝日	西北版	1934-05-08	1	02단	全鮮特高課長會議來月中旬開く
249189	朝鮮朝日	西北版	1934-05-08	1	03단	齋藤首相招宴
249190	朝鮮朝日	西北版	1934-05-08	1	04단	射擊演習
249191	朝鮮朝日	西北版	1934-05-08	1	04단	江東國防義會高射銃獻納
249192	朝鮮朝日	西北版	1934-05-08	1	04단	漁組設立を慫慂
249193	朝鮮朝日	西北版	1934-05-08	1	04단	鮮展審查員顏觸れ決る西洋畫の出品增加に反し東洋畫工藝品は減少
249194	朝鮮朝日	西北版	1934-05-08	1	04단	續趣味探訪(１)/藝術味豊かな朝鮮瓦當の蒐集平壤ホテ

일련번호	판명		간행일	면	단수	기사명
						ル支配人宮川肇氏
249195	朝鮮朝日	西北版	1934-05-08	1	05단	平壌タクシー近く値下げ
249196	朝鮮朝日	西北版	1934-05-08	1	05단	船會社と手を切り運送會社と握手平安協會の新方針
249197	朝鮮朝日	西北版	1934-05-08	1	05단	軍犬展入賞
249198	朝鮮朝日	西北版	1934-05-08	1	06단	平壌の簡閲點呼
249199	朝鮮朝日	西北版	1934-05-08	1	06단	弱小漁民を救ふ機船底曳網組合管理早くも實績擧がる新造機船で更に本格的活動
249200	朝鮮朝日	西北版	1934-05-08	1	07단	豪勢な落し物車內に轉る金塊七百匁密輸者の仕業か
249201	朝鮮朝日	西北版	1934-05-08	1	07단	掘出し物
249202	朝鮮朝日	西北版	1934-05-08	1	07단	二年の求刑道雇員の元人夫賃橫領
249203	朝鮮朝日	西北版	1934-05-08	1	07단	白晝の通り魔繁華街の時計店を襲って電光的に陳列棚を荒す
249204	朝鮮朝日	西北版	1934-05-08	1	08단	死の家出
249205	朝鮮朝日	西北版	1934-05-08	1	08단	これも二年
249206	朝鮮朝日	西北版	1934-05-08	1	08단	下流方面の密輸を嚴戒
249207	朝鮮朝日	西北版	1934-05-08	1	09단	車輪禍ひんぴん春の街頭を血塗る
249208	朝鮮朝日	西北版	1934-05-08	1	09단	工場燒く
249209	朝鮮朝日	西北版	1934-05-08	1	09단	獨力よく四名を救ふ勇敢な犧牲行爲に知事より表彰さる
249210	朝鮮朝日	西北版	1934-05-08	1	10단	柳京日記
249211	朝鮮朝日	南鮮版	1934-05-08	1	01단	總督府明年豫算久しぶりに明眼歲入狀態の好調に乘って新規事業も盛澤山？
249212	朝鮮朝日	南鮮版	1934-05-08	1	01단	大倉町青年團見事に制覇す白熱的人氣を呼んだ釜山青年團對抗訪問リレー(韋駄天若人力走また力走興奮と緊張の坩堝に)
249213	朝鮮朝日	南鮮版	1934-05-08	1	03단	齋藤首相招宴
249214	朝鮮朝日	南鮮版	1934-05-08	1	04단	關西大相撲大田で擧行/自轉車競技會
249215	朝鮮朝日	南鮮版	1934-05-08	1	05단	中堅人物の養成に力を注ぐ先づ卅名の模範靑年へ講習農村振興指導方針決る
249216	朝鮮朝日	南鮮版	1934-05-08	1	05단	全鮮高等課長會議來月中旬開く
249217	朝鮮朝日	南鮮版	1934-05-08	1	06단	鮮鐵大勝す京城實業野球リーグ戰/釜山中等野球リーグ戰の成績
249218	朝鮮朝日	南鮮版	1934-05-08	1	06단	鮮展審查員顏觸れ決る西洋畵の出品增加に反し東洋畵工藝品は減少
249219	朝鮮朝日	南鮮版	1934-05-08	1	06단	米穀問題實調に賴母木、工藤兩代議士來城
249220	朝鮮朝日	南鮮版	1934-05-08	1	07단	ホテルの怪盗投宿客を裝うて京城一流旅館を荒す
249221	朝鮮朝日	南鮮版	1934-05-08	1	08단	放垮の果富豪金氏の三男坊カルモチンで自殺
249222	朝鮮朝日	南鮮版	1934-05-08	1	08단	驛の感違ひ飛降り絶命慌てた老妻
249223	朝鮮朝日	南鮮版	1934-05-08	1	08단	ML共産黨再建を企つインテリ層に食ひ入る一味三十

일련번호	판명		간행일	면	단수	기사명
						名取調べ一段落
249224	朝鮮朝日	南鮮版	1934-05-08	1	09단	京城府民に衛生思想を喚起月末防疫週間を實施
249225	朝鮮朝日	南鮮版	1934-05-08	1	10단	自動車幼兒を轢き殺す
249226	朝鮮朝日	南鮮版	1934-05-08	1	10단	機關手殉職
249227	朝鮮朝日	南鮮版	1934-05-08	1	10단	人(大島良士氏(京畿道內務部長)/大河原重信氏(新任咸北內務部長)/古川兼秀氏(新任黃海道警察部長)/宇垣總督夫人母堂)
249228	朝鮮朝日	南鮮版	1934-05-08	1	10단	輕氣球
249229	朝鮮朝日	西北版	1934-05-09	1	01단	中等學校教育を專門的に大改革直ぐ役立つやう實際本位に明年度から斷行す
249230	朝鮮朝日	西北版	1934-05-09	1	01단	滿浦線狗峴嶺隧道大掛りな開鑿建設史始って以來の難工事愈よ今月から着手
249231	朝鮮朝日	西北版	1934-05-09	1	01단	借家住ひから漸次專用廳舍へ成可く廢物利用の方法で各稅監局と稅務署
249232	朝鮮朝日	西北版	1934-05-09	1	03단	江界の賑ひ
249233	朝鮮朝日	西北版	1934-05-09	1	03단	貸座敷轉向公娼廢止を知事に嘆願
249234	朝鮮朝日	西北版	1934-05-09	1	04단	總督府辭令
249235	朝鮮朝日	西北版	1934-05-09	1	04단	樂浪博物館の國庫移管は有望平壤府で經常費を寄附し研究の完璧を期す
249236	朝鮮朝日	西北版	1934-05-09	1	04단	出土の珍品古代人の愛慾を偲ばす鏡ユーモラスな漆器
249237	朝鮮朝日	西北版	1934-05-09	1	04단	朝鮮送電の高率電料を政府で補償せよ長津江水電の賣價も不當平壤の各團體起つ
249238	朝鮮朝日	西北版	1934-05-09	1	05단	續趣味探訪(2)/釣だが・下手の橫好きでネ一度大物が釣ってみたい西平壤驛長村上卓雄氏
249239	朝鮮朝日	西北版	1934-05-09	1	05단	爽やかな集ひ文人畫家を招き腋かに漫談良き統制の第一步に？渡邊學務局長の試み
249240	朝鮮朝日	西北版	1934-05-09	1	06단	人(マスト中佐(駐日フランス大使館附武官))
249241	朝鮮朝日	西北版	1934-05-09	1	07단	國境の唾合ひ上陸した新義州稅關吏を安東署員が棍棒で毆打す我が稅關より嚴談
249242	朝鮮朝日	西北版	1934-05-09	1	07단	安東縣の市債を僞造楚山の有力者捕る共犯は平壤で就縛
249243	朝鮮朝日	西北版	1934-05-09	1	07단	署長會議
249244	朝鮮朝日	西北版	1934-05-09	1	08단	道立病院開院式
249245	朝鮮朝日	西北版	1934-05-09	1	08단	鮮支に赤の狂奔上海で捕った第三次の巨魁京畿道へ護送さる
249246	朝鮮朝日	西北版	1934-05-09	1	09단	驛手重傷
249247	朝鮮朝日	西北版	1934-05-09	1	09단	この吸血鬼抱へ女をモヒで縛って搾る斷然、營業を停止
249248	朝鮮朝日	西北版	1934-05-09	1	10단	貨車脫線

일련번호	판명		간행일	면	단수	기사명
249249	朝鮮朝日	西北版	1934-05-09	1	10단	新犯人捕る
249250	朝鮮朝日	西北版	1934-05-09	1	10단	人(萩野瀧氏(咸北警察部高等課主任警部))
249251	朝鮮朝日	西北版	1934-05-09	1	10단	柳京日記
249252	朝鮮朝日	南鮮版	1934-05-09	1	01단	中等學校教育を專門的に大改革直ぐ役立つやう實際本位に明年度から斷行す
249253	朝鮮朝日	南鮮版	1934-05-09	1	01단	滿浦線狗峴嶺隧道大掛りな開鑿建設史始って以來の難工事愈よ今月から着手
249254	朝鮮朝日	南鮮版	1934-05-09	1	01단	借家住ひから漸次專用廳舍へ成可く廢物利用の方法で各稅監局と稅務署
249255	朝鮮朝日	南鮮版	1934-05-09	1	01단	鮮展の搬入第一日は出足鈍る
249256	朝鮮朝日	南鮮版	1934-05-09	1	02단	釜山府會大島前府尹らの慰勞金決定/大島氏へ記念品を贈る
249257	朝鮮朝日	南鮮版	1934-05-09	1	02단	當世道樂境細見(７)/新鮮な最高方針はやる如く流行らぬ如くちょいとシックな緩衝地帶妓生は天才デスゾダンスの卷發生史的考察
249258	朝鮮朝日	南鮮版	1934-05-09	1	03단	關係者の意見を徵す大型關釜聯絡船建造で
249259	朝鮮朝日	南鮮版	1934-05-09	1	04단	もよほし(開城好壽敦(ホールストン)女高普新築落成式竝に三十週年記念式/長唄やよひ會)
249260	朝鮮朝日	南鮮版	1934-05-09	1	04단	總督府辭令
249261	朝鮮朝日	南鮮版	1934-05-09	1	04단	爽やかな集ひ文人畫家を招き腹かに漫談良き統制の第一步に？渡邊學務局長の試み
249262	朝鮮朝日	南鮮版	1934-05-09	1	05단	强い責任感殉職の廣池機關士
249263	朝鮮朝日	南鮮版	1934-05-09	1	05단	炊事の火から遂に大事に全南大光里の大火部落民へは炊出し
249264	朝鮮朝日	南鮮版	1934-05-09	1	06단	逝く春の感傷 毒を嚥み心中未遂天理教師見習ひと寡婦/苛性曹達を飮んで自殺愛媛の若者/剃刀で妾を慘殺す邪推から兇行/釜山棧橋から身投を企つ/病苦の貓自殺/狂犬の犧牲
249265	朝鮮朝日	南鮮版	1934-05-09	1	06단	金が欲しさに念入りの狂言
249266	朝鮮朝日	南鮮版	1934-05-09	1	07단	渡航希望者に戶籍謄本の不正證明釜山署巡査の瀆職發覺
249267	朝鮮朝日	南鮮版	1934-05-09	1	08단	馬に戲れて命をおとす
249268	朝鮮朝日	南鮮版	1934-05-09	1	08단	下半身黑焦げ雇女逃遲れて慘死釜山の不審火
249269	朝鮮朝日	南鮮版	1934-05-09	1	08단	貨車脫線
249270	朝鮮朝日	南鮮版	1934-05-09	1	09단	鮮支に赤の狂奔上海で捕った第三次の巨魁京畿道へ護送さる
249271	朝鮮朝日	南鮮版	1934-05-09	1	10단	軍人宅へ怪賊拳銃や實包を盜去る
249272	朝鮮朝日	南鮮版	1934-05-09	1	10단	妾の養女に扶養料請求婆さんから
249273	朝鮮朝日	南鮮版	1934-05-09	1	10단	人(有賀殖銀頭取、田淵東拓理事/土屋傳作氏(釜山府

일련번호	판명		간행일	면	단수	기사명
						尹)/山下眞一氏(江原道警察部長)/マスト中佐(駐日フランス大使館附武官))
249274	朝鮮朝日	南鮮版	1934-05-09	1	10단	輕氣球
249275	朝鮮朝日	西北版	1934-05-10	1	01단	府民注視の的買電價格協定秋の合電との更新期に備へ平壤府會早くも準備
249276	朝鮮朝日	西北版	1934-05-10	1	01단	無煙炭合同は五社と決まる形式は各重役會で最後決定第一回打合せ會
249277	朝鮮朝日	西北版	1934-05-10	1	01단	演習の前哨防空展覽會廿五日より三中井で
249278	朝鮮朝日	西北版	1934-05-10	1	01단	火田民指導まづ施肥普及
249279	朝鮮朝日	西北版	1934-05-10	1	02단	靑年會館に一萬圓寄附邊淑英女史
249280	朝鮮朝日	西北版	1934-05-10	1	02단	續趣味探訪(３)/音樂・多年の研鑽空しからず鄙には惜しき名手なりツーリストビューロー主任篠塚正躬氏
249281	朝鮮朝日	西北版	1934-05-10	1	03단	鐵道試驗
249282	朝鮮朝日	西北版	1934-05-10	1	03단	防空陣に新偉力高射測定機か照空燈を獻金で購入の計劃
249283	朝鮮朝日	西北版	1934-05-10	1	04단	譽れの軍馬十九師團の四名馬行賞の恩典に浴す
249284	朝鮮朝日	西北版	1934-05-10	1	04단	郵便遞送の試驗飛行を新義州、中江鎭間に二十日から十往復を實施
249285	朝鮮朝日	西北版	1934-05-10	1	04단	醫學講習會
249286	朝鮮朝日	西北版	1934-05-10	1	04단	殖銀の新社債未償還分借換へのため一千萬圓を發行す
249287	朝鮮朝日	西北版	1934-05-10	1	05단	新綠の空の下高射砲隊記念祭來る二十日盛大に
249288	朝鮮朝日	西北版	1934-05-10	1	05단	部落民を亂射變裝し悠々逃ぐ思想的背景はなほ不明南鮮に稀な拳銃强盜
249289	朝鮮朝日	西北版	1934-05-10	1	06단	植物檢查規則に縛られる北鮮産業勃興の亞麻、甘藷栽培に打擊要望される陸揚地開放
249290	朝鮮朝日	西北版	1934-05-10	1	07단	期待される明太肝油の將來製造業者を統制し大規模製油に着手
249291	朝鮮朝日	西北版	1934-05-10	1	07단	平壤警官は過勞の惱み各方面から同情さる
249292	朝鮮朝日	西北版	1934-05-10	1	08단	流行性腦脊炎勢を盛返す豫防に躍起
249293	朝鮮朝日	西北版	1934-05-10	1	08단	各河川增水し自動車交通絶ゆ平南道奧地の豪雨
249294	朝鮮朝日	西北版	1934-05-10	1	09단	茂山の山火事
249295	朝鮮朝日	西北版	1934-05-10	1	09단	公會堂敷地またフラフラ道廳前は費用が嵩む
249296	朝鮮朝日	西北版	1934-05-10	1	10단	新義州署の闇の女追放
249297	朝鮮朝日	西北版	1934-05-10	1	10단	柳京日記
249298	朝鮮朝日	南鮮版	1934-05-10	1	01단	部落民を亂射變裝し悠々逃ぐ思想的背景はなほ不明南鮮に稀な拳銃强盜
249299	朝鮮朝日	南鮮版	1934-05-10	1	01단	無煙炭合同は五社と決まる形式は各重役會で最後決定第一回打合せ會
249300	朝鮮朝日	南鮮版	1934-05-10	1	01단	半島靑空派(A)/晝休みのひと時

일련번호	판명		간행일	면	단수	기사명
249301	朝鮮朝日	南鮮版	1934-05-10	1	02단	公州地方法院大田移轉明年は難しい
249302	朝鮮朝日	南鮮版	1934-05-10	1	02단	殖銀の新社債未償還分借換へのため一千萬圓を發行す
249303	朝鮮朝日	南鮮版	1934-05-10	1	04단	警察部長會議出席者
249304	朝鮮朝日	南鮮版	1934-05-10	1	04단	衛生工業協會調査團來る
249305	朝鮮朝日	南鮮版	1934-05-10	1	04단	散歩道は綠黃塵も遠慮する光化門通の新粧
249306	朝鮮朝日	南鮮版	1934-05-10	1	04단	京城市街に綠の地帶府民保健の見地から街路樹增植に着手
249307	朝鮮朝日	南鮮版	1934-05-10	1	04단	聯絡船建造打合會
249308	朝鮮朝日	南鮮版	1934-05-10	1	05단	京實野球聯盟戰スケジウル
249309	朝鮮朝日	南鮮版	1934-05-10	1	05단	鐵脚靑年朝鮮入り
249310	朝鮮朝日	南鮮版	1934-05-10	1	05단	釜山安東間線路も改良スピードアップに伴奏し十一月までに完成
249311	朝鮮朝日	南鮮版	1934-05-10	1	05단	高い死亡率流行性腦脊炎なほ蔓延
249312	朝鮮朝日	南鮮版	1934-05-10	1	05단	防空陣に新偉力高射測定機か照空燈を獻金で購入の計劃
249313	朝鮮朝日	南鮮版	1934-05-10	1	06단	待望の街の燈愈よ半島銀幕へ
249314	朝鮮朝日	南鮮版	1934-05-10	1	06단	大旅行團の訪れ鐵道も渾身のサービス
249315	朝鮮朝日	南鮮版	1934-05-10	1	07단	郵便遞送の試驗飛行を新義州、中江鎭間に二十日から十往復を實施
249316	朝鮮朝日	南鮮版	1934-05-10	1	08단	釜山鐵道事務所移轉
249317	朝鮮朝日	南鮮版	1934-05-10	1	08단	密航ブローカー檢擧が端緒に釜山署警官不正事件(釜山署長談)
249318	朝鮮朝日	南鮮版	1934-05-10	1	08단	愼飛行士の譽れ
249319	朝鮮朝日	南鮮版	1934-05-10	1	08단	鐵道競技部遠征
249320	朝鮮朝日	南鮮版	1934-05-10	1	09단	面有林燒く
249321	朝鮮朝日	南鮮版	1934-05-10	1	09단	飛んだ腹癒せ猛烈な夫婦喧嘩のはて列車轉覆を企だつ
249322	朝鮮朝日	南鮮版	1934-05-10	1	09단	厭世の自殺苦絶えぬ二人(大邱/大田)
249323	朝鮮朝日	南鮮版	1934-05-10	1	10단	雅敍園小火
249324	朝鮮朝日	南鮮版	1934-05-10	1	10단	もよほし(大島氏送別會)
249325	朝鮮朝日	南鮮版	1934-05-10	1	10단	輕氣球
249326	朝鮮朝日	南鮮版	1934-05-10	1	10단	人妻の鐵道自殺
249327	朝鮮朝日	南鮮版	1934-05-10	1	10단	人(守田義道氏(慶南道巨濟警察署長)/小泉周太郎氏(劍道敎士、五段))
249328	朝鮮朝日	西北版	1934-05-11	1	01단	鮮、滿國境に張廻らす道路網關係三當局、京城に會して新設の具體案協議
249329	朝鮮朝日	西北版	1934-05-11	1	01단	米穀策方針も近く最後的決定久しぶりに樂な豫算の編成當面問題を語る今井田總監
249330	朝鮮朝日	西北版	1934-05-11	1	01단	送電幹線の國營化を迫る平南五大事業期成會
249331	朝鮮朝日	西北版	1934-05-11	1	01단	平壤府營電車初めて黑字

일련번호	판명		간행일	면	단수	기사명
249332	朝鮮朝日	西北版	1934-05-11	1	02단	野球部創設
249333	朝鮮朝日	西北版	1934-05-11	1	02단	續趣味探訪(４)/父子相傳の野菜つくり覆審法院檢事長栃原琢郎氏
249334	朝鮮朝日	西北版	1934-05-11	1	03단	人知れぬ異境に咲誇る千本櫻咸北東海岸の隱れた一名所巨巖を劈く奇觀『石割櫻』
249335	朝鮮朝日	西北版	1934-05-11	1	04단	大聖山登攀
249336	朝鮮朝日	西北版	1934-05-11	1	04단	公會堂設計一部變更す
249337	朝鮮朝日	西北版	1934-05-11	1	05단	財界不況で基督教受難
249338	朝鮮朝日	西北版	1934-05-11	1	05단	修學旅行
249339	朝鮮朝日	西北版	1934-05-11	1	05단	クーポン式旅客券發賣
249340	朝鮮朝日	西北版	1934-05-11	1	06단	唄へや踊れ寺洞鑛業部を擧る海軍記念日の賑ひ
249341	朝鮮朝日	西北版	1934-05-11	1	06단	無煙炭合同なほ曲折を見んもし不成立の場合は新會社設立の方策(資産評價調査準備委員會設置と決る)
249342	朝鮮朝日	西北版	1934-05-11	1	07단	被害者の懷ろをつけ狙った犯人事件前までの足取漸く判る戰慄の拳銃強盜
249343	朝鮮朝日	西北版	1934-05-11	1	08단	精米所燒く
249344	朝鮮朝日	西北版	1934-05-11	1	08단	失戀から
249345	朝鮮朝日	西北版	1934-05-11	1	08단	僞造紙幣を種に三千圓を捲揚ぐ四名共謀の詐欺賭博
249346	朝鮮朝日	西北版	1934-05-11	1	08단	厭世自殺
249347	朝鮮朝日	西北版	1934-05-11	1	09단	僞造紙幣で釣り錢詐取平壤府內に被害續出
249348	朝鮮朝日	西北版	1934-05-11	1	09단	大同江岸に他殺嫌疑の死體被害者はモヒ患者
249349	朝鮮朝日	西北版	1934-05-11	1	10단	謎の小指
249350	朝鮮朝日	西北版	1934-05-11	1	10단	柳京日記
249351	朝鮮朝日	南鮮版	1934-05-11	1	01단	鮮、滿國境に張廻らす道路網關係三當局、京城に會して新設の具體案協議
249352	朝鮮朝日	南鮮版	1934-05-11	1	01단	米穀策方針も近く最後的決定久しぶりに樂な豫算の編成當面問題を語る今井田總監
249353	朝鮮朝日	南鮮版	1934-05-11	1	01단	釜山中央卸賣市場着工で關係者の懇談
249354	朝鮮朝日	南鮮版	1934-05-11	1	02단	內地行詰りの逃げ場に作った工場新設などにつき津田鐘紡社長語る
249355	朝鮮朝日	南鮮版	1934-05-11	1	02단	半島靑空派(B)/狹いながらも
249356	朝鮮朝日	南鮮版	1934-05-11	1	04단	人(多賀秀敏氏(光州稅務監督局長)/小野重人氏(全州稅務署長)/高尾甚造氏(慶北警察部長)/門脇默一氏(大邱府尹))
249357	朝鮮朝日	南鮮版	1934-05-11	1	04단	無煙炭合同なほ曲折を見んもし不成立の場合は新會社設立の方策(資産評價調査準備委員會設置と決定)
249358	朝鮮朝日	南鮮版	1934-05-11	1	05단	慶南金組の異動
249359	朝鮮朝日	南鮮版	1934-05-11	1	05단	普成專門へ多額を寄附金朝鮮製絲社長の奇特
249360	朝鮮朝日	南鮮版	1934-05-11	1	05단	燃ゆる靈峰新綠の密林を三日間も燒く忠北俗離山の大火

일련번호	판명		간행일	면	단수	기사명
249361	朝鮮朝日	南鮮版	1934-05-11	1	05단	秋から冬の農民へ贈る利鎌音頭金素雲氏の新民謠レコードも近く發賣
249362	朝鮮朝日	南鮮版	1934-05-11	1	06단	河底調査始まる
249363	朝鮮朝日	南鮮版	1934-05-11	1	06단	宿泊設備愈よ復活釜山鐵道會館
249364	朝鮮朝日	南鮮版	1934-05-11	1	07단	全南道一帶に本年初の豪雨各河川增水渡船轉覆慘事や田畑にも相當被害/馬山も豪雨/作物は綠の微笑旱魃氣構への慶北地方滋雨にホッと一息
249365	朝鮮朝日	南鮮版	1934-05-11	1	08단	落し主は誰電車內の大金
249366	朝鮮朝日	南鮮版	1934-05-11	1	08단	被害者の懷ろをつけ狙った犯人事件前までの足どり漸く判る戰慄の拳銃强盜
249367	朝鮮朝日	南鮮版	1934-05-11	1	10단	マリヤ事件實地檢證を行ふ
249368	朝鮮朝日	南鮮版	1934-05-11	1	10단	瀆職巡査送らる
249369	朝鮮朝日	南鮮版	1934-05-11	1	10단	花嫁學校倒る建築中暴風に
249370	朝鮮朝日	南鮮版	1934-05-11	1	10단	三宅圓平畫伯作品頒布
249371	朝鮮朝日	西北版	1934-05-12	1	01단	平壤府電の將來と買電問題
249372	朝鮮朝日	西北版	1934-05-12	1	01단	產金獎勵徹底に國立製鍊所を設置先づ明年度に二、三ヶ所萬難を排して斷行
249373	朝鮮朝日	西北版	1934-05-12	1	01단	市街地建築物お化粧に制限防空、火、衛生の見地から警務局單獨の取締りを行ふ
249374	朝鮮朝日	西北版	1934-05-12	1	01단	鑛業令の改正を斷行鑛山界勃興に伴ひ根本的缺陷を暴露
249375	朝鮮朝日	西北版	1934-05-12	1	02단	平南道管內產組理事會
249376	朝鮮朝日	西北版	1934-05-12	1	03단	續趣味探訪(５)/名にし東の隅田川本場仕込の長唄でさァ平鐵運轉主任大久保淸氏
249377	朝鮮朝日	西北版	1934-05-12	1	04단	人事相談所
249378	朝鮮朝日	西北版	1934-05-12	1	04단	草摘み
249379	朝鮮朝日	西北版	1934-05-12	1	05단	平元線陽德延長明春から着手
249380	朝鮮朝日	西北版	1934-05-12	1	06단	鐘紡工場の誘致を策す
249381	朝鮮朝日	西北版	1934-05-12	1	06단	產業開發に頗ぶる期待さる鮮滿國境道路網建設歷史的會議開かる
249382	朝鮮朝日	西北版	1934-05-12	1	07단	平北楚山の山中で滿洲紙幣を僞造主犯以下六名捕る
249383	朝鮮朝日	西北版	1934-05-12	1	07단	遭難坑夫の遺族が訴訟
249384	朝鮮朝日	西北版	1934-05-12	1	07단	忠南の拳銃强盜平壤へ潛入か平壤署大活動を始む
249385	朝鮮朝日	西北版	1934-05-12	1	07단	平壤ゴム工場遂に全部休業解散相つぐ形勢に從業員路頭に迷ふ
249386	朝鮮朝日	西北版	1934-05-12	1	08단	咸興都計案なる
249387	朝鮮朝日	西北版	1934-05-12	1	08단	腐敗辨當で十名中毒す全鮮蹴球大會異變
249388	朝鮮朝日	西北版	1934-05-12	1	09단	金塊十一貫目愈よ競賣へ元新義州署員ら十四名の密輸事件上告棄却

일련번호	판명		긴행일	면	단수	기사명
249389	朝鮮朝日	西北版	1934-05-12	1	09단	船のみ漂着行方不明の四漁夫絶望
249390	朝鮮朝日	西北版	1934-05-12	1	09단	人(春田丑雄氏(平壤醫專教授)/勝尾少將(三十九旅團長)/畑中大佐(平壤七十七聯隊長)/菅原大佐(飛行第六聯隊長)/山形中佐(平壤憲兵隊長)/中原史郎氏(新任平壤專賣支局長))
249391	朝鮮朝日	西北版	1934-05-12	1	10단	飛降り自殺
249392	朝鮮朝日	西北版	1934-05-12	1	10단	柳京日記
249393	朝鮮朝日	南鮮版	1934-05-12	1	01단	人口６０萬郊外地の編入で膨れる大京城
249394	朝鮮朝日	南鮮版	1934-05-12	1	01단	産金獎勵徹底に國立製錬所を設置先づ明年度に二、三ヶ所萬難を排して斷行
249395	朝鮮朝日	南鮮版	1934-05-12	1	01단	市街地建築物お化粧に制限防空、火、衛生の見地から警務局單獨の取締りを行ふ
249396	朝鮮朝日	南鮮版	1934-05-12	1	01단	半島靑空派(C)/おいらの職場
249397	朝鮮朝日	南鮮版	1934-05-12	1	03단	釜山署異動綱紀を大肅正
249398	朝鮮朝日	南鮮版	1934-05-12	1	04단	南山本願寺宗祖降誕會
249399	朝鮮朝日	南鮮版	1934-05-12	1	04단	空から大宣傳航空郵便週間
249400	朝鮮朝日	南鮮版	1934-05-12	1	04단	珍しい顏觸れ安岡錦鷄學院長の歡迎晚餐會
249401	朝鮮朝日	南鮮版	1934-05-12	1	04단	京城中等校野球リーグ戰始む本社大會の小手調べ/釜山一商制霸すリーグ戰終る/南鮮庭球大會
249402	朝鮮朝日	南鮮版	1934-05-12	1	05단	京城府に都計賦課二係新設
249403	朝鮮朝日	南鮮版	1934-05-12	1	05단	朖らかなカップル著しく殖えた內鮮人の結婚八年末現在で千餘組に上る
249404	朝鮮朝日	南鮮版	1934-05-12	1	05단	産業開發に頗ぶる期待さる鮮滿國境道路網建設歷史的會議開かる
249405	朝鮮朝日	南鮮版	1934-05-12	1	05단	鮮展搬入終る審査員も來着
249406	朝鮮朝日	南鮮版	1934-05-12	1	06단	鑛業令の改正を斷行鑛山界勃興に伴ひ根本的缺陷を暴露
249407	朝鮮朝日	南鮮版	1934-05-12	1	06단	歌はれる金剛山來鮮の北原白秋氏に依賴し金剛山小唄を作る
249408	朝鮮朝日	南鮮版	1934-05-12	1	07단	レコード明星の悲歌妓生、崔香花さん逝く
249409	朝鮮朝日	南鮮版	1934-05-12	1	07단	顧みられぬ女某會社々長を相手取り慰藉料請求の訴へ
249410	朝鮮朝日	南鮮版	1934-05-12	1	08단	馬山の戶別稅賦課修正通り可決
249411	朝鮮朝日	南鮮版	1934-05-12	1	08단	「朝鮮よさやうなら」發賣禁止さる
249412	朝鮮朝日	南鮮版	1934-05-12	1	09단	六名溺死しなほ六名不明全南の渡船轉覆事件
249413	朝鮮朝日	南鮮版	1934-05-12	1	09단	金泉高普校盟休さわぎ教師の復職を迫って
249414	朝鮮朝日	南鮮版	1934-05-12	1	09단	忠南の拳銃强盜平壤へ潛入か平壤署大活動を始む
249415	朝鮮朝日	南鮮版	1934-05-12	1	09단	刑務所看守宅へ二人組の賊
249416	朝鮮朝日	南鮮版	1934-05-12	1	10단	溫突の殘火から釜山の怪火原因判る
249417	朝鮮朝日	南鮮版	1934-05-12	1	10단	醉うた占師海中に墜死

일련번호	판명		간행일	면	단수	기사명
249418	朝鮮朝日	南鮮版	1934-05-12	1	10단	離別を苦に鐵路に散る
249419	朝鮮朝日	南鮮版	1934-05-12	1	10단	もよほし(同民會總會/京畿道ゴム業者組合定時總會/歌澤松聲會)
249420	朝鮮朝日	南鮮版	1934-05-12	1	10단	人(大島良士氏(新任京畿道內務部長)/瀨戶道一氏(新任新義州稅關長)/安岡源太郎氏(新任京畿道視學官)/裏松友光子爵(貴族院議員)/山村警務局圓)
249421	朝鮮朝日	西北版	1934-05-13	1	01단	手間取る安東を封印のまゝ通關內鮮滿間スピードアップで直通貨物に大福音
249422	朝鮮朝日	西北版	1934-05-13	1	01단	宇垣總督初の地方視察十四日から東部海岸線へ水産施設具體化
249423	朝鮮朝日	西北版	1934-05-13	1	01단	景氣の鐵道に珍しや赤字上旬の貨物移動量果然、激減を示す
249424	朝鮮朝日	西北版	1934-05-13	1	02단	平北金組理事會
249425	朝鮮朝日	西北版	1934-05-13	1	03단	新義州の大祭
249426	朝鮮朝日	西北版	1934-05-13	1	04단	産婆看護婦合格者
249427	朝鮮朝日	西北版	1934-05-13	1	04단	鄉軍發會式
249428	朝鮮朝日	西北版	1934-05-13	1	04단	醫專展覽會
249429	朝鮮朝日	西北版	1934-05-13	1	04단	緊急地方から直ちに建設着工道路網評定大綱成る
249430	朝鮮朝日	西北版	1934-05-13	1	05단	續趣味探訪(6)/大谷崎若き日の友空賢・神を拜がむ鮮銀平壤支店長岸巖氏
249431	朝鮮朝日	西北版	1934-05-13	1	05단	特定運賃に先立ち栗の責任輸送量平南産業課が決定に奔走
249432	朝鮮朝日	西北版	1934-05-13	1	05단	架橋入札
249433	朝鮮朝日	西北版	1934-05-13	1	05단	櫻を植ゆ
249434	朝鮮朝日	西北版	1934-05-13	1	05단	畫舫錦繡號進水式來る二十三日
249435	朝鮮朝日	西北版	1934-05-13	1	05단	崇仁商業講堂落成
249436	朝鮮朝日	西北版	1934-05-13	1	06단	輝く表彰
249437	朝鮮朝日	西北版	1934-05-13	1	06단	喧嘩からつひに流血
249438	朝鮮朝日	西北版	1934-05-13	1	06단	第八回全鮮蹴球大會
249439	朝鮮朝日	西北版	1934-05-13	1	07단	大防空演習にDK實況放送演習最高潮の三日間防衛司令部に放送機を設置/參加總人員六千に上る
249440	朝鮮朝日	西北版	1934-05-13	1	07단	蕨汁から一家族中毒兩親危篤、二兒死亡
249441	朝鮮朝日	西北版	1934-05-13	1	07단	助興稅許可
249442	朝鮮朝日	西北版	1934-05-13	1	08단	棍棒ひっさげ押入り强盜
249443	朝鮮朝日	西北版	1934-05-13	1	09단	迷信から雙兒を殺す
249444	朝鮮朝日	西北版	1934-05-13	1	09단	愛兒を道連れに亡き夫を追ふ二兒逝き母は生殘る
249445	朝鮮朝日	西北版	1934-05-13	1	10단	主從共謀で貨物拔取り
249446	朝鮮朝日	西北版	1934-05-13	1	10단	人(津田鐘紡社長)
249447	朝鮮朝日	西北版	1934-05-13	1	10단	柳京日記

일련번호	판명		간행일	면	단수	기사명
249448	朝鮮朝日	南鮮版	1934-05-13	1	01단	手間取る安東を封印のまゝ通關内鮮滿間スピードアップで直通貨物に大福音
249449	朝鮮朝日	南鮮版	1934-05-13	1	01단	宇垣總督初の地方視察十四日から東部海岸線へ水産施設好轉か
249450	朝鮮朝日	南鮮版	1934-05-13	1	01단	景氣の鐵道に珍しや赤字上旬の貨物移動量果然、減少を示す
249451	朝鮮朝日	南鮮版	1934-05-13	1	01단	京城府民の戸別稅負擔幾分增加す
249452	朝鮮朝日	南鮮版	1934-05-13	1	02단	半島靑空派(D)/ごゝに天國
249453	朝鮮朝日	南鮮版	1934-05-13	1	03단	昌慶丸難航釜山の船車聯絡大混雜
249454	朝鮮朝日	南鮮版	1934-05-13	1	04단	天理教徒淨化奉仕
249455	朝鮮朝日	南鮮版	1934-05-13	1	04단	賄賂まんまと失敗
249456	朝鮮朝日	南鮮版	1934-05-13	1	04단	眞犯人に殆ど確定忠南拳銃强盜平北で袋の鼠
249457	朝鮮朝日	南鮮版	1934-05-13	1	04단	深夜の通り魔駐在所巡査部長慘殺さる京畿道新川里に怪盜/栗木里にも覆面の强盜大成病院長宅に押し入ったが夫人の勇敢さに辟易
249458	朝鮮朝日	南鮮版	1934-05-13	1	05단	街の浮浪者大邱で一掃き
249459	朝鮮朝日	南鮮版	1934-05-13	1	05단	知らぬ間に懲役に役場の大失態(門司/京城)
249460	朝鮮朝日	南鮮版	1934-05-13	1	05단	スポーツ(鐵道二勝す京實聯盟戰/鎭海要港部大相撲/慶南體協の擴充を計る/全鐵道柔道軍鮮滿に來征)
249461	朝鮮朝日	南鮮版	1934-05-13	1	06단	小型漫談/筒井竹雄氏
249462	朝鮮朝日	南鮮版	1934-05-13	1	06단	緊急地方から直ちに建設着工道路網平定大綱成る
249463	朝鮮朝日	南鮮版	1934-05-13	1	06단	第八回全鮮蹴球大會
249464	朝鮮朝日	南鮮版	1934-05-13	1	07단	もよほし(金融組合慶南支部理事會)
249465	朝鮮朝日	南鮮版	1934-05-13	1	09단	惡のレプラ群 快からぬ男へ私刑寄ってたかって袋叩きにし遂に死に至らしむ/うるさい跳梁
249466	朝鮮朝日	南鮮版	1934-05-13	1	10단	列車に飛込み夫婦の心中
249467	朝鮮朝日	南鮮版	1934-05-13	1	10단	桃色舞踊教師一審通り求刑
249468	朝鮮朝日	南鮮版	1934-05-13	1	10단	人(白石慶南警察部長/八竝武治氏(司法政務次官)/小原直氏(東京控訴院長)/衆議院議員濱田國松氏一行十七名)
249469	朝鮮朝日	西北版	1934-05-15	1	01단	名物洪水禍やがて解消せん土木繼續事業全面的更新で河川改修も大飛躍
249470	朝鮮朝日	西北版	1934-05-15	1	01단	家庭愛には勝てぬ思想犯轉向の動機はこれ注目すべき資料調査成る
249471	朝鮮朝日	西北版	1934-05-15	1	01단	送電線問題で要路に決議文平南五大事業期成會
249472	朝鮮朝日	西北版	1934-05-15	1	02단	續趣味探訪(7)/素人の域を脱した押しも押されぬ樂浪研究家朝鮮商工會社平壤支店支配人諸岡榮次氏
249473	朝鮮朝日	西北版	1934-05-15	1	03단	府營バス時間延長
249474	朝鮮朝日	西北版	1934-05-15	1	03단	新義州、中江鎭間往復試驗飛行來る二十日から一週二回平壤郵便局の企て

일련번호	판명		간행일	면	단수	기사명
249475	朝鮮朝日	西北版	1934-05-15	1	03단	防空演習豫報打合せ終って愈よ實行へ
249476	朝鮮朝日	西北版	1934-05-15	1	04단	人(津田信吾氏(鐘紡社長))
249477	朝鮮朝日	西北版	1934-05-15	1	04단	平南特産販賣組合新たに組織
249478	朝鮮朝日	西北版	1934-05-15	1	04단	躍る清津國際港に觀光施設景勝地高抹山の一大公園化を計る
249479	朝鮮朝日	西北版	1934-05-15	1	05단	平壤春競馬二十四日から
249480	朝鮮朝日	西北版	1934-05-15	1	05단	鮮展 審査を發表昨年より稍々嚴選を示し二百八十六點入選/喜びの初入選異彩を放つ女性十九名
249481	朝鮮朝日	西北版	1934-05-15	1	06단	鐘紡新設工場の白羽の矢は？候補地は平壤ほか四ヶ所注目される津田社長の視察
249482	朝鮮朝日	西北版	1934-05-15	1	06단	はるばる松江から鄕土部隊出迎へ『國旗のオッサン』雄基へ人見聯隊長の感激
249483	朝鮮朝日	西北版	1934-05-15	1	07단	平安商會を改組平壤荷主會生る
249484	朝鮮朝日	西北版	1934-05-15	1	08단	山火事
249485	朝鮮朝日	西北版	1934-05-15	1	08단	國境地帶に匪賊群蠢く春窮の食糧難から我が方瞬く間に擊退
249486	朝鮮朝日	西北版	1934-05-15	1	09단	平北楚山面廿七戶燒く
249487	朝鮮朝日	西北版	1934-05-15	1	09단	零落の果强盜を働く
249488	朝鮮朝日	西北版	1934-05-15	1	09단	工夫十一名あはや生埋二十時間目に救はる長津江水電工事場の珍事
249489	朝鮮朝日	西北版	1934-05-15	1	10단	十年の求刑
249490	朝鮮朝日	西北版	1934-05-15	1	10단	柳京日記
249491	朝鮮朝日	南鮮版	1934-05-15	1	01단	名物洪水禍やがて解消せん土木繼續事業全面的更新で河川改修も大飛躍
249492	朝鮮朝日	南鮮版	1934-05-15	1	01단	鮮展 審査を發表昨年より稍々嚴選を示し二百八十六點入選/喜びの初入選異彩を放つ女性十九名
249493	朝鮮朝日	南鮮版	1934-05-15	1	01단	御親閲當時の御寫眞健康兒の歌を寄贈釜山販賣店が各小學へ
249494	朝鮮朝日	南鮮版	1934-05-15	1	02단	半島靑空派(E)/知らぬ地上
249495	朝鮮朝日	南鮮版	1934-05-15	1	03단	大田鐵大勝對全大邱定期野球戰/釜山軟式野球
249496	朝鮮朝日	南鮮版	1934-05-15	1	03단	空の散步遊覽飛行復活す
249497	朝鮮朝日	南鮮版	1934-05-15	1	04단	無盡協會總會
249498	朝鮮朝日	南鮮版	1934-05-15	1	04단	列車事故
249499	朝鮮朝日	南鮮版	1934-05-15	1	04단	巡査部長殺し捕まる 指紋見事に符合疾風迅雷的の涙ぐましい活動仁川署に凱歌上る/エッ！犯人が捕まりましたか本人もさぞ本望でせう馳せつけた柳瀨氏實兄語る
249500	朝鮮朝日	南鮮版	1934-05-15	1	05단	山積の大仕事いかに捌く釜山民に期待される土屋新府尹の手腕
249501	朝鮮朝日	南鮮版	1934-05-15	1	05단	四軒を全半燒京城の廓火事

일련번호	판명		간행일	면	단수	기사명
249502	朝鮮朝日	南鮮版	1934-05-15	1	06단	マリア事件實地檢證詳細に行ふ
249503	朝鮮朝日	南鮮版	1934-05-15	1	08단	家庭愛には勝てぬ思想犯轉向の動機はこれ注目すべき資料調査成る
249504	朝鮮朝日	南鮮版	1934-05-15	1	08단	國境地帶に匪賊群蠢く瞬く間に擊退
249505	朝鮮朝日	南鮮版	1934-05-15	1	09단	人(杉山航空本部長/安井總督府文書課長)
249506	朝鮮朝日	南鮮版	1934-05-15	1	09단	四人組の持兇器强盜慶南舊源里に押入る
249507	朝鮮朝日	南鮮版	1934-05-15	1	10단	輕氣球
249508	朝鮮朝日	西北版	1934-05-16	1	01단	全國道に明粧改修工事促進に伴奏して簡易鋪裝を行ふ
249509	朝鮮朝日	西北版	1934-05-16	1	01단	平壤觀光協會愈よ發會の運び先づ美麗な案內圖でひろく內外に宣傳
249510	朝鮮朝日	西北版	1934-05-16	1	01단	鮮展　輝やく特選十四氏を發表/素人臭拔けて本格的の水準に大作も著しく殖えた各審查員は語る/入選者氏名/特選は意外喜びを語る藤原女史
249511	朝鮮朝日	西北版	1934-05-16	1	02단	授業料低減
249512	朝鮮朝日	西北版	1934-05-16	1	02단	鎭南浦港の惱み凍結に備へる碎氷船の補助を知事に陳情
249513	朝鮮朝日	西北版	1934-05-16	1	04단	平鐵醫務室改築
249514	朝鮮朝日	西北版	1934-05-16	1	04단	總督府辭令
249515	朝鮮朝日	西北版	1934-05-16	1	04단	續趣味探訪(８)/木刀一閃！瑞氣山上の劍客平壤地方法院檢事大森德次郞氏
249516	朝鮮朝日	西北版	1934-05-16	1	05단	地主の攻勢に備へ平壤の借地人結束借地人組合聯合會を組織
249517	朝鮮朝日	西北版	1934-05-16	1	06단	水組調査
249518	朝鮮朝日	西北版	1934-05-16	1	07단	郡部警官の激務を緩和
249519	朝鮮朝日	西北版	1934-05-16	1	07단	若葉の蔭に散りゆく命自殺三つ
249520	朝鮮朝日	西北版	1934-05-16	1	08단	道議の視察
249521	朝鮮朝日	西北版	1934-05-16	1	09단	道立元山醫院開院式擧行
249522	朝鮮朝日	西北版	1934-05-16	1	10단	新通話區域
249523	朝鮮朝日	西北版	1934-05-16	1	10단	羅南、大村間往復大飛行
249524	朝鮮朝日	西北版	1934-05-16	1	10단	柳京日記
249525	朝鮮朝日	南鮮版	1934-05-16	1	01단	全國道に明粧改修工事促進に伴奏して簡易鋪裝を行ふ
249526	朝鮮朝日	南鮮版	1934-05-16	1	01단	DK受信所朱安を廢し釜山に設置七月末までに完成
249527	朝鮮朝日	南鮮版	1934-05-16	1	01단	鮮展　輝やく特選十四氏を發表/入選者氏名/素人臭拔けて本格的の水準に大作も著しく殖えた各審查員は語る/有力展に屢々入選林應九氏語る
249528	朝鮮朝日	南鮮版	1934-05-16	1	02단	宇垣總督
249529	朝鮮朝日	南鮮版	1934-05-16	1	02단	總督府辭令
249530	朝鮮朝日	南鮮版	1934-05-16	1	03단	小型漫談/佐々木日出男氏
249531	朝鮮朝日	南鮮版	1934-05-16	1	04단	電車內でお産

일련번호	판명		간행일	면	단수	기사명
249532	朝鮮朝日	南鮮版	1934-05-16	1	05단	修養團大會
249533	朝鮮朝日	南鮮版	1934-05-16	1	05단	蔚山の上水道起工式を擧ぐ
249534	朝鮮朝日	南鮮版	1934-05-16	1	05단	阿片の祕密室京城府內に支那人が經營密輸者檢擧で發覺
249535	朝鮮朝日	南鮮版	1934-05-16	1	06단	スポーツ(京城運動場プール開放/殖銀5ー4府廳/齒專優勝專門校卓球)
249536	朝鮮朝日	南鮮版	1934-05-16	1	06단	京城公設市場白米植上げ
249537	朝鮮朝日	南鮮版	1934-05-16	1	07단	常署津新斗美會おさらへ會
249538	朝鮮朝日	南鮮版	1934-05-16	1	07단	柳瀨警部補慘殺犯人洪慶石と隱家(京畿多朱面土中里の煙草屋)
249539	朝鮮朝日	南鮮版	1934-05-16	1	08단	涙をかくし健氣に語る殉職の柳瀨氏夫人急遽鄉里から歸鮮
249540	朝鮮朝日	南鮮版	1934-05-16	1	08단	婦人講座
249541	朝鮮朝日	南鮮版	1934-05-16	1	09단	松葉杖に縋り惡の跛行大尉宅荒し捕まる
249542	朝鮮朝日	南鮮版	1934-05-16	1	10단	衆議院議員滿洲視察に
249543	朝鮮朝日	南鮮版	1934-05-16	1	10단	海軍記念日鎭海の行事
249544	朝鮮朝日	南鮮版	1934-05-16	1	10단	金泉高普の盟休鎭まる
249545	朝鮮朝日	南鮮版	1934-05-16	1	10단	猥畵密賣圓捕る
249546	朝鮮朝日	南鮮版	1934-05-16	1	10단	早くも水の犧牲
249547	朝鮮朝日	南鮮版	1934-05-16	1	10단	人(土屋釜山府尹/筒井竹雄氏(警務局保安課事務官))
249548	朝鮮朝日	西北版	1934-05-17	1	01단	犯罪防止檢擧に民衆の力を求む自警觀念の涵養を手初めに當局本腰で乘出す
249549	朝鮮朝日	西北版	1934-05-17	1	01단	國費沙防事業愈よ第二期へ十ヶ年繼續で十萬町步を林政課で具體案を練る
249550	朝鮮朝日	西北版	1934-05-17	1	01단	李鍵公同妃兩展下御歸鮮御日程決まる
249551	朝鮮朝日	西北版	1934-05-17	1	01단	研究室から(1)/時は五月・人は靑春若き希望に燃ゆ窯業の都建設の先驅者平南工業試驗所窯業部
249552	朝鮮朝日	西北版	1934-05-17	1	02단	窮境にあへぐゴム工業の統制に乘出す平南產業課が座談會を催し業者の反省を求む
249553	朝鮮朝日	西北版	1934-05-17	1	04단	二等兵逃走
249554	朝鮮朝日	西北版	1934-05-17	1	04단	緬羊事業實現の緖にはるばる濠洲から北鮮へ乘込む二千七百頭/ゴム靴の需要期でホッと一息工場の操業開始に從業員の愁眉開く
249555	朝鮮朝日	西北版	1934-05-17	1	05단	諸兵聯合演習
249556	朝鮮朝日	西北版	1934-05-17	1	05단	道路竣工式
249557	朝鮮朝日	西北版	1934-05-17	1	05단	くるくる變る公會堂敷地漸く非難の聲
249558	朝鮮朝日	西北版	1934-05-17	1	06단	二萬噸の大豆が北鮮に出廻る？本年掉尾の特産輸送建設中の圖寧線を利用して
249559	朝鮮朝日	西北版	1934-05-17	1	06단	開城の花祭

일련번호	판명		간행일	면	단수	기사명
249560	朝鮮朝日	西北版	1934-05-17	1	06단	漕艇大會
249561	朝鮮朝日	西北版	1934-05-17	1	07단	消防演習
249562	朝鮮朝日	西北版	1934-05-17	1	07단	濃霧のため救援船近寄れず船客四十名は無事坐礁した淡路丸
249563	朝鮮朝日	西北版	1934-05-17	1	07단	青葉の北鮮へ貴衆兩院議員團や滿洲實業團の訪れ
249564	朝鮮朝日	西北版	1934-05-17	1	08단	所得稅申告
249565	朝鮮朝日	西北版	1934-05-17	1	08단	左黨へ警告幅を利かすインチキな爛瓶一合入と見せかけ實は七勺當局の目鋭く光る
249566	朝鮮朝日	西北版	1934-05-17	1	09단	重役を決定朝窒が實權を握る朝鮮送電創立總會
249567	朝鮮朝日	西北版	1934-05-17	1	09단	列車內に實包を遺棄
249568	朝鮮朝日	西北版	1934-05-17	1	10단	柳京日記
249569	朝鮮朝日	西北版	1934-05-17	1	10단	人(津田信吾氏(鐘紡社長))
249570	朝鮮朝日	南鮮版	1934-05-17	1	01단	犯罪防止檢擧に民衆の力を求む自警觀念の涵養を手初めに當局本腰で乘出す
249571	朝鮮朝日	南鮮版	1934-05-17	1	01단	國費沙防事業愈よ第二期へ十ヶ年繼續で十萬町歩を林政課で具體案を練る
249572	朝鮮朝日	南鮮版	1934-05-17	1	01단	李鍵公同妃兩展下御歸鮮御日程決まる
249573	朝鮮朝日	南鮮版	1934-05-17	1	02단	京城府手數料條令を改正
249574	朝鮮朝日	南鮮版	1934-05-17	1	02단	半島青空派(F)/オモニーだって
249575	朝鮮朝日	南鮮版	1934-05-17	1	03단	京城國防義會活動に入る
249576	朝鮮朝日	南鮮版	1934-05-17	1	04단	朝鮮運送總會
249577	朝鮮朝日	南鮮版	1934-05-17	1	04단	慶州の古墳發掘に着手
249578	朝鮮朝日	南鮮版	1934-05-17	1	04단	釜山の簡閱點呼
249579	朝鮮朝日	南鮮版	1934-05-17	1	04단	重役を決定朝窒が實權を握る朝鮮送電創立總會
249580	朝鮮朝日	南鮮版	1934-05-17	1	05단	敷地を物色釜山受信所
249581	朝鮮朝日	南鮮版	1934-05-17	1	05단	濃霧のため救援船近寄れず船客四十名は無事坐礁した淡路丸
249582	朝鮮朝日	南鮮版	1934-05-17	1	05단	人(池田警務局長/川島軍司令官)
249583	朝鮮朝日	南鮮版	1934-05-17	1	05단	運動界(大本壘打空しく府廳、殖銀に敗る/漕艇大會/專門校聯合運動會)
249584	朝鮮朝日	南鮮版	1934-05-17	1	06단	小型漫談/岡本至德氏
249585	朝鮮朝日	南鮮版	1934-05-17	1	06단	西大門局廳舍新築
249586	朝鮮朝日	南鮮版	1934-05-17	1	06단	釜山新京間急行車の試運轉スピード・アップの瀬踏み下旬ごろ實施されん
249587	朝鮮朝日	南鮮版	1934-05-17	1	06단	政友委員連十七日に出發朝鮮米事情視察に
249588	朝鮮朝日	南鮮版	1934-05-17	1	07단	驛待合室でお産
249589	朝鮮朝日	南鮮版	1934-05-17	1	07단	鮮展第二部特選の釜山林應九氏昨紙參照
249590	朝鮮朝日	南鮮版	1934-05-17	1	08단	柳瀬氏の署葬盛儀を極む犯人の父も祕に禮拜參列の人々新たな淚

일련번호	판명		간행일	면	단수	기사명
249591	朝鮮朝日	南鮮版	1934-05-17	1	08단	人(直木滿洲國國道局長一行)
249592	朝鮮朝日	南鮮版	1934-05-17	1	08단	左黨へ警告幅を利かすインチキな燗瓶一合入と見せかけ實は七勺當局の目鋭く光る
249593	朝鮮朝日	南鮮版	1934-05-17	1	08단	大峙學園兒勞力の奉仕絶讚を博す
249594	朝鮮朝日	南鮮版	1934-05-17	1	09단	列車內に實包を遺棄
249595	朝鮮朝日	南鮮版	1934-05-17	1	09단	玄海に探る天國門司の會社員と藝妓睦丸船室で服毒心中を企つ
249596	朝鮮朝日	南鮮版	1934-05-17	1	10단	強盜殺人の犯人なほ不明
249597	朝鮮朝日	南鮮版	1934-05-17	1	10단	もよほし(朴重陽氏招宴)
249598	朝鮮朝日	南鮮版	1934-05-17	1	10단	輕氣球
249599	朝鮮朝日	西北版	1934-05-18	1	01단	海産物の輸出統制案成る貿易協會協議會で最後決定當局へ實施を要望
249600	朝鮮朝日	西北版	1934-05-18	1	01단	平元線全通を叫んで陽德に會す來月十日を期して平壤、南浦、元山から
249601	朝鮮朝日	西北版	1934-05-18	1	01단	農業打合會
249602	朝鮮朝日	西北版	1934-05-18	1	02단	愈よ實現を見る平壤栗出荷組合近く創立總會を開く
249603	朝鮮朝日	西北版	1934-05-18	1	03단	都市更生
249604	朝鮮朝日	西北版	1934-05-18	1	03단	五月の味覺北鮮産の鱒が內地市場の寵兒都會に贈る海の報告書
249605	朝鮮朝日	西北版	1934-05-18	1	04단	驛長會議
249606	朝鮮朝日	西北版	1934-05-18	1	04단	專賣工場の移轉
249607	朝鮮朝日	西北版	1934-05-18	1	04단	研究室から(2)/こゝにも機械文明一切が組織的に醸り出す酒、酒、酒太平燒酎會社試驗室
249608	朝鮮朝日	西北版	1934-05-18	1	05단	鮮展初夏にひらく美術の殿堂檢閱も珍しく無瑕
249609	朝鮮朝日	西北版	1934-05-18	1	05단	西湖津漁港修築
249610	朝鮮朝日	西北版	1934-05-18	1	05단	警察の補助機關平南の保安組合好成績に更に擴充
249611	朝鮮朝日	西北版	1934-05-18	1	05단	平壤の花祭
249612	朝鮮朝日	西北版	1934-05-18	1	06단	宵の食卓に鯉の燻製はいかが半島の食通に捧ぐ咸南水試の新製品
249613	朝鮮朝日	西北版	1934-05-18	1	07단	メリケン化す國境の密輸團徒黨を組んで橫行最近では朝鮮側から逆密輸
249614	朝鮮朝日	西北版	1934-05-18	1	07단	清津郊外に大住宅街の出現商工業地化を目指す
249615	朝鮮朝日	西北版	1934-05-18	1	08단	明間川上流を農民が堰止む下流の朝窒工場閉鎖憂慮される發電不能
249616	朝鮮朝日	西北版	1934-05-18	1	08단	二年の判決窮救費橫領の元土木課雇員
249617	朝鮮朝日	西北版	1934-05-18	1	09단	上海の強盜平壤で捕る
249618	朝鮮朝日	西北版	1934-05-18	1	09단	佛像を盜む
249619	朝鮮朝日	西北版	1934-05-18	1	09단	巡查看守講義錄朝鮮警務學會
249620	朝鮮朝日	西北版	1934-05-18	1	10단	栗、林檎の責任輸送量契約圓滿成立の模樣

일련번호	판명		간행일	면	단수	기사명
249621	朝鮮朝日	西北版	1934-05-18	1	10段	柳京日記
249622	朝鮮朝日	南鮮版	1934-05-18	1		缺號
249623	朝鮮朝日	西北版	1934-05-19	1	01段	傳統の基督教に改革の烽火揚る外人宣教師の牙城に迫る新會派の力强い叫び
249624	朝鮮朝日	西北版	1934-05-19	1	01段	今さら驚く恩給金の激增明年度は優に六百萬圓突破狼狽・對策に腐心
249625	朝鮮朝日	西北版	1934-05-19	1	01段	雄基港岸壁本年中に完成呑吐能力五十萬噸
249626	朝鮮朝日	西北版	1934-05-19	1	02段	鎮南浦港第二期築港完成は十月
249627	朝鮮朝日	西北版	1934-05-19	1	03段	銀行家大會大邱で開く
249628	朝鮮朝日	西北版	1934-05-19	1	03段	研究室から(3)/夢みる內地征霸伸びよ平壤染若き技術家の氣焰平南工業試驗所染色部
249629	朝鮮朝日	西北版	1934-05-19	1	04段	人(川島朝鮮軍司令官/衆議院議員濱田國松氏一行十七名)
249630	朝鮮朝日	西北版	1934-05-19	1	04段	ゴム製品三割値上げ操業を開始す
249631	朝鮮朝日	西北版	1934-05-19	1	04段	北鮮防空演習七月上旬大規模にまづ第一回打合會
249632	朝鮮朝日	西北版	1934-05-19	1	05段	遊覽バス運轉平壤觀光客のために
249633	朝鮮朝日	西北版	1934-05-19	1	05段	內地、北鮮間航空路一兩年中に實現の模樣遞信局長のお土産話
249634	朝鮮朝日	西北版	1934-05-19	1	05段	明年度に三つ觀測所を新設瓦斯對策も積極的に仁川氣象觀測所長談
249635	朝鮮朝日	西北版	1934-05-19	1	06段	都市更生は金融から金組の貸付金額を增加し弱小業者に信用貸を行へ平南道より要望/兩商議所に對策を諮る
249636	朝鮮朝日	西北版	1934-05-19	1	06段	徵兵檢査
249637	朝鮮朝日	西北版	1934-05-19	1	07段	腦脊炎發生/元山でも
249638	朝鮮朝日	西北版	1934-05-19	1	07段	モタンガールの破鏡から告訴の混線中年男・謎の自殺も織交ぜて投合ふ罪の石合戰
249639	朝鮮朝日	西北版	1934-05-19	1	08段	二年の求刑高等係の拷問致死事件
249640	朝鮮朝日	西北版	1934-05-19	1	09段	詐欺事件に無罪の判決直に檢査控訴
249641	朝鮮朝日	西北版	1934-05-19	1	09段	朝鮮軍の一期入營制明年度から實現か
249642	朝鮮朝日	西北版	1934-05-19	1	10段	牛・飛行機に轢かる
249643	朝鮮朝日	西北版	1934-05-19	1	10段	水飢饉から農民大擧して水組を襲ふ
249644	朝鮮朝日	西北版	1934-05-19	1	10段	柳京日記
249645	朝鮮朝日	南鮮版	1934-05-19	1	01段	傳統の基督教に改革の烽火揚る外人宣教師の牙城に迫る新會派の力强い叫び
249646	朝鮮朝日	南鮮版	1934-05-19	1	01段	內地、北鮮間航空路一兩年中に實現の模樣遞信局長のお土産話
249647	朝鮮朝日	南鮮版	1934-05-19	1	01段	閑院總裁宮殿下大花瓶を下賜光榮の間島氏
249648	朝鮮朝日	南鮮版	1934-05-19	1	01段	法制局でも大體同意す朝鮮都市計劃令ちかく閣議で決定

일련번호	판명		간행일	면	단수	기사명
249649	朝鮮朝日	南鮮版	1934-05-19	1	02단	宇垣總督浦項を視察
249650	朝鮮朝日	南鮮版	1934-05-19	1	02단	釜山府會
249651	朝鮮朝日	南鮮版	1934-05-19	1	02단	銀行家大會大邱で開く
249652	朝鮮朝日	南鮮版	1934-05-19	1	03단	明年度に三つ觀測所を新設瓦斯對策も積極的に仁川氣象觀測所長談
249653	朝鮮朝日	南鮮版	1934-05-19	1	03단	木浦訪問リレー二十七日府主催で花々しく開かる/拳闘大會/全鮮專門大學野球聯盟戰/釜山の陸競選手權大會來月十七日に/南鮮刑務所武道
249654	朝鮮朝日	南鮮版	1934-05-19	1	04단	特高課長會議出席者
249655	朝鮮朝日	南鮮版	1934-05-19	1	04단	遞信局增員
249656	朝鮮朝日	南鮮版	1934-05-19	1	04단	關釜聯絡快速船門鐵案成る
249657	朝鮮朝日	南鮮版	1934-05-19	1	05단	山喜多氏洋畫個展十七日から京城三越で開催
249658	朝鮮朝日	南鮮版	1934-05-19	1	05단	今さら驚く恩給金の激增明年度は優に六百萬圓突破狼狽・對策に腐心
249659	朝鮮朝日	南鮮版	1934-05-19	1	05단	米穀事情調査の四代議士來鮮
249660	朝鮮朝日	南鮮版	1934-05-19	1	06단	豊漁だぞ鮎の解禁近づく
249661	朝鮮朝日	南鮮版	1934-05-19	1	06단	軍用犬展覽會
249662	朝鮮朝日	南鮮版	1934-05-19	1	06단	咽喉自慢も飛び出す好評を博した車內放送ひかりへも實施か
249663	朝鮮朝日	南鮮版	1934-05-19	1	07단	朝鮮軍の一期入營制明年度から實現か
249664	朝鮮朝日	南鮮版	1934-05-19	1	07단	八竝次官一行京城の日程
249665	朝鮮朝日	南鮮版	1934-05-19	1	08단	墓地裏に變死體仁川署活動
249666	朝鮮朝日	南鮮版	1934-05-19	1	08단	大枚の虎の子を開帳中掠められる五名ぐるの一儲けに引掛り賭博常習男のご難
249667	朝鮮朝日	南鮮版	1934-05-19	1	09단	賊と搏闘
249668	朝鮮朝日	南鮮版	1934-05-19	1	09단	甥殺しに三年の判決
249669	朝鮮朝日	南鮮版	1934-05-19	1	10단	無免許醫師二名へ科料
249670	朝鮮朝日	南鮮版	1934-05-19	1	10단	映畫と演藝(京城 演藝館)
249671	朝鮮朝日	南鮮版	1934-05-19	1	10단	怪しい護符で多額を騙る
249672	朝鮮朝日	南鮮版	1934-05-19	1	10단	自動車轢逃げ
249673	朝鮮朝日	西北版	1934-05-20	1	01단	東伏見宮大妃殿下今秋御來鮮愛婦會本部竝に各支部總會に台臨遊ばす
249674	朝鮮朝日	西北版	1934-05-20	1	01단	明年は日韓併合二十五周年に記念館の建設、資料陳列など各種の記念事業を計劃
249675	朝鮮朝日	西北版	1934-05-20	1	01단	繼續窮救事業は未完成工事を中心に工費も漸減主義をとって大體一千萬圓程度
249676	朝鮮朝日	西北版	1934-05-20	1	01단	平壤里橋間道路改修
249677	朝鮮朝日	西北版	1934-05-20	1	01단	高等課長會議秋まで延期
249678	朝鮮朝日	西北版	1934-05-20	1	02단	研究室から(4)/若き日の感激を古美術に捧げて樂浪漆

일련번호	판명		간행일	면	단수	기사명
						器の研究に樂浪博物館に田窪氏を訪ふ
249679	朝鮮朝日	西北版	1934-05-20	1	03단	平壤商議役員會
249680	朝鮮朝日	西北版	1934-05-20	1	03단	平壤春競馬
249681	朝鮮朝日	西北版	1934-05-20	1	04단	人(陸大生滿鮮戰跡見學團一行六十名)
249682	朝鮮朝日	西北版	1934-05-20	1	04단	國境防空演習燈火管制豫行頗る好成績
249683	朝鮮朝日	西北版	1934-05-20	1	04단	簡易校の運命？一面一校計劃完成後は普通校の分校に改める平南より課長會議に提案
249684	朝鮮朝日	西北版	1934-05-20	1	04단	鎭南浦港第三期築港實施要望さる
249685	朝鮮朝日	西北版	1934-05-20	1	05단	大同江運河工事愈よ七月中旬よりすでに準備工事に着手す
249686	朝鮮朝日	西北版	1934-05-20	1	05단	教育會館の設置を提唱す平南道教育會より學務當局に計劃案を提出
249687	朝鮮朝日	西北版	1934-05-20	1	06단	平南の土木工事
249688	朝鮮朝日	西北版	1934-05-20	1	06단	モダンな平南物産館敷地選定中
249689	朝鮮朝日	西北版	1934-05-20	1	07단	躍動する精銳繰展げる白熱戰二十一日から花々しく開く本社主催全鮮蹴球大會
249690	朝鮮朝日	西北版	1934-05-20	1	07단	夏の夜の景物詩夜店の計劃小商人救濟と商店繁榮策に平壤府電の音頭で
249691	朝鮮朝日	西北版	1934-05-20	1	08단	電氣扇賣出し
249692	朝鮮朝日	西北版	1934-05-20	1	08단	和信デパート平壤に進出
249693	朝鮮朝日	西北版	1934-05-20	1	08단	代議士團の自動車靑年を誤り轢く議員二名も擦過傷
249694	朝鮮朝日	西北版	1934-05-20	1	08단	新たに證人喚問マリヤ事件
249695	朝鮮朝日	西北版	1934-05-20	1	10단	平壤の火事倉庫三棟燒く
249696	朝鮮朝日	西北版	1934-05-20	1	10단	密輸を檢擧
249697	朝鮮朝日	西北版	1934-05-20	1	10단	柳京日記
249698	朝鮮朝日	南鮮版	1934-05-20	1	01단	東伏見宮大妃殿下今秋御來鮮愛婦會本部竝に各支部總會に台臨遊ばす
249699	朝鮮朝日	南鮮版	1934-05-20	1	01단	明年は日韓併合二十五周年に記念館の建設、資料陳列など各種の記念事業を計劃
249700	朝鮮朝日	南鮮版	1934-05-20	1	01단	半島靑空派(H)/豆ゴルフの辯
249701	朝鮮朝日	南鮮版	1934-05-20	1	02단	米調代議士慶北を視察
249702	朝鮮朝日	南鮮版	1934-05-20	1	03단	高等課長會議秋まで延期
249703	朝鮮朝日	南鮮版	1934-05-20	1	03단	鷺梁津漢江神社鎭座祭
249704	朝鮮朝日	南鮮版	1934-05-20	1	04단	もよほし(佛教典籍展覽會)
249705	朝鮮朝日	南鮮版	1934-05-20	1	04단	繼續窮救事業は未完成工事を中心に工費も漸減主義をとって大體一千萬圓程度
249706	朝鮮朝日	南鮮版	1934-05-20	1	04단	高原に咲誇る蕨と鈴蘭三防線へ臨時列車
249707	朝鮮朝日	南鮮版	1934-05-20	1	04단	中堅靑年講習會
249708	朝鮮朝日	南鮮版	1934-05-20	1	04단	躍動する精銳繰展げる白熱戰二十一日から花々しく開

일련번호	판명		간행일	면	단수	기사명
						<本社主催全鮮蹴球大會
249709	朝鮮朝日	南鮮版	1934-05-20	1	05단	來るぞ苦熱水の子は活氣づく
249710	朝鮮朝日	南鮮版	1934-05-20	1	05단	東洋畜産總會
249711	朝鮮朝日	南鮮版	1934-05-20	1	05단	新たに證人喚問マリヤ事件
249712	朝鮮朝日	南鮮版	1934-05-20	1	05단	小型漫談/福田甚三郎氏
249713	朝鮮朝日	南鮮版	1934-05-20	1	06단	汽動車運轉手を多勢で袋叩き幼女轢殺の惨事を目撃し激昂した工事人夫
249714	朝鮮朝日	南鮮版	1934-05-20	1	07단	京城實業野球(殖銀１３－２京電/遞信１４Ａ－４府廳)
249715	朝鮮朝日	南鮮版	1934-05-20	1	08단	美しき市街に釜山の幹線道路工事着々と進む
249716	朝鮮朝日	南鮮版	1934-05-20	1	08단	穀物商聯合大會
249717	朝鮮朝日	南鮮版	1934-05-20	1	08단	猪獐の大卷狩農作物－いき
249718	朝鮮朝日	南鮮版	1934-05-20	1	08단	實地視察はワテらも必要釜山券番の姐さん達十九名內地花柳界を偵察
249719	朝鮮朝日	南鮮版	1934-05-20	1	09단	自轉車乘り盜みも選手十數台盜み廻ったゴールは搜査班
249720	朝鮮朝日	南鮮版	1934-05-20	1	09단	二兒を置去る非道い父親
249721	朝鮮朝日	南鮮版	1934-05-20	1	10단	死兒を水葬
249722	朝鮮朝日	南鮮版	1934-05-20	1	10단	醉って暴る
249723	朝鮮朝日	南鮮版	1934-05-20	1	10단	人(鮮滿戰跡視察團/山際正道氏(大藏省銀行局事務官)/吉田隆選手)
249724	朝鮮朝日	南鮮版	1934-05-20	1	10단	輕氣球
249725	朝鮮朝日	西北版	1934-05-22	1		缺號
249726	朝鮮朝日	南鮮版	1934-05-22	1	01단	宇垣さんは虎がお好き俺が出んでも偉い人は多い風薰る倭城台漫談
249727	朝鮮朝日	南鮮版	1934-05-22	1	01단	京城の都市計劃近く調査委員會を開いて商工、住宅地も制定
249728	朝鮮朝日	南鮮版	1934-05-22	1	01단	女囚監移轉反對の陳情
249729	朝鮮朝日	南鮮版	1934-05-22	1	01단	昌慶苑の牡丹が咲きました
249730	朝鮮朝日	南鮮版	1934-05-22	1	02단	犯罪搜査は科學的に慶南警察部の新施設
249731	朝鮮朝日	南鮮版	1934-05-22	1	03단	南浦産組評議員會
249732	朝鮮朝日	南鮮版	1934-05-22	1	03단	署長會議
249733	朝鮮朝日	南鮮版	1934-05-22	1	04단	水道の勸誘
249734	朝鮮朝日	南鮮版	1934-05-22	1	04단	江界農校敷地決る
249735	朝鮮朝日	南鮮版	1934-05-22	1	04단	スポーツ(演武大會/下關鐵道チーム來る/卓球大會)
249736	朝鮮朝日	南鮮版	1934-05-22	1	04단	非難は當らぬ國營も同樣來壤の野口送電社長談
249737	朝鮮朝日	南鮮版	1934-05-22	1	05단	關西相撲來る
249738	朝鮮朝日	南鮮版	1934-05-22	1	05단	一ヶ月にわたる小作爭議解決警察の調停で妥協成立す
249739	朝鮮朝日	南鮮版	1934-05-22	1	05단	待望の滿浦線十月の延長工事完成を前に熙川邑の素晴しい發展ぶり初めて世に出る西鮮一の絶景

일련번호	판명		간행일	면	단수	기사명
249740	朝鮮朝日	南鮮版	1934-05-22	1	06단	鮮展愈よ開く雨曇れて二日目は盛況上景氣の賣約濟み
249741	朝鮮朝日	南鮮版	1934-05-22	1	06단	官界人・政黨人の來往繁し 出來るだけ廣く意見を聞きたい八並司法次官語る/貴族院議員の一行/鮮米調査の政友四代議士
249742	朝鮮朝日	南鮮版	1934-05-22	1	07단	火災見舞金
249743	朝鮮朝日	南鮮版	1934-05-22	1	08단	留置囚自殺
249744	朝鮮朝日	南鮮版	1934-05-22	1	08단	平壤府內に天然痘續發戶口調査で更に三名
249745	朝鮮朝日	南鮮版	1934-05-22	1	08단	不倫の男女に法の鐵槌！
249746	朝鮮朝日	南鮮版	1934-05-22	1	08단	妻を小刀で刺し返す刃で割腹妾をめぐる夫婦喧嘩の果
249747	朝鮮朝日	南鮮版	1934-05-22	1	09단	お釋迦樣奉讚賑かな白象の行列花御堂に甘茶のお接待
249748	朝鮮朝日	南鮮版	1934-05-22	1	10단	大邱管內酒稅調定
249749	朝鮮朝日	南鮮版	1934-05-22	1	10단	前例のない白米の密輸
249750	朝鮮朝日	南鮮版	1934-05-22	1	10단	人(高元勵氏(慶北道知事)/金基俊氏(新任黃海道黃州郡守)/竹內しづ子夫人(釜山日報大邱支社長竹內俊夫氏夫人))
249751	朝鮮朝日	西北版	1934-05-23	1	01단	嚴肅な入場式に戰の幕切らる薰風に躍る鬪志！本社京城支局主催全鮮蹴球大會
249752	朝鮮朝日	西北版	1934-05-23	1	01단	米穀、移民問題で中央當局と折衝愈よ近く東上する時の人・宇垣總督
249753	朝鮮朝日	西北版	1934-05-23	1	01단	今年も豊作ぢや謳ふ林檎景氣着花狀態頗る順調大いに期待さるゝ秋の商戰
249754	朝鮮朝日	西北版	1934-05-23	1	01단	近く上城し更に本府と交涉鎭南浦の碎氷船問題
249755	朝鮮朝日	西北版	1934-05-23	1	03단	研究室から(5)/翳す不滅の炬火讚へよ科學の勝利醫學界の明星和氣巖教授
249756	朝鮮朝日	西北版	1934-05-23	1	04단	鮎 銀鱗の魅惑豊漁便りに色めく太公望來月一日から解禁/海州の魚釣
249757	朝鮮朝日	西北版	1934-05-23	1	05단	府尹、郡守會議
249758	朝鮮朝日	西北版	1934-05-23	1	06단	大朝杯ゴルフ戰竹本醫學士優勝す
249759	朝鮮朝日	西北版	1934-05-23	1	06단	賑かな花祭り(平壤/淸津/沙里院でも盛大に)
249760	朝鮮朝日	西北版	1934-05-23	1	07단	かつては平壤で花やかな一壘手リンチ共産黨事件の山越瓏保釋中に再び赤へ
249761	朝鮮朝日	西北版	1934-05-23	1	08단	競賣された金の延べ棒十一萬二千五百圓で落つ
249762	朝鮮朝日	西北版	1934-05-23	1	08단	妓を連出す
249763	朝鮮朝日	西北版	1934-05-23	1	08단	兇漢、警官を襲ふ棍棒で毆付け拳銃强奪を計る逆に二名とも就縛
249764	朝鮮朝日	西北版	1934-05-23	1	08단	安心ならぬ種痘善感者でも罹病平壤署で發生系統を調査
249765	朝鮮朝日	西北版	1934-05-23	1	09단	喧嘩の飛沫仲裁の老婆を殺す
249766	朝鮮朝日	西北版	1934-05-23	1	09단	母娘溺死

일련번호	판명		간행일	면	단수	기사명
249767	朝鮮朝日	西北版	1934-05-23	1	10단	人(待山平壤土木出張所長/城谷平壤税關支署長)
249768	朝鮮朝日	西北版	1934-05-23	1	10단	柳京日記
249769	朝鮮朝日	西北版	1934-05-23	1	10단	池田警務局長江原道檢閱
249770	朝鮮朝日	南鮮版	1934-05-23	1	01단	嚴肅な入場式に戰の幕切らる薰風に躍る鬪志！本社京城支局主催全鮮蹴球大會
249771	朝鮮朝日	南鮮版	1934-05-23	1	01단	米穀、移民問題で中央當局と折衝愈よ近く東上する時の人・宇垣總督
249772	朝鮮朝日	南鮮版	1934-05-23	1	01단	多角農業化具體案なる明年度新規事業に要求ー轉機を劃さん
249773	朝鮮朝日	南鮮版	1934-05-23	1	01단	半島靑空派(I)/巖山に活舞台
249774	朝鮮朝日	南鮮版	1934-05-23	1	04단	教育會總會
249775	朝鮮朝日	南鮮版	1934-05-23	1	04단	小型漫談/川村曼舟氏
249776	朝鮮朝日	南鮮版	1934-05-23	1	05단	鎭海尙武會
249777	朝鮮朝日	南鮮版	1934-05-23	1	05단	京城府の交通安全日廿六日行ふ
249778	朝鮮朝日	南鮮版	1934-05-23	1	05단	當外れの京城府轉げ込むはずの國有地を內務局でドシドシ公賣
249779	朝鮮朝日	南鮮版	1934-05-23	1	06단	佛誕奉讚式に參列の宇垣總督
249780	朝鮮朝日	南鮮版	1934-05-23	1	07단	壯烈な水雷爆破記念式典や講演會海軍記念日・釜山の催し
249781	朝鮮朝日	南鮮版	1934-05-23	1	07단	高商設置の要望諸般の調査を遂げた釜山府いよいよ實現運動
249782	朝鮮朝日	南鮮版	1934-05-23	1	07단	世界的選手を迎へ水上競技大會府營プール落成式を兼ね來月十六、七日擧行
249783	朝鮮朝日	南鮮版	1934-05-23	1	08단	關西大相撲
249784	朝鮮朝日	南鮮版	1934-05-23	1	08단	情けを仇に一夜の宿を貸した男夜半に強盜へ早變り
249785	朝鮮朝日	南鮮版	1934-05-23	1	08단	河馬君名古屋へ
249786	朝鮮朝日	南鮮版	1934-05-23	1	08단	護身用拳銃を天井にポカン！主人の氣轉に驚かされて強盜、雲を霞と逃ぐ
249787	朝鮮朝日	南鮮版	1934-05-23	1	09단	府廳8－2遞信
249788	朝鮮朝日	南鮮版	1934-05-23	1	09단	護送途中の強盜容疑者逃ぐ列車の窓を外して
249789	朝鮮朝日	南鮮版	1934-05-23	1	10단	忠南陸競評議員會
249790	朝鮮朝日	南鮮版	1934-05-23	1	10단	脫走初年兵
249791	朝鮮朝日	南鮮版	1934-05-23	1	10단	喧嘩の飛沫仲裁の老婆を殺す
249792	朝鮮朝日	南鮮版	1934-05-23	1	10단	輕氣球
249793	朝鮮朝日	南鮮版	1934-05-23	1	10단	人(池田警務局長)
249794	朝鮮朝日	西北版	1934-05-24	1		缺號
249795	朝鮮朝日	南鮮版	1934-05-24	1	01단	在任中の最大事業と總督意氣込む有望な滿洲移民法移民機關に新會社創設か
249796	朝鮮朝日	南鮮版	1934-05-24	1	01단	平北各地でも精米所殆ど休業餘波、從業員に及ぶ貯藏

일련번호	판명		간행일	면	단수	기사명
						米解除の叫びあがる
249797	朝鮮朝日	南鮮版	1934-05-24	1	01단	貴院視察團
249798	朝鮮朝日	南鮮版	1934-05-24	1	01단	平南試驗所に乾燥室を新設染色經濟試驗の完璧を期す
249799	朝鮮朝日	南鮮版	1934-05-24	1	01단	殉職記念碑
249800	朝鮮朝日	南鮮版	1934-05-24	1	02단	敎化主事打合會
249801	朝鮮朝日	南鮮版	1934-05-24	1	02단	視學協議會
249802	朝鮮朝日	南鮮版	1934-05-24	1	02단	本社京城支局主催全鮮蹴球大會第二日五月空の下相搏つ技と力普成と延禧、勝殘る
249803	朝鮮朝日	南鮮版	1934-05-24	1	03단	署長會議
249804	朝鮮朝日	南鮮版	1934-05-24	1	03단	平南金組理事會
249805	朝鮮朝日	南鮮版	1934-05-24	1	03단	稅務機關獨立で府、郡の徵稅滯る監督局及び稅務署集中で財務職員の手不足に惱む
249806	朝鮮朝日	南鮮版	1934-05-24	1	04단	陶器共同作業場新設國庫補助決る
249807	朝鮮朝日	南鮮版	1934-05-24	1	04단	*海軍記念日鎭海の行事/慰靈祭擧行*
249808	朝鮮朝日	南鮮版	1934-05-24	1	04단	半島の人士こそ內地に對する認識が不足東北農村の窮狀に鑑みよ政友視察團の太田氏語る
249809	朝鮮朝日	南鮮版	1934-05-24	1	04단	景勝妙香山宣傳費捻出に伐採の申請
249810	朝鮮朝日	南鮮版	1934-05-24	1	05단	鎭海春祭り
249811	朝鮮朝日	南鮮版	1934-05-24	1	06단	スポーツ(殖銀再勝)
249812	朝鮮朝日	南鮮版	1934-05-24	1	06단	受難の忠助翁銅像靑銅の碑文盜まる再三の被害に石材に改む
249813	朝鮮朝日	南鮮版	1934-05-24	1	06단	瀆職元警官縊死を企つ
249814	朝鮮朝日	南鮮版	1934-05-24	1	06단	茂山鐵山を拓き鐵材の自給自足淸津に大規模の選鑛所設置埋藏量は十億トン
249815	朝鮮朝日	南鮮版	1934-05-24	1	07단	農校生盟休受持敎員への反感から
249816	朝鮮朝日	南鮮版	1934-05-24	1	07단	重大犯人五名監房から脫走一週間がゝりで壁を切破る咸興署捜査に奔命
249817	朝鮮朝日	南鮮版	1934-05-24	1	08단	馬賊頻々と國境を荒す鮮匪金炳奎一味か警官隊追撃に努む
249818	朝鮮朝日	南鮮版	1934-05-24	1	08단	車掌の非常識から乘客と毆合ひ慈山驛頭に時ならぬ混亂列車遲延の大失態
249819	朝鮮朝日	南鮮版	1934-05-24	1	09단	自動車轉落乘客十名負傷
249820	朝鮮朝日	南鮮版	1934-05-24	1	09단	再び惡へ
249821	朝鮮朝日	南鮮版	1934-05-24	1	09단	可憐な幼兒に麻疹の魔の手平南の死亡者六百を越ゆ
249822	朝鮮朝日	南鮮版	1934-05-24	1	09단	巡査講義錄
249823	朝鮮朝日	南鮮版	1934-05-24	1	10단	妻を滅多斬
249824	朝鮮朝日	南鮮版	1934-05-24	1	10단	劇藥嚥下
249825	朝鮮朝日	南鮮版	1934-05-24	1	10단	主金拐帶
249826	朝鮮朝日	南鮮版	1934-05-24	1	10단	もよほし(朝鮮米穀硏究會)

일련번호	판명		간행일	면	단수	기사명
249827	朝鮮朝日	南鮮版	1934-05-24	1	10단	人(湯村辰二郎氏(總督府農産課長)/高橋貞夫少將(小倉工廠長)/奧田德三郎氏(朝鮮軍經理部長)/竹內操氏(新任平北道産業主事)/宮島幹之助氏(國際聯盟阿片委員會委員醫學博士))
249828	朝鮮朝日	西北版	1934-05-25	1	01단	息詰る接戰凱歌は普成に善鬪の延禧つひに涙を呑む全鮮蹴球大會終る
249829	朝鮮朝日	西北版	1934-05-25	1	01단	新義州防空演習敵機襲擊に戰慄の巷へ目覺しい防護團の活動戰時宛らの緊張
249830	朝鮮朝日	西北版	1934-05-25	1	01단	本府の助長策に昂る産組熱南鮮各道の趨勢に應じて平南でも增設政策
249831	朝鮮朝日	西北版	1934-05-25	1	01단	平壤商議所總會
249832	朝鮮朝日	西北版	1934-05-25	1	02단	備へよ空襲(1)/恐るべき爆破力！近代空中戰の慘禍西鮮防空演習の使命と意義
249833	朝鮮朝日	西北版	1934-05-25	1	03단	鐵道局平壤分工場百萬圓で新築財界好調と滿浦線に備へて目下、設計を急ぐ
249834	朝鮮朝日	西北版	1934-05-25	1	03단	咸北線收入增加
249835	朝鮮朝日	西北版	1934-05-25	1	04단	警察犯處罰令改正の諮問
249836	朝鮮朝日	西北版	1934-05-25	1	05단	咸南道廳の新築
249837	朝鮮朝日	西北版	1934-05-25	1	06단	刑事課新設の前提保安課の大刷新犯罪搜査の科學化へ
249838	朝鮮朝日	西北版	1934-05-25	1	06단	鎭南浦精米所遂に一齊休業途方に暮れる從業員
249839	朝鮮朝日	西北版	1934-05-25	1	06단	鄕軍會館
249840	朝鮮朝日	西北版	1934-05-25	1	06단	掏摸にも友情追はれて傷いた仕事仲間を一度は擔いで逃出したが
249841	朝鮮朝日	西北版	1934-05-25	1	07단	招魂祭と武德祭
249842	朝鮮朝日	西北版	1934-05-25	1	07단	除隊兵歸還
249843	朝鮮朝日	西北版	1934-05-25	1	08단	虎口を脫す
249844	朝鮮朝日	西北版	1934-05-25	1	08단	噴けよ、湧けよと湯の里さがし北鮮景氣の將來を見越し溫泉ホテルの計劃
249845	朝鮮朝日	西北版	1934-05-25	1	08단	先生に叱られて鐘路普校の六年生五十餘名辨當もって牡丹台に籠る
249846	朝鮮朝日	西北版	1934-05-25	1	08단	拔目のない資本家氣質鐘紡の工場設置を見越し機台の增設を行ふ
249847	朝鮮朝日	西北版	1934-05-25	1	08단	更に容疑患者五名を發見平壤の天然痘
249848	朝鮮朝日	西北版	1934-05-25	1	09단	柳京日記
249849	朝鮮朝日	西北版	1934-05-25	1	10단	交通取締り
249850	朝鮮朝日	西北版	1934-05-25	1	10단	鐵路の奇禍
249851	朝鮮朝日	南鮮版	1934-05-25	1	01단	罪の蔭にも涙あり兇惡の胸に宿る切々の父性愛冷い世間に再び轉落遂に被害者の成敗に艶る
249852	朝鮮朝日	南鮮版	1934-05-25	1	01단	半島は絶好の藥草栽培の適地內地行脚を終へた川口技

일련번호	판명		간행일	면	단수	기사명
						師の脹らかなお土産話
249853	朝鮮朝日	南鮮版	1934-05-25	1	01단	全鮮刑務所の指紋蒐集なる犯罪檢擧に新威力
249854	朝鮮朝日	南鮮版	1934-05-25	1	02단	政友調査委員歡迎懇談會
249855	朝鮮朝日	南鮮版	1934-05-25	1	03단	遞信１３－９府廳
249856	朝鮮朝日	南鮮版	1934-05-25	1	04단	息詰る接戰凱歌は普成に善鬪の延禧つひに涙を呑む全鮮蹴球大會終る
249857	朝鮮朝日	南鮮版	1934-05-25	1	04단	小型漫談/橫山俊久氏
249858	朝鮮朝日	南鮮版	1934-05-25	1	05단	慶南府尹郡守會議
249859	朝鮮朝日	南鮮版	1934-05-25	1	06단	滿洲移民の具體案を打合す關東軍の原田大佐も參加
249860	朝鮮朝日	南鮮版	1934-05-25	1	07단	刑事課新設の前提保安課の大刷新犯罪捜査の科學化へ
249861	朝鮮朝日	南鮮版	1934-05-25	1	07단	通ふ勞資の眞情女地主の溫情に感激小作人から銀の酒器を贈る
249862	朝鮮朝日	南鮮版	1934-05-25	1	08단	快速化の試運轉まづ京城、安東間を
249863	朝鮮朝日	南鮮版	1934-05-25	1	09단	二人組強盜
249864	朝鮮朝日	南鮮版	1934-05-25	1	09단	もよほし(庭球大會)
249865	朝鮮朝日	南鮮版	1934-05-25	1	09단	製紙組合職工六十名罷業
249866	朝鮮朝日	南鮮版	1934-05-25	1	09단	珍・避雷針泥
249867	朝鮮朝日	南鮮版	1934-05-25	1	09단	盟休生徒は全部無期停學學務課强硬の態度を示す慶南進永農校の騷ぎ
249868	朝鮮朝日	南鮮版	1934-05-25	1	10단	監禁傷害で警官を告訴
249869	朝鮮朝日	南鮮版	1934-05-25	1	10단	狂犬病發生
249870	朝鮮朝日	南鮮版	1934-05-25	1	10단	鐵路の奇禍
249871	朝鮮朝日	西北版	1934-05-26	1	01단	忠南の拳銃強盜遂に新京で就縛追跡の平北道捜査班の手に巧みに全鮮の警戒網を脫す/變裝でまんまと捜査陣を欺く滿洲に潛入するまで/美貌の妻と豪奢な生活金に窮して遂に惡へ/當局の六感に見事・看破さる殊勳の三輪課長と金刑事
249872	朝鮮朝日	西北版	1934-05-26	1	03단	禁制破りの業者を斷然除名處分新義州木商組合の紛糾
249873	朝鮮朝日	西北版	1934-05-26	1	03단	備へよ空襲(２)/毒瓦斯の脅威六噸で東京市民全滅西鮮防空演習に異彩を放つ制毒、救護、配給班の活動
249874	朝鮮朝日	西北版	1934-05-26	1	04단	もよほし(鈴木沙奈夫氏(忠南地方課長)/松田專賣局長)
249875	朝鮮朝日	西北版	1934-05-26	1	05단	國境防空演習
249876	朝鮮朝日	西北版	1934-05-26	1	06단	勞働者調節を更に積極的に中央紹介機關を明年度新設社會課で具體案を研究
249877	朝鮮朝日	西北版	1934-05-26	1	07단	普校の盟休圓滿解決す
249878	朝鮮朝日	西北版	1934-05-26	1	08단	お役人は民情に疎い府尹、郡守會議の俎上に上った非常識
249879	朝鮮朝日	西北版	1934-05-26	1	08단	セルロイド製の靴箆が命の親列車から振落された學童の傷口珍療法成功す

일련번호	판명		간행일	면	단수	기사명
249880	朝鮮朝日	西北版	1934-05-26	1	08단	二驛員重傷
249881	朝鮮朝日	西北版	1934-05-26	1	09단	札はお金ぢゃない拾った五つの兒が銀行の窓に放り込む
249882	朝鮮朝日	西北版	1934-05-26	1	10단	柳京日記
249883	朝鮮朝日	南鮮版	1934-05-26	1	01단	忠南の拳銃強盜遂に新京で就縛巧みに鮮內は脫出したが平北搜査班の手に/變裝でまんまと搜査陣を欺く滿洲に潛入するまで/美貌の妻と豪奢な生活金に窮して遂に惡へ/當局の六感に見事・看破さる殊勳の三輪課長と金刑事
249884	朝鮮朝日	南鮮版	1934-05-26	1	04단	人(鈴木沙奈夫氏(忠南地方課長)/松田專賣局長)
249885	朝鮮朝日	南鮮版	1934-05-26	1	04단	大川漁港の竣工間近し早くも活況
249886	朝鮮朝日	南鮮版	1934-05-26	1	04단	勞働者調節を更に積極的に中央紹介機關を明年度新設社會課で具體案を研究
249887	朝鮮朝日	南鮮版	1934-05-26	1	04단	ファン待望のスポーツ映畫の夕極東選手を迎へて來月三日開催
249888	朝鮮朝日	南鮮版	1934-05-26	1	05단	殉職碑竣工
249889	朝鮮朝日	南鮮版	1934-05-26	1	05단	大邱稅監局敷地の交涉
249890	朝鮮朝日	南鮮版	1934-05-26	1	06단	小型漫談/安藤源次氏
249891	朝鮮朝日	南鮮版	1934-05-26	1	06단	木浦上水道擴張起工式
249892	朝鮮朝日	南鮮版	1934-05-26	1	06단	釜山の第二期下水道工事總工費五十萬圓を投じて明年度より施行
249893	朝鮮朝日	南鮮版	1934-05-26	1	07단	府尹郡守會議/全北道
249894	朝鮮朝日	南鮮版	1934-05-26	1	07단	廿餘年前の恩師に謝恩の記念碑神戶に隱棲の岡先生を慕ふ京城第一高普の卒業生
249895	朝鮮朝日	南鮮版	1934-05-26	1	07단	儀禮準則近く公布中樞院の研究案成る
249896	朝鮮朝日	南鮮版	1934-05-26	1	08단	京城府內中等校の入學難府學務課で實情調査の上增設の建議案提出
249897	朝鮮朝日	南鮮版	1934-05-26	1	08단	辯論大會
249898	朝鮮朝日	南鮮版	1934-05-26	1	09단	飛行場の誘致に提携して邁進大邱期成會代表が宇部と長府に乘込んで懇談
249899	朝鮮朝日	南鮮版	1934-05-26	1	09단	大邱府營ホテル
249900	朝鮮朝日	南鮮版	1934-05-26	1	10단	自殺訓導の死體漂着す
249901	朝鮮朝日	南鮮版	1934-05-26	1	10단	少年殺しに死刑を求む
249902	朝鮮朝日	南鮮版	1934-05-26	1	10단	幼女の奇禍
249903	朝鮮朝日	南鮮版	1934-05-26	1	10단	輕氣球
249904	朝鮮朝日	西北版	1934-05-27	1		缺號
249905	朝鮮朝日	南鮮版	1934-05-27	1	01단	米穀統制に基く飯米飢饉深刻化農村の空氣漸く險惡を示す貯藏籾一部解除か
249906	朝鮮朝日	南鮮版	1934-05-27	1	01단	拍車は加はる緬羊の大增殖援助機關に緬羊協會を組織

일련번호	판명		간행일	면	단수	기사명
						內地資本も流入す
249907	朝鮮朝日	南鮮版	1934-05-27	1	01단	産業文化の一大殿堂施政廿五年記念館近く具體案を決定
249908	朝鮮朝日	南鮮版	1934-05-27	1	01단	李鍵公殿下御滯鮮御日程
249909	朝鮮朝日	南鮮版	1934-05-27	1	02단	朝鮮送電會社測量を開始
249910	朝鮮朝日	南鮮版	1934-05-27	1	03단	學生聯合演習
249911	朝鮮朝日	南鮮版	1934-05-27	1	03단	鶴の一聲に釜山驛改築の計劃玄關に恥ぢぬ明粧を
249912	朝鮮朝日	南鮮版	1934-05-27	1	04단	優良乳幼兒表彰
249913	朝鮮朝日	南鮮版	1934-05-27	1	04단	面事務所移轉の縺れ
249914	朝鮮朝日	南鮮版	1934-05-27	1	04단	躍る北鮮景氣に咄！意外の赤字啞然たる北鐵監理局一縷の望みを次の出穀期に
249915	朝鮮朝日	南鮮版	1934-05-27	1	05단	廿師團幹部演習
249916	朝鮮朝日	南鮮版	1934-05-27	1	05단	他道に率先郡守の權限確認二重監督の弊を除く平南道當局の英斷
249917	朝鮮朝日	南鮮版	1934-05-27	1	05단	不滿爆發し暴行を働く南鮮移住勞働者が羅津の土木工事場で
249918	朝鮮朝日	南鮮版	1934-05-27	1	06단	黨の運動資金に滿洲紙幣を僞造陰謀なかばに檢擧
249919	朝鮮朝日	南鮮版	1934-05-27	1	06단	猩紅熱猖獗
249920	朝鮮朝日	南鮮版	1934-05-27	1	07단	スポーツ(競泳大會/鐵道辛勝)
249921	朝鮮朝日	南鮮版	1934-05-27	1	07단	無錢飲食
249922	朝鮮朝日	南鮮版	1934-05-27	1	07단	一分違はぬ好成績京城、安東間加速化の試運轉萬事好調裡に完了
249923	朝鮮朝日	南鮮版	1934-05-27	1	07단	元山の火事
249924	朝鮮朝日	南鮮版	1934-05-27	1	08단	犯行に使用のピストル發見さる大邱の陸軍官舍で竊取忠南拳銃强盜事件
249925	朝鮮朝日	南鮮版	1934-05-27	1	08단	競馬が仇！僞强盜の訴へ
249926	朝鮮朝日	南鮮版	1934-05-27	1	08단	醉うて轢死
249927	朝鮮朝日	南鮮版	1934-05-27	1	08단	三人掛りで
249928	朝鮮朝日	南鮮版	1934-05-27	1	09단	首謀者十三名退學處分に進永農校の盟休事件
249929	朝鮮朝日	南鮮版	1934-05-27	1	09단	映寫中に映畵館出火火の粉を浴びつゝ二百の觀衆逃げ惑ふ
249930	朝鮮朝日	南鮮版	1934-05-27	1	10단	蠶室を燒く
249931	朝鮮朝日	南鮮版	1934-05-27	1	10단	異鄕に眠る戰友を訪ふ
249932	朝鮮朝日	南鮮版	1934-05-27	1	10단	もよほし(軍事畵展覽會/漕艇大會)
249933	朝鮮朝日	南鮮版	1934-05-27	1	10단	人(池田鐵道省建設局長、石川同技師/村田省藏氏(大阪商船副社長)/深澤新一郎氏(高法法院長)/陸大生一行)
249934	朝鮮朝日	西北版	1934-05-29	1	01단	市街地計劃令實施は來月上旬ちかく閣議で決定
249935	朝鮮朝日	西北版	1934-05-29	1	01단	學生聯合演習(咸興/平壤)
249936	朝鮮朝日	西北版	1934-05-29	1	01단	非常時に處して美しい軍民一致北鮮國境方面軍狀視察

일련번호	판명		간행일	면	단수	기사명
						の川島軍司令官語る
249937	朝鮮朝日	西北版	1934-05-29	1	01단	宇垣總督上京各方面の注視を浴び
249938	朝鮮朝日	西北版	1934-05-29	1	01단	備へよ空襲(3)/空軍の驚異的發達我國は地形上不利防空思想の普及が緊要だ
249939	朝鮮朝日	西北版	1934-05-29	1	03단	鄕軍總會
249940	朝鮮朝日	西北版	1934-05-29	1	03단	平壤西城里に普通校新築
249941	朝鮮朝日	西北版	1934-05-29	1	04단	人(巖佐憲兵司令官/山形平壤憲兵隊長/佐伯平南道警察部長/近藤知善氏(平南警察部劍道教師)
249942	朝鮮朝日	西北版	1934-05-29	1	04단	驛頭に描く劇的シーン榮轉の生地主計正に取縋る男女勞働者
249943	朝鮮朝日	西北版	1934-05-29	1	04단	生産激增に平南林檎を統制各郡に組合を設置
249944	朝鮮朝日	西北版	1934-05-29	1	05단	忠南拳銃强盜事件
249945	朝鮮朝日	西北版	1934-05-29	1	05단	おっとせい網にかゝる咸北梨津沖で
249946	朝鮮朝日	西北版	1934-05-29	1	06단	平北府尹郡守會議
249947	朝鮮朝日	西北版	1934-05-29	1	06단	一面一校が完成したら？一面二校か學年を延長か頭をひねる教育界
249948	朝鮮朝日	西北版	1934-05-29	1	06단	消防署設置の前提平壤消防隊昇格
249949	朝鮮朝日	西北版	1934-05-29	1	07단	殊勳の討匪行見事人質を奪還しわが警官隊に凱歌/わが猛擊に敵匪潰走す
249950	朝鮮朝日	西北版	1934-05-29	1	08단	拐帶犯捕る
249951	朝鮮朝日	西北版	1934-05-29	1	08단	軍曹の自殺
249952	朝鮮朝日	西北版	1934-05-29	1	08단	美貌を種に連續的に結婚詐欺三十女の惡企み
249953	朝鮮朝日	西北版	1934-05-29	1	09단	腕に重傷
249954	朝鮮朝日	西北版	1934-05-29	1	09단	また天然痘
249955	朝鮮朝日	西北版	1934-05-29	1	09단	鶴嘴揮って勞働者十數名亂鬪重傷者三名を出す
249956	朝鮮朝日	西北版	1934-05-29	1	09단	犬に嚙まれてとんだ難癖無理に醫者の手當うけて金を出せと毆込む
249957	朝鮮朝日	西北版	1934-05-29	1	10단	鐵工所燒く
249958	朝鮮朝日	西北版	1934-05-29	1	10단	柳京日記
249959	朝鮮朝日	西北版	1934-05-29	1	10단	大同ゴム工場存續と決る
249960	朝鮮朝日	南鮮版	1934-05-29	1	01단	市街地計劃令實施は來月上旬ちかく閣議で決定
249961	朝鮮朝日	南鮮版	1934-05-29	1	01단	非常時に處して美しい軍民一致北鮮國境方面軍狀視察の川島軍司令官語る
249962	朝鮮朝日	南鮮版	1934-05-29	1	01단	宇垣總督上京各方面の注視を浴び
249963	朝鮮朝日	南鮮版	1934-05-29	1	02단	一千名の旅行團八幡製鐵所從業員來る
249964	朝鮮朝日	南鮮版	1934-05-29	1	03단	似顔描きの旅
249965	朝鮮朝日	南鮮版	1934-05-29	1	04단	人(巖佐憲兵司令官/山形平壤憲兵隊長)
249966	朝鮮朝日	南鮮版	1934-05-29	1	04단	列車から脫走犯人金堤署に逮捕
249967	朝鮮朝日	南鮮版	1934-05-29	1	04단	爽かな話題好き者に目見得る門外不出の逸品釜山の名

일련번호	판명		간행일	면	단수	기사명
						家で所藏の書畫骨董大賣立
249968	朝鮮朝日	南鮮版	1934-05-29	1	04단	內鮮聯絡飛行提携運動に大邱飛行場設置期成會員佐藤航空官と懇談
249969	朝鮮朝日	南鮮版	1934-05-29	1	04단	釣りの季節魚の寶庫へ押出す釜山の太公望
249970	朝鮮朝日	南鮮版	1934-05-29	1	05단	釜山の海軍記念日
249971	朝鮮朝日	南鮮版	1934-05-29	1	05단	光線遮斷窓の閉鎖を怠って迎日座の火災原因
249972	朝鮮朝日	南鮮版	1934-05-29	1	06단	游泳中溺死
249973	朝鮮朝日	南鮮版	1934-05-29	1	07단	小型漫談/永島豊子さん
249974	朝鮮朝日	南鮮版	1934-05-29	1	07단	殊勳の討匪行見事人質を奪還しわが警官隊に凱歌/わが猛撃に敵匪潰走す
249975	朝鮮朝日	南鮮版	1934-05-29	1	07단	美貌を種に連續的に結婚詐欺三十女の惡企み
249976	朝鮮朝日	南鮮版	1934-05-29	1	07단	忠南拳銃强盜事件
249977	朝鮮朝日	南鮮版	1934-05-29	1	09단	運動界(遞信雪辱し京電再敗す京城實業野球/釜山實業庭球/釜鐵對全大邱/釜鐵敗る/釜山軟式野球)
249978	朝鮮朝日	南鮮版	1934-05-29	1	09단	犬に嚙まれてとんだ難癖無理に醫者の手當うけて金を出せと毆込む
249979	朝鮮朝日	南鮮版	1934-05-29	1	10단	輕氣球
249980	朝鮮朝日	西北版	1934-05-30	1		缺號
249981	朝鮮朝日	南鮮版	1934-05-30	1	01단	半島全土に互り地下資源の打診愈よ鑛山課が調査に乘出し寶の山の開發に拍車
249982	朝鮮朝日	南鮮版	1934-05-30	1	01단	李鍵公殿下
249983	朝鮮朝日	南鮮版	1934-05-30	1	01단	國立種羊場は咸北慶源に建設增殖愈よ實行期に
249984	朝鮮朝日	南鮮版	1934-05-30	1	01단	山間僻地の驛長らへモダン教育鐵道局の知識訓練計劃愈よ實施と決る
249985	朝鮮朝日	南鮮版	1934-05-30	1	01단	極東大會選手巡廻コーチ日程決まる
249986	朝鮮朝日	南鮮版	1934-05-30	1	02단	宇垣總督海雲台へ一泊
249987	朝鮮朝日	南鮮版	1934-05-30	1	02단	ゆかりの須磨へ日韓合邦記念塔を建つ內田良平氏らの發起で大業功績者を讚頌
249988	朝鮮朝日	南鮮版	1934-05-30	1	03단	東鄉元師の平癒を祈願
249989	朝鮮朝日	南鮮版	1934-05-30	1	03단	わらび狩り列車四割引の大勉强
249990	朝鮮朝日	南鮮版	1934-05-30	1	03단	京城新電話番號薄發行
249991	朝鮮朝日	南鮮版	1934-05-30	1	04단	衛生思想普及映畫公開
249992	朝鮮朝日	南鮮版	1934-05-30	1	04단	支那官憲の暴戾に漁場開拓の雄圖も空し山東角沖合に進發した漁船ぼつぼつ引き揚ぐ
249993	朝鮮朝日	南鮮版	1934-05-30	1	04단	小型漫談/小野田礒之氏
249994	朝鮮朝日	南鮮版	1934-05-30	1	05단	息詰まる白熱戰鈴木新聞店チーム優勝木浦商店訪問リレー/漕艇リーグ戰日程決まる/全釜山對全大邱庭球戰
249995	朝鮮朝日	南鮮版	1934-05-30	1	05단	釜山京城間臨時急行の運轉を中止
249996	朝鮮朝日	南鮮版	1934-05-30	1	06단	酒鄉に酒の神樣馬山同業者が祀る

일련번호	판명		간행일	면	단수	기사명
249997	朝鮮朝日	南鮮版	1934-05-30	1	07단	職を求める若者を巧に欺く「內地へ行け」と連れ廻りまんまと五圓騙る
249998	朝鮮朝日	南鮮版	1934-05-30	1	07단	金貸夫婦殺し四年ぶりに謎解かる竊盗取調べから計らずも判明二名檢事局送り
249999	朝鮮朝日	南鮮版	1934-05-30	1	08단	二人組強盗踏切番を襲ふ
250000	朝鮮朝日	南鮮版	1934-05-30	1	08단	生活難から死を急ぐ人々
250001	朝鮮朝日	南鮮版	1934-05-30	1	08단	生の親と兄へ廿年振に對面數奇の若者の歡び
250002	朝鮮朝日	南鮮版	1934-05-30	1	09단	高壓線に觸れ哀れ感電死
250003	朝鮮朝日	南鮮版	1934-05-30	1	10단	只乘りの罰は覿面飛降り損ね重傷
250004	朝鮮朝日	南鮮版	1934-05-30	1	10단	スラム街の吸血鬼つひに御用
250005	朝鮮朝日	南鮮版	1934-05-30	1	10단	もよほし(京城國防義會理事會)
250006	朝鮮朝日	南鮮版	1934-05-30	1	10단	輕氣球
250007	朝鮮朝日	西北版	1934-05-31	1	01단	土地改良事業の新規計劃を中止現下米穀事情に鑑み一般に異常な衝動
250008	朝鮮朝日	西北版	1934-05-31	1	01단	地方泣かせのスローモーション流行り工事認可の遲延で最も能率的な工事期がフイ
250009	朝鮮朝日	西北版	1934-05-31	1	01단	備へよ空襲(5)/夜の都市を救ふ燈火管制の効果畫は煙幕とカムフラージュで
250010	朝鮮朝日	西北版	1934-05-31	1	03단	新興羅津に上水道敷設
250011	朝鮮朝日	西北版	1934-05-31	1	04단	人(岡本平壤覆審法院長、杮原同法院檢事長)
250012	朝鮮朝日	西北版	1934-05-31	1	04단	流筏數の三割輸出を容認多田氏斡旋に努む滿洲輸出原木制限問題
250013	朝鮮朝日	西北版	1934-05-31	1	04단	靑訓生に店員が皆無要望される閉店時間の統一
250014	朝鮮朝日	西北版	1934-05-31	1	05단	運動界(對抗競技)
250015	朝鮮朝日	西北版	1934-05-31	1	05단	窯業講習會
250016	朝鮮朝日	西北版	1934-05-31	1	06단	平壤授産場を工藝學校へまづ工業實習學校に合併明年度實現を期す
250017	朝鮮朝日	西北版	1934-05-31	1	06단	殉職記念碑除幕式
250018	朝鮮朝日	西北版	1934-05-31	1	06단	金剛山に勝る雄大な高山地帶惠山線合水、白巖間開通で世に出る新絶景
250019	朝鮮朝日	西北版	1934-05-31	1	08단	さらに二名平壤の天然痘
250020	朝鮮朝日	西北版	1934-05-31	1	08단	持逃げ二件
250021	朝鮮朝日	西北版	1934-05-31	1	08단	危い線路妨害
250022	朝鮮朝日	西北版	1934-05-31	1	08단	滿浦線工事で人夫引張凧
250023	朝鮮朝日	西北版	1934-05-31	1	08단	鑛山さして雪崩るゝ勞働者平南では警備力の不足に民間團體を總動員
250024	朝鮮朝日	西北版	1934-05-31	1	08단	無籍の娘を賣り飛ばす
250025	朝鮮朝日	西北版	1934-05-31	1	09단	バスで亂暴乘務員を袋叩
250026	朝鮮朝日	西北版	1934-05-31	1	09단	愛すればこそ三題 強盗騷ぎは眞っ赤の嘘妻に附け纏ふ

일련번호	판명		간행일	면	단수	기사명
						男を陥れたいばかりに/情夫を慕ふ女房に一撃/嫉妬の餘り殺す
250027	朝鮮朝日	西北版	1934-05-31	1	10단	柳京日記
250028	朝鮮朝日	南鮮版	1934-05-31	1	01단	土地改良事業の新規計劃を中止現下米穀事情に鑑み一般に異常な衝動
250029	朝鮮朝日	南鮮版	1934-05-31	1	01단	東郷元帥を悼む　誠に痛惜の至り故元帥には大恩顧を被った上京の途宇垣總督は語る/總督の弔電/釜山郷軍の懇ろな哀悼/京城府から弔電/釜山府/日本の將來に無言の指導哀悼の念禁じ得ぬ川島軍司令官の談/宇垣總督下關通過/保存される東郷ベッド半島に殘した唯一の記念
250030	朝鮮朝日	南鮮版	1934-05-31	1	04단	京城運動場プール水神祭
250031	朝鮮朝日	南鮮版	1934-05-31	1	04단	期待される一時間こん度は京城釜山間で大短縮の試運轉
250032	朝鮮朝日	南鮮版	1934-05-31	1	05단	今井田總監南鮮を視察
250033	朝鮮朝日	南鮮版	1934-05-31	1	05단	金剛山に勝る雄大な高山地帯惠山線合水、白巖間開通で世に出る新絶景
250034	朝鮮朝日	南鮮版	1934-05-31	1	05단	小型漫談/李瑞求氏
250035	朝鮮朝日	南鮮版	1934-05-31	1	06단	ハロー、チャップリン京城に現はれたデス實は銀座で鳴らした和製/街の燈京城で上映本紙讀者へ優待
250036	朝鮮朝日	南鮮版	1934-05-31	1	06단	府廳拂下品をめぐる談合詐欺古物商五名送らる
250037	朝鮮朝日	南鮮版	1934-05-31	1	07단	殖銀優勝す對遞信決勝戰
250038	朝鮮朝日	南鮮版	1934-05-31	1	07단	刃物を揮って看守に斬りつく大田刑務所の無期囚
250039	朝鮮朝日	南鮮版	1934-05-31	1	08단	昌慶丸から身投げ少年危く助かる滿洲の夢破れて悲觀
250040	朝鮮朝日	南鮮版	1934-05-31	1	08단	進永農藝の盟休生處分
250041	朝鮮朝日	南鮮版	1934-05-31	1	08단	子爵の孫に詐取される舍音の好餌につられ
250042	朝鮮朝日	南鮮版	1934-05-31	1	09단	氣の弱い男細君恐さに狂言强盗
250043	朝鮮朝日	南鮮版	1934-05-31	1	10단	河豚に落命
250044	朝鮮朝日	南鮮版	1934-05-31	1	10단	釜山府の新稅徴收申告を取纏む
250045	朝鮮朝日	南鮮版	1934-05-31	1	10단	人(大島和子孃(京畿道內務部長大島良士氏令孃))
250046	朝鮮朝日	南鮮版	1934-05-31	1	10단	輕氣球

1934년 6월 (조선아사히)

일련번호	판명		간행일	면	단수	기사명
250047	朝鮮朝日	西北版	1934-06-01	1	01단	日本一の健康兒捜し潑刺たる健康美晴れの代表決る制霸を目ざす珠玉の六兒(佐久間活也/山田恒平/市岡要人/油谷浪子/澁谷千枝子/趙永順)
250048	朝鮮朝日	西北版	1934-06-01	1	01단	護れ大空大防空演習愈よ目睫にまづ三中井で防空展覽會火蓋は九日から
250049	朝鮮朝日	西北版	1934-06-01	1	01단	遺産相續稅と酒稅の改正七月一日から實施
250050	朝鮮朝日	西北版	1934-06-01	1	01단	平壤繁榮會運賃新契約
250051	朝鮮朝日	西北版	1934-06-01	1	03단	見積書と豫算に開き平北の土木行き惱む
250052	朝鮮朝日	西北版	1934-06-01	1	04단	主任級異動
250053	朝鮮朝日	西北版	1934-06-01	1	04단	演松七機平壤へ飛ぶ
250054	朝鮮朝日	西北版	1934-06-01	1	04단	第二工場地帶を平壤府に編入調査の上で具體案
250055	朝鮮朝日	西北版	1934-06-01	1	05단	定期敍勳
250056	朝鮮朝日	西北版	1934-06-01	1	05단	名所保存會新陣容を堅む
250057	朝鮮朝日	西北版	1934-06-01	1	06단	二つの新要望强制力ある鑛山法の制定と初等教科書に警察官の話を平南道警察部から
250058	朝鮮朝日	西北版	1934-06-01	1	06단	連結架設法による鐵橋工事成功すわが鐵道史に特筆すべき滿浦線百嶺川の難工
250059	朝鮮朝日	西北版	1934-06-01	1	07단	賑ふ日本海淸敦航路を隔日に船客輻湊に應じて明年から
250060	朝鮮朝日	西北版	1934-06-01	1	07단	圖們淸津間近く無電開始一日掛りの不便解消
250061	朝鮮朝日	西北版	1934-06-01	1	08단	女囚監移轉ちかく着工
250062	朝鮮朝日	西北版	1934-06-01	1	08단	平壤水道收入增加
250063	朝鮮朝日	西北版	1934-06-01	1	09단	トラック轉落三名重傷す
250064	朝鮮朝日	西北版	1934-06-01	1	09단	覆審でも遞信局長敗る平壤郵便局窓口の爭ひ結局原告の勝訴に
250065	朝鮮朝日	西北版	1934-06-01	1	09단	河を渡って駐在所襲擊不敵な匪賊の振舞直ちに應戰擊退す
250066	朝鮮朝日	西北版	1934-06-01	1	10단	雹降る北鮮地方に
250067	朝鮮朝日	西北版	1934-06-01	1	10단	柳京日記
250068	朝鮮朝日	西北版	1934-06-01	1	10단	人(坂田平南道衛生課長)
250069	朝鮮朝日	南鮮版	1934-06-01	1	01단	日本一の健康兒捜し潑刺たる健康美晴れの代表決る制霸を目ざす珠玉の六兒(佐久間活也/山田恒平/市岡要人/油谷浪子/澁谷千枝子/趙永順)
250070	朝鮮朝日	南鮮版	1934-06-01	1	01단	*日本放送協會へ朝鮮協會の合併明年四月から實現/放送協會總會理事長ら殆ど再選*
250071	朝鮮朝日	南鮮版	1934-06-01	1	01단	光姿偉格は永劫に不滅故東鄕元師を哀悼し市村鎭海要港司令官語る
250072	朝鮮朝日	南鮮版	1934-06-01	1	03단	在滿皇軍へ慰問袋發送京城府靑年團
250073	朝鮮朝日	南鮮版	1934-06-01	1	04단	京畿道署長會議

일련번호	판명		간행일	면	단수	기사명
250074	朝鮮朝日	南鮮版	1934-06-01	1	04단	總會一束(東拓鑛業)
250075	朝鮮朝日	南鮮版	1934-06-01	1	05단	定期敍勳
250076	朝鮮朝日	南鮮版	1934-06-01	1	05단	遺産相續稅と酒稅の改正七月一日から實施
250077	朝鮮朝日	南鮮版	1934-06-01	1	06단	名譽の戰死者遺骨埋葬式
250078	朝鮮朝日	南鮮版	1934-06-01	1	06단	京城府吏員近く大異動不正事件頻發に鑑み思切った刷新を計る
250079	朝鮮朝日	南鮮版	1934-06-01	1	07단	日本海々戰記念祭典
250080	朝鮮朝日	南鮮版	1934-06-01	1	07단	ご多分に漏れず總督府も借金苦九年度現在で五億圓
250081	朝鮮朝日	南鮮版	1934-06-01	1	07단	談合詐欺事件府廳にも飛び火會計係逸早く逃走
250082	朝鮮朝日	南鮮版	1934-06-01	1	07단	公設洗濯場京城に新設
250083	朝鮮朝日	南鮮版	1934-06-01	1	08단	珠算の選手遠征に好成績
250084	朝鮮朝日	南鮮版	1934-06-01	1	08단	派手な遺書漢江人道橋に貼付け失戀男身投を企つ
250085	朝鮮朝日	南鮮版	1934-06-01	1	08단	登記簿不實記載の詐欺犯捕る
250086	朝鮮朝日	南鮮版	1934-06-01	1	09단	金剛山探勝臨時列車走る
250087	朝鮮朝日	南鮮版	1934-06-01	1	09단	五十九名へ求刑姜文秀らの共産黨工作委員會事件結審
250088	朝鮮朝日	南鮮版	1934-06-01	1	10단	搔っ拂ったハンドバッグ二十個三名捕まる
250089	朝鮮朝日	南鮮版	1934-06-01	1	10단	汽動車運轉手へ暴行の人夫四名送局さる
250090	朝鮮朝日	南鮮版	1934-06-01	1	10단	大邱の花事一名火傷す
250091	朝鮮朝日	南鮮版	1934-06-01	1	10단	輕氣球
250092	朝鮮朝日	西北版	1934-06-02	1	01단	內地を凌ぐ産金額の躍進昨年總額實に三千餘萬圓總督の念願も目前に
250093	朝鮮朝日	西北版	1934-06-02	1	01단	五ゴム工場操業を開始原料の下落に蘇る
250094	朝鮮朝日	西北版	1934-06-02	1	01단	年七十萬噸の石炭が押寄す東滿で新發見の大炭田から北鮮に輸出の計劃
250095	朝鮮朝日	西北版	1934-06-02	1	01단	教員精神作興大會
250096	朝鮮朝日	西北版	1934-06-02	1	02단	防空演習のビラを配布
250097	朝鮮朝日	西北版	1934-06-02	1	02단	平壤消防隊昇格後の陣容
250098	朝鮮朝日	西北版	1934-06-02	1	03단	時の記念日平壤の催し
250099	朝鮮朝日	西北版	1934-06-02	1	03단	潑剌たる珠玉の六兒童晴れの健康代表かくして育くまる(上)
250100	朝鮮朝日	西北版	1934-06-02	1	04단	公會堂委員會
250101	朝鮮朝日	西北版	1934-06-02	1	04단	本府新方針と平南の水組
250102	朝鮮朝日	西北版	1934-06-02	1	04단	妻を助手に貨幣を僞造米を買って足がつく
250103	朝鮮朝日	西北版	1934-06-02	1	04단	初夏の水邊(1)
250104	朝鮮朝日	西北版	1934-06-02	1	06단	平南署長會議
250105	朝鮮朝日	西北版	1934-06-02	1	06단	無罪から有罪へ咸興土木談合事件の六名へそれぞれ求刑
250106	朝鮮朝日	西北版	1934-06-02	1	07단	デパートに敢然應戰す平壤の賣店
250107	朝鮮朝日	西北版	1934-06-02	1	08단	天然痘續發

일련번호	판명		간행일	면	단수	기사명
250108	朝鮮朝日	西北版	1934-06-02	1	08단	馬賊の跳梁
250109	朝鮮朝日	西北版	1934-06-02	1	08단	遊びが奪った命ふたつ幼兒相撲の下敷となって卅男花札の借金から縊る
250110	朝鮮朝日	西北版	1934-06-02	1	08단	滿州からの密漁船捕る
250111	朝鮮朝日	西北版	1934-06-02	1	08단	靑葉の蔭にはびこる惡の華
250112	朝鮮朝日	西北版	1934-06-02	1	09단	死體漂着
250113	朝鮮朝日	西北版	1934-06-02	1	10단	偽造證書で
250114	朝鮮朝日	西北版	1934-06-02	1	10단	もよほし(齲齒豫防デー/音樂會/特産品卽賣會)
250115	朝鮮朝日	西北版	1934-06-02	1	10단	人(竹內操氏(新任平北産業主事))
250116	朝鮮朝日	西北版	1934-06-02	1	10단	柳京日記
250117	朝鮮朝日	南鮮版	1934-06-02	1	01단	內地を凌ぐ産金額の躍進昨年總額實に三千餘萬圓總督の念願も目前に
250118	朝鮮朝日	南鮮版	1934-06-02	1	01단	１時間９分見事に短縮釜山、龍山間スピードアップ試運轉頗ぶる好績
250119	朝鮮朝日	南鮮版	1934-06-02	1	01단	潑剌たる珠玉の六兒童晴れの健康代表かくして育くまる(上)
250120	朝鮮朝日	南鮮版	1934-06-02	1	02단	惡材料に積荷激減南洋航路船第二船釜山へ
250121	朝鮮朝日	南鮮版	1934-06-02	1	02단	競泳界の大舞台京城府營プール完成
250122	朝鮮朝日	南鮮版	1934-06-02	1	04단	京城大勝對日大柔道
250123	朝鮮朝日	南鮮版	1934-06-02	1	04단	總督府辭令
250124	朝鮮朝日	南鮮版	1934-06-02	1	04단	日本の名を辱しめなかった極東大會へ朝鮮から出場の二選手元氣で凱旋/二選手京城へ
250125	朝鮮朝日	南鮮版	1934-06-02	1	05단	京畿道府尹會議開かる
250126	朝鮮朝日	南鮮版	1934-06-02	1	05단	農民デー
250127	朝鮮朝日	南鮮版	1934-06-02	1	06단	壯烈な攻防戰軍部も參加して京城學生聯合演習
250128	朝鮮朝日	南鮮版	1934-06-02	1	06단	赤子の泣聲に慌て妓生には優しい大邱で一夜に三ヶ所襲ふ說教もどきの強盜
250129	朝鮮朝日	南鮮版	1934-06-02	1	06단	嬰兒死體を野良犬が發見不倫の果壓殺と判る
250130	朝鮮朝日	南鮮版	1934-06-02	1	07단	薨去の日の本社映畫ニュース京城で公開
250131	朝鮮朝日	南鮮版	1934-06-02	1	07단	鐵道ホテルのサービス改善主任の打合會
250132	朝鮮朝日	南鮮版	1934-06-02	1	07단	赤の五十九名何れも懲役工作委員會事件求刑
250133	朝鮮朝日	南鮮版	1934-06-02	1	08단	會(慶南道警察署長會議)
250134	朝鮮朝日	南鮮版	1934-06-02	1	08단	高女專門に忍び込む賊
250135	朝鮮朝日	南鮮版	1934-06-02	1	08단	季節の警報枕木に眠る二名一名機關車に觸れ重傷/斬新泥棒氏路傍睡眠の隙に掠める
250136	朝鮮朝日	南鮮版	1934-06-02	1	09단	無罪から有罪へ咸興土木談合事件の六名へそれぞれ求刑
250137	朝鮮朝日	南鮮版	1934-06-02	1	10단	マリヤ事件續行公判十四日に開廷
250138	朝鮮朝日	南鮮版	1934-06-02	1	10단	頓馬な強盜團前科者揃ひの八名

일련번호	판명		간행일	면	단수	기사명
250139	朝鮮朝日	南鮮版	1934-06-02	1	10단	天然痘發生
250140	朝鮮朝日	南鮮版	1934-06-02	1	10단	もよほし(朝鮮物産協會定時總會/故大島和子さん告別式)
250141	朝鮮朝日	南鮮版	1934-06-02	1	10단	人(神八三郎氏(帝國馬政委員)/淸水重夫氏(總督府圖書課長)/石田千太郎氏(總督府鑛山課長)/中山英之氏(釜山府視學中山準之助氏令息))
250142	朝鮮朝日	西北版	1934-06-03	1	01단	鑛山監督局の設置は愈よ好望鑛區出願の急增に明年度約三ヶ所を
250143	朝鮮朝日	西北版	1934-06-03	1	01단	林檎の統制を全鮮に及ぼせ同士打による不利に懲りて平南道から要望
250144	朝鮮朝日	西北版	1934-06-03	1	01단	圓滿手打ち新義州の原木單價問題雙方步寄りで解決
250145	朝鮮朝日	西北版	1934-06-03	1	02단	要望される初等校普及
250146	朝鮮朝日	西北版	1934-06-03	1	02단	珠玉の六兒はかく育つ晴れの健康代表(中)
250147	朝鮮朝日	西北版	1934-06-03	1	03단	南浦貯炭場愈よ着工す
250148	朝鮮朝日	西北版	1934-06-03	1	03단	運河開鑿で土地買占め
250149	朝鮮朝日	西北版	1934-06-03	1	04단	會(射擊大會)
250150	朝鮮朝日	西北版	1934-06-03	1	04단	人(山本犀藏氏(西鮮合電社長)/吉田英三郎氏(西鮮合電專務))
250151	朝鮮朝日	西北版	1934-06-03	1	04단	消防隊防護練習
250152	朝鮮朝日	西北版	1934-06-03	1	04단	平北二補選
250153	朝鮮朝日	西北版	1934-06-03	1	04단	初夏の水邊(5)
250154	朝鮮朝日	西北版	1934-06-03	1	05단	鮮展特選授賞式
250155	朝鮮朝日	西北版	1934-06-03	1	06단	雲行怪しい新式プール反對論續出に設計變更か纏らぬ平壤公會堂
250156	朝鮮朝日	西北版	1934-06-03	1	06단	延坪島に大暴風遭難漁船の救助に海州署から警備船を急派す
250157	朝鮮朝日	西北版	1934-06-03	1	07단	平元線完成要望大會
250158	朝鮮朝日	西北版	1934-06-03	1	07단	仲裁の船員を海に投込む
250159	朝鮮朝日	西北版	1934-06-03	1	07단	日滿女性が互ひに交す親善の贈物平壤女高普の記念祭に滿洲からお祝ひの作品
250160	朝鮮朝日	西北版	1934-06-03	1	08단	府營プール鎭南浦で計劃
250161	朝鮮朝日	西北版	1934-06-03	1	08단	名譽毀損で告訴爭ふ二府議
250162	朝鮮朝日	西北版	1934-06-03	1	08단	車輪・街頭に狂ふ
250163	朝鮮朝日	西北版	1934-06-03	1	09단	金持後家から千圓捲上ぐまんまと詐欺賭博で
250164	朝鮮朝日	西北版	1934-06-03	1	09단	學校を荒す
250165	朝鮮朝日	西北版	1934-06-03	1	10단	強盜と欺く
250166	朝鮮朝日	西北版	1934-06-03	1	10단	自動車値下
250167	朝鮮朝日	西北版	1934-06-03	1	10단	柳京日記
250168	朝鮮朝日	南鮮版	1934-06-03	1	01단	鑛山監督局の設置は愈よ好望鑛區出願の急增に明年度

일련번호	판명		간행일	면	단수	기사명
						約三ヶ所を
250169	朝鮮朝日	南鮮版	1934-06-03	1	01단	食はれる米が恐しく金を食ふ統制施設に出し放し千萬圓
250170	朝鮮朝日	南鮮版	1934-06-03	1	01단	心からの弔意東郷元師國葬日に
250171	朝鮮朝日	南鮮版	1934-06-03	1	01단	釜山、京城間スピードアップ試運轉列車で釜山棧橋に入ったところ(作紙參照)
250172	朝鮮朝日	南鮮版	1934-06-03	1	02단	半島の鑛業に軍部も囑目資本家投資熱も一段と旺盛石田鑛山課長歸來談
250173	朝鮮朝日	南鮮版	1934-06-03	1	03단	今井田總監各地を視察
250174	朝鮮朝日	南鮮版	1934-06-03	1	03단	珠玉の六兒はかく育つ晴れの健康代表(中)
250175	朝鮮朝日	南鮮版	1934-06-03	1	04단	龍山騎兵隊野外演習
250176	朝鮮朝日	南鮮版	1934-06-03	1	04단	鮮展特選授賞式
250177	朝鮮朝日	南鮮版	1934-06-03	1	05단	京城府プール水神式執行/京畿道女子中等校對抗陸上競技/南鮮女子庭球
250178	朝鮮朝日	南鮮版	1934-06-03	1	05단	京城幹線道路鋪裝いよいよ着手
250179	朝鮮朝日	南鮮版	1934-06-03	1	05단	釜博聯絡船時刻を變更
250180	朝鮮朝日	南鮮版	1934-06-03	1	05단	釜山放送局明年四月から放送を開始廳舍着工は十月頃
250181	朝鮮朝日	南鮮版	1934-06-03	1	06단	泥棒一年生二名のチンピラ捕って豪語當世コソ泥氣質
250182	朝鮮朝日	南鮮版	1934-06-03	1	06단	局鐵改良事業漸やく決る全線の通信設備改善など見るべきものが多い
250183	朝鮮朝日	南鮮版	1934-06-03	1	06단	普通校新設に地元の寄附
250184	朝鮮朝日	南鮮版	1934-06-03	1	07단	江原道某官廳から數名引致されん登記簿不正事件取調べ進み全貌愈よ白日下に
250185	朝鮮朝日	南鮮版	1934-06-03	1	08단	京城府商品券發行稅條例公布
250186	朝鮮朝日	南鮮版	1934-06-03	1	08단	漢江人道橋架替明年に着工
250187	朝鮮朝日	南鮮版	1934-06-03	1	08단	四人して折檻密告の邪推
250188	朝鮮朝日	南鮮版	1934-06-03	1	09단	關釜聯絡船港外に二時間半立往生急行列車は空のまゝで發車釜山地方稀有の濃霧
250189	朝鮮朝日	南鮮版	1934-06-03	1	09단	街の與太者
250190	朝鮮朝日	南鮮版	1934-06-03	1	10단	京城本券演舞場實現の運び
250191	朝鮮朝日	南鮮版	1934-06-03	1	10단	託された大金着服し逃ぐ
250192	朝鮮朝日	南鮮版	1934-06-03	1	10단	鐵橋を通行し轢死を遂ぐ
250193	朝鮮朝日	南鮮版	1934-06-03	1	10단	逃げ遲れて幼女燒死す京城の火事
250194	朝鮮朝日	南鮮版	1934-06-03	1	10단	人(田淵勳氏(東拓理事)/池田警務局長/林謹子さん(高等法院通譯官林久次郎氏夫人))
250195	朝鮮朝日	西北版	1934-06-05	1	01단	內鮮直通電話を滿洲まで延ばす新義州、京城間に架空ケーブル明年度豫算に計上か
250196	朝鮮朝日	西北版	1934-06-05	1	01단	林産副業品も本府が統制指導各道の自由計劃を嚴禁して適地適種主義で獎勵/輸入油擊退に油桐の植栽獎勵支

일련번호	판명		간행일	면	단수	기사명
						那から種子を求め
250197	朝鮮朝日	西北版	1934-06-05	1	01단	低資融通
250198	朝鮮朝日	西北版	1934-06-05	1	02단	漁村更生の評定
250199	朝鮮朝日	西北版	1934-06-05	1	02단	珠玉はかく育つ晴れの健康兒代表(下)
250200	朝鮮朝日	西北版	1934-06-05	1	03단	愈よ大阪に海底プール乘り出す平南の蛤
250201	朝鮮朝日	西北版	1934-06-05	1	04단	開港祝賀會
250202	朝鮮朝日	西北版	1934-06-05	1	04단	濱松機安着
250203	朝鮮朝日	西北版	1934-06-05	1	04단	鐘紡新工場は平壤に設置か平南道當局と目下祕密裡に敷地の折衝を進む
250204	朝鮮朝日	西北版	1934-06-05	1	05단	森林鐵道
250205	朝鮮朝日	西北版	1934-06-05	1	05단	印紙稅檢査
250206	朝鮮朝日	西北版	1934-06-05	1	05단	解氷期で道路に故障
250207	朝鮮朝日	西北版	1934-06-05	1	06단	金組の經營轉向社會政策を加味し積極的に産業振興を助長す
250208	朝鮮朝日	西北版	1934-06-05	1	06단	明倫孔子廟
250209	朝鮮朝日	西北版	1934-06-05	1	06단	平壤の天然痘益々猖獗す
250210	朝鮮朝日	西北版	1934-06-05	1	07단	延坪島の暴風禍死者４行方不明１３負傷１４０慘害の跡漸次判明/密集漁船が波浪で激突遂にこの慘事
250211	朝鮮朝日	西北版	1934-06-05	1	07단	人妻を亂打
250212	朝鮮朝日	西北版	1934-06-05	1	07단	虐待する夫に離婚の請求
250213	朝鮮朝日	西北版	1934-06-05	1	07단	早婚が生んだ家庭悲劇十四の夫の毒殺を企つ十八の妻が情夫と共謀で辨當に毒藥混入
250214	朝鮮朝日	西北版	1934-06-05	1	08단	列車妨害
250215	朝鮮朝日	西北版	1934-06-05	1	08단	北鮮移住哀話希望の新天地にも職なく零落れて哀れ罪へ
250216	朝鮮朝日	西北版	1934-06-05	1	08단	油斷ならぬ旅の道連れ強盜に早變り
250217	朝鮮朝日	西北版	1934-06-05	1	09단	列車から轉落じ負傷女中と幼女
250218	朝鮮朝日	西北版	1934-06-05	1	09단	これは迷惑就職口を斷られて世話人に瀕死の重傷
250219	朝鮮朝日	西北版	1934-06-05	1	10단	僞丹下左膳
250220	朝鮮朝日	西北版	1934-06-05	1	10단	赤い一味送局
250221	朝鮮朝日	西北版	1934-06-05	1	10단	縊死を遂ぐ
250222	朝鮮朝日	西北版	1934-06-05	1	10단	柳京日記
250223	朝鮮朝日	南鮮版	1934-06-05	1	01단	種々有難き御下問を賜ふ宮中へ參內した宇垣總督の謹話
250224	朝鮮朝日	南鮮版	1934-06-05	1	01단	內鮮直通電話を滿洲まで延ばす新義州、京城間に架空ケーブル明年度豫算に計上か
250225	朝鮮朝日	南鮮版	1934-06-05	1	01단	林産副業品も本府が統制指導各道の自由計劃を嚴禁して適地適種主義で獎勵/輸入油擊退に油桐の植栽獎勵支那から種子を求め

일련번호	판명		간행일	면	단수	기사명
250226	朝鮮朝日	南鮮版	1934-06-05	1	01단	今井田總監
250227	朝鮮朝日	南鮮版	1934-06-05	1	02단	故元師へ哀悼國葬日の京城/濱松、平壤間長距離飛行京城へ一泊
250228	朝鮮朝日	南鮮版	1934-06-05	1	02단	珠玉はかく育つ晴れの健康兒代表(下)
250229	朝鮮朝日	南鮮版	1934-06-05	1	03단	滿洲國訪問機蔚山に到着
250230	朝鮮朝日	南鮮版	1934-06-05	1	04단	華川に國旗塔
250231	朝鮮朝日	南鮮版	1934-06-05	1	04단	マニラ大會の力闘を語る陸上十傑表彰式を兼ねて我らの代表報告の夕/東萊高普優勝南鮮男中等庭球/都市對抗豫選
250232	朝鮮朝日	南鮮版	1934-06-05	1	05단	氣象の快感帶五月の半島
250233	朝鮮朝日	南鮮版	1934-06-05	1	05단	死傷百五十七行方不明二百人遭難漁船實に二百九十四隻延坪島風禍漸次判明/朝風丸出動慶南の善後策/密集漁船が波浪で激突遂にこの慘事
250234	朝鮮朝日	南鮮版	1934-06-05	1	06단	測候展覽會新裝の釜山測候所で八日から三日間開く
250235	朝鮮朝日	南鮮版	1934-06-05	1	06단	新景觀を世に出す惠山線高山地帶を吉田局長實地踏查
250236	朝鮮朝日	南鮮版	1934-06-05	1	08단	針九本を腹へ哀れ幼兒を致死漢藥商の非度い施術
250237	朝鮮朝日	南鮮版	1934-06-05	1	08단	內鮮股に竊盜行脚京城で一稼ぎ中捕る
250238	朝鮮朝日	南鮮版	1934-06-05	1	09단	學校に怪盜
250239	朝鮮朝日	南鮮版	1934-06-05	1	09단	瀆職警官控訴
250240	朝鮮朝日	南鮮版	1934-06-05	1	09단	ヌクテと大挌闘
250241	朝鮮朝日	南鮮版	1934-06-05	1	10단	會(釜山公立高等女學校同窓會)
250242	朝鮮朝日	南鮮版	1934-06-05	1	10단	人(渡邊天洋氏(東京市越町亞細亞學院代表者))
250243	朝鮮朝日	南鮮版	1934-06-05	1	10단	輕氣球
250244	朝鮮朝日	西北版	1934-06-06	1	01단	巨人の死を悼む國葬日の各地遙拜式(平壤/清津/咸興/元山/海州)
250245	朝鮮朝日	西北版	1934-06-06	1	01단	跳梁飽くなき匪賊團を大討伐間島一帶に於ける滿洲國の警備機關を大刷新
250246	朝鮮朝日	西北版	1934-06-06	1	01단	賦役に抗議現行の均等制を等級制に平北各郡守が叫ぶ
250247	朝鮮朝日	西北版	1934-06-06	1	01단	都市更生の答申案決定平壤商議所
250248	朝鮮朝日	西北版	1934-06-06	1	02단	變り種列傳(1)/赤づくめの赤えびす總裁竹井昇太郎さんの卷
250249	朝鮮朝日	西北版	1934-06-06	1	03단	豫算追加
250250	朝鮮朝日	西北版	1934-06-06	1	03단	海上交通機關設置を要望
250251	朝鮮朝日	西北版	1934-06-06	1	04단	大連に拮抗して北鮮三港を活用滿鐵、本府の諒解なる
250252	朝鮮朝日	西北版	1934-06-06	1	05단	開港記念祭
250253	朝鮮朝日	西北版	1934-06-06	1	05단	西鮮合電のガス經營至急許可方を要請
250254	朝鮮朝日	西北版	1934-06-06	1	05단	殺到する供電申込み西鮮合電にも鑛山景氣
250255	朝鮮朝日	西北版	1934-06-06	1	06단	平壤商議八年決算
250256	朝鮮朝日	西北版	1934-06-06	1	06단	五月會洋畫展覽會

일련번호	판명		간행일	면	단수	기사명
250257	朝鮮朝日	西北版	1934-06-06	1	07단	平南武道大會
250258	朝鮮朝日	西北版	1934-06-06	1	07단	愛兒の入營に老父・死の激勵身を捨て後顧の憂ひを斷つ裏長屋の愛國美談
250259	朝鮮朝日	西北版	1934-06-06	1	07단	延坪島の善後策協議
250260	朝鮮朝日	西北版	1934-06-06	1	08단	女學校荒しの强盗捕はる
250261	朝鮮朝日	西北版	1934-06-06	1	08단	血液がなくなる珍らしい患者輸血で僅かに一命を保つ道立醫院で研究
250262	朝鮮朝日	西北版	1934-06-06	1	09단	運動場の奇禍投げた砲丸が頭部に當り中學生瀕死の重傷
250263	朝鮮朝日	西北版	1934-06-06	1	09단	狂女を絞殺
250264	朝鮮朝日	西北版	1934-06-06	1	10단	平北兩江改修
250265	朝鮮朝日	西北版	1934-06-06	1	10단	運動界(中等學校陸上競技會)
250266	朝鮮朝日	西北版	1934-06-06	1	10단	柳京日記
250267	朝鮮朝日	南鮮版	1934-06-06	1	01단	跳梁飽くなき匪賊團を大討伐間島一帶に於ける滿洲國の警備機關を大刷新
250268	朝鮮朝日	南鮮版	1934-06-06	1	01단	跡始末を眼目に工費も一千萬圓程度に縮小第三次窮民救濟事業
250269	朝鮮朝日	南鮮版	1934-06-06	1	01단	郊外行樂地行き團體客に大割引局鐵が京城を中心に
250270	朝鮮朝日	南鮮版	1934-06-06	1	01단	*盡きぬ哀悼東鄕元師國葬の日/可憐な哀悼文元師の靈前に捧ぐ*
250271	朝鮮朝日	南鮮版	1934-06-06	1	02단	滿洲訪問機京城に着く
250272	朝鮮朝日	南鮮版	1934-06-06	1	03단	京城府民館ちかく着工
250273	朝鮮朝日	南鮮版	1934-06-06	1	03단	吹き鳴らす覺醒のサイレン
250274	朝鮮朝日	南鮮版	1934-06-06	1	04단	歸休兵除隊
250275	朝鮮朝日	南鮮版	1934-06-06	1	04단	人(篠田李王職長官)
250276	朝鮮朝日	南鮮版	1934-06-06	1	04단	內鮮聯絡飛行促進運動の五氏宇部へ
250277	朝鮮朝日	南鮮版	1934-06-06	1	05단	東大門の明粧
250278	朝鮮朝日	南鮮版	1934-06-06	1	05단	黃金鄕に魔手奉化各金山に大盗掘頻發し恐るべき劃策發覺す
250279	朝鮮朝日	南鮮版	1934-06-06	1	05단	運動界(漕艇リーグ戰/全鮮學生陸競各校の得點/南鮮庭球大會)
250280	朝鮮朝日	南鮮版	1934-06-06	1	06단	昌慶丸から支那人身を投ぐ內地上陸を禁地され
250281	朝鮮朝日	南鮮版	1934-06-06	1	07단	小型漫談南敏夫氏
250282	朝鮮朝日	南鮮版	1934-06-06	1	07단	阿片の殺人第一回上告公判
250283	朝鮮朝日	南鮮版	1934-06-06	1	07단	託された大金そのまゝ懷ろに跛引いて高飛中捕る
250284	朝鮮朝日	南鮮版	1934-06-06	1	08단	飛ぶよ日本海釜山、大阪間六百キロ傳書鳩試驗飛翔
250285	朝鮮朝日	南鮮版	1934-06-06	1	08단	妻女の狂言
250286	朝鮮朝日	南鮮版	1934-06-06	1	09단	市場跡公賣
250287	朝鮮朝日	南鮮版	1934-06-06	1	10단	航空郵便大宣傳

일련번호	판명		간행일	면	단수	기사명
250288	朝鮮朝日	南鮮版	1934-06-06	1	10단	說教强盜就縛す出所直後の男
250289	朝鮮朝日	南鮮版	1934-06-06	1	10단	風禍救援船全南から急派
250290	朝鮮朝日	南鮮版	1934-06-06	1	10단	列車妨害の防止に努む
250291	朝鮮朝日	南鮮版	1934-06-06	1	10단	赤の公判
250292	朝鮮朝日	西北版	1934-06-07	1	01단	青葉の蔭に蝕む 疑惑に狂うて妻を滅多斬り朝日の吸殼から血の惨劇癒よ第一回公判/泣き面に蜂僞婚の妻を求めて强盜にぶん毆らる/盜んだ三千圓を股に忍ばせた男ほか/公金拐帶
250293	朝鮮朝日	西北版	1934-06-07	1	01단	遭難者救出に驅逐艦を派遣朝郵からは櫻島丸を延坪島へ急航させる
250294	朝鮮朝日	西北版	1934-06-07	1	04단	飛込自殺
250295	朝鮮朝日	西北版	1934-06-07	1	04단	半島未曾有の低金利を現出す內地に先んじ來月一日から京城組銀預金利下げ
250296	朝鮮朝日	西北版	1934-06-07	1	04단	利子に惱む咸南窮救事業一部では利下要望
250297	朝鮮朝日	西北版	1934-06-07	1	05단	誰何されて巡査に一發拳銃所持の怪漢に色めき渡る元山署
250298	朝鮮朝日	西北版	1934-06-07	1	06단	平壤飛行場さらに擴張
250299	朝鮮朝日	西北版	1934-06-07	1	06단	大同江材伐出しいよいよ盛夏期より開始流筏は明春から
250300	朝鮮朝日	西北版	1934-06-07	1	07단	全鮮脚戲大會
250301	朝鮮朝日	西北版	1934-06-07	1	08단	平南火田の定着好成績
250302	朝鮮朝日	西北版	1934-06-07	1	08단	清津局今秋着工
250303	朝鮮朝日	西北版	1934-06-07	1	08단	常議員割當で紛糾を豫想さる朝鮮商工會議所總會
250304	朝鮮朝日	西北版	1934-06-07	1	09단	千町步燒く
250305	朝鮮朝日	西北版	1934-06-07	1	09단	東鄉さんの死に感じて內鮮二匿名紳士が公共事業に一千圓
250306	朝鮮朝日	西北版	1934-06-07	1	09단	もよほし(女子庭球豫選大會)
250307	朝鮮朝日	西北版	1934-06-07	1	10단	臨時競馬
250308	朝鮮朝日	西北版	1934-06-07	1	10단	人(江坂海軍少將(寺洞海軍鑛業部長)/年見秀親氏(平南山林課長)/藤田四郎氏(平南農務課技師)/大橋恒藏氏(平壤每日社長)/甘蔗義邦氏(平壤稅務監督局長)/高橋健氏(東拓鑛業專務))
250309	朝鮮朝日	西北版	1934-06-07	1	10단	柳京日記
250310	朝鮮朝日	南鮮版	1934-06-07	1	01단	半島未曾有の低金利を現出す內地に先んじ來月一日から京城組銀預金利下げ
250311	朝鮮朝日	南鮮版	1934-06-07	1	01단	この赤誠！新溪郡民が軍部へ犬皮を無代で獻納
250312	朝鮮朝日	南鮮版	1934-06-07	1	01단	遭難者救出に驅逐艦を派遣朝郵からは櫻島丸を延坪島へ急航させる/慶南の出漁者卅三名負傷被害は六萬圓
250313	朝鮮朝日	南鮮版	1934-06-07	1	02단	驅逐艦で群山へ今井田總監

일련번호	판명		간행일	면	단수	기사명
250314	朝鮮朝日	南鮮版	1934-06-07	1	03단	夏の豪華版水上日本の精鋭來るぞ、半島へ來月一日京城新プールで模範競泳大會
250315	朝鮮朝日	南鮮版	1934-06-07	1	04단	會(培材高等普通學校創立第四十九回記念式/京畿公立商業運動場擴張竣工式)
250316	朝鮮朝日	南鮮版	1934-06-07	1	04단	重要政策協議宇垣總督拓相と會見
250317	朝鮮朝日	南鮮版	1934-06-07	1	04단	二千名大擧して道廳へ押しかく一川式河川改修の補償を陳情洪水禍の慶南農民
250318	朝鮮朝日	南鮮版	1934-06-07	1	05단	英魂に捧ぐ國葬日各地の遙拜式(大邱/浦項/晉州)
250319	朝鮮朝日	南鮮版	1934-06-07	1	05단	裡里地方に飛行場を物色す適當の候補地を報告
250320	朝鮮朝日	南鮮版	1934-06-07	1	07단	農村に食入り恐るべき暗躍全南運動協議會一味五百名の取調べ漸く一段落
250321	朝鮮朝日	南鮮版	1934-06-07	1	08단	內鮮聯絡飛行折衝始まる大邱側宇部へ乘込む
250322	朝鮮朝日	南鮮版	1934-06-07	1	08단	慶南警察部異動を發表
250323	朝鮮朝日	南鮮版	1934-06-07	1	09단	本社映畫公開
250324	朝鮮朝日	南鮮版	1934-06-07	1	09단	身の潔白を證明して下さい數寄の女警察へ縋る
250325	朝鮮朝日	南鮮版	1934-06-07	1	10단	罰金で脅す四人組の強盜
250326	朝鮮朝日	南鮮版	1934-06-07	1	10단	京電、遞信に再勝
250327	朝鮮朝日	南鮮版	1934-06-07	1	10단	鷄泥の天才
250328	朝鮮朝日	西北版	1934-06-08	1	01단	初夏の水邊(３)
250329	朝鮮朝日	西北版	1934-06-08	1	01단	可憐な學童を苛む農村不況咸南道の調査一ヶ年の退學者二千名月謝滯納三千名
250330	朝鮮朝日	西北版	1934-06-08	1	01단	景氣のよい府有地處分放漫政策の非難も昂る土地熱に消散
250331	朝鮮朝日	西北版	1934-06-08	1	03단	濱松の四機歸還の途へ
250332	朝鮮朝日	西北版	1934-06-08	1	03단	郵便飛行
250333	朝鮮朝日	西北版	1934-06-08	1	03단	變り種列傳(２)/男なんど一睨み颯爽！スポーツ女性平壤高女品川とし子先生
250334	朝鮮朝日	西北版	1934-06-08	1	04단	若富士號
250335	朝鮮朝日	西北版	1934-06-08	1	04단	全鮮女學校長會議
250336	朝鮮朝日	西北版	1934-06-08	1	04단	平壤組銀でも預金の利下げ來る十一日から實施
250337	朝鮮朝日	西北版	1934-06-08	1	04단	平壤醫專の授業料値上
250338	朝鮮朝日	西北版	1934-06-08	1	04단	多木桑次郎氏內地へ引揚ぐ本府では農林博物館を斷念産業博物館を建設
250339	朝鮮朝日	西北版	1934-06-08	1	05단	軍用犬協會
250340	朝鮮朝日	西北版	1934-06-08	1	05단	龍巖浦市場好績
250341	朝鮮朝日	西北版	1934-06-08	1	06단	日曜每に戰歿者の碑を守る一等兵
250342	朝鮮朝日	西北版	1934-06-08	1	06단	努れる部落民魚屋を襲ふ二名重傷す
250343	朝鮮朝日	西北版	1934-06-08	1	06단	來月一日から石油業法を實施輸移入を許可制度に
250344	朝鮮朝日	西北版	1934-06-08	1	07단	赤痢流行

일련번호	판명		간행일	면	단수	기사명
250345	朝鮮朝日	西北版	1934-06-08	1	07단	アジビラを工場に撒く
250346	朝鮮朝日	西北版	1934-06-08	1	07단	自動車事故
250347	朝鮮朝日	西北版	1934-06-08	1	07단	列車に激突自動車大破運轉手ら瀕死
250348	朝鮮朝日	西北版	1934-06-08	1	08단	お家騒動を繞って辯護士ら七名起訴
250349	朝鮮朝日	西北版	1934-06-08	1	08단	死刑を求む鎭南浦の父娘殺し
250350	朝鮮朝日	西北版	1934-06-08	1	08단	延坪島暴風禍被害の全貌判る死者十二、行方不明九、負傷百四十四損害三十三萬餘圓
250351	朝鮮朝日	西北版	1934-06-08	1	10단	もよほし(國民被服展覽會)
250352	朝鮮朝日	西北版	1934-06-08	1	10단	柳京日記
250353	朝鮮朝日	西北版	1934-06-08	1	10단	紙幣を僞造釣錢詐欺で捕る
250354	朝鮮朝日	南鮮版	1934-06-08	1	01단	季節の雜音を見ごとに撃退東京滿洲間の短波無電中繼でDKの惱み消える
250355	朝鮮朝日	南鮮版	1934-06-08	1	01단	來月一日から石油業法を實施輸移入を許可制度に
250356	朝鮮朝日	南鮮版	1934-06-08	1	01단	僻陬の地に文化の潮漲ぎる滿浦鎭線工事に押し寄す測量隊や各種營業群
250357	朝鮮朝日	南鮮版	1934-06-08	1	01단	京畿道郡守會議
250358	朝鮮朝日	南鮮版	1934-06-08	1	02단	李鍾公同妃兩殿下御歸鮮の御寫眞本社が謹寫し獻納/御名代宮殿下御渡滿映畵引續き謹映
250359	朝鮮朝日	南鮮版	1934-06-08	1	02단	齋選手コーチ九日釜山で
250360	朝鮮朝日	南鮮版	1934-06-08	1	02단	生命を吠える(A)/千頭のシェパードが瞬く間に登場/青島から招來した奇しき因緣半島、軍用犬時代に聽く
250361	朝鮮朝日	南鮮版	1934-06-08	1	03단	鮮銀へ地金の持込みが殺到す金相場の漸落步調に
250362	朝鮮朝日	南鮮版	1934-06-08	1	03단	「繼子三次」發禁
250363	朝鮮朝日	南鮮版	1934-06-08	1	04단	慶南地方官署召集事務檢閱
250364	朝鮮朝日	南鮮版	1934-06-08	1	04단	多木久米次郎氏朝鮮を引揚ぐ本府では農林博物館を斷念し産業博物館を建設
250365	朝鮮朝日	南鮮版	1934-06-08	1	04단	さあ、海へ!
250366	朝鮮朝日	南鮮版	1934-06-08	1	05단	小型漫談/靑木直氏
250367	朝鮮朝日	南鮮版	1934-06-08	1	05단	蠅取デー
250368	朝鮮朝日	南鮮版	1934-06-08	1	05단	馬商寄宿舍に赤痢が發生
250369	朝鮮朝日	南鮮版	1934-06-08	1	06단	赤の公判延期
250370	朝鮮朝日	南鮮版	1934-06-08	1	06단	ロシア製古貨車永のお暇に新造計劃の確立でちかく廢車と決る
250371	朝鮮朝日	南鮮版	1934-06-08	1	07단	作報慶南道廳へ大擧押し寄せた農民群鎭海要塞司令部檢閱濟
250372	朝鮮朝日	南鮮版	1934-06-08	1	07단	延坪島暴風禍被害の全貌判る死者十二、行方不明九、負傷百四十四損害三十三萬餘圓/出漁した二名半死半生で歸る氣遣はれる漁船七隻德積島方面の被害/慶北の遭難船十四隻歸還他も無事避難

일련번호	판명		간행일	면	단수	기사명
250373	朝鮮朝日	南鮮版	1934-06-08	1	08단	二名輸禍に
250374	朝鮮朝日	南鮮版	1934-06-08	1	09단	赤の出版物へちょっと待った檢閲陣一段と整備
250375	朝鮮朝日	南鮮版	1934-06-08	1	09단	大石の下に腐爛した死體森林中で學童が發見迷信の本場に怪事件
250376	朝鮮朝日	南鮮版	1934-06-08	1	10단	紙幣を僞造/釣錢詐欺で捕る
250377	朝鮮朝日	南鮮版	1934-06-08	1	10단	もよほし(馬山小學校開校三十年祝賀式)
250378	朝鮮朝日	南鮮版	1934-06-08	1	10단	朝鮮教育總會羅南で開催
250379	朝鮮朝日	西北版	1934-06-09	1	01단	國境の初夏を彩る豆滿江の筏流し雪解水に送られて
250380	朝鮮朝日	西北版	1934-06-09	1	01단	東拓の新産金會社ちかく認可に各融資鑛山現物出資で參加資本は少額に止む
250381	朝鮮朝日	西北版	1934-06-09	1	01단	平南林檎の檢査區域を擴張移出品の向上を計る
250382	朝鮮朝日	西北版	1934-06-09	1	01단	下飯坂部長國境視察談
250383	朝鮮朝日	西北版	1934-06-09	1	02단	西平壤驛の飛躍
250384	朝鮮朝日	西北版	1934-06-09	1	03단	入、退營兵
250385	朝鮮朝日	西北版	1934-06-09	1	03단	齋選手來壤
250386	朝鮮朝日	西北版	1934-06-09	1	03단	變り種列傳(3)/嚴寒もものかはシャツ一枚で道中當年五十七歳の中山雷三さん
250387	朝鮮朝日	西北版	1934-06-09	1	04단	もよほし(平南金融理事會)
250388	朝鮮朝日	西北版	1934-06-09	1	04단	朝鮮神宮競技/柔劍道を新に加へスケジュール決る
250389	朝鮮朝日	西北版	1934-06-09	1	04단	また平壤に天然痘發生
250390	朝鮮朝日	西北版	1934-06-09	1	04단	專賣局赤化事件の求刑
250391	朝鮮朝日	西北版	1934-06-09	1	05단	初夏の水邊(4)
250392	朝鮮朝日	西北版	1934-06-09	1	06단	平南最初の託兒所を設く西平壤に明年から
250393	朝鮮朝日	西北版	1934-06-09	1	06단	また脫線
250394	朝鮮朝日	西北版	1934-06-09	1	07단	豫期に反した豆滿農場の成績內地引揚の移民續出
250395	朝鮮朝日	西北版	1934-06-09	1	08단	元鐵道員の金密輸判決
250396	朝鮮朝日	西北版	1934-06-09	1	08단	線路に惡戲
250397	朝鮮朝日	西北版	1934-06-09	1	08단	降雨過多に播種不能の悩み平南稲作段別の半ばに及ぶ昭和水利豫定地帶
250398	朝鮮朝日	西北版	1934-06-09	1	09단	水爭ひ
250399	朝鮮朝日	西北版	1934-06-09	1	09단	自殺二件
250400	朝鮮朝日	西北版	1934-06-09	1	09단	支那服の怪漢列車から飛降る元山の拳銃犯人か
250401	朝鮮朝日	西北版	1934-06-09	1	10단	柳京日記
250402	朝鮮朝日	西北版	1934-06-09	1	10단	會(大久保平鐵運轉主任/嚴城平壤地方法院次席檢事)
250403	朝鮮朝日	南鮮版	1934-06-09	1	01단	眼に耳に時を吹き込む十日記念日の大宣傳(京城/釜山)
250404	朝鮮朝日	南鮮版	1934-06-09	1	01단	東拓の新産金會社ちかく認可に各融資鑛山現物出資で參加資本は少額に止む
250405	朝鮮朝日	南鮮版	1934-06-09	1	01단	京釜線へ集中か本年の線路改良事業
250406	朝鮮朝日	南鮮版	1934-06-09	1	01단	生命を吠える(B)/血統正しい犬は殘念だが寥々訓練に

일련번호	판명		간행일	면	단수	기사명
						は最適地の折紙半島軍用犬時代に聴く
250407	朝鮮朝日	南鮮版	1934-06-09	1	03단	教員の田植ゑ
250408	朝鮮朝日	南鮮版	1934-06-09	1	03단	物言はぬ勇士勢揃ひ全鮮軍用犬展覽會
250409	朝鮮朝日	南鮮版	1934-06-09	1	04단	本社映畫公開
250410	朝鮮朝日	南鮮版	1934-06-09	1	04단	露店料金の値下を陳情
250411	朝鮮朝日	南鮮版	1934-06-09	1	04단	美しい海岸/東海北部線松田にキャンプ村本年も開設の計劃
250412	朝鮮朝日	南鮮版	1934-06-09	1	05단	白米値上げ
250413	朝鮮朝日	南鮮版	1934-06-09	1	05단	災害復舊費を救濟に支出せん本府は工事の缺陷を認めず洛東江の水害問題/災害調査終る
250414	朝鮮朝日	南鮮版	1934-06-09	1	06단	小型漫談/野村薫氏
250415	朝鮮朝日	南鮮版	1934-06-09	1	07단	朝鮮神宮競技柔劍道を新に加ヘスケジュール決る/慶南武道大會/大田武道リーグ戰/日本大相撲統營で興行
250416	朝鮮朝日	南鮮版	1934-06-09	1	07단	豫期に反した豆滿農場の成績內地引揚の移民續出
250417	朝鮮朝日	南鮮版	1934-06-09	1	07단	割引に景品つきデマ亂れ飛ぶ馬山統營間船賃協定破れ猛烈なお客爭奪戰か
250418	朝鮮朝日	南鮮版	1934-06-09	1	08단	釜山に覆面强盜醫師宅を襲ふ
250419	朝鮮朝日	南鮮版	1934-06-09	1	08단	金貨夫婦殺し二名豫審に
250420	朝鮮朝日	南鮮版	1934-06-09	1	09단	盜難豫防裝置のお手炳深夜の百貨店に侵入した怪漢まんまと失敗
250421	朝鮮朝日	南鮮版	1934-06-09	1	09단	捕物帖拔書
250422	朝鮮朝日	南鮮版	1934-06-09	1	10단	もよほし(朝鮮化學會例會)
250423	朝鮮朝日	南鮮版	1934-06-09	1	10단	輕氣球
250424	朝鮮朝日	西北版	1934-06-10	1	01단	大防空演習の序幕愈よ切らる輕爆三機の果敢な襲擊にまづ安州地區に戰端
250425	朝鮮朝日	西北版	1934-06-10	1	01단	七月一日から實施の見込朝鮮市街地計劃令
250426	朝鮮朝日	西北版	1934-06-10	1	01단	除隊兵
250427	朝鮮朝日	西北版	1934-06-10	1	02단	碧潼、定州に上水道計劃
250428	朝鮮朝日	西北版	1934-06-10	1	03단	小聽音機獻納
250429	朝鮮朝日	西北版	1934-06-10	1	03단	景觀のよい鐵道の賞與
250430	朝鮮朝日	西北版	1934-06-10	1	03단	變り種列傳(4)/スポーツは散步散步は骨董漁り平壤覆審法院檢事橫田義太郎さん
250431	朝鮮朝日	西北版	1934-06-10	1	04단	簡閱點坪日割
250432	朝鮮朝日	西北版	1934-06-10	1	04단	退學兒童の續出苦心の防止策も酬はれず平南でも二千餘名
250433	朝鮮朝日	西北版	1934-06-10	1	05단	國境に咲く二愛國美談
250434	朝鮮朝日	西北版	1934-06-10	1	05단	賄ひ切れぬと國營の陳情平南道の悩みの種醫專・工業試驗所・博物館
250435	朝鮮朝日	西北版	1934-06-10	1	06단	防疫週間設定

일련번호	판명		간행일	면	단수	기사명
250436	朝鮮朝日	西北版	1934-06-10	1	06단	金密輸檢擧
250437	朝鮮朝日	西北版	1934-06-10	1	07단	大量輸送の出鼻挫かる龍登炭への期待外れ鐵道は計劃建直し
250438	朝鮮朝日	西北版	1934-06-10	1	07단	平壤にまた新患歇まぬ痘禍
250439	朝鮮朝日	西北版	1934-06-10	1	07단	平南農村を潤した百萬圓の副業收入見事奏功の救濟策
250440	朝鮮朝日	西北版	1934-06-10	1	07단	旅館を荒す
250441	朝鮮朝日	西北版	1934-06-10	1	07단	もよほし(金組理事會)
250442	朝鮮朝日	西北版	1934-06-10	1	08단	農村を蝕む脚技大會に制限長期開催は御法度
250443	朝鮮朝日	西北版	1934-06-10	1	08단	老樹名木の伐採を禁ず心なき持主の蹂躙に平南で保護に乘出す
250444	朝鮮朝日	西北版	1934-06-10	1	09단	トラック轉落四名重輕傷
250445	朝鮮朝日	西北版	1934-06-10	1	09단	住宅組合の組織を計劃
250446	朝鮮朝日	西北版	1934-06-10	1	09단	親切が過ぎて不身持の仲間を殺す
250447	朝鮮朝日	西北版	1934-06-10	1	10단	柳京日記
250448	朝鮮朝日	西北版	1934-06-10	1	10단	僞刑事捕る
250449	朝鮮朝日	南鮮版	1934-06-10	1	01단	農繁期新風景凄い金鑛熱に曇る農村の顔大切な手を山へ奪はれ豫備軍まで動員す
250450	朝鮮朝日	南鮮版	1934-06-10	1	01단	大量輸送の出鼻挫かる龍登炭への期待俄然外れ鐵道は計劃建直し
250451	朝鮮朝日	南鮮版	1934-06-10	1	01단	七月一日から實施の見込朝鮮市街地計劃令
250452	朝鮮朝日	南鮮版	1934-06-10	1	01단	各道小作官會議は延期
250453	朝鮮朝日	南鮮版	1934-06-10	1	01단	變電所設置全南大村面に
250454	朝鮮朝日	南鮮版	1934-06-10	1	02단	風禍の七百名夫々歸還す六名乘組の漁船なほ不明
250455	朝鮮朝日	南鮮版	1934-06-10	1	02단	生命を吠える半島・軍用犬時代に聽くC第一課から斷然日本語に周到で猛烈な訓練ぶり
250456	朝鮮朝日	南鮮版	1934-06-10	1	03단	廿師團入營兵大元氣で釜山上陸/入隊奉告祭
250457	朝鮮朝日	南鮮版	1934-06-10	1	04단	郵便所長會議
250458	朝鮮朝日	南鮮版	1934-06-10	1	04단	模範競泳大會のプログラム/殖銀先づ勝つ鐵道、投手の起用を過る京城實業野球熱狂の一戰
250459	朝鮮朝日	南鮮版	1934-06-10	1	05단	小型漫談(川口利一氏)
250460	朝鮮朝日	南鮮版	1934-06-10	1	05단	下關へ泳渡らんと玄海へ飛び込む內地へ殘した妻子を思ひ身投げた祕められた哀話
250461	朝鮮朝日	南鮮版	1934-06-10	1	06단	僞刑事捕る
250462	朝鮮朝日	南鮮版	1934-06-10	1	07단	支那人街に大嵐阿片密賣吸飲、賭博に耽る五十名數珠つなぎ
250463	朝鮮朝日	南鮮版	1934-06-10	1	08단	殉職警官招魂祭と武道大會
250464	朝鮮朝日	南鮮版	1934-06-10	1	09단	もよほし(遞信局保險課學舍落成式)
250465	朝鮮朝日	南鮮版	1934-06-10	1	09단	新裝なった京城順化病院
250466	朝鮮朝日	南鮮版	1934-06-10	1	09단	鐵道自殺？

일련번호	판명		간행일	면	단수	기사명
250467	朝鮮朝日	南鮮版	1934-06-10	1	09단	大賣出し景品券の當り籤を引拔き奸商代金をごまかす
250468	朝鮮朝日	南鮮版	1934-06-10	1	10단	賑はふ銀幕釜山の競映陣
250469	朝鮮朝日	南鮮版	1934-06-10	1	10단	出漁中波に消ゆ
250470	朝鮮朝日	南鮮版	1934-06-10	1	10단	天井墜落し二名負傷す小學校の珍事
250471	朝鮮朝日	南鮮版	1934-06-10	1	10단	輕氣球
250472	朝鮮朝日	西北版	1934-06-12	1	01단	戰線移行して鎭南浦地區へ管理訓練はいづれも好成績平壤防空演習第二日
250473	朝鮮朝日	西北版	1934-06-12	1	01단	平南春繭の掛目引下げ廢止問題は他道との振合
250474	朝鮮朝日	西北版	1934-06-12	1	02단	殖銀新支店
250475	朝鮮朝日	西北版	1934-06-12	1	02단	金組の利下十五、六日ごろ
250476	朝鮮朝日	西北版	1934-06-12	1	03단	警察官の優遇明年こそは！池田局長自ら背水の陣を布き豫算の實現に邁進
250477	朝鮮朝日	西北版	1934-06-12	1	04단	變り種列傳(５)/固い役所を朖らかにほぐす奇行百出の試補どの平壤地方法院高橋干代作さん
250478	朝鮮朝日	西北版	1934-06-12	1	04단	道議補選
250479	朝鮮朝日	西北版	1934-06-12	1	04단	三驅逐艦鎭南浦入港
250480	朝鮮朝日	西北版	1934-06-12	1	05단	蘭新兩切煙草に命名意匠は懸賞で募集
250481	朝鮮朝日	西北版	1934-06-12	1	05단	禁酒宣傳
250482	朝鮮朝日	西北版	1934-06-12	1	05단	妓生の善行母校に五百圓
250483	朝鮮朝日	西北版	1934-06-12	1	05단	線路を枕に自殺を企つ眼病を苦に
250484	朝鮮朝日	西北版	1934-06-12	1	06단	拐帶店員列車から飛ぶ
250485	朝鮮朝日	西北版	1934-06-12	1	06단	九死に一生
250486	朝鮮朝日	西北版	1934-06-12	1	07단	戀に破れて花吹雪と散る
250487	朝鮮朝日	西北版	1934-06-12	1	07단	海軍通の藤原さんが特別演習を參觀靑少年指導の一助にと便乘許可を交渉
250488	朝鮮朝日	西北版	1934-06-12	1	08단	開城の火事十一戶全半燒
250489	朝鮮朝日	西北版	1934-06-12	1	08단	殖銀社宅に窓ガラス泥
250490	朝鮮朝日	西北版	1934-06-12	1	08단	平南の三炭坑に爆發豫防命令瓦斯の發生で危險
250491	朝鮮朝日	西北版	1934-06-12	1	09단	縺れは解けず公會堂の敷地難に府原案支持に叫び
250492	朝鮮朝日	西北版	1934-06-12	1	09단	匪賊と交戰十時間我が軍九名死傷
250493	朝鮮朝日	西北版	1934-06-12	1	10단	柳京日記
250494	朝鮮朝日	西北版	1934-06-12	1	10단	掏摸御用
250495	朝鮮朝日	南鮮版	1934-06-12	1	01단	驅逐艦便乘記黃海を壓する鮮やかな妙技壯烈果敢の大訓練
250496	朝鮮朝日	南鮮版	1934-06-12	1	01단	京畿道金組が預金利下の魁け組員、非組員に開きを設け都市から漸次村落へ(各道へも慫憑貯蓄信託も利下か)
250497	朝鮮朝日	南鮮版	1934-06-12	1	01단	滿腹の白堊殿堂約百名の職員增加で愈よ分室を建增す
250498	朝鮮朝日	南鮮版	1934-06-12	1	01단	慶南警察部第二次異動か

일련번호	판명		간행일	면	단수	기사명
250499	朝鮮朝日	南鮮版	1934-06-12	1	02단	生命を吠える半島・軍用犬時代に聽くD天稟を發揮する活躍にも適齢期合理的の育て方は
250500	朝鮮朝日	南鮮版	1934-06-12	1	04단	八幡製鐵所視察團大邱へ
250501	朝鮮朝日	南鮮版	1934-06-12	1	05단	小型漫談(西村眞太郎氏)
250502	朝鮮朝日	南鮮版	1934-06-12	1	05단	鮮展終る觀覽者二萬
250503	朝鮮朝日	南鮮版	1934-06-12	1	06단	遞信局經理課長異動
250504	朝鮮朝日	南鮮版	1934-06-12	1	06단	警察官の優遇明年こそは！池田局長自ら背水の陣を布き豫算の實現に邁進
250505	朝鮮朝日	南鮮版	1934-06-12	1	07단	蘭新兩切煙草に命名意匠は懸賞で募集
250506	朝鮮朝日	南鮮版	1934-06-12	1	07단	バスに衝突幼女卽死す
250507	朝鮮朝日	南鮮版	1934-06-12	1	08단	鐵道雪辱成るラッキー7の妙味を展開實業野球對殖銀二回試合/大邱高女優勝南鮮女子庭球大會/全大邱連勝對全釜山庭球/大邱優勝都市對抗豫選/慶北武道大會大邱署柔劍に優勝
250508	朝鮮朝日	南鮮版	1934-06-12	1	09단	水銀の興奮死魔を誘ふ漢江で三人の水死
250509	朝鮮朝日	南鮮版	1934-06-12	1	10단	都會の惡家出した二女を賣飛す
250510	朝鮮朝日	南鮮版	1934-06-12	1	10단	線路を枕に自殺を企つ眼病を苦に
250511	朝鮮朝日	南鮮版	1934-06-12	1	10단	海草採取中溺死
250512	朝鮮朝日	西北版	1934-06-13	1	01단	明年度には地方稅整も斷行今秋までに最後案を決定半島稅制愈よ整備
250513	朝鮮朝日	西北版	1934-06-13	1	01단	警備電話着工
250514	朝鮮朝日	西北版	1934-06-13	1	01단	北鮮の一角と歐羅巴を結ぶ清津、雄基兩港の利用策に滿鐵で國際航路創設
250515	朝鮮朝日	西北版	1934-06-13	1	02단	準備萬端成って愈よ整地に着手平壤整地組合の手で出來上る市街地や工場地
250516	朝鮮朝日	西北版	1934-06-13	1	02단	變り種列傳(6)/平鐵の名物男巧い朝鮮語とユーモアで斷然もてる森井さん
250517	朝鮮朝日	西北版	1934-06-13	1	03단	時の記念日
250518	朝鮮朝日	西北版	1934-06-13	1	04단	運動界(茂山軟式野球大會)
250519	朝鮮朝日	西北版	1934-06-13	1	04단	形態美は第二社會衛生施設を急ぐ府議內地視察のお土産話に平壤府の方針變る
250520	朝鮮朝日	西北版	1934-06-13	1	05단	新バス開通
250521	朝鮮朝日	西北版	1934-06-13	1	05단	龍岡郡の暴風被害
250522	朝鮮朝日	西北版	1934-06-13	1	05단	平南傳染病發生數
250523	朝鮮朝日	西北版	1934-06-13	1	05단	山のボヘミアンの鮮やかな更生振り共同意識の進步著し長谷川技師の火田民視察談
250524	朝鮮朝日	西北版	1934-06-13	1	06단	大規模の石器遺蹟平南大同郡下で平中の笠原教論が發見
250525	朝鮮朝日	西北版	1934-06-13	1	06단	元山の拳銃犯人は國際的スパイ？指名手配して搜査に

일련번호	판명		간행일	면	단수	기사명
						努む
250526	朝鮮朝日	西北版	1934-06-13	1	06단	府民運動會
250527	朝鮮朝日	西北版	1934-06-13	1	07단	輝やく優勝犬軍用犬展覽會
250528	朝鮮朝日	西北版	1934-06-13	1	08단	崇實專門騷ぐ生徒側、二ヶ條の要求提出學校は高飛車に休暇繰上げ睨まれる思想關係
250529	朝鮮朝日	西北版	1934-06-13	1	08단	盜難頻出
250530	朝鮮朝日	西北版	1934-06-13	1	08단	もよほし(新義州金組館時總會)
250531	朝鮮朝日	西北版	1934-06-13	1	09단	友人と妻に裏切られて離婚の訴訟
250532	朝鮮朝日	西北版	1934-06-13	1	09단	柳京日記
250533	朝鮮朝日	西北版	1934-06-13	1	09단	また新患者發生羅病者累計十四名い達す歇まぬ平壤の痘禍
250534	朝鮮朝日	西北版	1934-06-13	1	10단	投宿客を狙ふ
250535	朝鮮朝日	南鮮版	1934-06-13	1	01단	明年度には地方稅整も斷行今秋までに最後案を決定半島稅制愈よ整備
250536	朝鮮朝日	南鮮版	1934-06-13	1	01단	明年度はぜひ府に昇格さす大田、光州、全州三邑の施行費豫算を要求
250537	朝鮮朝日	南鮮版	1934-06-13	1	01단	最小限度の國庫補償を洛東江被害民の救濟
250538	朝鮮朝日	南鮮版	1934-06-13	1	01단	生命を吠える半島・軍用犬時代に聽く野性味を殺ぐ美食は禁物だヌクテの精悍さを取入れる奇拔な交配試驗
250539	朝鮮朝日	南鮮版	1934-06-13	1	02단	雇傭員も蛭顏黑字景氣の鐵道局昇給、昇格を發表
250540	朝鮮朝日	南鮮版	1934-06-13	1	03단	忠南郡守會議
250541	朝鮮朝日	南鮮版	1934-06-13	1	03단	輝やく優勝犬軍用犬展覽會
250542	朝鮮朝日	南鮮版	1934-06-13	1	04단	人(吳競善氏/石田明氏(新任密陽署長)/京城府聯合青年團の在滿皇軍慰問團一行)
250543	朝鮮朝日	南鮮版	1934-06-13	1	04단	京畿道警察消防署會議
250544	朝鮮朝日	南鮮版	1934-06-13	1	04단	京畿道の自作農創定本年度に二百四十七戸
250545	朝鮮朝日	南鮮版	1934-06-13	1	04단	倭城台官舍街を三角山麓へ移し始政廿五周年記念産業博物館を建つ明年に目論む一擧兩得の策
250546	朝鮮朝日	南鮮版	1934-06-13	1	05단	大漢江の水禍を一掃近く三道圓卓會議を開き治水策の大評定
250547	朝鮮朝日	南鮮版	1934-06-13	1	05단	釜山玄關の明粧鐵道會館宿泊設備に着工し驛も遠からず改造
250548	朝鮮朝日	南鮮版	1934-06-13	1	06단	鄕土色を高揚し商品化を目ざす來月八日から半島最初の副業工藝品展覽會
250549	朝鮮朝日	南鮮版	1934-06-13	1	07단	世界へ誇る展望車新工夫を加へ今秋デヴュー
250550	朝鮮朝日	南鮮版	1934-06-13	1	07단	農村經濟は蘇る授業料未納による退學兒童慶北では跡を絶つ
250551	朝鮮朝日	南鮮版	1934-06-13	1	07단	金剛山六ヶ所に簡易郵便所
250552	朝鮮朝日	南鮮版	1934-06-13	1	08단	鐵道見ごと制霸殖銀鬪士連傷き決勝に敗る京城實業野

일련번호	판명		간행일	면	단수	기사명
						球聯盟戰/漕艇リーグ戰/京城實業團對抗陸上競技/競永大會防疫週間記念
250553	朝鮮朝日	南鮮版	1934-06-13	1	08단	下痢止を違へ劇藥を飲む苦悶して絶命
250554	朝鮮朝日	南鮮版	1934-06-13	1	08단	海の少女群早くも猛練習
250555	朝鮮朝日	南鮮版	1934-06-13	1	08단	慶南空前の赤い訓導の公判二十六日から開く
250556	朝鮮朝日	南鮮版	1934-06-13	1	10단	美女鐵路に散る
250557	朝鮮朝日	南鮮版	1934-06-13	1	10단	輕氣球
250558	朝鮮朝日	西北版	1934-06-14	1	01단	鮮米生産費調査の衝動石五圓の開き！政友會太田氏の發表に總督府色を成す
250559	朝鮮朝日	西北版	1934-06-14	1	01단	內地に優り運用頗る便利愈よ七月一日から實施する朝鮮市街地計劃令(人口四十萬が理想の都市建設工作の目標決る)
250560	朝鮮朝日	西北版	1934-06-14	1	01단	防犯展出品
250561	朝鮮朝日	西北版	1934-06-14	1	02단	變り種列傳(７)/破れ服に脚絆姿で泥まみれの叱咤營々模範學園を築く平壤農校の名校長立間直人氏
250562	朝鮮朝日	西北版	1934-06-14	1	03단	天地呼應して一大分列式防空演習の最後を飾って來る二十八日擧行
250563	朝鮮朝日	西北版	1934-06-14	1	04단	陸競大會
250564	朝鮮朝日	西北版	1934-06-14	1	04단	南浦林檎の着果は上々
250565	朝鮮朝日	西北版	1934-06-14	1	05단	治療代を拂へと訴ふ
250566	朝鮮朝日	西北版	1934-06-14	1	05단	基督教の內訌に在來種教擡頭す勢力挽回にこれ努む
250567	朝鮮朝日	西北版	1934-06-14	1	06단	埒あかぬ公會堂敷地問題は一應片づいたが建築樣式で揉める
250568	朝鮮朝日	西北版	1934-06-14	1	06단	間島地方の警備陣を擴充す匪賊團の執拗な跳梁に備へ警官三百名を增員
250569	朝鮮朝日	西北版	1934-06-14	1	07단	八年間缺かさず山上で時の喇叭表彰された奇特な青年
250570	朝鮮朝日	西北版	1934-06-14	1	07단	漂流三十六時間流れ流れて滿洲へ支那船に救はれた遭難漁夫
250571	朝鮮朝日	西北版	1934-06-14	1	08단	覆面の强盜
250572	朝鮮朝日	西北版	1934-06-14	1	08단	內妻斬り犯人身投自殺か
250573	朝鮮朝日	西北版	1934-06-14	1	08단	電車で慘死
250574	朝鮮朝日	西北版	1934-06-14	1	09단	罪を憎みて
250575	朝鮮朝日	西北版	1934-06-14	1	09단	金密輸檢擧
250576	朝鮮朝日	西北版	1934-06-14	1	09단	畫舫の御難へし折れた鳳凰の左翼宣傳十六ミリの撮影中石炭船と衝突
250577	朝鮮朝日	西北版	1934-06-14	1	10단	柳京日記
250578	朝鮮朝日	南鮮版	1934-06-14	1	01단	鮮米生産費調査の衝動石五圓の開き！政友會太田氏の發表に總督府色を成す(全く杜撰だ米穀關係者語る)
250579	朝鮮朝日	南鮮版	1934-06-14	1	01단	內地に優り運用頗る便利愈よ七月一日から實施する朝

일련번호	판명		간행일	면	단수	기사명
						鮮市街地計劃令(建築物取締細則決定に內地を視察/人口四十萬を目標に都市を建設)
250580	朝鮮朝日	南鮮版	1934-06-14	1	02단	警備巡航漫記(1)/黃海を蹴って感心し直す時間の正確さマダムに見せたい整頓ぶり
250581	朝鮮朝日	南鮮版	1934-06-14	1	04단	李堈殿下
250582	朝鮮朝日	南鮮版	1934-06-14	1	04단	人(伊達京城府尹木代水道課長ほか四名)
250583	朝鮮朝日	南鮮版	1934-06-14	1	04단	殉國勇士の忠靈塔建設基金を募集
250584	朝鮮朝日	南鮮版	1934-06-14	1	04단	京城府史員異動
250585	朝鮮朝日	南鮮版	1934-06-14	1	05단	被害面積更に精査洛東江水害補償問題
250586	朝鮮朝日	南鮮版	1934-06-14	1	05단	會員を募集し基金を擴充慶南體育協會
250587	朝鮮朝日	南鮮版	1934-06-14	1	05단	間島地方の警備陣を擴充す匪賊團の執拗な跳梁に備へ警官三百名を增員
250588	朝鮮朝日	南鮮版	1934-06-14	1	06단	日の丸ポストや偉人像を建設皇太子殿下御降誕を奉祝釜山各小學の事業
250589	朝鮮朝日	南鮮版	1934-06-14	1	06단	全鮮スカール選手權大會/日本大相撲來る/大邱中等野球リーグ戰
250590	朝鮮朝日	南鮮版	1934-06-14	1	06단	就職糠喜び笑へぬニュース
250591	朝鮮朝日	南鮮版	1934-06-14	1	07단	古い光州橋モダンに架替へ
250592	朝鮮朝日	南鮮版	1934-06-14	1	07단	發覺後僅か五時間見事犯人を檢擧群山に戰慄の强盜殺人事件當局超速力の活動
250593	朝鮮朝日	南鮮版	1934-06-14	1	08단	食堂車のサーヴィス孃を感じ良く服裝を瀟酒に改善
250594	朝鮮朝日	南鮮版	1934-06-14	1	09단	二名の怪漢貨車から飛出す多額の積荷を盜まる龍山驛での怪事件
250595	朝鮮朝日	南鮮版	1934-06-14	1	10단	拳鬪選手の恐喝未遂懲役十ヶ月に
250596	朝鮮朝日	南鮮版	1934-06-14	1	10단	硫安積んだ帆船沈沒す
250597	朝鮮朝日	西北版	1934-06-15	1	01단	朝鮮中等學校野球大會(南鮮第一次豫選/湖南第一次豫選/中部第一次豫選/西北部第一次豫選/朝鮮第二次豫選)
250598	朝鮮朝日	西北版	1934-06-15	1	03단	スヰッチ一つで忽ち眞の暗闇息詰る緊張裡に記錄的好績平壤地區の防空演練
250599	朝鮮朝日	西北版	1934-06-15	1	03단	鵬翼連ねて女流飛行家滿洲ベテラン木部孃が準備打合せに渡滿
250600	朝鮮朝日	西北版	1934-06-15	1	03단	咸興競馬俱樂部
250601	朝鮮朝日	西北版	1934-06-15	1	03단	變り種列傳(8)/その名も防長堂商人ながらも氣慨に生く表具師福田太吉さん
250602	朝鮮朝日	西北版	1934-06-15	1	04단	總督府辭令(十三日)
250603	朝鮮朝日	西北版	1934-06-15	1	04단	求刑どほり死刑の判決鎭南浦の父娘殺し
250604	朝鮮朝日	西北版	1934-06-15	1	05단	巡査狙擊の被疑者捕る兇狀持ちの怪支那人
250605	朝鮮朝日	西北版	1934-06-15	1	05단	新義州、中江鎭間航空路拓かるいよいよ九月から實驗飛行更に羅津へも延長

일련번호	판명		간행일	면	단수	기사명
250606	朝鮮朝日	西北版	1934-06-15	1	06단	北鮮蜻蛉
250607	朝鮮朝日	西北版	1934-06-15	1	06단	義州郡下で鮮支人衝突新義州署の努力で漸やく鎭靜に歸す
250608	朝鮮朝日	西北版	1934-06-15	1	06단	妓生お手柄大事に至らず放火を消止む
250609	朝鮮朝日	西北版	1934-06-15	1	06단	盜掘沙金で暴利を貪る
250610	朝鮮朝日	西北版	1934-06-15	1	07단	鐵道工事場に降らす血の雨地元民とよそ者の反目から人夫百名の大殺陣
250611	朝鮮朝日	西北版	1934-06-15	1	08단	雷公暴る
250612	朝鮮朝日	西北版	1934-06-15	1	08단	銳い訊問の矢新事實なほ展開せずマリヤ事件續行公判
250613	朝鮮朝日	西北版	1934-06-15	1	09단	もよほし(防空展覽會)
250614	朝鮮朝日	西北版	1934-06-15	1	10단	結婚解消
250615	朝鮮朝日	西北版	1934-06-15	1	10단	柳京日記
250616	朝鮮朝日	南鮮版	1934-06-15	1	01단	朝鮮中等學校野球大會(南鮮第一次豫選/湖南第一次豫選/中部第一次豫選/西北部第一次豫選/朝鮮第二次豫選)
250617	朝鮮朝日	南鮮版	1934-06-15	1	03단	國有林台帳の完備を計る八年計劃で價格調査を改測不要存林野は拂下げ
250618	朝鮮朝日	南鮮版	1934-06-15	1	03단	市街地計劃課官房內に新設す明年度豫算に要求
250619	朝鮮朝日	南鮮版	1934-06-15	1	03단	組織を變更す金剛山協會
250620	朝鮮朝日	南鮮版	1934-06-15	1	03단	警備巡航漫記(２)/黃海を蹴って神速の訓練に最上級の驚きだが水兵さんには朝飯前だ
250621	朝鮮朝日	南鮮版	1934-06-15	1	04단	工政會支部總會
250622	朝鮮朝日	南鮮版	1934-06-15	1	04단	銳い訊問の矢新事實なほ展開せずマリヤ事件續行公判
250623	朝鮮朝日	南鮮版	1934-06-15	1	05단	地金相場引戻す
250624	朝鮮朝日	南鮮版	1934-06-15	1	05단	總督府辭令(十三日)
250625	朝鮮朝日	南鮮版	1934-06-15	1	05단	白米値上げ
250626	朝鮮朝日	南鮮版	1934-06-15	1	06단	京城本局明年十月から自動交換に電話局も三月竣工
250627	朝鮮朝日	南鮮版	1934-06-15	1	06단	釜山第二校に天氣豫報信號
250628	朝鮮朝日	南鮮版	1934-06-15	1	06단	恐しい妻の嫉妬
250629	朝鮮朝日	南鮮版	1934-06-15	1	06단	鼠力屋を裝ひ陸軍官舍街を荒す金がなくなると奧の手使ふ怪漢運盡きて御用
250630	朝鮮朝日	南鮮版	1934-06-15	1	07단	强盜事件の容疑者釋放
250631	朝鮮朝日	南鮮版	1934-06-15	1	07단	巡査狙擊の被疑者捕る兇狀持ちの怪支那人
250632	朝鮮朝日	南鮮版	1934-06-15	1	08단	百貨店和信地方へ手を擴ぐ千餘箇所に連鎖店開設
250633	朝鮮朝日	南鮮版	1934-06-15	1	08단	雨量計を盜まる大邱測候所ご難
250634	朝鮮朝日	南鮮版	1934-06-15	1	08단	滿洲に憧れて無賃乘車を企つ空腹に堪へかね遂に飛出す貨車の怪漢片割れ自首
250635	朝鮮朝日	南鮮版	1934-06-15	1	09단	謎の殺人事件容疑者捕る
250636	朝鮮朝日	南鮮版	1934-06-15	1	09단	死の面當て甥に借金を斷られその場で老爺自殺す
250637	朝鮮朝日	南鮮版	1934-06-15	1	10단	姜文秀らの判決言渡し二十五日に

일련번호	판명		간행일	면	단수	기사명
250638	朝鮮朝日	南鮮版	1934-06-15	1	10단	人(高田耘平氏(農林省米穀顧問))
250639	朝鮮朝日	南鮮版	1934-06-15	1	10단	都市教化の祕策を練る
250640	朝鮮朝日	南鮮版	1934-06-15	1	10단	もよほし(慶南道警察署長會議)
250641	朝鮮朝日	西北版	1934-06-16	1	01단	宇垣總督はや三年もう二、三年居据りを各種の仕事はこれからだと切望の向が多い
250642	朝鮮朝日	西北版	1934-06-16	1	01단	港々の害毒に征伐の手を下す艀取締を斷行して再び海を艃らかに
250643	朝鮮朝日	西北版	1934-06-16	1	01단	平壤榮華未來記(1)/惠まれた伸展力二十五年後の人口四十萬は決して架空でない
250644	朝鮮朝日	西北版	1934-06-16	1	03단	道義補選混戰
250645	朝鮮朝日	西北版	1934-06-16	1	04단	司法官試補試驗
250646	朝鮮朝日	西北版	1934-06-16	1	04단	三驅逐艦新義州入港
250647	朝鮮朝日	西北版	1934-06-16	1	04단	大防空演習部分演習本舞臺へ愈よ十八日より
250648	朝鮮朝日	西北版	1934-06-16	1	05단	運輸業者組合組織
250649	朝鮮朝日	西北版	1934-06-16	1	05단	早くも陳情の火蓋明年の豫算目がけて勢ひ立つ平南五大事業期成會
250650	朝鮮朝日	西北版	1934-06-16	1	06단	北鮮蜻蛉
250651	朝鮮朝日	西北版	1934-06-16	1	06단	切實な要望に議場緊張す型破りに新味漂ふ平北府尹郡守會議
250652	朝鮮朝日	西北版	1934-06-16	1	06단	懲役三年半專賣局赤化事件の判決
250653	朝鮮朝日	西北版	1934-06-16	1	07단	咸南豐山郡にチフス續發
250654	朝鮮朝日	西北版	1934-06-16	1	07단	紙撚細工の飛躍內地の大量注文に普校生と一般家庭を動員
250655	朝鮮朝日	西北版	1934-06-16	1	08단	落雷で負傷
250656	朝鮮朝日	西北版	1934-06-16	1	09단	仲裁人を毆り警官に暴行相手嫌はぬ喧嘩二人男
250657	朝鮮朝日	西北版	1934-06-16	1	09단	さらに六名死亡なほ三十餘名病臥結婚式の中毒騒ぎ
250658	朝鮮朝日	西北版	1934-06-16	1	09단	臨時競馬
250659	朝鮮朝日	西北版	1934-06-16	1	09단	無錢遊興
250660	朝鮮朝日	西北版	1934-06-16	1	10단	管制指導員に亂暴を働く
250661	朝鮮朝日	西北版	1934-06-16	1	10단	柳京日記
250662	朝鮮朝日	南鮮版	1934-06-16	1	01단	宇垣總督はや三年もう二、三年居据りを各種の仕事はこれからだと切望の向が多い
250663	朝鮮朝日	南鮮版	1934-06-16	1	01단	害毒を征伐し港々を明眼に艀賃統一、不良業者一掃など積極的取締を斷行
250664	朝鮮朝日	南鮮版	1934-06-16	1	01단	警備巡航漫記(3)/黃海を蹴って海上に描く萬里の長城いやはや見事な煙幕遮蔽
250665	朝鮮朝日	南鮮版	1934-06-16	1	04단	司法官試補試驗
250666	朝鮮朝日	南鮮版	1934-06-16	1	04단	接戰展開か九大對城大蹴球戰二十二日福岡で行ふ/警務局優勝總督府內對抗野球/大邱高普勝つ/大田の野球/京

일련번호	판명		간행일	면	단수	기사명
						大庭球部全京城と一戰
250667	朝鮮朝日	南鮮版	1934-06-16	1	04단	胸算用狂ふ期待したほどでない鐵道局のボーナス
250668	朝鮮朝日	南鮮版	1934-06-16	1	05단	貴い體驗各地の農民デー(京城/大田/光州/折角)
250669	朝鮮朝日	南鮮版	1934-06-16	1	05단	交通の慘禍を街頭から一掃各道の防止會などを統一し當局本腰に乘出す
250670	朝鮮朝日	南鮮版	1934-06-16	1	07단	利用者に航空券を航空郵便五周年記念に空輸會社の奉仕
250671	朝鮮朝日	南鮮版	1934-06-16	1	07단	本社映畫公開
250672	朝鮮朝日	南鮮版	1934-06-16	1	07단	情けのトリオ街の奇特者、警官、仁醫が協力し出産を救く
250673	朝鮮朝日	南鮮版	1934-06-16	1	08단	色と慾の二筋道不敵の詐欺漢
250674	朝鮮朝日	南鮮版	1934-06-16	1	08단	五勇士の遺骨悲しく凱旋
250675	朝鮮朝日	南鮮版	1934-06-16	1	09단	オートバイを騙取して滿洲へ思ったほどスピードが出ずまんまと失敗に終る
250676	朝鮮朝日	南鮮版	1934-06-16	1	10단	觀光團の大物來る滿洲國産業建設學徒研究團
250677	朝鮮朝日	南鮮版	1934-06-16	1	10단	人(岡本至德氏(京城覆審法院檢事長)/高田民政黨代議士/愼良絳氏(慶南遊普州署整部))
250678	朝鮮朝日	南鮮版	1934-06-16	1	10단	大ぬくて二頭現る一頭を仕止む
250679	朝鮮朝日	南鮮版	1934-06-16	1	10단	行商人殺し捕る
250680	朝鮮朝日	西北版	1934-06-17	1	01단	夏の魁け名物お濟州島海女海草を求めて北鮮へ
250681	朝鮮朝日	西北版	1934-06-17	1	01단	警備や調査に飛行機を使ふプスモス程度を二三台購入總督府のモダン計劃
250682	朝鮮朝日	西北版	1934-06-17	1	01단	鑛山道平北依然面目を保持主要鑛山産額調べ
250683	朝鮮朝日	西北版	1934-06-17	1	01단	教育會館新設はなほ一年間研究教育會總會で決る
250684	朝鮮朝日	西北版	1934-06-17	1	02단	元山港修築認可次第着工
250685	朝鮮朝日	西北版	1934-06-17	1	03단	補助工場の答申
250686	朝鮮朝日	西北版	1934-06-17	1	03단	平壤榮華未來記(2)/廿五年後の面積は現在の約五倍に豫想される大工業都市の出現
250687	朝鮮朝日	西北版	1934-06-17	1	04단	荷主組合創立總會
250688	朝鮮朝日	西北版	1934-06-17	1	04단	道立醫院擴築
250689	朝鮮朝日	西北版	1934-06-17	1	04단	通帳證書類に殿の敬稱を遞信局がお客本位にサーヴィスを改善
250690	朝鮮朝日	西北版	1934-06-17	1	05단	長距離演習の五機平壤着
250691	朝鮮朝日	西北版	1934-06-17	1	05단	平南乾畓の危機農民の努力に解消降雨過多の悩みを蹴飛ばし續々見事な水田へ
250692	朝鮮朝日	西北版	1934-06-17	1	06단	領事と詐稱し豪遊を極む北鮮各地を惡の旅捕った警官狙擊犯人
250693	朝鮮朝日	西北版	1934-06-17	1	07단	內地女學生團はるばる獻金高射砲隊へ
250694	朝鮮朝日	西北版	1934-06-17	1	07단	振はぬ養蠶老大國植桑奬勵の笛に踊らぬ農民傳統搖ら

일련번호	판명		간행일	면	단수	기사명
						ぐ平南道
250695	朝鮮朝日	西北版	1934-06-17	1	07단	百貨店の人混みで二千五百圓消ゆお醫者さん歸鄕途上の痛事
250696	朝鮮朝日	西北版	1934-06-17	1	08단	法城攪亂者に十月の判決
250697	朝鮮朝日	西北版	1934-06-17	1	09단	延坪島郵便出張所閉鎖
250698	朝鮮朝日	西北版	1934-06-17	1	09단	人(福島莊平氏(平壤商工會議所會頭)/河野節夫氏(平南內務部長))
250699	朝鮮朝日	西北版	1934-06-17	1	09단	面くらった映畫館上映間際にフィルム紛失姿なき怪盜に惱まさる
250700	朝鮮朝日	西北版	1934-06-17	1	10단	柳京日記
250701	朝鮮朝日	南鮮版	1934-06-17	1	01단	警備や調査に飛行機を使ふプスモス程度を二三台購入總督府のモダン計劃
250702	朝鮮朝日	南鮮版	1934-06-17	1	01단	鑛山道平北依然面目を保持主要鑛山産額調べ
250703	朝鮮朝日	南鮮版	1934-06-17	1	01단	京城の都計實施は明後年か先づ都計係を新設し二ケ年を準備時代に
250704	朝鮮朝日	南鮮版	1934-06-17	1	01단	李堈殿下御歸鮮
250705	朝鮮朝日	南鮮版	1934-06-17	1	01단	宇垣總督十七日夜歸鮮
250706	朝鮮朝日	南鮮版	1934-06-17	1	02단	警察協會慶南支部後援會を組織
250707	朝鮮朝日	南鮮版	1934-06-17	1	02단	警備巡航漫記(４)/黃海を蹴って魅せられた海の武人ぶりしみじみ知る艦橋の重責
250708	朝鮮朝日	南鮮版	1934-06-17	1	03단	彼らに樂園を釜山府の貧窮線の救濟保健に援産地區を設ける
250709	朝鮮朝日	南鮮版	1934-06-17	1	04단	タイス氏一行
250710	朝鮮朝日	南鮮版	1934-06-17	1	04단	麥作補償交付は廿六、七日ころ
250711	朝鮮朝日	南鮮版	1934-06-17	1	04단	大邱に二名の强盜
250712	朝鮮朝日	南鮮版	1934-06-17	1	05단	九大對城大定期陸上競技本社寄贈優勝楯を目ざし廿四日京城で會戰/大邱高普優勝中等野球リーグ戰/鐵道王座に補回戰を演じ府廳に勝つ京城實業野球終る
250713	朝鮮朝日	南鮮版	1934-06-17	1	05단	蒙古東京騎馬の旅井上氏京城へ
250714	朝鮮朝日	南鮮版	1934-06-17	1	05단	隱匿拳銃の所在を自白捕った元山の警官狙擊犯人
250715	朝鮮朝日	南鮮版	1934-06-17	1	06단	職員の積立金に大穴をあける自首すると校長へ手紙を送り大邱高普書記行方を晦す
250716	朝鮮朝日	南鮮版	1934-06-17	1	06단	通帳證書類に殿の敬稱を遞信局がお客本位にサーヴィスを改善
250717	朝鮮朝日	南鮮版	1934-06-17	1	07단	闇みの怪盜金貸を襲ふ
250718	朝鮮朝日	南鮮版	1934-06-17	1	08단	學校荒し捕る
250719	朝鮮朝日	南鮮版	1934-06-17	1	08단	珍劇「妾志願兵」警察へ振ったSOS
250720	朝鮮朝日	南鮮版	1934-06-17	1	09단	もよほし(釜山商工會議所定期總會)
250721	朝鮮朝日	南鮮版	1934-06-17	1	09단	人(西龜三圭氏(總督府衛生課長))

일련번호	판명		간행일	면	단수	기사명
250722	朝鮮朝日	南鮮版	1934-06-17	1	09단	築港擴張促進援助を懇談仁川期成會員京城へ
250723	朝鮮朝日	南鮮版	1934-06-17	1	09단	帽子を追うて列車から飛降り學童哀れ卽死す
250724	朝鮮朝日	南鮮版	1934-06-17	1	10단	銀幕だより
250725	朝鮮朝日	南鮮版	1934-06-17	1	10단	家財手に手に强談判の一群
250726	朝鮮朝日	南鮮版	1934-06-17	1	10단	京城の火事
250727	朝鮮朝日	南鮮版	1934-06-17	1	10단	阿片室の女御用
250728	朝鮮朝日	西北版	1934-06-19	1	01단	殺到する新事業容赦なく斧鉞を飽くまで緊縮方針で進む總督府明年度豫算
250729	朝鮮朝日	西北版	1934-06-19	1	01단	貯藏米解除の要望日に熾烈出來秋後の崩落をどうする？地方廳板挾の苦境
250730	朝鮮朝日	西北版	1934-06-19	1	01단	好成績裡に鎭南浦地區最後の防空演習基礎訓練
250731	朝鮮朝日	西北版	1934-06-19	1	02단	庭球大會
250732	朝鮮朝日	西北版	1934-06-19	1	03단	金刑事表彰
250733	朝鮮朝日	西北版	1934-06-19	1	03단	現狀を基礎に善處すべきだ米穀調査委員會から歸った有賀殖銀頭取の談
250734	朝鮮朝日	西北版	1934-06-19	1	03단	平壤榮華未來記(３)/物凄い交通地獄都心に描くラッシュアワー風景但しこれも二十五年後の話
250735	朝鮮朝日	西北版	1934-06-19	1	04단	國境武道大會
250736	朝鮮朝日	西北版	1934-06-19	1	04단	ほとぼりさめず橫領旅館主舞戻って捕る
250737	朝鮮朝日	西北版	1934-06-19	1	05단	モヒ中毒からつひに惡事
250738	朝鮮朝日	西北版	1934-06-19	1	05단	われは海の子巖を嚙む黑潮のしぶきに唆られる波の誘惑
250739	朝鮮朝日	西北版	1934-06-19	1	05단	憂慮すべき在滿同胞の教育國體觀念を涵養せよ淸水平南學務課長の歸來談
250740	朝鮮朝日	西北版	1934-06-19	1	06단	北鮮蜻蛉
250741	朝鮮朝日	西北版	1934-06-19	1	06단	落花生が內地へ支那、滿洲産に取って代る更に加工品も生産
250742	朝鮮朝日	西北版	1934-06-19	1	07단	列車に飛込み自殺を遂ぐ
250743	朝鮮朝日	西北版	1934-06-19	1	08단	競技用ピストルで强盜八件を働く同類二名平壤で捕る
250744	朝鮮朝日	西北版	1934-06-19	1	09단	トラックで通行人重傷
250745	朝鮮朝日	西北版	1934-06-19	1	09단	强盜犯人の容疑者捕る
250746	朝鮮朝日	西北版	1934-06-19	1	09단	死を決して遭難漁夫を救ふ奇特の三氏を表彰
250747	朝鮮朝日	西北版	1934-06-19	1	09단	全ゴム工場に赤化の手を伸す職工八名取調べらる
250748	朝鮮朝日	西北版	1934-06-19	1	10단	汚されて若妻失踪
250749	朝鮮朝日	西北版	1934-06-19	1	10단	柳京日記
250750	朝鮮朝日	南鮮版	1934-06-19	1	01단	殺到する新事業容赦なく斧鉞を飽くまで緊縮方針で進む總督府明年度豫算
250751	朝鮮朝日	南鮮版	1934-06-19	1	01단	南朝鮮電氣値下を行ふ電燈料五分乃至七分動力料金は八分方

일련번호	판명		간행일	면	단수	기사명
250752	朝鮮朝日	南鮮版	1934-06-19	1	01단	現狀を基礎に善處すべきだ米穀調査委員會から歸った有賀殖銀頭取の談
250753	朝鮮朝日	南鮮版	1934-06-19	1	01단	警備巡航漫記(5)/二〇七マイルの黄海を蹴って波頭に刻む海の子の誇り人命救助演習の鮮やかさ
250754	朝鮮朝日	南鮮版	1934-06-19	1	02단	宇垣總督
250755	朝鮮朝日	南鮮版	1934-06-19	1	03단	友鶴殉難百日忌慰靈祭を執行
250756	朝鮮朝日	南鮮版	1934-06-19	1	04단	人(李恒九男(李王職次官)/桑田莊市氏)
250757	朝鮮朝日	南鮮版	1934-06-19	1	04단	京城圖書館明年から社會館を充當か
250758	朝鮮朝日	南鮮版	1934-06-19	1	05단	總督も招く京城プール開き/慶南實業野球
250759	朝鮮朝日	南鮮版	1934-06-19	1	05단	八種目に新記錄快晴の下花々しく開かれた釜山陸上競技選手權大會/大日本大相撲京城へ
250760	朝鮮朝日	南鮮版	1934-06-19	1	05단	金剛山シーズン幸先は良いぞ初の直通寢台車豫想外の好記錄
250761	朝鮮朝日	南鮮版	1934-06-19	1	06단	舊節句の奇習德津の藥水浴と大場村の沙蒸し大賑ひ
250762	朝鮮朝日	南鮮版	1934-06-19	1	07단	虐められる模範兵とんだ腹癒せ龍山野砲隊鍛冶工場の怪火
250763	朝鮮朝日	南鮮版	1934-06-19	1	08단	少女の抱合心中不遇の家庭を悲しみ
250764	朝鮮朝日	南鮮版	1934-06-19	1	08단	ほとぼりさめず橫領旅館主舞戾って捕る
250765	朝鮮朝日	南鮮版	1934-06-19	1	08단	列車に飛込み自殺を遂ぐ
250766	朝鮮朝日	南鮮版	1934-06-19	1	08단	强盜犯人の容疑者捕る
250767	朝鮮朝日	南鮮版	1934-06-19	1	09단	警察署の留置場を檢證放火罪の控訴から
250768	朝鮮朝日	南鮮版	1934-06-19	1	10단	怪漢と搏闘氣丈な主人
250769	朝鮮朝日	南鮮版	1934-06-19	1	10단	火藥十八貫盜まる舞衣島火藥庫で
250770	朝鮮朝日	南鮮版	1934-06-19	1	10단	輕氣球
250771	朝鮮朝日	西北版	1934-06-20	1	01단	滿洲移民計劃の實現殆んど確定宇垣總督中央へ懇談の結果各方面擧って贊成
250772	朝鮮朝日	西北版	1934-06-20	1	01단	國境警備陣に慰安のラヂオ平北の好成績にかんがみ更に咸南、北兩道へ
250773	朝鮮朝日	西北版	1934-06-20	1	01단	平壤榮華未來記(4)/市內を縱橫に結ぶボギー無軌道電車人と車の波に賑ふ三大人道橋
250774	朝鮮朝日	西北版	1934-06-20	1	02단	全區に互り防空訓練を行ふ廿一日の部分演習最終日
250775	朝鮮朝日	西北版	1934-06-20	1	03단	市民運動會
250776	朝鮮朝日	西北版	1934-06-20	1	04단	女子卓球大會
250777	朝鮮朝日	西北版	1934-06-20	1	04단	三分引で協定成る平南春繭掛目
250778	朝鮮朝日	西北版	1934-06-20	1	04단	面目を施した鎭南浦林檎色澤と品質は日本一の折紙東京に於る試食品評會で斷然內地を壓す
250779	朝鮮朝日	西北版	1934-06-20	1	05단	早くも海招く趣向を凝らす西湖津
250780	朝鮮朝日	西北版	1934-06-20	1	05단	女子教育の振興
250781	朝鮮朝日	西北版	1934-06-20	1	07단	北鮮蜻蛉

일련번호	판명		간행일	면	단수	기사명
250782	朝鮮朝日	西北版	1934-06-20	1	07단	*平壤府電衝突し廿名重輕傷す脚技大會歸り客の慘/施す術なかった突差の逆行兩電車の運轉手ら語る/大音響と共に紫の火を發す一乘客慘狀を語る*
250783	朝鮮朝日	西北版	1934-06-20	1	08단	驛助役殉職
250784	朝鮮朝日	西北版	1934-06-20	1	08단	鹽田工事の勞動者暴る支那人側を亂打す
250785	朝鮮朝日	西北版	1934-06-20	1	08단	密輸を企む三人の老婆
250786	朝鮮朝日	西北版	1934-06-20	1	10단	不良飲料を嚴重取締る
250787	朝鮮朝日	西北版	1934-06-20	1	10단	柳京日記
250788	朝鮮朝日	南鮮版	1934-06-20	1	01단	滿洲移民計劃の實現殆んど確定宇垣總督中央へ懇談の結果各方面擧って贊成
250789	朝鮮朝日	南鮮版	1934-06-20	1	01단	春窮期の貧農に取り戻す生色高利貸の魔手を追っ拂った農糧資金の殊勳
250790	朝鮮朝日	南鮮版	1934-06-20	1	01단	警備艦巡航漫記(６)/二〇七マイルの黃海を蹴って軍艦は全く食慾の快感帶心强き獨特の夜襲敎練
250791	朝鮮朝日	南鮮版	1934-06-20	1	02단	來年度實現を目ざして大邱飛行場誘致に愈よ全面的の運動
250792	朝鮮朝日	南鮮版	1934-06-20	1	04단	高田、靑鹿兩氏歡迎會
250793	朝鮮朝日	南鮮版	1934-06-20	1	04단	全國軍事輸送會議鐵道局で開く
250794	朝鮮朝日	南鮮版	1934-06-20	1	04단	專賣局の新徽章
250795	朝鮮朝日	南鮮版	1934-06-20	1	04단	南朝鮮電氣値下の內容
250796	朝鮮朝日	南鮮版	1934-06-20	1	05단	*鐵道局再び優勝極東選手の歡迎を兼ねて京城實業陸上競技/京城府廳勝つ對大田鐵道野球/慶南實業野球*
250797	朝鮮朝日	南鮮版	1934-06-20	1	05단	地方法院に思想部を新設まづ京城と咸興に
250798	朝鮮朝日	南鮮版	1934-06-20	1	05단	京城學校荒しは恩赦出獄の男恩典にも改悛せずなほも惡事を重ぬ
250799	朝鮮朝日	南鮮版	1934-06-20	1	06단	醬室で赤の密議大邱署が男女七名を檢擧
250800	朝鮮朝日	南鮮版	1934-06-20	1	06단	期待される無名塚慶州で發掘
250801	朝鮮朝日	南鮮版	1934-06-20	1	07단	レコード發禁
250802	朝鮮朝日	南鮮版	1934-06-20	1	07단	赤の元訓導減刑を嘆願
250803	朝鮮朝日	南鮮版	1934-06-20	1	07단	拳銃で二名を射殺頼まれた就職を斷り切れず突如、狂った人夫
250804	朝鮮朝日	南鮮版	1934-06-20	1	08단	名門の孫取調べる詐欺事件の關係者とし
250805	朝鮮朝日	南鮮版	1934-06-20	1	08단	人(港灣協會視察團/巖手縣々會議員一行/河內山加祿氏(慶北安東專賣局出張所長))
250806	朝鮮朝日	南鮮版	1934-06-20	1	09단	妻子に勵まされ長屋代表法廷へ家屋立退き訴訟から
250807	朝鮮朝日	南鮮版	1934-06-20	1	09단	平壤府電衝突二十名重輕傷す脚技大會歸り客の慘
250808	朝鮮朝日	南鮮版	1934-06-20	1	10단	嬰兒他殺死體井戶で發見
250809	朝鮮朝日	南鮮版	1934-06-20	1	10단	金鎖から足釜山の强盜捕る
250810	朝鮮朝日	南鮮版	1934-06-20	1	10단	校長が辨償書記の費消に

일련번호	판명		간행일	면	단수	기사명
250811	朝鮮朝日	西北版	1934-06-21	1	01단	宇垣さんのお土産話 認識が一層昂り實に愉快だった各般の仕事は自信を以てみな諒解を得た
250812	朝鮮朝日	西北版	1934-06-21	1	01단	平壤榮華未來記(5)/雜鬧に綠の憩ひ四十二の公園と九つの廣場半島の誇り牡丹台國立公園(何分/兒童/目標)
250813	朝鮮朝日	西北版	1934-06-21	1	02단	地方法院に思想部を新設まづ京城と咸興に
250814	朝鮮朝日	西北版	1934-06-21	1	03단	各道學務課長視學官會議
250815	朝鮮朝日	西北版	1934-06-21	1	04단	人(佐伯平南警察卸長/山本犀藏氏(西洋合電社長)/中系平壤事賣支局長/大沼平壤地方法檢事正))
250816	朝鮮朝日	西北版	1934-06-21	1	04단	府郡屬異動
250817	朝鮮朝日	西北版	1934-06-21	1	04단	平壤公會堂にプールは設けぬ委員會の報告書決る
250818	朝鮮朝日	西北版	1934-06-21	1	05단	制動機の火花に乘客混亂が原因運轉手車外に放り出さる電車衝突慘事續報/制動機にも遺憾の點？機關を分解して調査
250819	朝鮮朝日	西北版	1934-06-21	1	06단	瀧壺に突落し遠緣の男を慘殺送金の手紙に惡心を起して腐爛死體の謎解く
250820	朝鮮朝日	西北版	1934-06-21	1	07단	北鮮蜻蛉
250821	朝鮮朝日	西北版	1934-06-21	1	07단	軌道外れの天候に農漁村の溜息魚は獲れず稻も鼈も不作
250822	朝鮮朝日	西北版	1934-06-21	1	08단	列車妨害防止打合
250823	朝鮮朝日	西北版	1934-06-21	1	09단	親はなくとも尋ぬる愛兒は感化院に闇の世界より救れて父子感激の對面
250824	朝鮮朝日	西北版	1934-06-21	1	09단	柳京日記
250825	朝鮮朝日	南鮮版	1934-06-21	1	01단	宇垣さんのお土産話認識が一層昂り實に愉快だった各般の仕事は自信を以てみな諒解を得た
250826	朝鮮朝日	南鮮版	1934-06-21	1	01단	特輯社會面 若鯉が汽車の旅二千五百萬尾冷藏車に乘り各水組の養魚場へ/鮎のSOS內地と太刀打できず慶南の業者は悲鳴/汽車賃の割引を釣天狗連の要望/暑さの爆擊に水道使用量くっと殖える節水の留意が肝要/ビール値下げ左黨へ福音
250827	朝鮮朝日	南鮮版	1934-06-21	1	02단	公州地方法院大田へ移轉愈よ明年度に決行
250828	朝鮮朝日	南鮮版	1934-06-21	1	02단	各道學務課長視學官會議
250829	朝鮮朝日	南鮮版	1934-06-21	1	04단	鐵道省柔道團半島軍と對戰
250830	朝鮮朝日	南鮮版	1934-06-21	1	04단	釜山府の新事業本府へ申請
250831	朝鮮朝日	南鮮版	1934-06-21	1	04단	京城府山間に瀟酒な急行を時刻改正後特殊編成に輕快車連轉を計劃
250832	朝鮮朝日	南鮮版	1934-06-21	1	05단	平壤箕林里の電來衝突現場昨紙殺照
250833	朝鮮朝日	南鮮版	1934-06-21	1	05단	千六百リレーが勝敗の分岐點接戰を豫想される九大對城大陸競/實業野球
250834	朝鮮朝日	南鮮版	1934-06-21	1	06단	京城府の車輛檢查頗る不成績

일련번호	판명		긴행일	면	단수	기사명
250835	朝鮮朝日	南鮮版	1934-06-21	1	07단	瀧壺に突落し遠緣の男を慘殺送金の手紙に惡心を起して腐爛死體の謎解く
250836	朝鮮朝日	南鮮版	1934-06-21	1	08단	竊盜團組織を獄中で誓ふ四名の一味出所後惡事の限りを盡す
250837	朝鮮朝日	南鮮版	1934-06-21	1	08단	大邱の强盜捕る
250838	朝鮮朝日	南鮮版	1934-06-21	1	08단	墓で詐取料金珍犯罪
250839	朝鮮朝日	南鮮版	1934-06-21	1	09단	京城に强盜雜貨商を襲ふ
250840	朝鮮朝日	南鮮版	1934-06-21	1	09단	嘆きの新妻瞼の父母搜しあぐね大邱署へ泣きつく
250841	朝鮮朝日	南鮮版	1934-06-21	1	10단	ルーフル紙幣を種に釣り錢詐欺
250842	朝鮮朝日	南鮮版	1934-06-21	1	10단	長髮で押賣り鮮滿を股に
250843	朝鮮朝日	南鮮版	1934-06-21	1	10단	嬰兒殺しは女中の仕業不義のはて
250844	朝鮮朝日	南鮮版	1934-06-21	1	10단	慶南道議の甥大瞻な强盜
250845	朝鮮朝日	南鮮版	1934-06-21	1	10단	人(賴殿金一郎氏(釜山府書記))
250846	朝鮮朝日	西北版	1934-06-22	1	01단	産米增殖中止の渦紋未着工の干拓と水組は大打擊！當局善後策に腐心
250847	朝鮮朝日	西北版	1934-06-22	1	01단	街を包む火焰相爭ふ地と空觀衆で人の垣を築く平壤地區防護演習
250848	朝鮮朝日	西北版	1934-06-22	1	01단	平壤榮華未來記(６)/太陽の輝く街へ空を掩ふ煤煙を拭ひ拂って健康都市を誇る
250849	朝鮮朝日	西北版	1934-06-22	1	04단	人(淸水平南學務課長/坂田平南衛生課長)
250850	朝鮮朝日	西北版	1934-06-22	1	04단	消防演習
250851	朝鮮朝日	西北版	1934-06-22	1	04단	眞夏の飛沫をあげて海は招く
250852	朝鮮朝日	西北版	1934-06-22	1	05단	いよいよ夏は本格急激な酷暑來街路樹を渡る綠の熱風
250853	朝鮮朝日	西北版	1934-06-22	1	05단	咸南初等校長會議
250854	朝鮮朝日	西北版	1934-06-22	1	06단	公設市場の內容を充實
250855	朝鮮朝日	西北版	1934-06-22	1	06단	北鮮各地に防護團を常設鄉軍や消防、靑年團を結成國境の守りに就く
250856	朝鮮朝日	西北版	1934-06-22	1	07단	平壤の鋪裝路
250857	朝鮮朝日	西北版	1934-06-22	1	07단	來月早々に最後的裁定羅津土地問題
250858	朝鮮朝日	西北版	1934-06-22	1	07단	どん底に蠢く者咸南の昨年度行路病死人實に四百名に上る
250859	朝鮮朝日	西北版	1934-06-22	1	08단	勞資手を握って理想部落の建設に咸南端川郡下の農村佳話
250860	朝鮮朝日	西北版	1934-06-22	1	08단	咸南明年度窮救沙防工事十八萬圓要求
250861	朝鮮朝日	西北版	1934-06-22	1	08단	敎育費の貧困に行詰る簡易初等校西北鮮側より補助增額要望
250862	朝鮮朝日	西北版	1934-06-22	1	09단	天然痘愈よ猖獗
250863	朝鮮朝日	西北版	1934-06-22	1	09단	拐して賣る
250864	朝鮮朝日	西北版	1934-06-22	1	10단	放火に求刑八年

일련번호	판명		간행일	면	단수	기사명
250865	朝鮮朝日	西北版	1934-06-22	1	10단	柳京日記
250866	朝鮮朝日	南鮮版	1934-06-22	1	01단	産米増殖中止の渦紋未着工の干拓と水組は大打撃！當局善後策に腐心
250867	朝鮮朝日	南鮮版	1934-06-22	1	01단	私鐵も更生線に一般好景氣の車輪に乗って數年來の赤字を征服
250868	朝鮮朝日	南鮮版	1934-06-22	1	01단	眞夏の飛沫をあげて海は招く
250869	朝鮮朝日	南鮮版	1934-06-22	1	03단	誘致連動再燃す釜山卸賣市場
250870	朝鮮朝日	南鮮版	1934-06-22	1	04단	小山代議士
250871	朝鮮朝日	南鮮版	1934-06-22	1	04단	半島を素っ裸に興趣深い縦横談開發史上の先覺を綱羅し朗らかな座談會
250872	朝鮮朝日	南鮮版	1934-06-22	1	04단	京城府に社會主事新設
250873	朝鮮朝日	南鮮版	1934-06-22	1	04단	武部欽一氏飄然京城へ
250874	朝鮮朝日	南鮮版	1934-06-22	1	04단	官公吏が一番多いラヂオ聽取者の職業
250875	朝鮮朝日	南鮮版	1934-06-22	1	05단	刎ね上った釜山渡津橋
250876	朝鮮朝日	南鮮版	1934-06-22	1	05단	軍用犬協會の湖南分會を設置
250877	朝鮮朝日	南鮮版	1934-06-22	1	05단	麥作被害地收量調査終る
250878	朝鮮朝日	南鮮版	1934-06-22	1	06단	文盲退治戰線一歩前進だ！夜學會に代へて晨學會を開く倉洞振興會に凱歌
250879	朝鮮朝日	南鮮版	1934-06-22	1	06단	非常時は大空驅って教員司令官なら旅客機へ試乗さす／航空郵便利用者抽籤用抵申込書配布
250880	朝鮮朝日	南鮮版	1934-06-22	1	07단	分掌郵便局長會議
250881	朝鮮朝日	南鮮版	1934-06-22	1	07단	名門の令孫が放埒の果新聞社買收を種に二名から一萬數千圓を詐取／日本排球聯盟南鮮豫選會馬山で開く
250882	朝鮮朝日	南鮮版	1934-06-22	1	08단	魚釣中溺死顚癎を起し
250883	朝鮮朝日	南鮮版	1934-06-22	1	08단	京城第一高普初代校長記念碑校友會の手で建設
250884	朝鮮朝日	南鮮版	1934-06-22	1	08단	實業野球
250885	朝鮮朝日	南鮮版	1934-06-22	1	09단	貧窮者の税金を代納河氏の奇特
250886	朝鮮朝日	南鮮版	1934-06-22	1	09단	恐しく金を食ふモヒ患者
250887	朝鮮朝日	南鮮版	1934-06-22	1	09단	街の先生公園のルンペン少年へ毎夜教授する奇特な靑年
250888	朝鮮朝日	南鮮版	1934-06-22	1	10단	三千圓横領金融業の會計方
250889	朝鮮朝日	南鮮版	1934-06-22	1	10단	海城丸坐礁す迎日灣沖で
250890	朝鮮朝日	南鮮版	1934-06-22	1	10단	精金場に賊多額を盗む
250891	朝鮮朝日	南鮮版	1934-06-22	1	10단	四名の人夫貨物拔取り
250892	朝鮮朝日	南鮮版	1934-06-22	1	10단	千葉萬樂一座
250893	朝鮮朝日	南鮮版	1934-06-22	1	10단	人(宮川米次氏(傳染病研究所長))
250894	朝鮮朝日	西北版	1934-06-23	1	01단	第二期沙防事業尨大な計劃成る十ヶ年間九千萬圓を投じ廿五萬町歩に施工
250895	朝鮮朝日	西北版	1934-06-23	1	01단	平壤防空演習愈よ待望の綜合演習へ二週日の基礎訓練

일련번호	판명		간행일	면	단수	기사명
						も終って廿六日より本舞台
250896	朝鮮朝日	西北版	1934-06-23	1	04단	人(待山平壤土木出張所長/今田章氏(二十師團經理部長))
250897	朝鮮朝日	西北版	1934-06-23	1	04단	日本海時代に深刻な夏枯の脅威荷動き閑散で赤腹の連續悲鳴あぐる船會社
250898	朝鮮朝日	西北版	1934-06-23	1	05단	平壤榮華未來記(7)/普通江岸展く、煙突林立の盛觀實を結んだ尊い先覺者の努力
250899	朝鮮朝日	西北版	1934-06-23	1	05단	本年の春繭一割餘の增千五百廿二萬餘キログラム第二回收繭豫想高
250900	朝鮮朝日	西北版	1934-06-23	1	05단	府營バス線に軌道式鋪裝
250901	朝鮮朝日	西北版	1934-06-23	1	05단	赤の手入れ
250902	朝鮮朝日	西北版	1934-06-23	1	06단	また平壤に放火さわぎ
250903	朝鮮朝日	西北版	1934-06-23	1	06단	北鮮蜻蛉(法の情け/羅津の築港/淸津暑祝宴/新國際狡)
250904	朝鮮朝日	西北版	1934-06-23	1	07단	繁茂期で國境線緊張す馬賊襲擊の情報に江岸二百里を固む
250905	朝鮮朝日	西北版	1934-06-23	1	07단	山間部は月謝値下都會地は學級增劃一的な普校授業料減額に平南道から異議
250906	朝鮮朝日	西北版	1934-06-23	1	08단	學校を荒す
250907	朝鮮朝日	西北版	1934-06-23	1	09단	平北兒童診療所卅六ヶ所一齊に開く
250908	朝鮮朝日	西北版	1934-06-23	1	10단	柳京日記
250909	朝鮮朝日	南鮮版	1934-06-23	1	01단	聖恩鴻大恐懼感激の極み風害御救恤金下賜につき宇垣總督の謹話
250910	朝鮮朝日	南鮮版	1934-06-23	1	01단	第二期沙防事業尨大な計劃成る十ケ年間九千萬圓を投じ廿五萬町步に施工
250911	朝鮮朝日	南鮮版	1934-06-23	1	01단	金組聯合會五釐利下げ七月一日から實施
250912	朝鮮朝日	南鮮版	1934-06-23	1	01단	馬山の簡點
250913	朝鮮朝日	南鮮版	1934-06-23	1	01단	京城府會
250914	朝鮮朝日	南鮮版	1934-06-23	1	01단	變った古器物慶州古墳で續々と發掘
250915	朝鮮朝日	南鮮版	1934-06-23	1	02단	忠南署長會議競點射擊も行ふ
250916	朝鮮朝日	南鮮版	1934-06-23	1	02단	果して大接戰城大惜しくも第一戰を失ふ對九大蹴球試合/東大庭球選手全京城と試合/機關庫制霸大田軟式野球/殖銀優勝す馬山實業野球/四十五度俱優勝慶南軟式實業野球
250917	朝鮮朝日	南鮮版	1934-06-23	1	03단	京城府學務課長異動
250918	朝鮮朝日	南鮮版	1934-06-23	1	04단	明朗活潑な民謠、舞踊を農山村へ吹込む慶南道の娛樂改善
250919	朝鮮朝日	南鮮版	1934-06-23	1	05단	鮮米實情の認識を極力要望高田、靑鹿兩氏歡迎懇談會でこもごも意見を開陳
250920	朝鮮朝日	南鮮版	1934-06-23	1	05단	中央委員會本府に設置市街地計劃令運用に

일련번호	판명		간행일	면	단수	기사명
250921	朝鮮朝日	南鮮版	1934-06-23	1	05단	會員の倍加運動に努む愛婦釜山支部
250922	朝鮮朝日	南鮮版	1934-06-23	1	05단	郵便貯金も開設以來の記錄自力更生の現はれ？
250923	朝鮮朝日	南鮮版	1934-06-23	1	06단	慶南繪葉書見事に出來上る
250924	朝鮮朝日	南鮮版	1934-06-23	1	06단	朝鮮化學會講演
250925	朝鮮朝日	南鮮版	1934-06-23	1	07단	漢江氾濫めさあ來いいざといへば應急編成隊出動鐵壁の警備陣成る
250926	朝鮮朝日	南鮮版	1934-06-23	1	07단	大邱湯屋組合湯錢値上げ
250927	朝鮮朝日	南鮮版	1934-06-23	1	07단	京師附屬新築ちかく着工
250928	朝鮮朝日	南鮮版	1934-06-23	1	07단	本年の春繭一割餘の增千五百廿二萬餘キログラム第二回收繭豫想高
250929	朝鮮朝日	南鮮版	1934-06-23	1	08단	釜山南演に劇場を新設認可を申請
250930	朝鮮朝日	南鮮版	1934-06-23	1	08단	子を殘して妻と內地を轉々收賄嫌疑の京城府書記遂に佐世保で捕る
250931	朝鮮朝日	南鮮版	1934-06-23	1	08단	干代ケ濱に海水浴場
250932	朝鮮朝日	南鮮版	1934-06-23	1	08단	ご法度のレコード倉庫からワンサ飛出すガセンばれた無屆移入
250933	朝鮮朝日	南鮮版	1934-06-23	1	09단	腦脊炎發生
250934	朝鮮朝日	南鮮版	1934-06-23	1	09단	早計の自殺友人を殺したと早合點し學生川へ身を投ぐ
250935	朝鮮朝日	南鮮版	1934-06-23	1	10단	線路枕の男列車に落命
250936	朝鮮朝日	南鮮版	1934-06-23	1	10단	京城府內の傳染病減る
250937	朝鮮朝日	南鮮版	1934-06-23	1	10단	全生徒が盟休す中央佛教專門校の騷ぎ
250938	朝鮮朝日	南鮮版	1934-06-23	1	10단	もよほし(大田高女講堂の落成式)
250939	朝鮮朝日	西北版	1934-06-24	1	01단	もの騷ぐ白堊殿宇垣さんのシグナルは靑か赤か晩かれ早かれ中央舞台の脚光は照らさう
250940	朝鮮朝日	西北版	1934-06-24	1	01단	酒造令の改正愈よ公布さる稅率引上げは一日から實施稅整これで一段落
250941	朝鮮朝日	西北版	1934-06-24	1	01단	議論は打切り懇談で解決公會堂問題附議の平壤府會に新空氣
250942	朝鮮朝日	西北版	1934-06-24	1	03단	西鮮三道の淺海を生かして漁村更生を策す長友本府水試場長の鞭撻に漸く動く新機運
250943	朝鮮朝日	西北版	1934-06-24	1	04단	北鮮自動車界に東拓進出す
250944	朝鮮朝日	西北版	1934-06-24	1	04단	金組改善座談會
250945	朝鮮朝日	西北版	1934-06-24	1	04단	各地の事情を斟酌授業料を引下ぐ四月に遡って實施
250946	朝鮮朝日	西北版	1934-06-24	1	05단	醒めよ農村
250947	朝鮮朝日	西北版	1934-06-24	1	05단	全鮮制霸を望んでまづ安東へ遠征黃金時代を謳ふ平壤庭球軍
250948	朝鮮朝日	西北版	1934-06-24	1	05단	基礎資料蒐集にスラム街實情調査平壤府が社會施設に乘出す
250949	朝鮮朝日	西北版	1934-06-24	1	06단	電車取締を今後嚴重に警察部の通牒

일련번호	판명		간행일	면	단수	기사명
250950	朝鮮朝日	西北版	1934-06-24	1	06단	巫女統制
250951	朝鮮朝日	西北版	1934-06-24	1	07단	愛兒展覽會
250952	朝鮮朝日	西北版	1934-06-24	1	07단	總督府辭令
250953	朝鮮朝日	西北版	1934-06-24	1	07단	赤痢患者逃走
250954	朝鮮朝日	西北版	1934-06-24	1	07단	定平農組再建運動完全に壞滅す檢擧者百四十餘名に及ぶ近く咸興法院送り
250955	朝鮮朝日	西北版	1934-06-24	1	08단	北鮮蜻蛉
250956	朝鮮朝日	西北版	1934-06-24	1	08단	印鑑僞造の判決
250957	朝鮮朝日	西北版	1934-06-24	1	08단	なほ續く平壤署の檢擧愛知縣特高課と協力して赤い分子一掃に努む
250958	朝鮮朝日	西北版	1934-06-24	1	08단	掏摸捕る
250959	朝鮮朝日	西北版	1934-06-24	1	09단	巖塊に乘上げ機關車脫線
250960	朝鮮朝日	西北版	1934-06-24	1	09단	またも火の戰慄平壤に放火事件頻發
250961	朝鮮朝日	西北版	1934-06-24	1	10단	昂る土地熱
250962	朝鮮朝日	西北版	1934-06-24	1	10단	もよほし(平壤山岳會)
250963	朝鮮朝日	西北版	1934-06-24	1	10단	人(土師平北道知事)
250964	朝鮮朝日	西北版	1934-06-24	1	10단	柳京日記
250965	朝鮮朝日	南鮮版	1934-06-24	1	01단	もの騒ぐ白堊殿宇垣さんのシグナルは靑か赤か晩かれ早かれ中央舞台の脚光は照らさう
250966	朝鮮朝日	南鮮版	1934-06-24	1	01단	勞働者斡旋に移民計劃を加味定着させて自作農を創定先づ二百名間島へ
250967	朝鮮朝日	南鮮版	1934-06-24	1	01단	酒造令の改正愈よ公布さる税率引上げは一日から實施税整これで一段落
250968	朝鮮朝日	南鮮版	1934-06-24	1	01단	伊藤公守本尊虛空藏菩薩博文寺へ奉安
250969	朝鮮朝日	南鮮版	1934-06-24	1	02단	水に描く豪華版京城プール落成記念競泳大會招聘選手顏觸決る/兩軍善戰し遂に引分け九大對城大蹴球第二日
250970	朝鮮朝日	南鮮版	1934-06-24	1	04단	始政廿五年史編纂を計劃
250971	朝鮮朝日	南鮮版	1934-06-24	1	05단	京城府龍山出張所竣工
250972	朝鮮朝日	南鮮版	1934-06-24	1	05단	總督府辭令
250973	朝鮮朝日	南鮮版	1934-06-24	1	05단	釜山府への合併反對に決る東萊郡西面協議會
250974	朝鮮朝日	南鮮版	1934-06-24	1	06단	夏の金剛山尾根傳ひの新ルート成る趣き變った探勝路
250975	朝鮮朝日	南鮮版	1934-06-24	1	06단	女給連から隱れ家を突止む京城の雜貨商を襲った强盜捕はれてほ豪語
250976	朝鮮朝日	南鮮版	1934-06-24	1	07단	發動船坐礁
250977	朝鮮朝日	南鮮版	1934-06-24	1	07단	學校を脫け出し山中に立龍る昌寧農補校生騒ぐ
250978	朝鮮朝日	南鮮版	1934-06-24	1	08단	拘束された道議十七名に上る暗躍の官公吏も多數抱引か平康疑獄事件進展
250979	朝鮮朝日	南鮮版	1934-06-24	1	08단	自動車交通事業令細則實施は九月か
250980	朝鮮朝日	南鮮版	1934-06-24	1	08단	釜山署暴風雨警備陣成る

일련번호	판명		간행일	면	단수	기사명
250981	朝鮮朝日	南鮮版	1934-06-24	1	09단	歡迎される友禪染め描友禪學院長安達女史談
250982	朝鮮朝日	南鮮版	1934-06-24	1	09단	死を急ぐ人々
250983	朝鮮朝日	南鮮版	1934-06-24	1	10단	依然盟休狀態佛教專門學校生
250984	朝鮮朝日	南鮮版	1934-06-24	1	10단	人(剛錡義氏(鐵道局技師))
250985	朝鮮朝日	南鮮版	1934-06-24	1	10단	狂犬病防豫注射
250986	朝鮮朝日	南鮮版	1934-06-24	1	10단	山口高商生自殺を企つ
250987	朝鮮朝日	南鮮版	1934-06-24	1	10단	漢江水死者慰靈祭
250988	朝鮮朝日	西北版	1934-06-26	1	01단	重要港灣を總花的に擴張仁川、城津、麗水を中心に十年計劃で着手
250989	朝鮮朝日	西北版	1934-06-26	1	01단	要望昂まる鑛山監督局の設置本府でも必要を痛感誘致運動を起す平壤商議所
250990	朝鮮朝日	西北版	1934-06-26	1	01단	漁村の初等校に水産科を設く漁業振興策に明年度から
250991	朝鮮朝日	西北版	1934-06-26	1	03단	婦人田植競技會
250992	朝鮮朝日	西北版	1934-06-26	1	03단	試驗船を新造遠海漁場へ平南の計劃
250993	朝鮮朝日	西北版	1934-06-26	1	04단	人(土師平北知事/エッチ・アール・ソヴレッチ氏(京城駐在突闘間缺募)/藤原平南道知事/馬場正義氏(平南警務課長)/寺坂正夫氏(平南道警部)/福島壯平氏(平壤商工會議所會頭))
250994	朝鮮朝日	西北版	1934-06-26	1	04단	臨牀異聞(1)/入れも入れたり腸に尺餘の棒迷信が生んだ痔の自宅療法面喰った橋本國手(揾本さん)
250995	朝鮮朝日	西北版	1934-06-26	1	05단	夏に備へる平壤防疫陣
250996	朝鮮朝日	西北版	1934-06-26	1	05단	半島競馬景氣の拍車くれて漸く本筋に素晴しい春の增收
250997	朝鮮朝日	西北版	1934-06-26	1	05단	補選混戰
250998	朝鮮朝日	西北版	1934-06-26	1	06단	電波に乘る刻々の戰況防空演習放送プロ
250999	朝鮮朝日	西北版	1934-06-26	1	06단	玄海越えて孫に逢ひたさ老の一人族虎の子の路銀を盜まれて元山署にSOS
251000	朝鮮朝日	西北版	1934-06-26	1	06단	赤狩り續く
251001	朝鮮朝日	西北版	1934-06-26	1	07단	鯥の乾卵で二名中毒死/分列式參加團體
251002	朝鮮朝日	西北版	1934-06-26	1	07단	北鮮三市に瓦斯會社設立近く認可
251003	朝鮮朝日	西北版	1934-06-26	1	08단	晴れて無罪に煙草百本で專賣局と爭ひ見事被告に勝名乘
251004	朝鮮朝日	西北版	1934-06-26	1	09단	また委員會設置一切を再調査紛糾した公會堂問題懇談會
251005	朝鮮朝日	西北版	1934-06-26	1	09단	人夫百五十名一齊に罷業平北龜泰水組の騷ぎ
251006	朝鮮朝日	西北版	1934-06-26	1	09단	學校賊捕る
251007	朝鮮朝日	西北版	1934-06-26	1	09단	戶籍の惡戲大の男が廿六年間も女待遇妻帶して初めて判明
251008	朝鮮朝日	西北版	1934-06-26	1	10단	柳京日記

일련번호	판명		간행일	면	단수	기사명
251009	朝鮮朝日	南鮮版	1934-06-26	1	01단	重要港灣を總花的に擴張仁川、城津、麗水を中心に十年計劃で着手
251010	朝鮮朝日	南鮮版	1934-06-26	1	01단	半島競馬景氣の拍車くれて漸く本筋に素晴しい春の增收
251011	朝鮮朝日	南鮮版	1934-06-26	1	01단	金色燦たる珍品出るか久しぶりに慶州路西里古墳大もの發掘に着手
251012	朝鮮朝日	南鮮版	1934-06-26	1	03단	京城府の吏員を優遇
251013	朝鮮朝日	南鮮版	1934-06-26	1	03단	*城大調子出ず凱歌は遠來の九大軍に定期陸上競技大會/本年は無勝負城大第三戰に勝ち對九大蹴球戰終る*
251014	朝鮮朝日	南鮮版	1934-06-26	1	03단	九大對城大對抗競技(上)四百米の決勝點(中)優勝した城大チーム(下)福岡へ遠征し力踐した城大蹴球チーム
251015	朝鮮朝日	南鮮版	1934-06-26	1	04단	感電死
251016	朝鮮朝日	南鮮版	1934-06-26	1	04단	鬱陵島に傳はる土の香り高い民謠慘劇の底から掬ひ上げレコードに吹込む
251017	朝鮮朝日	南鮮版	1934-06-26	1	05단	外金剛溫井里へ直通寢台車
251018	朝鮮朝日	南鮮版	1934-06-26	1	05단	浦項消防組井戶を掘る
251019	朝鮮朝日	南鮮版	1934-06-26	1	05단	離婚の嘆きから母子三人心中を企つ猛火の溫突で重傷
251020	朝鮮朝日	南鮮版	1934-06-26	1	06단	新裝成った京城府龍山出張所廳舍
251021	朝鮮朝日	南鮮版	1934-06-26	1	07단	五十名の密航團部落民の應援で遂に逮捕
251022	朝鮮朝日	南鮮版	1934-06-26	1	08단	內鮮融和の床しい挿話監獄部屋を脫出して救はれ報恩に警官へ贈り物
251023	朝鮮朝日	南鮮版	1934-06-26	1	08단	梅雨ぞらの世相縊死、轢殺、溺死相次ぐ
251024	朝鮮朝日	南鮮版	1934-06-26	1	08단	轉向表明によほど減刑さる共産黨國內工作委員會事件一味の判決言渡し
251025	朝鮮朝日	南鮮版	1934-06-26	1	09단	無智の悲しさ御眞影奉安庫を神社と誤り賽錢泥棒を企だつ
251026	朝鮮朝日	南鮮版	1934-06-26	1	10단	線路手の死
251027	朝鮮朝日	南鮮版	1934-06-26	1	10단	收賄嫌疑愈よ濃厚京城府書記取調べで更に五名檢擧
251028	朝鮮朝日	西北版	1934-06-27	1	01단	*貯藏籾を解除し飯米飢饉を救ふ全鮮を通じて六十萬石を申請は來月五日まで/農林省に、俄然反對の聲揚る約束を無視した行爲だと强硬な照電を發す*
251029	朝鮮朝日	西北版	1934-06-27	1	01단	航程三千五百哩初めて北鮮訪問北大練習船おしよろ丸
251030	朝鮮朝日	西北版	1934-06-27	1	04단	平實勝つ
251031	朝鮮朝日	西北版	1934-06-27	1	04단	敵機の空襲に酬い高射砲一齊に火蓋夜の燈火管制で第一日終る平壤防空綜合演習
251032	朝鮮朝日	西北版	1934-06-27	1	04단	六稅務署年內に新築平壤稅監局管內
251033	朝鮮朝日	西北版	1934-06-27	1	04단	辭令(東京電話)
251034	朝鮮朝日	西北版	1934-06-27	1	05단	繰出す納涼列車盛夏に備へる平鐵の計劃粧ひ凝らす水泳場

일련번호	판명		간행일	면	단수	기사명
251035	朝鮮朝日	西北版	1934-06-27	1	05단	羅津に市外電話
251036	朝鮮朝日	西北版	1934-06-27	1	05단	光成優勝す
251037	朝鮮朝日	西北版	1934-06-27	1	06단	臨床異聞(２)/親思ふ子心笑へぬ珍問可憐、孝行娘の心情/小林博士
251038	朝鮮朝日	西北版	1934-06-27	1	06단	被服展覽會
251039	朝鮮朝日	西北版	1934-06-27	1	06단	赤色分子檢擧
251040	朝鮮朝日	西北版	1934-06-27	1	06단	野越え山越え病牛めぐり優しい獸醫さんの手當に昂る平南牛の聲價
251041	朝鮮朝日	西北版	1934-06-27	1	07단	悩みは果なし繭價安を繞って賣惜みと機業熱に出廻不振原料難の製絲工場
251042	朝鮮朝日	西北版	1934-06-27	1	08단	本年着工は到底不可能內鮮議員對立の形勢を示す縺れる平壤公會堂
251043	朝鮮朝日	西北版	1934-06-27	1	09단	聞き違ひから喧嘩刺身庖丁で一突
251044	朝鮮朝日	西北版	1934-06-27	1	09단	犬に食はる
251045	朝鮮朝日	西北版	1934-06-27	1	09단	もよほし(平北初等學校長會)
251046	朝鮮朝日	西北版	1934-06-27	1	10단	柳京日記
251047	朝鮮朝日	西北版	1934-06-27	1	10단	密輸犯送局
251048	朝鮮朝日	西北版	1934-06-27	1	10단	この愛國熱
251049	朝鮮朝日	南鮮版	1934-06-27	1	01단	貯藏籾を解除し飯米飢饉を救ふ全鮮を通じて六十萬石を申請は來月五日まで/農林省に、俄然反對の聲揚る約束を無視した行爲だと强硬な照電を發す/闇討ち的だ農林省首腦部の痛慎
251050	朝鮮朝日	南鮮版	1934-06-27	1	01단	仁川港擴張期成會結成さる京、仁有力者の固き提携で決議を要路へ打電
251051	朝鮮朝日	南鮮版	1934-06-27	1	04단	京城府稅務課長
251052	朝鮮朝日	南鮮版	1934-06-27	1	04단	人(京城教育會評議員會)
251053	朝鮮朝日	南鮮版	1934-06-27	1	04단	大釜山計劃行悩む東萊邑釜田里を除く隣接地合併に擧って反對
251054	朝鮮朝日	南鮮版	1934-06-27	1	04단	豪華なドルの觀光團來るかシュライナー誘致に鐵道躍起で交渉
251055	朝鮮朝日	南鮮版	1934-06-27	1	05단	金剛山に記念スタンプ
251056	朝鮮朝日	南鮮版	1934-06-27	1	05단	空への關心昂る毎月八千圓を超える防空兵器金の獻納
251057	朝鮮朝日	南鮮版	1934-06-27	1	06단	平康郡守收容さる疑獄事件進展
251058	朝鮮朝日	南鮮版	1934-06-27	1	06단	列車を救けた五名を表彰
251059	朝鮮朝日	南鮮版	1934-06-27	1	06단	娛樂の殿堂に近代建築の粹を凝らした京城府民館の設計
251060	朝鮮朝日	南鮮版	1934-06-27	1	07단	半島山岳へ內地の目集る先づ同大登山隊の來征城大も計劃を進む/大田にプール建設と決る/鐵道優勝す漕艇リーグ戰

일련번호	판명		간행일	면	단수	기사명
251061	朝鮮朝日	南鮮版	1934-06-27	1	07단	新漫畫派集團京城で展覽會
251062	朝鮮朝日	南鮮版	1934-06-27	1	07단	教壇からの運動は口を揃へて否認赤色訓導事件の公判
251063	朝鮮朝日	南鮮版	1934-06-27	1	08단	嘆きの花嫁結婚豫約不履行から慰藉料請求の訴へ
251064	朝鮮朝日	南鮮版	1934-06-27	1	08단	大邱の强盜捕る
251065	朝鮮朝日	南鮮版	1934-06-27	1	09단	家庭を欺くにせ互電社員
251066	朝鮮朝日	南鮮版	1934-06-27	1	09단	婦人の手提十數個を搔拂ふデパート盛り場で
251067	朝鮮朝日	南鮮版	1934-06-27	1	10단	賣掛金を橫領
251068	朝鮮朝日	南鮮版	1934-06-27	1	10단	辭令(東京電話)
251069	朝鮮朝日	南鮮版	1934-06-27	1	10단	伊太利歌劇と日本民謠の夕
251070	朝鮮朝日	南鮮版	1934-06-27	1	10단	輕氣球
251071	朝鮮朝日	西北版	1934-06-28	1	01단	西鮮防空演習第二日 實戰さながら物凄い火の洗禮意氣更に揚る防衛軍移りゆく戰況は刻々電波に
251072	朝鮮朝日	西北版	1934-06-28	1	01단	久しぶりに黑字の朗笑總督府明年度豫算八月中に大體編成
251073	朝鮮朝日	西北版	1934-06-28	1	02단	魚市場移管
251074	朝鮮朝日	西北版	1934-06-28	1	03단	元山港修築陳情
251075	朝鮮朝日	西北版	1934-06-28	1	03단	北鮮蜻蛉
251076	朝鮮朝日	西北版	1934-06-28	1	04단	人(大沼平壤地方法院檢事正/淸水平南道學務課長/佐藤純二郎氏(新任平南稅關支署長)/谷山誠之助氏(新任殖銀平壤支店支配人代理))
251077	朝鮮朝日	西北版	1934-06-28	1	04단	蔓る傳染病
251078	朝鮮朝日	西北版	1934-06-28	1	04단	變質籾を先に成可く普遍的に貯藏籾解除の方針
251079	朝鮮朝日	西北版	1934-06-28	1	05단	臨床異聞(3)/迷信から石を呑む醉拂って肉塊を喉につめた男など(水野史朗氏)
251080	朝鮮朝日	西北版	1934-06-28	1	05단	成績大いに擧る咸南初等校職業教育
251081	朝鮮朝日	西北版	1934-06-28	1	06단	衛生設備改善
251082	朝鮮朝日	西北版	1934-06-28	1	06단	滿洲國の小學校が半島側に引越す匪禍に怯ゆる八道溝から童心の安全地帶へ
251083	朝鮮朝日	西北版	1934-06-28	1	07단	妓生の佳居制限
251084	朝鮮朝日	西北版	1934-06-28	1	07단	平南農村を潤す七萬圓
251085	朝鮮朝日	西北版	1934-06-28	1	07단	軍用電話を切る
251086	朝鮮朝日	西北版	1934-06-28	1	07단	江豆の歐洲輸送愈よ來月中旬七千トンを埠頭も專用制度に
251087	朝鮮朝日	西北版	1934-06-28	1	08단	家人八名を縛る三人組の持兇器强盜
251088	朝鮮朝日	西北版	1934-06-28	1	08단	チンピラ竊盜十一名擧る
251089	朝鮮朝日	西北版	1934-06-28	1	09단	祈禱師調べらる
251090	朝鮮朝日	西北版	1934-06-28	1	09단	淸津ハルビン間に味覺の急行列車十月一日から運轉
251091	朝鮮朝日	西北版	1934-06-28	1	09단	馬怒る
251092	朝鮮朝日	西北版	1934-06-28	1	09단	挨拶狀の漫步附箋十一枚を脊に三年振りに差出人の許へ

일련번호	판명		간행일	면	단수	기사명
251093	朝鮮朝日	西北版	1934-06-28	1	10단	柳京日記
251094	朝鮮朝日	南鮮版	1934-06-28	1	01단	貯藏籾解除は全く本府の英斷變質籾を優先的に成可く普遍化の方針/政策的內容は預り知らぬが、影響は大きからう農林省米穀事務所談/解除には大贊成米穀倉庫會社の談
251095	朝鮮朝日	南鮮版	1934-06-28	1	01단	慶州回遊券十月から發賣
251096	朝鮮朝日	南鮮版	1934-06-28	1	02단	「勇を鼓して難關を走り拔く」鄕土訪問マラソンに成功し釜山の岡田氏元氣で歸る/岡田氏釜山着/九大對城大野球/全南武道大會/至寶、北村選手牧野君の代りに參加人氣を呼ぶ模範競泳大會/全木浦蹴球大會/門鐵勝つ
251097	朝鮮朝日	南鮮版	1934-06-28	1	03단	京城倉庫金融解散に內定
251098	朝鮮朝日	南鮮版	1934-06-28	1	03단	內地稅制視察に西岡課長出張
251099	朝鮮朝日	南鮮版	1934-06-28	1	03단	京城府民館の設計圖旣報參照
251100	朝鮮朝日	南鮮版	1934-06-28	1	04단	矢尾教授論文通過
251101	朝鮮朝日	南鮮版	1934-06-28	1	04단	海水浴場へ列車の割引き來月十日から八月末まで大勉强の鐵道局
251102	朝鮮朝日	南鮮版	1934-06-28	1	05단	久しぶりに黑字の朗笑總督府明年度豫算八月中に大體編成
251103	朝鮮朝日	南鮮版	1934-06-28	1	05단	夜の繁華街に自動車交通止め
251104	朝鮮朝日	南鮮版	1934-06-28	1	05단	京城、神戶間直通回線試驗通話開始
251105	朝鮮朝日	南鮮版	1934-06-28	1	05단	釜山卸賣市場旣定通り設置
251106	朝鮮朝日	南鮮版	1934-06-28	1	06단	中樞院參議や勅任官を僞造紙一枚で無智な人々を喜ばす途方もない親子
251107	朝鮮朝日	南鮮版	1934-06-28	1	07단	赤色訓導事件公判(被告の入廷するところ)
251108	朝鮮朝日	南鮮版	1934-06-28	1	07단	惡材料を一掃意外の好況在城各本店銀行成績
251109	朝鮮朝日	南鮮版	1934-06-28	1	08단	八十聯隊演習
251110	朝鮮朝日	南鮮版	1934-06-28	1	08단	活動寫眞に惡の手習ひ不敵の二少年共謀し大人も及ばね犯行
251111	朝鮮朝日	南鮮版	1934-06-28	1	09단	梅雨の死魔
251112	朝鮮朝日	南鮮版	1934-06-28	1	09단	美男崩れ娼妓連をたぶらかし多額の金品を捲上ぐ
251113	朝鮮朝日	南鮮版	1934-06-28	1	10단	洗濯中溺死
251114	朝鮮朝日	南鮮版	1934-06-28	1	10단	大田機關庫に賊
251115	朝鮮朝日	南鮮版	1934-06-28	1	10단	大金を拐帶大連の主家から
251116	朝鮮朝日	南鮮版	1934-06-28	1	10단	巡査の盜難
251117	朝鮮朝日	南鮮版	1934-06-28	1	10단	「輝く日本」上映
251118	朝鮮朝日	南鮮版	1934-06-28	1	10단	もよほし(水防聯絡協定打合會)
251119	朝鮮朝日	南鮮版	1934-06-28	1	10단	人(上田耕一郎氏(釜山商議理事)/藤江崎一氏(新任京城府理事官)/高田代議士)

일련번호	판명		간행일	면	단수	기사명
251120	朝鮮朝日	西北版	1934-06-29	1	01단	曉の夏空の下銀翼相搏つ壯觀最後を飾った盛大な閱兵式平壤防空演習終る
251121	朝鮮朝日	西北版	1934-06-29	1	01단	北鮮防空演習來月二十六日より五日間國境六地區に亙り
251122	朝鮮朝日	西北版	1934-06-29	1	01단	防空演習第二日/(上)持久性毒瓦斯彈に包まれた大同門(下右)カムフラージュされた高射機關銃(下左)死傷者の收容に努める防毒班の活躍振り
251123	朝鮮朝日	西北版	1934-06-29	1	02단	消防演習
251124	朝鮮朝日	西北版	1934-06-29	1	03단	朝鮮貯蓄銀行利率を變更
251125	朝鮮朝日	西北版	1934-06-29	1	04단	辭令(東京電話)
251126	朝鮮朝日	西北版	1934-06-29	1	04단	電氣起債認可さる
251127	朝鮮朝日	西北版	1934-06-29	1	04단	感興運動場今秋中に完成
251128	朝鮮朝日	西北版	1934-06-29	1	05단	朝鮮紡織も平壤進出か鐘紡乘出し說專らの折柄さらに昂る土地熱
251129	朝鮮朝日	西北版	1934-06-29	1	05단	一戶一町步の半島全農家に山を持たせる燃、肥料問題を一氣に解決素晴しい計劃成る
251130	朝鮮朝日	西北版	1934-06-29	1	06단	臨牀異聞(4)/矛盾したこの悩み出來過ぎる人、出來ぬ人婦人科醫も辛い/屋代博士
251131	朝鮮朝日	西北版	1934-06-29	1	06단	證據不十分で無罪と猶豫に咸興談合事件の判決
251132	朝鮮朝日	西北版	1934-06-29	1	07단	不良紹介業處分
251133	朝鮮朝日	西北版	1934-06-29	1	08단	鴨綠橋上のゴー・ストップ鐵橋交通を刷新す
251134	朝鮮朝日	西北版	1934-06-29	1	09단	女給逃ぐ
251135	朝鮮朝日	西北版	1934-06-29	1	09단	大入滿員でうだる留置場盜難事件の頻發に平壤で一齊浮浪狩
251136	朝鮮朝日	西北版	1934-06-29	1	10단	燈火管制を紊す男二人檢束處分に
251137	朝鮮朝日	西北版	1934-06-29	1	10단	人(川島朝鮮軍司令官/梅崎第二十師團長)
251138	朝鮮朝日	西北版	1934-06-29	1	10단	柳京日記
251139	朝鮮朝日	西北版	1934-06-29	1	10단	家人を亂打三圓を强奪
251140	朝鮮朝日	南鮮版	1934-06-29	1	01단	一戶一町步の半島全農家に山を持たせる燃、肥料問題を一氣に解決素晴しい計劃成る
251141	朝鮮朝日	南鮮版	1934-06-29	1	01단	釜山、安東間に直通貨物急行をスピード・アップを機會に１２時間短縮の計劃
251142	朝鮮朝日	南鮮版	1934-06-29	1	01단	凉裝凝らし海は呼ぶ
251143	朝鮮朝日	南鮮版	1934-06-29	1	04단	辭令(東京電話)
251144	朝鮮朝日	南鮮版	1934-06-29	1	04단	朝鮮神宮大祓式
251145	朝鮮朝日	南鮮版	1934-06-29	1	04단	佐世保航空隊飛機爆擊訓練朝鮮海峽西水道で
251146	朝鮮朝日	南鮮版	1934-06-29	1	04단	京城府監査主任
251147	朝鮮朝日	南鮮版	1934-06-29	1	04단	綱紀で頓に緊張大邱初府會
251148	朝鮮朝日	南鮮版	1934-06-29	1	05단	壯圖を終へて

일련번호	판명		간행일	면	단수	기사명
251149	朝鮮朝日	南鮮版	1934-06-29	1	05단	朝鮮土地信託總會
251150	朝鮮朝日	南鮮版	1934-06-29	1	05단	競泳史を飾る花やかな飛沫水の精銳を網羅して一日模範競泳大會
251151	朝鮮朝日	南鮮版	1934-06-29	1	05단	中等敎育を根本的に改善中堅人物養成主眼に
251152	朝鮮朝日	南鮮版	1934-06-29	1	05단	門鐵野球團京城に來征
251153	朝鮮朝日	南鮮版	1934-06-29	1	06단	證據不十分で無罪と猶豫に咸興談合事件の判決
251154	朝鮮朝日	南鮮版	1934-06-29	1	07단	死んだ老爺を生かして返せ農民三百名寄ってたかってトラック運轉手を袋叩き
251155	朝鮮朝日	南鮮版	1934-06-29	1	07단	東大對全京城庭球試合
251156	朝鮮朝日	南鮮版	1934-06-29	1	08단	昌慶苑に愛馬を贈る
251157	朝鮮朝日	南鮮版	1934-06-29	1	08단	朝鮮海峽に濃霧が襲來聯絡船遲る
251158	朝鮮朝日	南鮮版	1934-06-29	1	08단	內藤湖南博士追悼會
251159	朝鮮朝日	南鮮版	1934-06-29	1	08단	佛教專門校の盟休解決す
251160	朝鮮朝日	南鮮版	1934-06-29	1	08단	鮮航同盟會と荷主また揉める飯野汽船の出現で
251161	朝鮮朝日	南鮮版	1934-06-29	1	09단	赤色訓導らへ懲役を求刑檢事の論告頗る峻烈
251162	朝鮮朝日	南鮮版	1934-06-29	1	10단	朝鮮貯蓄銀行利率を變更
251163	朝鮮朝日	南鮮版	1934-06-29	1	10단	逃げ遅れた少女火達磨つひに絶命
251164	朝鮮朝日	南鮮版	1934-06-29	1	10단	コカインやモヒ密移入
251165	朝鮮朝日	南鮮版	1934-06-29	1	10단	蠅取液卷搔拂ひ
251166	朝鮮朝日	南鮮版	1934-06-29	1	10단	釜山の强盗送局
251167	朝鮮朝日	南鮮版	1934-06-29	1	10단	人(ムハーメッド・ガブドルロイ・クルバンガリー氏(日本駐在回教僧正))
251168	朝鮮朝日	西北版	1934-06-30	1	01단	簡保貸付金利明年より引下げ內定額以上の申込も認む諮問委員會に附議
251169	朝鮮朝日	西北版	1934-06-30	1	01단	籾貯藏解除に第二段の策各道農會に通牒し有がすれ狀況調査
251170	朝鮮朝日	西北版	1934-06-30	1	01단	平壤防空演習グラフ/(上)第二日午後行はれた大同鐵橋の煙幕遮蔽(下右)演習狀況視察の川島朝鮮軍司令官(先頭)と梅崎二十師團長(二人目)(下左)講評を行ふ勝尾統監府司令官
251171	朝鮮朝日	西北版	1934-06-30	1	03단	平壤府廳舍落成祝賀會來月十七日
251172	朝鮮朝日	西北版	1934-06-30	1	03단	愛婦支部役員會
251173	朝鮮朝日	西北版	1934-06-30	1	03단	飯米一匙貯金
251174	朝鮮朝日	西北版	1934-06-30	1	04단	人(可郵平壤府尹/福實房登氏(日本穀産會社々員)/新井新藏氏(鎭南浦實業家))
251175	朝鮮朝日	西北版	1934-06-30	1	04단	平南の戰慄徐元俊一味豫審終結、公判へ兇暴極まる赤色ギャング
251176	朝鮮朝日	西北版	1934-06-30	1	04단	北鮮蜻蛉
251177	朝鮮朝日	西北版	1934-06-30	1	05단	晴れで一緒に

일련번호	판명		간행일	면	단수	기사명
251178	朝鮮朝日	西北版	1934-06-30	1	05단	茂山野球大會
251179	朝鮮朝日	西北版	1934-06-30	1	05단	お待ちかねのかあいゝ鹿が参りましたはるばる遠い越後路から
251180	朝鮮朝日	西北版	1934-06-30	1	06단	臨林異聞(５)/悲しきは狂へる心お醫者泣かせの精神倒錯者(佐藤醫員)
251181	朝鮮朝日	西北版	1934-06-30	1	06단	無煙炭合同なほ曲折を見ん滿浦鎭線の廷長に伴って有望となる北部炭田
251182	朝鮮朝日	西北版	1934-06-30	1	07단	結婚解消三つ
251183	朝鮮朝日	西北版	1934-06-30	1	08단	巖石崩潰し四名卽死す三名重輕傷を負ふ咸南長津郡下工事場の珍事
251184	朝鮮朝日	西北版	1934-06-30	1	08단	平壤電車衝突運轉手ら送局
251185	朝鮮朝日	西北版	1934-06-30	1	08단	誤った母性愛避病舍がこはさに病める愛兒を連れて失踪
251186	朝鮮朝日	西北版	1934-06-30	1	09단	永興農組の控訴公判一審通り求刑
251187	朝鮮朝日	西北版	1934-06-30	1	09단	銷夏漫筆ニュースの寄せ 書第一話/第二話/第三話
251188	朝鮮朝日	西北版	1934-06-30	1	10단	モヒ故に罪
251189	朝鮮朝日	西北版	1934-06-30	1	10단	柳京日記
251190	朝鮮朝日	南鮮版	1934-06-30	1	01단	簡保貸付金利明年より引下げ內定額以上の申込も認む諮問委員會に附議
251191	朝鮮朝日	南鮮版	1934-06-30	1	01단	釜山測候所の氣象通報九州四局から放送慘禍への備へ充實
251192	朝鮮朝日	南鮮版	1934-06-30	1	01단	新しく登場海雲台海水浴場
251193	朝鮮朝日	南鮮版	1934-06-30	1	04단	人(原邦道氏(大藏書記官)/稻垣征夫氏(拓務書記官)/北浦太郎氏(鐵道局庶務課長))
251194	朝鮮朝日	南鮮版	1934-06-30	1	04단	中央日報社役員を改選
251195	朝鮮朝日	南鮮版	1934-06-30	1	04단	朝鮮信託總會
251196	朝鮮朝日	南鮮版	1934-06-30	1	04단	部落民の稅金を支拂朴氏の奇特
251197	朝鮮朝日	南鮮版	1934-06-30	1	04단	籾貯藏解除に第二段の策各道農會に通牒し有がすれ狀況調査
251198	朝鮮朝日	南鮮版	1934-06-30	1	04단	釜山國防義會實彈射擊大會/北村選手ら朝鮮入り/鐵道省對京城柔道試合
251199	朝鮮朝日	南鮮版	1934-06-30	1	05단	本年は三區間改修を行ふ京仁間モダン道路
251200	朝鮮朝日	南鮮版	1934-06-30	1	05단	三道を跨に學校を荒す
251201	朝鮮朝日	南鮮版	1934-06-30	1	05단	眠れぬ夜の連續熱都大邱本年の新記錄全く釜中の苦しみ
251202	朝鮮朝日	南鮮版	1934-06-30	1	05단	道議、面長ら七名送らる平壤の疑獄事件新事實續々と發覺
251203	朝鮮朝日	南鮮版	1934-06-30	1	06단	明朖潑剌の氣風を養ふ青年歌一般から縣賞募集
251204	朝鮮朝日	南鮮版	1934-06-30	1	06단	孤獨の少女が瞹の父を捜す旅一縷の望みも斷たれ釜山

일련번호	판명		간행일	면	단수	기사명
						暑に鎚りつく
251205	朝鮮朝日	南鮮版	1934-06-30	1	07단	海城丸大阪へ
251206	朝鮮朝日	南鮮版	1934-06-30	1	07단	天候不良のため旅客機不時着す忠北鳥川河原で機翼を小破飛行士機關士も傷く
251207	朝鮮朝日	南鮮版	1934-06-30	1	08단	六十餘名の密航團浦る漕ぎ寄せた密航船長ブローカーら四名も
251208	朝鮮朝日	南鮮版	1934-06-30	1	08단	溺れんとする幼兒を救ふ勇敢な少年知事から表彰
251209	朝鮮朝日	南鮮版	1934-06-30	1	08단	關釜聯絡船珍しい延着ダイヤも著しく狂ふ釜山地方の濃霧
251210	朝鮮朝日	南鮮版	1934-06-30	1	09단	司直の手も動く大邱怪文書事件
251211	朝鮮朝日	南鮮版	1934-06-30	1	10단	妻女に騒がれ慌てゝ逃ぐ釜山牧ノ島に三人強盗
251212	朝鮮朝日	南鮮版	1934-06-30	1	10단	死刑の判決殺人の二名に
251213	朝鮮朝日	南鮮版	1934-06-30	1	10단	燒酎を盗んで賣る二名共謨し
251214	朝鮮朝日	南鮮版	1934-06-30	1	10단	鐵道事故二つ

1934년 7월 (조선아사히)

일련번호	판명		간행일	면	단수	기사명
251215	朝鮮朝日	西北版	1934-07-01	1	01단	愈よ明年度から鹽種國營實現か恐慌時代の根本對策とし總督らも大乘り氣
251216	朝鮮朝日	西北版	1934-07-01	1	01단	夏休を利用し大掛りな文盲退治文字普及班を組織して農山漁村へ巡廻
251217	朝鮮朝日	西北版	1934-07-01	1	01단	二釐乃至一分金利引下げ貸付の範圍を擴大簡保事業諮問委員會
251218	朝鮮朝日	西北版	1934-07-01	1	02단	平南線複線問題
251219	朝鮮朝日	西北版	1934-07-01	1	03단	涼風わたる平壤大同江にて
251220	朝鮮朝日	西北版	1934-07-01	1	04단	人(二講堂署夫氏/井上遞信局長/手島雄篆氏(前京城日報經濟部長))
251221	朝鮮朝日	西北版	1934-07-01	1	04단	頑冥な地主に收用法を適用北鮮の石炭及び金鑛開發に本府が積極的援助
251222	朝鮮朝日	西北版	1934-07-01	1	05단	昇給の喜び
251223	朝鮮朝日	西北版	1934-07-01	1	05단	咸南學務課水産教育に努む教科書に代る學習帳を編纂指導要項を確立す
251224	朝鮮朝日	西北版	1934-07-01	1	05단	關東州と平南の林檎會商共存共榮の策を議す
251225	朝鮮朝日	西北版	1934-07-01	1	06단	北鮮蜻蛉
251226	朝鮮朝日	西北版	1934-07-01	1	06단	臨床異聞(6)/何度呼んでも返事がない僞名の多い皮膚科
251227	朝鮮朝日	西北版	1934-07-01	1	07단	着いたばかりの鹿が逃げ出すノ口だノ口だと石をぶつ珍らしさに大騷ぎ
251228	朝鮮朝日	西北版	1934-07-01	1	07단	朝鮮同胞の無籍問題解決に先づ東京府下で實生活調査一心會長らの奔走
251229	朝鮮朝日	西北版	1934-07-01	1	08단	稅務署長異動
251230	朝鮮朝日	西北版	1934-07-01	1	09단	鴨綠江の國際鐵橋二百萬圓を投じて明春より工事着手
251231	朝鮮朝日	西北版	1934-07-01	1	09단	卅五名送局咸北勞農事件
251232	朝鮮朝日	西北版	1934-07-01	1	10단	聞に乘じて
251233	朝鮮朝日	西北版	1934-07-01	1	10단	柳京日記
251234	朝鮮朝日	南鮮版	1934-07-01	1	01단	愈よ明年度から鹽種國營實現か恐慌時代の根本對策とし總督らも大乘り氣
251235	朝鮮朝日	南鮮版	1934-07-01	1	01단	夏休を利用し大掛りな文盲退治文字普及班を組織して農山漁村へ巡廻
251236	朝鮮朝日	南鮮版	1934-07-01	1	01단	二釐乃至一分金利引下げ貸付の範圍を擴大簡保事業諮問委員會
251237	朝鮮朝日	南鮮版	1934-07-01	1	02단	勇敢な若者表彰
251238	朝鮮朝日	南鮮版	1934-07-01	1	03단	水を慕うて
251239	朝鮮朝日	南鮮版	1934-07-01	1	04단	人(井上遞信局長/手島雄篆氏(前京城日報經濟部長))
251240	朝鮮朝日	南鮮版	1934-07-01	1	04단	道營飛行場の設置を先づ運動內鮮聯絡飛行の實現促進に三道議知事へ陳情

일련번호	판명		간행일	면	단수	기사명
251241	朝鮮朝日	南鮮版	1934-07-01	1	04단	明進舍に寄附
251242	朝鮮朝日	南鮮版	1934-07-01	1	05단	*鐵道局の異動二百名の勇退で/稅務署長異動*
251243	朝鮮朝日	南鮮版	1934-07-01	1	05단	各道へ衛生主事一名宛を設置
251244	朝鮮朝日	南鮮版	1934-07-01	1	05단	水の王者試泳京城府營プール落城記念式
251245	朝鮮朝日	南鮮版	1934-07-01	1	05단	羅南で防空演習關東軍から飛機も參加し近く大々的に擧行
251246	朝鮮朝日	南鮮版	1934-07-01	1	06단	釜山第一小學落成式と展覽會
251247	朝鮮朝日	南鮮版	1934-07-01	1	06단	稚魚を配布
251248	朝鮮朝日	南鮮版	1934-07-01	1	06단	漢江に廣津橋不便な廣壯の渡しに架設
251249	朝鮮朝日	南鮮版	1934-07-01	1	06단	補償洩れには道費で救濟慶南の麥作被害地
251250	朝鮮朝日	南鮮版	1934-07-01	1	07단	辭令(東京電話)
251251	朝鮮朝日	南鮮版	1934-07-01	1	07단	討匪戰の花四警官へ功勞章を授く輝やく最高の譽れ
251252	朝鮮朝日	南鮮版	1934-07-01	1	07단	大邱公會堂ホテル委任經營に
251253	朝鮮朝日	南鮮版	1934-07-01	1	07단	朝鮮同胞の無籍問題解決に先づ東京府下で實生活調査一心會長らの奔走
251254	朝鮮朝日	南鮮版	1934-07-01	1	08단	鮮滿對抗乘馬競技會八日京城で
251255	朝鮮朝日	南鮮版	1934-07-01	1	08단	釜山府の昇給
251256	朝鮮朝日	南鮮版	1934-07-01	1	08단	大邱府廳內の暗雲を一掃
251257	朝鮮朝日	南鮮版	1934-07-01	1	08단	地下の相手に評價は頗る困難目鼻つくは今秋か無煙炭合同問題
251258	朝鮮朝日	南鮮版	1934-07-01	1	09단	近衛ヶ濱を遊園地に馬山府の計劃
251259	朝鮮朝日	南鮮版	1934-07-01	1	09단	關釜連絡船濃霧のため大遲延奉天行列車は空車で釜山出發
251260	朝鮮朝日	南鮮版	1934-07-01	1	10단	漢江人道橋に華かな電飾納凉を誘ふ
251261	朝鮮朝日	南鮮版	1934-07-01	1	10단	線路假睡慘事頻り當局も頭痛
251262	朝鮮朝日	南鮮版	1934-07-01	1	10단	郵便所員が貯金を橫領逸早く逃走
251263	朝鮮朝日	南鮮版	1934-07-01	1	10단	輕氣球
251264	朝鮮朝日	西北版	1934-07-03	1		缺號
251265	朝鮮朝日	南鮮版	1934-07-03	1	01단	多種の書籍を片端から續破片言隻句は多く漢籍から晩酌は大抵二本
251266	朝鮮朝日	南鮮版	1934-07-03	1	01단	歲入好轉を映し一割餘の增編成場合では三億圓突破するか總督府明年度豫算
251267	朝鮮朝日	南鮮版	1934-07-03	1	01단	五千餘名へ九萬圓を交付慶南大渚面地方麥作被害の國庫補償額決まる
251268	朝鮮朝日	南鮮版	1934-07-03	1	01단	父性愛に淚ある判決我子の罪を被った老爺、執行猶豫に
251269	朝鮮朝日	南鮮版	1934-07-03	1	02단	軍醫宅の盜難
251270	朝鮮朝日	南鮮版	1934-07-03	1	03단	平壤公會堂設置を決定プールは取止め
251271	朝鮮朝日	南鮮版	1934-07-03	1	04단	龍鳳丸遂に解體離礁見込なく

일련번호	판명		간행일	면	단수	기사명
251272	朝鮮朝日	南鮮版	1934-07-03	1	04단	飛沫の陶醉/(上)四百米のスタート直後(下)入場式
251273	朝鮮朝日	南鮮版	1934-07-03	1	05단	火事もギャングももう平氣だ平壤府內百ヶ所に火災報知機を設置
251274	朝鮮朝日	南鮮版	1934-07-03	1	05단	石垣崩れ落ち三名負傷す
251275	朝鮮朝日	南鮮版	1934-07-03	1	05단	太い金持ちモヒ患登錄證を集めてモヒを買ひ入れ中毒者に多額を密賣
251276	朝鮮朝日	南鮮版	1934-07-03	1	06단	墮胎藥を飮んで悶死
251277	朝鮮朝日	南鮮版	1934-07-03	1	07단	濃霧のため帆船難破乘組員漂流中球はる
251278	朝鮮朝日	南鮮版	1934-07-03	1	07단	漁船百隻遭難し三十隻消息を絶つ鬱陵島方面に大暴風
251279	朝鮮朝日	南鮮版	1934-07-03	1	07단	質屋の火事
251280	朝鮮朝日	南鮮版	1934-07-03	1	07단	力強く印した水の精銳の神技模範競泳大會の盛觀/京城府廳軍門鐵に敗る/門鐵對大鐵野球/城大雪辱す對九大野球
251281	朝鮮朝日	南鮮版	1934-07-03	1	08단	勇敢なる水兵の事蹟愈よ詳かに京城に在住する實弟から貴重な資料を佐鎭
251282	朝鮮朝日	南鮮版	1934-07-03	1	08단	ピクニック自動車電柱に激突五名負傷す
251283	朝鮮朝日	南鮮版	1934-07-03	1	09단	人(高田代議士)
251284	朝鮮朝日	南鮮版	1934-07-03	1	09단	千古の密林を二劃夜さまよふ救援隊に救けられて惠山署の討伐隊歸る
251285	朝鮮朝日	南鮮版	1934-07-03	1	10단	平壤の赤痢猖獗
251286	朝鮮朝日	南鮮版	1934-07-03	1	10단	妻をとられとんだ復讐
251287	朝鮮朝日	西北版	1934-07-04	1	01단	內閣總辭職の衝動われ關せずと乘馬の醍醐味に何時に變らぬ宇垣總督白晢殿は俄然慌し/財界は不變加藤鮮銀總裁語る
251288	朝鮮朝日	西北版	1934-07-04	1	01단	半島の人口二千七十九萬戶數は三百九十萬餘八年末現在の調査
251289	朝鮮朝日	西北版	1934-07-04	1	01단	無上の光榮勅選議員に奏薦された有賀光豊氏は語る(有賀光豊氏)
251290	朝鮮朝日	西北版	1934-07-04	1	03단	平壤市區改正起債は認可小下水工事も
251291	朝鮮朝日	西北版	1934-07-04	1	03단	綠旆の前に(1)/名譽を雙肩に競ひ立つ若人全國中等野球朝鮮中部豫選(出場チームの檢討/滿々の鬪志油の乘り切った仁川商業チーム)
251292	朝鮮朝日	西北版	1934-07-04	1	04단	伊艦入港
251293	朝鮮朝日	西北版	1934-07-04	1	04단	人(市村久雄中將(鎭海要港部司令官))
251294	朝鮮朝日	西北版	1934-07-04	1	04단	夏の豪華譜集ふ精銳8期待されるその快熱試合本社中等野球西北豫選大會
251295	朝鮮朝日	西北版	1934-07-04	1	05단	都市更生の意見を交換平壤關係者が
251296	朝鮮朝日	西北版	1934-07-04	1	05단	明年度豫算速急提出を各課へ通達
251297	朝鮮朝日	西北版	1934-07-04	1	05단	工場地帶發展を蝕ばむ思惑無益な昂騰に業を煮やして

일련번호	판명		간행일	면	단수	기사명
						平壤府が斷乎對策
251298	朝鮮朝日	西北版	1934-07-04	1	06단	苦熱拂に山へ散步平壤山岳會
251299	朝鮮朝日	西北版	1934-07-04	1	06단	七、八兩月に殘り半分づゝを今後の籾解除に關し平南道農會の答申
251300	朝鮮朝日	西北版	1934-07-04	1	08단	經費獲得の作戰建直し鐵道局への望みを失った鎭南浦港第三期修策
251301	朝鮮朝日	西北版	1934-07-04	1	08단	河童達へ警告眞っ裸は良くない
251302	朝鮮朝日	西北版	1934-07-04	1	08단	坑內で感電死
251303	朝鮮朝日	西北版	1934-07-04	1	09단	强盗は眞っ赤な嘘火遊びの狂言
251304	朝鮮朝日	西北版	1934-07-04	1	09단	劇務から救はれる警察官平壤府規定改正成る
251305	朝鮮朝日	西北版	1934-07-04	1	10단	電車火を吹く出動時の騷ぎ
251306	朝鮮朝日	西北版	1934-07-04	1	10단	柳京日記
251307	朝鮮朝日	南鮮版	1934-07-04	1	01단	內閣總辭職の衝動われ關せずと乘馬の醍醐味に何時に變らぬ宇垣總督白堊殿は俄然慌し/財界は不變加藤鮮銀總裁語る
251308	朝鮮朝日	南鮮版	1934-07-04	1	01단	半島の人口二千七十九萬戶數は三百九十萬餘八年末現在の調査
251309	朝鮮朝日	南鮮版	1934-07-04	1	01단	無上の光榮勅選議員に奏薦された有賀光豊氏は語る(有賀光豊氏)
251310	朝鮮朝日	南鮮版	1934-07-04	1	03단	明年度豫算速急提出を各課へ通達
251311	朝鮮朝日	南鮮版	1934-07-04	1	03단	綠旆の前に(1)/名譽を雙肩に競ひ立つ若人全國中等野球朝鮮中部豫選(出場チームの檢討/滿々の鬪志油の乘り切った仁川商業チーム)
251312	朝鮮朝日	南鮮版	1934-07-04	1	04단	伊艦入港
251313	朝鮮朝日	南鮮版	1934-07-04	1	04단	人(市村久雄中將(鎭海要港部司令官))
251314	朝鮮朝日	南鮮版	1934-07-04	1	04단	城大優勝す對九大野球/上野の快投鐵道、門鐵を破る/九大城大ラグビー/馬山女連霸排球南鮮豫選/大田武道大會
251315	朝鮮朝日	南鮮版	1934-07-04	1	05단	各競馬俱樂部理事長會議
251316	朝鮮朝日	南鮮版	1934-07-04	1	05단	京城府吏員昇給
251317	朝鮮朝日	南鮮版	1934-07-04	1	05단	京城の上空試乘飛行
251318	朝鮮朝日	南鮮版	1934-07-04	1	05단	濃霧に惱む商船石見丸
251319	朝鮮朝日	南鮮版	1934-07-04	1	05단	經費は三十萬圓土屋府尹ちかく本府へ折衝釜山の博覽會計劃
251320	朝鮮朝日	南鮮版	1934-07-04	1	06단	釜山府へ大擧押かく生魚行商人
251321	朝鮮朝日	南鮮版	1934-07-04	1	06단	慶南道でも認可申請見合し隣接地の反對から釜山府擴張一頓挫
251322	朝鮮朝日	南鮮版	1934-07-04	1	08단	實戰を彷彿八十聯隊演習
251323	朝鮮朝日	南鮮版	1934-07-04	1	08단	氣遣はれた漁船は無事

일련번호	판명		간행일	면	단수	기사명
251324	朝鮮朝日	南鮮版	1934-07-04	1	08단	早くも早魃の心配慶北地方熱波の猛威愈よ募り田植ゑも停頓の姿
251325	朝鮮朝日	南鮮版	1934-07-04	1	09단	指紋鑑識の陣營京畿道刑事課に整備(指紋寫眞機/鑑識機)
251326	朝鮮朝日	南鮮版	1934-07-04	1	10단	德壽丸で身投げ救ひ上げたが絶命
251327	朝鮮朝日	西北版	1934-07-05	1	01단	全國中等野球朝鮮豫選新銳古豪實に三十四校が參加第一次豫選二旬後に迫り大會氣分愈よ上昇
251328	朝鮮朝日	西北版	1934-07-05	1	01단	日本海が結ぶ滿洲國、裏日本客貨連帶運輸來月一日から實施
251329	朝鮮朝日	西北版	1934-07-05	1	02단	不良水組整理案各道協議會で決定
251330	朝鮮朝日	西北版	1934-07-05	1	02단	綠蔭の前に(2)/天っ晴れ花形底力加へた京師チーム中等野球中部豫選前記(輝く歴史と傳統の強味背負って立つ三羽鳥京城中學チーム)
251331	朝鮮朝日	西北版	1934-07-05	1	03단	戰鬪機六機猛烈な實戰射擊平壤六聯隊の演習
251332	朝鮮朝日	西北版	1934-07-05	1	04단	伊艦元山へ
251333	朝鮮朝日	西北版	1934-07-05	1	04단	司法官異動來月に延びる
251334	朝鮮朝日	西北版	1934-07-05	1	04단	防空演習に沸る愛國熱
251335	朝鮮朝日	西北版	1934-07-05	1	05단	日淸戰記念碑を日每に淸掃奇特な學童十一名
251336	朝鮮朝日	西北版	1934-07-05	1	05단	時局收拾の意味で衷心喜びぶ岡田大將へ大命降下につき川島軍司令官語る
251337	朝鮮朝日	西北版	1934-07-05	1	05단	平南道地方は雨李も來ぬに長雨續き早くも防水演習準備/乾畓田先づ悲鳴二萬餘町步の稻が根腐れ長雨・農作物異變
251338	朝鮮朝日	西北版	1934-07-05	1	05단	衛生展覽會平南で計劃
251339	朝鮮朝日	西北版	1934-07-05	1	06단	楚山郡道議補選
251340	朝鮮朝日	西北版	1934-07-05	1	06단	會寧驛新スタンプ
251341	朝鮮朝日	西北版	1934-07-05	1	07단	燒酎販賣統制つひに崩る平壤組合先づ解散し全鮮各地に波及せん
251342	朝鮮朝日	西北版	1934-07-05	1	08단	元山泉町校上棟式
251343	朝鮮朝日	西北版	1934-07-05	1	08단	西鮮合電が値下を申請三級別に最高一割を
251344	朝鮮朝日	西北版	1934-07-05	1	09단	僅が三十錢利得した話
251345	朝鮮朝日	西北版	1934-07-05	1	09단	細民住宅や託兒所を設置平壤の新社會施設
251346	朝鮮朝日	西北版	1934-07-05	1	09단	三道股の強盜團首魁浦まる
251347	朝鮮朝日	西北版	1934-07-05	1	10단	事實を否認金塊密輸公判
251348	朝鮮朝日	西北版	1934-07-05	1	10단	柳京日記
251349	朝鮮朝日	南鮮版	1934-07-05	1	01단	全國中等野球朝鮮豫選新銳古豪實に三十四校が參加第一次豫選二旬後に迫り大會氣分愈よ上昇
251350	朝鮮朝日	南鮮版	1934-07-05	1	01단	日本海が結ぶ滿洲國、裏日本客貨連帶運輸來月一日から實施

일련번호	판명		간행일	면	단수	기사명
251351	朝鮮朝日	南鮮版	1934-07-05	1	02단	不良水組整理案各道協議會で決定
251352	朝鮮朝日	南鮮版	1934-07-05	1	02단	綠旆の前に(２)/天っ晴れ花形底力加へた京師チーム中等野球中部豫選前記(輝く歷史と傳統の强味背負って立つ三羽鳥京城中學チーム)
251353	朝鮮朝日	南鮮版	1934-07-05	1	03단	時局收拾の意味で衷心喜ぶ岡田大將へ大命降下につき川島軍司令官語る
251354	朝鮮朝日	南鮮版	1934-07-05	1	04단	伊艦元山へ
251355	朝鮮朝日	南鮮版	1934-07-05	1	04단	司法官異動來月に延びる
251356	朝鮮朝日	南鮮版	1934-07-05	1	05단	釜山第一小學落成祝賀式盛大に擧行
251357	朝鮮朝日	南鮮版	1934-07-05	1	05단	京城府の金庫稅徵收は許可
251358	朝鮮朝日	南鮮版	1934-07-05	1	05단	苦熱百度を越ゆ生氣を失ふ大邱地方/夜空を焦がす雨乞ひの山燒き旱魃愈よ本格的に
251359	朝鮮朝日	南鮮版	1934-07-05	1	07단	鄭家屯から釜山へ四百里を徒步で監獄宛らの支那人農場を脱出命からがら辿りつく
251360	朝鮮朝日	南鮮版	1934-07-05	1	07단	軍旗拜受記念祝典
251361	朝鮮朝日	南鮮版	1934-07-05	1	08단	轟島水源地擴張に着工
251362	朝鮮朝日	南鮮版	1934-07-05	1	08단	睆らかな祝宴油谷家の喜び
251363	朝鮮朝日	南鮮版	1934-07-05	1	09단	眼を突刺す借金から喧嘩
251364	朝鮮朝日	南鮮版	1934-07-05	1	09단	一萬名士の書を集む戰死者英靈に捧げるため中道氏奇特の行脚
251365	朝鮮朝日	南鮮版	1934-07-05	1	10단	赤訓導に懲役
251366	朝鮮朝日	南鮮版	1934-07-05	1	10단	密航ブローカーまたも檢擧
251367	朝鮮朝日	南鮮版	1934-07-05	1	10단	人(文致昕氏/加納吾眼氏(新任草梁驛助役)/江崎義人氏(鐵道局技師))
251368	朝鮮朝日	西北版	1934-07-06	1		缺號
251369	朝鮮朝日	南鮮版	1934-07-06	1	01단	飯米の不足はなほ緩和されぬ今後さらに數回解除が必要籾へ集る各道の報告/籾解除割當決る五日、申請締切り/約三割の値下り米倉の解除籾商談
251370	朝鮮朝日	南鮮版	1934-07-06	1	01단	國立觀測所淸津に設置實現は明年以後に國當博士語る
251371	朝鮮朝日	南鮮版	1934-07-06	1	01단	関東一銀頭取愈よ解任か成專務も共に
251372	朝鮮朝日	南鮮版	1934-07-06	1	02단	綠旆の前に(３)/不運をK・O敢然振ひ立つ善隣商業中等野球中部豫選前記(四闘士を失ひ布陣に苦心の跡制霸目ざしひたすら猛練習京城商業チーム)
251373	朝鮮朝日	南鮮版	1934-07-06	1	03단	西北鮮間郵便物二日早くなる
251374	朝鮮朝日	南鮮版	1934-07-06	1	03단	江西古墳壁畵の模寫見事に成功謎だった花崗巖の産地も鷄明山と判明す
251375	朝鮮朝日	南鮮版	1934-07-06	1	04단	戰病死者忠靈塔建設費寄附
251376	朝鮮朝日	南鮮版	1934-07-06	1	04단	八水泳選手仁川で模範競泳/早大對釜鐵野球戰
251377	朝鮮朝日	南鮮版	1934-07-06	1	05단	白堊殿颱風一過落ち着きを取戻す

일련번호	판명		간행일	면	단수	기사명
251378	朝鮮朝日	南鮮版	1934-07-06	1	05단	飽くまで事實否認獵奇の實父殺害事件
251379	朝鮮朝日	南鮮版	1934-07-06	1	05단	心配は御無用ひと雨來るゾ釜山測候所の嬉しい御託宣/平壤の豪雨禍
251380	朝鮮朝日	南鮮版	1934-07-06	1	06단	逆さまの對馬珍しい蜃氣樓釜山から瞭然見ゆ
251381	朝鮮朝日	南鮮版	1934-07-06	1	07단	籠の鳥は夏空へ平壤の藝娼妓、女給達に月一回の公休を
251382	朝鮮朝日	南鮮版	1934-07-06	1	08단	國境警備陣に傳書鳩網を張る先づ最前線二十二署へ配置通信聯絡萬全を計る
251383	朝鮮朝日	南鮮版	1934-07-06	1	08단	涙の判決
251384	朝鮮朝日	南鮮版	1934-07-06	1	08단	開城に猩紅熱
251385	朝鮮朝日	南鮮版	1934-07-06	1	09단	十數名取調べ赤の暗躍か
251386	朝鮮朝日	南鮮版	1934-07-06	1	09단	二十一名へ懲役四名は執行猶豫に赤色訓導事件の判決
251387	朝鮮朝日	南鮮版	1934-07-06	1	10단	機關車に觸れ瀕死の重傷
251388	朝鮮朝日	南鮮版	1934-07-06	1	10단	子故の刃傷
251389	朝鮮朝日	南鮮版	1934-07-06	1	10단	白堊殿內に物騷な忘れ物
251390	朝鮮朝日	南鮮版	1934-07-06	1	10단	警官を斬って阿片密賣犯脫走
251391	朝鮮朝日	西北版	1934-07-07	1		缺號
251392	朝鮮朝日	南鮮版	1934-07-07	1	01단	石炭殼の中から絞殺された女！東拓支店倶樂部後庭で發見平壤に怪死體事件(少しも氣がつかなかった倶樂部の賄婆さん語る)
251393	朝鮮朝日	南鮮版	1934-07-07	1	01단	慶南北、平南、咸南に刑事課を新設各種の大事件頻發に備へて明年度から實現
251394	朝鮮朝日	南鮮版	1934-07-07	1	01단	拓務省廢止は贊成出來ぬ傳へられる新方針につき總督府方面の意見
251395	朝鮮朝日	南鮮版	1934-07-07	1	01단	京城常任委員會
251396	朝鮮朝日	南鮮版	1934-07-07	1	02단	平壤受益稅條例は修正して認可
251397	朝鮮朝日	南鮮版	1934-07-07	1	03단	奇特な巡査
251398	朝鮮朝日	南鮮版	1934-07-07	1	03단	綠旆の前に(４)/新鮮なる編成期待される龍山中チーム中等野球中部豫選前記(三年計劃の成果は如何に若武者京城工業)
251399	朝鮮朝日	南鮮版	1934-07-07	1	04단	城津港施設促進を陳情
251400	朝鮮朝日	南鮮版	1934-07-07	1	04단	人(江崎技師(鐵道局技師))
251401	朝鮮朝日	南鮮版	1934-07-07	1	04단	金鑛の坑夫三十名罷業給料不拂から
251402	朝鮮朝日	南鮮版	1934-07-07	1	05단	列車妨害頻發に防止標を樹つ
251403	朝鮮朝日	南鮮版	1934-07-07	1	05단	酷熱線の戰慄愈よつのる慶北地方の稻田續々龜裂し傳染病も猛威を揮ふ
251404	朝鮮朝日	南鮮版	1934-07-07	1	06단	歐洲行い江豆淸津から輸出滿鐵が試驗的に七千トンを海運界に一線を劃す
251405	朝鮮朝日	南鮮版	1934-07-07	1	06단	中島氏辭職/大邱師範にチフス

일련번호	판명		간행일	면	단수	기사명
251406	朝鮮朝日	南鮮版	1934-07-07	1	06단	衛生區域を設け傳染病都市の汚名を雪ぐ京城府ガゼン舊起
251407	朝鮮朝日	南鮮版	1934-07-07	1	06단	苦熱の横顔
251408	朝鮮朝日	南鮮版	1934-07-07	1	07단	安養プール假驛を開設
251409	朝鮮朝日	南鮮版	1934-07-07	1	07단	藝妓たちの不平を聽く會平壤署の目論み
251410	朝鮮朝日	南鮮版	1934-07-07	1	08단	平壤の防水陣大同江防水堤完城で計劃を建て直し
251411	朝鮮朝日	南鮮版	1934-07-07	1	08단	精神病の強盜
251412	朝鮮朝日	南鮮版	1934-07-07	1	08단	罷業を見事解決一巡査の幹旋
251413	朝鮮朝日	南鮮版	1934-07-07	1	09단	渡船轉覆事件責任者判決檢事から控訴
251414	朝鮮朝日	南鮮版	1934-07-07	1	09단	京元道路に運轉手の死體他殺か泥醉の揚包か
251415	朝鮮朝日	南鮮版	1934-07-07	1	10단	不敵の脱獄囚刑務所へ嘲弄の手紙
251416	朝鮮朝日	南鮮版	1934-07-07	1	10단	マイト嚙ってお目玉を食ふ
251417	朝鮮朝日	南鮮版	1934-07-07	1	10단	平康郡守遂に起訴疑獄事件進展
251418	朝鮮朝日	西北版	1934-07-08	1	01단	愛婦會總會各地の日割決る
251419	朝鮮朝日	西北版	1934-07-08	1	01단	船舶の荷役を公營か許可制に港灣行政統一に先立って一大改革を斷行
251420	朝鮮朝日	西北版	1934-07-08	1	01단	中等野球西北部豫選愈よ二十三日から火蓋を切る大會日程など決る
251421	朝鮮朝日	西北版	1934-07-08	1	01단	平壤府廳新廳舍增築は有望
251422	朝鮮朝日	西北版	1934-07-08	1	02단	就職戰線雨曇り平醫講習生
251423	朝鮮朝日	西北版	1934-07-08	1	02단	岡田新內閣の閣僚全部決定す政友三名、民政二名入閣八日親任式を御擧行
251424	朝鮮朝日	西北版	1934-07-08	1	03단	無産階級の實費診療平壤府で計劃
251425	朝鮮朝日	西北版	1934-07-08	1	04단	軍艦入港に元山大賑ひ
251426	朝鮮朝日	西北版	1934-07-08	1	04단	平壤の怪死體事件屋內の犯行か東拓倶樂部元ボイラー焚きを容疑者として引致
251427	朝鮮朝日	西北版	1934-07-08	1	05단	內鮮融和の花病める勞働者へ溫かい心やり見知らぬ旅の紳士
251428	朝鮮朝日	西北版	1934-07-08	1	05단	可燃性郵便物が交ってゐたか或は自動車タンクの漏油？航空郵便燒失事件
251429	朝鮮朝日	西北版	1934-07-08	1	06단	新義州稅關三出張所新設
251430	朝鮮朝日	西北版	1934-07-08	1	07단	閉店時間の統一や店員教養に努む市中の支拂ひは月末に都市座談會の結論
251431	朝鮮朝日	西北版	1934-07-08	1	08단	不正漁業跳梁に手を燒く平北
251432	朝鮮朝日	西北版	1934-07-08	1	08단	身許判れば簡單古川平壤署長の談
251433	朝鮮朝日	西北版	1934-07-08	1	09단	馬賊團現る
251434	朝鮮朝日	西北版	1934-07-08	1	09단	寫眞機店の盜難
251435	朝鮮朝日	西北版	1934-07-08	1	09단	內鮮各地へ多數を密派南京軍官學校出身者中心の恐るべき陰謀暴露

일련번호	판명		간행일	면	단수	기사명
251436	朝鮮朝日	西北版	1934-07-08	1	10단	慰靈祭
251437	朝鮮朝日	西北版	1934-07-08	1	10단	託された大金拐帶士官校小使
251438	朝鮮朝日	西北版	1934-07-08	1	10단	訴訟一束
251439	朝鮮朝日	南鮮版	1934-07-08	1	01단	愛婦會總會各地の日割決る
251440	朝鮮朝日	南鮮版	1934-07-08	1	01단	船舶の荷役を公營か許可制に港灣行政統一に先立って一大改革を斷行
251441	朝鮮朝日	南鮮版	1934-07-08	1	01단	統治功勞者の招魂社を建設始政二十五周年記念內務局の計劃案
251442	朝鮮朝日	南鮮版	1934-07-08	1	01단	忠南西部面に電氣供給
251443	朝鮮朝日	南鮮版	1934-07-08	1	01단	釜山海雲台問開通で街頭に大宣傳
251444	朝鮮朝日	南鮮版	1934-07-08	1	02단	慶南初等校長會議
251445	朝鮮朝日	南鮮版	1934-07-08	1	02단	岡田新內閣の閣僚全部決定す政友三名、民政二名入閣八日親任式を御擧行
251446	朝鮮朝日	南鮮版	1934-07-08	1	03단	京高商競技部遠征
251447	朝鮮朝日	南鮮版	1934-07-08	1	03단	早大勝つ對府廳野球戰
251448	朝鮮朝日	南鮮版	1934-07-08	1	04단	自動車取締規則改正案漸やく成る
251449	朝鮮朝日	南鮮版	1934-07-08	1	04단	虛弱兒林間保養
251450	朝鮮朝日	南鮮版	1934-07-08	1	04단	本社慈愛旗輝く傳達式
251451	朝鮮朝日	南鮮版	1934-07-08	1	05단	アメリカから若い男女學生夏休を半島へ宿をどうするで鐵道局また一苦勞
251452	朝鮮朝日	南鮮版	1934-07-08	1	06단	自動車の轢殺と判る運轉手の怪死體事件
251453	朝鮮朝日	南鮮版	1934-07-08	1	06단	可燃性郵便物が交ってゐたか或は自動車タンクの漏油？航空郵便燒失事件
251454	朝鮮朝日	南鮮版	1934-07-08	1	07단	灌漑水の不足憂慮さる慶南の水稻植付狀況
251455	朝鮮朝日	南鮮版	1934-07-08	1	07단	細民の恩給救助米代金交付され窮民たちは嬉し淚
251456	朝鮮朝日	南鮮版	1934-07-08	1	07단	またも濃霧禍德壽丸遲着
251457	朝鮮朝日	南鮮版	1934-07-08	1	08단	叔母搜す若者警察へ縋る
251458	朝鮮朝日	南鮮版	1934-07-08	1	08단	京城人の新遊園地
251459	朝鮮朝日	南鮮版	1934-07-08	1	08단	平壤の怪死體屋內の犯行か東拓支店倶樂部元釜焚きを容疑者として引致
251460	朝鮮朝日	南鮮版	1934-07-08	1	09단	身重の美女自殺を企つ夫との仲惡く
251461	朝鮮朝日	南鮮版	1934-07-08	1	09단	內鮮各地へ多數を密派南京軍官學校出身者中心の恐るべき陰謀暴露
251462	朝鮮朝日	南鮮版	1934-07-08	1	09단	船遊中溺死
251463	朝鮮朝日	南鮮版	1934-07-08	1	10단	トルコ人の洋服屋燒く
251464	朝鮮朝日	南鮮版	1934-07-08	1	10단	赤色訓導事件三名控訴す
251465	朝鮮朝日	南鮮版	1934-07-08	1	10단	橫領書記つひに送局
251466	朝鮮朝日	南鮮版	1934-07-08	1	10단	誘導訊問の有無を檢證旅火事件に絡む
251467	朝鮮朝日	南鮮版	1934-07-08	1	10단	人(マクボース氏(アメリカ國テキサス農科大學教授)/中

일련번호	판명		간행일	면	단수	기사명
						司直一氏(慶南金海郡進永公立尋常小學校長))
251468	朝鮮朝日	西北版	1934-07-10	1		缺號
251469	朝鮮朝日	南鮮版	1934-07-10	1	01단	普通江の氾濫で京義線一時不通浸水家屋二千五百戶に上る平壤一帶の豪雨禍/特急ひかり立往生平南、价川各線も被害甚大降雨歇まず不安なほ續く/官民總出で水禍と闘ふ線路復舊に、道路修繕に涙含しい活躍振り/流失廿八戶大同署管內/京城驛から列車を特發
251470	朝鮮朝日	南鮮版	1934-07-10	1	01단	平壤高射砲隊愈よ獨立か今夏の編成替を機に
251471	朝鮮朝日	南鮮版	1934-07-10	1	04단	醫專音樂會
251472	朝鮮朝日	南鮮版	1934-07-10	1	04단	四萬町步の水稻植付不能に陷る當局愈よ代用作奬勵を決意深刻な慶南の早魃
251473	朝鮮朝日	南鮮版	1934-07-10	1	04단	五名の萬引團百貨店、洋服店その他を連日連夜荒し廻る
251474	朝鮮朝日	南鮮版	1934-07-10	1	05단	龍山騎兵隊軍旗祭盛大に擧行
251475	朝鮮朝日	南鮮版	1934-07-10	1	05단	兒童の夏休實習釜山職紹の試み
251476	朝鮮朝日	南鮮版	1934-07-10	1	05단	馬賊に捕はれ難澁してゐる福岡の實兄へ不審のSOS人質にとられたか
251477	朝鮮朝日	南鮮版	1934-07-10	1	05단	駐在所に救急藥さらに配給
251478	朝鮮朝日	南鮮版	1934-07-10	1	06단	立法資料に勞動狀態を調査長津姜水電工事場につき咸南警察部の試み
251479	朝鮮朝日	南鮮版	1934-07-10	1	06단	平南簡易初等校
251480	朝鮮朝日	南鮮版	1934-07-10	1	06단	慶南道に檢閱課新設を要望
251481	朝鮮朝日	南鮮版	1934-07-10	1	07단	平壤人妻殺し犯人李昌德
251482	朝鮮朝日	南鮮版	1934-07-10	1	07단	運動界(早大大勝す對全京城野球)
251483	朝鮮朝日	南鮮版	1934-07-10	1	07단	小學普通校の體格比べ進級につれて正反對の現象小學校は全國平均より優良釜山各校の調査
251484	朝鮮朝日	南鮮版	1934-07-10	1	08단	火災に備へタンク設置
251485	朝鮮朝日	南鮮版	1934-07-10	1	08단	新鮮な映畫街近代明粧施して京城の各館再登場
251486	朝鮮朝日	南鮮版	1934-07-10	1	08단	假面の慈善
251487	朝鮮朝日	南鮮版	1934-07-10	1	09단	プロペラ船に匪賊發砲す
251488	朝鮮朝日	南鮮版	1934-07-10	1	09단	漢江で溺死日曜日に三人
251489	朝鮮朝日	南鮮版	1934-07-10	1	10단	電車衝突事件責任者起訴
251490	朝鮮朝日	南鮮版	1934-07-10	1	10단	不良アイスケーキ取締
251491	朝鮮朝日	南鮮版	1934-07-10	1	10단	複雜な景氣相警察取締營業の面白い動き
251492	朝鮮朝日	南鮮版	1934-07-10	1	10단	努れる若妻夫を刺殺す夫婦喧嘩から
251493	朝鮮朝日	西北版	1934-07-11	1	01단	平南の郡部一帶豪雨なほ歇まず平壤と奧地の交通全く杜絶大同江刻々增水す/京義、平南の二線二日に互り不通必死の作業にやうやく復舊/惠長橋流失咸南國境の交通絶ゆ/平壤府早くも惡疫に備ふ病原の一掃を打合す/

일련번호	판명		간행일	면	단수	기사명
						麥は三割の減收乾畓、野菜は半作平南農作物の被害/浸水三千戶平壤の被害/新義州飛行場使用を禁止
251494	朝鮮朝日	西北版	1934-07-11	1	04단	齋選手、大田でコーチ
251495	朝鮮朝日	西北版	1934-07-11	1	05단	西北部豫選前記綠蔭の前に(5)/新銳のバッテリー當りも確か北鮮勢の花、咸興商業中等野球中部豫選前記(意氣と熱の團結實カ一段と加はる元山中學チー)
251496	朝鮮朝日	西北版	1934-07-11	1	05단	公會堂敷地稅監局前か
251497	朝鮮朝日	西北版	1934-07-11	1	05단	千七百萬圓の素晴しい黑字大正七年に匹敵する好記錄總督府八年度決算/豫算面を何れも突破各收入業績との對照
251498	朝鮮朝日	西北版	1934-07-11	1	06단	警官美談/大雨中の捕り物全身血塗れの深傷にも屈せず犯人を取り押ふ
251499	朝鮮朝日	西北版	1934-07-11	1	07단	平壤水道擴張來月から着工
251500	朝鮮朝日	西北版	1934-07-11	1	07단	京城平壤對抗庭球
251501	朝鮮朝日	西北版	1934-07-11	1	08단	北鮮蜻蛉
251502	朝鮮朝日	西北版	1934-07-11	1	09단	安東軍敗る
251503	朝鮮朝日	西北版	1934-07-11	1	09단	朝鮮蕎麥で十二名中毒うち八名は重體
251504	朝鮮朝日	西北版	1934-07-11	1	09단	警官の水泳
251505	朝鮮朝日	西北版	1934-07-11	1	10단	柳京日記
251506	朝鮮朝日	南鮮版	1934-07-11	1	01단	千七百萬圓の素晴らしい黑字大正七年に匹敵する好記錄總督府八年度決算/豫算面を何れも突破各收入業績との對照
251507	朝鮮朝日	南鮮版	1934-07-11	1	01단	旱魃禍の南鮮實に十四萬町步が植付け不能代用作獎勵の手筈
251508	朝鮮朝日	南鮮版	1934-07-11	1	01단	施政二十五周年記念事業
251509	朝鮮朝日	南鮮版	1934-07-11	1	01단	綠蔭の前に(5)/新銳のバッテリー當りも確か北鮮勢の花、咸興商業中等野球中部豫選前記(意氣と熱の團結實カ一段と加はる元山中學チーム)
251510	朝鮮朝日	南鮮版	1934-07-11	1	02단	慶南一帶に慈雨いたるまだまだ燒石に水
251511	朝鮮朝日	南鮮版	1934-07-11	1	04단	警官の水泳
251512	朝鮮朝日	南鮮版	1934-07-11	1	05단	夏の汽車旅行を苦熱から救ふ先づ食堂車を手初めに冷房裝置を施す
251513	朝鮮朝日	南鮮版	1934-07-11	1	06단	滿洲建國功勞者三千餘名上申
251514	朝鮮朝日	南鮮版	1934-07-11	1	06단	總督官邸は龍山に移轉か日本風の別館新築や庭園も大手入れ
251515	朝鮮朝日	南鮮版	1934-07-11	1	06단	八十名の仲仕罷業繭運搬賃値下げから
251516	朝鮮朝日	南鮮版	1934-07-11	1	07단	庭球豫選
251517	朝鮮朝日	南鮮版	1934-07-11	1	07단	傳染病豫防に塵芥箱の整備
251518	朝鮮朝日	南鮮版	1934-07-11	1	07단	十八名を俎上に複雜な罪名で六名起訴さる平康稀な疑

일련번호	판명		간행일	면	단수	기사명
						獄事件
251519	朝鮮朝日	南鮮版	1934-07-11	1	08단	金少年の拾ひ物素晴らしい自然金當局からは御褒美
251520	朝鮮朝日	南鮮版	1934-07-11	1	08단	都市對抗豫選/齋選手、大田でコーチ
251521	朝鮮朝日	南鮮版	1934-07-11	1	09단	亂歩ばりの屋上の怪人警官が驅けつけると意外！女湯で溺死
251522	朝鮮朝日	南鮮版	1934-07-11	1	09단	時計を横領
251523	朝鮮朝日	南鮮版	1934-07-11	1	10단	重病置去り行倒れに絡む怪事件
251524	朝鮮朝日	南鮮版	1934-07-11	1	10단	郵便自動車またも御難電車と衝突
251525	朝鮮朝日	南鮮版	1934-07-11	1	10단	盗みの行商
251526	朝鮮朝日	西北版	1934-07-12	1	01단	宿命の遊女に暖い更生の宿放火で服役中の娼妓丸子と樓柱の愛娘の純情佳話/續篇
251527	朝鮮朝日	西北版	1934-07-12	1	01단	自然増收を見込み新規事業を增す平壤府明年度の計劃
251528	朝鮮朝日	西北版	1934-07-12	1	02단	西北部豫選前記綠蔭の前に(A)/投捕一如の妙味を見せ戰ふ毎に發揮健棒を誇る平壤中學溢れる闘志鐵腕投手を陣頭に敢然起つ海州高普
251529	朝鮮朝日	西北版	1934-07-12	1	04단	ラヂオ體操
251530	朝鮮朝日	西北版	1934-07-12	1	05단	更に中毒者六名を出す一つひに一名死亡、三名瀕死平壤の蕎麥中毒事件
251531	朝鮮朝日	西北版	1934-07-12	1	05단	歇まぬ豪雨に防水陣を固む平壤でまた二百五十戸浸水奥地も被害續出す/鴨綠江增水警戒に努む/數十戸倒壞二十五名死傷平北江界の山崩れ/大雨の飛沫に散った幼兒二人/平北の被害
251532	朝鮮朝日	西北版	1934-07-12	1	06단	古平壤を描いた七百年前の屏風博物館となる五詢閣平壤高普の二話題
251533	朝鮮朝日	西北版	1934-07-12	1	07단	平北の簡易學校
251534	朝鮮朝日	西北版	1934-07-12	1	09단	道立醫院の成績を調査
251535	朝鮮朝日	西北版	1934-07-12	1	09단	煖房組合組織準備
251536	朝鮮朝日	西北版	1934-07-12	1	09단	金品を奪ひ船夫二名を殺す匪賊しきりに跳梁
251537	朝鮮朝日	西北版	1934-07-12	1	10단	山は招く朝鮮アルプスの踏破へ
251538	朝鮮朝日	西北版	1934-07-12	1	10단	柳京日記
251539	朝鮮朝日	南鮮版	1934-07-12	1	01단	閑があったら旱害地を視たい新內閣の批評は今少し先だ久振りに宇垣總督の漫談
251540	朝鮮朝日	南鮮版	1934-07-12	1	01단	旱天下に火災慶南馬川面三丁里の一部落十三戸全燒/官民大擧し雨乞ひ祈願慶北の旱魃愈よ深刻農村は一しほ憂愁/雨乞ひの悲劇迷信から井戸で火を焚き少年哀れ窒死す/慶南道の旱害對策各道へ通牒/鴨綠江增水惠山邑浸水
251541	朝鮮朝日	南鮮版	1934-07-12	1	02단	西北部豫選前記綠蔭の前に(A)/投捕一如の妙味を見せ戰ふ毎に發揮健棒を誇る平壤中學溢れる闘志鐵腕投手を陣頭に敢然起つ海州高普

일련번호	판명		간행일	면	단수	기사명
251542	朝鮮朝日	南鮮版	1934-07-12	1	03단	伊國軍艦釜山へ入港一般の參觀も許す
251543	朝鮮朝日	南鮮版	1934-07-12	1	03단	有賀殖銀頭取勅選祝賀會
251544	朝鮮朝日	南鮮版	1934-07-12	1	04단	大田、鳥致院間電話一回線增設
251545	朝鮮朝日	南鮮版	1934-07-12	1	04단	自力更生は先づ官吏から日の丸辨當に知事さんも舌鼓苦熱を追散らす凄い意氣仕事はトタンにOK
251546	朝鮮朝日	南鮮版	1934-07-12	1	05단	涼しい教育釜山高女の臨海教授
251547	朝鮮朝日	南鮮版	1934-07-12	1	05단	運轉成績は上々釜山海雲台間試乘
251548	朝鮮朝日	南鮮版	1934-07-12	1	07단	金剛山毘盧峯へ簡易無電を設備鮮內主要地と交信
251549	朝鮮朝日	南鮮版	1934-07-12	1	07단	秋を飾る鮮滿中等美術展覽會學務局、本社支局後援で十月花々しく開く
251550	朝鮮朝日	南鮮版	1934-07-12	1	09단	挿秧を中に小作人の亂鬪小作權移動に絡み
251551	朝鮮朝日	南鮮版	1934-07-12	1	10단	精靈流で賑ふ漢江交通の取締り
251552	朝鮮朝日	南鮮版	1934-07-12	1	10단	京城の傳染病また頭を擡ぐ/龍山兩聯隊の六名の赤痢
251553	朝鮮朝日	南鮮版	1934-07-12	1	10단	西町優勝釜山軟式野球
251554	朝鮮朝日	西北版	1934-07-13	1	01단	上流の巖盤を壞し筏流しを圓滑に官有林の伐出しを控へて大同江の危險を除く
251555	朝鮮朝日	西北版	1934-07-13	1	01단	英國領事館から鴨綠江開閉橋停止に抗議安東との通商上不便と當局は重視せぬ
251556	朝鮮朝日	西北版	1934-07-13	1	01단	西北部豫選前記綠旆の前に(B)/競ひ立つ！告豪と新銳大會の興趣いや增す色とりどりの出場
251557	朝鮮朝日	西北版	1934-07-13	1	02단	清津漁港工事近く道移管
251558	朝鮮朝日	西北版	1934-07-13	1	03단	公設市場增設
251559	朝鮮朝日	西北版	1934-07-13	1	04단	軍事教鍊
251560	朝鮮朝日	西北版	1934-07-13	1	04단	相つぐ列車事故起重機の轉落や山崩れに京義、滿浦線阻まる
251561	朝鮮朝日	西北版	1934-07-13	1	04단	可憐な少女衛生隊勇ましい小兵士微笑まされる非常時風景寺洞小學校の軍教
251562	朝鮮朝日	西北版	1934-07-13	1	05단	北鮮防空演習實況放送
251563	朝鮮朝日	西北版	1934-07-13	1	05단	夏季大學
251564	朝鮮朝日	西北版	1934-07-13	1	05단	酒の平南禮讚
251565	朝鮮朝日	西北版	1934-07-13	1	06단	平壤府電からの値下交涉は難色鑛山關係の影響を恐れて合電値下愈よ認可
251566	朝鮮朝日	西北版	1934-07-13	1	06단	東一銀行專務制を閔頭取辭任で
251567	朝鮮朝日	西北版	1934-07-13	1	07단	清津署改築
251568	朝鮮朝日	西北版	1934-07-13	1	07단	街の恐怖通り魔怪盜目にも止まらぬ素早い犯行遂に平壤で自警團
251569	朝鮮朝日	西北版	1934-07-13	1	08단	趙巡查の表彰を申請
251570	朝鮮朝日	西北版	1934-07-13	1	08단	またも中毒病牛を食って十五名中る二名死亡、三名危篤

일련번호	판명		간행일	면	단수	기사명
251571	朝鮮朝日	西北版	1934-07-13	1	08단	馬車馬狂ふ幼兒を轢倒す
251572	朝鮮朝日	西北版	1934-07-13	1	08단	轉向者は何れも減刑首魁蔡は無期から二十年に永興農組事件の判決
251573	朝鮮朝日	西北版	1934-07-13	1	08단	雷公暴る！
251574	朝鮮朝日	西北版	1934-07-13	1	09단	奇特の米人
251575	朝鮮朝日	西北版	1934-07-13	1	10단	高壓線に觸れ慘死
251576	朝鮮朝日	西北版	1934-07-13	1	10단	小川に怪死體
251577	朝鮮朝日	西北版	1934-07-13	1	10단	困った甥
251578	朝鮮朝日	西北版	1934-07-13	1	10단	嫁を虐待
251579	朝鮮朝日	西北版	1934-07-13	1	10단	柳京日記
251580	朝鮮朝日	南鮮版	1934-07-13	1	01단	植付ずみ稲も一雨來ねば枯死十二萬町步はなほ植付未濟南鮮十日現在の調査/代用作を行はねば補助を支給せぬ各道へ通牒を發す
251581	朝鮮朝日	南鮮版	1934-07-13	1	01단	そら來たツ京城に豪雨家屋浸水、電車立往生多く一名家屋倒壞で瀕死/大邱にも滋雨植付を急ぐ
251582	朝鮮朝日	南鮮版	1934-07-13	1	02단	西北部豫選前記綠姉の前に(B)/競ひ立つ！告豪と新銳大會の興趣いや增す色とりどりの出場
251583	朝鮮朝日	南鮮版	1934-07-13	1	03단	港灣協會員仁川を視察
251584	朝鮮朝日	南鮮版	1934-07-13	1	03단	中等野球一次豫選二十三日に迫る中部湖南の日程決る
251585	朝鮮朝日	南鮮版	1934-07-13	1	04단	人(鉅鹿曉太郎氏(新任鐵道局庶務課社會係長)/宇垣助八氏(宇垣總督の次兄元岡山縣邑久郡美和村長))
251586	朝鮮朝日	南鮮版	1934-07-13	1	05단	伊艦入港
251587	朝鮮朝日	南鮮版	1934-07-13	1	05단	東一銀行專務制を閔頭取辭任で
251588	朝鮮朝日	南鮮版	1934-07-13	1	05단	長短打十三本京城醫專、先づ鹿農に樂勝高專野球西部豫選/全國青年演武表選士決る
251589	朝鮮朝日	南鮮版	1934-07-13	1	06단	京畿道議二名の補選
251590	朝鮮朝日	南鮮版	1934-07-13	1	07단	京城府民館請負ひ入札
251591	朝鮮朝日	南鮮版	1934-07-13	1	07단	轉向者は何れも減刑首魁蔡は無期から二十年に永興農組事件の判決
251592	朝鮮朝日	南鮮版	1934-07-13	1	07단	第三次送局の四名起訴平康疑獄事件近く一段落
251593	朝鮮朝日	南鮮版	1934-07-13	1	07단	英國領事館から鴨綠江開閉橋停止に抗議安東との通商上不便と當局は重視せぬ
251594	朝鮮朝日	南鮮版	1934-07-13	1	08단	自動車電柱に激突
251595	朝鮮朝日	南鮮版	1934-07-13	1	08단	怪！遺骨異變死んだ筈の男元氣で歸り朝鮮から送り返す
251596	朝鮮朝日	南鮮版	1934-07-13	1	09단	釜山東萊間瓦電値下げ
251597	朝鮮朝日	南鮮版	1934-07-13	1	09단	高壓線に觸れ慘死
251598	朝鮮朝日	南鮮版	1934-07-13	1	09단	代金引替小荷物が奇怪な早變り中味の雜貨は影もなく屑や古新聞が一杯

일련번호	판명		간행일	면	단수	기사명
251599	朝鮮朝日	南鮮版	1934-07-13	1	10단	深刻な水爭ひ圓滿に解決
251600	朝鮮朝日	南鮮版	1934-07-13	1	10단	小川に怪死體
251601	朝鮮朝日	南鮮版	1934-07-13	1	10단	困った甥
251602	朝鮮朝日	南鮮版	1934-07-13	1	10단	スリ御用心
251603	朝鮮朝日	南鮮版	1934-07-13	1	10단	輕氣球
251604	朝鮮朝日	西北版	1934-07-14	1	01단	納稅思想徹底はまづお役人から平北道廳に納稅組合
251605	朝鮮朝日	西北版	1934-07-14	1	01단	釜山、奉天間一往復を增加す列車內の通關なほ決定せず滿鐵との打合を急ぐ
251606	朝鮮朝日	西北版	1934-07-14	1	01단	道廳の防火演習
251607	朝鮮朝日	西北版	1934-07-14	1	01단	西北部豫選前記綠旆の前に(C)/虎視耽々！霸權を狙ふ今年こそはとばかり必勝の意氣に燃えて鎭南浦商工沙里院農業
251608	朝鮮朝日	西北版	1934-07-14	1	02단	國境警備の施設を擴充
251609	朝鮮朝日	西北版	1934-07-14	1	02단	平南の水害被害
251610	朝鮮朝日	西北版	1934-07-14	1	03단	咸興慈城道路促進陳情
251611	朝鮮朝日	西北版	1934-07-14	1	03단	納涼マーケット
251612	朝鮮朝日	西北版	1934-07-14	1	04단	佐世保航空隊二機雄基へ
251613	朝鮮朝日	西北版	1934-07-14	1	04단	部落民擧って教育普及に努力咸南北靑の模範部落
251614	朝鮮朝日	西北版	1934-07-14	1	04단	銀鱗は躍る網引の凉味
251615	朝鮮朝日	西北版	1934-07-14	1	05단	十二日京義線西平壤、西浦間で脫線轉覆したレッキング・クレーン
251616	朝鮮朝日	西北版	1934-07-14	1	06단	罪は憎めど集金橫領の若い店員のため主人や被害者が檢事に嘆願つひに起訴猶豫
251617	朝鮮朝日	西北版	1934-07-14	1	07단	知事統裁のもとに學生聯合發火演習平南で今年から實施
251618	朝鮮朝日	西北版	1934-07-14	1	07단	渡滿部豫通過
251619	朝鮮朝日	西北版	1934-07-14	1	07단	スポーツ(兼二浦勝つ都市對抗豫選)
251620	朝鮮朝日	西北版	1934-07-14	1	07단	談合事件の求刑
251621	朝鮮朝日	西北版	1934-07-14	1	08단	鴨綠江の渦紋外交問題に大安汽船と怡隆洋行の紛爭英國領事捲ぢ込む
251622	朝鮮朝日	西北版	1934-07-14	1	08단	朝鮮蕎麥の縺れ業者の值上に伴ひ從業員も賃銀引上を要求
251623	朝鮮朝日	西北版	1934-07-14	1	08단	捨子の主
251624	朝鮮朝日	西北版	1934-07-14	1	09단	阿片窟手入
251625	朝鮮朝日	西北版	1934-07-14	1	09단	受刑者の子に所長が名付親
251626	朝鮮朝日	西北版	1934-07-14	1	10단	僞刑事捕る
251627	朝鮮朝日	西北版	1934-07-14	1	10단	溺死二件
251628	朝鮮朝日	西北版	1934-07-14	1	10단	柳京日記
251629	朝鮮朝日	南鮮版	1934-07-14	1	01단	祝東海南部線開通東海岸に訪れる交通の黎明期！約束

일련번호	판명		간행일	면	단수	기사명
						される産業の大發展東萊で盛大な祝賀會/歡喜溢れる促進期成會/遊覽施設に力をそゝぐ伏島釜山事業所長談/欣快の至りだ香椎氏語る
251630	朝鮮朝日	南鮮版	1934-07-14	1	01단	西北部豫選前記綠旆の前に(C) 虎視眈々！霸權を狙ふ今年こそはとばかり必勝の意氣に燃えて/鎭南浦商工/沙里院農業
251631	朝鮮朝日	南鮮版	1934-07-14	1	04단	佐世保航空隊二機雄基へ
251632	朝鮮朝日	南鮮版	1934-07-14	1	05단	裡里へ飛行場設置は有望
251633	朝鮮朝日	南鮮版	1934-07-14	1	05단	旱害は意外に甚大四道へ調査員を急派總督も大いに心痛/慶南一帶に嬉しい降雨一齊に植付けを開始道當局も蘇生の思ひ/光州地方も蘇りの滋雨/豚を祭壇に馬山の雨乞ひ
251634	朝鮮朝日	南鮮版	1934-07-14	1	06단	釜山、奉天間一往復を增加す列車內の通關なほ決定せず滿鐵との打合を急ぐ
251635	朝鮮朝日	南鮮版	1934-07-14	1	07단	渡滿部隊通過
251636	朝鮮朝日	南鮮版	1934-07-14	1	07단	海に浮ぶ市街慶北大津沖に蜃氣樓
251637	朝鮮朝日	南鮮版	1934-07-14	1	07단	一杯機嫌崇り二名袋叩き
251638	朝鮮朝日	南鮮版	1934-07-14	1	08단	スポーツ(城大柔道部全釜山に敗る/兼二浦勝つ都市對抗豫選/軟式野球豫選)
251639	朝鮮朝日	南鮮版	1934-07-14	1	08단	部落脅すヌクテ幼女を裏山へ咥へ去り無殘にも食ひ殺す
251640	朝鮮朝日	南鮮版	1934-07-14	1	08단	小荷物の怪は詐欺の奸計通信販賣のインチキ暴露全鮮に多額の被害
251641	朝鮮朝日	南鮮版	1934-07-14	1	08단	少年の大亂鬪惡口がもと
251642	朝鮮朝日	南鮮版	1934-07-14	1	09단	京城府吏員またも公金橫領遊興費に窮した揚句非難の聲愈よ昂る
251643	朝鮮朝日	南鮮版	1934-07-14	1	10단	さらに六名起訴平康疑獄事件
251644	朝鮮朝日	南鮮版	1934-07-14	1	10단	忠南農村靑訓所上棟式
251645	朝鮮朝日	南鮮版	1934-07-14	1	10단	月の浦海水浴場開き
251646	朝鮮朝日	南鮮版	1934-07-14	1	10단	人(小原法忍氏(釜山佛敎靑年會主事)/大內朝鮮軍司令部經理部長/井上遞信局長、池同局庶務課長近藤京城郵便局長一行)
251647	朝鮮朝日	西北版	1934-07-15	1	01단	農地令實施に猶豫期間を設くひと骨折れる主旨の徹底結局十一月からか
251648	朝鮮朝日	西北版	1934-07-15	1	01단	金以外の鑛業も助長總元締の陣容建直し
251649	朝鮮朝日	西北版	1934-07-15	1	01단	平壤栗統制創立準備委員會
251650	朝鮮朝日	西北版	1934-07-15	1	01단	全國中等野球南鮮第一次豫選前記(1)/新人を起用し鐵壁の陣を固む元氣一杯の大邱三校
251651	朝鮮朝日	西北版	1934-07-15	1	02단	夏季講習會
251652	朝鮮朝日	西北版	1934-07-15	1	02단	西北部豫選組合せ決る本社主催中等校優勝野球

일련번호	판명		간행일	면	단수	기사명
251653	朝鮮朝日	西北版	1934-07-15	1	03단	納涼マーケット
251654	朝鮮朝日	西北版	1934-07-15	1	03단	勞働條件の改善に努む稼働者の福利增進に平南道當局が力瘤
251655	朝鮮朝日	西北版	1934-07-15	1	04단	人(坂田重浪氏(平南衛生課長)/阿部千一氏(平壤府尹))
251656	朝鮮朝日	西北版	1934-07-15	1	05단	平壤府電線路サイドボールに
251657	朝鮮朝日	西北版	1934-07-15	1	05단	平壤荒しの怪盜遂に捕る府內目拔の旅館、商店を襲ひ三千餘圓を盜む
251658	朝鮮朝日	西北版	1934-07-15	1	05단	過度の勉强に蝕まる靑春中學に虛弱者が多い裸體運動で健康奪還
251659	朝鮮朝日	西北版	1934-07-15	1	06단	職紹所を擴充依然減らぬ失業者
251660	朝鮮朝日	西北版	1934-07-15	1	06단	スポーツ(京城、兼二浦勝つ都市對抗豫選)
251661	朝鮮朝日	西北版	1934-07-15	1	07단	畑中で食事中に落雷し五名死傷黃海道莘坪里の珍事
251662	朝鮮朝日	西北版	1934-07-15	1	07단	鳥飼校長の胸像を建設
251663	朝鮮朝日	西北版	1934-07-15	1	08단	日支事變關係警察官表彰陸軍省から
251664	朝鮮朝日	西北版	1934-07-15	1	08단	府營バスの延長を陳情
251665	朝鮮朝日	西北版	1934-07-15	1	08단	急轉直下身賣り話へ大安汽船と怡隆洋行の紛爭
251666	朝鮮朝日	西北版	1934-07-15	1	09단	難の本場に割込む平壤酒生産費安を武器として京阪神に乘出す
251667	朝鮮朝日	西北版	1934-07-15	1	09단	線路枕に轢死
251668	朝鮮朝日	西北版	1934-07-15	1	10단	赤の暴動事件一味の公判
251669	朝鮮朝日	西北版	1934-07-15	1	10단	路上で分娩
251670	朝鮮朝日	西北版	1934-07-15	1	10단	柳京日記
251671	朝鮮朝日	南鮮版	1934-07-15	1	01단	農地令實施に猶豫期間を設くひと骨折れる主旨の徹底結局十一月からか
251672	朝鮮朝日	南鮮版	1934-07-15	1	01단	金以外の鑛業助長にも乘出す總元締の陣容建直し
251673	朝鮮朝日	南鮮版	1934-07-15	1	01단	釜山府新事業計劃折衝に土屋府尹、總督府へ
251674	朝鮮朝日	南鮮版	1934-07-15	1	01단	全國中等野球南鮮第一次豫選前記(1)/新人を起用し鐵壁の陣を固む元氣一杯の大邱三校
251675	朝鮮朝日	南鮮版	1934-07-15	1	03단	穀商組聯各地代表協議會
251676	朝鮮朝日	南鮮版	1934-07-15	1	03단	釜山の人口十五萬六千人議員も三名を增員
251677	朝鮮朝日	南鮮版	1934-07-15	1	04단	學校增築費寄附
251678	朝鮮朝日	南鮮版	1934-07-15	1	04단	猛夏の一ときをキヤンプへ鐵道局準備を急ぐ
251679	朝鮮朝日	南鮮版	1934-07-15	1	05단	高專野球西部豫選大邱醫專長商に敗る初陣利あらず/京醫、松高商戰ノーゲーム/京城、兼二浦勝つ都市對抗豫選
251680	朝鮮朝日	南鮮版	1934-07-15	1	05단	滋雨に甦る生色街も農家も狂喜す
251681	朝鮮朝日	南鮮版	1934-07-15	1	05단	酷熱下に三重衝突自動車、オートバイ大破し二名重傷を負ふ
251682	朝鮮朝日	南鮮版	1934-07-15	1	06단	木浦新聞協會總會

일련번호	판명		간행일	면	단수	기사명
251683	朝鮮朝日	南鮮版	1934-07-15	1	07단	城大の校歌をレコードに
251684	朝鮮朝日	南鮮版	1934-07-15	1	07단	畑中で食事中に落雷し五名死傷黄海道莘坪里の珍事
251685	朝鮮朝日	南鮮版	1934-07-15	1	08단	線路に惡戯人夫二名傷つく東海南部線の初事故
251686	朝鮮朝日	南鮮版	1934-07-15	1	09단	可憐な命を苛む誘拐團一味へ懲役を求刑
251687	朝鮮朝日	南鮮版	1934-07-15	1	09단	患者病院を逃ぐ
251688	朝鮮朝日	南鮮版	1934-07-15	1	10단	燈台を護る人々を慰む城大管絃團
251689	朝鮮朝日	南鮮版	1934-07-15	1	10단	線路枕に轢死
251690	朝鮮朝日	南鮮版	1934-07-15	1	10단	映畫そのまゝ濁流の活劇ビル荒し捕る
251691	朝鮮朝日	南鮮版	1934-07-15	1	10단	赤の暴動事件一味の公判
251692	朝鮮朝日	南鮮版	1934-07-15	1	10단	路上で分娩
251693	朝鮮朝日	南鮮版	1934-07-15	1	10단	一軒家へ強盗
251694	朝鮮朝日	西北版	1934-07-17	1	01단	初等教育普及を大々的に計劃す先づ明年度に四百四十校の簡易初等校を新設
251695	朝鮮朝日	西北版	1934-07-17	1	01단	各師範學校の收容人員を増加女子師範をも新設教員拂底の應急策
251696	朝鮮朝日	西北版	1934-07-17	1	01단	躍進期の平北に適切な新規事業知事が成案を携へて上城本府と交渉を重ねる
251697	朝鮮朝日	西北版	1934-07-17	1	01단	平壤明年度土木事業
251698	朝鮮朝日	西北版	1934-07-17	1	02단	全國中等野球南鮮第一次豫選前記(３)/小粒ながらはち切れる元氣敵膽を寒からしめるダークホースぶり
251699	朝鮮朝日	西北版	1934-07-17	1	04단	人(吉岡三浦氏(仁川稅關長)/小泉顯夫氏(總督府囑託))
251700	朝鮮朝日	西北版	1934-07-17	1	04단	公會堂敷地問題
251701	朝鮮朝日	西北版	1934-07-17	1	04단	吉惠線十一工區近く着工
251702	朝鮮朝日	西北版	1934-07-17	1	04단	降り續く雨に疲斃募る農村農産物の被害甚大で越冬食物に大恐慌をきたす
251703	朝鮮朝日	西北版	1934-07-17	1	05단	期成會を組織し築港促進を要望木材氾濫の城津港
251704	朝鮮朝日	西北版	1934-07-17	1	05단	今度は電價でまた喧合ふ西鮮合電と平壤府圓滿手打も水泡に
251705	朝鮮朝日	西北版	1934-07-17	1	07단	同一地點で五度目の事故雨に祟られる京義線
251706	朝鮮朝日	西北版	1934-07-17	1	07단	平壤府內に赤痢患者續發す霖雨になほ蔓延の兆
251707	朝鮮朝日	西北版	1934-07-17	1	07단	防空演習打合せ
251708	朝鮮朝日	西北版	1934-07-17	1	08단	盜みついでに名前も失敬してまんまと當局を欺く
251709	朝鮮朝日	西北版	1934-07-17	1	08단	細民街を明るく小住宅建設
251710	朝鮮朝日	西北版	1934-07-17	1	09단	栗出荷組合設立
251711	朝鮮朝日	西北版	1934-07-17	1	09단	阿片密輸
251712	朝鮮朝日	西北版	1934-07-17	1	09단	二名へ十五年首魁は死刑間島共産黨事件求刑
251713	朝鮮朝日	西北版	1934-07-17	1	10단	平壤商店街荒しの犯人金在德
251714	朝鮮朝日	西北版	1934-07-17	1	10단	柳京日記
251715	朝鮮朝日	南鮮版	1934-07-17	1	01단	初等教育普及を大々的に計劃す先づ明年度に四百四十

일련번호	판명		간행일	면	단수	기사명
						校の簡易初等校を新設
251716	朝鮮朝日	南鮮版	1934-07-17	1	01단	各師範學校の收容人員を增加女子師範をも新設教員拂底の應急策
251717	朝鮮朝日	南鮮版	1934-07-17	1	01단	殖銀の李選手へ引拔き交涉職業野球團創立で三宅氏祕かに來城
251718	朝鮮朝日	南鮮版	1934-07-17	1	01단	慶南軟式野球
251719	朝鮮朝日	南鮮版	1934-07-17	1	02단	全國中等野球南鮮第一次豫選前記(3)/小粒ながらはち切れる元氣敵膽を寒からしめるダークホースぶり
251720	朝鮮朝日	南鮮版	1934-07-17	1	03단	幾分步寄る土地信託買收問題
251721	朝鮮朝日	南鮮版	1934-07-17	1	04단	人(李恒九男(李王職次官)/市村久雄中將(鎭海要港軍司令官))
251722	朝鮮朝日	南鮮版	1934-07-17	1	04단	石炭殼を浴び人夫大火傷列車にトロリー接觸の慘
251723	朝鮮朝日	南鮮版	1934-07-17	1	04단	幸先よい景氣だ東海南部線開通の日
251724	朝鮮朝日	南鮮版	1934-07-17	1	05단	火に火が咲く漢江の精靈流し
251725	朝鮮朝日	南鮮版	1934-07-17	1	05단	雨を見限って粟の播種を實施過般の降雨も大した效なく慶南道、腹を決む
251726	朝鮮朝日	南鮮版	1934-07-17	1	06단	熱意は燃ゆ釜山射擊競技
251727	朝鮮朝日	南鮮版	1934-07-17	1	07단	稅務課の金庫を古井戶に投込む京城府廳の怪盜難
251728	朝鮮朝日	南鮮版	1934-07-17	1	08단	博物館や文化研究所を施政二十五周年記念に學務局の事業計劃
251729	朝鮮朝日	南鮮版	1934-07-17	1	08단	水源地工夫が腸チフスに
251730	朝鮮朝日	南鮮版	1934-07-17	1	08단	コソ泥橫行
251731	朝鮮朝日	南鮮版	1934-07-17	1	09단	二名へ十五年首魁は死刑間島共産黨事件求刑
251732	朝鮮朝日	南鮮版	1934-07-17	1	10단	もよほし(故大邱地方法院長竹尾義麿氏葬儀)
251733	朝鮮朝日	南鮮版	1934-07-17	1	10단	赤の被告病死
251734	朝鮮朝日	南鮮版	1934-07-17	1	10단	瓦阜面事務所怪火に燒く戶籍簿等消失
251735	朝鮮朝日	南鮮版	1934-07-17	1	10단	貴金屬どろ三人組捕る
251736	朝鮮朝日	南鮮版	1934-07-17	1	10단	自動車に刎らる
251737	朝鮮朝日	西北版	1934-07-18	1	01단	列車時刻改正の朱乙會議お流れ滿洲側開催間際の謝り狀に鐵道局も呆れる
251738	朝鮮朝日	西北版	1934-07-18	1	01단	陸軍當局に讓渡方を懇請産みの惱み續く平壤公會堂敷地
251739	朝鮮朝日	西北版	1934-07-18	1	01단	全國中等野球湖南豫選前記(1)/(攻守ともに明年を凌ぐ實力加門捕手は五年間連續出場優勝候補木浦商業/旺盛の鬪志と經驗の强味光州中學/黃金時代を目標に邁進光州高普)
251740	朝鮮朝日	西北版	1934-07-18	1	04단	スポーツ(野球大會)
251741	朝鮮朝日	西北版	1934-07-18	1	04단	鄕軍の功績顯彰
251742	朝鮮朝日	西北版	1934-07-18	1	04단	茂山防護團設立

일련번호	판명		간행일	면	단수	기사명
251743	朝鮮朝日	西北版	1934-07-18	1	05단	名所案內標
251744	朝鮮朝日	西北版	1934-07-18	1	05단	平壤府の二大新事業市區改正と第二人道橋架設近く本府に要望
251745	朝鮮朝日	西北版	1934-07-18	1	05단	死刑を求む檢事は被告の犯行と斷定大同郡の實交殺し
251746	朝鮮朝日	西北版	1934-07-18	1	06단	平壤の借地爭議二月振りに解決雙方歩みよって妥協なる
251747	朝鮮朝日	西北版	1934-07-18	1	07단	百貨店に對抗して平壤大和町で繁榮策研究
251748	朝鮮朝日	西北版	1934-07-18	1	08단	街頭美談
251749	朝鮮朝日	西北版	1934-07-18	1	08단	府を相手取り慰藉料請求
251750	朝鮮朝日	西北版	1934-07-18	1	08단	賊を組敷く勇敢な商業生
251751	朝鮮朝日	西北版	1934-07-18	1	08단	追ひ詰められてザンブと激流へ牛泥棒河中に呑まる
251752	朝鮮朝日	西北版	1934-07-18	1	09단	ペストに備へて滿洲歸りは嚴重檢疫
251753	朝鮮朝日	西北版	1934-07-18	1	09단	地に潛る赤羅南で檢擧
251754	朝鮮朝日	西北版	1934-07-18	1	09단	麻雀賭博手入れ紳士連や妓生など三十名を數珠繫ぎ
251755	朝鮮朝日	西北版	1934-07-18	1	10단	平壤談合事件執行猶豫に檢事控訴す
251756	朝鮮朝日	西北版	1934-07-18	1	10단	人(牛島貞雄氏(第十九師團長))
251757	朝鮮朝日	西北版	1934-07-18	1	10단	柳京日記
251758	朝鮮朝日	西北版	1934-07-18	1	10단	四人組竊盜
251759	朝鮮朝日	南鮮版	1934-07-18	1	01단	數日中雨なければ代作のほかない南鮮の旱害報告書/慶北地方も粟の播種を始む雨の分配頗る不公平旱害はもはや確定的/種粟の注文
251760	朝鮮朝日	南鮮版	1934-07-18	1	01단	全國中等野球湖南豫選前記(1)/(攻守ともに明年を凌ぐ實力加門捕手は五年間連續出場優勝候補木浦商業/旺盛の鬪志と經驗の强味光州中學/黃金時代を目標に邁進光州高普)
251761	朝鮮朝日	南鮮版	1934-07-18	1	02단	要港部司令官臨時異動
251762	朝鮮朝日	南鮮版	1934-07-18	1	02단	總督府別館明年に新築本館樣式に準じ四階建に竣工後は農林局が移る
251763	朝鮮朝日	南鮮版	1934-07-18	1	03단	全鮮中等校ポスター展
251764	朝鮮朝日	南鮮版	1934-07-18	1	03단	會(朝鮮神職會/京城みそぎ會)
251765	朝鮮朝日	南鮮版	1934-07-18	1	03단	冷い河水に注意
251766	朝鮮朝日	南鮮版	1934-07-18	1	04단	人(加藤敬三郎氏(鮮銀總裁)/濱崎改次郎氏(新任釜山鐵道事務所庶務主任))
251767	朝鮮朝日	南鮮版	1934-07-18	1	04단	京城に天然痘
251768	朝鮮朝日	南鮮版	1934-07-18	1	04단	列車時刻改正の朱乙會議お流れ滿洲側開催間際の謝り狀に鐵道局も呆れる
251769	朝鮮朝日	南鮮版	1934-07-18	1	04단	海は招く京南鐵沿線
251770	朝鮮朝日	南鮮版	1934-07-18	1	05단	スポーツ(立教野球軍京城で三試合/門鐵對鮮鐵定期陸競復活/新京快勝す對全京城野球/光州軍優勝/齋選手大

일련번호	판명		간행일	면	단수	기사명
						田でコーチ/伊艦組勝つ對新羅丸端艇競漕)
251771	朝鮮朝日	南鮮版	1934-07-18	1	05단	船渠に身投
251772	朝鮮朝日	南鮮版	1934-07-18	1	06단	女給の服毒
251773	朝鮮朝日	南鮮版	1934-07-18	1	07단	裡里の飛行場設置俄かに有望長尾、德留兩氏の實地視察で邑民は期成會を組織
251774	朝鮮朝日	南鮮版	1934-07-18	1	07단	金庫には鍵がかけてなかった忌はしいデマが亂れ飛ぶ京城府怪盜難事件
251775	朝鮮朝日	南鮮版	1934-07-18	1	08단	二人組强盜片割れ捕る
251776	朝鮮朝日	南鮮版	1934-07-18	1	09단	麻雀賭博手入れ紳士連や妓生など三十名を數珠繋ぎ
251777	朝鮮朝日	南鮮版	1934-07-18	1	10단	念の入った詐欺家族五人途方に暮れる
251778	朝鮮朝日	南鮮版	1934-07-18	1	10단	收賄罪で送らる京城府元書記
251779	朝鮮朝日	南鮮版	1934-07-18	1	10단	片っ端から自動車を止む
251780	朝鮮朝日	南鮮版	1934-07-18	1	10단	輕氣球
251781	朝鮮朝日	西北版	1934-07-19	1	01단	國防第一線に火と燃ゆる國防熱北鮮各地の防護團防空演習を機に一齊活動/防護思想普及
251782	朝鮮朝日	西北版	1934-07-19	1	01단	清津、新京間で五時間を短縮哈爾賓へは四十八時間速い北鮮滿洲間列車の加速化
251783	朝鮮朝日	西北版	1934-07-19	1	01단	全國中等野球湖南豫選前記(２)/(近年にない好調を謳歌至寶平原も返り咲き制霸目ざす猛練習/二投手を擁し敵の意表に/僻地から勇躍參加期待される華かな活躍)
251784	朝鮮朝日	西北版	1934-07-19	1	02단	西湖津漁港認可次第起工
251785	朝鮮朝日	西北版	1934-07-19	1	02단	防空演習に輕爆機參加
251786	朝鮮朝日	西北版	1934-07-19	1	03단	平中移轉設
251787	朝鮮朝日	西北版	1934-07-19	1	04단	人(土師盛貞氏(平北知事)/李尙珏氏(檢事))
251788	朝鮮朝日	西北版	1934-07-19	1	04단	面書記講習會
251789	朝鮮朝日	西北版	1934-07-19	1	04단	朱乙溫泉に撥刺・鮎の新登場知事の發案で放流
251790	朝鮮朝日	西北版	1934-07-19	1	05단	高らかに奏づ壯美の球戰譜中等野球一次豫選試合番組愈よ決る
251791	朝鮮朝日	西北版	1934-07-19	1	05단	工場誘致をめぐって鐘紡自家發電認容に納らぬ既設工場結束して電力値下げ要求か板挾みの平壤府電/一喜一憂鐘紡の順調に反し朝鮮紡織はお流れ
251792	朝鮮朝日	西北版	1934-07-19	1	08단	前川下碣線道路改修
251793	朝鮮朝日	西北版	1934-07-19	1	08단	馬の墮胎から法廷で爭ふ
251794	朝鮮朝日	西北版	1934-07-19	1	08단	大同江の漂着死體醉った揚句の喧嘩が因？飲み仲間を嚴探中
251795	朝鮮朝日	西北版	1934-07-19	1	09단	錨を腹へ食ひ姙婦あはれ絶命漁船と發動船衝突し
251796	朝鮮朝日	西北版	1934-07-19	1	09단	巨漢牡丹台相撲界入り
251797	朝鮮朝日	西北版	1934-07-19	1	10단	柳京日紀
251798	朝鮮朝日	西北版	1934-07-19	1	10단	學童の奇禍

일련번호	판명		간행일	면	단수	기사명
251799	朝鮮朝日	南鮮版	1934-07-19	1	01단	眞夏の興奮高らかに奏づ壯美なる球戰譜中等野球第一次豫選大會試合番組愈よ決定
251800	朝鮮朝日	南鮮版	1934-07-19	1	01단	全國中等野球湖南豫選前記(２)/(近年にない好調を謳歌至寶平原も返り咲き制覇目ざす猛練習/二投手を擁し敵の意表に/僻地から勇躍參加期待される華かな活躍)
251801	朝鮮朝日	南鮮版	1934-07-19	1	02단	豫選大會規定/觀光者注意
251802	朝鮮朝日	南鮮版	1934-07-19	1	03단	昂る向學心四千八百餘人に上る內地、海外の留學生
251803	朝鮮朝日	南鮮版	1934-07-19	1	04단	文盲退治に敎化講習會京城で開く
251804	朝鮮朝日	南鮮版	1934-07-19	1	04단	都市社會敎化の講話下宿屋組合へ
251805	朝鮮朝日	南鮮版	1934-07-19	1	05단	釜山港警戒打合せ協議
251806	朝鮮朝日	南鮮版	1934-07-19	1	05단	明年度歲入も二、三割增收か三ヶ月間の基本調査頗る上々謳歌する黑字景氣
251807	朝鮮朝日	南鮮版	1934-07-19	1	06단	雨は逃げた(農民はなほ未練代用作に一向手をつけず當局、對策に腐心/金烏山頂に雨乞ひ祈願慶北知事)
251808	朝鮮朝日	南鮮版	1934-07-19	1	06단	マリヤ事件續行公判二十三日開く
251809	朝鮮朝日	南鮮版	1934-07-19	1	06단	注意人物盜む
251810	朝鮮朝日	南鮮版	1934-07-19	1	07단	農村に食入る赤掃滅の大評定九月中旬ごろ三年ぶりに高等警察課長會議
251811	朝鮮朝日	南鮮版	1934-07-19	1	08단	乞食の狼籍
251812	朝鮮朝日	南鮮版	1934-07-19	1	08단	名流邦樂舞踊の夕
251813	朝鮮朝日	南鮮版	1934-07-19	1	09단	晉州郡下に赤痢が蔓延
251814	朝鮮朝日	南鮮版	1934-07-19	1	09단	錨を腹へ食ひ姙婦あはれ絶命漁船と發動船衝突し
251815	朝鮮朝日	南鮮版	1934-07-19	1	09단	醉ひへ注射し悶死したモヒ患仲間四人して遺棄一年餘經て病死の眞相判る
251816	朝鮮朝日	南鮮版	1934-07-19	1	10단	二人組の覆面强盜金貸業を襲ふ
251817	朝鮮朝日	南鮮版	1934-07-19	1	10단	漁業資金を賭博で失ひ狂言强盜を企む
251818	朝鮮朝日	西北版	1934-07-20	1	01단	呪ひの家を繞る殺人强盜の慘劇追ひ詰められて逃場を失ひ兇刃・主人を斃す/殘された短刀と覆面用の黑布木戶口に運動靴の足跡！/腕に覺えが身の仇に被害者塚本氏/妻女の嘆き
251819	朝鮮朝日	西北版	1934-07-20	1	01단	全國中等野球湖南豫選前記(３)/(昨年よりもさらに洗練意氣投合した名バッテリー素晴しい地元の聲援/意氣と熱に拓ける輝かしい前途/侮り難い迫力敢然再起した)
251820	朝鮮朝日	西北版	1934-07-20	1	03단	豪族崩れの鮮銀券僞造魔間島で六萬圓模造哈市、敦化まで國際豪遊の旅
251821	朝鮮朝日	西北版	1934-07-20	1	04단	師團長檢閱
251822	朝鮮朝日	西北版	1934-07-20	1	05단	兇行の前後に怪盜の跳梁忽ち四ヶ所襲はる/拳銃を盜む
251823	朝鮮朝日	西北版	1934-07-20	1	06단	咸南中部を工業地化すまづ交通網整備から
251824	朝鮮朝日	西北版	1934-07-20	1	07단	線路上の遊戲幼女慘死す機關車に觸れ

일련번호	판명		간행일	면	단수	기사명
251825	朝鮮朝日	西北版	1934-07-20	1	07단	畑作地開墾を大々的に助成十年計劃で國庫補助を支給多角經營に拍車を
251826	朝鮮朝日	西北版	1934-07-20	1	07단	平壤、南浦當面の重要問題の雲行福島商議會頭の偆察談
251827	朝鮮朝日	西北版	1934-07-20	1	07단	山手小學校プール開き
251828	朝鮮朝日	西北版	1934-07-20	1	09단	國立觀測所設置の陳情
251829	朝鮮朝日	西北版	1934-07-20	1	09단	廣瀬雄基邑長留任と決る
251830	朝鮮朝日	西北版	1934-07-20	1	10단	實現したは公休日だけ姐さん連のゴ意見も
251831	朝鮮朝日	西北版	1934-07-20	1	10단	軍用犬展覽會
251832	朝鮮朝日	西北版	1934-07-20	1	10단	柳京日紀
251833	朝鮮朝日	南鮮版	1934-07-20	1	01단	畑作地開墾を大々的に助成！十年計劃で國庫補助を支給多角經營に拍車を
251834	朝鮮朝日	南鮮版	1934-07-20	1	01단	資源調査方針新情勢に順應一朝有事の際は總動員計劃初の委員會で決定
251835	朝鮮朝日	南鮮版	1934-07-20	1	01단	自動車路線營業減少を辿る交通事業令發布で免許許可數精選さる
251836	朝鮮朝日	南鮮版	1934-07-20	1	01단	京畿道夏季教員講習會
251837	朝鮮朝日	南鮮版	1934-07-20	1	02단	全國中等野球湖南豫選前記(３)/昨年よりもさらに洗練意氣投合した名バッテリー素晴しい地元の聲援/意氣と熱に拓ける輝かしい前途/侮り難い迫力敢然再起した
251838	朝鮮朝日	南鮮版	1934-07-20	1	03단	刀劍會釜山趣味の會で開く
251839	朝鮮朝日	南鮮版	1934-07-20	1	04단	觀月納凉大會
251840	朝鮮朝日	南鮮版	1934-07-20	1	04단	國防費獻納
251841	朝鮮朝日	南鮮版	1934-07-20	1	04단	中等野球弟一次豫選涙ぐましい友情突然病を得た我らの選手に釜一商生快癒を祈願/釜山の速報所設置場所決る/南鮮審判委員打合會開催
251842	朝鮮朝日	南鮮版	1934-07-20	1	05단	大田の簡點好成績を收む
251843	朝鮮朝日	南鮮版	1934-07-20	1	05단	銃火の中に同胞を護る磐石自警團第二の三勇士花と散った朱君の最期
251844	朝鮮朝日	南鮮版	1934-07-20	1	06단	保釋中逃走し鄕里で役場勤め手紙から足がついた橫領男時效直前檢擧さる
251845	朝鮮朝日	南鮮版	1934-07-20	1	08단	降ったゾ滋雨代作も掘り返して植付を始む慶北の旱魃さらり/慶南一帶も黃金の雨だ旱魃騷ぎも解消し一齊に植付を開始
251846	朝鮮朝日	南鮮版	1934-07-20	1	09단	イカサマ賭博數千圓を捲上げた一味九名檢擧さる
251847	朝鮮朝日	南鮮版	1934-07-20	1	10단	人(堀悌吉中將(新任鎭海要港部司令官)/閔孚勳氏(新任大邱地方法院判事)/大賀文喜氏(遞信局仁川海事出張所長遞信支部))
251848	朝鮮朝日	南鮮版	1934-07-20	1	10단	金塊高唱へ

일련번호	판명		간행일	면	단수	기사명
251849	朝鮮朝日	南鮮版	1934-07-20	1	10단	輕氣球
251850	朝鮮朝日	西北版	1934-07-21	1	01단	牡丹台下の爭霸若人懸命の一戰愈よ二十三日から本社主催全國中等野球西北部豫選
251851	朝鮮朝日	西北版	1934-07-21	1	01단	滿洲稅關の北鮮三港出張遲くも十月には實現
251852	朝鮮朝日	西北版	1934-07-21	1	01단	栗出荷組合誕生
251853	朝鮮朝日	西北版	1934-07-21	1	01단	朝鮮豫選參加校選手一覽
251854	朝鮮朝日	西北版	1934-07-21	1	02단	教員講習會
251855	朝鮮朝日	西北版	1934-07-21	1	02단	平南期成會再び猛運動
251856	朝鮮朝日	西北版	1934-07-21	1	03단	銃火の中に同胞を護る磐石自警團第二の三勇士花と散った朱君の最期
251857	朝鮮朝日	西北版	1934-07-21	1	04단	中等校長會
251858	朝鮮朝日	西北版	1934-07-21	1	04단	派出所表彰
251859	朝鮮朝日	西北版	1934-07-21	1	04단	兩親の遺骨抱いた可憐な妹弟朝鮮から島根縣へ孤兒の旅
251860	朝鮮朝日	西北版	1934-07-21	1	05단	河童蓮に賑ふ海元山松濤園
251861	朝鮮朝日	西北版	1934-07-21	1	06단	遺留品を手縣りに捜査の步を進む平壤の强盜殺人事件(怪盜團の仕業か)
251862	朝鮮朝日	西北版	1934-07-21	1	07단	酌量の餘地なしと死刑を求む母娘殺傷の强盜放火犯に檢査の痛烈な論告
251863	朝鮮朝日	西北版	1934-07-21	1	07단	市場擴張
251864	朝鮮朝日	西北版	1934-07-21	1	08단	交通杜絶
251865	朝鮮朝日	西北版	1934-07-21	1	08단	救ひの手を伸ばし哀れ・自ら斃る同僚に殉じた電工
251866	朝鮮朝日	西北版	1934-07-21	1	09단	棍棒で殺す
251867	朝鮮朝日	西北版	1934-07-21	1	09단	地主側勝つ土地登記抹消請求訴訟
251868	朝鮮朝日	西北版	1934-07-21	1	09단	夫無情爭ふ妻二人
251869	朝鮮朝日	西北版	1934-07-21	1	10단	淸川江の鮎增水で不漁
251870	朝鮮朝日	西北版	1934-07-21	1	10단	赤色農民組合事件の求刑
251871	朝鮮朝日	西北版	1934-07-21	1	10단	柳京日紀
251872	朝鮮朝日	西北版	1934-07-21	1	10단	人(河野節夫氏(平南內務部長)/坂本一郎氏(新義州地方法院檢事)/中津市五郎氏(新義州地方法院判事))
251873	朝鮮朝日	南鮮版	1934-07-21	1	01단	醜類を一掃し淸眼なる明日へ相次ぐ不正事件に京城府廳の大手術(またも三名引致會計吉田の取調べから新な收賄事實暴露/責任者亂表提出/本府も督勵府政淨化に)
251874	朝鮮朝日	南鮮版	1934-07-21	1	01단	京城府廳に副府尹制を明年度に實現を計る
251875	朝鮮朝日	南鮮版	1934-07-21	1	01단	朝鮮豫選參加校選手一覽
251876	朝鮮朝日	南鮮版	1934-07-21	1	03단	御救恤下賜金傳達式を行ふ
251877	朝鮮朝日	南鮮版	1934-07-21	1	04단	木浦記者團勝つ
251878	朝鮮朝日	南鮮版	1934-07-21	1	04단	全國中等野球第一次豫選感激の嵐だ劈頭からの好組合にファンの血湧く/京城の速報所卅一ヶ所設置/人氣愈

일련번호	판명		간행일	면	단수	기사명
						よ高潮湖南第一次豫選
251879	朝鮮朝日	南鮮版	1934-07-21	1	05단	京城府內のラヂオ體操十三ヶ所で
251880	朝鮮朝日	南鮮版	1934-07-21	1	06단	土地信託買收漸やく成立有賀氏の調停案に意見一致
251881	朝鮮朝日	南鮮版	1934-07-21	1	06단	交通巡査の講習
251882	朝鮮朝日	南鮮版	1934-07-21	1	07단	今度は雨に惱む南鮮一帶の各河川增水し隨所に列車不通/帽子の信號線路上の土沙崩れを知らし列車危く難を免る/慶南道でも悲喜二重奏/慶北の豪雨なほ止ます水禍への備へ
251883	朝鮮朝日	南鮮版	1934-07-21	1	08단	喧嘩の仲人を毆り殺す
251884	朝鮮朝日	南鮮版	1934-07-21	1	09단	スポーツ(立校4A－0京電)
251885	朝鮮朝日	南鮮版	1934-07-21	1	10단	地主側勝つ土地登記抹消請求訴訟
251886	朝鮮朝日	南鮮版	1934-07-21	1	10단	赤色農民組合事件の求刑
251887	朝鮮朝日	南鮮版	1934-07-21	1	10단	ハバ賭博の四十名檢擧
251888	朝鮮朝日	西北版	1934-07-22	1	01단	豪雨禍一轉南鮮へ田畑二千町步千五百戶に浸水三名死傷、一名行方不明慶南の各河川大增水/城北、達西兩面は水中深く沒す慶北で死者三名、三百戶浸水農作物被害も甚大/鐵道線路の被害夥だしダイヤは滅茶々々
251889	朝鮮朝日	西北版	1934-07-22	1	02단	委員會案を府會可決す平壤公會堂敷地問題
251890	朝鮮朝日	西北版	1934-07-22	1	03단	朝鮮金組聯諮問機關設置
251891	朝鮮朝日	西北版	1934-07-22	1	03단	鮮滿列車時刻改正の評定安東五龍背溫泉で月末開催の運び
251892	朝鮮朝日	西北版	1934-07-22	1	04단	上水道新設
251893	朝鮮朝日	西北版	1934-07-22	1	04단	燒酎蒸灌器改善
251894	朝鮮朝日	西北版	1934-07-22	1	04단	半官半民の大移民會社愈よ明年に新設移民着手は明後年
251895	朝鮮朝日	西北版	1934-07-22	1	05단	國境豫備道路
251896	朝鮮朝日	西北版	1934-07-22	1	05단	農民人事相談所
251897	朝鮮朝日	西北版	1934-07-22	1	05단	住宅難緩和に府營住宅を建つ平壤で明年度から
251898	朝鮮朝日	西北版	1934-07-22	1	05단	スポーツ(新京軍敗る)
251899	朝鮮朝日	西北版	1934-07-22	1	06단	稅務署長會議
251900	朝鮮朝日	西北版	1934-07-22	1	06단	大同江岸に漂着の變死體竹槍で腰部を田樂刺し鎭南浦署色めく
251901	朝鮮朝日	西北版	1934-07-22	1	06단	狂人の發作
251902	朝鮮朝日	西北版	1934-07-22	1	06단	變電所設置
251903	朝鮮朝日	西北版	1934-07-22	1	06단	シンパの疑ひ
251904	朝鮮朝日	西北版	1934-07-22	1	07단	大同江公設水泳場廿五日から
251905	朝鮮朝日	西北版	1934-07-22	1	07단	手薄の警察を民間から應援次々と事件頻發の平壤に後援團體を設ける
251906	朝鮮朝日	西北版	1934-07-22	1	07단	勞銀持逃げに憤慨人夫八十名騷ぐ江東署の鎭撫に漸く

일련번호	판명		간행일	면	단수	기사명
						治る
251907	朝鮮朝日	西北版	1934-07-22	1	07단	窓を破って
251908	朝鮮朝日	西北版	1934-07-22	1	08단	金密輸發覺
251909	朝鮮朝日	西北版	1934-07-22	1	08단	心なき乘客に線路手重傷
251910	朝鮮朝日	西北版	1934-07-22	1	08단	好餌で欺く
251911	朝鮮朝日	西北版	1934-07-22	1	08단	弱い强盜
251912	朝鮮朝日	西北版	1934-07-22	1	08단	ビラ撒犯人
251913	朝鮮朝日	西北版	1934-07-22	1	08단	奇禍三つ
251914	朝鮮朝日	西北版	1934-07-22	1	09단	杉山商會へ十萬圓の罰金金塊密輸事件の判決
251915	朝鮮朝日	西北版	1934-07-22	1	09단	氣輕な鮮滿の旅米國の男女學生
251916	朝鮮朝日	西北版	1934-07-22	1	10단	電車脫線
251917	朝鮮朝日	西北版	1934-07-22	1	10단	柳京日紀
251918	朝鮮朝日	南鮮版	1934-07-22	1	01단	雨！戰慄に急旋回田畑二千町步二千餘戶に浸水八名死傷、一名行方不明に慶南の各河川大增水/着のみ着のま〉住民達は避難昨年の慘禍以上に憂慮さる洛東江刻々危險に/部落濁流に呑まる咸安水組の堤防決潰の慘狀密陽署からはSOS/五十戶海に流さる麗水川決潰し/特急立往生/七千町步浸水全南地方の水田
251919	朝鮮朝日	南鮮版	1934-07-22	1	02단	洛東江氾濫し見る限り濁流淚ぐましい佳話も織込む龜浦にて河村特派圓發
251920	朝鮮朝日	南鮮版	1934-07-22	1	04단	統營邑議補選
251921	朝鮮朝日	南鮮版	1934-07-22	1	04단	中等野球朝鮮弟一次豫選劈頭を飾る入場式と國旗揭揚學務局長の始球で試合開始/雨禍を氣遺はる全州德津球場
251922	朝鮮朝日	南鮮版	1934-07-22	1	05단	城北、達西兩面は水中深く沒す慶北で死者三名、三百戶浸水農作物被害も甚大/渡船沈沒し三名が行方不明全北地方の被害狀況/鐵道線路の被害夥だしダイヤは滅茶々々/避難の途中川に墜死す
251923	朝鮮朝日	南鮮版	1934-07-22	1	05단	見よ！若き精銳烈日の大爭霸戰半島ファンの烈狂をこ〉に廿三日かな幕開き
251924	朝鮮朝日	南鮮版	1934-07-22	1	07단	農倉空券發行に絡む重要な役割平康疑獄事件連坐の片岡氏遂に起訴さる
251925	朝鮮朝日	南鮮版	1934-07-22	1	08단	半官半民の大移民會社愈よ明年に新設移民着手は明後年
251926	朝鮮朝日	南鮮版	1934-07-22	1	08단	スポーツ(立教3A―0全京城)
251927	朝鮮朝日	南鮮版	1934-07-22	1	09단	朝鮮金組聯諮問機關設置
251928	朝鮮朝日	南鮮版	1934-07-22	1	09단	總督府競射會
251929	朝鮮朝日	南鮮版	1934-07-22	1	09단	杉山商會へ十萬圓の罰金金塊密輸事件の判決
251930	朝鮮朝日	南鮮版	1934-07-22	1	10단	事情精通者が金庫盜難事件

일련번호	판명		간행일	면	단수	기사명
251931	朝鮮朝日	南鮮版	1934-07-22	1	10단	列車內でお産
251932	朝鮮朝日	南鮮版	1934-07-22	1	10단	永同赤色農組事件の判決
251933	朝鮮朝日	南鮮版	1934-07-22	1	10단	公州農業盟休さわぎ
251934	朝鮮朝日	南鮮版	1934-07-22	1	10단	河本氏個展
251935	朝鮮朝日	西北版	1934-07-24	1		缺號
251936	朝鮮朝日	南鮮版	1934-07-24	1	01단	十萬の罹災者飢饉線上にさ迷ふ死傷三十四、家屋の被害二萬餘戶慶南未曾有の水禍地獄/決死の救出に死線の千四百名蘇る麥島里住民感極って號泣鎭海からも救助艇出動す/慰問の金品各方面で募集/避難中の十五名濁流に投出されるうち七名行方不明に大渚面の救助船激流に沈沒/大田川氾濫一面の泥海/三浪津の避難民危機を脫す大邱より食量急送/船車聯絡の計劃も放棄颱風襲來に/先づ罹災者救濟今井田總監も災害地慰問に總督府の應急策成る/大渚面罹災民も殆ど安全地帶へ救援隊大擧急行す
251937	朝鮮朝日	南鮮版	1934-07-24	1	06단	中等野球弟一次豫選各主將の手で壯麗なる國旗揭揚西北豫選火蓋切らる/中部、湖南、南鮮三豫選雨のため延期/前半の快戰鎭南浦商工、壞高普に勝つ
251938	朝鮮朝日	西北版	1934-07-25	1		缺號
251939	朝鮮朝日	南鮮版	1934-07-25	1	01단	調査進むにつれ被害劇甚を加ふ洛東江なほ減水せず農作被害三千萬圓/麗水を中繼に內鮮聯絡つく釜山、麗水に足止めの乘客關釜聯絡船で運ぶ/雨漸く歇む昨夏より多い雨量/罹災者收容數/漢江も增水す京城府內外に家屋多數浸水/龜浦に救護本部慶南警察部懸命の活動
251940	朝鮮朝日	南鮮版	1934-07-25	1	01단	慘たる水禍
251941	朝鮮朝日	南鮮版	1934-07-25	1	04단	今井田總監出發
251942	朝鮮朝日	南鮮版	1934-07-25	1	04단	萬餘の避難民空腹と鬪ふ！江景地方悲慘を極む
251943	朝鮮朝日	南鮮版	1934-07-25	1	05단	東村半夜月間鐵道復舊す/四千名が飢餓地獄に洛東江下流の罹災民警備船救護に出動/罹災者救濟に二千圓投げ出す釜山に滯留の今井貴院議員/狐浦川附近板橋で聯絡
251944	朝鮮朝日	南鮮版	1934-07-25	1	05단	全國中等野球朝鮮弟一次豫選雨カラリと晴れ競ひ立つ銀球兒中部豫選華かに幕開き大會氣分愈よ高潮/ネット裏から/意氣と熱の妙技大觀衆絶讚の亂舞西北部豫選準決勝
251945	朝鮮朝日	南鮮版	1934-07-25	1	10단	小學教員檢定試驗
251946	朝鮮朝日	西北版	1934-07-26	1	01단	災害地方民へは眞にお氣の毒十分檢討して根本策を樹つ心痛の宇垣總督談/水魔なほ跳梁し洛東江また增水七點山頂、龜浦地方一萬餘の避難民それぞれ救出/一川式改修の爲とは俄に斷定できぬ取敢ず救護に全力を盡す釜山にて今井田總監談/內鮮兩地から義捐金を募集社

일련번호	판명		간행일	면	단수	기사명
						會事業協會の手で/死傷者五十二行方不明十三慶南の調査/釜山京城間の鐵道聯絡つく東海中部線と麗水廻りで連山江景間も開通/慰問品積んで江景へ見舞列車迅速な裡里の救援/赤十字社も救護に活動/本紙を京城へ逸早く齎す凡ゆる困難を征服し新聞飢饉の讀者に大好評/哀れな罹災者久しぶりに笑顔江景の濁流漸く退く/龜浦面水門危險に瀕す
251947	朝鮮朝日	西北版	1934-07-26	1	08단	新義州商業に制霸の榮冠輝く息詰る接戰を演じ鎭商惜敗西北豫選優勝試合/湖南豫選二十六日開始
251948	朝鮮朝日	西北版	1934-07-26	1	10단	南鮮豫選期日追って發表
251949	朝鮮朝日	南鮮版	1934-07-26	1		缺號
251950	朝鮮朝日	西北版	1934-07-27	1		缺號
251951	朝鮮朝日	南鮮版	1934-07-27	1	01단	洛東江漸く減水/一安心も束の間今度は病魔の脅威罹災者中二萬五千人が罹病診療班必死の活動/三道へ急救藥本府から携行/水魔跳梁の跡/臨時列車を京釜線に運轉復舊まで三浪津は徒歩聯絡/被害狀況調査/關釜聯絡船全く常態に麗水廻航を打切り龜浦、勿禁間は船橋で聯絡//アンペラ小屋を急造し罹災者を受容
251952	朝鮮朝日	南鮮版	1934-07-27	1	04단	赤十字救護班來る
251953	朝鮮朝日	南鮮版	1934-07-27	1	05단	國境の天地を撼がす功防戰咸北大防空演習いよいよ本舞台へ
251954	朝鮮朝日	南鮮版	1934-07-27	1	06단	若き鬪魂は沸る雨禍への嘆き漸やく晴れて中等野球湖南豫選始る(光州高普健棒振ひ淸州高普敗る/光中八幡投手三振十三をとる高敞高普恨を呑む/息詰る大接戰全州高普大田中に惜敗)
251955	朝鮮朝日	南鮮版	1934-07-27	1	07단	忠南も被害甚大罹災者一萬七千、死者六名農作物は五百萬圓/重油爆發し五名大火傷罹災者のご難/被害狀況視察に拓務省から尾田氏來る/見物客を取締る
251956	朝鮮朝日	南鮮版	1934-07-27	1	09단	江原道地方に豪雨の進擊道路堤防決潰橋梁破損など蔚珍三陟兩郡に被害
251957	朝鮮朝日	南鮮版	1934-07-27	1	10단	人(駒井猛態氏(京城南大門郵便所長))
251958	朝鮮朝日	南鮮版	1934-07-27	1	10단	校金拐帶書記身柄引取り出張
251959	朝鮮朝日	西北版	1934-07-28	1		缺號
251960	朝鮮朝日	南鮮版	1934-07-28	1	01단	中等野球朝鮮弟一次豫選髀肉の嘆をK・O若人の意氣揚る愈よ二十九日から花々しく待望の南鮮豫選開始/力戰を展開し大會氣分愈よ煽らる中部豫選(第二日)/球場を掩ふ興奮と感激コンディション全く回復す湖南豫選第二日
251961	朝鮮朝日	南鮮版	1934-07-28	1	04단	總督府から慰問使來る
251962	朝鮮朝日	南鮮版	1934-07-28	1	06단	來春麥期まで罹災者の生活を維持洛東江に大沙防工事

일련번호	판명		간행일	면	단수	기사명
						を實施慶南道、本府へ折衝/郵貯の非常拂戻し災害地局所で取扱ふ/安東邑早くも復興氣分漲る食糧品も續々到着し久しぶりに舌鼓み/六道への救恤品無賃輸送を開始廿七日から二ヶ月間/价川線、滿浦鎭線一時不通に陷る西鮮地方にまた雨！/人夫三名が激流に呑る大渚面小德里附近で團平船波浪に轉覆/首相から見舞電報宇垣總督へ/總督、總監兩夫人も義捐金を贈る/尾田氏視察日程
251963	朝鮮朝日	南鮮版	1934-07-28	1	10단	軍部から義捐金俸給を割いて
251964	朝鮮朝日	西北版	1934-07-29	1	01단	*中等野球弟一次豫選快心の攻防に壯絶の白熱試合空爽やかに大觀衆ただ陶醉湖南豫選準決勝/代表決定の輝く第二次豫選來月二、三の兩日擧行/中部準決勝廿九日に延期*
251965	朝鮮朝日	西北版	1934-07-29	1	03단	寫眞((上)徒步聯絡を開始した京釜線龜浦、勿禁間孤津川の船橋(中)泥流に呑まれた忠南江景畿(下)同じく孤島となった大田川、大東川の合流點の三角地)
251966	朝鮮朝日	西北版	1934-07-29	1	04단	もよほし(釜山高女講演會)
251967	朝鮮朝日	西北版	1934-07-29	1	04단	英艦仁川へ來月三日入港
251968	朝鮮朝日	西北版	1934-07-29	1	04단	江界邑章
251969	朝鮮朝日	西北版	1934-07-29	1	05단	米國陸上チーム京城へも來る九月二十九、三十の兩日日米對抗競技擧行
251970	朝鮮朝日	西北版	1934-07-29	1	05단	罹災者に對し見舞金を贈る貧困者には夫々食糧を給與慶南の救濟策成る/官吏は率先し義捐金を送れ今井田總監の報告を聞き宇垣總督の力說
251971	朝鮮朝日	西北版	1934-07-29	1	07단	空から花束を飛行家朴孃の遭難一周年靜岡で盛大な慰靈祭
251972	朝鮮朝日	西北版	1934-07-29	1	07단	幽靈人を造り思惑申込も殺到不正の六百餘オミットされ京城電話當籤決定
251973	朝鮮朝日	西北版	1934-07-29	1	08단	慶全南部線漸やく減水復舊工事著しく進む
251974	朝鮮朝日	西北版	1934-07-29	1	10단	人(篠田李王職長官)
251975	朝鮮朝日	南鮮版	1934-07-29	1		缺號
251976	朝鮮朝日	南鮮版	1934-07-31	1	01단	*中等野球弟一次豫選暗雲拂はれて若人撥剌の快技至高の愉悅に浸る大觀衆南鮮豫選準優勝戰/中部優勝戰卅一日に延期*
251977	朝鮮朝日	南鮮版	1934-07-31	1	05단	昌慶苑動物園ライオンのお目出度四頭の仔を安産しました
251978	朝鮮朝日	南鮮版	1934-07-31	1	05단	*雄々し復興氣分水禍の南鮮に漲ぎる實に十年振の大參害/浸水家屋の消毒へ井戸替へを强制慶南道、災害地全般に對し徹底的の防疫工作/財界からも義捐金を募る有力者相寄り協議/著しく進む線路復舊作業/京圖線一部不通客扱ひ休止*

일련번호	판명		간행일	면	단수	기사명
251979	朝鮮朝日	南鮮版	1934-07-31	1	07단	碧只島の豪雨禍三尺乃至五尺大洞江に沒す島民は何れも避難
251980	朝鮮朝日	南鮮版	1934-07-31	1	08단	京城府廳に近く大異動從來の情幣を刷新し世間の疑惑を一掃
251981	朝鮮朝日	南鮮版	1934-07-31	1	09단	豪雨の鋪道の慘トラック、人、軍車二重衝突通行人、運轉手死傷
251982	朝鮮朝日	南鮮版	1934-07-31	1	10단	脫走囚捕る
251983	朝鮮朝日	南鮮版	1934-07-31	1	10단	金鑛爆發事件重傷者氏名
251984	朝鮮朝日	南鮮版	1934-07-31	1	10단	釜山脅す强盜團片割れ捕まる
251985	朝鮮朝日	南鮮版	1934-07-31	1	10단	避難中の一名卽死慶北にまた豪雨
251986	朝鮮朝日	南鮮版	1934-07-31	1	10단	十輛脫線す嶺南線の珍事

1934년 8월 (조선아사히)

일련번호	판명		간행일	면	단수	기사명
251987	朝鮮朝日	西北版	1934-08-01	1		缺號
251988	朝鮮朝日	南鮮版	1934-08-01	1	01단	釜山一商、見ごと二年の連覇成る中等野球南鮮豫選優勝試合場を壓す凄壯の氣/またも延期中部優勝試合
251989	朝鮮朝日	南鮮版	1934-08-01	1	03단	釜山一商壯途へ地元の激勵に送られ
251990	朝鮮朝日	南鮮版	1934-08-01	1	04단	北鮮防空演習
251991	朝鮮朝日	南鮮版	1934-08-01	1	05단	宇垣總督愈よ災害地視察に六日から一週間/總督は一千圓慣例を破る多額を官公吏の義損金
251992	朝鮮朝日	南鮮版	1934-08-01	1	05단	忠北の被害百數十萬圓/住友から五千圓水害義損金に/一萬町歩無收穫慶北農作被害/落雷に二名死傷慶北にまた豪雨襲ひ安東方面交通杜絶/慶全南部線一日から開通/罹災民を惱ます惡疫さらに流行第二回救急藥を發送
251993	朝鮮朝日	南鮮版	1934-08-01	1	06단	全鮮中等對校陸競選手權大會本年から學聯の主催で一、二の兩日開く/三團體對抗陸競四日開かる
251994	朝鮮朝日	南鮮版	1934-08-01	1	08단	人(福島平壤商議所會頭/滿洲産業建設學徒研究團一行六百五十餘名)
251995	朝鮮朝日	南鮮版	1934-08-01	1	08단	救世軍の慰問
251996	朝鮮朝日	南鮮版	1934-08-01	1	08단	強盜殺人送局
251997	朝鮮朝日	南鮮版	1934-08-01	1	08단	妓生と驅落
251998	朝鮮朝日	南鮮版	1934-08-01	1	09단	京畿道議補選
251999	朝鮮朝日	南鮮版	1934-08-01	1	09단	無智ゆゑの悲劇避病舍を嫌って逃げ出し病昂じて愛兒絶命
252000	朝鮮朝日	南鮮版	1934-08-01	1	10단	一家みな大喜び平壤憲兵隊長に榮轉の前田中佐語る
252001	朝鮮朝日	南鮮版	1934-08-01	1	10단	二司令官らの送別會開催
252002	朝鮮朝日	南鮮版	1934-08-01	1	10단	放蕩封じ細君の苦肉策
252003	朝鮮朝日	南鮮版	1934-08-01	1	10단	帆船沈沒一名溺死す
252004	朝鮮朝日	南鮮版	1934-08-01	1	10단	藝妓の自殺
252005	朝鮮朝日	西北版	1934-08-02	1		缺號
252006	朝鮮朝日	南鮮版	1934-08-02	1	01단	陸軍定期大異動
252007	朝鮮朝日	南鮮版	1934-08-02	1	01단	話せる獨身將軍上海戰の武勳、今なほ新た我らの植田新軍司令官/嘗ての任地だから大いに樂しみだ大阪時代に快腕を揮った難波新憲兵隊司令官/國防第一線に立つは本懷十四回目の轉任を語る伊丹三十八旅團長/在任二年餘愉快に勤むいま去るは誠に殘念川島軍事參議官の談
252008	朝鮮朝日	南鮮版	1934-08-02	1	04단	綠旆京商に輝く天候回復に快熱試合を演ず中等野球中部豫選優勝戰/ベスト４みな商業チーム本大會新記録を示す半島擧げて熱球圈に/第二次豫選選手茶話會/西北、南鮮代表京城に來着
252009	朝鮮朝日	南鮮版	1934-08-02	1	10단	サ聯總領事京城に着任
252010	朝鮮朝日	南鮮版	1934-08-02	1	10단	人(本田行秀氏(本田龍山署長長男))

일련번호	판명		간행일	면	단수	기사명
252011	朝鮮朝日	西北版	1934-08-03	1	01단	中等野球第二次豫選四雄勢ひ奏づ壯麗なる頌球譜紫旆を目ざす熱戰また熱戰炎天下の興奮明色(八回惜しき逸機釜山一商敗る京城商、健棒に制勝/悲壯、笹田投手病を押して健闘木浦商の奮戰も酬いられず新商に凱歌あがる)
252012	朝鮮朝日	西北版	1934-08-03	1	01단	李王殿下罹災民にいたく御同情御救恤金を下賜
252013	朝鮮朝日	西北版	1934-08-03	1	04단	もよほし(長唄大會)
252014	朝鮮朝日	西北版	1934-08-03	1	05단	ネット裏から
252015	朝鮮朝日	西北版	1934-08-03	1	06단	全南にまた豪雨死者、行方不明十二
252016	朝鮮朝日	西北版	1934-08-03	1	06단	日滿通信整備や北鮮飛行場開設など遞信局空前の新事業
252017	朝鮮朝日	西北版	1934-08-03	1	07단	無錢飮食
252018	朝鮮朝日	西北版	1934-08-03	1	07단	記念事業を繞って渦卷く紛爭相つぐ議員の告訴と辭職平壤府會愈よ混亂
252019	朝鮮朝日	西北版	1934-08-03	1	08단	死傷、行方不明四百八十餘名二日現在の南鮮水害調査自動車交通は殆んど復舊す/應急救濟費に廿萬圓支出取敢ず豫備金から他は明年豫算に計上/豪雨歇まず平南の各河川增水奧地の交通再び杜絶/平南線不通/价川線故障
252020	朝鮮朝日	西北版	1934-08-03	1	08단	水害を全國へ放送
252021	朝鮮朝日	西北版	1934-08-03	1	09단	篠崎城大敎授家族傷つく自動車衝突し
252022	朝鮮朝日	西北版	1934-08-03	1	10단	家屋倒壞し四名死傷す
252023	朝鮮朝日	西北版	1934-08-03	1	10단	坑夫の奇禍
252024	朝鮮朝日	西北版	1934-08-03	1	10단	電話新通話區域
252025	朝鮮朝日	南鮮版	1934-08-03	1		缺號
252026	朝鮮朝日	西北版	1934-08-04	1		缺號
252027	朝鮮朝日	南鮮版	1934-08-04	1	01단	半島代表決る京城商業制霸し輝く球の王座に榮光燦たる紫の大旆を獲得中等野球豫選終る(補回戰を演じ京商遂に勝つ八回までのリードも運拙く新商、長蛇を逸す/勝敗岐れた走力と肩の强弱賞すべき太田の快投/神宮その他へお禮まはり京商チーム)
252028	朝鮮朝日	南鮮版	1934-08-04	1	04단	もよほし(水害義金募集音樂會/安井女史講演)
252029	朝鮮朝日	南鮮版	1934-08-04	1	05단	人(阿部平壤府尹)
252030	朝鮮朝日	南鮮版	1934-08-04	1	05단	水禍後日譚立往生の旅客へ懇ろなサービス裡里驛の行届いた斡旋に山の如く禮狀來る
252031	朝鮮朝日	南鮮版	1934-08-04	1	06단	ネット裏から
252032	朝鮮朝日	南鮮版	1934-08-04	1	07단	土木關係のみで一千萬圓に上る慶南道の水害調査/官公吏義損金
252033	朝鮮朝日	南鮮版	1934-08-04	1	08단	川島大將の官民招待宴
252034	朝鮮朝日	南鮮版	1934-08-04	1	09단	平南一帶被害相つぐ/江界地方交通杜絶

일련번호	판명		간행일	면	단수	기사명
252035	朝鮮朝日	南鮮版	1934-08-04	1	09단	奇しき魔の川同じ場所で同じ時間に三名激流に呑まる
252036	朝鮮朝日	南鮮版	1934-08-04	1	10단	銳利な剃刀で妻女謎の死
252037	朝鮮朝日	南鮮版	1934-08-04	1	10단	十字架黨事件四名有罪に
252038	朝鮮朝日	西北版	1934-08-05	1		缺號
252039	朝鮮朝日	南鮮版	1934-08-05	1	01단	天候不順の禍ひ大凶作を豫想稻は千三百萬石說唱へられ當局早くも對策考究
252040	朝鮮朝日	南鮮版	1934-08-05	1	01단	擴がる北鮮の水禍　咸南の山崩れ死者六、行方不明五/价川線なほ不通復舊箇所のみ折返し運轉
252041	朝鮮朝日	南鮮版	1934-08-05	1	01단	水害地視察に總督出發す/罹災者慰問衣類を發送/水害異聞/赤痢廿一名一時に發生慶南大山、東兩面に當局豫防藥を急送/水害の美談佳話を蒐集
252042	朝鮮朝日	南鮮版	1934-08-05	1	02단	紫旆は輝く
252043	朝鮮朝日	南鮮版	1934-08-05	1	04단	もよほし(林間保養所閉所式)
252044	朝鮮朝日	南鮮版	1934-08-05	1	04단	川島大將七日退鮮儀仗兵も堵列
252045	朝鮮朝日	南鮮版	1934-08-05	1	04단	總督府辭令
252046	朝鮮朝日	南鮮版	1934-08-05	1	05단	不動樣が遂に動く新平壤覆審法院長伊東氏語る
252047	朝鮮朝日	南鮮版	1934-08-05	1	05단	吏員の失言からまたも一騷動水道在庫品睨まれ數名取調べご難續きの京城府
252048	朝鮮朝日	南鮮版	1934-08-05	1	06단	自宅を顧みず必死の救護悲壯一巡查の活動に同情翕然と集まる
252049	朝鮮朝日	南鮮版	1934-08-05	1	06단	滿洲産業建設學徒研究團十二日來城
252050	朝鮮朝日	南鮮版	1934-08-05	1	07단	自動車交通事業令施行細則本月下旬公布の運び
252051	朝鮮朝日	南鮮版	1934-08-05	1	07단	警察へ詫び狀迷信から盜んだ男
252052	朝鮮朝日	南鮮版	1934-08-05	1	07단	空家の床下に物騒な爆藥
252053	朝鮮朝日	南鮮版	1934-08-05	1	07단	スポーツ(京大優勝す三者對抗陸競/軟式野球)
252054	朝鮮朝日	南鮮版	1934-08-05	1	08단	高價な置忘れ電車の中に
252055	朝鮮朝日	南鮮版	1934-08-05	1	08단	お客と娼妓心中を企つ催眠劑を呑み
252056	朝鮮朝日	南鮮版	1934-08-05	1	08단	大膽な百貨店荒しつひに御用
252057	朝鮮朝日	南鮮版	1934-08-05	1	08단	お客の滿足疑ひなし局鐵ご自慢の冷房裝置七日に實地試驗
252058	朝鮮朝日	南鮮版	1934-08-05	1	09단	殺人未遂捕る
252059	朝鮮朝日	南鮮版	1934-08-05	1	09단	金庫破り
252060	朝鮮朝日	南鮮版	1934-08-05	1	09단	三中井荒しの時計泥は脫獄囚大捔鬪を演じて捕る
252061	朝鮮朝日	南鮮版	1934-08-05	1	10단	疊表どろ
252062	朝鮮朝日	南鮮版	1934-08-05	1	10단	旅館荒し送局
252063	朝鮮朝日	南鮮版	1934-08-05	1	10단	强竊盜捕る
252064	朝鮮朝日	南鮮版	1934-08-05	1	10단	人(池田警務局長/エフ・シー・ドレヤー海軍大將(イギリス國極東艦隊司令官)/岸巖氏(鮮銀平壤支店長)/藤田美之祐氏(平壤稅務監督局徵稅課長))

일련번호	판명		간행일	면	단수	기사명
252065	朝鮮朝日	西北版	1934-08-06	1		缺號
252066	朝鮮朝日	南鮮版	1934-08-06	1		缺號
252067	朝鮮朝日	西北版	1934-08-07	1		缺號
252068	朝鮮朝日	南鮮版	1934-08-07	1	01단	マリヤ殺しの二審無罪の判決下る被告井上の犯行と認めぬ滿廷さすがに搖ぐ/直ちに上告自信を仄す板野檢事/唯公平無私松下裁判長談/過去の苦みを思ひ萬感交々喜びを語る大橋夫人/嬉し淚に！妻女環さん
252069	朝鮮朝日	南鮮版	1934-08-07	1	01단	新規要求は思ひ切り削減査定を急ぐ明年豫算
252070	朝鮮朝日	南鮮版	1934-08-07	1	01단	鐘紡工場の設置確定す喜色みなぎる平壤
252071	朝鮮朝日	南鮮版	1934-08-07	1	01단	罹災地に傳染病蔓延の兆防疫に必死の衛生課/宇垣總督の水害地視察/咸南の水害/平鐵の損害
252072	朝鮮朝日	南鮮版	1934-08-07	1	03단	海を埋めた人の群松島海水浴場の賑ひ
252073	朝鮮朝日	南鮮版	1934-08-07	1	04단	人(ハワイ佛敎靑年會員一行)
252074	朝鮮朝日	南鮮版	1934-08-07	1	05단	窮民救濟事業繼續實施と決る農村の現狀と大水害に鑑み總工費約二千萬圓
252075	朝鮮朝日	南鮮版	1934-08-07	1	05단	平北豫算の編成に難關所得附加稅では地方費が賄へぬ
252076	朝鮮朝日	南鮮版	1934-08-07	1	07단	工場長排斥を叫び職工四百名罷業平壤の日本穀産會社
252077	朝鮮朝日	南鮮版	1934-08-07	1	07단	辭令(東京電話)
252078	朝鮮朝日	南鮮版	1934-08-07	1	08단	府廳疑獄の三名を起訴
252079	朝鮮朝日	南鮮版	1934-08-07	1	08단	泥醉巡査の拔劍さわぎ隣室の客を傷つく直ちに懲戒免處分
252080	朝鮮朝日	南鮮版	1934-08-07	1	08단	龍中優勝す全鮮中等水泳
252081	朝鮮朝日	南鮮版	1934-08-07	1	08단	少年溺死
252082	朝鮮朝日	南鮮版	1934-08-07	1	09단	後追ひ心中同じ時刻同じ列車で若き命を鐵路の錆に
252083	朝鮮朝日	南鮮版	1934-08-07	1	09단	脫獄囚逮捕の警官を表彰
252084	朝鮮朝日	南鮮版	1934-08-07	1	10단	三人組强盜
252085	朝鮮朝日	南鮮版	1934-08-07	1	10단	元金組書記の橫領發覺す
252086	朝鮮朝日	南鮮版	1934-08-07	1	10단	不穩ビラを撒く
252087	朝鮮朝日	南鮮版	1934-08-07	1	10단	警察自動車少年を轢く
252088	朝鮮朝日	西北版	1934-08-08	1		缺號
252089	朝鮮朝日	南鮮版	1934-08-08	1	01단	けふも雨、昨日も雨馱々っ子氣象打診『太陽のない街』の憂鬱に苦勞絶えぬ測候所
252090	朝鮮朝日	南鮮版	1934-08-08	1	01단	財務局も啞然物凄い新規要求總額一億圓を突破俎上の明年度豫算
252091	朝鮮朝日	南鮮版	1934-08-08	1	01단	映畫取締令愈よ公布來月一日から實施
252092	朝鮮朝日	南鮮版	1934-08-08	1	02단	二十師團秋季演習
252093	朝鮮朝日	南鮮版	1934-08-08	1	02단	水害對策を總督に陳情
252094	朝鮮朝日	南鮮版	1934-08-08	1	03단	面を單位に公有林設定一般農家に開放す農用林地設定案

일련번호	판명		간행일	면	단수	기사명
252095	朝鮮朝日	南鮮版	1934-08-08	1	03단	中等野球座談會(１)/守備に比し攻撃力が貧弱警むべき試合馴れの弊
252096	朝鮮朝日	南鮮版	1934-08-08	1	04단	安奉線を匪賊脅かす
252097	朝鮮朝日	南鮮版	1934-08-08	1	04단	供託局移轉
252098	朝鮮朝日	南鮮版	1934-08-08	1	05단	龜浦橋上で水害狀況の說明を聽く宇垣總督(六日)
252099	朝鮮朝日	南鮮版	1934-08-08	1	06단	蘇る古建築轉錦門、大同門、練光亭など古都平壤の新粧
252100	朝鮮朝日	南鮮版	1934-08-08	1	06단	平壤の新規事業國庫補助は大半承認さる阿部府尹の土産話
252101	朝鮮朝日	南鮮版	1934-08-08	1	07단	北鮮經由、日滿聯絡愈よ十日から實施從前より八百キロを短縮だが釜山側は樂觀
252102	朝鮮朝日	南鮮版	1934-08-08	1	08단	穀産の罷業圓滿解決か
252103	朝鮮朝日	南鮮版	1934-08-08	1	08단	川で溺る
252104	朝鮮朝日	南鮮版	1934-08-08	1	08단	純學究的立場から鮮米の實情調査京大大槻教授ら近く來鮮米穀研究會でも援助
252105	朝鮮朝日	南鮮版	1934-08-08	1	09단	遊び歩いた揚句大邱署に自首校金橫領の高普書記
252106	朝鮮朝日	南鮮版	1934-08-08	1	09단	廣告マッチの風壊取締り
252107	朝鮮朝日	南鮮版	1934-08-08	1	10단	溺死體揚る
252108	朝鮮朝日	南鮮版	1934-08-08	1	10단	娘を拐す
252109	朝鮮朝日	南鮮版	1934-08-08	1	10단	人(宇垣總督/川島大將(新任軍事參議官)/植田中將(新任朝鮮軍司令官))
252110	朝鮮朝日	西北版	1934-08-09	1	01단	南鮮水害狀況の最後的集計なる死傷七百名、家屋損壞五萬戶被害耕地廿萬町步
252111	朝鮮朝日	西北版	1934-08-09	1	01단	産業平壤の素晴しい躍進生産總額七千餘萬圓前年度に比し約一千萬圓增
252112	朝鮮朝日	西北版	1934-08-09	1	01단	平壤府議の定員增加か有權者は却って減少
252113	朝鮮朝日	西北版	1934-08-09	1	02단	加速化に伴ふ列車時刻改正
252114	朝鮮朝日	西北版	1934-08-09	1	03단	第三回解貯
252115	朝鮮朝日	西北版	1934-08-09	1	03단	酒都禮讚平壤で祝賀會
252116	朝鮮朝日	西北版	1934-08-09	1	03단	中等野球座談會(２)/あたら機を逸した釜山一商の拙戰走壘の點も京商に一日の長
252117	朝鮮朝日	西北版	1934-08-09	1	04단	避難民に粟配布
252118	朝鮮朝日	西北版	1934-08-09	1	04단	所得調査員
252119	朝鮮朝日	西北版	1934-08-09	1	04단	簡閱點呼
252120	朝鮮朝日	西北版	1934-08-09	1	04단	米價高に堪へかね台灣米の初移入北鮮の台所を喜ばす
252121	朝鮮朝日	西北版	1934-08-09	1	05단	半島一の賣り物に出た平北雲山金山三菱、日本鑛業兩社と祕密裡に交涉中
252122	朝鮮朝日	西北版	1934-08-09	1	05단	新義州高普優勝す全日本中等庭球
252123	朝鮮朝日	西北版	1934-08-09	1	05단	外人團から水害同情金

일련번호	판명		간행일	면	단수	기사명
252124	朝鮮朝日	西北版	1934-08-09	1	06단	日本穀産の罷業長びく
252125	朝鮮朝日	西北版	1934-08-09	1	06단	僞造紙幣
252126	朝鮮朝日	西北版	1934-08-09	1	06단	醉って斬る
252127	朝鮮朝日	西北版	1934-08-09	1	07단	旅館荒し捕はる
252128	朝鮮朝日	西北版	1934-08-09	1	07단	工業地設定と兵舍の移轉土地會社を創立か平壤府對策に苦慮
252129	朝鮮朝日	西北版	1934-08-09	1	07단	鰯油に代ってフィッシュ・ミール咸南漁民の窮狀打開策に當局が新たに研究/雨に祟られ咸南も悲鳴
252130	朝鮮朝日	西北版	1934-08-09	1	08단	警官と搭闘
252131	朝鮮朝日	西北版	1934-08-09	1	08단	盜んだ金で豪遊を極め込むつひに遊廓で御用
252132	朝鮮朝日	西北版	1934-08-09	1	09단	金鑛詐欺送局
252133	朝鮮朝日	西北版	1934-08-09	1	10단	大掛りのモヒ密輸團大邱署活動
252134	朝鮮朝日	西北版	1934-08-09	1	10단	不義の道行
252135	朝鮮朝日	西北版	1934-08-09	1	10단	嬰兒殺し
252136	朝鮮朝日	西北版	1934-08-09	1	10단	柳京日記
252137	朝鮮朝日	南鮮版	1934-08-09	1	01단	南鮮水害狀況の最後的集計なる死傷七百名、家屋損壞五萬戶被害耕地廿萬町步/慶北の被害は千四百餘萬圓正に空前の巨額/外人團から水害同情金/五萬圓突破義損金募集/官公吏醵金
252138	朝鮮朝日	南鮮版	1934-08-09	1	01단	大々的に會員募集宣傳保勝に努む金剛山協會の改組
252139	朝鮮朝日	南鮮版	1934-08-09	1	02단	總督歸途へ
252140	朝鮮朝日	南鮮版	1934-08-09	1	02단	五年振りに第一艦隊釜山へ金剛以下の精銳來月十二日入港
252141	朝鮮朝日	南鮮版	1934-08-09	1	03단	都市精神作興
252142	朝鮮朝日	南鮮版	1934-08-09	1	03단	川島大將の謝電
252143	朝鮮朝日	南鮮版	1934-08-09	1	04단	人(藤田尙德中將(吳鎭守府司令長官)/三宅德義氏(行政裁判所評定官))
252144	朝鮮朝日	南鮮版	1934-08-09	1	04단	來るゾ！颱風早くも朝鮮海峽荒る亂れ飛ぶ暴風警報/驀進か轉向か近づく脅威風に備へる沿岸一帶
252145	朝鮮朝日	南鮮版	1934-08-09	1	04단	半島一の賣り物に出た平北雲山金山三菱、日本鑛業兩社と祕密裡に交涉中
252146	朝鮮朝日	南鮮版	1934-08-09	1	05단	解釋の相違から宙に浮く七十七日思想犯の判決をめぐって
252147	朝鮮朝日	南鮮版	1934-08-09	1	05단	中央電話局新廳舍建築明年六月完成
252148	朝鮮朝日	南鮮版	1934-08-09	1	05단	中等野球座談會(２)/あたら機を逸した釜山一商の拙戰走壘の點も京商に一日の長
252149	朝鮮朝日	南鮮版	1934-08-09	1	06단	京城師範はちかく二校に地方にも師範增設初等教員補充策
252150	朝鮮朝日	南鮮版	1934-08-09	1	07단	昌慶丸から自投

일련번호	판명		간행일	면	단수	기사명
252151	朝鮮朝日	南鮮版	1934-08-09	1	07단	納凉船
252152	朝鮮朝日	南鮮版	1934-08-09	1	07단	紫雲英、內地へ
252153	朝鮮朝日	南鮮版	1934-08-09	1	08단	輝く征途へ晴れの半島代表京商ナイン出發
252154	朝鮮朝日	南鮮版	1934-08-09	1	08단	さらに一名檢擧檢事局では斷乎剔抉の腹蒸返す京城府疑獄
252155	朝鮮朝日	南鮮版	1934-08-09	1	09단	はるばる朝鮮まで不貞の妻捜し乳呑兒抱へた四十ルンペン釜山署に泣き込む
252156	朝鮮朝日	南鮮版	1934-08-09	1	10단	大掛りのモヒ密輸團大邱署活動
252157	朝鮮朝日	南鮮版	1934-08-09	1	10단	監房で縊死
252158	朝鮮朝日	南鮮版	1934-08-09	1	10단	僞刑事現る
252159	朝鮮朝日	西北版	1934-08-10	1		缺號
252160	朝鮮朝日	南鮮版	1934-08-10	1	01단	簡易初等校も一面一校で進む農村の實情に鑑みて普通校と倂置の方針
252161	朝鮮朝日	南鮮版	1934-08-10	1	01단	颱風北上す全南一帶は暴風雨やゝ勢力衰退の兆/沿岸航路缺航汽車まで避難騷ぎ強風・慶南を吹捲る
252162	朝鮮朝日	南鮮版	1934-08-10	1	01단	平南窮救事業補助の申請
252163	朝鮮朝日	南鮮版	1934-08-10	1	02단	鐘紡工場は今秋着工す
252164	朝鮮朝日	南鮮版	1934-08-10	1	02단	中等野球座談會(３)/超中學級の新義州商の打擊投手太田は四チーム中隨一
252165	朝鮮朝日	南鮮版	1934-08-10	1	03단	大邱署に救助船常置
252166	朝鮮朝日	南鮮版	1934-08-10	1	03단	土地坪數割修正案
252167	朝鮮朝日	南鮮版	1934-08-10	1	04단	人(滿洲産業建設學徒研究團一行六百五十餘名)
252168	朝鮮朝日	南鮮版	1934-08-10	1	04단	國際道路着工
252169	朝鮮朝日	南鮮版	1934-08-10	1	04단	平南大同郡の大鐘乳洞探檢洞內に輝やく數千の石筍蝀龍窟に匹敵
252170	朝鮮朝日	南鮮版	1934-08-10	1	05단	海開き燈台島海水浴場
252171	朝鮮朝日	南鮮版	1934-08-10	1	05단	要望久しき植物檢査所愈よ鎭南浦に新設
252172	朝鮮朝日	南鮮版	1934-08-10	1	06단	百廿萬圓で浸水道路を改修慶南道の窮民救濟/極貧罹災者に食糧を給與
252173	朝鮮朝日	南鮮版	1934-08-10	1	06단	無電局新築
252174	朝鮮朝日	南鮮版	1934-08-10	1	07단	京圖線開通十九日から
252175	朝鮮朝日	南鮮版	1934-08-10	1	07단	水死弔魂燈籠流し十八日釜山で
252176	朝鮮朝日	南鮮版	1934-08-10	1	07단	水害防止の恒久策を練る治水委員會に先ちまづ本府側が打合會
252177	朝鮮朝日	南鮮版	1934-08-10	1	07단	論功行賞
252178	朝鮮朝日	南鮮版	1934-08-10	1	08단	文化研究の一大綜合機關施政二十五周年記念事業近く局長會議で決定
252179	朝鮮朝日	南鮮版	1934-08-10	1	08단	醫は仁なりと救民に一生を捧ぐ悲慘な火田部落に乘込んだ月給四圓の抱醫者

일련번호	판명		간행일	면	단수	기사명
252180	朝鮮朝日	南鮮版	1934-08-10	1	08단	人(長谷川三郎砲兵中佐(平壤兵器製造所長))
252181	朝鮮朝日	南鮮版	1934-08-10	1	09단	釜山府內に腸チフス猖獗
252182	朝鮮朝日	南鮮版	1934-08-10	1	09단	四ヶ所に選鑛研究所設置鑛山局の新規事業
252183	朝鮮朝日	南鮮版	1934-08-10	1	09단	細民階級の婦女を搾る幽靈楔で二千圓詐取
252184	朝鮮朝日	南鮮版	1934-08-10	1	10단	線路を枕に
252185	朝鮮朝日	南鮮版	1934-08-10	1	10단	また僞刑事
252186	朝鮮朝日	南鮮版	1934-08-10	1	10단	激流に溺る
252187	朝鮮朝日	西北版	1934-08-11	1	01단	農村振興の中心産組に一大改革各道知事の答申に本づき三局相寄って評議
252188	朝鮮朝日	西北版	1934-08-11	1	01단	水害土木復舊費總額一千萬圓本府で査定の上補助/二十萬圓の見舞金を支出慶南で罹災民救濟に/水組の被害
252189	朝鮮朝日	西北版	1934-08-11	1	01단	南鮮水害地へ侍從御差遣
252190	朝鮮朝日	西北版	1934-08-11	1	02단	中等野球座談會(4)/勝敗に囚れず純眞に謙虛に實力低下の因は練習不足
252191	朝鮮朝日	西北版	1934-08-11	1	03단	理論通りには兵備も運ばぬ赴任途上の植田軍司令官談
252192	朝鮮朝日	西北版	1934-08-11	1	04단	人(難波光造小將(新任朝鮮憲兵隊司令官)/池田警務局長/伊東淳吉氏(新任平壤覆審法院長))
252193	朝鮮朝日	西北版	1934-08-11	1	05단	金組聯合會の水害救濟策
252194	朝鮮朝日	西北版	1934-08-11	1	05단	雨に祟られ視察團中止關係方面打擊
252195	朝鮮朝日	西北版	1934-08-11	1	06단	西京に咲く箕城の名花選ばれた五美妓が京美人と艷を競ふ
252196	朝鮮朝日	西北版	1934-08-11	1	06단	平壤秋競馬來月一日から
252197	朝鮮朝日	西北版	1934-08-11	1	06단	日本穀産罷業圓滿解決す
252198	朝鮮朝日	西北版	1934-08-11	1	06단	自動車と電車衝突す
252199	朝鮮朝日	西北版	1934-08-11	1	07단	凄慘な現場重傷に呻く九名の兒童を更生園兒が手製擔架で救護盜難火藥爆發珍事
252200	朝鮮朝日	西北版	1934-08-11	1	08단	碇泊船に强盜押入る
252201	朝鮮朝日	西北版	1934-08-11	1	08단	北鮮商銀乘取りに四年の求刑法廷に暴露された昭和天一坊の全貌
252202	朝鮮朝日	西北版	1934-08-11	1	09단	マリヤ事件の井上出所す檢事、上訴權を放棄
252203	朝鮮朝日	西北版	1934-08-11	1	09단	妙齡の婦人車內で服毒
252204	朝鮮朝日	西北版	1934-08-11	1	10단	また一名檢擧京城府廳疑獄
252205	朝鮮朝日	西北版	1934-08-11	1	10단	荒波冒して人命を救ふ
252206	朝鮮朝日	西北版	1934-08-11	1	10단	猪狩り
252207	朝鮮朝日	南鮮版	1934-08-11	1		缺號
252208	朝鮮朝日	西北版	1934-08-12	1	01단	水害罹災者は適當の地に移す災禍の原因は徹底的に究明局長會議で總督對策を語る
252209	朝鮮朝日	西北版	1934-08-12	1	01단	半島に伸ぶ魔手背後に躍る恐るべき陰謀我後方攪亂を策す

일련번호	판명		간행일	면	단수	기사명
252210	朝鮮朝日	西北版	1934-08-12	1	01단	川澄鐵道駐在員蘇滿國境で消息を絶つ鐵道局より直ちに捜査依頼
252211	朝鮮朝日	西北版	1934-08-12	1	01단	聖旨を奉じ黑田侍從渡鮮
252212	朝鮮朝日	西北版	1934-08-12	1	02단	植田軍司令官入城す/藤田吳鎭長官來鮮
252213	朝鮮朝日	西北版	1934-08-12	1	03단	一切の旅費を送って昔の恩師を迎へる忠州地方の教へ子達が集って熊本の前田氏に感激の便り
252214	朝鮮朝日	西北版	1934-08-12	1	04단	非常召集演習
252215	朝鮮朝日	西北版	1934-08-12	1	05단	東海中部線復舊
252216	朝鮮朝日	西北版	1934-08-12	1	05단	餘生を育英に安州の金仁梧氏私財三十萬圓を投げ出す
252217	朝鮮朝日	西北版	1934-08-12	1	05단	道議補選/官選道議後任に伊森氏就任
252218	朝鮮朝日	西北版	1934-08-12	1	05단	驛員が共謀で小荷物車を荒す二三年前からの繼續的犯行被疑者釜山署に引致
252219	朝鮮朝日	西北版	1934-08-12	1	06단	少年刑務所增設平壤または咸興に
252220	朝鮮朝日	西北版	1934-08-12	1	06단	送電線着工
252221	朝鮮朝日	西北版	1934-08-12	1	06단	野球聽取用擴聲器設置/野球速報
252222	朝鮮朝日	西北版	1934-08-12	1	06단	廣陵中來る
252223	朝鮮朝日	西北版	1934-08-12	1	07단	妻は殺されて台所の床下に歸宅した主人が發見、届出づ强盜の仕業か
252224	朝鮮朝日	西北版	1934-08-12	1	07단	全南の風禍
252225	朝鮮朝日	西北版	1934-08-12	1	07단	橫領住職に産業技手が關係當局、善後策に腐心
252226	朝鮮朝日	西北版	1934-08-12	1	08단	靑天白日の身となって十日大邱刑務所を出た井上隆雄(向って右)
252227	朝鮮朝日	西北版	1934-08-12	1	08단	精米業者と穀檢の縺れ圓滿に解決
252228	朝鮮朝日	西北版	1934-08-12	1	08단	足袋を盜む
252229	朝鮮朝日	西北版	1934-08-12	1	09단	溺死體を釣上ぐ
252230	朝鮮朝日	西北版	1934-08-12	1	09단	映畵會混亂負傷者六名を出す
252231	朝鮮朝日	西北版	1934-08-12	1	09단	貧の捨子
252232	朝鮮朝日	西北版	1934-08-12	1	10단	電車脱線子供の惡感から
252233	朝鮮朝日	西北版	1934-08-12	1	10단	謎の戶籍？知らぬ間に死んでゐた
252234	朝鮮朝日	西北版	1934-08-12	1	10단	內外地對抗柔道試合來月末東京で
252235	朝鮮朝日	西北版	1934-08-12	1	10단	人(穗積重遠博士(東大敎授)/長谷川中佐(新任關東軍司令部附)/今村中佐(新任步兵七九聯隊附)/藤原平南知事/藤本菊一氏(本社京城通信局長)/和辻廣樹氏(本社京城通信局員))
252236	朝鮮朝日	南鮮版	1934-08-12	1		缺號
252237	朝鮮朝日	西北版	1934-08-14	1	01단	道路が齎らす國境文化の黎明新義州、惠山鎭間の西部道路愈よ明年十月完成
252238	朝鮮朝日	西北版	1934-08-14	1	01단	第二人道橋架設に異論舊市街より寧ろ工場地連結が急
252239	朝鮮朝日	西北版	1934-08-14	1	01단	遠來の勇士に揚る歡呼の嵐大鐵傘下莊嚴の入場式に颯

일련번호	판명		간행일	면	단수	기사명
						爽たる京商ナイン(意義深き年一入緊張す井上主將の談)
252240	朝鮮朝日	西北版	1934-08-14	1	02단	電氣室設置
252241	朝鮮朝日	西北版	1934-08-14	1	03단	南浦漁組の魚市場經營愈よ認可さる
252242	朝鮮朝日	西北版	1934-08-14	1	03단	平南道路の雨禍被害五十萬圓に上る
252243	朝鮮朝日	西北版	1934-08-14	1	04단	秋季競馬
252244	朝鮮朝日	西北版	1934-08-14	1	04단	新義州に百貨店二つ新たに出現
252245	朝鮮朝日	西北版	1934-08-14	1	04단	篤志寄附
252246	朝鮮朝日	西北版	1934-08-14	1	05단	爽凉の秋ちかし平壤の讀書傾向は？いま流行の佛教物が筆頭すっかり痲れた社會科學
252247	朝鮮朝日	西北版	1934-08-14	1	05단	軍民一致に努め非常時に盡したい酒か、まあ一合くらゐかな初登廳の植田軍司令官談/伊丹少將ほか羅南に着任
252248	朝鮮朝日	西北版	1934-08-14	1	05단	僻陬の地に公産婆を配置平北道で十月から
252249	朝鮮朝日	西北版	1934-08-14	1	07단	大同普通兩江合流點に大規模の遊水池將來は內港設備を藤原知事が豫算獲得に大童
252250	朝鮮朝日	西北版	1934-08-14	1	08단	平壤府內のレコード快賣戰原價割りまで飛び出して需要者はホクホク
252251	朝鮮朝日	西北版	1934-08-14	1	08단	紙幣僞造の犯人わかる平南道逮捕の手配
252252	朝鮮朝日	西北版	1934-08-14	1	09단	坑夫二名生埋め
252253	朝鮮朝日	西北版	1934-08-14	1	09단	遂安地方で四名死傷す鬱陵島では漁船六隻埋沒依然各地に暴風雨禍
252254	朝鮮朝日	西北版	1934-08-14	1	09단	飛込み自殺
252255	朝鮮朝日	西北版	1934-08-14	1	10단	旅館荒しに五年の判決
252256	朝鮮朝日	西北版	1934-08-14	1	10단	麻雀賭博
252257	朝鮮朝日	西北版	1934-08-14	1	10단	柳京日記
252258	朝鮮朝日	南鮮版	1934-08-14	1	01단	水禍罹災者へ聖旨竝に御救恤金黑田侍從から傳達/避難民救濟に先づ勞銀を撒布土木沙防水利一齊に應急復舊に着工/依然各地に暴風雨の禍
252259	朝鮮朝日	南鮮版	1934-08-14	1	01단	下賜金拜受の御禮を言上宇垣總督から
252260	朝鮮朝日	南鮮版	1934-08-14	1	01단	遠來の勇士に揚る歡呼の嵐大鐵傘下莊嚴の入場式に颯爽たる京商ナイン(意義深き年一入緊張す井上主將の談)
252261	朝鮮朝日	南鮮版	1934-08-14	1	04단	人(藤本政男氏(總督府水産試驗場鎭海養魚場主任))
252262	朝鮮朝日	南鮮版	1934-08-14	1	04단	義損金寄託門司在住の朝鮮青年
252263	朝鮮朝日	南鮮版	1934-08-14	1	05단	軍民一致に努め非常時に盡したい酒か、まあ一合くらゐかな初登廳の植田軍司令官談
252264	朝鮮朝日	南鮮版	1934-08-14	1	06단	死傷十三名家屋倒壞船舶流失など夥し慶南大暴風雨被害

일련번호	판명		간행일	면	단수	기사명
252265	朝鮮朝日	南鮮版	1934-08-14	1	06단	神宮競技慶北豫選
252266	朝鮮朝日	南鮮版	1934-08-14	1	06단	鎭海邑內に竊盜が橫行
252267	朝鮮朝日	南鮮版	1934-08-14	1	06단	隣の子は救ったが愛兒は哀れ溺死二兒の危急に飛込んだ父親情けの投網に助る
252268	朝鮮朝日	南鮮版	1934-08-14	1	07단	夫人らハルビンへ川澄氏の消息なほ不明
252269	朝鮮朝日	南鮮版	1934-08-14	1	08단	飛込み自殺
252270	朝鮮朝日	南鮮版	1934-08-14	1	08단	面識者の犯行か暴行外傷の跡は認められぬ若妻殺し事件取調(世間を騷がし申し譯ない久保田氏語る/容疑者引致被害者の學友も喚問)
252271	朝鮮朝日	南鮮版	1934-08-14	1	08단	目星漸やくつく紙幣僞造行使犯人
252272	朝鮮朝日	南鮮版	1934-08-14	1	09단	市場歸りの女河に消えるまたも怪殺人事件？
252273	朝鮮朝日	南鮮版	1934-08-14	1	09단	人(學徒研究團)
252274	朝鮮朝日	西北版	1934-08-15	1	01단	素盞嗚尊御渡海の地？江原道新北面牛頭山に神社建立の計劃
252275	朝鮮朝日	西北版	1934-08-15	1	01단	稀な變態氣候に忘れられた太陽罹災者をまたも不安の底へ第二次の水害狀況/黑田侍從巡視/慰問品寄贈
252276	朝鮮朝日	西北版	1934-08-15	1	01단	藤原知事歸壤談
252277	朝鮮朝日	西北版	1934-08-15	1	02단	司法官異動下旬發表されん十月に敕任級小異動
252278	朝鮮朝日	西北版	1934-08-15	1	02단	眞夏の生活詩昌慶苑動物園はお目出度つゞき坊ちゃん孃ちゃんに大持て第二世との會見記
252279	朝鮮朝日	西北版	1934-08-15	1	04단	牡丹台自動車路
252280	朝鮮朝日	西北版	1934-08-15	1	04단	放送審議會第一回開催
252281	朝鮮朝日	西北版	1934-08-15	1	05단	水害狀況報告向って右が黑田侍從十三日
252282	朝鮮朝日	西北版	1934-08-15	1	05단	全鮮漁組事務講習會
252283	朝鮮朝日	西北版	1934-08-15	1	05단	京商頑張れ札商と仲良く風呂屋の顔合せ合宿にも溢れる純眞さ明朖・甲子園風景
252284	朝鮮朝日	西北版	1934-08-15	1	06단	鄉軍武道大會
252285	朝鮮朝日	西北版	1934-08-15	1	07단	犯罪捜査の新規定なる
252286	朝鮮朝日	西北版	1934-08-15	1	07단	岐路に立つ府電よ何處へ府營萬能論と採算中心論平壤府議間に鼎沸
252287	朝鮮朝日	西北版	1934-08-15	1	08단	鎭南浦に金庫泥橫行
252288	朝鮮朝日	西北版	1934-08-15	1	09단	物とりへ捜査全力を注ぐ釜山若妻殺し事件
252289	朝鮮朝日	西北版	1934-08-15	1	10단	洪原農民組合事件何れも懲役
252290	朝鮮朝日	西北版	1934-08-15	1	10단	死體埋沒事件求刑十二年
252291	朝鮮朝日	西北版	1934-08-15	1	10단	出所間際にばれた舊惡
252292	朝鮮朝日	西北版	1934-08-15	1	10단	服毒自殺を企つ
252293	朝鮮朝日	南鮮版	1934-08-15	1		缺號
252294	朝鮮朝日	西北版	1934-08-16	1	01단	各局課要求額一億圓を突破す總督府明年度豫算愈よ本格的査定に

일련번호	판명		간행일	면	단수	기사명
252295	朝鮮朝日	西北版	1934-08-16	1	01단	*更生望みなき罹災民は滿洲へ營口、河東、綏化三安全農村に差當り五百戸收容/死傷行方不明約六十名に上る第二次水害の最も甚しい全南道東部地方*
252296	朝鮮朝日	西北版	1934-08-16	1	01단	殖銀定時總會役員を選擧
252297	朝鮮朝日	西北版	1934-08-16	1	01단	朝鮮送電の送電線工事平壤迄は明秋完成
252298	朝鮮朝日	西北版	1934-08-16	1	02단	京城府營の共同洗濯場着工
252299	朝鮮朝日	西北版	1934-08-16	1	03단	銃劍修理に敏速低廉な工具を發明一兵員至大の殊勳
252300	朝鮮朝日	西北版	1934-08-16	1	03단	いざ好敵手に見せん腕の冴え北海の雄札商との一戰前に京商の意氣揚る
252301	朝鮮朝日	西北版	1934-08-16	1	03단	吹かすか、一泡
252302	朝鮮朝日	西北版	1934-08-16	1	04단	盆踊り賑ふ
252303	朝鮮朝日	西北版	1934-08-16	1	04단	滿場一致で讓渡を可決土地信託總會
252304	朝鮮朝日	西北版	1934-08-16	1	05단	京城府民館地鎭祭を執行
252305	朝鮮朝日	西北版	1934-08-16	1	05단	スポーツ(全京城全奉天對抗水上競技)
252306	朝鮮朝日	西北版	1934-08-16	1	05단	明年度普通江改修費四十萬圓と決る
252307	朝鮮朝日	西北版	1934-08-16	1	05단	葬齋場新設平壤で計劃
252308	朝鮮朝日	西北版	1934-08-16	1	06단	保險魔を繞る怪死事件俎上に雄基支廳で證人調べ
252309	朝鮮朝日	西北版	1934-08-16	1	06단	ガソリン車增發
252310	朝鮮朝日	西北版	1934-08-16	1	06단	日本足袋進出？またも平壤に眼信
252311	朝鮮朝日	西北版	1934-08-16	1	07단	無一文の一策
252312	朝鮮朝日	西北版	1934-08-16	1	07단	平壤を騒がせたアジビラ犯捕る主犯以下一味五名
252313	朝鮮朝日	西北版	1934-08-16	1	08단	釜山府に腸チフス著しく蔓延
252314	朝鮮朝日	西北版	1934-08-16	1	09단	咎められて相手を刺し瀕死の重傷を負す
252315	朝鮮朝日	西北版	1934-08-16	1	10단	有力な容疑者逸早く逃ぐ若妻殺し捜査陣色めく
252316	朝鮮朝日	西北版	1934-08-16	1	10단	渡し船轉覆乘客二名溺死
252317	朝鮮朝日	西北版	1934-08-16	1	10단	竊盜少年捕る
252318	朝鮮朝日	西北版	1934-08-16	1	10단	貴金屬橫領外交員舞戻って捕る
252319	朝鮮朝日	西北版	1934-08-16	1	10단	人(植場鐵三氏(拓務省殖産局農林課長、東拓監理官)/古市忠南警察部長)
252320	朝鮮朝日	南鮮版	1934-08-16	1		缺號
252321	朝鮮朝日	西北版	1934-08-17	1	01단	京商先づ勝つ札商を打碎いた恐るべき反撥力入江をトップに猛打攻め大鐵傘下絶讚の嵐
252322	朝鮮朝日	西北版	1934-08-17	1	02단	鑛石分析所を國營で設置西鮮では平壤が有力
252323	朝鮮朝日	西北版	1934-08-17	1	04단	教育講習會
252324	朝鮮朝日	西北版	1934-08-17	1	04단	難所狗峴嶺の起工式擧行
252325	朝鮮朝日	西北版	1934-08-17	1	04단	*平壤に施こす大都市工作先づ商、工業街設定ゴルフ場は酒巖山附近へ移す/暖房裝置や娛樂場を府營住宅の新設備*
252326	朝鮮朝日	西北版	1934-08-17	1	04단	安川勤勞號感謝飛行

일련번호	판명		간행일	면	단수	기사명
252327	朝鮮朝日	西北版	1934-08-17	1	05단	櫻井聯隊長着任
252328	朝鮮朝日	西北版	1934-08-17	1	05단	治山楔新設森林保護組合に代って
252329	朝鮮朝日	西北版	1934-08-17	1	05단	埋立借地料引下の陳情
252330	朝鮮朝日	西北版	1934-08-17	1	06단	平壤郵便局の備荒貯金獎勵
252331	朝鮮朝日	西北版	1934-08-17	1	06단	公會堂敷地俄然好轉す軍部との交渉有望
252332	朝鮮朝日	西北版	1934-08-17	1	06단	蔓蔘エキスの製造を獎勵
252333	朝鮮朝日	西北版	1934-08-17	1	06단	南陽郵便所の金庫破り事件突如新容疑者擧がる解けるか・國境の謎
252334	朝鮮朝日	西北版	1934-08-17	1	07단	鎭南浦を根城に十圓紙幣を偽造既に各地で五百圓餘行使首魁ら四名捕はる
252335	朝鮮朝日	西北版	1934-08-17	1	07단	強盗の不覺盜んだ酒に醉ってフラフラと捕はる
252336	朝鮮朝日	西北版	1934-08-17	1	07단	ビクターから聲のお目見得
252337	朝鮮朝日	西北版	1934-08-17	1	08단	牡丹台一帶の害蟲を驅除
252338	朝鮮朝日	西北版	1934-08-17	1	08단	高柏山內に金齒の死體
252339	朝鮮朝日	西北版	1934-08-17	1	09단	立木を盜む
252340	朝鮮朝日	西北版	1934-08-17	1	09단	金塊密輸犯平北へ護送
252341	朝鮮朝日	西北版	1934-08-17	1	10단	土塊崩潰し二名死傷す
252342	朝鮮朝日	西北版	1934-08-17	1	10단	落磐で壓死
252343	朝鮮朝日	西北版	1934-08-17	1	10단	債券で詐る
252344	朝鮮朝日	西北版	1934-08-17	1	10단	人(菊池一德氏(殖銀平壤支店長)/山口正一氏(前茂守隊長)/松澤少佐(新茂守隊長))
252345	朝鮮朝日	西北版	1934-08-17	1	10단	柳京日記
252346	朝鮮朝日	南鮮版	1934-08-17	1	01단	京商先づ勝つ札商を打碎いた恐るべき反撥力入江をトップに猛打攻め大鐵傘下絶讚の嵐/耳・耳に聞く京商の武者ぶり電波に乘る甲子園感激調に全半島歡聲あがる
252347	朝鮮朝日	南鮮版	1934-08-17	1	04단	難波憲兵司令官着任す
252348	朝鮮朝日	南鮮版	1934-08-17	1	04단	スポーツ(秋の豪華版俊豪揃ひに早くも人氣湧く日米對抗陸上競技)
252349	朝鮮朝日	南鮮版	1934-08-17	1	05단	黑田侍從忠南へ
252350	朝鮮朝日	南鮮版	1934-08-17	1	05단	南鮮水害地應急策成る總經費五百萬圓で可及的速かに實施
252351	朝鮮朝日	南鮮版	1934-08-17	1	06단	手嚴しい警告を京城府會委員不正事件調査
252352	朝鮮朝日	南鮮版	1934-08-17	1	06단	若妻殺しとマリヤ事件の對比(1)/獵奇心理が眞相を複雜化す不確實な根底に戒心が必要
252353	朝鮮朝日	南鮮版	1934-08-17	1	07단	被害者の眼鏡糶市から現る若妻殺し事件捜査の手俄然ルンペン靑年へ
252354	朝鮮朝日	南鮮版	1934-08-17	1	07단	鎭海の盆會
252355	朝鮮朝日	南鮮版	1934-08-17	1	08단	カルモチン自殺を企つ

일련번호	판명		간행일	면	단수	기사명
252356	朝鮮朝日	南鮮版	1934-08-17	1	08단	お山の頂上からもしもし金剛山比盧峰の無線電話愈よ開通
252357	朝鮮朝日	南鮮版	1934-08-17	1	08단	貓いらず自殺
252358	朝鮮朝日	南鮮版	1934-08-17	1	08단	三重衝突で負傷
252359	朝鮮朝日	南鮮版	1934-08-17	1	10단	強盗押入る
252360	朝鮮朝日	南鮮版	1934-08-17	1	10단	乘客ご難
252361	朝鮮朝日	南鮮版	1934-08-17	1	10단	病苦の縊死
252362	朝鮮朝日	南鮮版	1934-08-17	1	10단	雲霧閣魔帳京城中央館で上映
252363	朝鮮朝日	南鮮版	1934-08-17	1	10단	人(淺原義雄氏(釜山大倉町元本紙販賣店主))
252364	朝鮮朝日	西北版	1934-08-18	1	01단	鑛區の出願が急激に殖える七月末現在で三千五百件當局處理に大車輪
252365	朝鮮朝日	西北版	1934-08-18	1	01단	注視の的は遞信局の裁定平壤府電と合電の買電協定早くも困難視さる
252366	朝鮮朝日	西北版	1934-08-18	1	01단	平壤栗內地飛躍の基礎なる成立した運賃協定
252367	朝鮮朝日	西北版	1934-08-18	1	02단	功勞警官調査
252368	朝鮮朝日	西北版	1934-08-18	1	03단	鷲津旅團長熊本より着任
252369	朝鮮朝日	西北版	1934-08-18	1	04단	人(藤本菊一氏(本社通信部次長)/八尾爲治郎氏(本社京城通信局長))
252370	朝鮮朝日	西北版	1934-08-18	1	04단	運動場修理
252371	朝鮮朝日	西北版	1934-08-18	1	04단	所得稅申告
252372	朝鮮朝日	西北版	1934-08-18	1	04단	北鮮通信網擴充淸津京城線や南陽線の增設明年度豫算に計上
252373	朝鮮朝日	西北版	1934-08-18	1	05단	淸津の漁港工事着々進捗す既に內港浚渫に着手
252374	朝鮮朝日	西北版	1934-08-18	1	05단	咸南の豪雨被害道路、橋梁の復舊に五十四萬圓を要す
252375	朝鮮朝日	西北版	1934-08-18	1	06단	野球の滿洲遠征
252376	朝鮮朝日	西北版	1934-08-18	1	07단	更に六名檢擧紙幣僞造團の餘類續々あがる三名の婦人も交る
252377	朝鮮朝日	西北版	1934-08-18	1	07단	鎭南浦の土地熱滿浦鎭線開通を見越して地價グングン騰る
252378	朝鮮朝日	西北版	1934-08-18	1	07단	家屋倒壞す
252379	朝鮮朝日	西北版	1934-08-18	1	08단	飲食店行爲を禁ず
252380	朝鮮朝日	西北版	1934-08-18	1	08단	盜電罷りならぬ防止策に電流制限機平壤府電の新計劃
252381	朝鮮朝日	西北版	1934-08-18	1	08단	邦樂の夕
252382	朝鮮朝日	西北版	1934-08-18	1	08단	雷公荒る!三名死傷す
252383	朝鮮朝日	西北版	1934-08-18	1	08단	自動車轢く
252384	朝鮮朝日	西北版	1934-08-18	1	08단	雨天續きに氷屋の悲鳴
252385	朝鮮朝日	西北版	1934-08-18	1	09단	ヌクテ咬む
252386	朝鮮朝日	西北版	1934-08-18	1	09단	四年の判決北鮮商銀乘取り事件
252387	朝鮮朝日	西北版	1934-08-18	1	09단	劇藥自殺

일련번호	판명		간행일	면	단수	기사명
252388	朝鮮朝日	西北版	1934-08-18	1	10단	赤い夫婦送局
252389	朝鮮朝日	西北版	1934-08-18	1	10단	自動車轉落
252390	朝鮮朝日	西北版	1934-08-18	1	10단	柳京日記
252391	朝鮮朝日	南鮮版	1934-08-18	1	01단	鑛區の出願が急激に殖える七月末現在で三千五百件當局處理に大車輪
252392	朝鮮朝日	南鮮版	1934-08-18	1	01단	明年の新事業多くは望まれぬ結局四千萬圓程度か
252393	朝鮮朝日	南鮮版	1934-08-18	1	01단	聖旨を傳達水害功勞者へも接見黑田侍從引續き巡視/慶南北道視察の日程/義損品發送京城府から
252394	朝鮮朝日	南鮮版	1934-08-18	1	02단	若妻殺し事件を繞って(二)/現場證跡は何をもの語る？あわてた死體隱蔽
252395	朝鮮朝日	南鮮版	1934-08-18	1	03단	耳のスタンド
252396	朝鮮朝日	南鮮版	1934-08-18	1	04단	副業品展示卽賣會
252397	朝鮮朝日	南鮮版	1934-08-18	1	04단	名に負ふ市岡意氣で打突かる對札商戰に得た尊い精神力準々決勝を前に京商飯田部長語る/慶熙對龍中俱樂部野球/全廣島、鮮鐵對抗陸上競技/學生劍道聯盟全京城と一戰
252398	朝鮮朝日	南鮮版	1934-08-18	1	05단	憲兵隊司令官難波氏着任
252399	朝鮮朝日	南鮮版	1934-08-18	1	05단	隱れた精華に注ぐ期待の眼半島の寶物古蹟名勝天然物明年大々的に調査
252400	朝鮮朝日	南鮮版	1934-08-18	1	07단	家人を弔り出し悠々ひと仕事電話で巧妙な詐欺
252401	朝鮮朝日	南鮮版	1934-08-18	1	07단	一縷の望み遂に失はる折角捕へた容疑者も人違ひ若妻殺し迷宮に？
252402	朝鮮朝日	南鮮版	1934-08-18	1	07단	朝鮮海峽また濃霧北行客混雜
252403	朝鮮朝日	南鮮版	1934-08-18	1	08단	橫領書記收容
252404	朝鮮朝日	南鮮版	1934-08-18	1	08단	シュトックナーゲル金剛山で發賣
252405	朝鮮朝日	南鮮版	1934-08-18	1	09단	入金を橫領
252406	朝鮮朝日	南鮮版	1934-08-18	1	09단	警戒線突破不敵の賊二名
252407	朝鮮朝日	南鮮版	1934-08-18	1	09단	不良宗敎團や極右陣營取締り高等傳任警官を擴充いよいよ手をつく
252408	朝鮮朝日	南鮮版	1934-08-18	1	10단	路上の殺人强盜か怨恨か
252409	朝鮮朝日	南鮮版	1934-08-18	1	10단	もよほし(馬山高等女學校同窓會)
252410	朝鮮朝日	南鮮版	1934-08-18	1	10단	人(藤本菊一氏(本社通信部次長)/八尾爲治郎氏(本社京城通信局長)/堀悌吉中將(鎭海要港部司令官))
252411	朝鮮朝日	西北版	1934-08-19	1	01단	敵陣を屢攪亂し我代表花と散る古武士の如き果敢の京商魂絶讚の拍手を呼ぶ
252412	朝鮮朝日	西北版	1934-08-19	1	04단	黑田侍從
252413	朝鮮朝日	西北版	1934-08-19	1	04단	平壤明年度主要土木事業
252414	朝鮮朝日	西北版	1934-08-19	1	04단	西鮮一帶にまたも豪雨！氣遣はれる鴨綠江の增水安奉線不通となる/鐵道事故頻發

일련번호	판명		간행일	면	단수	기사명
252415	朝鮮朝日	西北版	1934-08-19	1	05단	寫眞(茂山守備隊當驛における新任松澤隊長の挨拶)
252416	朝鮮朝日	西北版	1934-08-19	1	05단	府營バス增車
252417	朝鮮朝日	西北版	1934-08-19	1	05단	內地の各都市で演藝會を開く妓生の京都出演を機に舞踊と音樂を紹介
252418	朝鮮朝日	西北版	1934-08-19	1	06단	軍隊慰問を兼ねて冷凍魚の試驗輸送淸津からハルビンへ
252419	朝鮮朝日	西北版	1934-08-19	1	06단	農繁期託兒所
252420	朝鮮朝日	西北版	1934-08-19	1	06단	煉瓦の拂底
252421	朝鮮朝日	西北版	1934-08-19	1	06단	平壤栗檢查規則愈よ發布さる年間二百萬本の植栽と相俟ち聲價の向上を期す
252422	朝鮮朝日	西北版	1934-08-19	1	07단	現地戰術演習
252423	朝鮮朝日	西北版	1934-08-19	1	07단	奏づる狂騷曲平壤のレコード快賣戰激化會社側、阻止に狂奔
252424	朝鮮朝日	西北版	1934-08-19	1	07단	鴨江鐵橋の架設地點を調查滿浦鎭線の滿洲延長に備へて
252425	朝鮮朝日	西北版	1934-08-19	1	08단	朝鮮信託支店平壤に設置
252426	朝鮮朝日	西北版	1934-08-19	1	08단	揷話も祕めて惡に躍る紙幣僞造團根こそぎ
252427	朝鮮朝日	西北版	1934-08-19	1	08단	阿片を嚥下
252428	朝鮮朝日	西北版	1934-08-19	1	08단	戰死者追悼
252429	朝鮮朝日	西北版	1934-08-19	1	08단	もよほし(警察武道大會)
252430	朝鮮朝日	西北版	1934-08-19	1	09단	歸らぬ夫に涙の離婚訴訟空閨二十餘年の妻から
252431	朝鮮朝日	西北版	1934-08-19	1	09단	川澄氏の生存は確實引取交涉は相當困難か
252432	朝鮮朝日	西北版	1934-08-19	1	10단	藥店雇人謎の死預り金紛失を苦に
252433	朝鮮朝日	西北版	1934-08-19	1	10단	柳京日記
252434	朝鮮朝日	南鮮版	1934-08-19	1	01단	敵陣を屢攪亂し我代表花と散る古武士の如き果敢の京商魂絕讚の拍手を呼ぶ/京商ナインよくやった電波の放つ獨特の反撥力に半島の耳も讚嘆
252435	朝鮮朝日	南鮮版	1934-08-19	1	04단	黑田侍從
252436	朝鮮朝日	南鮮版	1934-08-19	1	05단	空中觀測機三台を獻納釜山國防義會から事變記念日に獻納式
252437	朝鮮朝日	南鮮版	1934-08-19	1	05단	統營法院支廳九月から復活
252438	朝鮮朝日	南鮮版	1934-08-19	1	05단	井戶大消毒
252439	朝鮮朝日	南鮮版	1934-08-19	1	05단	若妻殺し事件を繞って(三)/犯罪動機の如何が問題だ一通り肯かれる筋書きは
252440	朝鮮朝日	南鮮版	1934-08-19	1	06단	罹災十八萬人へ百四十萬圓の勞銀慶南道で撒布と決る/死傷行方不明實に八十名第二次水害の最も激しい全南の慘狀續々判明/簡保掛金支拂期間を猶豫罹災加入者に
252441	朝鮮朝日	南鮮版	1934-08-19	1	07단	忠北三人組の强盜就縛す首魁は京城で捕る
252442	朝鮮朝日	南鮮版	1934-08-19	1	07단	川澄氏の生存は確實引取交涉は相當困難か

일련번호	판명		간행일	면	단수	기사명
252443	朝鮮朝日	南鮮版	1934-08-19	1	08단	拳固で死亡
252444	朝鮮朝日	南鮮版	1934-08-19	1	08단	服役中の首領奪還を企つ正義府決死隊潜入の情報に當局では極力警戒
252445	朝鮮朝日	南鮮版	1934-08-19	1	09단	少年身投げ
252446	朝鮮朝日	南鮮版	1934-08-19	1	09단	謎のルンペン果して何處若妻殺し事件捜査陣涙ぐましい活動續く
252447	朝鮮朝日	南鮮版	1934-08-19	1	10단	線路枕に自殺
252448	朝鮮朝日	南鮮版	1934-08-19	1	10단	藥店雇人謎の死預り金紛失を苦に
252449	朝鮮朝日	南鮮版	1934-08-19	1	10단	馬暴る
252450	朝鮮朝日	南鮮版	1934-08-19	1	10단	人(深澤新一郎氏(高等法院長)/ウィルフリッド・ハズバンド夫妻(米國旅行講演家))
252451	朝鮮朝日	西北版	1934-08-21	1	01단	明るい農村の建設目指して今秋平南で巡廻農業展覽會山と盛る新趣向
252452	朝鮮朝日	西北版	1934-08-21	1	01단	凶作に顯れた郷約の眞價咸北農村を餓死より救ふこれを機に更に擴大强化
252453	朝鮮朝日	西北版	1934-08-21	1	03단	木材港雄基活況を呈す
252454	朝鮮朝日	西北版	1934-08-21	1	04단	人(富永咸北知事/藤原平南道知事)
252455	朝鮮朝日	西北版	1934-08-21	1	04단	豫算運用に手心水害農村への經費支出を增す平南道の凶作對策
252456	朝鮮朝日	西北版	1934-08-21	1	04단	貯木場新設
252457	朝鮮朝日	西北版	1934-08-21	1	04단	憎や雨空雨・雨・雨の連續線天を仰いで長嘆
252458	朝鮮朝日	西北版	1934-08-21	1	05단	台灣一周旅行
252459	朝鮮朝日	西北版	1934-08-21	1	05단	平壤酒躍進更に東京へ
252460	朝鮮朝日	西北版	1934-08-21	1	05단	練兵場移轉は遠からず實現？平壤の第二工場地帶設定に軍部も好意を示す
252461	朝鮮朝日	西北版	1934-08-21	1	05단	酒の脫稅に絡む贈賄か元山の三業者取調べ
252462	朝鮮朝日	西北版	1934-08-21	1	06단	土地熱の餘波借地人を泣かす地主の立退要求に組合の後援で爭ふ
252463	朝鮮朝日	西北版	1934-08-21	1	06단	齲齒調査
252464	朝鮮朝日	西北版	1934-08-21	1	06단	汗の結晶を水害地へやさしい義金
252465	朝鮮朝日	西北版	1934-08-21	1	06단	路上の奇禍
252466	朝鮮朝日	西北版	1934-08-21	1	07단	不良廣告を取締る
252467	朝鮮朝日	西北版	1934-08-21	1	07단	國境警備の辛苦を寫眞帖にうとい內地へ紹介
252468	朝鮮朝日	西北版	1934-08-21	1	07단	加害運轉手の寬刑を嘆願轢かれた幼兒の父から
252469	朝鮮朝日	西北版	1934-08-21	1	08단	盛り返した平壤の腦炎また新患發生
252470	朝鮮朝日	西北版	1934-08-21	1	08단	愛慾の果１返り討たれた男２新妻の嬰兒殺し
252471	朝鮮朝日	西北版	1934-08-21	1	08단	乞食を詐る
252472	朝鮮朝日	西北版	1934-08-21	1	08단	孫娘を捜し老婆永の旅一縷の望みも絶えて大邱に漸く辿りつく

일련번호	판명		간행일	면	단수	기사명
252473	朝鮮朝日	西北版	1934-08-21	1	09단	喧嘩から殺人
252474	朝鮮朝日	西北版	1934-08-21	1	09단	畸形牛
252475	朝鮮朝日	西北版	1934-08-21	1	10단	洗濯棒で毆殺す院洞川溺死體の謎解く
252476	朝鮮朝日	西北版	1934-08-21	1	10단	柳京日記
252477	朝鮮朝日	西北版	1934-08-21	1	10단	巡査看守講義錄朝鮮警務學會
252478	朝鮮朝日	南鮮版	1934-08-21	1	01단	西瓜船轉覆し十數名水に消ゆ爭ふ人々われ勝に取り縋り蠹島水泳場の慘事(六死體を發見十名はなほ不名捜査作業頗る困難/アッといふ間に船の姿が消える女子供も多數交っていた一目擊者は語る)
252479	朝鮮朝日	南鮮版	1934-08-21	1	04단	スポーツ(京師排球部內地へ遠征)
252480	朝鮮朝日	南鮮版	1934-08-21	1	04단	海水浴場で溺死
252481	朝鮮朝日	南鮮版	1934-08-21	1	04단	山崩れで一名壓死慶北盈德地方に豪雨
252482	朝鮮朝日	南鮮版	1934-08-21	1	05단	空家から發火五戸全燒京城の火事
252483	朝鮮朝日	南鮮版	1934-08-21	1	05단	出張先から大金を拐帶潜伏中捕る
252484	朝鮮朝日	南鮮版	1934-08-21	1	05단	預金者の橫合から九百圓を鷲摑み殖銀の窓口を襲うた怪漢金を投捨てゝ逃走
252485	朝鮮朝日	南鮮版	1934-08-21	1	05단	喧嘩から殺人
252486	朝鮮朝日	南鮮版	1934-08-21	1	06단	東海中部線にスタンプ
252487	朝鮮朝日	南鮮版	1934-08-21	1	06단	籾賣却を種に多額を詐取惡米穀商滿洲で捕る
252488	朝鮮朝日	南鮮版	1934-08-21	1	06단	洗濯棒で毆殺す院洞川溺死體の謎解く
252489	朝鮮朝日	南鮮版	1934-08-21	1	06단	畸形牛
252490	朝鮮朝日	南鮮版	1934-08-21	1	06단	孫娘を捜し老婆永の旅一縷の望みも絶えて大邱に漸く辿りつく
252491	朝鮮朝日	南鮮版	1934-08-21	1	07단	朝鐵慶北線漸やく復舊
252492	朝鮮朝日	南鮮版	1934-08-21	1	07단	國境警備の辛苦を寫眞帖にうとい內地へ紹介
252493	朝鮮朝日	南鮮版	1934-08-21	1	08단	水害復舊費起債を附議慶南臨時道會
252494	朝鮮朝日	南鮮版	1934-08-21	1	08단	愛慾の果1返り討たれた男2新妻の嬰兒殺し
252495	朝鮮朝日	南鮮版	1934-08-21	1	08단	腸チフス四名大邱に發生
252496	朝鮮朝日	南鮮版	1934-08-21	1	08단	豫防內服藥利用を奬勵
252497	朝鮮朝日	南鮮版	1934-08-21	1	09단	酒の脱稅に絡む贈賄か元山の三業者取調べ
252498	朝鮮朝日	南鮮版	1934-08-21	1	09단	滿洲國に憧れ無錢旅行を企つ靜岡を出奔した少年大邱署のご厄介に
252499	朝鮮朝日	南鮮版	1934-08-21	1	09단	京城中初等校夏休を終る
252500	朝鮮朝日	南鮮版	1934-08-21	1	10단	北漢山中に實習場開設京城健兒團
252501	朝鮮朝日	南鮮版	1934-08-21	1	10단	汗の結晶を水害地へやさしい義金
252502	朝鮮朝日	南鮮版	1934-08-21	1	10단	天安邑議補選
252503	朝鮮朝日	南鮮版	1934-08-21	1	10단	路上の奇禍
252504	朝鮮朝日	南鮮版	1934-08-21	1	10단	もよほし(京城西大門局上棟式)
252505	朝鮮朝日	南鮮版	1934-08-21	1	10단	人(八尾爲治郎氏(本社京城通信局長)

일련번호	판명		간행일	면	단수	기사명
252506	朝鮮朝日	南鮮版	1934-08-21	1	10단	巡査看守講義錄朝鮮警務學會
252507	朝鮮朝日	西北版	1934-08-22	1		缺號
252508	朝鮮朝日	南鮮版	1934-08-22	1	01단	内鮮ともども救け合ふ美しさ水害地を視察した黑田侍從の感激談/太平洋越えて美しい同情/我家を顧みず目覺しい働き罹災警官へ見舞金/价川線復舊/高山東拓總裁/郵便物はプロペラ船で國境の交通杜絶に
252509	朝鮮朝日	南鮮版	1934-08-22	1	01단	必死の搜査更に九死體を發見殘るはわづか一名西瓜とり慘事後報(檢事局でも關係者取調べ)
252510	朝鮮朝日	南鮮版	1934-08-22	1	01단	咸興最初の子供遊園地
252511	朝鮮朝日	南鮮版	1934-08-22	1	02단	日露役第一戰地七星門に記念碑建立の計劃進む
252512	朝鮮朝日	南鮮版	1934-08-22	1	04단	中江鎭の忠魂碑竣工近く除幕式
252513	朝鮮朝日	南鮮版	1934-08-22	1	04단	京城府廳廓淸の指示を見ん
252514	朝鮮朝日	南鮮版	1934-08-22	1	05단	海の脅威から護る最初の海岸沙防九月から着工の運び
252515	朝鮮朝日	南鮮版	1934-08-22	1	05단	平南體育大會
252516	朝鮮朝日	南鮮版	1934-08-22	1	05단	釜山棧橋を豪華に改造關釜大型聯絡船新造に伴ひ大陸玄關に適しく
252517	朝鮮朝日	南鮮版	1934-08-22	1	06단	伊東法院長着任/奥山新衛戍病院長
252518	朝鮮朝日	南鮮版	1934-08-22	1	06단	秋に押寄す鮮滿旅行者の群鐵道局へ睨報頻り
252519	朝鮮朝日	南鮮版	1934-08-22	1	06단	鐵道事故防止會
252520	朝鮮朝日	南鮮版	1934-08-22	1	06단	大邱の遊園地三ヶ所設置
252521	朝鮮朝日	南鮮版	1934-08-22	1	07단	京城府の市區改修一頓挫を來す
252522	朝鮮朝日	南鮮版	1934-08-22	1	07단	食糧金品を狙ひ敗殘匪また蠢く警備の第一線緊張
252523	朝鮮朝日	南鮮版	1934-08-22	1	08단	猛獸荒れる戰慄の慶北淸道郡地方で近く大卷狩を行ふ
252524	朝鮮朝日	南鮮版	1934-08-22	1	08단	軍機法違反に七年の求刑
252525	朝鮮朝日	南鮮版	1934-08-22	1	08단	平北强盜の身許判明す
252526	朝鮮朝日	南鮮版	1934-08-22	1	09단	民家建築の許可取消を求む牡丹台の風致を害すると平壤府から警察へ
252527	朝鮮朝日	南鮮版	1934-08-22	1	10단	醉拂った男鐵道で轢死
252528	朝鮮朝日	南鮮版	1934-08-22	1	10단	溜池に嬰兒の死體
252529	朝鮮朝日	南鮮版	1934-08-22	1	10단	人(高橋龜吉氏(東京、經濟硏究所長)/金時權氏(慶北産業部長))
252530	朝鮮朝日	南鮮版	1934-08-22	1	10단	邪戀を淸算鐵路に飛込み
252531	朝鮮朝日	南鮮版	1934-08-22	1	10단	松本京畿道知事各講習會を激勵
252532	朝鮮朝日	西北版	1934-08-23	1	01단	東伏見宮大妃殿下來月十九日御來鮮ばす釜山に於る御日程
252533	朝鮮朝日	西北版	1934-08-23	1	01단	米倉愈よ大擴張能力は一躍二百五十萬に麗水江景には支店を設置資本も三百萬圓に增額
252534	朝鮮朝日	西北版	1934-08-23	1	01단	南鮮水害義損金廿萬圓を突破か先づ第一回分を發送
252535	朝鮮朝日	西北版	1934-08-23	1	04단	宇垣總督招宴本社新舊支局長を

일련번호	판명		간행일	면	단수	기사명
252536	朝鮮朝日	西北版	1934-08-23	1	04단	平壤府會
252537	朝鮮朝日	西北版	1934-08-23	1	04단	米穀問題の意見を明示近く東上の有賀氏を中心に總督府の重要協議
252538	朝鮮朝日	西北版	1934-08-23	1	04단	金剛山が鐵道の弗箱に素晴しかった夏の登山客秋も躍起で宣傳
252539	朝鮮朝日	西北版	1934-08-23	1	05단	本社京城支局新社屋上棟式(二十一日)
252540	朝鮮朝日	西北版	1934-08-23	1	05단	我らの代表京商ナイン歸る
252541	朝鮮朝日	西北版	1934-08-23	1	05단	手が出ぬ大商談べら棒な雲山金鑛の賣値に買手も遂に諦める
252542	朝鮮朝日	西北版	1934-08-23	1	05단	新造の展望車試運轉好績
252543	朝鮮朝日	西北版	1934-08-23	1	06단	讀者慰安映畫會木浦で大盛況
252544	朝鮮朝日	西北版	1934-08-23	1	06단	釜山府民聯合運動會開催體育デーに
252545	朝鮮朝日	西北版	1934-08-23	1	07단	定員超過で學童締出し就學難の平壤小學校
252546	朝鮮朝日	西北版	1934-08-23	1	07단	地金強調
252547	朝鮮朝日	西北版	1934-08-23	1	07단	全鮮野球選手權大會アマチュア協會主催
252548	朝鮮朝日	西北版	1934-08-23	1	07단	殉職の井野場氏告別式
252549	朝鮮朝日	西北版	1934-08-23	1	07단	親子共謀で八回に互り放火家を賣らぬ富豪を恨んで嫌がらせの犯行
252550	朝鮮朝日	西北版	1934-08-23	1	07단	救濟を要する鮮農一萬四千松花江氾濫の罹災者當局愈よ乘出す
252551	朝鮮朝日	西北版	1934-08-23	1	08단	溺死者は全部で十七名なほ一名發見されぬ蠹島水泳場の慘事
252552	朝鮮朝日	西北版	1934-08-23	1	08단	竊盜一束
252553	朝鮮朝日	西北版	1934-08-23	1	09단	店員の横領
252554	朝鮮朝日	西北版	1934-08-23	1	09단	平南の土木事業
252555	朝鮮朝日	西北版	1934-08-23	1	09단	平南林檎內地進出の足場に下關に出張所滿洲産の輸入に禁止に勇躍、內地市場へ
252556	朝鮮朝日	西北版	1934-08-23	1	10단	局營バス運轉の計劃平壤、中和間
252557	朝鮮朝日	西北版	1934-08-23	1	10단	機關車に觸れ母子死傷す
252558	朝鮮朝日	西北版	1934-08-23	1	10단	漁船補助增額要望
252559	朝鮮朝日	西北版	1934-08-23	1	10단	魚釣で溺死
252560	朝鮮朝日	西北版	1934-08-23	1	10단	二人組強盜
252561	朝鮮朝日	西北版	1934-08-23	1	10단	人(朝鮮古美術見學團/阿部平壤府尹/新任騎兵監宇佐見中將(前滿洲駐在○○團長))
252562	朝鮮朝日	南鮮版	1934-08-23	1		缺號
252563	朝鮮朝日	西北版	1934-08-24	1	01단	再燃の米穀問題積極策はとらぬ移出統制には愼重な研究總督府の方針決る
252564	朝鮮朝日	西北版	1934-08-24	1	01단	平壤の交通網第二人道橋は依然舊市街に工場地帶の聯繫には第一、第三兩橋に循環バス

일련번호	판명		간행일	면	단수	기사명
252565	朝鮮朝日	西北版	1934-08-24	1	02단	基督教革新の火の手熾烈ますます勢力を加ふ佛教も俄然盛り返す
252566	朝鮮朝日	西北版	1934-08-24	1	04단	染色講習會
252567	朝鮮朝日	西北版	1934-08-24	1	04단	總督府辭令(二十日付)
252568	朝鮮朝日	西北版	1934-08-24	1	04단	李朝傳統の風習新時代に適しい改革を新儀禮準則成案を得愈よちかく實施
252569	朝鮮朝日	西北版	1934-08-24	1	04단	輕便鐵道起工式
252570	朝鮮朝日	西北版	1934-08-24	1	05단	平北の面廢合實施遲る？
252571	朝鮮朝日	西北版	1934-08-24	1	05단	教育起債認可
252572	朝鮮朝日	西北版	1934-08-24	1	05단	自動車會社合同の協議
252573	朝鮮朝日	西北版	1934-08-24	1	05단	農村に痲れ都邑に勃興北鮮の享樂機關
252574	朝鮮朝日	西北版	1934-08-24	1	06단	安東水害の義損金募集
252575	朝鮮朝日	西北版	1934-08-24	1	06단	秋立つ碧海に氣負ひ立つ鰮船景氣よい大漁の前觸れに活氣づく北鮮諸港
252576	朝鮮朝日	西北版	1934-08-24	1	06단	新線開通で平鐵に異動
252577	朝鮮朝日	西北版	1934-08-24	1	07단	農村産業施設の補助制度を廢止損失の場合或る程度補償平南の助長策一轉
252578	朝鮮朝日	西北版	1934-08-24	1	07단	落磐の恐怖に坑夫廢業相つぎ事故頻發の平南道
252579	朝鮮朝日	西北版	1934-08-24	1	08단	三巴の圓盤戰美聲の妓生を動員レコード會社の鍔ぜり合ひ
252580	朝鮮朝日	西北版	1934-08-24	1	08단	亂暴な問屋
252581	朝鮮朝日	西北版	1934-08-24	1	08단	列車から落ちた幼兒命拾ひ
252582	朝鮮朝日	西北版	1934-08-24	1	09단	十年の判決東拓クラブ殺人事件
252583	朝鮮朝日	西北版	1934-08-24	1	09단	江西署活動
252584	朝鮮朝日	西北版	1934-08-24	1	09단	西平壤に中央卸賣市場愈よ明年度に新設府民に低廉な物資を供給
252585	朝鮮朝日	西北版	1934-08-24	1	09단	遊泳中溺死
252586	朝鮮朝日	西北版	1934-08-24	1	10단	船橋里校の職業科充實
252587	朝鮮朝日	西北版	1934-08-24	1	10단	柳京日記
252588	朝鮮朝日	南鮮版	1934-08-24	1	01단	李朝傳統の風習新時代に適しい改革を新儀禮準則成案を得愈よちかく實施
252589	朝鮮朝日	南鮮版	1934-08-24	1	01단	再燃の米穀問題積極策はとらぬ移出統制には愼重な研究總督府の方針決る
252590	朝鮮朝日	南鮮版	1934-08-24	1	01단	西北鮮へも移住を斡旋水害罹災者救濟に
252591	朝鮮朝日	南鮮版	1934-08-24	1	02단	教員農業科講習會終る
252592	朝鮮朝日	南鮮版	1934-08-24	1	03단	下賜金傳達式慶南道で擧行
252593	朝鮮朝日	南鮮版	1934-08-24	1	03단	大邱地方理髮料金改正
252594	朝鮮朝日	南鮮版	1934-08-24	1	04단	もよほし(京城南山本願寺夏季大學)
252595	朝鮮朝日	南鮮版	1934-08-24	1	04단	國旗揭揚に感激し美しい防空獻金恩赦に出所した思想

일련번호	판명		간행일	면	단수	기사명
						犯二名赤の中心地にこの佳話
252596	朝鮮朝日	南鮮版	1934-08-24	1	05단	幸運の當籤者本紙販賣店主催中等野球優勝校の豫想投票
252597	朝鮮朝日	南鮮版	1934-08-24	1	05단	總督府辭令(二十日付)
252598	朝鮮朝日	南鮮版	1934-08-24	1	05단	モヒ患者救援會東京に設置
252599	朝鮮朝日	南鮮版	1934-08-24	1	06단	製劑施設大擴張傳染病豫防藥注文殺到に
252600	朝鮮朝日	南鮮版	1934-08-24	1	06단	野球試合
252601	朝鮮朝日	南鮮版	1934-08-24	1	06단	電車異變
252602	朝鮮朝日	南鮮版	1934-08-24	1	06단	落磐の恐怖に坑夫廢業相つぎ平南道の各炭坑に事故續出當局、重ねて警告
252603	朝鮮朝日	南鮮版	1934-08-24	1	07단	柔道二段に泥棒ぺしゃんこ捩ぢ伏せられ警察へ
252604	朝鮮朝日	南鮮版	1934-08-24	1	07단	老衰を苦に縊死
252605	朝鮮朝日	南鮮版	1934-08-24	1	07단	投炭競技會大田で好成績
252606	朝鮮朝日	南鮮版	1934-08-24	1	08단	惠山對岸に武裝匪賊直ちに擊退
252607	朝鮮朝日	南鮮版	1934-08-24	1	09단	慶北淸道地方暴風雨襲ふ
252608	朝鮮朝日	南鮮版	1934-08-24	1	09단	三巴の圓盤戰美聲の妓生を動員レコード會社の鍔ぜり合ひ
252609	朝鮮朝日	南鮮版	1934-08-24	1	09단	病苦の女學生旅館で縊死
252610	朝鮮朝日	南鮮版	1934-08-24	1	09단	スリ捕まる
252611	朝鮮朝日	南鮮版	1934-08-24	1	10단	遭難の怪漁船竹邊港に漂着
252612	朝鮮朝日	南鮮版	1934-08-24	1	10단	借金拂に窮し強盜の狂言
252613	朝鮮朝日	南鮮版	1934-08-24	1	10단	阿片密造男驛待合室で捕る
252614	朝鮮朝日	南鮮版	1934-08-24	1	10단	列車から落ちた幼兒命拾ひ
252615	朝鮮朝日	南鮮版	1934-08-24	1	10단	安東水害の義損金募集
252616	朝鮮朝日	西北版	1934-08-25	1		缺號
252617	朝鮮朝日	南鮮版	1934-08-25	1	01단	總督府財政の整理愈よ斷行か豫算膨脹禍への根本對策に場合では委員會設置
252618	朝鮮朝日	南鮮版	1934-08-25	1	01단	國庫港灣改修工事繼續と決る明年から十年計劃で
252619	朝鮮朝日	南鮮版	1934-08-25	1	04단	もよほし(演能會)
252620	朝鮮朝日	南鮮版	1934-08-25	1	04단	人(藤本菊一氏(本社通信部次長)/岡崎忠南知事)
252621	朝鮮朝日	南鮮版	1934-08-25	1	04단	水害下賜金慶北の傳達式/水禍防止委員會來週初會合/災害復舊起債可決慶南臨時道會
252622	朝鮮朝日	南鮮版	1934-08-25	1	04단	刑事ごっこから幼兒を滅多斬り全身に三十四ヶ所の小刀傷犯人は白痴の少年(遊びが昂じてこの慘劇！)
252623	朝鮮朝日	南鮮版	1934-08-25	1	05단	小型映畫の許可は不要法規に觸れぬ限り
252624	朝鮮朝日	南鮮版	1934-08-25	1	05단	軍民一致し壯烈なる演習を滿洲事變三周年記念日に京城の大々的催し
252625	朝鮮朝日	南鮮版	1934-08-25	1	05단	市街地計劃令京城府に適用先づ知識普及のため廿七日講演會開催

일련번호	판명		간행일	면	단수	기사명
252626	朝鮮朝日	南鮮版	1934-08-25	1	06단	爽凉の清津に花やかな國際色上海からハルビンから避暑の外人押かく
252627	朝鮮朝日	南鮮版	1934-08-25	1	06단	大邱濁酒爭議漸やく解決
252628	朝鮮朝日	南鮮版	1934-08-25	1	07단	明治町公設市場移轉敷地決る
252629	朝鮮朝日	南鮮版	1934-08-25	1	07단	金密輸團の巧妙な列車利用リレー式捜査で絶滅に乘出す
252630	朝鮮朝日	南鮮版	1934-08-25	1	08단	水着一枚で密航を企つ不敵な少年
252631	朝鮮朝日	南鮮版	1934-08-25	1	08단	穴居の一家豪雨で全滅親子四名死傷の惨/大同江増水奥地の交通またも杜絶
252632	朝鮮朝日	南鮮版	1934-08-25	1	09단	路上の強盗通行人を亂打
252633	朝鮮朝日	南鮮版	1934-08-25	1	09단	警官溺る
252634	朝鮮朝日	南鮮版	1934-08-25	1	09단	繩で縛った婦人の死體鎭南浦港內に漂着他殺の形跡歷然！
252635	朝鮮朝日	南鮮版	1934-08-25	1	09단	棍棒で殺す
252636	朝鮮朝日	南鮮版	1934-08-25	1	10단	醉った隙に大金盗まる
252637	朝鮮朝日	南鮮版	1934-08-25	1	10단	自動車事故
252638	朝鮮朝日	南鮮版	1934-08-25	1	10단	自轉車泥
252639	朝鮮朝日	南鮮版	1934-08-25	1	10단	僞強盗の訴へ
252640	朝鮮朝日	南鮮版	1934-08-25	1	10단	巡査看守講義錄朝鮮警務學會
252641	朝鮮朝日	西北版	1934-08-26	1	01단	粟の輸入關税撤廢したい考へ米價高に細農は大打撃當面問題を語る今井田總監(明年度豫算/水害對策/米穀問題/粟輸入關税/産業組合改革)
252642	朝鮮朝日	西北版	1934-08-26	1	01단	半島同胞へ精神文化を注ぐ新しき宗教を通じ愈よ大々的運動
252643	朝鮮朝日	西北版	1934-08-26	1	01단	今度こそは！十月慶州古墳群の第二次發掘に着手
252644	朝鮮朝日	西北版	1934-08-26	1	01단	司法官異動
252645	朝鮮朝日	西北版	1934-08-26	1	02단	人命救助の漁夫を表彰
252646	朝鮮朝日	西北版	1934-08-26	1	03단	特産聯合會の組織を急ぐ
252647	朝鮮朝日	西北版	1934-08-26	1	03단	治水委員會の顔觸れ決まる廿九日、初の委員會/水禍の電柱被害は十一萬圓年末までに大修理/慶南沙防工事起債の內譯/安東邑を繞る洛東江堤防大改築を行ふ/陳情隊殺到に慶北道の悲鳴/義惠線道路豪雨で決潰/平北水組の被害
252648	朝鮮朝日	西北版	1934-08-26	1	04단	基督青年會大會
252649	朝鮮朝日	西北版	1934-08-26	1	04단	輯安縣に匪賊跳梁擊滅に出動
252650	朝鮮朝日	西北版	1934-08-26	1	05단	少年殺人の演ぜられた平壤山手町の惨劇の家(圓內は殺害された宮崎至君)
252651	朝鮮朝日	西北版	1934-08-26	1	05단	スポーツ(鐵道局排球大會)
252652	朝鮮朝日	西北版	1934-08-26	1	05단	家屋の改善に組立式住宅を都市向、農村向を廉價で頒

일련번호	판명		간행일	면	단수	기사명
						つ平南道で近く實現
252653	朝鮮朝日	西北版	1934-08-26	1	05단	ラヂュームやあい插入した婦人の患部からポロリ！と消えた三千圓平壤醫院の大搜査
252654	朝鮮朝日	西北版	1934-08-26	1	06단	行方不明
252655	朝鮮朝日	西北版	1934-08-26	1	07단	マイト爆發工夫六名死傷す長津江水電工事場の珍事
252656	朝鮮朝日	西北版	1934-08-26	1	07단	嫉妬に狂ひ愛妻を慘殺
252657	朝鮮朝日	西北版	1934-08-26	1	07단	安州を中心に不穩の計劃を進む內地からも既に六名を檢擧當局、頻りに活動
252658	朝鮮朝日	西北版	1934-08-26	1	07단	誰何されて庖丁で刺すカフェの强盜
252659	朝鮮朝日	西北版	1934-08-26	1	08단	作業中の囚人脱走す
252660	朝鮮朝日	西北版	1934-08-26	1	08단	ラヂオ盜聽者にお灸すゑらるDK初めての摘發
252661	朝鮮朝日	西北版	1934-08-26	1	09단	迷信が生む悲劇十八の靑年癲癇治療に蝮に咬ませて危篤
252662	朝鮮朝日	西北版	1934-08-26	1	09단	刑事補償を請求マリヤ事件の井上氏注目される成行き
252663	朝鮮朝日	西北版	1934-08-26	1	10단	僞辭令で親を喜ばすとんだ孝行者
252664	朝鮮朝日	西北版	1934-08-26	1	10단	大盡風を吹かす紳士あばき出された惡事の數々
252665	朝鮮朝日	西北版	1934-08-26	1	10단	沙里院の强盜
252666	朝鮮朝日	西北版	1934-08-26	1	10단	牛番の轢死
252667	朝鮮朝日	南鮮版	1934-08-26	1		缺號
252668	朝鮮朝日	西北版	1934-08-28	1	01단	遭難者の大半は通學途上の學生折り重って哀號の悲鳴咸鏡線の列車慘事/慘澹たる現場客車は礩に串刺し先を爭うて乘客死地を脫る/異樣な音と同時いきなり宙返り重傷の李乘務員談/重傷の身で珍事を速報中山伍長の勇敢な行爲
252669	朝鮮朝日	西北版	1934-08-28	1	01단	ある風景
252670	朝鮮朝日	西北版	1934-08-28	1	04단	飾窓競技會
252671	朝鮮朝日	西北版	1934-08-28	1	04단	お國氣質を發く(1)/氣を負うて立つ豪快、水戶っ兒魂平壤師範校長津田信氏
252672	朝鮮朝日	西北版	1934-08-28	1	05단	司法官の大異動いよいよ發表さる
252673	朝鮮朝日	西北版	1934-08-28	1	05단	仲買として會社存續か漁組移管の南浦魚市場
252674	朝鮮朝日	西北版	1934-08-28	1	05단	三十三士の盛大な慰靈祭空陸呼應の聯合演習平壤の滿洲事變記念日催し
252675	朝鮮朝日	西北版	1934-08-28	1	06단	巡廻と通信で若き農民を指導平南農村の明日に備へる當局の計劃進む
252676	朝鮮朝日	西北版	1934-08-28	1	07단	五年に亙って神社を淸掃奇特の父子
252677	朝鮮朝日	西北版	1934-08-28	1	07단	農村の現狀に則し乙種農校を普及平南で具體案を練る
252678	朝鮮朝日	西北版	1934-08-28	1	07단	溺れんとする筏夫を救ふ四名を表彰
252679	朝鮮朝日	西北版	1934-08-28	1	08단	無名兵士の獻金
252680	朝鮮朝日	西北版	1934-08-28	1	08단	妻は病床夫は警備線上に鴨綠江畔に痲しく逝った哀し

일련번호	판명		간행일	면	단수	기사명
						・國境警官の妻
252681	朝鮮朝日	西北版	1934-08-28	1	08단	幼女溺る
252682	朝鮮朝日	西北版	1934-08-28	1	09단	北滿移住の途上で盜難
252683	朝鮮朝日	西北版	1934-08-28	1	09단	唯一日の豪雨で流された材木五萬圓素直に返さぬ拾得者は嚴重處罰の達示
252684	朝鮮朝日	西北版	1934-08-28	1	09단	牛の腐肉に四十名中る一名死亡、廿名重體
252685	朝鮮朝日	西北版	1934-08-28	1	10단	電車衝突の求刑
252686	朝鮮朝日	西北版	1934-08-28	1	10단	柳京日記
252687	朝鮮朝日	南鮮版	1934-08-28	1	01단	遭難者の大半は通學途上の學生折り重って哀號の悲鳴 咸鏡線の列車慘事/慘澹たる現場客車は磧に串刺し先を爭うて乘客死地を脫る
252688	朝鮮朝日	南鮮版	1934-08-28	1	01단	軍用地一部の無償拂下を恩給、扶助料の實現難から舊韓國將校會の運動
252689	朝鮮朝日	南鮮版	1934-08-28	1	01단	下賜金傳達式(大田/淸州)
252690	朝鮮朝日	南鮮版	1934-08-28	1	02단	華かな巨彈揃ひ釜山・秋の競映陣
252691	朝鮮朝日	南鮮版	1934-08-28	1	03단	慶北の道立醫院長會議
252692	朝鮮朝日	南鮮版	1934-08-28	1	04단	飾窓競技會
252693	朝鮮朝日	南鮮版	1934-08-28	1	04단	東岸警備に三驅逐艦巡航
252694	朝鮮朝日	南鮮版	1934-08-28	1	04단	大博物館建設に決る施政廿五周年記念(綜合文化研究所記念事業と別個に建設)
252695	朝鮮朝日	南鮮版	1934-08-28	1	04단	司法官の大異動いよいよ發表さる
252696	朝鮮朝日	南鮮版	1934-08-28	1	05단	鐵道局連勝す對全廣島陸競
252697	朝鮮朝日	南鮮版	1934-08-28	1	06단	サ聯の不法に現地入りは困難川澄氏遭難實情を調査した大野書記らの歸來談
252698	朝鮮朝日	南鮮版	1934-08-28	1	06단	白系露人が朝鮮へ虎狩
252699	朝鮮朝日	南鮮版	1934-08-28	1	07단	GPUと氣脈を通ず奇怪なる匪賊團サ滿國境地帶に蟠居脫走者の歸來で暴露
252700	朝鮮朝日	南鮮版	1934-08-28	1	07단	東海中部線を廣軌に改良せよ沿線各地に叫び揚る
252701	朝鮮朝日	南鮮版	1934-08-28	1	08단	本社映畫會盛況
252702	朝鮮朝日	南鮮版	1934-08-28	1	08단	幼き二つの命をうばふ魔の川、琴湖江哀話
252703	朝鮮朝日	南鮮版	1934-08-28	1	09단	自動車賃が法外に高い道立大邱醫院叱らる
252704	朝鮮朝日	南鮮版	1934-08-28	1	10단	私塾地下室で拳銃を發見
252705	朝鮮朝日	南鮮版	1934-08-28	1	10단	特急に刎られ聾の兒瀕死
252706	朝鮮朝日	南鮮版	1934-08-28	1	10단	少年の盜み
252707	朝鮮朝日	西北版	1934-08-29	1	01단	大博物館建設に決る施政廿五周年記念(綜合文化研究所記念事業と別個に建設)
252708	朝鮮朝日	西北版	1934-08-29	1	01단	鎭南浦港懸案の碎氷船愈よ實現期成會の奔走つひに奏功消ゆる結氷の悩み
252709	朝鮮朝日	西北版	1934-08-29	1	01단	低金利公債に微笑む平壤府本年度起債は四分三釐の低

일련번호	판명		간행일	면	단수	기사명
						利舊債を借替へて府財政を緩和
252710	朝鮮朝日	西北版	1934-08-29	1	04단	人(磯少佐(鎮海憲兵分隊長)/野田新吾氏(殖産銀行理事))
252711	朝鮮朝日	西北版	1934-08-29	1	04단	平壤明年度新規事業
252712	朝鮮朝日	西北版	1934-08-29	1	04단	零下五度物凄い降雹咸南惠山鎮上流に時ならぬ寒氣襲來
252713	朝鮮朝日	西北版	1934-08-29	1	05단	咸興一帶で十九師團秋季演習來月廿九日より十七日間/咸北學生靑訓綜合演習來月八九兩日
252714	朝鮮朝日	西北版	1934-08-29	1	05단	平壤寧遠間に電話を架設國有林の伐採開始に
252715	朝鮮朝日	西北版	1934-08-29	1	05단	お國氣質を發く（２）/伊勢の神風うけて根づよく手堅く金雞酒場經營主奧田政吉氏
252716	朝鮮朝日	西北版	1934-08-29	1	06단	植田軍司令官北鮮を巡視
252717	朝鮮朝日	西北版	1934-08-29	1	06단	住宅組合
252718	朝鮮朝日	西北版	1934-08-29	1	06단	滿浦線工事霖雨で遲延
252719	朝鮮朝日	西北版	1934-08-29	1	06단	平壤魚市場の府營論有力化す府尹監督のもとに經營は從來の會社に賃貸
252720	朝鮮朝日	西北版	1934-08-29	1	07단	大地愛に蘇へる純情好成績の平壤更生園
252721	朝鮮朝日	西北版	1934-08-29	1	07단	山手町殺人事件に死刑を求む單なる竊盜の目的でない檢事、痛烈に論告
252722	朝鮮朝日	西北版	1934-08-29	1	08단	萩で飾る牡丹台の秋永明寺を中心に
252723	朝鮮朝日	西北版	1934-08-29	1	09단	咸鏡線列車轉覆珍事後報 關係者につき原因を調査橋本檢事正ら出張/佐藤局長代理遭難者慰問
252724	朝鮮朝日	西北版	1934-08-29	1	10단	柳京日記
252725	朝鮮朝日	南鮮版	1934-08-29	1	01단	秋の卷頭日曜休日の二日續きに爽快な金剛探勝へ
252726	朝鮮朝日	南鮮版	1934-08-29	1	01단	朝鮮同胞の內地旅もこれからは安心朝鮮語の出來る驛員を主要驛に駐在さす
252727	朝鮮朝日	南鮮版	1934-08-29	1	01단	滿洲移民は早いほど良い安全農村もなほ餘裕がある來城した錦織氏談/移民計劃の決定を急ぐ二氏らと最後の檢討
252728	朝鮮朝日	南鮮版	1934-08-29	1	03단	植田軍司令官北鮮を巡視
252729	朝鮮朝日	南鮮版	1934-08-29	1	03단	列車遭難者見舞に急行
252730	朝鮮朝日	南鮮版	1934-08-29	1	04단	人(磯少佐(鎮海憲兵分隊長)/野田新吾氏(殖産銀行理事))
252731	朝鮮朝日	南鮮版	1934-08-29	1	04단	シックな兩切蘭賣り出す十月一日から
252732	朝鮮朝日	南鮮版	1934-08-29	1	04단	秋の旋律
252733	朝鮮朝日	南鮮版	1934-08-29	1	05단	半島紹介の施設も行ふ竣工近き總督府東京出張所の機構を擴充/本府定例局長會議
252734	朝鮮朝日	南鮮版	1934-08-29	1	06단	全北平野の秋風を切る來月二十三日花々しく開く第二回驛傳競走
252735	朝鮮朝日	南鮮版	1934-08-29	1	07단	全馬山敗る
252736	朝鮮朝日	南鮮版	1934-08-29	1	07단	蠶島水泳場遭難者慰靈祭

일련번호	판명		간행일	면	단수	기사명
252737	朝鮮朝日	南鮮版	1934-08-29	1	07단	教科書まで水禍にうばはる難澁する慶北安東の兒童へ美し浦項の贈り物
252738	朝鮮朝日	南鮮版	1934-08-29	1	08단	鐵道局に怪盗列車係ご難
252739	朝鮮朝日	南鮮版	1934-08-29	1	08단	馬車狂奔し六名重傷す
252740	朝鮮朝日	南鮮版	1934-08-29	1	08단	新札一億圓お輿入れ釜山も無事に通過し鮮銀の大金庫へ
252741	朝鮮朝日	南鮮版	1934-08-29	1	09단	骸骨を發見
252742	朝鮮朝日	南鮮版	1934-08-29	1	10단	面書記が自殺を企つ
252743	朝鮮朝日	南鮮版	1934-08-29	1	10단	姙娠を恥ぢ胎兒を暗へ
252744	朝鮮朝日	南鮮版	1934-08-29	1	10단	雷管爆發し二工夫重傷
252745	朝鮮朝日	南鮮版	1934-08-29	1	10단	安康局に電話事務開始
252746	朝鮮朝日	南鮮版	1934-08-29	1	10단	もよほし(京城府主催第三回商工從事員講習會)
252747	朝鮮朝日	西北版	1934-08-30	1	01단	受難の連續で水稻はやゝ不良空前の大凶作を豫想される廿五日現在の作況
252748	朝鮮朝日	西北版	1934-08-30	1	01단	昭和水利復活要望の聲今夏の水禍と凶作に鑑み有力者間に昂る/一般農民に土木勞銀を均霑凶作地に道路橋梁を新設河野平南內務部長談
252749	朝鮮朝日	西北版	1934-08-30	1	03단	不良林檎取締り
252750	朝鮮朝日	西北版	1934-08-30	1	03단	甲州人の卷お國氣質を發く(3)/半島醫學の草分け財閥代りに診斷書の山を築く桃蹊堂醫院主弦間孝三氏
252751	朝鮮朝日	西北版	1934-08-30	1	04단	對岸匪賊禍
252752	朝鮮朝日	西北版	1934-08-30	1	04단	朝託支店近く開業
252753	朝鮮朝日	西北版	1934-08-30	1	04단	北鮮航空路明年から實施咸興、羅南に飛行場
252754	朝鮮朝日	西北版	1934-08-30	1	04단	新秋の平壤を飾る催し孔子廟奉遷、府廳舍落成お酒の品評會など
252755	朝鮮朝日	西北版	1934-08-30	1	05단	平南の農民中堅校成績大いに擧るさらに一校を增設
252756	朝鮮朝日	西北版	1934-08-30	1	05단	炭坑事故防止講演會
252757	朝鮮朝日	西北版	1934-08-30	1	05단	劍道試合
252758	朝鮮朝日	西北版	1934-08-30	1	06단	困窮者に施米
252759	朝鮮朝日	西北版	1934-08-30	1	07단	咸鏡線列車顚覆の現場
252760	朝鮮朝日	西北版	1934-08-30	1	07단	想起す關東震災思ひ出の九月一日を迎へて平壤の酒なしデー
252761	朝鮮朝日	西北版	1934-08-30	1	07단	人手不足の西鮮へ水害罹災民を移す斡旋の根本方針打合せに平南學務課長上城/美人も暗躍坑夫爭奪戰無煙炭界の好況に
252762	朝鮮朝日	西北版	1934-08-30	1	09단	新製兩切蘭賣出し十月一日から
252763	朝鮮朝日	西北版	1934-08-30	1	09단	難局に立つ平北明年豫算新財源なく補助も望み薄早くも編成に腐心
252764	朝鮮朝日	西北版	1934-08-30	1	10단	井上子動靜

일련번호	판명		간행일	면	단수	기사명
252765	朝鮮朝日	西北版	1934-08-30	1	10단	柳京日記
252766	朝鮮朝日	南鮮版	1934-08-30	1	01단	受難の連續で水稻はやゝ不良空前の大凶作を豫想される廿五日現在の作況
252767	朝鮮朝日	南鮮版	1934-08-30	1	01단	北鮮航空路明年から實施咸興、羅南に飛行場
252768	朝鮮朝日	南鮮版	1934-08-30	1	01단	陳情團詰かけ異常な緊張治水調査委員會開く
252769	朝鮮朝日	南鮮版	1934-08-30	1	02단	一邑八ヶ面を京城府に新編入市街地令と共に區域擴張實施六大都市に次ぐ大都會に
252770	朝鮮朝日	南鮮版	1934-08-30	1	03단	京城實業俱對抗陸上競技/朝鮮神宮競技慶南道豫選
252771	朝鮮朝日	南鮮版	1934-08-30	1	03단	追憶新たに壯烈な假想戰滿洲事變記念日京城の行事決る
252772	朝鮮朝日	南鮮版	1934-08-30	1	04단	下賜金傳達式
252773	朝鮮朝日	南鮮版	1934-08-30	1	05단	咸鏡線列車轉覆の現場
252774	朝鮮朝日	南鮮版	1934-08-30	1	05단	電波を曲折させ超短波山を越ゆちかく群山、於靑島間で劃期の通話試驗
252775	朝鮮朝日	南鮮版	1934-08-30	1	06단	溢れる赤誠感激の國防獻金殺到
252776	朝鮮朝日	南鮮版	1934-08-30	1	07단	プロを豊富にDKが愈よ大改善
252777	朝鮮朝日	南鮮版	1934-08-30	1	07단	廣軌改良の急速實現は困難東海中部線各地の運動に鐵道當局の意向
252778	朝鮮朝日	南鮮版	1934-08-30	1	08단	酒なしデー一日の震災記念日に慶南の意義ある催し(釜山の行事)
252779	朝鮮朝日	南鮮版	1934-08-30	1	08단	京城道路改修難問解決す
252780	朝鮮朝日	南鮮版	1934-08-30	1	08단	メートルに細工し禮金を稼ぐにせ電氣技師捕る
252781	朝鮮朝日	南鮮版	1934-08-30	1	08단	貓自殺
252782	朝鮮朝日	南鮮版	1934-08-30	1	09단	鐵橋から飛降り慘死
252783	朝鮮朝日	南鮮版	1934-08-30	1	09단	すは催淚ガス飛んだ驅蟲劑の惡戲
252784	朝鮮朝日	南鮮版	1934-08-30	1	10단	簡點を怠りお灸
252785	朝鮮朝日	南鮮版	1934-08-30	1	10단	詐欺事件に一年の判決
252786	朝鮮朝日	南鮮版	1934-08-30	1	10단	山崩れで人夫七名負傷す
252787	朝鮮朝日	南鮮版	1934-08-30	1	10단	もよほし(釜山鐵道事務所第二回管内電氣通信競技會)
252788	朝鮮朝日	南鮮版	1934-08-30	1	10단	ひかり遲る踏切番眠って自動車刎らる
252789	朝鮮朝日	南鮮版	1934-08-30	1	10단	人(原少將(軍馬補充本部長))
252790	朝鮮朝日	西北版	1934-08-31	1	01단	結婚した途端婚約の男歸る九年も待ち續けた富豪の娘詐欺で訴へらる
252791	朝鮮朝日	西北版	1934-08-31	1	01단	糞尿攻めに面食ふ府民汲取桶が大き過ぎると淸潔人夫が同盟罷業
252792	朝鮮朝日	西北版	1934-08-31	1	01단	電車逆突事件判決
252793	朝鮮朝日	西北版	1934-08-31	1	02단	氣早い祝電
252794	朝鮮朝日	西北版	1934-08-31	1	02단	長津江工事場でまた二名慘死火藥の取扱ひ不注意から
252795	朝鮮朝日	西北版	1934-08-31	1	03단	三道を股に僧侶だてらの惡行十餘名共謀で婦女子を詐

일련번호	판명		긴행일	면	단수	기사명
						る
252796	朝鮮朝日	西北版	1934-08-31	1	03단	老爺縊死
252797	朝鮮朝日	西北版	1934-08-31	1	04단	人(松澤少佐(茂山第三守備隊長)/松井猪之助氏(江界營林署長))
252798	朝鮮朝日	西北版	1934-08-31	1	04단	金鑛探掘に反對の陳情部落民から
252799	朝鮮朝日	西北版	1934-08-31	1	04단	犯罪檢擧數
252800	朝鮮朝日	西北版	1934-08-31	1	04단	明秋から共電式に平壤の電話
252801	朝鮮朝日	西北版	1934-08-31	1	04단	岡山人の卷お國氣質を發く(4)/金のなる木で裸か山を緑化西鮮造林會社支配人松尾六郎氏
252802	朝鮮朝日	西北版	1934-08-31	1	05단	またも浮んだ全裸の死體紐で縊られた卅女鎭南浦港內の怪事
252803	朝鮮朝日	西北版	1934-08-31	1	05단	市場落成記念畜牛大市
252804	朝鮮朝日	西北版	1934-08-31	1	06단	年間十萬圓の煙を摑む話煙突が吐き出す硫化物を新装置で見事吸收
252805	朝鮮朝日	西北版	1934-08-31	1	06단	署長相手に慰藉料の訴へ賭博の嫌疑で散々毆られ無罪となった男が
252806	朝鮮朝日	西北版	1934-08-31	1	07단	少年殺送局
252807	朝鮮朝日	西北版	1934-08-31	1	07단	神輿寄進
252808	朝鮮朝日	西北版	1934-08-31	1	07단	教育講習會
252809	朝鮮朝日	西北版	1934-08-31	1	07단	貯水池下の部落を移轉年內に完了の豫定長津江水電の犠牲
252810	朝鮮朝日	西北版	1934-08-31	1	08단	日支事變功績調査
252811	朝鮮朝日	西北版	1934-08-31	1	08단	愈よ平南に水産試驗所淺海利用試驗の徹底を期し當局、立案を急ぐ
252812	朝鮮朝日	西北版	1934-08-31	1	08단	入札不調
252813	朝鮮朝日	西北版	1934-08-31	1	09단	小野田洋灰北鮮進出か咸北で石灰山を買收
252814	朝鮮朝日	西北版	1934-08-31	1	09단	總督府辭令
252815	朝鮮朝日	西北版	1934-08-31	1	10단	柳京日記
252816	朝鮮朝日	西北版	1934-08-31	1	10단	陸軍各學校試驗
252817	朝鮮朝日	南鮮版	1934-08-31	1	01단	半島の金どれ位ある?保育法案實施と決まり先づ興味ある調査
252818	朝鮮朝日	南鮮版	1934-08-31	1	01단	罹災者を新天地へ二千七百戶、一萬一千餘名を滿洲、西北鮮へ送る
252819	朝鮮朝日	南鮮版	1934-08-31	1	02단	賛否兩論に一川案決定せず洛東江實地に調査治水委員會協議事項/原案を檢討治水調査委員會第二日
252820	朝鮮朝日	南鮮版	1934-08-31	1	03단	滿浦線路實測
252821	朝鮮朝日	南鮮版	1934-08-31	1	04단	もよほし(大城氏招宴)
252822	朝鮮朝日	南鮮版	1934-08-31	1	04단	總督府辭令
252823	朝鮮朝日	南鮮版	1934-08-31	1	04단	魔の海に標識局朝鮮海峽七發島燈台に初めて新設さる

일련번호	판명		간행일	면	단수	기사명
252824	朝鮮朝日	南鮮版	1934-08-31	1	04단	千六百人が一日に生れるが過去十年間では最低率八年中の出産調べ
252825	朝鮮朝日	南鮮版	1934-08-31	1	05단	釜山安東間に幹線列車を新設ひかりの停車時間更に短縮新ダイヤ編成終る(京城驛發着時刻)
252826	朝鮮朝日	南鮮版	1934-08-31	1	06단	慶南郡守異動
252827	朝鮮朝日	南鮮版	1934-08-31	1	07단	萬年筆で脅し貴金屬を强奪釜山に不敵の怪漢
252828	朝鮮朝日	南鮮版	1934-08-31	1	07단	空のお機嫌はまだ當分直らぬ世界的の駄々ッ兒ぶりでお守役もコボす
252829	朝鮮朝日	南鮮版	1934-08-31	1	07단	法度の赤貝採捕大掛りな漁業團檢擧
252830	朝鮮朝日	南鮮版	1934-08-31	1	08단	水害功勞者慶北で上申
252831	朝鮮朝日	南鮮版	1934-08-31	1	08단	遞信局異動一日に發表
252832	朝鮮朝日	南鮮版	1934-08-31	1	08단	怪人物の運轉四名瀕死に運轉手所用の隙に自動車を引き出す
252833	朝鮮朝日	南鮮版	1934-08-31	1	08단	竊盜捕る
252834	朝鮮朝日	南鮮版	1934-08-31	1	09단	客車のおめかし
252835	朝鮮朝日	南鮮版	1934-08-31	1	09단	學生水上競技聯盟大會/ア式蹴球大會釜山で開く
252836	朝鮮朝日	南鮮版	1934-08-31	1	10단	漸やく下火釜山府內の腸チフス
252837	朝鮮朝日	南鮮版	1934-08-31	1	10단	迷信から嬰兒死體遺棄犯人判る
252838	朝鮮朝日	南鮮版	1934-08-31	1	10단	刑事補償の請求を提起
252839	朝鮮朝日	南鮮版	1934-08-31	1	10단	叺織原料藁を給與
252840	朝鮮朝日	南鮮版	1934-08-31	1	10단	人(本社支局來訪/水間美繼氏(殖銀理事)/野田新吾氏(殖銀理事))

1934년 9월 (조선아사히)

일련번호	판명		간행일	면	단수	기사명
252841	朝鮮朝日	西北版	1934-09-01	1	01단	商、工業組合の金融を認めよ金融組合には全然影響ない産業課長會議に平南より要望
252842	朝鮮朝日	西北版	1934-09-01	1	01단	平壤公會堂敷地瑞氣山は見込ない憲兵隊用地讓渡を軍部へ正式に交渉
252843	朝鮮朝日	西北版	1934-09-01	1	01단	押すな押すなと紡績會社の殺到明治紡績も平壤へ
252844	朝鮮朝日	西北版	1934-09-01	1	01단	初年兵檢閱
252845	朝鮮朝日	西北版	1934-09-01	1	01단	騎兵演習
252846	朝鮮朝日	西北版	1934-09-01	1	02단	實彈射擊演習
252847	朝鮮朝日	西北版	1934-09-01	1	02단	モーターの大修理工場平壤に新設
252848	朝鮮朝日	西北版	1934-09-01	1	02단	お國氣質を發く（５）/流石はお國柄藥屋で今日の大大和人の卷藥種商森田奈良治氏
252849	朝鮮朝日	西北版	1934-09-01	1	03단	南浦道立醫院增築
252850	朝鮮朝日	西北版	1934-09-01	1	03단	國有林買收
252851	朝鮮朝日	西北版	1934-09-01	1	04단	公益質屋
252852	朝鮮朝日	西北版	1934-09-01	1	04단	朝鮮同胞の內地旅もこれからは安心朝鮮語の出來る驛員を主要驛に駐在さす
252853	朝鮮朝日	西北版	1934-09-01	1	05단	鎭南浦港の怪死體は狂女自宅に監禁中を逃げ出し大同江で身投自殺
252854	朝鮮朝日	西北版	1934-09-01	1	06단	中學校庭で賊と警官の搭鬪巡査敎習所を荒した不敵漢遂に傷いて捕はる
252855	朝鮮朝日	西北版	1934-09-01	1	07단	平壤署管內犯罪數減る
252856	朝鮮朝日	西北版	1934-09-01	1	07단	貨物自動車谷底へ轉落運轉手ら三名死傷
252857	朝鮮朝日	西北版	1934-09-01	1	07단	生徒展覽會
252858	朝鮮朝日	西北版	1934-09-01	1	07단	一時間停車の國境名物も解消せん愈よ具體的交涉に入った安東の列車內通關
252859	朝鮮朝日	西北版	1934-09-01	1	07단	スリの現行を昇降機孃に捕る廿餘件の餘罪も發覺
252860	朝鮮朝日	西北版	1934-09-01	1	08단	道路敷設の陳情
252861	朝鮮朝日	西北版	1934-09-01	1	08단	牡丹台の松を害蟲から護る
252862	朝鮮朝日	西北版	1934-09-01	1	09단	血塗れ喧嘩
252863	朝鮮朝日	西北版	1934-09-01	1	09단	金密輸團女を迷彩に巧に監視網潛る一味惡運つきて捕まる
252864	朝鮮朝日	西北版	1934-09-01	1	09단	强盜現はる
252865	朝鮮朝日	西北版	1934-09-01	1	10단	女、濁流に溺る
252866	朝鮮朝日	西北版	1934-09-01	1	10단	患者激增
252867	朝鮮朝日	西北版	1934-09-01	1	10단	柳京日記
252868	朝鮮朝日	南鮮版	1934-09-01	1	01단	勞働者移住斡旋更に拍車をかく明年度に西北鮮、間島へ二萬五千人を送る
252869	朝鮮朝日	南鮮版	1934-09-01	1	01단	議に上る三案實調の上十月の委員會で決定洛東江の治水計劃

일련번호	판명		간행일	면	단수	기사명
252870	朝鮮朝日	南鮮版	1934-09-01	1	01단	罹災者移住經費割當決る總額は四十一萬圓
252871	朝鮮朝日	南鮮版	1934-09-01	1	01단	遞信局の精神作興運動に着手
252872	朝鮮朝日	南鮮版	1934-09-01	1	02단	大邱飛行場設置期成會運動活氣づく
252873	朝鮮朝日	南鮮版	1934-09-01	1	02단	大京城の近代粧電車も道路の中央へ
252874	朝鮮朝日	南鮮版	1934-09-01	1	03단	京畿道の震災記念日
252875	朝鮮朝日	南鮮版	1934-09-01	1	03단	鐵道・秋の贈物ピクニックマニアへ逍遙山行き割引き
252876	朝鮮朝日	南鮮版	1934-09-01	1	04단	發電設備認可
252877	朝鮮朝日	南鮮版	1934-09-01	1	04단	全鮮高等課長會議廿日から開く
252878	朝鮮朝日	南鮮版	1934-09-01	1	04단	神宮御鎭座十周年祭神樂を奉納
252879	朝鮮朝日	南鮮版	1934-09-01	1	04단	大掛りな紳士賭博一味を檢擧
252880	朝鮮朝日	南鮮版	1934-09-01	1	05단	半島舞踊を東京で發表崔承喜さん
252881	朝鮮朝日	南鮮版	1934-09-01	1	05단	艦隊入港の歡迎打合せ
252882	朝鮮朝日	南鮮版	1934-09-01	1	05단	一時間停車の國境名物も解消せん愈よ具體的交渉に入った安東の列車内通關
252883	朝鮮朝日	南鮮版	1934-09-01	1	05단	佛國寺の舍利石塔に覆家と記念碑もと通り經卷も納めて十月盛大な竣工式
252884	朝鮮朝日	南鮮版	1934-09-01	1	06단	總督府豫算査定を終る近く中央當局と折衝
252885	朝鮮朝日	南鮮版	1934-09-01	1	06단	釜山の大掃除
252886	朝鮮朝日	南鮮版	1934-09-01	1	07단	金密輸の一團女三人を迷彩に惡運が盡きて御用
252887	朝鮮朝日	南鮮版	1934-09-01	1	07단	死の安東邑商店街を再建復興資金を仰いで
252888	朝鮮朝日	南鮮版	1934-09-01	1	08단	店主の六感自轉車泥を捕ふ
252889	朝鮮朝日	南鮮版	1934-09-01	1	08단	祈禱を裝ひ金品をくすねる怪巫女二名捕まる
252890	朝鮮朝日	南鮮版	1934-09-01	1	08단	釜山に水貰ひ下關、九州の船舶が
252891	朝鮮朝日	南鮮版	1934-09-01	1	09단	金貸夫婦殺し有罪と決る三兄弟公判へ回付
252892	朝鮮朝日	南鮮版	1934-09-01	1	09단	女、濁流に溺る
252893	朝鮮朝日	南鮮版	1934-09-01	1	09단	血塗れ喧嘩
252894	朝鮮朝日	南鮮版	1934-09-01	1	10단	機關車に觸れ老婆卽死救はんとした通行者も重傷
252895	朝鮮朝日	南鮮版	1934-09-01	1	10단	飛んだ一儲少年の怪氣焰
252896	朝鮮朝日	南鮮版	1934-09-01	1	10단	貨物自動車谷底へ轉落運轉手ら三名死傷
252897	朝鮮朝日	南鮮版	1934-09-01	1	10단	昇降機孃大手柄スリを捕ふ
252898	朝鮮朝日	南鮮版	1934-09-01	1	10단	もよほし(本社支局來訪)
252899	朝鮮朝日	西北版	1934-09-02	1	01단	平壤の誇り牡丹台に明粧遊覽設備を充實明年より公園係も新設
252900	朝鮮朝日	西北版	1934-09-02	1	01단	米をめぐる諸問題を討究鎭南浦の關係者を網羅し米穀研究會生る
252901	朝鮮朝日	西北版	1934-09-02	1	01단	値段さへ折合へば敷地は買收設置期限の條件付は困る東紡種田專務語る
252902	朝鮮朝日	西北版	1934-09-02	1	01단	平壤窯業組合いよいよ認可
252903	朝鮮朝日	西北版	1934-09-02	1	01단	市場の改善十月より着工

일련번호	판명		간행일	면	단수	기사명
252904	朝鮮朝日	西北版	1934-09-02	1	02단	老江鎭工事隨意契約なる
252905	朝鮮朝日	西北版	1934-09-02	1	02단	南鮮水害罹災者の移住は十月から西鮮へ七百五十戸
252906	朝鮮朝日	西北版	1934-09-02	1	03단	咸興愛婦會員增募
252907	朝鮮朝日	西北版	1934-09-02	1	03단	全鮮酒類品評會會期中の催し決る
252908	朝鮮朝日	西北版	1934-09-02	1	04단	金庫破り
252909	朝鮮朝日	西北版	1934-09-02	1	04단	鄕軍分會組織
252910	朝鮮朝日	西北版	1934-09-02	1	04단	査問委員會設置の案はない咸鏡線慘事につき吉田鐵道局長語る
252911	朝鮮朝日	西北版	1934-09-02	1	04단	お國氣質を發く(６)/苦學で叩き上げた名スポーツ校長教育國の正統派信州人の卷平壤女高普校長百瀨計馬氏
252912	朝鮮朝日	西北版	1934-09-02	1	05단	遞信局動く郵便局長級五十餘名空氣刷新をはかる
252913	朝鮮朝日	西北版	1934-09-02	1	05단	國境往來
252914	朝鮮朝日	西北版	1934-09-02	1	05단	匪賊跳梁
252915	朝鮮朝日	西北版	1934-09-02	1	06단	高等法院長深澤氏逝く半島司法界の功勞者/痛惜に堪へぬ今井田總監談/司法首腦大異動噂に上る人々
252916	朝鮮朝日	西北版	1934-09-02	1	06단	監査役就任を末森氏遂に拒絶根深い感情的經緯の爆發か朝鮮信託總會の渦紋
252917	朝鮮朝日	西北版	1934-09-02	1	08단	職業科の利益で學校經營を維持資金難の私立元山光明校大規模の工場新設
252918	朝鮮朝日	西北版	1934-09-02	1	09단	淸津から積出す枕木二十萬本初めての大量輸出
252919	朝鮮朝日	西北版	1934-09-02	1	09단	インテリ女も戀には弱い男の愛を繫がうと知人の家を盜み步く
252920	朝鮮朝日	西北版	1934-09-02	1	10단	柳京日記
252921	朝鮮朝日	南鮮版	1934-09-02	1	01단	監査役就任を末森氏拒絶す根深い感情的經緯の爆發か朝鮮信託總會の渦紋/寢耳に水だ就任の意思はない當の末森氏語る/再交涉にも固辭末森氏遂に飜意せず問題は俄然重大化
252922	朝鮮朝日	南鮮版	1934-09-02	1	01단	渡津橋の完成と船舶通航問題(１)/凱歌の影に港・釜山の挽歌？港頭を壓する近世式橋梁
252923	朝鮮朝日	南鮮版	1934-09-02	1	02단	震災記念日各地の默禱
252924	朝鮮朝日	南鮮版	1934-09-02	1	03단	初等教員異動
252925	朝鮮朝日	南鮮版	1934-09-02	1	03단	トーキーの夕盛況
252926	朝鮮朝日	南鮮版	1934-09-02	1	04단	二科へ再入選荒木三木兩氏(三木弘氏)
252927	朝鮮朝日	南鮮版	1934-09-02	1	04단	保險料橫領
252928	朝鮮朝日	南鮮版	1934-09-02	1	04단	融和に新角度內鮮兩語が全く同じ語原西村通譯官の研究完成し近く學界に發表
252929	朝鮮朝日	南鮮版	1934-09-02	1	04단	査問委員會設置の案はない咸鏡線慘事につき吉田鐵道局長語る
252930	朝鮮朝日	南鮮版	1934-09-02	1	05단	遞信局動く郵便局長級五十餘名空氣刷新をはかる

일련번호	판명		간행일	면	단수	기사명
252931	朝鮮朝日	南鮮版	1934-09-02	1	06단	金堤に強盗虎の子奪はる
252932	朝鮮朝日	南鮮版	1934-09-02	1	07단	勝手に動いた暴れトラック
252933	朝鮮朝日	南鮮版	1934-09-02	1	07단	入國制限の緩和を要望す城民國人大會の決議
252934	朝鮮朝日	南鮮版	1934-09-02	1	08단	列車に刎られ瀕死の重傷自殺を企て？
252935	朝鮮朝日	南鮮版	1934-09-02	1	08단	狂った不具者鐵路に自殺
252936	朝鮮朝日	南鮮版	1934-09-02	1	08단	高等法院長深澤氏逝く半島司法界の功勞者/痛惜に堪へぬ今井田總監談/司法首腦大異動噂に上る人々
252937	朝鮮朝日	南鮮版	1934-09-02	1	09단	血の布片で證據を摑む金貸夫婦殺し檢擧に釜山署四年の苦心
252938	朝鮮朝日	南鮮版	1934-09-02	1	10단	僞電で一萬餘圓技術員の詐欺
252939	朝鮮朝日	西北版	1934-09-04	1	01단	黑字水に流れ新規事業は殆んど討死査定終った本府明年度豫算二億六千五百萬圓/總督就任以來初の地味さ主な新規事業/土木一本で進む千二百萬圓で繼續實施する第三次窮民救濟事業/大削減のうへ實施と決る第二期國庫港灣改修
252940	朝鮮朝日	西北版	1934-09-04	1	01단	樂どころか非常な苦心復活要求も振り替へ程度に重荷下し林財務局長語る
252941	朝鮮朝日	西北版	1934-09-04	1	01단	北鐵南部線國際列車轉覆の現場(三十日匪賊に襲撃され轉覆した列車(上)と破壞された窓)
252942	朝鮮朝日	西北版	1934-09-04	1	04단	拳鬪試合
252943	朝鮮朝日	西北版	1934-09-04	1	04단	朝鮮神宮獻詠歌募集兼題は折菊
252944	朝鮮朝日	西北版	1934-09-04	1	04단	大同橋改修國庫補助申請
252945	朝鮮朝日	西北版	1934-09-04	1	04단	お國氣質を發く(7)/醉へば賑やかにおばこを踊る山形縣人の卷平壤道立醫院事務官大沼勘造氏
252946	朝鮮朝日	西北版	1934-09-04	1	05단	白絹を下賜故深澤氏に
252947	朝鮮朝日	西北版	1934-09-04	1	05단	稅關出張所海州に新設
252948	朝鮮朝日	西北版	1934-09-04	1	05단	神宮中等野球八校を推薦
252949	朝鮮朝日	西北版	1934-09-04	1	05단	地主の高壓手段に二百の部落民騷ぐ土地明渡しを迫る執達吏ら危ふく袋叩きに！
252950	朝鮮朝日	西北版	1934-09-04	1	06단	人命救助の三氏を表彰
252951	朝鮮朝日	西北版	1934-09-04	1	06단	日本人は御法度！黃海道の外人村白沙靑松の九味浦
252952	朝鮮朝日	西北版	1934-09-04	1	06단	貨物列車臨時增發
252953	朝鮮朝日	西北版	1934-09-04	1	07단	朱乙川へ豆滿江の鱒を愈よ今秋より養殖に着手溫泉客の味覺を躍らす
252954	朝鮮朝日	西北版	1934-09-04	1	07단	果して不可抗力か原因は入替作業停頓から平壤驛列車衝突事件
252955	朝鮮朝日	西北版	1934-09-04	1	07단	優しい獻金
252956	朝鮮朝日	西北版	1934-09-04	1	08단	線路枕の轢死
252957	朝鮮朝日	西北版	1934-09-04	1	08단	鋪裝道課稅

일련번호	판명		간행일	면	단수	기사명
252958	朝鮮朝日	西北版	1934-09-04	1	09단	死美人に疑點？醫師の鑑定は入水前の死亡鎭南浦港の漂着死體
252959	朝鮮朝日	西北版	1934-09-04	1	09단	老人を轢殺
252960	朝鮮朝日	西北版	1934-09-04	1	09단	汽車往生
252961	朝鮮朝日	西北版	1934-09-04	1	09단	滿洲國內で三十餘件の殺人と强盜柳海權、送局さる
252962	朝鮮朝日	西北版	1934-09-04	1	10단	監査役選任ーまづ保留朝鮮信託の善後策
252963	朝鮮朝日	西北版	1934-09-04	1	10단	柳京日記
252964	朝鮮朝日	南鮮版	1934-09-04	1	01단	黑字水に流れ新規事業は殆んど討死査定終った本府明年度豫算二億六千五百萬圓/總督就任以來初の地味さ主な新規事業/土木一本で進む千二百萬圓で繼續實施する第三次窮民救濟事業/大削減のうへ實施と決る第二期國庫港灣改修
252965	朝鮮朝日	南鮮版	1934-09-04	1	01단	樂どころか非常な苦心復活要求も振り替へ程度に重荷下し林財務局長語る
252966	朝鮮朝日	南鮮版	1934-09-04	1	01단	北鐵南部線國際列車轉覆の現場(三十日匪賊に襲撃され轉覆した列車(上)と破壞された窓)
252967	朝鮮朝日	南鮮版	1934-09-04	1	04단	人(本社支局來訪/田中誠一氏(京城地方法院第二豫審係判事)/增村文雄氏(大邱豫審法院判事))
252968	朝鮮朝日	南鮮版	1934-09-04	1	04단	人(武藤公平氏(拓務事務官))
252969	朝鮮朝日	南鮮版	1934-09-04	1	04단	朝鮮神宮獻詠歌募集兼題は折菊
252970	朝鮮朝日	南鮮版	1934-09-04	1	04단	忠北道內の寶物を指定
252971	朝鮮朝日	南鮮版	1934-09-04	1	04단	京城實業野球秋のリーグ戰愈よ八日から始る/體育デーに繼走大會京城陸聯主催/全鮮野球爭霸戰/神宮中等野球八校を推薦/大學豫科優勝學生水上競技/拳鬪大會
252972	朝鮮朝日	南鮮版	1934-09-04	1	05단	白絹を下賜故深澤氏に/深澤氏葬儀
252973	朝鮮朝日	南鮮版	1934-09-04	1	05단	京城府都計委員會廿日ごろ開く
252974	朝鮮朝日	南鮮版	1934-09-04	1	05단	釜山の渡津橋跳開を休止故障で約十五日間
252975	朝鮮朝日	南鮮版	1934-09-04	1	06단	お役人の國民體操
252976	朝鮮朝日	南鮮版	1934-09-04	1	06단	散步中出會ひピンと來た彼奴奇しくも顔見知りの監丁に捕まった脫獄囚人
252977	朝鮮朝日	南鮮版	1934-09-04	1	07단	入國制限問題相當波瀾か在城支那人なほ强硬
252978	朝鮮朝日	南鮮版	1934-09-04	1	08단	京城府北部公園の新粧自動車や散策道路をつくる
252979	朝鮮朝日	南鮮版	1934-09-04	1	09단	監査役選任ー先づ保留朝鮮信託の善後策
252980	朝鮮朝日	南鮮版	1934-09-04	1	09단	釜山の軍艦拜觀一般への注意
252981	朝鮮朝日	南鮮版	1934-09-04	1	09단	米穀對策の意見を交換
252982	朝鮮朝日	南鮮版	1934-09-04	1	10단	もよほし(釜山國防議會役員會)
252983	朝鮮朝日	南鮮版	1934-09-04	1	10단	大邱の怪火
252984	朝鮮朝日	西北版	1934-09-05	1	01단	初等教育の進展に伴はぬ教員數農校だけで足らず中學高普から補充

일련번호	판명		간행일	면	단수	기사명
252985	朝鮮朝日	西北版	1934-09-05	1	01단	買電單價の折衝縺れん送電開始を控へる送電會社と西鮮合電
252986	朝鮮朝日	西北版	1934-09-05	1	03단	拂下軍用機の格納庫新築
252987	朝鮮朝日	西北版	1934-09-05	1	03단	女學校で支那語を教へよ教育規定の改善に關する平壤高女の答申案
252988	朝鮮朝日	西北版	1934-09-05	1	04단	長老派總會七日から平壤で
252989	朝鮮朝日	西北版	1934-09-05	1	04단	早くも氣遣はれる樂浪の發掘費用助成金は明年で打切
252990	朝鮮朝日	西北版	1934-09-05	1	04단	七百餘名か鮮內へ避難匪禍に惱む對岸から
252991	朝鮮朝日	西北版	1934-09-05	1	04단	お國氣質を發く(8)/長脇差の血脈激情的で仁俠肌ダンスも踊れる獨身課長埼玉人の卷平南道學務課長清水賢一氏
252992	朝鮮朝日	西北版	1934-09-05	1	05단	手具脛引いて解禁を待つ秋に躍る獵人の胸北鮮獵場偵察記
252993	朝鮮朝日	西北版	1934-09-05	1	05단	日滿を結ぶ國際橋梁豆滿、鴨綠兩江に十五ケ所架設さる
252994	朝鮮朝日	西北版	1934-09-05	1	05단	兒童保護會
252995	朝鮮朝日	西北版	1934-09-05	1	06단	點燈設備普及
252996	朝鮮朝日	西北版	1934-09-05	1	06단	手藝品を賣って獻金實に卅三回憲兵隊を感激させた一少女
252997	朝鮮朝日	西北版	1934-09-05	1	06단	紙幣僞造の餘類捕る
252998	朝鮮朝日	西北版	1934-09-05	1	07단	歡樂地帶に防火壁を設く水利不便の地には地下タンク火に備へる平壤府
252999	朝鮮朝日	西北版	1934-09-05	1	08단	西湖亭に積込場の設置を要望さる無煙炭移出の激增に鑑み
253000	朝鮮朝日	西北版	1934-09-05	1	09단	無期の判決石油會社主任殺し
253001	朝鮮朝日	西北版	1934-09-05	1	09단	詐欺の片割れどろを吐く
253002	朝鮮朝日	西北版	1934-09-05	1	09단	人(七田常吉氏(殖銀平壤支店長))
253003	朝鮮朝日	西北版	1934-09-05	1	10단	バス乘客にレプラ患者
253004	朝鮮朝日	西北版	1934-09-05	1	10단	スポーツ(野球爭霸戰)
253005	朝鮮朝日	西北版	1934-09-05	1	10단	柳京日記
253006	朝鮮朝日	南鮮版	1934-09-05	1	01단	大田、全州、光州府へ歡びの出發昇格の宿望つひに達して明年度豫算に計上
253007	朝鮮朝日	南鮮版	1934-09-05	1	01단	初等教育の進展に伴はぬ教員數農校だけで足らず中學高普から補充
253008	朝鮮朝日	南鮮版	1934-09-05	1	01단	日滿を結ぶ國際橋梁豆滿、鴨綠兩江に十五ケ所架設さる
253009	朝鮮朝日	南鮮版	1934-09-05	1	01단	渡津橋の開通と船舶通航問題(2)/まゝならぬ海と陸の進・止利害を如何に調和する？
253010	朝鮮朝日	南鮮版	1934-09-05	1	03단	京城不動産重役を決定

일련번호	판명		간행일	면	단수	기사명
253011	朝鮮朝日	南鮮版	1934-09-05	1	03단	本府定例局長會議
253012	朝鮮朝日	南鮮版	1934-09-05	1	04단	人(加藤鮮銀總裁/花輪義敬氏(新京大使館書記官))
253013	朝鮮朝日	南鮮版	1934-09-05	1	04단	蓄積財源流用か大邱飛行場實現促進に
253014	朝鮮朝日	南鮮版	1934-09-05	1	04단	跳開中止に果然、反響を呼ぶ海運業者ら關係方面へ陳情釜山の渡津橋問題
253015	朝鮮朝日	南鮮版	1934-09-05	1	05단	半島誇りの全貌を一堂に百五十萬圓を投じて綜合博物館の建設
253016	朝鮮朝日	南鮮版	1934-09-05	1	05단	慶北自作農水害對策に實相を調査
253017	朝鮮朝日	南鮮版	1934-09-05	1	05단	德壽宮の總陳列替へ秋を飾る絢爛な美術の華當代一流の傑作を網羅し十五日ごろ蓋明け
253018	朝鮮朝日	南鮮版	1934-09-05	1	07단	釜山劇場七日上棟式
253019	朝鮮朝日	南鮮版	1934-09-05	1	08단	*京城齒專優勝す西日本高專蹴球/野球爭霸戰*
253020	朝鮮朝日	南鮮版	1934-09-05	1	08단	咸南對岸に武裝馬賊團掠奪を働く
253021	朝鮮朝日	南鮮版	1934-09-05	1	08단	敎化事業の指導發展に釜山で委員會を設置
253022	朝鮮朝日	南鮮版	1934-09-05	1	08단	漢江鐵橋から夫婦の心中失業から世を儚み
253023	朝鮮朝日	南鮮版	1934-09-05	1	10단	スピード竊盜團片割れの二少年捕る
253024	朝鮮朝日	南鮮版	1934-09-05	1	10단	詐欺の片割れどろを吐く
253025	朝鮮朝日	南鮮版	1934-09-05	1	10단	バス乘客にレプラ患者
253026	朝鮮朝日	南鮮版	1934-09-05	1	10단	無期の判決石油會社主任殺し
253027	朝鮮朝日	西北版	1934-09-06	1	01단	産組・金組の機構改革倂立を認め活用を研究小經營から大經營へ當局の最高方針
253028	朝鮮朝日	西北版	1934-09-06	1	01단	年産一億圓の特産品を統制平南で販賣組合組織
253029	朝鮮朝日	西北版	1934-09-06	1	01단	窮救の河川改修七十萬圓と決る普通、大寧の兩江で
253030	朝鮮朝日	西北版	1934-09-06	1	02단	輸出玉蜀黍拂戾稅實施まづ有望だ福島會頭歸壤談
253031	朝鮮朝日	西北版	1934-09-06	1	03단	總督府辭令(四日)
253032	朝鮮朝日	西北版	1934-09-06	1	04단	雄基都計委員會解散
253033	朝鮮朝日	西北版	1934-09-06	1	04단	廿藷出荷組合創立
253034	朝鮮朝日	西北版	1934-09-06	1	04단	古代文化を求めて樂浪の發掘始まる今年は四十五、七の兩古墳
253035	朝鮮朝日	西北版	1934-09-06	1	05단	茂山鐵鑛の開鑛ちかし三菱の測量愈よ終る
253036	朝鮮朝日	西北版	1934-09-06	1	05단	平南各署聯合の犯罪搜査演習警官訓練に來月實施
253037	朝鮮朝日	西北版	1934-09-06	1	05단	お國氣質を發く(9)/二十八年間缺勤僅かに五日加賀特有の着實性の權化平壤驛長藤田鑛作氏
253038	朝鮮朝日	西北版	1934-09-06	1	06단	平北警察部近く大異動
253039	朝鮮朝日	西北版	1934-09-06	1	06단	植田軍司令官北鮮を巡視
253040	朝鮮朝日	西北版	1934-09-06	1	07단	新鑛區發見大汶山炭坑
253041	朝鮮朝日	西北版	1934-09-06	1	07단	平南無煙炭內地市場を席卷各社相ついで內地各地に煉炭工場を新設
253042	朝鮮朝日	西北版	1934-09-06	1	07단	時計を强奪

일련번호	판명		간행일	면	단수	기사명
253043	朝鮮朝日	西北版	1934-09-06	1	08단	クレー射撃
253044	朝鮮朝日	西北版	1934-09-06	1	08단	二警官の殉職記念碑遭難地に建立
253045	朝鮮朝日	西北版	1934-09-06	1	08단	狂へる娘の拇指を燒く迷信療法から重傷
253046	朝鮮朝日	西北版	1934-09-06	1	09단	監房で縊死留置中の重大犯人
253047	朝鮮朝日	西北版	1934-09-06	1	09단	玄海で果さず浦項で抱合心中大阪の店員と女給
253048	朝鮮朝日	西北版	1934-09-06	1	10단	主金を詐る
253049	朝鮮朝日	西北版	1934-09-06	1	10단	平實、殖銀勝つ野球爭霸戰準優勝
253050	朝鮮朝日	西北版	1934-09-06	1	10단	柳京日記
253051	朝鮮朝日	南鮮版	1934-09-06	1	01단	産組・金組の機構改革併立を認め活用を研究小經營から大經營へ當局の最高方針
253052	朝鮮朝日	南鮮版	1934-09-06	1	01단	話せる取引申込み蘭領スラバヤから果物をと慶南道産業獎勵館へ快報
253053	朝鮮朝日	南鮮版	1934-09-06	1	01단	大邱のガス府營は中止か本府も氣乘りせぬ
253054	朝鮮朝日	南鮮版	1934-09-06	1	01단	卅萬圓を突破す國防費獻金
253055	朝鮮朝日	南鮮版	1934-09-06	1	02단	新選異國調(１)/碧眼の新しい村咸北朱乙溫堡に築かれた強靭な生活の城砦
253056	朝鮮朝日	南鮮版	1934-09-06	1	03단	釜山の艦隊歡迎詳細決まる
253057	朝鮮朝日	南鮮版	1934-09-06	1	04단	消防組演習
253058	朝鮮朝日	南鮮版	1934-09-06	1	04단	鑛業令の改正公布される
253059	朝鮮朝日	南鮮版	1934-09-06	1	04단	入國制限の緩和を陳情中華商務總會々長
253060	朝鮮朝日	南鮮版	1934-09-06	1	05단	香椎氏の銅像釜山に建設
253061	朝鮮朝日	南鮮版	1934-09-06	1	05단	空は碧いよ保健行樂はいかゞ京城から溫泉名勝地行きに鐵道の大割引き
253062	朝鮮朝日	南鮮版	1934-09-06	1	06단	スポーツ(內外地對抗柔道選士の顔觸れ/平實、殖銀勝つ野球爭霸戰準優勝)
253063	朝鮮朝日	南鮮版	1934-09-06	1	06단	孤兒の二人強盜靑龍刀擬して押入る
253064	朝鮮朝日	南鮮版	1934-09-06	1	06단	總督府辭令(四日)
253065	朝鮮朝日	南鮮版	1934-09-06	1	07단	米穀對策委員東上
253066	朝鮮朝日	南鮮版	1934-09-06	1	07단	玄海で果さず浦項海岸で抱合心中大阪の店員と女給
253067	朝鮮朝日	南鮮版	1934-09-06	1	08단	秋競馬十五日から
253068	朝鮮朝日	南鮮版	1934-09-06	1	08단	久米山莊の宿泊申込滿員
253069	朝鮮朝日	南鮮版	1934-09-06	1	08단	二名に毆られつひに死亡
253070	朝鮮朝日	南鮮版	1934-09-06	1	09단	恨みの放火か大邱怪火の犯人目星つく
253071	朝鮮朝日	南鮮版	1934-09-06	1	09단	武裝匪賊の根據地を奇襲忽ちサ滿國境へ追ひ散らす我が榎本部隊の活躍
253072	朝鮮朝日	南鮮版	1934-09-06	1	09단	旅費を強要
253073	朝鮮朝日	南鮮版	1934-09-06	1	09단	狂へる娘の拇指を燒く迷信療法から重傷
253074	朝鮮朝日	南鮮版	1934-09-06	1	10단	トラックに自轉車衝突二名瀕死に
253075	朝鮮朝日	南鮮版	1934-09-06	1	10단	南鮮に颱風襲來釜山の船車聯絡亂る

일련번호	판명		간행일	면	단수	기사명
253076	朝鮮朝日	南鮮版	1934-09-06	1	10단	玉を撞いて罪あり
253077	朝鮮朝日	南鮮版	1934-09-06	1	10단	人(佐藤駐佛大使/河口眞氏(鮮銀本店支配人)/藤山正三氏(朝鮮貿易協會奉天)/藤原直三君)
253078	朝鮮朝日	西北版	1934-09-07	1	01단	平南の民風改善更に拍車を加ふ簡易染色所と婚式服の獎勵年と共に積極的に
253079	朝鮮朝日	西北版	1934-09-07	1	01단	中味を取換へ新たに猛運動人道橋と平元線完成を追加平南五大事業期成會
253080	朝鮮朝日	西北版	1934-09-07	1	01단	市場での浪費を制限共同購買組合を獎勵平南の市日對策
253081	朝鮮朝日	西北版	1934-09-07	1	01단	滿洲事變の記念日催し細目決定す
253082	朝鮮朝日	西北版	1934-09-07	1	02단	お國氣質を發く（１０）/若き當主が說く近江商人の本領三中井平壤支店長中江修吾氏
253083	朝鮮朝日	西北版	1934-09-07	1	03단	平壤局の精神作興
253084	朝鮮朝日	西北版	1934-09-07	1	03단	優良映畫の認定推薦に審查委員會を設く
253085	朝鮮朝日	西北版	1934-09-07	1	04단	西鮮三道産金額
253086	朝鮮朝日	西北版	1934-09-07	1	04단	農村第一線に新手を加ふ百ヶ郡廳に一名宛を增員振興運動の强力化
253087	朝鮮朝日	西北版	1934-09-07	1	05단	老朽を廢しボギー車を過般の慘禍に鑑み一新する平壤の電車
253088	朝鮮朝日	西北版	1934-09-07	1	05단	火災保險を相互保證に金組の對策
253089	朝鮮朝日	西北版	1934-09-07	1	06단	外國物恐慌映畫新規則の實施で
253090	朝鮮朝日	西北版	1934-09-07	1	06단	拉賓線の一番列車魚を乘せてハルビンへ三時間近く延着したが標準時間の自信は十分
253091	朝鮮朝日	西北版	1934-09-07	1	06단	三十女の情痴下宿人の情夫と共謀して粟畑で夫を毆殺す
253092	朝鮮朝日	西北版	1934-09-07	1	06단	元山でも鐘紡を誘致
253093	朝鮮朝日	西北版	1934-09-07	1	07단	公會堂敷地の陳情に上城
253094	朝鮮朝日	西北版	1934-09-07	1	07단	國境脅す炭疽病防疫に腐心
253095	朝鮮朝日	西北版	1934-09-07	1	07단	琿春奧地に描く黃金の夢物凄い採金者の殺到
253096	朝鮮朝日	西北版	1934-09-07	1	07단	スポーツ(殖銀優勝す野球爭霸戰)
253097	朝鮮朝日	西北版	1934-09-07	1	08단	少年殺しは起訴猶豫心神喪失者と認めて
253098	朝鮮朝日	西北版	1934-09-07	1	08단	自殺者の身許判る
253099	朝鮮朝日	西北版	1934-09-07	1	08단	獵期迫る
253100	朝鮮朝日	西北版	1934-09-07	1	08단	晝夜間均一平壤のタクシー
253101	朝鮮朝日	西北版	1934-09-07	1	09단	軍用犬も空の旅
253102	朝鮮朝日	西北版	1934-09-07	1	09단	兵營の愛兒に死を祕せよの遺言健氣な非常時の父
253103	朝鮮朝日	西北版	1934-09-07	1	09단	列車から飛降り重傷不審の商人
253104	朝鮮朝日	西北版	1934-09-07	1	10단	借地人ら法廷で騷ぐ
253105	朝鮮朝日	西北版	1934-09-07	1	10단	溜池で溺る

일련번호	판명		간행일	면	단수	기사명
253106	朝鮮朝日	西北版	1934-09-07	1	10단	柳京日記
253107	朝鮮朝日	南鮮版	1934-09-07	1	01단	農村第一線に新手を加ふ百ヶ郡廳に一名宛を增員し振興運動に拍車を
253108	朝鮮朝日	南鮮版	1934-09-07	1	01단	工試場支所設立を可決釜山の産業調査會
253109	朝鮮朝日	南鮮版	1934-09-07	1	01단	慶南中等校長會
253110	朝鮮朝日	南鮮版	1934-09-07	1	01단	浸水籾の補償十二、三萬圓に上る
253111	朝鮮朝日	南鮮版	1934-09-07	1	01단	慶南女子敎員會ちかく結成
253112	朝鮮朝日	南鮮版	1934-09-07	1	01단	衛生施設の萬全を期す艦隊入港で
253113	朝鮮朝日	南鮮版	1934-09-07	1	02단	支那人勞働者保護を懇談中華副領事慶北道訪問
253114	朝鮮朝日	南鮮版	1934-09-07	1	02단	新選異國調(２)/大の親日家で精悍な科學者村の獨裁ヤンコフスキー氏苦難の生活史を語る
253115	朝鮮朝日	南鮮版	1934-09-07	1	03단	醴泉署長異動
253116	朝鮮朝日	南鮮版	1934-09-07	1	03단	動物愛護デー八日京城で
253117	朝鮮朝日	南鮮版	1934-09-07	1	03단	軍馬の管理優秀者表彰
253118	朝鮮朝日	南鮮版	1934-09-07	1	03단	優良映畫の認定推薦に審査委員會を設く
253119	朝鮮朝日	南鮮版	1934-09-07	1	04단	京城組銀月末帳尻
253120	朝鮮朝日	南鮮版	1934-09-07	1	04단	貿易躍進を映し海の玄關の明粧釜山、仁川、麗水、淸津各港修築の大計劃成る
253121	朝鮮朝日	南鮮版	1934-09-07	1	05단	更生計劃の農家は眼か一年間の素晴らしい成績
253122	朝鮮朝日	南鮮版	1934-09-07	1	05단	意外な增加忠南秋蠶掃立
253123	朝鮮朝日	南鮮版	1934-09-07	1	06단	鬱島水難事件責を負ひ辭表
253124	朝鮮朝日	南鮮版	1934-09-07	1	06단	釜山國防義會の盛大な兵器獻納式來月一日龍頭山で
253125	朝鮮朝日	南鮮版	1934-09-07	1	07단	地金續騰
253126	朝鮮朝日	南鮮版	1934-09-07	1	07단	スポーツ(殖銀優勝す野球爭霸戰)
253127	朝鮮朝日	南鮮版	1934-09-07	1	08단	國防思想鼓吹や慰靈祭を行ふ釜山の事變記念日
253128	朝鮮朝日	南鮮版	1934-09-07	1	08단	國境脅す炭疽病防疫に腐心
253129	朝鮮朝日	南鮮版	1934-09-07	1	09단	朝鮮神宮競技忠南豫選會
253130	朝鮮朝日	南鮮版	1934-09-07	1	09단	軍用犬も空の旅
253131	朝鮮朝日	南鮮版	1934-09-07	1	09단	新興探奇派劇黨公演會
253132	朝鮮朝日	南鮮版	1934-09-07	1	09단	麗水の有力者取調べらる
253133	朝鮮朝日	南鮮版	1934-09-07	1	09단	流行性腦脊炎またも續發忠北、黃海、平南各道に
253134	朝鮮朝日	南鮮版	1934-09-07	1	10단	隣家へ忍入り金品を盜む
253135	朝鮮朝日	南鮮版	1934-09-07	1	10단	喧譁で蹴り殺す
253136	朝鮮朝日	南鮮版	1934-09-07	1	10단	(釜山)
253137	朝鮮朝日	南鮮版	1934-09-07	1	10단	人(齋藤駐米、佐藤駐佛兩大使/山口七助氏(新任滿鐵鐵道部次長))
253138	朝鮮朝日	南鮮版	1934-09-07	1	10단	鷄林かゞみ
253139	朝鮮朝日	西北版	1934-09-08	1	01단	滿浦鎭線工事長兩に崇らる架橋工事意外に手間どり熙川の開通遲る/炭鑛業者も顔を曇らす降兩續きで出炭は

일련번호	판명		간행일	면	단수	기사명
						減るし爲替關係で支那炭は增す/荷動き閑散に朝運の嘆き運賃割引きの責任量を割る
253140	朝鮮朝日	西北版	1934-09-08	1	01단	京城に着いた本社日支聯絡飛行の飯沼機六日京城飛行場にて
253141	朝鮮朝日	西北版	1934-09-08	1	03단	堀中將視察
253142	朝鮮朝日	西北版	1934-09-08	1	03단	總督府の大斧鉞に平北捨身の突擊窮救事業復活を要求
253143	朝鮮朝日	西北版	1934-09-08	1	04단	北鮮巡視の植田軍司令官(茂山にて)
253144	朝鮮朝日	西北版	1934-09-08	1	04단	十三道溝の匪禍なほ歇まず避難者遂に千餘名に達し咸南側は大混雜
253145	朝鮮朝日	西北版	1934-09-08	1	04단	お國氣質を發く(11)/土佐人の卷斷じて行ふ國士肌嚙みしめて知る鰹節の持味平壤地方法院判事部長藤村英氏
253146	朝鮮朝日	西北版	1934-09-08	1	05단	死傷十五名漁船の流失破損百餘隻淸津の漁港工事も破壞さる北鮮暴風雨の被害
253147	朝鮮朝日	西北版	1934-09-08	1	06단	丁交通相より謝電
253148	朝鮮朝日	西北版	1934-09-08	1	06단	朝鮮蕎麥に廿名中毒原因は肉汁の腐敗
253149	朝鮮朝日	西北版	1934-09-08	1	06단	東紡實現せば移轉を見ん平南農試所と農學校
253150	朝鮮朝日	西北版	1934-09-08	1	06단	塚本氏遺族の篤志寄附
253151	朝鮮朝日	西北版	1934-09-08	1	07단	あはやと見る間に赤淸算の水煙り捕はれて護送途上の舟から親子三名が身投げ
253152	朝鮮朝日	西北版	1934-09-08	1	07단	將士慰問團
253153	朝鮮朝日	西北版	1934-09-08	1	07단	酒造高激增
253154	朝鮮朝日	西北版	1934-09-08	1	08단	優良書堂を簡易學校に平南で調査
253155	朝鮮朝日	西北版	1934-09-08	1	08단	日支學童の可憐な協力花を賣り水害地へ
253156	朝鮮朝日	西北版	1934-09-08	1	08단	株に失敗し多額を橫領金組理事檢擧さる
253157	朝鮮朝日	西北版	1934-09-08	1	09단	一萬圓獻金
253158	朝鮮朝日	西北版	1934-09-08	1	09단	心喰蟲掃蕩
253159	朝鮮朝日	西北版	1934-09-08	1	09단	電車と衝突
253160	朝鮮朝日	西北版	1934-09-08	1	10단	ピラ撒き犯人八名を送局
253161	朝鮮朝日	西北版	1934-09-08	1	10단	人(前田平壤憲兵隊長)
253162	朝鮮朝日	西北版	1934-09-08	1	10단	柳京日記
253163	朝鮮朝日	南鮮版	1934-09-08	1	01단	豫算の大鉈に復活要求殺到す認容額は四、五百萬圓
253164	朝鮮朝日	南鮮版	1934-09-08	1	01단	金剛山宣傳に一層拍車をかく協會新たな飛躍
253165	朝鮮朝日	南鮮版	1934-09-08	1	01단	新選異國調(3)/冴えた事業人多彩な活動ぶり顧みられぬ土地が一躍半島の輕井澤に
253166	朝鮮朝日	南鮮版	1934-09-08	1	02단	馬山へも軍艦入港歡迎方法決す
253167	朝鮮朝日	南鮮版	1934-09-08	1	02단	村上氏の絶叫今なほ耳に北鐵南部線で遭難の內田氏歸來して語る
253168	朝鮮朝日	南鮮版	1934-09-08	1	03단	步工聯合演習大邱で擧行

일련번호	판명		간행일	면	단수	기사명
253169	朝鮮朝日	南鮮版	1934-09-08	1	04段	秋の大市京城家畜市場
253170	朝鮮朝日	南鮮版	1934-09-08	1	04段	京城に着いた本社日支聯絡飛行の飯沼機六日京城飛行場にて
253171	朝鮮朝日	南鮮版	1934-09-08	1	05段	サ滿國境で匪賊と遭遇猛烈な戰鬪
253172	朝鮮朝日	南鮮版	1934-09-08	1	05段	京畿道農會地主懇談會
253173	朝鮮朝日	南鮮版	1934-09-08	1	06段	入國禁止は一人もない支那人勞働者制限實施後の第一船仁川へ入港
253174	朝鮮朝日	南鮮版	1934-09-08	1	07段	レコード無屆移入嚴重取締る
253175	朝鮮朝日	南鮮版	1934-09-08	1	07段	結婚解消につけ込む新詐欺言葉巧に兩方から卷上ぐ
253176	朝鮮朝日	南鮮版	1934-09-08	1	07段	僞造貨幣がばら撒かれた？慶北道內で頻々發見
253177	朝鮮朝日	南鮮版	1934-09-08	1	08段	米陸上選手へ總督杯日米兩チーム廿八日入城/滿鐵、鮮鐵競漕來月一日擧行
253178	朝鮮朝日	南鮮版	1934-09-08	1	08段	ボート漕出し若者の行方消ゆ漢江で身投自殺か
253179	朝鮮朝日	南鮮版	1934-09-08	1	08段	モヒ密賣團の本據を衝く多量を押收
253180	朝鮮朝日	南鮮版	1934-09-08	1	08段	株に失敗し多額を橫領金組理事檢擧さる
253181	朝鮮朝日	南鮮版	1934-09-08	1	10段	中央哺育校生徒の盟休
253182	朝鮮朝日	南鮮版	1934-09-08	1	10段	またも赤貝採り圖々しい漁船
253183	朝鮮朝日	南鮮版	1934-09-08	1	10段	衝突した船を見捨て逃ぐ發動船捕る
253184	朝鮮朝日	南鮮版	1934-09-08	1	10段	水泳中溺る
253185	朝鮮朝日	南鮮版	1934-09-08	1	10段	鷄林かゞみ
253186	朝鮮朝日	西北版	1934-09-09	1	01段	朗色漲る開拓第一線指導手の熱意に生れる理想鄕成績目覺し開雲城前田咸南技手の視察土産談/火田地帶に桃色の封書開拓宣傳の新案に山の猛者も顔負け
253187	朝鮮朝日	西北版	1934-09-09	1	01段	逆卷く怒濤北鮮の大時化
253188	朝鮮朝日	西北版	1934-09-09	1	02段	砲兵聯合演習
253189	朝鮮朝日	西北版	1934-09-09	1	02段	平南一面一校着々進捗す
253190	朝鮮朝日	西北版	1934-09-09	1	03段	窮救工事も霖雨で遲延
253191	朝鮮朝日	西北版	1934-09-09	1	03段	具體案を作り正式に陳情軍當局も好意を示す平壤公會堂敷地問題
253192	朝鮮朝日	西北版	1934-09-09	1	03段	お國氣質を發く（１２)/大阪人の券裸一貫から一流料亭を築く商略縱橫の五島源次郎さん
253193	朝鮮朝日	西北版	1934-09-09	1	04段	總督府辭令
253194	朝鮮朝日	西北版	1934-09-09	1	04段	試驗期から實行期へ平壤窯業の飛躍的進展專賣局からの大量注文も引受の用意成る
253195	朝鮮朝日	西北版	1934-09-09	1	05段	アジトと證據品(平壤の軍隊および工場等へ前後三回にわたりアジビラを撒布した犯人らがアジトとしてゐた府外大馳嶺里共同基地內の山堂(上)と證據品として押收された謄寫版その他(下)關內は(上)主犯全禍同(下)共犯金鳳奎)

일련번호	판명		간행일	면	단수	기사명
253196	朝鮮朝日	西北版	1934-09-09	1	05단	東棉出張所新設
253197	朝鮮朝日	西北版	1934-09-09	1	07단	沙里院の公會堂建設不認可と決る
253198	朝鮮朝日	西北版	1934-09-09	1	07단	子供ばかりの手で見事、石橋を架す學童ら六十名が力を合せて部落の不便を一掃
253199	朝鮮朝日	西北版	1934-09-09	1	08단	國道關係土木事業費二百萬圓見當所員の整理はまつないと胸撫る平壤出張所
253200	朝鮮朝日	西北版	1934-09-09	1	08단	三驅逐艦東海岸巡航
253201	朝鮮朝日	西北版	1934-09-09	1	08단	一釐主義の國防獻金
253202	朝鮮朝日	西北版	1934-09-09	1	08단	旅館の火事
253203	朝鮮朝日	西北版	1934-09-09	1	08단	鑛石分析所の平壤設置は有望土地建物は府で考慮
253204	朝鮮朝日	西北版	1934-09-09	1	08단	女子卓球
253205	朝鮮朝日	西北版	1934-09-09	1	09단	飛降り自殺
253206	朝鮮朝日	西北版	1934-09-09	1	09단	線路通行と放牛たった一日で七千六百件鐵道當局、惱みの種
253207	朝鮮朝日	西北版	1934-09-09	1	09단	強盜捕る
253208	朝鮮朝日	西北版	1934-09-09	1	10단	韓咸興府議收容さる
253209	朝鮮朝日	西北版	1934-09-09	1	10단	柳京日記
253210	朝鮮朝日	南鮮版	1934-09-09	1	01단	明秋、半島に學者群を招く施政廿五年記念に目論む日本學術協會總會
253211	朝鮮朝日	南鮮版	1934-09-09	1	01단	特殊鑛物の分布相を探る明年度から約五年計劃で資源調査に着手
253212	朝鮮朝日	南鮮版	1934-09-09	1	01단	伏見軍令部總長宮殿下十七日比叡で鎭海御入港
253213	朝鮮朝日	南鮮版	1934-09-09	1	01단	總督府辭令
253214	朝鮮朝日	南鮮版	1934-09-09	1	02단	東大門署長異動
253215	朝鮮朝日	南鮮版	1934-09-09	1	02단	新選異國調(4)/豪快なスポーツに生きた山の獲物勞作に自給自足の凱歌揚る物資に惠まれた村
253216	朝鮮朝日	南鮮版	1934-09-09	1	03단	薺藤、佐藤兩大使京城へ立寄る
253217	朝鮮朝日	南鮮版	1934-09-09	1	03단	水禍の郷軍へ救濟費を贈る
253218	朝鮮朝日	南鮮版	1934-09-09	1	04단	修養團聯合會創立記念式
253219	朝鮮朝日	南鮮版	1934-09-09	1	04단	中等校長團視察に來る總督も講演
253220	朝鮮朝日	南鮮版	1934-09-09	1	04단	服装など極めて質素に非常時の意氣を示す愛國婦人會員總會
253221	朝鮮朝日	南鮮版	1934-09-09	1	05단	實業野球聯盟戰火蓋切らる/滿鮮對抗陸上全京城選手
253222	朝鮮朝日	南鮮版	1934-09-09	1	06단	三家庭上映京城喜樂館で
253223	朝鮮朝日	南鮮版	1934-09-09	1	06단	無敵艦隊入港に心からの歡迎釜山のサービス陣
253224	朝鮮朝日	南鮮版	1934-09-09	1	07단	仁川府民運動會
253225	朝鮮朝日	南鮮版	1934-09-09	1	07단	大田神社秋祭り
253226	朝鮮朝日	南鮮版	1934-09-09	1	07단	警官優遇案遂にお預け大削減に遭った警務局の新規事業/各道保安課機構を擴充

일련번호	판명		간행일	면	단수	기사명
253227	朝鮮朝日	南鮮版	1934-09-09	1	08단	京城組銀滿洲視察
253228	朝鮮朝日	南鮮版	1934-09-09	1	08단	仁川タクシー六十錢に値下
253229	朝鮮朝日	南鮮版	1934-09-09	1	09단	人(東畑東大教授、大櫻京大教授/永井淸氏(間島總領事))
253230	朝鮮朝日	南鮮版	1934-09-09	1	09단	來るぞ暴風釜山測候所の警報
253231	朝鮮朝日	南鮮版	1934-09-09	1	10단	大邱聯隊に赤痢發生す
253232	朝鮮朝日	南鮮版	1934-09-09	1	10단	坑道崩れて生埋めの慘
253233	朝鮮朝日	南鮮版	1934-09-09	1	10단	もよほし(講演會)
253234	朝鮮朝日	南鮮版	1934-09-09	1	10단	鷄林かゞみ
253235	朝鮮朝日	西北版	1934-09-11	1	01단	西鮮電氣合同前途はなほ多難殘った四社、電價問題など如何に處理する？
253236	朝鮮朝日	西北版	1934-09-11	1	01단	植田軍司令官茂山を巡視/難波憲兵司令官茂山視察
253237	朝鮮朝日	西北版	1934-09-11	1	03단	新な空氣を市日に注ぐ生活改善と福利增進に咸南道の目論み
253238	朝鮮朝日	西北版	1934-09-11	1	03단	お國氣質を發く(１３)/靑森人の卷昔の喧嘩大將いまはお不動さん覆審法院長伊東淳吉氏
253239	朝鮮朝日	西北版	1934-09-11	1	04단	人(津村五郎氏(平壤通信部主任)/中丸好太郎氏(平壤繁榮會理事)/今井安太郎氏(平南道保安課警部))
253240	朝鮮朝日	西北版	1934-09-11	1	05단	驅逐艦入港に淸津の歡待
253241	朝鮮朝日	西北版	1934-09-11	1	05단	北鮮三港懸案の混合保管の實現鐵路總局の腹は既に決定し北線管理局は愼重
253242	朝鮮朝日	西北版	1934-09-11	1	06단	社交機關が飛躍の殿堂に平壤各商工團體の組合化をはかる
253243	朝鮮朝日	西北版	1934-09-11	1	07단	申告せねば賣買できぬ百圓以上の金
253244	朝鮮朝日	西北版	1934-09-11	1	08단	強盜に襲はれ食刀で斬殺さる牛賣って歸途の男
253245	朝鮮朝日	西北版	1934-09-11	1	08단	平壤果菜糶市場出願を却下
253246	朝鮮朝日	西北版	1934-09-11	1	08단	平壤府の起債交涉纏まる
253247	朝鮮朝日	西北版	1934-09-11	1	08단	元山泉町校ちかく竣工
253248	朝鮮朝日	西北版	1934-09-11	1	08단	沙里院の火事
253249	朝鮮朝日	西北版	1934-09-11	1	09단	朝鮮ソバの値上不許可
253250	朝鮮朝日	西北版	1934-09-11	1	09단	分析主任が多額の金を橫領義弟に處分させて豪奢な生活を續く
253251	朝鮮朝日	西北版	1934-09-11	1	09단	溺れんとする幼兒を救ふ本社岡田記者
253252	朝鮮朝日	西北版	1934-09-11	1	10단	下宿料に窮し強盜の狂言
253253	朝鮮朝日	西北版	1934-09-11	1	10단	喧嘩から毆り瀕死の重傷
253254	朝鮮朝日	西北版	1934-09-11	1	10단	柳京日記
253255	朝鮮朝日	南鮮版	1934-09-11	1	01단	歡迎艦隊釜山入港 海の精銳來に宛ら海軍デー 第一艦隊愈よ十二日釜山へ堂々入港/軍艦行き艀船の取扱者決る/鎭海へ第二艦隊將兵の歡迎方法決る

일련번호	판명		간행일	면	단수	기사명
253256	朝鮮朝日	南鮮版	1934-09-11	1	01단	南鮮水禍の映畫を獻上
253257	朝鮮朝日	南鮮版	1934-09-11	1	01단	中等校長協議大會京城で開催
253258	朝鮮朝日	南鮮版	1934-09-11	1	01단	全北初校校長會議
253259	朝鮮朝日	南鮮版	1934-09-11	1	02단	偲ぶ壯烈の事變各地の大々的行事(京城/大邱/淸州)
253260	朝鮮朝日	南鮮版	1934-09-11	1	02단	忠南原野で壯烈に行ふ二十師團秋季演習來月十四日から
253261	朝鮮朝日	南鮮版	1934-09-11	1	04단	忠北道の交通安全デー
253262	朝鮮朝日	南鮮版	1934-09-11	1	05단	總督府最初の尨大な明年豫算根限り大鉈を揮ってもなほ二億九千萬圓突破
253263	朝鮮朝日	南鮮版	1934-09-11	1	05단	宗教類似の團體に目ひかる當局內容調査に着手
253264	朝鮮朝日	南鮮版	1934-09-11	1	06단	沈默の凱旋
253265	朝鮮朝日	南鮮版	1934-09-11	1	07단	綜合競技會滿醫大豫科對城大豫科
253266	朝鮮朝日	南鮮版	1934-09-11	1	07단	內鮮職紹の初の協議會來月、京城で開く
253267	朝鮮朝日	南鮮版	1934-09-11	1	07단	總督府辭令(八日)
253268	朝鮮朝日	南鮮版	1934-09-11	1	07단	一日千百人が冥土へ旅立つ昨年度の死亡しらべ
253269	朝鮮朝日	南鮮版	1934-09-11	1	08단	仁川港改修陳情京仁兩商議會頭から
253270	朝鮮朝日	南鮮版	1934-09-11	1	08단	乞食の盜難
253271	朝鮮朝日	南鮮版	1934-09-11	1	08단	八道溝へ兵共匪直ちに擊退
253272	朝鮮朝日	南鮮版	1934-09-11	1	09단	濁流に溺死
253273	朝鮮朝日	南鮮版	1934-09-11	1	09단	一味二百餘名檢事局送り全南運動者協議會事件
253274	朝鮮朝日	南鮮版	1934-09-11	1	09단	卓球慶南豫選
253275	朝鮮朝日	南鮮版	1934-09-11	1	10단	身許わかる昌慶丸からの身投者
253276	朝鮮朝日	南鮮版	1934-09-11	1	10단	人(本社支局來訪菊池一德氏(殖銀監事)/二荒芳德伯(貴族院議員少年團日本聯盟理事長)/荒井誠一郎氏(大藏省預金部長))
253277	朝鮮朝日	南鮮版	1934-09-11	1	10단	鷄林かゞみ
253278	朝鮮朝日	西北版	1934-09-12	1	01단	半島の明日は燦然たる太陽！全國中學校長協議大會に宇垣總督歷史的熱辯(決議)
253279	朝鮮朝日	西北版	1934-09-12	1	02단	好望の遠洋漁業大々的に獎勵日滿水產事業打合も行ひ漁場區域を協定
253280	朝鮮朝日	西北版	1934-09-12	1	02단	五水利組合の整理を斷行負債額は九十餘萬圓うら四十萬圓を補償
253281	朝鮮朝日	西北版	1934-09-12	1	02단	一路、北平へ本社日支聯絡飛行新野機京城を通過/衷心から祝意を表す平井氏語る
253282	朝鮮朝日	西北版	1934-09-12	1	04단	もよほし(眞宗研究會)
253283	朝鮮朝日	西北版	1934-09-12	1	04단	遺族慰問や壯烈な演習滿洲事變三周年記念に平壤の行事決る
253284	朝鮮朝日	西北版	1934-09-12	1	05단	產業課長會議のお土產話
253285	朝鮮朝日	西北版	1934-09-12	1	05단	平南、滿浦線ダイヤを變更國際列車時刻改正で

일련번호	판명		간행일	면	단수	기사명
253286	朝鮮朝日	西北版	1934-09-12	1	07단	爽空のもと熱戰を展開平南陸上競技大會
253287	朝鮮朝日	西北版	1934-09-12	1	07단	爆擊演習から無事に歸還平壤の八機
253288	朝鮮朝日	西北版	1934-09-12	1	07단	藍田里炭坑坑內掘を始む
253289	朝鮮朝日	西北版	1934-09-12	1	07단	解禁迫る獵場はどこへ手具脛ひく天狗連
253290	朝鮮朝日	西北版	1934-09-12	1	08단	押送の强盜列車から脫走す大同署逮捕に躍起
253291	朝鮮朝日	西北版	1934-09-12	1	08단	留置場で毒藥自殺モヒを使ったか
253292	朝鮮朝日	西北版	1934-09-12	1	09단	平壤の細窮民八千名に上る
253293	朝鮮朝日	西北版	1934-09-12	1	09단	興南港沖で人夫三名消える汚物船時化を食ひ
253294	朝鮮朝日	西北版	1934-09-12	1	09단	各種の寄附募集嚴重取締る
253295	朝鮮朝日	西北版	1934-09-12	1	09단	カフェ祭り平壤で催す
253296	朝鮮朝日	西北版	1934-09-12	1	10단	巡査斬りの逃走犯人捕る
253297	朝鮮朝日	西北版	1934-09-12	1	10단	恐しい鷄コレラ平南に猖獗
253298	朝鮮朝日	西北版	1934-09-12	1	10단	柳京日記
253299	朝鮮朝日	南鮮版	1934-09-12	1	01단	半島の明日は燦然たる太陽！全國中學校長協議大會に宇垣總督歷史的熱辯(決議)
253300	朝鮮朝日	南鮮版	1934-09-12	1	02단	好望の遠洋漁業大々的に獎勵日滿水産事業打合も行ひ漁場區域を協定
253301	朝鮮朝日	南鮮版	1934-09-12	1	02단	東伏見宮大妃殿下釜山の御日程二十一日愛婦會支部總會へ御成り
253302	朝鮮朝日	南鮮版	1934-09-12	1	02단	一路、北平へ本社日支聯絡飛行新野機京城を通過/衷心から祝意を表す平井氏語る
253303	朝鮮朝日	南鮮版	1934-09-12	1	04단	もよほし(經學院文廟秋季釋奠)
253304	朝鮮朝日	南鮮版	1934-09-12	1	04단	懷しの母校で晴れの講演釜山中學出身の妹尾大尉
253305	朝鮮朝日	南鮮版	1934-09-12	1	05단	街を捌く信號燈お目見得
253306	朝鮮朝日	南鮮版	1934-09-12	1	05단	總督府職員のマーク制定
253307	朝鮮朝日	南鮮版	1934-09-12	1	05단	高松宮殿下へ釜山府から獻上
253308	朝鮮朝日	南鮮版	1934-09-12	1	06단	定休日を働き美しい義金光州理髮組合
253309	朝鮮朝日	南鮮版	1934-09-12	1	06단	貨物列車にもスピード・アップ京釜、京義、咸鏡三大幹線に十一月から實施(京釜、京義兩線/咸鏡線(京城淸津間))
253310	朝鮮朝日	南鮮版	1934-09-12	1	07단	五水利組合の整理を斷行負債額は九十餘萬圓うら四十萬圓を補償
253311	朝鮮朝日	南鮮版	1934-09-12	1	07단	大邱鄕軍海軍部會發會
253312	朝鮮朝日	南鮮版	1934-09-12	1	07단	暗がりの怪漢一年振に捕る
253313	朝鮮朝日	南鮮版	1934-09-12	1	08단	運動系(神宮競技釜山豫選變更/武道試合/卓球豫選)
253314	朝鮮朝日	南鮮版	1934-09-12	1	08단	水禍の一萬五千人歸るに家なし慶南道救濟策を講ず
253315	朝鮮朝日	南鮮版	1934-09-12	1	08단	馬車を用ひ石材を盜む
253316	朝鮮朝日	南鮮版	1934-09-12	1	08단	舵が折れて船頭水中に
253317	朝鮮朝日	南鮮版	1934-09-12	1	09단	遺失の金塊國庫に收る

일련번호	판명		간행일	면	단수	기사명
253318	朝鮮朝日	南鮮版	1934-09-12	1	09단	晝飯時に飛んだお客レプラ患者の收容陳情
253319	朝鮮朝日	南鮮版	1934-09-12	1	09단	カモは客人大邱府內に根强く網を張るいかさま大賭博團
253320	朝鮮朝日	南鮮版	1934-09-12	1	10단	巡査斬りの逃走犯人捕る
253321	朝鮮朝日	南鮮版	1934-09-12	1	10단	一棟を燒く
253322	朝鮮朝日	南鮮版	1934-09-12	1	10단	人(上野淸次氏(新任釜山郵便局電話課長)/松本正太郎氏(前釜山郵便局電話課長)/山內美雄氏(新任平北道衛生課長)/大橋新太郎氏(京城電氣社長))
253323	朝鮮朝日	南鮮版	1934-09-12	1	10단	鷄林かゞみ
253324	朝鮮朝日	西北版	1934-09-13	1	01단	本府明年度豫算總額は約三億圓前年より三千三百萬圓の增果然尨大な數字に(歲入/歲出)
253325	朝鮮朝日	西北版	1934-09-13	1	01단	遣繰り算段から愈よ一本立に黑字景氣の波に乘って堅實な編成ぶり
253326	朝鮮朝日	西北版	1934-09-13	1	01단	搬出籾に强制檢査を明年から實施と決る
253327	朝鮮朝日	西北版	1934-09-13	1	01단	元山に描く軍國風景三艦入港で
253328	朝鮮朝日	西北版	1934-09-13	1	02단	お國氣質を發く(１４)/仕事第一を唱ふ生一本の熱情家新潟人日本製糖工場長堀透さん
253329	朝鮮朝日	西北版	1934-09-13	1	03단	鎭南水産市場移管問題圓滿に解決
253330	朝鮮朝日	西北版	1934-09-13	1	03단	平壤飛行場擴張を行ふ本年一杯には完成
253331	朝鮮朝日	西北版	1934-09-13	1	04단	羅南聯隊の軍旗祭
253332	朝鮮朝日	西北版	1934-09-13	1	04단	平北陸上競技
253333	朝鮮朝日	西北版	1934-09-13	1	05단	枕木積出しの第一船
253334	朝鮮朝日	西北版	1934-09-13	1	05단	城大の工學部平壤に設置せよお誂へ向の理想地だと商議を中心に猛運動
253335	朝鮮朝日	西北版	1934-09-13	1	06단	淸津の府民大會防波堤延長、列車乘入れの二問題實現に獅子吼
253336	朝鮮朝日	西北版	1934-09-13	1	07단	滿洲事變の認識を新に三周年記念の十八日軍都羅南の行事/元山の催し
253337	朝鮮朝日	西北版	1934-09-13	1	07단	平南特産品販賣統制機關確立す期待される大飛躍
253338	朝鮮朝日	西北版	1934-09-13	1	08단	微笑ましい人情美談貰った報勞金を困苦の落主へ返す
253339	朝鮮朝日	西北版	1934-09-13	1	08단	列車飛降りは兇狀持身許わかる
253340	朝鮮朝日	西北版	1934-09-13	1	08단	操車係の不注意から平壤驛慘事の原因判る
253341	朝鮮朝日	西北版	1934-09-13	1	09단	これは孝行兵士
253342	朝鮮朝日	西北版	1934-09-13	1	09단	朝鮮ソバに五名中毒すうら一名は遂に死亡當局業者へ嚴重警告
253343	朝鮮朝日	西北版	1934-09-13	1	10단	强盜就縛す
253344	朝鮮朝日	西北版	1934-09-13	1	10단	柳京日記
253345	朝鮮朝日	南鮮版	1934-09-13	1	01단	本府明年度豫算總額は約三億圓前年より三千三百萬圓の增果然尨大な數字に(歲入/歲出)

일련번호	판명		간행일	면	단수	기사명
253346	朝鮮朝日	南鮮版	1934-09-13	1	01단	遣繰り算段から愈よ一本立に黑字景氣の波に乘って堅實な編成ぶり
253347	朝鮮朝日	南鮮版	1934-09-13	1	01단	宇垣總督の大講演
253348	朝鮮朝日	南鮮版	1934-09-13	1	02단	加藤鮮銀總裁渡支の日程
253349	朝鮮朝日	南鮮版	1934-09-13	1	03단	滿洲事變記念日大田の行事
253350	朝鮮朝日	南鮮版	1934-09-13	1	04단	もよほし(追善素謠會)
253351	朝鮮朝日	南鮮版	1934-09-13	1	04단	我らの無敵艦隊秋晴れの釜山へ飛行機を前觸れに堂々入港全市は海軍一色に
253352	朝鮮朝日	南鮮版	1934-09-13	1	04단	高松宮殿下の御機嫌を奉仕
253353	朝鮮朝日	南鮮版	1934-09-13	1	05단	搬出籾に强制檢査を明年から實施と決る
253354	朝鮮朝日	南鮮版	1934-09-13	1	05단	鐵道囑託醫會議
253355	朝鮮朝日	南鮮版	1934-09-13	1	05단	一堂に會す動物學の權威講演堂々四十六題におよぶ近づく日本動物學會
253356	朝鮮朝日	南鮮版	1934-09-13	1	06단	多額の拐帶馴染と逃ぐ
253357	朝鮮朝日	南鮮版	1934-09-13	1	06단	金保有量調査
253358	朝鮮朝日	南鮮版	1934-09-13	1	06단	また僞造貨浦項で發見
253359	朝鮮朝日	南鮮版	1934-09-13	1	07단	レール枕に往生
253360	朝鮮朝日	南鮮版	1934-09-13	1	07단	漢江人道橋から身を躍らす少年、廢學を悲觀し救ったボート屋を表彰
253361	朝鮮朝日	南鮮版	1934-09-13	1	07단	洛東江對策は先づ治山事業から雨を恐れ過ぎては用水に懸念一部識者に論ぜらる
253362	朝鮮朝日	南鮮版	1934-09-13	1	08단	射擊に取締規則
253363	朝鮮朝日	南鮮版	1934-09-13	1	08단	玄海越えて一億圓の旅鮮銀ゆき紙幣
253364	朝鮮朝日	南鮮版	1934-09-13	1	08단	劇藥自殺を企つ
253365	朝鮮朝日	南鮮版	1934-09-13	1	09단	人(本社支局來訪/龍山郵便局長小川好一氏/篠田李王職長官/兪致衡氏(漁城銀行當務取締役))
253366	朝鮮朝日	南鮮版	1934-09-13	1	09단	妻を殺した老人自首す日頃の不仲が昂じて洗濯棒で一毆り？
253367	朝鮮朝日	南鮮版	1934-09-13	1	10단	鷄林かゞみ
253368	朝鮮朝日	南鮮版	1934-09-13	1	10단	給仕募集
253369	朝鮮朝日	西北版	1934-09-14	1	01단	來月廿日から農地令を實施府郡島小作委員會規定も同時に公布さる/朝鮮農地令規則
253370	朝鮮朝日	西北版	1934-09-14	1	01단	平南切っての大炭脈を發見六十年かゝっても掘り盡せぬ江東郡高飛里炭坑
253371	朝鮮朝日	西北版	1934-09-14	1	01단	見事な塼槨墳博物館へ移す
253372	朝鮮朝日	西北版	1934-09-14	1	01단	製絲部も併設す平南原蠶種製造所に
253373	朝鮮朝日	西北版	1934-09-14	1	02단	天災に備へ營農法を改善平南明年の對策成る
253374	朝鮮朝日	西北版	1934-09-14	1	02단	紅葉の秋西鮮地方の名所は(金剛探勝團募集)
253375	朝鮮朝日	西北版	1934-09-14	1	03단	總督府辭令(十一日)

일련번호	판명		간행일	면	단수	기사명
253376	朝鮮朝日	西北版	1934-09-14	1	04단	もよほし(藤村密憧大僧正(京都大覺寺門跡))
253377	朝鮮朝日	西北版	1934-09-14	1	04단	元山の新計劃全滅の憂目
253378	朝鮮朝日	西北版	1934-09-14	1	04단	林檎と織物を先づ統制す平南販賣組合
253379	朝鮮朝日	西北版	1934-09-14	1	05단	平壤煉炭業者價格の協定
253380	朝鮮朝日	西北版	1934-09-14	1	05단	新秋の元山で壯烈な市街戰碇泊中の三驅逐艦陸戰隊と學生義勇軍の演習
253381	朝鮮朝日	西北版	1934-09-14	1	06단	全治者のため授産場を新設密賣者も嚴重取締る平南のモヒ患撲滅策
253382	朝鮮朝日	西北版	1934-09-14	1	06단	价川洞に郵便所
253383	朝鮮朝日	西北版	1934-09-14	1	07단	朽ち行く古城壁に明粧咸興盤龍山公園遺跡に補强の玉垣工事
253384	朝鮮朝日	西北版	1934-09-14	1	07단	平壤府の吏員優遇年俸組を增し
253385	朝鮮朝日	西北版	1934-09-14	1	08단	辯護士試驗の難關を突破元山の申氏
253386	朝鮮朝日	西北版	1934-09-14	1	08단	陽德里模範林赤松拂下げ
253387	朝鮮朝日	西北版	1934-09-14	1	08단	秋風の死魔に誘はれた二老人身投したが救はる
253388	朝鮮朝日	西北版	1934-09-14	1	08단	狂へる人妻鐵路に散る
253389	朝鮮朝日	西北版	1934-09-14	1	09단	原料を鮮産で補ふ平壤の穀産會社
253390	朝鮮朝日	西北版	1934-09-14	1	09단	婦女誘拐の常習犯捕る
253391	朝鮮朝日	西北版	1934-09-14	1	10단	死傷者十六名咸北の暴風雨被害
253392	朝鮮朝日	西北版	1934-09-14	1	10단	人(金山福太郎氏(咸興府金山釀造業主))
253393	朝鮮朝日	西北版	1934-09-14	1	10단	柳京日記
253394	朝鮮朝日	南鮮版	1934-09-14	1	01단	*來月廿日から農地令を實施府郡島小作委員會規定も同時に公布さる/朝鮮農地令規則*
253395	朝鮮朝日	南鮮版	1934-09-14	1	01단	明年四月から女子師範生る演習、講習兩科も併置して殖えるよ、女の先生
253396	朝鮮朝日	南鮮版	1934-09-14	1	01단	痲藥類中毒豫防協會を設立愈よ徹底的撲滅に官民一致の尊い運動
253397	朝鮮朝日	南鮮版	1934-09-14	1	01단	美しい記念切手赤十字國際會議に
253398	朝鮮朝日	南鮮版	1934-09-14	1	02단	競馬の秋
253399	朝鮮朝日	南鮮版	1934-09-14	1	03단	總督府辭令(十一日)
253400	朝鮮朝日	南鮮版	1934-09-14	1	04단	鬪牛大會
253401	朝鮮朝日	南鮮版	1934-09-14	1	04단	荒井大藏省預金部長
253402	朝鮮朝日	南鮮版	1934-09-14	1	04단	*艦隊入港第二日雨に阻まれ水兵さん悲觀だが市內は大賑ひ/第二艦隊鎭海へ堂々入港拜觀者群で凄い景氣*
253403	朝鮮朝日	南鮮版	1934-09-14	1	06단	*それ獵解禁天狗連の用意はよし獵場のレポも上々だ/釜山附近の獵場はどこ*
253404	朝鮮朝日	南鮮版	1934-09-14	1	06단	婦人會靑年團の活動を映畫に
253405	朝鮮朝日	南鮮版	1934-09-14	1	06단	內外地柔道の半島選手出發
253406	朝鮮朝日	南鮮版	1934-09-14	1	07단	德壽宮の綜合美術展

일련번호	판명		간행일	면	단수	기사명
253407	朝鮮朝日	南鮮版	1934-09-14	1	07단	南山に山小屋行樂群への新サービス
253408	朝鮮朝日	南鮮版	1934-09-14	1	07단	逮捕の快報に凱歌を揚ぐ傷いた二警官
253409	朝鮮朝日	南鮮版	1934-09-14	1	08단	廿餘年ぶりに廻り會った兄弟奇しくも警察で對面
253410	朝鮮朝日	南鮮版	1934-09-14	1	09단	釜山牧の島の西條鐵工所焼く損害約一萬五千圓
253411	朝鮮朝日	南鮮版	1934-09-14	1	09단	死傷者十六名咸北の暴風雨被害
253412	朝鮮朝日	南鮮版	1934-09-14	1	10단	七少年の萬引團片割れ泥を吐く
253413	朝鮮朝日	南鮮版	1934-09-14	1	10단	小鹿島院長官舎を焼く
253414	朝鮮朝日	南鮮版	1934-09-14	1	10단	人(花岡芳夫氏(大阪貿易館長)/京城師範學校籠球部內地遠征團/佐賀縣立佐賀農學校鮮滿辰行團/柳基造氏(京城府廳公益質屋主任))
253415	朝鮮朝日	南鮮版	1934-09-14	1	10단	鷄林かゞみ
253416	朝鮮朝日	西北版	1934-09-15	1	01단	樂浪博の謎解かる屋根の形式初めて判り發掘隊凱歌を奏す
253417	朝鮮朝日	西北版	1934-09-15	1	01단	北鮮特産輸送歴史的の飛躍百萬トン輸送計劃の到來
253418	朝鮮朝日	西北版	1934-09-15	1	01단	平壤府廳落成式廿六日に延期
253419	朝鮮朝日	西北版	1934-09-15	1	02단	平壤文廟奉遷祭嚴かに執行
253420	朝鮮朝日	西北版	1934-09-15	1	02단	お國氣質を發く(15)/闊達の口から思ひ出の冒險談熊本人高射砲隊森學中尉さん
253421	朝鮮朝日	西北版	1934-09-15	1	04단	滿浦鎮線平元線視察吉田局長來壤して語る
253422	朝鮮朝日	西北版	1934-09-15	1	05단	音頭行進に服かな稽古間島神社祭典近づく
253423	朝鮮朝日	西北版	1934-09-15	1	05단	婦人の勤農共濟組合増加を計る
253424	朝鮮朝日	西北版	1934-09-15	1	05단	ネオン街へ淨化の明光をカフェ營業取締內規標準を制定
253425	朝鮮朝日	西北版	1934-09-15	1	05단	雪嶺山麓に初雪咸北一帶に冷氣加はる
253426	朝鮮朝日	西北版	1934-09-15	1	07단	沙金地帶に凄い採取ぶり當局取締りに弱る
253427	朝鮮朝日	西北版	1934-09-15	1	07단	炭坑夫に救ひの手海軍鑛業部で事故防止に斬新な救命隊を組織
253428	朝鮮朝日	西北版	1934-09-15	1	08단	海軍の自動車乗逃げさる平壤で一番の高級車盗みか惡戲か奇怪な事件
253429	朝鮮朝日	西北版	1934-09-15	1	08단	大同江に墜ち船夫溺死す
253430	朝鮮朝日	西北版	1934-09-15	1	09단	溫突から發火一棟を焼く
253431	朝鮮朝日	西北版	1934-09-15	1	09단	保險金詐欺の三名へ懲役
253432	朝鮮朝日	西北版	1934-09-15	1	09단	九十時間目にやっと捕ふ列車からの逃走犯人
253433	朝鮮朝日	西北版	1934-09-15	1	10단	豆滿江渡場でジャンク沈沒三名行方不明
253434	朝鮮朝日	西北版	1934-09-15	1	10단	もよほし(平壤女高普創立記念)
253435	朝鮮朝日	西北版	1934-09-15	1	10단	柳京日記
253436	朝鮮朝日	南鮮版	1934-09-15	1	01단	空前の豫算だが先づ成功だ!心強い水禍移住民の意氣込異動は考へてゐぬ宇垣總督當面問題を語る
253437	朝鮮朝日	南鮮版	1934-09-15	1	01단	宇垣總督

일련번호	판명		간행일	면	단수	기사명
253438	朝鮮朝日	南鮮版	1934-09-15	1	01단	治水調査委員會來月中旬第二回を開く
253439	朝鮮朝日	南鮮版	1934-09-15	1	01단	街には水兵さん海には軍艦拜觀者の群湧返る釜山の賑ひ
253440	朝鮮朝日	南鮮版	1934-09-15	1	02단	ネオン街へ淨化の明光をカフエ營業取締內規標準を制定
253441	朝鮮朝日	南鮮版	1934-09-15	1	03단	來月早々に斡旋を終る水害罹災者滿洲移民各道の割當決まる
253442	朝鮮朝日	南鮮版	1934-09-15	1	04단	釜山所得稅調査委員會
253443	朝鮮朝日	南鮮版	1934-09-15	1	05단	乃木神社鎭座奉祝祭
253444	朝鮮朝日	南鮮版	1934-09-15	1	05단	故鄉の水害へ美しい義金羅津移住の勞働者から
253445	朝鮮朝日	南鮮版	1934-09-15	1	05단	高粱繁りを加へ匪賊團愈よ跳梁國境を越えて鮮內をも狙ふ被害情報續々來る
253446	朝鮮朝日	南鮮版	1934-09-15	1	06단	スポーツ(女子選手歡迎水上競技會/慶南野球豫選)
253447	朝鮮朝日	南鮮版	1934-09-15	1	06단	農地令の主旨徹底を計る府郡島內務主任を招集し各道で講習會を開く
253448	朝鮮朝日	南鮮版	1934-09-15	1	07단	二名へ死刑の判決仁川の强盜殺人事件
253449	朝鮮朝日	南鮮版	1934-09-15	1	07단	忠南の拳銃强盜十二年の懲役馬券の大損から不敵な犯行法延では猫のやう
253450	朝鮮朝日	南鮮版	1934-09-15	1	08단	毒藥自殺を企つ
253451	朝鮮朝日	南鮮版	1934-09-15	1	08단	大田鄉軍聯合分會發會式
253452	朝鮮朝日	南鮮版	1934-09-15	1	08단	出しやばる幕でもあるまい京電の送電會社不參加につき大橋新太郞氏語る
253453	朝鮮朝日	南鮮版	1934-09-15	1	08단	慶北に覆面强盜七百圓を强奪
253454	朝鮮朝日	南鮮版	1934-09-15	1	09단	水害救濟沙防工事慶北で實施
253455	朝鮮朝日	南鮮版	1934-09-15	1	09단	線路に落命
253456	朝鮮朝日	南鮮版	1934-09-15	1	09단	中澤判事の息三原山で身投げ東京に行かなかったら令弟殘念さうに語る
253457	朝鮮朝日	南鮮版	1934-09-15	1	10단	家出した人妻縊死を企つ
253458	朝鮮朝日	南鮮版	1934-09-15	1	10단	遞信文化展
253459	朝鮮朝日	南鮮版	1934-09-15	1	10단	人(前原肇氏(鐵道局運轉課技師)/田淵勳氏(東拓理事)/松原純一氏(朝鮮銀行理事))
253460	朝鮮朝日	南鮮版	1934-09-15	1	10단	鷄林かゞみ
253461	朝鮮朝日	西北版	1934-09-16	1	01단	開港・羅津に待望の近代粧市街地計劃案愈よ決り邑會へ諮問を發す/着工は明春
253462	朝鮮朝日	西北版	1934-09-16	1	01단	第一線の護り頗る心强い隨所に見る軍民一致の美しさ植田軍司令官の談
253463	朝鮮朝日	西北版	1934-09-16	1	01단	龍塘浦港に稅關出張所設置愈よ實現
253464	朝鮮朝日	西北版	1934-09-16	1	02단	平元線は明年に着工吉田局長の言明に兩地民は俄然感激

일련번호	판명		간행일	면	단수	기사명
253465	朝鮮朝日	西北版	1934-09-16	1	02단	お國氣質を發く（１６）/至誠のモーター威勢よくうなる和歌山人材木商武内靖さん
253466	朝鮮朝日	西北版	1934-09-16	1	04단	水害義金
253467	朝鮮朝日	西北版	1934-09-16	1	04단	列車事故防止デー
253468	朝鮮朝日	西北版	1934-09-16	1	04단	發掘された搏榔墳
253469	朝鮮朝日	西北版	1934-09-16	1	06단	英靈に祈る平壤瑞氣山忠魂碑前で盛大な戰歿者慰靈祭
253470	朝鮮朝日	西北版	1934-09-16	1	06단	借地地主が知らぬ間に變る盛んな思惑の弊害緩和に平壤商議乗り出す
253471	朝鮮朝日	西北版	1934-09-16	1	07단	大同江岸壁船着場を新設す平壤側の不便を除く
253472	朝鮮朝日	西北版	1934-09-16	1	08단	咸南木炭の規格を統一檢査規則、施行手續道令で發布さる
253473	朝鮮朝日	西北版	1934-09-16	1	08단	*咸興でも市街戰滿洲事變記念日/海州の行事*
253474	朝鮮朝日	西北版	1934-09-16	1	08단	新商夜營行軍
253475	朝鮮朝日	西北版	1934-09-16	1	09단	暗殺團事件に拔群の功勞新京城東大門署長栗田氏赴任
253476	朝鮮朝日	西北版	1934-09-16	1	09단	祕密結社の暗躍暴露す平壤江西の兩地で青少年九名を檢擧
253477	朝鮮朝日	西北版	1934-09-16	1	09단	火藥庫見取圖多數持つ男浦る
253478	朝鮮朝日	西北版	1934-09-16	1	09단	片創製絲女工騒ぐ一部ハンストを行ふ
253479	朝鮮朝日	西北版	1934-09-16	1	10단	柳京日記
253480	朝鮮朝日	南鮮版	1934-09-16	1	01단	*開港・羅津に待望の近代粧市街地計劃案愈よ決り邑會へ諮問を發す/着工は明春*
253481	朝鮮朝日	南鮮版	1934-09-16	1	01단	第一線の護り頗ぶる心強い隨所に見る軍民一致の美しさ植田軍司令官の談
253482	朝鮮朝日	南鮮版	1934-09-16	1	01단	東伏見宮大妃殿下御成の御日程
253483	朝鮮朝日	南鮮版	1934-09-16	1	02단	*海の精銳釜山を拔錨轟く歡送を受けて/第二艦隊も鎮海を出港*
253484	朝鮮朝日	南鮮版	1934-09-16	1	03단	朝鮮冷凍會社增資を行ふ
253485	朝鮮朝日	南鮮版	1934-09-16	1	03단	秋の景氣を占據京城商品見本市盛況
253486	朝鮮朝日	南鮮版	1934-09-16	1	04단	全南府尹會議
253487	朝鮮朝日	南鮮版	1934-09-16	1	04단	免囚保護事業を一般へ宣傳
253488	朝鮮朝日	南鮮版	1934-09-16	1	04단	石造殿綜合美展永へに咲き誇る上野の名作を續々買上げ半島美術の燈台に
253489	朝鮮朝日	南鮮版	1934-09-16	1	06단	高等試驗合格者
253490	朝鮮朝日	南鮮版	1934-09-16	1	06단	暗殺團事件に拔群の功勞新京城東大門署長栗田氏赴任
253491	朝鮮朝日	南鮮版	1934-09-16	1	07단	豪華の昔を偲ぶ新羅王陵大祭本年から春秋二回古都慶州で執行
253492	朝鮮朝日	南鮮版	1934-09-16	1	07단	京城府廳の人心を刷新異動を行ふ
253493	朝鮮朝日	南鮮版	1934-09-16	1	07단	朝日活寫會隱城で盛況
253494	朝鮮朝日	南鮮版	1934-09-16	1	07단	スポーツの秋を電波も滿喫さす豪華な屋外中繼放送(鐵

일련번호	판명		간행일	면	단수	기사명
						道７府廳２京城實業野球/殖銀６Ａ京電４)
253495	朝鮮朝日	南鮮版	1934-09-16	1	08단	總督府別館豫算を削られる總督官邸、高官村も孝子洞に建設と決る
253496	朝鮮朝日	南鮮版	1934-09-16	1	08단	列車食堂を二割方値下げか鐵道のサービス改善
253497	朝鮮朝日	南鮮版	1934-09-16	1	08단	顯微鏡どろ隱れ家で捕る
253498	朝鮮朝日	南鮮版	1934-09-16	1	10단	片倉製絲女工騷ぐ一部ハンストを行ふ
253499	朝鮮朝日	南鮮版	1934-09-16	1	10단	墓石を盜み出す
253500	朝鮮朝日	南鮮版	1934-09-16	1	10단	遊興費の籠拔け
253501	朝鮮朝日	南鮮版	1934-09-16	1	10단	人(吉田鐵道局長/大和田鐵道局副參事/正木美術院長岡部長貴子)
253502	朝鮮朝日	南鮮版	1934-09-16	1	10단	鷄林かゞみ
253503	朝鮮朝日	西北版	1934-09-18	1	01단	商工業者救濟は金融の圓滑から地場銀行設立・同業組合活用平壤商議所の對策
253504	朝鮮朝日	西北版	1934-09-18	1	01단	非常時に躍り出たアベマキ樹を增植引きも切らぬ需要に應へて咸南で農家に獎勵
253505	朝鮮朝日	西北版	1934-09-18	1	01단	京圖線は四時間を短縮咸鏡線もスピードアップダイヤ改正を機に
253506	朝鮮朝日	西北版	1934-09-18	1	03단	朝鮮蕎麥を嚴重取締る有害な苛性曹達を混入
253507	朝鮮朝日	西北版	1934-09-18	1	04단	朝鮮信託平壤支店長內定
253508	朝鮮朝日	西北版	1934-09-18	1	04단	定州農試場擴張に決る
253509	朝鮮朝日	西北版	1934-09-18	1	04단	晝夜兼行で工事を急ぐ滿浦線開通近づき平鐵管內に大異動
253510	朝鮮朝日	西北版	1934-09-18	1	04단	お國氣質を發く(１７)/上州男の氣骨で若い女性を導く樂浪研究では一方の權威平壤高等女學校長栗原助作氏
253511	朝鮮朝日	西北版	1934-09-18	1	05단	平壤瑞氣山の戰歿將士慰靈祭における阿部府尹の祭詞朗讀(十五日)
253512	朝鮮朝日	西北版	1934-09-18	1	05단	平壤稅監局明年新事業
253513	朝鮮朝日	西北版	1934-09-18	1	05단	南浦道立醫院自力で增築
253514	朝鮮朝日	西北版	1934-09-18	1	06단	土地熱の狂嵐に戰く平壤商店街大和町一帶賣物へだが高價で業者は手が出ぬ
253515	朝鮮朝日	西北版	1934-09-18	1	06단	平壤の腦脊炎益々猖獗す三日間に學童五名倒る
253516	朝鮮朝日	西北版	1934-09-18	1	07단	平壤市內と平川里の踏切を暗渠式に福島會頭が猛運動
253517	朝鮮朝日	西北版	1934-09-18	1	07단	谷川に轉る李朝初期の佛像太祖由緣の遺蹟で一妻女が發見す
253518	朝鮮朝日	西北版	1934-09-18	1	08단	普通校に怪賊奉安所の扉を破壞したが幸ひ勅語は無事
253519	朝鮮朝日	西北版	1934-09-18	1	08단	人質を奪還匪賊潰走す
253520	朝鮮朝日	西北版	1934-09-18	1	09단	看護婦の同性心中生命は取止む
253521	朝鮮朝日	西北版	1934-09-18	1	09단	秋風に誘はれて朽葉と散った命四つ
253522	朝鮮朝日	西北版	1934-09-18	1	10단	鎭南浦米取凋落を辿る更生策に腐心

일련번호	판명		간행일	면	단수	기사명
253523	朝鮮朝日	西北版	1934-09-18	1	10단	人(江坂寺洞海軍鑛業部長/後藤澄心氏(朝鮮開教總長))
253524	朝鮮朝日	西北版	1934-09-18	1	10단	柳京日記
253525	朝鮮朝日	南鮮版	1934-09-18	1	01단	伏見總長宮殿下釜山へ御成り遊ばす
253526	朝鮮朝日	南鮮版	1934-09-18	1	01단	勝って冑の緒を締めよ滿洲事變三周年を迎へて植田軍司令官語る
253527	朝鮮朝日	南鮮版	1934-09-18	1	01단	軍事思想を少國民へ植付く京城府內二萬の兒童のため興味深い模擬演習/浦項の滿洲事變記念日
253528	朝鮮朝日	南鮮版	1934-09-18	1	03단	軍艦馬山を出港
253529	朝鮮朝日	南鮮版	1934-09-18	1	03단	痲藥中毒豫防協會陣容を整ふ
253530	朝鮮朝日	南鮮版	1934-09-18	1	03단	續々記錄を更新朝鮮神宮水上競技/目覺しい新記錄前畑孃歡迎水上競技/神宮競技慶南豫選盛大に擧行/鮮鐵6Ａ殖銀4
253531	朝鮮朝日	南鮮版	1934-09-18	1	04단	總督府辭令(十四日)
253532	朝鮮朝日	南鮮版	1934-09-18	1	04단	燃、肥料解決に全農家へ山を持たす明年度に十六郡を選定し先づ試驗的に實施(一戶當り/十分供給)
253533	朝鮮朝日	南鮮版	1934-09-18	1	05단	京城府債を低利に借替相當の餘裕を生ぜん/京城府會
253534	朝鮮朝日	南鮮版	1934-09-18	1	05단	漢江の廣津橋二十日起工式
253535	朝鮮朝日	南鮮版	1934-09-18	1	06단	古墳を發見
253536	朝鮮朝日	南鮮版	1934-09-18	1	06단	功勞者を祀る招魂社を建設民間の施政廿五周年記念に計劃着々進めらる
253537	朝鮮朝日	南鮮版	1934-09-18	1	07단	謎の變死體
253538	朝鮮朝日	南鮮版	1934-09-18	1	07단	腸チフス男病院から行方を晦す
253539	朝鮮朝日	南鮮版	1934-09-18	1	07단	鎭海高女寄宿舍を增築
253540	朝鮮朝日	南鮮版	1934-09-18	1	08단	列車に飛込自殺
253541	朝鮮朝日	南鮮版	1934-09-18	1	08단	お家騷動に絡る詐欺俄然暴露す
253542	朝鮮朝日	南鮮版	1934-09-18	1	09단	ヒスの狂言
253543	朝鮮朝日	南鮮版	1934-09-18	1	09단	獵銃で妻を射殺己れも自殺を企つ家庭不和からの夫婦心中？
253544	朝鮮朝日	南鮮版	1934-09-18	1	09단	藁家がペシャンコ
253545	朝鮮朝日	南鮮版	1934-09-18	1	09단	もよほし(劍術射擊競技會)
253546	朝鮮朝日	南鮮版	1934-09-18	1	10단	校長宅を半燒に小使の恨み
253547	朝鮮朝日	南鮮版	1934-09-18	1	10단	鷄林かゞみ
253548	朝鮮朝日	西北版	1934-09-19	1	01단	小作農泣かせの不良舍音を一掃愈よ實施の農地令に據って片っ端から摘發す
253549	朝鮮朝日	西北版	1934-09-19	1	01단	北鮮開拓事業行く手は靑だ森林鐵道、火田民指導など寶庫へ眼かな前進
253550	朝鮮朝日	西北版	1934-09-19	1	01단	第三次窮民救濟事業の內容南大川、琴湖江改修その他に約六割を國庫で補助
253551	朝鮮朝日	西北版	1934-09-19	1	01단	平壤消防隊昇格お流れ水害に祟らる

일련번호	판명		간행일	면	단수	기사명
253552	朝鮮朝日	西北版	1934-09-19	1	02단	近づく平壤府議選賑ふ下馬評
253553	朝鮮朝日	西北版	1934-09-19	1	02단	お國氣質を發く(１８)/兵庫縣人の卷嘗ての空の王者今は明け暮れ旅客の送迎日本空輸平壤出張所主任蔭平春治氏
253554	朝鮮朝日	西北版	1934-09-19	1	03단	獻穀田修祓式
253555	朝鮮朝日	西北版	1934-09-19	1	03단	平北同仁水組內訌表面化
253556	朝鮮朝日	西北版	1934-09-19	1	04단	人(江坂海軍小將(寺洞海軍鑛業部長)/馬場政義氏(平南警務課長)/今井安太郎氏(平南保安課警部))
253557	朝鮮朝日	西北版	1934-09-19	1	04단	蘋果大豊作記錄破りの收穫豫想有卦に入る栽培者
253558	朝鮮朝日	西北版	1934-09-19	1	04단	戰歿者慰靈祭
253559	朝鮮朝日	西北版	1934-09-19	1	05단	二十六日落成式を擧げる平壤府廳
253560	朝鮮朝日	西北版	1934-09-19	1	05단	爽涼の天地に昂し・軍國の意氣空軍も加はって壯烈な市街戰平壤の滿洲事變三周年記念/模擬燒夷彈屋上で發火/新義州では慰靈祭執行
253561	朝鮮朝日	西北版	1934-09-19	1	06단	スポーツ(平高普優勝西鮮陸上競技/開城野球リーグ/陸上競技會)
253562	朝鮮朝日	西北版	1934-09-19	1	07단	樂浪發掘 期待の四十五號墳既に盜掘さる三十一號の木槨墳は完全！目も彩な漆棺現る
253563	朝鮮朝日	西北版	1934-09-19	1	08단	レプラ退散全部小鹿島へ
253564	朝鮮朝日	西北版	1934-09-19	1	08단	社會事業に大口の寄附退鮮の福井氏
253565	朝鮮朝日	西北版	1934-09-19	1	08단	土地熱の餘波法廷を賑す
253566	朝鮮朝日	西北版	1934-09-19	1	08단	船橋里繋船岸壁に鐵道引込線を工場地の水陸聯絡のため鐵道當局に交渉
253567	朝鮮朝日	西北版	1934-09-19	1	09단	街の與太者百名を檢擧何れも求職者崩れ平壤の浮浪者狩り
253568	朝鮮朝日	西北版	1934-09-19	1	10단	柳京日記
253569	朝鮮朝日	西北版	1934-09-19	1	10단	小城子に共匪襲來瞬く間に逸走
253570	朝鮮朝日	南鮮版	1934-09-19	1	01단	滿洲事變三周年 無敵の威容に湧き起る萬歲京城漢江河原に展開した壯烈果敢の模擬練習/遺族慰問や盛大な慰靈祭釜山の意義深い催し/英靈に祈る京城の戰歿者慰靈祭いと盛大に營まる
253571	朝鮮朝日	南鮮版	1934-09-19	1	01단	東伏見宮大妃殿下京城の御日程二十八日に御入城
253572	朝鮮朝日	南鮮版	1934-09-19	1	01단	第三次窮民救濟事業の內容南大川、琴湖江改修その他に約六割を國庫で補助
253573	朝鮮朝日	南鮮版	1934-09-19	1	02단	伏見總長宮殿下鎭海御成り
253574	朝鮮朝日	南鮮版	1934-09-19	1	02단	京畿道高等警察講習會
253575	朝鮮朝日	南鮮版	1934-09-19	1	02단	南北同時に古代文化を掘る樂浪と慶州古墳に大々的の鍬込れ
253576	朝鮮朝日	南鮮版	1934-09-19	1	03단	北鮮開拓事業行く手は靑だ森林鐵道、火田民指導など

일련번호	판명		간행일	면	단수	기사명
						寶庫へ眼かな前進
253577	朝鮮朝日	南鮮版	1934-09-19	1	04단	人(宇垣總督/朴根壽氏(新任慶南道梁山郡守))
253578	朝鮮朝日	南鮮版	1934-09-19	1	04단	鑛區出願殺到に鑛山課六十名を增員
253579	朝鮮朝日	南鮮版	1934-09-19	1	04단	群山開港卅五周年近づく大々的に祝賀の催し
253580	朝鮮朝日	南鮮版	1934-09-19	1	05단	京城の種痘
253581	朝鮮朝日	南鮮版	1934-09-19	1	06단	日米對抗半島選手顔觸れ決る/新記錄續出神宮忠南豫選/女子水泳決勝記錄
253582	朝鮮朝日	南鮮版	1934-09-19	1	07단	降るぞ賃銀の雨愈よ査定を終った第二期沙防事業
253583	朝鮮朝日	南鮮版	1934-09-19	1	08단	車輪が落下し二兒死傷す
253584	朝鮮朝日	南鮮版	1934-09-19	1	08단	捨子を發見
253585	朝鮮朝日	南鮮版	1934-09-19	1	08단	叱られた若者自殺を企つ
253586	朝鮮朝日	南鮮版	1934-09-19	1	08단	治維法違反四名に懲役
253587	朝鮮朝日	南鮮版	1934-09-19	1	08단	列車區員の荷物拔取り罪狀愈よ明白となり一味二十二名を送局
253588	朝鮮朝日	南鮮版	1934-09-19	1	08단	小城子に共匪襲來瞬く間に逸走
253589	朝鮮朝日	南鮮版	1934-09-19	1	09단	三十回も詐欺を働く恩赦出獄の男
253590	朝鮮朝日	南鮮版	1934-09-19	1	09단	二名の子が學友を慘殺栗拾ひに行って喧嘩
253591	朝鮮朝日	南鮮版	1934-09-19	1	09단	怪しい強盗
253592	朝鮮朝日	南鮮版	1934-09-19	1	10단	トラック墜落三名重輕傷
253593	朝鮮朝日	南鮮版	1934-09-19	1	10단	もよほし(京城第一公立高等女學校バザー)
253594	朝鮮朝日	南鮮版	1934-09-19	1	10단	鷄林かゞみ
253595	朝鮮朝日	西北版	1934-09-20	1	01단	範を北海道にとり北鮮農産の大飛躍農林局より調査員を派遣本場壓倒の意氣込み
253596	朝鮮朝日	西北版	1934-09-20	1	01단	咸南産鹽魚滿洲指して進出新組合の力强い統制下に輸出戰線を擴大
253597	朝鮮朝日	西北版	1934-09-20	1	01단	滿洲事變記念日に於る平壤瑞氣山上の閱兵式
253598	朝鮮朝日	西北版	1934-09-20	1	02단	初等學校に作業室新設
253599	朝鮮朝日	西北版	1934-09-20	1	03단	農民中堅校を各郡に設く好成績に力を得て平南で普及の計劃
253600	朝鮮朝日	西北版	1934-09-20	1	03단	お國氣質を發く(19)/福岡の卷玄海に育まれた馬賊の統領西鮮合電常務橫田虎之助氏
253601	朝鮮朝日	西北版	1934-09-20	1	04단	人(前田中佐(平壤憲兵隊長)/和氣巖氏(新任台灣總督府在外研究員)/森幸次郞氏(平壤每日新聞社主幹))
253602	朝鮮朝日	西北版	1934-09-20	1	04단	靴下作業場設置は有望
253603	朝鮮朝日	西北版	1934-09-20	1	05단	廣軌改良を局長に陳情安州价川兩邑
253604	朝鮮朝日	西北版	1934-09-20	1	05단	歌ひ囃して明るい街へ府民を擧る歡樂の平壤デー明年より實現せん
253605	朝鮮朝日	西北版	1934-09-20	1	05단	洪水の脅威へ鐵道も挑戰鐵道線路に補强工事
253606	朝鮮朝日	西北版	1934-09-20	1	06단	トロリー、踏切でトラックと衝突八名重輕傷を負ふ

일련번호	판명		간행일	면	단수	기사명
253607	朝鮮朝日	西北版	1934-09-20	1	07단	事變記念日茂山の催し
253608	朝鮮朝日	西北版	1934-09-20	1	07단	平壤稅監局に酒類試驗室新設を要求
253609	朝鮮朝日	西北版	1934-09-20	1	07단	會計主任宅を襲ひ鍵を盜んで工場內を荒す金庫破りの怪竊盜頻りに鎭南浦を脅やかす
253610	朝鮮朝日	西北版	1934-09-20	1	08단	スポーツ(平壤各小學校運動會日割/三都市對抗陸上競技會)
253611	朝鮮朝日	西北版	1934-09-20	1	08단	不穩の共匪五名を檢擧
253612	朝鮮朝日	西北版	1934-09-20	1	08단	二名共謀で惡事を働く職に窮して
253613	朝鮮朝日	西北版	1934-09-20	1	09단	去られる妻飛び出す妻法廷の種々相
253614	朝鮮朝日	西北版	1934-09-20	1	09단	老幼協力の篤行二年間一日も缺かさす忠魂碑を掃き淸む
253615	朝鮮朝日	西北版	1934-09-20	1	09단	雇人持逃げ
253616	朝鮮朝日	西北版	1934-09-20	1	09단	稅金から見た土地熱平壤の調べ
253617	朝鮮朝日	西北版	1934-09-20	1	10단	酒の上から
253618	朝鮮朝日	西北版	1934-09-20	1	10단	柳京日記
253619	朝鮮朝日	南鮮版	1934-09-20	1	01단	徵稅、出納等に幾多の缺陷を發見京城府會に報告された不祥事件の眞相
253620	朝鮮朝日	南鮮版	1934-09-20	1	01단	東伏見宮大妃殿下大邱の御日程
253621	朝鮮朝日	南鮮版	1934-09-20	1	01단	認識新たに壯烈な市街戰や慰靈祭執行大邱の事變記念日
253622	朝鮮朝日	南鮮版	1934-09-20	1	02단	洪水の脅威へ鐵道も挑戰水禍の各鐵道線路に半永久的の補强工事
253623	朝鮮朝日	南鮮版	1934-09-20	1	02단	宇垣總督名講演全國へ配布
253624	朝鮮朝日	南鮮版	1934-09-20	1	04단	市內電話開通
253625	朝鮮朝日	南鮮版	1934-09-20	1	04단	東邦鑛業の事務所開設
253626	朝鮮朝日	南鮮版	1934-09-20	1	04단	建設地は倭城台綜合博物館
253627	朝鮮朝日	南鮮版	1934-09-20	1	05단	八十聯隊に腦脊炎
253628	朝鮮朝日	南鮮版	1934-09-20	1	05단	殉職消防慰靈祭來月盛大に
253629	朝鮮朝日	南鮮版	1934-09-20	1	05단	江陵淸津に燈台松坪に飛行場北鮮航空路開設で
253630	朝鮮朝日	南鮮版	1934-09-20	1	06단	樂浪發掘四十五號墳は惜しや盜掘の跡卅一號墳は完全見事な漆棺現はる
253631	朝鮮朝日	南鮮版	1934-09-20	1	06단	避雷針の盜難
253632	朝鮮朝日	南鮮版	1934-09-20	1	06단	保險料や運賃も豪華綜合美展橫顏
253633	朝鮮朝日	南鮮版	1934-09-20	1	07단	期日愈よ迫り興奮の熱風圈に行進隊形、應援團規定決る全北の驛傳競走
253634	朝鮮朝日	南鮮版	1934-09-20	1	07단	カフェの客からスる
253635	朝鮮朝日	南鮮版	1934-09-20	1	07단	倉庫建築用のトタンが腐る各地から苦情殺到に當局對策を考究/當局の談/雨ざらして錆びたか三菱商事の談
253636	朝鮮朝日	南鮮版	1934-09-20	1	08단	通行人を石で毆る漢江堤に强盜

일련번호	판명		긴행일	면	단수	기사명
253637	朝鮮朝日	南鮮版	1934-09-20	1	08단	大邱を脅かす怪盗つひに就縛歡樂街を片つ端から荒し必死の捜査陣に凱歌
253638	朝鮮朝日	南鮮版	1934-09-20	1	09단	京城中等校運動會日割
253639	朝鮮朝日	南鮮版	1934-09-20	1	10단	不穩の共匪五名を檢擧
253640	朝鮮朝日	南鮮版	1934-09-20	1	10단	もよほし(辯論大會/第三回京城齒科醫學會總會/第三回商品祭)
253641	朝鮮朝日	南鮮版	1934-09-20	1	10단	人(大嚴弟夫氏(名古屋市長)/野村調太郎氏(京城地方法院長)/松田專賣局長/加藤不二夫氏(慶南道保安課長心得))
253642	朝鮮朝日	南鮮版	1934-09-20	1	10단	鷄林かゞみ
253643	朝鮮朝日	西北版	1934-09-21	1	01단	滿浦鎭線沿線を平壤商人の手に各商業團體が中心となり貨車專用線を要望/折も折！快ニュース平壤江界直通電話愈よ明年度に實現
253644	朝鮮朝日	西北版	1934-09-21	1	01단	江陵清津に燈台松坪に飛行場北鮮航空路開設で
253645	朝鮮朝日	西北版	1934-09-21	1	01단	買電料金引下には絶對に應ぜぬ腹平壤府對西鮮合電の縺れ結局遞信局の裁斷へ
253646	朝鮮朝日	西北版	1934-09-21	1	01단	長津江水電の平壤送電工事着々進む
253647	朝鮮朝日	西北版	1934-09-21	1	02단	平南道內初等校長會議
253648	朝鮮朝日	西北版	1934-09-21	1	03단	元山の滿洲事變記念日
253649	朝鮮朝日	西北版	1934-09-21	1	03단	お國氣質を發く(２０)/名古屋の卷天下取りの産地が生んだ明胝將軍軍部切ってのアメリカ通
253650	朝鮮朝日	西北版	1934-09-21	1	04단	人(久保乃俊氏(新任平壤醫專教授)/北條智勇氏(平南農務課長)/年見秀親氏(平南山林課長))
253651	朝鮮朝日	西北版	1934-09-21	1	04단	道廳員の住宅組合愈よ新築の選び
253652	朝鮮朝日	西北版	1934-09-21	1	04단	府內各所に兒童遊園地平壤で新設の計劃
253653	朝鮮朝日	西北版	1934-09-21	1	05단	咸興初代の商議所議員當選者二十名決る(大興電氣咸興支店 森春藏/金鎬澤/合資會社梶田組 梶田喜代八/金秀根/中原正作/合資會社田村商店 田村武治郎/手平良藏/收野政一/黃恒植/合資會社渡邊商店 渡邊利一/森田泰祐/張潤河/咸興タクシ１會社 金夏渉/咸興無帶會社 信傳泰一郎/株式會社丸は精米所 林良作/朴亨鎰/林道壎/李成周/金鍚炫/金炯星)
253654	朝鮮朝日	西北版	1934-09-21	1	05단	影に怯えて騷ぐなかれ國境に緊張は附物北鮮視察の難波司令官語る/隔世の感！國境方面視察の前田憲兵隊長談
253655	朝鮮朝日	西北版	1934-09-21	1	07단	人夫の拂底滿浦線工事
253656	朝鮮朝日	西北版	1934-09-21	1	07단	奉天と安州で義烈團員二名を檢擧す不穩計劃を齎し上海より潛入引續き餘類搜査中
253657	朝鮮朝日	西北版	1934-09-21	1	08단	惠義線道路應急修理を急ぐ復舊費の一部增額に
253658	朝鮮朝日	西北版	1934-09-21	1	08단	人(茂山新舊面長)

일련번호	판명		간행일	면	단수	기사명
253659	朝鮮朝日	西北版	1934-09-21	1	08단	牡丹台の人氣者檻を逃れた猿公遊覽客にゴ愛嬌タップリ公園係取押へに奔命
253660	朝鮮朝日	西北版	1934-09-21	1	09단	會社の金庫を閉ぢずに歸宅か被害者側の陳述と喰違ふ鎭南浦金庫泥事件
253661	朝鮮朝日	西北版	1934-09-21	1	10단	機關手送局咸鎭線列車轉覆事件
253662	朝鮮朝日	西北版	1934-09-21	1	10단	機關車脫線
253663	朝鮮朝日	西北版	1934-09-21	1	10단	柳京日記
253664	朝鮮朝日	南鮮版	1934-09-21	1	01단	女子供も働け大歡迎を受く罹災民救濟沙防工事視察の鹽田林政課長語る
253665	朝鮮朝日	南鮮版	1934-09-21	1	01단	生化學界の權威を網羅日本生化學會總會廿二日から城大で開く
253666	朝鮮朝日	南鮮版	1934-09-21	1	01단	秋を切拔く 京城內外金剛に快適の直通列車を來月一日から毎日運轉/籠球招聘試合/釜山の秋競馬十一月三日から/久米山莊も新しい設備/行樂の好機だ！ダブる二日續きの休みを釜山人は何處へ？/京城近郊秋の地帶行樂群を招く/京城中等野球
253667	朝鮮朝日	南鮮版	1934-09-21	1	03단	東伏見官大妃殿下
253668	朝鮮朝日	南鮮版	1934-09-21	1	03단	慶北の臨時道會取止め
253669	朝鮮朝日	南鮮版	1934-09-21	1	04단	飛行艇飛來に軍國氣分昻まる麗水の滿洲事變記念日/大田の慰靈祭嚴かに執行
253670	朝鮮朝日	南鮮版	1934-09-21	1	04단	呆つ氣ない報告書の吟味公債發行その他可決京城府會第二日
253671	朝鮮朝日	南鮮版	1934-09-21	1	05단	街の食慾帶へ初茸の登場
253672	朝鮮朝日	南鮮版	1934-09-21	1	06단	硫化金を鑛脈に注射黃金狂時代を食ふインチキブローカーを檢擧
253673	朝鮮朝日	南鮮版	1934-09-21	1	06단	米國記者團釜山へも立寄る
253674	朝鮮朝日	南鮮版	1934-09-21	1	07단	麻藥中毒豫防協會廿二日發會式
253675	朝鮮朝日	南鮮版	1934-09-21	1	07단	もよほし(靑邱會展)
253676	朝鮮朝日	南鮮版	1934-09-21	1	08단	農學校卒業生を內地から募集速成講習でもなほ足らず先生を大量生産
253677	朝鮮朝日	南鮮版	1934-09-21	1	08단	若手技術官の滿洲國入り道路局長からの斡族依賴で本年中に約百名を
253678	朝鮮朝日	南鮮版	1934-09-21	1	08단	慶南自動車檢查
253679	朝鮮朝日	南鮮版	1934-09-21	1	08단	帝都で大喝辨崔孃舞踊發表
253680	朝鮮朝日	南鮮版	1934-09-21	1	09단	南鮮に暴風雨聯絡船遲る
253681	朝鮮朝日	南鮮版	1934-09-21	1	09단	女吳服商殺し原審通り死刑に上告遂に棄却さる
253682	朝鮮朝日	南鮮版	1934-09-21	1	10단	釜山の火事雜貨店主人傷つく
253683	朝鮮朝日	南鮮版	1934-09-21	1	10단	馬が狂奔し馬車引卽死
253684	朝鮮朝日	南鮮版	1934-09-21	1	10단	鷄林かゞみ

일련번호	판명		간행일	면	단수	기사명
253685	朝鮮朝日	西北版	1934-09-22	1	01단	中等入學試驗の科目を殖やすか童心を傷む受驗地獄除去に近く關係者の協議
253686	朝鮮朝日	西北版	1934-09-22	1	01단	卒業六ヶ月前に全員の就職決る鑛山景氣に乘り待遇も破格京城高工の眼色
253687	朝鮮朝日	西北版	1934-09-22	1	01단	新規事業殺到の盛觀要求總額百萬圓平壤府明年度豫算
253688	朝鮮朝日	西北版	1934-09-22	1	01단	平北中江鎭早くも初氷
253689	朝鮮朝日	西北版	1934-09-22	1	01단	全南城田面の無爲寺極樂殿
253690	朝鮮朝日	西北版	1934-09-22	1	03단	殆ど崩潰に瀕する半島の寶物と舊蹟この四五年が大切な修繕期當局、修理費に悩む
253691	朝鮮朝日	西北版	1934-09-22	1	04단	もよほし(鎭海高女運動會)
253692	朝鮮朝日	西北版	1934-09-22	1	04단	稅監局長勅任制に京城、平壤の
253693	朝鮮朝日	西北版	1934-09-22	1	04단	神武天皇御東遷記念祭に官吏の寄附
253694	朝鮮朝日	西北版	1934-09-22	1	05단	爽風を切る制霸の陣本社優勝旗はどの都市へ全北驛傳競走來る
253695	朝鮮朝日	西北版	1934-09-22	1	05단	遂に掘り當てた二千年前の珍品待望報はれた樂浪卅一號墳佳人を偲ばす鮮麗な鏡と食器
253696	朝鮮朝日	西北版	1934-09-22	1	06단	司法首腦部に空前の大異動來月十日ごろ發表か
253697	朝鮮朝日	西北版	1934-09-22	1	07단	支那側の抗議を一蹴入國制限問題
253698	朝鮮朝日	西北版	1934-09-22	1	07단	湖南銀行長城支店に金庫破りの怪盜一萬餘圓盜み去る
253699	朝鮮朝日	西北版	1934-09-22	1	07단	若妻殺し送局さる取調べ一段落
253700	朝鮮朝日	西北版	1934-09-22	1	09단	內地との電信電話暴風雨で不通に京城無電局を利用し被害地へ交信に奮鬪/關釜連絡船再び缺航釜山の船車聯絡大混亂
253701	朝鮮朝日	西北版	1934-09-22	1	09단	追跡の二巡査拳銃で亂射さる六道溝江岸に不審の四名却ってうち一名倒る
253702	朝鮮朝日	西北版	1934-09-22	1	10단	針療治で娘死す施術者取調べらる
253703	朝鮮朝日	西北版	1934-09-22	1	10단	號外發行(二十一日各地暴風雨被害に關するもの竝に「釜山若妻殺し」の記事採錄のもの那合二回號外を發行しました)
253704	朝鮮朝日	南鮮版	1934-09-22	1		缺號
253705	朝鮮朝日	西北版	1934-09-23	1		缺號
253706	朝鮮朝日	南鮮版	1934-09-23	1		缺號
253707	朝鮮朝日	西北版	1934-09-25	1		休刊
253708	朝鮮朝日	南鮮版	1934-09-25	1		休刊
253709	朝鮮朝日	西北版	1934-09-26	1		缺號
253710	朝鮮朝日	南鮮版	1934-09-26	1		缺號
253711	朝鮮朝日	西北版	1934-09-27	1	01단	北滿の空目指し精銳十六機飛ぶ來月六日の未明一齊に出發平壤飛行隊の快擧
253712	朝鮮朝日	西北版	1934-09-27	1	01단	貿易港としての態樣整ふ羅津愈よ開港となり稅關も昇

일련번호	판명		간행일	면	단수	기사명
						格今後の躍進が見物
253713	朝鮮朝日	西北版	1934-09-27	1	01단	斜陽に映ゆる牡丹台
253714	朝鮮朝日	西北版	1934-09-27	1	02단	本社寄託の風水害義金續々集まる/小遣を貯めて南鮮兒童へ高原公普生の溫い同情
253715	朝鮮朝日	西北版	1934-09-27	1	04단	人(植田朝鮮軍司令官)
253716	朝鮮朝日	西北版	1934-09-27	1	04단	平南木炭增産
253717	朝鮮朝日	西北版	1934-09-27	1	04단	平南蛤の進出は有望內地側の援助に明年より大々的に
253718	朝鮮朝日	西北版	1934-09-27	1	04단	お國氣質を發く(21)/薩の海軍の一異色腎盃研究で博士に寺洞海軍鑛業部軍醫中佐山之內秀三氏
253719	朝鮮朝日	西北版	1934-09-27	1	05단	平壤府廳舍落成式擧行勤續十府議も表彰/消防員表彰
253720	朝鮮朝日	西北版	1934-09-27	1	05단	閉店時刻の統一を計劃平壤商議所
253721	朝鮮朝日	西北版	1934-09-27	1	05단	平元線延長一時中止か今年度で打切りの形勢に兩地呼應して起つ
253722	朝鮮朝日	西北版	1934-09-27	1	06단	農村爭議の安全瓣小作人委員會各府郡に組織さる
253723	朝鮮朝日	西北版	1934-09-27	1	06단	スポーツ(中等蹴球大會/平實勝つ)
253724	朝鮮朝日	西北版	1934-09-27	1	07단	間島行政官應募者殺到
253725	朝鮮朝日	西北版	1934-09-27	1	07단	一年目に暴露した夫婦共謀の兇行妻亂行の祕密を握る甥を荒繩で絞め殺す
253726	朝鮮朝日	西北版	1934-09-27	1	08단	若妻殺被疑者豫審に廻付
253727	朝鮮朝日	西北版	1934-09-27	1	08단	大同江改修の區域を擴張せよ現在の工事完成を待って更に平壤が猛運動
253728	朝鮮朝日	西北版	1934-09-27	1	09단	本府案の平壤の都市計劃人口卅萬を目標に注目の的は人道橋
253729	朝鮮朝日	西北版	1934-09-27	1	09단	擬製爆彈の落下頻々！憲兵隊より飛行隊に警告
253730	朝鮮朝日	西北版	1934-09-27	1	10단	柳京日記
253731	朝鮮朝日	南鮮版	1934-09-27	1	01단	仁川商工會議所歡びの五十周年秋を飾って盛大な祝賀會誇りの歷史と躍進
253732	朝鮮朝日	南鮮版	1934-09-27	1	01단	綱紀肅正ぶりが餘りに嚴しい心づけ禁止にあった火夫連伊達府尹をなじる/京城府事務缺陷を指示大島內務部長
253733	朝鮮朝日	南鮮版	1934-09-27	1	01단	東伏見宮大妃殿下大田高女御成
253734	朝鮮朝日	南鮮版	1934-09-27	1	03단	赤錆トタンに塗料を塗る腐蝕問題ケリ
253735	朝鮮朝日	南鮮版	1934-09-27	1	03단	近畿風水禍へ釜山府民も深い同情續々と大口の義捐金/颱風のあふり大敷網流る/物産協會の倉庫も全壞
253736	朝鮮朝日	南鮮版	1934-09-27	1	04단	人(宇垣總督/堤永市氏(漢銀專務)/阿部東洋紡社長)
253737	朝鮮朝日	南鮮版	1934-09-27	1	04단	伊艦仁川へ
253738	朝鮮朝日	南鮮版	1934-09-27	1	04단	お台所の脅威實需期を前に石炭値上げ京城販賣商組合で
253739	朝鮮朝日	南鮮版	1934-09-27	1	05단	滿洲醫大豫凱歌を奏す對城大競技

일련번호	판명		간행일	면	단수	기사명
253740	朝鮮朝日	南鮮版	1934-09-27	1	05단	光雲寺落慶慶讚大法要
253741	朝鮮朝日	南鮮版	1934-09-27	1	06단	變った姿で李東雨氏歸る遺骸、下關を通過
253742	朝鮮朝日	南鮮版	1934-09-27	1	06단	景氣見直す京城春秋競馬久ぶりの增收
253743	朝鮮朝日	南鮮版	1934-09-27	1	06단	もよほし(商品祭祭與)
253744	朝鮮朝日	南鮮版	1934-09-27	1	07단	精米所燒く損害七千圓
253745	朝鮮朝日	南鮮版	1934-09-27	1	07단	宣傳のため拘禁生心地はなかった赤蒙騎兵の魔手から免れた川澄氏喜びを語る
253746	朝鮮朝日	南鮮版	1934-09-27	1	07단	釜山放送局設置に奔走協會員募集、敷地提供など府が積極的に乘出す
253747	朝鮮朝日	南鮮版	1934-09-27	1	08단	人道橋架替へ明年は本格的に電車開通も計劃され京城南郊面目を一新
253748	朝鮮朝日	南鮮版	1934-09-27	1	08단	工業者大會の日程決まる
253749	朝鮮朝日	南鮮版	1934-09-27	1	09단	多收穫競作會中止
253750	朝鮮朝日	南鮮版	1934-09-27	1	09단	會(第三回全鮮刑務所職員武道大會)
253751	朝鮮朝日	南鮮版	1934-09-27	1	09단	老いの悲哀家人への手數を氣兼して老婆、縊死を遂ぐ
253752	朝鮮朝日	南鮮版	1934-09-27	1	10단	半生を獄舍に止まらぬ惡事
253753	朝鮮朝日	南鮮版	1934-09-27	1	10단	無綠佛供養釜山で盛大に
253754	朝鮮朝日	南鮮版	1934-09-27	1	10단	若妻殺被疑者豫審に廻付
253755	朝鮮朝日	南鮮版	1934-09-27	1	10단	鷄林かゞみ
253756	朝鮮朝日	南鮮版	1934-09-27	1	10단	馬山鬪牛大會
253757	朝鮮朝日	西北版	1934-09-28	1	01단	鮮滿間列車の新ダイヤ決まる釜山、新京間に直通を新設劃期的の時間短縮
253758	朝鮮朝日	西北版	1934-09-28	1	01단	本年度より多少減額か新規事業は期待薄平南明年度豫算/三百萬圓突破？平壤明年豫算/沙里院の公會堂建設道の不許可に行惱む
253759	朝鮮朝日	西北版	1934-09-28	1	01단	お國氣質を發く(２２)/諄々と敎へ兒に日本精神を說く日向の生んだ敎育家尾園さん
253760	朝鮮朝日	西北版	1934-09-28	1	02단	ゴールド・ラッシュ野獸を怒らす安住の山を追はれた數千頭頻りに民家を襲ふ
253761	朝鮮朝日	西北版	1934-09-28	1	04단	人(野田憲男氏(西鮮合電營業課長)/藤原平南道知事)
253762	朝鮮朝日	西北版	1934-09-28	1	05단	近畿風水害に義金相つぐ本社通信部へ寄託
253763	朝鮮朝日	西北版	1934-09-28	1	05단	新漁場を求めて沿岸漁民との衝突を避け舳を一轉・大擧沿海州へ東岸三道の手繰船
253764	朝鮮朝日	西北版	1934-09-28	1	06단	敎育の荒野に打込む鍬！實績擧がる簡易校
253765	朝鮮朝日	西北版	1934-09-28	1	07단	面長の音頭で巫女を擊退
253766	朝鮮朝日	西北版	1934-09-28	1	07단	父の失踪に遂げ得ぬ子の願ひ赤心報國の微衷も空しく內鮮融和の蔭に泣く
253767	朝鮮朝日	西北版	1934-09-28	1	08단	早くも雪便り例年より一月早い
253768	朝鮮朝日	西北版	1934-09-28	1	08단	需要期を控へて無煙炭輸送停滯船夫拂底と貯炭場狹隘

일련번호	판명		간행일	면	단수	기사명
						に大弱りの荷主連
253769	朝鮮朝日	西北版	1934-09-28	1	09단	毆って奪ふ
253770	朝鮮朝日	西北版	1934-09-28	1	10단	平壤の火事
253771	朝鮮朝日	西北版	1934-09-28	1	10단	搔拂ひ捕る
253772	朝鮮朝日	西北版	1934-09-28	1	10단	柳京日記
253773	朝鮮朝日	南鮮版	1934-09-28	1	01단	鮮滿間列車の新ダイヤ決まる釜山、新京間に直通を新設劃期的の時間短縮
253774	朝鮮朝日	南鮮版	1934-09-28	1	01단	京城府政を眼らかに刷新庶務會計の獨立、分掌規則制定人事大異動を斷行
253775	朝鮮朝日	南鮮版	1934-09-28	1	01단	興風園を訪ねて(１)/痲藥惑溺者よ覺ませ白日夢患者自ら作上げた太陽の家
253776	朝鮮朝日	南鮮版	1934-09-28	1	02단	京城都市計劃調査委員會
253777	朝鮮朝日	南鮮版	1934-09-28	1	02단	釜山放送局の規模大體決まる漁業ニュース、天氣豫報には特に力瘤を入れる
253778	朝鮮朝日	南鮮版	1934-09-28	1	04단	白光値上げ
253779	朝鮮朝日	南鮮版	1934-09-28	1	04단	關釜大型船建造の打合二氏、吉田局長を訪ふ
253780	朝鮮朝日	南鮮版	1934-09-28	1	05단	釜山府第一敎育部會
253781	朝鮮朝日	南鮮版	1934-09-28	1	05단	日米對抗競技花やかに開く京城に見ゆ好調の兩軍期待される快記錄
253782	朝鮮朝日	南鮮版	1934-09-28	1	06단	爽涼線を行く
253783	朝鮮朝日	南鮮版	1934-09-28	1	06단	京城神社施政記念日祭
253784	朝鮮朝日	南鮮版	1934-09-28	1	06단	商業校設置に私財を投ず淸州金氏の篤志
253785	朝鮮朝日	南鮮版	1934-09-28	1	07단	扶植農園改革陳情
253786	朝鮮朝日	南鮮版	1934-09-28	1	07단	猫、獐大卷狩り
253787	朝鮮朝日	南鮮版	1934-09-28	1	07단	會(京城孝昌公立普通學校運動會)
253788	朝鮮朝日	南鮮版	1934-09-28	1	08단	豆大の降雹
253789	朝鮮朝日	南鮮版	1934-09-28	1	08단	密航者送還
253790	朝鮮朝日	南鮮版	1934-09-28	1	08단	*寺の床下から男死體現る/仁川中華人も同情の義金*
253791	朝鮮朝日	南鮮版	1934-09-28	1	08단	邪戀の逃避行國境でストップ留置場へ逆コース
253792	朝鮮朝日	南鮮版	1934-09-28	1	09단	*近畿風水害に集る義捐金本社へ續々と寄託/社會事業協會義捐金募集*
253793	朝鮮朝日	南鮮版	1934-09-28	1	09단	出漁中消ゆ
253794	朝鮮朝日	南鮮版	1934-09-28	1	09단	人(中井勵作氏(日本製鐵社長)/門野幾之進氏(千代田生命社長))
253795	朝鮮朝日	南鮮版	1934-09-28	1	10단	黃金亡者へ伸びる魔手取締の目光る
253796	朝鮮朝日	南鮮版	1934-09-28	1	10단	李氏遺骸京城へ
253797	朝鮮朝日	南鮮版	1934-09-28	1	10단	養豚品評會
253798	朝鮮朝日	南鮮版	1934-09-28	1	10단	鷄林かゞみ
253799	朝鮮朝日	西北版	1934-09-29	1	01단	討匪陣に大革新警察飛行機で跳梁を完封す平壤聯隊か

일련번호	판명		간행일	면	단수	기사명
						ら拂下を受け近く國境線へ進發
253800	朝鮮朝日	西北版	1934-09-29	1	01단	尊い人間愛の發露小學兒童や女高普生から近畿風水害へ義金/聯隊の痛心兵の郷里に被害を電照/內地の被害で林檎昂騰す
253801	朝鮮朝日	西北版	1934-09-29	1	04단	もよほし(平壤醫專主催西鮮男子中等學校卓球大會)
253802	朝鮮朝日	西北版	1934-09-29	1	04단	吹雪を蹴立てゝ冬を走る汽車早くも嚴冬の景觀を展開新開通の白茂沿線
253803	朝鮮朝日	西北版	1934-09-29	1	04단	一審で無罪二審は罰金謎の關稅法違反愈よ高等法院へ
253804	朝鮮朝日	西北版	1934-09-29	1	05단	寫眞說明(二十六日擧行された平壤府廳落成式祝賀會にちける府會議員表彰式)
253805	朝鮮朝日	西北版	1934-09-29	1	05단	木材に躍る城津港の景氣
253806	朝鮮朝日	西北版	1934-09-29	1	05단	平鐵の異動來月十日頃
253807	朝鮮朝日	西北版	1934-09-29	1	05단	肺ヂストマ撲滅を期す
253808	朝鮮朝日	西北版	1934-09-29	1	06단	咸興商議所特別議員
253809	朝鮮朝日	西北版	1934-09-29	1	06단	茂山警察競點射擊
253810	朝鮮朝日	西北版	1934-09-29	1	06단	爆彈事件の一味朴十五年振りに上海で捕る安州署宮東警部補の下手人事件の全貌明みへ
253811	朝鮮朝日	西北版	1934-09-29	1	07단	拾った雷管轟然爆發!弄んで幼兒重傷す
253812	朝鮮朝日	西北版	1934-09-29	1	07단	ラヂオ放送平南の夕來月六・七兩日
253813	朝鮮朝日	西北版	1934-09-29	1	07단	稻熱病被害
253814	朝鮮朝日	西北版	1934-09-29	1	07단	府吏員優遇
253815	朝鮮朝日	西北版	1934-09-29	1	08단	平北農會の肥料合成會社年內に設立
253816	朝鮮朝日	西北版	1934-09-29	1	08단	赤色農組の巨魁脱走咸南定平署に留置中
253817	朝鮮朝日	西北版	1934-09-29	1	08단	病む兩親と弟を細腕に支へて働く晝は給仕に夜は餅の行商健氣な少年を近く表彰
253818	朝鮮朝日	西北版	1934-09-29	1	09단	阿片密輸
253819	朝鮮朝日	西北版	1934-09-29	1	09단	墓守の放火主家を燒拂ふ
253820	朝鮮朝日	西北版	1934-09-29	1	09단	拾得謝禮を更生園兒へ
253821	朝鮮朝日	西北版	1934-09-29	1	09단	自轉車泥橫行
253822	朝鮮朝日	西北版	1934-09-29	1	10단	周旋で詐る
253823	朝鮮朝日	西北版	1934-09-29	1	10단	自動車刎ぬ
253824	朝鮮朝日	西北版	1934-09-29	1	10단	人(成富文吾氏(平南道高等課長)/山口芳三氏(鎭南浦商工會社專務))
253825	朝鮮朝日	西北版	1934-09-29	1	10단	柳京日記
253826	朝鮮朝日	南鮮版	1934-09-29	1	01단	東伏見宮大妃殿下御來鮮は誠に光榮種々御配慮を忝うし深く感激宇垣總督の謹話/東伏見總裁宮殿下京城に御成り
253827	朝鮮朝日	南鮮版	1934-09-29	1	01단	寒空の人々へ溫かい義捐金關西風水禍の同情愈よ熾烈本社京城支局へ續々寄託/早くも復興に奮起つ同胞罹災

일련번호	판명		간행일	면	단수	기사명
						状況視察、慰問から金氏歸來して語る/奇特な義金本社釜山通信部へ殺到
253828	朝鮮朝日	南鮮版	1934-09-29	1	01단	興風園を訪ねて(2)/潑刺を甦らす痺れた魂の道場世界に響く模範的授産施設
253829	朝鮮朝日	南鮮版	1934-09-29	1	03단	東伏見伯近く御來鮮
253830	朝鮮朝日	南鮮版	1934-09-29	1	04단	*大風水害は一種の天譴/稻作も先づ順調*
253831	朝鮮朝日	南鮮版	1934-09-29	1	04단	失業者調査
253832	朝鮮朝日	南鮮版	1934-09-29	1	04단	簡保五周年記念の行事
253833	朝鮮朝日	南鮮版	1934-09-29	1	04단	讀書の秋京城人は何を讀む
253834	朝鮮朝日	南鮮版	1934-09-29	1	05단	和信百貨店大擴張を計劃
253835	朝鮮朝日	南鮮版	1934-09-29	1	05단	もよほし(第一回仁川港「港祭り」)
253836	朝鮮朝日	南鮮版	1934-09-29	1	05단	討匪陣に大革新警察飛行機で跳梁を完封す平壤聯隊から拂下を受け近く國境線へ進發
253837	朝鮮朝日	南鮮版	1934-09-29	1	06단	蔚山の軍事講演會
253838	朝鮮朝日	南鮮版	1934-09-29	1	07단	日滿貨物連帶輸送ちかく實現滿洲側の二氏、吉田局長と最後的打合を行ふ
253839	朝鮮朝日	南鮮版	1934-09-29	1	07단	本府豫算にも風水害波及せん南鮮水害復舊豫算臨時議會に提出
253840	朝鮮朝日	南鮮版	1934-09-29	1	08단	「消防手」上映
253841	朝鮮朝日	南鮮版	1934-09-29	1	08단	釜山美術展
253842	朝鮮朝日	南鮮版	1934-09-29	1	08단	驚くべき活況滿洲國視察から歸った河口鮮銀支配人談
253843	朝鮮朝日	南鮮版	1934-09-29	1	09단	新設の京城女師使用校舍內定
253844	朝鮮朝日	南鮮版	1934-09-29	1	09단	改修工事人夫四名河に消える洛東江で發動船火事
253845	朝鮮朝日	南鮮版	1934-09-29	1	09단	*全南陸上競技/朝鮮神宮競技慶北の選手*
253846	朝鮮朝日	南鮮版	1934-09-29	1	09단	會(京城府財源調査第一部特別經濟部會)
253847	朝鮮朝日	南鮮版	1934-09-29	1	10단	貨物拔取事件起訴は九名
253848	朝鮮朝日	南鮮版	1934-09-29	1	10단	強盜を毆殺す勇敢な男
253849	朝鮮朝日	南鮮版	1934-09-29	1	10단	鷄林かゞみ
253850	朝鮮朝日	西北版	1934-09-30	1	01단	浪路遙かに三巴の林檎戰南洋、印度の新販路獲得に必勝を期す鎭南浦
253851	朝鮮朝日	西北版	1934-09-30	1	01단	放送局分局明年度平壤に新設
253852	朝鮮朝日	西北版	1934-09-30	1	01단	西湖漁業組合創立の運びへ
253853	朝鮮朝日	西北版	1934-09-30	1	03단	內地よりは危險性が少い列車の暴風雨修事と鐵道局の見解
253854	朝鮮朝日	西北版	1934-09-30	1	04단	平南中等校長會議
253855	朝鮮朝日	西北版	1934-09-30	1	04단	平南堆肥競進會
253856	朝鮮朝日	西北版	1934-09-30	1	04단	小西行長を惱ました明軍の大砲現る當時の激戰地牡丹台から地均し工事中發掘
253857	朝鮮朝日	西北版	1934-09-30	1	04단	簡易工藝學校新設優秀職工を養成平壤府具體案を練る

일련번호	판명		간행일	면	단수	기사명
253858	朝鮮朝日	西北版	1934-09-30	1	05단	蝀龍窟に照明設備の計劃探勝客の便に出口も新設宣傳に大童の平鐵
253859	朝鮮朝日	西北版	1934-09-30	1	05단	元山の體育デー
253860	朝鮮朝日	西北版	1934-09-30	1	05단	電話開始黃海翠野郵便所
253861	朝鮮朝日	西北版	1934-09-30	1	05단	平壤府の戶口調査大々的に
253862	朝鮮朝日	西北版	1934-09-30	1	06단	軍教査閲
253863	朝鮮朝日	西北版	1934-09-30	1	06단	半島の警備陣漸やく常態に警官の缺員僅か三百
253864	朝鮮朝日	西北版	1934-09-30	1	06단	李女史寄附
253865	朝鮮朝日	西北版	1934-09-30	1	06단	上海から不穩文書平壤署活動
253866	朝鮮朝日	西北版	1934-09-30	1	07단	朝信支店六日より開店
253867	朝鮮朝日	西北版	1934-09-30	1	07단	宙に迷ふ開通期滿浦線球場、熙川間工事遲延に平鐵では延期主張
253868	朝鮮朝日	西北版	1934-09-30	1	07단	圖寧線工事着々進捗す十一月末から假營業
253869	朝鮮朝日	西北版	1934-09-30	1	08단	帆船を襲ひ掠奪を恣に滿洲國人二名を拉致匪賊の蠢動愈よ頻り
253870	朝鮮朝日	西北版	1934-09-30	1	08단	乞食の親分手下に殺さる
253871	朝鮮朝日	西北版	1934-09-30	1	09단	自動車取締
253872	朝鮮朝日	西北版	1934-09-30	1	09단	一匙宛の米を蓄積水害義捐金をつくる咸南一寒村の主婦が
253873	朝鮮朝日	西北版	1934-09-30	1	10단	齒科醫試驗
253874	朝鮮朝日	西北版	1934-09-30	1	10단	汽動車に刎ねられ卽死
253875	朝鮮朝日	西北版	1934-09-30	1	10단	列車內で盜難
253876	朝鮮朝日	西北版	1934-09-30	1	10단	柳京日記
253877	朝鮮朝日	南鮮版	1934-09-30	1	01단	東伏見宮大妃殿下百濟の舊都を御視察/總裁宮殿下京城各所御視察
253878	朝鮮朝日	南鮮版	1934-09-30	1	01단	水害地の免稅納期以前に決定地方團體の附加稅收入減は國庫補助で補ふ/咸南北炭坑へ千餘名を賣込む罹災者移住斡旋から歸った竹內社會事業主任談
253879	朝鮮朝日	南鮮版	1934-09-30	1	01단	釜山國防議會兵器獻納式無期延期に
253880	朝鮮朝日	南鮮版	1934-09-30	1	02단	專賣局異動
253881	朝鮮朝日	南鮮版	1934-09-30	1	02단	興風園を訪ねて(3)/僅か三月後には立派な鐵の男に收穫に輝やく彼らの行く手
253882	朝鮮朝日	南鮮版	1934-09-30	1	03단	京城府異動刷新の第一步
253883	朝鮮朝日	南鮮版	1934-09-30	1	03단	楡川橋架設促進の陳情
253884	朝鮮朝日	南鮮版	1934-09-30	1	04단	簡保加入者慰安映畫講演會
253885	朝鮮朝日	南鮮版	1934-09-30	1	04단	面事務の刷新に慶北から內地へ委託生派遣
253886	朝鮮朝日	南鮮版	1934-09-30	1	04단	安東農林校上棟式
253887	朝鮮朝日	南鮮版	1934-09-30	1	04단	失業者の職を搜す求人開拓デー釜山の大運動
253888	朝鮮朝日	南鮮版	1934-09-30	1	04단	釜山方面委員初の協議會

일련번호	판명		간행일	면	단수	기사명
253889	朝鮮朝日	南鮮版	1934-09-30	1	05단	地方稅整理明年實現は困難附加稅缺陷補塡の國庫補助が面倒
253890	朝鮮朝日	南鮮版	1934-09-30	1	05단	半島の警備陣漸やく常態に警官の缺員僅か三百
253891	朝鮮朝日	南鮮版	1934-09-30	1	05단	血の勇士の靈よ安かれ半島の人々を疫病から護る動物の慰靈祭執行
253892	朝鮮朝日	南鮮版	1934-09-30	1	07단	祖母を慘殺し自宅を燒き拂ふ若者の發作的兇行
253893	朝鮮朝日	南鮮版	1934-09-30	1	08단	一萬餘參加し盛大に擧行釜山府聯合體育會
253894	朝鮮朝日	南鮮版	1934-09-30	1	08단	博物學會講演
253895	朝鮮朝日	南鮮版	1934-09-30	1	08단	慶南郵便所長會議
253896	朝鮮朝日	南鮮版	1934-09-30	1	09단	齒科醫試驗
253897	朝鮮朝日	南鮮版	1934-09-30	1	09단	釜山中等野球リーグ戰
253898	朝鮮朝日	南鮮版	1934-09-30	1	09단	帆船を襲ひ掠奪を恣に滿洲國人二名を拉致匪賊の蠢動愈よ頻り
253899	朝鮮朝日	南鮮版	1934-09-30	1	10단	汽動車に刎ねられ卽死
253900	朝鮮朝日	南鮮版	1934-09-30	1	10단	お寺へ怪盜住職を脅し現金を强奪
253901	朝鮮朝日	南鮮版	1934-09-30	1	10단	列車中で大金盜難箱師の仕業か
253902	朝鮮朝日	南鮮版	1934-09-30	1	10단	人(各務鎌吉氏(日本郵船社長)/京畿道農村振興會內地視察團二十六名/米國新聞記者團/松尾己之助氏(在鄕軍人釜山聯合分會長))

1934년 10월 (조선아사히)

일련번호	판명		간행일	면	단수	기사명
253903	朝鮮朝日	西北版	1934-10-02	1	01단	發かれた樂浪文化の謎二百十二號墳の發掘により木槨墳築造法判る
253904	朝鮮朝日	西北版	1934-10-02	1	01단	地場銀行の設立は不可能銀行支店長の權限擴張が急平壤の商工業更生策
253905	朝鮮朝日	西北版	1934-10-02	1	02단	林野稅を增徵し指導員を增す荒廢の平北民有林保護に
253906	朝鮮朝日	西北版	1934-10-02	1	04단	人(新任咸興稅監局芳賀事務官/堀內源吉氏(新任茂山營林署長))
253907	朝鮮朝日	西北版	1934-10-02	1	04단	細菌試驗室新設
253908	朝鮮朝日	西北版	1934-10-02	1	04단	植田軍司令官
253909	朝鮮朝日	西北版	1934-10-02	1	04단	防空思想宣傳半島の一周飛行近く遞信局が實施
253910	朝鮮朝日	西北版	1934-10-02	1	04단	內地の風災に蘇った護謨工業休業工場の操業再開始に失業の職工浮かぶ
253911	朝鮮朝日	西北版	1934-10-02	1	05단	秋晴れに描く爽眼の國際風景弱冠今井ホンボステルを破る日米對抗競技第二日
253912	朝鮮朝日	西北版	1934-10-02	1	05단	開城商議視察團
253913	朝鮮朝日	西北版	1934-10-02	1	05단	引きも切らぬ義金の渦だ昻る風禍への同情
253914	朝鮮朝日	西北版	1934-10-02	1	05단	鐘紡の自家發電
253915	朝鮮朝日	西北版	1934-10-02	1	05단	モヒ中毒豫防協會
253916	朝鮮朝日	西北版	1934-10-02	1	06단	孟山に降雹畑作大被害
253917	朝鮮朝日	西北版	1934-10-02	1	06단	北警察部匪賊に備ふ
253918	朝鮮朝日	西北版	1934-10-02	1	07단	商業生實習
253919	朝鮮朝日	西北版	1934-10-02	1	07단	城津農組事件愈よ公判へ被疑者百三十名中まづ七十五名審理
253920	朝鮮朝日	西北版	1934-10-02	1	07단	輝く婦人の汗月の五錢が三年で二千圓に實を結ぶ共同勞作
253921	朝鮮朝日	西北版	1934-10-02	1	08단	讀者優待觀劇大會
253922	朝鮮朝日	西北版	1934-10-02	1	08단	煙草密輸殖ゆ
253923	朝鮮朝日	西北版	1934-10-02	1	08단	値下を繞り麵屋啀合ふ
253924	朝鮮朝日	西北版	1934-10-02	1	09단	四十年間盡して退職金が二百五十圓そりゃ聞こえぬと請求訴訟
253925	朝鮮朝日	西北版	1934-10-02	1	10단	柳京日記
253926	朝鮮朝日	南鮮版	1934-10-02	1	01단	御ゆかり深い海戰を偲ばせらる東伏見宮大妃殿下仁川へ御成遊ばす
253927	朝鮮朝日	南鮮版	1934-10-02	1	01단	爽眼の秋を滿喫豪華なスポーツ繪卷/滿鮮鐵道對抗漕艇白熱戰を演ず/アマチュア拳鬪選手權大會/醫專と藥專見事に優勝惡コンヂションを衝いて快熱の漕艇大會/釜山中等野球
253928	朝鮮朝日	南鮮版	1934-10-02	1	02단	國際色眼かに超特急ぶりを發揮若冠今井ホンボステルを屠る日米對抗競技第二日

일련번호	판명		간행일	면	단수	기사명
253929	朝鮮朝日	南鮮版	1934-10-02	1	03단	龍頭山神社秋祭り大賑ひを豫想
253930	朝鮮朝日	南鮮版	1934-10-02	1	04단	もよほし(城大法科同窓會)
253931	朝鮮朝日	南鮮版	1934-10-02	1	04단	近畿風水害義捐金さらに殺到
253932	朝鮮朝日	南鮮版	1934-10-02	1	05단	鐵道殉職弔魂祭四日盛大に
253933	朝鮮朝日	南鮮版	1934-10-02	1	05단	朝鮮家屋に喚び起す清新總督の首唱で衛生的に愈よ大々的の改造
253934	朝鮮朝日	南鮮版	1934-10-02	1	06단	爽凉線を行く(B)
253935	朝鮮朝日	南鮮版	1934-10-02	1	07단	防空思想宣傳半島の一周飛行近く遞信局が實施
253936	朝鮮朝日	南鮮版	1934-10-02	1	08단	城東發展期成會の要望
253937	朝鮮朝日	南鮮版	1934-10-02	1	09단	職工の給料一千圓持ち逃げ紡織工場の給仕が不敵高飛して豪遊
253938	朝鮮朝日	南鮮版	1934-10-02	1	09단	揉め拔いた由緒の門移轉で決定
253939	朝鮮朝日	南鮮版	1934-10-02	1	09단	大邱聯隊除隊式
253940	朝鮮朝日	南鮮版	1934-10-02	1	10단	女子庭球選手權大會
253941	朝鮮朝日	南鮮版	1934-10-02	1	10단	鷄林かゞみ
253942	朝鮮朝日	西北版	1934-10-03	1	01단	全鮮初等校の建築を再檢討近畿小學校大慘害に鑑み總督調査方を命ず
253943	朝鮮朝日	西北版	1934-10-03	1	01단	警察飛行機近く國境へ出動優秀な操縱士の幹旋方を平壤飛行隊へ交渉
253944	朝鮮朝日	西北版	1934-10-03	1	01단	東伏見宮大妃殿下平壤に御着愛婦會幹部に賜謁
253945	朝鮮朝日	西北版	1934-10-03	1	01단	平壤近代色(1)
253946	朝鮮朝日	西北版	1934-10-03	1	03단	司法官異動
253947	朝鮮朝日	西北版	1934-10-03	1	04단	水稻多收穫品評會
253948	朝鮮朝日	西北版	1934-10-03	1	04단	地主連頑張る小作人の負擔輕減を一蹴！平南の懇談會うやむや
253949	朝鮮朝日	西北版	1934-10-03	1	05단	龍水湖を取入れて雄基港の大擴張明年より實施に決定
253950	朝鮮朝日	西北版	1934-10-03	1	05단	籾檢査實施
253951	朝鮮朝日	西北版	1934-10-03	1	05단	依然賣れる宗教物盛り返したファシズム平壤人秋の讀書傾向を視く
253952	朝鮮朝日	西北版	1934-10-03	1	06단	累計八百圓突破平壤通信部寄託義捐金/普校生から義金
253953	朝鮮朝日	西北版	1934-10-03	1	06단	東紡社長平壤視察
253954	朝鮮朝日	西北版	1934-10-03	1	07단	賑ふ酒類品評會美妓の手踊や展覽會など催し物と餘興決る/清酒業組合大會
253955	朝鮮朝日	西北版	1934-10-03	1	07단	林檎の共同選果頗る好成績
253956	朝鮮朝日	西北版	1934-10-03	1	07단	主犯徐元俊に死刑共犯安永俊は懲役六ヶ年赤色ギャングの求刑
253957	朝鮮朝日	西北版	1934-10-03	1	08단	犯罪豫防宣傳ビラ
253958	朝鮮朝日	西北版	1934-10-03	1	08단	內地風災の影響で平壤の物價騰る鐵材品は三、四培も刎上る

일련번호	판명		간행일	면	단수	기사명
253959	朝鮮朝日	西北版	1934-10-03	1	08단	貨車七輛脱線す惠山線の珍事
253960	朝鮮朝日	西北版	1934-10-03	1	08단	感電卽死
253961	朝鮮朝日	西北版	1934-10-03	1	08단	義烈團員檢擧更に擴大す營口でまた一名捕る
253962	朝鮮朝日	西北版	1934-10-03	1	10단	第三鷗丸魚雷を拾ふ
253963	朝鮮朝日	西北版	1934-10-03	1	10단	吳服祭り
253964	朝鮮朝日	西北版	1934-10-03	1	10단	蔓る惡
253965	朝鮮朝日	西北版	1934-10-03	1	10단	柳京日記
253966	朝鮮朝日	南鮮版	1934-10-03	1	01단	全鮮初等校の建築を再檢討近畿小學校大慘害に鑑み總督調査方を命ず
253967	朝鮮朝日	南鮮版	1934-10-03	1	01단	司法首腦部根こそぎ搖れる高等法院長には小川氏豫定を線上げ發令/盛られた清新味異動評
253968	朝鮮朝日	南鮮版	1934-10-03	1	01단	朝鮮神宮例祭に勅使を御差遣
253969	朝鮮朝日	南鮮版	1934-10-03	1	02단	大京城の發聲版强力の構成美、碧空に錄音し明日を鋼鐵の街に
253970	朝鮮朝日	南鮮版	1934-10-03	1	03단	警察飛行機近く國境へ優秀なパイロット平壤飛行隊へ交渉
253971	朝鮮朝日	南鮮版	1934-10-03	1	04단	辭令(京城)
253972	朝鮮朝日	南鮮版	1934-10-03	1	04단	人(莊司鎭海郵便局長)
253973	朝鮮朝日	南鮮版	1934-10-03	1	04단	增資を可決米創臨時總會
253974	朝鮮朝日	南鮮版	1934-10-03	1	05단	爽凉線を行く(C)
253975	朝鮮朝日	南鮮版	1934-10-03	1	05단	追加豫算も臨時議會へ取纏めに着手
253976	朝鮮朝日	南鮮版	1934-10-03	1	05단	普通校生も美し義捐金本社へ寄託
253977	朝鮮朝日	南鮮版	1934-10-03	1	06단	勝手なサ聯開拓の戰士をこの頃では冷遇十九萬餘名に上る同胞シベリア移住の眞相
253978	朝鮮朝日	南鮮版	1934-10-03	1	06단	畫は攻防戰夜は燈火管制鎭海の防空演習
253979	朝鮮朝日	南鮮版	1934-10-03	1	08단	サイドカー列車に衝突二名卽死す
253980	朝鮮朝日	南鮮版	1934-10-03	1	09단	スポーツ豪華篇京城府體育デー(第二日)/各種目に好記錄女子オリンピック/女子庭球/野球/全鮮學生卓球大會城大で開く/米選手退鮮マギー、グット兩君一足おくる
253981	朝鮮朝日	西北版	1934-10-04	1	01단	東伏見總裁宮殿下支部總會へ台臨朝鮮音樂に興ぜさせ給ふ博物館へも御成り
253982	朝鮮朝日	西北版	1934-10-04	1	01단	見直した鮮米先づ平年作以上發表された第一回收穫豫想千六百七十餘萬石/五年間實收と豫想の比較/平南山間部は殆ど全滅の慘状農作物の穫り入れは諦めて草根の採取に狂奔/期米暴騰に取引所混亂鎭南浦・解合ひ成立
253983	朝鮮朝日	西北版	1934-10-04	1	01단	平壤近代色(２)/アパート風景
253984	朝鮮朝日	西北版	1934-10-04	1	04단	人(成富平南道高等課長/小泉淸一郎氏(茂山憲兵分隊長))

일련번호	판명		간행일	면	단수	기사명
253985	朝鮮朝日	西北版	1934-10-04	1	05단	秋に贈る山の幸空爽かに躍る味覺
253986	朝鮮朝日	西北版	1934-10-04	1	05단	咸興商議補選
253987	朝鮮朝日	西北版	1934-10-04	1	05단	鎭南浦港活氣づく無煙炭積取船續々入港
253988	朝鮮朝日	西北版	1934-10-04	1	06단	健康相談所元山に開設
253989	朝鮮朝日	西北版	1934-10-04	1	06단	西岸密漁取締に監視船を建造明年度三十萬圓を投じて
253990	朝鮮朝日	西北版	1934-10-04	1	06단	樺皮輸送
253991	朝鮮朝日	西北版	1934-10-04	1	07단	太刀洗機咸興へ飛ぶ秋季演習參加
253992	朝鮮朝日	西北版	1934-10-04	1	07단	明太魚況
253993	朝鮮朝日	西北版	1934-10-04	1	07단	咸南漁村に揚がる眼笑！水産當局の斡旋漸く奏功負債の重壓解消す
253994	朝鮮朝日	西北版	1934-10-04	1	08단	滿浦線新線開通は延期來月一日に決定す
253995	朝鮮朝日	西北版	1934-10-04	1	08단	鐘紡の敷地買收
253996	朝鮮朝日	西北版	1934-10-04	1	08단	元廷丁の盜み
253997	朝鮮朝日	西北版	1934-10-04	1	09단	近畿風水禍に集る厚い情本社通信局部へも義捐金續々と寄託
253998	朝鮮朝日	西北版	1934-10-04	1	09단	四十五號博槨墳博物館へ移築か關係者の間で硏究
253999	朝鮮朝日	西北版	1934-10-04	1	10단	煙草の吸殼に火藥爆發し人夫大火傷
254000	朝鮮朝日	西北版	1934-10-04	1	10단	柳京日記
254001	朝鮮朝日	南鮮版	1934-10-04	1	01단	見直した鮮米先づ平年作以上發表された第一回收穫豫想千六百七十餘萬石/五年間實收と豫想の比較
254002	朝鮮朝日	南鮮版	1934-10-04	1	01단	我らの京城を非常時から守る四十萬府民擧って參加し防護機關を設置
254003	朝鮮朝日	南鮮版	1934-10-04	1	01단	パッと咲いた花のマスゲーム白熱の競技に大喝采釜山府聯合體育會/釜山一商四度び優勝中等野球リーグ
254004	朝鮮朝日	南鮮版	1934-10-04	1	02단	最も妥當な豫想段別增加、天候回復等が原因湯村農産課長の談
254005	朝鮮朝日	南鮮版	1934-10-04	1	04단	遞信分掌局工事課長會談
254006	朝鮮朝日	南鮮版	1934-10-04	1	04단	風波の家に忍ぶ死魔夫婦喧譁の揚句夫は縊死し妻、弟も自殺を企つ
254007	朝鮮朝日	南鮮版	1934-10-04	1	04단	三道罹災農家復舊資金を融通金組聯から六十萬圓
254008	朝鮮朝日	南鮮版	1934-10-04	1	05단	爽凉線を行く(D)
254009	朝鮮朝日	南鮮版	1934-10-04	1	05단	釜山府議選擧準備に着手
254010	朝鮮朝日	南鮮版	1934-10-04	1	05단	米國記者團來鮮
254011	朝鮮朝日	南鮮版	1934-10-04	1	05단	近畿風水禍に集る厚い情本社通信局部へも義捐金續々と寄託
254012	朝鮮朝日	南鮮版	1934-10-04	1	06단	釜山瓦電の新線開通す
254013	朝鮮朝日	南鮮版	1934-10-04	1	07단	人騷せなワン公
254014	朝鮮朝日	南鮮版	1934-10-04	1	07단	手料理の鰒で一家九名死亡すはやくも中毒騷ぎ
254015	朝鮮朝日	南鮮版	1934-10-04	1	07단	元延丁の盜み

일련번호	판명		간행일	면	단수	기사명
254016	朝鮮朝日	南鮮版	1934-10-04	1	08단	軍官校一味更に卅名を密派某方面からの情報に海陸の關門を嚴戒
254017	朝鮮朝日	南鮮版	1934-10-04	1	08단	開閉時間を適宜に切り詰む近く竣工する釜山渡津橋操作規定を制定
254018	朝鮮朝日	南鮮版	1934-10-04	1	08단	太刀洗機咸興へ飛ぶ秋季演習參加
254019	朝鮮朝日	南鮮版	1934-10-04	1	08단	煙草の吸殼に火藥爆發し人夫大火傷
254020	朝鮮朝日	南鮮版	1934-10-04	1	09단	堤防決潰し水田泥海に人夫四十名危く救る慶北甘川地方の豪雨
254021	朝鮮朝日	南鮮版	1934-10-04	1	10단	本社支局來方
254022	朝鮮朝日	南鮮版	1934-10-04	1	10단	人(八橋雷三氏/京畿道多久社會事業囑託、京城府方面委員八名および同府職員二名一行/滿洲國交通部內鮮鐵道見學團)
254023	朝鮮朝日	南鮮版	1934-10-04	1	10단	もよほし(淑明女子高等普通學校運動會)
254024	朝鮮朝日	南鮮版	1934-10-04	1	10단	鷄林かゞみ
254025	朝鮮朝日	西北版	1934-10-05	1	01단	東伏見宮大妃殿下樂浪古墳御成り屬し、傷病兵士に御仁慈新義州へ向はせ給ふ/新義州御着
254026	朝鮮朝日	西北版	1934-10-05	1	01단	手摑みできる鮭の大漁大擧・豆滿江を溯る滿洲輸送で値は却って騰る
254027	朝鮮朝日	西北版	1934-10-05	1	01단	踏切改造は府自身の手で商議所の要望に對する鐵道當局の見解
254028	朝鮮朝日	西北版	1934-10-05	1	02단	平鐵管內の明年新事業
254029	朝鮮朝日	西北版	1934-10-05	1	03단	秋祭り
254030	朝鮮朝日	西北版	1934-10-05	1	03단	貸出條件緩和利率も引下簡保低資融通
254031	朝鮮朝日	西北版	1934-10-05	1	03단	平壤近代色(３)/防水バリケード
254032	朝鮮朝日	西北版	1934-10-05	1	04단	平南の面廢合
254033	朝鮮朝日	西北版	1934-10-05	1	04단	警察官異動
254034	朝鮮朝日	西北版	1934-10-05	1	04단	評價七萬圓！流轉の黃金佛盜まれて轉々と人手を渡る取戻しに當局躍起
254035	朝鮮朝日	西北版	1934-10-05	1	05단	超特急の車內通關豫定どほり遂行林檎檢査所は明年度新設新義州稅關長語る
254036	朝鮮朝日	西北版	1934-10-05	1	05단	甘蔗稅監局長奧地視察
254037	朝鮮朝日	西北版	1934-10-05	1	06단	濱松機も訪滿
254038	朝鮮朝日	西北版	1934-10-05	1	06단	間島省獨立で鮮農の樂土にお役人も多數送る
254039	朝鮮朝日	西北版	1934-10-05	1	07단	茂山陸競大會
254040	朝鮮朝日	西北版	1934-10-05	1	07단	東紡の平壤進出
254041	朝鮮朝日	西北版	1934-10-05	1	07단	咸北三浦沖大鯨現る鰯網で見事生捕り
254042	朝鮮朝日	西北版	1934-10-05	1	07단	街の佳話
254043	朝鮮朝日	西北版	1934-10-05	1	08단	損害八萬圓營林署の火事
254044	朝鮮朝日	西北版	1934-10-05	1	08단	金庫を破り三百圓盜む怪賊、鎭南浦を橫行

일련번호	판명		간행일	면	단수	기사명
254045	朝鮮朝日	西北版	1934-10-05	1	08단	更生園兒空巢を捕ふ
254046	朝鮮朝日	西北版	1934-10-05	1	08단	冷い家庭に不良の群へ
254047	朝鮮朝日	西北版	1934-10-05	1	08단	祈禱で欺す
254048	朝鮮朝日	西北版	1934-10-05	1	08단	小學生の盜み
254049	朝鮮朝日	西北版	1934-10-05	1	09단	地圖まで示し夢の女のお告げ果然、豊富な鑛脈
254050	朝鮮朝日	西北版	1934-10-05	1	09단	米國記者團總督府訪問
254051	朝鮮朝日	西北版	1934-10-05	1	10단	前審通り求刑關稅違反事件
254052	朝鮮朝日	西北版	1934-10-05	1	10단	蛇賣り強盜
254053	朝鮮朝日	西北版	1934-10-05	1	10단	柳京日記
254054	朝鮮朝日	南鮮版	1934-10-05	1	01단	電氣業者の積極サービスで鑛山の動力買ひ自家發電より有利だと受電契約殖える
254055	朝鮮朝日	南鮮版	1934-10-05	1	01단	間島省獨立で鮮農の樂土にお役人も多數送る
254056	朝鮮朝日	南鮮版	1934-10-05	1	01단	滿洲移民計劃外務省に難色今井田總監陣頭へ極力、說服に務む
254057	朝鮮朝日	南鮮版	1934-10-05	1	01단	米國記者團總督府訪問
254058	朝鮮朝日	南鮮版	1934-10-05	1	01단	上海戰勇士に功勞章傳達
254059	朝鮮朝日	南鮮版	1934-10-05	1	02단	爽涼線を行く(E)
254060	朝鮮朝日	南鮮版	1934-10-05	1	03단	辭令(東京)
254061	朝鮮朝日	南鮮版	1934-10-05	1	04단	もよほし(釜山商工會議所の第二回商工就業員表彰式)
254062	朝鮮朝日	南鮮版	1934-10-05	1	04단	會(釜山箏和會)
254063	朝鮮朝日	南鮮版	1934-10-05	1	04단	釜山方面委員後援會組織
254064	朝鮮朝日	南鮮版	1934-10-05	1	04단	兒玉前總監拓相に就任か最も有力視さる
254065	朝鮮朝日	南鮮版	1934-10-05	1	04단	慘土へ捧ぐ情けの花束美談佳話を織込んだ涙ぐましい義捐金
254066	朝鮮朝日	南鮮版	1934-10-05	1	05단	入屋本社京城通信局長披露宴三日朝鮮ホテルで開催
254067	朝鮮朝日	南鮮版	1934-10-05	1	05단	大田神社秋祭り
254068	朝鮮朝日	南鮮版	1934-10-05	1	06단	辨天市賣出し
254069	朝鮮朝日	南鮮版	1934-10-05	1	06단	內鮮滿鑛業界權威を網羅劃期的な講演大會
254070	朝鮮朝日	南鮮版	1934-10-05	1	07단	鐵道心中
254071	朝鮮朝日	南鮮版	1934-10-05	1	07단	增員警官は南鮮へ配る渡航者保護取締や船舶移動班擴充に
254072	朝鮮朝日	南鮮版	1934-10-05	1	07단	運轉台のご難
254073	朝鮮朝日	南鮮版	1934-10-05	1	07단	地圖まで示し夢の女のお告げ果然豊富な鑛脈發見
254074	朝鮮朝日	南鮮版	1934-10-05	1	08단	スポーツ(慶南ア式蹴球選手權大會/浦項市民運動會/運動會)
254075	朝鮮朝日	南鮮版	1934-10-05	1	08단	評價七萬圓流轉の黃金佛盜まれて入手を轉々當局取戾しに躍起
254076	朝鮮朝日	南鮮版	1934-10-05	1	08단	前審通り求刑關稅違反事件
254077	朝鮮朝日	南鮮版	1934-10-05	1	09단	冷い家庭の子不良の群へ

일련번호	판명		간행일	면	단수	기사명
254078	朝鮮朝日	南鮮版	1934-10-05	1	09단	咸北三浦沖に大鯨現る鰯網で見事生捕り
254079	朝鮮朝日	南鮮版	1934-10-05	1	10단	蛇賣り強盜
254080	朝鮮朝日	南鮮版	1934-10-05	1	10단	もよほし(京城開發の民間功勞者出口太兵衛翁の胸像除幕式/釜山三島高等窯業女學校バザー)
254081	朝鮮朝日	南鮮版	1934-10-05	1	10단	人(池田警務局長/イギリス國經濟使節ロード・バーンビー大佐、チヤール・セリグメン氏一行八名)
254082	朝鮮朝日	南鮮版	1934-10-05	1	10단	鷄林かゞみ
254083	朝鮮朝日	西北版	1934-10-06	1	01단	東伏見總裁宮殿下統軍亭の戰跡を御視察畏くも忠魂に暫し御默禱支部總會へ台臨
254084	朝鮮朝日	西北版	1934-10-06	1	01단	朝野の名士集り高麗神社奉贊會を設立千二百年前高麗族移住の跡埼玉縣入間郡を顯彰
254085	朝鮮朝日	西北版	1934-10-06	1	01단	罷りならぬ妓生のレコード吹込み弊害が多いと檢番で禁止ファンはつらい！
254086	朝鮮朝日	西北版	1934-10-06	1	03단	牡丹台の萩
254087	朝鮮朝日	西北版	1934-10-06	1	04단	人(中江修吾氏(三中井平壤支店長)/堀內源吉氏(新任茂山營林署長)/多賀榮二氏(新任咸北鐘城署長))
254088	朝鮮朝日	西北版	1934-10-06	1	04단	平壤の初霜/零下二度茂山附近
254089	朝鮮朝日	西北版	1934-10-06	1	04단	平壤近代色(4)/バス・ガール
254090	朝鮮朝日	西北版	1934-10-06	1	05단	咸興商議所代議員總會十日に開く
254091	朝鮮朝日	西北版	1934-10-06	1	05단	平壤驛に巢食ふ五人組の怪盜賭博を強要、應ぜぬと見て二千圓を搔っ拂ふ
254092	朝鮮朝日	西北版	1934-10-06	1	05단	鐵道用地の鐘紡讓渡交涉成立す
254093	朝鮮朝日	西北版	1934-10-06	1	06단	袋に溢るゝ可憐な學童の情絶えぬ風災義金の波
254094	朝鮮朝日	西北版	1934-10-06	1	06단	雄基商工會咸北聯合會を脫す利害共通の時機は去ったと新聯合會組織を計劃
254095	朝鮮朝日	西北版	1934-10-06	1	07단	早婚に歪む家庭愛年下の夫に毒を呑ませて十九女情夫とドロン
254096	朝鮮朝日	西北版	1934-10-06	1	07단	爭ふ父と子生活の途を斷たれた父が扶助料請求の訴へ
254097	朝鮮朝日	西北版	1934-10-06	1	08단	迸る同胞愛
254098	朝鮮朝日	西北版	1934-10-06	1	08단	屋根墜落三名死傷水電工事場で
254099	朝鮮朝日	西北版	1934-10-06	1	08단	一審通り死刑平北宣川郡の強盜殺人
254100	朝鮮朝日	西北版	1934-10-06	1	09단	高瀬船四隻を襲擊し掠奪楚山對岸浪頭河に十數名の馬賊現る/百名の匪賊民家を燒く四名卽死す
254101	朝鮮朝日	西北版	1934-10-06	1	10단	厭世から拳銃で自殺
254102	朝鮮朝日	西北版	1934-10-06	1	10단	柳京日記
254103	朝鮮朝日	南鮮版	1934-10-06	1	01단	朝野の名士集り高麗神社奉贊會を設立千二百年前高麗族移住の跡埼玉縣人間郡を顯彰
254104	朝鮮朝日	南鮮版	1934-10-06	1	01단	鐵道網を補ふ局鐵バスを新設近距離輸送には持って來い明後年實現を計劃

일련번호	판명		간행일	면	단수	기사명
254105	朝鮮朝日	南鮮版	1934-10-06	1	01단	新版靑瓦赤瓦變轉圖(1)/自然の快感帶に築く美しい街 大京城の翼は伸びる
254106	朝鮮朝日	南鮮版	1934-10-06	1	03단	京城府都計調査委員會八日に開く
254107	朝鮮朝日	南鮮版	1934-10-06	1	04단	驅逐艦出港
254108	朝鮮朝日	南鮮版	1934-10-06	1	04단	辭令(東京)
254109	朝鮮朝日	南鮮版	1934-10-06	1	04단	武勳の故蔡氏に輝やく金鵄勳章半島同胞初の榮譽を荷って盛大な授與式擧行/遺兒もぜひ立派な軍人に感激の洪未亡人語る
254110	朝鮮朝日	南鮮版	1934-10-06	1	06단	非常時を再認識せよ綠旗聯盟の府民講座好評
254111	朝鮮朝日	南鮮版	1934-10-06	1	06단	慘士のお友達へそゝぐ學童の涙同胞愛に義心は結晶し集る義捐金の山/俸給を割き官吏も義金/救恤品輸送無賃取扱ひ
254112	朝鮮朝日	南鮮版	1934-10-06	1	07단	鮮米對策の實際運動に着手本府擁護期成會へ善處を要望米穀研究會の決議
254113	朝鮮朝日	南鮮版	1934-10-06	1	07단	スハといへば傳書鳩を飛ばす慶南道で本署との聯絡に金海統營署へ配置
254114	朝鮮朝日	南鮮版	1934-10-06	1	07단	松下慶南內務部長間島省入りか
254115	朝鮮朝日	南鮮版	1934-10-06	1	08단	幼女二名轢殺さる暴れ牛車に
254116	朝鮮朝日	南鮮版	1934-10-06	1	08단	レコードに吹込めぬ妓生どうも面白くないと箕城檢番で禁止
254117	朝鮮朝日	南鮮版	1934-10-06	1	09단	夜店を荒す少年スリ團六名を檢擧したが八名は逸早く逃ぐ
254118	朝鮮朝日	南鮮版	1934-10-06	1	09단	高瀬船四隻を襲擊し掠奪楚山對岸馬賊現はる
254119	朝鮮朝日	南鮮版	1934-10-06	1	10단	厭世から拳銃で自殺
254120	朝鮮朝日	南鮮版	1934-10-06	1	10단	藥煎じから三戸全半燒
254121	朝鮮朝日	南鮮版	1934-10-06	1	10단	鷄林かゞみ
254122	朝鮮朝日	西北版	1934-10-07	1	01단	空の精銳十六機秋空衝いて快翔銀翼つらねて見事奉天着平壤飛行隊の壯擧
254123	朝鮮朝日	西北版	1934-10-07	1	01단	東伏見宮大妃殿下國境風物を賞で給ふ日滿兒童の奉迎學藝會を御興深げに台覽
254124	朝鮮朝日	西北版	1934-10-07	1	01단	平壤近代色(5)/文化住宅
254125	朝鮮朝日	西北版	1934-10-07	1	02단	太刀洗機着
254126	朝鮮朝日	西北版	1934-10-07	1	02단	農林省參考案は絕對承服できぬ鮮米擁護期成會愈よ起ち大々的の反對運動
254127	朝鮮朝日	西北版	1934-10-07	1	04단	邑民大會
254128	朝鮮朝日	西北版	1934-10-07	1	04단	茂山鄕軍總會
254129	朝鮮朝日	西北版	1934-10-07	1	04단	鐵道網を補ふ局鐵バス計劃近距離輸送には持って來い明後年豫算に計上
254130	朝鮮朝日	西北版	1934-10-07	1	04단	所見表を尊重試驗偏重を避く平南の入試改善案

일련번호	판명		간행일	면	단수	기사명
254131	朝鮮朝日	西北版	1934-10-07	1	05단	電車、バスともに増收
254132	朝鮮朝日	西北版	1934-10-07	1	05단	衛生展覽會
254133	朝鮮朝日	西北版	1934-10-07	1	05단	營林署第一工場復舊阻止の運動商工會議所を中心に
254134	朝鮮朝日	西北版	1934-10-07	1	06단	空たく築く人情塔各地より伸ばされる內地風災救護の手(平壤/淸津/咸興)
254135	朝鮮朝日	西北版	1934-10-07	1	06단	遞信分掌局狹隘に惱む
254136	朝鮮朝日	西北版	1934-10-07	1	07단	犯罪に備ふ
254137	朝鮮朝日	西北版	1934-10-07	1	07단	マイト凍結溶解機各坑に强制的に備へさす事故防止のため
254138	朝鮮朝日	西北版	1934-10-07	1	07단	親子で密輸
254139	朝鮮朝日	西北版	1934-10-07	1	07단	日指すは海外意氣込む平南新產業乳製品・絹毛絲・屑林檎利用
254140	朝鮮朝日	西北版	1934-10-07	1	07단	歡樂の上海へ返り咲く妓生例の張蓮紅らも交って鎭南浦港の異風景
254141	朝鮮朝日	西北版	1934-10-07	1	08단	薄情な夫と法廷に爭ふ
254142	朝鮮朝日	西北版	1934-10-07	1	09단	遼河丸と衝突機船日吉丸沈む乘員三名行方不明
254143	朝鮮朝日	西北版	1934-10-07	1	09단	危い少年の惡戲
254144	朝鮮朝日	西北版	1934-10-07	1	10단	醉うて狂言
254145	朝鮮朝日	西北版	1934-10-06	1	10단	柳京日記
254146	朝鮮朝日	西北版	1934-10-07	1	10단	打瀨船覆り五名海中に危く救はる
254147	朝鮮朝日	西北版	1934-10-07	1	10단	人(淸水總督府技師)
254148	朝鮮朝日	南鮮版	1934-10-07	1	01단	農林省參考案は絶對承服できぬ鮮米擁護期成會愈よ起ち大々的の反對運動
254149	朝鮮朝日	南鮮版	1934-10-07	1	01단	東伏見總裁宮殿下大邱の御日程決る十六日支部總會台臨
254150	朝鮮朝日	南鮮版	1934-10-07	1	01단	新版靑瓦赤瓦普轉圖(２)/誇りの設計サラーマンにも恰好東部一帶の住宅群
254151	朝鮮朝日	南鮮版	1934-10-07	1	02단	敍勳
254152	朝鮮朝日	南鮮版	1934-10-07	1	03단	大谷家政專修釜山に設立認可を申請
254153	朝鮮朝日	南鮮版	1934-10-07	1	04단	新井氏のおめでた
254154	朝鮮朝日	南鮮版	1934-10-07	1	04단	壯麗・軍國の秋十四日から大田を中心に二十師團の演習
254155	朝鮮朝日	南鮮版	1934-10-07	1	04단	中學、高普を四年制に內地の學制改革に伴ひ朝鮮も同一步調
254156	朝鮮朝日	南鮮版	1934-10-07	1	05단	香氣の魅惑菊の鑑賞季節來る
254157	朝鮮朝日	南鮮版	1934-10-07	1	05단	三浦氏講演
254158	朝鮮朝日	南鮮版	1934-10-07	1	05단	京城昌信普校の上棟式
254159	朝鮮朝日	南鮮版	1934-10-07	1	05단	巴里へ繪の旅
254160	朝鮮朝日	南鮮版	1934-10-07	1	06단	海の勇士釜山を彩る朝日入港

일련번호	판명		간행일	면	단수	기사명
254161	朝鮮朝日	南鮮版	1934-10-07	1	07단	鮮展を釜山へ京城の展覽會後誘致せよ識者の聲有力化す
254162	朝鮮朝日	南鮮版	1934-10-07	1	08단	風水害義捐金翕然たる同情(釜山/大邱)
254163	朝鮮朝日	南鮮版	1934-10-07	1	09단	打瀬船覆り五名海中に危く救はる
254164	朝鮮朝日	南鮮版	1934-10-07	1	09단	苦悶の人夫馴染みと女房の板挟みから猫を臙んで自殺
254165	朝鮮朝日	南鮮版	1934-10-07	1	09단	またもお寺へ三人組の强盜荒された慶南龜浦面稱勒庵福泉寺と同じ犯人?
254166	朝鮮朝日	南鮮版	1934-10-07	1	10단	仁川の商店訪問リレー靑年團の爭霸
254167	朝鮮朝日	南鮮版	1934-10-07	1	10단	醉うて狂言
254168	朝鮮朝日	南鮮版	1934-10-07	1	10단	鷄林かゞみ
254169	朝鮮朝日	南鮮版	1934-10-09	1		缺號
254170	朝鮮朝日	南鮮版	1934-10-09	1		缺號
254171	朝鮮朝日	西北版	1934-10-10	1	01단	絢爛・目を奪ふ樂浪文化の再現豪華の珍品さらに續々出土或ひは太守の墳か
254172	朝鮮朝日	西北版	1934-10-10	1	01단	電話に代って鳩を第一線へ犯罪搜査陳に活躍させる平南で來月から配置
254173	朝鮮朝日	西北版	1934-10-10	1	01단	當分は金組の一部將來は獨立小産組明年より實現
254174	朝鮮朝日	西北版	1934-10-10	1	01단	總裁宮殿下咸興御成り支部總會へ臨ませ給ふ
254175	朝鮮朝日	西北版	1934-10-10	1	03단	平南明年度敎育費豫算膨脹を見ん
254176	朝鮮朝日	西北版	1934-10-10	1	03단	平壤近代色(7)/デパート
254177	朝鮮朝日	西北版	1934-10-10	1	04단	人(野村調太郎氏(新任平壤覆審法院長)/水野重功氏(新任平壤覆審法院檢事長))
254178	朝鮮朝日	西北版	1934-10-10	1	04단	辭令
254179	朝鮮朝日	西北版	1934-10-10	1	04단	平壤神社造營
254180	朝鮮朝日	西北版	1934-10-10	1	04단	沿岸船舶に安全な旅を新味は無電の設備船舶安全令なる
254181	朝鮮朝日	西北版	1934-10-10	1	05단	グラウンド擴張の計畫
254182	朝鮮朝日	西北版	1934-10-10	1	05단	江岸埋立地擴築を陳情
254183	朝鮮朝日	西北版	1934-10-10	1	05단	釜山の蟹鑵檢査を本場に近い元山で失費多大に惱む咸南業者が殖産局に陳情す
254184	朝鮮朝日	西北版	1934-10-10	1	06단	義金に籠る內鮮融和愛內地風災を救へとばかり燃ゆる學徒の純情
254185	朝鮮朝日	西北版	1934-10-10	1	07단	鄕軍射擊大會
254186	朝鮮朝日	西北版	1934-10-10	1	07단	平壤のほか咸興にも放送局ラヂオ網愈よ完成
254187	朝鮮朝日	西北版	1934-10-10	1	07단	求刑通り死刑の判決赤色ギャングの首魁除元俊共犯その他もそれぞれ懲役
254188	朝鮮朝日	西北版	1934-10-10	1	08단	要求を容れて圓滿に解決木工の爭議
254189	朝鮮朝日	西北版	1934-10-10	1	08단	雜貨昂騰か大阪の海運業者から運賃値上げの通告
254190	朝鮮朝日	西北版	1934-10-10	1	08단	捨て子頻々大邱府內に

일련번호	판명		간행일	면	단수	기사명
254191	朝鮮朝日	西北版	1934-10-10	1	09단	鐵路に散る命列車事故二つ
254192	朝鮮朝日	西北版	1934-10-10	1	09단	潰走ついでに十名を拉致匪賊團、活龍蓋市街へ放火し鮮內へも盛んに發砲
254193	朝鮮朝日	西北版	1934-10-10	1	09단	カフェ取締
254194	朝鮮朝日	西北版	1934-10-10	1	09단	基督教宣教五十年祝賀
254195	朝鮮朝日	西北版	1934-10-10	1	10단	殺人未遂事件五年の判決
254196	朝鮮朝日	西北版	1934-10-10	1	10단	柳京日記
254197	朝鮮朝日	南鮮版	1934-10-10	1	01단	沿岸船舶に安全な航海を無電設備の新味を盛って船舶安全令成る
254198	朝鮮朝日	南鮮版	1934-10-10	1	01단	平壤咸興にも放送局を設置ラヂオ網愈よ完成
254199	朝鮮朝日	南鮮版	1934-10-10	1	01단	牧ノ島渡船廢止を決意南濱、州岬間航路を許可かちかく府會で決定
254200	朝鮮朝日	南鮮版	1934-10-10	1	01단	治水調査委員會十八、九日ごろ開く
254201	朝鮮朝日	南鮮版	1934-10-10	1	02단	新版靑瓦赤瓦普轉圖(４)/漢江畔を彩る明るい近代色華かな由緒を誘る明水台と松鶴台
254202	朝鮮朝日	南鮮版	1934-10-10	1	03단	釜山の國旗運動十二日から
254203	朝鮮朝日	南鮮版	1934-10-10	1	03단	武勳の勇士に勳章と賜金
254204	朝鮮朝日	南鮮版	1934-10-10	1	04단	人(野村調太郎氏(新任平壤覆審法院長)/水野重功氏(新任平壤覆審法院檢事長))
254205	朝鮮朝日	南鮮版	1934-10-10	1	04단	辭令(東京)
254206	朝鮮朝日	南鮮版	1934-10-10	1	04단	佛英の軍艦仁川へ入港
254207	朝鮮朝日	南鮮版	1934-10-10	1	04단	人(英産業視察團北行)
254208	朝鮮朝日	南鮮版	1934-10-10	1	04단	秋冷に築く人情の金字塔近畿風水害義捐金
254209	朝鮮朝日	南鮮版	1934-10-10	1	05단	釜山の辨天市大いに賑ふ
254210	朝鮮朝日	南鮮版	1934-10-10	1	05단	水禍を絶緣する理想的な新しい村慶北道の水害常習部落を安全な高地へ移す
254211	朝鮮朝日	南鮮版	1934-10-10	1	05단	米穀調査會の成案なほ決らず擁護期成會暫く靜觀
254212	朝鮮朝日	南鮮版	1934-10-10	1	07단	罹災者二千を西北鮮炭坑へ各坑の割當決定し廿日ごろから輸送
254213	朝鮮朝日	南鮮版	1934-10-10	1	07단	商店員への輝く登龍門京城商議の實務員學力檢定試驗豫期以上の好成績
254214	朝鮮朝日	南鮮版	1934-10-10	1	08단	スポーツ(大田小學運動會/高農對大中柔道、陸競戰/釜山教育會體育會/釜山記者團勝つ/全州軍勝つ)
254215	朝鮮朝日	南鮮版	1934-10-10	1	08단	人(本社京城支局訪問)
254216	朝鮮朝日	南鮮版	1934-10-10	1	08단	潰走ついでに十名を拉致匪賊團、活龍蓋市街へ放火し鮮內へも盛んに發砲
254217	朝鮮朝日	南鮮版	1934-10-10	1	09단	捨て子の季節？大邱府內にひんぴん
254218	朝鮮朝日	南鮮版	1934-10-10	1	09단	基督教宣教五十年祝賀
254219	朝鮮朝日	南鮮版	1934-10-10	1	09단	殺人未遂事件五年の判決

일련번호	판명		간행일	면	단수	기사명
254220	朝鮮朝日	南鮮版	1934-10-10	1	10단	響れの消防組
254221	朝鮮朝日	南鮮版	1934-10-10	1	10단	釜山府の義捐金募集
254222	朝鮮朝日	南鮮版	1934-10-10	1	10단	もよほし(日蓮宗管長親教/神饌畚鎌入式/延福專門學校新任校長元漢慶氏および副校長俞憶兼氏就任式)
254223	朝鮮朝日	南鮮版	1934-10-10	1	10단	鷄林かゞみ
254224	朝鮮朝日	西北版	1934-10-11	1	01단	*總裁宮殿下秋酣はの金剛山へ御探勝の旅/元山御着*
254225	朝鮮朝日	西北版	1934-10-11	1	01단	半島を健かに結核撲滅を計る先づ知識普及に力瘤を入れ豫防令發布の方針
254226	朝鮮朝日	西北版	1934-10-11	1	01단	部落單位を排し依然、郡本位に本府案とは獨自の普及方針平南の産組經營
254227	朝鮮朝日	西北版	1934-10-11	1	04단	三重要案の折衝解決の目安はなほつかぬ前途頗る多難を豫想され總監一先づ歸鮮
254228	朝鮮朝日	西北版	1934-10-11	1	04단	懸案解決も結局は經濟問題管內初巡視のため來壤の植田軍司令官語る
254229	朝鮮朝日	西北版	1934-10-11	1	04단	元山靑年團防護團組織
254230	朝鮮朝日	西北版	1934-10-11	1	04단	平壤近代色(8)/ボギー電車
254231	朝鮮朝日	西北版	1934-10-11	1	05단	繰り展ぐ人情繪卷降り濺ぐ義金の雨
254232	朝鮮朝日	西北版	1934-10-11	1	06단	平壤玄關口美化綠草帶設置
254233	朝鮮朝日	西北版	1934-10-11	1	06단	面長への辭職勸告から職員が同情罷業評議員も連袂辭職の雲行平南楓洞面の騒ぎ
254234	朝鮮朝日	西北版	1934-10-11	1	07단	農村の救ひ貯穀楔を擴張平南の春窮克服策
254235	朝鮮朝日	西北版	1934-10-11	1	08단	赤露を追はれて支那人四十名元山へ
254236	朝鮮朝日	西北版	1934-10-11	1	08단	咸興商議所初代役員決まる會頭は信田氏當選
254237	朝鮮朝日	西北版	1934-10-11	1	09단	若き職業人養成中等程度の男女職業校を平壤府當局で計劃
254238	朝鮮朝日	西北版	1934-10-11	1	09단	衣類賊捕る
254239	朝鮮朝日	西北版	1934-10-11	1	10단	小火頻々
254240	朝鮮朝日	西北版	1934-10-11	1	10단	保姆の鞭園兒を傷く父兄側敦圍く
254241	朝鮮朝日	西北版	1934-10-11	1	10단	人(岡正直氏(專賣局元山出張所長)/崎山信氏(新任元山遞信分掌局監督課長)松本淸高氏(同會社課長)/村上正喜氏(新任元山府庶務、財務課長)/見野粗藏氏(新任平壤遞信分掌局監督課長)
254242	朝鮮朝日	西北版	1934-10-11	1	10단	柳京日記
254243	朝鮮朝日	南鮮版	1934-10-11	1	01단	半島を健かに結核撲滅を計る先づ知識普及に力瘤を入れ豫防令發布の方針
254244	朝鮮朝日	南鮮版	1934-10-11	1	01단	水害復興策愈よ實行に近く懸案の一切を解決し千萬圓を追加要求
254245	朝鮮朝日	南鮮版	1934-10-11	1	01단	*朝鮮神宮例祭十七日嚴かに執行/獻穀奉耕の光榮の人々/神宮競技十日の記録*

일련번호	판명		간행일	면	단수	기사명
254246	朝鮮朝日	南鮮版	1934-10-11	1	02단	京城白米値上
254247	朝鮮朝日	南鮮版	1934-10-11	1	02단	簡易生命保險大飛躍へ新しき出發凡ゆる苦難を見事に征服し五年の成果は輝く
254248	朝鮮朝日	南鮮版	1934-10-11	1	03단	松葉を行商し慘士へ義金
254249	朝鮮朝日	南鮮版	1934-10-11	1	04단	人(稻垣總督府編輯課長、金慶北参與官)
254250	朝鮮朝日	南鮮版	1934-10-11	1	04단	人(本社京城支局來訪)
254251	朝鮮朝日	南鮮版	1934-10-11	1	04단	歷史を通じ服かに結ぶ鮮滿潮鮮史編修の稻葉博士滿洲國史を編修/會心の事業稻葉氏語る
254252	朝鮮朝日	南鮮版	1934-10-11	1	04단	大邱地方の薄ら寒さ平年より約三度も低い
254253	朝鮮朝日	南鮮版	1934-10-11	1	05단	大田神社の秋祭り賑ふ
254254	朝鮮朝日	南鮮版	1934-10-11	1	07단	朝鮮側も參加し多彩の賑はひ十五日から大邱の秋祭り
254255	朝鮮朝日	南鮮版	1934-10-11	1	07단	京城府民館の演藝興行權委任方を陳情
254256	朝鮮朝日	南鮮版	1934-10-11	1	07단	酸素ガスに引火齒科醫師火傷して絶命實驗中の治療室異變
254257	朝鮮朝日	南鮮版	1934-10-11	1	08단	秋の半島へ空から訪れ佛蘭西の世界一周機來月中旬ごろ飛來
254258	朝鮮朝日	南鮮版	1934-10-11	1	08단	トロの工夫機關車に轢死
254259	朝鮮朝日	南鮮版	1934-10-11	1	08단	失業勞働者に轉込む福音
254260	朝鮮朝日	南鮮版	1934-10-11	1	08단	絢爛目を奪ふ樂浪文化の再現續々發掘された豪華な珍品或は大守の古墳?
254261	朝鮮朝日	南鮮版	1934-10-11	1	09단	女兒死體を遺棄
254262	朝鮮朝日	南鮮版	1934-10-11	1	09단	疑問の死
254263	朝鮮朝日	南鮮版	1934-10-11	1	10단	精神異狀の轢死
254264	朝鮮朝日	南鮮版	1934-10-11	1	10단	赤露を追はれ支那人四十名元山へ
254265	朝鮮朝日	南鮮版	1934-10-11	1	10단	人(高橋高氏(總督府外事課長)/伊藤裕氏(新任釜山朝鮮簡易保險健康相談所醫師))
254266	朝鮮朝日	南鮮版	1934-10-11	1	10단	鷄林かゞみ
254267	朝鮮朝日	西北版	1934-10-12	1	01단	各派各說で宙に迷ふ統制形勢混沌たるも油斷は禁物鮮米よ何處へ?
254268	朝鮮朝日	西北版	1934-10-12	1	01단	一人が一圓宛一年に儲かる勘定平南の輸移出超過廿三萬圓初めて試みた經濟力打診
254269	朝鮮朝日	西北版	1934-10-12	1	01단	平壤近代色(9)/鋪裝道路
254270	朝鮮朝日	西北版	1934-10-12	1	02단	平南窮救事業の承認額は百萬圓普通江改修費は四十萬圓
254271	朝鮮朝日	西北版	1934-10-12	1	03단	宇垣總督視察の旅へ
254272	朝鮮朝日	西北版	1934-10-12	1	04단	平南の土性調査明年より着手
254273	朝鮮朝日	西北版	1934-10-12	1	04단	促進される無煙炭合同資産評價準備委員會來月上旬開催に內定
254274	朝鮮朝日	西北版	1934-10-12	1	05단	平北二架橋工事行惱む豫算超過で

일련번호	판명		간행일	면	단수	기사명
254275	朝鮮朝日	西北版	1934-10-12	1	05단	不作が描く明暗二重奏平南農村山間部は靑息吐息平坦部はホクホク
254276	朝鮮朝日	西北版	1934-10-12	1	05단	中道議辭任
254277	朝鮮朝日	西北版	1934-10-12	1	06단	匪賊越境し農家を襲ふ拳銃で脅し一名拉致訓戎署追擊に努む
254278	朝鮮朝日	西北版	1934-10-12	1	06단	在鄕軍人武技大會平安兩道の猛者つとふ
254279	朝鮮朝日	西北版	1934-10-12	1	06단	優良職工表彰
254280	朝鮮朝日	西北版	1934-10-12	1	06단	農倉增設の計劃
254281	朝鮮朝日	西北版	1934-10-12	1	07단	堆肥二百貫達成祝賀會平南で開く
254282	朝鮮朝日	西北版	1934-10-12	1	07단	生埋め八時間！人夫三名奇蹟的に救はる輕鐵工事場の珍事
254283	朝鮮朝日	西北版	1934-10-12	1	07단	消防演習
254284	朝鮮朝日	西北版	1934-10-12	1	07단	平壤の敬老會二十日催す
254285	朝鮮朝日	西北版	1934-10-12	1	07단	不正賣藥
254286	朝鮮朝日	西北版	1934-10-12	1	08단	スポーツ(日滿對抗陸競大會十四日擧行/蹴球決勝)
254287	朝鮮朝日	西北版	1934-10-12	1	08단	花と咲く隣人愛寄託相つぐ風水害義金
254288	朝鮮朝日	西北版	1934-10-12	1	08단	カフェ祭り
254289	朝鮮朝日	西北版	1934-10-12	1	08단	己が鄕里へ誘って谷間へ突き落す金に眼くらんだ勞働者の遠大な強奪計劃
254290	朝鮮朝日	西北版	1934-10-12	1	08단	少年の惡事
254291	朝鮮朝日	西北版	1934-10-12	1	09단	土地使用料に小商人打擊沙里院市場
254292	朝鮮朝日	西北版	1934-10-12	1	09단	主金で遊興
254293	朝鮮朝日	西北版	1934-10-12	1	09단	片倉製絲の女工騷ぐ會社側折れて圓滿解決
254294	朝鮮朝日	西北版	1934-10-12	1	09단	息子を一擊
254295	朝鮮朝日	西北版	1934-10-12	1	10단	朝取の臨時休場
254296	朝鮮朝日	西北版	1934-10-12	1	10단	京阪兩都へ六千圓贈る京城府から
254297	朝鮮朝日	西北版	1934-10-12	1	10단	少年乃木會創立
254298	朝鮮朝日	西北版	1934-10-12	1	10단	柳京日記
254299	朝鮮朝日	南鮮版	1934-10-12	1	01단	各派各說で宙に迷ふ統制形勢混沌たるも油斷は禁物鮮米よ何處へ？
254300	朝鮮朝日	南鮮版	1934-10-12	1	01단	各河川の沿岸に防水組合を設置近く規則を作成の上公布河川氾濫の防備策/洛東江治水一川式が有力結局、現行の改修に補強工作を施すか
254301	朝鮮朝日	南鮮版	1934-10-12	1	01단	所得稅調査
254302	朝鮮朝日	南鮮版	1934-10-12	1	01단	國旗尊重運動
254303	朝鮮朝日	南鮮版	1934-10-12	1	02단	新版・靑瓦赤瓦變轉圖(5)/窓を漏れる樂しいわが家文化生活讚訟譜高鳴る錄ケ丘のスケッチ
254304	朝鮮朝日	南鮮版	1934-10-12	1	03단	三驅逐艦上海へ
254305	朝鮮朝日	南鮮版	1934-10-12	1	04단	都市會議へ

일련번호	판명		간행일	면	단수	기사명
254306	朝鮮朝日	南鮮版	1934-10-12	1	04단	府民總動員の精神作興週間來月七日から一週間大々的に擧行さる
254307	朝鮮朝日	南鮮版	1934-10-12	1	05단	少年乃木會創立
254308	朝鮮朝日	南鮮版	1934-10-12	1	06단	近づいた釜山の秋祭九州から宇佐神樂も來演町內早くも湧立つ/馬山神社大祭
254309	朝鮮朝日	南鮮版	1934-10-12	1	06단	釜山郊外龜浦の大火折柄の北風に火勢加はり人家百餘戶を燒く
254310	朝鮮朝日	南鮮版	1934-10-12	1	06단	促進される無煙炭合同資産評價準備委員會來月上旬開催に內定
254311	朝鮮朝日	南鮮版	1934-10-12	1	07단	京阪兩都へ六千圓贈る京城府から/築く義金塔裡里通信所への寄託/供養の義捐
254312	朝鮮朝日	南鮮版	1934-10-12	1	08단	大邱浦項間道路を鋪裝明年から三年計劃で
254313	朝鮮朝日	南鮮版	1934-10-12	1	09단	スポーツ(日滿對抗陸競大會十四日擧行)
254314	朝鮮朝日	南鮮版	1934-10-12	1	09단	被告の三兄弟犯行を否認冤罪者まで生んだ難事件金貸殺し公判開かる
254315	朝鮮朝日	南鮮版	1934-10-12	1	10단	片倉製絲の女工騷ぐ會社側折れて圓滿解決
254316	朝鮮朝日	南鮮版	1934-10-12	1	10단	朝取の臨時休場
254317	朝鮮朝日	西北版	1934-10-13	1	01단	無煙炭の都に適しい二研究所新用途と爆發防止調査機關設置の具體案進む
254318	朝鮮朝日	西北版	1934-10-13	1	01단	來れ內地資本茲に沃土あり近く福島平壤商議會頭が工場地宣傳の旅へ
254319	朝鮮朝日	西北版	1934-10-13	1	01단	公會堂敷地依然・宙ぶらり一股かけた交渉は眞平と軍部もそつぽ向く
254320	朝鮮朝日	西北版	1934-10-13	1	01단	郡是誘致は至難
254321	朝鮮朝日	西北版	1934-10-13	1	02단	平壤近代色(１０)/女子選手
254322	朝鮮朝日	西北版	1934-10-13	1	03단	肥料配合所增置の計劃
254323	朝鮮朝日	西北版	1934-10-13	1	03단	備荒貯金好成績
254324	朝鮮朝日	西北版	1934-10-13	1	04단	宇垣總督
254325	朝鮮朝日	西北版	1934-10-13	1	04단	優良部落に成牛を贈る
254326	朝鮮朝日	西北版	1934-10-13	1	04단	金組貸出し
254327	朝鮮朝日	西北版	1934-10-13	1	04단	壯擧を終へて訪滿機還る天晴れ！平壤十六機
254328	朝鮮朝日	西北版	1934-10-13	1	05단	防火宣傳
254329	朝鮮朝日	西北版	1934-10-13	1	05단	胸うつこの眞情鐵窓から、花街から近畿の慘士へ麗しの義金/慰問文發送
254330	朝鮮朝日	西北版	1934-10-13	1	05단	三本足りぬ一位の木神宮神苑の明粧計劃が頓挫血眼で名木捜し
254331	朝鮮朝日	西北版	1934-10-13	1	06단	匪賊頻りに出沒またも八名を拉去鮮內へも魔の手を延ばす
254332	朝鮮朝日	西北版	1934-10-13	1	06단	車內警手增員

일련번호	판명		간행일	면	단수	기사명
254333	朝鮮朝日	西北版	1934-10-13	1	06단	濱松機平壤着
254334	朝鮮朝日	西北版	1934-10-13	1	06단	恐喝男送局
254335	朝鮮朝日	西北版	1934-10-13	1	06단	對岸の鮮農頗ぶる不安飽くなき匪賊跳梁に第一線いよいよ嚴戒
254336	朝鮮朝日	西北版	1934-10-13	1	07단	秋・肥ゆる街半年で增改築二千凄いゾ平壤の躍進
254337	朝鮮朝日	西北版	1934-10-13	1	07단	スポーツ(神宮競技第五日記錄/武道大會日程)
254338	朝鮮朝日	西北版	1934-10-13	1	08단	工業展蓋明け素晴しい盛況
254339	朝鮮朝日	西北版	1934-10-13	1	08단	病院へ兇賊三名を殺傷
254340	朝鮮朝日	西北版	1934-10-13	1	08단	老父燒死す農家の火事
254341	朝鮮朝日	西北版	1934-10-13	1	08단	畫壇の白眉鮮滿中等美術展譽れの入選者發表/堅實な步み佐藤審查員談
254342	朝鮮朝日	西北版	1934-10-13	1	09단	渡船諸とも自動車沈沒一名遂に溺死
254343	朝鮮朝日	西北版	1934-10-13	1	09단	嫉妬に狂ふ血刀美貌の妻を滅多斬り
254344	朝鮮朝日	西北版	1934-10-13	1	09단	一年目に捕った詐欺犯脫走す護送中の列車から
254345	朝鮮朝日	西北版	1934-10-13	1	10단	街を見物させ子を置去るふとい父親
254346	朝鮮朝日	西北版	1934-10-13	1	10단	柳京日記
254347	朝鮮朝日	南鮮版	1934-10-13	1	01단	一年生も知るあすのお天氣旣に三月から信號旗を掲げ釜山第二校の氣象教育
254348	朝鮮朝日	南鮮版	1934-10-13	1	01단	明年豫算は見當つかぬ米穀問題も裁決に至らぬ下關で今井田總監談
254349	朝鮮朝日	南鮮版	1934-10-13	1	01단	書展の審查員參與を發表
254350	朝鮮朝日	南鮮版	1934-10-13	1	02단	秋・畫壇の白眉鮮滿中等美術展開く譽れの入選者發表/目立つ堅實さに審查の佐藤氏語る
254351	朝鮮朝日	南鮮版	1934-10-13	1	03단	米穀研究會意見纒らず更に續開
254352	朝鮮朝日	南鮮版	1934-10-13	1	04단	婦人の義金活動
254353	朝鮮朝日	南鮮版	1934-10-13	1	04단	釜山府會懇談會放送局問題は一先づ保留
254354	朝鮮朝日	南鮮版	1934-10-13	1	05단	慶南各學校校舍を打診近畿地方の大慘禍に鑑み氣象知識をも涵養
254355	朝鮮朝日	南鮮版	1934-10-13	1	05단	工業展蓋明け素晴しい盛況
254356	朝鮮朝日	南鮮版	1934-10-13	1	05단	水責、火ぜめと引つゞく災禍悲嘆に暮れる罹災民龜浦の大火後報/復舊費支出
254357	朝鮮朝日	南鮮版	1934-10-13	1	06단	辭令(東京)
254358	朝鮮朝日	南鮮版	1934-10-13	1	06단	大邱公設市場改築に着手
254359	朝鮮朝日	南鮮版	1934-10-13	1	06단	もよほし(京城龍谷高等女學校運動會/朝鮮南畫院二十一週年第十七回大展覽會)
254360	朝鮮朝日	南鮮版	1934-10-13	1	07단	お馴染のイルズ孃三度訪れ月末半島へ飛來
254361	朝鮮朝日	南鮮版	1934-10-13	1	07단	釜山第六小學校長異動
254362	朝鮮朝日	南鮮版	1934-10-13	1	07단	漏電から?損害二萬五千圓家屋四十、倉庫工場ら三棟見る見る燃え盡す

일련번호	판명		간행일	면	단수	기사명
254363	朝鮮朝日	南鮮版	1934-10-13	1	08단	異形土器は望み薄慶州皇五里の古墳發掘進む
254364	朝鮮朝日	南鮮版	1934-10-13	1	08단	人(山本尋己氏(總督府農林局技師))
254365	朝鮮朝日	南鮮版	1934-10-13	1	09단	スポーツ(神宮競技第五日記錄/武道大會日程/西部青年團本年も制霸仁川商店訪問リレー/奉天滿倶對鮮鐵の野球)
254366	朝鮮朝日	南鮮版	1934-10-13	1	09단	鮮滿貿易の障壁を一擧解決東京に於る關稅改正會議に本府も急遽參加
254367	朝鮮朝日	南鮮版	1934-10-13	1	09단	渡船諸とも自動車沈沒一名遂に溺死
254368	朝鮮朝日	南鮮版	1934-10-13	1	10단	街を見物させ子を置去るふとい父親
254369	朝鮮朝日	南鮮版	1934-10-13	1	10단	鎭海の種痘
254370	朝鮮朝日	西北版	1934-10-14	1	01단	朝鮮一周飛行半島、最初の意義深い壯擧新航空路開拓を目ざし十五日から決行/二千五百キロの處女空を征服三日間のコースを承はる藤田、金、愼三飛行士/京城、羅南間　第一日/八都市へメッセーヂ本社から寄託/羅南、蔚山間 第二日/蔚山、京城間 第三日
254371	朝鮮朝日	西北版	1934-10-14	1	04단	中國々慶日祝賀會
254372	朝鮮朝日	西北版	1934-10-14	1	04단	府側は依然値下要求の肚來月早々交涉開始合電對平壤の電料改訂問題
254373	朝鮮朝日	西北版	1934-10-14	1	04단	愈よ廿日から籾の檢査本年搬出分は希望に止め明年から强制實施
254374	朝鮮朝日	西北版	1934-10-14	1	05단	航路標識の設置を陳情平南沿海に
254375	朝鮮朝日	西北版	1934-10-14	1	05단	平壤栗檢査
254376	朝鮮朝日	西北版	1934-10-14	1	05단	咸南漁組の統制を計る一段の飛躍を期して難點は金組の負債
254377	朝鮮朝日	西北版	1934-10-14	1	05단	平壤驛前の廣場を鋪裝
254378	朝鮮朝日	西北版	1934-10-14	1	06단	鎭南浦の干潟地埋立ちかく着工
254379	朝鮮朝日	西北版	1934-10-14	1	06단	國防費獻金
254380	朝鮮朝日	西北版	1934-10-14	1	06단	盡きせぬ義金の寄託
254381	朝鮮朝日	西北版	1934-10-14	1	06단	載寧法院支廳沙里院に移轉來月一日から實現
254382	朝鮮朝日	西北版	1934-10-14	1	07단	窮救土木事業費主として橋梁へ平南當局設計を急ぐ
254383	朝鮮朝日	西北版	1934-10-14	1	07단	寄生蟲驅除
254384	朝鮮朝日	西北版	1934-10-14	1	07단	スポーツ(神宮體育大會)
254385	朝鮮朝日	西北版	1934-10-14	1	07단	左薰萬歲の酒の展覽會盛り澤山の催し賑やかに花々しく蓋明け
254386	朝鮮朝日	西北版	1934-10-14	1	08단	府の主催で菊花大會來月平壤で催す
254387	朝鮮朝日	西北版	1934-10-14	1	08단	國境飛行の中間着陸場適地を物色
254388	朝鮮朝日	西北版	1934-10-14	1	09단	無罪の判決
254389	朝鮮朝日	西北版	1934-10-14	1	09단	密輸凋落の秋滿洲の物價騰貴と嚴戒に漸減の一途を辿る

일련번호	판명		간행일	면	단수	기사명
254390	朝鮮朝日	西北版	1934-10-14	1	10단	映畫館改造
254391	朝鮮朝日	西北版	1934-10-14	1	10단	拉致支那人見事に奪還
254392	朝鮮朝日	西北版	1934-10-14	1	10단	柳京日記
254393	朝鮮朝日	南鮮版	1934-10-14	1	01단	朝鮮一周飛行半島、最初の意義深い壯擧新航空路開拓を目ざし十五日から決行/二千五百キロの處女空を征服三日間のコースを承はる藤田、金、愼三飛行士/京城、羅南間　第一日/八都市へメッセーヂ本社から寄託/羅南、蔚山間 第二日/蔚山、京城間 第三日/軈て來るべき定期航空に備ふ局部的航路の統一井上遞信局長語る/飯塚氏も同乘し資料を蒐集/決意を語る晴れの三飛行士
254394	朝鮮朝日	南鮮版	1934-10-14	1	04단	今井田總督
254395	朝鮮朝日	南鮮版	1934-10-14	1	04단	秋・絢爛の一頁 我らの氏神のお祭りを盛大に意氣込む京城神社氏子連輝かしいその由緒/鎭海神社秋祭り
254396	朝鮮朝日	南鮮版	1934-10-14	1	06단	釜山商工祭
254397	朝鮮朝日	南鮮版	1934-10-14	1	06단	穀物協會聯合會愈よ結成さる統制案反對を滿場一致可決全鮮米穀大會第一日
254398	朝鮮朝日	南鮮版	1934-10-14	1	07단	愈よ廿日から籾の檢査本年搬出分は希望に止め明年から强制實施
254399	朝鮮朝日	南鮮版	1934-10-14	1	07단	神宮競技三百の精銳集ひ花やかな入場式
254400	朝鮮朝日	南鮮版	1934-10-14	1	07단	大祭の日割り
254401	朝鮮朝日	南鮮版	1934-10-14	1	08단	純情の義金
254402	朝鮮朝日	南鮮版	1934-10-14	1	08단	人夫賃を橫領し西國・花街行脚奈良の若もの三名京城で遂に無一文
254403	朝鮮朝日	南鮮版	1934-10-14	1	09단	南畫院展
254404	朝鮮朝日	南鮮版	1934-10-14	1	09단	石油混爐から火事
254405	朝鮮朝日	南鮮版	1934-10-14	1	10단	安全農村移住者輸送日程決る
254406	朝鮮朝日	南鮮版	1934-10-14	1	10단	城大法文學部課外講義
254407	朝鮮朝日	南鮮版	1934-10-14	1	10단	癩患者身投げ
254408	朝鮮朝日	南鮮版	1934-10-14	1	10단	人(境長三郎氏(前高等法院檢事長)/奈良井多一郎氏(新任京城地方法院檢事正)/本多公男氏(新任高等法院判事)/鵜池總督府御用掛/神保日慈師(日蓮宗管長))
254409	朝鮮朝日	西北版	1934-10-16	1	01단	晴れの壯途へ半島一周の先陣機秋雨衝いて快翔本紙メッセーヂ積んで地上に湧く歡聲/新義州へ到着中江鎭へ向ったが故障で引き返す
254410	朝鮮朝日	西北版	1934-10-16	1	01단	總督北鮮視察隨行記/頭から爪先まで一切緬羊づくめ頼もしい宇垣さんの心意氣
254411	朝鮮朝日	西北版	1934-10-16	1	03단	官民二千餘名參列盛大な褒賞授與式全鮮酒類品評會
254412	朝鮮朝日	西北版	1934-10-16	1	03단	地方篤行者參列許さる神宮例祭に
254413	朝鮮朝日	西北版	1934-10-16	1	04단	ポスター展

일련번호	판명		간행일	면	단수	기사명
254414	朝鮮朝日	西北版	1934-10-16	1	04단	平南線、滿浦鎭線改正列車時刻(平南線/滿浦鎭線)
254415	朝鮮朝日	西北版	1934-10-16	1	05단	日滿水産會議平北に有利
254416	朝鮮朝日	西北版	1934-10-16	1	05단	平南簡易校普通校增設
254417	朝鮮朝日	西北版	1934-10-16	1	05단	沙里院高女記念式
254418	朝鮮朝日	西北版	1934-10-16	1	05단	平南特産組合滿洲で第一聲奉天、新京兩市で見本市開催販路の擴張を計る
254419	朝鮮朝日	西北版	1934-10-16	1	06단	鎭南浦府會府有地賣却問題を討議
254420	朝鮮朝日	西北版	1934-10-16	1	06단	平南の棉花共販に不滿の聲揚がる仲買人や一般需要者らが鎭南浦で反對大會
254421	朝鮮朝日	西北版	1934-10-16	1	07단	元山鄕軍武道大會
254422	朝鮮朝日	西北版	1934-10-16	1	07단	烈女の轉落十年の操守空しく不義の嬰兒ごろし
254423	朝鮮朝日	西北版	1934-10-16	1	08단	元山の菊花展
254424	朝鮮朝日	西北版	1934-10-16	1	08단	職工側の足竝亂れ會社の態度强硬妥協の申込みを刎ねつく王子製紙の罷業
254425	朝鮮朝日	西北版	1934-10-16	1	08단	熄まぬ腦脊髓炎
254426	朝鮮朝日	西北版	1934-10-16	1	08단	高文に見事パス半島の三君
254427	朝鮮朝日	西北版	1934-10-16	1	09단	モヒ密賣取締り
254428	朝鮮朝日	西北版	1934-10-16	1	09단	優良店員表彰
254429	朝鮮朝日	西北版	1934-10-16	1	09단	對岸移住民自衛團組織
254430	朝鮮朝日	西北版	1934-10-16	1	10단	開城大成會合宿落成式
254431	朝鮮朝日	西北版	1934-10-16	1	10단	立退强制に借地人騷ぐ
254432	朝鮮朝日	西北版	1934-10-16	1	10단	柳京日記
254433	朝鮮朝日	南鮮版	1934-10-16	1	01단	物、心好轉我が意を得た努力次第で生活は頗る容易宇垣總督北鮮を語る
254434	朝鮮朝日	南鮮版	1934-10-16	1	01단	晴れの壯途へ半島一周の先陣機秋雨衝いて快翔本紙メッセーヂ積んで地上に湧く歡聲/使命は重大長尾航空官談/新義州へ倒着中江鎭へ向ったが故障で引き返す
254435	朝鮮朝日	南鮮版	1934-10-16	1	01단	東伏見總裁宮大邱御成り
254436	朝鮮朝日	南鮮版	1934-10-16	1	02단	新版・靑瓦赤瓦變轉圖(6)/魅惑を放つ南山の住宅模樣太陽と綠の深い三阪通りがっちりした神樂園
254437	朝鮮朝日	南鮮版	1934-10-16	1	05단	電車架空線を兩側へ移設京城漢江通りの
254438	朝鮮朝日	南鮮版	1934-10-16	1	06단	李鍵公殿下御參拜朝鮮神宮例祭/地方篤行者參列を許さる
254439	朝鮮朝日	南鮮版	1934-10-16	1	06단	死刑を宣告され廿五年逃げ廻る殘虐の限りを盡した兇漢端なくも逮捕さる
254440	朝鮮朝日	南鮮版	1934-10-16	1	07단	美しい童心風水害義金
254441	朝鮮朝日	南鮮版	1934-10-16	1	08단	曉の非常線推薦
254442	朝鮮朝日	南鮮版	1934-10-16	1	08단	新聞代表有志懇談會開催
254443	朝鮮朝日	南鮮版	1934-10-16	1	08단	演習參加部隊論山へ出動

일련번호	판명		간행일	면	단수	기사명
254444	朝鮮朝日	南鮮版	1934-10-16	1	08단	遭難船の漁夫三名を救ふ對馬沖で景福丸のお手柄
254445	朝鮮朝日	南鮮版	1934-10-16	1	08단	*神宮競技十五日の成績/弓道/釜山教員體育會*
254446	朝鮮朝日	南鮮版	1934-10-16	1	09단	景福丸船客に疑似痘瘡發生
254447	朝鮮朝日	南鮮版	1934-10-16	1	09단	*またもを寺に二人組の強盜現金を奪って逃走/四人組の強盜*
254448	朝鮮朝日	南鮮版	1934-10-16	1	10단	犬に咬まれ恐水病に哀れな幼兒
254449	朝鮮朝日	南鮮版	1934-10-16	1	10단	急行車脫線
254450	朝鮮朝日	南鮮版	1934-10-16	1	10단	春川製絲工場罷業さわぎ
254451	朝鮮朝日	西北版	1934-10-17	1	01단	災禍の弟妹へ心こめた激勵平壤女高普生が本社を通じ人情美輝く慰問文
254452	朝鮮朝日	西北版	1934-10-17	1	01단	平壤授産所を活きた教場に卒業生を打って一丸とし簡易工藝校設立か
254453	朝鮮朝日	西北版	1934-10-17	1	01단	平南の水害罹災者を救ふ嚴寒期を前にして深刻な食糧難の惱み
254454	朝鮮朝日	西北版	1934-10-17	1	01단	總督北鮮視察隨行記/見事なもんぢや宇垣さん大滿悦着々あがる緬羊獎勵の實績
254455	朝鮮朝日	西北版	1934-10-17	1	03단	辭令(東京)
254456	朝鮮朝日	西北版	1934-10-17	1	03단	航路標識設置本府へ要望
254457	朝鮮朝日	西北版	1934-10-17	1	03단	院長學を大いに勉强野村覆審法院長着任し語る
254458	朝鮮朝日	西北版	1934-10-17	1	04단	神宮競技第九日(優勝試合/劍道勝者/光成高普と金君優勝す全鮮學生卓球)
254459	朝鮮朝日	西北版	1934-10-17	1	04단	高原本紙主筆北鮮を視察
254460	朝鮮朝日	西北版	1934-10-17	1	04단	平壤秋祭り
254461	朝鮮朝日	西北版	1934-10-17	1	04단	平南特産品滿洲國へ販路を擴ぐ來月五日から新京、奉天で大々的の見本市
254462	朝鮮朝日	西北版	1934-10-17	1	05단	咸興平野に展開された十九師團秋季演習/十三日
254463	朝鮮朝日	西北版	1934-10-17	1	06단	國立種羊場竣工遲延か
254464	朝鮮朝日	西北版	1934-10-17	1	07단	土の人形へ死亡診斷首謀者への恐喝からバれた念入りの保險詐欺
254465	朝鮮朝日	西北版	1934-10-17	1	07단	沿岸漁村の經濟調査を咸南水産會の大計劃
254466	朝鮮朝日	西北版	1934-10-17	1	08단	西鮮記者懇談會
254467	朝鮮朝日	西北版	1934-10-17	1	08단	平壤府外に覆面の强盜
254468	朝鮮朝日	西北版	1934-10-17	1	08단	平壤地方早くも初氷忙殺される冬支度
254469	朝鮮朝日	西北版	1934-10-17	1	09단	郵便に繋ぐ平壤國際色
254470	朝鮮朝日	西北版	1934-10-17	1	09단	號外發行/十二月一日より實施される鐵道時間の大改正、門司鐵道局より發表の分を十六日付號外として發行しました
254471	朝鮮朝日	西北版	1934-10-17	1	10단	滿洲國へ先陣爭官吏募集に
254472	朝鮮朝日	西北版	1934-10-17	1	10단	邑民は狂喜法院支廳沙里院設置決定に

일련번호	판명		간행일	면	단수	기사명
254473	朝鮮朝日	西北版	1934-10-17	1	10단	三漁船消息を絶つ出漁したま〉
254474	朝鮮朝日	西北版	1934-10-17	1	10단	人(成富文吾氏(平南道高等課長)/狩野謙重(平南高等課警部)
254475	朝鮮朝日	南鮮版	1934-10-17	1	01단	總裁宮台臨盛大に執行愛婦會大邱支部總會
254476	朝鮮朝日	南鮮版	1934-10-17	1	01단	向學熱に叛き就學兒が減る多くは教職員への不信任から斷乎善後策を講ず
254477	朝鮮朝日	南鮮版	1934-10-17	1	01단	出來る限り引き締める慶南の明年豫算編成
254478	朝鮮朝日	南鮮版	1934-10-17	1	01단	定例局長會議
254479	朝鮮朝日	南鮮版	1934-10-17	1	01단	新版・靑瓦赤瓦變轉圖(7)/和洋鮮折衷の一風變った設計パゴダ公園を中心に異彩を放つ住宅街
254480	朝鮮朝日	南鮮版	1934-10-17	1	02단	釜山鄕軍聯合分會幹部決る
254481	朝鮮朝日	南鮮版	1934-10-17	1	03단	東伏見伯
254482	朝鮮朝日	南鮮版	1934-10-17	1	03단	本社メッセーヂに謝電
254483	朝鮮朝日	南鮮版	1934-10-17	1	04단	神宮競技第九日(優勝試合/劍道勝者/光成高普と金君優勝す全鮮學生卓球/慶南ア式蹴球選手權大會)
254484	朝鮮朝日	南鮮版	1934-10-17	1	04단	朝鮮商議臨時總會
254485	朝鮮朝日	南鮮版	1934-10-17	1	05단	後藤氏追悼會
254486	朝鮮朝日	南鮮版	1934-10-17	1	05단	治水調査の第二回委員會二十二、三兩日開く
254487	朝鮮朝日	南鮮版	1934-10-17	1	05단	京城の初霜八日も早く
254488	朝鮮朝日	南鮮版	1934-10-17	1	06단	人(本社京城支局來訪)
254489	朝鮮朝日	南鮮版	1934-10-17	1	06단	天災地變もこれなら安心だ兒童の訓練、校舍改善など釜山各校長の協議
254490	朝鮮朝日	南鮮版	1934-10-17	1	07단	祭りの秋釜山大賑ひ/晉州秋祭り
254491	朝鮮朝日	南鮮版	1934-10-17	1	07단	精神作興詔書渙發記念日慶南の大運動
254492	朝鮮朝日	南鮮版	1934-10-17	1	08단	娘の嫁ぎ先で自殺した？資産家の寡婦の死體怪、山中で發見さる
254493	朝鮮朝日	南鮮版	1934-10-17	1	09단	號外發行/十二月一日より實施される鐵道時間の大改正、門司鐵道局より發表の分を十六日付號外として發行しました
254494	朝鮮朝日	南鮮版	1934-10-17	1	09단	五十圓で釣り三千圓まき上ぐインチキ賭博の二名
254495	朝鮮朝日	南鮮版	1934-10-17	1	09단	會(釜山府會懇談會)
254496	朝鮮朝日	南鮮版	1934-10-17	1	10단	人(小山台灣鐵道部技師/奈良井多一郎氏(新任京城地方法院檢事正))
254497	朝鮮朝日	南鮮版	1934-10-17	1	10단	强盗巡査殺し豫審へ回付
254498	朝鮮朝日	南鮮版	1934-10-17	1	10단	馬山に强盗
254499	朝鮮朝日	南鮮版	1934-10-17	1	10단	辭令(東京)
254500	朝鮮朝日	南鮮版	1934-10-17	1	10단	美しの吉岡先生釜山賓來館で上映
254501	朝鮮朝日	西北版	1934-10-18	1		休刊
254502	朝鮮朝日	南鮮版	1934-10-18	1		休刊

일련번호	판명		간행일	면	단수	기사명
254503	朝鮮朝日	西北版	1934-10-19	1	01단	注目される關係局課の折衝大綱既に明示された産業組合の改革問題
254504	朝鮮朝日	西北版	1934-10-19	1	01단	農業補習校の大擴充を計る農民學校、訓練院等を整理し中堅人物養成の中心に
254505	朝鮮朝日	西北版	1934-10-19	1	01단	平壤近代色(１０)/古典の復活
254506	朝鮮朝日	西北版	1934-10-19	1	03단	滿浦鎭新線開通祝賀會
254507	朝鮮朝日	西北版	1934-10-19	1	03단	滿鐵進出で潤ふ羅南現出する借家景氣
254508	朝鮮朝日	西北版	1934-10-19	1	03단	スポーツ半島の誇りを高揚神宮競技幕を閉づ
254509	朝鮮朝日	西北版	1934-10-19	1	04단	鎭南浦高女移轉改築
254510	朝鮮朝日	西北版	1934-10-19	1	05단	緊縮主義で平南農務課
254511	朝鮮朝日	西北版	1934-10-19	1	05단	隔離病舍普成院擴築
254512	朝鮮朝日	西北版	1934-10-19	1	05단	北靑職業校開校
254513	朝鮮朝日	西北版	1934-10-19	1	05단	平壤の鐵工所近年に稀な景氣活況の各炭坑から機械類の注文殺到
254514	朝鮮朝日	西北版	1934-10-19	1	05단	開城消防秋季演習
254515	朝鮮朝日	西北版	1934-10-19	1	05단	水害罹災者江西農場へ
254516	朝鮮朝日	西北版	1934-10-19	1	06단	危い！と止める踏切番を轢殺遮斷機を突き破って逸走亂暴な怪タクシー
254517	朝鮮朝日	西北版	1934-10-19	1	06단	數奇の老夫婦四十年目に邂逅日清役で離れ離れに
254518	朝鮮朝日	西北版	1934-10-19	1	07단	半島一周機洪原に不時着搭乘者、機體とも無事/羅南へ着く
254519	朝鮮朝日	西北版	1934-10-19	1	07단	樂浪古墳發掘珍品續出す
254520	朝鮮朝日	西北版	1934-10-19	1	08단	大邱に次いで全鮮で第二位捨て子の多い平壤
254521	朝鮮朝日	西北版	1934-10-19	1	08단	工夫を轢く
254522	朝鮮朝日	西北版	1934-10-19	1	08단	內鮮一致の開城秋祭り
254523	朝鮮朝日	西北版	1934-10-19	1	09단	獸魂祭
254524	朝鮮朝日	西北版	1934-10-19	1	09단	モヒ密輸
254525	朝鮮朝日	西北版	1934-10-19	1	09단	脫走詐欺犯南浦で捕る一週間目に
254526	朝鮮朝日	西北版	1934-10-19	1	09단	金庫破りの容疑者擧る
254527	朝鮮朝日	西北版	1934-10-19	1	10단	關稅法違反無罪の判決
254528	朝鮮朝日	西北版	1934-10-19	1	10단	路上の追剝
254529	朝鮮朝日	西北版	1934-10-19	1	10단	僞强盜の訴へ
254530	朝鮮朝日	西北版	1934-10-19	1	10단	號外發行/「在滿機關改革問題終局の波瀾」に關する記事を收錄し十八日付で四半截號外として發行しました
254531	朝鮮朝日	南鮮版	1934-10-19	1	01단	朝鮮神宮例祭宇垣總督勅使として參向嚴肅裡に執行さる/相好崩す大都繰り展げた極彩圖繪京城神社秋祭り
254532	朝鮮朝日	南鮮版	1934-10-19	1	01단	辭令(東京)
254533	朝鮮朝日	南鮮版	1934-10-19	1	02단	第三種所得稅決定書を發送
254534	朝鮮朝日	南鮮版	1934-10-19	1	02단	新版靑瓦赤瓦變轉圖(８)

일련번호	판명		간행일	면	단수	기사명
254535	朝鮮朝日	南鮮版	1934-10-19	1	03단	新聞通信代表懇話會創立
254536	朝鮮朝日	南鮮版	1934-10-19	1	04단	春川製絲工場罷業解決す
254537	朝鮮朝日	南鮮版	1934-10-19	1	04단	風水害義金(釜山/大邱)
254538	朝鮮朝日	南鮮版	1934-10-19	1	04단	京釜線に珍しい事故
254539	朝鮮朝日	南鮮版	1934-10-19	1	05단	東伏見宮大妃殿下大邱高女に御成り十六日
254540	朝鮮朝日	南鮮版	1934-10-19	1	06단	スポーツ半島の誇り高揚神宮競技幕を閉づ/大學高專弓道
254541	朝鮮朝日	南鮮版	1934-10-19	1	06단	農業補習校の大擴充を計る農民學校、訓練院等を整理し中堅人物養成の中心に
254542	朝鮮朝日	南鮮版	1934-10-19	1	07단	暴風警報發表に最善の方法を山地雨量調査も叫ばる半島氣象協議會
254543	朝鮮朝日	南鮮版	1934-10-19	1	09단	半島一周機洪原に不時着搭乗者、機體とも無事/羅南へ着く
254544	朝鮮朝日	南鮮版	1934-10-19	1	09단	關稅法違反無罪の判決
254545	朝鮮朝日	南鮮版	1934-10-19	1	09단	師へさゝぐ學童の純情冷雨を働いて神社に參拜し嚴父の病氣平癒祈願
254546	朝鮮朝日	南鮮版	1934-10-19	1	10단	座談會
254547	朝鮮朝日	南鮮版	1934-10-19	1	10단	鷄林かゞみ
254548	朝鮮朝日	南鮮版	1934-10-19	1	10단	號外發行/「在滿機關改革問題終局の波瀾」に關する記事を收錄し十八日付で四半截號外として發行しました
254549	朝鮮朝日	西北版	1934-10-20	1	01단	日本海に蟠る航空の敵を徹底的に究明横斷空路開設を控へて海霧狀況を調査
254550	朝鮮朝日	西北版	1934-10-20	1	01단	餓死線上を彷徨ふ農家一萬三千戸續く凶作に疲弊の咸南農村新たに救濟事業を起す
254551	朝鮮朝日	西北版	1934-10-20	1	01단	平壤近代色(１２)/秋に競ふ歌姫の群
254552	朝鮮朝日	西北版	1934-10-20	1	03단	滿浦鎭新線愈よ完成す來月朔日を期して盛大な開通祝賀式
254553	朝鮮朝日	西北版	1934-10-20	1	04단	平壤工業校舍落成
254554	朝鮮朝日	西北版	1934-10-20	1	04단	軍用地は見込薄平壤公會堂敷地問題
254555	朝鮮朝日	西北版	1934-10-20	1	05단	慘土に贈る愛平壤通信部寄託義損金
254556	朝鮮朝日	西北版	1934-10-20	1	05단	鎭南浦港に今冬から碎氷船近く三十五萬圓で三井造船所へ注文
254557	朝鮮朝日	西北版	1934-10-20	1	05단	讀みよい新聞紙面の刷新近し超高速度輪轉機の据付新設備次第に進む/大阪朝日新聞社
254558	朝鮮朝日	西北版	1934-10-20	1	05단	半島一周機江陵に到着/牛島十九師團長の謝電/府尹の謝辭
254559	朝鮮朝日	西北版	1934-10-20	1	06단	閘門の開閉
254560	朝鮮朝日	西北版	1934-10-20	1	06단	無煙炭合同第一歩を踏出す愈よ卅日初の委員會
254561	朝鮮朝日	西北版	1934-10-20	1	07단	北鮮奧地の新道路成る産業開發と警備上に輝かしい曙

일련번호	판명		간행일	면	단수	기사명
						光を齎す
254562	朝鮮朝日	西北版	1934-10-20	1	08단	樂浪に眠る靈魂を弔ふ廿五日古墳碑前で
254563	朝鮮朝日	西北版	1934-10-20	1	08단	踏切番轢殺の怪タクシー判る無免許の助手が運轉してこの慘事を惹起す
254564	朝鮮朝日	西北版	1934-10-20	1	09단	校外補導聯盟各地に組織
254565	朝鮮朝日	西北版	1934-10-20	1	09단	匿れた愛國の主昨年以來每月五圓づゝを名を祕して國防費へ
254566	朝鮮朝日	西北版	1934-10-20	1	10단	度量衡器取締り
254567	朝鮮朝日	西北版	1934-10-20	1	10단	罪なき人に微笑む補償
254568	朝鮮朝日	西北版	1934-10-20	1	10단	線路を枕に醉漢の轢殺
254569	朝鮮朝日	西北版	1934-10-20	1	10단	車庫增設
254570	朝鮮朝日	南鮮版	1934-10-20	1	01단	日本海に蟠る航空の敵を徹底的に究明橫斷空路開設を控へて海霧狀況を調査
254571	朝鮮朝日	南鮮版	1934-10-20	1	01단	總裁宮台臨を仰ぎ盛大に擧行さる愛婦會釜山支部總會
254572	朝鮮朝日	南鮮版	1934-10-20	1	01단	無煙炭合同第一步を踏出す愈よ卅日初の委員會
254573	朝鮮朝日	南鮮版	1934-10-20	1	01단	祭粢料下賜
254574	朝鮮朝日	南鮮版	1934-10-20	1	01단	起債を可決釜山總會
254575	朝鮮朝日	南鮮版	1934-10-20	1	02단	釜山・牧の島渡船物語(上)/荒れた日や夜間は料金が高くなるサンパンに始って四十幾年織り出した港情緒
254576	朝鮮朝日	南鮮版	1934-10-20	1	03단	半島一周機江陵に到着/牛島十九師團長の謝電/府尹の謝辭
254577	朝鮮朝日	南鮮版	1934-10-20	1	04단	もよほし(在鄕軍人釜山聯合分會總會)
254578	朝鮮朝日	南鮮版	1934-10-20	1	04단	讀みよい新聞紙面の刷新近し超高速度輪轉機の据付新設備次第に進む/大阪朝日新聞社
254579	朝鮮朝日	南鮮版	1934-10-20	1	04단	電車軌道移設工事進む
254580	朝鮮朝日	南鮮版	1934-10-20	1	04단	慶南罹災者の滿洲國移民第一陳出發す
254581	朝鮮朝日	南鮮版	1934-10-20	1	05단	港・仁川に英佛の軍艦來る/珍客
254582	朝鮮朝日	南鮮版	1934-10-20	1	06단	蔚山神社の大鳥居竣工
254583	朝鮮朝日	南鮮版	1934-10-20	1	06단	密船ブローカー大征伐に着手跋扈いよいよ甚だし/甘言で釣り
254584	朝鮮朝日	南鮮版	1934-10-20	1	07단	輝く同胞愛の塑像朝鮮日報社初め學童たちから床しい義損金殺到(京城/釜山)
254585	朝鮮朝日	南鮮版	1934-10-20	1	08단	振舞酒に醉ひ橋下に墜死
254586	朝鮮朝日	南鮮版	1934-10-20	1	08단	農村子女の赤化を企つ容疑の三十餘名引致/警戒が嚴重
254587	朝鮮朝日	南鮮版	1934-10-20	1	09단	自轉車で襲ひ現金を强奪
254588	朝鮮朝日	南鮮版	1934-10-20	1	09단	冬！急ぎ足氣溫急激に降下し早手廻しの初氷、霜(大田/馬山/春川)
254589	朝鮮朝日	南鮮版	1934-10-20	1	10단	命とりの酒
254590	朝鮮朝日	南鮮版	1934-10-20	1	10단	お寺へまた强盜これで六回目

일련번호	판명		간행일	면	단수	기사명
254591	朝鮮朝日	南鮮版	1934-10-20	1	10단	鷄林かゞみ
254592	朝鮮朝日	西北版	1934-10-21	1	01단	航空史に輝く見ごとな新記錄處女空開拓の大使命を果し半島一周飛行終る/貴重な經驗飛行士の手腕に敬服鶴田、長尾兩氏語る/蔚山の歡迎送本社のメッセーヂに邑長から謝電/裡里へ敬意/光州を通過
254593	朝鮮朝日	西北版	1934-10-21	1	03단	平壤商議所近く新築か公會堂敷地の遷延に圖書館買收は中止
254594	朝鮮朝日	西北版	1934-10-21	1	03단	淋しかった陸上白熱戰を展開したラグビー神宮競技を顧みて(陸上競技/ラグビー)
254595	朝鮮朝日	西北版	1934-10-21	1	04단	人(神保日慈師(日蓮宗官長))
254596	朝鮮朝日	西北版	1934-10-21	1	04단	小作委員會一齊に開設農地令發布で
254597	朝鮮朝日	西北版	1934-10-21	1	04단	宇垣總督咸南視察に
254598	朝鮮朝日	西北版	1934-10-21	1	05단	內鮮台滿の權威集り家畜防疫會議日滿間の聯絡を中心議題に來月八日から開く
254599	朝鮮朝日	西北版	1934-10-21	1	07단	平壤電氣課明年新事業
254600	朝鮮朝日	西北版	1934-10-21	1	07단	愛林思想の普及を計る治山楔創設を機に平南で講演、映畵會
254601	朝鮮朝日	西北版	1934-10-21	1	08단	情は凝って千六百餘圓本社平壤通信部に寄託の近畿風水害義損金
254602	朝鮮朝日	西北版	1934-10-21	1	08단	三百名の高齡者を招いて歡を盡す平壤第一回敬老會
254603	朝鮮朝日	西北版	1934-10-21	1	08단	沙里院支廳開廳の準備
254604	朝鮮朝日	西北版	1934-10-21	1	08단	棉花共販制反對大會
254605	朝鮮朝日	西北版	1934-10-21	1	09단	西鮮三道で强盜殺人放火など五十餘件朴大烈の取調べ進む
254606	朝鮮朝日	西北版	1934-10-21	1	09단	スポーツ(ゴルフ大會)
254607	朝鮮朝日	西北版	1934-10-21	1	10단	兄弟七人が揃って軍人榮光の一家
254608	朝鮮朝日	西北版	1934-10-21	1	10단	羅南の火事/仁川の火事
254609	朝鮮朝日	西北版	1934-10-21	1	10단	靑年の家出
254610	朝鮮朝日	南鮮版	1934-10-21	1	01단	東伏見宮大妃殿下御歸東遊ばす/女子中等校の成績品獻上
254611	朝鮮朝日	南鮮版	1934-10-21	1	01단	航空史に輝く見ごとな新記錄處女空開拓の大使命を果し半島一周飛行終る/貴重な經驗飛行士の手腕に敬服鶴田、長尾兩氏語る/裡里へ敬意/光州を通過/蔚山の歡迎送本社のメッセーヂに邑長から謝電
254612	朝鮮朝日	南鮮版	1934-10-21	1	03단	釜山・牧の島渡船物語(下)/船內電燈に人々はびっくり五月續いた陳情騷ぎ
254613	朝鮮朝日	南鮮版	1934-10-21	1	04단	もよほし(笑の特急公演會)
254614	朝鮮朝日	南鮮版	1934-10-21	1	04단	新嘗祭當日盛大に行ふ釜山の渡津橋、幹線道路竣工、開通祝賀會/渡船組合組織許可を陳情州岬居住者から

일련번호	판명		간행일	면	단수	기사명
254615	朝鮮朝日	南鮮版	1934-10-21	1	05단	淋しかった陸上白熱戰を展開したラグビー神宮競技を顧みて(陸上競技/ラグビー)
254616	朝鮮朝日	南鮮版	1934-10-21	1	05단	內鮮台滿の權威集り家畜防疫會議日滿間の聯絡を中心議題に來月八日から開く
254617	朝鮮朝日	南鮮版	1934-10-21	1	06단	宇垣總督咸南視察に
254618	朝鮮朝日	南鮮版	1934-10-21	1	07단	死の愛妻を抱き二週餘日を暮す悲嘆の餘り狂った男
254619	朝鮮朝日	南鮮版	1934-10-21	1	08단	自動車運轉手女性が受驗
254620	朝鮮朝日	南鮮版	1934-10-21	1	08단	慶南に初霜
254621	朝鮮朝日	南鮮版	1934-10-21	1	09단	子の氣管支に引掛った釦大邱醫院で見事摘出
254622	朝鮮朝日	南鮮版	1934-10-21	1	09단	慶北の三人强盜つひに捕る
254623	朝鮮朝日	南鮮版	1934-10-21	1	10단	大邱府勢振興會新たに組織
254624	朝鮮朝日	南鮮版	1934-10-21	1	10단	仁川の火事
254625	朝鮮朝日	南鮮版	1934-10-21	1	10단	釜山二商創立廿五年記念種々の催し
254626	朝鮮朝日	南鮮版	1934-10-21	1	10단	人(東本願寺法主大谷光暢師夫妻一行十二名/澤田ブラジル大使/植田軍司令官/平山正祥氏(新任釜山檢事局檢事正))
254627	朝鮮朝日	西北版	1934-10-23	1	01단	遂に惡運盡きて列車內で捕はる酬はれた當局苦心の追跡新昌駐在所武器竊取犯人/捜査網を潜り隨所に出沒す拳銃を擬して漁組を襲ひ追跡の警官に一撃/警官の包圍を拳銃で突破應戰の木下巡査部長賊彈に重傷を負ふ/驛長夫妻を縛し切符賣揚げを强奪夫人を拉して夫婦者を裝ふ警官隊の奇襲に捕はるまで
254628	朝鮮朝日	西北版	1934-10-23	1	04단	總督咸南へ
254629	朝鮮朝日	西北版	1934-10-23	1	04단	武器を盜んで匪賊の頭に單純な犯行の動機共犯關係はない見込み/感激に堪へぬ各地の援助兵頭警察部長談/好機を逸し無念逮捕の快報に喜ぶ負傷の二警官
254630	朝鮮朝日	西北版	1934-10-23	1	07단	溫柔鄕の夢破る銃聲二十師團秋季演習いよいよ本舞台へ
254631	朝鮮朝日	西北版	1934-10-23	1	07단	米議員團への示威一味五名に紅一點も交へて道廳爆彈事件の眞相
254632	朝鮮朝日	西北版	1934-10-23	1	07단	ひかりから飛ぶ特急と知らず乘込んで奇蹟的に生命無事
254633	朝鮮朝日	西北版	1934-10-23	1	07단	平鐵の異動
254634	朝鮮朝日	西北版	1934-10-23	1	08단	夜間作業で能率を增進平壤驛の計劃
254635	朝鮮朝日	西北版	1934-10-23	1	08단	産繭五萬石突破の祝典咸興で盛大に擧行
254636	朝鮮朝日	西北版	1934-10-23	1	09단	酒の上から血塗れ騷ぎ
254637	朝鮮朝日	西北版	1934-10-23	1	10단	悲しき凱旋
254638	朝鮮朝日	西北版	1934-10-23	1	10단	林檎檢査員增員を陳情
254639	朝鮮朝日	西北版	1934-10-23	1	10단	平壤大阪間運賃引上げ

일련번호	판명		간행일	면	단수	기사명
254640	朝鮮朝日	西北版	1934-10-23	1	10단	保險詐取の餘罪發覺す
254641	朝鮮朝日	西北版	1934-10-23	1	10단	もよほし(寺洞小學校音樂會/平南郵便所長會分會)
254642	朝鮮朝日	南鮮版	1934-10-23	1	01단	遂に惡運盡きて列車內で捕はる酬はれた當局苦心の追跡新昌駐在所武器竊取犯人/搜査網を潛り隨所に出沒す拳銃を擬して漁組を襲ひ追跡の警官に一擊/警官の包圍を拳銃で突破應戰の木下巡査部長賊彈に重傷を負ふ/驛長夫妻を縛し切符賣揚げを强奪夫人を拉して夫婦者を裝ふ警官隊の奇襲に捕はるまで
254643	朝鮮朝日	南鮮版	1934-10-23	1	04단	總督咸南へ
254644	朝鮮朝日	南鮮版	1934-10-23	1	05단	武器を盜んで匪賊の頭に單純な犯行の動機共犯關係はない見込み
254645	朝鮮朝日	南鮮版	1934-10-23	1	05단	治水調査委員會洛東江改修案を協議
254646	朝鮮朝日	南鮮版	1934-10-23	1	06단	慶南敎育總會二十五日より
254647	朝鮮朝日	南鮮版	1934-10-23	1	06단	愈よ釜山棧橋の增改築に着手大型聯絡船の就航に呼應し三百萬圓を投じて
254648	朝鮮朝日	南鮮版	1934-10-23	1	07단	保健協會總會
254649	朝鮮朝日	南鮮版	1934-10-23	1	07단	犬の大行進釜山市中を練步く軍用犬協會の催し
254650	朝鮮朝日	南鮮版	1934-10-23	1	07단	群山、於靑島無電聯絡通話試驗成功
254651	朝鮮朝日	南鮮版	1934-10-23	1	08단	義金募集の舞踊祭り釜山で催す
254652	朝鮮朝日	南鮮版	1934-10-23	1	08단	新麗水邑長
254653	朝鮮朝日	南鮮版	1934-10-23	1	08단	出張先きの山中で謎の慘死慶北土木派出所員
254654	朝鮮朝日	南鮮版	1934-10-23	1	08단	忠北モヒ中豫防協會
254655	朝鮮朝日	南鮮版	1934-10-23	1	09단	嬰兒殺し
254656	朝鮮朝日	南鮮版	1934-10-23	1	10단	全北畜産共進會
254657	朝鮮朝日	南鮮版	1934-10-23	1	10단	聯絡船から身投げ自殺
254658	朝鮮朝日	南鮮版	1934-10-23	1	10단	電車の發火に飛び降りて乘客三名傷く
254659	朝鮮朝日	南鮮版	1934-10-23	1	10단	人(黑田重太郎畫伯(二科會員)/佐藤鐵道局營業課長/福見鐵道局工作課長)
254660	朝鮮朝日	南鮮版	1934-10-23	1	10단	鷄林かゞみ
254661	朝鮮朝日	西北版	1934-10-24	1	01단	國境に花と散った警官に至高の譽れ滿洲事變活躍の十八名らに輝やく功勞章授與
254662	朝鮮朝日	西北版	1934-10-24	1	01단	工事材料の暴騰で新築の望み絶ゆ敷地決定に暇どりこの痛手惱みの平壤公會堂
254663	朝鮮朝日	西北版	1934-10-24	1	01단	平南山間部の病弊に救ひの手土木工事で潤ほす
254664	朝鮮朝日	西北版	1934-10-24	1	01단	絶勝、妙香山登山界に新登場誇る歷史と雄渾美
254665	朝鮮朝日	西北版	1934-10-24	1	02단	茂山水道案着々具體化
254666	朝鮮朝日	西北版	1934-10-24	1	03단	原蠶種製造所ちかく竣工
254667	朝鮮朝日	西北版	1934-10-24	1	04단	獵期來る
254668	朝鮮朝日	西北版	1934-10-24	1	04단	西鮮合電の送電線改革

일련번호	판명		간행일	면	단수	기사명
254669	朝鮮朝日	西北版	1934-10-24	1	04단	活況の奥地と聯繋を密に背面施設擴充の要！村上新義州府尹の視察談
254670	朝鮮朝日	西北版	1934-10-24	1	05단	營門を後に懷しの郷里へ
254671	朝鮮朝日	西北版	1934-10-24	1	05단	咸南釀造品評會
254672	朝鮮朝日	西北版	1934-10-24	1	06단	ターボ式サイレン增置
254673	朝鮮朝日	西北版	1934-10-24	1	06단	高句麗王宮の跡に壁畫の古墳群樂浪發掘中の小泉氏ら一行現場へ調査に向ふ
254674	朝鮮朝日	西北版	1934-10-24	1	06단	大牧場による緬羊經營適地調査を行って咸南で近く着手
254675	朝鮮朝日	西北版	1934-10-24	1	06단	犯人護送に警告を發す
254676	朝鮮朝日	西北版	1934-10-24	1	07단	膨るゝ平壤自然增加と轉入者で人口十七萬突破か
254677	朝鮮朝日	西北版	1934-10-24	1	07단	實彈投下演習
254678	朝鮮朝日	西北版	1934-10-24	1	07단	關釜聯絡船運航時刻を變更三十分乃至一時間を短縮來月一日から實施
254679	朝鮮朝日	西北版	1934-10-24	1	07단	九十三圓程度で折合ひを見るか鮮米冬場運賃交渉本府で裁定案作成
254680	朝鮮朝日	西北版	1934-10-24	1	08단	痲藥取締り
254681	朝鮮朝日	西北版	1934-10-24	1	08단	根本的反對全く解消難關は重役の按分無煙炭合同問題
254682	朝鮮朝日	西北版	1934-10-24	1	09단	轉向者續出
254683	朝鮮朝日	西北版	1934-10-24	1	09단	働く者の天國人夫拂底で引張り凧賃銀値上げの要求も徹る
254684	朝鮮朝日	西北版	1934-10-24	1	10단	元山泉町校新校舍落成
254685	朝鮮朝日	西北版	1934-10-24	1	10단	馬術大會
254686	朝鮮朝日	西北版	1934-10-24	1	10단	出雲の神樣大多忙
254687	朝鮮朝日	西北版	1934-10-24	1	10단	人妻の自殺未遂
254688	朝鮮朝日	南鮮版	1934-10-24	1	01단	けふの話題女中難緩和に學校を作るマダムの恐慌を除く妙案眞劍に考へらる
254689	朝鮮朝日	南鮮版	1934-10-24	1	01단	國境に花と散った警官に至高の響れ滿洲事變活躍の十八名らに輝やく功勞章授與
254690	朝鮮朝日	南鮮版	1934-10-24	1	01단	關釜聯絡船運航時刻を變更三十分乃至一時間を短縮來月一日から實施/商談に遊覽に便利な列車時間改正で來月一日から釜山、京城間に走る
254691	朝鮮朝日	南鮮版	1934-10-24	1	02단	將兵の意氣冲天壯烈な二十師團秋季演習忠南原野に展開/肉彈の激戰旅團對抗演習
254692	朝鮮朝日	南鮮版	1934-10-24	1	03단	牧の島渡船競願に池田氏も出願
254693	朝鮮朝日	南鮮版	1934-10-24	1	04단	宇垣總督北靑へ
254694	朝鮮朝日	南鮮版	1934-10-24	1	04단	九十三圓程度で折合ひを見るか鮮米冬場運賃交渉本府で裁定案作成
254695	朝鮮朝日	南鮮版	1934-10-24	1	05단	精神作興詔書渙發記念式

일련번호	판명		간행일	면	단수	기사명
254696	朝鮮朝日	南鮮版	1934-10-24	1	05단	飢餓線にさ迷ふ凶作の西北鮮山間部
254697	朝鮮朝日	南鮮版	1934-10-24	1	05단	圖書週間
254698	朝鮮朝日	南鮮版	1934-10-24	1	05단	洛東江改修は一川式案に傾く治水委員會第二日
254699	朝鮮朝日	南鮮版	1934-10-24	1	06단	見事に香る兒童丹誠の菊
254700	朝鮮朝日	南鮮版	1934-10-24	1	06단	釜山町洞總代組長表彰式
254701	朝鮮朝日	南鮮版	1934-10-24	1	06단	人妻の自殺未遂
254702	朝鮮朝日	南鮮版	1934-10-24	1	07단	根本的反對全く解消難關は重役の按分無煙炭合同問題
254703	朝鮮朝日	南鮮版	1934-10-24	1	07단	卅餘名密航團またも捕る
254704	朝鮮朝日	南鮮版	1934-10-24	1	08단	鮮米問題の意見を交換堀切氏を迎へ
254705	朝鮮朝日	南鮮版	1934-10-24	1	08단	秋風に散る大分縣出身の受驗生京城で藝妓と心中
254706	朝鮮朝日	南鮮版	1934-10-24	1	09단	一名に懲役二名に死刑金貸夫婦殺し公判
254707	朝鮮朝日	南鮮版	1934-10-24	1	09단	實彈投下演習
254708	朝鮮朝日	南鮮版	1934-10-24	1	10단	轉向者續出
254709	朝鮮朝日	南鮮版	1934-10-24	1	10단	人(大淵三樹氏(滿鐵理事東京支社長)/藤田武明飛行士/金東業飛行士/竹末朗德氏(鐵道局澤崎理事實父)
254710	朝鮮朝日	南鮮版	1934-10-24	1	10단	鷄林かゞみ
254711	朝鮮朝日	西北版	1934-10-25	1	01단	愈よ多獅島築港一路完成を急ぐ臨港鐵道の建設も確定す經濟網の一角なる
254712	朝鮮朝日	西北版	1934-10-25	1	01단	平南山間部の要救濟者八萬五千名最低四割、最高九割の減收差當り粟を配給
254713	朝鮮朝日	西北版	1934-10-25	1	02단	巡廻映寫會
254714	朝鮮朝日	西北版	1934-10-25	1	04단	肺患療養所設置の計劃
254715	朝鮮朝日	西北版	1934-10-25	1	04단	普校學級增加期成會
254716	朝鮮朝日	西北版	1934-10-25	1	04단	平鐵の異動發表
254717	朝鮮朝日	西北版	1934-10-25	1	04단	林檎の加工品見事な出來榮化粧品、洋酒、罐詰、乾果など有望な將來の販路/鎭南浦林檎歐洲市場へアメリカ産の牙城を衝き一騎打ちの販賣戰
254718	朝鮮朝日	西北版	1934-10-25	1	05단	雄基商工會遂に聯合會脫退時勢の變遷で止むを得ぬと羅南の調停を刎ぬ
254719	朝鮮朝日	西北版	1934-10-25	1	06단	農事功勞者調査
254720	朝鮮朝日	西北版	1934-10-25	1	06단	平壤の玄關に觀光案內所旅客の便宜を計る
254721	朝鮮朝日	西北版	1934-10-25	1	06단	空の半島の交通を安全に秋風嶺を初め四測候所に高層氣象、霧の觀測
254722	朝鮮朝日	西北版	1934-10-25	1	07단	宇垣總督
254723	朝鮮朝日	西北版	1934-10-25	1	07단	機械の下敷
254724	朝鮮朝日	西北版	1934-10-25	1	07단	未知の男の罪を贖ふ情の三百圓更生に躓いた刑餘者の轉落に濺ぐ一靑年の熱淚
254725	朝鮮朝日	西北版	1934-10-25	1	07단	添へぬ夫婦毒藥で心中
254726	朝鮮朝日	西北版	1934-10-25	1	08단	龍井に建つ清正公追思碑芥川警察部長らの奔走で殖え

일련번호	판명		간행일	면	단수	기사명
						る新名物
254727	朝鮮朝日	西北版	1934-10-25	1	08단	圖寧線に匪賊出沒す
254728	朝鮮朝日	西北版	1934-10-25	1	08단	竊盜兵士京城で捕る旅館に宿泊中を
254729	朝鮮朝日	西北版	1934-10-25	1	09단	長津江岸に死體を埋沒失踪支那人發見さる歷然たる他殺の跡
254730	朝鮮朝日	西北版	1934-10-25	1	09단	辭令(東京)
254731	朝鮮朝日	西北版	1934-10-25	1	10단	ホームから列車に飛込む
254732	朝鮮朝日	西北版	1934-10-25	1	10단	盛り場で手提を狙ふ三名のスリ團
254733	朝鮮朝日	西北版	1934-10-25	1	10단	光州の畫火事
254734	朝鮮朝日	西北版	1934-10-25	1	10단	もよほし(鐵道局課所場會議/京城敎化團體聯盟敎化委員長會談)
254735	朝鮮朝日	南鮮版	1934-10-25	1	01단	觀測支所を秋風嶺に設く高層氣象、霧の觀測を行ひ空の交通を安全に
254736	朝鮮朝日	南鮮版	1934-10-25	1	01단	原則として一川式を採用洛東江改修の根本的計劃治水委員會で決る
254737	朝鮮朝日	南鮮版	1934-10-25	1	01단	卅一日夜から新ダイヤで運行釜山驛の時刻改正
254738	朝鮮朝日	南鮮版	1934-10-25	1	01단	女性街に聽く(A)/出札孃の卷泣かされる醉拂ひ驛名を覺えるのがまた一苦勞
254739	朝鮮朝日	南鮮版	1934-10-25	1	03단	浦項招魂祭
254740	朝鮮朝日	南鮮版	1934-10-25	1	03단	簡保積立金貸付額を決定
254741	朝鮮朝日	南鮮版	1934-10-25	1	03단	出して欲しい各戶の門標京城府の戶口調査始る
254742	朝鮮朝日	南鮮版	1934-10-25	1	04단	辭令(東京)
254743	朝鮮朝日	南鮮版	1934-10-25	1	04단	人(羽根兵三氏(新任全南高等警察課長))
254744	朝鮮朝日	南鮮版	1934-10-25	1	04단	京城の傳染病漸く下火に
254745	朝鮮朝日	南鮮版	1934-10-25	1	04단	山砲の活躍陳
254746	朝鮮朝日	南鮮版	1934-10-25	1	05단	絶勝、妙香山登山界に新登場誇る歷史と雄渾美
254747	朝鮮朝日	南鮮版	1934-10-25	1	05단	光州の畫火事
254748	朝鮮朝日	南鮮版	1934-10-25	1	05단	彷彿させる實戰鳥致院平野に白熱戰を展開旅團對抗演習終る
254749	朝鮮朝日	南鮮版	1934-10-25	1	06단	盛り場で手提を狙ふ三名のスリ團
254750	朝鮮朝日	南鮮版	1934-10-25	1	06단	豊漁の漁場へ怪しい密漁船快速の設備を施した七隻江原道沖を荒廻る
254751	朝鮮朝日	南鮮版	1934-10-25	1	08단	鮮鐵快勝す對門鐵ラグビー試合
254752	朝鮮朝日	南鮮版	1934-10-25	1	08단	平壤の竊盜兵京城で捕る
254753	朝鮮朝日	南鮮版	1934-10-25	1	08단	手のひら療治講習會
254754	朝鮮朝日	南鮮版	1934-10-25	1	09단	ホームから列車に飛込む
254755	朝鮮朝日	南鮮版	1934-10-25	1	09단	長津江岸に死體を埋沒失踪支那人發見さる歷然たる他殺の跡
254756	朝鮮朝日	南鮮版	1934-10-25	1	10단	もよほし(鐵道局課所場會議/京城敎化團體聯盟敎化委

일련번호	판명		간행일	면	단수	기사명
						員長會議)
254757	朝鮮朝日	南鮮版	1934-10-25	1	10단	鷄林かゞみ
254758	朝鮮朝日	西北版	1934-10-26	1	01단	兒玉伯、拓相に就任最も適任となかなかの人氣親しみ深い半島官民の期待も頗る大きい/木靜かならんと欲すれど風止まず先議權無視に打った大芝居在鮮時代の兒玉伯
254759	朝鮮朝日	西北版	1934-10-26	1	02단	嵐の後にどっかと坐り込んだ明朗大臣『新時代向きの植民地行政を』その日の兒玉さん
254760	朝鮮朝日	西北版	1934-10-26	1	03단	納税組合組織獎勵
254761	朝鮮朝日	西北版	1934-10-26	1	03단	總督の視察
254762	朝鮮朝日	西北版	1934-10-26	1	04단	箕林里府民大會
254763	朝鮮朝日	西北版	1934-10-26	1	05단	基地緑化
254764	朝鮮朝日	西北版	1934-10-26	1	05단	平壤兩小學校擴張に決す收容難を緩和
254765	朝鮮朝日	西北版	1934-10-26	1	06단	仕事は我らに
254766	朝鮮朝日	西北版	1934-10-26	1	06단	平北でも窮民救濟を考慮土木事業の補助申請
254767	朝鮮朝日	西北版	1934-10-26	1	07단	平壤の初雪早くも冬の訪れ！
254768	朝鮮朝日	西北版	1934-10-26	1	07단	無煙炭平南の特異性を強調本府の電氣統制は不合理と商議所を中心に迫る
254769	朝鮮朝日	西北版	1934-10-26	1	07단	平南特産品飛躍の試み明年は內地で見本市專屬商況員も置く
254770	朝鮮朝日	西北版	1934-10-26	1	07단	電氣事業者協議會開催
254771	朝鮮朝日	西北版	1934-10-26	1	08단	齋藤久太郎氏一萬圓寄附還暦記念に社會事業へ
254772	朝鮮朝日	西北版	1934-10-26	1	08단	水禍と手を切る清流壁の散策路改修工事完成す
254773	朝鮮朝日	西北版	1934-10-26	1	09단	家庭の脅威二週間熱
254774	朝鮮朝日	西北版	1934-10-26	1	09단	咸北の保留炭田結局大資本へ解放か
254775	朝鮮朝日	西北版	1934-10-26	1	10단	洋畫展覽會
254776	朝鮮朝日	西北版	1934-10-26	1	10단	警備機關充實平南警察部の新規事業
254777	朝鮮朝日	西北版	1934-10-26	1	10단	沙金密輸
254778	朝鮮朝日	西北版	1934-10-26	1	10단	盜んで豪遊
254779	朝鮮朝日	南鮮版	1934-10-26	1	01단	兒玉伯、拓相に就任最も適任となかなかの人氣親しみ深い半島官民の期待も頗る大きい/木靜かならんと欲すれど風止まず先議權無視に打った大芝居在鮮時代の兒玉伯/打ってつけのはまり役だ今井田總監は語る
254780	朝鮮朝日	南鮮版	1934-10-26	1	01단	明後年までに洪水禍を解消洛東江の治水計劃委員會の決議と希望事項
254781	朝鮮朝日	南鮮版	1934-10-26	1	04단	もよほし(ひかり舞踊會第八回舞踊發表會(佐々素影氏主宰)/松竹劇場(假の名)地鎮祭(分島周次郎氏經營)/慶南道秋察部秋季射擊大會)
254782	朝鮮朝日	南鮮版	1934-10-26	1	04단	妍を競ふ德壽宮の菊

일련번호	판명		간행일	면	단수	기사명
254783	朝鮮朝日	南鮮版	1934-10-26	1	05단	秋の夜ばなし(元氣のよい老人/名犬から迷犬に/左黨に痛い値上)
254784	朝鮮朝日	南鮮版	1934-10-26	1	05단	嵐の後にどっかと坐り込んだ明朗大臣『新時代向きの植民地行政を』その日の兒玉さん
254785	朝鮮朝日	南鮮版	1934-10-26	1	06단	儒城平野忽ち修羅の巷に廿師團の假設敵演習
254786	朝鮮朝日	南鮮版	1934-10-26	1	07단	殖銀を舞台に白晝大膽な詐欺盗まれた七千圓小切手の怪銀行界に大衝動/何氣なく拂った殖銀支拂主任の談/犯人の目星つく
254787	朝鮮朝日	南鮮版	1934-10-26	1	08단	朝鮮海峽の霧を調査横斷の定期航空機に技術員が便乘して
254788	朝鮮朝日	南鮮版	1934-10-26	1	08단	盗んで豪遊
254789	朝鮮朝日	南鮮版	1934-10-26	1	09단	電氣事業者協議會開催
254790	朝鮮朝日	南鮮版	1934-10-26	1	10단	三浪津の拳銃強盗犯人捕まる
254791	朝鮮朝日	南鮮版	1934-10-26	1	10단	人(松下慶南道內務部長/京畿道私立中等學校教育內地學事視察團大澤武雄氏爭十一名/台濟總督府主催教育視察德十二名/管正十郎氏(淸州本紙販賣店主))
254792	朝鮮朝日	南鮮版	1934-10-26	1	10단	鷄林かゞみ
254793	朝鮮朝日	西北版	1934-10-27	1	01단	國境第一線を固める『新撰組』飽くなき匪賊の蠢動に備へ警備陳容を一新す/飛行機、自動車傳書鳩も活躍完璧を期す冬の陣
254794	朝鮮朝日	西北版	1934-10-27	1	04단	秋耕督勵
254795	朝鮮朝日	西北版	1934-10-27	1	04단	平壤府廳舍第二期工事明年度から
254796	朝鮮朝日	西北版	1934-10-27	1	04단	飢餓線の山農實に十九萬人要救濟費は九十三萬餘圓全額支出は難しい
254797	朝鮮朝日	西北版	1934-10-27	1	05단	府立病院の新設を計劃中産以下の醫療機關として目下、設計を急ぐ
254798	朝鮮朝日	西北版	1934-10-27	1	05단	平壤商議工業部會
254799	朝鮮朝日	西北版	1934-10-27	1	05단	九十四萬圓で貸付を內定簡保資金諮問委員會
254800	朝鮮朝日	西北版	1934-10-27	1	06단	鎭南浦築港第二期擴張進む明春盛大な竣工式
254801	朝鮮朝日	西北版	1934-10-27	1	06단	平南諸工事何れも遲延霖雨に祟られ
254802	朝鮮朝日	西北版	1934-10-27	1	06단	車馬禁止
254803	朝鮮朝日	西北版	1934-10-27	1	07단	新義州第二普通校開校
254804	朝鮮朝日	西北版	1934-10-27	1	07단	不良水組の救濟費要求
254805	朝鮮朝日	西北版	1934-10-27	1	07단	驛前鐵道用地平壤府の手へ鐵道局の雲行き一變して急に讓渡と決る
254806	朝鮮朝日	西北版	1934-10-27	1	08단	拐帶二等兵平壤へ護送
254807	朝鮮朝日	西北版	1934-10-27	1	08단	東洋製絲へ委託か共同製絲場新設か繭安に本づく機業景氣に頭を惱ます平南當局
254808	朝鮮朝日	西北版	1934-10-27	1	08단	古物商を整理

일련번호	판명		간행일	면	단수	기사명
254809	朝鮮朝日	西北版	1934-10-27	1	09단	同居人を殺し現金を奪ふ支那人二人が共謀で
254810	朝鮮朝日	西北版	1934-10-27	1	09단	レコード濫賣に鐵槌堪りかねたビクターが取引停止で威嚇
254811	朝鮮朝日	西北版	1934-10-27	1	10단	遊廓で暴る
254812	朝鮮朝日	西北版	1934-10-27	1	10단	阿片を隱匿支那人船員
254813	朝鮮朝日	西北版	1934-10-27	1	10단	枕捜し捕る
254814	朝鮮朝日	西北版	1934-10-27	1	10단	支廳の移轉
254815	朝鮮朝日	南鮮版	1934-10-27	1	01단	國境第一線を固める『新撰組』飽くなき匪賊の蠢動に備へ警備陳容を一新す/飛行機、自動車傳書鳩も活躍完璧を期す冬の陣
254816	朝鮮朝日	南鮮版	1934-10-27	1	01단	九十四萬圓の貸付を內定簡保資金諮問委員會
254817	朝鮮朝日	南鮮版	1934-10-27	1	02단	女性街に聽く(B)/バス孃の卷家に歸ると眠い運轉手君とは至極く御圓滿
254818	朝鮮朝日	南鮮版	1934-10-27	1	03단	官吏の異動は極く小範圍
254819	朝鮮朝日	南鮮版	1934-10-27	1	03단	明治節祝賀
254820	朝鮮朝日	南鮮版	1934-10-27	1	04단	大邱菊の催し
254821	朝鮮朝日	南鮮版	1934-10-27	1	04단	高麗神社改築寄附金募集
254822	朝鮮朝日	南鮮版	1934-10-27	1	04단	氣象學の民衆化DKが講座を開設
254823	朝鮮朝日	南鮮版	1934-10-27	1	04단	二等車に特別室を光、望以外一等車を發し二、三等客を優遇
254824	朝鮮朝日	南鮮版	1934-10-27	1	05단	大邱商議議員の選擧
254825	朝鮮朝日	南鮮版	1934-10-27	1	05단	全南道議補選
254826	朝鮮朝日	南鮮版	1934-10-27	1	05단	飢餓線の山農賣に十九萬人要救濟費は九十三萬餘圓全額支出は難しい/遷延すれば由々しい問題だ各道の上城員語る
254827	朝鮮朝日	南鮮版	1934-10-27	1	06단	半島最初の公立釜山二商三つの擧式
254828	朝鮮朝日	南鮮版	1934-10-27	1	06단	馬山に軍國風景
254829	朝鮮朝日	南鮮版	1934-10-27	1	07단	日本工業を解雇された給仕の仕業か當局躍起で指名捜査を續く小切手盜難事件
254830	朝鮮朝日	南鮮版	1934-10-27	1	08단	慘禍へ町の情南大門通一、二丁目から本社へ義捐金寄託
254831	朝鮮朝日	南鮮版	1934-10-27	1	08단	各私鐵も時刻改正來月一日から
254832	朝鮮朝日	南鮮版	1934-10-27	1	08단	同居人を慘殺し二支刑人逃ぐ
254833	朝鮮朝日	南鮮版	1934-10-27	1	09단	白米値下げ
254834	朝鮮朝日	南鮮版	1934-10-27	1	09단	石井漢公演
254835	朝鮮朝日	南鮮版	1934-10-27	1	10단	拐帶二等兵平壤へ護送
254836	朝鮮朝日	南鮮版	1934-10-27	1	10단	阿片を隱匿支那人船員
254837	朝鮮朝日	南鮮版	1934-10-27	1	10단	枕捜し捕る
254838	朝鮮朝日	南鮮版	1934-10-27	1	10단	馬山高女體育演習會

일련번호	판명		간행일	면	단수	기사명
254839	朝鮮朝日	南鮮版	1934-10-27	1	10단	もよほし(三木畵伯個展/講道館朝鮮支部秋季大會)
254840	朝鮮朝日	南鮮版	1934-10-27	1	10단	人(藤山雷太氏(日本製糖相談役)/加藤鮮銀總裁/金利子孃(慶北産業課長金耒旭氏長女))
254841	朝鮮朝日	西北版	1934-10-28	1	01단	樂浪發掘の驚異二千年前の機業精巧を極めた杢目織數多の婦人用裝飾品も出土/境主慰靈祭知事、府尹ら列席いと盛大に執行
254842	朝鮮朝日	西北版	1934-10-28	1	01단	山農救濟費は追加豫算に方針を決定
254843	朝鮮朝日	西北版	1934-10-28	1	02단	農業巡廻展まづ江西から
254844	朝鮮朝日	西北版	1934-10-28	1	03단	平南成川に發電所新設
254845	朝鮮朝日	西北版	1934-10-28	1	03단	間島省設置と咸北の立場今後の態度注目さる
254846	朝鮮朝日	西北版	1934-10-28	1	03단	購買組合の攻勢に抗議小賣商人から
254847	朝鮮朝日	西北版	1934-10-28	1	04단	貯水タンク設置
254848	朝鮮朝日	西北版	1934-10-28	1	04단	戶別稅を廢し所得稅附加稅を新設地方稅整理の具體案成り明年から實施の腹
254849	朝鮮朝日	西北版	1934-10-28	1	05단	道立醫院に半島一の大病棟新築二百五十室・エレベータ付自炊制度も設くる
254850	朝鮮朝日	西北版	1934-10-28	1	05단	乘客は御注意卅一日から列車時刻を變更
254851	朝鮮朝日	西北版	1934-10-28	1	06단	碎氷船建造費寄附
254852	朝鮮朝日	西北版	1934-10-28	1	06단	黑衣を捨てゝ戀の殿堂に走る京都大聖寺の美しい尼僧と朝鮮生れの若い芋屋さん
254853	朝鮮朝日	西北版	1934-10-28	1	06단	明紬の內池進出織り方を改良して內地向きの縞柄を捺染
254854	朝鮮朝日	西北版	1934-10-28	1	07단	不貞の妻に夫の三下半
254855	朝鮮朝日	西北版	1934-10-28	1	07단	寄附金の用途研究
254856	朝鮮朝日	西北版	1934-10-28	1	08단	地主に下す頂門の一針土地明渡しの要求に原告側敗訴の判決
254857	朝鮮朝日	西北版	1934-10-28	1	09단	山の上から飛降り自殺斷崖に引掛った死體
254858	朝鮮朝日	西北版	1934-10-28	1	09단	老の感激！
254859	朝鮮朝日	西北版	1934-10-28	1	09단	墓場の慘劇酒をねだって斷られ乞食、墓參者を殺す
254860	朝鮮朝日	西北版	1934-10-28	1	10단	馬山の火事
254861	朝鮮朝日	西北版	1934-10-28	1	10단	柳京日記
254862	朝鮮朝日	南鮮版	1934-10-28	1	01단	「蓬」の射擊演習
254863	朝鮮朝日	南鮮版	1934-10-28	1	01단	戶別稅を廢し所得稅附加稅を新設地方稅整理の具體案成り明年から實施の腹
254864	朝鮮朝日	南鮮版	1934-10-28	1	01단	南と西北に意見が對立罹災農業移民捗らず本府裁斷によわる
254865	朝鮮朝日	南鮮版	1934-10-28	1	02단	林財務局長上京
254866	朝鮮朝日	南鮮版	1934-10-28	1	02단	黑衣を捨てゝ戀の殿堂に走る京都大聖寺の美しい尼僧と朝鮮生れの若い芋屋さん

일련번호	판명		간행일	면	단수	기사명
254867	朝鮮朝日	南鮮版	1934-10-28	1	03단	假設敵演習に祕術を盡す勇壯な觀兵式を行ひ廿師團秋季演習終る
254868	朝鮮朝日	南鮮版	1934-10-28	1	03단	京城の明治節奉祝
254869	朝鮮朝日	南鮮版	1934-10-28	1	03단	山農救濟費は追加豫算に方針を決定
254870	朝鮮朝日	南鮮版	1934-10-28	1	03단	內地勞働者の溫かい同情南鮮水禍へ義金
254871	朝鮮朝日	南鮮版	1934-10-28	1	04단	慶南敎育會總會
254872	朝鮮朝日	南鮮版	1934-10-28	1	04단	大邱商議選續々立候補
254873	朝鮮朝日	南鮮版	1934-10-28	1	04단	我が女流鳥人とし初ての海峽乘切り不時着にも沈着さを示す訪滿機白菊號の松本孃/線路を見失って松本孃不時着を語る/機は解體して京城へ送る
254874	朝鮮朝日	南鮮版	1934-10-28	1	05단	DKの受信所釜山に設置
254875	朝鮮朝日	南鮮版	1934-10-28	1	06단	風禍の恐れない安全な校舍に釜山牧の島校改築
254876	朝鮮朝日	南鮮版	1934-10-28	1	08단	郵便所に覆面強盜五百圓を奪ふ
254877	朝鮮朝日	南鮮版	1934-10-28	1	08단	山の上から飛降り自殺斷崖に引掛った死體
254878	朝鮮朝日	南鮮版	1934-10-28	1	08단	馴染み方面へ主力を注ぐ小切手事件容疑者の追及
254879	朝鮮朝日	南鮮版	1934-10-28	1	08단	京畿道の判任官考試
254880	朝鮮朝日	南鮮版	1934-10-28	1	08단	京都工藝品展
254881	朝鮮朝日	南鮮版	1934-10-28	1	08단	豪華な設備を釜山棧橋の大改造
254882	朝鮮朝日	南鮮版	1934-10-28	1	09단	ハンドカーに機關車追突二名重輕傷
254883	朝鮮朝日	南鮮版	1934-10-28	1	09단	赤に判決
254884	朝鮮朝日	南鮮版	1934-10-28	1	09단	乘客は御注意新ダイヤ切替へで卅一日から時刻變更
254885	朝鮮朝日	南鮮版	1934-10-28	1	10단	馬山の火事
254886	朝鮮朝日	南鮮版	1934-10-28	1	10단	學生靑年射擊大會
254887	朝鮮朝日	南鮮版	1934-10-28	1	10단	もよほし(慶北穀物協會第四回總會/釜山消防組秋季演習/防空講演、映畫會)
254888	朝鮮朝日	南鮮版	1934-10-28	1	10단	人(澤田ブラジル大使)
254889	朝鮮朝日	南鮮版	1934-10-28	1	10단	鷄林かゞみ
254890	朝鮮朝日	西北版	1934-10-30	1	01단	滿浦鎭線球場熙川間愈よ開通の運び沿線一帶に揚がる歡呼の聲驀進する處女列車
254891	朝鮮朝日	西北版	1934-10-30	1	01단	大羅津建設の前途は遼遠？都市計劃案が實施されても街は不況のどん底
254892	朝鮮朝日	西北版	1934-10-30	1	01단	明春は平壤、鎭南浦で全鮮穀物業者大會
254893	朝鮮朝日	西北版	1934-10-30	1	01단	水源工事入札紛糾
254894	朝鮮朝日	西北版	1934-10-30	1	02단	土幕民整理
254895	朝鮮朝日	西北版	1934-10-30	1	03단	平南の道路改修危ぶまれる國庫補助
254896	朝鮮朝日	西北版	1934-10-30	1	03단	總督視察隨行記(上)/世界に誇る長津江水電工事驚くべき科學力の自然征服
254897	朝鮮朝日	西北版	1934-10-30	1	04단	人(大河原咸北內務部長)
254898	朝鮮朝日	西北版	1934-10-30	1	04단	明治節に菊湯

일련번호	판명		간행일	면	단수	기사명
254899	朝鮮朝日	西北版	1934-10-30	1	04단	加藤舊朝無常務辭任か
254900	朝鮮朝日	西北版	1934-10-30	1	04단	石器時代の住居の跡隆帶紋土器も出る笠原平中教諭の發見
254901	朝鮮朝日	西北版	1934-10-30	1	05단	咸興中等リーグ戰
254902	朝鮮朝日	西北版	1934-10-30	1	05단	風災の餘波に建築界大弱り建築材料の昂騰と品不足で官廳も泣かされる
254903	朝鮮朝日	西北版	1934-10-30	1	06단	平南蛤遠路輸送の死亡率は低い期待される內地飼育
254904	朝鮮朝日	西北版	1934-10-30	1	06단	滿洲で見本市
254905	朝鮮朝日	西北版	1934-10-30	1	06단	守りは固し氷の豆滿江水も漏らさぬ警備陣
254906	朝鮮朝日	西北版	1934-10-30	1	07단	自動車規則違反
254907	朝鮮朝日	西北版	1934-10-30	1	08단	警視級に小異動六名の間島省入りで
254908	朝鮮朝日	西北版	1934-10-30	1	08단	鎭南浦にまた金庫泥同一犯人の所爲か
254909	朝鮮朝日	西北版	1934-10-30	1	08단	疑ひ晴れて運轉手釋放
254910	朝鮮朝日	西北版	1934-10-30	1	08단	警察演習中二人組強盜現る食刀で脅して奪ふ
254911	朝鮮朝日	西北版	1934-10-30	1	09단	盡きぬ情に微笑む慘土風災義金なほ殺到
254912	朝鮮朝日	西北版	1934-10-30	1	09단	性懲りぬ賊
254913	朝鮮朝日	西北版	1934-10-30	1	10단	結婚解消
254914	朝鮮朝日	西北版	1934-10-30	1	10단	鮮內へ匪賊侵入二ヶ所を脅す
254915	朝鮮朝日	西北版	1934-10-30	1	10단	柳京日記
254916	朝鮮朝日	南鮮版	1934-10-30	1	01단	空の珍客次から次へ京城に御入來五人の中四人まで女性半島空前の壯觀/馬淵嬢機と仲良く飛ぶ白菊號松本嬢
254917	朝鮮朝日	南鮮版	1934-10-30	1	01단	東海南部線海雲台佐川間十二月一日から開通
254918	朝鮮朝日	南鮮版	1934-10-30	1	01단	經濟に探勝に約束される躍進滿浦線球場、熙川間愈よ一日から開通
254919	朝鮮朝日	南鮮版	1934-10-30	1	02단	朝鮮神宮明治節祭獻詠歌披講/菊束を頌つ府內は菊湯
254920	朝鮮朝日	南鮮版	1934-10-30	1	03단	警視級に小異動六名の間島省入りで
254921	朝鮮朝日	南鮮版	1934-10-30	1	03단	女性街に聽く(C)/文明の騷音いゝえ妙なる生活の旋律彼女は昂然、抗議したデスタイピストの卷
254922	朝鮮朝日	南鮮版	1934-10-30	1	04단	もよほし(京城府南山小學校創立十周年記念式/皇大神宮大麻および曆頒布奉告祭たらびに頒布式)
254923	朝鮮朝日	南鮮版	1934-10-30	1	04단	三淸洞公園ちかく竣工頗る大規模に
254924	朝鮮朝日	南鮮版	1934-10-30	1	04단	釜山局集配時刻を變更
254925	朝鮮朝日	南鮮版	1934-10-30	1	05단	大谷光暢法主釜山を通過
254926	朝鮮朝日	南鮮版	1934-10-30	1	05단	水禍に活躍の警官にも功勞章
254927	朝鮮朝日	南鮮版	1934-10-30	1	05단	地方の厚意は實に有難かった演習目的も十二分に達した平田廿師團參謀長談
254928	朝鮮朝日	南鮮版	1934-10-30	1	06단	良くなる三等車先づ鋼鐵車を大量製造し赤切符を大優遇
254929	朝鮮朝日	南鮮版	1934-10-30	1	07단	釜山二商の創立記念式盛大に擧行

일련번호	판명		간행일	면	단수	기사명
254930	朝鮮朝日	南鮮版	1934-10-30	1	07단	人(本社京城支局來訪)
254931	朝鮮朝日	南鮮版	1934-10-30	1	08단	木浦まで逃げ悠々港內を遊覽不敵の七千圓詐取犯費消額は三百餘圓
254932	朝鮮朝日	南鮮版	1934-10-30	1	09단	東北凶作地義金募集通信局でもお取次
254933	朝鮮朝日	南鮮版	1934-10-30	1	09단	全北道教育關係諸催し
254934	朝鮮朝日	南鮮版	1934-10-30	1	09단	飛降り自殺の身許わかる就職に悩んで
254935	朝鮮朝日	南鮮版	1934-10-30	1	10단	鮮內へ匪賊侵入二ヶ所を脅す
254936	朝鮮朝日	南鮮版	1934-10-30	1	10단	人(興安總署長官齊默特色木丕靭、同東分省長嶺勒春、同北分省長凌陞の三氏/鮮鐵ラグビー選手一行/松藤榮藏氏(武德會朝鮮地方本部柔道助教授五段))
254937	朝鮮朝日	南鮮版	1934-10-30	1	10단	鷄林かゞみ
254938	朝鮮朝日	西北版	1934-10-31	1	01단	見よ！沿線に漲る新興の氣車窓に展くる奧地の大資源滿浦新線を行く(淸州江岸を走る鐵路/熙川廳/熙川江鐵橋)
254939	朝鮮朝日	西北版	1934-10-31	1	01단	移入新聞雜誌の統制を斷行實施される許可制度
254940	朝鮮朝日	西北版	1934-10-31	1	01단	牡牛の去勢肥肉を五年計劃で普及平南の朝鮮牛更生策
254941	朝鮮朝日	西北版	1934-10-31	1	01단	總督視察隨行記(下)/完成の曉は大工業の中心地世界で最も有利な水電施設
254942	朝鮮朝日	西北版	1934-10-31	1	03단	約廿五萬圓引上げるか羅津の滿鐵用地買收問題
254943	朝鮮朝日	西北版	1934-10-31	1	03단	評價算式の說明を聽取無煙炭合同第一回委員會
254944	朝鮮朝日	西北版	1934-10-31	1	04단	平壤社會敎化團體聯合會組織さる明治節をトし發會式擧行
254945	朝鮮朝日	西北版	1934-10-31	1	04단	生活改善指導週間
254946	朝鮮朝日	西北版	1934-10-31	1	05단	幾多の史料を考古學界へ樂浪發掘愈よ終る掘り出された珍品のかずかず
254947	朝鮮朝日	西北版	1934-10-31	1	06단	スポーツ(中等聯盟戰)
254948	朝鮮朝日	西北版	1934-10-31	1	06단	平壤の景氣まづ順調
254949	朝鮮朝日	西北版	1934-10-31	1	07단	文廟改築なる
254950	朝鮮朝日	西北版	1934-10-31	1	08단	女給共濟會結成
254951	朝鮮朝日	西北版	1934-10-31	1	08단	狂言の疑ひ匪賊の强盜
254952	朝鮮朝日	西北版	1934-10-31	1	08단	金密輸出の方向轉換內地へ送って海路上海へ當局、目を光らす
254953	朝鮮朝日	西北版	1934-10-31	1	09단	防火宣傳の效？火事減る
254954	朝鮮朝日	西北版	1934-10-31	1	09단	紅蔘密輸團二十二名を檢擧專賣局員の大活動
254955	朝鮮朝日	西北版	1934-10-31	1	09단	五回に亙り放火を企つ
254956	朝鮮朝日	西北版	1934-10-31	1	10단	下復を蹴られつひに絶命賭場の喧嘩
254957	朝鮮朝日	西北版	1934-10-31	1	10단	もよほし(展覽會と音樂會)
254958	朝鮮朝日	西北版	1934-10-31	1	10단	柳京日記
254959	朝鮮朝日	南鮮版	1934-10-31	1	01단	滿洲移民計劃愈よ實行の運び中央當局を見事に說服し

일련번호	판명		간행일	면	단수	기사명
						明年度準備工作に
254960	朝鮮朝日	南鮮版	1934-10-31	1	01단	移入新聞雜誌の統制を斷行實施される許可制度
254961	朝鮮朝日	南鮮版	1934-10-31	1	01단	國民精神作興日來月九日から三日間釜山で擧行と決る
254962	朝鮮朝日	南鮮版	1934-10-31	1	01단	銀翼運ねて訪滿の途へ白菊號と馬淵孃機
254963	朝鮮朝日	南鮮版	1934-10-31	1	01단	全南道廳の事務を檢閲
254964	朝鮮朝日	南鮮版	1934-10-31	1	01단	朝郵定時總會
254965	朝鮮朝日	南鮮版	1934-10-31	1	02단	女性街に聽く(D)/創作舞踊に火と燃ゆる熱情これからうんと苦しみたい明眸の舞姫崔承喜さん
254966	朝鮮朝日	南鮮版	1934-10-31	1	03단	評價算式の說明を聽取無煙炭合同第一回委員會
254967	朝鮮朝日	南鮮版	1934-10-31	1	03단	米倉總會
254968	朝鮮朝日	南鮮版	1934-10-31	1	04단	九大劍道部來征
254969	朝鮮朝日	南鮮版	1934-10-31	1	04단	人(釜山共生園バザー)
254970	朝鮮朝日	南鮮版	1934-10-31	1	04단	日運宗の國防獻金運動
254971	朝鮮朝日	南鮮版	1934-10-31	1	04단	京城弓道大會官廳軍と石川氏優勝
254972	朝鮮朝日	南鮮版	1934-10-31	1	04단	學童の義金
254973	朝鮮朝日	南鮮版	1934-10-31	1	04단	稅金が高過ぎる初ての所得額決定に異議申立が頗る多い/大邱稅務管內所得稅決る
254974	朝鮮朝日	南鮮版	1934-10-31	1	05단	慶北麻藥毒豫防協會創立
254975	朝鮮朝日	南鮮版	1934-10-31	1	05단	鮮滿聯絡電話回線明年度に新設搬送式三回線を構成
254976	朝鮮朝日	南鮮版	1934-10-31	1	05단	世界一の巨人と脊比べアメリカへゆく朝鮮の僧侶金富貴君
254977	朝鮮朝日	南鮮版	1934-10-31	1	06단	釜山の電話を自動式に改めよ商議で運動を起す
254978	朝鮮朝日	南鮮版	1934-10-31	1	07단	少年の輪禍
254979	朝鮮朝日	南鮮版	1934-10-31	1	07단	金海農校に竊盜忍入る
254980	朝鮮朝日	南鮮版	1934-10-31	1	07단	放火女有罪
254981	朝鮮朝日	南鮮版	1934-10-31	1	07단	山間僻地を通り魔の如く部落民らは恐怖のドン底に鮮寺を荒す怪盜團
254982	朝鮮朝日	南鮮版	1934-10-31	1	08단	五回に互り放火を企つ
254983	朝鮮朝日	南鮮版	1934-10-31	1	08단	危くばれた詐欺タングステン鑛に絡む賣込みまんまと失敗
254984	朝鮮朝日	南鮮版	1934-10-31	1	08단	慶北の三人强盜つひに捕まる
254985	朝鮮朝日	南鮮版	1934-10-31	1	09단	下復を蹴られつひに絶命賭場の喧嘩
254986	朝鮮朝日	南鮮版	1934-10-31	1	09단	金貸殺し判決被告は控訴が
254987	朝鮮朝日	南鮮版	1934-10-31	1	10단	狂言の疑ひ匪賊の强盜
254988	朝鮮朝日	南鮮版	1934-10-31	1	10단	人(藤原銀次郎氏(貴族院議員)/小安貞文氏(滿州國實業部農務司)/朝鮮銀行本店支配人河口眞氏長女芳子孃(二十四年))
254989	朝鮮朝日	南鮮版	1934-10-31	1	10단	鷄林かゞみ

1934년 11월 (조선아사히)

일련번호	판명		간행일	면	단수	기사명
254990	朝鮮朝日	西北版	1934-11-01	1	01단	平壤の割込みで國境商圈に異狀/滿浦線を繞って三巴の商戰一部に提携說擡頭/人口一萬の街忽然と出現鐵道工事が生んだ价古介の發展振り
254991	朝鮮朝日	西北版	1934-11-01	1	01단	消防功勞者
254992	朝鮮朝日	西北版	1934-11-01	1	01단	當世マダム行狀記(1)/暇ある時は生花とお寺詣りたった一つの不平？
254993	朝鮮朝日	西北版	1934-11-01	1	02단	勤續者表彰
254994	朝鮮朝日	西北版	1934-11-01	1	03단	殊勳の勇士戰死した楠元大尉
254995	朝鮮朝日	西北版	1934-11-01	1	04단	開城府會
254996	朝鮮朝日	西北版	1934-11-01	1	04단	地方稅制整理一年繰り延べ十一年度から實施
254997	朝鮮朝日	西北版	1934-11-01	1	05단	茂山に豚疫猖獗
254998	朝鮮朝日	西北版	1934-11-01	1	06단	牡丹台の國立公園化附近の民有林を買收山林係も近く新設
254999	朝鮮朝日	西北版	1934-11-01	1	07단	紅蔘密輸團共犯を嚴探
255000	朝鮮朝日	西北版	1934-11-01	1	07단	評價算式はホスコルト式愈よ各社の炭量共同調査へ無煙炭合同委員會
255001	朝鮮朝日	西北版	1934-11-01	1	07단	竊盜二等兵軍法會議へ
255002	朝鮮朝日	西北版	1934-11-01	1	07단	乙女は唄ふ近づく待望の一夜本社通信都主催西鮮女子中等校音樂會
255003	朝鮮朝日	西北版	1934-11-01	1	08단	二人組竊盜鎭南浦で捕る
255004	朝鮮朝日	西北版	1934-11-01	1	08단	煉炭叺から實彈裝塡の拳銃順川の運送店で發見
255005	朝鮮朝日	西北版	1934-11-01	1	08단	盜んだ爆藥で三名重傷す
255006	朝鮮朝日	西北版	1934-11-01	1	08단	明年こそは期待される古建築物修理平壤府、強硬に主張
255007	朝鮮朝日	西北版	1934-11-01	1	09단	詐欺賭博で一萬圓捲き揚ぐ一味廿名が共謀して脫走詐欺犯の取調べ進む
255008	朝鮮朝日	西北版	1934-11-01	1	09단	社告(鮮鐵、滿鐵新列車時刻表)
255009	朝鮮朝日	西北版	1934-11-01	1	10단	柳京日記
255010	朝鮮朝日	南鮮版	1934-11-01	1	01단	敎へ子の手で恩師の胸像を建つ遙々宮城縣から岡翁を招き盛大なる除幕式
255011	朝鮮朝日	南鮮版	1934-11-01	1	01단	地方稅制整理一年繰り延べ十一年度から實施
255012	朝鮮朝日	南鮮版	1934-11-01	1	01단	新ダイヤは先づ聯絡船から列車時刻の改正で釜山驛汗だくだく
255013	朝鮮朝日	南鮮版	1934-11-01	1	01단	一部の難色は政治的解決宇垣總督、移民計劃の折衝
255014	朝鮮朝日	南鮮版	1934-11-01	1	02단	忠南の明治節
255015	朝鮮朝日	南鮮版	1934-11-01	1	02단	慶南中毒豫防協會發會式役員を決定
255016	朝鮮朝日	南鮮版	1934-11-01	1	02단	女性街に聽く(E)/男性にも決して遲れはとらぬ看護婦と間違はれて苦笑齒科醫安蘇よし子さん
255017	朝鮮朝日	南鮮版	1934-11-01	1	03단	大邱飛行場候補地を物色期成會本腰で運動

일련번호	판명		간행일	면	단수	기사명
255018	朝鮮朝日	南鮮版	1934-11-01	1	04단	大邱府勢振興會結成協議會
255019	朝鮮朝日	南鮮版	1934-11-01	1	04단	釜山の秋競馬三日から花々しく
255020	朝鮮朝日	南鮮版	1934-11-01	1	05단	お歴々の夫人連仁川へ秋請の
255021	朝鮮朝日	南鮮版	1934-11-01	1	05단	學生青年射撃大會
255022	朝鮮朝日	南鮮版	1934-11-01	1	05단	東北大凶作に湧き上る同情本社の擧に逸早く義捐金(京城/釜山)
255023	朝鮮朝日	南鮮版	1934-11-01	1	06단	昌慶苑德壽宮を老幼者のため開放京城の精神作興週間
255024	朝鮮朝日	南鮮版	1934-11-01	1	06단	英盤チーム對鐵道ラグビー/忠南北對抗弓道
255025	朝鮮朝日	南鮮版	1934-11-01	1	07단	相撲選手權大會
255026	朝鮮朝日	南鮮版	1934-11-01	1	07단	軍官校事件の一名送らる
255027	朝鮮朝日	南鮮版	1934-11-01	1	07단	無煙炭合同後に販賣會社設立か叫ばれる販賣統制/評價算式はホスコルト式愈よ各社の炭量共同調査へ無煙炭合同委員會
255028	朝鮮朝日	南鮮版	1934-11-01	1	08단	七十尺の斷崖からトラック河に落つ運轉手傷き助手は卽死
255029	朝鮮朝日	南鮮版	1934-11-01	1	08단	竊盜二等兵軍法會議へ
255030	朝鮮朝日	南鮮版	1934-11-01	1	08단	世界の巨人と背比べに渡米する金當貴君(昨紙參照)寫眞は下關驛前にて撮す
255031	朝鮮朝日	南鮮版	1934-11-01	1	09단	映畫館の火事
255032	朝鮮朝日	南鮮版	1934-11-01	1	09단	當選新民謠近く發表會DKの備準
255033	朝鮮朝日	南鮮版	1934-11-01	1	10단	朝鮮人の夜學校德山に設立
255034	朝鮮朝日	南鮮版	1934-11-01	1	10단	軍用犬の競技大會十一日京城で
255035	朝鮮朝日	南鮮版	1934-11-01	1	10단	只野凡兒京城大正館で
255036	朝鮮朝日	南鮮版	1934-11-01	1	10단	昌慶苑觀覽者に給葉書贈皇
255037	朝鮮朝日	南鮮版	1934-11-01	1	10단	人(魚大成氏(釜山府會議員))
255038	朝鮮朝日	南鮮版	1934-11-01	1	10단	鷄林かゞみ
255039	朝鮮朝日	南鮮版	1934-11-01	1	10단	社告(鮮鐵、滿鐵新列車時刻表)
255040	朝鮮朝日	西北版	1934-11-02	1	01단	五十萬圓を補助窮乏農村を救ふ近く財務局長の査定を經て速かに救濟着手/南鮮移民はこの際お斷わり道內窮民の救濟が先決と平南で勞力自給策
255041	朝鮮朝日	西北版	1934-11-02	1	01단	安州邑上水來春着工す
255042	朝鮮朝日	西北版	1934-11-02	1	02단	消防隊充實
255043	朝鮮朝日	西北版	1934-11-02	1	02단	當世マダム行狀記(2)/アメリカ仕込みの鮮かな社交振り努ったことのない御主人
255044	朝鮮朝日	西北版	1934-11-02	1	03단	緬羊映畫公開
255045	朝鮮朝日	西北版	1934-11-02	1	04단	もよほし(平壤遞信分掌局區內郵便局長會議/製作品展覽會)
255046	朝鮮朝日	西北版	1934-11-02	1	04단	警察官の間島省入り
255047	朝鮮朝日	西北版	1934-11-02	1	04단	樂浪發掘物に米國から食指ボストン博物館東洋部長出

일련번호	판명		간행일	면	단수	기사명
						土の珍品に驚く
255048	朝鮮朝日	西北版	1934-11-02	1	05단	淸津無線局滿洲と交信
255049	朝鮮朝日	西北版	1934-11-02	1	05단	滿浦鎭新線愈よ開通す列車に浴びせる歡呼熙川では提燈行列
255050	朝鮮朝日	西北版	1934-11-02	1	05단	土地熱下火
255051	朝鮮朝日	西北版	1934-11-02	1	06단	美し・妓生の情け近畿風水罹災の朝鮮同胞へ救ひの義金二百圓/東北地方の凶作義捐金
255052	朝鮮朝日	西北版	1934-11-02	1	07단	滯貨の山に荷主は悲鳴貨車不足に惱む平鐵
255053	朝鮮朝日	西北版	1934-11-02	1	07단	義烈團事件十一名送局
255054	朝鮮朝日	西北版	1934-11-02	1	08단	自分の車に轢かれた男醉っ拂って
255055	朝鮮朝日	西北版	1934-11-02	1	08단	結納返還の訴へ
255056	朝鮮朝日	西北版	1934-11-02	1	08단	織物執照制物議の種に商品の稅關澁滯に阻害される商取引
255057	朝鮮朝日	西北版	1934-11-02	1	09단	學校へ忍ぶ
255058	朝鮮朝日	西北版	1934-11-02	1	09단	國境道路に不正を働く咸北道廳土木課員檢事局送りとなる
255059	朝鮮朝日	西北版	1934-11-02	1	10단	ヌクテ現る
255060	朝鮮朝日	西北版	1934-11-02	1	10단	阿片密輸か仁川署支那人船員取調べ
255061	朝鮮朝日	西北版	1934-11-02	1	10단	九大遠征軍勝つ
255062	朝鮮朝日	西北版	1934-11-02	1	10단	人(下飯坂元氏(咸北警察部長))
255063	朝鮮朝日	西北版	1934-11-02	1	10단	柳京日記
255064	朝鮮朝日	南鮮版	1934-11-02	1	01단	新ダイヤに鮮やかな切替へ卅一日夜から全線驛員を總動員し列車時刻の大改正/朝食前に悠り讀める朝日新聞ひかり號で四時間も早く京城愛讀者の手へ/大いに滿足第一日の一日早朝ポンと投込まれた本紙を出勤前に手にした諸氏は回る出勤前の諸氏は語る
255065	朝鮮朝日	南鮮版	1934-11-02	1	02단	女性街に聽く(F)/好きなお客?アラ、いやだわみつ豆とアンパンならね喫茶ガールの卷
255066	朝鮮朝日	南鮮版	1934-11-02	1	03단	總督府マーク圖案決まる
255067	朝鮮朝日	南鮮版	1934-11-02	1	04단	蔚山射擊大會
255068	朝鮮朝日	南鮮版	1934-11-02	1	04단	自動車賃値下げ京城永登浦間道路鋪裝成る
255069	朝鮮朝日	南鮮版	1934-11-02	1	04단	本紙敎材に社會學の實踐京城善隣商の試み
255070	朝鮮朝日	南鮮版	1934-11-02	1	05단	上官の墓に切々たる懷舊の涙日露戰役の老勇士京城から遙々天草へ
255071	朝鮮朝日	南鮮版	1934-11-02	1	05단	京中會館上棟式
255072	朝鮮朝日	南鮮版	1934-11-02	1	05단	京城銀座が谿底に實は覆面を脱いだ高層建築群颯爽たる本町通り
255073	朝鮮朝日	南鮮版	1934-11-02	1	06단	人夫十三名死傷新築中の忠南馬頭面の米倉突如、暴風に倒壞

일련번호	판명		간행일	면	단수	기사명
255074	朝鮮朝日	南鮮版	1934-11-02	1	07단	名殘りの秋二日續くお休みに存分味ひませう
255075	朝鮮朝日	南鮮版	1934-11-02	1	08단	對滿貿易品の障壁緩和されん滿洲國の關稅改正
255076	朝鮮朝日	南鮮版	1934-11-02	1	09단	副業を獎勵し勞銀を撒布約五十萬圓を補助し西北鮮罹災農家を救ふ
255077	朝鮮朝日	南鮮版	1934-11-02	1	09단	九大遠征軍勝つ
255078	朝鮮朝日	南鮮版	1934-11-02	1	09단	阿片密輸か仁川署支那人船員取調べ
255079	朝鮮朝日	南鮮版	1934-11-02	1	09단	ヌクテ現る
255080	朝鮮朝日	南鮮版	1934-11-02	1	10단	もよほし(祝賀會)
255081	朝鮮朝日	南鮮版	1934-11-02	1	10단	人(古城管堂氏)
255082	朝鮮朝日	南鮮版	1934-11-02	1	10단	鷄林かゞみ
255083	朝鮮朝日	西北版	1934-11-03	1	01단	半島産金界に一異彩を放つ時代に適した乾式を採用し新設の大製錬所と採金會社
255084	朝鮮朝日	西北版	1934-11-03	1	01단	北鮮奧地の吹雪電話線は故障續出合水白巖間列車不通となる
255085	朝鮮朝日	西北版	1934-11-03	1	01단	消防功勞者四十二名を表彰明治節の佳き日に
255086	朝鮮朝日	西北版	1934-11-03	1	01단	捗どらぬ無煙炭移出好況を前に業者あせる
255087	朝鮮朝日	西北版	1934-11-03	1	02단	兒童榮養週間
255088	朝鮮朝日	西北版	1934-11-03	1	03단	無煙炭合同評價問題解決は容易
255089	朝鮮朝日	西北版	1934-11-03	1	03단	當世マダム行狀記(３)/働くことが何よりの御趣味氣に召さぬ陸の生活
255090	朝鮮朝日	西北版	1934-11-03	1	04단	防火宣傳
255091	朝鮮朝日	西北版	1934-11-03	1	04단	南浦貯炭場擴張工事成る
255092	朝鮮朝日	西北版	1934-11-03	1	04단	收穫
255093	朝鮮朝日	西北版	1934-11-03	1	05단	深山、谿谷に谺する警笛長津線愈よ開通す/京城、雄基間直行車運轉
255094	朝鮮朝日	西北版	1934-11-03	1	06단	普校兒童を蝕む寄生蟲保持者九十九パーセント平南衛生課の調査
255095	朝鮮朝日	西北版	1934-11-03	1	07단	咸北檢德亞鉛鑛近く開掘に着手日本鑛業會社の手で
255096	朝鮮朝日	西北版	1934-11-03	1	07단	校外保導聯盟總會
255097	朝鮮朝日	西北版	1934-11-03	1	08단	穀産會社の飛躍玉蜀黍栽培會社を創設緬羊の飼育も計劃
255098	朝鮮朝日	西北版	1934-11-03	1	08단	三金鑛の外人に課稅
255099	朝鮮朝日	西北版	1934-11-03	1	08단	平壤の火事
255100	朝鮮朝日	西北版	1934-11-03	1	08단	越境警戒班匪賊と交戰擊退人質四名を奪還す
255101	朝鮮朝日	西北版	1934-11-03	1	09단	新籾貯藏
255102	朝鮮朝日	西北版	1934-11-03	1	09단	於之屯水組の入札解決
255103	朝鮮朝日	西北版	1934-11-03	1	10단	紅蔘密輸の檢擧に血眼新義州專賣局出張所
255104	朝鮮朝日	西北版	1934-11-03	1	10단	戀文に激昂妻を滅多斬
255105	朝鮮朝日	西北版	1934-11-03	1	10단	金塊密輸

일련번호	판명		간행일	면	단수	기사명
255106	朝鮮朝日	西北版	1934-11-03	1	10단	柳京日記
255107	朝鮮朝日	南鮮版	1934-11-03	1	01단	半島産金界に一異彩を放つ時代に適した乾式を採用し新設の大製鍊所と採金會社/國立製鍊所計劃は放棄せぬ穗積殖産局長語る
255108	朝鮮朝日	南鮮版	1934-11-03	1	01단	消防功勞者四十二名を表彰明治節の佳き日に
255109	朝鮮朝日	南鮮版	1934-11-03	1	01단	女性街に聽く(G)/磨けば光るのにお嬢さんは來ぬ生きた彫刻に感ずる歡び美容術師の卷
255110	朝鮮朝日	南鮮版	1934-11-03	1	03단	收穫(大邱郭外にて)
255111	朝鮮朝日	南鮮版	1934-11-03	1	04단	慶南中等教練査閱
255112	朝鮮朝日	南鮮版	1934-11-03	1	04단	國民精神作興日各道の行事
255113	朝鮮朝日	南鮮版	1934-11-03	1	05단	會(大田神社)
255114	朝鮮朝日	南鮮版	1934-11-03	1	05단	群山民間に軍馬貸付け
255115	朝鮮朝日	南鮮版	1934-11-03	1	05단	京城消防隊點檢
255116	朝鮮朝日	南鮮版	1934-11-03	1	05단	京城の婦人團體も起つ東北凶作地缺食兒のため街頭に義金募集/釜山でも缺食兒義金
255117	朝鮮朝日	南鮮版	1934-11-03	1	06단	綜合美展陳列
255118	朝鮮朝日	南鮮版	1934-11-03	1	06단	風速１８米釜山地方大荒れ船車聯絡も亂る
255119	朝鮮朝日	南鮮版	1934-11-03	1	06단	憧れの新天地へ慶北の罹災者家族を乘せて移民列車は走る
255120	朝鮮朝日	南鮮版	1934-11-03	1	07단	電話區域編入
255121	朝鮮朝日	南鮮版	1934-11-03	1	08단	近接地からわざわざ捨てに捨子の都益々繁昌し當局全く手を燒く
255122	朝鮮朝日	南鮮版	1934-11-03	1	08단	光化門電話局番號を變更
255123	朝鮮朝日	南鮮版	1934-11-03	1	08단	京城の火事簟笥工場燒く
255124	朝鮮朝日	南鮮版	1934-11-03	1	08단	籾火事
255125	朝鮮朝日	南鮮版	1934-11-03	1	08단	人妻の身投げ危く救はる
255126	朝鮮朝日	南鮮版	1934-11-03	1	09단	萩原氏も滿洲國入
255127	朝鮮朝日	南鮮版	1934-11-03	1	09단	狂へる兄へとんだ荒療治迷信から燻して毆りつけ遂に死に至らす
255128	朝鮮朝日	南鮮版	1934-11-03	1	09단	またも寺へ怪盜住職ら八人を縛上げ現金を强奪して逃ぐ
255129	朝鮮朝日	南鮮版	1934-11-03	1	10단	もよほし(松下氏送別會/在鄉軍人釜山府聯合分會秋李總會)
255130	朝鮮朝日	南鮮版	1934-11-03	1	10단	人(少年赤十字團朝鮮代表一行)
255131	朝鮮朝日	南鮮版	1934-11-03	1	10단	大田に怪漢多額を盜まる
255132	朝鮮朝日	南鮮版	1934-11-03	1	10단	鷄林かゞみ
255133	朝鮮朝日	西北版	1934-11-04	1	01단	四十五號塼槨墳現地保存に決す一先づ埋沒して明春再掘し大格納庫を建てる
255134	朝鮮朝日	西北版	1934-11-04	1	01단	佳節を壽ぐ平壤の一日意義ある數々の催し

일련번호	판명		간행일	면	단수	기사명
255135	朝鮮朝日	西北版	1934-11-04	1	01단	府廳舍増築明年は取止め
255136	朝鮮朝日	西北版	1934-11-04	1	02단	貯金奬勵
255137	朝鮮朝日	西北版	1934-11-04	1	02단	當世マダム行狀記(4)/折紙付の明眼夫人無躾質問も受けつ流しつ快刀亂麻の名答辯
255138	朝鮮朝日	西北版	1934-11-04	1	03단	純系平壤栗の増産に着手
255139	朝鮮朝日	西北版	1934-11-04	1	04단	興南郵便局來月一日より開業
255140	朝鮮朝日	西北版	1934-11-04	1	04단	鎭南浦新港一帶の府營移管を陳情荷置場を管理し紛爭緩和滿浦線完成に備ふ
255141	朝鮮朝日	西北版	1934-11-04	1	05단	押すな押すなの警官志望三十名の募集に七百餘名殺到す
255142	朝鮮朝日	西北版	1934-11-04	1	05단	農事巡廻展表彰式
255143	朝鮮朝日	西北版	1934-11-04	1	05단	五十萬兩の夢地下に眠る馬蹄銀を繞って捲き揚がる發掘熱
255144	朝鮮朝日	西北版	1934-11-04	1	06단	無煙炭輸送貨物車増發
255145	朝鮮朝日	西北版	1934-11-04	1	06단	沙里院支廳開廳式擧行
255146	朝鮮朝日	西北版	1934-11-04	1	07단	北靑拳銃事件の金吉同送局さる
255147	朝鮮朝日	西北版	1934-11-04	1	08단	雪に阻まれた鐵道復舊す
255148	朝鮮朝日	西北版	1934-11-04	1	08단	牛の品評會
255149	朝鮮朝日	西北版	1934-11-04	1	08단	府議改選に備へて早くも地盤培養新顔も加はり大激戰展開か
255150	朝鮮朝日	西北版	1934-11-04	1	09단	拳銃粉失
255151	朝鮮朝日	西北版	1934-11-04	1	09단	北鐵東部線珍事雄基より救援列車を急派現場は徒步聯絡
255152	朝鮮朝日	西北版	1934-11-04	1	10단	柳京日記
255153	朝鮮朝日	南鮮版	1934-11-04	1	01단	明治節奉祝京城府民五千名參列朝鮮神宮廣場で盛大に/總督府/釜山の奉祝街は大賑ひ/神宮奉獻菊花特選を發表
255154	朝鮮朝日	南鮮版	1934-11-04	1	01단	朝鮮神宮
255155	朝鮮朝日	南鮮版	1934-11-04	1	01단	難關を突破し馬淵孃京城へ黄蝶號の翼さ一夜を休めてさらに滿洲へ雄飛/相當に難航馬淵孃語る/朝鮮海峽を見事に翔破蔚山の歡迎送
255156	朝鮮朝日	南鮮版	1934-11-04	1	02단	スピードアップ實施後の列車の震動は？局鐵全線に互り調査
255157	朝鮮朝日	南鮮版	1934-11-04	1	02단	職業教育展覽會大邱で開く
255158	朝鮮朝日	南鮮版	1934-11-04	1	03단	女性街に聽く(H)/妙に宴會ばかり若い妓の不勉強もお時勢藝妓はんの卷
255159	朝鮮朝日	南鮮版	1934-11-04	1	04단	千餘名を西北鮮へ罹災勞働移民の輸送日割決る
255160	朝鮮朝日	南鮮版	1934-11-04	1	04단	釜山商議の從業員表彰
255161	朝鮮朝日	南鮮版	1934-11-04	1	05단	鎭海學組會議

일련번호	판명		간행일	면	단수	기사명
255162	朝鮮朝日	南鮮版	1934-11-04	1	05단	時中會發會式
255163	朝鮮朝日	南鮮版	1934-11-04	1	05단	東拓更生案愈よ實現難外債利子補給金停止
255164	朝鮮朝日	南鮮版	1934-11-04	1	06단	慶南靑訓査閱
255165	朝鮮朝日	南鮮版	1934-11-04	1	06단	撫でられた兩局長のお頭變り種觀相家岡崎氏のお見立はどう？(牛島內務局長/池田警務局長)
255166	朝鮮朝日	南鮮版	1934-11-04	1	07단	雪に阻まれた鐵道復舊す
255167	朝鮮朝日	南鮮版	1934-11-04	1	07단	幹線道の彩り釜山瓦電會社で電車線路を敷設
255168	朝鮮朝日	南鮮版	1934-11-04	1	09단	醉拂って男橋から墜死
255169	朝鮮朝日	南鮮版	1934-11-04	1	10단	鷄林かゞみ
255170	朝鮮朝日	南鮮版	1934-11-04	1	10단	人(衛藤泰氏(新任木浦警察署長警視)/刑務所長會議出席者/松下芳三郎氏(元慶南道內務部長)/渡邊眞氏(本社大邱販賣店渡邊登氏令弟))
255171	朝鮮朝日	西北版	1934-11-06	1	01단	知事部長級の異動を發表富永咸北、京畿道へ/懸案を殘し去るは遺憾京畿道へ榮轉の富永知事語る/ベストを盡す覺悟明服な新咸北知事竹內氏語る/敏腕で鳴る佐伯新京畿道警察部長
255172	朝鮮朝日	西北版	1934-11-06	1	01단	第三種所得稅額大體決定す總額約二百五十萬圓
255173	朝鮮朝日	西北版	1934-11-06	1	01단	揉める平壤府會/敷地問題で一大論戰府尹讓らず流會
255174	朝鮮朝日	西北版	1934-11-06	1	02단	當世マダム行狀記(５)/喋るのはお嫌ひぽつりぽつりとお子樣教育の苦心を聽く
255175	朝鮮朝日	西北版	1934-11-06	1	03단	送電會社の平壤送電線架設認可申請
255176	朝鮮朝日	西北版	1934-11-06	1	03단	民風改善運動
255177	朝鮮朝日	西北版	1934-11-06	1	04단	北鮮奧地の大雪豆滿江岸にて寫す
255178	朝鮮朝日	西北版	1934-11-06	1	06단	町里組長表彰
255179	朝鮮朝日	西北版	1934-11-06	1	06단	被害劇甚地へ取急ぎ勞銀撒布平南の農村救濟土木國庫補助に先ちまづ二郡へ
255180	朝鮮朝日	西北版	1934-11-06	1	07단	臨時議會廿七日に召集會期は一週間と決る
255181	朝鮮朝日	西北版	1934-11-06	1	07단	定期バス行方不明乘客の安否氣遣はる猛吹雪に呑まる？
255182	朝鮮朝日	西北版	1934-11-06	1	07단	菊花展受賞者
255183	朝鮮朝日	西北版	1934-11-06	1	08단	亂暴自動車屋內へ驀進就寢中の下宿人重傷
255184	朝鮮朝日	西北版	1934-11-06	1	08단	南浦敬老會
255185	朝鮮朝日	西北版	1934-11-06	1	09단	名物黑船ほっほっ冬ごもり
255186	朝鮮朝日	西北版	1934-11-06	1	09단	密告業麻る日滿國境の珍商賣密輸減で上ったり
255187	朝鮮朝日	西北版	1934-11-06	1	09단	飛行士尹ら近く局送り赤色テロ團
255188	朝鮮朝日	西北版	1934-11-06	1	09단	不穩ビラ
255189	朝鮮朝日	西北版	1934-11-06	1	10단	保險金を詐取
255190	朝鮮朝日	西北版	1934-11-06	1	10단	柳京日記
255191	朝鮮朝日	南鮮版	1934-11-06	1	01단	富永氏拔擢が唯一の新味空氣刷新はなほ遠い

일련번호	판명		간행일	면	단수	기사명
255192	朝鮮朝日	南鮮版	1934-11-06	1	01단	知事、部長級の異動を發表富永咸北、京畿道へ咸北には竹內氏/若輩の身に重荷を懸富永新京畿道知事談/最善を盡す明服なる太陽知事竹內氏は語る/まだ役人だ松本氏の談/敏腕で鳴る佐伯新京畿道警察部長
255193	朝鮮朝日	南鮮版	1934-11-06	1	03단	慶州崇惠殿修繕に着手
255194	朝鮮朝日	南鮮版	1934-11-06	1	03단	新醫博全南道立醫院の崔相彩氏
255195	朝鮮朝日	南鮮版	1934-11-06	1	03단	外金剛晩秋繪と文黑田重太郎
255196	朝鮮朝日	南鮮版	1934-11-06	1	04단	春川の初雪
255197	朝鮮朝日	南鮮版	1934-11-06	1	04단	運動界(城大優勝す對九大定期劍道/晉州農校運動會)
255198	朝鮮朝日	南鮮版	1934-11-06	1	04단	南鮮大水禍に內地から愛の使本社寄託の義金千七百餘圓五日當局へ手交す
255199	朝鮮朝日	南鮮版	1934-11-06	1	05단	焦土の龜浦面復興へ驀進涙ぐましい努力に明春には面目一新
255200	朝鮮朝日	南鮮版	1934-11-06	1	06단	賃金値上を叫んで罷業京城府の汲取人夫
255201	朝鮮朝日	南鮮版	1934-11-06	1	07단	臨時議會廿七日に召集會期は一週間と決る
255202	朝鮮朝日	南鮮版	1934-11-06	1	07단	發動漁船遭難四漁夫消ゆ
255203	朝鮮朝日	南鮮版	1934-11-06	1	07단	第三種所得稅額大體決定す總額約二百五十萬圓
255204	朝鮮朝日	南鮮版	1934-11-06	1	08단	六千の兒を文盲から救ふ釜山府の四普通校に明年度夜學校を開設
255205	朝鮮朝日	南鮮版	1934-11-06	1	08단	賭博に敗けて强盗の狂言
255206	朝鮮朝日	南鮮版	1934-11-06	1	08단	留置中にまたも惡事
255207	朝鮮朝日	南鮮版	1934-11-06	1	09단	慶北水禍義捐金第二回分來る
255208	朝鮮朝日	南鮮版	1934-11-06	1	09단	家屋倒壞し人妻壓死す
255209	朝鮮朝日	南鮮版	1934-11-06	1	09단	僧侶轢かる
255210	朝鮮朝日	南鮮版	1934-11-06	1	10단	釜山劇場の落成披露興行
255211	朝鮮朝日	南鮮版	1934-11-06	1	10단	定期バス行方不明北鮮の猛吹雪
255212	朝鮮朝日	南鮮版	1934-11-06	1	10단	人(市村久雄中將(鎭海要港部司令官)/宍戶好信大佐)
255213	朝鮮朝日	南鮮版	1934-11-06	1	10단	鷄林かゞみ
255214	朝鮮朝日	西北版	1934-11-07	1	01단	愛と情・感激の四重奏妓生が伸ばす愛の纖手惠まれぬ兒の野菜を買占め漬物にして窮民へ/溫情の地主へ感謝の頌德碑小作人が醵金して聞くも嬉しい農村佳話/私財を投じ育英事業に安州高普近く實現/南鮮水害義金
255215	朝鮮朝日	西北版	1934-11-07	1	01단	農業巡廻展十二日から永柔で聞く
255216	朝鮮朝日	西北版	1934-11-07	1	02단	鄕軍武道大會
255217	朝鮮朝日	西北版	1934-11-07	1	02단	氣象機關に代はる漁船のラヂオ設置補助を與へて平南で勸誘
255218	朝鮮朝日	西北版	1934-11-07	1	02단	當世マダム行狀記(６)/御夫婦お揃ひで仲よく映畵館へもこれでも昔はモダン・ガール
255219	朝鮮朝日	西北版	1934-11-07	1	03단	故楠元大尉涙の告別式

일련번호	판명		간행일	면	단수	기사명
255220	朝鮮朝日	西北版	1934-11-07	1	04단	貯金獎勵
255221	朝鮮朝日	西北版	1934-11-07	1	05단	委員會案多數で通過府尹も善處を約す公會堂敷地問題
255222	朝鮮朝日	西北版	1934-11-07	1	06단	スポーツ(中等リーグ終る)
255223	朝鮮朝日	西北版	1934-11-07	1	06단	平壤の火事
255224	朝鮮朝日	西北版	1934-11-07	1	06단	黃金景氣に蘇へる廢鑛石滿浦鎭新線の開通を利し南浦へ送って精錬
255225	朝鮮朝日	西北版	1934-11-07	1	07단	平壤府の行政區域擴張第二回調査に着手
255226	朝鮮朝日	西北版	1934-11-07	1	08단	醉って亂暴
255227	朝鮮朝日	西北版	1934-11-07	1	08단	農村廢物の利用桑皮と鷄糞を生かせ平南當局乘り出す
255228	朝鮮朝日	西北版	1934-11-07	1	09단	開城共産黨事件の判決
255229	朝鮮朝日	西北版	1934-11-07	1	09단	爆擊場にゴ注意飛行隊の爆彈投下演習は今秋から實彈使用
255230	朝鮮朝日	西北版	1934-11-07	1	09단	金山事務所へ强盜一物も得ず逃げ去る
255231	朝鮮朝日	西北版	1934-11-07	1	10단	白熱の蹴球戰觀衆さわぐ
255232	朝鮮朝日	西北版	1934-11-07	1	10단	人(下飯坂咸北警察部長)
255233	朝鮮朝日	西北版	1934-11-07	1	10단	柳京日記
255234	朝鮮朝日	南鮮版	1934-11-07	1	01단	植田鬼將軍の胸を打つ童心！ゆかりの滋賀縣學童から純情籠る柿の贈物
255235	朝鮮朝日	南鮮版	1934-11-07	1	01단	『雄々しい母性愛』東北缺食兒童義捐金募集の婦人團に集る絶讚
255236	朝鮮朝日	南鮮版	1934-11-07	1	01단	御社の擧に深甚の感謝內地からの義捐金傳達に渡邊學務局長語る
255237	朝鮮朝日	南鮮版	1934-11-07	1	01단	觀菊御會に御召の光榮仁川の吉田氏
255238	朝鮮朝日	南鮮版	1934-11-07	1	02단	新製鍊會社の事務所は殖銀に
255239	朝鮮朝日	南鮮版	1934-11-07	1	02단	女性街に聽く(1)/愛もて病魔と鬪ふ有髮の尼結婚は白衣に別れるとき看護婦の卷
255240	朝鮮朝日	南鮮版	1934-11-07	1	03단	本社寄託金傳達八尾本社京城支局長から渡邊學務局長へ
255241	朝鮮朝日	南鮮版	1934-11-07	1	04단	白米値下げ京城各公設市場
255242	朝鮮朝日	南鮮版	1934-11-07	1	04단	釜山職業校道營移管を再び禀請す
255243	朝鮮朝日	南鮮版	1934-11-07	1	05단	叢石斜陽繪と文黑田重太郎
255244	朝鮮朝日	南鮮版	1934-11-07	1	05단	釜山對抗武道
255245	朝鮮朝日	南鮮版	1934-11-07	1	05단	憐れな學童へ學用品や衣類を慶南道三千の水禍兒童を溫い義捐金で救ふ
255246	朝鮮朝日	南鮮版	1934-11-07	1	05단	非常時利得稅朝鮮でも實施稅額は知れたもの本府稅務課長の談
255247	朝鮮朝日	南鮮版	1934-11-07	1	06단	書道展入選を發表
255248	朝鮮朝日	南鮮版	1934-11-07	1	06단	釜山の渡津橋開閉時間決る
255249	朝鮮朝日	南鮮版	1934-11-07	1	07단	忠南連勝す忠北對抗弓道

일련번호	판명		간행일	면	단수	기사명
255250	朝鮮朝日	南鮮版	1934-11-07	1	07단	半島大衆への力强い新生運動叫びを擧げた時中會
255251	朝鮮朝日	南鮮版	1934-11-07	1	08단	貨車入替へ中信號手殉職
255252	朝鮮朝日	南鮮版	1934-11-07	1	08단	滿州移民計劃愈よ着手中央當局の諒解成る
255253	朝鮮朝日	南鮮版	1934-11-07	1	09단	遭難支那船を繞る國際美談我が汽船をトップに英艦も救援に出動/同福號の材木か大黑山島沖に多數漂流
255254	朝鮮朝日	南鮮版	1934-11-07	1	09단	二人組强盜捕る
255255	朝鮮朝日	南鮮版	1934-11-07	1	10단	官吏宅に强盜
255256	朝鮮朝日	南鮮版	1934-11-07	1	10단	劃は行商し夜は竊盜團一味五名捕る
255257	朝鮮朝日	南鮮版	1934-11-07	1	10단	白熱の蹴球戰觀衆さわぐ
255258	朝鮮朝日	南鮮版	1934-11-07	1	10단	人(吉田鐵道局長/莊司昌氏(大邱府公營課長)/大山一夫氏(前京城府立圖書館長))
255259	朝鮮朝日	西北版	1934-11-08	1	01단	危機迫る古建築古都平壤の生命線を護れ本府へ修理の猛運動
255260	朝鮮朝日	西北版	1934-11-08	1	01단	冠婚葬祭の標準を確立冗費節約を勸める平南の民風改善策
255261	朝鮮朝日	西北版	1934-11-08	1	01단	咸南精神作興週間
255262	朝鮮朝日	西北版	1934-11-08	1	02단	無煙炭合同實地調査
255263	朝鮮朝日	西北版	1934-11-08	1	03단	咸南南大川改修竣工式慰靈祭も執行
255264	朝鮮朝日	西北版	1934-11-08	1	03단	當世マダム行狀記(7)/定評ある謠曲立派な女性のスポーツと禮讚の長講一席
255265	朝鮮朝日	西北版	1934-11-08	1	04단	人(德野少將(咸興步兵第三十七旅團長)/馬場政義氏(平南道警務局長))
255266	朝鮮朝日	西北版	1934-11-08	1	04단	機關銃獻納式
255267	朝鮮朝日	西北版	1934-11-08	1	04단	隧道十ヶ所橋梁二十一難工の滿浦鎭線明年度延長工事
255268	朝鮮朝日	西北版	1934-11-08	1	05단	有望な平南萩細工好評嘖々、注文殺到の盛況道も力瘤を入れる
255269	朝鮮朝日	西北版	1934-11-08	1	05단	衛生人夫の轉業に平壤府民が悲鳴勞働者拂底の飛沫/ゴム工の賃銀一躍三倍に
255270	朝鮮朝日	西北版	1934-11-08	1	06단	京城、淸津間直通電話明年度新設に決す
255271	朝鮮朝日	西北版	1934-11-08	1	06단	北鮮鐵東部線列車轉覆珍事土堤下に轉落せる機關車(上)と貨物列車(下)
255272	朝鮮朝日	西北版	1934-11-08	1	07단	化倉、陽德間平元線起工
255273	朝鮮朝日	西北版	1934-11-08	1	08단	開城商優勝
255274	朝鮮朝日	西北版	1934-11-08	1	08단	茂山鐵山用地買收
255275	朝鮮朝日	西北版	1934-11-08	1	08단	仲裁人を毆殺す亂暴な喧嘩三人男
255276	朝鮮朝日	西北版	1934-11-08	1	09단	主金拐帶
255277	朝鮮朝日	西北版	1934-11-08	1	09단	白鉢卷も凜々しく白鞘短刀で脅すこれは疑った强盜の扮裝
255278	朝鮮朝日	西北版	1934-11-08	1	10단	爆藥泥捕る

일련번호	판명		간행일	면	단수	기사명
255279	朝鮮朝日	西北版	1934-11-08	1	10단	もよほし(元山靑年團秋季總會/平壤高女音樂會)
255280	朝鮮朝日	西北版	1934-11-08	1	10단	柳京日記
255281	朝鮮朝日	西北版	1934-11-08	1	10단	蠅の驅除で傳染病減る
255282	朝鮮朝日	南鮮版	1934-11-08	1	01단	洛東江治水豫算九百十餘萬圓か明年度から三年計劃で着工本年は百萬圓追加計上
255283	朝鮮朝日	南鮮版	1934-11-08	1	01단	十ヶ年計劃で百萬人を送る半官半民の移民會社を創立し滿洲移民計劃確立
255284	朝鮮朝日	南鮮版	1934-11-08	1	01단	窮民救濟に道債を發行
255285	朝鮮朝日	南鮮版	1934-11-08	1	01단	女性街に聽く(J)/利いた風なお客はどうかと思はれる昔を億へば啖呵も出ますよお茶子さんの卷
255286	朝鮮朝日	南鮮版	1934-11-08	1	02단	莊司主計に譽れの敍勳大田大隊の歡び
255287	朝鮮朝日	南鮮版	1934-11-08	1	02단	稅金の拂戻し京城府の第三種所得稅を戶別稅輕減に當つ
255288	朝鮮朝日	南鮮版	1934-11-08	1	03단	辭令(東京)
255289	朝鮮朝日	南鮮版	1934-11-08	1	03단	社會事業協會義金を募集東北凶作に
255290	朝鮮朝日	南鮮版	1934-11-08	1	04단	大田邑議補選
255291	朝鮮朝日	南鮮版	1934-11-08	1	04단	釜山商議役員會
255292	朝鮮朝日	南鮮版	1934-11-08	1	04단	京城、淸津直通電話明年度新設
255293	朝鮮朝日	南鮮版	1934-11-08	1	04단	西大門局竣工
255294	朝鮮朝日	南鮮版	1934-11-08	1	05단	黑田畵伯作品展
255295	朝鮮朝日	南鮮版	1934-11-08	1	05단	八百名の老人を招くうんと新味を取り入れた京城の精神作興週間/國民精神作興日釜山の行事
255296	朝鮮朝日	南鮮版	1934-11-08	1	06단	本場のおけさが京城人に見參二十一日から五日間開く新潟物産展の趣向
255297	朝鮮朝日	南鮮版	1934-11-08	1	08단	大邱稅監局舍起工
255298	朝鮮朝日	南鮮版	1934-11-08	1	08단	賭博團の刃傷騷ぎ十名へ判決
255299	朝鮮朝日	南鮮版	1934-11-08	1	08단	ふんだんに蜜柑が食へる風災から拂底を豫想し鐵道の運賃大割引
255300	朝鮮朝日	南鮮版	1934-11-08	1	09단	放火魔病死す未決監房內で
255301	朝鮮朝日	南鮮版	1934-11-08	1	09단	京城府北部稀有の停電猛風雨襲ひ
255302	朝鮮朝日	南鮮版	1934-11-08	1	10단	宿料踏倒し假出獄の男
255303	朝鮮朝日	南鮮版	1934-11-08	1	10단	野積籾の竊盜大邱地方に橫行
255304	朝鮮朝日	南鮮版	1934-11-08	1	10단	もよほし(書道講習會/鷄林書道會/京城乘馬俱樂部馬場開き式/暖房具と燃料品展覽會)
255305	朝鮮朝日	南鮮版	1934-11-08	1	10단	鷄林かゞみ
255306	朝鮮朝日	西北版	1934-11-09	1	01단	府勢躍進に應じ平壤驛を大擴張滿浦、平元線全通までに完成鐵道局、立案を急ぐ
255307	朝鮮朝日	西北版	1934-11-09	1	01단	十ヶ年計劃で百萬人を送る半官半民の新會社を創立滿洲移民計劃なる

일련번호	판명		간행일	면	단수	기사명
255308	朝鮮朝日	西北版	1934-11-09	1	01단	進捗を見ぬ茂山鐵山問題着手する氣か、しない氣か痺を切らす地元民
255309	朝鮮朝日	西北版	1934-11-09	1	01단	魚附林獎勵
255310	朝鮮朝日	西北版	1934-11-09	1	02단	平南二水組改良工事
255311	朝鮮朝日	西北版	1934-11-09	1	02단	當世マダム行狀記(８)/申分ない良妻ぶり口には出さねど心ひそかに飛行の安全を祈る
255312	朝鮮朝日	西北版	1934-11-09	1	03단	安州上水道
255313	朝鮮朝日	西北版	1934-11-09	1	03단	西鮮合電の送電鴨緑江へ達す
255314	朝鮮朝日	西北版	1934-11-09	1	04단	人(能川清之助氏(新任仁川府內務課長)/坂田平南道衛生課長/馬場平南道警務課長)
255315	朝鮮朝日	西北版	1934-11-09	1	04단	辭令(東京)
255316	朝鮮朝日	西北版	1934-11-09	1	04단	ストーブ販賣戰
255317	朝鮮朝日	西北版	1934-11-09	1	04단	九組の新夫婦共同で結婚式服らかな民風改善
255318	朝鮮朝日	西北版	1934-11-09	1	05단	金組の商品擔保貸出し
255319	朝鮮朝日	西北版	1934-11-09	1	05단	煙草密輸の根絶に努む
255320	朝鮮朝日	西北版	1934-11-09	1	05단	警官に暴行の自轉車泥捕る滿洲へ高飛びの途を
255321	朝鮮朝日	西北版	1934-11-09	1	06단	朝鮮林檎の支那輸出振はず鎭南浦の業者の投賣りと滿洲林檎の進出で
255322	朝鮮朝日	西北版	1934-11-09	1	07단	異國の法延に爭ふ露國の男女
255323	朝鮮朝日	西北版	1934-11-09	1	07단	一つの橋で消える六つの渡し一擧六得の架橋案
255324	朝鮮朝日	西北版	1934-11-09	1	07단	第六回西鮮女子中等校音樂大會
255325	朝鮮朝日	西北版	1934-11-09	1	07단	毒牙に泣く娘と人妻八十名稀代の誘拐魔捕はる
255326	朝鮮朝日	西北版	1934-11-09	1	08단	所持金强奪
255327	朝鮮朝日	西北版	1934-11-09	1	09단	二船遭難す咸南新浦港沖合で暴風のため行方不明
255328	朝鮮朝日	西北版	1934-11-09	1	09단	東北へ、近畿へ見よ！義金の嵐盡くるなき救ひの手
255329	朝鮮朝日	西北版	1934-11-09	1	09단	刑務所出所後またも强盜
255330	朝鮮朝日	西北版	1934-11-09	1	10단	柳京日記
255331	朝鮮朝日	南鮮版	1934-11-09	1	01단	工業半島はゴール間近に諸企業會社の躍進驚異的な數字だ
255332	朝鮮朝日	南鮮版	1934-11-09	1	01단	師範二、三校を地方に增設初等敎員拂底の根本對策として
255333	朝鮮朝日	南鮮版	1934-11-09	1	01단	綜合大博物館倭城台總督官邸附近に百萬圓を投じ建設
255334	朝鮮朝日	南鮮版	1934-11-09	1	01단	練習艦隊鎭海へ
255335	朝鮮朝日	南鮮版	1934-11-09	1	01단	辭令(東京)
255336	朝鮮朝日	南鮮版	1934-11-09	1	01단	內鮮滿台の家畜防疫會議愈よ開かる
255337	朝鮮朝日	南鮮版	1934-11-09	1	02단	ハイキングへ快適のコース選んで釜山鐵道が會員を募る
255338	朝鮮朝日	南鮮版	1934-11-09	1	03단	忠北警友堤川支部發會
255339	朝鮮朝日	南鮮版	1934-11-09	1	03단	南朝鮮信託買收の交涉愈よ開始さる

일련번호	판명		간행일	면	단수	기사명
255340	朝鮮朝日	南鮮版	1934-11-09	1	03단	更生の旅に慶南の罹災勞働者賑やかに西北鮮へ
255341	朝鮮朝日	南鮮版	1934-11-09	1	04단	全南道事務檢閲
255342	朝鮮朝日	南鮮版	1934-11-09	1	04단	東北凶作義金本社へ寄託/東北凶作地缺食兒のために寒風の街頭に火と燃ゆる人間愛雄々し婦人團體の活動に映すは行人の義心/婦人會代表者
255343	朝鮮朝日	南鮮版	1934-11-09	1	06단	女子補習科と夜學を開設向學の心强き子女のため釜山高小校の新計劃
255344	朝鮮朝日	南鮮版	1934-11-09	1	07단	本社京城支局新社屋竣工す十日落成式十一日移轉
255345	朝鮮朝日	南鮮版	1934-11-09	1	07단	京城神社に學生の參拜精神作興週間
255346	朝鮮朝日	南鮮版	1934-11-09	1	07단	卒業生賣込に氣ばやな作戰祕術を盡す各學校
255347	朝鮮朝日	南鮮版	1934-11-09	1	08단	遭難の漁船漂流中發見殘留乘組員は無事
255348	朝鮮朝日	南鮮版	1934-11-09	1	09단	刑務所出所後またも强盗
255349	朝鮮朝日	南鮮版	1934-11-09	1	09단	羅南丸絶望か七尾沖で大時化を食ひ船員一名行方不明
255350	朝鮮朝日	南鮮版	1934-11-09	1	09단	機關車から火の粉を消す防止器の備付け
255351	朝鮮朝日	南鮮版	1934-11-09	1	09단	女學生姿を消す制服のまゝ
255352	朝鮮朝日	南鮮版	1934-11-09	1	10단	人(本社京城支局來訪(七日)/福見鐵道局工作課長/關野貞氏(東大名譽教授)/五島誠助氏(釜山商工會議所常議員)/川竝豊輝氏(慶北永川警察署長))
255353	朝鮮朝日	南鮮版	1934-11-09	1	10단	鷄林かゞみ
255354	朝鮮朝日	西北版	1934-11-10	1	01단	男廿、女十七から結婚の適齡期に服喪期間も三分の一に縮む「儀禮準則」公布さる
255355	朝鮮朝日	西北版	1934-11-10	1	01단	表彰に氣が弛んで低下する優良村更生精神鞭撻の新案として平南で階段式表彰
255356	朝鮮朝日	西北版	1934-11-10	1	01단	平北農耕資金貨付け開始
255357	朝鮮朝日	西北版	1934-11-10	1	01단	多獅島鐵道
255358	朝鮮朝日	西北版	1934-11-10	1	02단	樂浪發掘費繼續支出は有望濱田博士が太鼓判
255359	朝鮮朝日	西北版	1934-11-10	1	02단	當世マダム行狀記(9)/お子樣本位の家庭愛兒と生き且つ苦しむ喜び典型的なよき母
255360	朝鮮朝日	西北版	1934-11-10	1	04단	新面長任命
255361	朝鮮朝日	西北版	1934-11-10	1	04단	府勢臨時調査員
255362	朝鮮朝日	西北版	1934-11-10	1	04단	沙里院敬老會
255363	朝鮮朝日	西北版	1934-11-10	1	04단	備荒貯金好成績
255364	朝鮮朝日	西北版	1934-11-10	1	04단	平南の緬羊熱愈よ昂まる
255365	朝鮮朝日	西北版	1934-11-10	1	05단	松田專賣局長貴院議員に早くも後任の噂さ
255366	朝鮮朝日	西北版	1934-11-10	1	05단	沙金會社の水組費問題
255367	朝鮮朝日	西北版	1934-11-10	1	05단	寒村が一躍稅金完納の模範部落へ尊い一少年の努力近く道より表彰
255368	朝鮮朝日	西北版	1934-11-10	1	06단	平壤高射砲隊大隊に昇格明十年度から實施
255369	朝鮮朝日	西北版	1934-11-10	1	06단	軍用機不時着

일련번호	판명		간행일	면	단수	기사명
255370	朝鮮朝日	西北版	1934-11-10	1	07단	第六回西鮮女子中等校音樂大會
255371	朝鮮朝日	西北版	1934-11-10	1	07단	强盜捕はる
255372	朝鮮朝日	西北版	1934-11-10	1	08단	兇惡漢も竦む調法な電氣十手一巡査が苦心の發明
255373	朝鮮朝日	西北版	1934-11-10	1	09단	乃木將軍の銅像を建設平壤山手校
255374	朝鮮朝日	西北版	1934-11-10	1	09단	强竊盜を働く
255375	朝鮮朝日	西北版	1934-11-10	1	09단	飢餓線上の東北へ溫かい救ひの手
255376	朝鮮朝日	西北版	1934-11-10	1	10단	注射で幼女死亡醫生を取調ぶ
255377	朝鮮朝日	西北版	1934-11-10	1	10단	普校生盜む
255378	朝鮮朝日	西北版	1934-11-10	1	10단	柳京日記
255379	朝鮮朝日	南鮮版	1934-11-10	1	01단	シルヴァ時代街の話題(突止められた高陞號の所在/國境では密輸が殖える)
255380	朝鮮朝日	南鮮版	1934-11-10	1	01단	男廿、女十七から結婚の適齡期に服喪期間も三分の一に縮む「儀禮準則」公布さる
255381	朝鮮朝日	南鮮版	1934-11-10	1	01단	松田專賣局長貴院議員に早くも後任の噂さ
255382	朝鮮朝日	南鮮版	1934-11-10	1	01단	辭令(東京)
255383	朝鮮朝日	南鮮版	1934-11-10	1	01단	古城菁堂氏に追賜の御沙汰
255384	朝鮮朝日	南鮮版	1934-11-10	1	02단	辯當は握飯で忠南道廳員の精神作興運動
255385	朝鮮朝日	南鮮版	1934-11-10	1	02단	女性街に聽く(K)/ダンスでなければいや古典歌踊こそ名花達の描く桃色雙曲線妓生の卷
255386	朝鮮朝日	南鮮版	1934-11-10	1	03단	表面は穩やか大邱の商議選
255387	朝鮮朝日	南鮮版	1934-11-10	1	04단	前日に劣らぬ美談佳話の渦京城各婦人團體の募金運動異常な好積を收む
255388	朝鮮朝日	南鮮版	1934-11-10	1	05단	兇惡漢も竦む調法な電氣十手一巡査が苦心の發明
255389	朝鮮朝日	南鮮版	1934-11-10	1	05단	初等校生の渡り初め新嘗祭當日行はれる釜山三つの竣工式
255390	朝鮮朝日	南鮮版	1934-11-10	1	05단	度量衡檢査
255391	朝鮮朝日	南鮮版	1934-11-10	1	06단	列車通學生の危い乘降り學校へ注意
255392	朝鮮朝日	南鮮版	1934-11-10	1	06단	もよほし(日滿實業協會滿洲支部主催の滿洲實業家赴目商工視察團)
255393	朝鮮朝日	南鮮版	1934-11-10	1	07단	珍診斷巖石墜落病話にならぬ醫者の分布狀態慶北道對策に腐心
255394	朝鮮朝日	南鮮版	1934-11-10	1	07단	風水害も絶對に安心慶南の災害各校を堅牢な設計で新築
255395	朝鮮朝日	南鮮版	1934-11-10	1	08단	乘客七名重傷す自動車峠から墜落し
255396	朝鮮朝日	南鮮版	1934-11-10	1	08단	赤に判決
255397	朝鮮朝日	南鮮版	1934-11-10	1	08단	稅務署員に絡む瀆職發覺か大邱署活動を開始し釀造業者ら多數召喚
255398	朝鮮朝日	南鮮版	1934-11-10	1	09단	女生徒の義金
255399	朝鮮朝日	南鮮版	1934-11-10	1	09단	名無電局へ救援の手配羅南丸遭難に

일련번호	판명		긴행일	면	단수	기사명
255400	朝鮮朝日	南鮮版	1934-11-10	1	09단	詐欺給仕の黑幕捕まる
255401	朝鮮朝日	南鮮版	1934-11-10	1	10단	牛爆死
255402	朝鮮朝日	南鮮版	1934-11-10	1	10단	七千圓事件犯人送らる
255403	朝鮮朝日	南鮮版	1934-11-10	1	10단	畫家風の死體
255404	朝鮮朝日	南鮮版	1934-11-10	1	10단	本社京城支局來訪
255405	朝鮮朝日	南鮮版	1934-11-10	1	10단	人(愛國婦人會朝鮮本部長今井田政務總監夫人/吉田鐵道局長/アメリカヴァガボンド世界一周觀光團一行十八名/松下芳三郎氏(滿洲國間島省總務官長))
255406	朝鮮朝日	南鮮版	1934-11-10	1	10단	鷄林かがみ
255407	朝鮮朝日	西北版	1934-11-11	1	01단	救助船を督勵し沿岸一帶を搜査帆船七十四隻、乘員五百餘名依然、消息を絶つ
255408	朝鮮朝日	西北版	1934-11-11	1	01단	多獅島鐵道は來春二月から着工同時に築港も實現?
255409	朝鮮朝日	西北版	1934-11-11	1	01단	精神作興記念日
255410	朝鮮朝日	西北版	1934-11-11	1	01단	女子中等校音樂大會前記(A)/哀愁の曲・輕快の調高らかに歌はむ平高女、會心の樂陣
255411	朝鮮朝日	西北版	1934-11-11	1	02단	道路令の準備調査平南で進む
255412	朝鮮朝日	西北版	1934-11-11	1	03단	里名を廢し全部を町へ町名も一齊に改稱平壤で明年度から
255413	朝鮮朝日	西北版	1934-11-11	1	04단	鴨綠江凍る
255414	朝鮮朝日	西北版	1934-11-11	1	04단	*忠南長項に製鍊所設置産金製鍊會社/鎭南浦で誘致運動*
255415	朝鮮朝日	西北版	1934-11-11	1	05단	賭博行爲を警む
255416	朝鮮朝日	西北版	1934-11-11	1	05단	貨車不足に悩む
255417	朝鮮朝日	西北版	1934-11-11	1	05단	平壤驛改築明年度實施を强硬に力說鐵道事務所長會議に平鐵が提案要望
255418	朝鮮朝日	西北版	1934-11-11	1	05단	我劣らじと納稅を競ふ窮救事業に潤ふ一部落の眼かな農村異風景
255419	朝鮮朝日	西北版	1934-11-11	1	06단	五年計劃で織機を普及咸南の機業熱助長
255420	朝鮮朝日	西北版	1934-11-11	1	07단	實彈投下演習
255421	朝鮮朝日	西北版	1934-11-11	1	07단	鐵壁の國境陣空陸の護り
255422	朝鮮朝日	西北版	1934-11-11	1	07단	白善行女史頌德の銅像來る十九日除幕式
255423	朝鮮朝日	西北版	1934-11-11	1	07단	牛一頭から法延で論戰
255424	朝鮮朝日	西北版	1934-11-11	1	08단	道立醫院病室新築本府で承認
255425	朝鮮朝日	西北版	1934-11-11	1	08단	*每年千圓を社會事業へ妓生連の美しい企て/東北へ義金匿名の五十圓*
255426	朝鮮朝日	西北版	1934-11-11	1	08단	三中井デパートの寄附
255427	朝鮮朝日	西北版	1934-11-11	1	08단	二年振りに舊惡暴露す
255428	朝鮮朝日	西北版	1934-11-11	1	09단	儚く消えた一萬圓の夢福券當籤の喜びから哀れ・豚箱へ轉落
255429	朝鮮朝日	西北版	1934-11-11	1	09단	拐帶店員捕はる

일련번호	판명		간행일	면	단수	기사명
255430	朝鮮朝日	西北版	1934-11-11	1	10단	部落の大半燒く溫突の火から
255431	朝鮮朝日	西北版	1934-11-11	1	10단	人(廣島きみ子刀自(用崎咸興署長母堂))
255432	朝鮮朝日	西北版	1934-11-11	1	10단	柳京日記
255433	朝鮮朝日	南鮮版	1934-11-11	1	01단	國民精神作興詔書渙發記念式曉窮を衝き朝鮮神宮に參拜した一萬餘人
255434	朝鮮朝日	南鮮版	1934-11-11	1	01단	第一次製鍊所忠南長項に設置引續き新義州か江原道內に産金製鍊會社
255435	朝鮮朝日	南鮮版	1934-11-11	1	01단	少年刑務所裡里に新設明年度早々に着工
255436	朝鮮朝日	南鮮版	1934-11-11	1	01단	忠北の初雪
255437	朝鮮朝日	南鮮版	1934-11-11	1	01단	南鮮信託買收交渉すゝむ
255438	朝鮮朝日	南鮮版	1934-11-11	1	02단	高齡者が八百人京城府內に
255439	朝鮮朝日	南鮮版	1934-11-11	1	02단	女性街に廳く(L)/叱られたはいつしか涙ぐむ手きびしい加入者の抗議交換孃の卷
255440	朝鮮朝日	南鮮版	1934-11-11	1	03단	東北缺食兒へ義捐金の潮
255441	朝鮮朝日	南鮮版	1934-11-11	1	04단	本社京城支局盛大な落成式
255442	朝鮮朝日	南鮮版	1934-11-11	1	04단	南鮮卓球大會
255443	朝鮮朝日	南鮮版	1934-11-11	1	04단	京城は贈答の都商品券發行稅は語る
255444	朝鮮朝日	南鮮版	1934-11-11	1	05단	第十一回京城女子中等音樂大會
255445	朝鮮朝日	南鮮版	1934-11-11	1	06단	靑年團令旨奉戴記念日釜山の行事
255446	朝鮮朝日	南鮮版	1934-11-11	1	06단	大分縣の伯母の許へ女學生の行方
255447	朝鮮朝日	南鮮版	1934-11-11	1	06단	大田に變死體
255448	朝鮮朝日	南鮮版	1934-11-11	1	07단	强盜事件解決に慶南道躍起
255449	朝鮮朝日	南鮮版	1934-11-11	1	07단	東海中部線は明年から廣軌に北部線も豫定り開通したい吉田局長の視察團
255450	朝鮮朝日	南鮮版	1934-11-11	1	07단	バスの奇禍
255451	朝鮮朝日	南鮮版	1934-11-11	1	08단	二十餘名の支那人賭博
255452	朝鮮朝日	南鮮版	1934-11-11	1	08단	鯖を唯一の食糧にか細い命を繫ぐ荒れ狂ふ日本海上に一周間新淸丸の漂流奇譚
255453	朝鮮朝日	南鮮版	1934-11-11	1	08단	籠の鳥を空へ大學出の樓主が四名の借金を棒引
255454	朝鮮朝日	南鮮版	1934-11-11	1	09단	飛降り奇禍
255455	朝鮮朝日	南鮮版	1934-11-11	1	10단	漁船遭難か乘組員氣遣る
255456	朝鮮朝日	南鮮版	1934-11-11	1	10단	鷄林かゞみ
255457	朝鮮朝日	南鮮版	1934-11-11	1	10단	部落の大半燒く溫突の火から
255458	朝鮮朝日	南鮮版	1934-11-11	1	10단	人(芋用千秋軍醫大佐/本社京城支局來訪)
255459	朝鮮朝日	西北版	1934-11-13	1	01단	愈よ具體化す林檎の加工品道の補助を得て明年より製造林檎酒は既に着手
255460	朝鮮朝日	西北版	1934-11-13	1	01단	製鍊所誘致に乘出す平壤商工會議所を中心にまづ諸般の基礎調査
255461	朝鮮朝日	西北版	1934-11-13	1	01단	女子中等校音樂大會前記(B)/新しき師を迎へて涙ぐま

일련번호	판명		간행일	면	단수	기사명
						しい精進期待は大きい平壤女高普
255462	朝鮮朝日	西北版	1934-11-13	1	02단	專賣局長後任安井氏有力
255463	朝鮮朝日	西北版	1934-11-13	1	03단	戸口調査
255464	朝鮮朝日	西北版	1934-11-13	1	03단	面營の共同染色場頗る好成績
255465	朝鮮朝日	西北版	1934-11-13	1	03단	沙里院北里郵便所落成
255466	朝鮮朝日	西北版	1934-11-13	1	03단	三年後には各郡に普及平南の産業組合擴充/小産業組合平南の計劃
255467	朝鮮朝日	西北版	1934-11-13	1	04단	情けが取持つ勞資の融和平南にも地主頌德碑小作人の借金を綺麗に棒引く
255468	朝鮮朝日	西北版	1934-11-13	1	05단	警備線上に躍る傳書鳩黃海道でも新たに使用
255469	朝鮮朝日	西北版	1934-11-13	1	06단	朝鮮信託の合同工作終はる南朝鮮の買收成立
255470	朝鮮朝日	西北版	1934-11-13	1	07단	實行案を立て買收の交渉平壤公會堂敷地は愈よ憲兵隊馬場へ
255471	朝鮮朝日	西北版	1934-11-13	1	07단	漂流の漁船相つぎ救はる殘りなほ七十餘隻極力、捜査を續行
255472	朝鮮朝日	西北版	1934-11-13	1	07단	小使の拐帶
255473	朝鮮朝日	西北版	1934-11-13	1	07단	軍需景氣に刑務所ホクホク關東軍より注文殺到
255474	朝鮮朝日	西北版	1934-11-13	1	08단	二十餘名の煉炭竊盜團一齊に檢擧
255475	朝鮮朝日	西北版	1934-11-13	1	08단	トラックで重傷
255476	朝鮮朝日	西北版	1934-11-13	1	08단	移動班の捕物
255477	朝鮮朝日	西北版	1934-11-13	1	08단	人騒がせな路上の慘死體醉拂って牛車の下敷
255478	朝鮮朝日	西北版	1934-11-13	1	09단	平南の強盗京城で捕る
255479	朝鮮朝日	西北版	1934-11-13	1	09단	拾った金で半島を漫遊
255480	朝鮮朝日	西北版	1934-11-13	1	10단	とんだ投賣
255481	朝鮮朝日	西北版	1934-11-13	1	10단	十戸を燒く慶南の火事
255482	朝鮮朝日	西北版	1934-11-13	1	10단	もよほし(平壤飛行友會)
255483	朝鮮朝日	西北版	1934-11-13	1	10단	人(竹内新任咸北知事)
255484	朝鮮朝日	西北版	1934-11-13	1	10단	柳京日記
255485	朝鮮朝日	南鮮版	1934-11-13	1	01단	これは凄い！鑛山成金のお話四題
255486	朝鮮朝日	南鮮版	1934-11-13	1	01단	朝鮮信託の合同工作終る「南朝鮮」との交渉成立し三十萬圓で買收/讓渡條件を承認南朝鮮側の重役會
255487	朝鮮朝日	南鮮版	1934-11-13	1	01단	赤十字デーの催し
255488	朝鮮朝日	南鮮版	1934-11-13	1	01단	愛婦會群山分會の總會
255489	朝鮮朝日	南鮮版	1934-11-13	1	01단	防空思想宣傳映畫講演會
255490	朝鮮朝日	南鮮版	1934-11-13	1	02단	專賣局長後任安井氏有力
255491	朝鮮朝日	南鮮版	1934-11-13	1	02단	京城藥專生一部授業を拒む校長の詔書誤續を詰り臨時試驗廢止を要求/眞相を調査學務當局語る
255492	朝鮮朝日	南鮮版	1934-11-13	1	02단	女性街に廳く(M)/顔も顔だけどやはり愛嬌第一堪らない女客のあの眼女店員の卷

일련번호	판명		간행일	면	단수	기사명
255493	朝鮮朝日	南鮮版	1934-11-13	1	04단	罹災民へ同情し三萬圓の貸金を棒引四百名の借用證書を灰に龜浦、孫致浩氏の義擧
255494	朝鮮朝日	南鮮版	1934-11-13	1	04단	大邱稅監局管下を戒む不祥事件から
255495	朝鮮朝日	南鮮版	1934-11-13	1	05단	腕の優れた海の勇者行方不明となった里見羅南丸船長
255496	朝鮮朝日	南鮮版	1934-11-13	1	06단	本社京城支局新築落成式(十日)
255497	朝鮮朝日	南鮮版	1934-11-13	1	07단	京城年末賣出し
255498	朝鮮朝日	南鮮版	1934-11-13	1	07단	遭難漁夫十名無事救はる
255499	朝鮮朝日	南鮮版	1934-11-13	1	08단	溫突の火から十戶十八棟燒く三日目に判明した慶南道僻地の火事
255500	朝鮮朝日	南鮮版	1934-11-13	1	08단	賣上げ計算中怪漢押入る奪はれた籾代六百圓/勇敢な親子強盜と格鬪一名を斃す/忠北にも強盜
255501	朝鮮朝日	南鮮版	1934-11-13	1	08단	とんだ投賣
255502	朝鮮朝日	南鮮版	1934-11-13	1	09단	臨時人夫賃銀値上げ解決
255503	朝鮮朝日	南鮮版	1934-11-13	1	09단	トラックで重傷
255504	朝鮮朝日	南鮮版	1934-11-13	1	09단	大金を拾って半島漫遊に成金風を吹かす少年
255505	朝鮮朝日	南鮮版	1934-11-13	1	10단	店員の寶石泥逃走中捕る
255506	朝鮮朝日	南鮮版	1934-11-13	1	10단	もよほし(宇垣總督招宴)
255507	朝鮮朝日	南鮮版	1934-11-13	1	10단	人(竹內健郎氏(新任咸北知事)/富永文一氏(新任京畿道知事)/佐伯縣氏(新任京畿道警察部長)/永田鐵道局建設課長/佐藤同營業課長)
255508	朝鮮朝日	南鮮版	1934-11-13	1	10단	鷄林かゞみ
255509	朝鮮朝日	西北版	1934-11-14	1	01단	鮮服を纏うて育英十二年老の一身を拋ち半島子弟を導く村塾に東洋精神を說く內地人の六十五翁
255510	朝鮮朝日	西北版	1934-11-14	1	01단	府電對合電買電契約更新ちかく交涉開始買收問題には觸れぬ？
255511	朝鮮朝日	西北版	1934-11-14	1	01단	山手校增築
255512	朝鮮朝日	西北版	1934-11-14	1	02단	平壤の火事は京城の二倍有難くない全鮮一
255513	朝鮮朝日	西北版	1934-11-14	1	03단	日高大佐榮轉寺洞から第七戰隊へ
255514	朝鮮朝日	西北版	1934-11-14	1	03단	貨車拂底に新造を急ぐ
255515	朝鮮朝日	西北版	1934-11-14	1	04단	もよほし(平壤昭和學士會總會)
255516	朝鮮朝日	西北版	1934-11-14	1	04단	幼稚園擴張
255517	朝鮮朝日	西北版	1934-11-14	1	04단	女子中等校音樂大會前記(C)/選ばれた名曲五つ晴れの日を目前に猛練習を積む正義女高普
255518	朝鮮朝日	西北版	1934-11-14	1	05단	稅關再檢査商取引打擊
255519	朝鮮朝日	西北版	1934-11-14	1	05단	遭難漁船續々歸る殘るは二十九隻！犧牲者は小範圍に止まるか
255520	朝鮮朝日	西北版	1934-11-14	1	05단	踏切番轢殺の容疑者遂に起訴平南道廳の運轉手
255521	朝鮮朝日	西北版	1934-11-14	1	05단	圖們の防火設備
255522	朝鮮朝日	西北版	1934-11-14	1	06단	道路の明粧平壤の鋪裝

일련번호	판명		간행일	면	단수	기사명
255523	朝鮮朝日	西北版	1934-11-14	1	06단	農場技手や監督を袋叩き刈取時間制限から小作人數十名激昂
255524	朝鮮朝日	西北版	1934-11-14	1	07단	美人を手先きに盛んに金塊密輸一味、平壤で檢擧
255525	朝鮮朝日	西北版	1934-11-14	1	07단	築く義金塔東北の冷土へ
255526	朝鮮朝日	西北版	1934-11-14	1	07단	短刀かざして屋上で大見得盜んだ紙幣は立廻りで散亂追跡からず強盜雲がくれ
255527	朝鮮朝日	西北版	1934-11-14	1	08단	口論の揚句棍棒で殺す
255528	朝鮮朝日	西北版	1934-11-14	1	08단	留置場を脫走す竊盜容疑者
255529	朝鮮朝日	西北版	1934-11-14	1	09단	圖們郊外の發展
255530	朝鮮朝日	西北版	1934-11-14	1	09단	列車に積んだ酒樽の怪中味を頻々拔取らる
255531	朝鮮朝日	西北版	1934-11-14	1	10단	柳京日記
255532	朝鮮朝日	南鮮版	1934-11-14	1	01단	荒れる東海岸今月に入って數度の暴風またも二漁船遭難/殘る一隻のボートに最後の望み新潟沿岸に主力をそゝぐ羅南丸の捜査/船舶の遭難を大いに防止安全令愈よ近く實施/東山丸遭難/海員組合も非常に憂慮
255533	朝鮮朝日	南鮮版	1934-11-14	1	01단	蔚山飛行場に國旗揭揚塔
255534	朝鮮朝日	南鮮版	1934-11-14	1	01단	大邱飛行場候補地選定
255535	朝鮮朝日	南鮮版	1934-11-14	1	02단	殉職警官の表忠碑建設警察協會慶南支部後援會で
255536	朝鮮朝日	南鮮版	1934-11-14	1	02단	女性街に廳く(N)/旦那さんこそ隨一の助産婦職場の最古參にこの言産婆さんの卷
255537	朝鮮朝日	南鮮版	1934-11-14	1	03단	冠岳山を公園に期成會を組織
255538	朝鮮朝日	南鮮版	1934-11-14	1	03단	旭日を拜し高らかな萬歲釜山中の精神作興運動
255539	朝鮮朝日	南鮮版	1934-11-14	1	04단	人(松本伊織氏(新任慶南道內務部長)/志田芳松氏(慶南警察部保安課勤務警部補))
255540	朝鮮朝日	南鮮版	1934-11-14	1	04단	情に打ち立つ街の先生の教室釜山府から無償貸與を受け奇特の夜學校を開く
255541	朝鮮朝日	南鮮版	1934-11-14	1	05단	大田庭球大會
255542	朝鮮朝日	南鮮版	1934-11-14	1	05단	金密輸團檢擧
255543	朝鮮朝日	南鮮版	1934-11-14	1	06단	農業移民の豫算は十二萬圓南鮮罹災者八百戶愈よ西北鮮へ送る
255544	朝鮮朝日	南鮮版	1934-11-14	1	06단	タングステン鑛詐欺に意外な共犯
255545	朝鮮朝日	南鮮版	1934-11-14	1	06단	桃色遊戲に邪魔だーと嬰兒を殺害
255546	朝鮮朝日	南鮮版	1934-11-14	1	06단	收入印紙一萬圓を割引して賣捌く大膽極る犯行暴露す
255547	朝鮮朝日	南鮮版	1934-11-14	1	07단	子供の弄火三戶を半燒/釜山繁華街の火事さわぎ
255548	朝鮮朝日	南鮮版	1934-11-14	1	07단	農場技手や監督を袋叩き刈取時間制限から小作人數十名激昂
255549	朝鮮朝日	南鮮版	1934-11-14	1	07단	幼兒燒死す
255550	朝鮮朝日	南鮮版	1934-11-14	1	07단	失業靑年が謎の自殺遊廓で服毒
255551	朝鮮朝日	南鮮版	1934-11-14	1	08단	連日の大饗宴大邱の瀆職事件で多數の妓生を召喚

일련번호	판명		간행일	면	단수	기사명
255552	朝鮮朝日	南鮮版	1934-11-14	1	09단	列車に積んだ酒樽の怪中味を頻々拔取らる
255553	朝鮮朝日	南鮮版	1934-11-14	1	09단	牛、自動車に落命
255554	朝鮮朝日	南鮮版	1934-11-14	1	09단	留置場を脱走す竊盜容疑者
255555	朝鮮朝日	南鮮版	1934-11-14	1	10단	口論の揚句棍棒で殺す
255556	朝鮮朝日	南鮮版	1934-11-14	1	10단	人(窪田梧樓(辯護士))
255557	朝鮮朝日	南鮮版	1934-11-14	1	10단	鷄林かゞみ
255558	朝鮮朝日	西北版	1934-11-15	1	01단	乃木神社に捧ぐ佳話そのかみの馬丁餘生を守役にかっての恩顧に酬いる中樞院守衛大川老/大恩の一端に大川老語る
255559	朝鮮朝日	西北版	1934-11-15	1	01단	貯金管理所の明年設置は困難電話改善も研究中だが來壤の井上遞信局長談
255560	朝鮮朝日	西北版	1934-11-15	1	01단	度量衡器を嚴重取締る
255561	朝鮮朝日	西北版	1934-11-15	1	01단	女子中等校音樂大會前記(D)/傳統の殼を破って輝かしい第一步崇義女學校、期待の初舞台
255562	朝鮮朝日	西北版	1934-11-15	1	02단	金組保證組制好成績を示す
255563	朝鮮朝日	西北版	1934-11-15	1	03단	千客萬來の道立江界醫院
255564	朝鮮朝日	西北版	1934-11-15	1	03단	本紙を教材に學習の指導開城商業
255565	朝鮮朝日	西北版	1934-11-15	1	04단	刑務所使用の道具を陳列不用となる女囚監房に
255566	朝鮮朝日	西北版	1934-11-15	1	04단	平壤府對合電電氣料改訂會見二時間であっさり解決現行料金より多少引下げ內容發表は來月
255567	朝鮮朝日	西北版	1934-11-15	1	05단	鑛石分析所
255568	朝鮮朝日	西北版	1934-11-15	1	06단	東北地方凶作義金
255569	朝鮮朝日	西北版	1934-11-15	1	06단	櫻井拓務次官
255570	朝鮮朝日	西北版	1934-11-15	1	06단	軍用犬訓練競技會入賞
255571	朝鮮朝日	西北版	1934-11-15	1	07단	國防獻金
255572	朝鮮朝日	西北版	1934-11-15	1	07단	續々歸る遭難船殘りは一隻！喜色に滿つ新昌港
255573	朝鮮朝日	西北版	1934-11-15	1	07단	挌鬪强盜遂に捕る餘罪も自狀
255574	朝鮮朝日	西北版	1934-11-15	1	07단	日本海を越えて蜜柑の滿洲行今年は出足が早い
255575	朝鮮朝日	西北版	1934-11-15	1	08단	一番どほり死刑を求む平南の實父殺し
255576	朝鮮朝日	西北版	1934-11-15	1	08단	後期入營兵
255577	朝鮮朝日	西北版	1934-11-15	1	08단	檢擧つゞく平壤の密輸狩
255578	朝鮮朝日	西北版	1934-11-15	1	08단	林檎檢查員十名に增加明年度より
255579	朝鮮朝日	西北版	1934-11-15	1	08단	四戶燒く江西の火事
255580	朝鮮朝日	西北版	1934-11-15	1	09단	靑訓査閱
255581	朝鮮朝日	西北版	1934-11-15	1	09단	三道溝住民鮮內へ避難馬賊の恐怖
255582	朝鮮朝日	西北版	1934-11-15	1	09단	ピストル强盜公判は十九日
255583	朝鮮朝日	西北版	1934-11-15	1	09단	街の勇士
255584	朝鮮朝日	西北版	1934-11-15	1	10단	五年目に捕る組合金橫領の副組合長
255585	朝鮮朝日	西北版	1934-11-15	1	10단	特急車異變スピードアップ後の初事故

일련번호	판명		긴행일	면	단수	기사명
255586	朝鮮朝日	西北版	1934-11-15	1	10단	人(中野金次郎氏(國際通運社長)/築島信司氏(國際運輸專務)/篠田治策氏(李王職長官))
255587	朝鮮朝日	西北版	1934-11-15	1	10단	柳京日記
255588	朝鮮朝日	南鮮版	1934-11-15	1	01단	乃木神社に捧ぐ佳話そのかみの馬丁餘生を守役にかっての恩顧に酬いる中樞院守衛大川老人/大恩の一端に大川老語る
255589	朝鮮朝日	南鮮版	1934-11-15	1	01단	鮮米を俎上に縱横の論評本社京城支局主催の下に諸權威の座談會
255590	朝鮮朝日	南鮮版	1934-11-15	1	01단	總督府豫算難關の大藏省へ例年通り大斧鉞か
255591	朝鮮朝日	南鮮版	1934-11-15	1	01단	櫻井拓務次官
255592	朝鮮朝日	南鮮版	1934-11-15	1	01단	競願の二者に經營させる釜山渡船問題
255593	朝鮮朝日	南鮮版	1934-11-15	1	02단	祝福するあすの釜山全鮮詩人が集り異彩ある詩會生徒は大橋行進歌を高唱竣工式の日の盛觀
255594	朝鮮朝日	南鮮版	1934-11-15	1	03단	冬の表情(1)
255595	朝鮮朝日	南鮮版	1934-11-15	1	04단	釜山府會
255596	朝鮮朝日	南鮮版	1934-11-15	1	04단	精神作興週間
255597	朝鮮朝日	南鮮版	1934-11-15	1	04단	財源に頭痛大邱の幹線道路鋪裝
255598	朝鮮朝日	南鮮版	1934-11-15	1	05단	軍用犬訓練競技會入賞
255599	朝鮮朝日	南鮮版	1934-11-15	1	06단	京城女子中等校音樂大會/至純の香氣こめて競ひ奏づ麗服の曲六百の明星、ひたぶるな精進未曾有の盛況を豫想
255600	朝鮮朝日	南鮮版	1934-11-15	1	07단	三道溝住民鮮內へ避難馬賊の恐怖
255601	朝鮮朝日	南鮮版	1934-11-15	1	07단	後家さん連の呑ん氣な旅米國のバガボンド觀光團ぶらりと京城へ
255602	朝鮮朝日	南鮮版	1934-11-15	1	08단	地方財政の實情に懸念稅制一年延期につき牛島內務局長語る
255603	朝鮮朝日	南鮮版	1934-11-15	1	08단	水晶公園に溫泉が湧く釜山府で調査のうへ各種の施設を計劃
255604	朝鮮朝日	南鮮版	1934-11-15	1	09단	京城藥專の盟休解決す
255605	朝鮮朝日	南鮮版	1934-11-15	1	10단	轢死體の身許
255606	朝鮮朝日	南鮮版	1934-11-15	1	10단	街の勇士
255607	朝鮮朝日	南鮮版	1934-11-15	1	10단	特急車異變スピードアップ後の初事故
255608	朝鮮朝日	南鮮版	1934-11-15	1	10단	德壽宮の菊廿五日まで公開
255609	朝鮮朝日	南鮮版	1934-11-15	1	10단	本社京城支局來訪
255610	朝鮮朝日	南鮮版	1934-11-15	1	10단	人(中野金次郎氏(國際通運社長)/築島信司氏(國際運輸專務)/篠田治策氏(李王職長官))
255611	朝鮮朝日	南鮮版	1934-11-15	1	10단	鷄林かゞみ
255612	朝鮮朝日	西北版	1934-11-16	1	01단	極寒零下四十度の國境に燃料飢饉石炭も木材も法外の値上り手を拱いて寒空に慄ふ

일련번호	판명		간행일	면	단수	기사명
255613	朝鮮朝日	西北版	1934-11-16	1	01단	平南、北提携し製鍊所を誘致西鮮に二ケ所設置を運動兩知事意見を交換
255614	朝鮮朝日	西北版	1934-11-16	1	01단	女子中等校音樂大會前記(E)/錦上花を添ふる平壤コーラス團歌ふは「別れ」と「渡守」の二曲
255615	朝鮮朝日	西北版	1934-11-16	1	02단	畑作全滅地に木村拂下げ木炭の製造を獎勵咸南凶作應急對策
255616	朝鮮朝日	西北版	1934-11-16	1	03단	平北簡易漁港調査
255617	朝鮮朝日	西北版	1934-11-16	1	04단	七五三點て
255618	朝鮮朝日	西北版	1934-11-16	1	04단	滿浦鎭線延長工事着々進捗す
255619	朝鮮朝日	西北版	1934-11-16	1	04단	我國最初の野戰航空廠平壤に明年度實現か豫算復活を要求中
255620	朝鮮朝日	西北版	1934-11-16	1	05단	沙里院敬老會
255621	朝鮮朝日	西北版	1934-11-16	1	05단	事故防止を映畫で徹底寺洞鑛業部
255622	朝鮮朝日	西北版	1934-11-16	1	05단	東北地方凶作義金
255623	朝鮮朝日	西北版	1934-11-16	1	06단	鎭南浦に肥料倉庫
255624	朝鮮朝日	西北版	1934-11-16	1	06단	今回の海難に鑑み豫防施設を完備取あへず各港に暴風警報台咸南産業課の計劃
255625	朝鮮朝日	西北版	1934-11-16	1	06단	元山泉町校成式
255626	朝鮮朝日	西北版	1934-11-16	1	07단	浪曲知事に思はぬ贈物うらぶれの一藝人が十四年前の約束を果たす(浪花節美談)
255627	朝鮮朝日	西北版	1934-11-16	1	07단	闇の氷上に光の速射手も足も出ぬ密輸群
255628	朝鮮朝日	西北版	1934-11-16	1	07단	鳥飼校長の胸像除幕式二十三日擧行
255629	朝鮮朝日	西北版	1934-11-16	1	08단	歲末賣出し來月一日から
255630	朝鮮朝日	西北版	1934-11-16	1	08단	工夫五名死傷鐵道敷設工事場の珍事
255631	朝鮮朝日	西北版	1934-11-16	1	08단	不倫の男女死の淸算相抱いて大同江へ
255632	朝鮮朝日	西北版	1934-11-16	1	08단	轢逃げトラック
255633	朝鮮朝日	西北版	1934-11-16	1	09단	買收土地の評價て爭ふ水組と地主
255634	朝鮮朝日	西北版	1934-11-16	1	09단	土地の取上げから入亂れて大亂鬪地主、執達吏ら負傷
255635	朝鮮朝日	西北版	1934-11-16	1	09단	赤の判決
255636	朝鮮朝日	西北版	1934-11-16	1	10단	獨唱と舞踊川畑文子ら一行
255637	朝鮮朝日	西北版	1934-11-16	1	10단	柳京日記
255638	朝鮮朝日	南鮮版	1934-11-16	1	01단	醫師、齒醫、藥劑師開業試驗を廢止六年を猶豫十六年から實施獨學者には大痛棒
255639	朝鮮朝日	南鮮版	1934-11-16	1	01단	すはといへば一糸亂れぬ行動京城府の防護計劃なり來月中旬に發團式
255640	朝鮮朝日	南鮮版	1934-11-16	1	01단	新醫學博士(鄭壹千氏/尹氏の論文通過)
255641	朝鮮朝日	南鮮版	1934-11-16	1	02단	竣工式に祝賀催し釜山各町で
255642	朝鮮朝日	南鮮版	1934-11-16	1	02단	朝鮮の空は實に美しいひまつぶしにやって來たバガボンド觀光團長語る

일련번호	판명		간행일	면	단수	기사명
255643	朝鮮朝日	南鮮版	1934-11-16	1	03단	窮救事業とし愈よ着工す牧の島藝摩堀整理と造船地帶の設置
255644	朝鮮朝日	南鮮版	1934-11-16	1	04단	もよほし(國民稻作興講演會/京城師範學校學藝會)
255645	朝鮮朝日	南鮮版	1934-11-16	1	04단	盡きぬ人類愛本社京城支局へ義金の洪水
255646	朝鮮朝日	南鮮版	1934-11-16	1	04단	木浦榮町局電信電話開始
255647	朝鮮朝日	南鮮版	1934-11-16	1	05단	慶南內務部長松本氏着任
255648	朝鮮朝日	南鮮版	1934-11-16	1	05단	世界に誇る朝鮮古蹟圖譜見事に完成第十五輯李朝陶器篇成り廿餘年の苦心結晶
255649	朝鮮朝日	南鮮版	1934-11-16	1	06단	自分の家に歸るやうだ新任京畿道警察部長佐伯氏着任
255650	朝鮮朝日	南鮮版	1934-11-16	1	06단	大邱商議當選者決まる
255651	朝鮮朝日	南鮮版	1934-11-16	1	07단	運轉一寸待った釜山幹線道路電車初開通の日のゴ難
255652	朝鮮朝日	南鮮版	1934-11-16	1	07단	京城第一高女音樂演奏會
255653	朝鮮朝日	南鮮版	1934-11-16	1	08단	長承浦港の防波堤着工
255654	朝鮮朝日	南鮮版	1934-11-16	1	08단	二名の鐵道自殺
255655	朝鮮朝日	南鮮版	1934-11-16	1	08단	證據なく無罪の判決釜山の放火容疑事件
255656	朝鮮朝日	南鮮版	1934-11-16	1	08단	赤衛隊事件判決言渡し
255657	朝鮮朝日	南鮮版	1934-11-16	1	09단	廿師團遠乘會
255658	朝鮮朝日	南鮮版	1934-11-16	1	09단	大邱の火事五戶全半燒
255659	朝鮮朝日	南鮮版	1934-11-16	1	09단	英龍丸捜査に驅逐艦出動
255660	朝鮮朝日	南鮮版	1934-11-16	1	09단	百貨店控所に怪しのハンドバッグ
255661	朝鮮朝日	南鮮版	1934-11-16	1	10단	食堂の便所で自殺を遂ぐ
255662	朝鮮朝日	南鮮版	1934-11-16	1	10단	白書夢覺めた六名の支那人
255663	朝鮮朝日	南鮮版	1934-11-16	1	10단	人(本社京城支局來訪/山澤總督府商工課長/難波光造中將(朝鮮憲兵司令官)/油井總督府農林局技師/笠井重治氏(東京市會議員))
255664	朝鮮朝日	南鮮版	1934-11-16	1	10단	鷄林かゞみ
255665	朝鮮朝日	西北版	1934-11-17	1	01단	滿浦沿線を狙ふ平壤商品朝運の手で專用貨車實現か近く對策の懇談會
255666	朝鮮朝日	西北版	1934-11-17	1	01단	平北でも玉蜀黍共販農民の福利增進に平南と步調合せて
255667	朝鮮朝日	西北版	1934-11-17	1	01단	農村SOS草根に露命を繋ぐ咸南高原郡の三面
255668	朝鮮朝日	西北版	1934-11-17	1	01단	新事業は期待薄平南明年豫算
255669	朝鮮朝日	西北版	1934-11-17	1	02단	當世マダム行狀記(9)/文藝談から結婚制度の批判醫者の不養生活など
255670	朝鮮朝日	西北版	1934-11-17	1	03단	北鮮の鰯漁近年にない大漁だが大風一過で魚群は四散今ちゃ日本海も大欠伸/油肥組合の貸付金拂低更に二十萬圓の起債認可を申請
255671	朝鮮朝日	西北版	1934-11-17	1	04단	醫師、齒醫、藥劑師開業試驗を廢す六ケ年の猶豫期間をおく獨學者には大痛棒

일련번호	판명		간행일	면	단수	기사명
255672	朝鮮朝日	西北版	1934-11-17	1	04단	東拓支店で百萬圓貸出米穀貯藏に
255673	朝鮮朝日	西北版	1934-11-17	1	05단	籾檢查座談會
255674	朝鮮朝日	西北版	1934-11-17	1	05단	新昌の遭難漁船遂に全部救はる奇蹟！犧牲者も皆無
255675	朝鮮朝日	西北版	1934-11-17	1	06단	東北義金
255676	朝鮮朝日	西北版	1934-11-17	1	06단	罹災者移住
255677	朝鮮朝日	西北版	1934-11-17	1	07단	急援の軌道車空車に激突驛長ら四名重輕傷//バス轉落し五名傷つく
255678	朝鮮朝日	西北版	1934-11-17	1	07단	更生園見に童話
255679	朝鮮朝日	西北版	1934-11-17	1	07단	知人の印鑑を偽造偽借用證で詐る百數十名が知らぬ間に借金一杯食った金貸連
255680	朝鮮朝日	西北版	1934-11-17	1	08단	村山技師昆蟲調査
255681	朝鮮朝日	西北版	1934-11-17	1	08단	國防獻金を區長が費消
255682	朝鮮朝日	西北版	1934-11-17	1	08단	色服着用の部落を表彰
255683	朝鮮朝日	西北版	1934-11-17	1	09단	對岸匪賊の威嚇に續々鮮內へ避難平北より越境討伐
255684	朝鮮朝日	西北版	1934-11-17	1	09단	米屋の強盜餘罪を吐く
255685	朝鮮朝日	西北版	1934-11-17	1	09단	人(阿部平壤府尹/杉浦中佐(第十九師團高級副官))
255686	朝鮮朝日	西北版	1934-11-17	1	10단	巷に咲く美談二つ學童と店主
255687	朝鮮朝日	西北版	1934-11-17	1	10단	柳京日記
255688	朝鮮朝日	南鮮版	1934-11-17	1	01단	十字路の鮮米を語る(１)
255689	朝鮮朝日	南鮮版	1934-11-17	1	01단	お祭騒ぎに終らぬ産業審議會を設置專門的の指導方針樹立に愈よ具體案を研究
255690	朝鮮朝日	南鮮版	1934-11-17	1	01단	放送局敷地貸付を可決西村議員憤然辭表を提出釜山府會の緊張
255691	朝鮮朝日	南鮮版	1934-11-17	1	01단	功勞者七氏を表彰京城敎育會總會
255692	朝鮮朝日	南鮮版	1934-11-17	1	02단	釜山渡船問題圓滿解決に二府議乘出す
255693	朝鮮朝日	南鮮版	1934-11-17	1	02단	樂壇明麗調(A)/旋律に躍る氣魄京城女子中等學校音樂大會の橫顔
255694	朝鮮朝日	南鮮版	1934-11-17	1	03단	軍用犬の資格審查七匹が合格
255695	朝鮮朝日	南鮮版	1934-11-17	1	04단	滿洲移民は現地も希望腹部事務官談
255696	朝鮮朝日	南鮮版	1934-11-17	1	04단	新しき間島鮮農の樂土に治安もいよいよ回復
255697	朝鮮朝日	南鮮版	1934-11-17	1	04단	內鮮融和に輝く金字塔小作人八十名が醵金して地主の頌德碑を建つ
255698	朝鮮朝日	南鮮版	1934-11-17	1	06단	本社京城支周來訪
255699	朝鮮朝日	南鮮版	1934-11-17	1	07단	僞札で釣錢詐欺
255700	朝鮮朝日	南鮮版	1934-11-17	1	07단	婦人團體懇親會
255701	朝鮮朝日	南鮮版	1934-11-17	1	07단	錚々の辯論陣裁斷は如何に京城土木談合事件控訴公判一年ぶりに開かる
255702	朝鮮朝日	南鮮版	1934-11-17	1	08단	國防獻納式群山の盛況
255703	朝鮮朝日	南鮮版	1934-11-17	1	08단	孤立の駐在所も鳩に救はれる素晴しい慶南の試驗

일련번호	판명		간행일	면	단수	기사명
255704	朝鮮朝日	南鮮版	1934-11-17	1	09단	もよほし(東都洋謹綜合展覽會/鐵道局第十回旅客事務打合會)
255705	朝鮮朝日	南鮮版	1934-11-17	1	10단	寺强盗の一味か大邱で捕った怪靑年
255706	朝鮮朝日	南鮮版	1934-11-17	1	10단	人(鵜池六藏氏(總督府御用捐海軍中佐)
255707	朝鮮朝日	南鮮版	1934-11-17	1	10단	鷄林かゞみ
255708	朝鮮朝日	西北版	1934-11-18	1	01단	鮮米座談會(１)
255709	朝鮮朝日	西北版	1934-11-18	1	01단	春秋二季に聯合結婚式希望者を取纏めて平南江西郡高昌洞の試み
255710	朝鮮朝日	西北版	1934-11-18	1	01단	二大工場元山に實現鏡紡も水質檢査中
255711	朝鮮朝日	西北版	1934-11-18	1	02단	平南の籾貯藏
255712	朝鮮朝日	西北版	1934-11-18	1	02단	當世マダム行狀記(１１)/ひっきりなしの訪客と電話應待に一日ご多忙子供はなくも痳しうない
255713	朝鮮朝日	西北版	1934-11-18	1	03단	二十五ヶ里を町名に改む平壤の町里制改正
255714	朝鮮朝日	西北版	1934-11-18	1	03단	滿洲の關稅改正平壤には大いに有利/新義州では期待に反す
255715	朝鮮朝日	西北版	1934-11-18	1	04단	共同作業場四ヶ所設置補助を申請
255716	朝鮮朝日	西北版	1934-11-18	1	05단	借地人對地主の抗爭更に激化立退き强制の家屋取壞しに借地人組合聯合會が抗議
255717	朝鮮朝日	西北版	1934-11-18	1	06단	淸津郵便局竣工ちかし
255718	朝鮮朝日	西北版	1934-11-18	1	06단	鏡紡工場の着工は明春
255719	朝鮮朝日	西北版	1934-11-18	1	07단	鹽密輸船覆り男女七名溺死發見されて逃げ出す途端！這ひ上った四名は逮捕さる
255720	朝鮮朝日	西北版	1934-11-18	1	07단	初の籾檢査
255721	朝鮮朝日	西北版	1934-11-18	1	07단	軍生團に寄附
255722	朝鮮朝日	西北版	1934-11-18	1	08단	平壤驛改築を陳情
255723	朝鮮朝日	西北版	1934-11-18	1	08단	東北地方凶作義金
255724	朝鮮朝日	西北版	1934-11-18	1	08단	空巢の横行
255725	朝鮮朝日	西北版	1934-11-18	1	08단	チフス襲ふ新義州嚴戒
255726	朝鮮朝日	西北版	1934-11-18	1	08단	大がゝりの阿片密輸團平壤署で檢擧
255727	朝鮮朝日	西北版	1934-11-18	1	09단	覆面して隣りへ强盗落した食刀から暴露
255728	朝鮮朝日	西北版	1934-11-18	1	09단	消費組合へ賊侵入七百圓竊取
255729	朝鮮朝日	西北版	1934-11-18	1	09단	依然解けぬ白魚組合の縺れ道當局、乘り出すか
255730	朝鮮朝日	西北版	1934-11-18	1	10단	人(宮本荒太郎氏)
255731	朝鮮朝日	西北版	1934-11-18	1	10단	柳京日記
255732	朝鮮朝日	南鮮版	1934-11-18	1	01단	十字路の鮮米を語る(２)/統制案の導火線は道府縣農會長會議の一言
255733	朝鮮朝日	南鮮版	1934-11-18	1	01단	鮮米まで運ぶ海のタクシー發動機船の凄い進出港・釜山の新話題
255734	朝鮮朝日	南鮮版	1934-11-18	1	02단	樂壇明麗調(B)/學校音樂の新開拓畫休みも惜しむ猛練

일련번호	판명		간행일	면	단수	기사명
						習ぶり京城女子中等音樂大會の横顔
255735	朝鮮朝日	南鮮版	1934-11-18	1	03단	敵の虚を衝く興深い戰闘大演習陪觀を終へ歸路の植田軍司令官語る
255736	朝鮮朝日	南鮮版	1934-11-18	1	05단	風水害殉職教員へ義金
255737	朝鮮朝日	南鮮版	1934-11-18	1	05단	誘拐の魔手から美貌の人妻危く救るホテルの變裝にピンと來た街の探偵の殊勳
255738	朝鮮朝日	南鮮版	1934-11-18	1	06단	定員超過か大田邑議補選
255739	朝鮮朝日	南鮮版	1934-11-18	1	07단	中野和高畫伯個展
255740	朝鮮朝日	南鮮版	1934-11-18	1	07단	怪靑は果してお寺強盜の首魁共犯者の所在も判る
255741	朝鮮朝日	南鮮版	1934-11-18	1	07단	幼女の轢死
255742	朝鮮朝日	南鮮版	1934-11-18	1	08단	兩者の競營に渡船問題解決
255743	朝鮮朝日	南鮮版	1934-11-18	1	08단	支那人廿餘名の麻雀賭博
255744	朝鮮朝日	南鮮版	1934-11-18	1	08단	驛手の奇禍
255745	朝鮮朝日	南鮮版	1934-11-18	1	09단	大邱商議役員の選擧
255746	朝鮮朝日	南鮮版	1934-11-18	1	09단	聯絡船遲發
255747	朝鮮朝日	南鮮版	1934-11-18	1	09단	もう詰襟は拂ひ下げだ生ビールを樂しみに來たよ富永京畿道知事の談
255748	朝鮮朝日	南鮮版	1934-11-18	1	10단	もよほし(電通京城支局齊、吉岡新舊支局長の更迭披露宴)
255749	朝鮮朝日	南鮮版	1934-11-18	1	10단	人(越智孝平大佐(新任鎭海要港部參謀長)/松本伊織氏(新任慶南道内務部長)/難波朝鮮憲兵隊司令官/田淵東拓理事/穗積殖産局長)
255750	朝鮮朝日	南鮮版	1934-11-18	1	10단	鷄林かゞみ
255751	朝鮮朝日	西北版	1934-11-20	1	01단	旋律が描く感激の極み名殘りの秋を歌ふ乙女ら堂をうづむる聽衆二千餘西鮮女子中等學校聯合音樂大會
255752	朝鮮朝日	西北版	1934-11-20	1	01단	鐵道ホテル面目一新近く大食堂を擴張日本間新舘も改築
255753	朝鮮朝日	西北版	1934-11-20	1	02단	御木曳行掌
255754	朝鮮朝日	西北版	1934-11-20	1	02단	當世マダム行狀記(12)/働くことの喜び思想しつゝ生活しつつ夫君のよき内助者
255755	朝鮮朝日	西北版	1934-11-20	1	03단	平南明年度窮救土木費相當減額か
255756	朝鮮朝日	西北版	1934-11-20	1	03단	碧潼、楚山に點燈
255757	朝鮮朝日	西北版	1934-11-20	1	04단	嬉しい黑字平南の産組
255758	朝鮮朝日	西北版	1934-11-20	1	04단	鑛滓運搬輕便鐵道愈よ敷設に決す地元で終端驛を奪ひ合ふ
255759	朝鮮朝日	西北版	1934-11-20	1	05단	鮮米座談會(2)
255760	朝鮮朝日	西北版	1934-11-20	1	05단	繰り展ぐ人情繪卷東北地方凶作義金
255761	朝鮮朝日	西北版	1934-11-20	1	05단	白衣には墨汁婚葬は階級制違反者からは違約金を撤收平南龍岡郡の規約

일련번호	판명		간행일	면	단수	기사명
255762	朝鮮朝日	西北版	1934-11-20	1	06단	平壤醫院本館竣工
255763	朝鮮朝日	西北版	1934-11-20	1	06단	南鮮罹災者江西農場へ
255764	朝鮮朝日	西北版	1934-11-20	1	07단	優良保線區丁場表彰
255765	朝鮮朝日	西北版	1934-11-20	1	07단	新農博
255766	朝鮮朝日	西北版	1934-11-20	1	07단	鎭南浦無盡增資工作に着手
255767	朝鮮朝日	西北版	1934-11-20	1	08단	證券會社の加入者を騙る無效證券の復活を好餌に五十名から三千圓
255768	朝鮮朝日	西北版	1934-11-20	1	08단	鐵路の錆に
255769	朝鮮朝日	西北版	1934-11-20	1	08단	百貨店荒し
255770	朝鮮朝日	西北版	1934-11-20	1	09단	トラックに轢き殺さる
255771	朝鮮朝日	西北版	1934-11-20	1	09단	女だてらに惡の數々いづれも竊盜三十餘件强か者の三女賊
255772	朝鮮朝日	西北版	1934-11-20	1	10단	もよほし(平壤福岡縣人會)
255773	朝鮮朝日	西北版	1934-11-20	1	10단	柳京日記
255774	朝鮮朝日	南鮮版	1934-11-20	1	01단	十字路の鮮米を語る(3)/內地米と餘り生産費は變らぬ誇張されすぎた通念
255775	朝鮮朝日	南鮮版	1934-11-20	1	01단	あすの飛躍へ港・釜山は新裝だ往き日に歡喜の諸竣工式さあ高らかな祝福を/使用人夫總員は實に四十四萬人工事の全貌を見る/官民多數招き盛大な式典初等校生な渡り初め各町擧げて祝賀催し
255776	朝鮮朝日	南鮮版	1934-11-20	1	02단	樂壇明麗調(C)/女子中等音樂大會の橫顔高鳴らす讚春譜織り出す絢爛の諧調
255777	朝鮮朝日	南鮮版	1934-11-20	1	04단	釜山の新威容
255778	朝鮮朝日	南鮮版	1934-11-20	1	07단	日韓合併廿五周年大記念塔當時活躍の名士參列し明治神宮で除幕式
255779	朝鮮朝日	南鮮版	1934-11-20	1	07단	還曆祝を節しポンと一萬圓林氏隣保事業に寄附
255780	朝鮮朝日	南鮮版	1934-11-20	1	07단	櫻井拓務次官
255781	朝鮮朝日	南鮮版	1934-11-20	1	07단	東北凶作義金
255782	朝鮮朝日	南鮮版	1934-11-20	1	07단	お見舞有難う僕らは元氣です本社を通じ慘土の五兒童から半島の友への便り
255783	朝鮮朝日	南鮮版	1934-11-20	1	08단	今後も精進狀學を終へ歸途の松本孃語る
255784	朝鮮朝日	南鮮版	1934-11-20	1	08단	スピード審理京城土木談合事件續行公判開かる
255785	朝鮮朝日	南鮮版	1934-11-20	1	10단	沿岸に主力を羅南丸の搜査/英龍丸絶望か
255786	朝鮮朝日	南鮮版	1934-11-20	1	10단	演藝だより
255787	朝鮮朝日	南鮮版	1934-11-20	1	10단	もよほし(遞信局監督課長會議/大邱高女學藝品展覽會とバザー)
255788	朝鮮朝日	南鮮版	1934-11-20	1	10단	人(吉田秀次郎氏(朝鮮商議副會願仁川商議頭))
255789	朝鮮朝日	西北版	1934-11-21	1	01단	滿洲の各都市は見本市に食傷の態功を奏した訪問商談柳本平南産業課長の土産話/奉天の有力者運河視察に來

일련번호	판명		간행일	면	단수	기사명
						壞兩地の經濟提携を兼ねて明春三、四月ごろ
255790	朝鮮朝日	西北版	1934-11-21	1	01단	軍教查閲
255791	朝鮮朝日	西北版	1934-11-21	1	01단	當世マダム行狀記(１３)/主人公の代辯で暴露した夫人の赤毛布ぶり磊落な軍隊式家庭
255792	朝鮮朝日	西北版	1934-11-21	1	02단	平南初等教育現勢
255793	朝鮮朝日	西北版	1934-11-21	1	03단	全鮮儒林大會文廟移轉を機とし平壤で開催の準備
255794	朝鮮朝日	西北版	1934-11-21	1	03단	樂浪今秋の發掘品展觀廿四、五日博物館で
255795	朝鮮朝日	西北版	1934-11-21	1	03단	起債十萬圓で小學校擴築平壤府計劃
255796	朝鮮朝日	西北版	1934-11-21	1	04단	近畿罹災學童へ
255797	朝鮮朝日	西北版	1934-11-21	1	04단	鎭南浦港船舶保險の冬季割増は廢止上京委員の交渉に保險協會快諾す
255798	朝鮮朝日	西北版	1934-11-21	1	05단	義勇消防の優遇を策す
255799	朝鮮朝日	西北版	1934-11-21	1	05단	借地借家法制定を叫ぶ全鮮的に猛運動展開平壤の借地人大會
255800	朝鮮朝日	西北版	1934-11-21	1	05단	スケート部新設
255801	朝鮮朝日	西北版	1934-11-21	1	06단	鮮米座談會(３)
255802	朝鮮朝日	西北版	1934-11-21	1	06단	文川驛構內の給水場全燒す
255803	朝鮮朝日	西北版	1934-11-21	1	06단	通帳改竄の郵便局荒し平壤署に捕る
255804	朝鮮朝日	西北版	1934-11-21	1	07단	一審の死刑覆り無罪の判決下る平南の實父殺し事件
255805	朝鮮朝日	西北版	1934-11-21	1	07단	北青拳銃强盜の公判
255806	朝鮮朝日	西北版	1934-11-21	1	08단	自動車轢く
255807	朝鮮朝日	西北版	1934-11-21	1	08단	咸南二漁船行方を絶つ前月末に出漁のま＞
255808	朝鮮朝日	西北版	1934-11-21	1	08단	橫領店員京城で捕る
255809	朝鮮朝日	西北版	1934-11-21	1	09단	平壤遞信分掌局ポスターや局員の腕馴らし早くも年賀狀の用意好景氣に一割増を見越し
255810	朝鮮朝日	西北版	1934-11-21	1	10단	柳京日記
255811	朝鮮朝日	西北版	1934-11-21	1	10단	危い飛降り
255812	朝鮮朝日	南鮮版	1934-11-21	1	01단	十字路の鮮米を語る(４)/姑息な統制案より國家百年の大計を專賣案なども一策か
255813	朝鮮朝日	南鮮版	1934-11-21	1	01단	差別反對を强調櫻井拓務次官を迎へ米研の米穀懇談會/政策是正に善處する櫻井拓務次官答ふ/木浦米の批判懇談會
255814	朝鮮朝日	南鮮版	1934-11-21	1	02단	辭令(東京)
255815	朝鮮朝日	南鮮版	1934-11-21	1	02단	樂壇明麗調(D)/天分を總動員誇りの合唱團聲の至寶も登場す女子中等音樂大會の橫顔
255816	朝鮮朝日	南鮮版	1934-11-21	1	03단	總督府との方針は同じ滿洲移民計劃につき櫻井拓務次官語る
255817	朝鮮朝日	南鮮版	1934-11-21	1	04단	活潑な仁川港勞働力の調節を本府定例局長會義で宇垣總督の力設

일련번호	판명		간행일	면	단수	기사명
255818	朝鮮朝日	南鮮版	1934-11-21	1	05단	麻藥豫防協會理事會
255819	朝鮮朝日	南鮮版	1934-11-21	1	05단	十萬圓の低資融通洛東江海苔業者へ
255820	朝鮮朝日	南鮮版	1934-11-21	1	06단	總括的訊問に土木談合事件公判第二日
255821	朝鮮朝日	南鮮版	1934-11-21	1	06단	滿州國空輸會社が北鮮航空路を開拓遞信局の計劃おじやんとなり圖們より淸津へ延長
255822	朝鮮朝日	南鮮版	1934-11-21	1	07단	只野凡兒釜山で上映
255823	朝鮮朝日	南鮮版	1934-11-21	1	07단	大田邑議補選當選者決る
255824	朝鮮朝日	南鮮版	1934-11-21	1	07단	二氏の訪日飛行中止か
255825	朝鮮朝日	南鮮版	1934-11-21	1	08단	部落民から生き佛と慕はる社會事業に一萬圓寄附した林昊相氏の事ども
255826	朝鮮朝日	南鮮版	1934-11-21	1	08단	瀆職事件送局
255827	朝鮮朝日	南鮮版	1934-11-21	1	08단	京城年末賣出しうんと花々しく起死回生の好機だと馬力をかける商店街
255828	朝鮮朝日	南鮮版	1934-11-21	1	09단	危い飛降り
255829	朝鮮朝日	南鮮版	1934-11-21	1	10단	反日會長ら廿餘名檢擧葦子溝分署で
255830	朝鮮朝日	南鮮版	1934-11-21	1	10단	人(滿洲國奉天高等法院長妻學課氏一行九名/萩原八十盛氏(間島省警務廳警務課長))
255831	朝鮮朝日	南鮮版	1934-11-21	1	10단	鷄林かゞみ
255832	朝鮮朝日	西北版	1934-11-22	1	01단	先驅者を敬慕し不滅の義魂を繼ぐ在京有志首唱のもとに床し古筠會を結成金玉均氏逝いて四十年
255833	朝鮮朝日	西北版	1934-11-22	1	01단	平川里一帶煙突林立の工場地帶化せん近く産業試驗場の移轉で廣大な土地が浮く
255834	朝鮮朝日	西北版	1934-11-22	1	01단	送電對合電買電契約雙方ともに强腰爭點は一キロ一釐の差
255835	朝鮮朝日	西北版	1934-11-22	1	02단	陸上競技專用運動場船橋里に設く
255836	朝鮮朝日	西北版	1934-11-22	1	03단	消防演習
255837	朝鮮朝日	西北版	1934-11-22	1	03단	當世マダム行狀記(１４)/水も滴る丸髷姿妾しが彈けば主人が唄ふ評判のご圓滿ぶり
255838	朝鮮朝日	西北版	1934-11-22	1	04단	もよほし(黃海道群山郡而長會/開城公立商業學校同窓會)
255839	朝鮮朝日	西北版	1934-11-22	1	04단	愈よ冬も本調子降雪・結氷相つぐ
255840	朝鮮朝日	西北版	1934-11-22	1	04단	水組用地に收用法適用
255841	朝鮮朝日	西北版	1934-11-22	1	05단	平南學務課明年新事業要求案提出
255842	朝鮮朝日	西北版	1934-11-22	1	05단	左側通行成績
255843	朝鮮朝日	西北版	1934-11-22	1	05단	鐵道技師留置さる收賄事件發覺
255844	朝鮮朝日	西北版	1934-11-22	1	06단	鮮米座談會(3)
255845	朝鮮朝日	西北版	1934-11-22	1	06단	日毎に昂る愛の金字塔慘土を潤す學童の情東北地方凶作義金
255846	朝鮮朝日	西北版	1934-11-22	1	06단	滿州國空輸會社が北鮮航空路を開拓遞信局の計劃おじ

일련번호	판명		간행일	면	단수	기사명
						やんとなり圖們より淸津へ延長
255847	朝鮮朝日	西北版	1934-11-22	1	07단	一審どほり死形を求む徐源俊の控訴公判
255848	朝鮮朝日	西北版	1934-11-22	1	08단	運洋丸と衝突帆船沈む乘員は救はる
255849	朝鮮朝日	西北版	1934-11-22	1	09단	トラック谷底へ同乘の二名は瀕死投げ出されて運轉手は無事/平壤の倉庫火事
255850	朝鮮朝日	西北版	1934-11-22	1	09단	咸南の火事鑵結工場燒く
255851	朝鮮朝日	西北版	1934-11-22	1	09단	人(堀內源吉氏(茂山營林署長))
255852	朝鮮朝日	西北版	1934-11-22	1	10단	柳京日記
255853	朝鮮朝日	南鮮版	1934-11-22	1	01단	先驅者を敬慕し不滅の義魂を繼ぐ在京有志首唱のもとに床し古筠會を結成金玉均氏逝いて四十年
255854	朝鮮朝日	南鮮版	1934-11-22	1	01단	十字路の鮮米を語る(3)/問題の解決は過剩米の對策に吟味すべき自治統制案
255855	朝鮮朝日	南鮮版	1934-11-22	1	02단	水害罹災者へ復興資金を低資を借入れて融通
255856	朝鮮朝日	南鮮版	1934-11-22	1	02단	走るぞスキー列車雪の三防へ
255857	朝鮮朝日	南鮮版	1934-11-22	1	04단	洛東江架橋起工式
255858	朝鮮朝日	南鮮版	1934-11-22	1	04단	官界の大異動廿六日發令
255859	朝鮮朝日	南鮮版	1934-11-22	1	04단	退職職員の慰勞金可決釜山府會
255860	朝鮮朝日	南鮮版	1934-11-22	1	05단	樂壇明麗調(E)/全學園の精華を指頭に選ばれた金光娃さん京城女子中等音樂大會の橫顔
255861	朝鮮朝日	南鮮版	1934-11-22	1	05단	菓子と間違へ爆藥を嚙む老爺あはれ絶命す
255862	朝鮮朝日	南鮮版	1934-11-22	1	06단	東北凶作地へ情けの義金
255863	朝鮮朝日	南鮮版	1934-11-22	1	06단	この父にこの子兵士美談
255864	朝鮮朝日	南鮮版	1934-11-22	1	06단	産業道の面目躍如全南道を事務檢閱した渡邊學務局長談
255865	朝鮮朝日	南鮮版	1934-11-22	1	07단	大邱商議の初總會
255866	朝鮮朝日	南鮮版	1934-11-22	1	07단	永登浦驛の新築を計劃
255867	朝鮮朝日	南鮮版	1934-11-22	1	08단	龜浦勿禁間線路の補强ちかく着工
255868	朝鮮朝日	南鮮版	1934-11-22	1	08단	密航船死體捜査むなし
255869	朝鮮朝日	南鮮版	1934-11-22	1	08단	鐵道技師留置さる收賄事件發覺
255870	朝鮮朝日	南鮮版	1934-11-22	1	08단	歸らぬ漁船大時化に遭難の四隻乘組員多數氣遣はる
255871	朝鮮朝日	南鮮版	1934-11-22	1	09단	進明女高普音樂會
255872	朝鮮朝日	南鮮版	1934-11-22	1	09단	織物工場燒く損害二萬餘圓に上る釜山府外の火事
255873	朝鮮朝日	南鮮版	1934-11-22	1	09단	慶北英陽普校盟休さわぎ
255874	朝鮮朝日	南鮮版	1934-11-22	1	09단	牛賣りを狙ひ代金を强奪
255875	朝鮮朝日	南鮮版	1934-11-22	1	10단	金庫を破り多額を盜む穀物商宅へ賊
255876	朝鮮朝日	南鮮版	1934-11-22	1	10단	睡眠劑を飮み心中を企つ
255877	朝鮮朝日	南鮮版	1934-11-22	1	10단	腐蝕亞鉛板問題解決す
255878	朝鮮朝日	南鮮版	1934-11-22	1	10단	死兒を捨つ
255879	朝鮮朝日	南鮮版	1934-11-22	1	10단	拳鬪大會

일련번호	판명		간행일	면	단수	기사명
255880	朝鮮朝日	南鮮版	1934-11-22	1	10단	本社京城支局來訪
255881	朝鮮朝日	南鮮版	1934-11-22	1	10단	人(伊藤京城商議理事/難波憲兵司令官/高橋是賢子(貴族院議員)/加藤鮮銀總裁)
255882	朝鮮朝日	西北版	1934-11-23	1	01단	靴下とゴム靴の販路開拓に邁進滿州側の商議所とも提携し更に關稅改正を運動
255883	朝鮮朝日	西北版	1934-11-23	1	01단	醫療施設充實三つの新計劃咸南衛生課で研究
255884	朝鮮朝日	西北版	1934-11-23	1	03단	都市の更生愈よ實行へ平壤商議所で協議會
255885	朝鮮朝日	西北版	1934-11-23	1	04단	人(湯川博士(水原農事試驗會長)/須藤中佐(羅南海兵隊長))
255886	朝鮮朝日	西北版	1934-11-23	1	04단	商品擔保貸出研究の座談會平壤會議所で催す
255887	朝鮮朝日	西北版	1934-11-23	1	04단	鮮米座談會(5)
255888	朝鮮朝日	西北版	1934-11-23	1	05단	三稅務署近く竣工式他の三署も年度内に
255889	朝鮮朝日	西北版	1934-11-23	1	05단	郡守異動
255890	朝鮮朝日	西北版	1934-11-23	1	05단	奇勝蝀龍窟の點燈設備土師知事合電に交涉採算不能で折合はず/多藝で多能成當高等課長
255891	朝鮮朝日	西北版	1934-11-23	1	05단	營轉の喜び故鄕に錦!趙保安課長
255892	朝鮮朝日	西北版	1934-11-23	1	06단	龍岡棉作支場長小野寺氏任命
255893	朝鮮朝日	西北版	1934-11-23	1	06단	平讓局新加入體話
255894	朝鮮朝日	西北版	1934-11-23	1	06단	普校に萬引團二十數名が學用品店を荒す道學務課で善後策
255895	朝鮮朝日	西北版	1934-11-23	1	06단	沙金採取後の廢地を活用果樹園が最も有望
255896	朝鮮朝日	西北版	1934-11-23	1	07단	新義州の服粧公園を遊覽場けて市街に近代味を
255897	朝鮮朝日	西北版	1934-11-23	1	07단	平北學童の保健調査傳染疾患の原因を探る
255898	朝鮮朝日	西北版	1934-11-23	1	07단	阿片密輸
255899	朝鮮朝日	西北版	1934-11-23	1	08단	起債によらず自力で建設平壤富營住宅
255900	朝鮮朝日	西北版	1934-11-23	1	08단	冷土に寄する情東北地方凶作義金
255901	朝鮮朝日	西北版	1934-11-23	1	08단	樂觀される咸北の凶作北鮮景氣に蘇へらん
255902	朝鮮朝日	西北版	1934-11-23	1	09단	變の炎に燃えた倉庫
255903	朝鮮朝日	西北版	1934-11-23	1	09단	鑛區荒し捕はる
255904	朝鮮朝日	西北版	1934-11-23	1	09단	自動車に轢かれ卽死
255905	朝鮮朝日	西北版	1934-11-23	1	09단	釜山若妻殺し公判へ回付
255906	朝鮮朝日	西北版	1934-11-23	1	10단	牛の脊火事場防の立草にも延燒
255907	朝鮮朝日	西北版	1934-11-23	1	10단	眞性天然痘三名發生す
255908	朝鮮朝日	西北版	1934-11-23	1	10단	柳京日記
255909	朝鮮朝日	南鮮版	1934-11-23	1	01단	絢爛の情操に高鳴る大交響曲本社主催京城女子中等音樂大會待望の日は來た/大會十年の功績を讚へて大場、金內田の三氏へ感謝狀/早くも大會氣分素晴しい練習會の出來榮え
255910	朝鮮朝日	南鮮版	1934-11-23	1	02단	十字路の鮮米を語る(6)/內外地一貫した政策の實現を

일련번호	판명		간행일	면	단수	기사명
						切望
255911	朝鮮朝日	南鮮版	1934-11-23	1	04단	警察官講習生
255912	朝鮮朝日	南鮮版	1934-11-23	1	04단	榮轉の喜び故郷に錦！趙保安課長/多藝で多能成當高等課長
255913	朝鮮朝日	南鮮版	1934-11-23	1	04단	洛東江改修十二年度に完成總額は千百三十萬圓
255914	朝鮮朝日	南鮮版	1934-11-23	1	05단	目先高で賣惜み當局は補助金で腐心
255915	朝鮮朝日	南鮮版	1934-11-23	1	05단	白痢掃滅に慶北で力瘤徹底的防疫
255916	朝鮮朝日	南鮮版	1934-11-23	1	05단	米穀統制案は樂觀を許さぬ急務は鮮米擁護の對策考究松井米倉庫社長歸來
255917	朝鮮朝日	南鮮版	1934-11-23	1	06단	河合卯之助氏作陶展覽會京城三越で
255918	朝鮮朝日	南鮮版	1934-11-23	1	06단	釜山中等校生校外締打合せ
255919	朝鮮朝日	南鮮版	1934-11-23	1	06단	安城郡に醫療器
255920	朝鮮朝日	南鮮版	1934-11-23	1	06단	綠化座談會釜山で開く
255921	朝鮮朝日	南鮮版	1934-11-23	1	07단	釜山高小校教練を査閲
255922	朝鮮朝日	南鮮版	1934-11-23	1	07단	米の飯を廢めて涙ぐましい義金東京の朝鮮人が東北の凶地へ警視廳內鮮課で感激
255923	朝鮮朝日	南鮮版	1934-11-23	1	08단	暢氣な産業橋立派に竣工したがなほ通れぬ鳳巖橋/大林昌原郡守談
255924	朝鮮朝日	南鮮版	1934-11-23	1	08단	強盗傷人
255925	朝鮮朝日	南鮮版	1934-11-23	1	09단	釜山若妻殺し公判へ回付
255926	朝鮮朝日	南鮮版	1934-11-23	1	09단	九、十列車に食堂車連結鐵道局で計劃
255927	朝鮮朝日	南鮮版	1934-11-23	1	10단	牛の脊火事堤防の立草にも延燒
255928	朝鮮朝日	南鮮版	1934-11-23	1	10단	自動車に轢かれ卽死
255929	朝鮮朝日	南鮮版	1934-11-23	1	10단	人(新任鎮海要港部參謀長越智海軍大佐/市村久雄中將/京城府森內務、町田土木兩課長/松本金鑛製鐵社長/池田泰治郎氏(前總督府水利課長)/森辨次郎氏朝鮮郵便社長/島會新偏縣商工主事)
255930	朝鮮朝日	南鮮版	1934-11-23	1	10단	鷄林かゞみ
255931	朝鮮朝日	西北版	1934-11-24	1	01단	半島豫算の査定前途を氣遣はる各省の復活要求に手間どり削りっ放しの恐れ
255932	朝鮮朝日	西北版	1934-11-24	1	01단	鮮滿に類なき大規模の油房朝空の餘剰水電を利用して敷地は咸興が有力
255933	朝鮮朝日	西北版	1934-11-24	1	01단	國境新撰組陣立て成る遊動網を緻密にし事あらば越境追撃
255934	朝鮮朝日	西北版	1934-11-24	1	01단	鎮南浦積込場擴張工事成る
255935	朝鮮朝日	西北版	1934-11-24	1	02단	平南の面廢合五ヶ面に及ぶ
255936	朝鮮朝日	西北版	1934-11-24	1	03단	船舶安全令法制局回付實施は明春
255937	朝鮮朝日	西北版	1934-11-24	1	03단	麻藥中毒豫防協會(海州の評議員會)
255938	朝鮮朝日	西北版	1934-11-24	1	03단	鮮米座談會(6)

일련번호	판명		간행일	면	단수	기사명
255939	朝鮮朝日	西北版	1934-11-24	1	04단	官選道議補缺決る
255940	朝鮮朝日	西北版	1934-11-24	1	04단	平壤上水道水源に鑿井本格的擴張は明後年後
255941	朝鮮朝日	西北版	1934-11-24	1	04단	平壤圖書館へ買ひとられた珍品春畝公署名入の英文日本憲法五冊
255942	朝鮮朝日	西北版	1934-11-24	1	04단	平壤驛前の美化廣場、道路の明粧着々捗る明春は噴水塔も
255943	朝鮮朝日	西北版	1934-11-24	1	06단	平壤土木出張所長待山氏草梁所長へ榮轉洛東江大改修の難局に起用さる
255944	朝鮮朝日	西北版	1934-11-24	1	06단	平壤の火災昨年よりウンと增加
255945	朝鮮朝日	西北版	1934-11-24	1	06단	不作地から救濟の陳情
255946	朝鮮朝日	西北版	1934-11-24	1	07단	密造酒取締り
255947	朝鮮朝日	西北版	1934-11-24	1	07단	東京、新京間を二晝夜で結ぶ內地列車の時刻大改正で名實備はる加速化
255948	朝鮮朝日	西北版	1934-11-24	1	07단	金玉均氏の死を報ずる本紙遭難當時の模樣を載する古筠會の趣意書
255949	朝鮮朝日	西北版	1934-11-24	1	08단	稅務署の査定に不服義州邑揉める
255950	朝鮮朝日	西北版	1934-11-24	1	08단	歲末氣分はまづ電報から電信課早くも多忙
255951	朝鮮朝日	西北版	1934-11-24	1	08단	鐵道電話線盜まる
255952	朝鮮朝日	西北版	1934-11-24	1	08단	嬰兒殺し捕る
255953	朝鮮朝日	西北版	1934-11-24	1	08단	百五十餘件の萬引を働く
255954	朝鮮朝日	西北版	1934-11-24	1	09단	女を狙ふ賊
255955	朝鮮朝日	西北版	1934-11-24	1	09단	面白からぬ罹災家族の移住待遇不滿で逃げ歸る
255956	朝鮮朝日	西北版	1934-11-24	1	10단	夫に慰藉料請求
255957	朝鮮朝日	西北版	1934-11-24	1	10단	人(下村平南道警察部長)
255958	朝鮮朝日	西北版	1934-11-24	1	10단	柳京日記
255959	朝鮮朝日	南鮮版	1934-11-24	1	01단	*電波に乘って本社京城支局主催女子中等校音樂大會實況を全鮮に放送/十一星霜の輝く樂史を讚ふ音樂大會に寄すの辭/京畿道學務課長原田大六氏/ヴァイオリニスト上野ひさ子女史/京城府學務課長藤江嵜一氏/いよいよ廿五日！！京城女子中等音樂大會午後一時長谷川町公會堂*
255960	朝鮮朝日	南鮮版	1934-11-24	1	01단	半島豫算の査定前途を氣遺はる各省の復活要求に手間どり削りっ放しの恐れ
255961	朝鮮朝日	南鮮版	1934-11-24	1	01단	東京、新京間を二晝夜で結ぶ內地列車の時刻大改正で名實備はる加速化
255962	朝鮮朝日	南鮮版	1934-11-24	1	01단	朝鮮神宮新嘗祭執行
255963	朝鮮朝日	南鮮版	1934-11-24	1	02단	十字路の鮮米を語る(7)/一視同仁の態度で政府の對處を望む
255964	朝鮮朝日	南鮮版	1934-11-24	1	04단	船舶安全令法制局回付實施は明春

일련번호	판명		간행일	면	단수	기사명
255965	朝鮮朝日	南鮮版	1934-11-24	1	05단	水道料金の還付と督促
255966	朝鮮朝日	南鮮版	1934-11-24	1	05단	竣工の喜び
255967	朝鮮朝日	南鮮版	1934-11-24	1	07단	慶北自作農創設行悩む地價昂騰に
255968	朝鮮朝日	南鮮版	1934-11-24	1	07단	港・釜山の全街歡喜の一色に大橋・船溜り及び幹線道路竣工式と渡り初め/波り初めの擧童に浴びせる萬歳！嚴肅裡に式典執行
255969	朝鮮朝日	南鮮版	1934-11-24	1	08단	武德會本部に道場の悩み新設の議はあるが經費捻出に一苦勞
255970	朝鮮朝日	南鮮版	1934-11-24	1	08단	金玉均氏の死を報ずる本紙遭難當時の模樣を載する古筠會の趣意書
255971	朝鮮朝日	南鮮版	1934-11-24	1	10단	署長異動
255972	朝鮮朝日	南鮮版	1934-11-24	1	10단	慶北道立醫院擴築に決す
255973	朝鮮朝日	南鮮版	1934-11-24	1	10단	疑ひ晴れ不起訴鑛山に結まる事件
255974	朝鮮朝日	南鮮版	1934-11-24	1	10단	新湯物産宣傳卽買會
255975	朝鮮朝日	南鮮版	1934-11-24	1	10단	人(平井京城商議副會頭)
255976	朝鮮朝日	南鮮版	1934-11-24	1	10단	鷄林かゞみ
255977	朝鮮朝日	西北版	1934-11-25	1	01단	資本よ！來れ咸北の天地へ無限の資源は待つ竹內新知事の力強い第一聲
255978	朝鮮朝日	西北版	1934-11-25	1	01단	北鮮を吹き捲る花形工業の旋風長津江水電の完成を待って朝窒の四大事業案(マグネシューム工業/大豆加工工業/醋酸カーバイト製造/火藥工場)
255979	朝鮮朝日	西北版	1934-11-25	1	02단	廣大な工場敷地がまた平壤に浮く新たに瓦斯事業の經營で近く西鮮合電移轉/瓦斯認可は明年五月ごろか供給開始は明後年
255980	朝鮮朝日	西北版	1934-11-25	1	04단	元山府會
255981	朝鮮朝日	西北版	1934-11-25	1	04단	農村振興講習會
255982	朝鮮朝日	西北版	1934-11-25	1	05단	平壤商業生の交通調査
255983	朝鮮朝日	西北版	1934-11-25	1	05단	本府の大搖れ專賣局長には安井氏阿部府尹、慶北內務部長へ/精力な名府尹とうとう實現した新聞辭令惜しまれる阿部さん
255984	朝鮮朝日	西北版	1934-11-25	1	05단	鮮米座談會(7)
255985	朝鮮朝日	西北版	1934-11-25	1	06단	內鮮一如の溫い贈り物感激の東北凶作義金/凶作地へ救ひの手平壤高女生/南鮮義捐金
255986	朝鮮朝日	西北版	1934-11-25	1	07단	電話開始
255987	朝鮮朝日	西北版	1934-11-25	1	07단	稅務職員の綱紀肅正を計る最近の不祥事に鑑み
255988	朝鮮朝日	西北版	1934-11-25	1	08단	獵銃を盜む
255989	朝鮮朝日	西北版	1934-11-25	1	08단	警備線の花消火作業中遂に殉職勇敢なる三浦巡査
255990	朝鮮朝日	西北版	1934-11-25	1	08단	普校長異動
255991	朝鮮朝日	西北版	1934-11-25	1	08단	匪首の末路部下に殺さる/敏腕で鳴る福田新平南高等課長

일련번호	판명		간행일	면	단수	기사명
255992	朝鮮朝日	西北版	1934-11-25	1	09단	新義州の密輸狩正業に轉向せしむ
255993	朝鮮朝日	西北版	1934-11-25	1	09단	船長室の金庫から消えた三千圓！大阪底船靑山丸の怪事
255994	朝鮮朝日	西北版	1934-11-25	1	10단	平北各地にチフス續發
255995	朝鮮朝日	西北版	1934-11-25	1	10단	柳京日記
255996	朝鮮朝日	南鮮版	1934-11-25	1	01단	可燐な友から植田將軍にまた贈り物足が痛みませうと伊吹山の藥草を
255997	朝鮮朝日	南鮮版	1934-11-25	1	01단	大異動の顏觸れ專賣局長には安井氏阿部平壤府尹慶北內務部長に/半島のために微力を盡す近く東上の松田男語る/敏腕で鳴る福田新平南高等課長
255998	朝鮮朝日	南鮮版	1934-11-25	1	01단	潜行運動で最大の效果を米穀自治統制案に對する鮮米擁護期成會の意向
255999	朝鮮朝日	南鮮版	1934-11-25	1	02단	稅務職員の納網記肅正を計る最近の不祥事に鑑み
256000	朝鮮朝日	南鮮版	1934-11-25	1	04단	釜山郵便局の釜山大橋竣工記念スタンプ
256001	朝鮮朝日	南鮮版	1934-11-25	1	04단	冬の表情(２)
256002	朝鮮朝日	南鮮版	1934-11-25	1	05단	小田省吾民の頌壽記念式
256003	朝鮮朝日	南鮮版	1934-11-25	1	05단	警備線の花消火作業中遂に殉職勇敢なる三浦巡査
256004	朝鮮朝日	南鮮版	1934-11-25	1	05단	災害復舊費豫算の內容
256005	朝鮮朝日	南鮮版	1934-11-25	1	05단	紙幣の洪水一億七千萬圓台を突破した鮮銀券發行新記錄
256006	朝鮮朝日	南鮮版	1934-11-25	1	06단	大邱商議特別議員
256007	朝鮮朝日	南鮮版	1934-11-25	1	06단	健氣な童心
256008	朝鮮朝日	南鮮版	1934-11-25	1	07단	鮮銀物故行員の慰靈祭
256009	朝鮮朝日	南鮮版	1934-11-25	1	07단	警察對抗射擊大會
256010	朝鮮朝日	南鮮版	1934-11-25	1	07단	謎を祕めてタイピストの死總督府農林局評判の美人漢江神社の森で縊死/事情は不明涙の家人語る
256011	朝鮮朝日	南鮮版	1934-11-25	1	07단	京城の靑訓査閱
256012	朝鮮朝日	南鮮版	1934-11-25	1	07단	輸送淸酒の盜飮を防ぐ各驛へ注意を通牒
256013	朝鮮朝日	南鮮版	1934-11-25	1	08단	孤島苦を脫れ北鮮鑛山へ鬱陵島の移民群出發
256014	朝鮮朝日	南鮮版	1934-11-25	1	08단	洛東江に落ち行方消える
256015	朝鮮朝日	南鮮版	1934-11-25	1	08단	靈柩車電柱へ街突
256016	朝鮮朝日	南鮮版	1934-11-25	1	08단	東明普校全燒す損害二千圓
256017	朝鮮朝日	南鮮版	1934-11-25	1	09단	三和ゴム創立披露
256018	朝鮮朝日	南鮮版	1934-11-25	1	09단	火災に備ふ
256019	朝鮮朝日	南鮮版	1934-11-25	1	09단	酒を進めて所持金を奪ふ
256020	朝鮮朝日	南鮮版	1934-11-25	1	09단	結婚を種に女を誑かす小金に目をつけた男隙を窺って持逃げ
256021	朝鮮朝日	南鮮版	1934-11-25	1	10단	眞性天然痘三名發生す
256022	朝鮮朝日	南鮮版	1934-11-25	1	10단	驛の雜踏に紛れ贓品を捌く官舍專門の賊

일련번호	판명		간행일	면	단수	기사명
256023	朝鮮朝日	南鮮版	1934-11-25	1	10단	會(慶南道女子棉作傳習所生徒三十名)
256024	朝鮮朝日	南鮮版	1934-11-25	1	10단	鷄林かゞみ
256025	朝鮮朝日	南鮮版	1934-11-25	1	10단	集配人の惡事
256026	朝鮮朝日	西北版	1934-11-27	1	01단	名府尹の名を止め阿部さん去る平壤に殘した數々の業績慕はれる溫情の人
256027	朝鮮朝日	西北版	1934-11-27	1	01단	要望される平壤稅關の移轉實現すれば官民ともに便宜商業團が運動開始
256028	朝鮮朝日	西北版	1934-11-27	1	01단	平壤府尹は松島氏に決定人事異動一部變更
256029	朝鮮朝日	西北版	1934-11-27	1	02단	區長を增す沙里院の發展
256030	朝鮮朝日	西北版	1934-11-27	1	02단	アンペラ組合組織
256031	朝鮮朝日	西北版	1934-11-27	1	03단	茂山敬老會
256032	朝鮮朝日	西北版	1934-11-27	1	03단	鎮南浦國防義會の一萬圓獻納式三十日・大串參謀長を迎へて
256033	朝鮮朝日	西北版	1934-11-27	1	03단	更生園兒に外套を贈る
256034	朝鮮朝日	西北版	1934-11-27	1	03단	鎮南浦の恐怖金庫破り捕はるなんと少年九名の仕業ほかに空巢狙ひも六十餘件
256035	朝鮮朝日	西北版	1934-11-27	1	04단	街頭裝飾に電燈料割引賣出し近づく
256036	朝鮮朝日	西北版	1934-11-27	1	04단	江東輕鐵工事遲る
256037	朝鮮朝日	西北版	1934-11-27	1	04단	取調べ進む元山鐵道疑獄
256038	朝鮮朝日	西北版	1934-11-27	1	05단	間島だより(市民大會！/上水道竣工/南陽の活況/豪膽な富農/東北へ義金)
256039	朝鮮朝日	西北版	1934-11-27	1	05단	鐵道に押されトラック凋落滿浦線延長の新風景
256040	朝鮮朝日	西北版	1934-11-27	1	05단	美貌ゆゑに十七娘が恐ろしい罪誘拐の魔手は脫れたが旅費欲しさに强盜
256041	朝鮮朝日	西北版	1934-11-27	1	06단	學生萬引團は各初等校に亘る當局、善後策に腐心
256042	朝鮮朝日	西北版	1934-11-27	1	06단	間島で捕る里院の持逃げ男
256043	朝鮮朝日	西北版	1934-11-27	1	07단	拳銃强盜金吉同に無期懲役の判決下る
256044	朝鮮朝日	西北版	1934-11-27	1	07단	自動車轉落
256045	朝鮮朝日	西北版	1934-11-27	1	07단	注文取を裝ひ學校を荒す
256046	朝鮮朝日	西北版	1934-11-27	1	07단	列車に觸れ卽死
256047	朝鮮朝日	西北版	1934-11-27	1	08단	旅館荒し
256048	朝鮮朝日	西北版	1934-11-27	1	08단	蝦で鯛釣る話に釣られた男紙幣僞造を種にまんまと二百五十圓詐らる/僞百圓札で釣錢を詐取
256049	朝鮮朝日	西北版	1934-11-27	1	08단	豪勢な外交員實は集金橫領
256050	朝鮮朝日	西北版	1934-11-27	1	08단	幼女の輪禍
256051	朝鮮朝日	西北版	1934-11-27	1	09단	普通校の火事
256052	朝鮮朝日	西北版	1934-11-27	1	09단	朝取重役會
256053	朝鮮朝日	西北版	1934-11-27	1	09단	もよほし(安裏武道大會/訓導表形式/佐藤校長作品展/ハーモニカ演奏會)

일련번호	판명		간행일	면	단수	기사명
256054	朝鮮朝日	西北版	1934-11-27	1	10단	柳京日記
256055	朝鮮朝日	南鮮版	1934-11-27	1	01단	華麗の魅惑調全琴線は陶醉！京城女子中等音樂大會築く感激の最高峰
256056	朝鮮朝日	南鮮版	1934-11-27	1	01단	感謝
256057	朝鮮朝日	南鮮版	1934-11-27	1	01단	交響圖繪
256058	朝鮮朝日	南鮮版	1934-11-27	1	02단	旋律の功勞者に表彰狀と記念品譽れの大場、金、內田三氏/電波は家庭へ實況を放送
256059	朝鮮朝日	南鮮版	1934-11-27	1	04단	朝取重役會
256060	朝鮮朝日	南鮮版	1934-11-27	1	05단	控室の激勵大會プロフイル國際色の彩り
256061	朝鮮朝日	南鮮版	1934-11-27	1	05단	鮮米對策に獨自の案を樹つ米研に調査會を新設
256062	朝鮮朝日	南鮮版	1934-11-27	1	05단	惜しき優勝試合全日本柔道選手權大會に古澤、李兩代表振ふ
256063	朝鮮朝日	南鮮版	1934-11-27	1	06단	平壤府尹は松島氏に決定人事異動一部變更
256064	朝鮮朝日	南鮮版	1934-11-27	1	06단	釜山府新廳舍設計圖來る
256065	朝鮮朝日	南鮮版	1934-11-27	1	07단	洛東江沙防工事慶南北の打合
256066	朝鮮朝日	南鮮版	1934-11-27	1	07단	孤島からS・O・S昨今の雪害に常食の大減收生色を失ふ鬱陵島
256067	朝鮮朝日	南鮮版	1934-11-27	1	08단	作興週間の美しい結晶釜山中生が冗費を卸し東北凶作義金に
256068	朝鮮朝日	南鮮版	1934-11-27	1	08단	自動式電話實現は難し釜山の陳情に遞信局語る
256069	朝鮮朝日	南鮮版	1934-11-27	1	09단	人(在滿朝鮮人鮮內視察團一行五十名)
256070	朝鮮朝日	南鮮版	1934-11-27	1	09단	山形海岸に十一死體漂着す遭難の羅南丸乘組員遺族も續々到着す
256071	朝鮮朝日	南鮮版	1934-11-27	1	10단	荒らされた名刹の舍利塔
256072	朝鮮朝日	南鮮版	1934-11-27	1	10단	豪勢な外交員實は集金橫領
256073	朝鮮朝日	南鮮版	1934-11-27	1	10단	注文取を裝ひ學校を荒す
256074	朝鮮朝日	南鮮版	1934-11-27	1	10단	幼女の輪禍
256075	朝鮮朝日	南鮮版	1934-11-27	1	10단	もよほし(明大校友會大邱支部創立總會/書道展覽會)
256076	朝鮮朝日	西北版	1934-11-28	1	01단	一家心中から救はれて更生母子四人に溫かい情けの褥內鮮融和の影に咲く佳話
256077	朝鮮朝日	西北版	1934-11-28	1	01단	內地紡績相つぎ平壤進出の機運鐘紡の工場新設に刺激され各社とも敷地物色
256078	朝鮮朝日	西北版	1934-11-28	1	01단	沈淪の蔘都復興の苦悶期待の藥草栽培も儘ならぬ經費問題
256079	朝鮮朝日	西北版	1934-11-28	1	02단	平壤の人は旅がお好きシーリストビューローは成績全國一反射鏡を覗く(A)
256080	朝鮮朝日	西北版	1934-11-28	1	03단	辭令(東京)
256081	朝鮮朝日	西北版	1934-11-28	1	04단	遞信局の異動永井釜山局長放送局入り
256082	朝鮮朝日	西北版	1934-11-28	1	05단	咸興の雪積雪二寸餘奧地は結氷

일련번호	판명		간행일	면	단수	기사명
256083	朝鮮朝日	西北版	1934-11-28	1	05단	救ひを待つ人々農作物全滅の咸南五部落草根で辛くも生く
256084	朝鮮朝日	西北版	1934-11-28	1	06단	優良漁船に補助金交付
256085	朝鮮朝日	西北版	1934-11-28	1	06단	朝窒分工場元山に建設土地買收の交渉成立
256086	朝鮮朝日	西北版	1934-11-28	1	06단	斷罪の日死刑の判決に哀號を叫ぶ赤色ギャング徐元俊
256087	朝鮮朝日	西北版	1934-11-28	1	07단	都市更生の實行案協議平壤商議所
256088	朝鮮朝日	西北版	1934-11-28	1	07단	學童街頭へ年賀狀の注文取り
256089	朝鮮朝日	西北版	1934-11-28	1	07단	南浦埠頭の惡道を改修
256090	朝鮮朝日	西北版	1934-11-28	1	08단	高勾麗時代の古墳か鐵道分工場の工事場から古瓦が續々現はる
256091	朝鮮朝日	西北版	1934-11-28	1	08단	殺傷沙汰・頻々冬空にゑがく憂鬱
256092	朝鮮朝日	西北版	1934-11-28	1	08단	讀書會事件判決言渡し
256093	朝鮮朝日	西北版	1934-11-28	1	09단	輪轉機賣却
256094	朝鮮朝日	西北版	1934-11-28	1	09단	信川に劇場
256095	朝鮮朝日	西北版	1934-11-28	1	09단	僞造十圓札各地に現る
256096	朝鮮朝日	西北版	1934-11-28	1	09단	嚴冬の呼び聲に愈よ昂まる義心平壤通信部寄託の東北凶作義金
256097	朝鮮朝日	西北版	1934-11-28	1	10단	人(下村進氏(平南道警察部長))
256098	朝鮮朝日	西北版	1934-11-28	1	10단	柳京日記
256099	朝鮮朝日	南鮮版	1934-11-28	1	01단	半島財界は雙手あげて歡迎高橋翁の藏相就任につき加藤鮮銀總裁語る
256100	朝鮮朝日	南鮮版	1934-11-28	1	01단	參與官を廢止し各道に産業部新設か地方行政改組の英斷/人情味と力の所有者大竹保安課長 /遞信局の異動永井釜山局長放送局入り
256101	朝鮮朝日	南鮮版	1934-11-28	1	01단	新規蒔直しで大いに勉强する安井新專賣局長の談/全く素人だ近藤審議室首席官語る
256102	朝鮮朝日	南鮮版	1934-11-28	1	01단	辭令(東京)
256103	朝鮮朝日	南鮮版	1934-11-28	1	02단	都心を離れ行く古都の相貌本府圖書館から博文寺へ移る半島貌唯一の石皷壇
256104	朝鮮朝日	南鮮版	1934-11-28	1	04단	練習艋隊入港釜山の歡迎/仁川へ二日入港
256105	朝鮮朝日	南鮮版	1934-11-28	1	04단	儀禮準則に內地人も做へ宇垣總督强調す
256106	朝鮮朝日	南鮮版	1934-11-28	1	05단	天氣圖に護る我らの學園生徒の氣象觀測を擴充釜山中學の試み
256107	朝鮮朝日	南鮮版	1934-11-28	1	06단	釜山職業學校珠算科生募集
256108	朝鮮朝日	南鮮版	1934-11-28	1	07단	社員、聽取者募集に着手釜山放送局
256109	朝鮮朝日	南鮮版	1934-11-28	1	07단	膨れる貸出し先づ再割引の利率引上げで地方銀行を引緊む/加藤鮮銀總裁談
256110	朝鮮朝日	南鮮版	1934-11-28	1	08단	自作農創定をめぐる佳話
256111	朝鮮朝日	南鮮版	1934-11-28	1	08단	被告辯護士も驚く超速だ京城土木事件の控訴公判年內

일련번호	판명		간행일	면	단수	기사명
						に判決を終るか
256112	朝鮮朝日	南鮮版	1934-11-28	1	08단	妓生の身投げ人夫の挺身危く救はる
256113	朝鮮朝日	南鮮版	1934-11-28	1	08단	五名に恩典勞農協議會事件の判決
256114	朝鮮朝日	南鮮版	1934-11-28	1	09단	輪轉機賣却
256115	朝鮮朝日	南鮮版	1934-11-28	1	09단	船體の下敷
256116	朝鮮朝日	南鮮版	1934-11-28	1	09단	僞强盜の狂言
256117	朝鮮朝日	南鮮版	1934-11-28	1	09단	郡廳改築費に一萬餘圓を寄附寺井全北道議の俠氣
256118	朝鮮朝日	南鮮版	1934-11-28	1	10단	自書路上で老爺の怪死
256119	朝鮮朝日	南鮮版	1934-11-28	1	10단	五戸を全半燒統營の火事
256120	朝鮮朝日	南鮮版	1934-11-28	1	10단	密船ブローカー首魁捕まる
256121	朝鮮朝日	南鮮版	1934-11-28	1	10단	もよほし(龍山公立普通學校學舍塔敗築上樑式)
256122	朝鮮朝日	南鮮版	1934-11-28	1	10단	人(下村進氏(平南道務察部長)/植眞殖展理事/日本國民高等學校生徒五十一名)
256123	朝鮮朝日	西北版	1934-11-29	1	01단	どうにもならぬ受驗地獄の嘆き準備教育廢止は絕對不可能校長會の衆議一決
256124	朝鮮朝日	西北版	1934-11-29	1	01단	參與官を廢し產業部新設か地方行政組織改革
256125	朝鮮朝日	西北版	1934-11-29	1	01단	景氣を乘せて貨車は走る黑字を謳ふ鐵道當局
256126	朝鮮朝日	西北版	1934-11-29	1	01단	反射鏡を覗く(B)//バカにならぬ紫煙の魅惑ガゼン刎ね上った外國煙草の賣行き
256127	朝鮮朝日	西北版	1934-11-29	1	02단	緊縮一點張平北明年豫算
256128	朝鮮朝日	西北版	1934-11-29	1	03단	警官新撰組冬の陣成る國境第一線へ進發/國境警備の直通電話開通
256129	朝鮮朝日	西北版	1934-11-29	1	04단	新舊專賣局長
256130	朝鮮朝日	西北版	1934-11-29	1	04단	總督府辭令
256131	朝鮮朝日	西北版	1934-11-29	1	04단	借地借家法制定を陳情借地人組合より
256132	朝鮮朝日	西北版	1934-11-29	1	05단	平壤の嚴寒零下十度七
256133	朝鮮朝日	西北版	1934-11-29	1	05단	無煙炭積込場業務を開始
256134	朝鮮朝日	西北版	1934-11-29	1	05단	冬の夜長を利して文盲退治乘り出す平南の三普通校女子夜學校も開く
256135	朝鮮朝日	西北版	1934-11-29	1	05단	滿洲福券取締り
256136	朝鮮朝日	西北版	1934-11-29	1	05단	食用蛙を捕へて色服染料を購ふ見事當った寒村窮餘の策色服裝勵エピソード
256137	朝鮮朝日	西北版	1934-11-29	1	06단	滿浦線終端驛敷地決定す
256138	朝鮮朝日	西北版	1934-11-29	1	06단	黃草の輸出
256139	朝鮮朝日	西北版	1934-11-29	1	06단	寺洞にチフス
256140	朝鮮朝日	西北版	1934-11-29	1	06단	漁船の搜査願
256141	朝鮮朝日	西北版	1934-11-29	1	07단	飛行場の火事發火信號から枯草に引火兵士や消防隊出動

일련번호	판명		간행일	면	단수	기사명
256142	朝鮮朝日	西北版	1934-11-29	1	07단	輝く學童の一燈草の根噛める北鮮から我が身を削って東北地方へ
256143	朝鮮朝日	西北版	1934-11-29	1	08단	トラック衝突
256144	朝鮮朝日	西北版	1934-11-29	1	08단	數々の殊勳京城に勞轉の古川平壤署長/最善を盡す戸谷署長語る
256145	朝鮮朝日	西北版	1934-11-29	1	08단	支那勞働者鮮內で越冬見せ金懸念から歸國取止め
256146	朝鮮朝日	西北版	1934-11-29	1	08단	六十餘名の負債を棒引く凶作部落を彩る腹話
256147	朝鮮朝日	西北版	1934-11-29	1	08단	平南三黃炭抗擴張/最善を盡す戸谷署長語る
256148	朝鮮朝日	西北版	1934-11-29	1	09단	小産組組織
256149	朝鮮朝日	西北版	1934-11-29	1	10단	三道溝分署反日會檢擧
256150	朝鮮朝日	西北版	1934-11-29	1	10단	金吉培控訴
256151	朝鮮朝日	西北版	1934-11-29	1	10단	飾窓破りの三人組捕る
256152	朝鮮朝日	西北版	1934-11-29	1	10단	柳京日記
256153	朝鮮朝日	南鮮版	1934-11-29	1	01단	常春の城廓を不健康から絶緣本府を中心に諸權威乗出し溫突改造の大運動
256154	朝鮮朝日	南鮮版	1934-11-29	1	01단	殆んど水平動宇垣人事の長所を發揮した？大搖れの跡を見る
256155	朝鮮朝日	南鮮版	1934-11-29	1	02단	釜山高小校移築を陳情
256156	朝鮮朝日	南鮮版	1934-11-29	1	02단	八百萬圓台に切り詰めか慶北道の明年度豫算
256157	朝鮮朝日	南鮮版	1934-11-29	1	02단	冬の表情(３)
256158	朝鮮朝日	南鮮版	1934-11-29	1	03단	新舊專賣局長
256159	朝鮮朝日	南鮮版	1934-11-29	1	04단	人(竹村喜久司氏(新任鎭南浦稅關支署長))
256160	朝鮮朝日	南鮮版	1934-11-29	1	04단	故土を巡遊在滿同胞たら
256161	朝鮮朝日	南鮮版	1934-11-29	1	05단	警官新撰組冬の陣成る國境第一線へ進發
256162	朝鮮朝日	南鮮版	1934-11-29	1	05단	瞼の廿五年おゝ母よ子よ歡びの廻り會ひだが再び千里の彼方へ哀し袂をわかつ
256163	朝鮮朝日	南鮮版	1934-11-29	1	05단	辭令(東京)
256164	朝鮮朝日	南鮮版	1934-11-29	1	05단	京城本町署長更送/數々の殊勳古川本町署長/最善を盡す戸谷署長語る//八木氏就任
256165	朝鮮朝日	南鮮版	1934-11-29	1	06단	奇特の獻金/東北凶作地へ姐さんも義金
256166	朝鮮朝日	南鮮版	1934-11-29	1	07단	寒き細民へ溫い同情週間
256167	朝鮮朝日	南鮮版	1934-11-29	1	07단	嬉し故鄕へ龍山部隊の除隊兵
256168	朝鮮朝日	南鮮版	1934-11-29	1	07단	無心に眠る長男を刺し殺す突如、狂った母親
256169	朝鮮朝日	南鮮版	1934-11-29	1	08단	軍樂演奏と講演
256170	朝鮮朝日	南鮮版	1934-11-29	1	08단	證據湮滅事件公判
256171	朝鮮朝日	南鮮版	1934-11-29	1	09단	來たぞ寒氣釜山地方は氷結を見野菜もすっかり傷む/大邱の初雪
256172	朝鮮朝日	南鮮版	1934-11-29	1	09단	兵隊さんも手だすけ眼かな林道の開鑿
256173	朝鮮朝日	南鮮版	1934-11-29	1	10단	列車拔荷判決

일련번호	판명		간행일	면	단수	기사명
256174	朝鮮朝日	南鮮版	1934-11-29	1	10단	統營の種痘
256175	朝鮮朝日	南鮮版	1934-11-29	1	10단	飾窓破りの三人組捕る
256176	朝鮮朝日	南鮮版	1934-11-29	1	10단	廢學の嘆き少女自殺す
256177	朝鮮朝日	南鮮版	1934-11-29	1	10단	もよほし(全州專務支局光州出張所第四回販賣所長會議)/(鐵道局第十回旅客專務打合會議)
256178	朝鮮朝日	西北版	1934-11-30	1	01단	初等教員に開く新しい途愈よ明年から免許狀下付され內地でも奉職できる
256179	朝鮮朝日	西北版	1934-11-30	1	01단	ゴム靴輸出俄然・激增す滿洲關稅の引下で
256180	朝鮮朝日	西北版	1934-11-30	1	01단	鎭南浦港の干拓地工事起債認可さる
256181	朝鮮朝日	西北版	1934-11-30	1	01단	愈よ開通した咸南の江岸道路期待される奧地開發
256182	朝鮮朝日	西北版	1934-11-30	1	01단	旅客會議平鐵提案
256183	朝鮮朝日	西北版	1934-11-30	1	01단	反射鏡を覗く(C)/向學に燃ゆる若人の瞳よ灰色の圖書館に見る喜悲交々の人生風景
256184	朝鮮朝日	西北版	1934-11-30	1	03단	全鮮に呼びかける絶好のスキー場滿浦新線開通で初見參スキー列車も動く
256185	朝鮮朝日	西北版	1934-11-30	1	03단	運轉事故防止の標語
256186	朝鮮朝日	西北版	1934-11-30	1	04단	府營ホテル鎭南浦で計劃
256187	朝鮮朝日	西北版	1934-11-30	1	04단	零下十一度三平壤の寒さ
256188	朝鮮朝日	西北版	1934-11-30	1	04단	水泳プール新設平壤府內に二ヶ所齋藤久太郎氏の寄附金で
256189	朝鮮朝日	西北版	1934-11-30	1	04단	江東に點燈
256190	朝鮮朝日	西北版	1934-11-30	1	05단	捗々しくない林檎の賣行豊作過ぎて八方塞り
256191	朝鮮朝日	西北版	1934-11-30	1	05단	鳳山炭坑一部崩潰出炭量滅る
256192	朝鮮朝日	西北版	1934-11-30	1	06단	國境方面に流感猖獗お子樣に街主意
256193	朝鮮朝日	西北版	1934-11-30	1	06단	景勝妙香山鐵道で宣傳
256194	朝鮮朝日	西北版	1934-11-30	1	06단	罪なき妻子に情けの金子一封拳銃强盜檢擧の裏に絡まる崔課長の人情噺
256195	朝鮮朝日	西北版	1934-11-30	1	07단	北鮮最初の咸興藥令市年末まで開く
256196	朝鮮朝日	西北版	1934-11-30	1	07단	三家族・餅に中毒十二名瀕死の重體石臼を苛性曹達で洗って？
256197	朝鮮朝日	西北版	1934-11-30	1	07단	郵便局を泣かせる手紙の迷ひ子激增一番多いのは男の變交思ひやられる賀狀の苦勞
256198	朝鮮朝日	西北版	1934-11-30	1	07단	學生陸聯役員總會
256199	朝鮮朝日	西北版	1934-11-30	1	07단	漁船引揚ぐ豊魚にホクホク
256200	朝鮮朝日	西北版	1934-11-30	1	07단	娼妓の待遇改善を嚴達
256201	朝鮮朝日	西北版	1934-11-30	1	08단	沙里院にゴム工場
256202	朝鮮朝日	西北版	1934-11-30	1	08단	師走の聲に愛へ拍車汗の結晶を東北へ尊い學童らの奉仕
256203	朝鮮朝日	西北版	1934-11-30	1	09단	嬰兒殺し

일련번호	판명		간행일	면	단수	기사명
256204	朝鮮朝日	西北版	1934-11-30	1	09단	密漁船檢擧
256205	朝鮮朝日	西北版	1934-11-30	1	10단	自動車事故
256206	朝鮮朝日	西北版	1934-11-30	1	10단	柳京日記
256207	朝鮮朝日	南鮮版	1934-11-30	1	01단	深き感謝の一念襟を正し大將昇進を語る植田軍司令官
256208	朝鮮朝日	南鮮版	1934-11-30	1	01단	世界に威張れる綠化の大運動禿山退治こゝに二十五年明春記念植樹デー
256209	朝鮮朝日	南鮮版	1934-11-30	1	01단	浦項東南地帶は絶好の飛行場だ氷尾中佐の折紙に力を得愈よ實現の猛運動
256210	朝鮮朝日	南鮮版	1934-11-30	1	01단	發起人の顔觸れ産金製錬會社
256211	朝鮮朝日	南鮮版	1934-11-30	1	01단	凶作への同情義金は續く
256212	朝鮮朝日	南鮮版	1934-11-30	1	02단	希望の丘へ豫約注文殺到し賑かな上景氣ホクホクの法專と齒專學園の就職戰線(1)
256213	朝鮮朝日	南鮮版	1934-11-30	1	03단	滿洲國司法官一行
256214	朝鮮朝日	南鮮版	1934-11-30	1	04단	貧出方法の協議を行ふ南鮮水害地方復舊費
256215	朝鮮朝日	南鮮版	1934-11-30	1	04단	朝鮮信託總會
256216	朝鮮朝日	南鮮版	1934-11-30	1	04단	全く適り役宇野新馬山府尹
256217	朝鮮朝日	南鮮版	1934-11-30	1	04단	釜山職業校道立移管明年は困難
256218	朝鮮朝日	南鮮版	1934-11-30	1	05단	獻穀の光榮
256219	朝鮮朝日	南鮮版	1934-11-30	1	05단	電信當話開始
256220	朝鮮朝日	南鮮版	1934-11-30	1	05단	渡船の縺れ釜山の二業者運航を中止
256221	朝鮮朝日	南鮮版	1934-11-30	1	05단	作文教科書に使はれた生徒の旅行記八波普高教授のお目に止り大田高女の喜び
256222	朝鮮朝日	南鮮版	1934-11-30	1	06단	眞田博士洛東江視察
256223	朝鮮朝日	南鮮版	1934-11-30	1	06단	初等教員に開く新しい途愈よ明年から免許狀下付され內地でも奉職できる
256224	朝鮮朝日	南鮮版	1934-11-30	1	07단	店員の惡事
256225	朝鮮朝日	南鮮版	1934-11-30	1	07단	景氣はどう？來たぞボーナス月
256226	朝鮮朝日	南鮮版	1934-11-30	1	07단	學生陸聯役員總會
256227	朝鮮朝日	南鮮版	1934-11-30	1	07단	縮み上る大都京城地方を急襲した五年來記錄的の寒氣/傳染病も俄かに蔓る
256228	朝鮮朝日	南鮮版	1934-11-30	1	07단	もよほし(京城黃金町京城武道館創立二十二周年記念の武德祭)
256229	朝鮮朝日	南鮮版	1934-11-30	1	08단	總括的訊問土木談合事件公判
256230	朝鮮朝日	南鮮版	1934-11-30	1	08단	自動車事故
256231	朝鮮朝日	南鮮版	1934-11-30	1	08단	河豚の眞子も死ぬとは限らぬ癩病の甥に食はした老婆に無罪の判決
256232	朝鮮朝日	南鮮版	1934-11-30	1	09단	面事務所の大金消える直前、姿を晦ました會計係りへ捜査の手
256233	朝鮮朝日	南鮮版	1934-11-30	1	09단	嬰兒殺し

일련번호	판명		간행일	면	단수	기사명
256234	朝鮮朝日	南鮮版	1934-11-30	1	09단	密漁船檢擧
256235	朝鮮朝日	南鮮版	1934-11-30	1	10단	一家三名局送り保險金欲しさの放火
256236	朝鮮朝日	南鮮版	1934-11-30	1	10단	人(滿洲國日本行政視察問長民政部地方司、行政科長白恒興氏ら一行三十六名/下村進氏(新任平南道警察部長)/岡田實秋氏(釜山鐵道病院外科部長))
256237	朝鮮朝日	南鮮版	1934-11-30	1	10단	鷄林かゞみ

1934년 12월 (조선아사히)

일련번호	판명		간행일	면	단수	기사명
256238	朝鮮朝日	西北版	1934-12-01	1	01단	米の港を護れと精米業者ら起つ鎮南浦の穀檢支所をめぐりまたも紛糾蒸返し
256239	朝鮮朝日	西北版	1934-12-01	1	01단	林檎統制の機運に暗影一部業者のダンピングに販賣戰線大異狀
256240	朝鮮朝日	西北版	1934-12-01	1	01단	傳書鳩を國境一線へ各憲兵分隊に配屬通信聯絡に當らす
256241	朝鮮朝日	西北版	1934-12-01	1	01단	獻穀の光榮
256242	朝鮮朝日	西北版	1934-12-01	1	02단	都會地警官の優遇案考究平南警察部
256243	朝鮮朝日	西北版	1934-12-01	1	02단	反射鏡を覗く(D)/テンポの早い蠟盤の盛衰流行歌の全盛から近頃は洋樂ものへ
256244	朝鮮朝日	西北版	1934-12-01	1	03단	鴨江冬眠浮標を撤去
256245	朝鮮朝日	西北版	1934-12-01	1	03단	緬羊飼育の牧野を調査
256246	朝鮮朝日	西北版	1934-12-01	1	04단	沙里院地方零下九度二
256247	朝鮮朝日	西北版	1934-12-01	1	04단	殖える大建築躍進する平壤の姿
256248	朝鮮朝日	西北版	1934-12-01	1	04단	平壤の交通事故昨年より增す
256249	朝鮮朝日	西北版	1934-12-01	1	04단	一家擧って鄕土へ救ひ東北凶作の義金盡きず
256250	朝鮮朝日	西北版	1934-12-01	1	05단	牡丹台下に文化村生る
256251	朝鮮朝日	西北版	1934-12-01	1	05단	土地の抗爭愈よ激化す睨み合ふ地主と借地人側當局、成行を重視
256252	朝鮮朝日	西北版	1934-12-01	1	05단	この中旬から紙面大刷新門司支局の最新設備工事愈よ完成す大阪朝日新聞社
256253	朝鮮朝日	西北版	1934-12-01	1	06단	日糖の空地開放
256254	朝鮮朝日	西北版	1934-12-01	1	06단	野積籾燒く
256255	朝鮮朝日	西北版	1934-12-01	1	07단	死刑の求刑異母兄殺し
256256	朝鮮朝日	西北版	1934-12-01	1	07단	母よ、何處に運命に弄ばれて罪に落ちた十七娘に檢事の淚
256257	朝鮮朝日	西北版	1934-12-01	1	08단	賣られて轉々・遊廓へ
256258	朝鮮朝日	西北版	1934-12-01	1	08단	保險金詐取の上前を刎ぬ恐喝男送局
256259	朝鮮朝日	西北版	1934-12-01	1	08단	人(村上遞信局經理課長)
256260	朝鮮朝日	西北版	1934-12-01	1	09단	名殘惜しい平壤へ榮轉の高橋氏語る
256261	朝鮮朝日	西北版	1934-12-01	1	09단	帽子の中から多數の僞札賭博に使ふ怪漢捕る背後に大僞造團か/僞札で釣錢詐取被害續出す
256262	朝鮮朝日	西北版	1934-12-01	1	10단	柳京日記
256263	朝鮮朝日	西北版	1934-12-01	1	10단	牛車刎らる
256264	朝鮮朝日	南鮮版	1934-12-01	1	01단	漁村振興にも積極的に乘出す漁業組合聯合會を組織し更生の中心機關に
256265	朝鮮朝日	南鮮版	1934-12-01	1	01단	豪華な鋼鐵製の食堂車愈よお目見得だ先づひかりに連結
256266	朝鮮朝日	南鮮版	1934-12-01	1	01단	水害にしぼむ普通學校の壞ろ十校で八千餘圓の歲入缺

일련번호	판명		간행일	면	단수	기사명
						陷國庫補助を申請す
256267	朝鮮朝日	南鮮版	1934-12-01	1	01단	宇垣總督祝電新生の間島省へ
256268	朝鮮朝日	南鮮版	1934-12-01	1	01단	小林司令官赴任
256269	朝鮮朝日	南鮮版	1934-12-01	1	01단	お小遣を集め東北義金に釜山二小女生
256270	朝鮮朝日	南鮮版	1934-12-01	1	02단	學園の就職戰線を診る（２）/高工は超特景氣右から左へO・K悠然として北叟笑む醫專
256271	朝鮮朝日	南鮮版	1934-12-01	1	03단	この中旬から紙面大刷新門司支局の最新設備工事愈よ完成す大阪朝日新聞社
256272	朝鮮朝日	南鮮版	1934-12-01	1	04단	耐寒行軍
256273	朝鮮朝日	南鮮版	1934-12-01	1	04단	辭令(東京)
256274	朝鮮朝日	南鮮版	1934-12-01	1	04단	慶南道の賞與
256275	朝鮮朝日	南鮮版	1934-12-01	1	05단	靑訓學校査閲各地で行ふ(釜山/晉州/大田/淸州)
256276	朝鮮朝日	南鮮版	1934-12-01	1	05단	名殘惜しい全北から平壤へ榮轉の高橋氏語る
256277	朝鮮朝日	南鮮版	1934-12-01	1	05단	あの手この手で勇敢な運動學窓から職業戰線へ進出の女性激增
256278	朝鮮朝日	南鮮版	1934-12-01	1	06단	朝日映畫の夕務安で盛況
256279	朝鮮朝日	南鮮版	1934-12-01	1	07단	巢立つ兒童へ職業の補導
256280	朝鮮朝日	南鮮版	1934-12-01	1	07단	腰の狐捕り爆藥溫突上で爆發六名重輕傷を負ふ
256281	朝鮮朝日	南鮮版	1934-12-01	1	07단	もよほし(朝鮮貯蓄銀行)
256282	朝鮮朝日	南鮮版	1934-12-01	1	08단	城大病院をモダンに改築多年の念願叶って醫學部本館も新築/水原高農も改築と決る
256283	朝鮮朝日	南鮮版	1934-12-01	1	08단	上告を棄却さる金塊密輸事件
256284	朝鮮朝日	南鮮版	1934-12-01	1	08단	帽子の中から多數の僞札賭博に使ふ怪漢捕る背後に大僞造團か
256285	朝鮮朝日	南鮮版	1934-12-01	1	09단	職業紹介デー大邱で催す
256286	朝鮮朝日	南鮮版	1934-12-01	1	09단	堅實な花嫁教育綠旗聯盟の淸和女塾見事竣工を告ぐ
256287	朝鮮朝日	南鮮版	1934-12-01	1	10단	土木談合事件公判
256288	朝鮮朝日	南鮮版	1934-12-01	1	10단	二人組强盜
256289	朝鮮朝日	南鮮版	1934-12-01	1	10단	人(本社京城支局來訪/村上遞信局經理課長/西崎總督府理財課長/井坂全北警察部長/直木總督府社會課屬/眞田秀吉博士)
256290	朝鮮朝日	南鮮版	1934-12-01	1	10단	光州通信所設置
256291	朝鮮朝日	南鮮版	1934-12-01	1	10단	鷄林かゞみ
256292	朝鮮朝日	西北版	1934-12-02	1	01단	鮮滿制霸を期し靴下工業の躍進共同作業場を設けて家內工業に確固たる基礎を
256293	朝鮮朝日	西北版	1934-12-02	1	01단	圖寧沿線目指して伸びゆく商圏北鮮から圖們から陸續と移住群の東滿行進
256294	朝鮮朝日	西北版	1934-12-02	1	01단	反射鏡を覗く(E)/颯爽、街を截る明眼な服飾美そもそも洋服通の洋服とは？

일련번호	판명		간행일	면	단수	기사명
256295	朝鮮朝日	西北版	1934-12-02	1	03단	平南山林改良道費補助復活
256296	朝鮮朝日	西北版	1934-12-02	1	04단	慈山水組擴張
256297	朝鮮朝日	西北版	1934-12-02	1	04단	平南火田民
256298	朝鮮朝日	西北版	1934-12-02	1	04단	巾着機船に荒され定置漁業振はず悲境に沈む咸南沿岸漁業者當局に制限を陳情
256299	朝鮮朝日	西北版	1934-12-02	1	04단	漁村振興に本府乘出す漁組聯合會を組織し更生の中心機關に
256300	朝鮮朝日	西北版	1934-12-02	1	05단	重要河川の改修も調査眞田博士
256301	朝鮮朝日	西北版	1934-12-02	1	05단	農試場移轉明後年度に
256302	朝鮮朝日	西北版	1934-12-02	1	06단	平壤授産場の民營實現か養成徒弟で組織の組合に經營委任？
256303	朝鮮朝日	西北版	1934-12-02	1	06단	天與の燃料に締め出された大衆咸南七萬六千戸の無産者に當局、面有林を開放
256304	朝鮮朝日	西北版	1934-12-02	1	07단	簡保健康診斷
256305	朝鮮朝日	西北版	1934-12-02	1	07단	平壤郵便局長小城氏釜山へ
256306	朝鮮朝日	西北版	1934-12-02	1	07단	遂に滅ぶ豊慶宮多額の修繕費に取り壊しの悲運
256307	朝鮮朝日	西北版	1934-12-02	1	08단	拂下飛行機の格納庫建設瑞氣山内に
256308	朝鮮朝日	西北版	1934-12-02	1	08단	銀密輸に失敗頭のよい朝鮮人が洋車夫にしてやらる/銀密輸團大亂闘安東稅關の出張所員と
256309	朝鮮朝日	西北版	1934-12-02	1	09단	牧丹台公園の經費を增す捻出に苦心
256310	朝鮮朝日	西北版	1934-12-02	1	10단	金銀阿片の密輸男捕る
256311	朝鮮朝日	西北版	1934-12-02	1	10단	人(待山義雄氏/山田城大總長/荒木孝次郎氏(新任鎭南浦高女校長))
256312	朝鮮朝日	西北版	1934-12-02	1	10단	柳京日記
256313	朝鮮朝日	南鮮版	1934-12-02	1	01단	時代に目覺めて巫女たちの轉身國家安泰、內鮮融和を朝鮮神宮に祈る
256314	朝鮮朝日	南鮮版	1934-12-02	1	01단	滿洲粟の輸入果然、倍增の勢ひ米穀統制問題に一石を投じ各方面に大衝動/鮮米の移出も昨年より增加
256315	朝鮮朝日	南鮮版	1934-12-02	1	01단	練習艦隊幹部を宇垣總督招待
256316	朝鮮朝日	南鮮版	1934-12-02	1	02단	重要各河川の改修も調査眞田博士
256317	朝鮮朝日	南鮮版	1934-12-02	1	02단	學園の就職戰線を診る(3)/求人側から口說かれる藥專新學士賣込に必死の帝大
256318	朝鮮朝日	南鮮版	1934-12-02	1	03단	兵營よさらば朖かな除隊風景
256319	朝鮮朝日	南鮮版	1934-12-02	1	04단	古城氏に追敍
256320	朝鮮朝日	南鮮版	1934-12-02	1	04단	人(本社京城支局來訪)
256321	朝鮮朝日	南鮮版	1934-12-02	1	04단	郵便局長異動
256322	朝鮮朝日	南鮮版	1934-12-02	1	05단	釜山職紹の協議會
256323	朝鮮朝日	南鮮版	1934-12-02	1	05단	貧しくともさすが軍人の父町内から劬られながらも老の身を鞭打つ

일련번호	판명		긴행일	면	단수	기사명
256324	朝鮮朝日	南鮮版	1934-12-02	1	06단	鐵道冬の陳酷寒の危險線に備へ列車を護る對策
256325	朝鮮朝日	南鮮版	1934-12-02	1	06단	釜山の渡船運航復活す兩者妥協成る
256326	朝鮮朝日	南鮮版	1934-12-02	1	06단	西小門踏切に自動警報機
256327	朝鮮朝日	南鮮版	1934-12-02	1	06단	歲末賣出して布敎師の萬引
256328	朝鮮朝日	南鮮版	1934-12-02	1	07단	鐵道事故二つ
256329	朝鮮朝日	南鮮版	1934-12-02	1	07단	暗みの基地で本夫を絞殺す恐しい邪戀の企み
256330	朝鮮朝日	南鮮版	1934-12-02	1	08단	三人組强盜捕る
256331	朝鮮朝日	南鮮版	1934-12-02	1	08단	寒氣に襲ふ傳染病豫防京城府で注射
256332	朝鮮朝日	南鮮版	1934-12-02	1	09단	七名を起訴稅務署瀆職事件
256333	朝鮮朝日	南鮮版	1934-12-02	1	09단	怪しい火事
256334	朝鮮朝日	南鮮版	1934-12-02	1	09단	寒氣加って一入昻る隣人愛東北地方凶作義金續々と寄託さる
256335	朝鮮朝日	南鮮版	1934-12-02	1	10단	もよほし(釜山鐵道事務所管內主要驛區長會議)
256336	朝鮮朝日	南鮮版	1934-12-02	1	10단	人(難波憲兵司令官/山田城大總長/待山義雄氏/川面隆三氏(遞信局管理課長)/大竹警務局保安課長)
256337	朝鮮朝日	南鮮版	1934-12-02	1	10단	鷄林かゞみ
256338	朝鮮朝日	西北版	1934-12-04	1	01단	前府尹の方針踏襲か寧ろ主力を府電讓渡問題に新府尹と平壤府豫算(高橋新府尹)
256339	朝鮮朝日	西北版	1934-12-04	1	01단	一切の建築中止滿を持す羅津港明春の解氷を期してぶつ放す大都市創造の巨彈
256340	朝鮮朝日	西北版	1934-12-04	1	01단	福井の輸出組合が平壤に食指大染織工場を設置すべく近く調査に來壤
256341	朝鮮朝日	西北版	1934-12-04	1	02단	多獅島の臨港鐵道近く認可か
256342	朝鮮朝日	西北版	1934-12-04	1	03단	平壤電話課獨立明後年度に實現を見ん
256343	朝鮮朝日	西北版	1934-12-04	1	04단	自然の魔手から凶作地を護る西鮮の東北平南四郡に永久的救濟策樹立
256344	朝鮮朝日	西北版	1934-12-04	1	04단	反射鏡を覗く(F)/二時間每にオギャ！と産聲消えては浮かぶ戸籍調べ
256345	朝鮮朝日	西北版	1934-12-04	1	05단	治山楔創立
256346	朝鮮朝日	西北版	1934-12-04	1	06단	靖國神社へ合祀を上申國境に花と散った名響の三警察官
256347	朝鮮朝日	西北版	1934-12-04	1	06단	鹿兒島縣の歸化村に記念館建設全鮮から募金
256348	朝鮮朝日	西北版	1934-12-04	1	07단	死の淵から蘇った人妻離緣話を悲しみ入水したが警官の努力に助る
256349	朝鮮朝日	西北版	1934-12-04	1	07단	北鮮各驛に案內係を置く觀光客の便を計って
256350	朝鮮朝日	西北版	1934-12-04	1	07단	平壤圖書館年中無休に
256351	朝鮮朝日	西北版	1934-12-04	1	08단	煙草の箱に人骨平壤署活動
256352	朝鮮朝日	西北版	1934-12-04	1	08단	海州の喜色卅年埋沒の大鐵山愈よ採掘の運びに
256353	朝鮮朝日	西北版	1934-12-04	1	08단	市場增設

일련번호	판명		간행일	면	단수	기사명
256354	朝鮮朝日	西北版	1934-12-04	1	08단	溫情凝って遂に千圓を超す本社平壤通信部寄託東北凶作義金/匿名の獻金
256355	朝鮮朝日	西北版	1934-12-04	1	10단	郵便局員の横領
256356	朝鮮朝日	西北版	1934-12-04	1	10단	人(戸谷平壤署長/下村新平南警察部長、佐藤滿洲國立教員講習所主事、荒木鎭南浦高女校長)
256357	朝鮮朝日	西北版	1934-12-04	1	10단	柳京日記
256358	朝鮮朝日	南鮮版	1934-12-04	1	01단	練習艦隊入港仁川、京城に漲ぎる海軍色軍靴鳴らし乘組員上陸三宮殿下も御來城
256359	朝鮮朝日	南鮮版	1934-12-04	1	01단	海のタクシー活躍に描く波紋鮮航同盟會と穀聯の間に揉める三百噸積み
256360	朝鮮朝日	南鮮版	1934-12-04	1	02단	多獅島の臨港鐵道近く認可か
256361	朝鮮朝日	南鮮版	1934-12-04	1	02단	劍道の父へ床し大道場を贈る老教師を犒ふ門弟有志たち歲末・爽服眼の話題
256362	朝鮮朝日	南鮮版	1934-12-04	1	03단	生活改善の烽火をあぐ
256363	朝鮮朝日	南鮮版	1934-12-04	1	04단	桝本氏に功勞賞
256364	朝鮮朝日	南鮮版	1934-12-04	1	04단	小林司領官着任
256365	朝鮮朝日	南鮮版	1934-12-04	1	05단	古城氏遺族の寄附
256366	朝鮮朝日	南鮮版	1934-12-04	1	05단	學童の歲末美談
256367	朝鮮朝日	南鮮版	1934-12-04	1	05단	女生徒たちのいぢらしい心情東北の氣の毒なお友達へお米を持寄って贈る
256368	朝鮮朝日	南鮮版	1934-12-04	1	05단	公休日を利用し傷病兵の頭を刈る七ヶ月間無報酬で奉仕する奇特の理髮職金君
256369	朝鮮朝日	南鮮版	1934-12-04	1	06단	遞信畑の彦左放送局入りの永井さん
256370	朝鮮朝日	南鮮版	1934-12-04	1	06단	人(古川貞吉氏/戸谷新任平壤署長)
256371	朝鮮朝日	南鮮版	1934-12-04	1	06단	靖國神社へ合祀を上申國境に花と散った名譽の三警察官
256372	朝鮮朝日	南鮮版	1934-12-04	1	07단	二十師團管下步兵の除隊
256373	朝鮮朝日	南鮮版	1934-12-04	1	08단	花やかな師走模樣光州の賣出し
256374	朝鮮朝日	南鮮版	1934-12-04	1	08단	大猪狩り
256375	朝鮮朝日	南鮮版	1934-12-04	1	08단	二急行乘客を聲で慰む擴聲機を備へ付けてニュースや風物放送
256376	朝鮮朝日	南鮮版	1934-12-04	1	09단	歲末を狙ふギャング防止銀行、會社、驛などへ當局、祕策を授く
256377	朝鮮朝日	南鮮版	1934-12-04	1	10단	全北地方改良訓練所修業式
256378	朝鮮朝日	南鮮版	1934-12-04	1	10단	電車に衝突し落命
256379	朝鮮朝日	南鮮版	1934-12-04	1	10단	虎の子の籾代を强奪
256380	朝鮮朝日	南鮮版	1934-12-04	1	10단	猪の鐵道自殺
256381	朝鮮朝日	南鮮版	1934-12-04	1	10단	鷄林かゞみ
256382	朝鮮朝日	西北版	1934-12-05	1		缺號

일련번호	판명		간행일	면	단수	기사명
256383	朝鮮朝日	南鮮版	1934-12-05	1	01단	二つの求刑殘忍性を痛撃極刑を求む情婦石口は懲役六ヶ月釜山の若妻殺し
256384	朝鮮朝日	南鮮版	1934-12-05	1	01단	犯情憎むべくその責や大檢事、二時間半に及ぶ大論告京城土木談合事件
256385	朝鮮朝日	南鮮版	1934-12-05	1	03단	練習艦隊大連に向ふ
256386	朝鮮朝日	南鮮版	1934-12-05	1	03단	學園の就職戰線を診る(4)/殘る心配なく悅に入る高商大量求人を期待する高農
256387	朝鮮朝日	南鮮版	1934-12-05	1	04단	人(成富文吾氏(新任慶南道高等課長))
256388	朝鮮朝日	南鮮版	1934-12-05	1	04단	釜山放送局敷地を踏査着工は明春
256389	朝鮮朝日	南鮮版	1934-12-05	1	04단	滿洲から半島への銀の密輸激增す先月中で二百萬圓に上る內地大手筋買上か
256390	朝鮮朝日	南鮮版	1934-12-05	1	05단	獨學力行の人田中新慶北高等課長
256391	朝鮮朝日	南鮮版	1934-12-05	1	05단	南鮮移住者の逃亡やまず聞くと見るとは大違ひ寒空に飢をかこつ
256392	朝鮮朝日	南鮮版	1934-12-05	1	06단	釜山玄關の明粧棧橋通り擴張
256393	朝鮮朝日	南鮮版	1934-12-05	1	06단	水害罹災民を副業で救ふ奬勵費を交付
256394	朝鮮朝日	南鮮版	1934-12-05	1	06단	慶南棉花共販好績
256395	朝鮮朝日	南鮮版	1934-12-05	1	06단	可憐な義金
256396	朝鮮朝日	南鮮版	1934-12-05	1	07단	滿鮮國境に橋梁を增架明年度から七ヶ年計劃で産業開發上大いに期待さる
256397	朝鮮朝日	南鮮版	1934-12-05	1	07단	金州の廓心中娼妓を絞め殺し死體の傍で飮酒
256398	朝鮮朝日	南鮮版	1934-12-05	1	08단	せめて正月は餅の一切でもと釜山職紹所が失業者の職搜し
256399	朝鮮朝日	南鮮版	1934-12-05	1	08단	鯵の豐漁値段ガタ落ち
256400	朝鮮朝日	南鮮版	1934-12-05	1	09단	元稅務課員に二年の判決
256401	朝鮮朝日	南鮮版	1934-12-05	1	09단	巖海苔養殖奬勵
256402	朝鮮朝日	南鮮版	1934-12-05	1	09단	一家・鰒に中毒主人絶命し二名瀕死/中るとは信じられぬ板場さん語る
256403	朝鮮朝日	南鮮版	1934-12-05	1	10단	鷄林かゞみ
256404	朝鮮朝日	南鮮版	1934-12-05	1	10단	師走の商戰釜山に展開
256405	朝鮮朝日	西北版	1934-12-06	1		缺號
256406	朝鮮朝日	南鮮版	1934-12-06	1	01단	帝都の名士富豪を通り魔の如く荒す八月以來二十餘萬圓の竊盜五名の怪盜團就縛/眞崎敎育總監や關屋も襲はる堀切家では留守番の自殺騷ぎ不敵な跳梁ぶり/巧妙な仕掛け一味の隱れ家
256407	朝鮮朝日	南鮮版	1934-12-06	1	01단	贈答品に煙草は如何專賣局街頭に
256408	朝鮮朝日	南鮮版	1934-12-06	1	02단	豪いぞ風の子
256409	朝鮮朝日	南鮮版	1934-12-06	1	03단	全北の敎練査閱
256410	朝鮮朝日	南鮮版	1934-12-06	1	03단	冬眠の弊習をぜひ克服したい異動後最初の本府局長會

일련번호	판명		간행일	면	단수	기사명
						議宇垣總督注意を促す
256411	朝鮮朝日	南鮮版	1934-12-06	1	04단	活動常設館も細民へ同情
256412	朝鮮朝日	南鮮版	1934-12-06	1	04단	鎭海住民の意思を發表軍縮問題で
256413	朝鮮朝日	南鮮版	1934-12-06	1	04단	海雲台佐川間開通祝賀會佐川で盛大に
256414	朝鮮朝日	南鮮版	1934-12-06	1	05단	惡くない警察官の賞與お正月も臉らかだ
256415	朝鮮朝日	南鮮版	1934-12-06	1	05단	金山賣って持込んだ十萬圓白堊殿びっくり念願を貫いた文明琦氏更に義勇機獻納に奔走/ほんの微志子供も國のお役に文明琦氏は語る
256416	朝鮮朝日	南鮮版	1934-12-06	1	05단	凶作地の人々へ生色を與へよ齒專生の街頭募金など同情の塔愈よ高し/落穗を拾ひ義金を送る健氣な學童
256417	朝鮮朝日	南鮮版	1934-12-06	1	06단	學術講演會
256418	朝鮮朝日	南鮮版	1934-12-06	1	06단	特殊團體保險に端なくも波紋五大會社保險料比較表を繞り保險界に一衝動/兩社の見解
256419	朝鮮朝日	南鮮版	1934-12-06	1	07단	郵便物速達
256420	朝鮮朝日	南鮮版	1934-12-06	1	08단	年末を警戒慶南道各署
256421	朝鮮朝日	南鮮版	1934-12-06	1	08단	目覺めた今を最も幸福に思ふ轉向を語る被告たち治維法違反事件公判
256422	朝鮮朝日	南鮮版	1934-12-06	1	09단	同じ列車に二人轢かる
256423	朝鮮朝日	南鮮版	1934-12-06	1	10단	轢れんとした老婆を救ふ勇敢な驛員
256424	朝鮮朝日	南鮮版	1934-12-06	1	10단	トラック落ち一名卽死す
256425	朝鮮朝日	南鮮版	1934-12-06	1	10단	大邱刑務所の脫走囚捕る
256426	朝鮮朝日	南鮮版	1934-12-06	1	10단	強盜しくじる
256427	朝鮮朝日	南鮮版	1934-12-06	1	10단	本社京城支局來訪
256428	朝鮮朝日	南鮮版	1934-12-06	1	10단	人(難波憲兵隊司令官/吉田鐵道局長/井坂圭一郎氏(新任全北警察部長)/西崎理財課長/西村すえ子氏(殖銀檢査役西村基助氏夫人))
256429	朝鮮朝日	西北版	1934-12-07	1	01단	産組改善普及に一線を劃す殖産契制令の草稿愈よ成り明年度から設置
256430	朝鮮朝日	西北版	1934-12-07	1	01단	平壤府對合電電料改訂の內容七日の府會附議に先だち府當局より發表/總體的に一キロ一釐強の値下年間約二萬圓浮く龜山電氣課長談
256431	朝鮮朝日	西北版	1934-12-07	1	01단	反射鏡を覗く(I)/悲鳴をあげる古本屋さん商賣にならぬ平壤全くお話になりません
256432	朝鮮朝日	西北版	1934-12-07	1	03단	電話改善を要望
256433	朝鮮朝日	西北版	1934-12-07	1	04단	警察聯合發火演習
256434	朝鮮朝日	西北版	1934-12-07	1	04단	躍る北鮮をフヰルムに全滿に宣傳
256435	朝鮮朝日	西北版	1934-12-07	1	04단	牡丹台の大公園化民有地を買收して擴張
256436	朝鮮朝日	西北版	1934-12-07	1	04단	法律青年のため平壤に法學講習所設立の意見昂まる
256437	朝鮮朝日	西北版	1934-12-07	1	05단	防火宣傳

일련번호	판명		간행일	면	단수	기사명
256438	朝鮮朝日	西北版	1934-12-07	1	05단	咸北の鰯漁二百八十萬樽
256439	朝鮮朝日	西北版	1934-12-07	1	05단	杞憂を裏切りどっと内地へ眞價を認められて大歡迎飛躍の鎭南浦林檎
256440	朝鮮朝日	西北版	1934-12-07	1	06단	六日の衆議院解散を繞る幾變轉斷案は七日に持越し
256441	朝鮮朝日	西北版	1934-12-07	1	06단	水運萬能から水陸併用に運炭船直營も研究平南南部炭の出炭
256442	朝鮮朝日	西北版	1934-12-07	1	08단	朝鮮馬の改良に盡す新十九師獸醫部長山本乙松氏
256443	朝鮮朝日	西北版	1934-12-07	1	08단	普校生が道路の沙利敷き賃銀で貧窮兒救濟
256444	朝鮮朝日	西北版	1934-12-07	1	08단	商業生の商店實習
256445	朝鮮朝日	西北版	1934-12-07	1	09단	五キロに及ぶ車の逆行連結索が切れて
256446	朝鮮朝日	西北版	1934-12-07	1	09단	留置中の被疑者逃ぐ新義州署で
256447	朝鮮朝日	西北版	1934-12-07	1	10단	羅津の都計祝賀會盛大に擧行
256448	朝鮮朝日	西北版	1934-12-07	1	10단	柳京日記
256449	朝鮮朝日	西北版	1934-12-07	1	10단	大成會へ寄附
256450	朝鮮朝日	西北版	1934-12-07	1	10단	人(阿部前平壤府尹/高橋新平壤府尹/淸水奬大佐)
256451	朝鮮朝日	南鮮版	1934-12-07	1	01단	産組改善普及に一線を劃す殖産楔制令の草稿愈よ成り明年度から設置
256452	朝鮮朝日	南鮮版	1934-12-07	1	01단	水害復舊費は金組を通じて貸出の方針決まる
256453	朝鮮朝日	南鮮版	1934-12-07	1	01단	前年より高い？鮮米の本年度生産費議會でもまた一問題
256454	朝鮮朝日	南鮮版	1934-12-07	1	01단	皇太子殿下初の御誕生日釜山の奉祝
256455	朝鮮朝日	南鮮版	1934-12-07	1	02단	釜山教化聯合創立委員會
256456	朝鮮朝日	南鮮版	1934-12-07	1	02단	六日の衆議院解散を繞る幾變轉斷案は七日に持越し
256457	朝鮮朝日	南鮮版	1934-12-07	1	03단	寄る邊なき老人も樂隱居が出來る京城東部隣保館に竣工した溫いお爺さんの家/木浦高女生擧って義金/光州高女の相次ぐ美擧
256458	朝鮮朝日	南鮮版	1934-12-07	1	04단	釜山新年互禮會
256459	朝鮮朝日	南鮮版	1934-12-07	1	04단	洛東江安東橋近く落成式
256460	朝鮮朝日	南鮮版	1934-12-07	1	04단	公州第一普校新校舍上棟式/麻浦普通校上棟式
256461	朝鮮朝日	南鮮版	1934-12-07	1	05단	郵便物もスピードアップひかりで遞送
256462	朝鮮朝日	南鮮版	1934-12-07	1	05단	愛の結晶！米倉初め情けの人々凶作地義損金相次ぐ
256463	朝鮮朝日	南鮮版	1934-12-07	1	06단	京城に舞戻り工場主に納まる凄腕を揮った一名帝都怪盗團の追及
256464	朝鮮朝日	南鮮版	1934-12-07	1	07단	永登浦ほか八ヶ面を編入京城府の區域擴張
256465	朝鮮朝日	南鮮版	1934-12-07	1	08단	羅南丸の乘組員死體續々と發見
256466	朝鮮朝日	南鮮版	1934-12-07	1	08단	成べく速に使途取決め文明琦氏の國防獻金
256467	朝鮮朝日	南鮮版	1934-12-07	1	09단	京城南部幹線道路の大改修愈よ明年から着工
256468	朝鮮朝日	南鮮版	1934-12-07	1	10단	木浦の人口調査
256469	朝鮮朝日	南鮮版	1934-12-07	1	10단	赤の六名送局

일련번호	판명		간행일	면	단수	기사명
256470	朝鮮朝日	南鮮版	1934-12-07	1	10단	もよほし(釜山教育會講演會/釜山在鄉軍人聯合會竝に國防義會/京城新人玄關第十九回座談會)
256471	朝鮮朝日	南鮮版	1934-12-07	1	10단	人(小林省三郎中將(鎮海要港部司令官)/八木光喜氏(全州警察署長)/宇野友八氏(馬山府尹)/大竹十郎氏(本府保安課長)/福田英在衛門氏(平南高等課長)/梅原保氏(東京米商取引所理事)/文箭郡次郎氏(大阪堂島取引所監督))
256472	朝鮮朝日	西北版	1934-12-08	1	01단	皇后、皇太后兩陛下眞綿を下賜國境部隊と在滿軍へ土岐事務官から傳達さる(土岐事務官謹話)
256473	朝鮮朝日	西北版	1934-12-08	1	01단	地元に恩惠薄い清津の混保制度特産輸送の隆盛を計るため取引所要望の聲昂る
256474	朝鮮朝日	西北版	1934-12-08	1	01단	咸南農村の借金退治に光明第一次計劃の成功に力づき更に運動を擴げる
256475	朝鮮朝日	西北版	1934-12-08	1	01단	反射鏡を覗く(J)/大衆化した寫眞機一番賣れるは國産品腕の伴はぬ高級品組
256476	朝鮮朝日	西北版	1934-12-08	1	04단	ゴム工場俄然活況滿洲關稅の引き下げて
256477	朝鮮朝日	西北版	1934-12-08	1	05단	改訂電料を多數で可決阿部前府尹、說得の一幕平壤府會
256478	朝鮮朝日	西北版	1934-12-08	1	05단	義金の奔流東北凶作地へ
256479	朝鮮朝日	西北版	1934-12-08	1	05단	平南明年度歲入經常部前年度より二萬五千圓增
256480	朝鮮朝日	西北版	1934-12-08	1	05단	歲末經濟まづ上々好調に乘る平壤
256481	朝鮮朝日	西北版	1934-12-08	1	06단	南鮮の移民一先づ中止結氷期に入り
256482	朝鮮朝日	西北版	1934-12-08	1	06단	咸南の電氣統制明春早々實現萩原知事の斡旋で五社合同長津江水電の一手配給へ/火力發電を鬪ひとれと平壤商議所起つ/西鮮合電國境へ送電を開始
256483	朝鮮朝日	西北版	1934-12-08	1	07단	珍らしい古生代の化石平北義州郡光城面で發見森城大教授視察す
256484	朝鮮朝日	西北版	1934-12-08	1	08단	赤い過去を蹴飛ばして更生鬪士の國防獻金
256485	朝鮮朝日	西北版	1934-12-08	1	09단	老醫生の頌德碑溫情に感じて
256486	朝鮮朝日	西北版	1934-12-08	1	09단	食はれた牛
256487	朝鮮朝日	西北版	1934-12-08	1	10단	家屋詐欺
256488	朝鮮朝日	西北版	1934-12-08	1	10단	白晝の強盜平壤に二件
256489	朝鮮朝日	西北版	1934-12-08	1	10단	人(待山義雄氏(草梁土木出張所長))
256490	朝鮮朝日	西北版	1934-12-08	1	10단	柳京日記
256491	朝鮮朝日	南鮮版	1934-12-08	1	01단	御仁慈畏し皇后、皇太后兩陛下眞綿を下賜在滿軍及び國境部隊へ土岐事務官から傳達さる(土岐事務官謹話)
256492	朝鮮朝日	南鮮版	1934-12-08	1	01단	まごつかす冬半月も早い訪れ
256493	朝鮮朝日	南鮮版	1934-12-08	1	01단	軍事講演會
256494	朝鮮朝日	南鮮版	1934-12-08	1	01단	辭令(東京)
256495	朝鮮朝日	南鮮版	1934-12-08	1	02단	師走におくる話題 釜山の姐さん連河豚が食へぬ一家四

일련번호	판명		간행일	면	단수	기사명
						人の中毒事件から俄然大衝動を起す/中毒を語る/火事の備へ釜山高女の訓練/門松とお餅の値段はどう釜山の調べ/籠の鳥に自由の翼さを人の子らしく大空へ解放取締り規則を改正/太平洋越えて結ぶ童心の親善米國の幼稚園兒から半島の友へお人形/清州の賣出し/一夜に三名大邱に捨子
256496	朝鮮朝日	南鮮版	1934-12-08	1	03단	學園の就職戰線を診る(5)/教へ子の幸行く手に鈴生り果報な三つの實業校
256497	朝鮮朝日	南鮮版	1934-12-08	1	05단	大田靑訓査閱頗る好成績
256498	朝鮮朝日	南鮮版	1934-12-08	1	06단	主要路線はすべて建設治道計劃順調に進み第三期は改主建從で
256499	朝鮮朝日	南鮮版	1934-12-08	1	07단	學童の義金
256500	朝鮮朝日	南鮮版	1934-12-08	1	08단	シックな樣式で釜山府の新廳舍近く着工の運び
256501	朝鮮朝日	南鮮版	1934-12-08	1	08단	人(吉與上將一行)
256502	朝鮮朝日	南鮮版	1934-12-08	1	08단	金の延棒を持って家出
256503	朝鮮朝日	南鮮版	1934-12-08	1	09단	收賄事件の駒田に求刑
256504	朝鮮朝日	南鮮版	1934-12-08	1	09단	鐵道自殺した女性は貴族李海昇侯爵嗣子の夫人病苦からの發作か
256505	朝鮮朝日	南鮮版	1934-12-08	1	09단	色と慾の二筋道誘拐魔運つきて御用
256506	朝鮮朝日	南鮮版	1934-12-08	1	10단	多數を語らひなぐり込む
256507	朝鮮朝日	南鮮版	1934-12-08	1	10단	馬車馬暴る
256508	朝鮮朝日	南鮮版	1934-12-08	1	10단	瀆職事件公判
256509	朝鮮朝日	西北版	1934-12-09	1	01단	明暗交錯の農村風景 極貧者には直接給與を餘力ある者は種穀を平南の凶作地救濟/凶作に泣く平北渭原の窮民一千餘/豐作を謳ふ一部農村の喜色に平壤の商況も活潑
256510	朝鮮朝日	西北版	1934-12-09	1	01단	軍都の發憤他道に比し劣勢の軍犬、軍馬を殖やす
256511	朝鮮朝日	西北版	1934-12-09	1	01단	輝く都市美平壤南町一帶近代建築に面目を一新
256512	朝鮮朝日	西北版	1934-12-09	1	02단	平北の重晶石續々內地へ
256513	朝鮮朝日	西北版	1934-12-09	1	02단	舳を一轉沿海州へ準備を急ぐ咸北漁船
256514	朝鮮朝日	西北版	1934-12-09	1	04단	平壤驛前鋪裝擴張
256515	朝鮮朝日	西北版	1934-12-09	1	04단	平南に奏づる眼かな緬羊行進譜幸先きよい實施の前奏曲に早くも工場の計劃
256516	朝鮮朝日	西北版	1934-12-09	1	05단	國境除隊兵
256517	朝鮮朝日	西北版	1934-12-09	1	05단	特別室など以っての外薄暗い照明も嚴禁咸南カフェ取締內規
256518	朝鮮朝日	西北版	1934-12-09	1	06단	明太魚盛漁期へ色めく元山
256519	朝鮮朝日	西北版	1934-12-09	1	06단	官吏昇給の不公平緩和
256520	朝鮮朝日	西北版	1934-12-09	1	07단	大同江凍る春を待つ黑船
256521	朝鮮朝日	西北版	1934-12-09	1	07단	熙川の近在に新溫泉湧く半島に珍しい硫黃泉滿浦新

일련번호	판명		간행일	면	단수	기사명
						線の喜び
256522	朝鮮朝日	西北版	1934-12-09	1	07단	若妻の怪死偏鍼醫の荒療治に
256523	朝鮮朝日	西北版	1934-12-09	1	08단	年末警戒
256524	朝鮮朝日	西北版	1934-12-09	1	08단	お役人の街・咸興書入れの賞與月氣にかゝる袋の重さよ
256525	朝鮮朝日	西北版	1934-12-09	1	08단	脱税の告訴
256526	朝鮮朝日	西北版	1934-12-09	1	09단	自動車轉覆四名死傷す
256527	朝鮮朝日	西北版	1934-12-09	1	10단	列車から火を吹く咸鏡線の異變
256528	朝鮮朝日	西北版	1934-12-09	1	10단	人(前田良治氏(新任滿洲國濱江省公署警務廳長)/戶谷正路氏(平壤警察署長)/望月暉眼氏(海州地方法院沙里院支廳監督書記))
256529	朝鮮朝日	西北版	1934-12-09	1	10단	柳京日記
256530	朝鮮朝日	南鮮版	1934-12-09	1	01단	受驗地獄から解放されぬ兒童中等校入試改善の妙案なく明年も從來どほり/中等校志願者は何れも二倍以上本年の入學試驗狀況
256531	朝鮮朝日	南鮮版	1934-12-09	1	01단	晝夜兼行で苦心の測量待望の洛東江改修いよいよ着工の運び
256532	朝鮮朝日	南鮮版	1934-12-09	1	01단	李辰琬姬と尹源善氏御婚儀は二十日
256533	朝鮮朝日	南鮮版	1934-12-09	1	02단	學園の就職戰線を診る(6)/新天地から超弩級の求人綺麗に片付く腹らかさ
256534	朝鮮朝日	南鮮版	1934-12-09	1	03단	渡滿部隊の京城着時刻
256535	朝鮮朝日	南鮮版	1934-12-09	1	03단	朝鮮軍司令部における下賜品傳達式右から土岐宮內事務官と植田司令官昨紙參照
256536	朝鮮朝日	南鮮版	1934-12-09	1	04단	朝鮮信託重役會
256537	朝鮮朝日	南鮮版	1934-12-09	1	04단	釜山の敎化聯盟廿三日發會式
256538	朝鮮朝日	南鮮版	1934-12-09	1	05단	明粧して待つ三防峽スキー場
256539	朝鮮朝日	南鮮版	1934-12-09	1	05단	世智辛い暮れた三萬五千圓轉げ込む見放した鑛山に買手
256540	朝鮮朝日	南鮮版	1934-12-09	1	05단	あすの氣象をすっかり覺込む避難演習まで見ごと心强い光州小學校生
256541	朝鮮朝日	南鮮版	1934-12-09	1	06단	全北警察部長井坂氏着任
256542	朝鮮朝日	南鮮版	1934-12-09	1	07단	お正月を前に嬉しい昇給
256543	朝鮮朝日	南鮮版	1934-12-09	1	07단	鎭海の歲の市
256544	朝鮮朝日	南鮮版	1934-12-09	1	07단	殊勳の警官
256545	朝鮮朝日	南鮮版	1934-12-09	1	07단	第三回哲學公開講演會
256546	朝鮮朝日	南鮮版	1934-12-09	1	08단	釜山牧の島を結ぶ電車明年一月から運轉
256547	朝鮮朝日	南鮮版	1934-12-09	1	08단	鳥海丸坐礁
256548	朝鮮朝日	南鮮版	1934-12-09	1	08단	抗內崩潰し三名生埋め奇蹟的に助る
256549	朝鮮朝日	南鮮版	1934-12-09	1	09단	年末の警戒陣全鮮に布く

일련번호	판명		간행일	면	단수	기사명
256550	朝鮮朝日	南鮮版	1934-12-09	1	09단	國防獻金田に結晶する赤誠全州農校生の美擧
256551	朝鮮朝日	南鮮版	1934-12-09	1	09단	人(本社京城支局來訪/鐵道局衛藤運轉課長/鈴木總督府林政課長/山口太兵衛氏)
256552	朝鮮朝日	南鮮版	1934-12-09	1	09단	凄い探偵眠に怪盜百年目赤十字病院の小使さん七回目の殊勳
256553	朝鮮朝日	南鮮版	1934-12-09	1	10단	男の溺死體
256554	朝鮮朝日	南鮮版	1934-12-09	1	10단	列車から火を吹く咸鏡線の異變
256555	朝鮮朝日	南鮮版	1934-12-09	1	10단	鷄林かゞみ
256556	朝鮮朝日	西北版	1934-12-11	1	01단	電氣統制と平壤府電公營死守の對策
256557	朝鮮朝日	西北版	1934-12-11	1	01단	乙女ごゝろ(上)/巢立ちゅく制服の處女の夢めっきり殖えた就職希望者注文の多い婿選み
256558	朝鮮朝日	西北版	1934-12-11	1	02단	一訓導の丹精に生れ出た太陽の村手のつけられぬ無賴の村がたった二年で一變
256559	朝鮮朝日	西北版	1934-12-11	1	02단	元山水力に他社を合併資本は約五百萬圓咸南の電氣統制
256560	朝鮮朝日	西北版	1934-12-11	1	03단	興南郵便局新設/羅津局開く
256561	朝鮮朝日	西北版	1934-12-11	1	03단	北鮮時代の呼聲に物價は一齊暴騰大恐慌の家庭經濟
256562	朝鮮朝日	西北版	1934-12-11	1	04단	防火演習
256563	朝鮮朝日	西北版	1934-12-11	1	04단	平南警察部異動/咸南の異動
256564	朝鮮朝日	西北版	1934-12-11	1	05단	勳賞授與式
256565	朝鮮朝日	西北版	1934-12-11	1	06단	咸興高女落成式
256566	朝鮮朝日	西北版	1934-12-11	1	06단	竈の敷石が燦然たる黃金に石の出所を求めて探鑛騷ぎ農家の台所異變
256567	朝鮮朝日	西北版	1934-12-11	1	07단	平北の漁業頗る好成績
256568	朝鮮朝日	西北版	1934-12-11	1	07단	高橋新府尹着任
256569	朝鮮朝日	西北版	1934-12-11	1	07단	朝鮮同胞の衛生施設に除隊兵から篤志の寄附
256570	朝鮮朝日	西北版	1934-12-11	1	07단	慘土に愛の礫！東北の缺食兒童に寄する平壤人の情
256571	朝鮮朝日	西北版	1934-12-11	1	07단	列車轉覆に罰金
256572	朝鮮朝日	西北版	1934-12-11	1	08단	嫉妬の一擊妾を殺し返す刃で本妻、喉を搔つ斬る
256573	朝鮮朝日	西北版	1934-12-11	1	08단	黃海道の家畜調査
256574	朝鮮朝日	西北版	1934-12-11	1	08단	猖撅する感冒學童を襲ふ
256575	朝鮮朝日	西北版	1934-12-11	1	09단	鎭南浦の火事目拕街十戶を燒く/新安州の火事
256576	朝鮮朝日	西北版	1934-12-11	1	09단	金密輸團檢擧一味十四名
256577	朝鮮朝日	西北版	1934-12-11	1	09단	强盜捕る
256578	朝鮮朝日	西北版	1934-12-11	1	10단	開城義士會
256579	朝鮮朝日	西北版	1934-12-11	1	10단	茂山對岸に疑似豚疫發生
256580	朝鮮朝日	西北版	1934-12-11	1	10단	もよほし(死體解剖祭)
256581	朝鮮朝日	西北版	1934-12-11	1	10단	人(阿部慶北內務部長/前田滿洲國濱江省警務廳長/上甲幸氏(本社平壤通信部員)/永濱昇君(本社淸津通信所永濱

일련번호	판명		간행일	면	단수	기사명
						修氏次男))
256582	朝鮮朝日	西北版	1934-12-11	1	10단	柳京日記
256583	朝鮮朝日	南鮮版	1934-12-11	1	01단	歳末に聞く眼話人にも告げず道路を掃き淨む夏以來每早朝つゞける感心な兄弟の學生/戰鬪機各一台を陸、海軍に獻納殘餘は航空思想普及費に文明埼氏獻金の使途決まる/沙利運びで哀れな友を救ふ平北普通學生の美擧/無言の勇士へ優しい劬り群山府內の借受人を一丸に在鄕軍馬會を組織/香奠返し寄附/東北凶作へ愛婦會の義金/貧困の人々へお餅を贈る釜山愛婦會
256584	朝鮮朝日	南鮮版	1934-12-11	1	01단	寒い乳幼兒に暖い毛布を愛育會から贈る
256585	朝鮮朝日	南鮮版	1934-12-11	1	01단	師走の表情大京城モンタージュ
256586	朝鮮朝日	南鮮版	1934-12-11	1	04단	人(古壓本府農政課長/油非同農林局技師/大竹同警務局保安課長)
256587	朝鮮朝日	南鮮版	1934-12-11	1	05단	二十師團入營兵各衛戍地へ/渡滿部隊勇躍北行す
256588	朝鮮朝日	南鮮版	1934-12-11	1	06단	釜山鐵道會館十日から開業
256589	朝鮮朝日	南鮮版	1934-12-11	1	06단	２３時間の無聊を慰む國際列車ひかりに娛樂室を設ける
256590	朝鮮朝日	南鮮版	1934-12-11	1	07단	慶北各電氣の資本を統制安價な電力を供給
256591	朝鮮朝日	南鮮版	1934-12-11	1	07단	軍縮代表を激勵の決議大邱府民大會
256592	朝鮮朝日	南鮮版	1934-12-11	1	07단	龍頭山神社の年末年始祭典
256593	朝鮮朝日	南鮮版	1934-12-11	1	08단	犯罪への用心はよいか鐘路者署戶別に注意
256594	朝鮮朝日	南鮮版	1934-12-11	1	08단	河豚の安全な料理法實演釜山の板場さん
256595	朝鮮朝日	南鮮版	1934-12-11	1	08단	子供の怪死/鎭海邑民も決議を打電
256596	朝鮮朝日	南鮮版	1934-12-11	1	09단	晉州の火事三戶を燒く
256597	朝鮮朝日	南鮮版	1934-12-11	1	09단	冬の豪華版神宮氷上競技新春五日から擧行
256598	朝鮮朝日	南鮮版	1934-12-11	1	10단	八各を送局棉花共販所不正事件
256599	朝鮮朝日	南鮮版	1934-12-11	1	10단	赤の轉向派に實刑を求む
256600	朝鮮朝日	南鮮版	1934-12-11	1	10단	共同便所內に胎兒を遺棄
256601	朝鮮朝日	南鮮版	1934-12-11	1	10단	鷄林かゞみ
256602	朝鮮朝日	西北版	1934-12-12	1	01단	精巧な探照燈で國境の闇を護る携帯用八十個を三道に配備匪賊と密輸に備ふ
256603	朝鮮朝日	西北版	1934-12-12	1	01단	２３時間の無聊を慰む國際列車ひかりに娛樂室を設ける
256604	朝鮮朝日	西北版	1934-12-12	1	01단	林檎加工の試驗場を設置その成績で會社組織に鎭南浦産組の計劃
256605	朝鮮朝日	西北版	1934-12-12	1	01단	乙女ごころ(中)/女學生ゑがく愛の巢設計圖土地柄さすが官吏が好き嫌はれる小姑連
256606	朝鮮朝日	西北版	1934-12-12	1	02단	朝鮮電氣の料金値下げ
256607	朝鮮朝日	西北版	1934-12-12	1	03단	指導部落を殖やし過ぎるこれでは更生の徹底は望めぬ

일련번호	판명		간행일	면	단수	기사명
						と本府の方針に一部で反對
256608	朝鮮朝日	西北版	1934-12-12	1	04단	滿洲製粉沙里院工場竣工す
256609	朝鮮朝日	西北版	1934-12-12	1	04단	林檎は躍る南浦産の道外移出二百六十萬貫
256610	朝鮮朝日	西北版	1934-12-12	1	04단	時局反映の結婚風景萬事簡略に
256611	朝鮮朝日	西北版	1934-12-12	1	05단	平壤署愈よ年末警戒に
256612	朝鮮朝日	西北版	1934-12-12	1	05단	滿浦線の新溫泉に全鮮一の折紙吉永平鐵所長ら實地踏査近く大々的に宣傳
256613	朝鮮朝日	西北版	1934-12-12	1	06단	師走狂騷曲強盜・放火・傷害
256614	朝鮮朝日	西北版	1934-12-12	1	06단	紅蔘密輸の首魁捕まる
256615	朝鮮朝日	西北版	1934-12-12	1	06단	朝鮮人移民の將來頗る有望堂本駐滿事務官から總督府側へ報告
256616	朝鮮朝日	西北版	1934-12-12	1	07단	災害復舊事業愈よ一齊に着手無修正で通過した追加豫算總額四百卅八萬圓
256617	朝鮮朝日	西北版	1934-12-12	1	08단	景氣は港から運ばれる商品の山
256618	朝鮮朝日	西北版	1934-12-12	1	08단	京圖線の開通に淋れる朝開沿線局面打開に當局腐心
256619	朝鮮朝日	西北版	1934-12-12	1	08단	巡査を亂打不敵の二怪漢
256620	朝鮮朝日	西北版	1934-12-12	1	09단	義心の奔騰慘たる東北冷害にきほひ立つ女性群
256621	朝鮮朝日	西北版	1934-12-12	1	10단	線路に石！機關車脫線
256622	朝鮮朝日	西北版	1934-12-12	1	10단	柳京日記
256623	朝鮮朝日	南鮮版	1934-12-12	1	01단	精巧な探照燈で國境の闇を護る携帯用八十個を三道に配備匪賊と密輸に備ふ
256624	朝鮮朝日	南鮮版	1934-12-12	1	01단	災害復舊事業愈よ一齊に着手無修正で通過した追加豫算總額四百卅八萬圓
256625	朝鮮朝日	南鮮版	1934-12-12	1	01단	朝鮮人移民の將來頗る有望堂本駐滿事務官から總督府側へ報告
256626	朝鮮朝日	南鮮版	1934-12-12	1	01단	定例局長會議
256627	朝鮮朝日	南鮮版	1934-12-12	1	02단	希望の丘へ學園の就職戰線を診る(7)/瀟洒なチョグリも堂々の行進だ岡辰群にも惠まれた信號
256628	朝鮮朝日	南鮮版	1934-12-12	1	03단	西村議員辭表を撤回釜山府會
256629	朝鮮朝日	南鮮版	1934-12-12	1	04단	從來に見ぬ收穫を期待鮮滿貨物輸送改善懇談會愈よ開く
256630	朝鮮朝日	南鮮版	1934-12-12	1	04단	仁川沖に沈む高陞號引揚げ作業船もすでに回航されちかく作業を開始
256631	朝鮮朝日	南鮮版	1934-12-12	1	05단	東北凶作地へ相次ぐ義金
256632	朝鮮朝日	南鮮版	1934-12-12	1	06단	*渡滿初年兵釜山を通過/馬山の歡送*
256633	朝鮮朝日	南鮮版	1934-12-12	1	06단	*釜山若妻殺し死刑の判決情婦には執行猶豫の恩典湊は直ちに控訴す/被害者實父語る*
256634	朝鮮朝日	南鮮版	1934-12-12	1	08단	六名死傷すバスの異變
256635	朝鮮朝日	南鮮版	1934-12-12	1	08단	塀が倒れ傷く

일련번호	판명		간행일	면	단수	기사명
256636	朝鮮朝日	南鮮版	1934-12-12	1	08단	ふぐ料理は相變らず繁昌中毒騷ぎ解消し釜山の業者は樂觀
256637	朝鮮朝日	南鮮版	1934-12-12	1	08단	紅蔘密輸の首魁捕まる
256638	朝鮮朝日	南鮮版	1934-12-12	1	09단	山田太兵衛氏半島財界の草分
256639	朝鮮朝日	南鮮版	1934-12-12	1	09단	師走を脅す恐喝の一團京城一流會社商店を歷訪し高飛びの旅費を稼ぐ
256640	朝鮮朝日	南鮮版	1934-12-12	1	10단	人(永井十太郎氏(前釜山遞信分掌局長)/難波憲兵司令官/加藤鮮銀總裁/景山總督府稅務課長/倉島新任平壤遞信分掌局長/金中華民國京城總領事館員/堂本新任群山郵便局長/高松遞信局海事課長)
256641	朝鮮朝日	南鮮版	1934-12-12	1	10단	鷄林かゞみ
256642	朝鮮朝日	西北版	1934-12-13	1	01단	北鮮沿岸の警戒網を嚴に港灣警察を充實し國際スパイの暗躍に備ふ
256643	朝鮮朝日	西北版	1934-12-13	1	01단	瀨戶に劣らぬ食器を賣出す絹布の加工にも新機軸を平南の工業助成
256644	朝鮮朝日	西北版	1934-12-13	1	01단	安東の酒が朝鮮經由で圖們へ轉口稅廢止と銀高に安奉線利用は中絶
256645	朝鮮朝日	西北版	1934-12-13	1	02단	平壤商議所の六大調査
256646	朝鮮朝日	西北版	1934-12-13	1	02단	明年度炭價結局据置か
256647	朝鮮朝日	西北版	1934-12-13	1	03단	官廳度量衡器檢査
256648	朝鮮朝日	西北版	1934-12-13	1	03단	乙女ごころ(下)/過ちのない合理的結婚は？天辰事件も輕卒からと自重を說く彼女達
256649	朝鮮朝日	西北版	1934-12-13	1	04단	麻藥協會支部發會
256650	朝鮮朝日	西北版	1934-12-13	1	04단	鴨江白魚組合更生の步み新組合長に加藤氏就任
256651	朝鮮朝日	西北版	1934-12-13	1	04단	趣味は釣り新平壤憲兵隊長植原少佐
256652	朝鮮朝日	西北版	1934-12-13	1	04단	通信競技會
256653	朝鮮朝日	西北版	1934-12-13	1	05단	鎮南浦漁組合水揚十萬圓漁民はホクホク
256654	朝鮮朝日	西北版	1934-12-13	1	05단	東北凶作義金本社平壤通信部寄託
256655	朝鮮朝日	西北版	1934-12-13	1	05단	嚴冬でないと眞の民情は分らぬちかく西鮮へ視察に行くよ久しぶりに宇垣總督語る
256656	朝鮮朝日	西北版	1934-12-13	1	06단	牛車に轢かれ少女の慘死荷車、自轉車との三重衝突にまた魔の踏切で事故
256657	朝鮮朝日	西北版	1934-12-13	1	06단	籠の鳥も初春の大空へ當局のさばけたおふれで外出も愈よ自由に
256658	朝鮮朝日	西北版	1934-12-13	1	06단	韓氏の美擧
256659	朝鮮朝日	西北版	1934-12-13	1	07단	平北の海苔試植
256660	朝鮮朝日	西北版	1934-12-13	1	08단	幸運の七千人鐵道の昇給
256661	朝鮮朝日	西北版	1934-12-13	1	08단	密輸回數五十餘回金額百數十萬圓平壤の金塊密輸團近く送局

일련번호	판명		간행일	면	단수	기사명
256662	朝鮮朝日	西北版	1934-12-13	1	08단	心强い銃後官民一致の國防費獻金
256663	朝鮮朝日	西北版	1934-12-13	1	09단	畑を水田に
256664	朝鮮朝日	西北版	1934-12-13	1	09단	江界の火事全燒三十戶を出す
256665	朝鮮朝日	西北版	1934-12-13	1	10단	將士を激勵
256666	朝鮮朝日	西北版	1934-12-13	1	10단	赤の兇徒に無期の求刑
256667	朝鮮朝日	西北版	1934-12-13	1	10단	柳京日記
256668	朝鮮朝日	南鮮版	1934-12-13	1	01단	嚴冬でないと眞の民情は分らぬ近く西鮮へ視察に行くよ宇垣總督久しぶりに語る
256669	朝鮮朝日	南鮮版	1934-12-13	1	01단	北鮮沿岸の警戒網を嚴に港灣警察を充實し國際スパイの暗躍に備ふ
256670	朝鮮朝日	南鮮版	1934-12-13	1	01단	有髮者の頭へ郡守自ら鋏入れ全南に殖える斷髮群
256671	朝鮮朝日	南鮮版	1934-12-13	1	01단	大鉈を揮ふ慶北明年豫算/全北道豫算も緊縮の方針
256672	朝鮮朝日	南鮮版	1934-12-13	1	02단	鎮海に行くのはワシには懷かしい美人ではない紅葉が待っとるでナ床し小林中將の話
256673	朝鮮朝日	南鮮版	1934-12-13	1	03단	朓な第一聲新慶北內務部長阿部氏着任
256674	朝鮮朝日	南鮮版	1934-12-13	1	04단	京城兩聯隊の入營式
256675	朝鮮朝日	南鮮版	1934-12-13	1	04단	幸運の七千人鐵道の昇給
256676	朝鮮朝日	南鮮版	1934-12-13	1	05단	歲晚の巷を護る各署の警備陣(釜山/大邱)
256677	朝鮮朝日	南鮮版	1934-12-13	1	05단	大衆哲學の夕城大主催、本社支局後援で十四日公開講演會(安倍教授の講演/田中教授の講演)
256678	朝鮮朝日	南鮮版	1934-12-13	1	06단	農林局を改革米穀部の獨立を事務多端と重要性に鑑みて首腦部に有力化す
256679	朝鮮朝日	南鮮版	1934-12-13	1	07단	スピード捕物
256680	朝鮮朝日	南鮮版	1934-12-13	1	07단	籠の鳥も初春の大空へ當局のさばけたおふれで外出も愈よ自由に
256681	朝鮮朝日	南鮮版	1934-12-13	1	07단	釜山棧橋に明粧の大工作大型聯絡船建造で
256682	朝鮮朝日	南鮮版	1934-12-13	1	08단	人(本社京城支局來訪)
256683	朝鮮朝日	南鮮版	1934-12-13	1	08단	驛頭に三ヶ年間勇士を歡送迎感心な母子を表彰
256684	朝鮮朝日	南鮮版	1934-12-13	1	09단	線路通行防止宣傳海雲台佐川間新開通で
256685	朝鮮朝日	南鮮版	1934-12-13	1	09단	三萬の細民へ樂しい正月を京城府方面委員敎化團體で歲末同情週間を催す/同情週間に總督も寄附/伊達府尹らも醵金
256686	朝鮮朝日	南鮮版	1934-12-13	1	10단	暮れの苦しさ人妻身投げ危く救はる
256687	朝鮮朝日	南鮮版	1934-12-13	1	10단	强盗を腰投げ二名して浦ふ
256688	朝鮮朝日	南鮮版	1934-12-13	1	10단	辻强盗捕る
256689	朝鮮朝日	南鮮版	1934-12-13	1	10단	人(松島新任忠北內務部長/美座京城稅務監督局長/竹島朝鮮運送社長/三上尙男君(三上東拓京城支店長三男))
256690	朝鮮朝日	西北版	1934-12-14	1	01단	精神文化運動は先づ宗敎の復興宇垣統治の一轉機を劃し或は統制を斷行か

일련번호	판명		간행일	면	단수	기사명
256691	朝鮮朝日	西北版	1934-12-14	1	01단	西鮮農村に文化の惠み着々伸びゆく電化の觸手/朝電の電料値下げ內容
256692	朝鮮朝日	西北版	1934-12-14	1	01단	平北にも陸地棉は出來る三郡下で見事成功
256693	朝鮮朝日	西北版	1934-12-14	1	04단	石下驛改築成る
256694	朝鮮朝日	西北版	1934-12-14	1	04단	平南の沙防工事明年度より引續き施工
256695	朝鮮朝日	西北版	1934-12-14	1	04단	平壤歲末市況活潑
256696	朝鮮朝日	西北版	1934-12-14	1	04단	緊密な提携で能率を增進隔意なき意見を交換鮮滿輸送改善懇談會
256697	朝鮮朝日	西北版	1934-12-14	1	05단	優秀書堂を簡易學校に
256698	朝鮮朝日	西北版	1934-12-14	1	05단	建ち竝ぶ高層建築平壤の膨脹
256699	朝鮮朝日	西北版	1934-12-14	1	05단	飢を待つ窮民悲慘な咸南新興郡の凶作地郡內から義金募集
256700	朝鮮朝日	西北版	1934-12-14	1	06단	北鮮の野に戰車の馳驅新春早々定平で咸興聯隊耐寒演習
256701	朝鮮朝日	西北版	1934-12-14	1	06단	殖銀支店改築
256702	朝鮮朝日	西北版	1934-12-14	1	06단	本紙の手記に感激の釀金嚴寒來にいや增す東北地方凶作義金
256703	朝鮮朝日	西北版	1934-12-14	1	07단	內地人間の民風も改善
256704	朝鮮朝日	西北版	1934-12-14	1	07단	地稅に異議
256705	朝鮮朝日	西北版	1934-12-14	1	07단	怒れる牛五名を刺す一名は無殘の卽死/燒出された學友に全校七百の生徒から愛の贈り物
256706	朝鮮朝日	西北版	1934-12-14	1	08단	妻を奪はれ兇刃を揮ふ一年目に發覺
256707	朝鮮朝日	西北版	1934-12-14	1	08단	麻藥密輸の蔭に內地女支那人の妾となって港の暗黑面に躍る
256708	朝鮮朝日	西北版	1934-12-14	1	08단	車に挾まれ逃場を失ふ魔の踏切の少女轢死事件
256709	朝鮮朝日	西北版	1934-12-14	1	09단	隣室から銃彈二名重傷す出獵の手入れ中發射
256710	朝鮮朝日	西北版	1934-12-14	1	09단	株式の割當決る製鍊會社發起人會
256711	朝鮮朝日	西北版	1934-12-14	1	10단	自動車轢く
256712	朝鮮朝日	西北版	1934-12-14	1	10단	强盜押入る
256713	朝鮮朝日	西北版	1934-12-14	1	10단	人(蘇鎭殷氏(平南道保安課長))
256714	朝鮮朝日	西北版	1934-12-14	1	10단	柳京日記
256715	朝鮮朝日	南鮮版	1934-12-14	1	01단	精神文化運動は先づ宗敎の復興宇垣統治の一轉機を劃し或は統制を斷行か
256716	朝鮮朝日	南鮮版	1934-12-14	1	01단	淺草海苔のお株を奪ふ全南代表者連實地調査の來道で急速に具體化せん
256717	朝鮮朝日	南鮮版	1934-12-14	1	01단	神前に誓ふ半島の護り
256718	朝鮮朝日	南鮮版	1934-12-14	1	02단	京城府會
256719	朝鮮朝日	南鮮版	1934-12-14	1	02단	希望の丘へ學園の就職戰線を診る(8)/景氣を跨ぐ眠らかな全勝篇特色の武器をかざす四校

일련번호	판명		간행일	면	단수	기사명
256720	朝鮮朝日	南鮮版	1934-12-14	1	03단	京城府議懇談會
256721	朝鮮朝日	南鮮版	1934-12-14	1	03단	釜山・歲晩風景忘年會に年の市に景氣の坩堝は沸る
256722	朝鮮朝日	南鮮版	1934-12-14	1	04단	鮮銀の異動
256723	朝鮮朝日	南鮮版	1934-12-14	1	04단	株式の割當決る製鍊會社發起人會
256724	朝鮮朝日	南鮮版	1934-12-14	1	05단	緊密な提携で能率を增進隔意なき意見を交換鮮滿輸送改善懇談會
256725	朝鮮朝日	南鮮版	1934-12-14	1	05단	譽れの靑訓生眞摯の受閱ぶりが目に止り梅崎師團長から破格のお賞め
256726	朝鮮朝日	南鮮版	1934-12-14	1	06단	奇特の學童
256727	朝鮮朝日	南鮮版	1934-12-14	1	06단	時局に處す裡里鄕軍分會
256728	朝鮮朝日	南鮮版	1934-12-14	1	07단	羅南丸遭難者弔慰金決る
256729	朝鮮朝日	南鮮版	1934-12-14	1	07단	廿年前の見合寫眞にとんだ濡れ衣女と母親の狂言か知らぬ間に私生兒認知の判決
256730	朝鮮朝日	南鮮版	1934-12-14	1	08단	驛員の殉職頻々
256731	朝鮮朝日	南鮮版	1934-12-14	1	08단	學期試驗の直前に怪火當局重大視し取調べを開始京城中央高普の火事/最初の發見者談/火の氣は十分に始末當直敎諭語る
256732	朝鮮朝日	南鮮版	1934-12-14	1	09단	隣室から銃彈二名重傷す出獵の手入れ中發射
256733	朝鮮朝日	南鮮版	1934-12-14	1	10단	映畫館にすて子名所にも初て
256734	朝鮮朝日	南鮮版	1934-12-14	1	10단	人(築田李王職長官/趙中華民國國有鐵道津浦線運輸課長/高濱總督府鑛山課技師/石川朝火社長)
256735	朝鮮朝日	西北版	1934-12-15	1	01단	府電身賣問題に愈よ府議も起つ平壤府民の總意を反映して漸く死守の機運へ
256736	朝鮮朝日	西北版	1934-12-15	1	01단	師走風景平壤本町所見
256737	朝鮮朝日	西北版	1934-12-15	1	01단	新人點描若手ながら斬れ味は無類期待される新知識平南警察部長下村進氏
256738	朝鮮朝日	西北版	1934-12-15	1	04단	戶籍觀念を養ふ
256739	朝鮮朝日	西北版	1934-12-15	1	04단	營農法を改め凶作を克服平南奧地三郡救濟のため農業試驗地を設定
256740	朝鮮朝日	西北版	1934-12-15	1	04단	國境警備の辛苦を犒ふ守備隊へ溫い慰問袋
256741	朝鮮朝日	西北版	1934-12-15	1	05단	平南の水組改善奧地にも新設
256742	朝鮮朝日	西北版	1934-12-15	1	05단	結んだ氷も解け初む平北の暖氣
256743	朝鮮朝日	西北版	1934-12-15	1	05단	平壤上水道擴張の計劃
256744	朝鮮朝日	西北版	1934-12-15	1	06단	新裝なった三防のスキー場スキー列車の膳立も整ひ雪の降るのを待つばかり
256745	朝鮮朝日	西北版	1934-12-15	1	06단	元中からも中等作文に渡邊君の譽れ
256746	朝鮮朝日	西北版	1934-12-15	1	07단	Xマス前奏曲アメリカから平壤へ波越えて贈り物
256747	朝鮮朝日	西北版	1934-12-15	1	07단	五百餘年前の珍しい天文圖星の數のみても數千に上る測候所に鑑定依賴

일련번호	판명		간행일	면	단수	기사명
256748	朝鮮朝日	西北版	1934-12-15	1	07단	もよほし(第四回平醫小兒科集談會)
256749	朝鮮朝日	西北版	1934-12-15	1	08단	公設市場道路鋪裝
256750	朝鮮朝日	西北版	1934-12-15	1	08단	嘗っては討匪の勇士滿洲で二千圓橫領自殺未遂の怪紳士
256751	朝鮮朝日	西北版	1934-12-15	1	09단	十三道溝に匪賊の脅威住民鮮內へ避難
256752	朝鮮朝日	西北版	1934-12-15	1	10단	密漁船狩り
256753	朝鮮朝日	西北版	1934-12-15	1	10단	柳京日記
256754	朝鮮朝日	南鮮版	1934-12-15	1	01단	海雲台・佐川間愈よ開通發展を約束し東海岸の歡び佐川で盛大な祝賀/行樂には快適名勝舊跡に富む沿線
256755	朝鮮朝日	南鮮版	1934-12-15	1	01단	大邱藥令市多彩の昔を呼び戻す開市を前に繁榮會を組織
256756	朝鮮朝日	南鮮版	1934-12-15	1	01단	渡滿の途の歡待に感謝―兵士から懇ろな禮狀
256757	朝鮮朝日	南鮮版	1934-12-15	1	02단	春を謳ふ銀幕トーキーを筆頭に景氣よく檢閱陣へ氾濫だ！/視線を外れた赤い映畫
256758	朝鮮朝日	南鮮版	1934-12-15	1	03단	南關東軍司令官
256759	朝鮮朝日	南鮮版	1934-12-15	1	03단	歲晩をひろふ(A)/鍾路街の賣出し
256760	朝鮮朝日	南鮮版	1934-12-15	1	04단	今井田總監歸任は月末
256761	朝鮮朝日	南鮮版	1934-12-15	1	04단	統治廿五年史編纂に着手
256762	朝鮮朝日	南鮮版	1934-12-15	1	05단	先生たちに嬉しい賞與
256763	朝鮮朝日	南鮮版	1934-12-15	1	05단	釜山、三浪津間臨時列車運轉
256764	朝鮮朝日	南鮮版	1934-12-15	1	05단	短波無線に新銳水平型短波指向性空中線遞信局の發明成功
256765	朝鮮朝日	南鮮版	1934-12-15	1	06단	赤い電波を取っちめる極東への耳を整へて
256766	朝鮮朝日	南鮮版	1934-12-15	1	06단	人(梅野富士吉氏)
256767	朝鮮朝日	南鮮版	1934-12-15	1	08단	東北凶作義金
256768	朝鮮朝日	南鮮版	1934-12-15	1	08단	釜山小學校長會
256769	朝鮮朝日	南鮮版	1934-12-15	1	08단	全州邑が衛生の都に主要道路の鋪裝を終る
256770	朝鮮朝日	南鮮版	1934-12-15	1	08단	マイト使用の大がかりな不正漁業團慶南、全南沿岸を荒し廻る連累十四名を檢擧
256771	朝鮮朝日	南鮮版	1934-12-15	1	08단	保險金欲しさ放火を企つ京城にまた怪火騷ぎ/原因を追及中央高普火災/鍊瓦小屋燒く
256772	朝鮮朝日	南鮮版	1934-12-15	1	09단	領收書を盜み手付金詐取
256773	朝鮮朝日	南鮮版	1934-12-15	1	09단	嫌な１３日師走に狂ふ交通禍
256774	朝鮮朝日	南鮮版	1934-12-15	1	10단	雇人の惡事失敗
256775	朝鮮朝日	南鮮版	1934-12-15	1	10단	赤の局送り
256776	朝鮮朝日	南鮮版	1934-12-15	1	10단	もよほし(京城駐在中華民國總領事范漢生氏新任披露宴)
256777	朝鮮朝日	西北版	1934-12-16	1	01단	十年振りに輝く今尊德の美擧堤防構築の功績を追思し感謝の布德碑建立

일련번호	판명		간행일	면	단수	기사명
256778	朝鮮朝日	西北版	1934-12-16	1	01단	膨脹政策の次に來るもの積もる道債の利子に追はれ整理の重壓に惱む/鑛産稅に活路を求む本府に承認方要望
256779	朝鮮朝日	西北版	1934-12-16	1	01단	凶作部落に湧く歡聲土木景氣に蘇った咸南高原郡の窮民
256780	朝鮮朝日	西北版	1934-12-16	1	03단	新人點描官界游泳裡に磨かれた土性骨テスト第一課は難なく及第新平壤府尹高橋敏氏
256781	朝鮮朝日	西北版	1934-12-16	1	04단	無電局移轉
256782	朝鮮朝日	西北版	1934-12-16	1	04단	東北の娘を半島に迎ふ平壤から救ひの手/東北冷害に溫かい義金
256783	朝鮮朝日	西北版	1934-12-16	1	05단	茂山入營兵
256784	朝鮮朝日	西北版	1934-12-16	1	05단	引く手數多の法院支廳舍
256785	朝鮮朝日	西北版	1934-12-16	1	05단	郡守異動
256786	朝鮮朝日	西北版	1934-12-16	1	05단	愈十七日明るく讀みよい處女紙の出現新銳の諸機械による印刷發送の開始
256787	朝鮮朝日	西北版	1934-12-16	1	06단	鎭南浦にまた金庫泥小學校襲はる
256788	朝鮮朝日	西北版	1934-12-16	1	06단	歲晚をひろふ(降ったゾ賞與の雨平壤を中心に撒かれた額がザッと百五十萬圓/金融機關の窓口を嚴戒制私服を張込ませ事件の突發に備ふ/贈答品發送の出張取扱ひ元山驛の試み/姙婦の割腹度重る難産を苦にし)
256789	朝鮮朝日	西北版	1934-12-16	1	10단	人(植田朝鮮軍司令官)
256790	朝鮮朝日	西北版	1934-12-16	1	10단	柳京日記
256791	朝鮮朝日	南鮮版	1934-12-16	1	01단	倭城台の十四日偲ぶ赤穗義士大のひいき宇垣さんが讚ふ烈々の義心
256792	朝鮮朝日	南鮮版	1934-12-16	1	01단	宇垣さんも絶讚する隱れた義士研究卅年間文獻蒐集に沒頭松岡農林局技師
256793	朝鮮朝日	南鮮版	1934-12-16	1	01단	氾濫する笑顔賞與景氣の驀進
256794	朝鮮朝日	南鮮版	1934-12-16	1	02단	歲晚をひろふ(B)/非常警戒
256795	朝鮮朝日	南鮮版	1934-12-16	1	03단	政界異變も影響はない總督府、財界の觀測(總督府方面/財界方面)
256796	朝鮮朝日	南鮮版	1934-12-16	1	04단	自警消防隊
256797	朝鮮朝日	南鮮版	1934-12-16	1	05단	映畵檢閱陳を擴充
256798	朝鮮朝日	南鮮版	1934-12-16	1	05단	大本教發會
256799	朝鮮朝日	南鮮版	1934-12-16	1	05단	愈十七日明るく讀みよい處女紙の出現新銳の諸機械による印刷發送の開始
256800	朝鮮朝日	南鮮版	1934-12-16	1	06단	滿員の聽衆强き感銘非常な盛況を呈した哲學公開講演會
256801	朝鮮朝日	南鮮版	1934-12-16	1	06단	非常時の服景初て迎へた兵隊さんを歡待釜山大橋に取持たれて牧の島民の感激
256802	朝鮮朝日	南鮮版	1934-12-16	1	07단	不正漁業團使用のマイト何れも竊取密賣品

일련번호	판명		간행일	면	단수	기사명
256803	朝鮮朝日	南鮮版	1934-12-16	1	09단	重傷に怯まず凶賊を捕ふ天っ晴れな警察官
256804	朝鮮朝日	南鮮版	1934-12-16	1	10단	同情週間へ少女も義金
256805	朝鮮朝日	南鮮版	1934-12-16	1	10단	神經衰弱からガス自殺鐵道官吏の妻
256806	朝鮮朝日	南鮮版	1934-12-16	1	10단	酒造工場を全燒/怪火また一つ
256807	朝鮮朝日	南鮮版	1934-12-16	1	10단	おめでた
256808	朝鮮朝日	南鮮版	1934-12-16	1	10단	釜山署の非常召集
256809	朝鮮朝日	南鮮版	1934-12-16	1	10단	もよほし(京城府第一教育部會/鐵道局事故關係打合會)
256810	朝鮮朝日	西北版	1934-12-18	1	01단	西北鮮と東北は氣溫が一致する冷害の年も雙方ともに同一平南で研究に着手/氣象觀測による凶作の防止/冷害に備へて早播早植を獎勵不順の氣候に見事打克った平南當局の對策
256811	朝鮮朝日	西北版	1934-12-18	1	01단	交通量激增に亂るゝ運轉系統北鐵に不滿の聲揚る
256812	朝鮮朝日	西北版	1934-12-18	1	02단	依然旺盛な平壤の土地熱
256813	朝鮮朝日	西北版	1934-12-18	1	03단	匪賊の跳梁期に警備陣緊張
256814	朝鮮朝日	西北版	1934-12-18	1	03단	新人點描サーベル臭解脱/犯罪の都から平和の平壤へ人情署長への期待は大きい平壤警察署長戶谷正路氏
256815	朝鮮朝日	西北版	1934-12-18	1	04단	淸津郵便局更生
256816	朝鮮朝日	西北版	1934-12-18	1	04단	黃海道で鰆漁を始む
256817	朝鮮朝日	西北版	1934-12-18	1	04단	麻藥協會發會式
256818	朝鮮朝日	西北版	1934-12-18	1	04단	公認競技場が是非欲しい折角の記録も認められぬ平壤アスリートの悩み
256819	朝鮮朝日	西北版	1934-12-18	1	05단	タイル耐寒試驗
256820	朝鮮朝日	西北版	1934-12-18	1	05단	味の素合戰市販の高價な小麥製品に新發見の大豆製品が挑戰朝室新計劃の一つ
256821	朝鮮朝日	西北版	1934-12-18	1	06단	特産輸送界活況を帶ぶ手具脛ひく北鐵局
256822	朝鮮朝日	西北版	1934-12-18	1	06단	雪葬の慘移住民悲話
256823	朝鮮朝日	西北版	1934-12-18	1	07단	家出少年は南洋に健在海を越えて新天地を開拓不安の一家に喜び湧く
256824	朝鮮朝日	西北版	1934-12-18	1	08단	凍る宵闇の街頭に東北救濟の募金寄託の義捐極まり知らず
256825	朝鮮朝日	西北版	1934-12-18	1	08단	平壤の火事一夜に二つ
256826	朝鮮朝日	西北版	1934-12-18	1	08단	危險を冒し船夫を救ふ
256827	朝鮮朝日	西北版	1934-12-18	1	09단	金組の高利整理
256828	朝鮮朝日	西北版	1934-12-18	1	09단	八名有罪公判に全鮮の赤化を企てた一味一年ぶりに豫審終結
256829	朝鮮朝日	西北版	1934-12-18	1	10단	列車妨害を企つ
256830	朝鮮朝日	西北版	1934-12-18	1	10단	人(富永京畿道知事)
256831	朝鮮朝日	西北版	1934-12-18	1	10단	柳京日記
256832	朝鮮朝日	南鮮版	1934-12-18	1	01단	水禍へ新しき砦全鮮の主要河川流域に防水組合を設置

일련번호	판명		간행일	면	단수	기사명
256833	朝鮮朝日	南鮮版	1934-12-18	1	01단	三倍以上に膨れる仁川府隣接面併合の調査を終り本府へ內申の運び
256834	朝鮮朝日	南鮮版	1934-12-18	1	01단	日每に募る東北凶作義金
256835	朝鮮朝日	南鮮版	1934-12-18	1	01단	李辰琬姫の御結婚式廿日行はる
256836	朝鮮朝日	南鮮版	1934-12-18	1	02단	釜山府會
256837	朝鮮朝日	南鮮版	1934-12-18	1	02단	見物の群初乘り客殺到東海南部線海雲台、佐川間開通の日の賑はひ
256838	朝鮮朝日	南鮮版	1934-12-18	1	02단	３４年報告書(１)/中小商工業界(京城商議會頭賀田直治氏)/鑛業界(總督府鑛山課長石田千太郎氏)/ラヂオ界(朝鮮放送協會理事長保阪久松氏)
256839	朝鮮朝日	南鮮版	1934-12-18	1	03단	辭令(東京)
256840	朝鮮朝日	南鮮版	1934-12-18	1	03단	愛國の叫び大邱府民大會
256841	朝鮮朝日	南鮮版	1934-12-18	1	04단	京城女子普通改稱
256842	朝鮮朝日	南鮮版	1934-12-18	1	04단	舊佛公使館建物を撤去
256843	朝鮮朝日	南鮮版	1934-12-18	1	04단	中華民國總領事披露宴
256844	朝鮮朝日	南鮮版	1934-12-18	1	05단	歲晚をひろふ(C)/工事風景
256845	朝鮮朝日	南鮮版	1934-12-18	1	05단	樂園の鳥獸行狀凄い繁殖に獵人を喜ばせたが馬鹿にならぬ被害
256846	朝鮮朝日	南鮮版	1934-12-18	1	06단	晉州の火事
256847	朝鮮朝日	南鮮版	1934-12-18	1	07단	もよほし(釜山府産業調査會)
256848	朝鮮朝日	南鮮版	1934-12-18	1	07단	歲末を耳へ京城の情景を電波に寫し廿八、九の兩日放送
256849	朝鮮朝日	南鮮版	1934-12-18	1	08단	景氣を呼ぶボーナス線の展望
256850	朝鮮朝日	南鮮版	1934-12-18	1	08단	害獸退治
256851	朝鮮朝日	南鮮版	1934-12-18	1	08단	ガソリン機關車から落ちて慘死
256852	朝鮮朝日	南鮮版	1934-12-18	1	09단	八名有罪公判に全鮮の赤化を企てた一味一年ぶりに豫審終結
256853	朝鮮朝日	南鮮版	1934-12-18	1	10단	鷄林かゞみ
256854	朝鮮朝日	南鮮版	1934-12-18	1	10단	覆面の四人組強盜押入る
256855	朝鮮朝日	南鮮版	1934-12-18	1	10단	汽船と接觸し發動船沈沒
256856	朝鮮朝日	西北版	1934-12-19	1	01단	機構を大改革し本府外事課の昇格明年は先づ移民課を新設農林局二分も實現
256857	朝鮮朝日	西北版	1934-12-19	1	01단	中等敎科書の檢定を行ふ出願者の激增から/學務當局の談
256858	朝鮮朝日	西北版	1934-12-19	1	01단	在滿罹災鮮農を救濟に決す總督府補助の下に
256859	朝鮮朝日	西北版	1934-12-19	1	01단	李辰琬姫の御結婚式廿日行はる
256860	朝鮮朝日	西北版	1934-12-19	1	02단	新人點描百戰往來の猛者三途八難も見事征服せん平南保安課長蘇鎭殷氏
256861	朝鮮朝日	西北版	1934-12-19	1	03단	驚くべき數字だ平壤の交通量調査

일련번호	판명		간행일	면	단수	기사명
256862	朝鮮朝日	西北版	1934-12-19	1	04단	凶作地小作料値下を慫慂
256863	朝鮮朝日	西北版	1934-12-19	1	04단	敷地提供の有志續出す沙里院法院支廳建設に
256864	朝鮮朝日	西北版	1934-12-19	1	04단	超高速輪轉機は躍る半島に見參した淸腴の紙面朝鮮朝日の劃期的刷新非常な好評を博す
256865	朝鮮朝日	西北版	1934-12-19	1	05단	鎭南浦築港第三期計劃促進地元、滿浦沿線邑面一丸に愈よ猛運動を起す
256866	朝鮮朝日	西北版	1934-12-19	1	05단	府と道が分擔か南浦港碎氷船建造費不足分
256867	朝鮮朝日	西北版	1934-12-19	1	06단	失意の趙女史に思はぬ救ひの手スラム街の向學熱に點火若き鑛山家の美擧
256868	朝鮮朝日	西北版	1934-12-19	1	07단	廷社、三社間二等道路改修
256869	朝鮮朝日	西北版	1934-12-19	1	07단	壯烈な戰鬪平壤飛行聯隊の演習十八日から始まる/平壤部隊耐寒演習明年二月行ふ
256870	朝鮮朝日	西北版	1934-12-19	1	08단	愛國機百台獻納運動に熱血兒文明琦氏ちかく全鮮を行脚
256871	朝鮮朝日	西北版	1934-12-19	1	08단	鐵路に消ゆ
256872	朝鮮朝日	西北版	1934-12-19	1	09단	霜凍る街に募金相次ぐ東北凶作義金/美しい義金
256873	朝鮮朝日	西北版	1934-12-19	1	09단	國防獻金
256874	朝鮮朝日	西北版	1934-12-19	1	09단	二人組強盜捕る
256875	朝鮮朝日	西北版	1934-12-19	1	10단	集金を拐帶
256876	朝鮮朝日	西北版	1934-12-19	1	10단	のぞみに觸れ老婆慘死す
256877	朝鮮朝日	西北版	1934-12-19	1	10단	またも火を吹く咸鐘線列車
256878	朝鮮朝日	西北版	1934-12-19	1	10단	柳京日記
256879	朝鮮朝日	南鮮版	1934-12-19	1	01단	機構を大改革し本府外事課の昇格明年は先づ移民課を新設農林局二分も實現
256880	朝鮮朝日	南鮮版	1934-12-19	1	01단	中等教科書の檢定を行ふ出願者の激增から/學務當局の談
256881	朝鮮朝日	南鮮版	1934-12-19	1	01단	在滿罹災鮮農を救濟に決す總督府補助の下に
256882	朝鮮朝日	南鮮版	1934-12-19	1	01단	總督府辭令
256883	朝鮮朝日	南鮮版	1934-12-19	1	01단	先づ印度へ村山氏語る
256884	朝鮮朝日	南鮮版	1934-12-19	1	02단	歲晩をひろふ(２)/法曹界(總督府法務局長增永正一氏)/水産界(總督府水産課長西本計三氏)/遞信界(遞信局監理課長鶴田誠氏)
256885	朝鮮朝日	南鮮版	1934-12-19	1	03단	超高速輪轉機は躍る半島に見參した淸腴の紙面朝鮮朝日の劃期的刷新非常な好評を博す
256886	朝鮮朝日	南鮮版	1934-12-19	1	04단	辭令(東京)
256887	朝鮮朝日	南鮮版	1934-12-19	1	04단	惠れぬ人々へ總督の贈物
256888	朝鮮朝日	南鮮版	1934-12-19	1	04단	本府定例局長會議
256889	朝鮮朝日	南鮮版	1934-12-19	1	05단	大邱藥令市廿一日から
256890	朝鮮朝日	南鮮版	1934-12-19	1	05단	農林省の態度相當に强硬外地米に對し

일련번호	판명		간행일	면	단수	기사명
256891	朝鮮朝日	南鮮版	1934-12-19	1	05단	炭坑移住勞働者更生の新世界へ舞込んだ二つの朖報
256892	朝鮮朝日	南鮮版	1934-12-19	1	06단	愛國機百台獻納運動に熱血兒文明琦氏ちかく全鮮を行脚
256893	朝鮮朝日	南鮮版	1934-12-19	1	07단	製鍊會社の公募締切り事務所も決る
256894	朝鮮朝日	南鮮版	1934-12-19	1	08단	同情週間延期
256895	朝鮮朝日	南鮮版	1934-12-19	1	08단	水禍に功勞の警官に功勞章慶南北各一名に授與
256896	朝鮮朝日	南鮮版	1934-12-19	1	08단	京城府吏員マークを佩用僞吏員出沒で
256897	朝鮮朝日	南鮮版	1934-12-19	1	08단	絢爛な映畫の春本格的トーキー時代に入った京城の正月陣展望
256898	朝鮮朝日	南鮮版	1934-12-19	1	09단	在滿皇軍への慰問袋募集
256899	朝鮮朝日	南鮮版	1934-12-19	1	09단	死刑を求刑さる仁川の巡査殺し犯人
256900	朝鮮朝日	南鮮版	1934-12-19	1	10단	釜山へ處女入港郵船能代丸
256901	朝鮮朝日	南鮮版	1934-12-19	1	10단	水鴻丸火災は過怠から海員審判決定
256902	朝鮮朝日	南鮮版	1934-12-19	1	10단	のぞみに觸れ老婆慘死す
256903	朝鮮朝日	南鮮版	1934-12-19	1	10단	人(梅崎第二十師團長/遞信局海軍課黑田吉夫技師/鈴木東拓鑛業重役/小城文八氏(新任釜山郵便局長))
256904	朝鮮朝日	南鮮版	1934-12-19	1	10단	もよほし(山口太兵衛氏告別式)
256905	朝鮮朝日	西北版	1934-12-20	1	01단	ガス濛々戸惑ふ魚群二十年間に二度目の奇現象北鮮海上の大異變
256906	朝鮮朝日	西北版	1934-12-20	1	01단	大いにやるぞ餘裕綽々たる平壤府の財政に新府尹、會心の微笑/描かれる新事業は？まづ大市街地の造成
256907	朝鮮朝日	西北版	1934-12-20	1	02단	新人點描/眼かな若手局長いつも眞面目でニコニコと平壤遞信分掌局長倉島至氏
256908	朝鮮朝日	西北版	1934-12-20	1	04단	人(八島茂氏(平壤土木出張所長)/倉島至氏(平壤遞信分掌局長))
256909	朝鮮朝日	西北版	1934-12-20	1	04단	貯藏籾獎勵金交付
256910	朝鮮朝日	西北版	1934-12-20	1	04단	公會堂敷地解決近し二三日中に軍部より回答
256911	朝鮮朝日	西北版	1934-12-20	1	04단	半島の航空事業發達助成の新令發明獎勵や功勞者表彰など明春早々公布す
256912	朝鮮朝日	西北版	1934-12-20	1	05단	北滿物資に賑ふ埠頭師走の淸津港
256913	朝鮮朝日	西北版	1934-12-20	1	05단	大同江岸で壯烈な白兵戰警官聯合發火演習
256914	朝鮮朝日	西北版	1934-12-20	1	05단	飛込み自殺
256915	朝鮮朝日	西北版	1934-12-20	1	06단	直轄及び補助工事近く一齊に着工總額二百八十萬圓うち六割を勞銀として撒布
256916	朝鮮朝日	西北版	1934-12-20	1	07단	義金は盡きず東北の冷土へ
256917	朝鮮朝日	西北版	1934-12-20	1	07단	爆藥自殺
256918	朝鮮朝日	西北版	1934-12-20	1	07단	景氣に躍る新義州の歲晚色花街は每夜箱切れの盛況賣り出しも大繁昌
256919	朝鮮朝日	西北版	1934-12-20	1	07단	殺人二つ

일련번호	판명		간행일	면	단수	기사명
256920	朝鮮朝日	西北版	1934-12-20	1	07단	色服獎勵に憤死した老儒生儒教の精神に反すると首陽山中で斷食
256921	朝鮮朝日	西北版	1934-12-20	1	08단	宿直の書記を脅し金庫の金を奪ふ面事務所小使の犯行
256922	朝鮮朝日	西北版	1934-12-20	1	08단	自動車轢く
256923	朝鮮朝日	西北版	1934-12-20	1	09단	街上で子供が弄ぶ七十圓を强奪す屑箱から轉々竊盜の手へ
256924	朝鮮朝日	西北版	1934-12-20	1	09단	賭博檢擧
256925	朝鮮朝日	西北版	1934-12-20	1	09단	弱い汽動車荷馬車と衝突して破損
256926	朝鮮朝日	西北版	1934-12-20	1	09단	また列車火事相つぐ咸鏡線の事故原因は鮮産炭の使用から
256927	朝鮮朝日	西北版	1934-12-20	1	10단	柳京日記
256928	朝鮮朝日	南鮮版	1934-12-20	1	01단	半島の航空事業發達助成の府令發明獎勵や功勞者表彰など明春早々公布す
256929	朝鮮朝日	南鮮版	1934-12-20	1	01단	直轄及び補助工事近く一齊に着工總額二百八十萬圓うち六割を勞銀として撒布
256930	朝鮮朝日	南鮮版	1934-12-20	1	01단	工費百五十萬圓で愈よ復舊に着手慶南の被害水利組合
256931	朝鮮朝日	南鮮版	1934-12-20	1	01단	滿洲の警務指導員鮮內の現職警官を採用
256932	朝鮮朝日	南鮮版	1934-12-20	1	02단	南大將
256933	朝鮮朝日	南鮮版	1934-12-20	1	02단	３４年報告書(３)/(警察界 總督府警務課長上內彥策氏/土木界 總督府土木課長榛葉孝平氏/航空界 航空官長尾久吉氏
256934	朝鮮朝日	南鮮版	1934-12-20	1	03단	鈴蘭燈で面目一新京城鐘路通り
256935	朝鮮朝日	南鮮版	1934-12-20	1	04단	朝鮮土産研究會
256936	朝鮮朝日	南鮮版	1934-12-20	1	04단	京釜線狐捕川橋梁を强化水禍に備へて
256937	朝鮮朝日	南鮮版	1934-12-20	1	04단	火田民指導に全南で見事成功養鼈獎勵が實を結び疲弊の部落に生色蘇へる
256938	朝鮮朝日	南鮮版	1934-12-20	1	05단	歲晚をひろふ/D忘年會
256939	朝鮮朝日	南鮮版	1934-12-20	1	05단	京城財界の恩人釘本氏の胸像有力者發起で建設
256940	朝鮮朝日	南鮮版	1934-12-20	1	07단	冬山征服城大の計劃
256941	朝鮮朝日	南鮮版	1934-12-20	1	07단	公金を橫領し豪奢な生活全北沃溝郡の元會計主任京城に潛伏中を捕る
256942	朝鮮朝日	南鮮版	1934-12-20	1	07단	釜山の敎護聯盟冬休みを警戒
256943	朝鮮朝日	南鮮版	1934-12-20	1	08단	普校長異動
256944	朝鮮朝日	南鮮版	1934-12-20	1	08단	東北へ義金の潮京城支局寄託
256945	朝鮮朝日	南鮮版	1934-12-20	1	08단	歐られた腹癒せに相手嫌はず斬りつける警官と通行人とんだ傍枚
256946	朝鮮朝日	南鮮版	1934-12-20	1	09단	落穗を拾って東北學童へ可憐な義金/篤志寄附社會事業資へ
256947	朝鮮朝日	南鮮版	1934-12-20	1	09단	債券詐欺捕る

일련번호	판명		간행일	면	단수	기사명
256948	朝鮮朝日	南鮮版	1934-12-20	1	10단	この寒さに線路を枕睡る轢死男
256949	朝鮮朝日	南鮮版	1934-12-20	1	10단	釜山の火事四戸を全燒
256950	朝鮮朝日	南鮮版	1934-12-20	1	10단	揮發油爆發四名重輕傷
256951	朝鮮朝日	南鮮版	1934-12-20	1	10단	トラックに轢かる
256952	朝鮮朝日	南鮮版	1934-12-20	1	10단	もよほし(本社京城支局來訪)
256953	朝鮮朝日	南鮮版	1934-12-20	1	10단	人(福田京城覆瀋法院檢事/安達高等法院檢事局主任書記/松井米倉社長/西南郵社長)
256954	朝鮮朝日	西北版	1934-12-21	1		缺號
256955	朝鮮朝日	南鮮版	1934-12-21	1		缺號
256956	朝鮮朝日	西北版	1934-12-22	1	01단	豪華な文化報告書世界に誇る美術的出版「樂浪彩筐塚」完成/平壤博物館に特別室を建增す珍品展觀は電氣應用
256957	朝鮮朝日	西北版	1934-12-22	1	01단	下賜の眞綿國境部隊へ
256958	朝鮮朝日	西北版	1934-12-22	1	02단	高射砲隊昇格は中止
256959	朝鮮朝日	西北版	1934-12-22	1	03단	更生咸南の力强い足どり山村に農村に指導綱を强化振興の實愈よ揚る
256960	朝鮮朝日	西北版	1934-12-22	1	04단	都市産業の助長を計る
256961	朝鮮朝日	西北版	1934-12-22	1	04단	平壤の社會施設
256962	朝鮮朝日	西北版	1934-12-22	1	04단	叺織で更生山間の一小部落に景氣を運ぶ機の音
256963	朝鮮朝日	西北版	1934-12-22	1	05단	府勢の進展で平壤に警察署增設案道當局、基本的研究を急ぐ立案の上實現方を要望
256964	朝鮮朝日	西北版	1934-12-22	1	05단	咸南奧地に開發の觸手二大土木事業竣工
256965	朝鮮朝日	西北版	1934-12-22	1	06단	榮えの凱旋部隊
256966	朝鮮朝日	西北版	1934-12-22	1	06단	航空思想普及に都市飛行リレー文明琦氏獻金の一部で明春、實施の計劃
256967	朝鮮朝日	西北版	1934-12-22	1	06단	解氷を待ち着工敷地も軍部の言値通りに平壤記念公會堂
256968	朝鮮朝日	西北版	1934-12-22	1	06단	目の廻る郵便局
256969	朝鮮朝日	西北版	1934-12-22	1	07단	平南の工場と勞働者數
256970	朝鮮朝日	西北版	1934-12-22	1	07단	學生歸省列車臨時に運轉
256971	朝鮮朝日	西北版	1934-12-22	1	07단	羅南丸遭難者の慰靈祭
256972	朝鮮朝日	西北版	1934-12-22	1	08단	小産組に資金を融通産業を助長
256973	朝鮮朝日	西北版	1934-12-22	1	08단	今年は二割高お台所も非常時だ迎春用品値段調べ
256974	朝鮮朝日	西北版	1934-12-22	1	08단	惠みの餅米街の義人より
256975	朝鮮朝日	西北版	1934-12-22	1	08단	警官の佩劍留守宅で盜難
256976	朝鮮朝日	西北版	1934-12-22	1	08단	轟音に突如發作顚癎持の若者哀れ轢死
256977	朝鮮朝日	西北版	1934-12-22	1	09단	肥料倉庫增設
256978	朝鮮朝日	西北版	1934-12-22	1	09단	牛の病院平南各郡に增設し平壤牛の聲價發揚
256979	朝鮮朝日	西北版	1934-12-22	1	10단	姉と妹謎の失踪

일련번호	판명		간행일	면	단수	기사명
256980	朝鮮朝日	西北版	1934-12-22	1	10단	柳京日記
256981	朝鮮朝日	南鮮版	1934-12-22	1	01단	航空思想普及に都市リレー飛行文明琦氏獻金の一部で明春實施の計劃
256982	朝鮮朝日	南鮮版	1934-12-22	1	01단	慶北奧地の冷害飢餓線に追込む收穫皆無の慘狀の三部落へ思はぬ救の手伸ぶ
256983	朝鮮朝日	南鮮版	1934-12-22	1	01단	大邱ガス府營斷行を決意採算の見込みつき明年早々認可を申請
256984	朝鮮朝日	南鮮版	1934-12-22	1	01단	赤ちゃんも佳き日を奉祝
256985	朝鮮朝日	南鮮版	1934-12-22	1	02단	３４年報告書(５)/(運動界　全鮮陸上聯盟幹事喜田勳氏/電氣界　遞信局電氣課長今井賴次郎氏/林業界　總督府林業課長伊藤重次郎氏)
256986	朝鮮朝日	南鮮版	1934-12-22	1	03단	山口翁の餘榮
256987	朝鮮朝日	南鮮版	1934-12-22	1	03단	釜山府立病院移轉新築入札を終る
256988	朝鮮朝日	南鮮版	1934-12-22	1	04단	類原女史にナイチンゲール記念碑
256989	朝鮮朝日	南鮮版	1934-12-22	1	04단	國境警備陣の家族へ慰問品丁字屋から
256990	朝鮮朝日	南鮮版	1934-12-22	1	04단	京城の玄關はまるで戰場貨物の記錄的驀進に汗みどろの驛係員
256991	朝鮮朝日	南鮮版	1934-12-22	1	05단	歲晚をひろふ/E進物の卷
256992	朝鮮朝日	南鮮版	1934-12-22	1	05단	落穗拾って兒童の義金
256993	朝鮮朝日	南鮮版	1934-12-22	1	05단	學生歸省列車臨時に運轉
256994	朝鮮朝日	南鮮版	1934-12-22	1	06단	人命救助の卅餘命を表彰
256995	朝鮮朝日	南鮮版	1934-12-22	1	06단	白頭山探險半島擧げて壯擧を絶讚種々援助の申出で/二團體の歡迎/先發隊釜山通過
256996	朝鮮朝日	南鮮版	1934-12-22	1	07단	鮮鐵ラグビー遠征
256997	朝鮮朝日	南鮮版	1934-12-22	1	08단	鐵道局囑託將校の異動
256998	朝鮮朝日	南鮮版	1934-12-22	1	08단	奔馬に落命少年ルンペン
256999	朝鮮朝日	南鮮版	1934-12-22	1	08단	赤に躍る頭領へ七年を求刑
257000	朝鮮朝日	南鮮版	1934-12-22	1	09단	龍頭山神社へ鳥居を奉獻
257001	朝鮮朝日	南鮮版	1934-12-22	1	09단	桃色の家に幽靈强盜歲晚ナンセンス
257002	朝鮮朝日	南鮮版	1934-12-22	1	09단	京城の目拔街七戶を燒く損害一萬五千圓に上る
257003	朝鮮朝日	南鮮版	1934-12-22	1	10단	轟音に突如發作顚癇持の若者哀れ轢死
257004	朝鮮朝日	南鮮版	1934-12-22	1	10단	鷄林かゞみ
257005	朝鮮朝日	南鮮版	1934-12-22	1	10단	遊廓で服毒
257006	朝鮮朝日	西北版	1934-12-23	1	01단	商工業の發展に新生面を開く道と商議所が手を握って明日の飛躍を策す
257007	朝鮮朝日	西北版	1934-12-23	1	01단	平壤商議所の新築簡單には運ばぬ思ふに任せぬ建築費の捻出
257008	朝鮮朝日	西北版	1934-12-23	1	01단	春を待つ
257009	朝鮮朝日	西北版	1934-12-23	1	04단	自動車唧筒

일련번호	판명		간행일	면	단수	기사명
257010	朝鮮朝日	西北版	1934-12-23	1	04단	温い新義州氷が解けて渡船が通ふ
257011	朝鮮朝日	西北版	1934-12-23	1	04단	碎氷船建造の起債を可決鎭南浦府會
257012	朝鮮朝日	西北版	1934-12-23	1	04단	赤露を脱出し飜然！赤を淸算轉々五年、獄窓に呻吟した本縣出身の靑年
257013	朝鮮朝日	西北版	1934-12-23	1	05단	ゴム原料共購組合設立を計る
257014	朝鮮朝日	西北版	1934-12-23	1	05단	合電新電合併問題
257015	朝鮮朝日	西北版	1934-12-23	1	05단	平北雲山一帶の鑛區開放を叫ぶ獨占の東洋鑛業會社へ地元民が採掘容認を要望
257016	朝鮮朝日	西北版	1934-12-23	1	06단	南浦水揚高
257017	朝鮮朝日	西北版	1934-12-23	1	06단	塾を設けて文盲退治村に溢るゝ讀書の聲
257018	朝鮮朝日	西北版	1934-12-23	1	06단	地稅調定額
257019	朝鮮朝日	西北版	1934-12-23	1	06단	各方面から絶大の好意白頭探檢先發隊入城二ケ所で歡迎會
257020	朝鮮朝日	西北版	1934-12-23	1	07단	開城の火事
257021	朝鮮朝日	西北版	1934-12-23	1	07단	歲晩種々相匆忙の街に拾ふ
257022	朝鮮朝日	西北版	1934-12-23	1	08단	餓ゑに泣く子へ築かれてゆく義金塔
257023	朝鮮朝日	西北版	1934-12-23	1	08단	鑛石を種に
257024	朝鮮朝日	西北版	1934-12-23	1	08단	警察官らの金密輸事件十八名公判へ
257025	朝鮮朝日	西北版	1934-12-23	1	08단	車內で盜む
257026	朝鮮朝日	西北版	1934-12-23	1	09단	生埋五時間無事救出す炭坑の落磐
257027	朝鮮朝日	西北版	1934-12-23	1	09단	延吉縣二道溝附近で共匪と交戰大官暗殺隊の一味林田部長負傷す
257028	朝鮮朝日	西北版	1934-12-23	1	10단	石野氏休職
257029	朝鮮朝日	西北版	1934-12-23	1	10단	柳京日記
257030	朝鮮朝日	南鮮版	1934-12-23	1	01단	釜山埋立地に商店街を建設す財界その他へ賣却の宣傳百貨店も目論まる
257031	朝鮮朝日	南鮮版	1934-12-23	1	01단	天孫、朝鮮兩民族は切り離せぬ關係壹岐對馬、北九州を調査した加藤氏新事實を發見
257032	朝鮮朝日	南鮮版	1934-12-23	1	01단	各方面から絶大の好意白頭探檢先發隊入城二ケ所で歡迎會
257033	朝鮮朝日	南鮮版	1934-12-23	1	01단	佳日を奉祝神宮と京城府
257034	朝鮮朝日	南鮮版	1934-12-23	1	02단	３４年報告書(６)/(教育界　總督府學務課長大野謙一氏/軍事　朝鮮軍參謀長大串敬吉氏/鐵道界　鐵道局理事澤崎修氏)
257035	朝鮮朝日	南鮮版	1934-12-23	1	03단	歲晩をひろふ/F街燈の化粧
257036	朝鮮朝日	南鮮版	1934-12-23	1	04단	もよほし(小城釜山遞信分掌局長新任披露宴/慶南道警察部第二十八回朝鮮人巡査修習生卒業式)
257037	朝鮮朝日	南鮮版	1934-12-23	1	04단	辭令(東京)
257038	朝鮮朝日	南鮮版	1934-12-23	1	04단	南司令官入城總督と會談

일련번호	판명		간행일	면	단수	기사명
257039	朝鮮朝日	南鮮版	1934-12-23	1	04단	總督夫人や植田司令官歲末の義金
257040	朝鮮朝日	南鮮版	1934-12-23	1	05단	愛の金字塔相次ぐ東北凶作義金
257041	朝鮮朝日	南鮮版	1934-12-23	1	05단	水害救濟金など多額を橫領す惡の面書記起訴さる
257042	朝鮮朝日	南鮮版	1934-12-23	1	05단	旅客機不時着
257043	朝鮮朝日	南鮮版	1934-12-23	1	06단	姐さんの會社京城旭町券番が株式組織に變更
257044	朝鮮朝日	南鮮版	1934-12-23	1	07단	東海南部線に妨害が頻々
257045	朝鮮朝日	南鮮版	1934-12-23	1	08단	床しい警官哀れな一家へ祕に惠む
257046	朝鮮朝日	南鮮版	1934-12-23	1	08단	大稅疑獄事件懲役と罰金
257047	朝鮮朝日	南鮮版	1934-12-23	1	08단	覆面の鬪士に懲役十年を求刑す治維法違反の公判
257048	朝鮮朝日	南鮮版	1934-12-23	1	09단	三警官に功勞章水害の殊勳
257049	朝鮮朝日	南鮮版	1934-12-23	1	09단	目方などどうだ拔打ちの取締り續々不正品を發見大邱商店街の異變
257050	朝鮮朝日	南鮮版	1934-12-23	1	09단	夫婦喧嘩から面當に縊死
257051	朝鮮朝日	南鮮版	1934-12-23	1	10단	電車に轢かれ絶命
257052	朝鮮朝日	南鮮版	1934-12-23	1	10단	石野氏休職
257053	朝鮮朝日	南鮮版	1934-12-23	1	10단	人(有賀殖銀頭取/三井不二興業專務/本田三和銀行支店長/川面遞信局管理課長)
257054	朝鮮朝日	南鮮版	1934-12-23	1	10단	鷄林かゞみ
257055	朝鮮朝日	西北版	1934-12-25	1	01단	理論に囚れず實質的調査を平壤府産業調査會過去の誤謬を淸算して出直す
257056	朝鮮朝日	西北版	1934-12-25	1	01단	明日の平壤に備へる市區擴張詳細な第二次調査を行ひ明年中に本府へ申請
257057	朝鮮朝日	西北版	1934-12-25	1	01단	ゑがく初春
257058	朝鮮朝日	西北版	1934-12-25	1	03단	平壤驛にホーム增設
257059	朝鮮朝日	西北版	1934-12-25	1	03단	學童の九十三％は寄生蟲に惱む平南道內で四千七百餘名徹底的驅除に努む
257060	朝鮮朝日	西北版	1934-12-25	1	04단	犯罪搜査機關充實
257061	朝鮮朝日	西北版	1934-12-25	1	04단	慈山水組擴張
257062	朝鮮朝日	西北版	1934-12-25	1	04단	詩の平壤の汚點を拭ふ鐵道沿線細民街の美化に新府尹が乘り出す
257063	朝鮮朝日	西北版	1934-12-25	1	04단	窮民へ救ひの手平壤署から
257064	朝鮮朝日	西北版	1934-12-25	1	05단	初春の競映陣平壤映畵界
257065	朝鮮朝日	西北版	1934-12-25	1	05단	林檎に補助
257066	朝鮮朝日	西北版	1934-12-25	1	05단	小遺ひを節し空の備へに學童の獻金
257067	朝鮮朝日	西北版	1934-12-25	1	05단	無煙炭合同後の本社誘致を策す有力な京城說に對應して平壤側も運動開始
257068	朝鮮朝日	西北版	1934-12-25	1	06단	新舊入亂れ大混戰を演ぜん明春の平壤府議戰を繞り早くも明躍、暗躍
257069	朝鮮朝日	西北版	1934-12-25	1	06단	檢擧漏れの黨員が組合再建に狂奔潰滅の定平に盛り返

일련번호	판명		간행일	면	단수	기사명
						す赤七十餘命近く送局
257070	朝鮮朝日	西北版	1934-12-25	1	06단	西沙里院驛竣工
257071	朝鮮朝日	西北版	1934-12-25	1	07단	公金を横領郡廳の書記
257072	朝鮮朝日	西北版	1934-12-25	1	07단	棍棒で一擊所持金を奪ふ
257073	朝鮮朝日	西北版	1934-12-25	1	08단	無罪の判決放火被疑事件
257074	朝鮮朝日	西北版	1934-12-25	1	08단	職品を匿す
257075	朝鮮朝日	西北版	1934-12-25	1	08단	對岸から鮮內へ發砲匪賊頻り跳梁警官隊越境討伐へ
257076	朝鮮朝日	西北版	1934-12-25	1	09단	懲役一年元水組理事
257077	朝鮮朝日	西北版	1934-12-25	1	10단	金地金を分析多額を横領
257078	朝鮮朝日	西北版	1934-12-25	1	10단	人(下村進氏(平南道警察部長)/植原憲兵少佐(新任平壤憲兵隊長))
257079	朝鮮朝日	西北版	1934-12-25	1	10단	柳京日記
257080	朝鮮朝日	南鮮版	1934-12-25	1		缺號
257081	朝鮮朝日	西北版	1934-12-26	1	01단	白頭探檢先發隊吹雪の惠山鎮へ羅南で司令部、道廳を訪問湧上る激勵の嵐
257082	朝鮮朝日	西北版	1934-12-26	1	01단	滿浦鎮線沿線へ頻りに商圈を擴む平北奥地で續々見本市開催平壤商品の大行進/兩々讓らぬ二商店街平壤歲末商戰の激化に商議所が斡旋の勞
257083	朝鮮朝日	西北版	1934-12-26	1	01단	總督國境視察さらに延期新春廿日過ぎ
257084	朝鮮朝日	西北版	1934-12-26	1	02단	赤い旗、青い旗は賣出しの歡迎門だよ綺麗な綺麗な暮の街へ母さん姉さんお買物
257085	朝鮮朝日	西北版	1934-12-26	1	03단	豫算編成の方針決まる平壤商議所
257086	朝鮮朝日	西北版	1934-12-26	1	04단	匪賊の蠢動に萬全の警備萬一の場合は一戰も覺悟惠山鎮の準備なる/飯山氏を特派鐵道局の支援
257087	朝鮮朝日	西北版	1934-12-26	1	04단	雪の饗宴に彩られたXマスだが大同の流れは青く悄氣るスケーター
257088	朝鮮朝日	西北版	1934-12-26	1	05단	商店員の夜學講習會平壤で開く
257089	朝鮮朝日	西北版	1934-12-26	1	06단	不正を働く
257090	朝鮮朝日	西北版	1934-12-26	1	06단	密漁船捕る
257091	朝鮮朝日	西北版	1934-12-26	1	06단	警務局長の提唱で武道精神を皷吹學生へ、さらに一船青年へ民心作興の一助に
257092	朝鮮朝日	西北版	1934-12-26	1	06단	高田憲兵分隊長關東局へ轉出
257093	朝鮮朝日	西北版	1934-12-26	1	06단	人情知事が結ぶの神に恩師の愛娘の親代りで買って出たへ高沙や
257094	朝鮮朝日	西北版	1934-12-26	1	07단	今年の國防獻金額六千圓を突破す軍都平壤の愛國熱
257095	朝鮮朝日	西北版	1934-12-26	1	07단	大邱署の浮浪狩り
257096	朝鮮朝日	西北版	1934-12-26	1	07단	趣向とりどり賀狀の氾濫引受、倒着ともに割增大車輪の平壤局
257097	朝鮮朝日	西北版	1934-12-26	1	07단	爆破作業で七名死傷の慘狗峴嶺工事の犧牲

일련번호	판명		간행일	면	단수	기사명
257098	朝鮮朝日	西北版	1934-12-26	1	08단	靑年の自殺
257099	朝鮮朝日	西北版	1934-12-26	1	08단	いろはから手にとるやうに夜每々々の文盲退治平壤敬臨校職員の尊い努力
257100	朝鮮朝日	西北版	1934-12-26	1	09단	名物大邱の藥令市始る
257101	朝鮮朝日	西北版	1934-12-26	1	09단	鑛區の出願激增の一途本年中の總出願數九千件を突破せん
257102	朝鮮朝日	西北版	1934-12-26	1	10단	人(植原春三少佐(新任平壤憲兵隊長))
257103	朝鮮朝日	西北版	1934-12-26	1	10단	柳京日記
257104	朝鮮朝日	南鮮版	1934-12-26	1	01단	白頭山大探檢期待嚴冬の壯擧は思ふだに痛快ベテラン高橋氏が語る魔の銀嶺への憧憬
257105	朝鮮朝日	南鮮版	1934-12-26	1	01단	警務局長の提唱で武道精神を皷吹學生へ、さらに一船靑年へ民心作興の一助に
257106	朝鮮朝日	南鮮版	1934-12-26	1	01단	鑛區の出願激增の一途本年中の總出願數九千件を突破せん
257107	朝鮮朝日	南鮮版	1934-12-26	1	01단	總督國境視察さらに延期新春廿日過ぎ
257108	朝鮮朝日	南鮮版	1934-12-26	1	01단	高田憲兵分隊長關東局へ轉出
257109	朝鮮朝日	南鮮版	1934-12-26	1	02단	名物大邱の藥令市始る
257110	朝鮮朝日	南鮮版	1934-12-26	1	02단	新春の豪華プロ京城映畵陣整ふ
257111	朝鮮朝日	南鮮版	1934-12-26	1	03단	南大將へ短刀を贈る
257112	朝鮮朝日	南鮮版	1934-12-26	1	03단	街路樹に町民が反對面くらった釜山府當局
257113	朝鮮朝日	南鮮版	1934-12-26	1	04단	大邱署の浮浪狩り
257114	朝鮮朝日	南鮮版	1934-12-26	1	04단	釜山本驛の改裝竣工す採光設備も整って舊態一新の明朖さ
257115	朝鮮朝日	南鮮版	1934-12-26	1	05단	歲晚をひろふ/G魚屋さん
257116	朝鮮朝日	南鮮版	1934-12-26	1	05단	石粉代用品の發見成功仁川の米穀商山口氏の研究半島精米界に福音
257117	朝鮮朝日	南鮮版	1934-12-26	1	05단	五時まで營業大晦日の各銀行
257118	朝鮮朝日	南鮮版	1934-12-26	1	06단	京城商議所に相談所設置中小業者の振興策
257119	朝鮮朝日	南鮮版	1934-12-26	1	07단	密漁船捕る
257120	朝鮮朝日	南鮮版	1934-12-26	1	07단	集った義金二千五百圓同情週間/嚴寒に慄ふ東北の缺食兒へ溫かい義金の殺到
257121	朝鮮朝日	南鮮版	1934-12-26	1	07단	釜山高小校の洋花栽培の實況
257122	朝鮮朝日	南鮮版	1934-12-26	1	08단	不良酒征伐
257123	朝鮮朝日	南鮮版	1934-12-26	1	08단	家庭へ贈る春の草花
257124	朝鮮朝日	南鮮版	1934-12-26	1	09단	年の瀨に輝やく童心
257125	朝鮮朝日	南鮮版	1934-12-26	1	09단	靑年の自殺
257126	朝鮮朝日	南鮮版	1934-12-26	1	09단	鄕土松山へ飛ぶ藤田飛行士全鮮一周飛行の勇士明春、愛機に塔じて
257127	朝鮮朝日	南鮮版	1934-12-26	1	10단	明年から雄基へ直航伏木港受命直通航路浦潮寄港廢止

일련번호	판명		간행일	면	단수	기사명
257128	朝鮮朝日	南鮮版	1934-12-26	1	10단	不正を働く
257129	朝鮮朝日	南鮮版	1934-12-26	1	10단	もよほし(本社京城支局來訪)
257130	朝鮮朝日	南鮮版	1934-12-26	1	10단	人(塚本清太郎氏(伏島釜山鐵道事務所長夫人嚴父))
257131	朝鮮朝日	南鮮版	1934-12-26	1	10단	鷄林かがみ
257132	朝鮮朝日	西北版	1934-12-27	1	01단	十九二十師團對抗演習明秋南鮮で擧行植田軍司令官統監の下に一大科學戰を展開
257133	朝鮮朝日	西北版	1934-12-27	1	01단	豚毛精製を平壤で行ふ府より組合へ補助
257134	朝鮮朝日	西北版	1934-12-27	1	01단	無煙炭合同は當然纏まる鑛山課長談
257135	朝鮮朝日	西北版	1934-12-27	1	01단	半島の一九三四年(A)
257136	朝鮮朝日	西北版	1934-12-27	1	02단	平壤府債を更に低利へ殖銀と交渉
257137	朝鮮朝日	西北版	1934-12-27	1	03단	種牛部落品評會
257138	朝鮮朝日	西北版	1934-12-27	1	04단	軍用犬協會西鮮分會總會
257139	朝鮮朝日	西北版	1934-12-27	1	04단	蕃殖牝牛審査成績
257140	朝鮮朝日	西北版	1934-12-27	1	04단	學窓から、鐵窓から降濺ぐ情けの雨東北の缺食兒童へ/師走の巷に咲く人情美
257141	朝鮮朝日	西北版	1934-12-27	1	05단	被疑者百二十八名愈よ送局さる農民赤化の全機構潰滅す定平農組再建事件/部落擧って遷善に努力當局その後の指導で郡內に轉向の氣漲る/巧妙な戰術に搜査に苦心 定平署長談
257142	朝鮮朝日	西北版	1934-12-27	1	05단	贖罪の道に勵む遊女に廻る春松本安川組支配人の計ひで近く晴れの結婚式
257143	朝鮮朝日	西北版	1934-12-27	1	06단	警官出張所燒く
257144	朝鮮朝日	西北版	1934-12-27	1	07단	朝鮮婦人の飛降り自殺大同橋上から
257145	朝鮮朝日	西北版	1934-12-27	1	08단	雪嶺征服の巨步を進む勇躍する白頭探檢隊
257146	朝鮮朝日	西北版	1934-12-27	1	09단	火の魅惑に狂ふ二十娘鐵窓の責苦にも懲りず數回に亙って放火
257147	朝鮮朝日	西北版	1934-12-27	1	10단	柳京日記
257148	朝鮮朝日	南鮮版	1934-12-27	1	01단	白頭山探檢大壯圖への期待/驛頭に沸る歡呼白頭山探檢の本隊勇躍、京城を通過
257149	朝鮮朝日	南鮮版	1934-12-27	1	01단	十九二十師團對抗演習明秋南鮮で擧行植田軍司令官統監の下に一大科學戰を展開
257150	朝鮮朝日	南鮮版	1934-12-27	1	01단	自治制改正後初の府邑面協議員の選擧明年五月一齊に執行
257151	朝鮮朝日	南鮮版	1934-12-27	1	01단	半島の一九三四年(A)
257152	朝鮮朝日	南鮮版	1934-12-27	1	02단	紺綬褒賞下賜(京城)
257153	朝鮮朝日	南鮮版	1934-12-27	1	03단	羅南丸殉職者追悼會執行
257154	朝鮮朝日	南鮮版	1934-12-27	1	04단	見違へる活況跳開橋開通に奏づ釜山牧の島の躍進譜
257155	朝鮮朝日	南鮮版	1934-12-27	1	05단	義金の奔流東北へ東北へ
257156	朝鮮朝日	南鮮版	1934-12-27	1	07단	鶴の大群慶南大池面沼地に飛來住民は瑞兆に狂喜

일련번호	판명		간행일	면	단수	기사명
257157	朝鮮朝日	南鮮版	1934-12-27	1	09단	父の死を眼前に敢然入營この弟に、この兄
257158	朝鮮朝日	南鮮版	1934-12-27	1	09단	一掃されるインチキ商戰不正競爭防止法案いよいよ實施さる
257159	朝鮮朝日	南鮮版	1934-12-27	1	10단	二人組強盜捕る
257160	朝鮮朝日	南鮮版	1934-12-27	1	10단	踏切番の女轢死
257161	朝鮮朝日	南鮮版	1934-12-27	1	10단	學生風の轢死
257162	朝鮮朝日	西北版	1934-12-28	1	01단	物凄い大漁に漁夫はへとへと疲れ果てゝたゞ詩化を待つ卅年來の明太景氣
257163	朝鮮朝日	西北版	1934-12-28	1	01단	世智辛い暮にぽんと六十萬圓朝窒本宮工場用地買收費咸興、興南へ落つ
257164	朝鮮朝日	西北版	1934-12-28	1	01단	年頭の盛觀近代兵器を綱羅の觀兵式
257165	朝鮮朝日	西北版	1934-12-28	1	01단	半島の一九三四年(B)
257166	朝鮮朝日	西北版	1934-12-28	1	03단	漁業組合に獎勵金交付平南漁村救濟叺織の副業
257167	朝鮮朝日	西北版	1934-12-28	1	04단	滿洲へ慰問袋
257168	朝鮮朝日	西北版	1934-12-28	1	04단	衛生豫算の增加
257169	朝鮮朝日	西北版	1934-12-28	1	04단	工場用地の交渉成立す鐘紡對鐵道
257170	朝鮮朝日	西北版	1934-12-28	1	04단	蜜柑の殺到
257171	朝鮮朝日	西北版	1934-12-28	1	04단	儘ならぬ南洋進出旗色惡い林檎戰上海市場の米國物を研究し飛躍を策す鎮南浦
257172	朝鮮朝日	西北版	1934-12-28	1	05단	盛京丸初入港東京から清津港へ
257173	朝鮮朝日	西北版	1934-12-28	1	05단	年の瀬の明暗景氣のよい商店街と花街不振に喘ぐゴム靴と靴下平壤歲末景氣打診
257174	朝鮮朝日	西北版	1934-12-28	1	06단	魔除けのお祓ひ歲末の不吉に氣を腐らし道廳員が平壤神社で
257175	朝鮮朝日	西北版	1934-12-28	1	06단	煙草の密耕減り密輸殖ゆ
257176	朝鮮朝日	西北版	1934-12-28	1	07단	鄕土愛に燃えて凶作の慘土へ救ひ羅津東北縣人會の美擧
257177	朝鮮朝日	西北版	1934-12-28	1	07단	奇特の獻金
257178	朝鮮朝日	西北版	1934-12-28	1	08단	子供よ滑れ嚴冬の滿洲を朖らかに
257179	朝鮮朝日	西北版	1934-12-28	1	08단	惡の跳梁覆面强盜出沒す
257180	朝鮮朝日	西北版	1934-12-28	1	09단	虐待事件で學校へ警告不祥事一掃を期す
257181	朝鮮朝日	西北版	1934-12-28	1	10단	白頭探檢隊歡迎會惠山鎮にて
257182	朝鮮朝日	西北版	1934-12-28	1	10단	人(下村進氏(平南警察部長))
257183	朝鮮朝日	西北版	1934-12-28	1	10단	柳京日記
257184	朝鮮朝日	南鮮版	1934-12-28	1	01단	芽生えた幸福更に大成を期したい宇垣總督の年末所感
257185	朝鮮朝日	南鮮版	1934-12-28	1	01단	卅ケ年で全農村を更生第二次振興運動に對する宇垣總督の意見/本府定例局長會議
257186	朝鮮朝日	南鮮版	1934-12-28	1	01단	初日の出各地の時間
257187	朝鮮朝日	南鮮版	1934-12-28	1	01단	半島の一九三四年(B)

일련번호	판명		간행일	면	단수	기사명
257188	朝鮮朝日	南鮮版	1934-12-28	1	02단	麾く特輯銀幕巨彈揃へて賑やかな釜山新春競映陣
257189	朝鮮朝日	南鮮版	1934-12-28	1	04단	南鮮水害復舊費割當決まる
257190	朝鮮朝日	南鮮版	1934-12-28	1	05단	眞鶴の捕獲を解禁
257191	朝鮮朝日	南鮮版	1934-12-28	1	05단	輕金屬時代へ全南明礬石花々しく登場アルミニュームを本格的に生産海外へも大進軍
257192	朝鮮朝日	南鮮版	1934-12-28	1	06단	釜山稅務署移轉地選定
257193	朝鮮朝日	南鮮版	1934-12-28	1	07단	飛んだ神通力英雄氣どりで二人を慘殺した若者の精神を鑑定
257194	朝鮮朝日	南鮮版	1934-12-28	1	07단	斷髮令を憤り刃もの三昧
257195	朝鮮朝日	南鮮版	1934-12-28	1	09단	天降りが多過ぎる總督府の人事行政に甲子俱樂部から陳情
257196	朝鮮朝日	南鮮版	1934-12-28	1	09단	鐵道共濟組合の不正發覺か關係者續々召喚さる
257197	朝鮮朝日	南鮮版	1934-12-28	1	10단	もよほし(本社京城支局來訪)

색인

색인

ㄱ								
家內工業	246325	246341	256292					
街頭美談	251748							
加藤, 加藤敬三郎(滿洲朝鮮銀行總裁)	244628 256099	245387 256109	251287 256640	251307	251766	253012	253348	254840 255881
加藤, 加藤不二夫(慶南道保安課長心得)	253641							
加藤, 加藤昇夫(高等法院判事)	247563							
加藤大佐(新任工共第二十六聯隊長)	245883							
榎本, 榎本三郎(警視廳內鮮課長)	248698 253071							
可郵(平壤府尹)	251174							
家庭工業	244979							
家畜防疫	248489	254598	254616	255336				
家畜市場	253169							
脚技	250442	250782	250807					
閣僚	245943	245958	251423	251445				
各務, 各務鎌吉(日本郵船社長)	244809	245454	253902					
間島	246386 250568 253724 255696	246704 250587 254038 255830	246795 250966 254055 256038	246822 251712 254114 256042	247382 251731 254845 256267	247413 251820 254907	249647 252868 254920	250245 253229 255046 250267 253422 255405
間島共産黨事件	251712	251731						
間島省	254038 256267	254055	254114	254845	254907	254920	255046	255405 255830
簡保, 簡易生命保險	244901 251236 256304	245820 252440	246977 253832	247749 253884	247839 254030	247850 254247	251168 254740	251190 254799 251217 254816
簡保五周年記念	253832							

幹線道路	248084	249715	250178	254614	255597	255651	255968	256467	
簡閱點呼, 簡點	249198	249578	250912	251842	252119	252784			
簡易驛	245866								
簡易初等校, 簡易初等學校	245335 252160	245616	245746	245860	248889	250861	251479	251694	251715
簡易學校	253154	256697							
看護婦	244889	245843	249426	253520	255016	255239			
監督課	247981	254241	255787						
感冒	244712 246034	245090 246057	245281 246396	245306 246484	245416 246965	245657 256574	245683	245757	245964
感冒豫防	245964								
感謝飛行	252326								
甘蔗, 甘蔗義邦 (平壤稅務監督局長)	250308	254036							
感化院	250823								
甲子俱樂部	245163	257195							
甲子園	252283	252346							
岡, 岡正直 (專賣局元山出張所長)	251096	254241							
江界	245065 252797	246402 253643	248569 255563	248572 256664	249232	249734	251531	251968	252034
岡崎 (忠南知事)	248423	252620							
江東	244720	244958	247216	249191	251906	253370	256036	256189	
江東國防義會	249191								
江陵	245478	253629	253644	254558	254576				
姜文秀	250087	250637							
岡本, 岡本正夫 (平壤覆審法院長)	246142	246901	247672	250011					
岡本, 岡本至德 (京城覆審法院檢事長)	249584	250677							
岡部, 岡部甲子雄(新任光州稅務署長)	249009								
江西	245195 255763	248530	251374	252583	253476	254515	254843	255579	255709

江西古墳壁畫	251374								
江原	244931 250184	245478 251956	246721 252274	246816 254750	247086 255434	247429	247450	249273	249769
岡田新內閣	251423	251445							
江坂寺洞海軍 鑛業部長, 江坂海軍少將	250308	253523							
凱旋部隊	247181	248883	248975	249006	256965				
開城	244909 249068 254522	245242 249259 254995	245299 249559 255228	245416 250488 255273	245576 251384 255564	247077 253561 255838	247521 253912 256578	247568 254430 257020	248450 254514
開城共産黨事件	255228								
開城府	244909	247521	254995						
開城小學校	247568								
開城義士會	256578								
改修區域	245666								
開業試驗	244897	244922	255638	255671					
价川	248530	251469	251962	252019	252040	252508	253382	253603	
開港記念祭	250252								
更生運動	244700	245082	247289	248152	248174				
更生園	245182	246366	246552	252199	252720	253820	254045	255678	256033
健康相談所	246977	248571	253988	254265					
健康增進	246380								
建國祭	245692	245710	245833	245879	245938	245950			
瞼の廿五年	256162								
劍道	248004 254458	248774 254483	248821 254968	249327 255197	249941 256361	250388	250415	252397	252757
檢事局	245349 256953	247459	248811	249998	252154	252509	253273	254626	255058
劍術射擊競技	253545								
檢疫	245775	245800	251752						
檢閱	247339 250374	247612 251480	247640 251821	248743 252844	248869 254963	249608 255341	249769 255864	250363 256757	250371 256797
見舞金	249007	249742	251970	252188	252508				
見野, 見野相藏 (新任平壤遞 信分掌局監督 課長)	254241								
繭値崩落	246199	246218							
缺食兒, 缺食兒童	245366	255116	255235	255342	255440	256570	257120	257140	

結核	254225	254243						
鎌田, 鎌田福市 (陸軍中尉)	248765	248776						
境(高等法院 檢事長)	244665	254408						
鏡, 鏡一以(新 任大邱地方法 院刑事部長)	248387							
警官異動	246165	246216	246401	247362	247393			
警官出張所	257143							
京畿	244935	244975	245014	245048	245082	245216	245217	245579	245639
	245700	245893	246053	246216	246363	246383	246401	246474	246562
	246627	246696	246729	246738	246770	247048	247129	247237	247295
	247446	247804	247960	247998	248137	248199	248471	248774	248853
	248997	249073	249183	249227	249245	249270	249419	249420	249457
	249538	250045	250073	250125	250177	250315	250357	250496	250543
	250544	251325	251589	251836	251998	252531	252874	253172	253574
	253902	254022	254791	254879	255171	255192	255507	255649	255747
	255959	256830							
輕氣球	248151	248200	248249	248298	248345	248390	248444	248490	248558
	248650	248699	248751	248822	248952	248985	249010	249055	249135
	249184	249228	249274	249325	249507	249598	249724	249792	249903
	249979	250006	250046	250091	250243	250423	250471	250557	250770
	251070	251263	251603	251780					
京畿道 郡守會議	250357							
京畿道農會	253172							
京畿道 府尹會議	250125							
京畿道 署長會議	250073							
京畿道學務課	255959							
京畿道刑事課	244975	246627	251325					
京畿道會	246562	246770	247129	247295				
慶南	244653	244694	244729	244770	244875	244878	244886	244937	244976
	245122	245133	245176	245226	245264	245273	245306	245308	245311
	245313	245316	245361	245444	245482	245542	245700	245887	245918
	245926	245953	246003	246055	246122	246171	246220	246221	246304
	246313	246314	246363	246383	246427	246483	246582	246614	246615
	246662	246673	246726	246774	246809	246861	246912	246960	246968
	247047	247092	247129	247136	247243	247246	247248	247256	247294
	247342	247368	247399	247477	247491	247495	247559	247748	247755
	247912	247915	247917	247964	247998	248189	248193	248299	248329

	248368	248387	248600	248632	248645	248750	248821	248841	248951
	249009	249327	249358	249460	249464	249468	249506	249730	249858
	249867	250133	250233	250312	250317	250322	250363	250371	250415
	250498	250555	250586	250640	250677	250706	250758	250796	250826
	250844	250916	250918	250923	251249	251267	251321	251393	251444
	251454	251467	251472	251480	251510	251540	251633	251718	251725
	251845	251882	251888	251918	251936	251939	251946	251962	251970
	251978	252032	252041	252161	252172	252188	252264	252393	252440
	252493	252592	252621	252647	252770	252778	252826	253052	253109
	253111	253274	253314	253446	253530	253577	253641	253678	253895
	254074	254113	254114	254165	254354	254477	254483	254491	254580
	254620	254646	254781	254791	254871	255015	255111	255164	255170
	255245	255340	255394	255448	255481	255499	255535	255539	255647
	255703	255749	256023	256065	256274	256387	256394	256420	256770
	256895	256930	257036	257156					
慶南警察部	244694	246314	249468	249730	250322	250498	251939	255539	
慶南國防聯合會	247748								
慶南金組	249358								
慶南道警察部	245308	247047	248299	248329	248750	257036			
慶南道會	246304	246809	246861	247129	247136				
慶南府尹郡守會議	249858								
慶南北	246673	248368	251393	252393	256065	256895			
慶南女子教員會	253111								
慶南地方官署	250363								
京南鐵沿線	251769								
慶南體育協會, 慶南體協	247964	249460	250586						
慶南初等校長會議	251444								
京圖線	245060	246497	247848	251978	252174	253505	256618		
敬老會	254284	254602	255184	255362	255620	256031			
競馬	245232	245279	247030	248075	248400	248439	249479	249680	249925
	250307	250600	250658	250996	251010	251315	252196	252243	253067
	253398	253666	253742	255019					
警務局	244641	244647	244717	244738	244866	244894	245280	245344	245379
	245444	247058	247608	248314	248331	248387	248540	248550	248698
	249054	249373	249395	249420	249547	249582	249769	249793	250194
	250666	252064	252192	253226	254081	255165	255265	256336	256586
	257091	257105							
京釜線	245382	249130	250405	251951	251965	254538	256936		

慶北	244672	244831	244876	244888	244940	245100	245374	245424	245429
	245581	245632	245634	245830	245959	246106	246107	246111	246125
	246176	246264	246280	246302	246438	246477	246567	246659	246674
	246724	246740	246854	246858	246905	246955	246959	246999	247009
	247136	247252	247256	247761	247794	247801	247909	247998	248134
	248188	248280	248440	248554	249356	249364	249701	249750	250372
	250507	250550	250805	251324	251403	251540	251636	251759	251807
	251845	251882	251888	251922	251985	251992	252137	252265	252481
	252491	252523	252529	252607	252621	252647	252691	252737	252830
	253016	253113	253176	253453	253454	253668	253845	253885	254020
	254210	254249	254622	254653	254840	254887	254974	254984	255119
	255207	255352	255393	255873	255915	255967	255972	255983	255997
	256156	256390	256581	256590	256671	256673	256982		
慶北內務部	245100	255983	255997	256581	256673				
慶北道立醫院	255972								
慶北道會	246125	246724	246858	246905	246955	247136			
慶北自作農	253016	255967							
警備演習	247024	247367	247398						
景山(總督府 稅務課長)	256640								
經常部	256479								
京城	244630	244648	244651	244667	244671	244676	244677	244701	244778
	244784	244790	244817	244822	244826	244830	244884	244949	244980
	244995	245042	245052	245121	245158	245165	245213	245261	245274
	245318	245322	245372	245391	245422	245435	245445	245463	245472
	245485	245493	245533	245545	245549	245588	245594	245601	245645
	245651	245687	245753	245780	245796	245834	245857	245882	245888
	245924	245933	246025	246049	246062	246102	246183	246211	246215
	246220	246228	246229	246233	246235	246237	246259	246266	246305
	246348	246380	246386	246393	246471	246565	246569	246571	246616
	246665	246668	246675	246726	246741	246758	246776	246782	246820
	246824	246856	246857	246865	246871	246875	246917	246958	246998
	247040	247049	247108	247126	247143	247336	247350	247483	247496
	247587	247602	247652	247657	247708	247746	247802	247855	247861
	247864	247877	247896	247919	247922	247928	247949	247953	247967
	248016	248129	248130	248141	248143	248146	248185	248187	248199
	248213	248232	248233	248278	248283	248286	248287	248297	248348
	248354	248370	248374	248375	248418	248426	248433	248438	248442
	248446	248468	248474	248482	248492	248510	248511	248559	248564
	248583	248584	248585	248586	248600	248774	248799	248824	248828
	248865	248884	248933	248974	248977	248986	249074	249081	249116
	249121	249164	249168	249183	249217	249220	249224	249306	249328
	249351	249393	249401	249402	249451	249459	249501	249534	249535
	249536	249573	249575	249657	249664	249670	249714	249727	249751
	249770	249777	249778	249802	249862	249894	249896	249922	249977

249990	249995	250005	250029	250030	250031	250035	250072	250078
250082	250121	250122	250124	250127	250130	250171	250177	250178
250185	250190	250193	250195	250224	250227	250237	250269	250271
250272	250295	250310	250314	250403	250458	250465	250542	250552
250582	250584	250626	250666	250668	250677	250703	250712	250713
250722	250726	250757	250758	250759	250796	250797	250798	250813
250831	250834	250839	250872	250873	250883	250913	250916	250917
250930	250936	250969	250971	250975	250993	251012	251020	251027
251051	251052	251059	251061	251097	251099	251104	251119	251146
251152	251155	251198	251220	251239	251244	251254	251280	251281
251316	251317	251330	251352	251357	251372	251395	251398	251406
251458	251469	251482	251485	251500	251552	251581	251588	251590
251642	251646	251660	251679	251727	251764	251767	251770	251774
251778	251803	251873	251874	251878	251879	251926	251939	251946
251957	251969	251972	251980	252008	252009	252011	252027	252047
252149	252154	252204	252235	252298	252304	252305	252351	252362
252369	252372	252393	252397	252410	252441	252482	252499	252500
252504	252505	252513	252521	252539	252594	252624	252625	252746
252769	252770	252771	252779	252825	252873	252967	252971	252973
252978	253010	253019	253061	253116	253119	253140	253169	253170
253216	253221	253222	253227	253257	253259	253266	253281	253302
253309	253322	253414	253475	253485	253490	253492	253494	253527
253533	253570	253571	253580	253593	253619	253638	253640	253641
253666	253670	253686	253692	253700	253732	253738	253742	253747
253774	253776	253781	253783	253787	253796	253826	253827	253833
253843	253846	253877	253882	253969	253971	253980	254002	254022
254066	254080	254105	254106	254158	254161	254213	254215	254246
254250	254255	254296	254311	254359	254370	254393	254395	254402
254408	254437	254487	254488	254496	254531	254584	254690	254705
254728	254734	254741	254744	254752	254756	254868	254873	254916
254922	254930	254971	255022	255023	255034	255035	255064	255068
255069	255070	255072	255093	255115	255116	255123	255153	255155
255200	255240	255241	255258	255270	255287	255292	255295	255296
255301	255304	255344	255345	255352	255387	255404	255438	255441
255443	255444	255458	255478	255491	255496	255497	255512	255589
255599	255601	255604	255609	255639	255644	255645	255652	255663
255691	255693	255698	255701	255734	255748	255784	255808	255827
255860	255880	255881	255909	255917	255929	255959	255975	256011
256055	256111	256144	256164	256227	256228	256289	256320	256331
256358	256384	256427	256457	256463	256464	256467	256470	256534
256551	256585	256639	256640	256674	256682	256685	256689	256718
256720	256731	256771	256776	256809	256838	256841	256848	256896
256897	256934	256939	256941	256944	256952	256953	256990	257002
257033	257043	257067	257110	257118	257129	257148	257152	257197

京城教育會	251052	255691
京城國防義會	249575	250005

京城圖書館	250757								
京城府	244671	244701	244995	245158	245274	245318	245372	245493	245533
	245588	245645	245834	245924	246025	246049	246062	246215	246266
	246305	246380	246393	246471	246569	246668	246726	246824	246856
	246875	246917	246998	247861	248510	248583	248585	248600	248799
	248884	249081	249224	249402	249451	249534	249573	249777	249778
	249896	250029	250072	250078	250121	250177	250185	250272	250542
	250582	250584	250796	250831	250834	250872	250913	250917	250930
	250936	250971	251012	251020	251027	251051	251059	251099	251119
	251146	251244	251280	251316	251357	251406	251590	251642	251727
	251774	251778	251873	251874	251879	251939	251980	252047	252154
	252204	252298	252304	252351	252393	252513	252521	252625	252746
	252769	252973	252978	253414	253492	253527	253533	253619	253670
	253732	253774	253846	253882	253980	254022	254106	254255	254296
	254311	254741	254922	255153	255200	255258	255287	255301	255438
	255639	255929	255959	256331	256464	256685	256718	256720	256809
	256896	257033							
京城府 怪盜難事件	251774								
京城府民館	250272	251059	251099	251590	252304	254255			
京城府稅務課	249081	251051							
京城府 手數料條令	249573								
京城府 龍山出張所	250971	251020							
京城府靑年團	250072								
京城府 體育デー	253980								
京城府學務課	250917	255959							
京城府會	246668	246998	248585	248799	250913	252351	253533	253619	253670
	256718								
京城府會委員 不正事件	252351								
京城飛行場	246229	253140	253170						
京城師範學校	253414	255644							
京城商議所	244790	244817	245042	245165	257118				
京城新人玄關 第十九回 座談會	256470								
京城藥專	255491	255604							
京城女子中等	255444	255599	255693	255734	255860	255909	255959	256055	
京城驛	246741	248865	251469	252825					
京城運動場	249535	250030							

京城醫專	251588							
京城人	248129	251458	253833	255296				
京城第一高普	249894	250883						
京城中等校	248187	249401	253638					
京城中央高普	256731							
京城支局	245651	247922	248774	249751	249770	249802	252539	253827	254215
	254250	254488	254930	255240	255344	255352	255404	255441	255458
	255496	255589	255609	255645	255663	255748	255880	255959	256289
	256320	256427	256551	256682	256944	256952	257129	257197	
京城昌信普校	254158							
京城土木 談合事件, 京城土木事件	255701	255784	256111	256384				
京城孝昌公立 普通學校	253787							
競泳大會	249920	250314	250458	250969	251096	251150	251280	
經營轉向 社會政策	250207							
京義線	251469	251615	251705					
京電	244796	244823	245544	246501	246526	246664	246836	246872	247163
	247193	247305	247332	247766	247957	247999	248096	248122	248328
	248476	249714	249977	250326	251033	251068	251125	251143	251250
	251884	252077	253452	253494					
輕井澤	253165							
經濟	245158	245341	245588	245703	245720	245737	246477	246497	246587
	246624	246675	248014	249798	250550	251220	251239	252529	253846
	254081	254228	254268	254465	254711	254918	255789	256480	256561
經濟更生	246477	248014						
經濟問題	254228							
慶州	248237	248325	249577	250800	250914	251011	251095	252643	253491
	253575	254363	255193						
慶州古墳, 慶州の古墳, 慶州路西里古墳	249577	250914	251011	252643	253575			
慶州崇惠殿	255193							
警察	244694	244717	244779	244798	244812	244827	244907	244933	245124
	245140	245206	245308	245348	245386	245399	245401	245420	245423
	245444	245501	245557	245581	245590	245607	245632	245688	245880
	246195	246291	246314	246363	246508	246530	246795	246822	247025
	247047	247108	247113	247126	247301	247314	247382	247413	247455
	247624	247637	247843	247986	247998	248080	248097	248119	248154
	248171	248181	248299	248329	248342	248443	248568	248636	248674
	248726	248750	248756	248773	248774	248795	248826	248832	248905

	249073	249088	249227	249250	249273	249303	249327	249356	249468
	249610	249730	249738	249835	249941	250057	250133	250322	250324
	250476	250498	250504	250543	250640	250706	250719	250767	250815
	250949	251304	251457	251478	251491	251663	251810	251905	251939
	252051	252087	252319	252429	252526	252603	253038	253409	253574
	253799	253809	253836	253917	253943	253970	254033	254629	254726
	254743	254776	254910	255046	255062	255170	255171	255192	255232
	255352	255507	255535	255539	255649	255911	255957	256009	256097
	256236	256242	256289	256346	256356	256371	256414	256428	256433
	256471	256528	256541	256563	256642	256669	256737	256803	256814
	256933	256963	257024	257036	257078	257182			

警察界	256933

警察官	245401	247025	247108	247126	247455	248119	248171	248636	248774
	250057	250476	250504	251304	251663	254033	255046	255911	256346
	256371	256414	256803	257024					

警察犯處罰令	249835

	244694	244717	244812	245140	245308	245399	245420	245501	245581
	245607	245632	245880	246291	246314	246363	247047	247301	247986
	247998	248154	248181	248299	248329	248443	248674	248750	248756
	248773	248795	248826	248832	249073	249088	249227	249250	249273
警察部	249303	249356	249468	249730	249941	250057	250322	250498	250949
	251478	251939	252319	253038	253917	254629	254726	254776	255062
	255171	255192	255232	255507	255539	255649	255957	256097	256236
	256242	256289	256356	256428	256541	256563	256737	257036	257078
	257182								

警察部長會議	248154	248181	248756	248773	248795	248826	249303

警察署	245444	245557	246195	247113	247637	248342	248568	248726	249327
	250133	250640	250767	255170	255352	256471	256528	256814	256963

警察協會	245124	246314	250706	255535

輕爆, 輕爆機	245237	248862	250424	251785

稽古	244681	245275	245299	245408	246815	253422

階級制	255761

鷄林かゞみ,	253138	253185	253234	253642	253684	253755	253798	253849	253941
	254024	254082	254121	254168	254223	254266	254547	254591	255038
鷄林かゞみ	255082	255132	255169	255213	255305	255353	256291	256337	256381
	256403	256555	256601	256641	256853				

鷄林丸	246271

鷄明山	251374

鷄疫	244861

古建築	252099	255006	255259

考古學	254946

高橋, 高橋健 (東拓鑛業專務)	250308

高橋, 高橋高 (總督府外事 課長)	254265							
高橋, 高橋龜吉 (東京, 經濟硏 究所長)	252529							
高橋, 高橋金明 (新任釜山署 長)	245707	245894	245969					
高橋, 高橋敏 (平壤府尹)	256260	256276	256338	256450	256568	256780		
高橋, 高橋是 賢子(貴族院 議員)	255881							
高橋, 高橋貞夫少將 (小倉工廠長)	249827							
高句麗, 高勾麗	254673	256090						
古筠, 金玉均	247381	247412	255832	255853	255948	255970		
古代文化	247933	253034	253575					
高等警察課	251810	254743						
高等法院	244665 252936	244717 253803	244975 253967	246360 254408	247563 255830	249173 256953	250194	252450	252915
高等普通校, 高普	245676 249413 251528 252911 254483	246420 249544 251532 252984 255214	246502 249894 251541 253007 255461	246967 250159 251739 253434 255517	247983 250231 251760 253561 255871	248299 250666 251937 253800 256731	248496 250712 251954 254155 256771	249132 250715 252105 254451	249259 250883 252122 254458
高麗	254084	254103	254821					
拷問致死	246206	249639						
高尾, 高尾甚造 (慶北警察部長)	249356							
古墳	245195 251374 254562	246566 252643 254673	246895 253034 256090	246910 253535	247068 253575	248036 254025	249577 254260	250914 254363	251011 254519
高射機關銃, 高射銃	245812	249191	251122					
高射砲	245286 255368	245660 256958	245686	246841	249287	250693	251031	251470	253420

高松, 高松順茂 (遞信局海事 課長)	246018	256640						
高松宮	253307	253352						
古市(忠南警 察部長)	248674	252319						
古壓(本府農 政課長)	256586							
古瓦	256090							
高元, 高元勵 (慶北道知事)	249750							
古蹟	246152	246172	247884	249011	249032	249056	249070	252399	255648
高田(民政黨 代議士)	250677	251119	251283						
高田(憲兵分 隊長)	257092	257108						
高田, 高田耘平 (農林省米穀 顧問)	250638							
古川 (本町署長)	256164							
古川, 古川兼秀 (新任黃海道 警察部長)	249227							
古川, 古川貞吉 (平壤署長)	245116	247892	247979	248568	256370			
谷口, 谷口慶弘 (前釜山署長)	245280	245786						
穀物組合	247921							
困窮者	252758							
公共事業	250305							
空軍	249938	253560						
工藤, 工藤鐵男 (民政黨代 議士)	248866	249068	249219					
共産黨	245138	245297	247534	248397	248428	248644	249223	249760	250087
	251024	251712	251731	255228				
共産黨工作委 員會事件, 共産黨國內工 作委員會事件	250087	251024						

共産黨事件	245297	247534	248644	249760	251712	251731	255228		
公設市場	247485	248185	249536	250854	251558	252628	254358	255241	256749
恐水病, 狂犬病	244822	247350	249869	250985	254448				
空襲	249832	249873	249938	250009	251031				
工業地化	249614	251823							
公有林	252094								
公醫往診料	246373								
工作委員會 事件	250087	250132	251024						
工場地帶	247262	249148	250054	251297	252460	252564	255833		
功績者	244713	245938	245950	249987					
工政會	250621								
公州農業盟休	251933								
公州地方法院	246542	249301	250827						
空中觀測機	252436								
公娼	249233								
公債不正 行使事件	244781								
供託局	252097								
恐慌時代	251215	251234							
公會堂	244656	245456	245954	246100	246511	246652	246931	247119	247264
	247569	247878	248123	248211	248362	249146	249295	249336	249557
	250100	250155	250491	250567	250817	250941	251004	251042	251252
	251270	251496	251700	251738	251889	252331	252842	253093	253191
	253197	253758	254319	254554	254593	254662	255221	255470	255959
	256910	256967							
公會堂ホテル	251252								
公休日	251830	256368							
科學	244842	244868	245107	245130	245590	246627	247185	249730	249755
	249837	249860	252246	253114	254896	257132	257149		
官界の大異動	255858								
觀光	244692	244826	245016	245294	245333	245364	245448	245699	247436
	247471	247489	247652	247848	247994	248076	248135	248217	248234
	248283	248382	248604	249478	249509	249632	250676	251054	251801
	254720	255405	255601	255642	256349				
觀光客	247652	247848	249632	256349					
觀光團	247436	250676	251054	255405	255601	255642			
觀光船	244826	245016	248283						
關東局	257092	257108							

關東軍	249859	251245	252235	255473	256758			
關東州	246416	251224						
觀兵式	245012	248703	248864	254867	257164			
關釜連絡, 關釜聯絡	245043 251259	245059 251939	247472 251951	247490 253700	248135 254678	249258 254690	249656	250188	251209
關西	248054	248459	249119	249214	249737	249783	253827		
關稅	245553 253803 256179	245814 254051 256476	245906 254076	245918 254366	246197 254527	246219 254544	247883 255075	247897 255714	252641 255882
冠岳山	255537								
關野, 關野貞 (東大名譽 教授)	255352								
菅原大佐 (飛行第六聯 隊長)	249390								
冠婚葬祭	245886	255260							
廣島	252397	252696	255431						
廣瀨(雄基 邑長)	251829								
鑛山課	246262 257134	248837	248915	249981	250141	250172	253578	256734	256838
鑛山法	250057								
鑛産稅	256778								
鑛石分析所	252322	253203	255567						
鑛業	246295 248227 251672 253718	246411 248268 252121 254069	246505 249340 252145 255095	246667 249374 253058 255621	247146 249406 253139 256838	247724 250074 253427 256903	247984 250172 253523 257015	248153 250308 253556	248204 251648 253625
鑛業令	249374	249406	253058						
鑛業部	246411 255621	246505	247724	249340	250308	253427	253523	253556	253718
光州	244667 248132 251633 254733	244717 248373 251739 254747	245047 248986 251760 256177	245274 248997 251770 256290	245317 249009 251954 256373	245927 249356 253006 256457	246920 250536 253308 256540	247902 250591 254592	247907 250668 254611
光州高女	256457								
光州稅務 監督局	248986	249356							
光州通信所	256290								
廣津橋	251248	253534							
光化門	249305	255122							

怪盗難事件	251774								
怪死體事件	251392	251426	251452						
教科書	245697	245919	247249	247589	248836	250057	251223	252737	256221
	256857	256880							
橋都, 橋都芳樹 (在鄕軍人平 壤聯合分會 長)	246159								
蕎麥中毒事件	251530								
教員	245084	245262	245950	246123	246441	246503	246520	246633	246815
	246945	247112	247234	247534	247670	247917	247934	247952	247977
	247998	248117	248286	248370	248381	248739	248750	248938	249060
	249182	249815	250095	250407	250879	251695	251716	251836	251854
	251945	252149	252591	252924	252984	253007	253111	254445	255332
	255736	256178	256223	256356					
教員補充	247670	252149							
教育	244713	244729	244741	244764	244808	244838	244873	245122	245178
	245203	245229	245254	245782	245893	245938	245950	246006	246037
	246120	246132	246264	246305	246312	246347	246368	246427	246479
	246570	246621	246632	246638	246639	246727	246748	246754	246755
	246832	246855	246999	247064	247090	247114	247337	247361	247392
	247506	247530	247908	247926	247947	247960	248038	248279	248539
	248634	248639	249229	249252	249686	249774	249947	249984	250378
	250683	250739	250780	250861	251052	251080	251151	251223	251546
	251613	251694	251715	252323	252571	252808	252911	252984	252987
	253007	253759	253764	253780	254175	254214	254347	254646	254791
	254871	254933	255157	255174	255691	255792	256123	256286	256406
	256470	256809	257034						
教育部會	246305	246368	246479	246570	246621	246727	247337	247361	247392
	253780	256809							
交通	245183	245208	245287	245370	245929	246355	247293	247491	247674
	247953	248071	248186	248309	248763	248894	249293	249777	249849
	250250	250669	250734	250979	251103	251133	251493	251551	251629
	251823	251835	251864	251881	251992	252019	252034	252050	252508
	252564	252631	253147	253261	254022	254721	254735	255982	256248
	256773	256811	256861						
交通杜絶	251864	251992	252034	252508					
交通事業令	250979	251835	252050						
交通安全デー	247953	248186	248763	253261					
交通取締と事 故防止宣傳	248894								
教化	245261	245892	246335	246909	247027	247786	247804	248164	248752
	248772	248824	249800	250639	251803	251804	253021	254734	254756
	254944	256455	256537	256685					

教化團體	248752	248772	248824	254734	254756	254944	256685		
教化事業	253021								
救急箱	246004	246171	246712	248922					
救急藥	244846	244880	245281	245306	251477	251992			
九大	248207	248231	250666	250712	250833	250916	250969	251013	251014
	251096	251280	251314	254968	255061	255077	255197		
歐羅巴, 歐洲	248663	248764	250514	251086	251404	254717			
俱樂部	245163	248075	248549	250600	251315	251392	251426	251459	252397
	255304	257195							
購買組合	246232	253080	254846						
歐米	244649	245864	248307						
久保, 久保乃俊 (新任平壤醫 專教授)	253650								
救貧事業	246032								
龜山 (電氣課長)	256430								
救世軍	245735	251995							
救援隊	251284	251936							
龜田, 龜田市平 (新任開城稅 務署長)	249068								
駒井, 駒井猛態 (京城南大門 郵便所長)	251957								
舊正月	245748	246007	246177						
救濟事業	244951	244970	245017	245269	246544	246560	247294	247665	247692
	250268	252074	252939	252964	253550	253572	254550		
救濟策	245247	246404	250439	251970	252193	253314	256343		
九州	247481	248034	248056	251191	252890	254308	257031		
驅逐艦	250293	250312	250313	250479	250495	250646	252693	253200	253240
	253380	254107	254304	255659					
驅蟲劑	252783								
龜浦	251919	251939	251946	251951	251965	252098	254165	254309	254356
	255199	255493	255867						
舊韓國	252688								
狗峴嶺	246464	249230	249253	252324	257097				
救恤金, 救恤下賜金	248724	250909	251876	252012	252258				
國境	244806	244828	244855	244954	245072	245092	245189	245328	245344
	245359	245399	245420	245454	245521	245551	245556	245577	245841

	245856	246193	246243	246291	246329	246443	246554	246839	247066
	247118	247486	247821	248308	248311	248361	248832	248872	249066
	249241	249328	249351	249381	249404	249485	249504	249613	249682
	249817	249875	249936	249961	250379	250382	250433	250735	250772
	250855	250904	251121	251382	251493	251608	251895	251953	252210
	252237	252333	252467	252492	252508	252680	252699	252858	252882
	252913	253071	253094	253128	253171	253445	253654	253791	253799
	253836	253943	253970	254123	254387	254661	254689	254793	254815
	254990	255058	255186	255379	255421	255612	255933	256128	256161
	256192	256240	256346	256371	256396	256472	256482	256491	256516
	256602	256623	256740	256957	256989	257083	257107		
國境警備	245399	245420	246243	246443	250772	251382	251608	252467	252492
	256128	256740	256989						
國境同胞	247118								
國境部隊	256472	256491	256957						
國境線	248361	250904	253799	253836					
國旗揭揚	246001	247775	249112	251921	251937	252595	255533		
國旗奪取事件	245679								
國旗會	247318								
國難	248280								
國內工作委員會	249077	251024							
國立公園	244927	245294	250812	254998					
國立觀測所	251370	251828							
國立癩療養所	248567	248592							
國立製鍊所	247222	248612	249372	249394	255107				
國立種羊場	245972	246046	249983	254463					
國民	248454	250351	252975	253527	254961	255112	255295	255433	255644
	256122								
國民精神作興, 精神作興	247952	248286	248370	248634	248739	248891	248938	249060	250095
	252141	252871	253083	254306	254491	254695	254961	255023	255112
	255261	255295	255345	255384	255409	255433	255538	255596	
國民被服展覽會	250351								
國防	244854	244893	245405	245511	245637	245638	245687	245708	245732
	245752	245779	245887	245990	246009	246033	246311	246461	246640
	246692	246700	246722	246854	246947	246952	247066	247132	247179
	247237	247331	247380	247411	247446	247587	247588	247748	247771
	248052	248072	248134	248136	248195	248280	248373	248491	248510
	248646	248704	248831	249191	249575	250005	251198	251781	251840
	252007	252436	252775	252982	253054	253124	253127	253201	253879
	254379	254565	254970	255571	255681	255702	256032	256466	256470
	256484	256550	256662	256873	257094				

國防博	247331								
國防費	251840	253054	254379	254565	256662				
國防思想	253127								
國防宣傳	245687								
國防役員	247446								
國防聯合會	246722	246854	247587	247748					
國防義會	245637	245638	245752	245779	245887	245990	246311	246461	246692
	246722	246947	246952	247066	247179	247237	247588	247771	248052
	248072	248134	248195	248280	248373	248491	248510	248646	248704
	248831	249191	249575	250005	251198	252436	253124	256032	256470
國防義會 聯合會	245752	245779	245887	246692	246722	247066	247771	248052	248134
	248195	248280							
國防獻金	244893	245511	245708	245732	247380	247411	248136	252775	253201
	254970	255571	255681	256466	256484	256550	256873	257094	
國産	247234	250676	256475						
國是	244628								
國語	247887	247916							
國營	245715	249330	249736	250434	251215	251234	252322		
局營バス	252556								
國運	244635								
國有林	246224	247252	247478	247622	250617	252714	252850		
局長會議	244978	247182	248759	250880	252178	252208	252733	253011	254478
	255045	256410	256626	256888	257185				
國際結婚	245461								
國際共産黨 事件	245297								
國際道路	252168								
國際都市	244677								
國際スパイ	256642	256669							
國際列車	246237	246259	248402	248957	248969	252941	252966	253285	256589
	256603								
國際鐵橋	251230								
菊池一德 (殖銀監事, 殖 銀平壤支店長)	252344	253276							
局鐵改良事業	250182								
局鐵全線	255156								
國體觀念	250739								
國行健輔 (清津木材商 組合長)	245714								

國華日	247551	248094	248120	248412					
菊花展	254423	255182							
軍犬, 軍用犬	244629	245589	248206	249197	249661	250339	250360	250406	250408
	250455	250499	250527	250538	250541	250876	251831	253101	253130
	254649	255034	255570	255598	255694	256510	257138		
軍敎	246419	246500	251561	253862	255790				
軍敎査閲	253862	255790							
軍國風景	247019	247038	253327	254828					
軍旗	246841	247666	247819	248114	248399	248448	248475	248515	248572
	248657	248658	248681	248737	248777	251360	251474	253331	
軍旗拜受記念	251360								
軍旗祭	247666	247819	248114	248399	248448	248475	248515	248572	248657
	248658	248681	248737	248777	251474	253331			
軍馬	249283	252789	253117	255114	256510	256583			
軍民一致	246071	246788	249936	249961	252247	252263	252624	253462	253481
軍法會議	255001	255029							
郡部警官	249518								
軍事	246453	246475	248302	248539	249932	250793	251559	252007	252109
	253527	253837	256493	257034					
軍事敎鍊	251559								
軍事敎育	248539								
軍事思想	253527								
軍事畫展覽會	249932								
群山	244947	244979	245041	245362	245837	246619	247695	248184	248818
	249113	249115	250313	250592	252774	253579	254650	255114	255488
	255702	255838	256583	256640					
群山開港	249113	253579							
群山府會	247695								
軍生團	255721								
軍需景氣	255473								
軍用犬展覽會	249661	250408	250527	250541	251831				
軍用犬協會	250339	250876	254649	257138					
軍用機	245506	252986	255369						
軍用電話	251085								
軍用地	252688	254554							
軍醫	246810	247124	247143	247301	247354	248071	249156	251269	253718
	255458								
軍縮代表	256591								
軍縮問題	256412								
軍艦	247819	250790	251425	251542	252980	253166	253255	253439	253528
	254206	254581							

堀, 堀正一(朝鮮商銀專務)	247301							
堀內, 堀內源吉(新任茂山營林署長)	253906	254087	255851					
堀田, 堀田正恒伯(海軍政務次官)	248698							
堀悌吉, 堀悌吉中將, 堀中將(新任鎭海要港部司令官)	251847	252410	253141					
堀透(日本製糖工場長)	246142	253328						
窮救事業, 窮民救濟事業	244902	246756	247022	247109	247269	247294	247624	248109	249675
	249705	250268	250296	252074	252162	252939	252964	253142	253550
	253572	254270	255418	255643					
宮島, 宮島幹之助(國際聯盟阿片委員會委員醫學博士)	249827							
宮島大佐(新任嚴島電信第二聯隊長)	245883							
窮民	244844	244870	245017	245048	245148	246544	246560	246662	247232
	247294	247304	247665	247692	250268	251455	252074	252172	252939
	252964	253292	253550	253572	254766	255040	255214	255284	256509
	256699	256779	257063						
窮民救濟	244844	244870	245048	246662	247294	250268	252074	252172	252939
	252964	253550	253572	254766	255284				
窮狀打開策	252129							
宮川, 宮川米次(傳染病硏究所長)	250893							
窮乏農村	245814	255040						
券番	249718	257043						
拳銃	244720	244756	244787	246537	246763	248972	249271	249288	249298
	249342	249366	249384	249414	249456	249763	249786	249871	249883
	249924	249944	249976	250297	250400	250525	250714	250803	251822
	252704	253449	253701	254101	254119	254277	254627	254642	254790
	255004	255146	255150	255805	256043	256194			

拳鬪	245089	246962	247133	248035	248058	248596	249653	250595	252942
	252971	253927	255879						
貴院, 貴族院	244717	247523	247553	249420	249741	249797	251943	253276	254988
	255365	255381	255881						
貴院視察團	249797								
劇	244778	244992	245461	245770	245960	246547	247025	247029	247278
	248070	248442	248478	248549	248568	248747	248987	248998	249180
	249824	249942	250213	250292	250553	250719	250929	251016	251069
	251304	251540	251690	251818	251939	251999	252387	252622	252650
	252661	253018	253131	253364	253921	254781	254859	255179	255210
	256094								
極東	246962	249097	249125	249887	249985	250124	250796	252064	256765
極東オリンピック	246962	249097	249125						
劇場	250929	253018	254781	255210	256094				
極左	249077								
近畿	253735	253762	253792	253800	253931	253942	253966	253997	254011
	254208	254329	254354	254601	255051	255328	255796		
近畿罹災學童	255796								
近畿風水害	253762	253792	253800	253931	254208	254601			
近畿風水禍	253735	253997	254011						
勤農共濟組合	253423								
近代建築	251059	256511							
近藤(京城郵便局長)	251646								
近藤大佐(步兵七九聯隊長)	245707								
根岸, 根岸莞爾(十九師團經理部長)	248955								
金剛山	244927	246018	248217	248234	248734	248842	249407	250018	250033
	250086	250551	250619	250760	250974	251055	251548	252138	252356
	252404	252538	253164	254224					
金庫稅	247549	247693	248130	251357					
今關(茂山警察署長)	248726								
金鑛爆發事件	251983								
金塊密輸	245508	246603	248220	248239	248716	248895	248929	251347	251914
	251929	252340	255105	255524	256283	256661			
金密輸	245823	250395	250436	250575	251908	252629	252863	252886	254777
	254952	255542	256576	257024					

今田, 今田章 (二十師團經 理部長)	250896								
今井 (貴院議員)	251943								
今井, 今井賴 次郎(遞信局 電氣課長)	246803	246811	256985						
今井, 今井安 太郎(平南道 保安課員)	247230	253239	253556						
今井田 (政務總監)	245102 248331 251946 255405	245119 249329 251970 256760	245156 249352 252641	245257 250032 252915	246622 250173 252936	247730 250226 254056	247757 250313 254348	248279 251936 254394	248314 251941 254779
金組保證組制	255562								
金鳥山	251807								
金組聯合會	246405	246428	250911	252193					
金組理事會	249424	249804	250441						
禁酒宣傳	250481								
今村中佐 (新任步兵七 九聯隊附)	252235								
機械	245672	249607	254513	254723	256786	256799			
機關車	244663 253662	246918 254258	248265 254882	250135 255271	250959 255350	251387 256621	251824 256851	252557	252894
機關銃	245812	246311	251122	255266					
基教, 基督教	248287	248396	249337	249623	249645	250566	252565	254194	254218
飢饉	245212	245248	249643	249905	251028	251049	251936	251946	255612
記念碑	249799	249894	250017	250883	251335	252511	252883	253044	256988
記念事業	244872 252178	245762 252694	246264 252707	246974	248530	249674	249699	251508	252018
記念植樹	247760	248027	248047	248086	248124	248141	256208		
記念貯金	246214	246489	247346						
記念祭	245895	247052	247819	249287	250079	250159	250252	253693	
祁答院, 祁答 院規矩雄(西鮮 合電工務課長)	248600	248853							
汽動車	249713	250089	253874	253899	256925				
箕林里	245410	247117	247121	247308	250832	254762			
騎兵	245502	245789	245840	250175	251474	252561	252845	253745	

寄附	244854	245422	245538	245564	246110	246228	246243	246343	246386
	246486	246680	246689	246733	246765	246868	246888	246984	247188
	247259	247284	247473	247554	247649	247711	247738	248211	248349
	248369	248433	248527	249045	249101	249235	249279	249359	250183
	251241	251375	251677	252245	253150	253294	253564	253693	253864
	254771	254821	254851	254855	255426	255721	255779	255825	256117
	256188	256365	256449	256569	256583	256685	256946		
寄附金	246243	247188	249359	254821	254855	256188			
崎山, 崎山信 (新任元山遞 信分掌局監督 課長)	254241								
氣象協議會	254542								
妓生	246070	246918	247171	247652	248211	248318	248696	248937	249004
	249257	249408	250128	250482	250608	251083	251754	251776	251997
	252417	252579	252608	254085	254116	254140	255051	255214	255385
	255425	255551	256112						
寄生蟲	249144	254383	255094	257059					
妓生學校	246070								
機船	245826	246483	248692	249199	254142	255733	256298		
期成會	245000	245013	245367	245603	245628	245858	245882	245956	246486
	246506	246535	246618	246808	247320	247357	247388	248868	249330
	249471	249898	249968	250649	250722	251050	251629	251703	251773
	251855	252708	252872	253079	253936	254112	254126	254148	254211
	254715	255017	255537	255998					
磯少佐(鎭海 憲兵分隊長)	252710	252730							
飢餓	247659	251943	254696	254796	254826	255375	256982		
紀元節	244885	245307	245402	245482	245710	245734	245812	245832	245922
	245938	245950	246047						
記者	246527	249168	251877	253251	253673	253902	254010	254050	254057
	254214	254466							
起重機	251560								
寄贈	246340	246440	246777	247781	247797	249493	250712	252275	
汽車	245135	245154	249061	250826	251512	252161	252960	253802	
寄託金	255240								
畸形牛	252474	252489							
吉岡, 吉岡三浦 (仁川稅關長)	251699								
吉永, 吉永武楊 (平壤鐵道事 務所長)	245355	246949	247477	247495	247892	248534	248607	248821	256612

吉田(光州地方法院長)	244717							
吉田(鐵道局長)	250235 255405	252910 255449	252929 256428	253421	253464	253501	253779	253838	255258
吉田, 吉田秀次郎(朝鮮商議副會願仁川商議頭)	255237	255788							
吉田, 吉田英三郎(西鮮合電專務)	250150								
吉川, 吉川貞吉(平壤署長)	247892								
吉惠線	251701								
金基俊(新任黃海道黃州郡守)	249750								
金吉同	255146	256043							
金大羽	245133	245227							
金東業(飛行士)	254709								
金炳奎	249817								
金鳳奎	253195								
金山	250278	252121	252145	253392	255230	256415			
金素雲	249361								
金時權(慶北產業部長)	252529								
金仁梧	2524216								
金堤	249176	249966	252931						
金堤署	249966								
金泉	246740	249413	249544						
金泉高普校	249413								
金海	251467	254113	254979						
金海農校	254979								

ㄴ								
奈良井, 奈良井多一郎(新任京城地方法院檢事正)	254496							
癩病, レプラ	245591	249465	253003	253025	253318	253563	256231	
癩豫防協會	248349	248369						
癩療養所	246813	248567	248592	248709				
羅津	244677	245136	245348	245614	245642	246183	246211	246365	246715
	247045	247113	247303	247306	247330	247680	248068	248069	248085
	249099	249917	250010	250605	250857	250903	251035	253444	253461
	253480	253712	254891	254942	256339	256447	256560	257176	
羅津警察署	247113							
羅津局	256560							
羅津港	245614	245642	256339					
裸體運動	251658							
癩患者, レプラ患者	245591	248779	253003	253025	253318	254407		
癩患者取締	248779							
洛東江	246673	247136	247810	248178	250413	250537	250585	251918	251919
	251939	251943	251946	251951	251962	252647	252819	252869	253361
	253844	254300	254645	254698	254736	254780	255282	255819	255857
	255913	255943	256014	256065	256222	256459	256531		
樂浪	246895	246910	246975	247068	247535	248036	249235	249472	249678
	252989	253034	253416	253510	253562	253575	253630	253695	253903
	254025	254171	254260	254519	254562	254673	254841	254946	255047
	255358	255794	256956						
樂浪古墳	246895	246910	247068	248036	254025	254519		
樂浪文化	253903	254171						
樂浪博	246975	247535	249235	249678	253416			
樂浪漆器	249678							
蘭領スラバヤ	253052							
暖房具と燃料品展覽會	255304							
煖房組合	251535							
卵山事件	245108	245140	245510	246372				
難波, 難波光造中將(朝鮮憲兵司令官)	252007	252192	252347	252398	253236	253654	255663	255749	255881
	256336	256428	256640						
南, 南大將(關東軍司令官)	256758	256932	257038	257111				
南京軍官學校	251435	251461						

男女學生	251451	251915						
南大門	247040	251957	254830					
南部線	247885	251629	251685	251723	251973	251992	252941	252966	253167
	254917	256837	257044					
南山	245447	245924	247595	247759	249398	250308	252594	253407	253650
	253982	254436	254663	254712	254922	256295		
南山本願寺	249398	252594						
南鮮, 南朝鮮	244667	244772	245227	245504	245540	246209	246226	246317	246403
	246426	246433	247045	247860	247863	248237	248889	249288	249298
	249401	249653	249830	249917	250032	250177	250231	250279	250507
	250597	250616	250751	250795	250881	251314	251507	251580	251650
	251674	251698	251719	251759	251841	251882	251888	251937	251948
	251960	251976	251978	251988	252008	252019	252110	252137	252189
	252350	252534	252905	253075	253256	253680	253714	253839	254071
	254870	255040	255198	255214	255339	255437	255442	255469	255486
	255543	255763	255985	256214	256391	256481	257132	257149	257189
南鮮移住	249917	256391						
南鮮刑務所	249653							
南アフリカ	245552	245578						
南洋	247004	247447	247811	250120	253850	256823	257171	
南洋貿易	247004							
南陽郵便所	252333							
南洋進出	257171							
南洋航路船	250120							
楠元大尉	254994	255219						
南浦	244693	244728	244754	244857	244908	245001	245002	245069	245198
	245243	245345	245450	245498	245808	245942	246030	246073	246641
	246703	246709	247172	247222	247426	247612	247640	247988	248077
	248168	248202	248226	248757	248764	248871	248989	249512	249600
	249626	249684	249731	249754	249838	250147	250160	250349	250472
	250479	250564	250603	250730	250778	251174	251300	251607	251630
	251826	251900	251937	252171	252241	252287	252334	252377	252634
	252673	252708	252802	252849	252853	252900	252958	253513	253522
	253609	253660	253824	253850	253982	253987	254044	254140	254378
	254419	254420	254509	254525	254556	254717	254800	254892	254908
	255003	255091	255140	255184	255224	255321	255414	255623	255766
	255797	255934	256032	256034	256089	256159	256180	256186	256238
	256311	256356	256439	256575	256604	256609	256653	256787	256865
	256866	257011	257016	257171				
南浦敬老會	255184							
南浦道立醫院	252849	253513						
南浦産組	249731	256604						
南浦魚市場	244754	246703	252673					

南浦漁組	252241	256653						
南浦貯炭場	250147	255091						
南浦港	244908	245002	245450	245942	249512	249626	249684	251300	252634
	252708	252802	252853	252958	253987	254140	254556	255797	256180
	256866								
南廻線	249058	249072						
拉賓線	244799	253090						
納税組合	251604	254760						
浪曲知事	255626							
浪花節	247830	248025	255626					
內閣總辭職	251287	251307						
內藤 (湖南博士)	251158							
乃木大將, 乃木將軍	249059	255373						
乃木神社	248421	253443	255558	255588				
內務局	247002	249778	251441	255165	255602			
內鮮	245106	245107	245130	245517	245541	245819	245911	245929	246539
	248431	248443	248698	248957	248969	249403	249421	249448	249968
	250195	250224	250237	250276	250305	250321	251022	251042	251240
	251427	251435	251461	251939	251946	252508	252928	253266	253766
	254022	254069	254184	254522	254598	254616	255336	255697	255922
	255985	256076	256313						
內鮮滿 交通聯絡	245929							
內鮮滿國 際列車	248957	248969						
內鮮聯絡飛行	249968	250276	250321	251240				
內鮮融和	245819	251022	251427	253766	254184	255697	256076	256313	
內鮮人	245106	245517	245541	249403				
內鮮直通電話	250195 250224							
內田, 內田錄雄 (平壤府會 議員)	247282							
內田良平	249987							
內地	244697	244705	244877	245034	245434	245633	245658	245672	245684
	245720	245737	245882	245923	246040	246063	246185	246262	246325
	246341	246387	246412	246450	246470	246575	246592	246620	246705
	246732	246747	246758	246769	246776	246832	246855	246935	247009
	247128	247268	247447	247471	247489	247516	247543	247776	247811
	247848	247925	247946	247965	248116	248187	248189	248297	248381

	248389	248451	248555	248602	248627	248750	248762	248805	249173
	249354	249604	249628	249633	249646	249718	249808	249852	249906
	249997	250092	250117	250280	250295	250310	250338	250394	250416
	250460	250519	250559	250579	250654	250693	250741	250778	250826
	250930	251060	251098	251802	252152	252366	252417	252467	252479
	252492	252555	252657	252726	252852	253041	253414	253676	253700
	253717	253800	253853	253885	253902	253910	253958	254134	254155
	254184	254318	254769	254791	254853	254870	254903	254952	255198
	255236	255509	255774	255947	255961	256077	256105	256178	256223
	256389	256439	256512	256703	256707				
內地貿易	247128								
內地紡績	256077								
內地稅制視察	251098								
內地市場	244705	247925	247946	248762	249604	252555	253041		
內地視察團	248750	248805	253902						
內地人	246470	246575	248297	255509	256105	256703			
耐寒演習	245244	245286	245454	245819	256700	256869			
耐寒行軍	244829	245141	245194	245502	245789	256272			
冷害	256620	256782	256810	256982					
露國	255322								
鹿兒島	256347								
農林局	245658	245684	246045	246449	246469	247868	248150	251762	253595
	254364	255663	256010	256586	256678	256792	256856	256879	
農林博物館	246689	246733	247259	247284	250338	250364			
農林省	246506	246535	246785	246804	250638	251028	251049	251094	254126
	254148	256890							
農務課	245870	245891	246330	246449	246469	248536	248545	248674	248753
	248775	248853	248856	248915	250308	253650	254510		
農民教育	247064	247090							
農民デー	250126	250668							
農民養成	245909								
農民人事相談所	251896								
農民組合事件	245873	251870	251886	252289					
農繁期	246631	250449	252419						
農繁期託兒所	252419								
農法	247776	253373	256739						
農事訓練所	246474	246738							
農産市場	247925	247946							
農山漁村, 農漁山村	245281	245306	247557	251216	251235				
農山村	250918								
農漁村更生策	247317								

農業移民	254864	255543							
農業展覽會	252451								
農藝	250040								
農地令	246643	246666	247554	248105	248126	251647	251671	253369	253394
	253447	253548	254596						
農倉空券	251924								
農村	244644	244645	244721	245214	245361	245365	245447	245505	245613
	245661	245814	245928	245974	246005	246225	246404	246425	246474
	246533	246623	246636	246657	246693	246738	246903	247027	247137
	247209	247234	247235	247289	247342	247611	247623	247639	247664
	247669	247691	247711	247794	247868	248014	248379	248752	248772
	248807	249180	249186	249215	249808	249905	250320	250329	250439
	250442	250449	250550	250859	250946	251084	251540	251644	251702
	251810	252074	252160	252187	252295	252451	252452	252455	252573
	252577	252652	252675	252677	252727	253086	253107	253722	253902
	254234	254275	254405	254550	254586	255040	255179	255214	255227
	255418	255667	255981	256474	256509	256691	256959	257185	
農村更生	244644	246474	246738						
農村救濟	247611	247639	255179						
農村振興	244645	244721	245214	245661	246903	247027	247209	247235	247623
	247711	247794	247868	248379	249186	249215	252187	253902	255981
農閑期	244729								
腦膜炎, 腦炎, 腦脊髓膜炎, 腦脊炎	247049	247197	247254	247366	247397	247719	247969	248011	248060
	248100	248241	248293	248295	248341	248384	248480	248595	248615
	248643	248687	248797	248870	249053	249292	249311	249637	250933
	252469	253133	253515	253627					
賴母木, 賴母木桂吉 (民政黨總務)	249068	249219							
賴殿, 賴殿金一郎 (釜山府書記)	250845								
瀨戶, 瀨戶道一 (新任新義州 稅關長)	249107	249134	249420	256643					
婁學課(滿洲 國奉天高等法 院長)	255830								
能川, 能川淸 之助(新任仁 川府內務課長)	255314								

ㄷ								
多角農業化	249772							
多木, 多木粂次郎(代議士)	247259	247284	247554	250338				
多獅島の臨港鐵道	256341	256360						
多獅島鐵道	255357	255408						
多田(公州地方法院長)	246542	250012						
多賀, 多賀秀敏(光州稅務監督局長)	248997	249356						
多賀, 多賀榮二(三長警察署長, 新任咸北鐘城署長)	247637	254087						
斷髮令	257194							
端午節	248828							
丹下, 丹下郁太郎(平北井警察部長)	246363	250219						
達城	248009							
達城農會	248009							
談合事件	248313	248464	248961	249154	250105	250136	251131	251153	251620
	251755	255701	255784	255820	256229	256287	256384		
堂本(新任群山郵便局長)	256640							
堂本, 堂本貞一(駐滿事務官, 總督府新京出張所主任)	244694							
大恐慌	248480	251702	256561					
大串, 大串敬吉(朝鮮軍參謀長)	256032	257034						
大橋, 大橋新太郎(京城電氣社長)	253322	253452						
大橋, 大橋正己(滿鐵北鮮鐵道管理局運輸課長)	246363	246383						

大橋, 大橋恒藏 (平壤毎日新 聞社長)	246074	246098	250308						
大邱	244650	244667	244835	244934	244945	245020	245171	245209	245365
	245412	245433	245440	245441	245586	245596	245647	245704	245751
	245780	245793	245846	245936	245961	246006	246182	246183	246211
	246319	246344	246486	246534	246726	246740	246758	246776	246807
	247044	247049	247089	247115	247127	247197	247254	247298	247337
	247359	247366	247390	247397	247442	247444	247461	247510	247522
	247597	247600	247651	247654	247694	247703	247798	247862	247901
	247969	248003	248011	248019	248387	248439	248475	248477	248597
	248750	248976	248986	249183	249322	249356	249458	249495	249627
	249651	249748	249750	249889	249898	249899	249924	249968	249977
	249994	250090	250128	250318	250321	250500	250507	250589	250633
	250666	250711	250712	250715	250791	250799	250837	250840	250926
	251064	251147	251201	251210	251252	251256	251358	251405	251581
	251650	251674	251679	251732	251847	251936	252105	252133	252156
	252165	252226	252472	252490	252495	252498	252520	252593	252627
	252703	252872	252967	252983	253013	253053	253070	253168	253231
	253259	253311	253319	253620	253621	253637	253939	254149	254162
	254190	254217	254252	254254	254312	254358	254435	254475	254520
	254537	254539	254621	254623	254820	254824	254872	254973	255017
	255018	255110	255157	255170	255258	255297	255303	255386	255397
	255494	255534	255551	255597	255650	255658	255705	255745	255787
	255865	256006	256075	256171	256285	256425	256495	256591	256676
	256755	256840	256889	256983	257049	257095	257100	257109	257113
大邱怪文書 事件	251210								
大邱の瀆職 事件	255551								
大邱米穀 取引所	247115	247127	247600						
大邱府民大會	256591	256840							
大邱府 營ホテル	249899								
大邱商議	245586	254824	254872	255650	255745	255865	256006		
大邱署	250507	250799	250840	252105	252133	252156	252165	252498	255397
	257095	257113							
大邱藥令市	256755	256889							
大邱醫專	245209	247703	251679						
大邱取引所	247359	247390							
大邱湯屋組合	250926								
大邱通信所	245751								
大邱刑務所	245961	252226	256425						

大宮人	249138							
大內 (朝鮮軍司令 部經理部長)	251646							
大寧	253029							
大島, 大島良士 (京畿道內務 部長, 前釜山 府尹)	247550 249256	247898 249324	248092 249420	248322 250045	248997 253732	249085	249117	249183	249227
大都市工作	252325							
大同江	244720 245821 247819 251219 253429	244848 246134 248078 251410 253471	245035 246845 248214 251493 253727	245147 247160 248260 251554 255631	245199 247313 248760 251794 256520	245303 247433 248835 251900 256913	245623 247478 249348 251904	245718 247577 249685 252631	245740 247626 250299 252853
大同江事件	245623							
大同橋	252944	257144						
大同署	244760	247570	251469	253290				
大連	246326	246342	249088	250251	251115	256385		
大林, 大林福夫 (慶南道昌原 郡守)	247477	247495	255923					
大汶山炭坑	253040							
大本敎	256798							
大釜山計劃	251053							
待山, 待山義雄 (草梁土木出 張所長, 平壤 土木出張所 長)	245756	249767	250896	255943	256311	256336	256489	
大山, 大山一夫 (前京城府立 圖書館長)	255258							
大西, 大西勵治 (新任木浦稅 務署長)	249009							
大聖山	245294	249335						
大成會	254430	256449						
大沼 (平壤地方法 院檢事正)	247744	250815	251076					

大巖, 大巖弟夫 (名古屋市長)	253641							
大櫻 (京大教授)	253229							
大野, 大野謙一 (總督府學務 課長)	257034							
大淵, 大淵三樹 (滿鐵理事東 京支社長)	254709							
代用作奬勵, 代作奬勵	249090	249109	251472	251507				
大藏省	249090	249109	249723	253276	253401	255590		
大場一等軍醫正 (十九師團軍 醫部長)	248071							
大田	244829 246773 247903 249214 250796 251544 253225 254588 256221	245213 246817 248241 249301 250827 251770 253349 255113 256275	245367 246914 248354 249322 250916 251842 253451 255131 256497	245692 247105 248373 249495 250938 251936 253669 255286	245835 247183 248374 250038 251060 251954 253733 255290	245954 247287 248436 250415 251114 251965 254067 255447	246527 247452 248737 250536 251314 252605 254154 255541	246677 247646 248777 250666 251494 252689 254214 255738	246730 247807 249053 250668 251520 253006 254253 255823
大田高女	248436	250938	253733	256221				
大田商議	246677 247903	246730	246773	246817	246914	247183	247287	247646	247807
大田神社	253225	254067	254253	255113				
大田刑務所	250038							
大井, 大井利助 (前晉州高普 校長)	248299							
大正館	255035							
大竹, 大竹十郎 (本府警務局 保安課長)	256100	256336	256471	256586				
大澤, 大澤武雄 (京畿道私立 中等學校教育 內地學事視察 團)	254791							

大阪	245197	245225	245651	245988	246013	247527	249933	250200	250284
	251205	252007	253047	253066	253192	253414	254189	254557	254578
	254639	255993	256252	256271	256471				
大阪底船青山丸の怪事	255993								
大阪朝日新聞	245197	245225	245651	245988	246013	254557	254578	256252	256271
大賀, 大賀文喜(遞信局仁川海事出張所長遞信支部)	251847								
大河原, 大河原重信(咸北內務部長)	249227	254897							
大和田(鐵道局副參事)	253501								
大和田, 大和田臨之助(全北高等課長)	246473								
大興電氣	247290	253653							
德壽宮	249044	253017	253406	254782	255023	255608			
德壽丸	247297	251326	251456						
德野少將(咸興步兵第三十七旅團長)	255265								
島根縣	251859								
陶器	249806	255648							
圖寧線	249558	253868	254727						
圖寧沿線	256293								
道路改修	249676	251792	252779	254895	256868				
道路令	255411								
道立江界醫院	255563								
道立元山醫院	249521								
道立醫院	245520	247519	248307	250261	250688	251534	252691	252849	252945
	253513	254849	255194	255424	255972				
渡滿	245809	246752	246865	248282	248553	248865	248883	250358	250599
	251618	251635	256534	256587	256632	256756			
圖們	248651	248677	249057	249071	250060	255521	255529	255821	255846
	256293	256644							
賭博	244655	245020	245152	245245	245300	245352	245621	245821	246446
	246598	246607	246609	246779	246848	247173	247325	247374	247405
	247785	247816	247972	248013	248343	248388	249052	249345	249666
	250163	250462	251754	251776	251817	251846	251887	252256	252805

	252879	253319	254091	254494	255007	255205	255298	255415	255451
	255743	256261	256284	256924					
渡邊 (農林局長)	245658	245684	246101						
渡邊(總督府 學務局長)	244866	244894	246979	247214	247904	248443	249239	249261	255236
	255240	255864							
道府縣農會	255732								
圖書館	246055	247164	247172	247736	250757	254593	255258	255941	256103
	256183	256350							
渡船	245287	248032	248055	248091	248140	248197	248311	248372	249364
	249412	251413	251922	254199	254342	254367	254575	254612	254614
	254692	255592	255692	255742	256220	256325	257010		
渡船轉覆事件	248091	248140	249412	251413					
都市更生	249603	249635	250247	251295	256087				
都市計劃	245348	245712	245924	249648	249727	253728	253776	254891	
都市産業	256960								
都市精神作興	252141								
稻熱病	253813								
稻葉, 稻葉彦藏(新 任江原道江陵 郵便局長)	245478	254251							
稻垣, 稻垣征 夫(拓務省交 通課長兼朝鮮 部第二課長, 拓務書記官)	248071	251193							
稻田, 稻田正雄 (宜川稅務署長)	249013								
道知事會議	248514	248529	248544	248561	248587	248601	248626		
渡津橋	250875	252922	252974	253009	253014	254017	254614	255248	
蠹島	247098	251361	252478	252551	252736				
禿山退治	256208								
瀆職事件	248119	255551	255826	256332	256508				
豚肉	247161								
東京	244791	244818	244830	245263	245312	245407	246109	246279	246301
	246501	246526	246664	246734	246836	246867	246872	246958	247085
	247110	247134	247163	247193	247305	247332	247524	247957	247999
	248122	248201	248224	248328	248476	248888	249076	249088	249468
	249873	250242	250354	250713	250778	251033	251068	251125	251143
	251228	251250	251253	252077	252234	252459	252529	252598	252733

	252880	253456	254060	254108	254205	254357	254366	254455	254499
	254532	254709	254730	254742	255288	255315	255335	255382	255663
	255814	255922	255947	255961	256080	256102	256163	256273	256471
	256494	256839	256886	257037	257172				
東京電話	246501	246526	246664	246836	246872	247163	247193	247305	247332
	247957	247999	248122	248328	248476	251033	251068	251125	251143
	251250	252077							
東京出張所	246867	248888	249076	252733					
東大	250916	251155	252235	253229	255352				
東大門	250277	253214	253475	253490					
東萊	245795	248552	250231	250973	251053	251596	251629		
蝀龍窟	246090	246714	252169	253858	255890				
東滿行進	256293								
同盟罷業	246921	247207	252791						
東伏見宮 (大妃殿下)	249673	249698	252532	253301	253482	253571	253620	253733	253826
	253877	253926	253944	254025	254123	254539	254610		
東北	249808	254932	255022	255051	255116	255235	255289	255328	255342
	255375	255425	255440	255525	255568	255622	255675	255723	255760
	255781	255845	255862	255900	255922	255985	256038	256067	256096
	256142	256165	256202	256249	256269	256334	256343	256354	256367
	256478	256570	256583	256620	256631	256654	256702	256767	256782
	256810	256824	256834	256872	256916	256944	256946	257040	257120
	257140	257155	257176						
東北救濟	256824								
東北義金	255675	256269							
東北凶作	254932	255116	255289	255342	255781	255862	255985	256067	256096
	256165	256249	256354	256478	256583	256631	256654	256767	256834
	256872	257040							
東山丸	255532								
東洋鑛業會社	257015								
東洋精神	255509								
東洋製絲	245246	248025	254807						
東洋畜産	249710								
東洋畵	249193	249218							
東一銀行	251566	251587							
同情金	245148	245725	246153	252123	252137				
東拓	245030	245045	245601	246074	246098	246295	247116	247186	247210
	247608	247637	247643	247951	248261	248276	248409	249054	249088
	249273	250074	250194	250308	250380	250404	250943	251392	251426
	251459	252319	252508	252582	253459	255163	255672	255749	256689
	256903								
東拓鑛業	246295	250074	250308	256903					

東拓殖銀	247186	247643						
東拓クラブ殺人事件	252582							
東海南部線	251629	251685	251723	254917	256837	257044		
東海中部線	245641	251946	252215	252486	252700	252777	255449	
東郷元師	249988	250071	250170	250270				
豆滿江	245563	245668	245977	247821	248311	248715	250379	252953	253433
	254026	254905	255177						
痘瘡, 天然痘	244860	245700	245847	246490	246608	246715	246961	247198	247324
	247512	247940	248532	249147	249744	249847	249954	250019	250107
	250139	250209	250389	250862	251767	254446	255907	256021	
痘禍	246280	246302	250438	250533				
藤江, 藤江崎一 (新任京城府 理事官)	251119	255959						
登記簿不正事件	250184							
登錄制度	247835							
藤本(總督府 税務課長)	247584							
藤本, 藤本菊一 (本社京城通 信局長, 本社 通信部次長)	252235	252369	252410	252620				
藤原, 藤原銀次郎 (貴族院議員)	254988							
藤原, 藤原喜藏 (平南道知事)	248663							
藤田, 藤田武明 (飛行士)	254709							
藤田, 藤田美之祐 (平壤税務監 督局徵税課長)	252064							
藤田, 藤田尚 德中將(吳鎭 守府司令長官)	252143							
藤村, 藤村英 (平壤地方法 院判事部長)	253145							

	□								
馬山	245539	246138	246563	247464	247492	247945	248228	248291	248341
	248372	248595	248643	248686	249364	249410	249996	250377	250417
	250881	250912	250916	251258	251314	251633	252409	252735	253166
	253528	253756	254308	254498	254588	254828	254838	254860	254885
	256216	256471	256632						
馬山普通校	248595								
馬山府會	247492								
馬術大會	254685								
痲藥	253396	253529	253775	254680					
麻藥密輸	256707								
麻雀	245245	246446	246609	246848	247785	247816	247981	248388	248549
	249052	251754	251776	252256	255743				
馬場, 馬場政義 (平南道警務 課長)	245355	245609	250993	253556	255265	255314			
馬蹄銀	255143								
馬車	251571	252739	253315	253683	256507	256925			
滿鮮國境	256396								
滿鮮商議所	245611	245636							
萬歲	245803	246866	248865	248977	249162	253570	254385	255538	255968
滿洲	244628	244842	244868	244951	244970	245074	245215	245227	245233
	245285	245328	245344	245359	245379	245490	245501	245553	245561
	245605	245630	245747	245803	245888	245906	245918	246056	246278
	246280	246283	246302	246308	246336	246350	246407	246437	246521
	246543	246559	246597	246705	246795	246822	246846	247118	247191
	247243	247283	247303	247330	247357	247388	247425	247455	247567
	247611	247632	247639	247823	247883	247897	247943	248040	248219
	248285	248305	248397	248428	248540	248550	248794	248841	249054
	249169	249382	249542	249563	249591	249795	249859	249871	249883
	249918	250012	250039	250159	250195	250224	250229	250245	250267
	250271	250354	250570	250599	250634	250675	250676	250741	250771
	250788	251082	251328	251350	251513	251737	251752	251768	251782
	251851	251994	252049	252167	252295	252375	252424	252487	252498
	252555	252561	252624	252674	252727	252771	252818	252961	253081
	253227	253283	253336	253349	253441	253473	253526	253527	253560
	253570	253596	253597	253648	253669	253677	253739	253838	253842
	253869	253898	254022	254026	254056	254251	254389	254418	254461
	254471	254580	254661	254689	254904	254959	255048	255075	255126
	255155	255283	255307	255320	255321	255392	255405	255574	255695
	255714	255789	255816	255830	256135	256179	256213	256236	256314
	256356	256389	256476	256528	256581	256608	256750	256931	257167
	257178								
滿洲關稅	256179	256476							

滿洲國	245215	245227	245233	245285	245605	245630	245888	246056	246278
	246280	246283	246302	246308	246350	246437	246521	246543	246559
	246597	246705	247243	247283	247357	247388	248285	248540	248550
	248794	249054	249169	249591	250229	250245	250267	250676	251082
	251328	251350	252498	252961	253677	253842	253869	253898	254022
	254251	254461	254471	254580	255075	255126	255405	255830	256213
	256236	256356	256528	256581					
滿洲國各省代表實業團	249169								
滿州國空輸會社	255821	255846							
滿洲軍	247455								
滿洲事變	252624	252674	252771	253081	253283	253336	253349	253473	253526
	253527	253560	253570	253597	253648	253669	254661	254689	
滿洲事變三周年記念	252624	253283	253560						
滿洲稅關	251851								
滿洲視察	247567	248841	249542	253227					
滿洲實業家	255392								
滿洲移民	246407	249795	249859	250771	250788	252727	253441	254056	254959
	255283	255307	255695	255816					
滿洲鐵道, 滿鐵	244801	244837	245163	246363	246383	246459	246497	246838	246846
	247045	247758	248309	248794	248796	249099	250251	250514	251404
	251605	251634	253137	253177	254507	254709	254942	255008	255039
滿鐵北鮮線	244801	244837							
滿浦線	244745	244748	244768	246464	248570	249230	249253	249739	249833
	250022	250058	251560	252718	252820	253285	253509	253655	253867
	253994	254918	254990	255140	256039	256137	256612		
滿浦新線	254938	256184	256521						
滿浦沿線	255665	256865							
滿浦鎮	246464	247170	250356	251181	251962	252377	252424	253139	253421
	253643	254414	254506	254552	254890	255049	255224	255267	255618
	257082								
梅崎(第二十師團長)	245253	245280	248150	251137	251170	256725	256903		
梅毒	244914	244938							
妹尾大尉	253304								
梅原, 梅原保 (東京米商取引所理事)	256471								
麥作	250710	250877	251249	251267					
盟休	245381	249126	249413	249544	249815	249867	249877	249928	250040
	250937	250983	251159	251933	253181	255604	255873		

免囚保護事業	246758	246776	248914	248935	253487			
緬羊	244859	246410	246583	246611	247722	247747	249554	249906	254410
	254454	254674	255044	255097	255364	256245	256515		
緬羊事業	249554							
棉作	246068	246095	246325	246341	246629	246894	246905	247046	247710
	247761	247858	249178	255892	256023			
棉花	244739	244762	244898	245188	246036	247975	248008	254420	254604
	256394	256598						
棉花共販所不正事件	256598							
棉花增殖計劃	244739	244762	247975	248008				
明年度豫算	244842	244868	245180	245881	245981	246615	246662	247861	250195
	250224	250618	250728	250750	251072	251102	251266	251296	251310
	252090	252294	252372	252641	252939	252964	253006	253324	253345
	253687	253758	256156					
明大	248560	249179	256075					
名所保存會	250056							
名勝	245062	245086	248706	248740	249011	249032	252399	253061	256754
名譽の三警察官	256346	256371						
明治	252628	252843	254819	254868	254898	254919	254944	255014	255085
	255108	255153	255778					
明治紡績	252843							
明治神宮	255778							
明治節	254819	254868	254898	254919	254944	255014	255085	255108	255153
明太魚	248762	253992	256518					
牡丹台	244984	245294	245460	248037	248113	248256	248268	248364	248495
	248884	248956	248990	249061	249845	250812	251796	251850	252279
	252337	252526	252722	252861	252899	253659	253713	253856	254086
	254998	256250	256435					
模範競泳	250314	250458	251096	251150	251280	251376		
模範部落	245782	247368	247399	251613	255367			
帽兒山	247473							
牧の島, 牧ノ島	245434	245801	246385	251211	253410	254575	254612	254692	254875
	255643	256546	256801	257154				
木代 (水道課長)	250582							
木藤, 木藤重德 (新任釜山女子高普校長)	248299							
木炭	244831	245561	253472	253716	255615			
木浦	245443	245534	245597	247509	247913	248684	248979	249009	249653

	249891	249994	251096	251682	251739	251760	251877	252011	252543
	254931	255170	255646	255813	256457	256468			
木浦警察署	255170								
木浦高女	247509	256457							
木浦新聞	251682								
妙香山	249020	249809	254664	254746	256193				
武德祭	248732	249841	256228						
武道大會, 武道試合	245273	246962	247241	247336	247455	247696	248254	248290	248732
	248768	248774	248783	248877	250257	250415	250463	250507	250735
	251096	251314	252284	252429	253313	253750	254337	254365	254421
	255216	256053							
武藤, 武藤公平 (拓務事務官)	252968								
茂山	245247	245404	245458	245557	245563	245766	245790	246423	246557
	246651	246788	246937	247582	247731	247780	248608	248658	248726
	248846	249156	249294	249814	250518	251178	251742	252415	252797
	253035	253143	253236	253607	253658	253809	253906	253984	254039
	254087	254088	254128	254665	254997	255274	255308	255851	256031
	256579	256783							
茂山敬老會	256031								
茂山守備隊	248658	252415							
茂山鐵鑛	245563	245766	245790	248608	253035				
無線電話	252356								
貿易	244697	244850	247004	247128	247905	248033	249599	253077	253120
	253414	253712	254366	255075					
無煙炭	244693	244794	244903	245032	245044	245105	245179	245236	245263
	245282	245481	245720	245737	245767	245787	246028	246157	246174
	246262	246463	246487	247146	247210	247216	248026	248050	248357
	248452	248470	249276	249299	249341	249357	251181	251257	252761
	252999	253041	253768	253987	254273	254310	254317	254560	254572
	254681	254702	254768	254943	254966	255000	255027	255086	255088
	255144	255262	256133	257067	257134				
舞踊	244982	245503	245530	246001	247430	247493	247652	248148	248244
	248277	248441	249004	249467	250918	251812	252417	252880	253679
	254651	254781	254965	255636					
武者, 武者鍊三 (金剛山鐵道 重役)	246018								
無電	244830	245673	246958	248951	250060	250354	251548	252173	253700
	254180	254197	254650	255399	256781				
無盡協會	249108	249114	249497						
無盡會社	247809								
無效證券	255767								

文盲	244729	244935	246037	246053	246775	246912	247053	250878	251216
	251235	251803	255204	256134	257017	257099			
文盲退治	246053	247053	250878	251216	251235	251803	256134	257017	257099
文明琦	256415	256466	256583	256870	256892	256966	256981		
門野, 門野幾之進(千代田生命社長)	253794								
文箭, 文箭郡次郎(大阪堂島取引所監督)	256471								
門鐵	249656	251096	251152	251280	251314	251770	254751		
文致昕	251367								
文字普及	251216	251235							
門脇, 門脇默一(大邱府尹, 平壤專賣支局長)	247615	248508	249356						
文化研究	251728	252178	252694	252707					
文化展覽會	248893								
文化住宅	254124								
米穀	245207	245326	245357	245971	245999	246184	246212	246240	246260
	246449	246469	246506	246535	246551	246572	246676	246736	246769
	247115	247127	247298	247357	247388	247423	247458	247600	247795
	247959	248514	248536	248545	248561	248587	248753	248775	248856
	248970	249048	249090	249109	249167	249219	249329	249352	249659
	249752	249771	249826	249905	250007	250028	250578	250638	250733
	250752	251094	252104	252487	252537	252563	252589	252641	252900
	252981	253065	254112	254211	254348	254351	254397	255672	255813
	255916	255998	256314	256678	257116				
米穀問題	246184	246212	246551	246572	246736	249219	252537	252563	252589
	252641	254348							
米穀事務所	246449	246469	247959	251094					
米穀研究	245207	249826	252104	252900	254112	254351			
米穀研究所, 米研	255813	256061							
米穀立會	247298								
米穀自治統制	255998								
米穀貯藏	255672								
米穀政策, 米穀策	245326	245357	246449	246469	248514	249048	249329	249352	
米穀調査	247357	247388	247795	250733	250752	254211			

米穀倉庫,米倉	244991 256953	245882	251094	251369	252533	254967	255073	255916	256462
米穀取引所	247115	247127	247600						
米穀統制	246506	246535	246676	249090	249109	249905	255916	256314	
米穀恒久對策,米穀恒久策	247795	248536	248545						
尾久吉(航空官長)	256933								
米國	248494 255047	251915 255601	251969 256495	252450 257171	253673	253902	254010	254050	254057
米國新聞	253902								
美根五郎(慶南道財務部長, 大邱稅務監督局稅務部長)	249183								
米議員團	254631								
美座, 美座流石(新任京城稅務監督局長)	249183	256689							
米澤, 米澤喜久松(東拓平壤文店長)	246074	246098	247637						
閔(東一銀頭取)	251371	251566	251587						
閔孚勳(新任大邱地方法院判事)	251847								
民心作興	248752	248772	248824	257091	257105				
民營送電會社	247483	247496							
民謠	247430	247493	247531	248256	249361	250918	251016	251069	255032
民政	248866	249068	250677	251423	251445	256236			
民政黨	248866	249068	250677						
民風改善	245817	253078	255176	255260	255317				
密賣	245323 253381	245646 254427	246991 256802	247968	249545	250462	251275	251390	253179
密輸	244806 246603 248220 249534 251347 252863	245463 246993 248239 249613 251711 252886	245485 247033 248505 249696 251908 253818	245508 247351 248716 249749 251914 253922	245730 247594 248895 250395 251929 254138	245823 248073 248929 250436 252133 254389	246085 248080 249200 250575 252156 254524	246370 248090 249206 250785 252340 254777	246447 248097 249388 251047 252629 254952

	254999	255060	255078	255103	255105	255186	255319	255379	255524
	255542	255577	255627	255719	255726	255898	255992	256283	256308
	256310	256389	256576	256602	256614	256623	256637	256661	256707
	257024	257175							
密陽	245278	245444	245744	246957	247555	250542	251918		
密陽署	250542	251918							
密漁	244653	245599	245646	246398	248579	250110	253989	254750	256204
	256234	256752	257090	257119					
密漁船	244653	245599	245646	246398	250110	254750	256204	256234	256752
	257090	257119							
密造	245324	247017	252613	255946					
密造酒	255946								
密航	245652	248555	248647	249175	249317	251021	251207	251366	252630
	253789	254703	255868						

ㅂ								
朴重陽	249597								
朴敬元	247449								
朴根壽 (新任慶南道 梁山郡守)	253577								
博文寺	250968	256103							
朴榮喆 (中樞院參謀)	245576								
半島	244741	244764	244950	244969	245140	245263	245513	245553	245658
	245684	245708	245732	245773	245791	245857	245882	245893	245916
	246120	246324	246340	246402	246425	246496	246506	246519	246535
	246627	246928	246950	247331	247419	247440	247848	247888	247923
	247956	248161	248203	248225	248529	248544	248555	248617	248642
	248669	248743	248882	248990	249011	249032	249300	249313	249355
	249396	249452	249494	249574	249612	249700	249773	249808	249852
	249981	250029	250172	250232	250295	250310	250314	250360	250406
	250455	250499	250512	250535	250538	250548	250812	250829	250871
	250996	251010	251060	251082	251129	251140	251288	251308	251451
	251923	252008	252027	252121	252145	252153	252209	252346	252399
	252434	252642	252733	252750	252817	252880	252915	252936	253015
	253165	253210	253278	253299	253405	253488	253581	253690	253863
	253890	253891	253909	253935	254109	254225	254243	254257	254360
	254370	254393	254409	254426	254434	254508	254518	254540	254542
	254543	254558	254576	254592	254611	254721	254758	254779	254827
	254849	254916	255083	255107	255250	255331	255479	255504	255509
	255782	255931	255960	255997	256099	256103	256389	256495	256521
	256638	256717	256782	256864	256885	256911	256928	256995	257116
	257135	257151	257165	257187					
半島財界	256099	256638							
半島精米界	257116								
半島靑空派	249300	249355	249396	249452	249494	249574	249700	249773	
飯米飢饉	249905	251028	251049						
半燒, 全半燒, 全燒, 火事, 火災	244683	244720	244780	244783	244835	244863	244945	244990	244991
	245051	245171	245243	245274	245295	245302	245325	245354	245384
	245439	245441	245549	245594	245596	245619	245647	245705	245761
	245801	246075	246089	246113	246182	246234	246254	246491	246534
	246634	246682	246744	246783	246796	246824	246873	246943	247006
	247031	247054	247077	247078	247202	247466	247537	247597	247734
	247869	247919	247971	248019	248039	248170	248211	248246	248338
	248410	248413	248440	248457	248809	249294	249484	249501	249695
	249742	249923	249971	250193	250488	250726	250960	251273	251279
	251466	251484	251540	252482	253088	253202	253248	253546	253682
	253770	253844	254043	254120	254340	254404	254608	254624	254733
	254747	254860	254885	254953	255031	255099	255123	255124	255223

	255430	255457	255481	255499	255512	255547	255579	255658	255802
	255849	255850	255872	255906	255927	255944	256016	256018	256051
	256119	256141	256333	256495	256575	256596	256664	256731	256771
	256806	256825	256846	256901	256926	256949	257020		
反日	255829	256149							
飯田大尉 (三長守備隊長)	245714								
反帝	247928	247949							
發火	246924	251617	252482	253430	253560	254658	256141	256433	256913
防空	244654	245137	245815	246020	246255	246665	246889	246915	247097
	247515	247542	247982	248503	248539	248661	248919	249065	249093
	249139	249145	249163	249277	249282	249312	249373	249395	249439
	249475	249631	249682	249829	249832	249873	249875	249938	250048
	250096	250424	250472	250562	250598	250613	250647	250730	250774
	250895	250998	251031	251056	251071	251120	251121	251122	251170
	251245	251334	251562	251707	251781	251785	251953	251990	252595
	253909	253935	253978	254887	255489				
防空思想	249938	253909	253935	255489					
防空演習	245137	245815	246020	246255	246665	247097	247982	248503	248539
	248661	248919	249065	249093	249439	249475	249631	249682	249829
	249832	249873	249875	250048	250096	250424	250472	250562	250647
	250730	250895	250998	251071	251120	251121	251122	251170	251245
	251334	251562	251707	251781	251785	251953	251990	253978	
防空展覽會	249277	250048	250613						
放送	245841	246431	246705	247503	248034	248056	248263	248266	248818
	249439	249662	250070	250180	250998	251191	251562	252020	252280
	253494	253746	253777	253812	253851	254186	254198	254353	255690
	255959	256058	256081	256100	256108	256369	256375	256388	256838
	256848								
防疫	245288	246715	248011	248241	248489	248616	249224	250435	250552
	250995	251978	252071	253094	253128	254598	254616	255336	255915
防豫注射, 豫防注射	245948	247978	250985						
防衛司令部	249439								
紡績工場	246920								
芳賀 (新任咸興稅 監局事務官)	253906								
防護	246072	247147	247148	248503	248661	249829	250151	250847	250855
	251742	251781	254002	254229	255639				
防火	244683	245705	246075	247250	247734	251606	252998	254328	254953
	255090	255521	256437	256562					
放火	244660	244835	244992	245108	245228	245415	245461	245469	246717
	246766	246965	247078	247454	247539	247580	247765	247787	247986

	248039	248317	248358	248380	248405	248748	248811	248815	248854
	250608	250767	250864	250902	250960	251526	251862	252549	253070
	253819	254192	254216	254605	254955	254980	254982	255300	255655
	256235	256613	256771	257073	257146				
防火の宣傳, 防火宣傳	244683	245705	246075	247734	254328	254953	255090	256437	
防火演習	251606	256562							
放火被疑事件	257073								
排球	250881	251314	252479	252651					
白菊號	254873	254916	254962						
白頭, 白頭山	248111	256995	257019	257032	257081	257104	257145	257148	257181
白石(慶南道警察部長)	244694	245308	248750	249468					
白善行女史	255422								
白堊殿	250497	250939	250965	251287	251307	251377	251389	256415	
百濟	253877								
繁榮策	249690	251747							
繁榮會	244908	250050	253239	256755					
范漢生(京城駐在中華民國總領事)	256776								
辨天市	247283	254068	254209						
兵庫	253553								
兵器	245161	245838	246150	246430	247525	248302	248955	251056	252180
	253124	253879	257164						
病牛	245449	251040	251570						
保健部	244822								
補缺選	244670	244971	245745	246097	246392	246470	246531	246575	246612
	246667	246728	246771						
普校, 普通校, 普通學校	245184	245612	245689	245738	245992	246693	246726	246826	246967
	247035	247212	247231	247342	247361	247392	247731	247786	247926
	247935	247947	248299	248450	248595	248719	248896	249413	249683
	249845	249877	249940	250183	250315	250654	250905	251483	252160
	252911	253518	253787	253952	253976	254023	254158	254416	254715
	254803	255094	255204	255377	255873	255894	255990	256016	256051
	256121	256134	256266	256443	256460	256943			
寶物	244886	246152	246172	248706	248740	249011	249032	249056	249070
	252399	252970	253690						
步兵	245707	246933	247040	247124	247143	247301	247364	247395	247847
	249166	252235	255265	256372					
保安課	244641	245226	245388	246167	247230	248698	249547	249837	249860
	253226	253239	253556	253641	255539	255891	255912	256100	256336

	256471	256586	256713	256860				
保育法	252817							
保存令	246152	246172						
普通江改修	245187	247109	249148	252306	254270			
保阪, 保阪久松 (朝鮮放送協 會理事長)	256838							
保險	244908	245002	246130	246251	247580	247986	248854	250464	252308
	252927	253088	253431	253632	254247	254265	254464	254640	255189
	255797	256235	256258	256418	256771				
保護課	248971							
保護會	248800	252994						
福岡	244708	245170	246819	249088	250666	251014	251476	253600	255772
伏見 (軍令部總長)	253212	253525	253573					
福見(鐵道局 工作課長)	254659	255352						
伏島(釜山事 業所長)	251629	257130						
福島, 福島壯平 (平壤商工會 議所會頭)	245355	245828	248609	248674	250698	250993	251826	251994	253030
	253516	254318						
福利增進	248105	248126	251654	253237	255666			
腹部(事務官)	247698	255695						
福山	249179							
服喪	255354	255380						
福田(慶北道 高等課長)	247256							
福田(京城覆 瀋法院檢事)	256953							
福田, 福田英 在衛門(平南 高等課長)	255991	255997	256471					
福田, 福田有造 (釜山實業家)	246954							
本府	244645	244795	244842	244868	244898	244974	245107	245130	245177
	245179	245202	245212	245227	245365	245453	245633	245695	245697
	245831	245940	245952	246129	246287	246480	246587	246624	246736
	246867	246929	246951	247030	247042	247268	247296	247335	247357
	247388	247818	247886	248199	248459	248727	249754	249830	250101
	250196	250225	250251	250338	250364	250413	250830	250920	250942
	250989	251094	251221	251319	251696	251744	251873	251951	251962

	252176	252188	252733	252939	252964	253011	253053	253324	253345
	253728	253839	254112	254226	254366	254456	254679	254694	254768
	254864	255246	255259	255424	255817	255983	256103	256153	256299
	256410	256471	256586	256607	256778	256833	256856	256879	256888
	257056	257185							
本社	244866	244894	246548	246564	247636	247663	247690	247721	247911
	247922	248192	248641	248660	248698	248774	248965	248984	249137
	249161	249187	249401	249689	249708	249751	249770	249802	250130
	250323	250358	250409	250671	250712	251294	251450	251549	251652
	251850	252235	252369	252410	252505	252535	252539	252620	252701
	252840	252898	252967	253140	253170	253251	253276	253281	253302
	253365	253694	253714	253762	253792	253827	253976	253997	254011
	254021	254066	254215	254250	254370	254393	254451	254482	254488
	254592	254601	254611	254830	254930	255002	255022	255170	255198
	255240	255342	255344	255352	255404	255441	255458	255496	255589
	255609	255645	255663	255698	255782	255880	255909	255959	256289
	256320	256354	256427	256551	256581	256654	256677	256682	256952
	257067	257129	257197						
本社京城支局	247922	248774	249751	249770	249802	252539	253827	254215	254250
	254488	254930	255240	255344	255352	255404	255441	255458	255496
	255589	255609	255645	255663	255880	255959	256289	256320	256427
	256551	256682	256952	257129	257197				
本社門司支局	247636	247663	247690	247721	248965	248984			
本社社會事業	249137	249161							
本社支局	251549	252840	252898	252967	253276	253365	254021	256677	
本社平壤通信部	254601	256354	256581	256654					
本田(三和銀行支店長)	257053								
本町署	248005	248133	256164						
鳳山	256191								
奉天	244845	244871	248034	248056	248332	248854	251259	251605	251634
	252305	253077	253656	254122	254365	254418	254461	255789	255830
鳳凰丸	248902								
富樫, 富樫十郎(前警務局警務課長)	244717								
部落	244896	244921	245674	245782	245844	247094	247325	247368	247399
	247456	248218	248271	248284	248583	248873	249263	249288	249298
	250342	250859	251021	251196	251540	251613	251639	251918	252179
	252798	252809	252949	253198	254210	254226	254325	254981	255367
	255418	255430	255457	255682	255825	256083	256146	256607	256779
	256937	256962	256982	257137	257141				
部落民	245844	247456	248583	249263	249288	249298	250342	251021	251196

	251613	252798	252949	254981	255825			
浮浪狩	251135	257095	257113					
釜博聯絡船	248484	250179						

	244629	244632	244633	244637	244638	244651	244670	244692	244702
	244703	244713	244720	244723	244773	244775	244777	244780	244825
	244845	244866	244871	244872	244873	244894	244923	244929	244930
	244936	244971	245016	245050	245122	245129	245134	245162	245205
	245227	245259	245268	245271	245280	245307	245323	245425	245486
	245491	245582	245585	245593	245707	245733	245745	245786	245879
	245885	245894	245950	245963	245969	246001	246058	246059	246096
	246097	246124	246162	246183	246211	246221	246223	246230	246261
	246306	246312	246315	246347	246350	246352	246356	246388	246392
	246429	246470	246479	246522	246524	246531	246532	246570	246575
	246612	246621	246667	246670	246726	246727	246744	246771	246777
	246805	246808	246815	246954	247004	247042	247179	247181	247246
	247291	247293	247296	247334	247426	247447	247547	247552	247648
	247693	247750	247756	247760	247763	247769	247811	247857	247864
	247898	247905	247955	247958	248002	248006	248016	248048	248084
	248089	248100	248146	248190	248228	248233	248240	248282	248293
	248299	248321	248322	248324	248330	248340	248341	248344	248368
	248371	248384	248434	248473	248480	248483	248528	248548	248595
	248634	248636	248639	248686	248739	248780	248863	248870	248883
	248891	248938	248944	248947	248968	248982	249006	249009	249033
	249035	249054	249058	249072	249078	249088	249117	249118	249119
釜山	249165	249212	249217	249256	249264	249266	249268	249273	249310
	249316	249317	249353	249363	249397	249401	249416	249453	249493
	249495	249500	249526	249547	249578	249580	249586	249589	249650
	249653	249715	249718	249750	249780	249781	249892	249911	249967
	249969	249970	249977	249994	249995	250029	250031	250044	250118
	250120	250141	250171	250180	250188	250234	250241	250284	250359
	250403	250418	250456	250468	250507	250547	250588	250627	250708
	250720	250759	250809	250830	250845	250869	250875	250921	250929
	250973	250980	251053	251096	251105	251119	251141	251166	251191
	251198	251204	251209	251211	251246	251255	251259	251319	251320
	251321	251356	251359	251379	251380	251443	251475	251483	251542
	251546	251547	251553	251596	251605	251629	251634	251638	251646
	251673	251676	251726	251766	251805	251838	251841	251939	251943
	251946	251966	251984	251988	251989	252011	252101	252116	252140
	252148	252155	252175	252181	252218	252288	252313	252363	252436
	252516	252532	252544	252690	252740	252778	252787	252825	252827
	252835	252836	252885	252890	252922	252937	252974	252980	252982
	253014	253018	253021	253056	253060	253075	253108	253120	253124
	253127	253136	253223	253230	253255	253301	253304	253307	253313
	253322	253351	253403	253410	253439	253442	253483	253525	253570
	253666	253673	253682	253700	253703	253735	253746	253753	253757
	253773	253777	253780	253827	253841	253879	253887	253888	253893

253897	253902	253927	254003	254009	254012	254017	254061	254062
254063	254080	254152	254160	254161	254162	254183	254202	254209
254214	254221	254265	254308	254309	254347	254353	254361	254396
254445	254480	254489	254490	254495	254500	254537	254571	254574
254575	254577	254584	254612	254614	254625	254626	254647	254649
254651	254690	254700	254737	254827	254874	254875	254881	254887
254924	254925	254929	254961	254969	254977	255012	255019	255022
255037	255116	255118	255129	255153	255160	255167	255204	255210
255242	255244	255248	255291	255295	255337	255343	255352	255389
255445	255538	255540	255547	255592	255593	255595	255603	255641
255651	255655	255690	255692	255733	255775	255777	255822	255859
255872	255905	255918	255920	255921	255925	255968	256000	256064
256067	256068	256081	256100	256104	256106	256107	256108	256155
256171	256217	256220	256236	256269	256275	256305	256322	256325
256335	256383	256388	256392	256398	256404	256454	256455	256458
256470	256495	256500	256537	256546	256583	256588	256594	256628
256632	256633	256636	256640	256676	256681	256721	256763	256768
256801	256808	256836	256847	256900	256903	256942	256949	256987
256995	257030	257036	257112	257114	257121	257130	257154	257188
257192								

富山, 富山修 (警務局 事務官)	247058								
釜山教育會	244713	244873	254214	256470					
釜山國防義會	247179	251198	252436	253124					
釜山の放火容 疑事件	255655								
釜山放送局	250180	253746	253777	256108	256388				
釜山府新事業	251673								
釜山府 議補缺選	244670 246771	244971	245745	246097	246470	246531	246575	246612	246667
釜山商工會議所, 釜山商議	244930 255352	245733	247004	248344	250720	251119	254061	255160	255291
釜山署	244720 252155	245280 252218	245707 252937	245786 256808	245969	249266	249317	249397	250980
釜山署警官 不正事件	249317								
釜山稅務署	249009	249035	257192						
釜山小學校	256768								
釜山愛婦會	256583								
釜山驛	249911	254737	255012						
釜山瓦電會社	255167								
釜山郵便局	253322	256000	256903						

釜山棧橋	249264	250171	252516	254647	254881	256681		
釜山第一小學	251246	251356						
釜山職紹, 釜山職紹所	246230	246388	251475	256322	256398			
釜山鐵道	248002	248863	249316	249363	251766	252787	255337	256236	256335
	256588	257130						
釜山靑年團	248473	248947	249078	249212				
釜山出張所	248324							
釜山測候所	246805	250234	251191	251379	253230			
釜山通信部	253827							
釜山港	246059	251805						
副業	244876	245661	245928	246079	246287	246862	247009	247272	247653
	247909	250196	250225	250439	250548	252396	255076	256393	257166
副業獎勵	245661	246862						
富永, 富永文一 (京畿道知事)	255171	255192	255507	255747	256830			
富永京畿道 知事	255747	256830						
府營バス	244957	245871	246245	246837	247327	247536	247841	248255	249473
	250900	251664	252416					
府營住宅	251897	252325						
府營ホテル	249899	256186						
婦人科	247658	251130						
婦人團	255116	255235	255342	255387	255700			
婦人報國祭	246425							
婦人會	244668	245164	246348	248164	253220	253404	255342	255405	
府電讓渡問題	256338							
不正競爭 防止法	257158							
不正事件	248415	249317	250078	250184	251873	252351	256598		
不正漁業	248694	251431	256770	256802				
敷地問題	250567	251700	253191	254554	255173	255221		
府廳	245568	246252	247223	248348	248665	249535	249583	249714	249787
	249855	250036	250081	250712	250796	251171	251256	251280	251421
	251447	251727	251873	251874	251980	252078	252204	252513	252754
	253414	253418	253492	253494	253559	253719	253804	254795	255135
府廳疑獄	252078	252204						
復興	248500	251962	251978	252887	253827	254244	255199	255855	256078
	256690	256715						
北九州	257031							
北滿	245005	247950	252682	253711	256912			

北部線	250411	255449							
北鮮	244667	244697	244799	244801	244802	244837	245037	245046	245185
	245241	245446	245484	245504	245540	245554	245712	245926	245972
	245975	246024	246046	246081	246147	246194	246237	246244	246259
	246363	246365	246383	246389	246403	246407	246426	246460	246509
	246512	246529	246550	246583	246595	246611	246648	246702	246757
	246786	246792	246831	246834	246840	246859	246890	246937	246941
	246981	247011	247021	247061	247071	247084	247158	247220	247270
	247303	247312	247330	247425	247481	247664	247667	247691	247722
	247747	247836	247863	247936	248034	248056	248107	248116	248128
	248153	248251	248265	248266	248275	248309	248651	248659	248677
	248705	248709	248735	248889	248918	249057	249071	249289	249554
	249558	249563	249604	249631	249633	249646	249844	249914	249936
	249961	250066	250094	250215	250251	250514	250606	250650	250680
	250692	250740	250781	250820	250855	250861	250903	250943	250955
	251002	251029	251075	251121	251176	251221	251225	251373	251495
	251501	251509	251562	251781	251782	251851	251990	252016	252040
	252101	252120	252201	252372	252386	252573	252575	252590	252716
	252728	252753	252767	252813	252818	252868	252992	253039	253143
	253146	253187	253241	253417	253549	253576	253595	253629	253644
	253654	254212	254410	254433	254454	254459	254561	254696	255076
	255084	255159	255177	255211	255271	255340	255543	255670	255821
	255846	255901	255978	256013	256142	256195	256293	256349	256434
	256561	256642	256669	256700	256810	256905			
北鮮開拓	245446	245484	246831	247021	247664	247691	248251	248275	253549
	253576								
北鮮鑛山	256013								
北鮮時代	256561								
北鮮赤化事件	248659								
北鮮鐵東部線	255271								
北鮮蜻蛉	250820	250903	250955	251075	251176	251225	251501		
北鮮通信網	252372								
北鮮航空路	252753	252767	253629	253644	255821	255846			
北鮮海上	256905								
北鮮話題	246147	246194	246244	246365	246407	246460	246509	246529	246550
	246595	246648	246702	246757	246792	246840	246890	246941	246981
	247071	247158	247220	247270	247312				
北叟	248991	256270							
北朝	244635								
北條, 北條智勇 (平南農務課長)	246330	248853	248915	253650					
北鐵	244675	244802	248309	249914	252941	252966	253167	255151	256811
	256821								
北鐵監理局	249914								

北鐵局	256821								
北鐵南部線	252941	252966	253167						
北鐵東部線	255151								
北靑拳銃事件	255146								
北海道	248762	253595							
佛教	248396	249704	250937	250983	251159	251646	252073	252246	252565
佛教靑年會	251646	252073							
佛國寺	252883								
佛蘭西, フランス	249240	249273	254257						
不良廣告	252466								
不良宗敎	252407								
不良酒征伐	257122								
佛像	249618	253517							
不穩計劃	245438	253656							
不穩ビラ	246687	248963	252086	255188					
佛誕	248482	249779							
飛機, 飛行機	245043	245059	246379	246414	246456	246481	246508	246530	246640
	247522	248810	248872	249642	250681	250701	251145	251245	253351
	253799	253836	253943	253970	254793	254815	256307		
肥料	244883	247329	247373	247404	247784	251129	251140	253532	253815
	254322	255623	256977						
祕密結社	248960	253476							
飛行	244659	244809	245027	245034	245043	245059	245230	245255	245256
	245454	245560	245726	246229	246328	246333	246379	246414	246508
	246530	246617	246640	246820	246834	246857	246859	247419	247440
	247930	248167	248266	248327	248377	248446	248468	248651	248677
	248803	248810	248862	248872	249057	249071	249284	249315	249318
	249390	249474	249496	249523	249642	249898	249968	250227	250276
	250298	250319	250321	250332	250599	250605	250681	250701	250791
	251206	251240	251317	251493	251632	251773	251971	252016	252326
	252753	252767	252872	253013	253140	253170	253281	253302	253330
	253351	253629	253644	253669	253711	253729	253799	253836	253909
	253935	253943	253970	254122	254370	254387	254393	254592	254611
	254709	254793	254815	255017	255187	255229	255311	255482	255533
	255534	255824	256141	256209	256307	256869	256966	256981	257126
飛行場	244659	245027	245256	245560	246229	246328	246820	246857	248167
	248266	248651	248677	249057	249071	249898	249968	250298	250319
	250791	251240	251493	251632	251773	252016	252753	252767	252872
	253013	253140	253170	253330	253629	253644	255017	255533	255534
	256141	256209							
備荒貯金	255363								
貧困	245480	246007	246058	246862	247611	247639	250861	251970	256583

貧窮兒	256443						
貧農者	244644						
濱松	250202	250227	250331	254037	254333		
濱松機	250202	254037	254333				
濱田, 濱田國松 (衆議院議員)	249468	249629					
貧出方法の協議	256214						
氷上競技	244750	244776	244882	244925	244965	244983	256597

人								
射擊	246633	246815	248138	248767	249018	249042	249190	250149	250915
	251198	251331	251726	252846	253043	253362	253545	253809	254185
	254781	254862	254886	255021	255067	256009			
沙金密輸	254777								
沙金採取	246234	249176	255895						
沙金會社	255366								
詐欺事件	248288	249640	250081	250804	252785				
寺洞	246362	246411	246505	248539	249340	250308	251561	253523	253556
	253718	254641	255513	255621	256139				
寺洞鑛業部	249340	255621							
寺洞小學校	248539	251561	254641						
辭令	244953	244972	245396	245555	245592	245606	245631	246154	246164
	246501	246526	246664	246836	246872	247050	247163	247193	247260
	247286	247305	247332	247474	247497	247613	247641	247725	247727
	247753	247754	247873	247895	247929	247954	247957	247999	248122
	248328	248353	248424	248476	248546	248738	248798	249015	249039
	249234	249260	249514	249529	250123	250602	250624	250952	250972
	251033	251068	251125	251143	251250	252045	252077	252567	252597
	252663	252814	252822	253031	253064	253193	253213	253267	253375
	253399	253531	253971	254060	254108	254178	254205	254357	254455
	254499	254532	254730	254742	255288	255315	255335	255382	255814
	255983	256080	256102	256130	256163	256273	256494	256839	256882
	256886	257037							
沙里院	244730	245144	245500	245565	247067	249759	251607	251630	252665
	253197	253248	253758	254291	254381	254417	254472	254603	255145
	255362	255465	255620	256029	256201	256246	256528	256608	256863
	257070								
沙里院敬老會	255362	255620							
卸賣市場	247507	248048	249353	250869	251105	252584			
沙防工事	244819	244940	245110	245669	248178	250860	251962	252647	253454
	253664	256065	256694						
沙防令	245663	245691							
沙防事業	245974	246005	249549	249571	250894	250910	253582		
師範學校	246441	246549	251695	251716	253414	255644			
事變記念日	252436	252674	252771	253127	253349	253473	253527	253597	253607
	253621	253648	253669						
思想	245662	245690	245695	246413	246806	248202	248226	248500	248971
	249224	249288	249298	249470	249503	249938	249991	250528	250797
	250813	251604	251781	252146	252595	253127	253527	253909	253935
	254600	255489	255754	256583	256966	256981			
思想調査	245662	245690							
思想取締	245695								

事業令	245974	246005	246606	250979	251835	252050			
寺井 (全北道議)	256117								
寫眞	244928	244984	246195	246411	246505	246709	246911	246937	247151
	247205	247215	247258	247326	247355	248307	248456	248774	248803
	249493	250358	251110	251325	251434	251965	252415	252467	252492
	253804	255030	256475	256729					
沙川事件	245074	245349							
寺坂, 寺坂正夫 (平南道警部)	250993								
社會科學	252246								
社會敎化	246909	247027	247786	247804	248164	251804	254944		
社會事業	245938	245950	246001	246532	249137	249161	251946	253564	253792
	253878	254022	254771	255289	255425	255825	256946		
社會施設	247365	247396	250948	251345	256961				
山間地	245859	245889							
山口, 山口正一 (前茂守隊長)	252344								
山口, 山口正賢 (東拓京城支 店長)	245601								
山口, 山口重政 (殖産銀行産 業金融課長)	249009								
山口, 山口七助 (新任滿鐵鐵 道部次長)	253137								
山口太兵衛	256551	256904							
山根, 山根德 (朝鮮金融組合 聯合會理事)	245883								
産金獎勵	247800	249372	249394						
産金製鍊會社	255414	255434	256210						
産金會社	250380	250404							
山內, 山內美雄 (新任平北道 衛生課長)	253322								
山農救濟	254842	254869							
産米增殖	245156	250846	250866						
山本, 山本犀藏 (西鮮合電社長)	245227	246790	246811	247637	250150	250815			

山本, 山本乙松 (新十九師獸 醫部長)	256442								
山崩れ	251531	251560	252040	252481	252786				
山手校	255373	255511							
山手小學校	251827								
産業開發	249381	249404	254561	256396					
産業課	245133	245609	245715	248535	249431	249552	252841	253284	254840
	255624	255789							
産業博物館	250338	250364	250545						
産業部	248662	248678	252529	256100	256124				
産業奬勵	253052								
産業調査	253108	256847	257055						
産業組合, 産組	246220	246406	247272	247868	248601	248626	248917	249375	249731
	249830	252187	252641	253027	253051	254173	254226	254418	254503
	255466	255757	256148	256429	256451	256604	256972		
産業振興	250207								
山田, 山田三良 (城大總長)	246954	256311	256336						
山際, 山際正道 (大藏省銀行 局事務官)	249723								
山地, 山地靖之(平 南財務部長)	246074	246098							
山川, 山川善雄 (十九師團兵 器部長)	248955								
山澤(總督府 商工課長)	255663								
産婆看護婦	245843	249426							
山下, 山下登 (全北保安課長)	246167								
山下, 山下眞一 (江原道警察 部長)	249273								
山形, 山形信 廣中佐(平壤 憲兵隊長)	245419	245576	245828	248108	249390	249941	249965		
森(京城府內 務課長)	255929								

森, 森辨次郎 (朝鮮郵便社 長)	255929							
三橋川	244678							
三宮	256358							
三輪, 三輪和 三郎(新任忠 南高等課長)	246283	246308	246473	249871	249883			
三菱	245563	245766	245790	248764	252121	252145	253035	253635
森林保護組合	252328							
森林鐵道	250204	253549	253576					
三木, 三木義之 (總督府農林 局事務官)	248150							
杉山(忠南土 木課長)	248674							
杉山商會	251914	251929						
杉山中將 (航空本部長)	248600							
三神洞炭鑛	248928							
三越	245643	249046	249074	249121	249657	255917		
三中井	245576 254087	246933 255426	247175	247979	249106	249277	250048	252060	253082
三宅, 三宅圓平畫伯	249370							
森浦, 森浦藤郎 (高等法院檢事)	244975							
杉浦中佐 (第十九師團 高級副官)	255685							
森學中尉	253420							
森幸, 森幸次郎 (平壤每日新 聞社主幹)	247637	253601						
三和ゴム	256017							
颯爽	248206	250333	252239	252260	255072	256294		
上景氣	249740	256212						
商工業	246650	249614	253503	253904	256838	257006		
商圈	246329	246497	254990	256293	257082			
上內 (鑛務課長)	244866 246842	244894 246937	245399 256933	245420	245841	245853	245856	245908	246443

上內, 上內彥策 (總督府警務 課長)	244866	244894	245399	245420	245853	245908	246443		
尚武祭	249031								
相撲	249119 255025	249214	249460	249737	249783	250109	250415	250589	250759
上水道	245003 251892	245065 255312	246980 255940	247065 256038	248684 256743	249533	249891	250010	250427
上野, 上野彥八 (平壤府內務 課長)	246886	246901							
上野淸次 (新任釜山郵 便局電話課長)	253322								
商議, 商議所, 商工會議所	244790 245041 245362 245753 246677 247287 248355 250303 253334 254027 254768 255460 256006 257118	244803 245042 245531 245780 246730 247494 248609 250698 253470 254061 254798 255650 256087	244817 245165 245586 245828 246773 247646 248674 250720 253503 254090 254824 255745 256482	244903 245167 245597 246082 246817 247807 248996 250989 253653 254133 254872 255788 256645	244904 245236 245611 246247 246914 247822 249635 250993 253720 254213 254977 255865 256838	244906 245322 245636 246329 246951 247823 249679 251119 253731 254236 255160 255881 257006	244930 245330 245709 246375 247004 247900 249831 251826 253808 254318 255291 255882 257007	245002 245347 245727 246418 247041 247903 250247 251994 253912 254484 255352 255884 257082	245037 245355 245733 246535 247183 248344 250255 253269 253986 254593 255386 255975 257085
上田, 上田耕一郎 (釜山商工會 議所理事)	248344	251119							
商陳所, 商品陳列所, 商品陣列所	245664	246708	247267	248664					
上下線	244663								
上海	246794 249617 254952	246871 252007 257171	246923 252626	247630 253656	247724 253810	248012 253865	248070 254058	249245 254140	249270 254304
上海戰	252007	254058							
色郡賣 (鮮銀理事)	245387								
色服裝勵	256136								

生絲出荷制限	246881	246919							
生産制限	249090	249109							
生活改善	246863	253237	254945	256362					
生活難	244891	245749	248745	249155	250000				
生活運動	248606								
西岡課長	251098								
西龜, 西龜三圭 (總督府衛生 課長)	250721								
西崎, 西崎鶴司 (總督府財務 局理財課長)	247256	256289	256428						
西大門	245750	249123	249585	252504	255293				
西大門市場	249123								
西本, 西本計三 (本府水産課長)	245227	256884							
西北鮮	245972	246046	246583	246611	247722	247747	248709	248889	250861
	251373	252590	252818	252868	254212	254696	255076	255159	255340
	255543	256810							
西鮮	244667	244751	244774	244856	244859	244898	245034	245293	245506
	245713	245864	246606	246751	246790	246811	247222	247637	247826
	248118	248264	248351	248447	248619	248853	249012	249739	249832
	249873	250150	250253	250254	250942	251071	251343	251704	251962
	252322	252414	252761	252801	252905	252985	253085	253235	253374
	253561	253600	253645	253761	253801	254466	254605	254668	255002
	255313	255324	255370	255613	255751	255979	256343	256482	256655
	256668	256691	257138						
西鮮防空演習	249832	249873	251071						
西鮮女子 中等校	255002	255324	255370						
西鮮造林會社	252801								
西鮮合電	244751	244774	246606	246751	247637	248853	249012	250150	250253
	250254	251343	251704	252985	253600	253645	253761	254668	255313
	255979	256482							
西洋畫	249193	249218							
西垣, 西垣孝一 (郡是製絲淸 州工場長)	248915								
徐元俊	251175	253956	256086						
西村少將	248950								
西村議員	255690	256628							

西湖津	247269	248253	249609	250779	251784			
敍勳	250055	250075	254151	255286				
石器時代	254900							
石器遺蹟	250524							
石油	250343	250355	253000	253026	254404			
石田, 石田明 (新任密陽署長)	250542							
石田, 石田千太郎(總督府鑛山課長)	246262	248915	250141	250172	256838			
石川(朝火社長)	256734							
石川參謀 (十九師團參謀部)	248955							
石炭	250094	250576	251221	251392	251722	253738	255612	
選鑛所, 選鑛研究所	249814	252182						
船橋里	245575	245765	247065	249140	252586	253566	255835	
宣教師	249623	249645						
宣教會	245343	245373						
先驅者	249551	255832	255853					
鮮內	244951	244970	245177	245202	245212	245271	245590	245657	245683
	245906	245918	245971	245999	246280	246302	246431	246832	246855
	246961	247192	247739	247762	247800	247976	248001	248425	248836
	248980	249883	251548	252990	253445	254192	254216	254331	254914
	254935	255581	255600	255683	256069	256145	256751	256931	257075
鮮農	245023	246169	246282	246310	247178	247611	247639	247730	247757
	248105	248126	248277	252550	253369	253394	253595	254038	254055
	254335	255696	256691	256858	256881				
線路改良	250405							
線路通行防止宣傳	256684							
鮮滿	245929	246326	246342	246375	246539	246584	246795	246822	247471
	247489	248030	248054	248540	248550	248794	248796	248957	248969
	249058	249072	249091	249110	249381	249404	249421	249448	249460
	249723	250842	251254	251549	251782	251891	251915	252518	253414
	253757	253773	254069	254251	254341	254350	254366	254975	255336
	255932	256292	256629	256696	256724				
鮮滿貿易	254366							
鮮滿視察團	246326	246342						
鮮滿聯絡電話	254975							
鮮滿列車	249058	249072	251891					

鮮滿戰跡視察團	249723							
鮮滿鐵道	248796							
鮮米	245177	245202	245314	245326	245357	245427	245603	245628	245658
	245659	245684	245685	245709	245733	245753	245780	245804	245806
	245808	245830	245857	245858	245882	245905	245917	245918	245940
	245952	245970	245998	246030	246073	246079	246101	246138	246144
	246170	246535	246816	246878	246904	246929	246951	246972	246997
	247357	247388	247516	247543	247726	247751	247795	247906	247985
	248000	248242	248427	248449	248469	248519	248588	248666	248682
	248866	248881	249587	249741	249826	250558	250578	250919	252104
	253982	254001	254112	254126	254148	254267	254299	254397	254679
	254694	254704	255589	255688	255708	255732	255733	255759	255774
	255801	255812	255844	255854	255887	255910	255916	255938	255963
	255984	255998	256061	256314	256453				
鮮米對策	245658	245684	254112	256061					
鮮米問題	245858	245882	245905	245917	246144	246170	246816	247795	254704
鮮米擁護	245603	245628	245808	245830	245857	245882	245918	246073	246101
	246138	246535	247357	247388	247906	248242	248427	254126	254148
	255916	255998							
鮮米移輸出	245659	245685							
鮮米移入	245603	245628							
鮮米調査	248866	249741							
鮮米差別	245753	245780	245830	245940	245952	245970	245998	246030	246878
	246904	246972	246997						
鮮米統制	245709	245733	245753	245780	245806	246079	247516	247543	
船舶稅	247693								
船舶通航問題	252922	253009							
鮮服	255509								
鮮銀	244628	245387	247435	247475	247498	249430	250361	251287	251307
	251766	251820	252064	252740	253012	253077	253348	253363	253459
	253842	254840	254988	255881	256005	256008	256099	256109	256640
	256722								
鮮展	249111	249193	249218	249255	249405	249480	249492	249510	249527
	249589	249608	249740	250154	250176	250502	254161		
鮮鐵	246363	246383	248107	248128	248265	249217	251770	252397	253177
	253530	253927	254022	254365	254751	254936	255008	255039	255271
	256996								
鮮航同盟會	248337	251160	256359						
鮮航會	247704								
城谷(平壤稅關支署長)	249767								
城大	244709	244750	244776	245213	246565	246746	246768	246954	247647

	249005	250122	250666	250712	250833	250916	250969	251013	251014
	251060	251096	251280	251314	251638	251683	251688	252021	253265
	253334	253665	253739	253930	253980	254406	254430	255035	255197
	256282	256311	256336	256483	256677	256940			
城大病院	244709	256282							
聖德太子	249122								
成富, 成富文吾 (平南道高等 課長, 新任慶南道高 等課長)	245452	253824	253984	254474	256387				
城電鮮電合併	245813								
城津	244804	244847	244881	245624	246850	246882	247165	247166	248023
	248045	250988	251009	251399	251703	253805	253919		
城津農組事件	253919								
城津靑年團	244804								
城津港	251399	251703	253805						
猩紅熱	249919	251384							
稅監局, 稅務監督局	244667	244820	244929	244950	244969	245047	246486	247042	248301
	248321	248368	248391	248419	248664	248804	248912	248933	248986
	248997	249013	249183	249231	249254	249356	249889	250308	251032
	251496	252064	253512	253608	253692	253906	254036	255297	255494
	256689								
稅金	248130	250885	251196	253616	254973	255287	255367		
細農	245247	245639	245906	245918	246938	248347	248367	252641	
歲末	255629	255950	256327	256361	256366	256376	256480	256583	256685
	256695	256848	257039	257082	257173	257174			
歲末經濟	256480								
稅務署	245816	246843	247479	248067	248083	248391	248419	248563	248664
	248933	249009	249013	249035	249068	249156	249231	249254	249356
	249805	251032	251229	251242	251899	255397	255888	255949	256332
	257192								
細民	246007	247022	247365	247396	248583	251345	251455	251709	252183
	256166	256411	256685	257062					
細民救濟	247022								
細民住宅	251345								
稅制	244741	244764	247018	247037	247059	247082	247107	247125	247177
	247263	247285	248347	248367	248654	248679	248954	248967	250512
	250535	251098	254996	255011	255602				
小堀, 小堀泰一郎 (平壤郵便局 郵便課長)	245576								

篠崎, 篠崎哲四郎 (城大教授)	246746	246768	252021					
少女轢死事件	256708							
少年乃木會	254297	254307						
少年團	245872	253276						
少年犯罪	245680	246023						
少年赤十字團	255130							
少年職工	248102	248147						
少年刑務所	252219	255435						
所得稅	248954 254973	248967 255172	249564 255203	252371 255287	253442	254301	254533	254848 254863
小鹿島	245591	246813	248714	248742	248837	253413	253563	
小林, 小林寬美 (京電電車課長)	244796	244823						
小林, 小林省三郎中將 (鎭海要港部司令官)	256268	256364	256471	256672				
消防隊	248801	249948	250097	250151	253551	255042	255115	256141 256796
消防施設	248184							
消防演習	249561	250850	251123	254283	255836			
消防組	251018	253057	254220	254887				
消費組合	247976	248001	255728					
小山(代議士)	250870							
小産業組合, 小産組	254173	255466	256148	256972				
小城, 小城文八 (釜山郵便局長, 釜山遞信分掌局長)	256305	256903	257036					
小野, 小野重人 (全州稅務署長)	249356							
小野大尉 (第三十九旅團副官)	248508							
小原, 小原直 (東京控訴院長)	249088	249468						
小作	245000 245865 246643	245013 245946 246666	245058 245967 247794	245080 245973 248105	245128 246008 248126	245169 246220 248618	245385 246363 248723	245474 245794 246383 246435 249027 249738

	249861	250452	251550	253369	253394	253548	253722	253948	254596
	255214	255467	255523	255548	255697	256862			
小作權	247794	251550							
小作令	245000	245013	245058	245080	245128	245169	245474	245973	246008
	246435	246643	246666						
小田, 小田島嘉吉 (平南地方課長)	246330	247779	248702						
篠田, 篠田治策 (李王職長官)	246582	250275	251974	253365	255586	255610			
燒酎	246201	247732	248502	248537	248576	248670	249607	251213	251341
	251893								
小池, 小池正晁男(朝鮮軍 軍醫部長)	247354	249156							
蘇鎭殷(平南 道保安課長)	256713	256860							
小川, 小川要次 (平壤郵便局 監督課長)	247981								
小泉, 小泉淸 一郎(茂山憲 兵分隊長)	253984								
小泉, 小泉顯夫 (總督府囑託)	251699								
小川, 小川好一 (龍山郵便局長)	253365								
小學校	244778	245159	246054	246124	246289	246570	246967	247249	247306
	247568	248338	248352	248539	249150	250377	250470	251082	251467
	251483	251561	251827	252545	253610	253942	253966	254361	254641
	254764	254922	255795	256540	256768	256787			
小學普通校	251483								
小型漫談	249461	249530	249584	249712	249775	249857	249890	249973	249993
	250034	250281	250366	250414	250459	250501			
昭和	244771	244895	244897	244920	244922	244955	244998	245126	245128
	245220	245334	245400	245421	245453	245497	245528	245566	248652
	248925	250397	252201	252748	255515				
昭和水利	244895	244920	244955	244998	245334	245400	245421	245453	245497
	245528	245566	248652	250397	252748				
損失補償制	248493	248512							
孫致浩	255493								
松岡, 松岡修 (咸北警務課長)	244796	244823							

松岡, 松岡榮 (新鏡城稅務 署長)	249156							
頌德碑	255214	255467	255697	256485				
松島(新任忠 北內務部長)	256689							
松濤園	251860							
松島海水浴場	252072							
宋文憲	245133							
松尾, 松尾己之助 (在鄕軍人釜 山聯合分會長)	253902							
松本 (京畿道知事)	246696	246729	252531	255192				
松本 (金鑛製鐵社長)	255929							
松本, 松本藤太郎 (貴族院議員)	244717							
松本, 松本伊織 (慶南道內務 部長)	255539	255647	255749					
松本, 松本正 太郎(前釜山郵 便局電話課長)	253322							
松本大佐(步兵 七八聯隊長)	245707							
松本淸高(元 山遞信分掌局 會計課長)	254241							
松原, 松原純一 (朝鮮銀行理事)	253459							
松田, 松田正之男 (專賣局長)	244717	244738	249874	249884	253641	255365	255381	255997
松井(米倉社長, 農會正副會長)	247516	247543	248498	248517	255916	256953		
松井, 松井猪之助 (江界營林署長)	252797							

松澤少佐 (茂山第三守 備隊長)	252797							
松下, 松下芳 三郎(慶南內 務部長)	245176	254114	254791	255170				
松下, 松下芳三郎 (滿洲國間島 省總務官長)	255405							
水間, 水間美繼 (殖銀理事)	252840							
水道	245003 248325 250582 255940	245065 248684 250826 255965	245274 249533 251145 256038	245368 249733 251499 256743	245410 249891 251892	245433 249892 252047	245723 250010 252172	246980 250062 254665	247065 250427 255312
手島, 手島雄篆 (前京城日報 經濟部長)	251220	251239						
須藤中佐 (羅南海兵隊長)	255885							
水陸倂用	256441							
水利事業	244895	244920	244998					
水利組合	245977	253280	253310	256930				
水利組合, 水組	245220 250846 253310 256296	245785 250866 253555 256741	245977 251005 254300 256832	247564 251329 254804 256930	247586 251351 255102 257061	249517 251918 255310 257076	249643 252188 255366	250101 252647 255633	250826 253280 255840
樹本, 樹本朝光 (平南産業課長)	245609							
水産	244754 249422 253993	244849 249449 254415	245227 250990 254465	245668 251223 256884	246069 252261	246750 252811	247243 253279	247880 253300	248560 253329
水産界	244849	248560	256884					
水産事業	245668	253279	253300					
水上競技	249782	252305	252835	252971	253446	253530		
水野, 水野重功 (新任平壤覆審 法院檢事長)	254177	254204						
水泳	248074 252736	251034 253184	251376 253581	251504 256188	251511	251904	252080	252478	252551
水泳場,	245372	246069	246652	247336	247527	249535	249782	250030	250121

プール	250155	250160	250177	250200	250314	250817	250969	251034	251060
	251244	251270	251408	251827	251904	252478	252551	252736	256188
収用法	251221	255840							
収容所	248504								
水源	244728	251361	251729	254893	255940				
水銀	244914	244938	250508						
受益税	244962	245087	247334	247445	251396				
輸入防止	247152								
水災	246673								
穂積 (殖産局長)	255107	255749							
穂積, 穂積重遠博士 (東大教授)	252235								
水電	245805	246625	246818	247882	249237	249488	251478	252655	252809
	253646	254098	254896	254941	255932	255978	256482		
守田, 守田義道 (慶南道巨濟 警察署長)	249327								
水晶公園	255603								
修學旅行	248389	249338							
水害	246862	250413	250585	251609	251992	252019	252020	252028	252032
	252041	252071	252074	252093	252098	252110	252123	252137	252176
	252188	252189	252193	252208	252275	252281	252295	252350	252393
	252440	252455	252464	252493	252501	252508	252534	252574	252590
	252615	252621	252641	252761	252830	252905	253016	253155	253441
	253444	253454	253466	253551	253714	253762	253792	253800	253830
	253839	253872	253878	253931	254162	254208	254210	254244	254287
	254440	254453	254515	254537	254601	255214	255394	255736	255855
	256214	256266	256393	256452	257041	257048	257189		
受驗地獄	253685	256123	256530						
水鴻丸	256901								
水禍	247136	249140	249469	249491	250317	250546	251469	251882	251936
	251940	251978	252030	252040	252258	252621	252647	252737	252748
	253217	253256	253314	253436	253622	253735	253827	253997	254011
	254210	254772	254780	254870	254926	255198	255207	255245	256832
	256895	256936							
収賄事件	255843	255869	256503						
殊勳	248904	249128	249871	249883	249949	249974	250789	252299	254994
	255737	256144	256164	256544	256552	257048			
殉國勇士の忠 靈塔	250583								

順安金鑛	247034							
殉職警官の表忠碑	255535							
殉職警官招魂祭, 殉職警察官の招魂祭	248162	248182	248774	250463				
殉職記念碑	249799	250017	253044					
殉職消防慰靈祭	253628							
殉職者	245850	245868	247228	247240	248184	257153		
殉職者追悼會	257153							
順天	244783							
崇實專門	250528							
僧侶金富貴	254976							
乘馬	251254	251287	251307	255304				
勝尾(統監府司令官)	249390	251170						
勝尾少將(第三十九旅團長)	248508	249390						
柴, 柴平四郎少將(鎭海要塞司令官)	247818	247872						
市街地計劃	245772	246183	246211	246637	246658	248069	248085	249934	249960
	250425	250451	250559	250579	250618	250920	252625	253461	253480
市區改修	252521							
時局	245106	247245	247771	247805	251336	251353	256610	256727
時代	244684	244747	244888	244961	245083	245215	246616	247674	249176
	250360	250406	250455	250499	250538	250703	250897	250947	251215
	251234	251739	251760	252007	252568	252588	253672	254758	254759
	254779	254784	254900	255083	255107	255379	256090	256313	256561
	256897	257191						
矢島, 矢島杉造(全南道知事)	246954	246963						
市民大會	246640	256038						
矢本, 矢本正平(新任平壤覆審法院部長判事)	248508							
栃原, 栃原琢郎(平壤覆審法院檢事長)	249333	250011						
詩人	248256	255593						

市場	244705	244754	244964	245284	245561	245671	246065	246335	246374
	246584	246703	247276	247485	247507	247527	247756	247925	247946
	248048	248185	248210	248576	248762	248764	249123	249353	249536
	249604	250286	250340	250854	250869	251073	251105	251558	251863
	252241	252272	252555	252584	252628	252673	252719	252803	252903
	253041	253080	253169	253245	253329	254291	254358	254717	255241
	256353	256749	257171						
始政二十五周年, 始政廿五年	250970	250545	251441						
市村, 市村久雄中將 (鎭海要港部 司令官)	245160	245786	250071	251293	251313	251721	255212	255929	
試驗地獄	244853	246185	246599	247229	247468				
植物檢查	247426	248098	249289	252171					
植民地	254759	254784							
殖産契制令	256429								
殖産局	252319	254183	255107	255749					
殖産銀, 殖銀	244694	245840	246127	247186	247451	247469	247643	247730	247757
	247777	247799	248261	248276	248607	249009	249273	249286	249302
	249535	249583	249714	249811	250037	250458	250474	250489	250507
	250552	250733	250752	250916	251076	251543	251717	252296	252344
	252484	252710	252730	252840	253002	253049	253062	253096	253126
	253276	253494	253530	254786	255238	256428	256701	257053	257136
植原, 植原春三少佐 (新任平壤憲 兵隊長)	256651	257078	257102						
植場, 植場鐵三 (拓務省殖産 局農林課長, 東拓監理官)	252319								
植田(朝鮮軍 司令官)	252007	252109	252191	252212	252247	252263	252716	252728	253039
	253143	253236	253462	253481	253526	253715	253908	254228	254626
	255234	255735	255996	256207	256535	256789	257039	257132	257149
植眞殖展理事	256122								
新京	244694	246237	246259	246548	246564	247283	247763	248402	248997
	249057	249058	249071	249072	249586	249871	249883	251770	251782
	251898	253012	253475	253490	253757	253773	254418	254461	255171
	255192	255947	255961	256934					
神宮	244652	244750	244776	245315	245340	245734	245950	246101	246443
	246928	246950	247040	247188	247910	248176	248286	248383	248445

248467	248479	248492	248511	248513	248688	248755	250388	250415
251144	252027	252265	252770	252878	252943	252948	252969	252971
253129	253313	253530	253581	253845	253968	254245	254330	254337
254365	254384	254399	254412	254438	254445	254458	254483	254508
254531	254540	254594	254615	254919	254922	255153	255154	255433
255778	255962	256313	256597	257033				

新農博	255765

新羅王陵	253491

新漫畵派	251061

神武天皇	253693

新聞	245197	245225	245651	245988	246013	246074	246098	247735	249994
	250881	251598	251682	251946	253601	253902	254442	254535	254557
	254578	254939	254960	255064	255983	256252	256271		

神保日慈師 (日蓮宗官長)	254408	254595

神社	244956	245315	245340	245559	246471	247228	247238	247240	247618
	247931	247966	248028	248421	248688	248920	249101	249112	249703
	251025	252274	252676	253225	253422	253443	253783	253929	254067
	254084	254103	254179	254253	254308	254395	254531	254545	254582
	254821	255113	255345	255558	255588	256010	256346	256371	256592
	257000	257174							

紳士賭博	245352	252879

新事業	244647	244849	245165	245318	245665	245811	246380	246750	247804
	247880	250728	250750	250830	251673	251744	252016	252392	253512
	254028	254599	255668	255841	256906				

新嘗祭	244662	254614	255389	255962

新潟物産展	255296

新潟沿岸	255532

新設稅	244667

新安	256575

新運輸政策	246497

信原(專賣局 製造課長)	244717

新義州	245725	246451	246599	246696	246729	247028	247316	247566	247619
	247685	248407	248612	248657	248871	249093	249107	249134	249241
	249284	249296	249315	249388	249420	249425	249474	249829	249872
	250144	250195	250224	250530	250605	250607	250646	251429	251493
	251872	251947	252122	252164	252237	252244	253560	254025	254035
	254409	254434	254669	254803	255103	255434	255714	255725	255896
	255992	256446	256918	257010					

新義州高普	252122

新義州軍	248657

新義州金組	250530							
新義州 防空演習	249093	249829						
新義州飛行場	251493							
新義州稅關	249107	249134	249241	249420	251429	254035		
信田(咸興商 議所會頭)	254236							
新井, 新井新藏 (鎭南浦實業家)	251174							
新組合長	256650							
新昌港	247279	255572						
信川	246642	246663	246827	256094				
新天地	248116	250215	252818	255119	256533	256823		
神八, 神八三郎 (帝國馬政委員)	250141							
新興産業	244744	247272						
實費診療	251424							
實業野球	249168 250796	249217 250833	249714 250884	249977 250916	250458 252971	250507 253221	250552 253494	250712	250758
實業陸上競技	250796							
實業庭球	249977							
失業靑年	244782	255550						
實地調査	255262	256716						
心中	244942 247918 251019 254705	246799 247995 252055 254725	246823 248061 252082 255876	247075 249087 253022 256076	247174 249152 253047 256397	247278 249264 253066	247372 249466 253520	247403 249595 253543	247604 250763 254070
深澤, 深澤新一郎 (高等法院長)	249173	249933	252450	252915	252936			
辻, 辻董重(新任 慶南道視學官)	249009							
十字架黨事件	252037							
十字路	249012	255688	255732	255774	255812	255854	255910	255963

					○				
兒島 (內務部長)	245320	256347							
兒童	244711	245124	245159	245306	245366	245399	245420	245428	245480
	245693	245892	245925	246124	246346	246425	246440	246573	246632
	247096	247558	247669	248539	248595	249031	250099	250119	250432
	250550	250812	250907	251475	252199	252737	252994	253527	253652
	253714	253800	254123	254489	254699	255087	255094	255235	255245
	255782	256279	256530	256570	256992	257140			
亞麻增殖計劃	248705	248735							
阿部 (東洋紡社長)	253736								
阿部, 阿部千一 (平壤府尹, 慶北內務部長)	245249	247842	248348	248495	251655	252029	252100	252561	253511
	255685	255983	255997	256026	256450	256477	256581	256673	
亞鉛	255095	255877							
阿片	246447	247033	248434	248522	249534	249827	250282	250462	250727
	251390	251624	251711	252427	252613	253818	254812	254836	255060
	255078	255726	255898	256310					
阿片の密輸, 阿片密輸	246447	247033	251711	253818	255060	255078	255726	255898	256310
阿片密賣	250462	251390							
阿片密造	252613								
安岡, 安岡源 太郎(新任京 畿道視學官)	249420								
安東	246653	248171	249241	249242	249310	249421	249448	249862	249922
	250805	250947	251141	251502	251555	251593	251891	251962	251992
	252574	252615	252647	252737	252825	252858	252882	252887	253886
	256308	256459	256644						
安東軍	251502								
安東農林校	253886								
安東署	248171	249241							
安東稅關	256308								
安奉線	244704	245409	252096	252414	256644				
岸巖(鮮銀平 壤支店長)	249430	252064							
安全令	248916	248936	254180	254197	255532	255936	255964		
安井, 安井誠 一郎(專賣局 長, 總督府文 書課長, 總督	246860	247818	249505	255462	255490	255983	255997	256101	

府祕書課長)									
安州	245564	248530	248652	250424	252216	252657	253603	253656	253810
	255041	255214	255312	256575					
安州署	253810								
岸川, 岸川於菟松(道警視仁川署長)	247058								
巖城(平壤地方法院次席檢事)	247744	250402							
巖佐(憲兵司令官)	248332	249941	249965						
巖下, 巖下雄三(新任本府視學官)	248199								
鴨江, 鴨綠江	245457	246936	247424	247486	247571	248926	249025	251230	251531
	251540	251555	251593	251621	252414	252424	252680	255313	255413
	256244	256650							
愛國	244668	246189	246348	247515	247542	247551	248712	248731	249145
	249163	250258	250433	251048	251334	253220	254565	255405	256840
	256870	256892	257094						
愛國婦人會, 愛婦, 愛婦會	245424	246032	246321	246348	246432	247088	247089	247341	249673
	249698	250921	251172	251418	251439	252906	253220	253301	253944
	254475	254571	255405	255488	256583				
愛の結晶	245564	256462							
愛兒展覽會	250951								
愛育會	256584								
愛知縣	250957								
櫻井(拓務次官)	255569	255591	255780	255813	255816				
櫻井新聯隊長, 櫻井聯隊長	246839	252327							
野球	244675	247864	248190	248240	248784	248968	249118	249165	249168
	249217	249308	249332	249401	249495	249653	249714	249977	250458
	250507	250518	250552	250589	250597	250616	250666	250712	250758
	250796	250833	250884	250916	251096	251152	251178	251280	251291
	251294	251311	251314	251327	251330	251349	251352	251372	251376
	251398	251420	251447	251482	251495	251509	251553	251584	251588
	251638	251650	251652	251674	251679	251698	251717	251718	251719
	251739	251740	251760	251770	251783	251790	251799	251800	251819
	251837	251841	251850	251878	251921	251937	251944	251954	251960
	251964	251976	251988	252008	252011	252027	252053	252095	252116
	252148	252164	252190	252221	252375	252397	252547	252596	252600

	252948	252971	253004	253019	253049	253062	253096	253126	253221
	253446	253494	253561	253666	253897	253927	253980	254003	254365
野口 (送電社長)	249736								
野田, 野田新吾 (殖産銀行理事)	252710	252730	252840						
野田, 野田憲男 (西鮮合電營 業課長)	253761								
野村, 野村調 太郎(新任平 壤覆審法院 長, 京城地方 法院長)	253641	254177	254204	254457					
野村, 野村薫(京畿 道刑事課長)	244975	250414							
夜學	246053	250878	255033	255204	255343	255540	256134	257088	
藥令市	245793	247836	248115	256195	256755	256889	257100	257109	
鰯油統制政策	248921	248943							
若妻殺し事件	252270	252288	252353	252394	252439	252446			
藥草	244986 256078	245775	245928	246420	246693	247209	247235	249852	255996
陽德	246126	248530	248812	249379	249600	253386	255272		
養蠣獎勵	246249								
洋畫展	249121	250256	254775						
漁家更生	246309								
魚大成 (釜山府會議員)	255037								
漁民	244961	245429	249199	252129	253763	256653			
魚附林獎勵	255309								
魚市場	244754	245671	246374	246703	247276	251073	252241	252673	252719
漁業期間	245673								
漁業組合, 漁組	244754 254627	245535 254642	247276 256264	249192 256299	252241 256653	252282 257166	252673	253852	254376
漁業振興策	250990								
御眞影	246436	251025							
漁村	244876 247880 253993	245696 248152 254465	245839 248174 256264	246069 250198 256299	246442 250821 257166	246959 250942	247092 250990	247317 251216	247557 251235
漁村更生	247317	248152	248174	250198	250942				

漁村振興	245696	256264	256299					
旅客	244802	245233	245333	245364	246554	247329	248135	248237	249339
	250879	251206	252030	253553	254720	255704	256177	256182	257042
女高普學校	247983								
女給	245186	245777	245802	246616	247459	247604	248196	248318	249051
	250975	251134	251381	251772	253047	253066	254950		
女性	246754	247357	247388	248207	248231	248671	248840	249480	249492
	250159	250333	253510	254619	254738	254817	254916	254921	254965
	255016	255065	255109	255158	255239	255264	255285	255385	255439
	255492	255536	256277	256504	256620				
女性激增	256277								
麗水	247095	250988	251009	251918	251939	251946	251951	252533	253120
	253132	253669	254652						
女囚監房	255565								
女囚收容所	248504								
汝矣島	246857								
汝矣島飛行場	246857								
女子オリンピック	253980								
女子靑年團	247620	247731							
女學校	245274	245517	245541	246819	248121	250241	250260	250335	252409
	252987	253510	253593	254080	254359	255561			
年見, 年見秀親 (平南山林課長)	247230	250308	253650						
連結架設法	248570	250058							
研究	245063	245207	245590	245695	246129	246240	246260	246267	246268
	246282	246292	246310	246390	246758	246776	246835	246839	247185
	247421	247592	248442	248764	248914	248935	248971	249235	249472
	249551	249607	249628	249678	249755	249826	249876	249886	249895
	250261	250676	250683	250893	251728	251747	251994	252049	252104
	252129	252167	252178	252182	252273	252529	252563	252589	252694
	252707	252900	252928	253027	253051	253282	253510	253601	253718
	253998	254112	254317	254351	254855	255559	255689	255883	255886
	256441	256792	256810	256935	256963	257116	257171		
聯絡船	247472	247490	248484	249258	249307	250179	250188	251157	251209
	251939	251951	252516	253680	254647	254657	254678	254690	255012
	255746	256681							
聯絡電話	248734	254975							
燃料飢饉	255612								
年末警戒	245493	256523	256611						
演武	249735	251588							
軟式野球	248240	248784	248968	249118	249495	249977	250518	250916	251553
	251638	251718	252053						

演藝	245879	246001	246827	249670	252417	254255	255786	
煙草	248142	248614	248640	249538	250480	250505	251003	253922	253999
	254019	255319	256126	256351	256407	257175			
煙草密輸	253922	255319						
煉炭	245413	253041	253379	255004				
延坪島	249104	250156	250210	250233	250259	250293	250312	250350	250372
	250697								
年賀狀	255809	256088						
沿海州	247974	247997	249062	253763	256513			
列車	244755	244862	245036	245114	245196	245283	245382	245414	245417
	245437	245445	245472	245569	245717	245741	246237	246259	246322
	246334	247060	247083	247139	247329	247673	247700	247965	248205
	248228	248354	248374	248402	248695	248770	248884	248948	248957
	248969	249058	249072	249321	249466	249498	249567	249594	249706
	249788	249818	249879	249966	249989	250086	250171	250188	250214
	250217	250290	250347	250400	250484	250723	250742	250765	250822
	250935	251034	251058	251090	251101	251259	251402	251469	251560
	251605	251634	251722	251737	251768	251782	251882	251891	251931
	251946	251951	252082	252113	252581	252614	252629	252668	252687
	252723	252729	252738	252759	252773	252825	252858	252882	252934
	252941	252952	252954	252966	253090	253103	253285	253290	253309
	253335	253339	253432	253467	253496	253540	253587	253661	253666
	253757	253773	253853	253875	253901	253979	254191	254344	254414
	254627	254642	254690	254731	254754	254850	254890	255008	255012
	255039	255049	255064	255084	255119	255151	255156	255271	255391
	255530	255552	255856	255926	255947	255961	256046	256173	256184
	256324	256422	256527	256554	256571	256589	256603	256744	256763
	256829	256877	256926	256970	256993				
列車時刻改正	247700	249058	249072	251737	251768	251891	252113	253285	
鹽密輸	255719							
鹽田 (林政課長)	245103	245120	245474	247628	250784	253664		
獵銃	244836	246654	253543	255988				
永谷, 永谷量次 (産業組合京 城第一購買會 理事)	246220							
英國	244949	251555	251593	251621				
英國領事館	251555	251593						
嶺南線	251986							
盈德	246952	247921	252481					
永島 (平壤地方法	245147	245714	246853	246887	249973			

院檢事正)									
永登浦	245924	255068	255866	256464					
英龍丸	255659	255785							
鈴木(東拓鑛業重役)	256903								
鈴木(總督府林政課長)	256551								
鈴木(忠南警務課長)	248674								
鈴木, 鈴木沙奈夫(忠南地方課長)	249874	249884							
鈴木, 鈴木沙奈夫(忠南地方課長)	249874	249884							
鈴木, 鈴木莊六大將(在鄉軍人會長)	248423								
英産業視察團	254207								
嬰兒	244640	244987	245298	245382	246399	246828	247206	247487	247633
	247812	248852	250129	250808	250843	252135	252470	252494	252528
	252837	254422	254655	255545	255952	256203	256233		
寧安	247808								
寧安鐵道	247808								
永田(鐵道局建設課長)	255507								
永井,永井十太郎(前釜山遞信分掌局長)	256081	256100	256369	256640					
永井, 永井淸(間島總領事)	253229								
永井, 永井春生(茂山郵便局長)	246651								
英艦	251967	255253							
映畫	244691	245104	245123	245162	245392	245960	245966	246102	246146
	246647	246854	247038	247339	247706	247708	247762	247908	248518
	248641	248743	248869	249097	249125	249670	249887	249929	249991
	250130	250323	250358	250409	250671	250699	251485	251690	252091
	252230	252543	252623	252701	253084	253089	253118	253256	253404
	253884	254390	254600	254887	255031	255044	255218	255489	255621
	256278	256733	256757	256797	256897	257064	257110		

映畫の夕	247762	247908	249887	256278				
映畫取締令	252091							
永興農組	251186	251572	251591					
永興學校	248958							
藝妓	246827	247844	248318	249595	251409	252004	254705	255158
豫防	245281	245306	245657	245683	245761	245948	245964	246034	246057
	246806	246824	247978	248146	248306	248349	248369	248452	248470
	248480	249292	250114	250420	250490	251517	252041	252496	252599
	253396	253529	253674	253915	253957	254225	254243	254654	254974
	255015	255624	255818	255937	256331				
豫防藥	252041	252599						
豫防注射	245948	247978						
藝娼妓	246348	251381						
醴泉	253115							
吳競善	250542							
五島, 五島誠助 (釜山商工會 議所常議員)	255352							
娛樂	247064	247090	247785	247816	248402	248937	250918	251059	252325
奧田, 奧田德 三郎(朝鮮軍 經理部長)	249827							
玉蜀黍	245814	253030	255097	255666				
溫泉	245473	245509	245598	245668	248552	248812	249844	251789	251891
	252953	253061	255603	256521	256612				
瓦斯	244778	246072	246695	248661	249634	249652	249873	250490	251002
	251122	255979							
瓦電	251596	254012	255167					
緩和	244937	245746	246190	246525	247373	247404	247679	248135	249518
	251369	251897	252709	252933	253059	253470	254030	254688	254764
	255075	255140	256519						
倭城	249726	250545	253626	255333	256791			
外交	245227	247657	251621	252318	256049	256072		
外國	244790	244817	244856	245554	253089	256126		
外務省	246508	246530	247657	254056				
外人	249623	249645	252123	252137	252626	252951	255098	
外地米	245475	245943	245958	246585	246626	246747	246769	246785	246804
	246951	256890							
遙拜	248857	250244	250318					
療養所	246813	248567	248592	248709	248714	248742	254714	
窯業	246029	247733	249551	250015	252902	253194	254080	

龍谷	247961	249082	254359						
龍登炭	250437	250450							
龍鳳丸	251271								
龍山	245789	246810	248179	248257	248515	248681	250118	250175	250594
	250762	250971	251020	251398	251474	251514	251552	252010	253365
	253383	256121	256167						
龍山騎兵隊	250175	251474							
龍巖浦	245671	246374	246584	247276	250340				
容疑者 怪死事件	246206								
牛檢疫	245775								
羽根, 羽根兵三 (新任全南高 等警察課長)	254743								
牛島 (內務局長)	247002	255165	255602						
牛島, 牛島貞雄 (第十九師團長)	245253	251756	254558	254576					
優良部落	254325								
優良兒	245811	248834							
宇部	248944	249898	250276	250321					
宇野, 宇野友八 (馬山府尹)	256216	256471							
芋用千秋軍醫 大佐	255458								
宇垣, 宇垣一成 (朝鮮總督)	244628	245067	245088	245604	245629	245938	245950	246361	246362
	246378	246543	246554	246559	247245	247283	247805	248300	248320
	248553	248756	248773	249227	249422	249449	249528	249649	249726
	249752	249771	249779	249937	249962	249986	250029	250223	250316
	250641	250662	250705	250754	250771	250788	250811	250825	250909
	250939	250965	251287	251307	251539	251585	251946	251962	251970
	251991	252071	252098	252109	252259	252535	253278	253299	253347
	253436	253437	253577	253623	253736	253826	254271	254324	254410
	254433	254454	254531	254597	254617	254693	254722	255013	255506
	255817	256105	256154	256267	256315	256410	256655	256668	256690
	256715	256791	256792	257184	257185				
郵貯, 郵便貯金	246731	250922	251962						
齲齒豫防デー	250114								
齲齒調査	252463								
郵便	244686	244699	244810	244834	245006	245348	245478	245554	245556

	245576	245980	246369	246423	246540	246555	246557	246651	246731
	246942	247526	247838	247971	247981	248211	248941	249019	249064
	249141	249284	249315	249399	249474	250064	250287	250332	250457
	250551	250670	250697	250879	250880	250922	251262	251373	251428
	251453	251524	251646	251957	252330	252333	252508	252912	252930
	253322	253365	253382	253860	253895	253972	254469	254641	254876
	255045	255139	255465	255717	255803	255929	256000	256197	256305
	256321	256355	256419	256461	256560	256640	256815	256903	256968
郵便局	245006	245348	245478	245556	245576	246369	246423	246557	246651
	246942	247526	247971	247981	249474	250064	250880	251646	252330
	252912	252930	253322	253365	253972	255045	255139	255717	255803
	256000	256197	256305	256321	256355	256560	256640	256815	256903
	256968								
郵便飛行	250332								
友鶴	248184	250755							
雨禍	251379	251469	251888	251921	251954	251979	252242	252253	
運洋丸	255848								
鬱島水難事件	253123								
鬱陵島	245370	245436	245522	245529	245896	251016	251278	252253	256013
	256066								
蔚山	246264	246665	247097	247869	249533	250229	253837	254370	254393
	254582	254592	254611	255067	255155	255533			
蔚山飛行場	255533								
蔚山神社	254582								
雄基	244899	245445	245472	246237	246259	246337	246456	246481	246640
	247147	247283	247741	248651	248677	249099	249482	249625	250514
	251612	251631	251829	252308	252453	253032	253949	254094	254718
	255093	255151	257127						
雄基商工會	254094	254718							
雄基港	249625	253949							
熊本	252213	252368	253420						
原, 原邦道 (大藏書記官)	251193								
元德常 (中樞院參謀)	245576								
元山	244720	244900	244926	245004	245145	245170	245406	246287	246983
	247775	247844	248611	249060	249521	249600	249637	249923	250244
	250297	250400	250525	250684	250714	250999	251074	251332	251342
	251354	251425	251495	251509	251860	252461	252497	252917	253092
	253247	253327	253336	253377	253380	253385	253648	253859	253988
	254183	254224	254229	254235	254241	254264	254421	254423	254684
	255279	255625	255710	255980	256037	256085	256518	256559	256788
元山署	245004	250297	250999						

元山水力	256559								
元山驛	256788								
元山泉町校	251342	253247	254684	255625					
元山鐵道疑獄	256037								
元山靑年團	254229	255279							
原蠶種製造所	245771	253372	254666						
原田大六 (京畿道學務 課長)	255959								
原田大佐 (關東軍)	249859								
元町小學校	244778								
原州	247777	247799							
元漢慶 (延福專門學 校新任校長)	254222								
越境	245344 255933	246421 257075	246699	247032	247072	247227	254277	255100	255683
越智, 越智孝平大佐 (新任鎭海要 港部參謀長)	255749	255929							
越川, 越川彰一 (一等軍醫正, 新任二十師團 軍醫部長)	246810	247301							
衛藤(鐵道局 運轉課長)	256551								
慰靈	246665 252736 253669	248810 253127 253891	248945 253469 254841	249807 253511 255263	250755 253558 256008	250987 253560 256971	251436 253570	251971 253621	252674 253628
慰問	245072 246440 252041 254451	245092 247739 252275 256740	245399 247762 252418 256898	245420 250072 252723 256989	245537 250542 253152 257167	245556 251936 253283	245557 251946 253570	245841 251961 253827	245856 251995 254329
衛生	244649 247152 248855 250849 253322 257168	244769 247368 249224 251081 253933	245360 247399 249304 251243 254132	245811 247456 249373 251338 255094	246166 247637 249395 251406 255269	246454 247859 249991 251561 255314	246839 248683 250068 251655 255883	246879 248709 250519 252071 256569	247094 248837 250721 253112 256769
衛生課	246879	247637	248855	250068	250721	250849	251655	252071	253322

	255094	255314	255883						
衛生展覽會	251338	254132							
衛生協議會	248683								
偽造證券	246253								
偽造證書	245874	245902	250113						
偽造紙幣	247435	249345	249347	252125					
偽造貨	246117	246795	246822	253176	253358				
偽札	255699	256261	256284						
偽形事	245968								
流感	245031	245645	245846	246151	246285	247049	247162	247379	247410
	256192								
柔劍道	250388	250415							
柳京日記	244761	244816	244867	244919	244968	245039	245079	245151	245201
	245252	245305	245356	245470	245574	245627	245681	245778	245829
	245877	245915	245949	245995	246043	246093	246156	246210	246258
	246300	246339	246377	246424	246468	246518	246558	246610	246656
	246720	246767	246801	246849	246902	246948	246996	247036	247080
	247123	247176	247233	247281	247328	247439	247488	247541	247581
	247638	247689	247793	247944	247996	248044	248082	248125	248173
	248223	248273	248319	248365	248417	248465	248509	248543	248581
	248625	248673	248725	248771	248932	248964	248995	249030	249069
	249105	249160	249210	249251	249297	249350	249392	249447	249490
	249524	249568	249621	249644	249697	249768	249848	249882	249958
	250027	250067	250116	250167	250222	250266	250309	250352	250401
	250447	250493	250532	250577	250615	250661	250700	250749	250787
	250824	250865	250908	250964	251008	251046	251093	251138	251189
	251233	251306	251348	251505	251538	251579	251628	251670	251714
	251757	252136	252257	252345	252390	252433	252476	252587	252686
	252724	252765	252815	252867	252920	252963	253005	253050	253106
	253162	253209	253254	253298	253344	253393	253435	253479	253524
	253568	253618	253663	253730	253772	253825	253876	253925	253965
	254000	254053	254102	254145	254196	254242	254298	254346	254392
	254432	254861	254915	254958	255009	255063	255106	255152	255190
	255233	255280	255330	255378	255432	255484	255531	255587	255637
	255687	255731	255773	255810	255852	255908	255958	255995	256054
	256098	256152	256206	256262	256312	256357	256448	256490	256529
	256582	256622	256667	256714	256753	256790	256831	256878	256927
	256980	257029	257079	257103	257147	257183			
遊廓	244682	244840	252131	254811	255550	256257	257005		
有權者	246097	252112							
柔道	248014	248774	249460	250122	250829	251198	251638	252234	252603
	253062	253405	254214	254936	256062				
兪萬兼(平南道參與官)	245355	245609	248453						

柳本, 柳本朝光 (平南産業課長)	245715	247830	255789					
油肥組合	255670							
柳生(全南警 察部長)	244717							
幼兒愛護週間	248403	248978						
柳原	244738							
留置場	247329	250767	251135	253291	253791	255528	255554		
兪致衡 (漁城銀行當 務取締役)	253365							
有賀, 有賀光豊 (殖銀頭取)	244694 250752	247469 251289	247516 251309	247543 251543	247697 251880	247730 252537	247757 257053	249273	250733
流行性腦膜炎	248060							
流行性腦脊隨 膜炎	246876							
流行性腦脊炎	247049	248480	248595	248643	249292	249311	253133		
陸競	246434 250833	247371 251770	247402 251993	248471 252053	248591 252696	249653 254039	249789 254214	250279 254286	250563 254313
陸軍	245687 246854 248776	245888 246934 248876	246071 246952 249054	246453 247999 249924	246475 248150 250629	246647 248202 251663	246722 248226 251738	246788 248476 252006	246853 248765 252816
陸軍記念日	245687	246071	246647	246722	246788	246854	246934	246952	
陸軍士官學校	248150	248876						
陸軍辭令	247999							
陸軍省	248202	248226	248476	251663				
陸軍定期大異動	252006							
陸大生滿鮮戰 跡見學團	249681							
陸上	250177 252348 253845	250231 252397 254594	250265 252770 254615	250552 253177 255835	250712 253221 256985	250759 253286	250796 253332	251013 253561	251969 253610
宍戸好信大佐	255212							
尹源善	256532							
栗木里	249457							
栗原, 栗原産 三郎(代議士)	246803	246811						
融通	246225 255855	247373 256972	247404	247679	247831	250197	254007	254030	255819
融和	245819 256313	251022	251427	252928	253766	254184	255467	255697	256076

恩給	245824	249624	249658	251455	252688			
銀の密輸, 銀密輸	256308	256389						
恩赦令	245901	245930						
恩典	245859	245889	245979	246001	248244	249131	249283	250798	256113
	256633							
銀座	250035	255072						
銀行	244628	244671	244788	244884	245796	246233	247435	247604	248925
	249009	249627	249651	249723	249881	251108	251124	251162	251566
	251587	252710	252730	253365	253459	253503	253698	253904	254786
	254988	256109	256281	256376	257053	257117			
音樂	245503	245530	245725	245960	246671	247058	249280	250114	251471
	252028	252417	253981	254641	254957	255002	255279	255324	255370
	255410	255444	255461	255517	255561	255599	255614	255652	255693
	255734	255751	255776	255815	255860	255871	255909	255959	256055
應振復中將 (滿洲國中央 陸軍訓練處附)	249054							
義金	248010	252028	252464	252501	253308	253444	253466	253714	253762
	253790	253800	253827	253913	253952	254093	254111	254184	254231
	254248	254287	254311	254329	254352	254380	254401	254440	254537
	254651	254870	254911	254932	254972	255051	255116	255198	255214
	255289	255328	255342	255398	255425	255525	255568	255622	255645
	255675	255723	255736	255760	255781	255845	255862	255900	255922
	255985	256038	256067	256096	256165	256211	256249	256269	256334
	256354	256395	256416	256457	256478	256499	256583	256631	256654
	256699	256702	256767	256782	256804	256834	256872	256916	256944
	256946	256992	257022	257039	257040	257120	257155		
義務敎育	246755							
醫師	244897	244922	246667	248927	248940	249669	250418	252958	254256
	254265	255638	255671						
義損金, 義捐金	247596	247690	247721	247762	248059	248134	248197	248211	251946
	251962	251963	251970	251978	251991	251992	252032	252137	252262
	252534	252574	252615	253735	253792	253827	253872	253931	253952
	253976	253997	254011	254065	254111	254162	254208	254221	254555
	254584	254601	254830	255022	255051	255207	255235	255236	255245
	255440	255985	256462						
義烈團	253656	253961	255053						
義烈團事件	255053							
疑獄, 疑獄事件	246832	246855	248171	250978	251057	251202	251417	251518	251592
	251643	251924	252078	252154	252204	256037	257046		
義勇消防	255798							
醫者	248422	248882	249956	249978	250695	251180	252179	255393	255669

醫專	245190	245209	245238	245818	246185	246186	246419	247370	247401
	247431	247703	249096	249390	249428	250337	250434	251471	251588
	251679	253650	253801	253927	256270				
李堈殿下	250581	250704							
李鍵公	249550	249572	249908	249982					
伊達 (京城府尹)	245533	246025	246049	250582	253732	256685			
異動	244950	244969	245030	245045	245068	245096	245394	245581	245607
	245632	245635	245694	245759	245880	246120	246123	246165	246216
	246401	246449	246469	246496	246519	246787	246945	247154	247155
	247159	247362	247393	247451	247475	247498	247517	247544	247575
	247598	247668	247699	247801	247825	247853	247858	247934	247959
	247977	247998	248038	248095	248106	248127	248236	248329	248630
	248896	248912	248933	248981	248986	248997	249073	249358	249397
	250052	250078	250322	250498	250503	250584	250816	250917	251229
	251242	251333	251355	251761	251980	252006	252277	252576	252644
	252672	252695	252826	252831	252915	252924	252936	253038	253115
	253214	253436	253492	253509	253696	253774	253806	253880	253882
	253946	253967	254033	254361	254633	254716	254818	254907	254920
	255171	255192	255858	255889	255971	255990	255997	256028	256063
	256081	256100	256321	256410	256563	256722	256785	256943	256997
伊東, 伊東淳吉 (平壤覆審法 院長)	252046	252192	252517	253238					
伊東, 伊東忠太 (工學博士)	247058								
伊藤(京城商 議理事)	255881								
伊藤, 伊藤博文 (初代韓国統監)	250968								
伊藤, 伊藤奉吉 (忠北道警察 部長)	247301								
伊藤, 伊藤裕 (新任釜山朝 鮮簡易保險健 康相談所醫 師)	254265								
伊藤, 伊藤重 次郎(總督府 林業課長)	256985								
裡里	244820	247099	248199	248899	250319	251632	251773	251946	252030
	254311	254592	254611	255435	256727				

移民	246407	247283	247611	247639	248251	248271	248275	248284	248305
	249752	249771	249795	249859	250394	250416	250771	250788	250966
	251894	251925	252727	253441	254056	254580	254864	254959	255013
	255040	255119	255159	255252	255283	255307	255543	255695	255816
	256013	256481	256615	256625	256856	256879			
移民計劃	250771	250788	250966	252727	254056	254959	255013	255252	255283
	255307	255816							
李尚珏(檢事)	251787								
裏松, 裏松友光子爵 (貴族院議員)	249420								
李辰琬姬	256532	256835	256859						
李王	246167	246582	247354	247877	247896	248201	248224	248250	248274
	248300	248320	248346	248366	248393	248418	248445	248467	248491
	248510	248533	248559	248584	248603	248628	248653	248675	248701
	248729	248983	250275	250756	251721	251974	252012	253365	255586
	255610	256734							
李鍝公殿下	254438								
移入	245323	245603	245628	247010	248381	250343	250355	250932	251164
	252120	253174	254939	254960					
罹災	246862	247762	248116	251936	251939	251943	251946	251951	251955
	251962	251970	251992	252012	252041	252071	252172	252188	252208
	252258	252275	252295	252440	252508	252550	252590	252761	252818
	252870	252905	253441	253664	253827	253878	254007	254212	254356
	254453	254515	254580	254864	255051	255076	255119	255159	255340
	255493	255543	255676	255763	255796	255855	255955	256393	256858
	256881								
李朝	248257	252568	252588	253517	255648				
移住	244791	244818	245241	247178	248116	248218	249917	250215	252590
	252682	252868	252870	252905	253436	253444	253878	253977	254084
	254103	254405	254429	255676	255955	256293	256391	256822	256891
移出制限	245177	245202	245326	245357	246019	246044	246785	246804	
伊太利	251069								
伊艦, 伊國軍艦	248782	251292	251312	251332	251354	251542	251586	251770	253737
李恒九男 (李王職次官)	246167	247354	250756	251721					
李海昇, 李海昇侯爵	256504								
異形土器	254363								
二荒, 二荒芳德伯(貴族院議員少年團日本	253276								

聯盟理事長)								
	244641	244665	244694	244717	244738	244788	244796	244823	244866
	244894	244949	244975	245100	245116	245133	245176	245227	245253
	245280	245308	245355	245387	245389	245419	245444	245452	245478
	245576	245601	245609	245682	245707	245714	245735	245786	245828
	245853	245876	245883	245908	245969	246018	246025	246049	246074
	246098	246142	246159	246167	246220	246278	246283	246308	246330
	246360	246363	246383	246473	246517	246542	246582	246696	246729
	246784	246790	246803	246811	246838	246853	246860	246901	246933
	246949	246954	246979	247002	247058	247124	247143	247175	247230
	247256	247282	247301	247354	247364	247395	247469	247477	247495
	247563	247584	247608	247637	247744	247779	247818	247847	247872
	247892	247951	247979	248002	248071	248150	248156	248199	248299
	248314	248331	248344	248387	248423	248443	248450	248508	248600
	248607	248660	248674	248698	248726	248750	248765	248776	248821
	248853	248876	248915	248955	248983	249009	249013	249054	249068
	249088	249107	249134	249156	249169	249183	249227	249240	249250
	249273	249327	249356	249390	249420	249446	249468	249476	249505
	249547	249569	249582	249591	249629	249681	249723	249750	249767
	249793	249827	249884	249933	249941	249965	250011	250045	250068
	250115	250141	250150	250194	250242	250275	250308	250542	250582
	250638	250677	250698	250721	250756	250805	250815	250845	250849
人(人事)	250893	250896	250963	250984	250993	251052	251076	251119	251137
	251167	251174	251193	251220	251239	251283	251293	251313	251367
	251400	251467	251585	251646	251655	251699	251721	251756	251766
	251787	251847	251872	251957	251974	251994	252010	252029	252064
	252073	252109	252143	252167	252180	252192	252235	252261	252273
	252319	252344	252363	252369	252410	252450	252454	252505	252529
	252561	252620	252710	252730	252789	252797	252840	252967	252968
	253002	253012	253077	253137	253161	253229	253239	253276	253322
	253365	253392	253414	253459	253501	253523	253556	253577	253601
	253641	253650	253658	253715	253736	253761	253794	253824	253902
	253906	253972	253984	254022	254081	254087	254147	254177	254204
	254207	254215	254241	254249	254250	254265	254364	254408	254474
	254488	254496	254595	254626	254659	254709	254743	254791	254840
	254888	254897	254930	254936	254969	254988	255037	255062	255081
	255130	255170	255212	255232	255258	255265	255314	255352	255405
	255431	255458	255483	255507	255539	255556	255586	255610	255663
	255685	255706	255730	255749	255788	255830	255851	255881	255885
	255929	255957	255975	256069	256097	256122	256159	256236	256259
	256289	256311	256320	256336	256356	256370	256387	256428	256450
	256471	256489	256501	256528	256551	256581	256586	256640	256682
	256689	256713	256734	256766	256789	256830	256903	256908	256953
	257053	257078	257102	257130	257182				
籾檢査	253950	255673	255720						
人口	245513	245624	245724	245835	245927	246266	247423	247458	247840

	249393	250559	250579	250643	251288	251308	251676	253728
	254676	254990	256468					
人力車	244684							
隣保事業	255779							
人事相談所	249377	251896						
籾貯藏, 貯藏籾	244674	245505	247420	247441	247619	247912	249905	251028	251049
	251078	251094	251169	251197	255101	255711	256909	
隣接地合併	251053							
仁川	244847	244881	245164	245167	245210	245696	245881	245895	245921
	245933	246354	246476	246482	246728	246882	247054	247058	247239
	247701	247704	247709	247796	247948	248524	248782	249112	249499
	249634	249652	249665	250722	250988	251009	251050	251291	251311
	251376	251583	251699	251847	251967	253120	253173	253224	253228
	253269	253448	253731	253737	253790	253835	253926	254166	254206
	254365	254581	254608	254624	255020	255060	255078	255237	255314
	255788	255817	256104	256358	256630	256833	256899	257116	
仁川氣象 觀測所	249634	249652						
仁川期成會	250722							
仁川府議	246728	247701	247948					
仁川商工 會議所	253731							
仁川署	247058	249499	249665	255060	255078			
仁川神社	249112							
仁川港	251050	253269	253835	255817				
籾解除, 貯藏籾解除	251078	251094	251299	251369				
日高大佐	255513							
日の丸	250588	251545						
日露	252511	255070						
日露戰	255070							
一壘手リンチ 共産黨事件	249760							
日滿警官隊	248271	248284						
日滿國境	255186							
日滿聯絡	252101							
一面一校	246498	249683	249947	252160	253189			
日米	251969	252348	253177	253581	253781	253911	253928	
日本	245160	245459	245814	245950	246142	246640	246651	247283	247303
	247330	247781	247797	250029	250047	250059	250069	250070	250079
	250124	250284	250314	250415	250455	250589	250759	250778	250881
	250897	251069	251117	251167	251174	251328	251350	251514	252076

	252121	252122	252124	252145	252197	252310	252951	253019	253210
	253276	253328	253355	253553	253665	253759	253794	253902	254549
	254570	254829	254840	255095	255452	255574	255670	255752	255941
	256062	256122	256236						
日本穀産	245814	251174	252076	252124	252197				
日本鑛業會社	255095								
日本國民 高等學校	256122								
日本民謠	251069								
日本放送協會	250070								
日本精神	246640	253759							
日本學術協會	253210								
日本海	245160	250059	250079	250284	250897	251328	251350	254549	254570
	255452	255574	255670						
日本憲法	255941								
一心會	251228	251253							
日章旗	245809								
日支事變	251663	252810							
日清	248078	251335	254517						
日清戰	248078	251335							
日韓併合二十 五周年, 日韓 合併廿五周年	249674	249699	255778						
日韓合邦	249987								
林(財務局長)	244665	244796	244823	244924					
林檎	245001	245069	245498	245552	245578	245863	246695	247063	247426
	247932	247988	248764	249620	249753	249943	250143	250381	250564
	250778	251224	252555	252749	253378	253800	253850	253955	254035
	254139	254638	254717	255321	255459	255578	256239	256439	256604
	256609	257065	257171						
賃金値上	255200								
姙婦	251795	251814	256788						
臨時總會	245499	245532	246358	247798	253973	254484			
林業	245216	246263	256985						
林政課	245474	249549	249571	253664	256551				
林昊相	255825								
入國制限	252933	252977	253059	253697					
入試問題	248836								
笠井(法務局長)	247157								
笠井, 笠井重治 (東京市會議員)	255663								

ㅈ								
自警團	251568	251843	251856					
自動車	244684	244758	244785	245036	245057	245142	246318	246376	246604
	246765	246960	247138	247634	247718	247890	248165	248309	248542
	248610	248817	249099	249158	249172	249225	249293	249672	249693
	249819	250166	250346	250347	250943	250979	251103	251282	251428
	251448	251452	251453	251524	251594	251681	251736	251779	251835
	252019	252021	252050	252087	252198	252279	252383	252389	252572
	252637	252703	252788	252832	252856	252896	252978	253428	253678
	253823	253871	254342	254367	254619	254793	254815	254906	255068
	255183	255395	255553	255806	255904	255928	256044	256205	256230
	256526	256711	256922	257009					
自動車交通事業令	250979	252050							
自動車取締	251448	253871							
自力更生	245082	245716	245719	246623	247506	247530	247679	247830	247904
	248752	248772	248793	250922	251545				
慈山水組	256296	257061							
慈愛旗	249137	249161	251450						
資源調査	251834	253211							
自作農	246111	247875	248221	250544	250966	253016	255967	256110	
自治移出制限	246019	246044							
自治制	257150								
自治統制	255854	255998							
滋賀縣	255234								
作興週間	254306	255023	255261	255295	255345	255596	256067		
蠶絲業	246883	246919							
蠶業	246287	247504							
蠶種	245771	251215	251234	253372	254666				
長谷川, 長谷川三郎砲兵中佐(平壤兵器製造所長)	252180								
長谷川照雄(西鮮日報社長)	248351								
長谷川中佐(新任關東軍司令部附)	252235								
長崎	245699	245786	247234	249063					
長老派	252988								
莊司(鎭海郵便局長)	253972								

莊司, 莊司巽少佐(三十九旅團副官)	245682								
莊司, 莊司昌(大邱府公營課長)	255258								
莊田(忠南農務課長)	248674								
長津江	245805	246625	246818	247882	249237	249488	252655	252794	252809
	253646	254729	254755	254896	255978	256482			
長津線	255093								
獎忠壇	249170								
腸チフス	245468	245948	247978	251729	252181	252313	252495	252836	253538
獎學	245124	245309	245859	245889	247427	248394			
財界	244628	248564	248586	249337	249833	251287	251307	251978	256099
	256638	256795	256939	257030					
齋藤(司法省祕書課長)	249088								
齋藤, 齋藤美夫少佐(新任咸興憲兵隊長)	247584	248308							
齋藤首相	249189	249213							
載寧	244730	245131	254381						
在滿軍	256472	256491							
在滿同胞	247567	248332	250739	256160					
在滿朝鮮人	247020	247043	256069						
在滿皇軍	245077	245337	250072	250542	256898				
財務局	244665	244924	245786	247256	252090	252940	252965	254865	255040
財政部	248564	248586							
災害	244976	250413	251936	251946	251962	251978	251991	252621	255394
	256004	256616	256624						
在鄉軍人	246159	246793	247587	248423	253902	254278	254577	255129	256470
災禍	247092	252208	254356	254451					
貯金獎勵	246214	252330	255136	255220					
貯蓄	245377	246290	246982	250496	251124	251162	256281		
赤, 赤色	244668	244879	245575	245587	245679	245873	246145	246175	246324
	246340	246386	246436	246465	246939	247070	247297	247348	247460
	247556	247583	247655	247928	247949	248379	248456	248530	248555
	248659	248669	248721	248730	248756	248773	248807	248809	248869
	248907	248930	248962	249024	249034	249047	249128	249245	249270
	249423	249450	249760	249914	250026	250128	250132	250220	250248

	250291	250311	250344	250368	250369	250374	250390	250555	250652
	250747	250799	250802	250867	250897	250901	250939	250953	250957
	250965	251000	251039	251062	251107	251161	251175	251285	251303
	251365	251385	251386	251464	251552	251668	251691	251706	251733
	251753	251810	251813	251870	251886	251932	251946	251952	252041
	252388	252595	252775	252829	253151	253182	253231	253386	253397
	253734	253745	253766	253816	253956	254105	254150	254187	254201
	254235	254264	254303	254436	254479	254534	254586	254883	254928
	255130	255187	255396	255487	255635	255656	255791	256086	256469
	256484	256550	256552	256599	256666	256757	256765	256775	256791
	256828	256852	256984	256999	257012	257069	257084	257141	
赤の局	256775								
赤の轉向派	256599								
赤の暴動事件	251668	251691							
赤露	254235	254264	257012						
赤痢	250344	250368	250953	251285	251552	251706	251813	252041	253231
赤色ギャング	246465	251175	253956	254187	256086				
赤色勞組	248669	248730	248962						
赤色農民組合, 赤色農組	245873	251870	251886	251932	253816				
赤色分子, 赤い分子	250957	251039							
赤色テロ	246145	246175	255187						
赤色訓導, 赤訓導	251062	251107	251161	251365	251386	251464			
赤狩り	247583	248930	251000						
赤十字	244668	246386	246436	249128	251946	251952	253397	255130	255487
	256552								
赤衛隊事件	255656								
赤化	247460	248659	248721	248756	248773	248907	250390	250652	250747
	254586	256828	256852	257141					
塼槨墳	253998	255133							
全國大會	247430	247493							
全國武道大會	248254	248290							
全國産業博	247234								
全國中等野球	251291	251311	251327	251349	251650	251674	251698	251719	251739
	251760	251783	251800	251819	251837	251850	251878	251944	
電氣界	256985								
電氣課	246803	246811	248600	254599	256430	256985			
電氣事業令	246606								
電氣統制	254768	256482	256556	256559					

全南, 全羅南道	244717	245694	245918	246396	246561	246954	247086	247198	247443
	247591	247998	248379	248774	249263	249364	249412	250289	250320
	250453	251096	251918	251973	251992	252015	252161	252224	252295
	252440	253273	253486	253689	253845	254743	254825	254963	255194
	255341	255864	256670	256716	256770	256937	257191		
全南沿岸	256770								
展覽會	244710	245955	247547	247857	247913	248382	248893	249046	249277
	249428	249661	249704	249932	250048	250234	250256	250351	250408
	250527	250541	250548	250613	250951	251038	251061	251246	251338
	251549	251831	252451	252857	253954	254132	254161	254359	254385
	254775	254957	255045	255157	255304	255704	255787	255917	256075
全滿	256434								
專賣局	244717	244738	244990	248150	249874	249884	250390	250652	250794
	250805	251003	253194	253641	253880	254241	254954	255103	255365
	255381	255462	255490	255983	255997	256101	256129	256158	256407
專賣局 赤化事件	250390	250652							
專賣案	255812								
戰歿者慰靈祭	248810	248945	253469	253558	253570				
專門校	245662	245690	249535	249583	250937	251159			
戰病死者	251375								
電報	244669	245400	245421	245970	245998	246136	246878	246951	247425
	247795	249019	251962	255950					
電報のスピー ド化	244669								
全北	245015	245426	245480	246004	246167	246217	246472	246473	246623
	246660	246775	246903	246953	247039	248052	248175	248195	249893
	251922	252734	253258	253633	253694	254656	254933	256117	256276
	256289	256377	256409	256428	256541	256671	256941		
全北驛	253694								
戰死者	250077	251364	252428						
戰死者英靈	251364								
戰死者遺骨埋 葬式	250077								
傳書鳩	247047	248437	250284	251382	254113	254793	254815	255468	256240
全鮮	244629	244700	244750	244776	244793	244808	244821	244838	244843
	244869	244882	245020	245229	245254	245315	245327	245333	245340
	245358	245364	245657	245683	245709	245733	245752	245753	245779
	245780	245817	245857	245882	245940	245952	245955	245970	245998
	246010	246034	246057	246145	246175	246375	246544	246560	247064
	247090	247108	247126	247133	247152	247241	247315	247473	247564
	247586	247587	247612	247640	247665	247692	247696	247734	247765
	247785	247816	247877	247886	247896	247900	247913	247983	247984

248035	248058	248087	248355	248459	248596	248721	248768	248774
248783	249014	249038	249103	249127	249151	249188	249216	249387
249438	249463	249653	249689	249708	249751	249770	249802	249828
249853	249856	249871	250143	250279	250300	250335	250408	250589
250947	251028	251049	251341	251640	251763	251993	252080	252282
252547	252877	252907	252971	253750	253942	253966	253980	254397
254411	254458	254483	254520	254892	255512	255593	255793	255799
255959	256184	256347	256549	256612	256828	256832	256852	256870
256892	256985	257126						

全鮮商議, 全鮮商議所	247900	248355							
全鮮消防手 講習會	248087								
全鮮女學校長 會議	250335								
全鮮儒林大會	255793								
田淵, 田淵勳 (東拓理事)	247608	249273	250194	253459	255749				
傳染病	245327	245358	245620	248855	250522	250893	251077	251403	251406
	251517	251552	252071	252599	254744	255281	256227	256331	
畑作	246345	251825	251833	253916	255615				
戰跡	249681	249723	254083						
前田, 前田良治 (新任滿洲國 濱江省公署警 務廳長)	256528	256581							
前田, 前田中佐 (平壤憲兵隊長)	252000	253161	253601	253654					
電柱	251282	251594	252647	256015					
全州公會堂	246100								
田中(新慶北 高等課長)	256390								
田中(總督府 外事課長)	246517	246542	247567						
田中, 田中誠一 (京城地方法 院第二豫審係 判事)	252967								
畑中大佐 (平壤步兵七 十七聯隊長)	247847	249390							
電車	244685	244796	244823	244887	245760	246713	246830	246944	248557

	248649	248786	249061	249331	249365	249531	250573	250773	250782
	250818	250949	251184	251305	251489	251524	251581	251916	252054
	252198	252232	252601	252685	252792	252873	253087	253159	253747
	254131	254230	254437	254579	254658	255167	255651	256378	256546
	257051								
電車取締	250949								
戰鬪	248202	248226	248407	248803	251331	253171	255735	256583	256869
傳票制度	247835								
殿下	244668	245424	245760	245831	245916	246324	246340	246471	247877
	247896	248201	248224	248250	248274	248300	248320	248346	248366
	248393	248418	248445	248467	248491	248510	248533	248559	248584
	248603	248628	248653	248675	248701	248729	249031	249647	249673
	249698	249908	249982	250358	250581	250588	250704	252012	252532
	253212	253301	253307	253352	253482	253525	253571	253573	253620
	253667	253733	253826	253877	253926	253944	253981	254025	254083
	254123	254149	254174	254224	254438	254539	254610	256358	256454
電話	244669	245644	246327	246365	246501	246526	246571	246630	246664
	246681	246836	246872	247047	247163	247193	247305	247332	247614
	247957	247999	248005	248122	248133	248328	248457	248476	248483
	248551	248734	248832	248890	248903	248908	249990	250195	250224
	250513	250626	251033	251035	251068	251085	251125	251143	251250
	251544	251972	252024	252077	252147	252356	252400	252714	252745
	252800	253322	253624	253643	253700	253860	254172	254975	254977
	255084	255120	255122	255270	255292	255559	255646	255712	255951
	255986	256068	256128	256342	256432				
電話局	245644	250626	252147	255122					
電話番號	248457	249990							
電話線	248890	255084	255951						
節句	246119	249031	250761						
鄭家屯	251359								
政界	246279	246301	256795						
庭球	248708	249401	249864	249977	249994	250177	250231	250279	250306
	250507	250666	250731	250916	250947	251155	251500	251516	252122
	253940	253980	255541						
靖國神社	247228	247240	247931	247966	256346	256371			
精米所	248697	249343	249796	249838	253653	253744			
政府	246747	246769	247726	247751	248881	249237	255963		
井上(釜山第四校々長)	248938								
井上, 井上清(遞信局長)	245355	245389	245452	245576	247085	248156	248266	251220	251239
	251646	254393	255559						
精神文化	252642	256690	256715						
精神作興	247952	248286	248370	248634	248739	248891	248938	249060	250095

	252141	252871	253083	254306	254491	254695	254961	255023	255112
	255261	255295	255345	255384	255409	255433	255538	255596	
政友	249587	249741	249808	249854	250558	250578	251423	251445	
政友會	250558	250578							
正月	244737	245748	246007	246077	246105	246177	256398	256414	256542
	256685	256897							
町田 (土木課長)	255929								
偵察機	244809								
政策	245326	245357	246449	246469	246497	248921	248943	249830	250207
	250316	250330	251094	255813	255910	256778			
井坂, 井坂圭一郎 (全北警察部長)	256289	256428	256541						
帝國	246543	246559	250141						
諸權威	255589	256153							
帝都	253679	256406	256463						
齋藤 (駐米大使)	253137	253216							
齊藤,齊藤砍二 (京城中學校長)	247143								
製鍊所	247222	248612	248871	249372	249394	255083	255107	255414	255434
	255460	255613							
製鍊會社	255238	255414	255434	256210	256710	256723	256893		
制服	245861	245888	248198	255351	256557				
製絲	245234	245246	246358	246883	246919	248025	248203	248225	248915
	249359	251041	253372	253478	253498	254293	254315	254450	254536
	254807								
堤永市 (漢銀專務)	253736								
祭粢料	248655	248676	254573						
濟州道	245432								
鵜池, 鵜池六藏 (總督府御用 捐海軍中佐)	254408	255706							
製紙工業化	246068	246095							
製鐵所	248608	249963	250500						
製炭所	244831								
趙(中華民國 國有鐵道津浦 線運輸課長)	256734								

趙箕行 (新任京畿道 漣川郡守)	248853								
朝鮮	244627	244628	244631	244634	244643	244652	244689	244708	244740
	244744	244763	244771	244791	244797	244818	244822	244824	244927
	245023	245106	245124	245160	245163	245315	245340	245377	245461
	245499	245532	245633	245652	245672	245699	245734	245752	245779
	245819	245883	245923	245950	245983	246019	246038	246044	246094
	246101	246104	246116	246143	246148	246169	246170	246184	246212
	246282	246310	246324	246340	246379	246387	246398	246412	246414
	246425	246436	246443	246459	246470	246487	246525	246535	246592
	246620	246637	246658	246722	246732	246747	246769	246806	246853
	246889	246915	246928	246933	246950	246951	246962	246972	246988
	246997	247017	247018	247020	247037	247043	247059	247060	247082
	247083	247093	247095	247107	247124	247125	247143	247177	247201
	247234	247247	247249	247268	247283	247301	247310	247331	247338
	247354	247357	247364	247388	247395	247430	247435	247475	247493
	247498	247523	247524	247531	247553	247657	247730	247757	247758
	247871	247898	247910	247925	247931	247946	247955	247966	248006
	248069	248071	248085	248092	248105	248126	248131	248139	248142
	248159	248164	248176	248207	248218	248230	248231	248254	248277
	248286	248289	248290	248322	248327	248332	248377	248397	248428
	248445	248453	248467	248489	248492	248511	248534	248566	248589
	248688	248727	248750	248787	248809	248824	248864	248881	248921
	248943	248992	249002	249108	249114	249152	249156	249194	249237
	249309	249359	249411	249472	249566	249576	249579	249587	249613
	249619	249629	249641	249648	249663	249826	249827	249909	250070
	250124	250140	250303	250364	250378	250388	250415	250422	250425
	250451	250516	250559	250579	250597	250616	250751	250795	250924
	251124	251128	251137	251144	251145	251149	251157	251162	251170
	251195	251198	251228	251253	251291	251311	251327	251349	251503
	251537	251595	251622	251646	251764	251791	251853	251859	251875
	251890	251921	251927	251944	251960	252109	252144	252155	252192
	252262	252297	252402	252425	252477	252506	252561	252640	252698
	252726	252770	252823	252852	252916	252921	252943	252962	252969
	252979	253077	253129	253148	253249	253342	253369	253394	253459
	253484	253506	253507	253523	253530	253715	253845	253933	253968
	253981	254066	254155	254245	254254	254265	254359	254370	254393
	254438	254484	254531	254584	254787	254839	254852	254866	254919
	254936	254940	254976	254988	255033	255051	255130	255153	255154
	255155	255246	255321	255339	255405	255433	255469	255486	255642
	255648	255663	255749	255788	255922	255929	255962	256069	256215
	256281	256308	256313	256442	256535	256536	256569	256606	256615
	256625	256644	256689	256838	256864	256885	256935	257031	257034
	257036	257144							
朝鮮館	245699								

朝鮮軍	244628	247124	247143	247354	247364	247395	248864	249156	249629
	249641	249663	249827	251137	251170	251646	252109	253715	256535
	257034								
朝鮮軍司令部	251646	256535							
朝鮮農地令	248105	248126	253369	253394					
朝鮮同胞	245819	247247	251228	251253	252726	252852	255051	256569	
朝鮮米	248881	249587	249826						
朝鮮紡, 朝鮮紡織	246487	251128	251791						
朝鮮婦人	248164	257144							
朝鮮私鐵	247523	247553							
朝鮮商工會社	249472								
朝鮮商工會議所, 朝鮮商議所	246951	250303							
朝鮮船	249152								
朝鮮稅制整理	247018	247037	247059	247082	247107	247125	247177		
朝鮮送電, 朝鮮送電會社	248566	248589	248992	249002	249237	249566	249579	249909	252297
朝鮮市街 地計劃令	246637	246658	248069	248085	250425	250451	250559	250579	
朝鮮神宮	244652	245315	245340	245734	245950	246101	246443	246928	246950
	247910	248176	248286	248445	248467	248492	248511	248688	250388
	250415	251144	252770	252943	252969	253129	253530	253845	253968
	254245	254438	254531	254919	255153	255154	255433	255962	256313
朝鮮信託	248131	251195	252425	252916	252921	252962	252979	253507	255339
	255469	255486	256536						
朝鮮語	250516	252726	252852						
朝鮮運送	245499	245532	249576	256689					
朝鮮銀行	244628	247435	253459	254988					
朝鮮人	244740	244763	244797	244824	245461	245633	245652	246038	246104
	246379	246387	246412	246414	246459	246470	247020	247043	247095
	247871	247898	247955	248006	248092	248218	248230	248289	248322
	248750	255033	255922	256069	256308	256615	256625	257036	
朝鮮人移民	256615	256625							
朝鮮日報	254584								
朝鮮貯蓄銀行	251124	251162	256281						
朝鮮製絲	249359								
朝鮮酒	246184	246212	247017	247268					
朝鮮證券 金融會社	248489								
朝鮮總督府	244708								

朝鮮取引所, 朝取	244631	247093	247201	254295	254316	256052	256059		
朝鮮土地改良會社	246148	246170							
朝鮮土地信託	251149								
朝鮮海峽	251145	251157	252144	252402	252823	254787			
朝鮮ホテル	254066								
朝鮮化學會	250422	250924							
朝郵	247484	250293	250312	254964					
組銀, 組合銀行	244884	245796	246233	250295	250310	250336	253119	253227	
朝日新聞	245197 256271	245225	245651	245988	246013	254557	254578	255064	256252
篠田, 篠田治策 (李王職長官)	248983								
漕艇	249560	249583	249932	249994	250279	250552	251060	253927	
朝窒	245212	249566	249579	249615	255978	256085	257163		
朝風丸	250233								
鳥海丸	256547								
趙欣伯(滿洲國立法院長)	246283	246308							
宗教	248396	252407	252642	253263	253951	256690	256715		
終端驛	255758	256137							
種痘	245700	246490	249764	253580	254369	256174			
鍾路	248333	256759							
鐘紡	246963 251128 257169	249354 251791	249380 252070	249446 252163	249476 253092	249481 253914	249569 253995	249846 254092	250203 256077
佐藤(鐵道局營業課長)	244748	254659	255507						
佐藤, 佐藤尚武 (駐佛大使)	253077	253137	253216						
佐藤, 佐藤純二郎 (新任平南稅關支署長)	251076								
佐藤, 佐藤賣(東拓釜山支店長)	249054	249088							
佐藤, 佐藤應	246363	246383	252723						

次郎(滿鐵建設局長)								
佐藤, 佐藤弘(安洲稅務署長)	249013							
佐伯, 佐伯縣(京畿道警察部長)	249941	250815	255171	255192	255507	255649		
佐世保航空隊	251145	251612	251631					
注射	245948	247978	250985	251815	253672	255376	256331	
珠算	246168	250083	256107					
酒稅	249748	250049	250076					
株式	244934	253653	256710	256723	257043			
酒造工場	256806							
酒造令	250940	250967						
株主	245291	245375	245377	245532	247976	248001	248462	
住宅組合	250445	252717	253651					
竹內, 竹內健郎(咸北知事)	255171	255192	255483	255507	255977			
竹內, 竹內操(新任平北道産業主事)	249827	250115						
竹島(朝鮮運送社長)	256689							
竹井昇太郎(總裁)	250248							
竹村, 竹村喜久司(新任鎭南浦稅關支署長)	256159							
中江, 中江修吾(三中井平壤支店長)	245576	246933	247175	247979	253082	254087		
中江鎭	247473	249284	249315	249474	250605	252512	253688	254409	254434
中堅人物養成	251151	254504	254541					
中堅靑年	245721	249707						
中系(平壤事賣支局長)	250815							
中國	254371							
中毒	244778　244914　244938　245191　247161　248460　248931　249387　249440 250657　250737　251001　251275　251503　251530　251570　253148　253342								

	253396	253529	253674	253915	254014	255015	255937	256196	256402
	256495	256636							
中等校, 中等學校	244853	244959	245311	245369	245579	245693	245878	245904	246096
	246221	246409	246726	246953	247114	247159	247229	247431	248187
	248190	248591	249229	249252	249401	249896	250177	250265	250597
	250616	251652	251763	251857	253109	253219	253257	253638	253801
	253854	254610	254791	255002	255324	255370	255410	255461	255517
	255561	255599	255614	255693	255751	255918	255959	256530	
中司, 中司直一 (慶南金海郡 進永公立尋常 小學校長)	251467								
中小商工業	256838								
中小業者	257118								
中央當局	249752	249771	252884	254959	255252				
中央委員會	250920								
中央日報	251194								
中央電話局	245644	252147							
中央政界	246279	246301							
中野, 中野金 次郎(國際通 運社長)	245444	255586	255610						
中原, 中原史郎 (新任平壤專 賣支局長)	249390								
衆議院	247310	247338	249468	249542	249629	256440	256456		
中井, 中井勵作 (日本製鐵社長)	253794								
中津, 中津市五郎 (新義州地方 法院判事)	251872								
中津, 中津川 源吉(前慶南 道小作官)	246220	246363	246383						
中樞院	245227	245557	245576	246121	247803	248618	248830	248858	249895
	251106	255558	255588						
中華民國	256640	256734	256776	256843					
中華人	253790								
中丸, 中丸好 太郎(平壤繁 榮會理事)	253239								

卽賣會	250114	252396						
證據湮滅事件	256170							
證券會社	255767							
贈答品	256407	256788						
增殖計劃	244739	244762	245156	247975	248008	248705	248735	
增永, 增永正一(總督府法務局長)	256884							
增田, 增田久猛大佐(新任步兵七十九聯隊長)	246812	247301						
增村, 增村文雄(大邱豫審法院判事)	252967							
池(遞信局庶務課長)	245280	251646						
地久節	245580	246425						
支那	245432	245461	246447	248070	248434	248905	249534	249992	250196
	250225	250280	250400	250462	250570	250604	250631	250741	250784
	251359	252977	252987	253113	253139	253173	253697	254235	254264
	254391	254729	254755	254809	254812	255060	255078	255253	255321
	255451	255662	255743	256145	256707				
支那語	252987							
支那人	245461	246447	248434	248905	249534	250280	250462	250604	250631
	250784	251359	252977	253113	253173	254235	254264	254391	254729
	254755	254809	254812	255060	255078	255451	255662	255743	256707
指紋	247833	249499	249853	251325				
地方改良	246903	248175	256377					
地方課	246330	246938	247779	248702	249874	249884		
地方法院	244717	244738	244743	244766	245714	246542	246853	247309	247418
	247476	247744	248387	249301	249515	250402	250477	250797	250813
	250827	251076	251732	251847	251872	252967	253145	253641	254408
	254496	256528							
地方稅	244742	244765	250512	250535	253889	254848	254863	254996	255011
地方銀行	256109							
地獄	244853	245525	245550	246185	246599	246782	247229	247468	249003
	250734	251936	251943	253685	256123	256530			
地元	244678	245566	248268	250183	250610	251819	251837	251989	255308
	255758	256473	256865	257015					
池田(鐵道省建設局長)	249933							

池田, 池田淸(總督府警務局長)	244641 250476	244866 250504	244894 252064	245444 252192	245841 254081	249582 255165	249769	249793	250194
池田, 池田泰治郎(前總督府水利課長)	255929								
地主	244895 246697 249942 254856	244920 247153 251221 255214	245000 247882 251867 255467	245013 248105 251885 255633	245087 248126 252462 255634	245220 248723 252949 255697	245946 249026 253172 255716	245967 249516 253470 256251	246533 249861 253948
紙幣	246655 252125 256005	247435 252251 256048	249345 252271	249347 252334	249382 252376	249918 252426	250353 252997	250376 253363	250841 255526
紙幣僞造	252251	252271	252376	252426	252997	256048			
職工	246246 253937	248102 254279	248147 254424	248620	249865	250747	252076	253857	253910
直木(滿洲國國道局長)	249591	256289							
職紹所	244731	245582	246230	246388	251659	256398			
職業科	252586	252917							
職業教育	245782	246132	251080	255157					
職業紹介デー	256285								
職業獎勵	244979								
職業戰線	246907	256277							
職業學校	246985	256107							
直通警備電話	248832								
直通電話	246327	250195	250224	253643	255270	255292	256128		
眞崎(敎育總監)	256406								
鎭南水産市場	253329								
鎭南浦	244728 246030 247640 249626 250730 252287 253522 254378 255003 256034 256604	244857 246073 247988 249684 250778 252334 253609 254419 255140 256159 256653	244908 246641 248077 249754 251174 252377 253660 254420 255321 256180 256787	245198 246703 248202 249838 251300 252634 253824 254509 255414 256186 256865	245243 246709 248226 250160 251607 252708 253850 254556 255623 256238 257011	245345 247172 248764 250349 251630 252802 253982 254717 255766 256311 257171	245450 247222 248871 250472 251900 252853 253987 254800 255797 256356	245498 247426 248989 250479 251937 252900 254044 254892 255934 256439	245808 247612 249512 250603 252171 252958 254140 254908 256032 256575
鎭南浦國防義會	256032								

鎭南浦商工	251607	251630	251937	253824				
鎭南浦署	251900							
鎭南浦港	244908	245450	249512	249626	249684	251300	252634	252708	252802
	252853	252958	253987	254140	254556	255797	256180		
榛葉, 榛葉孝平 (總督府土木 課長)	256933							
震災	252760	252778	252874	252923				
津田, 津田信 (平壤師範校長)	252671							
津田, 津田信吾 (鐘紡社長)	249183	249354	249446	249476	249481	249569		
眞宗硏究會	253282							
鎭座祭	249703							
晉州	245638	246099	246163	246967	247189	247642	248295	248299	248938
	250318	251813	254490	255197	256275	256596	256846		
晉州靑年團	246099							
鎭海	244707	245011	245012	245125	245479	245786	246054	246122	246266
	246563	246784	247360	247379	247391	247410	247499	247818	247866
	247872	248051	248228	248236	248432	248552	248637	248950	248978
	249075	249460	249543	249776	249807	249810	250071	250371	251293
	251313	251721	251847	251936	252261	252266	252354	252410	252710
	252730	253212	253255	253402	253483	253539	253573	253691	253972
	253978	254369	254395	255161	255212	255334	255749	255929	256412
	256471	256543	256595	256672				
鎭海要塞	247818	247872	248950	250371				
鎭海要港部	245012	245786	249460	251293	251313	251847	252410	255212	255749
	255929	256471							
振興運動	244721	245613	246903	247623	248175	253086	253107	257185	
質屋	244775	245934	246354	251279	252851	253414		
徵兵	244797	244824	245206	246086	249636			

ㅊ								
借地料	252329							
借地爭議	251746							
參政權獲得運動	244740	244763						
昌慶苑	247746	248378	248582	248685	248860	248988	248999	249729	251156
	251977	252278	255023	255036				
昌慶丸	249453	250039	250280	252150	253275			
娼妓	244680	244942	246252	246348	246684	246899	247376	247407	248061
	251112	251381	251526	252055	256200	256397		
昌德宮	244668							
倉島, 倉島至 (平壤遞信分掌局長)	256640	256907	256908					
倉洞	244687	250878						
債券	245170	245277	252343	256947				
拓務省	245858	245882	248071	251394	251955	252319		
川島, 川島義之 (朝鮮軍司令官)	244628	245155	247369	247400	248750	249582	249629	249936	249961
	250029	251137	251170	251336	251353	252007	252033	252044	252109
	252142							
天圖鐵道	246893	247062	247283					
天滿宮	248736	248844						
川面, 川面隆三 (遞信局管理課長)	256336	257053						
川竝, 川竝豊輝 (慶北永川警察署長)	255352							
天辰事件	256648							
天然記念物	249011	249032	249056	249070				
川柳	244683							
天長節	248631	248703	248857	248864				
天津	244705	246978	248336					
淺川, 淺川眞沙 (元第一銀行支店長)	244788							
天草丸	244749							
鐵道	244725	244745	244768	244927	244958	245136	245163	245233	245333
	245353	245355	245364	245388	245805	245890	245937	245987	246018
	246041	246064	246087	246155	246303	246363	246383	246459	246761
	246846	246893	246949	247062	247170	247283	247329	247477	247495
	247552	247625	247727	247739	247754	247762	247808	247846	247889

	247892	247956	248002	248088	248222	248245	248265	248334	248534
	248605	248633	248693	248796	248863	249058	249072	249281	249314
	249316	249319	249326	249363	249423	249450	249460	249735	249833
	249920	249933	249984	250058	250131	250204	250395	250429	250437
	250450	250458	250466	250507	250539	250547	250552	250610	250667
	250712	250793	250796	250829	250984	251054	251060	251101	251193
	251198	251214	251242	251300	251314	251367	251400	251451	251585
	251678	251737	251766	251768	251888	251922	251943	251946	252210
	252414	252518	252519	252527	252538	252569	252651	252696	252738
	252777	252787	252875	252910	252929	253061	253137	253206	253354
	253459	253494	253496	253501	253549	253566	253576	253605	253622
	253853	253927	253932	254022	254027	254070	254092	254104	254129
	254470	254493	254496	254659	254709	254711	254734	254756	254805
	254990	255024	255147	255166	255258	255299	255306	255337	255352
	255357	255405	255408	255417	255507	255630	255654	255704	255752
	255758	255843	255869	255926	255951	256037	256039	256090	256125
	256177	256193	256236	256324	256328	256335	256341	256360	256380
	256428	256504	256551	256588	256660	256675	256734	256805	256809
	256997	257034	257062	257086	257130	257169	257196		
鐵道局	244725	244745	244768	244927	245333	245364	245388	245890	246303
	247329	247727	247754	247889	248222	248245	248334	249833	249984
	250539	250667	250793	250796	250984	251101	251193	251242	251300
	251367	251400	251451	251585	251678	251737	251768	252210	252518
	252651	252696	252738	252910	252929	253459	253501	253853	254470
	254493	254659	254709	254734	254756	254805	255258	255306	255352
	255405	255507	255704	255926	256177	256428	256551	256809	256997
	257034	257086							
鐵道軍	247552								
鐵道事故	251214	252414	252519	256328					
鐵道省	249058	249072	249933	250829	251198				
鐵道殉職 弔魂祭	253932								
鐵道ホテル	248002	250131	255752						
青年	244782	244804	245106	245292	245317	245443	245721	246038	246099
	246147	246229	246397	246413	246824	246903	247468	247592	247620
	247731	247776	247904	248089	248175	248281	248287	248332	248473
	248743	248807	248947	249078	249124	249186	249212	249215	249279
	249309	249693	249707	250072	250542	250569	250855	250887	251203
	251588	251646	252073	252262	252353	252648	252661	253404	254166
	254229	254365	254609	254724	254886	255021	255279	255445	255550
	255705	256436	257012	257091	257098	257105	257125		
清敦航路	250059								
清凉飲料税	247820	247849							
青龍刀	253063								
清水, 清水重夫	250141	254147							

(總督府圖書課長)								
淸水, 淸水賢一 (平南道學務課長)	246330	250739	250849	251076	252991			
淸水奬大佐	256450							
聽音機	250428							
淸州	245833	246967	248582	248915	251954	252689	253259	253784	254791
	254938	256275	256495						
淸津	244749	244850	245473	245509	245714	245768	245907	246078	246145
	246175	246239	246402	246844	247303	247330	247526	247572	247744
	247782	247874	248031	248033	248169	248170	248212	248397	248402
	248428	248608	249478	249614	249759	249814	250060	250244	250302
	250514	250903	251090	251370	251404	251557	251567	251782	252372
	252373	252418	252626	252918	253120	253146	253240	253309	253335
	253629	253644	254134	255048	255270	255292	255717	255821	255846
	256473	256581	256815	256912	257172				
淸津國際港	249478							
淸津港	244850	246239	256912	257172				
靑訓	245317	246261	247520	247548	250013	251644	252713	255164	255580
	256011	256275	256497	256725					
遞信	245230	245255	245280	245355	245389	245452	245524	245576	246018
	246803	246811	246942	247085	247702	248156	248266	248600	248869
	249079	249633	249646	249655	249714	249787	249855	249977	250037
	250064	250326	250464	250503	250689	250716	251220	251239	251646
	251847	252016	252365	252831	252871	252912	252930	253458	253645
	253909	253935	254005	254135	254241	254393	255045	255559	255787
	255809	255821	255846	256068	256081	256100	256259	256289	256336
	256369	256640	256764	256884	256903	256907	256908	256985	257036
	257053								
體育大會	252515	254384						
體育デー	252544	252971	253859	253980				
體協	247964	248459	248613	248708	248833	249460			
初等校, 初等學校	245229	245254	245335	245616	245746	245860	246123	247213	247934
	248286	248739	248889	248891	250145	250853	250861	250990	251045
	251080	251444	251479	251694	251715	252160	252499	253598	253647
	253942	253966	255389	255775	256041				
草間, 草間秀雄 (元總督府財務局長現長崎市長)	245786							
招魂祭	245850	245868	248162	248182	248774	248974	249040	249841	250463
	254739								
村上(遞信局	256259							

經理課長)									
村上, 村上恥己 (新義州府尹)	246696	246729	254669						
村上, 村上卓雄 (西平壤驛長)	249238	253167							
村上正喜 (新任元山府庶 務, 財務課長)	254241								
村田省藏 (大阪商船副 社長)	249933								
總督	244628	244641	244673	244694	244708	244721	244866	244894	244895
	244920	244953	244972	244978	245067	245088	245271	245326	245357
	245396	245400	245421	245423	245427	245497	245528	245555	245592
	245604	245606	245629	245631	245786	245853	245908	245938	245940
	245950	245952	245971	245999	246154	246164	246240	246260	246279
	246282	246301	246310	246362	246437	246449	246469	246517	246542
	246543	246554	246559	246860	246909	246979	247001	247050	247058
	247245	247256	247259	247260	247284	247286	247339	247474	247497
	247584	247613	247641	247725	247753	247781	247797	247800	247805
	247873	247895	247929	247954	248150	248300	248320	248424	248529
	248544	248546	248553	248612	248738	248756	248773	248793	248798
	248888	248915	249015	249039	249076	249185	249211	249227	249234
	249260	249422	249449	249505	249514	249528	249529	249649	249752
	249771	249779	249795	249827	249937	249962	249986	250029	250080
	250092	250117	250123	250141	250223	250316	250558	250578	250602
	250624	250641	250662	250666	250681	250701	250705	250721	250728
	250750	250754	250758	250771	250788	250909	250952	250972	251072
	251102	251215	251234	251266	251287	251307	251394	251497	251506
	251514	251539	251585	251633	251673	251699	251762	251928	251936
	251946	251961	251962	251970	251991	252041	252045	252071	252093
	252098	252109	252139	252208	252259	252261	252294	252535	252537
	252563	252567	252589	252597	252617	252733	252814	252822	252884
	252939	252964	253031	253064	253142	253177	253193	253213	253219
	253262	253267	253278	253299	253306	253347	253375	253399	253436
	253437	253495	253531	253577	253601	253623	253736	253826	253933
	253942	253966	254050	254057	254147	254249	254265	254271	254324
	254364	254394	254408	254410	254433	254454	254531	254597	254617
	254628	254643	254693	254722	254761	254791	254896	254941	255013
	255066	255153	255333	255506	255590	255663	255706	255816	255817
	255929	256010	256105	256130	256267	256289	256315	256410	256551
	256615	256625	256640	256655	256668	256685	256734	256795	256838
	256858	256881	256882	256884	256887	256933	256985	257034	257038
	257039	257083	257107	257184	257185	257195			
總督國境視察	257083	257107							

總督府	244641	244694	244708	244866	244894	244895	244920	244953	244972
	244978	245271	245326	245357	245396	245400	245421	245423	245427
	245497	245528	245555	245592	245606	245631	245786	245853	245908
	245938	245950	245971	245999	246154	246164	246240	246260	246282
	246310	246449	246469	246517	246542	246860	246909	246979	247050
	247058	247256	247259	247260	247284	247286	247339	247474	247497
	247584	247613	247641	247725	247753	247781	247797	247873	247895
	247929	247954	248150	248424	248546	248738	248793	248798	248888
	248915	249015	249039	249076	249185	249211	249234	249260	249505
	249514	249529	249827	250080	250123	250141	250558	250578	250602
	250624	250666	250681	250701	250721	250728	250750	250952	250972
	251072	251102	251266	251394	251497	251506	251673	251699	251762
	251928	251936	251961	252045	252261	252294	252537	252563	252567
	252589	252597	252617	252733	252814	252822	252884	253031	253064
	253142	253193	253213	253262	253267	253306	253375	253399	253495
	253531	253601	254050	254057	254147	254249	254265	254364	254408
	254791	255066	255153	255590	255663	255706	255816	255929	256010
	256130	256289	256551	256615	256625	256640	256734	256795	256838
	256858	256881	256882	256884	256933	256985	257034	257195	
總督府農林局	248150	254364	255663	256010					
總督府東京出張所	248888	249076	252733						
總督府明年度豫算, 總督府明年豫算	249185	249211	250728	250750	251072	251102	251266	252294	
總督府博物館	247781	247797							
總督府辭令	244953	244972	245396	245555	245592	245606	245631	246154	246164
	247050	247260	247286	247474	247497	247613	247641	247725	247753
	247873	247895	247929	247954	248424	248546	248738	248798	249015
	249039	249234	249260	249514	249529	250123	250602	250624	250952
	250972	252045	252567	252597	252814	252822	253031	253064	253193
	253213	253267	253375	253399	253531	256130	256882		
總督府豫算	252884	255590							
總督夫人	244673	249227	257039						
總動員計劃	251834								
總富, 總富文五(平南道高等課長)	247282								
銃砲火藥取締	247856								
最初の本府局長會議	256410								
秋季競馬	252243								
追悼會	244851	246307	251158	254485	257153				
萩原(慶南道	247256	248750							

高等課長)								
萩原 (咸南道知事)	246790	256482						
萩原, 萩原八十盛 (間島省警務 廳警務課長)	255830							
蹴球	244646	245462	247311	247336	248459	249103	249127	249387	249438
	249463	249689	249708	249751	249770	249802	249828	249856	250666
	250916	250969	251013	251014	251096	252835	253019	253723	254074
	254286	254483	255231	255257					
蹴球統制	247311	247336	248459						
築島, 築島信司 (國際運輸專務)	255586	255610							
畜産會社	247729	247768							
築城本部	248324								
築港	245136	247269	248253	249626	249684	250722	250903	251703	254711
	254800	255408	256865						
春繭	250473	250777	250899	250928					
春競馬	248400	248439	249479	249680					
春窮	245639	249180	249485	250789	254234				
春日長閑	246635	246745	246927	246971	247145	247208	247257	247300	247353
	247470	247514	247609	247662	247720	247745	247893	247924	
春田, 春田丑雄 (平壤醫專教授)	249390								
春祭	248844	248920	249810						
春川	245250	245430	245517	245541	245840	248431	248884	248973	249126
	254450	254536	254588	255196					
忠南, 忠清南道	244832	245269	245272	245369	245477	245733	245746	245782	245880
	245999	246283	246308	246425	246472	246473	246618	246678	246774
	246956	247094	247244	247333	247358	247375	247389	247406	247502
	248032	248055	248423	248630	248674	249384	249414	249456	249789
	249871	249874	249883	249884	249924	249944	249976	250540	250915
	251442	251644	251955	251965	252319	252349	252620	253122	253129
	253260	253449	253581	254691	255014	255024	255073	255249	255384
	255414	255434							
忠南拳銃强盜 事件	249924	249944	249976						
忠南農村 靑訓所	251644								
忠南署	250915								
忠北	245019	245260	245532	245832	245884	246382	246661	247301	247343

	248020	248095	248373	249360	251206	251992	252441	252970	253133
	253261	254654	255249	255338	255436	255500	256689		
沖津, 沖津主稅 (前大邱日報 編輯局長)	248750								
忠魂碑	247473	252512	253469	253614					
就職難	246851								
就職戰線	245365	251422	256212	256270	256317	256386	256496	256533	256627
	256719								
取締	244964	245135	245154	245610	245695	245774	246160	246180	246293
	246318	246391	246492	246531	246592	246620	247017	247785	247816
	247856	247936	247986	248364	248372	248779	248861	248894	249094
	249373	249395	249849	250579	250642	250663	250786	250949	251448
	251490	251491	251551	251955	252091	252106	252407	252466	252749
	253174	253294	253362	253365	253381	253424	253426	253440	253506
	253795	253871	253989	254071	254193	254427	254566	254680	255560
	255946	256135	256495	256517	257049				
測量	249022	249909	250356	253035	256531				
測候所	246805	250234	250633	251191	251379	252089	253230	254721	256747
測候展覽會	250234								
治水工事	245558	245584	247136						
治維法	245570	246299	246323	246806	253586	256421	257047		
七田, 七田常吉 (殖銀平壤支 店長)	253002								
浸水	251469	251493	251531	251540	251581	251888	251918	251922	251939
	251978	252172	253110						

ト								
卓球	245536	245783	246270	246317	246897	247133	247241	247266	247582
	247780	249535	249735	250776	253204	253274	253313	253801	253980
	254458	254483	255442						
託兒所	246631	249137	249161	250392	251345	252419			
炭坑	245179	246033	247216	247941	248216	248452	248470	248905	250490
	252602	252756	253040	253288	253370	253427	253878	254212	254513
	256191	256891	257026						
炭素	244778								
炭疽病	253094	253128							
炭田	244903	245032	245044	248026	248050	250094	251181	254774	
湯川, 湯川博士 (水原農事試驗會長)	244694	255885							
湯村, 湯村辰二郎(總督府農産課長)	245314 246449	246469	249827	254004					
台灣	245503	245530	247905	252120	252458	253601	254496		
台灣貿易	247905								
太平洋	252508	256495							
澤崎, 澤崎修 (鐵道局理事)	254709 257034								
澤田(ブラジル大使)	254626	254888							
土岐(宮內事務官)	256472	256491	256535						
土木	244726	244931	244951	244970	245048	245426	245712	245713	246024
	246499	247304	247674	247835	248313	248433	248464	248674	248769
	248961	249469	249491	249616	249687	249767	249917	250051	250105
	250136	250896	251697	252032	252188	252258	252413	252554	252748
	252939	252964	253199	254382	254653	254663	254766	255058	255179
	255701	255755	255784	255820	255929	255943	256111	256229	256287
	256384	256489	256779	256908	256933	256964			
土木談合事件	248464 256384	248961	250105	250136	255701	255784	255820	256229	256287
土師, 土師盛貞 (平北知事)	248827	250963	250993	251787	255890				
土沙崩れ	251882								
土産話	249633	249646	249852	250519	250811	250825	252100	253284	255789
土屋, 土屋傳作 (釜山府尹)	249273	249500	249547	251319	251673				
土地改良	244999	245018	246148	246170	247564	247586	250007	250028	

土地信託	251149	251720	251880	252303					
通信網	252372								
通信事業	248913	248934							
通信聯絡	251382	256240							
統營	245784	246122	246381	246783	246882	247644	247813	248951	250415
	250417	251920	252437	254113	256119	256174			
統營法院	252437								
筒井, 筒井竹雄 (警務局事務官)	248314	248331	249461	249547					
統治功勞者	251441								
鬪牛	253400	253756							
特高	248199	249188	249654	250957					
特高課	249188	249654	250957						
特科隊	244874	245049	245127						
特科兵	245085								
特別閲覧	246553	247164							

				Ⅱ					
派遣	244846	244880	245072	245092	245768	246437	247776	247905	248216
	248861	249022	250293	250312	253595	253885			
罷業	245093	246921	247207	247378	247409	248648	248928	248946	249865
	251005	251401	251412	251515	252076	252102	252124	252197	252791
	254233	254424	254450	254536	255200				
坂本, 坂本一郎 (新義州地方法院檢事)	251872								
坂田, 坂田重浪 (平南道衛生課長)	250068	250849	251655	255314					
八島, 八島茂 (平壤土木出張所長)	256908								
八木, 八木光喜 (全州警察署長)	256471								
八木, 八木信雄 (警務局事務官)	248387								
八尾, 八尾爲治郎(本社京城通信局長)	252369	252410	252505	255240					
八幡製鐵所	249963	250500							
八竝, 八竝武治 (司法政務次官)	249088	249468	249664	249741					
八田(滿鐵副總裁)	246838								
膨脹政策	256778								
片倉, 片倉日義 (新任慶南道産業主事)	248821								
平康疑獄事件	250978	251592	251643	251924					
平南	244700	244747	244753	244859	244898	244901	244966	244967	244994
	245031	245110	245140	245188	245235	245239	245246	245287	245289
	245335	245355	245403	245447	245449	245452	245501	245571	245607
	245608	245609	245665	245715	245716	245754	245771	245817	245863
	245909	245939	245941	245983	245984	246029	246036	246037	246069
	246074	246079	246098	246123	246125	246188	246238	246249	246285
	246330	246335	246416	246457	246461	246498	246499	246504	246514

246545	246597	246639	246647	246691	246693	246706	246750	246755
246756	246880	246901	246935	246947	247027	247112	247146	247155
247159	247167	247169	247230	247282	247304	247315	247317	247320
247323	247373	247404	247422	247435	247479	247527	247537	247628
247670	247673	247674	247723	247744	247771	247779	247784	247786
247824	247838	247886	247934	247986	248043	248072	248110	248164
248209	248221	248354	248374	248396	248403	248453	248454	248530
248535	248560	248616	248663	248702	248707	248821	248853	248871
248915	249092	249293	249330	249375	249431	249471	249477	249551
249552	249610	249628	249635	249683	249686	249687	249688	249798
249804	249821	249830	249916	249941	249943	250023	250057	250068
250101	250104	250143	250200	250203	250257	250301	250308	250381
250387	250392	250397	250432	250434	250439	250443	250473	250490
250522	250524	250649	250691	250694	250698	250739	250777	250815
250849	250905	250992	250993	251040	251076	251084	251175	251218
251224	251299	251337	251338	251393	251469	251479	251493	251564
251609	251617	251654	251655	251855	251872	252019	252034	252162
252169	252235	252242	252251	252451	252454	252455	252515	252554
252555	252577	252578	252602	252652	252675	252677	252748	252755
252761	252811	252841	252991	253028	253036	253041	253078	253079
253080	253133	253149	253154	253189	253239	253285	253286	253297
253337	253370	253372	253373	253378	253381	253556	253599	253647
253650	253716	253717	253758	253761	253812	253824	253854	253855
253948	253982	253984	254032	254130	254139	254172	254175	254226
254233	254234	254268	254270	254272	254275	254281	254374	254382
254414	254416	254418	254420	254453	254461	254474	254510	254600
254641	254663	254712	254768	254769	254776	254801	254807	254844
254895	254903	254940	255040	255094	255179	255217	255227	255260
255265	255268	255310	255314	255355	255364	255411	255466	255467
255478	255520	255575	255613	255666	255668	255709	255711	255755
255757	255761	255789	255792	255804	255841	255935	255957	255991
255997	256097	256122	256134	256147	256236	256242	256295	256297
256343	256356	256441	256471	256479	256509	256515	256563	256643
256694	256713	256737	256739	256741	256810	256860	256969	256978
257059	257078	257166	257182					

平南國防義會	248072						
平南期成會	247320	251855					
平南線	245239	246706	247673	248354	248374	251218	252019	254414
平南衛生課	250849	251655	255094				
平南學務課	246330	246693	250739	250849	252761	255841	

平北	245561	245700	245810	245823	245940	245947	245981	245990	246191
	246280	246291	246302	246336	246363	246364	246410	246748	246749
	246797	246892	246930	247149	247324	247833	247935	247977	248112
	248119	248124	248410	248827	248832	249141	249382	249424	249456
	249486	249796	249827	249871	249883	249946	250051	250115	250152
	250246	250264	250651	250682	250702	250772	250907	250963	250993

	251005	251045	251431	251531	251533	251604	251696	251787	252075
	252121	252145	252248	252340	252525	252570	252647	252763	253038
	253142	253322	253332	253555	253688	253815	253905	254099	254274
	254415	254766	255356	255616	255666	255683	255897	255994	256127
	256483	256509	256512	256567	256583	256659	256692	256742	257015
	257082								

平北龜泰水組	251005

平山, 平山正祥 (新任釜山檢事局檢事正)	254626

平石, 平石忠次 (平壤郵便局會計課長)	245576

	244648	244649	244651	244654	244656	244657	244659	244660	244667
	244676	244705	244706	244726	244734	244751	244774	244800	244803
	244809	244851	244852	244857	244865	244903	244904	244908	244910
	244912	244956	244957	244959	244962	245007	245033	245061	245113
	245116	245146	245181	245182	245192	245237	245244	245245	245290
	245295	245296	245347	245354	245355	245393	245400	245401	245419
	245421	245448	245455	245456	245469	245513	245514	245516	245562
	245568	245576	245611	245617	245619	245636	245711	245714	245719
	245726	245727	245760	245772	245774	245818	245819	245828	245862
	245876	245913	245944	245945	245987	246022	246027	246071	246074
	246076	246082	246098	246122	246142	246149	246151	246159	246183
	246185	246186	246208	246211	246252	246288	246289	246295	246324
	246329	246331	246369	246375	246402	246418	246419	246420	246451
	246458	246511	246552	246589	246602	246606	246638	246647	246649
	246650	246652	246697	246708	246716	246758	246761	246762	246776
	246793	246796	246853	246901	246931	246933	246940	246942	246943
平壤	246949	246976	246978	247031	247033	247035	247078	247114	247117
	247119	247153	247164	247175	247212	247219	247222	247223	247229
	247232	247265	247282	247309	247319	247361	247370	247392	247401
	247418	247428	247431	247433	247473	247476	247477	247478	247482
	247483	247485	247495	247496	247518	247519	247522	247529	247536
	247573	247574	247583	247614	247615	247617	247618	247637	247666
	247672	247676	247683	247729	247732	247733	247734	247736	247744
	247768	247772	247774	247778	247779	247789	247790	247819	247831
	247834	247837	247841	247847	247878	247881	247884	247892	247927
	247933	247937	247941	247979	247981	247983	247984	247987	247991
	247994	248002	248027	248028	248108	248118	248123	248155	248167
	248202	248208	248210	248211	248226	248255	248256	248259	248262
	248307	248313	248348	248362	248399	248400	248414	248446	248448
	248451	248457	248494	248495	248496	248500	248508	248534	248538
	248568	248572	248607	248609	248613	248664	248672	248674	248708
	248761	248767	248803	248805	248809	248810	248825	248829	248831
	248834	248862	248867	248871	248904	248905	248907	248920	248924

248930	248959	248960	248986	248996	249012	249013	249024	249047
249095	249096	249100	249101	249146	249147	249151	249155	249187
249194	249195	249198	249235	249237	249238	249242	249275	249291
249331	249347	249371	249384	249385	249390	249414	249430	249472
249474	249479	249481	249483	249509	249515	249516	249600	249602
249611	249617	249628	249632	249676	249679	249680	249690	249692
249695	249744	249759	249760	249764	249767	249831	249833	249847
249935	249940	249941	249948	249965	250011	250016	250019	250050
250053	250054	250062	250064	250097	250098	250106	250155	250159
250203	250209	250227	250244	250247	250255	250298	250308	250333
250336	250337	250383	250389	250392	250402	250430	250438	250472
250477	250515	250519	250533	250561	250598	250643	250686	250690
250698	250734	250743	250773	250782	250807	250812	250815	250817
250832	250847	250848	250856	250895	250896	250898	250902	250941
250947	250948	250957	250960	250962	250989	250993	250995	251031
251032	251042	251076	251120	251128	251135	251170	251171	251174
251184	251202	251219	251270	251273	251285	251290	251295	251297
251298	251304	251331	251341	251345	251379	251381	251392	251396
251409	251410	251421	251424	251426	251432	251459	251469	251470
251481	251493	251499	251500	251527	251528	251530	251531	251532
251541	251565	251568	251615	251649	251655	251656	251657	251666
251697	251704	251706	251713	251738	251744	251746	251747	251755
251791	251826	251861	251889	251897	251905	251994	252000	252018
252029	252046	252064	252070	252076	252099	252100	252111	252112
252115	252128	252180	252192	252196	252219	252246	252250	252286
252297	252307	252310	252312	252322	252325	252330	252344	252365
252366	252380	252413	252421	252423	252425	252459	252460	252469
252526	252536	252545	252556	252561	252564	252584	252650	252653
252671	252674	252709	252711	252714	252719	252720	252754	252760
252800	252842	252843	252847	252855	252899	252902	252911	252945
252954	252987	252988	252998	253002	253037	253082	253083	253087
253100	253145	253161	253191	253194	253195	253199	253203	253239
253242	253245	253246	253283	253287	253292	253295	253330	253334
253340	253379	253384	253389	253418	253419	253428	253434	253469
253470	253471	253476	253503	253507	253510	253511	253512	253514
253515	253516	253551	253552	253553	253559	253560	253567	253597
253601	253604	253608	253610	253616	253643	253645	253646	253650
253652	253687	253692	253711	253719	253720	253727	253728	253758
253770	253799	253801	253804	253836	253851	253857	253861	253865
253904	253943	253944	253945	253951	253952	253953	253958	253970
253983	254031	254040	254087	254088	254089	254091	254122	254124
254134	254176	254177	254179	254186	254198	254204	254230	254232
254237	254241	254269	254284	254318	254321	254327	254333	254336
254372	254375	254377	254386	254451	254452	254460	254467	254468
254469	254505	254513	254520	254551	254553	254554	254555	254593
254599	254601	254602	254634	254639	254662	254676	254720	254752
254764	254767	254795	254798	254805	254806	254835	254892	254944

	254948	254990	255006	255045	255099	255134	255138	255173	255175
	255223	255225	255259	255269	255279	255306	255368	255373	255412
	255417	255460	255461	255470	255482	255512	255515	255522	255524
	255566	255577	255614	255619	255665	255685	255713	255714	255722
	255726	255762	255772	255793	255795	255799	255803	255809	255849
	255884	255886	255899	255940	255941	255942	255943	255944	255979
	255982	255985	255997	256026	256027	256028	256063	256077	256079
	256087	256096	256132	256144	256187	256188	256247	256248	256260
	256276	256302	256305	256338	256340	256342	256350	256351	256354
	256356	256370	256430	256431	256436	256450	256477	256480	256482
	256488	256509	256511	256514	256528	256556	256570	256581	256611
	256640	256645	256651	256654	256661	256695	256698	256735	256736
	256743	256746	256780	256782	256788	256812	256814	256818	256825
	256861	256869	256906	256907	256908	256956	256961	256963	256967
	256978	257007	257055	257056	257058	257062	257063	257064	257067
	257068	257078	257082	257085	257088	257094	257096	257099	257102
	257133	257136	257173	257174					
平壌ゴム工場	249385								
平壌警察署, 平壌署	244865	244910	245116	245401	245774	245876	246208	246602	247033
	247583	247637	247779	247892	247979	248568	248904	248905	248907
	248930	249155	249384	249414	249764	250957	251409	251432	252855
	253865	255726	255803	256144	256351	256356	256370	256528	256611
	256814	257063							
平壌高射砲隊	251470	255368							
平壌公會堂	244656	245456	246511	246652	247119	247878	248123	248362	249146
	250155	250817	251042	251270	251738	251889	252842	253191	254554
	254662	255470							
平壌國防義會	248831								
平壌南金組	247831								
平壌道立醫院	247519	248307	252945						
平壌聯隊	245819	248399	253799	253836					
平壌博物館	256956								
平壌防空綜合演習	251 031								
平壌繁榮會	244908	250050	253239						
平壌法院	247219								
平壌府計劃	255795								
平壌府規定	251304								
平壌府明年度豫算	253687								
平壌府營バス	247536	247841	248255						
平壌府營電車	249331								
平壌府豫算	245945	246027	246762	247676	256338				

平壤府電	245760 251656	247987 251791	249012 252365	249100 252380	249371 256556	249690	250782	250807	251565
平壤府廳 新廳舍	251421								
平壤飛行隊	248803	253711	253943	253970	254122				
平壤飛行場	244659	248167	250298	253330					
平壤山岳會	250962	251298							
平壤商工會議所, 平壤商議, 平壤商議所	244803 248609 250993 255884	244903 248674 251994 256087	244904 248996 253470 256482	245347 249679 253503 256645	245355 249831 253720 257007	245727 250247 254318 257085	245828 250255 254593	246329 250698 254798	246418 250989 255460
平壤上水道	255940	256743							
平壤稅監局	248664	251032	253512	253608					
平壤稅關	249767	256027							
平壤歲末	256695	257082	257173						
平壤 稅務監督局	248986	249013	250308	252064					
平壤消防隊	249948	250097	253551						
平壤市區改正	251290								
平壤神社	244956	247618	248028	248920	249101	254179	257174		
平壤驛	245987 249238 255417	246082 250383 255722	246708 252954 255942	246761 253037 256514	247482 253340 257058	247790 254091	248262 254377	248414 254634	249151 255306
平壤映畫	257064								
平壤郵便局	245576	246942	247981	249474	250064	252330	256305		
平壤醫院	252653	255762							
平壤醫專	245818 250337	246185 253650	246186 253801	246419	247370	247401	247431	249096	249390
平壤人	251481	253951	256570						
平壤專賣支局	247117	247573	247615	247774	248508	248538	249390		
平壤 電話課獨立	256342								
平壤組銀	250336								
平壤地方法院	245714 251076	246853 253145	247309	247418	247476	247744	249515	250402	250477
平壤 遞信分掌局	254241	255045	255809	256640	256907	256908			
平壤體協	248613	248708							
平壤通信部	253239	253952	254555	254601	256096	256354	256581	256654	
平壤刑務所	245944	247265							
平原	247034	248530	251783	251800					

平醫	251422	256748						
平田 (廿師團參謀長)	247851	254927						
平井(京城商議副會頭)	255975							
平鐵	244918	245353	246645	246845	246949	247024	247175	247230	247367
	247398	247532	247683	247979	248205	248607	248821	249020	249065
	249376	249513	250402	250516	251034	252071	252576	253509	253806
	253858	253867	254028	254633	254716	255052	255417	256182	256612
平鐵 防空委員會	249065								
肺ヂストマ	253807								
砲兵	252180	253188							
浦項	246952	246967	248094	249649	250318	251018	252737	253047	253066
	253358	253527	254074	254312	254739	256209			
浦項招魂祭	254739								
爆擊演習	253287								
爆藥	245224	245324	245646	246512	252052	255005	255278	255861	256280
	256917								
爆彈投下	255229								
暴風雨禍, 暴風雨の禍	252253	252258							
暴行	245101	245117	246825	247661	249917	250089	250656	252270	255320
豊慶宮	256306								
豊島大佐 (步兵第二十 三聯隊長)	247124	247143							
風水害	253714	253762	253792	253800	253830	253839	253931	254162	254208
	254287	254440	254537	254601	255394	255736			
風災	253910	253958	254093	254134	254184	254902	254911	255299	
風禍	250210	250233	250289	250350	250372	250454	252224	253913	254875
避難	247611	247639	250372	251918	251922	251936	251942	251946	251979
	251985	252117	252161	252258	252990	253144	255581	255600	255683
	256540	256751							
被服展覽會	250351	251038							
皮膚科	251226								

ㅎ								
夏季講習會	251651								
夏季大學	251563	252594							
下關	245256	245257	248346	248366	248780	249735	250029	250460	252555
	252890	253741	254348	255030					
河口眞(鮮銀本店支配人)	253077	253842	254988						
河內, 河內山加祿(慶北安東專賣局出張所長)	250805								
下飯坂, 下飯坂元(咸北警察部長)	250382	255062	255232						
下賜金	245938	245950	246580	248628	251876	252259	252592	252621	252689
	252772								
下水	244981	245723	246108	246844	248852	249892	251290		
河野, 河野節夫(平南內務部長)	244859	246901	250698	251872	252748				
賀田, 賀田直治(朝鮮商議會頭, 京城商議會頭)	246535	256838							
河村, 河村驚步兵大佐(新任朝鮮軍高級參謀)	247364	247395							
下村, 下村進(新任平南道警察部長)	244738	255957	256097	256122	256236	256356	256737	257078	257182
學校	244778	244808	244838	244952	244959	245028	245159	245166	245229
	245238	245254	245274	245318	245422	245517	245541	245616	245693
	245738	245782	245810	246054	246070	246096	246106	246110	246124
	246221	246289	246313	246347	246441	246549	246570	246600	246690
	246726	246775	246819	246912	246967	246985	246999	247053	247099
	247114	247143	247249	247306	247342	247360	247391	247568	247591
	247631	247669	247824	247825	247853	247907	247960	247983	248009
	248121	248150	248190	248300	248320	248338	248352	248539	248876
	248958	249150	249229	249252	249369	250016	250164	250238	250241
	250260	250265	250315	250335	250377	250470	250528	250597	250616
	250718	250798	250906	250977	250983	251006	251045	251082	251200
	251435	251461	251467	251483	251533	251561	251677	251695	251716
	251827	252409	252545	252816	252854	252917	252987	253149	253154

	253278	253299	253414	253510	253593	253598	253610	253676	253787
	253801	253857	253942	253966	254023	254080	254222	254354	254359
	254361	254504	254541	254641	254688	254764	254791	254922	255033
	255057	255204	255346	255391	255540	255561	255644	255693	255734
	255751	255795	255838	256045	256073	256107	256121	256122	256134
	256266	256275	256540	256697	256768	256787	257180		
學校だより	246726								
學級增	244853	246427	246546	248348	250905	254715			
學徒研究團	250676	251994	252049	252167	252273				
學童	246596	246693	246711	247226	248808	249879	250329	250375	250723
	251335	251798	252545	253155	253198	253515	254093	254111	254545
	254584	254972	255234	255245	255686	255796	255845	255897	255968
	256088	256142	256202	256366	256416	256499	256574	256726	256946
	257059	257066							
學齡兒童	244711	245480							
學務局	244866	244894	246979	247214	247904	248443	249239	249261	251549
	251728	251921	255236	255240	255864				
學務部	247261	247285							
學生聯合	249910	249935	250127	251617					
鶴田, 鶴田誠 (遞信局監理 課長)	256884								
學制改革	254155								
漢江	244988	247098	248848	249086	249703	250084	250186	250508	250546
	250925	250987	251248	251260	251488	251551	251724	251939	253022
	253178	253360	253534	253570	253636	254201	254437	256010	
漢江氾濫	250925								
漢江神社	249703	256010							
漢江人道橋	244988	250084	250186	251260	253360				
漢江鐵橋	253022								
韓國	252688								
旱魃	249364	251358	251472	251507	251540	251845			
閑院總裁宮	249647								
漢銀	247744	248336	253736						
旱害	245794	245865	251539	251540	251633	251759			
咸鏡線	252668	252687	252723	252759	252773	252910	252929	253309	253505
	256527	256554	256926						
咸南	244849	244858	244902	244963	245180	245185	245341	245616	245620
	245661	245674	245811	246021	246024	246190	246206	246281	246287
	246413	246507	246588	246692	246694	246790	246833	246879	246932
	246938	246982	247022	247224	247272	247422	247623	247637	247827
	247880	248461	248497	248705	248735	248762	248833	249064	249612
	249836	250296	250329	250653	250772	250853	250858	250859	250860

251080	251183	251223	251393	251478	251493	251613	251823	252040
252071	252129	252374	252712	253020	253144	253186	253237	253472
253504	253596	253816	253872	253878	253993	254183	254376	254465
254550	254597	254617	254628	254643	254671	254674	255261	255263
255327	255419	255615	255624	255667	255807	255850	255883	256083
256181	256298	256303	256474	256482	256517	256559	256563	256699
256779	256959	256964						

咸南窮救事業	250296

咸南産業課	255624

咸南地方課	246938

咸南學務課	245616	251223

艦隊	252064	252140	252881	253056	253112	253223	253255	253351	253402
	253483	255334	256315	256358	256385				

咸北	244796	244823	245399	245420	245613	245668	245764	245972	245985
	246038	246046	246241	246280	246302	246404	246490	246507	246591
	246690	247030	247066	247070	247152	247225	249227	249250	249334
	249834	249945	249983	251231	251953	252452	252454	252713	252813
	253055	253391	253411	253425	254041	254078	254087	254094	254774
	254845	254897	255058	255062	255095	255171	255192	255232	255483
	255507	255901	255977	256438	256513				

咸北勞農事件	251231

咸北線	249834

咸興	244667	244906	245330	245724	245912	245940	246247	246371	246454
	246933	247060	247083	247365	247396	247421	247569	247584	247671
	247822	247829	247836	248038	248075	248114	248115	248166	248257
	248263	248302	248448	248491	248510	248573	248986	249024	249047
	249060	249154	249386	249816	249935	250105	250136	250244	250600
	250797	250813	250954	251131	251153	251495	251509	251610	252219
	252510	252713	252753	252767	252906	253208	253383	253392	253473
	253653	253808	253906	253986	253991	254018	254090	254134	254174
	254186	254198	254236	254462	254635	254901	255265	255431	255932
	256082	256195	256524	256565	256700	257163			

咸興公會堂	247569

咸興軍旗祭	248448

咸興談合事件	249154	251131	251153

咸興法院	250954

咸興商議, 咸興商議所	244906	245330	246247	247822	253808	253986	254090	254236

咸興 稅務監督局	248986

咸興藥令市	248115	256195

咸興 土木談合事件	250105	250136

合併	245813	247335	249012	250016	250070	250973	251053	255778	256559
	257014								
合電新電合併	257014								
航空界	256933								
航空思想	248202	248226	256583	256966	256981				
航空郵便	248941	249399	250287	250670	250879	251428	251453		
港灣改修	252618	252939	252964						
海軍	244900	244926	245622	245711	245786	246411	246505	246841	247724
	248698	249040	249340	249543	249780	249807	249970	250308	250487
	252064	253255	253311	253351	253427	253428	253523	253556	253718
	255706	255929	256358	256583	256903				
海軍記念日	249340	249543	249780	249807	249970				
海軍戰病歿者招魂祭	249040								
海上交通	250250								
海城丸	250889	251205							
海水浴場	248720	250931	251101	251192	251645	252072	252170	252480	
海岸沙防	252514								
海外	245552	245578	247268	251802	254139	257191			
海雲台	249986	251192	251443	251547	254917	256413	256684	256754	256837
海州	245199	245248	246980	247974	247997	249062	249756	250156	250244
	251528	251541	252947	253473	253763	255937	256352	256513	256528
海州高普	251528	251541							
害蟲	245552	245578	252337	252861					
海苔	244791	244818	245743	245947	255819	256401	256659	256716	
行政區域	244630	244825	245271	255225					
向江,向江犬吾(平每編輯局長)	247175								
鄉軍	244900	244926	245033	245476	245562	245622	246026	246159	246522
	246707	246793	247587	247877	247896	248169	248212	248250	248274
	248418	248423	248491	248510	249427	249839	249939	250029	250855
	251741	252284	252909	253217	253311	253451	253902	254128	254185
	254278	254421	254480	254577	255129	255216	256470	256583	256727
鄉軍デー	248418								
鄉土	245864	247430	247493	249482	250548	251096	256249	257126	257176
獻金	244746	244893	244900	244926	245064	245081	245487	245511	245708
	245732	245953	246150	247023	247380	247411	247515	247542	248136
	248211	248712	248731	248831	248874	249145	249163	249282	249312
	250693	252595	252679	252775	252955	252996	253054	253157	253201
	254379	254970	255571	255681	256165	256354	256466	256484	256550
	256583	256662	256873	256966	256981	257066	257094	257177	

獻納	244911	245161	245812	246102	246150	246311	246379	246414	247179
	248088	248176	248713	249191	250311	250358	250428	251056	251840
	252436	253124	253879	255266	255702	256032	256415	256583	256870
	256892								
憲兵	244736	244812	245419	245576	245828	246784	246901	247584	248108
	248211	248232	248236	248278	248308	248332	249014	249038	249142
	249390	249941	249965	252000	252007	252192	252347	252398	252710
	252730	252842	252996	253161	253236	253601	253654	253729	253984
	255470	255663	255749	255881	256240	256336	256428	256640	256651
	257078	257092	257102	257108					
憲兵記念日	249142								
憲兵隊	244736	244812	245419	245576	245828	247584	248211	248308	249014
	249038	249390	249941	249965	252000	252007	252192	252398	252842
	252996	253161	253601	253654	253729	255470	255749	256428	256651
	257078	257102							
獻上	245104	245123	246521	248729	253256	253307	254610		
現金	245414	245519	245984	246802	247942	248847	248900	249028	253900
	254447	254587	254809	255128					
懸案	244741	244764	245263	247093	248529	248544	248753	248775	252708
	253241	254228	254244	255171					
現地戰術演習	252422								
惠山署	246415	251284							
惠山線	250018	250033	250235	253959					
惠山鎭	252237	252712	257081	257086	257181				
戶谷, 戶谷正路 (平壤警察署長)	256144	256147	256164	256356	256370	256528	256814		
戶口調査	249744	253861	254741	255463					
湖南	244667	245476	250597	250616	250876	251158	251584	251739	251760
	251783	251800	251819	251837	251878	251937	251947	251954	251960
	251964	253698							
湖南銀行	253698								
戶別稅	249410	249451	254848	254863	255287				
號外	245471	245496	247151	247205	247215	247258	247326	247355	253703
	254470	254493	254530	254548					
豪雨	249293	249364	251379	251469	251493	251531	251581	251882	251888
	251956	251979	251981	251985	251992	252015	252019	252374	252414
	252481	252631	252647	252683	254020				
戶籍	247026	249266	251007	251734	252233	256344	256738		
豪族	251820								
濠洲	249554								
混保制度	256473								
弘岡, 弘岡道明 (前朝鮮軍軍	247124	247143							

醫總監)									
紅蔘密輸	254999	255103	256614	256637					
紅蔘密輸團	254999								
和歌山	248853	253465							
和歌山縣議滿鮮視察團	248853								
花嫁學校	249369								
花岡, 花岡芳夫(大阪貿易館長)	253414								
花崗巖	251374								
火力發電	256482								
花柳界	245539	249718							
貨物船	247447								
化石	245267	256483							
花輪義敬	253012								
和信	249692	250632	253834						
和信百貨店	253834								
火藥	245099	245489	245646	247856	250769	252199	252794	253477	253999
	254019	255978							
化粧	244800	248477	249095	249373	249395	254717	257035		
火田	245447	246831	247021	247622	247664	247691	249278	250301	250523
	252179	253186	253549	253576	256297	256937			
貨幣	245221	246117	250102	253176					
化學兵器	245838								
化學硏究所	246240	246260							
活動寫眞, 活寫	248059	248136	248192	248243	251110	253493			
皇軍	245077	245337	246440	250072	250542	256898			
黃金景氣	255224								
黃金狂時代	249176	253672							
黃金時代	244888	250947	251739	251760					
黃道, 黃道鍊(新茂山稅務署長)	249156								
荒木, 荒木孝次郎(新任鎭南浦高女校長)	256311	256356							
皇吾里古墳	246566								
荒井, 荒井誠一郎(大藏省預金部長)	253276	253401							

皇太子	245760 256454	245831	245916	246324	246340	246471	248828	249031	250588
皇太后	256472	256491							
黃海	245700 250664 255468	246452 250707 255838	248264 250753 256573	248401 250790 256816	249227 251661	249750 251684	250495 252951	250580 253133	250620 253860
皇后	256472	256491							
會(모임, 행사, 단체)	250133 254062	250149 254495	250241 255113	250315 256023	250402	251764	253750	253787	253846
會寧	246898	251340							
橫田, 橫田義太郎(平壤覆審法院檢事)	250430								
橫田, 橫田虎之助(西鮮合電常務)	253600								
後藤, 後藤一郞(滿洲國觀象台長)	246278								
後藤, 後藤澄心(朝鮮開敎總長)	253523								
訓導	246120 251365	246286 251386	247960 251464	249900 256053	250555 256558	250802	251062	251107	251161
徽文高普	249132								
凶作の義金, 凶作義金	255342 256067 256872	255568 256096 257040	255622 256249	255723 256334	255760 256354	255781 256654	255845 256702	255900 256767	255985 256834
黑字	247956 251806	248605 252939	248633 252964	249331 253325	250539 253346	251072 255757	251102 256125	251497	251506
吸血鬼	249247	250004							
興南	246848	253293	255139	256560	257163				
興南 郵便局新設	256560								
熙川	253139	253867	254918	254938	255049	256521			
熙洽(滿洲國財政大臣)	248285								

기타								
DK受信所	249526							
DK實況放送演習	249439							
ML共産黨	249223							
アイスホッケー	244750	244776						
アジビラ	250345	252312	253195					
アフリカ	245289	245552	245578					
アメリカ	245289	246338	248764	251451	251467	253649	254717	254976	255043
	255405	256746						
ア式蹴球	252835	254074	254483					
イギリス國經濟使節	254081							
イルズ孃	246820	246857	254360					
エッチ・アール・ソヴレッチ(京城駐在突闘間缺募)	250993							
エフ・シー・ドレヤー海軍大將(イギリス國極東艦隊司令官)	252064							
オートバイ	250675	251681						
オリンピック	246962	249097	249125	253980				
オンドル,温突	248017	248020	249416	251019	253430	255430	255457	255499	256153
	256280							
カーバイト	255978							
ガス	246344	248098	248208	250253	252783	253053	254256	256805	256905
	256983							
ガソリン	245595	245641	248172	252309	256851			
カフェ	245539	245587	246589	247967	248582	252658	253295	253424	253440
	253634	254193	254288	256517				
カメラ	247593	247645						
カルモチン	249221	252355						
ギャング	244806	246465	248486	248809	251175	251273	253956	254187	256086
	256376							
ゴーストップ	247419	247440						
コカイン	245323	251164						
ゴム工場	244910	248648	249385	249959	250093	250747	256201	256476	

ゴム靴	248039	248946	249554	255882	256179	257173		
ゴム會社	247860							
ゴルフ	246622	247774	248778	249700	249758	252325	254606	
コレラ	253297							
サイドカー	248649	253979						
サンタクロース	246533							
サ聯	252009	252697	253977					
シベリア	253977							
シルヴァ時代	255379							
スカール	250589							
スキー	244750	244776	245054	245070	245371	245527	245536	247241	253114
	255856	256184	256538	256744				
スケート	244736	244807	245066	245975	255800			
スケヂウル	247964							
ストーブ	245676	255316						
スパイ	246789	250525	256642	256669				
スポーツ, 運動界	244750	244776	245406	246528	246648	246825	247133	247241	247864
	248118	249460	249535	249583	249735	249811	249887	249920	249977
	250014	250265	250279	250333	250430	250518	251482	251619	251638
	251660	251740	251770	251884	251898	251926	252053	252305	252348
	252479	252651	252911	253004	253062	253096	253126	253215	253446
	253494	253561	253610	253723	253927	253980	254074	254214	254286
	254313	254337	254365	254384	254508	254540	254606	254947	255197
	255222	255264	256985					
スラム	245892	250004	250948	256867				
スリ	246141	248042	249130	251602	252610	252859	252897	254117	254732
	254749	256818						
セブランス病院	246864							
セルロイド	249879							
ダイナマイト, マイト	244989	245038	245654	246513	246538	246946	247941	251416	252655
	254137	256770	256802					
ダイヤ	245283	247303	247330	251209	251888	251922	252825	253285	253505
	253757	253773	254737	254884	255012	255064		
ダイヤグラム	247303	247330						
タクシー	244957	247540	247790	249021	249195	253100	253228	254516	254563
	255733	256359						
タンク	248624	251428	251453	251484	252998	254847		
タングステン	254983	255544						
チフス	245468	245674	245948	245994	246181	247675	247791	247978	250653
	251405	251729	252181	252313	252495	252836	253538	255725	255994
	256139							

チヤール・セリグメン(イギリス國經濟使節)	254081							
デパート	245418	247386	247417	249692	250106	251066	254176	255426
デパート,百貨店	244650	245418	247386	247417	249692	250106	250420	250632	250695
	251066	251473	251747	252056	252244	253834	254176	255426	255660
	255769	257030							
トラック	244916	246918	248096	248172	248267	248950	250063	250444	250744
	251154	251981	252932	253074	253592	253606	255028	255475	255503
	255632	255770	255849	256039	256143	256424	256951		
ドル	244826	246094	246143	248017	248283	251054	251167	
トルコ	251463							
トンネル	246513	246538						
ナルバー戰	248836							
ナンセンス	244735	247681	257001					
ニッケル	248023	248045						
ニュース	247503	250130	250590	251187	253643	253777	256375	
ヌクテ	247682	248486	249133	250240	250538	251639	252385	255059	255079
バガボンド觀光團長	255642							
パゴダ公園	254479							
バザー	248258	253593	254080	254969	255787			
バス	244957	245544	245871	246245	246837	247327	247536	247841	248079
	248255	248910	249099	249170	249473	249632	250025	250506	250520
	250900	251664	252416	252556	252564	253003	253025	254089	254104
	254129	254131	254817	255181	255211	255450	255677	256634	
ハバ賭博	251887							
パラチフス	245994	246181						
ハルビン,哈爾賓	245005	245407	251090	251782	252268	252418	252626	253090
ハワイ	252073							
ピストル	245111	245985	246994	247075	249924	250743	255582	
ヒトラ	248743							
ビラ	246356	246687	248963	250096	250345	251088	251912	252086	252312
	253195	253957	255188						
プスモス	250681	250701						
ブラッシ	247980							
ブローカー	246568	249317	251207	251366	253672	254583	256120	
プロフイル	256060							
ペスト	251752							

ヘナリー・ダブリュー・マック(世界救世軍募集長イギリス國救世軍司令官)	245735							
ボストン	255047							
ホテル	244748	247773	248002	248288	248609	249151	249194	249220	249844
	249899	250131	251252	254066	255737	255752	256186		
マーケット	251611	251653						
マグネサイト	247677	247715	248023	248045				
マグネシューム	255978							
マスト中佐(駐日フランス大使館附武官)	249240	249273						
マダム	246616	246781	247191	248525	250580	254688	254992	255043	255089
	255137	255174	255218	255264	255311	255359	255669	255712	255754
	255791	255837							
マニラ	250231							
マラソン	248575	248590	251096					
マリヤ事件, マリヤ殺し	244932	244996	245009	245025	245040	245097	245101	245117	245321
	245388	245961	246114	246829	247814	247973	248016	248691	248953
	248966	248987	248998	249016	249037	249367	249694	249711	250137
	250612	250622	251808	252068	252202	252352	252662		
メーデー	248980	248993	249024	249047				
メートル	248063	252780						
メートル法	248063							
メリケン	249613							
モダン教育	249984							
モヒ	245323	245855	246740	246993	247594	247968	248018	248599	249247
	249348	250737	250886	251164	251188	251275	251815	252133	252156
	252598	253179	253291	253381	253915	254427	254524	254654	
モヒ密賣	253179	254427						
モヒ密輸	246993	247594	252133	252156	254524			
モヒ密移入	251164							
モヒ中毒	250737	253915						
モヒ患	245855	246740	249348	250886	251275	251815	252598	253381	
もよほし	248049	248087	248248	248297	248442	248489	248588	249108	249114
	249164	249259	249324	249419	249464	249597	249704	249826	249864
	249874	249932	250005	250114	250140	250306	250351	250377	250387
	250422	250441	250464	250530	250613	250640	250720	250938	250962
	251045	251118	251732	251966	252013	252028	252043	252409	252429

	252504	252594	252619	252746	252787	252821	252898	252982	253233
	253282	253303	253350	253376	253434	253545	253593	253640	253675
	253691	253743	253801	253835	253930	254023	254061	254080	254222
	254359	254577	254613	254641	254734	254756	254781	254839	254887
	254922	254957	255045	255080	255129	255279	255304	255392	255482
	255506	255515	255644	255704	255748	255772	255787	255838	256053
	256075	256121	256177	256228	256281	256335	256470	256580	256748
	256776	256809	256847	256904	256952	257036	257129	257197	
ラグビー	246528	246825	247133	247552	248785	251314	254594	254615	254751
	254936	255024	256996						
ラヂオ	244634	245483	246750	247092	247685	250772	250874	251529	251879
	252660	253812	254186	254198	255217	256838			
ラヂューム	252653								
ルンペン	250887	252155	252353	252446	256998				
レコード	244822	247506	247530	247888	247923	249361	249408	250801	250932
	251016	251683	252250	252423	252579	252608	253174	254085	254116
	254810								
レントゲン	246746	246768							
ロード・バーンビー大佐	254081								

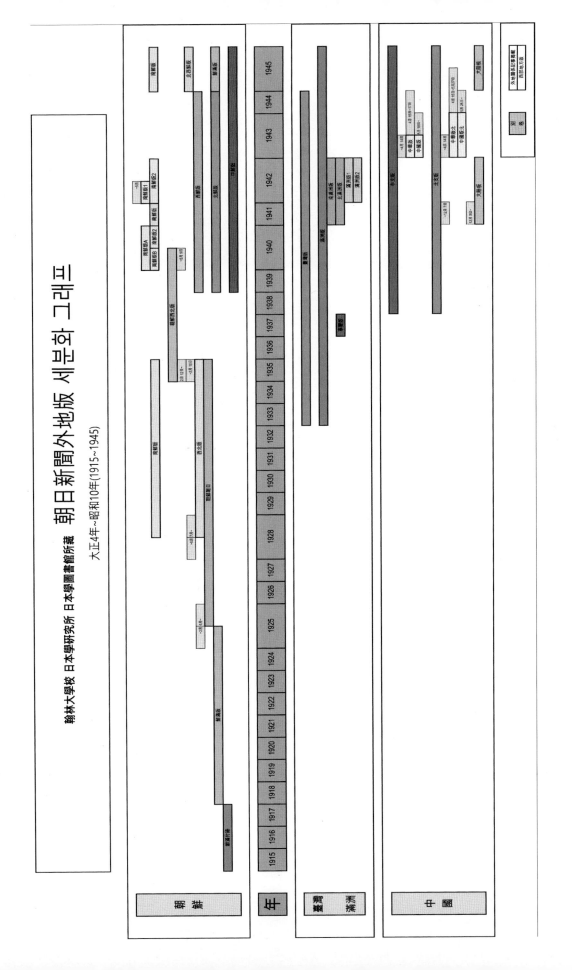

翰林大學校 日本學研究所 日本學圖書館所藏　朝日新聞外地版 세분화 그래프

大正4年~昭和10年(1915~1945)

한림일본학자료총서 아사히신문 외지판 18

아사히신문
외지판(조선판)
기사명 색인_제13권

초판인쇄 2024년 03월 15일
초판발행 2024년 03월 15일

지은이 한림대학교 일본학연구소
    연구소장 서정완(연구소장, 총괄) 심재현(연구원, 기획관리)
    〔연구보조원〕
    고성준(18) 김선균(18) 김은경(18) 김주영(20) 김지연(19) 김채연(17)
    김혜진(18) 문희찬(16) 박종후(21) 박철웅(18) 백지훈(22) 신현주(20)
    안덕희(16) 여현정(19) 윤석희(18) 안소현(17) 유혜연(18) 이상민(19)
    이영석(18) 이하림(17) 장덕진(13) 조성석(16) 조지혜(19)
    * ( ) 안은 입학 연도
기획 한림대학교 일본학연구소
펴낸이 채종준
펴낸곳 한국학술정보㈜
주소 경기도 파주시 회동길 230(문발동)
전화 031) 908-3181(대표)
팩스 031) 908-3189
홈페이지 http://ebook.kstudy.com
전자우편 출판사업부 publish@kstudy.com
등록 제일산-115호(2000. 6. 19)

ISBN 979-11-7217-216-9 91070